DEUTSCHER
KLASSIKER
VERLAG

BIBLIOTHEK DER GESCHICHTE UND POLITIK

Herausgegeben von
Reinhart Koselleck

Band 21

GESCHICHTE DER ÖKONOMIE

Herausgegeben von
Johannes Burkhardt und
Birger P. Priddat

DEUTSCHER
KLASSIKER
VERLAG

Bibliothek deutscher Klassiker
173

GESCHICHTE DER ÖKONOMIE

INHALT

MARTIN LUTHER
BEDENKEN VON KAUFSHANDLUNG
1524

1.

Das heilige Evangelium, nachdem es an den Tag kommen ist, straft und zeigt allerley Werke der Finsterniß, wie die St. Paulus nennet, Röm. 13,12. Denn es ist ein helles Licht, das aller Welt leuchtet, und lehret, wie böse die Werke der Welt sind, und zeiget die rechten Werke, so man gegen GOtt und den Nächsten üben soll. Daher auch etliche unter den Kaufleuten aufgewacht, und gewahr worden sind, daß unter ihrem Handel mancher böser Griff und schädliche Finanze im Brauch sind, und zu besorgen ist, es gehe hie zu, wie der Ecclesiasticus sagt, daß Kaufleute schwerlich ohne Sünde seyn mögen. Ja, ich achte, es treffe sie der Spruch St. Pauli 1 Timoth. 6,10: Der Geiz ist eine Wurzel alles Uebels! Und abermal v. 9: Welche reich wollen werden, die fallen dem Teufel in den Strick, und in viel unnütze, schädliche Begierde, welche die Leute versenken ins Verderben und Verdammniß.

2. Wiewol ich aber denke, diß mein Schreiben werde fast umsonst seyn, weil der Unfall soweit eingerissen, und allerdinge überhand genommen hat in allen Landen, dazu diejenigen, so das Evangelium verstehen, selbst aus eigenem Gewissen wohl könnten urtheilen in solchen äusserlichen leichten Sachen, was billig und unbillig sey; bin ich doch ermahnet und gebeten, solche Finanze zu rühren, und etliche an den Tag zu bringen, ob je der Haufe nicht recht wolle, daß doch etliche, wie wenig auch derselben sey, aus dem Schlund und Rachen des Geizes erlöset würden. Denn es muß ja so seyn, daß man noch etliche finde, unter den Kauf-

leuten sowol als unter andern Leuten, die Christo zugehören, und lieber wollten mit GOtt arm, denn mit dem Teufel reich seyn, wie der 37. Psalm v. 16. sagt: Es ist dem Gerechten besser ein wenig, denn grosse Güter den Gottlosen. Wolan, um derselben willen müssen wir reden.

3. Das kann man aber nicht leugnen, daß kaufen und verkaufen ein nöthig Ding ist, das man nicht entbehren, und wol Christlich brauchen kann, sonderlich in denen Dingen, die zur Noth und Ehren dienen. Denn also haben auch die Patriarchen verkauft und gekauft Vieh, Wolle, Geträyde, Butter, Milch, und andere Güter. Es sind GOttes Gaben, die er aus der Erden gibt, und unter die Menschen theilet. Aber der ausländische Kaufhandel, der aus Kalikut und Indien, und dergleichen, Waare, herbringt, als solch köstlich Seiden- und Goldwerk und Würze, die nur zur Pracht und keinem Nutz dienet, und Land und Leuten das Geld aussauget, sollte nicht zugelassen werden, wo wir ein Regiment und Fürsten hätten. Doch hiervon will ich jetzt nicht schreiben; denn ich achte, es werde zuletzt, wenn wir nimmer Geld haben, von ihm selbst ablassen müssen, wie auch der Schmuck und Fraß; es will doch sonst kein Schreiben noch Lehren helfen, bis uns die Noth und Armuth zwinge.

4. GOTT hat uns Deutschen dahin geschleudert, daß wir unser Gold und Silber müssen in fremde Länder stossen, alle Welt reich machen, und selbst Bettler bleiben. England sollte wol weniger Golds haben, wenn Deutschland ihm sein Tuch liesse. Und der König von Portugal sollte auch weniger haben, wenn wir ihm seine Würze liessen. Rechne du, wie viel Gelds eine Messe zu Frankfurth aus Deutschland geführet wird, ohne Noth und Ursache: so wirst du dich wundern, wie es zugehe, daß noch ein Heller in Deutschland sey. Frankfurth ist das Silber- und Goldloch, dadurch aus Deutschem Lande fleußt, was nur quillet und wächst, gemünzt oder geschlagen wird bey uns. Wäre das Loch zugestopft, so dürfte man jetzt der Klage nicht hören, wie allenthalben eitel Schuld und kein Geld, alle Lande und Städte mit Zinsen beschweret und ausgewuchert sind. Aber laß gehen, es will

doch also gehen, wir Deutschen müssen Deutschen bleiben, wir lassen nicht ab, wir müssen denn. Wir wollen hie vom Mißbrauch und Sünden des Kaufhandels reden, so viel es das Gewissen betrifft. Wie es des Beutels Schaden trifft, lassen wir Fürsten und Herren für sorgen, daß sie ihre Pflicht daran ausrichten.

5. Erstlich haben die Kaufleute unter sich eine gemeine Regel, das ist ihr Hauptspruch und Grund aller Finanzen, daß sie sagen: Ich mag meine Waare so theuer geben, als ich kann. Das halten sie für ein Recht. Da ist dem Geize der Raum gemacht, und der Höllen Thür und Fenster alle aufgethan. Was ist das anders gesagt, denn so viel: Ich frage nichts nach meinem Nächsten, hätte ich nur meinen Gewinn und Geiz voll; was gehet michs an, daß es zehen Schaden meinem Nächsten thäte auf einmal? Da siehest du, wie dieser Spruch so straks und unverschämt, nicht alleine wider die Christliche Liebe, sondern auch wider das natürliche Gesetz fähret. Was sollte nun Gutes im Kaufhandel seyn? Was sollte ohne Sünde seyn, wo solch Unrecht das Hauptstück und Regel ist des ganzen Handels? Es kann damit der Kaufhandel nichts anders seyn, denn rauben und stehlen den andern ihr Gut.

6. Denn wo das Schalksauge und der Geizwanst hie gewahr wird, daß man seine Waare haben muß, oder der Käufer arm ist, und sein darf; da macht ers ihm nutz und theuer: da siehet er nicht auf die Würde der Waare, oder auf den Dienst seiner Mühe und Gefahr, sondern schlecht auf die Noth und Darbe seines Nächsten: nicht derselben zu helfen; sondern derselben zu seinem Gewinnst zu brauchen, seine Waare zu steigern, die er sonst wol ungesteigert liesse, wo des Nächsten Noth nicht da wäre. Und muß also durch seinen Geiz die Waare so viel mehr gelten, so viel der Nächste grössere Noth leidet, daß des Nächsten Noth gleich der Waare Schatz und Würde seyn muß. Sage mir, heißt daß nicht unchristlich und unmenschlich gehandelt? Wird daselbst nicht des Armen Noth ihm selbst mit unter verkauft? Denn weil er seiner Noth halben die Waare desto theurer

nehmen muß, ists eben soviel, als daß er muß seine Noth erkaufen. Denn nicht die lautere Waare ihm verkauft wird, wie sie an ihr selbst ist, sondern mit dem Zusatz und Anhang, daß er derselben benöthiget ist. Siehe, dieser und dergleichen Greuel muß folgen, wo diß Recht gehet: Ich mag meine Waare so theuer verkaufen, als ich kann.

7. Es sollte nicht so heissen: Ich mag meine Waare so theuer geben als ich kann oder will; sondern also: Ich mag meine Waare so theuer geben als ich soll, oder, als recht und billig ist. Denn dein Verkaufen soll nicht ein Werk seyn, das frey in deiner Macht und Willen, ohne alle Gesetz und Maaß stehe, als wärest du ein Gott, der niemand verbunden wäre; sondern weil solch dein Verkaufen ein Werk ist, das du gegen deinem Nächsten übest, soll es mit solchem Gesetz und Gewissen verfasset seyn, daß du es übest ohne Schaden und Nachtheil deines Nächsten; und viel mehr acht haben, daß du ihm nicht Schaden thust, denn wie du gewinnest. Ja, wo sind solche Kaufleute? Wie sollten der Kaufleute so wenig werden, und der Kaufhandel abnehmen, wo sie diß böse Recht würden bessern, und auf Christliche, billige Weise bringen.

8. So fragest du denn: Ja, wie theuer soll ichs denn geben? Wo treffe ich das Recht und die Billigkeit, daß ich meinen Nächsten nicht übersetze, oder übernehme? Antwort: Das wird freylich mit keiner Schrift noch Rede nimmermehr verfasset werden; es hats auch noch niemand vorgenommen, eine jegliche Waare zu setzen, steigern oder niedern. Ursache ist die: Die Waare ist nicht alle gleich, so holet man eine ferner denn die andere, gehet auf eine mehr Kost denn auf eine andere, daß es hie alles ungewiß ist und bleiben muß, und nichts gewisses mag gesetzet werden, so wenig als man eine einige gewisse Stadt setzen mag, da man sie alle herholet, oder gewisse Kost stimmen, die darauf gehet; sintemal es geschehen mag, daß einerley Waare, aus einerley Stadt, auf einerley Strasse, heuer mehr kostet, denn vor einem Jahr, daß vielleicht der Weg und Wetter böser ist, oder sonst ein Zufall kömmt, der zu mehrer Unkost dringet, denn

auf eine andere Zeit. Nun ists aber billig und recht, daß ein Kaufmann an seiner Waare so viel gewinne, daß seine Kost bezahlet, seine Mühe, Arbeit und Gefahr belohnet werde. Muß doch ein Ackerknecht Futter und Lohn von seiner Arbeit haben. Wer kann umsonst dienen oder arbeiten? So spricht das Evangelium: Ein Arbeiter ist seines Lohnes werth.

9. Doch, daß wir nicht gar dazu schweigen, wäre das die beste und sicherste Weise, daß weltliche Obrigkeit hier vernünftige, redliche Leute setzte und verordnete, die allerley Waare überschlügen mit ihrer Kost, und setzten darnach das Maaß und Ziel, was sie gelten sollte, daß der Kaufmann könnte zukommen, und seine ziemliche Nahrung davon haben; wie man an etlichen Orten Wein, Fisch, Brod und deßgleichen setzt. Aber wir Deutschen haben mehr zu thun, zu trinken und zu tanzen, daß wir solches Regiments und Ordnung nicht können gewarten. Weil denn diese Ordnung nicht zu hoffen ist, ist das der näheste und beste Rath, daß man die Waare lasse gelten, wie sie der gemeine Markt gibt und nimmt, oder wie Landes Gewohnheit ist zu geben und zu nehmen; denn hierinne mag man das Sprüchwort gehen lassen: Thue wie andere Leute, so narrest du nicht. Was solcher Weise gewonnen wird, achte ich redlich und wohl gewonnen, sintemal hie die Gefahr stehet, daß sie zuweilen an der Waare und Kost verlieren müssen, und sich nicht allzu reich gewinnen mögen.

10. Wo aber die Waare nicht gesetzt, noch gäng und gebe ist, und du sollst und mußt sie setzen zum ersten. Wahrlich, hie kann man nicht anders lehren, man muß dirs auf dein Gewissen heimgeben, daß du zusehest, und deinen Nächsten nicht übernehmest, und nicht den Geiz, sondern deine ziemliche Nahrung suchest. Es haben etliche hie wollen Maaß setzen, daß man möge an aller Waare die Hälfte gewinnen. Etliche, daß man möge das dritte Theil gewinnen. Etliche auch anders. Aber der ist keines gewiß noch sicher, es wäre denn von weltlicher Obrigkeit und gemeinem Recht also verordnet, was dieselbige hierinn setzte, das wäre si-

cher. Darum mußt du dir vorsetzen, nichts denn deine ziemliche Nahrung zu suchen in solchem Handel, darnach Kost, Mühe, Arbeit und Gefahr rechnen und überschlagen, und also denn die Waare selbst setzen, steigern oder niedern, daß du solcher Arbeit und Mühe Lohn davon habest.

11. Ich will aber hie das Gewissen nicht so gefährlich gefangen, noch so enge gespannet haben, als müßte man das Maaß so eben treffen, daß nicht um einen Heller sollte fehlen. Denn das ist nicht möglich, daß du so eben treffen solltest, wie viel du verdienet habest mit solcher Mühe und Arbeit; es ist gnug, daß du mit gutem Gewissen darnach trachtest, daß du gerne das rechte Maaß treffest, und doch des Handels Art ist, daß nicht möglich ist zu thun; es wird der Spruch des Weisen auch an dir wohl wahr bleiben Pred. Sal. 27,28: Ein Kaufmann mag schwerlich ohne Sünde handeln, und ein Krezschmar mag schwerlich gerechten Mund behalten. Ob du ein wenig zu viel nehmest unwissend und ungern, so laß dasselbe ins Vater Unser fahren, da man betet: Vergib uns unsere Schuld; ist doch keines Menschen Leben ohne Sünde. Auch so kommts wol wiederum, daß du für deine Mühe etwa zu wenig nehmest, da laß in die Wette schlagen, und gegen einander aufheben, wo du zuviel genommen hast.

12. Als, wenn du einen Handel hättest, der des Jahrs auf hundert Gülden liefe, und du über alle Kost und ziemlichen Lohn, den du für deine Mühe, Arbeit und Gefahr dran gewönnest, und nähmest ungefehrlich ein Gülden, zween oder drey zu viel Gewinnst; das heisse ich hie den Fehl im Handel, den man nicht wohl meiden kann, sonderlich so zu handeln ein Jahr lang. Darum sollst du dein Gewissen damit nicht beschweren, sondern als eine andere unüberwindliche Sünde, die uns allen anhangt, mit dem Vater Unser vor GOtt bringen und ihm befehlen: denn zu solchem Fehl dringt dich die Noth und Art des Werks, nicht der Muthwille und Geiz; denn ich rede hie von den gutherzigen und gottesfürchtigen Menschen, die nicht gerne Unrecht thäten. Gleichwie die

eheliche Pflicht nicht ohne Sünde geschiehet, und doch GOtt um der Noth willen solchem Werk durch die Finger siehet, weil es nicht anders seyn kann.

13. Wie hoch aber dein Lohn zu schätzen sey, den du an solchem Handel und Arbeit gewinnen sollst, kannst du nicht besser rechnen und abnehmen, denn daß du die Zeit und Grösse der Arbeit überschlagest, und nehmest ein Gleichniß von einem gemeinen Taglöhner, der sonst etwas arbeitet, und siehest, was derselbe einen Tag verdienet; darnach rechne, wie viel Tage du an der Waare zu holen und zu erwerben dich gemühet, und wie grosse Arbeit und Gefahr darinnen ausgestanden habest: denn grosse Arbeit und viel Zeit soll auch desto grössern und mehr Lohn haben. Näher und besser und gewisser kann man in dieser Sachen nicht reden noch lehren; wem das nicht gefällt, der machs besser. Mein Grund stehet (wie gesagt ist,) im Evangelio, Matth. 10,10. daß ein Arbeiter seines Lohns werth ist. Und Paulus auch spricht 1 Cor. 9,7: Wer des Viehes hütet, soll der Milch geniessen. Wer kann auf eigene Kost und Sold reisen? Hast du bessern Grund, gönne ich dir wohl.

VON DER BUERGSCHAFT.

14. Zum andern, ist noch ein gemein Fehl, welcher nicht allein unter den Kaufleuten, sondern auch in aller Welt, eine läuftige Gewohnheit ist, daß einer für den andern Bürge wird. Und wiewol dasselbige Werk scheinet ohne Sünde, und eine Tugend der Liebe zu seyn, so verderbt es doch gemeiniglich viel Leute, und bringet sie zu unüberwindlichem Schaden. Der König Salomon hat solches mannigfältig verboten und verworfen in seinen Sprüchen, und spricht Cap. 6. v. 1. sqq. Mein Kind, bist du für deinen Nächsten Bürge worden, so hast du deine Hand verhefftet; du bist verknüpffet mit der Rede deines Mundes, und gefangen mit den Reden deines Mundes. So thue doch, mein Kind, also, und errette dich, denn du bist deinem Nächsten in die Hände

kommen; lauf, eile und treibe deinen Nächsten, laß deine Augen nicht schlafen, noch deine Augenlieder schlummern; errette dich wie ein Rehe von der Hand, und wie ein Vogel aus der Hand des Vogelers. Item Cap. 20. v. 16: Nimm dem sein Kleid, der für einen andern Bürge wird, und pfände ihn um des Fremden willen. Item Cap. 22. v. 26: Sey nicht bey denen, die ihre Hand verhefften, und für Schuld Bürge werden. Und abermal Cap. 27. v. 13: Nimm dem sein Kleid, der für einen andern Bürge wird, und pfände ihn um der Fremden willen.

15. Siehe da, wie der weise König in der heiligen Schrift so hart und hefftig verbeut, für andre Bürge zu werden. Auch stimmet mit ihm das Deutsche Sprüchwort: Bürgen soll man würgen. Als sollts sagen: Es geschiehet dem Bürgen recht, daß er gewürget wird und zahlen muß, denn er thut leichtfertig und thörlich daran, daß er Bürge wird. Also, daß solches nach der Schrift beschlossen ist, daß niemand soll für andere Bürge werden, er vermögs denn, und sey völliges Willens selbst schuldig zu seyn und bezahlen. Nun scheinet es wunderlich, daß solch Werk böse sey und verworfen. Denn, daß es ein thörlich Werk sey, haben gar viel selbst erfahren, die das Hautkratzen davon krigt haben. Was ist denn die Ursache, daß verworfen wird? Das wollen wir sehen.

16. Es ist Bürge werden ein Werk, das einem Menschen zu hoch ist, und nicht zugebühret, und greift mit Vermessenheit in GOTTES Werk. Denn erstlich, so verbeut die Schrift, man soll keinem Menschen trauen, noch sich auf ihn verlassen, sondern alleine auf GOTT. Denn menschliche Natur ist falsch, eitel, lügenhaftig und ungewiß, wie die Schrift sagt, und auch die Erfahrung täglich lehret. Wer aber Bürge wird, der trauet einem Menschen, und setzt sich mit Leib und Gut in die Gefahr, auf einen falschen ungewissen Grund, darum geschiehet ihm recht, daß er falle und fehle, und in der Gefahr verderbe.

17. Zum andern, so trauet er auch auf sich selbst, und macht sich selbst zum Gott (denn worauf ein Mensch trauet

und sich verläßt, das ist sein Gott). Nun er aber seines Leibs und Guts keinen Augenblick sicher und gewiß ist, als wenig als deß, für den er Bürge wird, sondern stehet alles in GOttes Hand alleine, der nicht haben will, daß wir ins künftige ein Haar breit Macht oder Recht haben, und deß keinen Augenblick sicher und gewiß seyn sollen: so thut er unchristlich, und geschieht ihm recht, weil er das versetzt und zusagt, das nicht sein, noch in seiner Macht, sondern in GOttes Händen alleine stehet.

18. Also lesen wir 1 Mos. 43,9. und c. 44. v. 32. wie der Erzvater Juda für seinen Bruder Benjamin Bürge ward gegen seinem Vater Jacob, daß er ihn wollte wiederbringen, oder wollte selbst ewiglich schuldig seyn. Aber GOtt strafte dieselbe Vermessenheit fein, und ließ ihn sinken und fehlen, daß er den Benjamin nicht konnte wiederbringen, bis er selbst sich für ihn gab, und dennoch aus Gnaden kaum los ward. Und ihm geschah recht, denn solche Bürgen thun gerade, als dürften sie GOtt nicht einmal drum grüssen, oder denken, ob sie ihres Leibs und Guts auch morgen gewiß seyn, und handeln sogar ohne Furcht GOttes, als hätten sie das Leben und Gut von ihnen selbst, und wärens mächtig, wie lang sie wollten; welches nichts anders ist, denn eine Frucht des Unglaubens. Wie auch St. Jacobus in seiner Epistel solches c. 4,13.14.15.16. für einen Hochmuth schilt und spricht: Wolan, die ihr nun saget: heute oder morgen wollen wir ziehen in die oder die Stadt, und da handthieren und gewinnen, die ihr nicht wisset, was morgen seyn wird. Denn was ist euer Leben: Ein Dampf ists, der eine kleine Zeit währet, und darnach vergehet; dafür daß ihr sagen solltet: leben wir und wills GOtt, so wollen wir diß oder das thun, nun aber rühmet ihr euch in eurem Hochmuth.

19. Auch hat GOtt solche Vermessenheit des künftigen, und GOttes Unachtung an mehr Oertern verdammt, als Luc. 12,16.21. da der reiche Mann viel Getraide des Jahrs hatte, daß er seine Scheunen wollte abbrechen und grössere bauen, und seine Güter dahin thun, und sprach zu seiner Seele: Liebe Seele, du hast viel Guts auf viel Jahr, iß und trink

und sey guts Muths. Aber GOtt sprach zu ihm: Du Narr, diese Nacht wird man deine Seele von dir fodern, und weß wirds seyn, das du gesammlet hast? So gehets allen, die nicht in GOTT Reiche sind. Also antwortet er auch Apostelg. 1,7. den Jüngern: Es stehet euch nicht zu, zu wissen Zeit und Stunde, die der Vater in seiner Gewalt hat. Und Sprüchw. 27,1: Rühme dich nicht auf den morgenden Tag, denn du weißt nicht, was sich noch heute begeben mag. Darum er auch im Vater Unser uns nicht hat mehr, denn ums tägliche Brod, heut zu geben, heissen bitten, auf daß wir mit Furchten leben und handeln sollen, und wissen, daß wir keine Stunde sicher seyn weder Lebens noch Guts, sondern alles aus seinen Händen gewarten und nehmen; wie denn thut ein rechter Glaube. Und zwar wir sehens auch täglich an vielen GOttes Werken, daß es also muß zugehen, wir thuns gerne oder ungerne.

20. Salomon hat fast sein ganzes Buch auf solche Lehre gerichtet, das Ecclesiastes heißt, und zeigt an, wie allenthalben der Menschen Vornehmen und Vermessenheit so gar eitel und nichts, denn Mühe und Unglück ist, wo nicht GOtt mit drein gezogen wird, daß man ihn fürchte, und laß ihm gnügen an dem gegenwärtigen, und freue sich desselbigen. Denn GOtt ist der sichern, ungläubischen Vermessenheit feind, die sein vergisset, darum handelt er dawider mit allen seinen Werken, läßt uns fehlen und fallen, reisset Leib und Gut dahin, wenn wirs am wenigsten denken, und kommt zu der Stunde, der wir uns gar nichts versehen, daß die Gottlosen, wie der 55. Psalm v. 24. sagt, ihr Leben nimmer zur Helfte bringen; sondern allezeit unversehens, und wenn sie erst recht anfahen wollen, dahin fahren und davon müssen, wie Hiob auch vielmal sagt. Hiob 15,32. c. 18,14.

21. So sprichst du denn: Wie sollen denn die Leute mit einander handeln, so Bürge werden nicht taugt? So müßte mancher dahinten bleiben, der sonst wohl hervorkommen mag. Antwort: Es sind vier Weisen äusserlich gut Christlich mit andern zu handeln; wie ich mehr gesagt habe.

22. Die erste ist, daß man lasse nehmen und rauben unser

Gut, wie Christus lehret Matth. 5,40: Wer dir den Mantel nimmt, dem laß auch den Rock, und fodere es nicht wieder von ihm. Diese Weise gilt nun nichts unter den Kaufleuten, man hat solches auch nicht für eine gemeine Christliche Lehre gehalten noch gepredigt, sondern für einen Rath und gute Meynung für die Geistlichen und Vollkommenen, welche es doch weniger halten, denn kein Kaufmann. Aber rechte Christen haltens, denn sie wissen, daß ihr Vater im Himmel hat ihnen Matth. 6. v. 11. gewißlich zugesagt, das tägliche Brod heute zu geben. Und wo man also thäte, würden nicht allein so unzählige Mißbräuche in allen Händeln nachbleiben, sondern würden gar viel nicht Kaufleute werden, weil Vernunft und menschliche Natur solche Gefahr und Schaden aufs allerhöheste fleucht und scheuet.

23. Die andere ist, jedermann geben umsonst, der es darf, wie Christus auch daselbst lehret. Diß ist auch ein hoch Christlich Werk, darum es nicht viel gilt unter den Leuten, und würden auch beyde, Kaufleute und Händel weniger, wo man das sollte im Schwang haben. Denn wer das thun soll, muß sich wahrlich an den Himmel halten, und immerdar auf GOttes Hände, und nicht auf seinen Vorrath oder Gut sehen, daß er wisse, GOtt wolle und werde ihn ernähren, ob schon alle Winkel ledig wären. Denn er weiß, daß wahr ist, wie er zu Josua sagt c. 1. v. 5: Ich will dich nicht lassen, noch die Hand abthun; und wie man sagt: GOtt hat mehr, denn er je vergab. Da gehört aber auch ein rechter Christ zu, das seltsame Thier auf Erden, Welt und Natur achtet sein nicht.

24. Die dritte ist, leihen oder borgen, daß ich mein Gut hingebe, und wiedernehme, so mirs wiederbracht wird, und entbehren muß, wo mans nicht wiederbringt. Denn Christus Luc. 6,34. selbst solches Borgen also verfasset, und spricht: Ihr sollt leihen also, daß ihr nichts davon hoffet. Das ist, ihr sollt frey dahin leihen, und wagen obs euch wieder werde oder nicht: wirds wieder, daß mans nehme; wirds nicht wieder, daß es geschenkt sey. Daß also geben und borgen keinen Unterscheid habe nach dem Evangelio, denn diesen, daß Geben nichts wiedernimmt, Borgen aber wieder nimmt,

wo es kommt, und doch waget, daß es ein Geben sey. Denn wer also leihet, daß ers besser oder mehr wiedernehmen will, das ist ein öffentlicher und verdammter Wucher; sintemal die auch noch nicht Christlich handeln, die also borgen, daß sie wiederum eben dasselbe fodern oder hoffen, und nicht frey dahin wagen, obs wiederkommt oder nicht.

25. Diß ist ja auch (als ich meyne,) ein hoch, Christlich und seltsam Werk, wo man der Welt Lauf ansiehet, und würde, wo es sollte in Brauch kommen, allerley Handel gar gewaltiglich mindern und niederlegen. Denn diese drey Stücke das gar meisterlich halten, daß sie nicht aufs künftige sich vermessen, noch auf Menschen, oder sich selbst vertrauen, sondern hangen an GOtt alleine, und wird hie alles baar überbezahlet, und führet das Wort mit ein, wills GOtt, so geschehe es, wie Jacobus lehret c. 4,15. Denn hie handelt man mit Leuten, als mit denen, die fehlen mögen und ungewiß sind, und gibt baar über umsonst, oder waget, daß verloren sey, was man borget.

26. Hie wird man sagen: Wer mag denn selig werden? Und wo werden wir Christen finden? Ja, mit der Weise würde kein Handel auf Erden bleiben, würde einem jeglichen das Seine genommen oder abgeborget werden, und den Bösen, Faulfreßigen die Thür aufgethan, alles zu nehmen, zu betrügen und zu lügen, der die Welt voll ist? Antwort: Habs ichs doch gesagt, daß Christen seltsame Leute sind auf Erden. Darum ist in der Welt noth ein strenges, hart, weltliches Regiment, das die Bösen zwinge und dringe, nicht zu nehmen noch zu rauben, und wiederzugeben, was sie borgen, ob es gleich ein Christe nicht soll wiederfordern noch hoffen; auf daß die Welt nicht wüste werde, Friede untergehe, und der Leute Handel und Gemeinschaft gar zunichte werde, welches alles würde geschehen, wo man die Welt nach dem Evangelio regieren sollte, und die Bösen nicht mit Gesetzen und Gewalt treiben und zwingen, zu thun und leiden, was recht ist.

27. Darum muß man Strassen rein halten, Friede in Städten schaffen, und Recht in Landen handhaben, und das

Schwerdt frisch und getrost hauen lassen auf die Uebertreter, wie St. Paulus Röm. 13. v. 4. lehret. Denn das will GOtt haben, daß den Unchristen gesteuret werde, daß sie nicht unrecht, oder ohne Strafe unrecht thun. Es darf niemand gedenken, daß die Welt ohne Blut regieret werde, es soll und muß das weltliche Schwerdt roth und blutrüstig seyn; denn die Welt will und muß böse seyn, so ist das Schwerdt GOttes Ruthe und Rache über sie. Doch davon habe ich genug gesagt, im Büchlein von der weltlichen Obrigkeit.

28. So wäre nun das Borgen ein fein Ding, wo es unter den Christen geschähe: da würde ein jeglicher gerne wiedergeben, was er geborget hätte, und der da geleihet hätte, würde es gerne entbehren, wo es jener nicht könnte wiedergeben. Denn die Christen sind Brüder, und einer läßt den andern nicht; so ist auch keiner so faul und unverschämt, daß er ohn Arbeit sich auf des andern Gut und Arbeit verlassen und zehren wolle mit Müßiggang, von eines andern Haabe. Aber wo nicht Christen sind, da soll die weltliche Obrigkeit treiben, daß der bezahle, was er geborget hat; treibet sie nicht, und ist säumig, soll der Christe leiden solchen Raub, wie Paulus 1. Cor. 6. v. 7. spricht: Warum leidet ihr nicht vielmehr Unrecht? Den Unchristen aber laß man mahnen, fodern und thun, wie er will, es lieget an ihm nichts, weil er ein Unchrist ist, und achtet Christi Lehre nicht.

29. Auch hast du noch ein Tröstlein, daß du nicht schuldig bist zu leihen, denn allein das dir übrig ist, und zu deiner Nothdurft kannst entbehren; wie Christus vom Almosen spricht Luc. 11,41: Was euch übrig ist, das gebt zu Almosen, so ists euch alles rein. Wenn nun von dir so viel wollte geborget werden, daß, wo es nicht wieder würde gegeben, du verderben müßtest, und deine Nothdurft deß nicht entbehren könnte, da bist du nicht schuldig zu leihen: denn du bist am meisten und ersten schuldig, deinem Weib und Kind und Gesind die Nothdurft zu schaffen, und mußt ihnen dasselbe nicht entwenden, das ihnen von dir gebührt. Darum ist das die beste Regel: Wo dir das Borgen will zu groß seyn, daß du eben so mehr etwas gebest umsonst, oder so

viel leihest, als dich dünkt, daß du geben wolltest, und wagen, obs verloren seyn müsse. Denn Johannes der Täufer sprach nicht: Wer einen Rock hat, der gebe denselben weg; sondern: Wer zween Röcke hat, der gebe einen dem, der keinen hat, und wer Speise hat, der thue auch also. Luc. 3,11.

30. Die vierte Weise ist, kaufen und verkaufen, und das mit baar Geld, oder Waar mit Waar bezahlen. Wer nun dieser Weise will brauchen, der schicke sich drein, daß er wisse sich auf kein Zukünftiges zu verlassen, sondern auf GOtt alleine, und daß er müsse mit Menschen umgehen, die fehlen oder lügen werden gewißlich. Darum diß der nächste Rath ist, daß, wer da verkäuft, nichts borge noch Bürgen annehme, sondern laß ihm baar über bezahlen. Will er aber leihen, daß ers mit den Christen thue; wo nicht, daß ers wage, daß verloren sey, und nicht weiter leihen, denn er sonst geben wollte und seine Nothdurft leiden mag; oder wo ihm weltlich Regiment und Ordnung nicht wieder dazu hilft, daß ers lasse verloren seyn, und hüte sich, daß er für niemand Bürge werde, gebe viel lieber was er vermag. Das möchte ein recht Christlicher Kaufmann seyn, den würde GOtt auch nicht lassen, weil er ihm also fein trauet, und fröhlich mit seinem gefährlichen Nächsten wagt und handelt.

31. Wenn nun das Bürge werden in der Welt nicht wäre, und das frey Evangelisch Leihen im Schwang ginge, und eitel baar Geld oder bereite Waare in Kaufshändeln gingen, so wären die allergrösten, schädlichsten Gefahr und Fehl und Gebrechen in Kaufshändeln schon weg, und wäre leicht mit allerley Kaufmannschaft umzugehen, und möchten auch die andern sündlichen Gebrechen desto baß erwehret werden. Denn wo solches Bürge werden und sicher leihen nicht wäre, müßte mancher hienieden bleiben, und sich an mäßiger Nahrung lassen begnügen, der sich sonst auf Borgen und Bürgen verläßt, und Tag und Nacht in die Höhe trachtet; daher denn will jedermann ein Kaufmann und reich werden. Daraus denn folgen müssen solche unzählige, geschwinde böse Griffe und Tücke, die jetzt unter den Kaufleuten zu zoten gehen, daß ich schon dran verzweifelt habe,

daß ganz sollte gebessert werden, sondern es hat sich also überladen mit aller Bosheit und Trügerey, daß sich selbst die Länge nicht tragen kann, und durch sich selbst in ihm selbst fallen muß.

32. Hiermit will ich kürzlich abgeweiset und Unterricht gegeben haben jedermann, in diesem grossen, wüsten, weitläuftigen Handel der Kaufmannschaft. Denn wo man sollte lassen gehen und bleiben, daß ein jeglicher seine Waar so theuer verkauft, als er möchte, und das Borgen und unfrey Leihen und Bürge werden recht wäre, und doch Rath und Lehre geben, wie man Christlich hierinne fahren und gut sicher Gewissen behalten sollte; das wäre eben so viel, als wollte man rathen und lehren, wie Unrecht sollte Recht seyn, wie Böses sollte Gut seyn, und wie zugleich nach göttlicher Schrift und wider göttliche Schrift möchte gelebt und gehandelt werden. Denn diese drey Fehle, daß ein jeglicher das Seine gibt wie theuer er will; Item, Borgen und Bürge werden, sind die drey Bornquellen daraus alle Greuel, Unrecht, List und Tück so weit und breit fleußt; daß man nun dem Fliessen nach trachten wollte zu wehren, und wollte die Bornquell nicht stopffen, da ist Mühe und Arbeit verloren.

33. Darum will ich alhie etliche solche Tücke und böse Stücke, so ich selbst vermerkt, und durch fromme, gute Herzen mir sind angezeigt, erzehlen, daran man spüren und merken kön̄te, wie diese meine oben geschriebene Gründe und Sprüche aufgericht werden und gehen müssen, soll anders den Gewissen in Kaufshändeln gerathen und geholfen seyn. Auch daß man alle andere böse Stücke aus diesen erkennen und abmessen möge, die hie nicht erzehlet werden; denn wie sollts möglich seyn, daß man sie alle erzehlete? sintemal durch die vorgesagten drey Bornquellen dem Geiz und der bösen, tückischen, eigennützigen Natur Thür und Fenster aufgethan, Luft und Raum gemacht, Urlaub und Macht gegeben ist, allerley List und Tück frey zu üben, und täglich mehr und mehr zu erdenken, daß es alles vom Geiz stinkt, ja im Geiz ersäuft und verkäuft ist, wie mit einer grossen Sündfluth.

34. Aufs erste, machen etliche kein Gewissen davon, daß sie ihre Waare borgen auf Zeit, und theurer verkaufen, denn um baar Geld. Ja, etliche wollen keine Waare verkaufen um baar Geld, sondern alles auf Zeit, und das alles darum, daß sie ja viel Geldes daran gewinnen. Hie siehest du, daß diß Stück gar gröblich wider GOttes Wort, wider Vernunft und alle Billigkeit, aus lauter freyem Muthwillen des Geizes, sündiget an seinem Nächsten, deß Schaden er nicht achtet, und raubet und stihlet ihm das Seine, und sucht nicht seine ziemliche Nahrung, sondern seinen Geiz und Gewinn alleine drinnen. Denn nach göttlichem Recht sollte ers nicht theurer borgen oder auf Zeit geben, denn um baar Geld.

35. Item, also ist auch das gethan, daß etliche ihr Gut theurer verkaufen, denn es auf gemeinem Markte gilt, und im Kauf gänge und gebe ist, und steigern also die Waare aus keiner Ursach, denn daß sie wissen, daß dasselbigen Gutes keines mehr im Lande ist, oder in kurzem keines mehr kommen wird, und man es haben müsse. Das ist ein Schalksauge des Geizes, das nur aufs Nächsten Nothdurft siehet, nicht derselben zu helfen, sondern sich derselben zu bessern, und mit seines Nächsten Schaden reich werden. Das sind alles öffentliche Diebe, Räuber und Wucherer.

36. Item, daß etliche ein Gut oder Waare in einem Lande oder in einer Stadt ganz und gar aufkaufen, auf daß sie alleine solch Gut ganz und gar in ihrer Gewalt haben, und darnach setzen, steigern und geben mögen, wie theuer sie wollen, oder können. Nun ist droben gesagt, daß die Regel falsch und unchristlich ist, daß jemand sein Gut so theuer gibt, als er will und kann; viel greulicher ist das, daß man drauf ein Gut alleine aufkauft. Welches auch die Käyserlichen und weltlichen Rechte verbieten, und heissens Monopolia, das sind eigennützige Käufe, die in Landen und Städten gar nicht zu leiden sind, und Fürsten und Herren sollten solches wehren und strafen, wenn sie ihr Amt wollten vollführen. Denn solche Kaufleute thun gerade als wären die Creaturen und Güter GOttes alleine für sie geschaffen und gegeben, und als möchten sie dieselbigen den andern nehmen und setzen nach ihrem Muthwillen.

37. Und ob jemand wollte anziehen Josephs Exempel, 1 Mos 41,48.49. wie der heilige Mann alles Korn im Lande einsammlet, und darnach in der theuren Zeit dadurch erkauft alles Geld, Vieh, Land und Leute dem Kͤonig in Egypten, welches je scheinet, als sey es auch ein Monopolion oder Eigennutz gewest. Hierauf ist die Antwort: daß dieser Kauf und Handel Josephs kein Monopolion, sondern ein redlicher gemeiner Kauf gewest ist, wie er im Land gewoͤhnlich war. Denn er wehrete niemand zur guten Zeit einzukaufen. Es war aber seine Weisheit, von GOtt gegeben, daß er des Koͤnigs Korn, da es sieben Jahre wohl gerieth, einsammlete, da die andern nichts oder wenig einsammleten. Denn der Text spricht nicht, daß er alleine habe das Korn eingekauft, sondern habe es eingesammlet in Staͤdten des Koͤnigs. Haben das die andern nicht gethan, der Schade sey ihr; wie der gemeine Mann pflegt ohne Sorge zu zehren, oder auch zuweilen nicht hat, daß er einsammle.

38. Wie wir auch noch sehen, daß, wo nicht Fuͤrsten oder Staͤdte sich mit Vorrath versehen, gemeinem Lande zu gute, da bleibt kein Vorrath oder gar wenig bey dem gemeinen Mann, der sich von einem Jahr ins andere naͤhret des jaͤhrlichen Einkommens. Und ist doch solch Einsammlen kein Eigennutz oder Monopolion, sondern eine recht gute Christliche Fuͤrsichtigkeit, fuͤr die Gemeinde und andern zu gut. Denn es geschiehet nicht also, daß sie alles alleine zu sich reissen, wie diese Kaufleute; sondern von dem, das gemeiner Markt oder jaͤhrlich Einkommen, jedermann gemein, traͤgt, sammlen sie den Schatz, davon andere nicht wollen oder moͤgen sammlen, sondern nur ihre taͤgliche Enthaltung davon nehmen. Auch so meldet die Schrift nicht, daß Joseph darum das Korn habe eingesammlet, daß ers so theuer gebe als er wollte. Denn der Text klaͤrlich spricht, er habs gethan, nicht dem Geiz zu gut, sondern daß Land und Leute nicht verduͤrben. Aber der Kaufgeiz gibts so theuer er will, und sucht seinen Nutz alleine, unangesehen ob Land und Leute dadurch verderben.

39. Daß aber Joseph daruͤber hat alles Geld und Viehe,

dazu allen Acker und Leute unter den Kͦͤnig bracht, scheinet wol nicht Christlich gethan; sintemal er den Dͧͤrftigen sollte umsonst geben, wie das Evangelium und Christliche Liebe lehret. Aber er hat recht und wohl gethan, denn Joseph fͧͤhret das weltliche Regiment, an Kͦͤnigs statt. So habe ich nun oftmals gelehret, daß man die Welt nach dem Evangelio und Christlicher Liebe nicht soll noch mag regieren, sondern nach strengen Gesetzen, mit Schwerdt und Gewalt, darum daß die Welt bͦͤse ist, und weder Evangelium noch Liebe annimmt, sondern nach ihrem Muthwillen thut und lebt, wo sie nicht mit Gewalt gezwungen wird. Sonst, wo man eitel Liebe sollte ͧͤben, da wird jedermann wollen essen, trinken, wohlleben von der andern Gut, und niemand arbeiten, ja jedermann wͧͤrde dem andern das Seine nehmen, und wͧͤrde ein Wesen werden, daß niemand vor dem andern leben kͦͤnnte.

40. Darum hat Joseph recht gethan, weil es GOTT also schicket, daß er um einen gleichen ziemlichen Kauf, den die Zeit gab, alles zu sich brachte, und ließ weltlichem Recht nach das Volk im Zwange bleiben, und verkaufen sich, und alles, was es hatte. Denn in denselben Landen allezeit ein strenge Regiment gewesen ist, und der Brauch, daß man Leute verkauft, wie ander Gut. Daneben hat er ohne Zweifel als ein Christen fromm Mann, keinen Armen lassen Hungers sterben; sondern, wie der Text sagt, nachdem er des Kͦͤnigs weltlich Recht und Regiment hat erhalten, solch Korn dem Land und Leuten zu gut und Nutz eingesammlet, verkauft und ausgethan. Darum ist das Exempel des treuen Josephs so fern von der That der untreuen, eigennͧͤtzigen Kaufleute, als Himmel und Erden von einander sind. Das sey zum Auslauft ungefͣͤhrlich geredt. Nun kommen wir wieder zu den Stͧͤcken.

41. Item, wenn etliche ihre Monopolia und eigennͧͤtzige Kͣͤufe sonst nicht vermͦͤgen aufzurichten, weil andere da sind, die auch dergleichen Waar und Gut haben, fahren sie zu, und geben ihr Gut so wohlfeil, daß die andern nicht mͦͤgen zukommen, und zwingen sie damit dahin, daß sie

entweder nicht müssen feil haben, oder mit ihrem Verderben so wohlfeil geben, als jene. Also kommen sie doch zum Monopolion. Diese Leute sind nicht werth, daß sie Menschen heissen, oder unter Leuten wohnen, ja sie sind nicht werth, daß man sie unterweisen oder ermahnen sollte; sintemal der Neid und Geiz so grob, unverschämt hie ist, daß er auch mit seinem Schaden andere zu Schaden bringt, auf daß er ja alleine auf dem Platze sey. Recht thäte hie weltliche Obrigkeit, daß sie solchen nähme alles, was sie hätten, und triebe sie zum Lande aus. Solche Stücke wären wol nicht noth zu erzehlen; aber ich will sie darum mit eingemenget haben, daß man sehe, welche grosse Büberey in Kaufshändeln sey, und an den Tag komme vor jedermann, wie es zugehet in der Welt, sich vor solchem gefährlichen Stande wissen zu hüten.

42. Item, das ist auch ein feines, wenn einer dem andern verkauft mit Worten im Sacke die Waare, die er selbst nicht hat. Nemlich also: Es kömmt ein fremder Kaufmann zu mir, und fragt, ob ich solche oder solche Waare feil habe? Ich spreche: Ja; und habe doch keine, und verkaufe ihm doch dieselbige um 10. oder 11. Gülden, die man sonst um 9. oder näher kauft, und sage ihm zu, über zween oder drey Tage dieselbige zu überreichen. Indeß gehe ich hin und kaufe solche Waare, da ich vorhin wohl wußte, ich würde sie näher kaufen, denn ich sie ihm gebe, und überreiche ihm dieselbige, und er bezahlet mir sie, und handele also mit seinem, des andern eigen Geld und Gut, ohn alle Gefahr, Mühe und Arbeit, und werde reich. Das heißt fein sich auf der Gassen ernähret durch fremd Geld und Gut, daß man nicht darf über Land oder Meer ziehen.

43. Item, das heißt auch sich auf der Gassen nähren: wenn ein Kaufmann den Beutel voll Geld hat, und nicht mehr will mit seinen Gütern über Land oder Meer Ebentheuer stehen, sondern gewissen Handel haben; so bleibt er immer in einer grossen Kaufstadt, und wo er einen Kaufmann weiß, der gedränget wird von seinen Leihern, daß er Geld muß haben zu zahlen, und doch nicht hat, sondern

noch gute Waar hat; so macht jener einen aus von seinetwegen, der diesem die Waare abkaufen soll, und beut um 8. Gülden, da es sonst gerne 10. Gülden gilt; will derselbe nicht, so macht er einen andern aus, der ihm sechs oder sieben beut, daß der arme Mann sorgen muß, die Waare wollen abschlagen, und froh wird, daß er die Acht nimmt, auf daß er baar Geld krige, und nicht allzu grossen Schaden und Schande tragen müsse. Auch geschiehts, daß solch benöthigte Kaufleute selbst solche Tyrannen ansuchen, und die Waar anbieten, um baar Gelds willen, daß sie bezahlen mögen; so halten sie denn hart, bis sie die Waar wohlfeil gnug krigen, und darnach geben wie sie wollen. Solche Finanzer heiß man die Gorgelstecher oder Kehlstecher, sind aber für grosse geschickte Leute gehalten.

44. Item, das ist auch ein Griff des Eigennutzes, daß drey oder vier Kaufleute haben einerley oder zweyerley Waare unter ihren Händen, welche andere Leute nicht haben, oder nicht feil haben. Wenn sie nun merken, daß solche Waar will Geld gelten, und alle Tage theurer wird, von Kriegs wegen oder Unfalls halben, so rotten sie sich, und geben den andern für, wie solche Waare fast gesucht werde, und nicht viel sind, die dergleichen feil haben. Sind aber etliche, die dergleichen haben, so mutzen sie einen Fremden aus, den lassen sie alle solche Waar aufkaufen. Wenn sie denn dieselbige Waare ganz in ihren Händen haben, machen sie einen Bund miteinander, auf die Weise: Wir wollen diese Waar, weil keine mehr vorhanden ist, so und so hoch aufs Geld halten, und welcher sie näher gibt, der soll so viel oder so viel verfallen seyn.

45. Diß Stück, höre ich, treiben die Engelländer Kaufleute am gröbesten und meisten, wenn sie Englische oder Lundische Tücher verkaufen. Denn man sagt, sie halten einen besondern Rath zu diesem Handel, wie ein Rath in einer Stadt; und dem Rath müssen alle die Engelländer gehorchen, die Englische oder Lundische Tücher verkaufen, bey genannter Strafe. Und durch solchen Rath wird bestimmt, wie theuer sie ihre Tücher geben sollen, und welchen

Tag oder Stunde sie sollen feil haben oder nicht. Der Oberste in diesem Rath heißt der Koyrtmeister, und ist nicht viel weniger gehalten, denn ein Fürst; da siehe, was der Geiz vermag, und vornehmen darf.

46. Item, ich muß das Stücklein auch melden: Ich verkauf einem auf ein halb Jahr Pfeffer, oder deßgleichen, und weiß, daß er denselben von Stund an muß wieder verkaufen, um baar Gelds willen zu machen. So gehe ich selber hin, oder richte es durch andere aus, und laß ihm den Pfeffer um baar Geld wieder abkaufen; doch also, was er mir auf ein halb Jahr hat um zwölf Gülden abgekauft, das kaufe ich ihm ab um achte. Und der gemeine Kauf ist zehen Gülden. Also kauf ich ihm um zween Gülden näher ab, denn der gemeine Markt gibt, und er hat mir um zween Gülden höher abkauft, denn gemeiner Markt gibt. So gewinne ich hinten und vorne, nur darum, daß er Geld krige und Glauben halte, er möchte sonst mit Schanden bestehen, daß ihm niemand mehr borgete.

47. Welcher nun solche Finanzen treibt, oder treiben muß, wie denen geschieht, die mehr auf Borg kaufen, denn sie bezahlen mögen; als, wenn einer kaum zwey hundert Gülden vermag, und führet einen Handel auf fünf oder sechs hundert Gülden, wenn nun meine Schuldiger nicht zahlen, so kann ich auch nicht zahlen, so frißt der Unrath weiter ein, und kommt ein Verlust auf den andern, je mehr ich die Finanz treibe, bis ich merke, es wolle an Galgen, ich müsse entlaufen, oder im Thurm sitzen. So schweige ich stille, und gebe meinen Borgern gute Wort, ich wolle sie redlich bezahlen. Indeß gehe ich hin, und nehme noch so viel Güter auf Borg, als ich kann, und mache dieselbigen zu Gelde, oder nehme sonst Geld auf Wechsel, oder entleihe so viel, wie ichs bekommen kann.

48. Wenn mirs denn am gelegensten ist, oder meine Borger mir nicht Ruhe lassen, so sperre ich mein Haus zu, stehe auf und laufe davon, verstecke mich irgend in ein Kloster, da ich frey bin, wie ein Dieb und Mörder auf einem Kirchhofe. Da werden denn meine Borger froh, daß ich nicht gar aus

dem Lande laufe, und schelten mich quitt den 2ten oder 3. Pfennig aller meiner Schuld, und daß ich das Hinterstellige in zwey oder drey Jahren bezahlen soll; deß geben sie mir Brief und Siegel, so komme ich wieder in mein Haus, und bin ein Kaufmann, der mit seinem Aufstehen und Laufen zwey oder drey tausend Gülden gewonnen hat, die ich sonst in drey oder vier Jahren weder mit rennen noch traben hätte mögen erlangen.

49. Oder, wo diß nicht helfen will, wo ich sehe, daß ich entlaufen muß, so gehe ich an des Käysers Hof, oder zu seinen Statthaltern; da kann ich um ein oder zwey hundert Gülden ein Quinquernell krigen, das ist, Käyserlichen Brief und Siegel, daß ich mag zwey oder drey Jahr frey seyn, gehen und stehen vor allen meinen Borgern, darum, daß ich grossen Schaden gelitten haben soll nach meinem Angeben; daß die Quinquernelle auch eine Nase habe, als ginge es göttlich und recht zu. Das heissen aber Bubenstücke.

50. Item, ein ander Stücklein, das in den Gesellschaften gänge ist. Es legt ein Bürger sechs Jahr lang zu einem Kaufmann ein, zwey tausend Gülden, damit soll der Kaufmann handeln, gewinnen oder verlieren, und dem Bürger jährlich zwey hundert Gülden gewisser Zinse davon geben; was er aber darüber gewinnet, ist sein. Gewinnet er aber nichts, muß er doch die Zinse geben. Und der Bürger thut dem Kaufmann grossen Dienst daran. Denn der Kaufmann meynet mit zwey tausend wol drey hundert zu gewinnen. Wiederum, thut der Kaufmann dem Bürger einen grossen Dienst daran; denn sein Geld müßte sonst stille liegen, und keinen Gewinn bringen. Wie diß gemeine Stücklein unrecht sey, und ein rechter Wucher, habe ich im Sermon vom Wucher genügsam erzehlet.

51. Noch eins muß ich erzehlen, zum Exempel, wie das falsche Borgen und Leihen in Unglück führet. Es sind etliche, wenn sie merken, daß der Käufer ungewiß ist und seine Zeit nicht hält, die können sich selbst fein bezahlen, auf die Weise: Ich richte einen fremden Kaufmann zu, daß er hingehe, und jenem seine Waare abkaufe, es sey hundert Gül-

den oder deßgleichen, und spricht: Wenn du seine Waare hast alle abgekauft, so sage ihm baar Geld zu, oder weise ihn auf einen gewissen Schuldiger; und wenn du die Waare hast, so führe ihn zu mir, als zu deinem Schuldiger, und thue als wüßtest du nicht, daß er mir schuldig ist; so werde ich bezahlet und gebe ihm nichts. Das heißt finanzen, und den armen Mann in Grund verderben mit allen, denen er vielleicht auch schuldig ist. Aber so soll es gehen, wo man unchristlich borget und leihet.

52. Item; Man hat auch gelernt, eine Waare oder Gut zu setzen, oder zu legen, da es zunimmt, als Pfeffer, Ingber, Safran, in feuchte Gewölbe oder Keller, daß am Gewichte schwerer werde. Also auch wöllen Gewand, Seiden, Marder, Zobeln, in finstern Gewölben und Krämen feil zu haben, und die Luft verstopffen, wie der Brauch allenthalben ist, daß man schier zu einer jeglichen Waare weiß eine besondere Luft zu machen. Auch keine Waare ist, man weiß einen besondern Vortheil drauf, es sey mit messen, zählen, mit Ellen, Maaß oder Gewichte. Und daß man ihr eine Farbe macht, die sie von ihr selbst nicht hat. Oder man leget das hübschste unten und oben, und das ärgste mitten inne; also daß solche Trügerey kein Ende hat, und kein Kaufmann dem andern weiter trauen darf, denn er siehet und greift.

53. Nun ist bey den Kaufleuten eine grosse Klage über die Edelleute oder Räuber, wie sie mit grosser Gefahr müssen handeln, und werden drüber gefangen, geschlagen, geschätzt und beraubet etc. Wenn sie aber solches um der Gerechtigkeit willen litten, so wären freylich die Kaufleute heilige Leute, die solches litten. Wiewol es seyn mag, daß etwa einem vor GOtt unrecht geschähe, daß er der andern entgelten muß, in welcher Rotte er gefunden wird, und bezahlen, was ein andrer gesündiget hat. Aber weil solch groß Unrecht und unchristliche Dieberey und Rauberey über die ganze Welt durch die Kaufleute, auch selbst untereinander geschieht; was ists Wunder, ob GOtt schaft, daß solch groß Gut, mit Unrecht gewonnen, wiederum verloren oder geraubt wird, und sie selbst darzu über die Köpffe geschlagen

oder gefangen werden? GOTT muß je das Recht handhaben; wie er sich einen rechten Richter rühmen läßt, Ps. 10,16.

54. Nicht, daß ich damit die Strassenräuber oder Strauchdiebe will entschuldiget oder Urlaub gegeben haben, ihre Rauberey zu treiben. Es ist der Landesfürsten Schuld, die ihre Strassen sollten rein halten, den Bösen eben sowol zu gut als den Frommen. Und den Fürsten gebühret, solche unrechte Kaufshändel mit ordentlicher Gewalt zu strafen und zu wehren, daß ihre Unterthanen nicht so schändlich von den Kaufleuten geschunden würden. Weil sie das nicht thun, so braucht GOtt der Reuter und Räuber, und straft durch sie das Unrecht an den Kaufleuten, und müssen seine Teufel seyn; gleichwie er Egyptenland und alle Welt mit Teufeln plagt, oder mit Feinden verderbet. Also stäupet er einen Buben mit dem andern; ohne daß er dadurch zu verstehen gibt, daß die Reuter geringere Räuber sind, denn die Kaufleute: sintemal die Kaufleute täglich die ganze Welt rauben, wo ein Reuter im Jahr einmal oder zwey einen oder zween beraubt.

VON GESELLSCHAFTEN.

55. Von den Gesellschaften sollte ich wol viel sagen, aber es ist alles grund- und bodenlos, mit eitel Geiz und Unrecht, daß nichts dran zu finden ist, das mit gutem Gewissen zu handeln sey. Denn wer ist so grob, der nicht siehet, wie die Gesellschaften nichts anders sind, denn eitel rechte Monopolia? welche auch die weltlichen heydnischen Rechte verbieten, als ein öffentlich schädlich Ding aller Welt; ich will des göttlichen Rechts und Christliches Gesetz schweigen. Denn sie haben alle Waare unter ihren Händen, und machens damit wie sie wollen, und treiben ohne alle Scheu die obberührten Stücke, daß sie steigern oder niedrigen nach ihrem Gefallen, und drucken und verderben alle geringe Kaufleute, gleichwie der Hecht die kleinen Fische im Wasser; gerade als wären sie Herren über GOttes Creaturen, und frey von allen Gesetzen des Glaubens und der Liebe.

56. Daher kommt es, daß man in aller Welt muß die Würze so theuer kaufen, als sie wollen, und treiben den Wechsel. Heuer steigern sie den Ingber, über ein Jahr den Saffran, oder wiederum; daß je allezeit die Krümme in die Beuge komme, und keinen Verlust, Schaden noch Gefahr leiden dürfen: sondern, verdirbt oder fehlet der Ingber, so erholen sie sichs am Saffran, und wiederum, auf daß sie ihres Gewinnsts gewiß bleiben. Welches wider die Art und Natur ist, nicht allein der Kaufsgüter, sondern aller zeitlicher Güter, die GOtt will unter der Gefahr und Unsicherheit haben. Aber sie habens funden und troffen, daß sie durch gefährliche, unsichere, zeitliche Waare, sichern, gewissen, und ewigen Gewinnst treiben. Aber darüber muß gleichwol alle Welt ganz ausgesogen werden, und alles Geld in ihren Schlauch sinken und schwemmen.

57. Wie sollte das immer mögen göttlich und recht zugehen, daß ein Mann in so kurzer Zeit so reich werde, daß er Könige und Käyser auskaufen möchte? Aber weil sie es dahin gebracht haben, daß alle Welt in Gefahr und Verlust muß handeln, heuer gewinnen, über ein Jahr verlieren, aber sie immer und ewiglich gewinnen, und ihren Verlust mit ersteigertem Gewinn büssen können; ists nicht Wunder, daß sie bald aller Welt Gut zu sich reissen. Denn ein ewiger gewisser Pfennig ist ja besser, denn ein zeitlicher ungewisser Gülden. Nun kaufschlagen yhe solche Gesellschaften mit eitel ewigen gewissen Gülden, um unsere zeitlichen ungewissen Pfennige. Wie sollte noch Wunder seyn, daß sie zu Königen, und wir zu Bettlern werden?

58. Könige und Fürsten sollten hier drein sehen, und nach gestrengem Recht solches wehren; aber ich höre, sie haben Kopf und Theil dran; und gehet nach dem Spruch Esaiä 1,23: Deine Fürsten sind der Diebe Gesellen worden. Dieweil lassen sie Diebe hängen, die einen Gülden oder halben gestohlen haben, und handthieren mit denen, die alle Welt berauben, und stehlen sehrer, denn alle andre; daß ja das Sprüchwort wahr bleibe: Grosse Diebe hängen die kleinen Diebe; und wie der Römische Rathsherr Cato sprach:

Schlechte Diebe liegen in Thürmen und Stöcken, aber öffentliche Diebe gehen in Gold und Seiden. Was wird aber zuletzt GOtt dazu sagen? Er wird thun, wie er durch Ezechiel spricht, Fürsten und Kaufleute, einen Dieb mit dem andern in einander schmelzen, wie Bley und Erz, gleich als wenn eine Stadt ausbrennet, daß weder Fürsten noch Kaufleute mehr seyn, als ich besorge, daß schon vor der Thür sey. Wir gedenken uns doch nicht zu bessern, wie groß auch die Sünde und Unrecht sey. So kann er auch Unrecht ungestraft nicht lassen.

59. Darum darf niemand fragen, wie er möge mit gutem Gewissen in den Gesellschaften seyn. Kein andrer Rath ist, denn: Laß abe; da wird nichts anders aus. Sollen die Gesellschaften bleiben, so muß Recht und Redlichkeit untergehen. Soll Recht und Redlichkeit bleiben, so müssen die Gesellschaften untergehen. Das Bette ist zu enge, spricht Esaias, eines muß heraus fallen, und die Decke ist zu schmal, kann beyde nicht zudecken. Nun weiß ich wohl, daß mein Schreiben ihnen übel gefallen wird, und werden vielleicht alles in Wind schlagen, und bleiben, wie sie sind. Aber ich bin doch entschuldigt, und habe das Meine gethan, auf daß man sehe, wenn GOtt nun mit der Ruthe kommen wird, wie redlich wirs verdienet haben. Hätte ich Eine Seele damit unterrichtet, und erlöset von dem Schlund, so hätte ich nicht umsonst gearbeitet.

60. Wiewol ich hoffe, es sey durch sich selbst so hoch und schwer worden, wie ich droben auch gesagt habe, daß sichs selbst nicht länger tragen wird, und man zuletzt davon muß ablassen. Summa, ein jeglicher sehe auf sich. Mir zu Liebe oder Dienst darf niemand solches lassen: also darfs auch mir zu Trotz und Leide niemand annehmen oder behalten. Es gilt dir, nicht mir. GOtt erleuchte uns und stärke uns, seinen guten Willen zu thun, Amen.

JOHANNES COLER
OECONOMIA, ODER HAUSSBUCH
1632

DAS ERSTE BUCH
OECONOMIÆ.

Das I. Capitel.
Von denen Leuten / die zuvor auch von der Oeconomia geschrieben.

Ich mache mir keinen zweiffel / es werden viel Nasenweise Leute sein / denen diß mein Vornemen sehr lecherlich vnd spöttlich vorkommen wird / daß ich mich vnterstehe von solchen schlechten geringen dingen zuschreiben / welche die Leute allezeit in henden haben / vnd teglich damit vmbgehen: wie man denn im Sprichwort pfleget zu sagen / können wir nicht alle tichten / so wollen wir doch alle richten. Item / wer am Wege bawet / der hat viel Auffmercker. Aber wenn dieselbige Klüglinge wüsten vnd gleubten / daß Haußhaltung so eine grosse schwere Kunst were / die auch sein lebenlang niemahls keiner hat außstudieren können / so würden sie nicht allein solch mein Vornehmen nicht tadeln / sondern auch mich vnd andere gute Leute bitten / daß wir nur offt vnd viel von diesen dingen schrieben / vnd sie würden Tag vnd Nacht in diesen vnd dergleichen Büchern studieren vnd lesen / daß sie sich vnd die jhrigen in dieser Welt / auch mit Gott vnd Ehren / ernehren vnd erhalten könten. Aber wie dem allen / so muß man solche Spötterey Gott vnd der zeit befehlen / vnd nichts desto weniger thun / was recht ist / sintemal die Liebe des Nehesten erfordert / das ein Mensch dem andern / ja auch seinen Feinden guts thun soll / vnd einem jedern mit Rath vnd That helfen /

foͤrdern vnd dienen / wo / wenn / vnd womit er jmmer kan vnd mag.

So siehet man auch / daß viel hochgelehrte / weise / verstendige Leute / die sonst mit mechtigen hohen Sachen zu thun gehabt / lange vor mir / eben mit solchen dingen vmbgangen / vnd von Haußhaltung / Viehewartung / Akkerbaw / Gaͤrten / Weinbergen / Bienen / vnd andern Haͤußlichen Sachen / viel schoͤnes dinges geschrieben haben / welches allen jhren Nachkomen endlichen lieb gewesen / vnd noch bis auff heutigen Tag in Schrifften erhalten worden / wie man siehet im Xenophonte, Aristotele, Hesiodo, Theocrito, Virgilio, Catone, Varrone, Columella, Cicerone, Plinio, Petro de Crescentiis, Constantino Quarto, vnd vielen andern guten Haußwirten vnd Naturkuͤndigern mehr.

Derwegen ich auch mit meinen Vorfahren schliessen vnd sagen muß: Præsens malè judicat ætas, judicium melius posteritatis erit: Jetzt koͤnnen die Leute viel fluchens vnd scheltens / aber vnsere Nachkommen werdens vergelten / was wir jtzund mit schreiben / lehren vnd vnterrichten bey der Haußhaltung thun.

Das II. Capitel.
Was Oeconomia oder Haußhaltung sey?

Οικόνομος Dispensator, ein Haußhalter / vom ὄικος vnd νέμειν, quod distribuat, disponat ac dispenset, quæ ad rem domesticam pertinent; ὀικονομικὴ, ars Oeconomica, oder Haußhaltung / ist nichts anders / denn eine sonderliche Geschickligkeit / mit allem deme / daß ein Haußwirt in vnd ausserhalb seines Hauses zu Erb vnd eigen hat / also vnd auff diese weise vmbzugehen vnd zu gebahren / daß er nicht allein sich / sein Weib / Kinder / Gesinde / vnd Viehe zur Notturfft außhalten: Sondern auch das Jahr durch etwas zimliches eruͤbrigen kan / damit er folgendes Kirchen vnd Schulen / seinem Vaterlande / Weib vnd Kindern / guten Freunden / vnd anderen Hauß- oder sonst armen Leuten /

willfahren vnd dienen kan. Denn ein rechter Haußhalter soll nicht allein erwerben / sondern auch eruͤbrigen / vnd das vbrige erworbene beylegen vnd erhalten / daß er einen Noth/Ehr/Zehr vnd Dienstpfennig haben kan. Deñ wenn er als bald mit grosser gewalt vnd hauffen weise / alles widerumb verschwenden / durch den Kragen vnd Magen jagen wolte / was er einmahl erworben hat / so were er gleich einem / der Wasser in ein Faß / darinnen kein Boden wer / giessen / vnd dasselbige fuͤllen wolte. Wie nun der sein Faß nim̃ermehr wuͤrde voll machen / also wuͤrde auch ein solcher Haußwirt nimmermehr reich werden. Wer da will mehr verzehren / denn sein Pflug kan ernehren: Der muß zu letzt verderben / oder vielleicht am Galgen sterben. Darumb muß ein Haußwirth weise / verstendig / vorsichtig / sparsam vnd darneben fleissig sein / in allen seinen Sachen / soll er anders mit seiner Haußhaltung fortkommen / vnd seinem Hause so vorstehen / daß er Nutz vnd Frommen / Ehr vnd Lob davon haben kan.

Zum wenigsten mus ein Haußwirth seine Haußhaltung theilen in drey oder vier Theil. Ein Theil gehet auff den Ackerbaw / vnd das nimmet auch der Ackerbaw wider weg. Das ander gehet auff die Speiß vnd erhaltung seiner selbst / seines Weibes / Kinder / Gesinde vnd Viehe. Das dritte gibt man dem Schmiede / Stellmacher / der Kirchen vnd Schulen vnd der Obrigkeit. Was darnach vberbleibet / daß legt man zum Vorrath weg. Kuͤrtzlich darvon zu reden / so ist die Oeconomia eine Kunst / oder geschickligkeit / das heußliche Gut zuverwalten. Dieser Kunst Subjectum oder Materia in qua, damit sie vmbgehet / ist / die Haußhaltung treiben / die Haußhaltung also tractiren vnd handeln / daß seine Nahrung nicht ab / sondern zunimmet / vnd von tage zu tage mehr vnd groͤsser wird /wechset vnd sich vermehret / daß man seinen zeitlichen auffenthalt darvon haben kan.

Drey ding mus ein Haußwirth in grosser acht haben. 1. Daß er alles boͤse fliehe vnd meide / vnd keine schande vnd laster in seiner Haußhaltung einreissen lasse. 2. Daß er Vorsichtig vnd Arbeitsam sey / vnd die Kunst wisse vnd fleissig treibe / damit des Lebens Nothdurfft erworben werde. 3. Daß er Zucht vnd Erbarkeit in seinem Hause vnd Hofe erhalte / vnd sich gegen sein Weib vnd Kinder recht wisse zuverhalten.

Es soll auch ein Haußwirth oder Haußvater sich sonderlich vor diesen Lastern wol huͤten vnd vorsehen / nemlich vor faulheit vnd tregheit / vor verseumnis vnd vor Spielerey / vor begierde gute Leckerbislein zu essen vnd zu trincken / vnd schoͤne Kleider zu tragen / Er soll auch Vnkeuschheit / Trunckenheit vnd Ehrgeitz meiden.

Moͤchte hier einer fragen / was fuͤr eine Kunst einem Haußvater zu wissen noͤtig sey? Davon sagt Cicero, vnter allen dingen / daraus man etwas bekoͤmpt / ist nichts bessers vn̄ nuͤtzlichers / nichts fruchtbarers noch lieblichers auch nichts wuͤrdigers vnd lustigers / denn der Ackerbaw. Darvon redet Cicero nicht vbel: Aber gleichwol sein die Handwerkke auch nicht zu verachten / als der Schneider Handwerck / Schuster Handwerck / Schmiede Handwerck / Becker Handwerck / Fischhandwerck / vnd andere mehr / denn damit koͤn̄en die Leute jhre Nahrung auch mechtig foͤrdern / vnd sich reichlich vnd wol erhalten.

Das jhm ein Haußwirth einen guten Garten zeuget / gute Wiesen / Teiche vnd Fischerey / Hoͤltzung / vnd andere sachen mehr schaffet / kan an Gottfuͤrchtigen vnd fleissigen Leuten auch nicht getadelt werden / So mus er auch gute Viehezucht haben / vnd dieselbige wol warten / so bringet sie einem Wirth das Jahr durch viel guts ins Hauß / vnd lest jhn / sein Weib / Kinder vnd Gesinde das Jahr durch keine Noth leiden.

Das III. Capitel.
Wie vielerley Haußhaltung sey.

Es sind in der Welt in gemein zweyerley Oeconomiæ, Eine Geistliche vnd eine Weltliche. Die Geistliche ist in der Kirchen in Geistlichen Sachen / den Bischoffen / Pfarherrn vnd Predigern bekant / welche die Schrifft Gottes Haußhalter nennet. Die Weltliche ist in der Welt / Buͤrgern / Bawren / Edelleuten / Fuͤrsten / vnd in summa allen Weltkindern bekant / Von der ersten wollen wir hier nichts sagen / denn die gehoͤret an einen andern Ort / Sondern allein von der Andern / welche wider in vier Theil kan getheilet werden / in eine Keyserliche oder Fuͤrstliche Haußhaltung / in eine Adeliche Haußhaltung / in eine Haußhaltung / die bey den Obrigkeiten der Staͤdte vblich vnd breuchlich ist / vnd letzlich in eine Buͤrgerliche oder Privat Haußhaltung. Die Fuͤrstliche / darein Muͤntze / Zoͤlle / Kauffmanschafft / Kriegs vnd andere Sachen gehoͤren / lassen wir jtzund bleiben / von der Adelichen / die ein jeder auff seinem Grunde vnd Boden hat / wollen wir hier auch nicht sonderlich viel sagen / sondern allein von der Buͤrgerlichen vnd Baͤwrischen oder Privat Nahrung. Doch soll vnser Vnterricht also bewand seyn / daß auch wol Fuͤrsten / Graffen / Edelleut / Amptleute / Buͤrger vnd Bawren / vnd ein jeder so mit Nahrung vmbgehet / hier etwas zur Nachrichtung in seiner Wirthschafft haben vnd finden werden / wiewol vnser intent nur ist / von gemeiner Haußhaltung zu schreiben.

Das IV. Capitel.
Von den Personen / die in eine Haußhaltung gehoͤren.

Die Oeconomia ist eine Monarchia, das ist / ein solch Regiment / darinnen nur einer herrschet vnd regieret / nemlich der Wirth im Hause / der mus allein Herr im Hause seyn / nach dem mus sich alles / was im gantzen Hause ist / richten / wie die Schiffleute nach der Cynolura. Darnach ist im Hause ein Weib / ein hauffen Kinder / ein hauffen Knechte vnd Maͤgde / die muͤssen dem Wirthe folgen vnd gehorsam seyn. Denn wenn der Knecht mehr denn der Herr / die Magd mehr denn die Fraw im Hause seyn wil / so wird das Haußregiment nicht lange wehren / wie Homerus sagt:

Viel koͤnnen nicht regieren zugleich /
Nur einer gehoͤrt in ein Koͤnigreich.

Das V. Capitel.
Vom Haußwirth.

Ein Haußwirth mus ein Gottfuͤrchtiger / weiser / verstaͤndiger / erfahrner vnd wolgeuͤbter Mann seyn / der Gott vor Augen habe / vleissig bete vnd arbeite / vnd niemands vnrecht thue / weder seinen Nachbarn / oder seinem Gesinde / denn also erhelt man Liebe vnd Freundschafft / vnd einen guten willen bey allen Menschen. Es muͤssen jhme auch alle Vmbstaͤnde vnd gelegenheit des Orts / in welchem er ist vnd wohnet / wol bekandt seyn / er mus sein Weib / Kinder vnd Gesinde mit grosser bescheidenheit zu regieren wissen / vnd einem jedern teglich seinen theil zu ordnen / was er im Hause / Hofe / Felde / Wiesen / Gaͤrten / Weinbergen / oder sonst in der Nahrung thun soll. Er mus auch die Natur vnd Eigenschafft eines jedern Orts / den er vnter seiner Macht vnd Gewalt hat / gar eigentlich kennen / vnd wissen / was er vor Nutz vnd frommen von einem jedern Garten / Wiesen / Acker / Weinberg / Hoͤltzung / Fischereyen / Jagten / vnd dergleichen haben kan / Item / wie er einen jeden Ort zurichten vnd bawen soll / was er tregt oder nicht tregt. Denn wie man sagt: Non omnis fert omnia tellus, Ein Land tregt nicht allerley / ein jeder Acker / Grund vnd Boden hat seine sonderliche Eigenschafft / die muß ein Haußwirth alle wissen. Plin. lib. 17. cap. 5. lib. 18. cap. 22. Drumb sagt Columell. lib. 1. cap. 17. Felicissimus fundus, qui colonos indigenas habet, wol dem Acker / bey dem sein Herr gebohren vnd erzogen ist. Columella lib. 1. cap. 2. saget / Agrum pessime mulctari, cujus Dominus, quid in eo faciendum sit, non docet: Wenn der Herr die Natur des Ackers nicht weis / so wird er vbel gestrafft.

Auch mus er fleissig achtung geben / auff andere Einwohner des Orts / da er ist / vnd wie sie mit jhren Eckern vnd Landguͤtern vmbgehen / denen mus er auch / da ers nicht verbessern kan / nachfolgen / als die lange im Lande gewohnet / vnd dasselbe eine lange zeit vor jhme gebawet haben. In summa / er mus seine Augen in allen winckeln haben / vnd auff die gantze Nahrung sehen / vnd wie Socrates pfleget zu sagen / auff den Abend der letzte zu Bette / vnd des Morgens der erste wider heraus seyn / vnd alle oͤrter innerhalb vnd ausserhalb der Stadt oder des Dorffs offt vnd fleissig besichtigen / daß man mit seinen Landguͤtern recht vmbgehet. Wie man auch sonst pfleget zu sagen / das ist der beste Mist / der den Acker am besten duͤnget / welcher von der Herren Schuch fellet: Item, oculus Domini impinguat equum. Des Herren Auge machet die Rosse fett.

Ein Haußwirth soll sich nicht schemen / alle Tage Morgens vnd Abends in alle Stelle selbst herumb zu gehen / vnd zu besehen / wie sein Viehe / sonderlich aber die Rosse / stehen / vnd gewartet werden. Ja er soll auch bisweilen des Nachts auffstehen / vnd sich im Hofe vmbsehen / vnd hoͤren / ob etwan moͤchte ein Viehe schreien / ein Dieb einbrechen / ein Fewer auffgehen / wie denn bisweilen das Gesinde mit dem Fewer sehr vnvorsichtig vmbgehet. Summa, Domini diligentia bonos facit ministros, sagt Aristoteles in Oeconom: Nisi enim Paterfamilias diligentiæ exempla præbuerit, frustra vicarios diligentes expectabit. Vnd Xenophon, sub hero ignavo, servos bonos nunquam sperandos. Er mus auch ein Mannes Hertz im Leibe haben / vnd sich das Weib / den Knecht / die Magd / nicht zwingen oder regieren lassen / daß er jhnen folgen wolte / wenn er ein ding besser verstuͤnde / denn sie: Doch kans bißweilen wol kommen / daß ein verstendig Weib / Knecht oder Magdt guten Rath im Hause mittheilen koͤnnen / darinnen einer billich folget / wie Cato sagt / Utile consilium dominus ne despice servi, wenn ein Knecht seinem Herren etwas gutes raͤth / so soll er jhm folgen / Uxoris linguam, si frugi est, ferre memento, wenn dir dein Weib etwas nuͤtzliches raͤth / so soltu jhr folgen. Quia unus oculus non omnia videt, ein Auge sihet nicht alles / & plus vident oculi, quàm oculus, viel Augen sehen mehr denn eins. Auch soll ein Haußwirth fein sittsam seyn / wie Syrach am 4 Capitel spricht: Sey nicht ein Loͤwe in deinem Hause / vnd ein Wuͤterich gegen deinem Gesinde: Es sey denn das es die hohe Noth erforderte / daß er sich gegen seinem Weibe / Kindern vnd Gesinde ernstlich stellen muͤste / daß er sie zu gehorsam brechte. Er soll auch gut vnd fleissig Gesinde vmb sich haben / das mit denen sachen / darzu sichs vermietet / wol weis vmbzugehen / vnd dasselbe fleissig halten zum Gebet / Gottes Wort / aller Zucht vnd Erbarkeit: Schelten / fluchen vnd alle leichtfertigkeit verbieten. Seine groͤste muͤhe vnd allen fleis soll er auff die Kinder legen / daß die in rechter wahrer Gottesfurcht / in guten Kuͤnsten vnd Sitten aufferzogen / vnd fein ehrlich gehalten werden. Denn die sein anima domus, die Seele des Hauses / vmb derer willen segnet GOtt das gantze Haus / vnd gibt Gluͤck zu aller Nahrung / wenn die Gottfuͤrchtig / fein Erbar vnd zuͤchtig seyn / vnd beten fleissig / so koͤnnen sie bey Gott viel erhalten. Daher man aber recht vnd wol saget / daß die Kinder nicht mit vns / sondern viel mehr wir mit den Kindern essen.

Es soll auch ein Haußwirth sein Weib schuͤtzen vnd handhaben / vnd sich mit jhr nicht vbel begehen / dasselbe vbel halten / lestern / schmehen / schlagen / denn wenn solches das Gesinde siehet vnd hoͤret / so verachtets die Wirtin auch / vnd hat darnach das Weib keinen gehorsam bey jnen / dadurch endlich ein groß vnheil vnd mercklicher schade einem Haußwirt in seiner Nahrung entstehen kan. Summa wie sich ein Wirth in seinem Hause helt / so wird er vom Gesinde wider gehalten. Er mus sich auch mit dem Gesinde nicht zu gemein machen / viel weniger mit jhnen schertzen oder spielen / denn hiedurch kan man auch seine autoritet vñ ansehen bey jnē gar leichtlich verlieren / daß darnach auff die Herrschafft wenig gesehen vnd gegeben wird. So soll er auch dem Gesinde seine Nothdurfft im Essen vnd Trincken geben / wie Cato sagt / lib. 5, Familiæ ut bene sit provideto, ne algeat, ne esuriat, verschaffe / das dein Gesinde keine noth leide / weder an Essen vnd Trincken / noch Kelte. Er mus auch daß Gesinde nicht muͤssig gehen lassen / denn es heist / ἀργία κακουργίας αρχὴ , homines nihil agendo, male agere discunt, wie Cato sagte. Aristoteles lib. 1. Oecon.

spricht / Einem Knechte gehören drey dinge / ἔργον, κόλασις vnd τροφὴ, Arbeit / Straff / Essen vnd Trincken. Dergleichen Syrach im 33. Capitel haben wil. Doch wil Aristoteles das man Knechten keinen Wein zu trincken geben soll.

Hier felt mir noch eine nothwendige Lehre ein / die ich einem jedern Haußwirthe geben muß / doch wil ich sie jhme in geheim vertrawen / das seine Fraw nichts darvō wisse. Es hat der Teuffel dz arme weibliche Geschlecht mit einer jn̄erlichen heimlichen Hoffarth im ersten Fall sonderlich behenget / das sie gerne hoch vnd in grossem ansehen seyn wil / vnd wil jmmer vom Manne viel schöne Kleider / Hoffart vnd Geschmuck / ein schön groß / hoch / wolgeputzt vnd außgebawet Hauß haben. Denn das Wörtlein / Eritis sicut dij, jhr sollet werden wie die Götter selbst / das der Teufel zur Eva Gen. 3.4. sagte / kön̄en sie noch bis auff heute nicht verdawen. Derwegen denn offtmahlen ein Haußwirth sein Weib fundi sui calamitatem nennen mus / das ist / seiner Nahrung Vnglück. Da soll vnd mus sich nu ein Haußwirth auch in guter acht haben / daß er Doctor Siman auch nicht zu sehr regieren lest / sondern seinem Weibe einrede / daß man sich nicht weiter thue strecken / den̄ man sich kan bedecken. Denn sein Geld / davon man sich nehren sol / auff lose Lumpen / Sam̄et vnd Seide / daß vber ein Jahr zurissen vnd verschlissen ist / oder auff einen vnnützen Steinhauffen wenden / ist grosse Thorheit. Ein klein Hauß vnd etwas drinnen / ist viel besser / denn wenn einer in einem grossen Hause / als in einer ledigen Scheunen sitzet / vnd seuget die Kothen / hat weder zu brocken noch zu beissen / vnd ist alles schüldig / wird alle stunden geplaget vnd gemahnet. Nu Sapienti satis, Bauers Hauß stehet allezeit am lengsten.

Es soll auch ein guter Haußwirth allezeit bahr Geld im Kasten liegen haben / daß er alles / was er sonsten in seiner Nahrung das gantze Jahr durch bedörffen möchte / zu rechter zeit einkauffe / als Holtz / Getreide / Obst / Butter / Saltz / etc. denn solche dinge steigen vnd fallen offt im Jahr.

Doch soll er nicht Emax, sondern Vendax seyn / Er soll /

wenns nur jmmer moͤglich / nichts keuffen / aber viel verkeuffen / die Kuͤhe / Ochsen vnd Pferde Haͤute soll er nicht verkauffen / viel weniger die Schaffsfelle / Ziegen vnd Bocksfelle / Sondern soll sie jhm vnd seinem Weibe / Kindern vnd Gesinde zurichten / vnd Schue vnd Kleider daraus machen lassen: Es were denn / daß er sie vbrig hette / vnd vor die seinigen im Hause nicht beduͤrffte. So soll er auch sein Schmeer / Speck / Talck oder Vnßlet im Hause haben / Alles alte Eisen / alte zurissene Kleider vnd Schuch / alte Wagenrade / Speichen / Axen / Teichseln / etc. soll er auffheben / vnd nicht so liederlich verbrennen lassen / denn es ist nichts so geringe im Hause / man kans noch zu etwas brauchen: Denn wer etwas heget / wenn ers hat / der greiffet darzu / wenn ers bedarff. Es stehet mechtig vbel / wenn man solche dinge von den Nachbarn borgen soll: denn leihet mans einem ein mahl / so darff man zum andern / dritten oder vierden mahl nicht wider kommen / sondern muß balde hoͤren / schaffe dirs selber / wie ich habe thun muͤssen / so hastu es auch / etc. Sagt mans nicht / das du es hoͤrest / so sagt man dir es doch heimlich im Ruͤcken nach / vnd redet alles vbel von dir. In summa / Geld vnd Gut wird erworben durch fleiß vnd muͤhe / vnd durch eine erbare vnd ehrliche sparsamkeit / wie Cicero saget: Magnum vectigal est Parsimonia, Sparsamkeit ist gleich einem stetigen Zoll / der vnversehens einem ins Hauß geflogen koͤmpt.

Er soll auch gute achtung auff alle Taͤcher seiner Gebaͤwde geben / daß es jhm nirgend einregne / denn solches kan in einem Jahr einem Gebewde grossen schaden thun. Vmb den Ofen vnd Fewerherde soll es alles mit Mawren wol verwahret seyn / daß das Fewer jhm keinen schaden thun kan. Des Nachts soll der Ofen zugemacht werden / dem Gesinde soll er fest seyn / daß sie vorsichtig mit den Lichtern vmbgehen / in den Staͤllen vnd allenthalben.

Das VI. Capitel.
Von der Haußfrawen oder Haußwirthin.

Eine Haußfraw soll auch from vnd Gottfürchtig seyn / jhren Mann lieben vnd gerne beten / Zucht vnd Erbarkeit lieb haben / vnd so wol als jhr Haußwirth / den Kindern vnd Gesinde mit gutem Exempel vorgehen: Jhren grösten fleiß soll sie auch so wol als jhr Mann / auff die Kinder wenden / daß die in Gottesfurcht / Ehr vnd Redligkeit aufferzogen / vnd an Tugend / Kunst vnd Geschickligkeit teglich mögen wachsen vnd zunehmen. Sie soll dem Gesinde / wie sichs auch stellet / nichts vertrawen / sondern das jhrige in guter verwahrung haben / vnd verschlossen halten / vnd die Schlüssel allezeit an jhrer Seiten tragen / sonderlich / wenn sie nicht zu Hause ist / damit jhr vom bösen vntrewen Gesinde / dessen jetzt die ganze Welt voll ist / nichts entwendet oder vervnträwet werde. Man soll dem Gesinde durchaus keine Schlüssel vertrawen / weder zum Kornsöller / noch zur Speisekammer / noch zum Keller / Kisten oder Kasten. Ist etwas zu holen oder heraus zu geben / so sey der Haußwirth oder die Haußwirtin vnbeschweret / vnd gehe selber / vnd gebe heraus was von nöthen ist. Man mus auch seinen eigenen Kindern nicht trawen / denn die werden offt vom Gesinde so verführet / daß sie sich an die Vntrew gewehnen / vnd darnach derselben jhr lebenlang nicht wider loß werden können.

Drumb soll ein rechtschaffener Haußwirth vnd eine rechtschaffene Haußwirthin gute Spürhunde seyn / vnd alle Tage in allen winckeln einmahl herumb suchen / sonderlich in der Knechte vnd Mägde Betten vnd Bettstroh / vnd an andern orten mehr / da man sonst selten pfleget hin zu kommen / als in den Scheunen / auff den Häwboden / da wird man offt verborgen vnd zugedackte heimliche schätze finden / Rocken / Gerste / Haber / Eyer / Käse / Brod / Obst / Butter / etc. Man soll jhnen auch bißweilen / wenn sie nicht zu wege sind / jhre Laden besuchen / darzu man jhm denn sonderliche Dieterich machen lassen soll / die man sonsten auch wol bedarff / wenn etwan ein Schlüssel verlegt oder verlohren wird. Allein man muß sie vor dem Gesinde nicht liegen lassen / sondern verschlossen halten / sonst möchte man mit gleicher Müntze bezahlet werden / nach dem dicto, Malum consilium consultori pessimum.

Doch haben sie auch bißweilen jhre Heiler in anderen Heusern / denen sie alles zutragen vnd zu bewahren geben / die lose Leute sind eben so gut / als die Steler selber / die solte billich eine Obrigkeit auch erger vnd herter straffen / denn andere gemeine Diebe / weil sie doppelte vnd dreyfache Diebe seyn.

Daß gereucherte Fleisch / Ochsenzungen / Würste / Schincken / treuge Fische / Lachs / vnd dergleichen / das man pfleget im Hause auffzuhengen / vnd damit zu prangen / (daß doch viel besser vnd sicherer in einer verschlossenen vnd wol bewahrten Kammer hienge) soll man alle Tage zehlen / vnd besehen / obs auch noch alles verhanden ist. Denn es bekömpt offt Federn vnd Flügel / vnd fleuget davon / das niemand weis / wo es hinkompt.

Auff den Forbergen soll man grosse achtung auffs Gesinde geben. Denn da schlachtets offt Gense / Kelber / Schaffe / Hammel / Lämmer / etc. Vnd richtets im Walde zu / seudts vnd bredts vnd frists auff / das vbrige bewarets in gruben / vnter der Erden. Geschicht nu solches in so grossen dingen / wie mags wohl mannichmal den Eyern / Käsen / Butter / Obst etc. gehen / das mus viel mehr herhalten. Experto crede Ruperto.

So balde die Haußwirtin des Morgens auffstehet / soll sie bald im Hause vnd Ställen vmbher gehen / vnd in alle Winckel sehen / ob da etwas zu thun sey / vnd sonderlich / daß jhr Viehe recht versorget / vnd die Nahrung fort geschaffet werdt. Es muß aber solches nicht allein des Morgens / sondern auch des Tages zum öfftermahlen geschehen.

Weil auch einem Treschenden Ochsen sein Futter vnd mahl gehöret / so soll dem Gesinde sein Essen vnd Trincken nach nothdurff / vnd zu rechter zeit verrichtet vnd gegeben / vnd so zugerichtet werden / das es dasselbige zur Gesundheit / stercke vnd kreffte seines Leibes geniessen kan. Wenn es auch seine Dienstzeit zum ende gebracht / soll jhm sein verdienter Lohn nicht vorgehalten / sondern ehrlich vnd redlich entrichtet vnd erleget / vnd ehe mehr denn weniger gegeben werden / als man mit jhme einig worden.

Ein Haußwirth soll sein Gesinde nicht loben in jhrer gegenwart / daß es hoͤret / sonst verderbet mans balde / es wird stoltz / vnd thut hernach kein gut mehr. Vnd so bald es mercket / daß man etwas von jhm helt / so hebts im Hause an zu herrschen vnd zu regieren / vnd wil endlich dem Herrn / Frawen / vnd Kindern nicht mehr gehorsam seyn.

Auch soll eine Haußwirtin nicht stoltz vnd hoffertig seyn / vnd viel auff thewere Kleidung / Schmuck vnd Kleinodien wenden / sintemahl hiedurch ein Wirth in seiner Haußhaltung sehr kan geschwecht vnd gehindert werden. Denn wie die Alten recht vnd wol gesagt / Nicht die schoͤne Kleidung / sondern Tugend / Zucht vnd Erbarkeit / Warheit / Froͤmmigkeit / Mildigkeit / Verschwiegenheit / Sanfftmuth / Demut / Sparsamkeit / vnd ehrlich / redtlich Gemuͤte / zieren ein Weibesbild.

Es soll sich auch ein Weibesbild innen halten / vnd dasjenige / so jhr Mann erworben / vnd zu Hause gebracht / auffnehmen vnd an seinen gebuͤhrlichen Ort legen / vnd wol bewahren / vnd was man verzehren soll vnd wil / ohne beschwer heraus geben: Was man aber bewahren soll / vorsichtiglich beylegen vnd behalten / daß nicht die Hunde / Katzen / Ratzen / kleine vnd grosse Maͤuse daruͤber kommen / vnd dasselbige verschleppen vnd vertragen / oder benagen / vnd offt in einem Monat so viel verzehret vnd vnnuͤtzlich verbracht wird / davon man sich wol das gantze Jahr durch erhalten koͤnte oder moͤchte. Sie muß es auch nicht vor vbel auffnehmen / so jhr der Mann mehr buͤrden aufflegen wuͤrde / denn einem andern Haußgesinde. Denn dem Haußgesinde ist allein die bewahrung vnd sorge derer dinge befohlen / die Haußfraw aber hat auch den genieß davon / als eine Domina vnd Besitzerin des gantzen Hauses.

Sie soll auch aus jhrem Hause nicht gehen / sie habe denn anders wo was noͤtiges zu verrichten / viel weniger soll sie allezeit das Fenster am Halse haben / vnd alle Leute / so voruͤber gehen / besichtigen / vnd besprechen. Auch nicht alle Daͤntze besuchen / Braͤute vnd andere Gassen Comœdien beschawen. Dann solches einem ehrlichen Weibe zur leichtfertigkeit zugemessen wird / vnd in der Nahrung wenig nutz vnd frommen bringet. Drumb haben die Alten ein Weib einer Schnecken vergliechen / die allzeit jhr Hauß mit jhr nimmet. Jhrem Manne soll sie in allen billichen dingen gehorchen / jhn lieben vnd ehren / seine Schwachheit vnd Gebrechen jhme zu gut halten / vnd jhm nicht gehessig vnd feindselig auffruͤcken / wenn er etwan gesuͤndiget / oder ein ding nicht recht gemacht hette. Sie soll sich auch in Gluͤck vnd Vngluͤck recht zu schicken wissen / daß sie im Gluͤck nicht stoltz vnd hoffertig / im Vngluͤck nicht kleinmuͤtig oder vngeduͤltig werde / sondern dasselbe mit aller Sanfft vnd Demut trage / vnd Gott vmb linderung bitte. Wir koͤndten hier weitleufftig vom Ampt der Eheleute schreiben / aber es ist meines erachtens nicht so gar noͤtig / sie moͤgen sich nur fleissig zu Gottes Wort vnd zur Biblia halten / da werden sie reichlichen Bericht bekommen: Wir handeln jetzo von der Haußhaltung / vnd handeln nur von diesen Personen / wie sie sich in jhrer Wirthschafft oder Nahrung verhalten sollen.

In der Summa / mercke diese Reim
D. Lutheri vom Haußregiment.

Der Mañ mus selber sein der Knecht/
Wil ers im Hause finden recht.
Die Fraw mus selber sein die Magd/
Wil sie im Hause schaffen rath.
Gesinde nimmermehr bedenckt/
Was schad oder nutz im Hause brengt.
Es ist jhm nicht viel gelegen dran/
Weil sie es nicht vor eigen han.

Das VII. Capitel.
Von den Kindern.

Kinder sollen jhren Eltern vnd Zuchtmeistern / die sie etwas lehren / vnterthaͤnig vnd gehorsamb seyn / vnd in allen Winckeln fleissig zusehen helffen / vnd jhren Eltern nichts verschweigen / wenn sie etwan Vnrichtigkeit finden. Mit dem Gesinde sollen sie nicht colludiren, sich auch nicht zancken vnd haddern / vnd eines nicht an das andere verhetzen: Denn wenn Vneinigkeit zwischen dem Gesinde ist / so bringets dem Herrn in seiner Nahrung mehr schaden / denn frommen / weil offt eins dem andern zu trotz etwas thut oder lest / das es in der befoͤrderung der Arbeit nicht thun oder lassen solte. Drumb sagt auch Cato lib. 5. Litibus familia supersedeat, daß Gesinde soll nicht zancken. Sie sollen auch jhren Eltern nichts abzwacken / vnd dem Gesinde heimlich zustecken / sintemahl solches jhnen mehr / denn den Eltern zu schaden gereichet. So sollen sie sich auch sonsten mit dem Gesinde nicht zu gemein machen / damit sie nicht etwa von jhnen mit boͤsen moribus beflecket oder besudelt werden / die sie darnach jhr lebenlang nicht wider abgehen koͤnnen.

Man soll auch die Kinder zu keinem Muͤssiggang / viel weniger zum fressen / vollsauffen / spielen / toppeln vnd vnordentlichen wesen ziehen vnd halten / sondern viel mehr zur Nuͤchterkeit / Sparsamkeit / Auffrichtigkeit vnd Redligkeit / daß sich das Gesinde im abwesen der Eltern vor jhnen schewen / vñ nicht leichtlich etwas boͤses vornehmen muß. Insonderheit aber sollen Eltern vnd Kinder vor dem Gesinde nichts reden oder thun / das sie wollen verschwiegen vnd heimlich gehalten haben / denn das Volck schweiget nicht / sondern ist gemeiniglich waschhafftig oder gewaͤschig / was es im Hause siehet oder erfehret / das tregts bald in allen Haͤusern aus. Ein Gesinde vertrawets dem andern / bis die gantze Stadt erfehret / was es gewesen ist. Es ist auch nicht boͤse / das die Kinder vmb der bewegung / gesundheit vnd geschickligkeit des Leibes willen / Fechten / Schiessen / Jagen / Fischen / Vogelfangen / vnd viel andere Sachen mehr lernen / deñ dis alles zur Nahrung dienet. Item Kochen / einkauffen / schreiben / rechnen / sprachē / handeln vnd wandeln / vnd in Summa allerley / was zu auffnehmung des Haußhaltens nuͤtzlich vnd dienstlich ist.

Das VIII. Capitel.
Von den Knechten.

Es kan sich ein Haußwirth ohne Gesinde nicht nehren / er mus Knechte vnd Maͤgde haben / die jhm seine Nahrung treiben vnd foͤrdern helffen. Drumb auch Plutarchus vnd Aristoteles, die Knechte nennen ein lebendig Glied des Herren oder der Haußhaltung. Plutarch. in M. Cause vnd im Nicia. Aristot. lib. 8. Ethicorum, vnd lib. 1. Politic. Was aber vor Knechte vnd Maͤgde / vnd wie viel er derselben haben muͤsse / daß wird einen jeden seine Haußhaltung wol lehren / mancher mus jhr viel / mancher wenig haben. Wo eine grosse Wirtschafft ist / da mus man einen Haußhalter / Curatorem, Villicum, Oeconomum, oder auch wol gar einen Amptman haben / der auff die andere Knechte alle sehe / vnd sie regiere / wie Abrahams Eliezer / der Abrahams gantze Haußhaltung vnter seiner Macht vnd Gewalt hatte: Man mus in grossen Haußhaltungen eine Viehmutter haben / die auff die Maͤgde vnd alles Viehe achtung gibt / daß dasselbige recht versorget werde. Vber diesen zweyen Personen mus eine Herrschafft sonderlich halten / vnd das Gesinde vermahnen / daß sie jhnen unterthaͤnig vnd gehorsam seyn / vnd dem andern Gesinde nicht leichtlich gleuben / wenn sie vber sie klagen.

Es sollen aber die Knechte Gottfuͤrchtig / nuͤchtern / wacker / trew / vnd fleissig seyn / die Pferde / Ochsen vnd Schaffe trewlich warten / nicht allein bey Tage / sondern auch zu Nacht. Villa heist ein Hoff / quasi Vehila, a vehendo juxta Columellam. Auch muͤssen sie fleissig auff Ecker /

Wiesen vnd Gaͤrten achtung geben / das zu rechter zeit gezeunet / gedackt / gemistet / geackert / geeget / geseet / vnd gemeihet wird.

Ein Knecht / der die Pferde nicht lieb hat / vnd jhnen nicht gern zu Essen gibt / sondern schlegt sie gerne vmb die Koͤpffe / sie vberlaͤdet vnd vbertreibet sie / oder beleuget sie / vnd spricht / er gebe jhnen zu essen gnug / verkaͤuffet aber dieweiln heimlich den Haber / Stroh / Brodt / Kaͤse vnd dergleichen / gehet gerne Junckern oder zum Bier / den schlage der Wirth ja balde mit der Thuͤr vor den Hindern / denn er kan jhme grossen schaden zu fuͤgen. Pferdefleisch ist thewer Fleisch / vnd man siehets den Rossen bald an / wenn sie boͤse vnd vntrewe Waͤrter haben. Drumb heists recht / des Herren Auge macht das Roß fett. Es ist ein alt Sprichwort: Wie viel Knechte einer im Hause hat / so viel Diebe hat er auch. Lutherus hat pflegen zu sagen / ein fauler Dieb schade einem Haußwirt weniger / denn ein fauler Knecht. Drumb soll ein Haußvater seinen Keller / Kornboden / Scheune / Gaͤrten vnd andere Orter / da er seine Victualien innen hat / bey leibe vnd bey leben nicht offen stehen lassen / sondern allezeit verschlossen halten / vnd keinem Gesinde trawen / wie fromb vnd trewe sichs auch stellet. Er soll auch bißweilen in Staͤllen / Betten vnd andern Orten / da sie zum meisten seyn / heimlich vmbsuchen / da wird er manchmahl grosse Toͤpffe voller Bier / Wein / Milch / Butter / Kaͤse / gereuchert Fleisch / Eyer / Kragen / Schleyer vñ dergleichen finden / daß ihme sein Gesinde dieblich entwendet hat / vnd darnach wider heimlich verpartiert vñ verkaufft / oder jhren Eltern / Freunden / vnd andern losen Leuten / die sie heimlich abhalten / zuschleppen. Wenn man den Knechten Haber vor die Pferde gibt / so ists sehr gut / daß der Wirth balde mit jhnen in den Stall gehet / vnd den Haber selber vnter den Hexel / welcher in einem grossen geraumen Kasten sein mus / schuͤttet / das sie jhn nicht verpartieren: Deßgleichen soll er auch fleissig auff das Schrott sehen / weñ man damit fuͤttert / das den die Pferde eigentlich vnd gewisse bekommen / vnd nicht etwan in andern Häusern verkaufft / vnd darnach heimlich zum Mehlkasten geschliechen werde. Man soll auch den Knechten nicht gestatten / daß sie viel in andere Häuser vmbher terminiren, vñ des Abends langsam zu Hause kommen: So ists auch nicht gut / daß die Freunde oder andere Knecht offt zu jhnen in die Ställe kom̃en / denn also hindert einer den andern an seiner Arbeit: vñ wird dem Herrn seine Wirtschafft nach notdurfft nicht versorget. Man muß jhnen auch nicht gestehen / daß sie viel mit Mägden schertzen / vnd mit jhnen in den Winckeln stehen / vnd heimlich gesprech mit einander halten / denn es gibt böse vermutung / vnd tregt sich offt zu / daß wenn man des Gesindes am nötigsten bedarff / man entweder Gefattern bitten / oder Hochzeit machen muß. Vnd ist der neheste Rath / wenn man mercket / daß Knechte vnd Mägde wollen zu Neste tragen / das sie je ehe je besser aus dem Hause geschaffet werden / damit anderer Vnrath / so daraus zu erfolgen pfleget / nachbleibet: Wenn auch das Gesinde bißweilen am muthwilligsten ist / vnd einer Herrschafft den Stuel leichtlich vor die Thür setzet / in der Ohstzeit / wenn man jhr zum aller nötigsten bedürfftig ist / so ists gar gut / das ein Haußwirth mit jhnen so vmbgehe / das sie nicht zu viel Lohnes auffheben / vnd were wol gut / wenns jmmer geschehen könnte / jhnen würde ehe nichts gegeben / bis sie gar ausgedienet hetten / so könte man sie ein wenig desto besser zwingen / wenn man den Rappen noch im Stall hette / Sonst heben sie zuvor das Lohn auff / vnd springen darnach ins Feld / wenns jhnen geliebet: Vnd ist gewisse / das Gesinde / daß so leichtlich vnd offt sein Lohn fordert / das dienet selten aus.

Es pfleget auch das Gesinde / die Mägde so wohl als die Knechte / bald im Anfang / wenn sie in Dienst kommen / den Schlüssel zum Regiment zu suchen / machen sich bißweilen vnnütz / vnd suchen freyheit zu thun vnd zu lassen / was sie wollen. Da mus nun ein Haußwirt bescheidenheit wissen zu gebrauchen / kan er sie mit guten regieren / das sie in den Schrancken jhres Beruffs bleiben / gut / wo nicht / so muß er einen Ernst brauchen / vnd jhnen so zu sprechen /

das sie schew vor jhm haben / deñ wenn die Knechte vber die Herren / vnd die Maͤgde vber die Frawen regieren wollen / so stehets sehr mißlich vmb die Nahrung.

So pflegt auch etlich Gesinde eine sonderliche außtheilung der Arbeit zu machen / vnd wil nicht alles im Hause thun / was zu thun ist / sondern dencket / das stehet mir zu / das den groͤsten / das dem mittelsten / das dem kleinesten Knecht / das den Maͤgden / das diesem / das jenem. Diesen losen gedancken / mus man jhnen nemen / vnd mit nichten lassen. Man weis doch wol / daß Knechte nicht waschen oder melcken / Stuben kehren oder spinnen / man findet aber gleichwol oͤrter / da Knechte eben so wol spinnen oder melcken / als die Maͤgde / vnd warumb solte nicht ein jedes Gesinde seiner Herrschafft nutz schaffen / vnd schaden verhuͤten helffen / wo es jmmer koͤnte vnd moͤchte? Wenn gleich einem jedern Gesinde seine besondere Arbeit gehoͤrte / warumb solt es aber nicht im Nothfall / wenn eines oder das andere nicht zur stelle were / den andern die Hand reichen / vnd ein jeders nach seinem Verstand vnd vermoͤgen alles / was im Haus zu thun ist / verrichten helffen? wollen sie doch alle Essen vnd trincken / in weichen Betten schlaffen / vnd jhr Lohn haben / so sollen sie auch zu gleich arbeiten. Aber diß sey auff dißmahl von den Knechten gnug gesagt.

Das IX. Capitel.
Von den Maͤgden.

Wiewol fast alles das jenige / daß wir jetzo von den Knechten gemeldet / auch von den Maͤgden kan gesagt werden / so erfoderts doch die Noth vnd Ordnung / daß wir hie auch von den Maͤgden insonderheit etwas sagen muͤssen. Es sollen aber die Maͤgde fein zuͤchtig vnd stille / demuͤtig / fleissig vnd arbeitsam sein / sich eben so wol als Knechte / Kinder / Herrn vnd Frawen / fleissig zu Gottes Wort / vnd zu dem heiligen hochwuͤrdigen Sacrament halten: vnd sich aller Erbarkeit befleissen / in betrachtung des / das man Gott / vnd nicht den Menschen dienet / der auch zu seiner zeit einem jedern seine trewe Dienste reichlich widerumb belohnen wird / es sey Knecht oder Magd.

Es soll sich aber diß Volck sonderlich fleissig huͤten vor Dieberey / Waͤscherey / Buͤberey / Zanck vnd Hader / fluchen / schweren / zaubern / liegen / vnd allem vnordentlichen wesen vnd leben. Cato lib. 5. Litibus familia supersedeat. Gesinde soll sich nicht vntereinander zancken. Doch ists bisweilen auch nicht boͤse / daß sie vneins miteinander werden / denn da erfehret man von jhnen manchmahl / das sonst verborgen bliebe. Es sol nicht sonderliche pact vnd verbuͤndnis mit den Knechten haben / vnd der Herrschafft heimlich abstelen / was man erstreichen kan / vnd darnach des Abends / wenn Herrn / Frawen vnd Kinder zu Bette seyn / mit den Knechten sitzen vnd schwelgen / Sprach halten / die Herrschafft verleumbden / fressen vnd sauffen / wie gemeiniglich die Koͤchen vñ Kellerin / die es gerne mit einander halten / wie man sagt / Brettestu mir die Wurst / so lesche ich dir den Durst / zu thun pflegen. Denn alle heimliche zusam̃en kunfften vnd Nachtgespraͤch der Knechte vnd Maͤgde sein gefehrlich vnd gehen gemeiniglich vbel aus. Drumb sollen die Frawen sonderlich gute achtung auff das Gesindlein geben / daß sie in jhrem Beruff bleiben / vnd das jenige fleissig außrichten / das jhnen befohlen ist. Auch haben die Maͤgde jhre Beerenleiterin / arme diebische Weiber / oder Freunde an jhnen hangen / die des Morgens fruͤhe / ehe die Herrn vñ Frawen herfuͤhr kommen / oder sonsten / wenn Herrn vnd Frawen nicht zu hause sein / sie besuchen vnd abholen / was sie den vorigen Tag erstriechen vnd eruͤbriget haben. Denen geben sie bißweilen des Morgens fruͤhe einen guten Topff voller Milch / vnd sagen darnach / das Viehe habe so wenig gegeben / oder die Schlangen haben sie außgesogen / oder sein versiegen / oder sonst bezaubert / denen mus man die Bahn verreñen vnd solche diebische Leute vnd heimliche Abhalterin mit ernst abschaffen / denn wil man etwas vergeben / so vergebe mans von den seinen / eine Herrschafft kan von den seinen nichts vergeben lassen.

Daß Viehe sollen sie mit sonderm fleiß trewlich warten / vnd jhme gern zu Essen geben / vnd mit Futter vorlegen / die rechte zeit inne halten. So sollen sie auch zu Nacht / wenn sie erwachen / fleissig nach dem Viehe hören / ob sich irgend eines reget / kranck were / oder sonsten einen mangel hette / vnd wenn sie etwan mercken / daß ein Viehe nicht essen wil / kalte Ohren oder Meuler hat / oder sich sonsten krencklich stellet / sollen sie dasselbe die Herrschafft bald wissen lassen / daß man darzu sehen lest.

Ein schendlich ding ists vmb ein treges / faull vnd schläfferig Gesinde / daß die gantze Nacht durch schleffet / vnd kein mahl erwachet / vnd des morgens schwerlich kan heraus gebracht werden / ja das man wol mit Bette vnd allem heil wegtrüge / ehe es erwachte. Es ist ja war / wer sich des Tages müde arbeitet / der muß des Nachts ausschlaffen / es sol vnd muß aber gleichwol auch das Gesinde nicht gar zu verschlaffen seyn / Sondern des Nachts auch mit achtung auffs Viehe vnd den Hoff haben / damit einer Herrschafft kein vnheil widerfahr. Solche faule verschlaffene Mägde seynd der Frawen zum spinnen wenig nütze. Denn wenn sie des Abends spinnen sollen / so nicken sie mit dem Kopff / vnd lassen Wocken vnd Spindel aus den Henden fallen.

Es soll auch das Gesinde des Abends zu jeder zeit / wenn man Mahlzeit helt / fleissig acht auff die Thor vnd Thüren geben / daß dieselben wol verwahret vnd zu geschlossen werden / damit man vnter der Mahlzeit oder sonsten nichts aus dem Hofe oder Hauß verleuret.

Auch soll das Mägdevolck gute achtung auff das Fewerzeug haben / daß dasselbige allezeit bereit vnd fertig sey / wenn man Liecht oder Fewer bedarff / es sey zu Nacht oder zu Tag / das man als denn nicht erst in andere Häuser lauffen / vnd Fewer suchen oder holen darff. Deñ es kan einem Wirte des Nachts ein Kind oder Viehe / oder die Herrschafft selber kranck werden / das man offt eilends Liecht haben mus / vnd wenn man das nicht bekompt / so kan einem ein gros Vnheil widerfahren.

Also soll man auch zu jeder zeit fleissig achtung auffs Fewer / den Ofen / vnd die Liecht haben / zu Winter vnd Som̃erzeit / zu Tage vnd Nacht. Item / das Knächte vnd Mägde des Abends alle Thüren vnd Thore fleissig zuschliessen vnd bewahren / Stuben / Kam̃ern vnd Haußthüren desgleichen / vnd das man Tag vnd Nacht mit auff das Viehe achtung gibt. Man soll auch gute wackere Hunde haben / so sonderlich fein des Nachts vmb das Hauß lauffen / vnd anzeigung geben / wenn jemand frembdes vorhanden ist. Ein guter Knebelspieß / ein geladen Rohr zwey oder drey / bey seinem Bette / sein auch nicht böse. Summa des Nachts ist niemand Freund / Laß dir des Nachts niemand zu nahe kommen / du kennest jhn denn gar wol. Im Winter soll man das Fewer sonderlich wohl verwahren / vnd dasselbe vom Herde in Ofen werffen / vnd den Ofen zumachen. Denn es tregt sich bißweilen zu / daß Hunde vnd Katzen in die Ofen kriechen / vnd darnach mit sich funcken ins Hew vnd Strah tragen / vnd die Gebewde anzünden: Es ist auch wol erfahren / daß Kinder im Sommer mit Liechtern Eyer vnter den Betten gesucht / vnnd die Betten angezündet haben / vnd sind gantze Dörffer weggebrennet: wie auch newlichst erfahren worden / daß in der Erndtzeit in einem Städtlein / die Eltern vnd das Gesinde im Felde gewesen / die Kinder aber mitler weile mit dem Fewer vnvorsichtig vmbgangen / dadurch nicht allein das Haus angezündet worden / Sondern auch das gantze Städlein jämmerlich außgebrandt. Drumb soll Herrschafft vnd Gesinde auff daß Fewer zu jederzeit grosse achtung geben / dieweil ein kleines Füncklein gar leichtlich eine gantze Stadt oder Dorff wegbrennen kan.

Gleich also müssen auch Herrn vnd Frawen jhre Schlüssel vnd Schlösser in guter acht / vnd stets in guter verwahrung haben: Denn es ist leicht versehen / wenn Herrn vnd Frawen kaum den Rücken wenden / daß das Gesinde die Schlüssel erwischt / vnd eilends etwas entfrembdet. Darumb sie denn auch bißweilen jhre Dieteriche vnd Nachschlüssel haben / wenn sie zu den andern Schlüsseln nicht kom̃en können / daß sie heimlich vnter der Predigt / wenn jederman zur Kirchen ist / oder sonsten abwesend / die Gemach eröffenen / vnd rauben vnd stelen / was sie jmmer bekommen können. Dieteriche vnd Nachschlüssel haben / helt man für ein vnerbar vnd vnredtlich ding / Sintemahl dasselbe mehr den Dieben / denn ehrlichen Leuten gehöret: Aber doch kan es so gar böse nicht seyn / daß ein Haußwirt einen solchen Schlüssel im Hause habe / wenn ein ander Schlüssel vom Bunde verlohren / oder zerbrochen wird / denselben im nothfall haben / vnd mitlerweile gebrauchen möge / biß er einen andern bekömmet. Ich habs auch wol von andern Leuten erfahren / daß sie bißweilen der Mägde vnd Knechte Laden besucht / vnd offt sachen darinnen gefunden haben / die sie jhnen heimlich entwendet. Wiewol aber daß nicht an Herrschafften zu loben / so muß man diß auch bedencken / daß solches von der Herrschafft nicht böse gemeinet / denn sie jhrem Gesinde nichts zu nehmen gesonnen / so können sie auch hiedurch erfahren / was sie sich zu jhrem Gesinde zu versehen / ob sie trew oder vntrewe seyn. Wiewol / wer stelen wil / der schleust das gestolene Gut nicht allezeit in die Laden / Sondern tregts bald aus in andere Häuser / zu seinen Abhalterin.

Es sollen auch die Mägde nicht leichtfertig mit Worten vnd Geberden seyn / daß sie den Kindern nicht ergerniß geben / vnd jhren guten Namen verlieren / vielweniger sollen sie beissig vnd halßstarrig seyn / noch sich wider jhre Frawen aufflehnen / vnd wenn auch solches geschicht / so soll der Herr der Frawen zu springen / vnd trewlich vber jhr halten / damit Knechte vnd Mägde ein abschew vor jhr / eben so wol / als vor dem Herrn selber haben. Ein Gesinde / daß seiner Herrschafft vnterthan vnd gehorsam ist / vnd bißweilen verhorchen kan / vnd ist fleissig in seinen Sachen / da wird ehre draus / vnd eine Herrschafft wird jhm so gewogen / daß sie auff jhre beförderung hernachmahls auch bedacht seyn / vnd jhnen zur Nahrung helffen / daß sie auch fortkommen. Was aber bübisch / diebisch / tückisch / vntrew / boßhafftig vnd halßstarrig ist / das wird sein Vrthel zu seiner zeit wol empfahen / denn vnser Herr Gott lest nichts vnvergolten / sie hawen sich endlich selber in die Backen / vnd vntrew schlegt allezeit seinen eigenen Herren / das haben sie gewiß / wie mans teglich in den Exempeln siehet. Hinwiderumb / was trew vnd ehrlich ist / das hawet in der Welt fort / Trewe Hand gehet durch alle Land. Trewe hat Brot / vntrewe leidet noth.

Ich mus hier auch noch eines noͤtigen dinges gewehnen / gleich als zum Beschluß der Lehre vom Gesinde: Es ist bey Haußwirten zu jeder zeit grosse klage vber die Boßheit / Vntrew vnd Meineidigkeit des Gesindes / daß sie sich bey jhren Herrschafften vbel halten / sind weschhafftig / diebisch / trege / faul / zenckisch / vnzuͤchtig / warten das Viehe nicht mit fleiß / vnd wenn man jhnen ein wenig drumb zuspricht / so lauffen sie darvon / vnd wollen nicht mehr dienen / auch offt zu der zeit / da man jhr am noͤtigsten beduͤrffte / als in der Ohstzeit oder sonsten / da solte eine Obrigkeit ein sonderlich fleissig Auge auff solch Gesinde haben / vnd sie mit grossem ernst / harter Gefengnuß vnd grosser Straffe dahin halten / daß sie jhren Herren vnd Frawen außdienen vnd gehorsamen musten.

So were es auch sehr gut / daß man solch verlauffen Gesinde nirgends hauset oder beherberget / viel weniger wider mietet oder foͤrderte / es hette denn zuvor eine geschriebene Kundschafft von seiner Herrschafft bracht / wie sichs bey jhnen verhalten / vnd aus was Vrsachen es von jhr sey dimittiret worden / wie denn hiervon Keyser Maximilianus secundus, ein sonderlich Decret zu Wien in Osterreich im Jahr Christi 1568. den 26. Octobris publiciret, vnd allenthalben anschlagen lassen / darinnen jhr Majestaͤt mit ernst befohlen / daß man keinen Dienstboten / wes Orts der sey / auffnehmen / viel weniger auffhalten solle / er habe denn von dem Orte / da er am nehesten zuvor gedienet / gnugsame Kundschafft vnd Paßwort seines verhaltens bracht / vnd da jemand darwieder handeln wuͤrde / so wolten jhre Majestaͤt mit gebuͤhrlicher Straff wieder jhn so wol / als wider den Dienstbotē zu verfaren wissen. Damit sich aber niemand zu entschuͤldigen / als kuͤnte er weder schreiben noch lesen / so sollen sich Herren vnd Gesinde zum Grundherren / Amptmann / Richtern / oder andern Obrigkeiten der Orter da sie wohnen / finden / vñ sie vmb solche Kundschafft / gegen bezahlung dreyer Creutzer schreibegeld / ersuchen / vnd wird folgends allen Obrigkeiten aufferleget vnd befohlen / daß sie die Landleute darüber handhaben sollen.

Ein schendlicher böser Brauch ists auch hier in der Marck / daß sich etlich Gesinde / vnd sonderlich die Mägde / nur auff ein viertel Jahr / vnd nicht auff ein gantzes Jar vermieten. Deñ wie kan ein Gesinde seiner Herrschafft / vnd hinwiderumb die Herrschafft jhres Gesindes in so kurtzer zeit gewohnen / denn ehe man sie ein wenig abrichtet / ziehen sie wider davon / darnach soll man sich mit newem Gesinde wider plagen / vnd sie gar auff ein newes wider vnterweisen vnd lehren / daß kostet den Wirth vnd die Wirtin viel Mühe vnd Arbeit / wil geschweigen / daß das Gesinde hiedurch in seinem mutwillen sehr gestercket wird. Doch ists auch vor die Herrschafft / denn wenn sie ein lose Gesinde gemietet / so werden sie dessen desto ehe wider loß.

Es hat auch solch lose Gesinde den Brauch an jhme / daß es mehlich seinen Lohn abfordert / vñ hernach zu seiner gelegenheit entspringen kan / wenns jhm gefelt: Da sollen Herrn vnd Frawen auch vorsichtig hierinnen sein / daß sie jhnen vom Lohn nichts / oder je zur höchsten nothdurfft gar wenig folgen lassen / biß sie jre Dienstzeit außgehalten haben / als denn gebe man jhnen jhren Lohn gantz vnd völlig / wie man mit jhnen eins worden ist. Vnd solchs vmb der vrsachen willen / daß sie durch furcht des verlusts jhrer Dienstgelde desto baß angehalten werden / jhre Dienst außzuwarten / vnd bis ans ende zuerstrecken.

Das XV. Capitel.
Ein Beschluß.

Dieses sey gnug zu diesem mahl von den Personen / die zur Haußhaltung gehören: was weiter belanget die Weinmeister / Gärtner / Köche / Meyer oder Forwergsleute / Fischer / Vogelsteller / vnd dergleichen Leute mehr / davon wollen wir in künfftiger zeit an jhren stellen vnd orten weiter sagen.

Ich wolte wol von diesen jtzt erzehlten Personen etwas mehr geschrieben / vnd jhr Ampt weitleufftiger erkläret haben / so kan man alles auff einmahl nicht thun / es ist auff dißmal gnug / daß nur etliche Vmbstände derselben Personen angezeigt sein / vnd also dem Leser Vrsach vnd gelegenheit gegeben / diesen Sachen weiter nachzudencken. Wer lust vñ liebe zur Nahrung hat / der wirds bey diesem wenigen / daß hier vermeldet worden / nicht bleiben lassen / sondern wird jhm sonder zweiffel rein Papier zwischen ein jedes Blat binden lassen / vnd jmmer mehr vnd mehr darzuzeichnen: Quia dies diem docet, Ein Tag lehret jmmer den andern / vnd der folgende ist allezeit des vorhergehendē Schulmeister / vnd man findet noch vberall / wo man hin kömpt / bey guten Haußwirten / köstliche gute Kunststücklein / vnd die Welt wird jmmer listiger / vnd dencket der Wirtschafft je weiter vnd weiter nach / darumb soll ein guter Haußwirth jmmer geneigt zum lernen / vnd fleissig mit auffzeichnen sein / daß er in der Nahrung auch je mehr vnd mehr wachse vnd zunehme.

DAS SIEBENDE BUCH.

Das XVII. Capitel.
Vom Ackern.

Wie man ackern / vnd einen Acker beschicken vnd zurichten sol / wird einen jedern sein Landarth vnd des Landes gewohnheit wol lehren / allein daß der Acker nur wol gearbeitet vnd recht zugerichtet werde / denn Plinius sagt, lib. 18. cap. 16. Satius est minus ferere & melius arare. Es ist besser wenig seen vnd den Acker wol zurichten / denn viel seen vnd die Ackerarbeit vbel bestellen. In Meissen ackert man tieff / vnd machet schmale Bethe / kaum von acht oder zehen fahren / In der Marck Brandenburg ackert man nicht tieff / vnd macht breite Bethe / von 28. oder 30. fahren / alles vmb des Landes oder Ackers Natur vnd gelegenheit willen. In Meissen vnd Voigtlande ackert man mit zwey oder drey starcken Pferden. In der alten Marck / da es starck fett Land hat / vnd in Düringen vnd andern örtern / mus man̄ wol acht oder zehen Pferde für einen Pflug haben. In der Mittelmarck / kan man einen Pflug mit einem starcken Pferde / oder zweyen schwachen / auch mit einem starcken vnd ein par mittelmessigen Ochsen wol bestellen / Zu Rocken ackert man drey mal / hier bey vns. Erstlich thut man die Brachfahre / vnd thut dieselbige noch vor der Rocken Erndten 14. tage oder 3. Wochen vor Johannis / vnd zur selbigen zeit mus man denn achtung drauff geben / daß der Acker nicht oben nur alleine / ein wenig beschunden wird / wie denn vmb dieselbe zeit leichtlich geschehen kan / wenn man vntrewe vnd vnfleißige Knechte hat / Weil auch vmb dieselbige zeit das Land von der Werme vnnd holen Winden gemeiniglich ausgesogen / dürre / treuge vnd hart ist: Sondern daß sie den Pflug zimlich ins Erdreich gehen lassen nach der erheischung des Landes vnd Orts. Denn wenn mans da nur beschinden wil / so kans hernach in den zweyen folgenden Acker zeiten auch nicht wol gewonnen / vnd recht zugerichtet werden / vnd geschicht hierdurch einem Herren grosser schade / man kan einem leichtlich etliche Wispel mit diesen vnd dergleichen vnachtsamkeiten im akkern vnd seen verwarlosen / wenn man den Acker im alten Monden stürtzet / so faulet er gerne / aber der Acker mus zuvor gedünget sein / wenn er vorm Jahre 2. oder 4. nicht ist gedünget worden. 2. Darnach thut man die Windfahr / zwischen den beyden ohesten / vnd als denn ackert man etwas tieffer. 3. Zum dritten / thut man auch vmb Bartholomæi die Saatfahr / biß auff Michaelis vnd noch tieffer: Vnd mus ein Ackerman gute achtung drauff geben / daß er seine Arbeit zu rechter zeit thue / vnd sich damit nicht seume / denn wo er ein wenig zu langsam ist mit einer arbeit / so seumet er sich in der andern aller den gantzen Sommer durch.

Kan man ein stuͤck Landes nicht drey mal vor der Saat ackern / so ackert mans im eussersten notfall nur zwey mal / allein wenn man erstlich Gebrachet hat / so lasse mans balde wol Egen / denn ein gut egen ist so gut / vnd besser / als ein boͤse ackern. Darnach lasse mans zum andern desto ehe / etwan drey Wochen hernach / vnd desto tieffer arbeiten / vnd gar zeitlich beseen / sonderlich / wenns schwach Land ist / vnd nicht geduͤnget. Man sol fruͤe anspannen / nach der halben Vhr / etwan vmb 4. oder 5. vnd ackern / daß man desto ehe das Viehe zu Mittage aus der hitze / in die kuͤhlen Stelle bringen / vnd wol fuͤttern / vnd ausruhen lest. Wenn man mit 2. Pferden in der Schlesien auff ein ausspan zehen Bethe ackert / wenn sie lang sein / so ists genug / denn man mus die Pferde nicht vbereilen / man darff sie mehr.

Wenn man Mist auff den Acker fuͤhret / wenn die Wendfahr geschehen / das ist / wenn man das Land zum andern mal geackert hat / so bringets guten reinen Rocken.

In eine Brache kan man erst Rocken seen / das ander Jahr duͤnge man sie vnd see Gersten hinein / das dritte Jahr Rokken / nach dem Rocken tregts wol Habern / aber man lests gerne ruhen vnd Brache ligen / der Mist tregt bey vns nicht mehr denn 3. fruͤchte / wil man die vierde haben / so mus man jhn Brach lassen ligen / vnd dann wider misten.

Das XXI. Capitel.

Wie man den Eckern helffen sol / das sie wol tragen / vnd viel Fruͤchte bringen.

Ein edel ding ists vmb die Erde / denn daraus gibt Gott allerley fruͤchte / dadurch hernach der Mensch erhalten wird. Es ist aber ein Landt jmmer fruchbarer denn das andere. In Thuͤringen ist ein gewaltig Getreide Land. In Vngern desgleichen / deñ da darff man die Erde nicht duͤngen: So sagt Christus Matt. 1.5. das etlich Land hundertfeltig / etlichs Sechtzigfeltig / etlichs dreißigfeltig trage. Also trug Isaacs Acker zu Gerar hundertfeltig Gerste / es stehet aber dabey / Gott habe jhn gesegnet. In Thuͤringen bringet ein Scheffel zwoͤlff Scheffel / bisweilen mehr. Wo sandicht Land ist / da bringts kaum sechs oder sieben. Drumb darnach das Land gut oder boͤse ist / darnach bringt vnd tregt es auch. Etlichem Lande mus man mit Mist helffen / wil man anders etwas darvon nehmen.

Wiltu daß ein Acker gute krafft habe / rein von allem Vnkreuticht gemacht werde / vñ mit Gottes gnad viel Fruͤchte bringe / so mus er wol geduͤnget sein / als mit Ochsenmist / Kuͤhemist / Ziegenmist / Pferdemist / Eselsmist / Schweinenmist / Schafmist. Diese duͤngen das Feld gewaltig / wehren dem Vnkraut vnd machen den Acker rein.

Doch mus ich dis darneben sagen / daß ein jeder sehen vnd lernen mus seines Landes gelegenheit. Denn darnach das Land ist / darnach mus bisweilen die duͤngung angestelt werden. Ist aber das Land kalt / zehe vñ feucht / so ist der Pferdmist gut drauff / sonderlich vber Winter. Von Schweinmist wachsen gerne viel Schweinsdisteln / vom Eselsmist helt Cardanus viel / vnd sagt / daß er den Acker sehr fett mache / lib. 6. c. 23. Gensemist ist seiner hitz halbē schier gar zu nichts nuͤtzlich vnd gut / doch koͤndte man jn noch ins kalte Land brauchē. Schafmist ist auch ein hitziger mist / wie deñ auch der Pferdemist / vnd dienen nicht in Sandacker oder warm Land / denn das dorret davon aus: Weñ er aber auff seinen rechten acker gefuͤhret wird / so kan er einen Acker neun oder zehen Jahr im Mist erhalten / ja auch wol zwoͤlf Jahr / wenn er alt vnd gut ist / da sonst Kuhemist einen Acker nur sechs Jahr aushelt. In Summa der Schafmist ist dem Acker gegen dem Kuhemist zu rechnen / wie einem Menschen ein guter trunck Wein gegen einem trunck Bier. Drumb befleisset sich ein jeder guter Haußwirth billich auch vieler vnd guter Schafe / denn ein Schaf hat einen guͤlden fuß / wo das hintrit / stehet oder gehet / da bringet es nutz. Gassenmist / der von der Gassen auffgeschuͤtet wird / der ist gering / vnd helt kaum ein oder zwey Jahr den Acker in wuͤrden: Der Mist aber von den Vogeln / Huͤnern vnd Tauben ist den Gaͤrten / dem Felde vnd Weinbergen gut / wie Columella spricht / lib. 8. cap. 1. Auff die sandichte Ecker ist Gassenmist sonsten nicht boͤse / denn er macht sie fein dichte. Man sol die Staͤlle im letzten viertel des Monden ausmisten / so duͤnget er wol / von dieser Regel halten die Schlesier mechtig viel.

Wenn man den Mist auff den Acker fuͤhret / so lasse man jhn nur nicht lange liegen / sonst verdorret vnd vergehet er gar im Sommer / vnd wird wider zu Stroh / aber im Winter gefrewret er gar aus / wenn er gebreitet vnd nicht balde vntergearbeitet worden / doch fuͤhret man jn auch an etlichen oͤrtern in Schlesien auff die Wintersaat / vnd auff die geseete Gersten.

Summa / Wie in andern allen / also mus man sich auch mit duͤngung der Ecker nach der Landart zu halten wissen / Dabit consilium soli natura, spricht Plinius lib. 17. cap. 22. Die Natur vnd eigenschafft eines jeden Ackers / wird den Ackerman wol lehren / was er thun oder lassen sol. Idem, lib. 18. cap. 10. In omni parte culturæ maxime valet oraculum illud: Quid quæque regio patiatur. In allem Ackerbaw gilt der Spruch / was ein jeglich Land leiden wil. Et cap. 22. Quisque suam terram aquamq; noverit. Ein jeder sol sein Land vnd Wasser kennen / lib. 17. cap. 2. vnd 22. Ad soli naturam & loci ingenium & cœli cujusque mores dirigenda solertìa est. Ein jeder mus sich nach der Natur vnd eigenschafft des orts vnd Himmels / darinnen er ist / zu richten wissen.

In Vngern vnd Oesterreich wird das Land nicht geduͤnget. Denn es ist zuvor fett genug. Es ist auch nun eine lange zeit viel Bluts in dem Lande vergossen worden / vnd Blut pflegt das Land gewaltig zu duͤngen / das es auch daher wol fett sein mag.

Wer gerne viel Mist hat / wie denn ein guter Ackerman in diesen Landen haben sol vnd mus (nach Catonis Lehre / Sterquilinium magnum stude, ut habeas, befleiß dich eines grossen hauffens Mistes) der hacke das Stroh klein / vnd strewe es ein / so bekoͤmpt man balde guten vnd feinen kurtzen Mist.

Wo man aber nicht viel Mist haben kan / so pfleget man die fette Erde vnd Schlam aus den Pfuͤlen vnd Teichen auff die Ecker zufuͤhren / dieselbige damit zu misten vnd zu duͤngen.

Man solte wol hier weiter vom misten vnd duͤngen der Ecker sagen / so wils die zeit nicht leiden. Besihe Catonem de re rustic. cap. 29. 36. Columellam lib. 2. cap. 15. 16. item cap. 5. Palladium lib. 2. cap. 33. Varronem lib. 1. cap. 38. item lib. 2. in der Vorrede. Petrum de Crescentiis lib. 2. cap. 12. 13. Constantinum lib. 2. cap. 15. 16. 17. Conradum Heresbach. de re rustic. lib. 1. vnd drunden im 9. Buch am 7. Cap.

Ein waͤsseriger Acker mus mehr Mist haben denn ein duͤrrer / Pallad. lib. 1. c. 6. Gerberlohe / den die Schuster vund Gerber von Haͤuten abschaben / gibt auch guten Mist / vnd duͤnget den Acker wol. Desgleichen die kleinen Peltzflecklein / so die Kuͤrschner von den Fellen abschaben vnd schinden.

Man wil mir auch wol von der Seiffensieder aschen sagen / aber meines erachtens ist die besser auff die kalte mosichte Wiesen / wie ich denn gesehen habe / daß man sie darzu gebrauchet / doch stehets im versuchen vnd bey der erfahrung. Es muͤssen die Ecker darnach sein.

Was ich auch von dem Schlam aus den Teichen gesagt / das mus man von den kleinen Teichen verstehen / die man selten wuͤste vnd ledig lest / vnd nicht pflegen beseet zu werden. Da man aber grosse weite / breite vnd lange Teiche hat / darinne es viel Schlam hat / vnd die man nicht so leicht ausfuͤhren kan / die lest man gar ab / vnd lest sie wuͤste stehen vnd austreugen / vnd beseet sie mit Haber / vnd vielleicht auch mit anderm Getreidicht. Darnach lest man sie wider an / vnd besetzt sie mit Fischen. Auch sol man hie des Plinii Spruch mercken / lib. 18. cap. 23. Ager si non stercoratur, alget, si nimium stercoratus est, aduritur, satiusq; est id sæpè, quam supra modum facere. Quo calidius solum est, eo minus addi stercoris ratio est, Wenn ein Acker nicht geduͤnget wird / so erkaltet er / wird er gar zu sehr geduͤnget / so wird er gar zu sehr erhitzt vnd verbrandt. Drumb ist es besser den Acker offt / denn zu viel duͤngen. Je wermer das Land ist / desto weniger sol mans duͤngen.

Es schreiben die Gelerten / daß der Mergel / welches ein Mettallische Erde ist / die Ecker sehr fruchtbar machen sol / wenn sie damit bestrewet werden. Deñ er sol die magern Ecker sehr fett machen vnd besser duͤngen / denn wenn sie mit dem Mist vberfuͤhret wuͤrden / sintemal er sehr fett ist / vnd tieff vnter der Erden / oder aus tieffen Boͤrnen ausgegraben wird. In Sachsen am Hartzwalde / vnd an etlichen andern oͤrtern sol man dessen viel haben / vnd sollen die Leute die Ecker damit so fruchtbar machen / daß sie jhr lebenlang fruchtbar bleiben / wenn sie sie nur einmal damit bestrewen.

Weil wir auch nun hier vff diese materien kommen sein / so solte man auch wol weiter reden von der zeit / darin man duͤngen sol / so mus ich hier abermal sagen / Lendlich / sittlich. Ein jeder richte sich nach seinem Ort / wie es sein Nachbar machet / so mache ers auch. In diesen Landen fuͤhret man Mist / wenn man nur die weil hat. Hier zu Berlin befleißiget man sich zum meisten des Rockens vnd Gerste / der Weitze wil hier gar zu viel Mist vnd arbeit haben / Haber vnd Wicken saugen die Ecker sehr aus / vnd benemen jnen die Kraͤffte.

Wenn der Leien vnd die Sommergerste allenthalben geseet / vnd alles Getreidicht im Acker mit der Sommersaat bestellet ist / lest man den Wintermist in der Brache zu Felde fuͤhren / vnd denselben etliche tage / aber doch nicht lange ligen / so zeuchts die feuchtigkeit fein in die Erde / vnd wird darnach / so balde es nur geschehen mag / gebreitet vnnd vntergepfluͤget. Denn so er lange liget / so verdorret er / vnd wird gar wider zu Stroh.

Zum andern mahl wird der Mist ausgefuͤhret im Herbst / wenn alles Wintergetreide zugeseet ist / da wird er heuffig in die Brach gefuͤhret / ehe denn es gefrewret / vnd wird gebreitet / vnd nachmalen / da es geschehen kan / vntergepfluͤget / wenns auch gleich gefrewret / wenn man nur den Mist laden / vnd damit fortkommen kan / so fuͤhret man ohn vnterlas Mist zu Gerste auff die Brache / weil mans zu fuͤhren hat / daß man hernach / wenn das Ackern im Fruͤeling angehet / am ackern vngehindert bleibe.

Welcher Acker alle Jahr beseet wird / der mus hie an diesem ort alle drey Jahr ein mal vberduͤnget werden / welcher aber ruhet / erst in 5. oder 6. Jahren / an andern oͤrtern mags wol anders sein.

Dis sey also gnug gesagt von der ersten huͤlffe der Ecker.

1. Darnach ist der vornehmeste Weg die Ackernuͤtzung zu vermehren / vnd zu befoͤrdern / wenn man ein Feld ein Jahr oder zwey liegen lest / aber doch etliche mal / beyde vber Winter vnd vber Sommer vmbackert / vnd das treibe so lange / biß man drein seen wil / wie im Lande zu Meissen breuchlich. Ovidius sagt / in 2. lib. artis, Da requiem, requietus ager, bene credita reddit, Las einen Acker ruhen / so tregt er darnach desto baß.

2. Plinius sagt / lib. 18. cap. 6. Satius est minus serere, & melius arare. Es ist besser wenig seen / vnd den Acker wol zurichten / denn viel seen / vnd die Ecker vbel duͤngen vnd arbeiten. Wie auch Virgilius sagt / Laudato ingentia rura, exiguum colito, Las andere viel Ecker haben / vnd habe du ein wenig Land / allein warte du es mit fleiß / Columell. lib. 1. cap. 3. lib. 4. cap. 3. Neque enim aliud est colere, quam resolvere & fermentare terram, sagt Colula lib. 2. cap. 2. ìdeoque maximos quæstus ager præbet, das Land oder den Acker bawen / oder Ackerwerck treiben / spricht er / ist nichts anders denn den Acker wol zu rechter zeit arbeiten / vnd wol duͤngen / denn dadurch hat man den groͤsten nutz von den Eckern / Pallad. lib. 1. cap. 6. Fœcundior est culta exiguitas, quàm magnitudo neglecta, Es thut einer besser / er habe wenig Acker / vnd warte dessen wol / denn wenn er viel Acker hat / vnd wartet dessen vbel.

3. Zum dritten / so sagt Columella, Canon antiquissimus agriculturæ est, in locis frigidis novissimè, tepidis celerius, Calidis ocyssimè serendum, die warmen Ecker sol man erst / darnach die mittelmeßige / die nicht zu warm / auch nicht zu kalt sein / vnd letzlich die kalte beseen.

4. Zum vierdten sagt Plinius lib. 18. cap. 6. Coli rura ergastulis pessimum est, & quicquid agitur à desperantibus. Wer Ackerwerck befördern wil / der nehme oder brauche ehrlich / redlich Gesinde darzu / das einen guten Namen hat / das fleißig / Nahrhafftig vnd rathsam ist / vnd guten bescheidt vmb die Ackerarbeit wisse / vnd recht mit den sachen vmbgehet. Wer sich aber mit Huren nehret / vnd mit Karren fehret / dem ist alles Vnglück bescheret / sagt man im Sprichwort. Wer vntrew / vnfleissig vnd Gottlos leichtfertig Gesinde hat / daß einer Herrschafft das jhre muthwillig verwarloset / vnd vervntrewet / da ist kein Segen / vnd kan ein Forbergsmann mit seiner Nahrung nimmermehr fortkommen.

5. Zum fünfften / so sagt er weiter an gemeltem Ort / Modus rerum omnium utilissimus, bene colere necessarium, optimè damnosum, maß ist zu allen dingen gut / einen Akker mittelmeßig bawen vnd düngen ist gut / aber gar zuviel vnd vberheuffig ist schädlich. Doch sagt auch Columella lib. 1. cap. 7. Ubi sedulò colitur ager, ibi plerunque compendium, wo man des Ackers fleißig wartet / da ist gemeiniglich grosser nutz bey / Item, lib. 5. cap. 3. Omne genus ruris, nisi diligenti curà ac scirè colatur, fructuosum non esse judico. Es sey ein Acker qualificirt wie er wolle / so ist er doch vnnützlich / weñ er nicht fleißig vnd vernünfftig gebawet wird.

6. Zum sechsten / wiltu düngen / so dünge mit gutem alten faulen Mist / vnd sonderlich thun das die Meißner gerne / wenn der Monden fast gar auff der neige ist.

7. Wo der Bodem dürre ist / da lasse im Hornung das Wasser 10. Tage lang vber die Saat gehen / das ist damals dem Acker nicht anders / als wenn mans noch einmal hette gedünget.

Hier mercke auch / daß man im Mertzen dünget / davon wechst viel Vnkreuticht / so sol man auch die Stoppeln nicht düngen / sonderlich im zunehmen des Monden / denn es wechst viel Vnkrauts darnach.

Darnach so merck auch weiter / daß man auff vier Ruten / das ist / vier Ruten lang vnd eine Rute breit / ein gut Fuder Mist haben mus: Kömpt auff einen Acker / als auf 3000 Ruten / fünff vnd siebentzig fuder Mist.

8. Dis bringet dem Acker auch grossen frommen / wenn man die Stoppeln oder was sonsten auff dem Acker gewachsen ist / abbrennet / so balde das Getreidicht / oder Graß davon ist: Denn darnach wechst das Getreide gewaltig. Damit es aber desto bas brenne / sol man auch Holtz hin vnd wider auff die Stoppeln oder den Acker legen / so wirds den Acker mit der aschen vnd sonst sehr wol düngen.

9. Zum neundten / strewe vngeleschten Kalck oder Mergel auff den Acker / der macht den Acker auch fett / vnd reiniget ihn von allen bösen Kreutern.

10. Oder strewe Salpeterasche drauff / wenn der Salpeter allbereit davon gemacht ist.

11. Oder strewe den staub / den man im Sommer auff der Gassen gesamlet / auff die Saat / darnach wechst das Getreide auch wol.

12. Darüber pflegt man auch allerley Mohs / Laub / vñ allerley Erdreich / so vnter den grossen Bäumen wechst / einer spannen tieff auffzuheben / vnd auff die Ecker zu führen / das dünget so wol als ein gemeiner Mist. Besihe auch Mizaldum Centur. 8. Aphor. 63.

Die Meißner sollen mercken / daß man bey jnen auff einen Acker Brachfeld / 30 Fuder Mist zu düngen haben mus / wie sie ein Bawer mit vier Pferden ausführen kan.

Merck auch weiter / ein Schaff kan in tag vnd Nacht fünfftehalben Ellen in der vierung / wol vnd nach notturfft bepferchen. Also können 1200. Schaf / wenn dieselbigen in 120. Horden / deren eine vier Ellen lang vnd recht in quadrat geschlagen / in Tag vnd Nacht 112. vnd eine halbe Ruten nach notturfft bepferchen.

Wenn viel vnd grosse Disteln auff einem Acker wachsen / so hawe sie ab / wenn sie gros worden sein / vnd ehe sie Samen bekommen / mit einer Sensen / vnd las darnach den Acker vmbpfluͤgen / so werden die Distelwurtzeln ausgerissen / vnd muͤssen also die Disteln endlich vergehen. Wachsen aber etliche wider aus / so las sie wider abhawen / vnd abermal vmbackern / biß sie gar weg bleiben. Die abgehawene Disteln aber lege vber einen hauffen / vnd verbrenne sie mit Fewer.

Das LXIII. Capitel.
Von Sandichten Eckern.

Ich mus zwar bekennen / daß ich droben balde nach dem 23. capitel / hett vom Sandacker etwas sagen sollen / so hat mich andere Materien damalen verfuͤhret / daß ichs alldar in vergessen gestellet / wiewol ich im ende des 18. Capitels des sandichten Ackers auch ein wenig mit gedacht hab. Ich wils hier mit wenig worten verrichten.

Die sandichte Ecker muͤssen zu allererst beseet werden / wol vierzehen Tage ehe denn man die andere gute Ecker beseet / daß er in der Zeit ein wenig beraset. Denn er hat so viel stercke nicht als der ander / weil aber der Sandt eine leichte Materien ist / die der Wind leichtlich wegwehet / So mus man erstlich den Sandichten Acker mit Rocken beseen (denn Gerste vnd Weitze treget er nicht / viel weniger ander gut Geseme / sondern nur Rocken vnd Haber) vnd darnach den Rocken vnterackern vnd egen / so fuͤhrets der Wind nicht so leichtlich weg. Allein man mus darnach auch gute achtung auff die Winde geben / deñ wenn die den Sand weg weheten / vnd man sehe den Rocken blos auff dem Acker ligen / so treibe man ein Herde Schafe vber den Acker / die treten den Samen fein tieff hinein in die Erde / vnd wechst schoͤner Rocken darnach.

Doch wil man einem solchen Acker zu huͤlffe kommen / vnd gut machen / so mus man fette Erden / als Lehm vnd dergleichen hinauff fuͤhren / vnd den vberher strawen / etwan zweene quer Finger dicke / vnd darnach Mist drauff fuͤhren / vnd drunter strewen / so wird der Acker sehr gut / vnd treget schoͤn Getreidicht. Darnach arbeite jhn vmb vnd See Getreide drein.

Oder fuͤhre Mist auff sandichten Acker / vnd see bald im Fruͤeling Haber drein / darnach vber Winter Rocken / so bringet er doppelte frucht.

Das LXIV. Capitel.
Wie man andern krancken Eckern helffen sol.

Wie jmmer ein Mensch mehr zuneigung zu den Kranckheiten hat / denn der ander / sintemal einem die Fluͤsse / dem andern die Hitze oder Hectica oder Schwindsucht / dem dritten die Fettigkeit / dem vierdten der Sandt vnd Grihs beschwerlich ist. Also hat ein Acker zu viel feuchtigkeit wie im Niderlande / der ander zu viel Werme vnd Duͤrre / oder Magerigkeit / der dritte ist zu fett wie in Duͤringen / der vierde zu Moͤsicht / Sandicht / Grisicht / wie die Ecker vmb Nuͤrnberg her vnd also fortan. Nun mus ein weiser / verstendiger Ackerman denselbigen Eckern wissen zu rathen / das pflegen sie auch zu thun / auff diese weise.

Ist ein Acker zu Moͤsicht / oder naß oder Gebruͤchig / so fuͤhren sie andere Erden drauff / vnd erhoͤhen jhn / oder machen tieffe Graben / damit das wåsserige vnd die vbrige feuchtigkeit darein sincke / vnd vom Acker weg komme. Ist er Sandicht oder Grisicht / oder sonst Mager / so rathen sie jhm mit Lehm / Lette / Mist vnd dergleichen fetten dingen / mit dem Schlam oder Koth / der aus den Teichen drauff gefuͤhret wird / Ist er zu fett / so fuͤhren sie Grieß vnd Sandt drauff / ist er Kisig / so helffen sie jhm mit geschleimter Buchasche / damit die Kysige vnd Moͤsige art vergehe / vnd an stat der wilden Heyden / schoͤner herrlicher fetter Klee herfuͤr wachse / vnd also dem lieben Viehichen ein nuͤtzliches gesundes Fuͤtterlein Jåhrlich bringe. Ists ein roh wild

Land / wie an den Leiden vnd Bergen pfleget zu sein / darauff kleine nidrige Streucher stehen / so zuͤnden sie die an / vnd verbrennen das Reisiche droffen / daß die Wurtzeln aus der Erden mit ausbrennen / grabens darnach vmb oder eissens vmb / vnd seen drein / das bringet denn gar ein schoͤn Getreicht.

Also sein vor etlich hundert Jahren hier in Deutschland viel Wildnuͤssen gewesen / viel Hoͤltzungen vnd andere vnfruchtbare oͤrter / do wilde Thier / Woͤlffe vnd Beeren jnne gewohnet haben / die haben die AckerErtzte alle curiret, excoliret, ausgerottet / gebrendt / vnd also zugericht / das jetzo allerley Obstbewme / Kornfelder / Wiesen vnnd Weinberge drinnen sein / vnd den Einwohnern viel nutz vnd frommen bringen.

Darnach so haben bisweilen die Ecker auch zufellige Vngluͤck in etlichen gewissen oͤrtern / als in der Schlesien / wenn nasse Jahr sein / so bringen die Ecker viel Trespe / sind sie aber gar zu trucken / so bringen sie viel Raden / ob sie gleich gar guten Rocken drauff seen / von der Rade liese Petrum de Crescentiis lib. 3. Bisweilen wechst Vnkraut aus den Eckern / daß man gar vbel widerumb gelosen kan. Denen sol ein Ackerartzt allen zu begegnen vnd zu rathen wissen. Als wenn knothen in die Gerste kommen / so kan man dieselbe schwerlich widerumb gelosen / man bringe denn die Gerste gar weg / vnd keuffe jhm gar andere reine Geste zu Samen. Also ists auch mit der Seide vnd dotter im Flachs wenn ein Acker lange stachliche Disteln hat / die oben eine rote oder breunlichte Blume haben / so las sie bald nach Pfingsten mit einer Sensen abhawen / ehe sie Samen kriegen / wenn der Acker brach liget / oder laß sie mit Wurtzeln vnd all aushawen vnd wegbringen / Sonsten saͤmen sie sich / vnd bleiben jmmer im Acker. Wenn man Rocken oder ander Getreidicht binden wil / so stechen sie sehr. Die Durteltauben halten sich gerne darbey / denn sie essen den Samen gerne.

Drumb kan man sie nach Pfingsten bey denselben Disteln mit einem Netze fein fangen. Wer viel quecken im Acker hat / der Ege denselben vmb / wenn der Acker gebrachet ist / doͤrre sie / daß sie treuge werden / darnach verbrenne sie. Wenn man das andere mal pfluͤgen wil / so see die Aschen / die du davon bekommen hast / auff den Acker / vnd ackere sie mit vnter / darnach ackere wider / vnd see Rocken drein.

Das LXV. Capitel.
Vom Mist.

Wir hetten hier balde des Mistes vergessen / dessen sich doch ein rechter guter Ackerman / der viel Getreidicht auff seinen Eckern bawen / vnd Gottes reichen milden Segen haben wil / sonderlich vnd vornemlich befleissen sol vnd mus.

Hier in der Marck vnd an andern oͤrtern / do der Adel vnd die Forbergs Leute weite geraume Hoͤfe haben / da beschliessen sie einen sonderlichen ort mit Holtz / den bestrewen sie des Winters gar sehr mit dem Stroh / daß sie vbrig haben / daß die Kuͤhe vnd Ochsen biß vber die Knie im Stroh gehen / In den ort lassen sie das Viehe gehen / wenn sie es im Winter aus den Stellen lassen / vnd lassens alldar aus grossen langen Rofen Stroh essen / so zu treten vnd bemisten sie das Stroh / vnd tretens vnten in die feuchte sumpfichte Erde / vnd machen also viel Mist.

Im Voigtlande vnnd andern oͤrtern strewet man nichts im Hofe / sondern man mistet die Stelle zu Handsweilen aus / vnd tregt den Mist allen auff einen Hauffen / vnd macht also einen grossen breiten vnd hohen hauffen Mist im Hofe / der ligt den Winter durch auff einander / erwarmet vnd verbrennet auff einander / vnd wird fein fett vnd klein / darnach fuͤhren sie jhn mit einander hinaus auffs feldt.

Etliche zerhacken das Stroh / vnd strewens in die Mistpfudeln innerhalb vnd ausserhalben der Hoͤfe / vnd machen also Mist / lassens darinne verfaulen vnd schlagens darnach alles auff einen hauffen.

Etliche strewen Stroh auff die Gassen / das man druͤber fehret / vnd das Viehe daruͤber gehet / vnd wenn das Stroh klein zerfahren / vnd mit Gassenkoth vberschwemmet gewesen / so werffen sie es uͤber einen hauffen / vnd lassens auff einander erwaͤrmen / vnd zu rechtem Mist werden. Etliche fahrens balde weg auff die Ecker / aber dis duͤnget nicht wol. Gassenmist oder Schurmist helt kaum zwey oder drey Jahr duͤngung.

Wer viel Stroh hat / vnd balde viel guten Mist machen wil / der lasse den Mist oder das Stroh im Hofe auff einander schlatzen vnd einen hauffen draus machen / so erwarmet der Mist auff einander / vnd das Stroh faulet im Miste auff einander / vnd wird guter Mist darvon / wenns nicht regnet / so begiesse man das Stroh mit Wasser / so faulets auch.

Diß hab ich hier notwendig weiter von diesen sachen erinnern muͤssen / weil die Mercker pflegen zu sagen / wo Mist / da Christ / wo sich ein Wirth auff viel Mist zu seinen Eckern befleisset / da gibt Christus seinen Segen / vnd bescheret viel Getreide. In Vngern bedarff man der muͤhe nicht / denn da darff man nicht duͤngen / das Land ist von sich selbst vnd von Natur so fett / daß es sich selber duͤnget / vnd man keinen Mist drauff fuͤhren darff.

Beschluß.

Diß sey also in gemein vom Ackerbaw gnug gesaget / was weiter vom Acker kan vnd sol erzehlet werden / das wollen wir sparen biß ins folgende achte Buch.

Der Christliche Leser wolle mitler weile diesen Universalibus fleißig nachdencken / denn er wird allenthalben gnug zu lernen finden: vnd ist doch noch nicht mit dem lesen gethan / In die Faust mus mans nehmen / vnd Wirtschafft selber practiciren / do wird erst das beste lernen recht angehen: denn lernen mus man weil man lebet / bis in die Grube / ein jeglicher in seiner kunst / man lese aber vnd vbe sich wie man wolle / so bleibet es doch endlich dabey: Gott gibt alles Getreidich Hose 2. v. 3. Psalm 27. v. 1. Ps. 147. v. 15. Der Ackerbaw aber ist nur das Mittel / dadurch es Gott gibt. Drumb muͤssen Ackerleute Gottfuͤrchtig sein / vnd fleißig beten / mit jhren Kindern vnd Gesinde / daß Gott das Werck jhrer haͤnde segnen / vnd foͤrdern wolle / wie Christus selber sagt / wenn wir beten / so sollen wir vnter andern auch sagen / vnser teglich Brot gib vns heute.

JOHANN JOACHIM BECHER
POLITISCHER DISCURS
1668

Caput I.
Die Civil societaͤt wird definirt, daß sie seye eine Volckreiche Nahrhaffte Gemeind.

Eh ich den Anfang mache zu erweisen / worinnen das Auffnehmen eines Landes / oder Stad bestehe / muß ich nothwendig zuvor erinnern / daz der Mensch / als die Materi der Republick / ein animal sociabile sey / und Geselschafft suche / wie dann der Heilig Text selbsten saget / es ist nicht gut / daß der Mensch allein lebe: damit er derhalben eine Gesellschafft habe / werden andere / und mehr Menschen erfordert; und daß diese gebohren wuͤrden / hat GOtt das Weibliche Geschlecht erschaffen / und den Ehestand eingesetzt / dessen Ende ist fruchtbahr seyn / und die Erde erfuͤllen; daß also negst der Vernunfft / allein die Menschliche Gesellschafft / das Menschliche Leben / von dem Viehischen unterscheidet / welche Gesellschafft einig und allein die Grund-Uhrsach / Anfang / Mitl / und End aller Gesaͤtze / und Ordnungen ist / welche die Menschen / so wol Heyden / als Christen / zu Erhaltung dieser Geselschafft gemacht haben: es seynd auch darauß die Natuͤrliche Straffen kommen / mit welchen sie die Ubertretter gestraft haben; kuͤrtzlich / alles was diese menschliche Geselschaft befoͤrdert / das ist zuverlangen / und zu handhaben / und alles / waz diese menschliche Geselschaft schwaͤcht / ist abzuschaffen / und zu straffen: wann ich derohalben eine Stadt recht definiren solte / wolte ichs nennen eine volckreiche nahrhafte Gemein; und zwar / damit ich am ersten anfange / so muß eine Stadt seyn Volckreich: dann gleich wie eine Schwalbe keinen Sommer macht / also macht auch ein Mensch keine Gemein / noch ihrer drey oder vier Haußgesind ein Dorf / oder Stadt: je volckreicher also ein Stadt ist / je maͤchtiger ist sie auch; derohalbē leichtlich zuerachten / daß die vornehmste StaatsRegul / oder maxima einer Stadt oder Lands seyn sol / Volckreiche Nahrung; angesehen / weder der Landsfuͤrst / Staͤdt oder Laͤnder considerabel seyn / wann sie arm von Volck seyn / dann sie koͤnnen sich nicht defendiren auß Mangl der Menschen / werdē derohalben zur Beut jedem der da komt / und sie anfeindet: es ist aber nicht genug die populirung und Volckreichmachung einer Stadt oder Lands / wann die Nahrung nicht darbey ist; dan̄ damit eine volckreiche Versamlung bestehen koͤnne / muß sie zu lebē haben / ja eben das letztere / ist ein Anfang deß ersten: die Nahrung sag ich / ist ein Angel / oder Hamen / wodurch man die Leut herzu locket / dann wann sie wissen / wo sie zu leben haben / da lauffen sie hin / und je mehr hinlauffen / je mehr koͤnnen auch von einander leben; und das ist die andere fundamental Staats-Regul / nemlich umb ein Land populos zu machen / demselben gute Verdienst un̄ Nahrung zuverschaffen. Dann ob schon ein Land populos waͤre / und im Fal der Noth keine Lebens-Mitl / Nahrung / oder Verdienst haͤtte / so waͤren die Leut potius oneri, quam usui. Wie man an den uͤbel regierten Staͤdten sihet / alwo / wann sie belaͤgert werden / man auß Mangl der Victualien / die Leut / so man eines theils zur defension brauchen koͤnte / andern theils auß der Stadt / dem Feinde zu Huͤlff jagen muß. Gleich wie nun die Volckreichmachung auß der Nahrung eines Orts quellet / also entspringet die Nahrung auß der Gemeind; nemlich / daß die Leut eines Orts einander unter die Arme greiffen / und einer dem andern durch gemeinen Handl und Wandl zu seinem Stuͤck Brod verhelffe: dann es bestehet die Gemein nit darin / daß die Leut eines Orts nichts gemein / alß die Ungluͤckseligkeit / sage Armuth / Arbeit / Steur / Auflagen / und contribution haben / sondern diß ist die rechte Gemein / wann die Glieder der Gemein ihre Sachen also anstellen /

daß einer von dem andern leben / einer von dem andern sein Stück Brod verdienen kan / ja einer dem anderen die Nahrung in die Hand spielet / das ist die rechte Gemeind / dañ dardurch entstehet die Nahrung / und durch die Nahrung wird ein Ort populos: ist also die Gemeind die dritte / ja die gröste Staats-Regul / dañ wo diese wol stehet / wird es an Nahrung / und an Menschen nicht fehlen / wo aber diese verstimt ist / so kan auch kein guter Thon seyn / nichts als Haß / Feindschafft / Verfolgung / Untertruckung der Armen / Erhebung der Reichen / Rebellion / Verderb / und endlich Verarmung / und gäntzliche Ruin darauß erfolgen: weil dann / wie leicht zuerachten / wann einer auff einer Geigen streichẽ wil / er zuvor jede Säite consideriren und stimmen muß / also wann eine Civil Gemeind ihrer Nahrung versichert seyn soll / so muß man gewißlich auff jede Arth von Menschen / so darin seind / wol Achtung geben / und kompt mir nichts wunderlichers vor / als daß man in diesen allerschweresten Puncten vieler Orten so gar kein acht gibt / und ein jeden sich ernehren lasset / wie er kan / es gerahte ihm wie es wolle / er verderbe / und mache hundert andere auch verderben / oder er komme auff / mit der GemeinNutzen oder Schaden / Auf- oder Abnehmen / so fragt man nichts darnach. Weil aber gleichwol an diesem Puncten viel / ja schier alles gelegẽ / und der gantzen Gemeind Wohlfahrt daran hengt / als wil ich ein klein wenig / und soviel zu meinem proposito nöhtig / die Glider der Gemeind / wie sie in Puncto der Nahrung einander mit gemeiner Hand / sollen unter die Arme greiffen / und Gemeinschafft halten / consideriren, anatomiren, wieder zusammen setzen / und also ein sceleton politicum darauß formiren.

Caput II.
Von Vnterscheid der Menschen in einer Gemeind.

Ist derohalben zuwissen / daß in einer Gemein zweyerley Art Menschen von nöhten seyn; eine Art / von welcher als der meisten die Gemeinde bestehet / die andere aber / welche Diener der ersten seyn / und hierunter gehoͤrt die Obrigkeit / welche eine Dienerin der Gemein ist / und die Leut in guter Ordnung und Geselschaffts Gesetzen erhaͤlt / damit ein Mensch neben dem andern wohnen koͤnne / dann die Gemein ist nicht umb der Obrigkeit / sondern die Obrigkeit umb der Gemeine willen da / so seyn auch Diener der Gemeine die Geistlichen / welche die Seel / die Gelehrte / welche das Gemuͤth / die Medici, Apothecker / Barbirer / Bader / welche die Gesundheit / die Soldaten / welche den Leib / und die gantze Stadt und Land verwahren; diese alle seind Diener der Gemein / und wiewol sie die societatem civilem vermehren / und erhalten helffen / seynd sie doch noch die Gemeinde nicht selbst / sondern wie gesagt / nur Diener derselben / welche von der Gemeine muͤssen besoldet und unterhalten werden / und darumb / damit sie nicht uͤberlaͤstig der Gemeine fallen / sol sich ihr Zahl nach der Gemeind proportioniren, das ist / nicht zuviel / noch zu wenig seyn / dann wann mehr Burgermeister / als Buͤrger in einer Stadt seyn / mehr Prediger / und Beichtvaͤtter / als Zuhoͤrer und Beicht-Kinder / mehr Schulmeister / als Schuͤler / mehr Doctorn als Kranckē / mehr Soldaten / als Buͤrger und Bauren / mehr Edelleut / als Unterthanen / so stehts kahl umb selbig Land / und ist kein Zweiffel / daß ein solch Land oder Stadt bald verderben muͤsse / dessen wir dann klare Exempl haben an denen / welche mehr Diener annehmē / als sie ernehren koͤnnen / oder vonnoͤhten haben / ich auch darfuͤr halte / daß kein Ding seye / welches die Potentaten samt Land und Leuten mehr verderbe / und ehender ruinire, als eben diese gar grosse unnoͤhtige Hofhaltungen. Die andere Art von Menschen nun / welche die societatem civilé essentialiter constituirn / seynd die jenige / worvon die Gemeinde am meisten bestehet / dahero dann ihrer auch am meisten in der Gemeinde seynd. Solche Menschen nun / derer Diener die vorige seynd / kan man billich in drey Staͤnde theilen. Der erste Stand ist der groͤste / nemlich der Baurenstand / der andere / der Handwercksstand / und der dritte / der Kaufmannsstand: dieser ist der kleineste / gleich wie der Baurenstand der groͤste ist; dieweil ein eintziger Kaufmann verhandlen kan / was hundert Handwercksleut verarbeiten / und ein Handwercksmann verarbeiten / was hundert Bauren ihme an rohen materien zum verarbeiten geben koͤnnen / ist also der Baurenstand der erste / un̄ groͤste / auch noͤhtigste: der erste / dieweil er die rohe Materi gibt / welche der Handwercksmann verarbeitet / und der Kaufmann verkauft: der groͤste / dieweil der Bauren am meisten seyn muͤssen / und / wie gleich vorher gedacht / ein Handwercksmann verarbeiten kan / was ihme hundert Bauren an roher Materi lifferen koͤnnen: der noͤhtigste ist er zur Gemeind in der Nahrung / dann ohne deß Bauren Arbeit haͤtte der Handwercksmann kein subjectum zur manufactur, und ohne diese beyde haͤtte der Kaufmann nichts zuverhandlen; daß also der Baursmann nicht allein das fundament vom Adelstand (worvon ich nun nicht handle) sondern auch der Grund von dem Civilstand und dessē societaͤt ist. Es seynd aber in dem Baurenstand unterschiedliche Classen: dann einige bauen die Erd / einige die Berckwerck / einige nehmen die Viehzucht un̄ Jagt in Obacht / und unter diesen dreyen bringē wieder einige Wahren herfuͤr / welche weiterer Bereitung nicht vonnoͤthen habē / sondern alsobald solcher Gestalt koͤnnen gebraucht werdē / als da seynd die essende Speisen: andere bereiten sie halb / und lassen sie hernach den Handwercksleutē in den Staͤdten zu voͤlliger Verarbeitung / als da ist wol Flachs / Spinsel / Zucker / Holtz / Bretter / Haͤut und dergleichen. Mit einem Wort von den Bauren haben wir alle edele und unedele Erdgewaͤx / Fruͤchten / Tranck / Essen / Speisen / Specereyen / Seiden / Woll / Leinwand / Leder / Metallen / Holtz / Farben / Butter / Oel / Horn / un̄ alles / worvon der Handwercksmann das subjectum zu seiner Arbeit nimt: dann unter den Bauren / und ihren gezielten subjectis leben Becken / Kieffer / Muͤller / Bierbraͤuer / Koͤch / Zuckerbaͤcker / Seidēbereiter / Wollenweber / Hutmacher / Leinweber / Weiß- und Rothgerber / Kuͤrschner / Gold-Silber-Kupfer-Schmit / Rohtgiesser / Kañengiesser / Klaͤmpner / Schlosser / Schmit / Muͤntzer / Schreiner / Treher / Zimmerleut / Faͤrber / kurtz noch hundert andere Handwercke / welche alle / wann der Baursman verdirbt / und ihnen keine Nahrung zu ihrer Arbeit bringt / verderben muͤssen / ist also klar / daz der Baurenstand der groͤste / und noͤhtigste Stand zur gemeinen Nahrung sey / ja ich halte von keiner Stadt etwas / da nicht Bauren herumb seyn / und umb der Stadt / gleich wie die in der Stadt von ihnen / ihre Nahrung haben. Der andere Stand in der societet bestehet in Handwercks-Leuten / dann diese muͤssen verarbeiten und verzehren die subjecten und Materien, welche ihnen der Baursmann bringt. Dieser Stand nun ist negst dem Baurenstand der groͤste / dann der ander ist auß kurtz oberwehnten Ursachen der groͤste. Die Handwercks Leut seynd die jenige / welche in der Stadt wohnen / und die civil societaͤt nicht wenig vermehren helffen / und weil das Absehen der Civil societaͤt auf die Vielheit der Menschen zielet / werden billich solche Handwercks Leut in unterschiedliche Classen getheilt / und nicht jedem zugelassen / allein alles zuthun / damit nemblich andere auch etwas zuleben / und Ursach dahin zukommen haben. Gar fuͤglich aber koͤnte man alle Handwercks-Leut in so viel Classen abtheilen / so viellerley Materien oder subjecten ihnen die Bauren bringen / derer wie gesagt / in genere dreyerley seind / als Erdengewaͤx / Berg-Werck / Viehzucht / zu welcher ich auch die Jagt setze. Die Handwercke / so da Erdengewaͤx verarbeiten und tractiren, seind unterschiedlich / nemblich / so viellerley derselben Species seind / und das ist auch zuverstehen von denen / die Metallen / und das was von der Viehzucht / und Jagt herkommet / verarbeiten / darvon ich kurtz zuvor einige zum Exempel erzehlet. Was nun den dritten und letzten Stand der Menschen in der Civil societaͤt anbelanget / so bestehet solcher von Kauf-Leuten / welche mit allerhand so rohen / als verarbeiteten / und dann darinnen wieder mit vielerhand handeln / kan man solche den beeden vorigen gleich nit abtheilen / dann es were grosse Thorheit / einem Handels-Mann gebieten wollen / nur mit einerley zuhandlen / derentwegen werden diese Leut anders / als die vorige / wiewol doch in drey Classen abgetheilt: dan da seind einige / welche die Handwercks Leut verlegē / ihnen zu arbeiten geben / und die gemachte Arbeit wieder von ihnen nehmen / und mit solchen Wahren hernach in grosso handeln: diese nennet man Verleger / Grossirer, oder rechte Handels-Leute / die andere seind nur Kauff-Leut / oder Kraͤmmer / welche minutim und ins kleine bey Ehlen / und Pfunden jederman verkauffen / von den vorigen aber ihre Wahren einkauffen: die dritte seind voriger beeden Diener / nemblich die Wexler; dann diese muͤssen ihnen ihre geloͤste oder benoͤhtigte Gelder hinmachen / wo sie solche verlangen / und vonnoͤhten haben. Dieses waͤren also die dreyerley principal Staͤnde im gemeinen Wesen / nemblich der Bauren / Handwerck / und Kauffman-Stand / worauß die gantze Gemeinde bestehet. Wiewol nun diese Staͤnde einander so nah verwand seyn / daß einer ohne den andern nicht bestehen kan / also die groͤste Gemeinschafft miteinander haben muͤssen / so seind sie gleichwol in diesem von einander entschiden / daß sie sich nicht untereinander vermischen lassen / sondern ihre proportion gegen einander haben wollen / dann es wuͤrde nit bestehen koͤnnen / wann in einem Land mehr Kauff-Leut / als Handwercks-Leut / und mehr Handwercks-Leut als Bauren weren / auß Ursachen / so hier oben erzehlt / dieweil nemlich ein Kaufmann mehr verkauffen kan / als hundert Handwercksleut machen / und ein Handwercksmann verarbeiten kan / was hundert Bauren Materi zur Arbeit bringen koͤnnen: und ob gleich ein Land waͤre / darinnen diese proportion der Staͤnde unter einander nicht observirt wuͤrd / noch auß Mangl deß Lands in Obacht genommen werden kan / so ist doch gewiß / daß dañ solches Land oder Stadt sich der Umbligenden Huͤlffe bedienen muß / welche Huͤlffe gar ungewiß ist / in deme sie nur so lang wehret / als man in Freundschaft ist / die dann stuͤndlich kan gebrochē werden kan / und dann jedem Baurē / oder Handwercksmann / auch Kaufmann frey stehet / dem andern etwas zu bringen / oder von einander etwas zu nehmen / oder nit; also klaͤrlich hierauß erhellet / daß dieser Staͤnde proportion wol in Obacht muͤsse genommen / uñ dahin gesehen werden / daß der Baurenstand am meisten seye / und das Land also cultivirt werde / daß es materien gnugsam bringe dem Handwercksmann zum verarbeiten; und dieser Handwercksleut muͤssen nicht mehr seyn / als zu solcher Verarbeitung erfordert werden: Letzlich der Kaufleut muͤssen so viel seyn / als zur Verkauffung der verarbeiteten Guͤtter gnug seyn / sonsten verderbt ein Stand den anderen / gleich sich unter einander auch selbst; Weiter / so sollen wie oben gedacht diese Staͤnde nicht vermischt / noch confundirt werden / gestaltsam es wider ihr Natur ist / dann / in dem der Baursmann die Erde bauet / kan er nicht zugleich zu Hauß sitzen / und Handwercks-Sachen arbeiten / und in deme der Handwercksman arbeitet / kan er nicht zugleich herumb lauffen / und einen Kaufmann agiren / gleich wie hingegen der Kaufmañ / in dem er sich umb die consumption, debît, Verschleiß bemuͤhet / nicht indessen zu Hauß / oder auf dem Feld kan sitzen / und Handwercks Sachen / oder Bauren-Arbeit treiben: dann gleich wie dieses elende Handwercksleut seynd / die auf ein ungewisses / nemlich ohnbestelte Arbeit machen / hernach solche wol ein Jahr auf dem Laden haben / ehe sie es und bißweilen aus Noth um halb Geld verkauffen / oder im Land herumb von einem Jahrmarckt zum andern damit lauffen / uñ mehr Reißgelt verzehren / als sie loͤsen; also waͤren das auch ungluͤckselige Bauren / wann sie ihre Feldarbeit muͤsten stehen lassen / und ihre Nohttirfftigkeit im Handwerckswesen selbsten zu Hauß arbeiten / ja wie langsame schlechte Kaufleut weren dieses wañ sie nichts zu verkauffen hetten / als was sie selbsten gemacht / und gezeuget: ist derohalbē eine unfehlbare Regul / wo kein Baur ist / hat der Handwercksman nichts zuverarbeiten / und wo nichts gearbeitetes da ist / da kan auch der Kauffmann nichts verkauffen / item in deme der Baursman daß Feld arbeit / kan er nicht zu Hauß seyn / und in dem der Handwercksman zu Hauß arbeitet / kan er nit im Land herum lauffē / und verkauffen / und in dem der Kauffmann dises letztere thut / kan er kein Baur oder Handwercksman seyn / daz also hierauß der ungezweifflete Schluß ervolget / diese drey Staͤnd soll man nicht untereinander vermischen / sondern machē / daz sie nur nah beysammē stehen / und eine rechte Gemein machen / nemlich mit gemeiner Hand einander unter die Arm greif fen / dann wo dieses letztere / nemblich die rechte Gemeinschaft dieser dreyen Staͤnden wol in Obacht wird genommen werden / ist kein Zweiffel / daß solche societaͤt / Stad / Land / oder Republick / erstlich zu bluͤhender Nahrung / und dadurch wegen deß Zulauffs zu maͤchtiger populositet, hierdurch aber zu dem End der wahrhafften policey, nemblich zu einer ansehlicher und noͤhtiger Menschlicher Geselschafft gelangen werde.

Caput III.

Was die drey Staͤnde in einer Gemein / nemblich der Bauren-Handwercks- und Kauffman-Stand / vor Gemeinschafft haben und erfordern.

Damit man aber etwas außfuͤhrlicher sehe / worin dann diese notwendige Gemeinschafft dieser 3. Staͤnden bestehe / wil ich solches so viel zu meinem proposito noͤhtig / mit kurtzem erweisen. Erstlich muͤssen diese 3. Staͤnde gemein habē eine Obrigkeit / dann von diversen Obrigkeiten diese Staͤnde zusammen flicken / thut / wie kurtz hievor gedacht / selten gut / und hat keinen Bestand / wann unter diesem Herrn reiche Kauffleut / und in jener Stadt gute Handwercks Leut / und unter eines andern Herrn Gebiet die Bauren wohnen / dann solchergestalt wil einer den andern noͤtigen / sperren / uͤbernehmen; und mit einem Wort einer muß deß andern Gnad leben / und verderben / wann unter einander der geringste Mißverstand entstehet. Derohalben sehr rahtsam / daz diese drey Staͤnde einer Jurisdiction, einer Obrigkeit / un̄ einem Herrn zugehoͤren: vor allen Dingen aber sol die Obrigkeit sehen / daß sie diese Staͤnde also

tractire, wie es das End der Buͤrgerlichen Gemeinschafft / oder civil societaͤt erfordert / nemblich daß sie sich taͤglich je mehr un̄ mehr vermehre / und die Gemeine groͤsser werde / welches wie vor gesagt / geschicht / wan̄ man der Gemeine ihr Nahrung lesset un̄ solche befordert: weil aber / wie kurtz hernach folgen wird / solche allein in Verhandlung / und Verkauffung / auch Versilberung ihrer Guͤter bestehet / ist leicht zuerachten / daß alles / was dieses verhindere / auch die darauff fundirte Nahrung und die darauß entspringende / zum End der Civil societet hoͤchstnoͤhtige populositet verhindere und schwaͤche: ist derohalben der Gemeine und derer Nahrung / auch aller darauß folgender utiliteten nichts so hinderlich / als wann man die Kauff-Wahren / und Kauff-Leut mit hohen Zoͤllen und imposten beschwert / dann dardurch wird der Handelsman̄ bewogē / seine Wahren theurer zugebē / solche imposten wiederum darauf zuschlagē: weil sie dan ein Fremder / da solche imposten nit seyn / kan wolfeiler geben / oder wann auß Theure wegen solche beschwerte Waren nit mehr so starck consumirt, und gekaufft werden / so folgt / daß der Kauffmann keine consumption oder debît mehr habe / perconsequens er verderben / und der gantze Handel geschwecht werden muß. Es ist andern theils nichts / welches den Buͤrger / und Handwercksman̄ mehr verderbt / als die schwere imposten / so auf die LebensMittel / und die grosse Contribution, so auf solche Leut / und ihre Wohnungen geschlagen werden / dann also werden sie genoͤhtiget / ihre Arbeit theuer zugebē / und zwingen den Kaͤuffer oder Verlaͤger / daß er von ihnē geht / un̄ es lieber von den frembden nimt / da er es wolfeyler und besser haben kan / daß also dem Handwercksman̄ seine Nahrung entzogen / und er zum Muͤssiggang oder Bettlstab genoͤthigt wird / nit weniger ist dem Landmann un̄ Bauren die grosse Steur und Auflag ein grosses augenscheinliches Verderben / dann wann die zwey erste Staͤnde ruinirt oder im Abnehmen seyn / so kan er seine Fruͤchte nicht versilbern / der Handwercksmann trinckt auß Mangl der Mittl Wasser / da er sonstē Wein truͤncke / un̄ die

grosse Auflagen machē / daz er sie theur gebē muß / zumalen / da er sie verfuͤhrē / und die schwere Zoͤl darauf schlagen muß: hierzu komt noch / daß wann die Fruͤchte der Erdē theuer seynd / sie gemeiniglich nicht gerahten / uñ er keine hat / dafals sie aber wolfeyl fallen / ist es ein Zeichē / daß ihr viel verhanden / und dann schier ein jeder solche zuverkauffen hat; dannenhero ein solcher armer Mann vor dem Reichen / wegen deß schaͤdlichen Vorkaufs nicht zur Versilberung kommen kan / zumalen machen alle vorerwehnte Ursachen nicht allein die Leut auß dem Land lauffen / uñ solches arm an Menschē / sondern auß dieser Ursach / daß nemlich wenig Menschē in einem Land seyn / und zwar die noch uͤbrige arm / geschichts auch / daß die Victualien dem Baursmann ligen bleiben / und nicht versilbert werden / also der Obrigkeit ihre contribution nicht ertragē koͤnnē: dañ ob zwar solcher gestalt die populositaͤt / nemlich das Hertz vō der Civil societaͤt der Obrigkeit selbstē zū Verderben gereicht / dennoch durch ebē dieselbe geschwaͤcht / uñ mit Gewalt verringert / uñ daz Land von Menschen und Inwohnern oͤd und wuͤst gemacht wird / so gedencket doch die guͤtige Natur noch ihrer / uñ laͤsset einē Weg wie dē andern / gleich als wann sie noch da weren / ja als wann sie ihnen zu Raht ruffen wolte / auß der Erden die Lebens Mittel waxē / welche zum Zeugnuß ihrer der Natur Guͤtigkeit / und der Menschen Unbarmhertzigkeit den uͤberbliebenē zum uͤberfluß / Schand und Schaden / in Scheuren und Kellern ligen muͤssen.

Vor das ander so haben auch diese 3. Staͤnde gemein / und sehr noͤhtig zu ihrer Erhaltung / die consumption, debît, oder Verschleiß / dan wo der Kauffman solchen hat / nimt er dem Handwercksman die Waren ab / uñ wo der Handwercksman seine manufacturen einē gewissen Verschleiß weiß / da arbeitet er nit allein Tag und Nacht / sondern weil er solcher gestalt seine Arbeit versilberen kan / lebt er nit allein besser / trinckt an stat Wassers / Wein / oder Bier / und gibt dem Landmann Gelt zuloͤsen / er kaufft ihm auch neue Materien zu manufacturen ab / und da kan der Land-

mann alles Korn / Wein / Fleisch / Leinen / Leder / Woll / und was ihme die Erd gibt / zu Geld machē / und seiner Obrigkeit die Gülten entrichten / da freuet sich der Baursman / wann er dieser Dingen ein fruchtbares Jahr sihet / da er nun weiß / wo er mit hin sol; da er hingegen offt betrübt ist / ja mancher / der diser Dingen Vorrat hat / wünschte ein Mißjahr / welches ja unmenschlich ist; Da freuet sich der Handwercksman / wan er viel manufacturen machen kan / oder fertig hat / wan̄ er das gantze Hauß vol Gesind / und Tag und Nacht Unruh hat / dan er weiß / wo er Sambstags sein Geldt dafür beim Verläger hohlen soll: Da er nun / so er etwas fertig hat / ängstig ist / wo er es bey Juden / oder Christen versetzen / halb hinweg schencken / oder verhandelen / ja den einen Tag nicht weiß / wo er den andern sein Brodt hohlen soll; da freuet sich endlich der Kauffmann / wann er gantze Ballen Wahren / bald hie / bald dorthin verhandlt / und dessentwegen / bald von hie / bald von dort Wexel ziehet. Mit einem Wort / die Consumption erhält diese drey Ständ / die Consumption ist ihre Seel / die Consumption ist der eintzige Bindschlüssel welcher diese Stände aneinander bindet und hefftet / auch von einander leben macht / ja der consumption wegen ist der Kauffman-Stand so nöhtig in der Gemeind / so groß darinnen der Bauren-Stand / dann dieser vermehrt zwar die populosität, jener aber ernehrt sie: dann wie ich nun erweisen wil / so ligt die eintzige consumption dieser dreyen Ständen / und also alle ihre Nahrung allein an dem Kauffman̄: dann von diesem lebt der Handwercksman̄ / und von demselben der Baur; ich verstehe aber am meisten Handels-Leut / welche Verläger seyn / und von welchen viel Handwercksleut leben können / und ihren Verlag haben / dann wann alles in der Gemeinde sol fovirt werden / was zu Vermehrung / un̄ Ernehrung der populosität und der civil societät dienet / so müssen warlich solche Verläger vor Grundsäulen der Gemeinde gehalten werden / dann von so einem Verläger können etlich hundert Menschen leben / darvon die Bauren / und von diesen der Edelmann nicht wenig Nutzen haben: durch das Wort Verlegen aber verstehe ich / wann ein reicher Mann den Handwercksleutē Mittl macht / daß sie die in dem Land fallende / oder auß der Frembde hereingebrachte rohe Waarē in manufacturen verarbeiten können / und dann daß ein solcher Verläger die gemachte manufacturen von ihm wieder umb ein billiches Geld nimt / und hernach anderwerts / so gut er kan / inn oder ausser Lands verhandlet: dieses nennet man Verläger / darvon man Exempl hat / daß durch ihnen etliche gantze fürnehme Städte seynd aufkommen / ja etlich 1000. Menschē von ihnē ihre ehrliche Nahrung gehabt / dz seynd rechtschaffene Handlsleut / die da durch ihren Verlag machen / daß die rohe Waaren im Lande bleiben / und durch die Unterthanen verarbeitet / solche dardurch vom Müssiggang abgehalten und zu ehrlicher Nahrung gebracht werden / daß an statt nun frembde manufacturen ins Land gehen / und das Geld darfür hinauß gehet / nicht allein solches Geld im Land bleiben / sondern die im Land gemachte / und in die frembde geschickte manufacturen noch ein mehrers Geld ins Land ziehen / und also solches populos und nahrhafft machen: dieses sag ich / seynd nützliche Glieder der Gemeind / die ihr End die societatem civilem vermehren un̄ ernehren / aber diese Kaufleut / von welchen ehender ein Papagey / Hund oder Pferd / als ein einiger Mensch / oder Unterthan leben kan / welche lieber die rohe Waaren auß dem Land führen / in der Frembde verarbeiten lassen / und dann wieder hereinbringen / also lieber den frembden / als den Innländern das Geld gönnen; oder die / welches das gemeinste ist / jährlich viel hundert tausend in frembde Länder schicken / frembder Leut Unterthanen reich / und potent, hingegen ihres Lands-Fürsten Unterthanen arm machen / das Geld hinauß schicken / und nichts wertige / oder solche manufacturen darfür herein bringen / die man selber im Land haben / und zum wenigsten den Inwohnern und Bettlern / derer das gantze Land vol lauft / das Stücklein Brodt gönnen können; welche allein auf ihren Profit sehen / das Land schinden / schaben und aussaugen / etwan hernach einem Teufel ein Liecht anzündē / darbey die gröste propolisten seyn / und nicht allein deß Lands Unterthanen in keine Arbeit stellen / und ihres Gewins geniessen lassen / sondern ihre Mitbürger un̄ Neben-Handelsleut verderben / ja als bissige Hund an dem Bein allein nagen wollē / deß Landmanns und Handwerckmanns blutigen Schweiß aussaugen / und / so man ihnen dann ein böses Wort gibet / oder sich die Zeiten nur ein wenig änderen und böß anlassen / oder ein Feind auf 50. Meil vor der Thür ist / tröwen / un̄ lauffen sie mit ihrem geschundenen Mammon hinweg / und lassen die arme Leut allein leyden / diß seynd die Blut- und Saugigel einer Republick / der Todt und Untergang derselben End / dann sie mindern die populosität und entziehen dem Land die Nahrung / bereichen dessen Feind / und tragen keine Scheu / ihres Nutzens willen / dasselbe seinen Feinden zuverrathen und zuverkauffen / sie seynd die Miedling / und nicht rechte Hirten / gefährliche Leut in der republick / welche umb so viel grössern progress haben / je weniger man auf dieselbe Achtung gibt / ja je mehr solche bey den Staats-Personen bißweilen access haben / diese seynd das contrarium mit den Verlägern / dann weil dieser Juden und Canalien böse intention nur ein Monopolium ist / und auf ihre Bereichung allein sihet / ihres Nachbarn / und Neben-Menschen Beförderung aber (welches doch wider alle leges der societät ist / laut vorhergehender deduction) gantz auf die Seite setzet / suchen sie nicht allein solche nit zu befördern / und gilt ihnen gleich (wie ich es auß ihrem Mund habe / und die Experientz solches erweiset) wie lang ein Staat stehe / ob er wol / oder übel fahre / sondern sie suchen auch aufs äusserst ihren Nechsten blind zu machen / damit sie ihn desto besser betrügen können / sie wenden vor / man könne dergleichen Waaren nit im Land machen / alle Elemente seynd nicht gut darzu / man müsse sie auß der Frembde holen / zwar nur darumb / darmit hinter ihren diebischen Gewin niemands gründlich komme / und ihnen solchen (wans im Land verlegt würde) unter Augen legen kan: diese Ursachen / sag ich / der Geitz allein alles zu haben / die intention dem Land nicht zu dienen / den betrogenen Gewin verborgen zuhalten / das Geld unter einem justen prætext hinauß zu partirn, neben dem Vorwand der Unmöglichkeit / grober ignorantz / und Faulheit (dan̄ solche Gesellen keine Liebhaber von manufacturn seynd / und die den geringsten Leinweber / wil geschweigen / jemands anders verlegt haben / seynd grobe Idioten / und von Stoltz übernommene Esel) seynd die motiven / daß solche Todtfeind / und Pesten der republick nicht allein / wie gesagt / dem gemeinen Wesen nicht zum besten handeln / sondern wie die vorige die lobwürdige Verläger / der civil societät End / die populosität / und die Nahrung vermehren / also vermindern diese solche: dann es ist gewiß / und sich nach vorher gelesenem gantz nicht zuverwunderen / daß ein Kaufmann ein Land aufbringen / oder verderben könne / wiewol es unsere Staatisten theils nicht mercken wollen / allein weil die endliche consumption, wie erwiesen / bey den Handelsleuten bestehet / ist leicht zuerachten / daß beede folgende Ständ / der Handwercks- und Baurenstand von ihnen dependirt: warum schlagt man einem Mörder den Kopff herab / un̄ hencket einen Dieb / allein darumb / daß der erste die populosität / der ander die Nahrung der Gemeinde mindert / un̄ diese lose Menschen / die vorige Art von Kaufleuten / welche beydes begehen / ja nicht offentlich / sondern meuchtlich / diese / sag ich / an stat der Straf venerirt, privilegirt / und nobilitirt man bißweilen; eine Menschen-Art / die umb so vielböser ist / daß sie nicht allein böses thut dem gantzen gemeinen Wesen / sondern dieweil sie auch sucht das Gute / nemlich die erste / edleste Art der Verläger zu verhindern / wiewol sie / weil sie böß seyn / nicht anders als böß / und dem guten zu wider thun können / wie sie nun die Verläger / und derer befördern / belügen / betrügen / verkleinern / verfolgen / und mit ihnen umbgehen / wil ich anderwertlich erzehlen / wann ich erstlich ein project von der rechten Gemeinschaft / und Aufnehmen dieser dreyen Ständē gehandelt habe: nun wil ich noch zum Beschluß deß punctens von der consumption, folgendes den Verlägern zu Lob und Ehren anhencken / daß nemlich sie allein vor Grundsäulen dieser dreyer Ständen zu halten seynd / dann von ihnen lebt der Handwercksmann / von diesen der Bauer / von diesen der Edelmann / von diesen der LandsFürst / und von diesen allen wieder der Kaufmann: das seynd die jenige Hände / welche einander vereinigen müssen. Wir verwundern uns öfters / warumb das Teutschland arm seye / und depopulirt / und sehen nicht die Blutigel / welche ihm in diesem Schlam das Blut auß den Aderen saugen / biß wir ohnmächtig worden seynd / und uns endlich frembde solche mit Gewalt herab thun müssen; aber es ist gewiß / daß allein die Kauffleut die jenige seynd welche heimlich ein Land verderben / und aufbringen können: die Kauffmannschaft / aber nur die jenige / von welcher der Staat an Geld und Nahrung gemehrt wird / ist negst der Natur die jenige Säuge-Mutter / welche das noch junge Aufnehmen / auch der desertesten Länder zum Sprossen / zur Blüt / und endlich herlichen Früchten bringet / daß also der Poet wol / und verantwortlich hat singen können; Handeln / Wandeln und Verkauffen: In der Welt herummer lauffen / bald zu Wasser / bald zu Lande: nützet trefflich jedem Stande. Wo die Kaufmannschaft recht blühet / und die Nahrung nach sich ziehet / da kann Land und Leut auff Erden / reich und wol begütert werden. Was nun die consumption, und wie viellerley sie seye / ist in gleichem zuerinnern / und zu wissen / daß sie zweyerley sey / nemlich Inländisch und Außländisch: Die Inländische ist die jenige / welche von den Unterthanen eines Lands erhalten wird; man bringt sie zu wegen durch ein Privilegium, welches man privativum nennet / darumb / daß dardurch dergleichen frembde manufacturen / oder in einem Land fallende Wahren von der Frembde herein zu bringen verbotten wird / dann es ist natürlich / daß sich ein jeder am nächsten ist / und seinen Landsleuten / und Mitbürgern vor frembden ein Stück Brod gönnen / auch kein Wasser in die Donau / das ist / Wahren / die man in einem Land selber haben kan / von der Frembde hinein bringen sol / dann solcher gestalt verschlägt man die Inländische Güter / wo derohalben ein privilegium privativum über einen Verlag ist / da ist die Inländische consumption gewiß / und wo diese gewiß ist / da finden sich ohnfehlbar Verläger / wo aber Verläger seynd / da mangelts an Handwercksleuten nicht / und wo diese etwas verdienen / kan und muß der Landmann ohnfehlbar seine Waaren versilbern / und das ist eine consequentz / die richtig einander folget. Die außländische consumption aber anbelangend / so ist sie die jenige / welche ihre Waaren in die Frembde consummirt: wiewol nun von frembden / wann sie klug seynd / selten darüber ein privilegium zu hoffen / und also diese consumption nicht so gewiß / als die vorige ist / so wird sie gleichwol erhalten durch Wolfeyle / uñ Güte der Waaren / durch welche zwey Mitl / wie man im Sprichwort saget / man auch von seinem ärgstē Feind das Geld herauß locken kan: daß aber die manufacturen wol feyl seyn können / wird zweyerley erfordert / erstlich / daß an dem Ort / wo sie gemacht werden / wolfeyl zu leben sey / und darumb seynd die übergrosse imposten, so man auf die Victualien schlägt / diesem Ende gantz zu wider; vor das ander / daß man in der Arbeit selbsten compendia, und Vortheil suche / und darum sol man gute Mechanicos, und Künstler lieben / und darauf spendieren: die Güte der Waaren aber anbelangend / wird solche zu wegen gebracht durch Unterhaltung guter Meister / uñ Erhandlung guter roher zu manufacturen gehöriger materien: zu allem diesem aber wird erfordert Verstand / und in specie zur frembden consumption wird conversation mit den frembden / Abschaffung der schweren Zöl auf die hinaußgehende manufacturen / Trockirung der innländischen manufacturen vor frembde rohe Waaren requirirt / wie dann solches ein jeder ehrlicher Handelsmann / der dem Vatterland zum Aufnehmen / und besten zu handlen suchet / mit mehrerem wissen wird / da er dann / wann er diese gute intention hat / von GOtt / auch ohn fehlbar hierinnen gesegnet wird werden / da hingegen die vorige Hummeln / die den armen Bienen den Honig stehlen / nemlich die schädliche Kaufleut / so auß böser intention, Geitz / Neyd /

Faulheit / und Unverstand dem Land zum besten nichts verlegen / ja andere ehrliche Verläger / und ihre Beförderer noch hindern wollen / darvon ich zuvor gedacht / diese sag ich / die nur der Gemeinde zum Schaden im trüben fischen wollen / werden den unaußbleiblichen Fluch erben / und weiß man manchsmal nicht / warumb GOtt einen oder den andern Prachthansen / ein klein wenig ehrlicher / als einen Dieb durch einen unversehenen Panckrot fallen lässet. Drittens so haben diese drey Stände weiter gemein eine gewisse proportion, und correlation, so alle drey gegen einander (darvon bereits im vorhergehenden gemeldet) als jeder unter sich selbst; und zwar / so haben alle diese drey Stände gemein drey gefährliche / und höchstschädliche / verderbliche Feinde / derer erste die populosität verhindert / und der ist das Monopolium, der andere verhindert die Nahrung / und der ist das Polypolium, der dritte zertrennet die Gemeinschaft / und der ist das Propolium: von gesämtlichen diesen / und ihren Gegentheilen / wil ich / so viel zu meinem proposito nöthig / in der Kürtze außführlichen Bericht geben.

Caput IV.

Von den drey Hindernussen und Hauptfeindē voriger dreyer Ständen / nemlich / von dem Monopolio, Polypolio, und propolio, sampt remediis vor die zwey erste / nemlich / von den Zünften und Kaufmanns compagnie.

Das Monopolium anbelangend / so bestehet solches darinnen / wann ein Glied in der Gemeind das allein hat in der Nahrung / worvon sonsten in der Gemeinde viel andere leben könten: dann weil das End der civil societät die Vielheit der Menschē ist / und solche zu lebē haben wollen / das Monopolium aber nur einem / oder ihrer wenigen gibt das jenige / worvon viel ehrlich leben könten / so folget / daß die jenige / welchen dardurch die Nahrung entzogen wird / verderben und auß dem Land müssen / also dardurch das

Land arm und depopulirt wird / welches wider das End der civil societät / die in Menge der Menschen bestehen sol / ist. Dann ohneracht der Monopolist umb so viel reicher wird / als er Anderer Nahrung an sich gezogen; ist es doch der Gemeind / Stadt oder Land besser / wann sie viel mittelmässige reiche / und von ehrlicher Bürgerlicher Nahrung Leut hat / als wann sie arm von Menschen ist / und nur etliche wenige hauptreiche Leut unter sich hat / dann im Fal der Noth gehen solche reiche Leut / und mit ihnen die gantze Gemeind durch / ist also das Monopolium der populosität und Vermehrung der Inwohner eines Lands schädlich: warumb aber das Monopolium von etlichen so sehr verlangt wird / ist die Ursach / das sie gern reich seyn / köstliche Häuser bauen / in Kutschen fahren / statlich haußhalten / und mit Weib und Kindern prächtig daher gehn wollen / welches aller Monopolisten Zweck ist: dannenhero ziehen sie alles allein an sich / und in deme sie viel zu ihrem Uberfluß vonnöhten haben / nehmen sie / ich sag / zu ihrem Geitz / und Uberfluß / andern ihren Mitbürgern das jenige hinweg / was solche Leut zu ihrer täglichen Nothdürftigkeit gebrauchen / machen also / indem sie auf Kutschen fahren / köstliche Häuser bauen / im Fraß und Wollust leben / daß andere ihre Mitbürger nicht einmal zu Fuß gehen / unter Dach kommen / ein Lumpen über den Leib / oder ein Stück Brod bekommen können; welches ja unchristlich / und unbillich / einem andern seine Notturft nehmen / und hernach zum Uberfluß gebrauchen. Weil dann nun daz Monopolium solcher gestalt der civil societät ins Hertz greifft / haben wolbestelte Obrigkeiten durch allerhand gemeine Policey-Reguln die Verordnung gethan / wie ein jeder mässig und bürgerlich in seinem Stand leben / und sich im Haußbauen / Essen / und Kleyderen verhalten solle / damit er außkommen könne / und nicht vonnöthen habe ein Monopolium zu affectiren / sondern seinem Mitbürger auch ein Stück Brod lassen: dem Monopolio nun ist zu wider das Polypolium, dann gleichwie in dem Monopolio einer hat / worvon viel leben können / also gibt das Polypolium allen dieses / worvon nur etliche leben koͤnnen / und ist also das Polypolium ein Verderb der buͤrgerlichen Nahrung / gleich wie das Monopolium der populositaͤt / dann ob sie / gleich wie gesagt / beyde gantz è Diametro ein ander contrar seyn / so seynd sie doch in diesem einig / daß sie beyde der civil societaͤt hoͤchste Feind seyn / in deme das eine die populositaͤt / das andere die Nahrung der Gemeinde schwaͤchet / und von den Kaufleuten meisterlich koͤnnen practiciret werden. Darmit man mich aber wol verstehe / wil ich die Sachen durch ein Exempl erklaͤren: wann ein Schuster in Wien waͤre / und koͤnten doch 50. ihrer sich darinnen ernehrē / so begieng dieser Schuster ein Monopolium, dann er triebe 49. Menschen auß der Gemeind / und schwaͤchte sie an der populositaͤt / hingegen wann 50. Schuster in der Gemeind ehrlich / mitlmaͤssig / und eben buͤrgerlich leben koͤnten / und man ließ frey / daß noch 150. Schuster darzu kaͤmen / so waͤre kein Zweiffel / das Handwerck waͤre uͤberhaͤuft / und wurden nicht allein die vorige 50. sondern die darzu gekommene 150. miteinander verderben / dann es wuͤrde wenig Arbeit / und schmahle Bissen geben / und das unter viele getheilet werden / worvon nur etliche leben koͤnnen / welches ist das Polypolium, dann gleich wie der civil societaͤt vortraͤglicher ist / daß viel mitlmaͤssige reiche Leut / als nur etliche wenige hauptreiche Monopolisten in ihrer Gemeind seynd / also ist hingegen gedachter Gemeind auch nuͤtzlicher / wann sie eine gewisse Anzahl mitlmaͤssig reicher Leut / als ein uͤbergrosse Maͤnge Betler und armer Polypolisten in ihrer Gemeind hat / dann solche Leut / wie oben bereits gedacht / im Fal der Noth / oder Belaͤgerung eines Orts / entweder auß Hunger selber rebellirn / oder mit Schaden / und Schand dem Feind zugewiesen werden muͤssen. Mit einem Wort / das Monopolium ist der Populirung eines Lands zu wider / in dem es nur einem gibt / worvon viel leben koͤnten: und das Polypolium ist der Nahrung eines Orts zu wider / in deme es allen dieses zulaͤsset / worvon nur etliche sich ehrlich zur Nohtturft ernehren koͤnnen / beydes ist / wie erwiesen / einer Gemeind sehr schaͤdlich / dann es werden dardurch alle drey Stände verdorben / und ruinirt: wann nur ein Bauer im Land / ein Handwercksmann und Kauffmann in der Stadt wäre / so wärs ein Monopolium, und desertes Land und Stadt. Wann hingegen mehr Bauren / als Land verhanden / mehr Handwercksleut als Arbeit / mehr Kaufleut / als consumption in der Gemeinde seynd / so wärs ein polypolium, und durch beede die Gemeinde bald ruinirt werden / ein Mitl derhalben zu finden / daß / so das Monopolium, als Polypolium auß der Gemeinde gewiesen werden / haben die alten Obrigkeiten die Zünfte oder Gülten erfunden / wordurch jeder Stand / und Handwerck in eine solche Zahl reducirt wird / als es der Horizont, oder Nahrung selbiges Orts leidet / damit / so das Monopolium als Polypolium verhütet werde / und nicht jedem frey stehe / alles allein zu haben / oder seinem Belieben nach zu thun / was er wil: ist derohalben das End der Zünften / daß sie daran seyn sollen / auf daß die Zahl der Handwercksleut / und Meister sich nach der proportion der consumption, und Nahrung richte / daß nicht zu viel / noch zu wenig ihrer in einer Stadt seyn / und einer den andern verderbe; dessentwegen auch die Störer / Stimpler und Beinhasen / und solch Volck / welches durch heimliche Arbeit den Meistern das Brod vor dem Mund hinweg stielet / billich in der Gemeinde nicht sollen gelitten werden. Aber dieses Mitl der Zünften / welches ein remedium wider das Monopolium und Polypolium seyn sol / ist heutiges Tages zu einem bösen Mißbrauch worden / dann die Hauffen Handwercks-Gerechtigkeiten / Gebräuch / Lehrbrieff / Geburtsbrief / Meisterstück / schelten / unehrlich / und durch eine Saufferey wieder ehrlich machen / geschenckte Handwerck / der Gesellen Muthwillen / und hunderterley andere Dingen / welche die Handwercke zum Schein der Aufrichtigkeit in ihren Zünften haben / machen / daß kein ehrlicher armer Gesel zum Meister / oder Bürger werden kan; ja unter allem diesem steckt ein heimliches Monopolium, darumb macht man die Zünfte so schwer / daß nemlich niemandz hinein begehrt / noch kan / und also den Meistern / so bereits darinnen seynd / das Wesen / und die Arbeit allein bleibe / welche dann / weil sie wissen / daß sie allein seynd / den Kaͤuffer / mit dem Preyß uͤbernehmen / trutzen / und ihrem Gefallen nach die Arbeit stehen lassen / und die Leut mit der Arbeit nicht befoͤrdern / welches dann der Gemeinde uͤber die massen schaͤdlich ist. Dieses derhalben zu remedirn / und diß heimliche Monopolium aufzuheben / haben die Hollaͤnder alle Zuͤnffte cassirt / und das polypolium zugelassen / der gestalt / daß jedem frey stehet sich zuernehren / wie er kan / dessentwegen dan ein grosser Zulauf von Menschen da ist / und sich die Handwercksleut wegen ihrer grossen Maͤnge umb die Arbeit reissen / ja damit einer vor dem andern einen Zulauf habe / befleissen sie sich guter / und wolfeyler sauberer Arbeit / und wil als einer mit dem anderen darinnen certirn / und den Vorzug haben. Diß zugelassene Polypolium in den Handwercken ist nun den Kaufleuten / und Verlaͤgern ein gemachtes Spiel / dann dardurch erhalten sie den Handwercksmann in steter Armut / und Arbeit; dann die Maͤnge ihrer macht / daß sie fleissig / und wolfeyl arbeiten / und die Leut befoͤrdern / ja der Arbeit nachlauffen / und mit aller ihrer Muͤhe dennoch kaum ein Stuͤck Brodt verdienen koͤnnen: beedes aber ist unbillich / so die viele difficultaͤten der Zuͤnfte; als diß polypolium: dann ohneracht Holland Wunder vermeinet / wie es durch diß letzte aufkomme und florire, so ist doch gewiß / daß es eben dardurch einmal zu aͤusserster Ruin kommen wird / nemlich / wann die Hollaͤnder einmal der frembden consumption privirt und Menschen arm worden / welches leicht geschehen kan / wann nur die umligende Oerter die Augen etwas besser aufthaͤten: dann solcher gestalt mussen die Handwercksleut in Holland nothwendiglich sich in ein geringere / und gewisse Zahl reducirn, oder mit einander verderben / und entlauffen: dessen man dann genugsam Exempel hat / wann Holland in Krieg / und Ungelegenheit mit den Nach-Baurn ist / daß alsdann die Handwercksleut mit hunderten auß dem Land lauffen; hingegen in Teutschland / wo Zuͤnfte / und die Handwercksleut in gewisse Zahl reducirt seynd /

spühret man in Kriegszeiten die geringste alteration bey den Handwercken nicht / sondern sie blühen alsdann vielmehr / und kommen auf: so lassen sich auch in Teutschland darumb die Zünfte nicht abschaffen / und jedem frey lassen zu arbeiten / was er wil / weil Teutschland keine Außländische consumption hat / als die Holländer / sondern es würden in kurtzer Zeit die Handwercke so überhäuffet / daß sie auß Mangel der consumption mit einander verderben müsten. Wie nun hierinnen das Mittel zu treffen / daß nemblich weder zuviel / noch zu wenig Menschen an einem Orth seyn / sondern ihre Zahl sich stetigs nach dem Maß der Nahrung proportioniren soll / wie solche proportion und Maß / daran eines gantzen Orths Wolfahrt gelegen / in obacht zu nehmen sey / darvon were viel zu melden / ist sicherlich nit eins von den geringsten secretis politicis, wiewol es unter hundert Orthen kaum in einem in obacht genommen / und practicirt, das ist / ein Monopolium oder Polypolium verhütet würd / dann gemeiniglich / in deme man sich vor dem einen warschauet / fällt man ins andere / so erforderts auch viel subtilitäten / Erkäntnussen / und ein gutes Judicium, ja gantze geheime Handgriff / die Nahrung nach den Leuten / und die Leute nach der Nahrung proportioniren, und auff jeden begebenden Fall ohne confusion und ruin, oder änderung und Neuerung eines Orts zu moderiren, das bißhero bekanteste und nechste Mittel aber ist / ein wachendes Aug auff die Handlung / Baurenstandt / und Zünffte der Handwercksleut zu haben / wie nemblich solche Stände gegen einander / und unter sich selbst stehen / insonderheit daß den Zünfften nicht in allem ihr Will / und zugelassen werde / die Handwerck und Meister / in eine ihnen beliebige Zahl zu reducirn, und die Meisterstück ihrem Belieben nach zu beschweren / und mit allerhand Narretheyen zu überhäuffen / und difficil zu machen.

Caput V.
Von den Kauffmanns Compagnien und Gesellschafften / auch von Underscheid deß Handels / quoad subjectum in genere.

Wie nun bey den Handwercksleuthen das Mono- und Polypolium zuverhüten / die Zünffte angestellt seyn / also hat man mit den Kauff- und Handelsleuthen / welche sich schwerlich in solche Zünffte restringirn lassen / ein ander Expedientz gefunden / nemblich man hat Compagnien / oder Mascopien gemacht / welche von solcher Anzahl Menschen und Gliedern bestehen / als eben selber Handel erleiden kan / damit er in kein Monopolium noch Polypolium declinire, solcher Compagnien nun findet man hin und her in der Welt sehr viel / welche auch dem gemeinen Wesen sehr nutzlich seynd / dann neben deme / daß wie gedacht / das Mono- und Polypolium dardurch verhütet wird / werden auch die negotien dardurch desto besser erhoben / dann so eine gantze Compagnie hat mehr Mittel und credit, gehet auch viel sicherer / als ein privat Handelsmann / welcher viel eher verderben kan / als so eine gantze Compagnie / welche mächtig ist / und einer Sachen außwarten kan / derentwegen man dann auch siehet / daß der Handel / so durch dergleichen Compagnien getrieben wird / viel mehrer / als bey andern florirt, dessen man in Italien / Franckreich / Engellandt / Schweden und Hollandt genugsame Exempel hat / was vor mächtige Dinge solche Compagnien thun können / es werden aber so zur fundirung / als Erhaltung solcher Compagnien / vier Stück erfordert / und zwar erstlich / daß sie von soviel Gliedern und portionen bestehen / als zur Erhebung deß Handels nöhtig / und daß die Glieder / oder participanten also beschaffen seyn / daß sie mit ihren Einlags quotis folgen können / dann sonsten verderbet oder hindert einer den andern. Vor das ander wird erfordert / daß kein Mitglied in solcher Compagnie in solidum vor die andere verschrieben / noch die übrige Güter / Vermögen oder Schulden ausser der Quotâ seyn / so in der Compagnie hafftet / obligirt seyn / oder mit / so in Schaden als Verlust / participiren, dann solcher gestalt wurde das falliment eines eintzigen gnugsam seyn / alle andere / auch ausser der Compagnie / zuverderben / und in Malor zubringen. Drittens wird erfordert eine gemeine administrirung / so der Glieder / als Guͤter der Compagnie / wessentwegen dann pacta oder Vergleich unter den Compagnien auffgericht / Bediente auffgenommen / Gewindheber / oder Gevollmaͤchtigte constituirt, und von den uͤbrigen in solche compromittirt wird / dann gleich wie nicht alle regiren koͤnnen / also wurde auch eine Compagnie bald ruinirt seyn / wann ein jeder belieben nach darmit umbgehen / und befehlen wolte / derenthalben per plura vota nothwendig alles abgehandelt / und in den Schluß / welcher Authentisch seyn soll / compromittirt werden / und die Buchhalterey durch die darzu verordnete wol in obacht genommen werden muß / damit keiner dem andern was vorzuwerffen / noch sich zubeklagen habe. Viertens ist noͤhtig / daß solche Compagnien Licentz und Privilegia haben / damit sie ohngehindert ihre conventicula halten / Freyheit haben sich zuverbinden / und versichert seyn / daß ihnen sonsten niemands in ihren Handel greiffen darff / dann wo keine Privilegia seynd / sondern nur ihrer etliche sich in privato verbinden / und wie sie es nennen / mit einander in Compagnia stehen / koͤnnen sie leichtlich uͤber einen hauffen geworffen werden / wann andere Kauffleuth / die maͤchtiger seynd / wider sie ein Compact machen / und gegen sie handeln / dann also verderbt der reicherer den aͤrmern / oder diser / der außhalten kan / den andern / so weichen muß / wie wir dañ Exempel gnug habē / daß ansehliche Compagnien dergestalt seynd ruinirt, und beyde endlich zu grund gangen / seynd also die Privilegia zur Sicherheit den Compagnien noͤhtig / es seynd aber der Privilegien zweyerley / nach zweyerley Arth der negotien, dann einige negotien werden in dem Landt gethan / einige geschehen ausser Lands / darbey seynd auch zweyerley in obacht zu nehmen / wornach sich nemblich die Privilegia richten / nemblich in dem Handl / so innen Lands geschicht / muß man trachten / daß man erstlich Freyheit habe zu handeln / 2. daß der / so in eben solchen negotien traffiguirt, einem keinen Schaden thun koͤnne. 3. Daß man dem Landt zum besten handle. 4. daß man in Sachen handle / darinnen Nutzen zuthun / auff diese Puncten nun soll ein Privilegium / so vor Inlaͤndische Handlung gegeben wird / absonderlich collimiren, nemblich / 1. die bessere und wolfeylere Wahren bringen / haben naturaliter den Vorzug vor den andern. 2. also auch die / so frembde Manufacturen in einem Landt verlegen wollen / die noch nicht darinnen seynd / sondern bißhero auß der Frembde seynd herein gebracht worden. 3. also auch die in andern Sachen einem Landt zum Vortheil handeln / seynd denen zu præferirn, die einem Landt zum Schaden handeln. 4. Also auch ist dieser Handl andern vorzuziehen / von welchen viel Menschen in der Gemeind leben. In allen diesen Puncten kan ein Lands-Fuͤrst / Statt / oder Republic kecklich solche Compagnien privilegiren / dann sie gereichen dem Landt zum besten / und thut man sicherer / daß man gewisse Compagnien fundirt, derer man versichert ist / und welche man in gewisse Leges restringirn kan / also daß man den Handl jedes Belieben laͤsset / und da man nicht versichert ist / ob er zu deß Landes Besten / oder Schaden gefuͤhrt ist / Was aber die Privilegia anlangt / so den Handel / und die darauff gerichte Compagnien in die Frembde concernirt, so ist zu wissen / daß dieselbe auch auff den allda gefuͤhrten Handel reflexion machen muͤssen / dann der in die Frembde handeln wil / muß viererley bedencken. 1. Ob und was fuͤr ein Weg dahin seye. 2. Ob er Freyheit habe / dahin zu handeln. 3. Ob er etwas / oder was er da koͤnne hin verhandeln. 4. Und was er auß der Frembde wider holen koͤnne / der Lands-Fuͤrst hingegen / Statt oder Republic / so ihren Underthanen in die Frembde zu handeln Privilegia ertheilt / muͤssen folgende reflexiones machen. 1. Ob es ihrer Statt oder Landt nutzlich seye / daß sie ihre Underthanen dahin handeln? und was vor commoda oder incommoda darauß erfolgen koͤnnen. 2. Wie man der Zoͤlle Nachbarschafft und Contrabandts wegen in

Kriegs- und Friedenszeiten mit diesen frembden Orthen stehe / da die Underthanen hin handeln wollen. 3. Wie die Underthanen bey angefügtem Schaden durch Rechte oder repressalien können manutenirt werden? 4. Daß keine Obrigkeit andere Privilegia in die Frembde / da sie nicht Herr ist / zu handeln geben kan / als allein solcher gestalt / daß nur ihre Underthanen neben denen / die da privilegirt seynd / nicht dahin handeln mögen. Diese nun / und dergleichen Puncten seynd so bey den Inn- als Außländischen Privilegien in obacht zu nehmen.

Nun wil ich noch zum Beschluß dieses Punctens kürtzlich erklären / wie vielerhandt der Handel ist / und wie vielerley Compagnien darvon bestehen können. Wie nun gleich oben gedacht / der Handel zweyerley ist / nemblich der Inn- und Außländische / also kan man allhie solchen wider ins gesambt auff zweyerley Art consideriren: Erstlich wie vielerley so roh / als in manufacturn ist / vor das ander / wohin in der Welt / so mit vorerwehnten rohen Wahren / als manufacturn negotia geschehen / und gehandelt wird. Was anlangt den ersten Punct / so ist zu wissen / daß wo rohe Wahren seynd / die manufacturn, und dieser beyder die Handlung auff den Fueß nachfolgen / dannenhero wann ich von dem einen reden werde / muß ich nothwendig allezeit der andern eingedenck seyn / allen Handel derohalben kan man billig in vierzehen Theil generaliter, also auch in soviel Compagnien abtheilen / welche unter sich nach beschaffener Materi viel unterschiedliche Händel machen / und treiben können / ich setze sie vor dißmal in folgende Ordnung. 1. Seydenhandel. 2. Leinenhandel / dem ich die Baumwoll beyfüge. 3. Wüllenhandel / dem ich das Cameel: und andere Haar zueigne. 4. Lederhandel. 5. Buchhandel. 6. Frantzösisch / Nürmbergisch / und Augspurgische manufacturn. 7. Jubilirerwesen. 8. Glaßhandlung / Holtzhandl. 10. Metallen / und 11. Materialisten Handl. 12. Specerey Handel. 13. Friandisch Wahren. 14. Victualien. Von jedem dieser wil ich soviel in specie handeln / als zu meinem Vorhaben allhie nöhtig ist.

⟨. . .⟩

Caput XXIII.

Gleichwie erwiesen daß das Monopolium und Polypolium durch Zünfften und KaufmannsCompagnien in den drey Ständen der civil societät aufgehoben werde / also wird hier von dem Propolio und dessen remediis gehandelt.

Bißhero nun hab ich gehandelt von zwey mächtigen Feinden der Civil societät / nemlich von dem Monopolio, und Polypolio, derer erstes die Volckreichheit der Gemeind / das andere die Nahrung derselben mindert. Nun folget noch das dritte / nemlich das Propolium, welches den dritten Theil der Civil societät anfeindet / verhindert / und schwächet / nemlich die Gemeinde selbsten zertrennet / und dissipirt / dann gleich wie kurtz oben gemeldet / daß die rechte definition einer Civil societät seyn sol / eine Volckreiche Nahrhaffte Gemeind / und eine Republic, Land oder Stadt alsdann werde Volckreich werden / wo Nahrung / und zu leben ist / die Nahrung aber herbey gebracht werde durch die Gemeinde / daß nemlich ein Stand von dem anderen lebe / Gemeinschafft habe / einander die Nahrung in die Händ gebe / ja daß jeder Stand unter sich selbst einig seye / und jeder sich so ernehre / daß er die Nahrung nicht allein nehme / sondern seinem Nachbaurn gemein lasse; wo nun solche Einigkeit und Gemeinschaft vorhanden / da ist auch Nahrung / und wo sich diese blicken lässet / folget der Zulauff der Menschen / daß also an dieser Gemeinschafft alles beruhet / und wol heisset Concordiâ res parvæ crescunt, discordiâ magnæ dilabuntur, gleich die Holländer vor diesem in Symbolo geführt / wie nun diese Gemeinschafft allein in ordine der Nahrung / damit nemlich jedem sein Stück Brod gelassen wird / bestehet / also wird sie hingegen durch dieses allein am meisten hintertrieben / welches die Nahrung hindert / solches aber geschicht nun negst dem Monopolio, und Polypolio, darvon zuvor gehandelt / principaliter durch das propolium, auf teutsch / den Vorkauff: diesem übel aber ist umb so viel böser zusteuren / je grösseren Schein der Billigkeit / und raison es hat; dann wer wil einem verwehren / daß er nicht zu rechter Zeit vor andern / und von der ersten Hand ein kauffe / dann darinnen bestehet einig und allein der Vortheil eines Handelsmanns / und so man solchen abschaffen wolte / wuͤrde man den gantzen Handel niederlegen; so heist es auch hier / gleich bey den Juristen / Iura vigilantibus subveniunt, was kann dieser darfuͤr / daß ein anderer biß zehen Uhren schlaffen / und sich das Brod / in den Mund stecken lassen wil / lucrum vigilantibus paratur, und was dergleichen Scheinreden mehr seyn / wordurch die propolisten das propolium bescheinigen / und defendiren: die Sache aber / weil viel daran gelegen / wil ich ein klein wenig weitlaͤuftiger außfuͤhren / und examiniren / sage derohaben / daß freylich jedem / er seye auch wer er wolle / wil geschweigen einem Handelsmann zugelassen seye / im Einkauf seinen Vortheil zu suchen / zu rechter Zeit / und von der erster Hand ein zu kauffen / auch hernach andern wiederumb zuverkauffen; dieses aber alles macht noch kein propolium, sondern dieses wird ein propolium genennet / wann durch der andern Vorkauf verursacht wird / daß niemands anders zu dem freyen propolat gelangen kan / sondern das propolium in ein Monopolium lauft / also ist die Ost-Indische Compagnie in Holland ein recht schaͤdliches propolium, nicht allein vor gantz Teutschland / sondern vor andere umbliegende Koͤnigreich / ja vor die Hollaͤnder selbst / die nicht in gedachter Compagnie interessirt seynd / dann eben auf sie die Hollaͤnder (dann andern Nationen kan mans nicht / nisi vi verwehren) ist die Octroy, oder privilegium gerichtet / daß keiner ausser der Compagnie in Ost-Indien fahren / noch handeln darf / per consequens hat die Compagnie das propolium, und den Vorkauf von allen Specereyen allein: Ich weiß zwar wol / was man hier einwerffen kan / nemlich daß solche grosse Kosten zu thun / nothwendig ein gewisse Compagnie muͤsse fundirt / und darumb privilegirt werden / damit sie nicht in ein polypolium lieffe / und einer den andern verderbe; aber warumb lassen sie in andern Dingen das polypolium so leichtlich zu / da es doch viel schädlicher / als hie / dann kein armer in Ost-Indien handeln kan / und kein reicher würde es thun / wann er nicht darvon Vortheil wuste: aber ich wil mich mit diesem außländischen Werck nicht lang aufhalten / sondern nur vor unserer Thür kehren / und die drey Ständ in Teutschland / den Bauren- Handwercks- und Kaufmannsstand durchgehen / und sehen / was darinnen vor propolia liegen / welche dem gemeinen Wesen schädlich seynd; dann gleich wie nicht alle Monopolia böß / zumalen wann sie regalia principum worden seynd / auch nicht alle polypolia schädlich / wo eine über grosse Menge der Menschen / also seynd / wie bereits oben unterschieden / nicht alle propolia böß / sondern viel gut / und allein die jenige böß / und schädlich / welche machen / daß kein anderer darzu gelangen kan / dann die propolia vielmehr in dem polypolio, als Monopolio verfast / und verwand seyn sollen / darumb ich auch das propolium dem polypolio bald nachgesetzet.

Caput XXIV.
Wie das Propolium in dem Baurenstand zu verhüten.

Anbelangent nun die Waaren / so der Bauer hat / so lauffen darinnen freylich viel schädliche propolia vor / so wol bey dem Verkäuffer / als Käuffer; bey dem Verkäuffer zwar / wann er entweder seinen Nachbauren zu Trutz / und Leyd / oder auß Noth und übler administration seiner œconomiæ seine Waaren verkauft / und viel wolfeyler / und bessers kaufs gibt als die andere / dann solcher gestalt verschlägt dergleichen Verkauffer seines Nachbarn Gut / und bekomt den Vorkauf / dann diß ist der eintzige Magnet den Käuffer an sich / und von andern weg zuziehen; es ist aber solcher Vorkauff ein sehr schädlich Ding / dardurch ihrer wenige / gantze Gemeinde / Handlungen / und Märckte ruinirn können; eben dieses propolium, suchen bißweilen auch die Käuffer / machen unter sich Verträg / daß sie nichts kauffen / noch verkauffen wollen / als umb diesen / oder jenen

Preyß / und zwingen also die uͤbrige / wollen sie anders etwas loͤsen / daß sie es also geben / oder zahlen muͤssen / und dieses begiebt sich gar oft in allerhand / wormit der Land- oder Baursmann handelt / in specie aber mit Fruͤchten / Wein / Woll / und Vieh / worinnen uͤber die massen viel schaͤdliche propolia vorlauffen / wie aber diesem geholffen / oder gesteuert werde / wil ich ein / oder ander remedium Exemplsweiß erzehlen / wo es nemlich practiciret wird. An dem Rheinstrohm / wo die beste Wein wachsen zu Hochheim / ist es vor diesem frey gestanden jedem seine Wein so wolfeyl / und theuer zuverkauffen / wie / wann / und an wem / auch so viel er gewolt / man hat aber befunden / daß derentwegen so bey den Verkaͤuffern / als Kaͤuffern viel schaͤdliche propolia vorgeloffen / welche demselben gantzen Staͤdlein grossen Schaden gebracht haben; dann die viel Gewaͤchs gehabt / haben umb Geld zu bekommen / und viel zuverkauffen ihre Wein wolfeyler / als die andern geben / dardurch die andere gezwungen / fals sie anders etwas verkauffen wollen / ihre Wein auch also wolfeyl zu geben / oder gar liegen zu lassen / hingegen die Kaͤuffer haben bißweilen selber / zumahlen die reiche / ihre Mitkaͤuffer zu vertreiben / durch Steigung deß Preyß die beste Partheyen an sich bekommen / und mit einem Wort durch solchen freyen Kauf / und Verkauf seynd viel schaͤdliche propolia eingerissen / derentwegen aber hat man folgende expedientz beygebracht / wann jetzunder Herbst ist / die Wein in den Faͤsseren liegen / und Zeit zum verkauffen ist / so wird aufgezeichnet / wie viel Fuͤder da / und in jedes Keller und Gewalt seyn / auch darf niemand etwas verkauffen / es sey denn der Marckt / oder Preyß ins gemein erst gemacht / daruͤber oder darunder niemands seine Wein verkauffen mag / hernach erklaͤren sich die Kaufleut / wie viel sie Stuͤcke Wein nehmen wollen / solche Summe wird dann pro ratâ außgetheilt / und in jedes Keller darauf von dem Kaufmann das Stuͤck / oder so viel sich Stuͤcke betragen / gezeichnet / solche gezogen / und dann steht es jedem frey den Rest zuverkauffen / wie er kan / werden also alle propolia verhütet / angesehen der arme so wol als der reiche / und der so nur ein Stück Wein hat / so wol zum Kauf komt / als der viel hat.

An andern Orten aber am Rheinstrohm / da solche Ordnung nicht ist / gehet es weit anderst her / die Reichen so viel Wein haben / und einen geringen Verlust nicht achten / kommen zum Kauf / ja werden selbsten Vorkäuffer / und propolisten / kauffen den armen Leuten in der Noth umb ein leichtes den Wein ab / lassen solchen liegen auf ein Zeit / da er wol gilt / wann dann der arme Mann auch etwan ein Stück zuverkauffen hätte / so wischen solche herfür / und schlagen ihn mit seinem eignen Schwerd / nemlich mit den Weinen / so sie vormahlen von ihnen gekauft haben / durch welche propolia dann der gemeine Mann nimmer zum grünen Zweig gelangen kan: à parte der frembden Kauffer aber geht es bißweilen auch also zu / daß sie die Noth der armen Leut wissen / Geld vorauß auf ein gut Jahr geben / hernach den Wein umb ein Spot weg von der Kelter nehmen / oder etwan ein paar gute Stück herauß ziehen / den Rest liegen lassen / oder ihre gewisse Kunten haben / von welchen sie allein nehmen / die übrige aber vorbey gehen / oder wann Geld-Mangl unter den Landleuten verhanden / den Weinen ihrem Belieben nach einen Preiß setzen / und so man solchen nicht eingehen wil / sie gar stehen lassen.

〈. . .〉

Mehrere Propolia in Handlungen deß Lands- und Bauers-Manns seynd auch sonsten vieler Orten eingerissen / aber nachdem sie allezeit sehr schädlich / ist man ihnen stetigs / und bald entgegen kommen. In Engeland / als man die Wüllen manufactur introducirt / hat man nicht zugelassen / jedem seine Woll zu verkauffen / wo / und wie er gewolt / sondern man hat alle Woll auf gewisse Plätz gebracht / das Gewicht / und jede Quotam oder Parthey daran verzeichnet / hernach den gemeinen Preyß oder Marckt gemacht / und dann jedem seine Gelds quotam zugestellt; eben also hat man hernach mit denen verfertigten Tüchern / und Zeugen procedirt / die eingekaufte Woll in gewisse Städte / Fläcken /

und Dörffer außgetheilet / in gewisse manufacturen verarbeitet / solche wieder in absonderlichen Orten versamlet / verhandelt / und das Geld pro ratâ alsdann außgetheilt; so gar hat die Natur die Wilden etlicher Orten in Indien solche Kunst gelehret / daß sie nemlich umb die propolia zuverhüten ihre Güter ins gemein verarbeiten und verkauffen / das gelößte oder verhandelte aber wieder unter sich außtheilen / oder gar ins gemein dar von leben: etliche Europæische Colonien in Indien habens von ihnen den Wilden gelernet / und gut befunden / nemlich sie samlen / und verkauffen / machen auch den Preyß ins gemein / was sie entweder selbst / oder durch ihre Sclaven / oder Servanten er arbeiten: und hat jeder an der gemeinen Massa so viel Part / als er Sclaven oder Servanten gehabt hat / dann also gehn sie viel sicherer / und haben weniger Mühe / und Ungelegenheit im verkauffen / rechnen / und einnehmen / da hingegen unsere Europæische Bauren mehr Müh / manchsmal im verkauffen / als im pflantzen / und erarbeiten selbst haben / kurtz / wir haben in Teutschland / ja gar in der Nachbarschafft / im Bierbräuen und Bergwercken noch gantz frische Exempel / und demonstrationen / worauß klärlich erwiesen kan werden / daß keinem frey stehet / allein Belieben nach zuschencken / und zuverkauffen / oder den Preyß zu machen / da dann ohnfehlbar erwiesen / und in der That durch die Experientz täglich demonstriert wird / daß so viel möglich / die propolia zuverhüten seynd / dann dardurch die Einigkeit / und Nahrung in der Gemeind geschwächt / und nichts als Ruin der Civil societät causirt wird / alle diese propolia nun in Handlungen der Bauren / und Lands Güter / welche meisten theils Victualien seynd / daran doch viel / und schier alles gelegen / ist sehr nothwendig / daß man darauff grosse reflexion mache / dann dardurch einem Land oder Stadt grosse Theure und Mangel kan causirt werden; einem Land zwar / wann umb ein propolium zu machen / einer der Gewalt hat / selbsten alles Geträid durch die darzu bestelte Unterkäuffer / und Unterhändler heimlich durch die dritte / und vierte Hand an sich kauft / also Mangel im Land an

Geträid verursacht / hernach noch darzu verbietet / daß keines auß der Nachbarschaft herein darff / daß also durch eine action das Geträid theuer / dort wolfeyl wird / da es dann am wolfeylen Ort durch dergleichen Auffkäuffer eingehandelt / und an dem theuren Ort wieder verkauft wird / oder da die Unterthanen ihr eigen Geträid wieder einkauffen / und contribution gnug darfür geben müssen / das heisset wol / wie Plautus saget / Dii nos sicut pilas habent, dergleichen ja noch gantz frische Exempel man gnugsam in den Frantzösischen Historien / zumalen in Vitâ Mazarini finden kan: eine Stadt nun kan auch grossen Schaden leyden durch dergleichen propolia, da unter andern eine sehr schädliche Art eines propolii bey den Stadthoren / und auf den Wochenmärckten ist / bey den Thoren zwar / auch eine Viertlmeilwegs darfür / warten gemeiniglich alte Weiber / und Soldaten oder Mackler auf / welche den Bauren / so zu Marckt fahren / aufwarten / ihnen ihre Waaren erster Hand abhandeln / dann solche in die Stad bringen / und doppelt so theur verkauffen / auch durch ihren Vorkauf machen / daß der Bauer nicht einmahl in die Stadt komt / oder begehrt / dann er gedenckt / biß er hinein fahr / die Zöll unterm Thor / und auf dem Marckt bezahle / darzu noch in Ungewißheit seye / wie / wann / und ob er seine Sachen verkauffen werde / geht er lieber diesen Vorkauff ein / und denckt / der erste Kauff seye der beste; also geschehen auch auf den Wochen-Märckten viel Vorkäuff / zumalen / wo keine Marcktordnunge ist / sondern dem Bauren frey stehet / seine Sachen zu bieten / und zu geben / wie er wil; dann ob diß zwar eine geringe Sache zu seyn scheinet / kann sie doch in einer gantzen Stadt eine Theurung machen / welche jederman entgelten muß / dann die Handwercksleut / und alles sich auch in ihren Wahren / und Manufacturen und derer pretio darnach richten; so ist es auch ein so süsses Gift / welches bald / und gelind insensibiliter einschleichet / aber hernach böß zu eradicieren ist / dann in dem Preyß aufsteigen / ist gar leicht / aber im fallen wil der Landsmann schwer daran / also daß wo vor fünff Jahren einmal durch ein Mißfal eine Waar aufgestigen / man noch heutiges Tags / auch in wolfeylesten Zeiten solches spuͤret / so schwer ist der Landmann zum absteigen zu bringen: uͤber diesez lauffen auch auf den Wochen-Maͤrckten unter den Kaͤuffern selbsten viel propolia fuͤr: Erstlich daß wo Hofhaltungen seynd / solche den Vorzug im Kauff haben / dessen sich dann die Hof-Einkaͤuffer bald zu uͤbernehmen wissen / und sub isto prætextu vor andere einkauffen / welches einer Gemeind sehr beschwerlich ist / zumahlen wann auch die Edelleut / und Hofbedienten dieses Jus propolii haben wollen / und einem Buͤrgersmann / der eine halbe Stund umb eine Sach gemerckt / nach getroffenem Kauff das Gut auß den Haͤnden reissen; in Leckerbißlein kans wol angehen / aber in andern Dingen / die zur Haußhaltung noͤthig seynd / hinderts die Gemeind; so ist auch dieses auf den Wochenmaͤrckten ein schaͤdliches propolium, wann eine Parthey die andere im Kauff uͤberbietet / und also den Bauren theuer machen / und sich selbst Schaden thut / einander verfolgen / trutzen / und nur Uneinigkeit / und Verbitterung in der Gemeinde causiren / also seynd zu Franckfort auf dem negsten Wahltag der Spanisch / und Frantzoͤsische Einkauffer an einander in Erkauffung eines Rebhuns gerahten / und einander so lang gesteigert / biß das Rebhun auff 1000. Kronen kommen / biß endlich der Frantzoß nachgelassen / aber hernach von seinem Herrn einen Verweiß bekommen / wie aber der Spanier den Kauf hernach allein hat / und der ander Weg gangen / hat er wie auch billig dem Bauren bezahlt / was das Rebhun werth war / im uͤberbieten aber nur seines Herrn reputation erweisen wollen / welche doch je darinnen nicht bestanden / sondern vielmehr Verbitterung der Gemuͤter darauß erfolgen koͤnnen / ist also dieses propolium gar nichts nutz / auch nicht zu leyden / sondern beyde Partheyen hoͤchlich zu straffen / samt dem Bauren / welcher uͤber / oder unter den gesetzten Marckt-Tax verkaufft / und im Verkauffen einige andere reflexion auff gewisse Personen / außgenommen die prioritatem temporis, oder privilegium propolatus von dem Marck-Meister haben / machet. Und so viel von den propoliis, so in dem Land / und Bauren-Stand vorlauffen / wogegen ich zwey remedia setze / eines vor den Landmann / und Bauren / das andere vor die Staͤdt / und Bauren / so auff die Wochenmaͤrckt kommen: das erste vor den Landmann ins gemein / ist die Auffrichtung der Land-Magazinen / und Proviant-Haͤuser / das andere aber ist die Fundirung einer allgemeinen Stad Speisekammer; beyde seynd dem gemeinen Wesen sehr noͤthig / und nuͤtzlich / derohalben ich gar außfuͤhrlich darvon schreiben wil / kurtz hernach wann ich von den allgemeinen Mitteln handeln werde / welche zur Erhebung der Commercien / Handels und Wandels / auch dardurch zum Aufnehmen einer Stadt / oder gantzen Lands erfordert werden.

Caput XXV.
Wie das Propolium in dem Handwercksstand aufzuheben.

Nun wil ich vortfahren / und erzehlen / was vor propolia in dem Handwercksstand fuͤrlauffen / derer dreyerley seynd / als der propolat mit den Gesellen / andern theils mit dem Verdienst und pretio der Arbeit / drittens mit der consumption, und Kunten: was erstlich anbelanget den propolat mit den Gesellen / so ist es bey den Handwercken ein sehr beschwerlich Ding mit Foͤrderung derselben / dann bald kan man sie haben wann wenig zu arbeiten / bald kan man sie nicht haben / wo viel zu arbeiten / ja wann die Gesellen manchsmal wissen / daß der Meister am noͤthigsten zu arbeiten / und nun im Sommer etwas zu verdienen geb / ohneracht sie ihm den gantzen Winter auf dem Hals gelegen / gehen sie doch vort / wann ihnen der Meister nicht alles genug gibt / welches billig zustraffen waͤre an solchen Buben / dann kein rechtschaffener gewissenhaffter Gesel / der auch einmal gedencket Meister zu werden / thuts / sondern nur Holluncken / die hernach im Land herumb bettlen lauffen / und nichts im Maul / und Beutel haben / als ihre

Handwercks privilegia, und hoͤchstschaͤdliche Freyheiten / solchē Muthwillen nun / solte man billig durch andere Ordnungen abschaffen / und die Ubertretter ins Zuchthauß setzen / ich sage nicht / daß die Gesellen nicht reisen / noch wandern sollen / sondern daß sie nicht Macht haben ihrem Belieben nach auf zuhuͤpfen / und dem Meister alsobald den Stuel vor die Thuͤr setzen / welches sie wol wuͤrden bleiben lassen / wann sie nicht ein heimlicher propolat darzu animirte, das ist / wann sie nicht wuͤsten alsobald anderwerts Arbeit zu bekommen / wann sie nur umbschicken; dann das Abspannen deß Gesinds wider das zehende Gebot / ist leyder gar zu gemein unter den Handwercksleuten / in deme der eine das gantze Hauß vol mit Gesellen hat / der andere kaum einen bekommen kan / wiewol nun etliche Handwercke selbsten gesehen / daß es also nicht gut thut / und dieser gestalt ein Meister dem andern zu Trutz und Verderben alle Gesellen durch Uberbiettung an sich allein ziehen werde / derhalben in ihren Handwercks-Reguln gewisse Gesetze gemacht / wieviel ein / oder ander Meister Gesellen foͤrdern / und halten darff / so ist doch diesem Werck und incommodo dardurch noch bey weitem nicht geholffen / wie ich im puncto vom Werckhauß demonstriren werde.

Die andere Art vom propolio unter den Handwercksleuten ist im Verdienst / und pretio; dann entweder machen die Zuͤnfte unter sich Vergleich / daß sie so / und so / ihre manufacturen / und Arbeit geben wollen / ja machen gar compacta bey Schelmen schelten / und unehrlich machen / wann einer unter dem verglichenem Preyß seine Arbeit gebe; oder wo solche Vergleich nicht seynd / gibts jeder seinem Belieben nach / und der dann Lust / und Mittl hat / gibt die Arbeit wolfeyler / verdirbt dardurch die andere / welches dann Verbitterung unter den Neben-Meistern / ja endlich gar Mord und Todschlag verursacht / wie ich dessen / wann ich Weitlaͤuftigkeit gebrauchen wolte / etliche memorable Exempel erzehlen koͤnte: wie nun mit dem Verdienst / pretio, und Andingen / auch Schaͤtzung der Arbeit bey den Handwercksleuten eine Expedientz koͤnne gefunden werden / da so wol sie / als die mit ihnen zu thun haben / zu frieden seyn koͤnnen / werde ich demonstriren in puncto vom Werckhauß.

Die dritte Art von dem propolio unter dē Handwercksleuten ist die Gewinnung / und Abspannung der Kunten / welches ein sehr boͤses / aber doch unter den Handwercksleuten gemeines Thun ist / deme umb so viel uͤbler zu helffen / je freyer es in jedes Hand / und Gewalt stehet / hie / oder da / dort / oder bey jenem zu arbeiten lassen / so mag auch ein jedweder Handwercksmann sehen / und suchen / wie er durch gute / und wolfeyle Arbeit gute Kunten / und Kaufleut bekomme / aber daß darunter kein dolus stecke / und er nur so lang solches thue / biß er die Kuntschaft an sich bracht / und andere verdorben / und vertrieben hat / hernach mit den andern auf einer Leyren bleibe / und ist ohne diß das gemeine Sprichtwort / neue Besen kehren wol: man hat zwar diese Expedientz bey dergleichen Begebenheiten / daß keiner deß andern Kunten annimt / der vorige Meister seye dann erst bezahlt / aber dardurch ist der Sache noch nicht geholffen / wie ich in puncto von Anstellung eines allgemeinen Werckhauß / welches ich vor das eintzige remedium wider alle propolia, und inconvenientien der Handwercksleut statuire, klaͤrlich erweisen werde / wann ich von den sechs Mitteln / darvon obengedacht / kurtz hernach handlen werde.

Caput XXVII.
Von den sechs Mitteln gegen das Propolium, und zwar anfangs gegen das jenige / so in dem Bauren-Standt vorbey laufft / nemblich von einem allgemeinen Landt- und Statt-Magazin oder Proviant-Hauß.

Gleich wie nun eine Artzney sich richten muß nach der Kranckheit / also muͤssen auch diese Huͤlffs-Mittel sich nach der Menschen ihrer Beduͤrfftigkeit / und nach Art der propolien richten / derer aller sechserley seynd / dann in einem allgemeinen Regiment hat man erst achtung zu geben auff die gemeine Landes-Nahrung / hernach auff der Stätte / drittens muß man sehen / wie man den arbeitsamen Leuthen helffe / vierdtens wie man den Käuffern und Kauffleuthen an die Handt gehe / fünfftens / wie man den Reichen Mittel an die Handt gebe / ihr Gelt dem gemeinen Wesen / und ihnen selber zum besten anzuwenden / und letztens / oder sechstens / daß man auch der Armen nicht vergesse / sondern sehen / wie denselben in ihrer Noth könne geholffen werden.

Caput XXVIII.
Von dem Handwercks propolio, wie solches nieder zulegen / nemblich durch ein allgemeines Werck- und Zucht-Hauß.

Wann nun Landt und Statt / Bürger und Bauren versehen seynd / so ist weiter nothwendig / daß man auch deß ledigen Gesinds / und der Handwercksleuth nicht vergesse / welche beyde versorget werden können durch ein Werck-Hauß / die erste zwar / nemblich das ledige lauffende und bettlende Gesind / Jungen und Alten / seynd einem Landt eine grosse Beschwerde und Schandt / wann und so lang sie bettlen / dann eben dieses ist das nechste Kennzeichen eines übelbestellten Regiments / wann nemblich viel Bettler in einem Lande seynd / solche Leuth nur in die Arbeit zu stellen / und in ehrliche Bürgerliche Nahrung zu bringen / ist kein näher Mittel / als ein allgemeines Werck-Hauß. Ich lobe nicht die jenige / welche ordnen / daß man die Bettelleuth auß einem Landt jagen / verweisen und vertreiben solt / es wäre dann Sach / daß sie nicht arbeiten wolten / vielmehr seynd die jenige lobens werth / welche die arme Leuth suchen / in die Arbeit zu stellen / und gedencken / daß sie so manchen Bürger dem Vatterlandt geworben / so manchen Bettler sie zu ehrlicher Nahrung gebracht haben / dann wann ein Bettler einmal zu einem nahrhafften Bürger ist worden / wird er nimmermehr suchen zu bettlen / ja an stat / daß einige

Regierungen die Bettelleuth durch angeschlagene Placaten / auß ihrem Landt verweisen / wolte ich daran seyn / Frembde herein zu laden / und dann solche Bettler in nahrhafften Standt bringen. Was ich nun allhier von Bettlern schreibe / eben dasselbe kan man auch von Wäisen / Haußarmen / Jungen / und wandrendem Gesind und Gesellen verstehen / welche alle in die Arbeit im Werckhauß gestellt werden können / es kan auch solches zweyerley seyn / eines zur Straff / vor die böse Menschen-Betrieger / und Dieb / dann was nutzet ein Dieb / der umb fünfftzig Gulden ist gehänckt worden / sich oder diesem / dem er gestohlen? da er doch im Werckhauß in einem Jahr wol viermal soviel wider verdienen kan / turpia sunt principi multa supplicia, sicut medico multa funera, zumalen / da ein Dieb ein gewisses Zeichen eines Müßiggangs / oder Armuths / der von der Obrigkeit herquellet / ist / die nicht achtung bey zeiten auff solche Leuth gibt. Die andere Art vom Werckhauß ist das Gutwillige / da jeder wandrender Gesell Arbeit findet / und nicht fechten lauffen darff / da die arme Kinder / und jede Leuth / so Lust zur Arbeit haben / täglich ihr Brot finden können. Ich weiß eine andere Art einer manufactur, derer nimmer in der Welt zuviel werden kan / die allzeit paar Gelt ist / und welche durch ein sonderlich Instrument Alte und Junge / Manns- und Weibs-Personen / ja Kinder von zwölff Jahren innerhalb vier Tagen lernen / und gar reichlich ihr Brot und Kleider Jährlich darmit verdienen / ja noch etwas zurück legen können / und zwar gehet solches alles ohne Kopffbrechende / oder einige schwere Arbeit / sondern gleichsam mit spielen zu / dieser und dergleichen Arbeit nun finden sich viel / darvon an einem andern Orth / wo es besser angelegt / mit mehrerm.

Die Bestallung aber eines Werckhauses bestehet in wenigen Puncten.

1. In permission der Obrigkeit.

2. In Verlägern.

3. In guter Obrigkeitlicher inspection, und der Verläger direction.

4. In consumption und Verhandlung der darinnen erarbeiteter Güter und Wahren.

5. In guter Bezahlung der Arbeiter / dardurch wird es geschehen / daß / so sehr die Leuth nun ein Werck-Hauß fürchten / so sehr sie nachmalen es lieben / und verlangen werden.

6. Dann ein jeder weiß / ja im fall der Noth die Handwercksleuth selbsten / wo sie mit ihrer Arbeit hin sollen / können auch ihr Gesind und Gesellen von dannen nehmen / und dörffen sich mit der liederlichen Handwercks Bursch nicht so plagen / welche versoffene Narren nicht können / als sich auff ihre Handwercks-Gerechtigkeit beruffen / und ihre Meister trutzen / diesen werden die Flügel nicht wenig beschnitten / dann man an guter Arbeit nicht sehen kan / ob sie im Werckhauß / oder nach Handwercks Gebrauch gemacht seye.

Manches Landt ist so Volckreich / und lässet seine Lands-Kinder bettlen gehen / leidet hingegen den Muthwillen von frembden Gesellen / daß solche unnütze Bernhäuter umb ein blosses böses Wort alle mit einander auß der Arbeit stehen / und gantze Wochen spatzieren gehen / da heißt es / der und der ist gescholten / muß wider ehrlich gemacht seyn / und was dergleichen Narrenpossen mehr seyn. An einem wolbekanten Orth am Rheinstrom haben die Faßzieher auch eine Zunfft / einmals bey einem Thumherren solten sie ein Stück Wein wegen Schulden an einen Juden außschröten / weis aber nicht was sich vor ein Streit erhub / daß einer unter diesen Faßziehern gescholten wurde / da wolten die andern alle nicht mehr mit ihme arbeiten / warffen das Seyl hindan / der Thumherr wolte wissen / warumb man sich mit der Arbeit säumete / fragte dessentwegen einen / und zwar eben den / welcher gescholten ward / und dessentwegen dieser Handel vorgieng / was da zuthun wäre / er antwortet / ich bin von meiner mit-Meister einem / der gantz truncken ist / gescholten / und derentwegen wollen die übrige alle nicht mehr mit mir arbeiten / biß der ander wider nüchtern ist / und mir meine Ehr wider gibt / Gott weiß / wann man ihn nuͤchtern findet / unter dessen darff ich nichts arbeiten. O wehe mir armen Mann! Der Thumherr / als er solches vernommen / war auch sonsten nicht wol auffgeraumet / laß deine mit-Meister herkommen / sagte er / ich wil dich wider redlich machen / die andere kommen / und wolten sich entschuldigen / warumb sie nicht arbeiteten / nemblich / sie waͤren nicht gleich / einer unter ihnen waͤre gescholten / da sagte der Thumherr: Ihr seyd Schelmen mit einander / nun seyd ihr einander wider gleich / doͤrfft derohalben wol wider mit einander arbeiten.

Man gibt bißweilen Privilegia den Handwercks-Leuthen / versaͤumet die edle Zeit darmit / und verthut den principalen das Gelt / da es doch besser waͤre / man liesse es bleiben / und sich und andere mit solchen Narrenpossen unverworren. Alle diese incommoda nun zu verhindern / die Boͤse zu straffen / die Gute zu belohnen / den Armen Arbeit zu geben / den andern die Arbeit abzunehmen / den Muthwillen der Außlaͤndischen Gesellen zu haͤmmen / die Inlaͤndische arme Kinder in die Nahrung / und zum stuͤck Brot zu bringen / die propolia mit den Wahren und Gesellen zuverhuͤten / ist ein Werckhauß einer Statt so noͤhtig / als ein Rahthauß / so ruͤhmlich als eine Hohe-Schuel / so Gottsfoͤrchtig als ein Spital / bey Gott so viel / wo nicht mehr angesehen / als ein Bettel-Closter / den Reichen ein Mittel / mit gutem Nutzen ihr Gelt anzuwenden / den Armen ein wahres Gasthauß / asylum und Zuflucht / ein stuͤck Brot zuverdienen. Wie aber / und welcher gestalt dergleichen Werck-Hauß seinen Verlaͤgern ansehnlichen Nutzen bringen koͤnne / ist leicht zuerachten. Kan nun ein Gesell den Meister / der gemeiniglich nichts arbeitet / sondern ein Herr ist / sambt Weib / Magd und Kind ernehren / so werden / ob Gott wil / ihrer hundert wol einen ernehren koͤnnen / aber hiervon nichts mehrers / die Welt ist blind / und hat lieber das Gelt im Kasten / und der Teuffel ist allen ehrlichen Leuthen / die etwas Guts thun wollen / feindt.

Caput XXIX.
Von den Hülffs-Mitteln gegen das Propolium, so in Kauffmañs-Sachen vorlaufft / allwo von Juden / Landtläuffern / Monte pietatis, Kauffhäusern / Niederlagen / Jahrmärckten / und einer Banck gehandelt wird.

Das vierdte Mittel / die Kauffmanns propolia zuverhüten / ist ein allgemeines Stappel / oder Kauffhauß / da nemblich jede und alle Compagnien der Verläger und Handelsleuth / nemblich der grossirer, ihre Gewölber haben / davon der Obrigkeit / oder von denen darzu Verordneten die Güter beschauet / gemärcket und taxirt werden / daß also von allen / die dahin ihre Güter niederlägen / keiner auß besagtem Taxt das seinige theurer oder wolfeyler geben / noch anders als in grosso verkauffen darff / dann also werden einiger reicher Kauffleuth propolia abgeschnitten / und stehet jedem Underkäuffer und Bürger frey / der sich in grosso versehen wil / seine Wahren à primo fonte zu holen / nemblich von diesem fontico, derentwegen man dann mit Recht hernach frembde hereingehende Güter / und die Jahrmärckt verbieten kan / angesehen allda täglich ein Jahrmarckt ist / und jedem zuverkauffen frey stehet / nicht weniger können allda die Handwercksleuth ihre manufacturen deponiren, und sich eines gewissen Preyses vergleichen / daß also alle unter ihnen vorlauffende propolia verhütet werden / und hat man Exempel / daß gantze manufacturen durch dergleichen Mittel seynd erhalten worden / unnöhtig allhie alle zuerzehlen. Es ist nicht die geringste Schande bey uns in Teutschlandt / daß wir unsere Wahren erstlich nicht selber holen / sondern solche uns von andern / ja bißweilen unsern Nachbarn bringen lassen. Zum andern wann sie gebracht / jedem zulassen / seinem unChristlichen Gewissen nach solche zuverkauffen / ohne gewissen Taxt / und Käntnuß der Güte. Wäre es nicht besser / daß / wie oben gedacht / gewisse Compagnien fundirt würden / welche in grosso ein gantzes Landt Jährlich / und auff einmal versehen thäten /

und mit welchen man deß Preyses wegen handlen / und sich vergleichen köndte / auch welcher man versichert wäre / als daß man so ungewissen Leuthen nun trauet / welche alsobald mit dem weglauffen / nachdeme sie gnug begütert / trotzen und pochen / und von welchen alle andere dependiren müssen / und ihre Lebenszeit arme Underkäuffer bleiben / auch ihrentwegen nie auffkommen können / da hingegen einem jeden ehrlichen Mann frey stünde / in dergleichen Kauffhauß sein Gelt anzuwenden / und daß man einwerffen möchte / der Weg seye bißweilen weit / die Zöll zu Wasser und Landt groß / so köndte ich dennoch beweisen / wie reichlich sie deß heiligen Grabs hüten / wann ichs nicht anderer Ursachen halben bleiben liesse. Die Vernunfft hat etlicher Orthen endlich unsere Obrigkeit so gescheid gemacht / daß sie es für rahtsam befunden haben / Stat-Keller und allgemeine Sauff-Stuben auffzurichten / warumb thun sie nicht auch solches mit viel theurern Wahren / und da grössere Auffsicht von nöthen / nemblich mit Specereyen / frembden Tüchern / und dergleichen. Etlicher Orthen hat man verpflichte Gewürtz-Mühlen / und wird alles gestossene Gewürtz von denen darzu deputirten besichtiget / und gemärcket / warumb geben sie nicht vielmehr achtung / daß es unverfälscht in naturâ herkomme / und von auffrichtigen Leuthen gebracht / und geholet werde / aber wir suchen nicht allein unsern Inländischen Handel nicht zu befördern / sondern dencken noch viel weniger an den / der in die Frembde gethan wird / und mit Vortheil und Nutzen gethan werden kan / klagen stäts nach Gelt / und lassen doch die Frembde solches stündtlich auß dem Landt führen / an stat / daß wir sie locken solten / solches herein zu bringen / welches alles durch dergleichen allgemeines Kauff-Hauß geschehen könte / zugeschweigen / daß darvon viel Menschen leben könten / als Packer / Wirth / Fuhrleuth / und was diesem weiter anhänckt / als Schuster / Schneider / und dergleichen / dann alles was Gewerb macht / ist / wie schon obgedacht / vor allen andern zuergreiffen / so kan auch ein so allgemeines Kauff-Hauß viel groͤssere negotia thun / dieweil es von vielen und groͤssern Mitteln dependiret, als etwan ein privat-Person thun kan.

Wann nun Buͤrger / Bauren / Junge und Alte / Handwercksleuth und Kauffleuth / nemblich Kaͤuffer und Verkaͤuffer versorgt seynd / durch vorige Mittel / so ist noch uͤbrig / daß man auch den reichen und beduͤrfftigen Leuthen an die Hand gehe / und Huͤlff verschaffe. Den Reichen zwar muß man helffen durch Auffrichtung einer allgemeinen Landt-Banck / allwo sie nemblich ihr Gelt anwenden / und auff Interesse legen koͤnnen.

Zu einer Banck aber werden drey Stuͤck erfordert / nemblich credit, Gelt / und ein fundus.

Den credit anbelangend / muͤssen solchen die jenige machen / welche die Banck assecuriren, vor sie gut sprechen / und solche dirigiren, dieses werden die Banck-Herren genennet / und seynd schuldig zu stehen vor die conservation der Banck / und so sie nicht zu halten / sondern die Banck-Gelder selber in privatos usus angreiffen / so seynd eben solche die rechte raptores banci, oder Panckrottirer / wie oben erwehnet / darumb vor solche allgemeine Statt-Banck gemeiniglich eine gantze Statt gut spricht / an die Banck-Herren nun gehet der Gewinn / und Verlust der Interessen deß Capitals, das ist / sie moͤgen mit den Geldern gewinnen / oder verlieren / so seynd sie schuldig jedem sein Capital und Interesse, nachdem es wegen der Zeit und quotæ verglichen / zu reichen / ist nun das credit dieser Leuth starck / so finden sich auch viel die Gelt hinein legen / welches der ander Punct in Auffrichtung einer Banck ist / dann wo kein Gelt vorhanden / oder zu hoffen / da ist keine Banck anzufangen / hingegen wo Gelt ist / da soll man alle Mittel und Weg suchen / grosse Capitaler durch dergleichen Baͤncken im Landt zuerhalten / gleich auch diese maxima in Welsch- und Hollandt in guter observanz ist / es soll aber das Banck-Gelt in grossen Sorten bestehen / welche alle current seynd / derentwegen Bergwerck / oder gute gangbare Muͤntzen / und verstaͤndige Muͤntz-Meister / (nicht die alle Jahr kaum einen Thaler schlagen / sondern die ihre Werck auß dem

fundament verstehen/) in der Nachbarschafft einer Banck sehr dienstlich seynd.

Das dritte requisitum zu einer Banck ist der fundus banci, nemblich die Weise / Mittel und Weg / das Capital anzuwenden / und Interesse dardurch zugewinnen / dann ob wol das credit der Banck-Herren genugsam darfuͤr stehet / und Gelt genug da waͤre / so waͤre es doch nicht genug / sondern einem Landt / welches das Interesse geben muͤste / mehr schaden als nutzen / solcher gestalt nehmen grosse Herren Gelder auff / sie geniessen das Capital / und die Underthanen muͤssen das Interesse zahlen / aber eine rechte Kauffmaͤnnische Banck muß einen andern fundum haben / dardurch sie das Interesse bekombt / nemlich Handel und Wandel / dann wann ein depositarius hoͤret / daß man Krieg mit seinem Gelt fuͤhren / oder bauen wil / oder daß er sein Gelt nach Hoff / und grossen Herren leyhen soll / so gehet er behutsam / und laͤsset es wol bleiben / wann er aber vernimbt / daß eine gantze Statt darfuͤr gut spricht / und die Banck-Herren ehrliche / verstaͤndige Leuth / und von gutem credit seynd / und daß man damit Handel und Wandel treiben wil / so kan er leicht erachten / daß man nichts darbey verlieren / sondern gewinnen wil / wann dann die Inlaͤndische depositarii voran gehen / so folgen die Frembden nach / und hat man dann mehr credit und Gelt / als man anwenden kan.

Was nun vor ein fundus, und wie er zu stabiliren seye / ist auch noͤhtig zueroͤrtern / es koͤnnen aber von einer Banck alle Leuth / insonderheit die Kauffleuth und Wechßler / so von credit seyn / Gelt zu haben / zumalen die Compagnien und Verlaͤger / darvon oben gemeldet / und wann gleich in einem Landt der fundus sich nicht so hoch erstrecken thaͤte / daß man grosse Capitaler in die Banck auffnehmen koͤndte / so finden sich doch herrliche andere sichere Mittel / ein stuͤck Gelt / wann es gleich viel Millionen waͤre / mit guten Nutzen der Banck / und der Interessenten anzulegen / zumalen da man allzeit Meister derselben bleibet / und entweder solches in naturâ, oder sonst an guten effecten in der

Hand hat. Ich übergehe allhier ein grosses / und einem gemeinen Wesen hochnützliches arcanum politicum, und solches darumb / dieweil ich nicht zugleich den Unwürdigen und Würdigen einerley Brey einstreichen wil / dann vor die erste was anders gehöret / was eine wol fundirte Banck einem Landt vor Nutzen bringe / ist an sich selbsten am Tag / & sic vino vendibili non opus est suspensâ hæderâ, wann manchen Obrigkeiten / Fürsten und Herren soviel an ihres Landts ihrer Underthanen / ja ihrer selbst eigener Wolfahrt gelegen wäre / würden sie sich schon umb dergleichen Mittel und Anschläge bewerben / und einen ehrlichen Mann anhören / aber sie trauen lieber einem hergeloffenen Goldmacher / oder verdorbenen Kauffmañ / da es dann heißt / sicut credidistis, ita accepistis. Nachdeme dann nun durch dieses vorhergehende Mittel der Banck den Reichen geholffen / ihr Gelt anzulegen / welches einem vermöglichen Mann ein grosses beneficium ist / und ihn persuadirt, daß er sein Gelt im Landt behält / und solches demselben zum besten anwendet / da er sonsten solches auß dem Landt schleppet / dann er anietzo darinnen nichts mit anzufangen weiß / angesehen / läßt er es ligen / so trägt es ihm nichts / lehnt er es seinem Herren / so bekompt ers nicht wider / bauet er Häuser / so stehet das Capital in täglicher Gefahr deß Brandts / und trägt darzu wenig Interesse, kaufft er Landt-Güter / so wird alsobald darnach gelegt / und mit einem Wort / er mache es wie er wil / so ist er in Gefahr / oder leidet Schaden. Nachdeme er aber also durch die Banck versehen / welche mit einigen oneribus, repressalien, oder dergleichen Angriffen von der Obrigkeit nicht beschwert / sondern gantz befreyt seyn muß / so ist es nur an deme / daß man auch die Vorsorge / welche weder arm noch reich / sondern bißweilen mit einer gählingen Nothdürfftigkeit behafft seynd / und doch kein credit in der Banck / unter dessen bewegliche Unterpfandt und mobilen haben / welche sie nun bey den Juden oder bey den Christen / die bißweilen ärger als Juden seynd / auff vielfältiges bitten umb ein Spotgelt versetzen / bißweilen im Stich lassen / und

dardurch nicht wenig Schaden und Noth leiden. Diesem Ubel nun vorzukommen / und solchen Faͤllen zubegegnen / welche doch taͤglich auch einem jeden ehrlichen Haußvatter koͤnnen vorfallen / haben die Welschen eine invention auffgebracht / so man Montem pietatis nennet / da ein gewisses Stuͤck Gelt auff Interessen ligt / und gewisse gesessene directoren darzu verordnet werden / einem jeden nun / welcher Gelt beduͤrfftig / und ein Unterpfandt hat / es seye nun auch was es wolle / dem wird erstlich sein Unterpfandt geschätzt / hernach etwan die helffte oder der drittel deß Werths darauff geliehen / und so ein Jahr herumb / und sich niemands drumb anmeldet / wird das Unterpfandt verkaufft / der Mons pietatis nimbt das seine sambt dem Interesse darvon / und der Rest bleibt dem depositario, welchem dessentwegen bey dem Versatz von dem Monte ein Schein gegeben wird. Dieses ist nun ein feines Hilff-Mittel vor die betrangte Buͤrgerschafft und Inwohner / auch die Frembden / und wird dardurch aller unbilliger heimlicher Wucher / auch die Juden cassirt, und abgeschafft / hingegen mancher nothleidender Burger noch bey Ehren erhalten / welcher seine Armut nicht gern bekant haben wil / aber uns Teutschen seynd vieler Orthen die Juden / oder Gelt-Narren / welche nur auff Silber und Gold leyhen wollen / viel lieber / als dieses Mittel / ja wir gedencken gar nicht darauff / wie wir nur mit dem geringsten den Underthanen und der Buͤrgerschafft an die Hand giengen / ihnen zur Nahrung / oder sonsten in ihren Noͤhten helffen / allein deß ewigen Gebens wird wol nicht vergessen.

Wo findet man bey uns Teutschen schier an den meisten Orthen ein eintziges von diesen sechs so nothwendigen Mitteln / zugeschweigen / daß man sie alle / oder meisten theils beysamen haͤtte? Wo ist Landt und Statt proviantirt? Wo ist die Vorsorg zu wolfeylen und theuren Zeiten? gaͤhlingen tritt man die liebe Lebens-Mittel mit Fuͤssen / und muß der Landtmann verderben / gaͤhlingen wird es unglaublich theuer / und muß der Burger bald entlauffen. Wo ist eine Ordnung mit den Handwercken / ledigen lauffenden Gesind / Müssiggängern / und Bettlern? Wo wird einer in die Arbeit gestellt / wann man nur von introduction einer manufactur gedencket / dardurch der gemeine Mann ein stück Brot verdienen köndte / wird man mit solchem gratias Lügen / Schänden und Ehrabschneiden empfangen / daß man wol deß Werck-Hauses vergißt / und dennoch / wann man zu einem Bettler saget / arbeite / so sagt er / schafft mir Arbeit / ich hab keine / ich wolte gern arbeiten.

Was soll ich von den nützlichen Verlags- und Kauffmanns Compagnien / auch allgemeinen Kauff-Häusern reden? Wie dann seynd solche bey uns Teutschen gesäet / hingegen die Wag- und Zollhäuser behält man fleißig / diese seynd beschwerlich / und tragen der Obrigkeit ein / Gott gebe / die negotia fahren dardurch wol oder übel / man weiß wol in Teutschlandt von einer Kammer / aber da ist keine Banck darinnen / sondern wir Teutschen sitzen auff Stülen / wie gut were es aber / wann auß der Kammer einmal eine Stub / und auß dem Stuel eine Banck würde / mit einem Wort / der Mangel der Proviant-Häuser in einem Landt ist ein Zeichen der Unvorsichtigkeit einer Obrigkeit / der Mangel von den Werck-Häusern ist ein Zeichen der Faulheit / der Mangel der Kauffhäuser ein Zeichen der Unachtsamkeit / der Mangel einer Banck ein Zeichen deß verlohrnen Credits, und der Armut eines Orths / der Mangel eines Montis pietatis ein Zeichen deß geringachtens der Betrangten / dieses seynd gewisse indicia einer verdorbener unachtsamer Statt / und wann gleich solche von oben biß unten auß gantz neu angestrichen wäre / und mit güldenen Buchstaben auff den Thoren stünde: Salus populi suprema lex esto. Andere mögen ihre Regierungs-Art von den Venetianern holen / diese eintzige sechs Mittel / wie sie in flore seynd / nutzen einer Gemeind mehr / als tausend Venetianische Edelleuth / es ist zwar nicht ohn / ein Orth ist vor dem andern besser gelegen / und hat bessere Vortheil / aber gute Ordnung und Fleiß hat Athen auffbracht / da man mehr Korn gesäet / als geärndet / gute Ordnung hat an den unfruchtbarsten Orthen die reicheste Stätt gepflantzet / und was ist Venedig /

Ambsterdam / Stockholm / und noch viel andere Staͤtte selbsten anfangs anders gewesen / als deserte, wuͤste uͤbelgelegene Oerther / und anfangs schlechte Fischer-Wohnungen / gleichwol seynd sie durch gute Ordnung / und Regiment ihrer Obrigkeit nun soweit kommen / daß sie andern das nachsehen lassen.

Es ist eine fuͤrnehme politische Frage / warumb die Republicken und Reichs-Staͤtt allzeit besser floriren / als die Provincial- oder solche Staͤtte / welche Monarchischer Regierung unterworffen / und einem Herren zugehoͤren? Hierauff gib ich zur Antwort / daß die aufffloͤsung gar leicht seye. Dann eine Republick hat nur ein Interesse, aber ein Landt hat zwey / nemblich ihr eigenes / und ihres Herren / wie aber die Cammer-Guͤter und Landtschafft in dem Interesse mit und gegen einander lauffen / und sich hindern / da sie doch einandern befoͤrdern sollen / wil ich an einem andern Orth lehren / und soviel in der Kuͤrtze von den sechs Huͤlffs-Mitteln / wider das propolium, bey welchen ich noch viel nutzliche Sachen haͤtte einbringen koͤnnen / aber der dieses nicht begreiffen kan / noch will / ist eines mehrern nicht werth / wiewol ich bereit bin / jedem Liebhaber deß gemeinen Wesens / Zeit und Gelegenheit nach gern mit mehrerm à parte an die Hand zu gehen.

Bey Beschluß dieser sechs Mittlen nun ist nachfolgendes zuerinnern / und das siebende hierbey zu setzen / nemblich ein Mittel / wordurch die vorigen sechs Werckstellig / und auffgerichtet / auch in guter Ordnung conservirt werden / und dieses muß geschehen durch eigene darzu deputirte, dann es heisset sonsten / Quæ ad omnes pertinent, à singulis negliguntur, der geheime Rath hat nun auff Staats-Sachen / und hunderterley andere Dinge / der Hoff-Rath auff Justiz-Sachen / die Cammer auff Einnahm und Außgaben / der Kriegs-Rath auff Kriegssachen / und der geistliche Rath auff geistliche Dinge zugedencken / daß also unter soviel Consilien keines in specie ist / welches auff diese noͤhtige Mittel und Sachen / worvon dieses Buch von anfang / biß hieher handelt / absonderlich und ex professo daͤchte / und sich solches angelegen seyn ließ / daran gleichwol eines gantzen Landts und Statt Wolfahrt gelegen / weit mehr / als bißweilen an den närrischen Staatisten / die ein Landt in nichts / als Unruhe setzen können.

Ist derhalben / wie gedacht / vor allem rathsam / daß man ein eigen Collegium anrichte / welches auff solche Sachen achtung gebe / und dieses wird an etlichen wolbestellten Orthen das Commercien Collegium genennet / es nimmet aber darumb von den Commercien den Namen / tanquam à potiori, dann weil zu den Commercien nicht allein vorige sechs Puncten gehören / sondern die Floriantz deß Bauren- Handwercks- und Kauffmann-Stands / die Vermehrung / Ernehrung / und gemeine Handbietung eines Orth / die Absetzung der Monopolien, Polypolien, und Propolien, und mit einem Wort / dieser aller Substantz auß den Commercien herrühret / so hat man billich solchen Rath den Commercien Rath genennet / welcher auff den Lauff und Gang der Commercien / auff Bereichung und Verarmung eines Landts / auff vorerwehnte sechs Mittel / auff den Bauren- Handwercks- und Kauffmanns-Standt / auff Verhütung der Monopolien, Polypolien, und Propolien, auff Beförderung der Vermehrung / Ernehrung / und Gemeinschafft eines Landts ex professo achtung gebe / Obsicht habe / Kundtschafft einnehme / sich aller Begebenheit wol informire, sein Gutachten darüber auffsetze / beneben die neben den Kauffleuthen lauffende Strittigkeiten beylege / und mit einem Wort sich deß Auffnehmens der Handlung / und derer darzu gehörigen Materien annehme / dann wie vorgedacht / dieses ein gantz ander Werck ist / und nimmer / wie die Erfahrung weiset / von Staats-Leuthen / Hof-Rähten / oder Doctorn wol administrirt wird / derentwegen seine eigene Leuth haben wil / muß also solches Collegium von dreyerley Art Menschen bestehen / nemblich von etlichen / welche da wissen / Quid Juris, scilicet, die ihre territorialia und Jurisdictionalia, wieweit sie befugt seynd / wol verstehen / andere / die den Kauffhandel auß dem fundament wissen / so in Wechßlen / als trafiquen, über

Landt und See / in groß und klein / andere aber / die die manufacturen wissen / und den Verlag verstehen / dann es seynd zweyerley Kauffleuth / nicht alle wissen / was Manufacturen seynd / oder wie sie gemacht werden: Und widerumb / nicht alle wissen / wie sie hingegen die verfertigte Manufacturen verhandlen sollen / derentwegen auch hierinnen / wie gedacht / ein Unterscheid seyn muß / diesen koͤndte man noch die vierdte Art zusetzen / nemblich Camerales, wegen deß Bauren-Stands / und Victualien / Zoͤll / und anderer Sachen / sie seynd wol zu leiden / wann sie entweder nicht gar zu unerfahren / und sordidè avari, oder gar zu gescheyd seynd / und das Graß allein wollen wachsen hoͤren / dann also potius sunt onerí, quàm usui, und hindern nur alles. Weiterer Bericht von diesem Commercien Collegio folget in dem andern Theil dieses Wercks unter seinem eigenen Orth.

WOLF HELMHARD VON HOHBERG GEORGICA CURIOSA VON DEM ADELICHEN LAND- UND FELD-LEBEN 1682

〈TEIL 1〉

Caput I.
Was ein Haus-Vatter zu thun / daß ihm sein Beruff wolgedeye.

Alle Haus- und Feldwirthschafft bestehet vornemlich (wann sie glücklich und nach Wunsch solle geführt und unterhalten werden) in dreyen Dingen: Das erste und fürtrefflichste ist / GOttes Segen / ohn welchen nichts nutzbar oder gutes zu verrichten. Dieser nun ist mit emsigen Gebet / beharrlicher und zu allen Dingen vorträglicher Gottesforcht / und Christlichem aufrichtig- und redlichem Wandel / in allem unserm Thun und Lassen zu erwerben und zu erhalten. Und solches zu erweisen / leget uns die H. Schrifft vor / beedes liebliche Verheissungen / daß GOtt unserm Lande zu seiner Zeit Früh- und Spat-Regen geben wolle / daß wir sollen einsamlen unser Getrayd / Most und Oele; Er wolle uns ein gutes Land verleihen / darinnen See / Bronnen / Bäche und Flüsse sind / die an den Bergen und in den Auen fliessen / ein Land / darinnen Waitzen / Gersten / Weinstöcke und Feigenbäume sind / ja er wolle seine Fußstapffen vom Fette trieffen lassen: Als auch im Gegentheil / woferne wir GOtt / mit halsstarrigen Sünden / muthwillig und fürsätzlich erzörnen / verkündet das Göttliche Gesetze / gleichfalls hin und wieder / ernstliche und erschreckliche Bedrohungen / wo wir nicht gehorchen der Stimme des HERRN unsers GOttes / werden wir verflucht seyn / in der Stadt / auf dem

Acker / in allen unsern Vornehmen und Vermoͤgen / verflucht soll seyn die Frucht unsers Leibes / unsers Landes / unsers Viehes / der Himmel uͤber unserm Haupt solle aͤhern / und die Erde unter uns eisern seyn; Der HErr werde unserm Land Staub und Aschen fuͤr Regen geben; viel Samen werden wir auf das Feld fuͤhren und wenig einsammlen / biß wir ausgetilget / verschmachten muͤssen. Aus welchem allem erhellet / wie gut / wie nutzlich und hochnothwendig es sey / mit Christlichem kindlichem Gehorsam / GOTT den obristen Haus-Vatter / in seinem gnaͤdigen guten Willen / beharrlich zu erhalten / oder da Er erzoͤrnet und beleidiget worden / durch ernsthaffte Buͤß und Lebens-Besserung wieder auszusoͤhnen und zu beguͤtigen.

Zum Andern / muß ein Haus-Vatter seines Grundes Beschaffenheit / Eigenschafft / Guͤte / und Maͤngel wissen / damit er das erste erhalten und mehren / das letzte aber verhuͤten und wenden koͤnne; auch betrachten / was fuͤr Lufft / Wasser und Gewitter allenthalben zu finden und zu gewarten; so wol auch / hat er die Art und Fruchtbarkeit des Landes zu bedencken / und was fuͤr Bequemlichkeiten zu Wasser und Land es habe / Getraͤyd / Wein und andere Wahren / als Wolle / Flachs / Leinwath / Saltz / Wachs / Hoͤnig / und dergleichen / zu verfuͤhren und zu verkauffen; Item / ob die Wohnung und das Land in guter Sicherheit stehe / ob nicht bißweilen angraͤnzender barbarischen und rauberischen Voͤlcker Einbruch und Uberfall zu fuͤrchten; schließlich / ob das Land wol bewohnt / Volckreich und vermoͤglich sey / weil von diesen meistentheils auch die vorigen herruͤhren und entspringen; wiewol dieses mehr zu bedencken / ehe man sich an einen Ort niderlasse: denn wo man schon wohnet / ist alles zu spat und vergeblich.

Drittens muß ein Haus-Vatter / vor allen Dingen / Lust / Kunst und Vermoͤgen darzu haben; das erste wird durch die Natur / das andre durch Ubung und Erfahrenheit / das letzte aber durch Fleiß und Arbeit zu wegen gebracht. Wo nun dieser eines oder das andre fehlet / ist wenig ersprißliches zu hoffen. Er muß die Zeiten wissen zu unterscheiden und einzutheilen; wie / wann / und mit welcherley Vortheil / er seine Gründe pflegen und warten / alle Geschäffte und Bau-Arbeiten recht gelegensam verrichten / Dienstboten und Unterthanen regieren / im Hause / und ausserhalb bey der Nachbarschafft / Frieden und Einigkeit / auch Freundschafft und Verträglichkeit fortpflantzen und unterhalten solle. Von diesem allem soll in dem ersten und folgenden Büchern auf das kürtzeste und gründlichste / mit möglichster Verhütung aller unnothwendigen lähren weitläufftigen Um- und Ausschweiffe / gehandelt werden.

〈TEIL 2〉

Vorrede / An den groszgünstigen geneigten Leser.

Weil ich nunmehr in dem ersten Theil das meiste / was bey einem wolbestelltem Landgut zu verlangen und zu beobachten / sowol / wie Hausvätter und Hausmütter / bey ihrem Beruff / in einem und andern sich zu verhalten / nicht weniger die anmuthige Weinberg- und Garten-Lust weitläuffig vor Augen gestellt habe; als ist nunmehr Zeit / den Feldbau und die Viehzucht (ohne welche zwey das gantze Hauswesen vielfältigem Mangel unterworffen wäre) wie auch Bienen und Seidenwürm-Haltung / auch Fischereyen / Gehültz und Jagten / nach Möglichkeit zu besehen und zu beschreiben; und ist sonderlich der Feldbau unter allen Künsten die nothwendigste / wie sie der heilige Chrysostomus nennet / dann wo kan man einige Handthierung finden / die redlichern Gewinn / unschuldigern und erbarern Vortheil und gewissern Wucher und Uberfluß / ohne Betrug / Ubersatz und Beleidigung einiges Menschen geben oder leisten könnte / als eben der Ackerbau / und die Viehzucht / worbey die alten heiligen Patriarchen / und andere grosse Weltberühmte Leute / ja viel Könige / hohe Potentaten und tapffere Helden ihre Freude und Lust gesucht / auch dardurch Reichthum und Wolstand / Ruhm und guten Nahmen erlanget haben. Ja selbst unser Heyland und treuer Erlöser JEsus CHristus hat ein sonderbares hohes Belieben getragen / seine Gleichnüssen und Lehren aus der Oeconomia zu nehmen / und sich bald wie einen Hausvatter / bald wie einen Säemann / wie einen Hirten / wie einen Weingärtner / und in dergleichen / seinen Zuhörern fürzustellen.

Solte man auch alle die Lobsprüche / Gezeugnüsse / und Beschreibungen / welche nicht allein die alten Lehrer der Christlichen Kirchen / sondern auch die Profan-Authores, die Philosophi, Oratores und Poeten von dem Land-Leben gesprochen / und ihme zugetheilt haben / würde man nicht ein kleines Volumen davon aufsetzen und verfertigen können.

Wir wollen aber allhier / einen Lob-Redner und Encomiasten abzugeben / gäntzlich beyseits setzen / und allein den geneigten Leser mit wenigem berichten / daß wir in beeden Theilen einerley Disposition gebrauchen wollen / nemlich daß wir das allernothwendigste und unentbehrlichste voraus / und das wenigere / so zwar an der Nutzung etwas geringer / aber an Ergetzung und Lust dennoch fürtrefflich ist / zuletzt ordnen. Und also haben wir in dem Ersten Theil / im Ersten Buch billich das Landgut in genere & specie mit allen darzu gehörigen Stücken / Gülten und Regalien in den Vorzug gestellet / auch was bey Erkauffung und Verkauffung / Bestandnahm oder Bestand-Verlaß zu bedencken / item vom Wildbahn / Reißgejayd / Lehenstukken / Uberländ-Diensten / Zehenden / Grundbüchern / Vogteyen / Robbathen oder Frondiensten / Urbarien oder Protocollen / nicht weniger von den Schenck-Tabernen / Wirthshäusern / Mauten / Jahr- und Wochen-Märckten / von Ziegel- und Kalch-Oefen / Glashütten / Dörrstuben / Eysgruben und Thiergärten / von allerhand Mühlen und Hämmern / und was von der Oesterreichischen und Steyrerischen Eysen-Ertz-Gewerckschafft zu wissen nöthig / entworffen; item wie ein Grundstuck in seine Joch einzutheilen / und ein Gut durch kluge Anstellung zu verbessern sey / gewiesen.

In dem Andern Buch / weil ein Landgut ohne Aufsicht und Direction eines Hausvatters gleichsam ein todter Leib ohne Haubt ist / also haben wir den Herren des Hauses eingeführt / wie er sich gegen seine Ehwirthin / Kinder / Gesinde / Pfleger und Unterthanen / auch ins gemein in der Wirthschafft zu verhalten / was er durch das gantze Jahr von Monat zu Monat / sowol im Hause und Garten / als auch im Feld / in Höltzern / Feldern / Wiesen / Weingebürgen anzustellen und zu verrichten hat / wie er sich gegen seiner Nachbarschafft in Zusammenkunfften / Vergleichen und Abhandlungen zu erzeigen; nicht weniger gegen seinen Pfleger / wie solcher zu instruiren / und wie die Aufnahm der Rechnungen weislich und geschicklich zu beginnen und zu führen / wie mit Kastnern / Kellnern / Amtleuten und Richtern umzugehen / auch wie jeder vernünfftiger Hausvatter (weil ohne gute Leibes-Disposition nichts taugliches zu verrichten ist) sowol auf sein eigene / als auch der Seinigen Gesundheit ein wachendes Auge zu haben / wie und was Gestalt er solches leisten könne; letzlich sind etliche Discurs von des Menschlichen Leibes-Constitution und Bestellung / auch gewisse unmaßgebige Regeln / die Gesundheit zu erhalten; auch eine Feuer-Ordnung und etliche Handwercks-Sachen / die einem Hausvatter nützlich zu wissen / beygefügt worden.

Im Dritten Buch haben wir dem Hausvatter auch seine Ehwirthin / als seine treue Gehülffin / beygesellet / wie sie nemlich / für allen Dingen / Göttesfurcht und Erbarkeit / auch die Gebühr gegen ihren Ehemann / die Zucht auf die Kinder / und die Obsicht gegen dem Gesinde beobachten / die Bezeugung und Verträglichkeit gegen der Nachbarschafft und in der gantzen Wirthschafft anstellen; Speißgewölbe und Kuchen versehen / allerley nützlichen eingeschafften Vorrath verwahren und austheilen / ihren Confect-Kasten bestellen / die Haus-Apotheken mit destillirten Wassern / mit allerhand Antidoten, Balsamen / Oelen / Spiritibus, Essenzen, Krafftwassern / Syrupen / Salsen / Säfften / Juleppen / Pillulen / Salibus, Pulvern / Pflastern /

Rauchen / und dergleichen Droguerien / was sie im Hause selbst machen / oder zu gelegner Zeit am besten bekommen kan / anfuͤllen / in allen gaͤhen fuͤrfallenden Zustaͤnden (weil man auf dem Lande / von den grossen Staͤdten und wolbestellten Apotheken entfernet / nicht allzeit einen Medicum, oder Artzneyen / so geschwind haben kan) gewisse / durch Erfahrenheit probirte / und wolanstaͤndige Mittel / zu ihrer und der Ihrigen Erhaltung und Genesung in Bereitschafft haben / und gebrauchen solle / und also sind die drey nothwendigsten Stuͤcke der Haushaltung voran gleichsam in die Avantgarde geordiniret. Die uͤbrigen drey Buͤcher des Ersten Theils / wiewol sie auch nuͤtzlich und anmuthig / sind doch auf die letzte / als wie in dem Nachzug / geordnet und gestellet worden. Als:

Im Vierdten Buch / welches in zwey Theil abgesondert worden / ist erstlich beschrieben von den Weingebuͤrgen / und warum der Weinbau itzund nicht so gut / als bey den Alten / wie solcher recht anzustellen / zu pflantzen / zu warten / neu anzulegen / mit gehoͤriger Betreuung und gebührenden Arbeiten zu versehen / wie das Leesen einzubringen / was dabey fuͤr Vorbereitungen zu machen / wie mit dem Most und Wein umzugehen / auch seinen Zufaͤllen und Maͤngeln zu begegnen / und solche mit allerley nuͤtzlichen Kuͤnsten zu bessern.

Im Andern Theil aber ist gehandelt worden vom Obst- und Baumgarten / auch dessen Gelegenheit / Grund / Zaun / Gehaͤge und Verwahrung / von der Kern- und Peltz-Schul / wie man in die Rinden peltzen / aͤugeln / roͤhrlen / ablactiren / auch auf andere Peltz-Arten und Weisen die Baͤume und Garten-Gewaͤchse vermehren / wie man ihnen warten / sie versetzen / in allen Zufaͤllen und Schaͤden helffen / auch alles Ungeziefer abtreiben und vertilgen solle; dann sind alle Fruchtbringende Baͤume in specie, welcherley Art und Natur sie haben / und was fuͤr Verpflegungen sie bedoͤrffen und benoͤtigt sind / eingefuͤhrt / wie das Obst abzuleesen / zu behalten / zu doͤrren / Most / Brandwein und Essig aus dem Obst zu machen / ist auch endlich mit allerhand Baumkuͤnsten beschlossen worden.

Das Fünffte Buch begreifft in sich den Kuchen- und Artzney-Garten / von ihrem Grunde / Vorbereitung der Erden / Eintheilung / Mistbettern / Unterscheid der Garten-Gewächse / Formirung der Bettlein / wie man den Garten beschütten / dungen / umgraben und besaamen / um- ein- und aussetzen / begiessen / jetten stutzen / beschneiden / den Saamen abnehmen / und alles wol bestellen solle / wie der Gärtner / das Gartenhaus und das Gezeuge sollen beschaffen seyn / wie allerhand Ungeziefer und schädliche Thiere zu vertreiben; dann werden alle Garten-Gewächse / was unter oder ober der Erden genossen wird / absonderlich aber werden ihre Eigenschafften / mit samt der Wartung vorgewiesen / wie auch allerley Gesträuche und Stauden / damit die grossen Gartenstücke zu vertheilen; Item wie der Artzney-Garten geschicklich anzurichten / welche Kräuter und Gewächse der Sonnen Aufgang / Mittag / Westen oder Norden / sowol auch erhobene Ort und Gebürge / als auch feuchten Stand und Wasser erfordern und haben wollen; schließlich wird das Buch mit den gradibús der Kräuter / wie solche zu sammlen und zu verwahren / auch von den artlichen Signaturen / so ihnen die Natur eingepräget / geendet.

Das Sechste Buch führet uns in den Zierd- und Blumengarten / dabey wird der Gärtner mit seinem Zeuge / des Gartens Gelegenheit und Austheilung mit den Bettlein / Gängen und Garten-Zierden / als Fontainen / Wasserwercken / Cascaten / Lust-Teichen / Grotten / Lusthäusern / Sale terrene, Galerien / Pyramiden / Obelisken / Seulen / Statuen / Portalen / Bogen-Gängen / Geländern / Lauberhütten / Grasebetten / Labyrinthen / Drathäusern für die Sangvögel / Phasangärten / Lustwäldern und dergleichen beschrieben; darauf folget das Winterhause / auch was für ausländische fremde Bäume / Gesträuche / Gewächse und Stöcke hineinzubringen / und wie ihnen zu warten / alsdann kommen die Gewächse / die im Winter heraussen im Lande bleiben / und die Kälte ausdauren können; Item die wolriechende Kräuter / so bißweilen zum Umsetzen und Bezierungen der Bettlein gebraucht werden / auch von allerhand Blumen- und Garten-Geschirren / und wie darein zu bauen / wie die Blumen ferner anzusäen / zu warten / zu erhalten / zu vermehren / und von allerhand Kielwerck ins gemein und sonders / auch welche Blumen und Garten-Gewächse / so im Winter müssen eingetragen / oder heraus gelassen / und entweder sich selbst von ihrer Wurtzen und Saamen wieder verneuen / und viel Jahr über also fortwachsen / oder die nothwendig alle Jahr im Garten angesäet werden. Wie die Blumen artig fürzustellen / wie man sie über Land schicket / oder sonst langwührig erhält und aufdörret; ferner kommen auch andere Geheimnüssen ihrer Cultur, und andere Phœnomena der Blumen / auch sie früher zu zeitigen / den Geruch zu ändern und zu verbessern / sie dicker / gefüllter und grösser wachsen zu machen / auch Buchstaben darauf zu bringen / mit wenigen entdecket.

Hieraus nun kan der geneigte Leser leichtlich erkennen / daß allezeit das allernöhtigste dem nöthigen / und das nützliche dem angenehmen vorgezogen worden / Præstaret ut utile Dulci: Wiewol auch mit dem allerunentbehrlichsten eine nicht geringe Anmuth / und bey dem allerlieblichsten nicht wenige Nutzbarkeit vermischet ist; und wie dieses in dem Ersten Theil puntualmente in Beobachtung genommen / also ist es auch in diesem Andern Theil gleichmässig ins Werck gestellet worden. Daher werden dem günstigen Leser itzund für Augen gesetzt die nothwendigsten und ältisten Handthierungen und Beruff / als Feldbau / und Viehzucht / die noch vor dem ersten betrauerbaren Sünden-Fall sind von dem Menschen getrieben / und von GOtt selbst eingesetzt worden / Genesis am I. Replete Terram, & subjicite eam, & dominamini piscibus Maris, & volatilibus Cœli, & Universis Animantibus, quæ moventur super Terram. Daher wird

Im Siebenden Buch beschrieben und gehandelt vom Ackerbau / der Aecker und Felder Unterscheid / und wie sie nützlich und ergäbig zu verbessern / vom Feldzeuge und Viehe / was darzu nothwendig / von der Dungung und

Feistmachung / und derselben vielerley Arten / wie das Feld zu bauen / und zur Winter- und Sommer-Saat zu ackern / samt mehrern sonderlichen artlichen Bau-Arten / wie der Saame und der Grund auf mancherley Weisen zu verbessern und fruchtbar zu machen / was bey einem und andern Saamen zu bedencken / allerhand / sowol Winter- als Sommer-Getraydes Eigenschafft / Beschaffenheit / und wie damit recht umzugehen / auch vom Schnitt und Einerndnen / Auszehenden und Einfuͤhren / von den Staͤdlen oder Scheuren / von Treschung und Bewahrung des Strohes / wie das Korn in den Kaͤsten und Treyd-Gruben zu erhalten / Kornwuͤrmer und Wippeln davon abzutreiben / zu verwahren und zu verkauffen; ferner wird gehandelt von andern Feldgewaͤchsen / als Cabuskraut / Kohl / allerley Sorten Ruben / Saffran / Hopffen / suͤssem Holtz / Taback / Weide / Ferberroͤthe / Weberkarten und Rohr / wie der Brandwein aus Getrayd und dem Bierlager zu destilliren und zu rectificiren / auch vom Bierbraͤuen / Maltzen / Doͤrren / wie ferner mit dem Bier / dessen Hoͤpffung / Kuͤhlung / Jieren und Einfassen / auch allenthalben damit umzugehen / alle dessen Maͤngel und Gebrechen zu remediren / sowol vom Bier-Essig / vom Mahlen / auch von der Muͤller- und Bekken-Ordnung / allerley Oele aus Getrayd zu machen / auch schließlich vom Krafftmehl / und des Getraydes Chymischer Concentrirung.

Das Achte Buch tractirt von der Pferdzucht / und bin zwar anfangs angestanden / ob ich / so viel die Nutzbarkeit betrifft / die Gestütterey / oder das Mayrviehe vorsetzen / und welchem ich von diesen beeden den Vortritt und oberste Stelle einraumen solte / welches / wann ich von allgemeinen Hauswirthschafften geschrieben haͤtte / vielleicht noch mehr Zweifel haͤtte machen sollen; so habe ich mich doch bald der ersten Inscription und Titul dieses Wercks erinnert / daß ich nicht von gemeinem / sondern Adelichem Land-Leben zu handeln versprochen / dahero ich dem Pferd / als einem Adelichen Thier / billich den Vorgang gegoͤnnet / welches viel aus den alten und neuen Rei rusticæ

Scriptoribus nicht gethan haben; dann obwol etwan das Rindvieh mit Milch / Butter / Schmaltz / Kaͤse und Fleisch mehr ins Hause eintraͤgt / und nicht so viel zu unterhalten kostet / so findet man dennoch auch bey grossen Gestuͤttereyen / daß man daselbst von der Pferd-Milch edle und beruͤhmte Kaͤse macht / die mit den Kuͤh- und Schaf-Kaͤsen wol wettstreiten moͤchten; und ob zwar ein Pferd mit Futter / Gezeuge und Wartung mehr zu ernaͤhren gestehet / wird doch manches auch so theuer und um so hohen Wehrt verkaufft / daß man wol zehen oder zwanzig Kuͤhe / auch wol ein oder zweyhundert Schaafe so hoch nicht verkauffen kan; gute und wolbestellte Wirthschafften aber koͤnnen weder eines noch des andern entrahten / wird also in diesem Achten Buch vom Nutz und Adel / auch Nothwendigkeit der Pferde und Gestüttereyen / und wie der Ort und die Gelegenheit darzu soll beschaffen seyn / gehandelt / auch von ihrer Natur / Eigenschafft und Alter; hernach werden unterschiedlicher Lands-Arten Pferde vorgefuͤhrt / ihre Wartung / Castrirung / Farben und Gliedmassen beobachtet / sonderlich der Bescheller / Stutten und Fuͤllen / ihre Stallung und Fuͤtterung / Bezaͤumung und Weise / sie abzurichten / beschrieben; was man ferner zu betrachten / wann man ein Pferd kauffen / oder einen Schießgaul abrichten will / von Eseln und MaulEseln / wann man ein Pferd will in die Wette lauffen lassen / was Gestalt sie gesund und muthig zu erhalten / allerley Roßpulver / Salben / Waͤsser / Einguͤsse / Einschlaͤge / Anstrich und Hornsalben / wie auch wird daselbst weitlaͤuffig angezeigt / wie ein Pferd in allerley Seuchen / Kranckheiten und Zufaͤllen / so wol am gantzen Leib / als an jeglichem Gliede besonders mit auserlesenen bewaͤhrten Mitteln zu curiren / und ihm in einem und andern zu helffen sey.

Im Neundten Buch wird von der Viehezucht ins gemein angezeiget / sonderlich vom Mayerhof / und dessen Gelegenheit / vom Mayer / seinem Weib und Gesinde / von den Almen oder Alpen und Viehtrifften / wie die Wiesen anzurichten / zu dungen / zu waͤssern / zu warten / und zu verwahren / vom Mies und schädlichen Thieren / vom Heu und Grünmath / auch wie damit umzugehen / und solches aufzubehalten / vom Futter des Viehes / Mayrgezeuge / vom Rindviehe / Zug- und Mast-Ochsen / Stier und Kühen / wie die Kälber abzuspähnen / aufzuziehen und die jungen Stierlein zu schneiden / auch das galte Viehe zu warten / von der Milch und deren Behaltnus / Butter / Schmaltz und Käsemachen / wie das Rindviehe gesund zu erhalten / von ihrem Umfall und Kranckheiten; Ingleichen wird gehandelt von den Schäfereyen / der Schäfer Gebühr / Bestallung / von Schäferhunden / und der Schaftrifft / Zulassungs-Zeit / Lämmern / Galten und Hämmeln / vom Schafscheren / ihrer Woll und Lecken / auch von ihren Gebrechen und Hülffs-Mitteln; folget vom Bock und Ziegen / ihrer Milch / Käsen und Zufällen / auch von den Bären- und Mutterschweinen / Zulassung / Ferckeln / Säuställen und Castrirung / vom Säuhirten / der Schweine Weide / Mast / Schlachtung / Pfinnen und Umfall / auch vom gemeinen Viehekauff. Endlich vom Federviehe / vom Haushan und Hünern / ihrem Hause und Kobel / wie ihnen zu warten / von ihrem Ansetzen / Ausbrüten / und wie die Jungen zu erziehen / von den Copaunen / wie sie zu schoppen / von den Eyren / und wie der Hüner Feinde und Kranckheiten abzuwenden; sodann kommen die Indianischen Hüner / wie sie anzusetzen / auszubrüten und zu warten / item von den Gänsen / ihrem Stall / Pflegung / Brut / Auferziehung / Mast / Pflaumen und Zufällen / auch von den gemeinen und Indianischen Endten / von den Pfauen und ihrem Unterscheid / auch von dem Schwanen / seinem Futter / langem Leben / Danckbarkeit / und was von ihm zur Artzney und sonsten gebraucht wird; letzlich wird von den Tauben berichtet / was ihre Speise und Wartung sey / wie mit den Flugtauben und Stubentauben umzugehen / von ihren Feinden / Kranckheiten und Mitteln / und wird mit dem Taubenhause oder Kobel diß Buch geendet.

Das Zehende Buch dieses Andern Theils wird gleichfalls (wie das Vierte im Ersten Theil) in zwey Stücke abgesondert;

das Erste handelt von Bienen / ihrer Art / Natur / Unterscheid und Koͤnigen / oder Waiseln / auch vom Bienengarten / Huͤtten und Stoͤcken / von den Threnen und Raubbienen / ihrem Alter / ihren Feinden / und was ihnen sonst schaͤdlich ist / ihrem Krieg / Beguͤtigung / Arbeit / Eintragen / Unterhalt und Schwaͤrmen / auch was dabey in acht zu nehmen / wie solches zu befoͤrdern und zu verwehren / wie sie aus hohen Baͤumen ohne Leiter / auch aus Loͤchern zu fassen / und in die Stoͤcke zu bringen; vom Bienenwarter und seinem Werckzeuge / wie man sie speisen und wieder erquicken / auch von ihren Kranckheiten curiren solle; vom Hoͤnig / dessen Natur / vom Methsieden / Vorstoß / Wachs / wie es zu bleichen / und was das Bienen-Recht mit sich bringet.

Der Andere Theil tractirt von den Seidenwuͤrmen / wann sie in Europam kommen / wie die Landschafft / darinnen man sie halten will / der Witterung halber / muͤsse beschaffen seyn / von den weissen Maulbeerbaͤumen / wie sie zu pflantzen / zu warten / zu sencken und zu gruben / ferner von der Seidenwuͤrme Natur / Hause / Stand und Stellungen / Warter und Aufseher / wie und wann die Blaͤtter zu sammlen / von ihren Eyren / wie sie auszubruͤten / von einem Ort zum andern zu bringen / und aufzuziehen / wie sie essen / schlaffen / haͤuteln / spinnen / ihre Haͤuslein formiren / von den Farben und Glantz der Seiden / vom Ofenkessel und Haspel / wie ferner mit der Seiden zu verfahren / von der Floretseiden / auch wie aus den Maulbeerbaum-Aesten Flachs zu machen / wie damit umzugehen / auch endlich vom Nutzen der Seiden.

Im Eilfften Buch stellet sich vor Augen die Wasserlust / als des Wassers Nutz und Anmuthigkeit / Unterscheid und Guͤte / von den Cisternen / wie das Wasser zu suchen und zu fangen / von den Bronnenstuben und Roͤhren / von den Schoͤpf- und Quellbrunnen / von den warmen / auch Wild- und Gesund-Baͤdern / von Sauer- und andern Wunderbrunnen / Wasserleitungen und Canalen / Wasserstroͤmen und Fluͤssen / Wald- auch Muͤhl-Baͤchen und Seen; von der Fisch-

Ordnung und Anrichtung der Teiche / Daͤmme / Ablaß / Tarras und Rechen / von der Brut und Saͤtzlingen / auch Streich-Teichen; Item von den Teichen fuͤr Karpfen / Hechten / Saͤlmling und Forellen / auch vom Fischmeister und seinem Amt und Verrichtung / wie die Fische uͤber Land zu fuͤhren / folgen die Fischereyen in den Seen / fliessenden Wassern / mit Netzen / Fischbehren und Tauppeln / unter dem Eyse / mit Angeln und Reussen / auch wie die Graͤben und Duͤmpfel auszuschoͤpffen / Maraß auszutrocknen / und in Bau-Felder zu verwandeln / ferner kommt in specie von Karpfen / Hechten / Schleyen / Alten / Noͤrflingen / Persling / Praͤchsen / Garuͤssen / Koppen / Grundeln / Saͤnglen / Haͤslein und Naͤßlingen / Zuͤngeln / Rutten / Barben / Schied / Schielln / Neunaugen / Scheiden / Aalen / Lachsen / Saͤlmling / Forellen / Huchen / Aeschen / Edlen Perlfischen / Rheinancken / Murenen / Stoͤhren; Item vom Hausen / Duͤck und Sternhausen / von den Schildkroten / Krebsen / Muscheln / Austern / und anderm mehr; Item folget von der Wasserpuͤrsche / von den Schwanen / Kraͤnchen / Trappen / WildEndten / wie sie mit dem Leim / Zug- und Hochnetze / auch in der Maus zu fangen; wie die wilden Gaͤnse mit dem Schießkarren zu hinterlisten; item von Raigern / Tauchern / Rohrhuͤnern / Eysvoͤgeln / Wasser-Amseln / Wasserschnepfen / Gibitzen und Pluvier; vom Biber / Otter / Seehunden oder Meerkaͤlbern / darauf kom̄t das Wasser- und Au-Holtz / als Weiden / Felber / Bandweiden / Albern / Aspen / Erlen / und wird diß Buch endlich mit denen im Wasser ertrinckenden Menschen beschlossen.

Das Zwoͤlffte Buch stellet uns fuͤr von Gehoͤltzen und Weidwerck / der Waͤlder Nothwendigkeit / wie sie anzurichten / aufzubringen / zu haiden und abzugeben / von den Forstmeistern / Forstern / Forstknechten und Jaͤgern / vom Viehtrieb in die Waͤlder / vom Kohl- Aschen- und Kuͤnrußbren̄en / vom Pechhauen / Wid- und Pastschneiden und dergleichen; Verbott und Beobachtungen bey den Waͤldern / auch Ausreuttung derselben / von Windfaͤllen / Wipfelduͤrren / vom Floßholtz / auch Bau- und Brennholtz / von

Latten / Zaun- und Weinstecken / Schindelmachen / Spaͤnholtz / Gehaͤgen und Zaͤunen bey den Waͤldern / auch von wilden Holtzobstbaͤumen; hierauf werden die meisten Waldbaͤume und Gestraͤuche samt ihrer Eigenschafft angezeigt / item wird vom Forstknecht / auch von der Jaͤgerey Brauch und Mißbrauch gehandlet / die Jaͤger- Hetz- und Baiß-Ordnung angefuͤhrt / deßgleichen von unterschiedlichen Jagt- Spuͤhr- und Laithunden / Schweinruͤden / Dachsen- Otter- Biberhund / Windspielen und andern Sorten / auch von ihrer Artzney; sodann wird der Hirsch / seine Natur / Spuhr / Stand und Jagt beschrieben / wie er mit den Chiens Courants zu hetzen / wie er sonst abzuschleichen / und mit Sultzen anzulocken; Item von der Schweins-Jagt / von Dannhirschen / Reenthieren / Elend / Rehen / Gemsen und ihrer Kugel / auch vom Steinbock / Hasen / Fuchsen / Dachsen und ihrem Hetzen / von wilden Katzen / Mardern und dergleichen / auch von den Baͤren / Woͤlffen / Wolffsgruben / Gaͤrten und Fallen / und vom Luchsen; deme folget nach die Falcknerey / vom Habicht / Falcken / Blaufuß / Hasenvogel / Lerchenfaͤlcklein / Sperbern / Sprintzen / wie sie abzutragen / zu baissen / zu warten / in die Mauß zu bringen und zu curiren; von Phasanen und ihrem Garten / von Rebhuͤnern / Hasel- Schnee- und Grießhuͤnern / vom Auer- und Birckhan / Bramhuͤnern / Schnepfen / Wachteln / Lerchen / wilden und Turteltauben / von Kranwetvoͤgeln / Mistlern / Droscheln / Amseln / Seidenschwaͤntzlein / Kernbeiß / Staaren / Fincken und kleinem Gefluͤgel / von den Sang- und Lockvoͤgeln / auch von den Hehern und Keutzlein; auch wird Bericht gegeben von dem Netze Panthera, Stangada und Fincken Roccoli, wie die Tesa forulana anzurichten / von den Wald- und Feld-Tennen / vom Treibgezeuge / Tirace, vom Hochnetz / Schnee- Steck- Nacht- und Klebgarnen / Schlagwaͤnden und Winterfang / von den Traͤnck-Tennen / Leim- und Plattbaum / Kloben / Maͤschen und Sprencklein; wie der Leim anzumachen und einzubrennen / vom Puͤrschen und Lufftschiessen / und kommen auch andere Arten die Voͤgel zu fangen; Item vom Papagey und Sittich / wie die Raubvoͤgel zu fangen / wie die Voͤgel zu doͤrren und auf dem Tenn zu brauchen; letzlich wird mit den Chinesischen Voͤgelnestern / die man zu essen pflegt / der Schluß dieses Wercks beygefuͤget / und also geendet.

Hieraus kan der geneigte Leser / als in einem Spiegel / den kurtzen / doch gantzen / Inbegriff meiner vollbrachten Oeconomia sehen / und alle die darinnen enthaltenen Materien gleichsam vor Augen haben / und daraus erkeñen / daß allzeit das Haubtwerck / das ist / was nuͤtzlich und nothwendig ist / vorgehet / und das angenehme und lustige hernach folget / und also miteinander vermischt ist / daß es desto anmuthiger aufgenommen und gebraucht; auch das menschliche Gemuͤth zu der schweren Last / und unter der harten und verdrießlichen Feldbau-Arbeit / durch holdselige Untermengung des Feld-Lustes / desto williger moͤchte angefrischt und aufgemuntert werden. Der guͤnstige Leser wolle das / was ihm etwan nicht gefaͤllig und unangenehm / mit guͤtigem Hertzen zu gut halten; und weil der Feldbau von den alten Weisen Vita Libertatis & Innocentiæ ist gehalten worden: also wolle ihm belieben / mich diese Freyheit und Unschuld / als eines Asyli, auch geniessen zu lassen / und die etwan ohngefaͤhrde / durch meine / oder des Druckers Ubersehung / eingeschlichene Fehler / selbst verbessern / und mit dem Mantel der Liebe und der Gedult zu verhuͤllen / auch meinen ihm zu dienen tragenden guten Willen nicht mit dem Gifft des Neides oder der Laͤsterung feindselig zu beschwaͤrtzen; indem er weit weniger Bemuͤhung uͤber sich nehmen darff / mir / wo etwan geirret worden / zu verzeihen / als ich diese Zeit uͤber gehabt habe / diß Werck zu verfertigen. Zum Beschluß den guthertzigen Leser der Goͤttlichen Allgewaltigen Obhut / und mich zu seinen beharrlichen Gunsten empfehlende.

JOHANN PETER VON LUDEWIG
VON DER NEUEN OECONOMIE-PROFESSION
1727

Über der wichtigen und nützlichen Frage: welches die zwey vornehmsten und sichersten Stücke und Grundsäulen wären, die ein Volck, Reich und Land beständig glückseelig machten? Hat der weise und tapfere Monarch, CYRVS, aus eigener Erfahrung, in seiner Weltbeherrschung, den vernünfftigen Ausspruch gethan: eine auserlesene Armee und eine gute Wirthschafft der Unterthanen. Welches Urtheil dem vernünfftigem Socrati so wohl gefallen; daß er solches diesem grossen König abgeborget und selbiges in seinem, schon über zwey tausend und so viele hundert Jahren, verfertigten Gesprächen; von der Oeconomie, in Griechischer Sprache, weiter ausgeführet und mit vernünfftigen Gründen bevestiget hat, als uns dessen XENOPHON, das Zeugnüß und Probe hinterlassen. Was SALOMO bey denen Israeliten gewesen; das war CYRVS unter den heydnischen Königen. Dessen Leben und Thaten auch mit so vielen Tugenden und Weisheit, absonderlich in Kriegs- und Policey-Sachen, angefüllet: daß die Römer dem Xenophonti, dessen Geschichtschreiber, kaum glauben wollen. Weil es nicht wohl möglich seyn können: daß GOtt und die Natur so viele Vollkommenheiten in einen einzigen Mann und König geleget, als man bey so viel tausend andern Menschen und Regenten, von Anbegin der Welt her, kaum einzeln antreffen und lesen möge. Christliche und Jüdische Scribenten können auch nicht vertragen; daß, da SALOMO seine Weisheit von GOtt erbethen und erlanget: demselben Cyrus, durch blose Kräfften der Natur, gleich seyn sollen. Ohngeachtet Cyro deßwegen die Großthaten gleichwohl nicht zu mißgönnen, weil der GOtt Israelis, bey dem Propheten, ihn seinen Gesalbten, den er bey seiner rechten Hand ergriffen, nennet, dergleichen Lobspruch keinem andern Könige unter der Sonnen iemahls wiederfahren. Ob wir gleich nicht eben dieses behaupten wollen; daß CYRVS, nach erlangter Erkänntnüß GOttes, der Beschneidung nach, ein Jüde worden. Weil ia der mächtige und lebendige GOtt auch in der Vorhaut diesen erweckten Helden zu seiner Erkänntnüß bringen und als ein Werckzeug, zur Rettung und Ehre seines Volckes, gebrauchen mögen. Genug, daß wir diesen Ausspruch: tapfere Armeen und geschickte fleißige Haußwirthe wären die vornehmsten Grundsäulen, welche einen Staat beständig glücklich machten, einem CYRO zu dancken. Das ist einem König, den GOtt geliebet; den er, nach dem Zeugnüß seines Propheten, bey seiner Hand ergriffen; den er mit Tapferkeit und Weisheit ausgerüstet: durch seine mächtige, zahlreiche und auserlesene Armeen, grosse Thaten zu thun und sich für andern Völckern Furcht und Schrecken zu machen; aber auch seine Unterthanen zur guten Haushaltung anzutreiben und dardurch seine Länder in Wachsthum und Seegen zu setzen.

§. 2. Wie nun alle Wahrheiten, wann sie einmahl wohl ausgesonnen, dem Begriffe nach, leicht sind: also hat zwar die Erfindung dieses Ausspruches einen erfahrenen, tapfern und weisen König erfordert: aber die Ausführung der Gründe davon hat weder SOCRATI noch XENOPHONTI schwehr fallen mögen, die Ursachen davon anzuzeigen. Es ist, bey dem allem, dieses nicht vor ungefähr anzusehen; daß wie CYRVS, der weiseste unter allen auswärtigen Königen des Erdcreises, der Urheber dieser Wahrheit: also auch SOCRATES, der diesem Ausspruch seine weitere Erklärung gegeben, zwar ein heidnischer Weltweiser, aber auch derienige ist, welchen die heilige Väter, seiner ungemeinen Vernunfft und Tugendvollen Lehren halben, mit dem H. Paulo verglichen; ja gar dafür gehalten haben, daß SOCRATI sich die göttliche Weisheit, aus dem Licht der Natur, geoffenbahret, und derselbe, auf eine ausserordentliche Weise, ewig, seelig worden sey. Welches letztere wir an seinen Ort gestellet seyn lassen, obgleich von dem guten Geist und Gott Socratis in alten und neuen Zeiten eigene Bücher an dem Tage liegen. Dabey auch dieses nicht zu vergessen: daß SOCRATES, bey aller seiner Weisheit, im Felde so wohl, als Soldat, gedienet; als auch der Haußwirthschafft sich beflissen: folglich derselbe, was er dißfalls gesaget, aus eigener Erfahrung sprechen können.

§. 3. Anfangs nun räth er einem weisen König: daß, so gut und nützlich die Wirthschafft und gute Haußhaltung, zu dem Aufnehmen und Seegen des gemeinen Wesens, sey; auch derienige für den mächtigsten König gehalten werde, der die beste Armee auf den Beinen: beyde Stücke dannoch deßwegen mit einander zu verknüpfen. Weil Armeen, ohne Geld und Nahrung, so wie Bäume ohne Wurtzeln und Frucht in der Erden; im Gegentheil das schönste und reicheste Land, wann keine Armeen und Landesschutz in demselben, einem Garten ohne Zaun, einer Stadt ohne Mauren, einer Vestung ohne Wälle zu vergleichen; da, ie schöner und angenehmer der Ort, ie mehrern Nachstellungen und feindlichen Anfällen derselbe unterworfen und ie grössere Gefahr er habe, von andern, aus Neid und Eigennutzen, angefallen und überwältiget zu werden. Der Landmann und Hauswirth müsse arbeiten und emsig seyn, daß der Soldat zu essen habe: hingegen der Soldat wachen und streiten, damit ieder Haußvater mit den Seinigen in Ruhe und Frieden gelassen werde. Was hälfe es, viel gewinnen und nicht behalten; sondern andern zum Raube dienen? Aber wer pflegete auch dasienige, was wüst und öde, einer Schildwache wehrt, zu achten? Es läßt sich der Unterscheid von dieser Wahrheit am gewissesten durch Exempel lehren.

§. 10. Doch was halten wir uns bey einem auswärtigen und vergangenen Exempel so lange auf; da GOtt diese Wahrheit, durch einen tapfern und weisen König unsern Zeiten und Unterthanen vor Augen geleget, welche wir alle täglich bewundern, verehren und dem grundgütigen GOtt, für eine so geseegnete Regierung seines Gesalbten; dancken mögen und sollen. So lange die Welt stehet, als sich aus der untrüglichen Historie aller Reiche leichtlich erweisen lässet, hat der Erdcreiß noch keine Armeen gesehen, welche denen

Preußischen zu vergleichen. Die Römische Käyser, welche wohl die grösseste Einkünffte in der Welt gehabt und das Wohlseyn ihres gantzen Staates auf das Soldatenwesen gesetzet, haben sich vergnüget, eine oder die andere Compagnien von Soldaten zu haben, deren Leibesgestalt an grösse, stärcke und schöne auserlesen, welche sie deßwegen milites ostensionales, die sie sehen lassen, geheissen und damit für andern Völckern so viel Staat gemachet haben: daß viele nach Rom kommen, diese grosse Leute und ihre geschwinde Ubung anzusehen, wann sie zur Musterung aufgezogen. Dann, ie grösser selbige am Leib gewesen; ie tapferer und geübter sie auch, durch gute Anführung, werden müssen. Nach dem Urtheil des PYRRHI: welcher, als man ihme die grossen Leute dardurch unangenehm machen wollen, weil sie unbeheglicher wären, geantwortet; sehet ihr euch nach vielen grossen und starcken Leuten um, für die Ubung und Tapferkeit lasset mich und meine officiers sorgen. Königl. Majest. in Preussen haben in so wenigen Jahren gantz andere Armeen, als Selbige von Ihren glorwürdigsten Vorfahren hinterlassen bekommen, auf die Beine gebracht und in das Feld gestellet. An die Anzahl derselben, welche an die hundert tausend Mann anwächset, hat keiner von Ihren Vorfahren, und nicht leicht ein Potentat es dahin gebracht; daß solche angeworbene Mannschafft, ohne ausserordentliche Besteurung und Bedrückung ihrer Unterthanen oder auch, ohne das Land in Schulden zu setzen, Jahr aus, Jahr ein, zur Nothdurfft und in auserlesener Rüstung, Mondur und Ubung innerhalb Landes unterhalten werden mögen.

§. 18. Es ist zwar eine alte und an einigen Orten annoch gegründete Klage: daß der Leute zu viel würden. Die Schweitzer, weil selbige, ihrer Käse und Milchspeise halben, für andern zur Kinderzucht fähig seyn, gleichwohl ein hartes Land haben; halten es noch ietzo vor eine Landplage, wann ihrer zu viel werden. Dahero selbige sich gar leichtlich behandeln lassen; aus ihrem Lande Inwohner zu nehmen und, zum Krieg, Aufwartung oder Anbauung anderer Oerter, Heerweise heraus zu führen. Und in den vorigen Heydnischen Zeiten, als die Vielweiberey annoch vergoͤnnet, ia gar unter die Tugenden gerechnet wurde; viele Weiber zu erhalten und jaͤhrlich viele Kinder zu zeugen; ist nichts gemeiners, als dieses gewesen, daß, weil das Land so viele Menschen nicht ertragen koͤnnen, man die jungen Leute von beyderley Geschlecht zusammen gezogen und selbige gezwungen, gantze Heerweise, sich aus dem Lande zu begeben und neue Wohnstaͤdte zu suchen. Nur obgleich das Christenthum die Vielweiberey nicht vertraͤget: so geschiehet es doch, absonderlich, wann ein Land lange Zeit mit Krieg, Pestilentz und andern menschenfressenden Seuchen verschonet worden: daß an selbigem auch noch oͤffters der Leute zu viel werden; es aber an andern Orten wiederum daran fehlet. Da nun das letztere das fruchtbare Koͤnigreich Preussen, verschiedener Zufaͤlle halben, ehemahls betroffen; so daß viele Meileweges des besten und fettesten Landes, aus Abgang der Inwohner, unbebauet und unbeartet liegen blieben: so haben Koͤnigl. Majest. nicht Tonnengoldes gespahret, diesem schoͤnen und weitlaͤufftigen Land, durch neue Einwohner wiederum aufzuhelffen und selbiges zu bevoͤlckern. Die allgemeine Koͤnigl. edicta und Ausschreiben liegen an dem Tage und in oͤffentlichem Druck. Wie dann in demselben sonderlich die Schwaben und Francken, unter denen manchen tausend Familien, welche in Preussen gegangen, darinnen wohl angeschlagen und sich in die dortige Landesart und Wirthschafft gefunden haben. Weil die Koͤnigl. Gnade auch so weit gegangen; daß die Colonisten dahin nicht allein mit taͤglichem Reise-Geld versorget; sondern auch, bey ihrer Ankunfft in das Land, mit demjenigen versehen worden, was selbige zu dem Anbau der Haͤuser und Felder noͤthig gehabt haben. Worzu noch die viele Freyjahre kommen, welche diesen neuen Pflantzen, Zeit lassen, um so viel besser einzuwurtzeln und dereinst um so viel gewissere und bestaͤndigere Fruͤchten zu tragen.

§. 19. Da es aber nicht genug ist, eine foule und maͤchtigen Hauffen, fauler und ungeschickter Menschen, sich in das Land, mit Kosten und Wohlthaten, zuziehen: so haben

Koͤnigl. Majest. die besondere Vorsorge vor Ihr Koͤnigreich so wohl; als auch alle ihre andere grosse Provintzien und Laͤnder gehabt; die Verfuͤgung zu thun, an demienigen Ort, wo irgend nur ein Handwercksmañ oder Kuͤnstler gemangelt und noͤthig zu seyn geschienen, zu solchen Stellen tuͤchtige Leute zu verschreiben und in selbigen damit allen Abgang zu besetzen. Es ist fast unglaublich, wie genau dieses alles in Reich, Landen und Provintzien untersuchet und nachgezehlet worden. Zum Exempel, wie viel Menschen mit einem Becker; mit einem Schuster; mit einem Schneider und so weiter, sich behelffen moͤgen. Welche Rechnung deßwegen in Tabellen verfasset und dazu gedienet hat; daß die Vielheit an einem Ort keine Beschwehrung und der Abgang keinen Mangel verursachet: sondern jedweder Ort, nach Anzahl und Beschaffenheit der Einwohner, mit so vielen Handwerckern und Kuͤnstlern versehen, als derselben zum Gebrauch und Nothdurfft erfordert worden. Wordurch man dann auch dieses zu wege gebracht, daß das Geld in dem Lande geblieben und niemand von Noͤthen gehabt, solches dieserwegen aus demselben zu schicken und andern Herrschafften zuzuwenden.

§. 20. Und es ist nicht schwehr; nur von einem und dem andern davon die Probe zu zeugen. Es ist nichtes ungewoͤhnliches, daß sich ein Land nicht selbsten kennet oder seine Kraͤfften und Vortheil verstehet. Engelland hat biß auf die Zeiten der Koͤnigin Elisabeth seine schoͤne Wolle denen Hollaͤndern verkauffet; und ienes von diesem nachgehends die feinen Tuͤcher wieder mit vielem Geld bezahlet. Welches, als es diese weise Koͤnigin erwogen, sie die Verfuͤgung gethan; daß geschickte Tuchmacher nach Engelland gekommen und dieses guͤldene Vließ daselbst so gut, als in Holland, verarbeitet haben. Dahingegen Spanien noch bis ietzo in der Kranckheit lieget; daß solches seine feine Wolle vor Geld an andere uͤberlaͤsset. Weil nehmlich der Spanische Hochmuth so groß, daß die wenigste sich auf Handwercker legen und Tuchknappen werden wollen. Da nun Koͤnigl. Majest. in Ihrem Reich und Landen befunden: daß die Tuͤcher ausserhalb Landes in die ihrige geführet und theuer verkauffet; im Gegentheil die feine Marckische Wolle ausgeführet würde: haben Königl. Majest. zum besten dero Provintzien und Landen auf ein Mittel gedacht; solche in ihrem Lande fallende Wollen selbsten verarbeiten zu lassen. Weil aber dergleichen Manufacturen, so viel die feinen und kostbaren Tücher und Färbereyen betrifft, über die Kräfften eines einzelnen Burgers und Privatmannes gehen; so haben Königl. Majest. zu diesem nützlichem Unternehmen selbsten den grössesten Vorschuß gethan und das Werck endlich mit solchem success angegriffen und getrieben: daß nunmehro an allerhand Gattung sich Vorrath findet und sowohl Armeen; als andere Inwohner mit feinen und schlechten Tüchern, wie nicht minder allerhand andern wollenen Zeigen, versorget; ja noch in die Nordische Lande auswärts verschicket und verschlossen werden können. Die Acciseregister und Zollrollen zeigen; wie manche Tonnengoldes jährlich dardurch in dem Lande bleiben, auch wohl durch andere Waahren in das Land gezogen werden. Zu geschweigen, wie viele tausend Menschen und müßige Hände dardurch etwas zu arbeiten bekommen. Absonderlich manche Weibsperson entweder am Hunger-Tuch nagen oder denen Allmosenämtern zur Beschwehrung seyn würde; welche sich allein mit Wollenspinnen in der Stille und Einsamkeit hinbringet. Dahero es auch nicht wohl anderst seyn können; als daß die Wollen, weil solche absonderlich in der Marck und andern Preußischen Landen fein fället, aus dem Lande zu führen, verbothen werden müssen. Welche sonsten in die Schweitz und die Niderlande zu dem Ende ausgehohlet worden: daß unsere Inwohner nachhero selbige wiederum, als feine Tücher, zehnfach bezahlen und zurücke hohlen müssen. In welcher Thorheit ehemahls die Engelländer kranck gelegen; bis die Königin Elisabeth die Tuchmacher selbsten in Ihr Reich verschrieben und allerhand dergleichen Manufacturen angeleget hat, welche nunmehro von den Holländern selbsten hoch gehalten und abgeholet werden. Und muß sich niemand durch Gewiñsucht dieses oder ienes blenden lassen, welcher es vor ein Unheil ansiehet, daß er seine Wollen nicht frey aus dem Lande verführen mag. Dann in Policeysachen allemahl dieses die Regel: daß die gemeine Wohlfarth des Landes und aller Unterthanen überhaupt, dem Eigennutzen dieses oder ienes einzeln Mannes, vorzusetzen.

§. 21. Und, nach dieser Richtschnur; hat man öffters auf den Teutschen Reichstägen gewünschet und gesuchet: daß die Teutsche sich doch, wie in der Kleidung, also auch, in Essen und Trincken, mit den Güthern ihres eigenen Landes, vergnügen möchten. Bey welcher Beschaffenheit das Geld in dem Lande bliebe; da es hingegen, bey der schädlichen Weise, sich mit fremden Federn zu schmücken, nicht anders seyn konte, als daß der Teutschen ihr Geld und Körner den Holländern vornehmlich, wie auch andern nationen, Stromweis zugeschicket und für entweder nichtswürdige oder doch leicht entbehrliche Dinge verschlossen würden. Wie aber die Reichspolicey in Teutschland, der vielen Häupter wegen, ohne den erwünschten effect und Würckung zu haben, bey gutem Wüntschen, liegen bleibet: also haben es hingegen Königl. Majest. in ihrem Reich, Provintzien und Landen mit dem behörigem Ernst angefangen, in dieser Policeysache zu verfahren. Die jährliche Accisregister und Zollrollen haben es gewiesen, wie viele tausende baares Geldes nur allein jährlich vor Cathune nach Holland geschicket würden und aus dem Lande giengen. Weil die gemeineste Dierne sich in solches Gezeig zu kleiden auch der gemeineste Mann Wände und Betten damit zu behängen angefangen. Dahingegen die wüllene und leinene Zeige, die in dem Land verfertiget und eben den Dienst thun, liegen blieben. Diesem lüsternen Unheil also mit eins, so wie auf einen Schlag, abzuhelffen; sind die geschärffte Königl. Befehle mit dem Schluß ergangen: daß sich jedermann im Lande dieses Unrathes enthalten oder schwehrer Schmach und Straffe gewärtigen solte. Diese Sache schiene anfangs hart und schädlich; welche zu des Landes bestem so wohl gerathen, daß jetzo die wüllene Landzeige und Leinengeräthe allen Abgang des fremden Cathuns leichtlich ersetzen und niemand an diese verbothene fremde Wahren mehr gedencket. Und, da, durch Königl. Veranstaltung, auch viele andere Wahren, absonderlich an kostbahren Spiegeln und allerhand anderem sowohl cristallenem; als gemeinem Glaß in dem Lande gemachet und zubereitet werden: so erfordert auch dieses die kluge Policey; damit das Geld im Lande, bey den Unterthanen, bleibe, daß alle fremde Zufuhr davon gleichfals verbothen.

§. 22. Da noch Königl. Majest. so starcke Armeen, wovon wir oben gehandelt, ins Feld gestellet und zwar in lauter Mannschafft von ausnehmender Grösse: so war auch die Vorsorge nöthig, daß selbige mit gutem, starckem und tüchtigem Gewehr versehen würde, welches an Gewicht und Grösse der Stärcke und Länge der Preussischen Soldaten gemäß wäre. Nun ist die Rechnung leichtlich zu machen: wie viele Tonnengoldes vor hundert tausend Flinten und anderes Gewehr man ehe dem nach Liegge, Brüssel oder andere Oerter, da die fabriquen besser seyn, geschicket: welche nunmehro, da Königl. Majest. die Gewehrfabrique in ihrer eigenen Stadt Potsdam angeleget, im Lande behalten und das Gewehr so sauber, gut und tüchtig gemachet wird, als man es an obgenannten und andern Orten, für schwehres Geld, kaum haben können.

§. 29. Die allersicherste Probe von guter Wirthschafft ist dieienige; welche in dem Anschlag zur Verpachtung der Königl. Aemter bewiesen worden. Unter der vorigen glorwürdigsten Regierung ist man in den Königl. Cammern in den Gedancken gestanden; daß die Königl. Aemter und Vorwercker in der Erbpacht aufs höchste deßwegen getrieben worden, weil jedermann begieriger ist, auf das seinige mehr, als auf fremdes Gut Sorge zu tragen. Wie dann die Erbpächter nicht allein in höhern Pacht eingegangen; sondern auch den Vorschuß von Erbstandsgeldern so wie oben darein gegeben haben. Nur als dieses Werck auf das eifrigste getrieben und eingerichtet worden; habe ich selbsten schon den Einwurf gemachet und von mir geschrieben. Welcher darinnen bestanden: daß wie von hundert Jahren her der Preiß der Sachen wohl funfzigmahl höher gestiegen; folglich eben dardurch der Wehrt des Geldes, des vielen aus America und andern Bergwercken genommenen Sielbers halben, gefallen sey: also auch dergleichen noch weiter künfftig zu besorgen; mithin es schlechterdinges ohnmöglich, daß, auf ewige und immerwährende Zeiten, auf gleiche Einkünfften von einem Amt und Guth ein Staat gemachet werden könte. Allein die Augen unseres weisen Königes gebrauchten dieses Zweiffels nicht; sondern es sahen dieselbe gantz inwendig die Sache ein und die Erbpächter selbsten wurden durch verständiger Haußwirthe ihre Anschläge überzeuget: daß sie selbsten den Ertrag der Aemter und Güther nicht verstanden; folglich die Güther und Aemter mehr thun könten, als sie selbsten geglaubet. Man sahe sich deßwegen nicht allein genöthiget, die Erbpächte wiederum in vorige Zeitpächte zu verwandlen; sondern auch die Pächter selber trieben, nach den gezeugten Vortheilen, wo und wie alles heraus zubringen, einander in die Höhe. So daß die Königl. Aemter ietzigen Zeiten nach, den dritten Theil mehr ertragen; als selbige ehemahls abgeworfen. Wie dann, bey solchen Anschlägen, auch die Pächter selbsten in dem Stande und Kräfften sich befinden, ihr Pachtgeld richtig und zeitig abzugeben und doch für sich ein erkleckliches daran übrig zu behalten. Und wer hat in den vorigen Zeiten die Körner der Aussaat bey der Ernde nachgezehlet und, durch öffters versuchte Beartung, zu erfahren, sich befliessen: auf das wievieleste Korn sich dieser und iener Acker bringen und treiben lasse. Die meiste Haußwirthe haben sich mit dem Mißbrauch des Spruches beholffen: was GOtt beschehret. Und des Befehls GOttes dabey vergessen: daß er den Seegen, nach dem Fall, nicht so wohl auf die verfluchte Erde; sondern vielmehr den Schweiß und Fleiß des Angesichtes der Menschen geleget habe. In welchem ein Haußwirth weiter zu kommen und zu forschen, niemahls ermüden solle. Da nun die Königl. Pächter, nach dem Fingerzeug der Anschläge von den Aemtern, sich so emsig erwiesen: so hat auch mancher Landedelmann davon ein Exempel genommen und seine Wirthschafft zu verbessern und darnach einzurichten, gesuchet. Und wer weiß, was in dieser Wissenschafft, bey so vielem Nachforschen von Beamten; Pächtern; Edelleuten; Cammer- und Finanzen-Räthen; ja den Bauren selbsten, die sich jetzo, nach dem sie das Geheimnüß der Anschläge vor Augen haben, auf das Pachten legen, noch vor edle Vortheile ans Licht kommen werden, welche unsern Vorfahren, so wie ein vergrabener Schatz, verborgen gewesen seyn. Welches alles dann die Nachwelt der weisen Regierung unseres Gesalbten zu dancken und zuzuschreiben haben wird. Absonderlich da jetzo, durch die Anrichtung dieser neuen Oeconomie-Profeßion Lehrer und Lernende ihre einige oder doch vornehmste Sorge seyn lassen sollen, mit diesem edlen Schatz ferner zu wuchern und dessen Kräfften zu vermehren.

§. 30. Und diesen Endzweck um so viel mehr zu befördern; haben Königl. Majest. auch dieses versehen: daß junge Leute, bey und neben den alten klugen Finanzen- und Haußwirthschaffts-Räthen, auf und angezogen werden sollen. Die Römer haben die Weise gehalten; daß Selbige die Rathsherrn-Söhne mit sich in die Raths-Stube, als Zuhörer, genommen, um dardurch die Weise und Klugheit der Alten zu erlernen. Und es ist in der That dieses unter die Fehler unserer Zeiten zu rechnen gewesen: daß junge Leute, absonderlich von gutem Herkommen, Gaben und Geschicke, wann sie etwa von Universitäten und Reisen kommen, keine Gelegenheit gefunden, etwas selbsten anzugreiffen und sich in Amts-Verrichtungen zu üben. Die alte Leute sind meistentheils neidisch und unleidlich, die niemand, neben sich, erziehen und aufkommen lassen wollen, aus Besorgniß, mit Undanck belohnet und von denen Neulingen ausgebissen zu werden. So ist auch einem Amts-Bedienten nicht erlaubet: einen andern das Geheimnüß seiner Verrichtung wissen zu lassen oder ihme solches in die Hände zu geben. Dardurch dann nothwendig folget; daß, wann alte Leute in wichtigen Bedienungen absterben, die Nachfolger lange nachhero zu thun haben, biß Sie in ihrem Amt geschickt, geläuffig und fertig werden. Bey welchen Lehr-Jahren niemand, als der Herr und das Land leidet, dessen Geschäffte zu besorgen. Allein diesen Gebrechen nun haben Königl. Majest. damit sehr weißlich abgeholffen: weil selbige alle Collegia und Aemter mit mehrern Leuten, absonderlich jungen Menschen besetzen, welche die Begierde haben, von den Alten etwas zu lernen und sich dardurch zu Verrichtungen tüchtig zu machen. Wird nun eine Stelle ledig; so haben Königl. Majest. aus so manchen eine um so viel leichtere Wahl, denjenigen zu ruffen, der für andern sich in den Geschäfften, an Treue, Fleiß und Geschicke herfür gethan. Und können auch dieser Anstalt Königlr. Majest. junge Leute und dero Eltern und Anverwandte es nicht genugsam verdanckē; daß sie, so gleich von Universitäts-Jahren, hierdurch in eine Schule kommen, theils zu lernen, theils dasienige, was sie gelernet, in die Ubung und würcklichen Gebrauch zu bringen. Dahingegen, in vorigen zeiten, bey abgehender Gelegenheit, sofort würckliche Dienste zu erhalten, manche geschickte Leute versauret aber doch sehr späte in den Weinberg zur Arbeit geruffen worden. Wie aber der weise Pythagoras seinen Zuhörern, um selbige nicht mehr gewäschhäfftig, als klug und verständig zu machen, den Mund auf eine Zeit verschlossen: so gehen auch die weise Königl. Verordnungen dahin, daß, dem Befinden nach, dergleichen Anfänger eine zeitlang, als blose auditores und Zuhörer zugegen. Denen genug seyn muß; alle Vorträge und Stimmen der Kollegen anzuhören und, was schrifftlich vorkommt, zu lesen. Nach welcher Zeit, wann sie sich aufmercksam und fleißig erwiesen, so dann, auch Ihnen der Mund geöffnet und die Freyheit ertheilet wird, gleich andern, ihre Meinungen von sich zu sagen und zu schreiben.

§. 33. Es sind aber die Ursachen von dergleichen weisen Veränderung der Rechte nicht etwa einem Eigensinn oder Absehen desjenigen zuzuschreiben, welcher den Vortrag in dergleichen Sachen. Dann wir wollen nur die Probe an zweyen Stücken machen; auf welche Königl. Majest. aus höchst eigener Bewegung, zum Nutzen Dero Reich, Provintzien und Lande selbsten deßwegen gekommen, weil sich die Ursachen davon, wie sie in den vorigen Zeiten gewesen, in denen heutigen geändert, mithin, was vor deme deßhalben vernünfftig geheissen, nachhero zu einem eiteln Spielwerck worden ist. Das erste mag dieses seyn; daß Königl. Majest. in Dero Reich, Provintzien und Landen, Ellen, Maaß und Gewicht einander gleich gemachet. Ich habe vor der Zeit schon denen Ursachen nachgedacht: was doch die Teutsche bewogen, daß Sie hierinnen so gar wiedrig und vielfältig seyn wollen? Absonderlich da der Unterscheid so gar über die Helffte einander entgegen gelauffen. So daß ein Dresder Scheffel, die unsrige über die Helffte übersteiget und hiesige vier Eymer Wein in dem Würtenberger Land auf einen eintzigen gehen. Nach langem Nachsinnen habe ich die wahrhafftige Ursache hievon, diese zu seyn, gefunden. Weil in den alten Zeiten wenig Geld in Teutschland gewesen: so daß die Menschen, was sie mit einander gehandelt, nicht so wohl für gemüntztes Geld verkauffen oder erkauffen; sondern vielmehr gegen einander umsetzen und verschliessen müssen. Daraus dann überhaupt insgemein die Regel zu fassen: je häuffiger eine Sache in einem Lande anzutreffen; je grösser auch Maaß, Ellen und Gewicht in demselbigen zu seyn pflege. Dahingegen, wo man die Sachen erst von andern Orten hinbringen müsse oder nicht wohl zeugen könne: das Maaß sich auch deßwegen verringere, weil man den Abgang auf das Fuhrlohn oder harte Arbeit zu rechnen habe. Von dieser Regel nun die Probe zu machen: so wird in dem Würtenberger Land, weil solches vieler Berge halben, nicht wohl anderst zu nutzen, so viel Wein erbauet, daß deshalben alles Bierbrauen daselbst verbothen, damit viel Wein in dem Lande vertruncken werde und nicht liegen bleibe. Würde nun, von daraus, ein Eymer in diese Lande gebracht; so ist leichtlich zu erachten, warum derselbe, der Fracht und anderer Unkosten wegen, dreymahl höher zu stehen kommen müßte. Wann ein Handelsmann, der dorten gehandelt, selbigen allhier haben wolte. Die Ellen anlangend, sind selbige auf Tücher, Zeüge und estoffe gesetzet. Weil nun solche fürnehmlich im Brabantischen, zu Antwerpen und anderswo fabriciret worden: so darf man nur auf gleiche Ursachen gedencken, um deren Willen, wann dergleichen Waaren nach Hamburg und Leipzig gebracht, der Fracht und Zölle halben, der Meßstab veriüngter und kürtzer fallen müsse. Und warum gehet auf ein Schiff-Pfund mehr, als auf ein gemeines? weil zu Schiffe mit eben den Kosten fünfzig und mehr mahl so viel; als auf der Art, fortzubringen. Dahero dann der Preiß der Sachen sich, in der Verschliessung derselben gegen andere Waaren, nothwendig bey solchen Umständen, vermehren müssen. Doch es wende jemand ein: diese Regeln hätten auch in manchen, absonderlich nahgelegenen Provintzien und Landen ihren Abfall. Darauf dann leichtlich zu antworten: daß wie keine Regel, ohne Ausnahme; also hieselbst, bey dergleichen Abfall, man sich dessen zu erinnern: daß, in Policey-Sachen, jeder Landesherr in Teutschland seine Freyheit allezeit gehabt habe, die dahin einschlagende Dinge, eigenem Gutdüncken nach, einzurichten. Nachgehends, von der Zeit an, als, an statt des Umsetzens und Vertauschens der Waaren; kauffen und verkauffen, für baares Geld, aufgekommen: mancher Landes-Fürst hierunter gleich wohl seine Weise, eigenem Gutdünckel nach und ohne einen vernünfftigen Grund zu haben, geändert, andere hingegen, bey dem alten Herkommen geblieben seyn. Da nun alles dieses seine Richtigkeit: so mag jeder vernünfftiger Mensch leichtlich urtheilen; daß, nachdem das Tauschen und Versetzen der Waaren gegen andere abkommen, auch allenfals, doch jeder Kauffmann, neben seinen Waaren, einen Geldkasten parat halten muß, damit, wo er nicht mit Waaren zureichet, es an Geld gleich zu machen; in der That es nicht mehr nöthig sey, den Vortheil und Hülffe in ungleichem Maaß, Ellen und Gewicht zu suchen. Da nun aber die Menschen von demjenigen, wessen sie einmahl gewohnet, sich gar schwehrlich bringen lassen; diese heilsame Sache, in Teutschland hierunter eine durchgehende Gleichheit zu halten, zwar öffters auf den Reichstagen vorgewesen, aber allezeit fruchtloß abgegangen ist; theils, weil niemand dem andern hierinnen gerne nachgeben will; theils auch, weil die meisten Menschen schwachsinnig und sich dieses in das Gemüthe setzen, als wann ihrer Nahrung und Freyheit, mit der Veränderung des Scheffels, der Ellen und Gewichtes, etwas entzogen wäre: so ist, meines Wissens, der Hertzog von Würtenberg der einige Landes-Fürst, der in seinem mäßigem Land damit durchgekommen, alles umgestürtzet und Maaß, Ellen und Gewicht einander durchgehends gleich gemachet hat. Ohngeachtet nun Königl. Majest. dißfalls, in ihrem Reich, Provintzien und Landen, die sich an die zweyhundert Teutsche Meilen, der Länge nach, erstrecken, weit mehrere Schwürigkeiten und Eigensinn gefunden: so sind doch endlich auch diejenige, welche hierunter mit Unverstand geeiffert, nach langer und reiffer Uberlegung der Sache, nüchtern worden. Absonderlich nachdem man die Veranstaltung gemachet: daß alle Scheffel, in eine Mathematische Proportion, gesetzet worden. So daß Edelmann und Unterthan leichtlich ersehen mag; was jeder dem andern, nach der Beschaffenheit des Berlinischen Scheffels, Ellen und Gewichtes, welches nun die einige Richtschnur in allen Königl. Reiche, Provintzien und Landen ist, an Zinsen und andern Gefällen abzutragen schuldig. Da nun von der alten Unrichtigkeit und Veränderung die Königl. Lande einmahl entwehnet und alle nach einem Maaßstab nunmehro eingerichtet sind: so werden unsere und die künfftige Zeiten es denen Königl. Anstalten nicht genug verdancken können, daß dardurch aller Vermischung, Schwürigkeit, auch öffters Argelist und Betrug mit eins abgeholfen worden. In Ermanglung dessen, die unverständige Menschen mit diesem Spiel und Unrath sich noch lange schleppen und diese ungleiche Last auf ihren Schultern tragen sollen.

§. 38. Wie dann eben deßwegen einem grossen Herrn das Nachrechnen, in Erwegung dessen, was Profit oder Schaden, vornehmlich zu stuicen kommet. Und besinne ich mich in eines grossen Königes seinem Leben gelesen zu haben:

daß er öffters wiederhohlet, seine Rechenkunst halte er höher, als alle seine Räthe. Weil er deren nicht nöthig, wo ihme seine eigene Schreibtafeln und Zieffern das facit in die Hände geben. Und unter menschlichen Handlungen sey dieses die einige, die nicht betrüge, noch sich betrügen lasse. Ein accurater Rechenmeister thäte ihme viel sicherere Dienste; als alle Schreibmeister. Wie er dann auch eher den letztern, als den erstern missen wolte. Und Königl. Majest. haben auch, aus gleicher Bewegnüß, eine eigene Generalrechen-Cammer angeleget; für welcher alle ihre Pächter, Amt-Leute, Empfänger, Einnehmer und Ausgeber, ihre Einnahme und Ausgabe, nach der vorgeschriebenen Weise, rechtfertigen und, so zu reden, durchs Feuer gehen müssen, um dardurch, gleich dem feinen Metall, geläutert und also gereiniget zu werden; daß auch der geringste Irrthum und wann Sie sich auch selbsten Unrecht gethan, ihnen als eine Unrichtigkeit verwiesen und aufgegeben wird, in allem rein zu seyn und aller Unordnung und Unrichtigkeit abzuhelffen, Wordurch dann alle dafür stehende Bediente endlich eine solche Behutsamkeit und Fähigkeit erlangen, daß sie des Sprichwortes: irren sey menschlich, vor diesem Gerichte, vergessen müssen. Und ich besinne mich hiebey der Rede und des Ausspruches eines weitsehenden Fürstens und grossen Heldens: der das Rechnen vor eine Machtkunst ausgegeben; deren, in diesen Jahren, gantz Europa den Frieden zu dancken. Dann da in den vorigen Zeiten grosse Herren, wann Sie Krieg anfangen wollen, es ins Gelach hinein gewaget und, auf Gewinn und Verlust, eingegangen wären, dahero sie öffters so leicht zum Krieg sich entschlossen, als einer dem andern, wie Tacitus von den Teutschen redet, eine Mahlzeit gegeben: so liessen, im Gegentheil Selbige jetzo alles vorhero, in Ihren Rechencammern, ausrechnen und überlegen, wie viel die Trouppen zu unterhalten; ins Feld zu stellen; zu recrutiren; mit Feldgeräthe; Magazinen; amunition, Rüstung und anderem Vorrath an Geld kosten möchten? Bey welchem calculiren, so überschwengliche Summen herauskämen; daß es so dann hiesse; pacem te poscimus omnes; mithin alles mit der Feder ausgemachet oder sonsten verdauet und verglichen würde.

§. 45. So gut aber alle Anstalten in Policeysachen, so leichtlich gerathen selbige wieder in Unstand und Verwirrung; wann die collegia, so darüber gesetzet, nicht emsig darauf halten, auch nicht täglich bemühet seyn, selbige zu verbessern und zu vermehren. Man hat in vorigen Zeiten, der Teutschen Weise nach, nur durch zwey collegia das Land regieret. Nemlich durch einen Hofrath oder so genannte Landesregierung und durch eine Landescammer. Jene hat, neben den Rechtssachen, auch die zur fürstlichen Landeshoheit gehörige hohe regalien handhaben; diese aber die Einkünffte des Landesherren an Amtsgefällen und anderen Landesfürstlichen fiscalischen Einkünfften, so man die niedere regalien geheissen, verwalten sollen. Worzu noch die Landräthe und Landtäge kommen, auf welche dasjenige gehöret, was eine sonderbahre Noth oder Aenderung in dem Lande gemachet. Nachdem es aber die Erfahrung gelehret: daß, von der Zeit an, als auch jeder Reichsfürst eine immerwährende angeworbene Mannschafft auf den Beinen gehalten, diese eine starcke Verpflegung und Einrichtung im Lande erfordert: so hat es sich gefunden, daß dieserwegen ein neues collegium nöthig seyn müssen, diese Kriegssachen zu besorgen. Es ist deshalben ein so genanntes Kriegs-Commissariat aufgekommen, welchem man dieses departement und Art von Geschäfften übergeben. Als nun solche Weise eine zeitlang gedauret; hat sich gefunden, daß, wie die so genannte Cammer eigentlich die Landesfürstliche Güther und Einkünfften oder reditus fiscalinos besorgen sollen: im Gegentheil aber das neuangerichtete Kriegs-Commissariat die Verpflegung der Armeen aus dem Lande und das, dahin einschlagende, aerarium zu bestreiten auf sich gehabt: beyde collegia öffters aneinander gerathen und dardurch Uneinigkeit im Lande angerichtet worden. Welche dann an andern Orten, wo der Herr mehr auf das erstere; als das letztere siehet, allerdings nöthig gewesen; daß jeder Theil für seine Casse gestritten und gefochten, fast nicht anders, als wann zwey Herren im Lande wären; denen solche zugehöreten. Dahingegen diese Eyfersucht bey einer solchen Regierung nicht von nöthen, wo der Herr selbsten vor beydes die höchste Sorge beweiset und damit alles Cassengemenge fisci & aerarii zuverhüten pfleget. Solchemnach haben Königl. Majest. aus eigener höchsten Bewegnüß, den weisen Schluß gefasset, beyde collegia in ihrem Reich, Provintzien und Landen mit einander zu vereinigen und damit allem eyfersüchtigem Absehen ein Ende zu machen. Wie dann die Königliche Veranstaltung dahin erfolget; daß aus beyden collegiis eines worden. Welches, von Verpflegung des Landesschutzes und der Armeen, den Nahmen Kriegescammer und, von der Aussicht auf die Königl. Aemter und andere fürstliche Gefälle, die man Tisch- und Tafelgüther und, bey den Frantzosen, Domaingüther geheissen, die Benennung Domain-Cammer erhalten und darin beydes zusammen Kriegs- und Domain-Räthe geheissen und tituliret worden sind. Gleichwie auch alle Sachen, die viele Aufseher zugleich haben, sehr kalt tractiret zu werden, pflegen; also haben Königl. Majest. noch die besondere Verfügung gethan, daß jedem membro collegii entweder besondere Aemter oder besondere Sachen zu ihren Verrichtungen ausgesetzet worden. Da dann jedes seinen eigenen Departements-Rath hat, von welchem man vornehmlich die Nachricht und Verantwortung eines jeden Stückes fordern möge. Und wie alle Ströhme, in dem grossen Weltmeer, zusammen lauffen: so erfordert auch ein so weitläufftiger Staat, von so vielen und weit entlegenen Provintzien, daß sich ein General-Oberfinantz-Directorium finde, welches den gantzen Zusammenhang so vieler Provintzien und Länder überhaupt besorge und in welches alle Hauptsachen im Kriegs- und Cammerwesen zusammen lauffen und so dann dero Verordnungen und Befehle sich wiederum in die collegia aller Provintzien und Länder ergiessen. Und weil der mündliche Vortrag bey dem Herrn, absonderlich in Beyseyn anderer, vielen Unvollkommenheiten unterworfen, in dem sich mancher, aus Furcht und Hoffen, von vielem Gutem öffters zurücke halten oder wohl gar in Abwege verleiten lässet: so haben Königl. Majest. dem hazard damit abgeholffen, daß fast alle Vorträge und Anfragen schrifftlich geschehen. Wobey dann noch auch dieser Vortheil geschaffet wird; daß die Schrifften auf dem Papier bleiben, mithin, über kurtz oder lang, nachgesehen werden mag, ob der referent in seiner Sache treu oder von passionen eingenommen gewesen. Wodurch dan̄ viele Unrichtigkeit vermieden wird, die aus einem mündlichem Vortrag zu besorgen. Nur vor den Regenten ist dieses weit beschwehrlicher; in deme so dann, in dem letztem Falle, derselbe alles selbsten sehen, überlegen und einen Schluß fassen muß. Wie dann Königlr. Majest. Reich, Provintzien, Lande und Unterthanen sich nicht genug verwundern oder mit ihren Sinnen begreiffen können: wie Königl. Majest. zu so vielen tausend Sachen, die Ihnen fast täglich zugesendet werden, Zeit, Gedult und Kräfften haben mögen, solche zu lesen; zu erwegen und darüber einen schrifftlichen Schluß zu fassen? weil gleichwohl, daß alles dieses von Königlr. Majest. täglich geschehe; denen collegiis u. Unterthanen, durch tägliche Proben, bekannt wird. Was auch die gütige Natur an Königlr. Majest. gethan, so groß auch selbiges ist, so mag solches dannoch an dasjenige nicht anreichen, was wir täglich vor Augen zu sehen bekommen. Wir mögen also, mit aufgehabenē Händen, der Güte des Höchsten dancksagen: welcher das Hertz seines Gesalbten, auch in denen allerschwehresten Sachen, mit Weisheit und Verstand dergestalt ausgerüstet; daß die Bediente, welche sich dißfals Raths erholen, einmüthiglich bekennen müssen, daß GOtt die Hertzen der Könige regiere und Sie mit Weisheit erfülle; daß Sie den Weg finden, den Sie gehen sollen. Und in der That ist es nichtes gemeiners; als daß die Bediente, wann die chatoullen von Potsdam wieder kommen, darinnen Bescheide und Verordnungen antreffen, auf welche sie nicht gedacht, selbige aber gleichwohl also beschaffen finden: daß menschlicher Verstand fast darüber irre wird, wie es nur im̄er möglich, ohne einen Rathgeber, als sich selbsten zu haben, zu dem Entschluß von so tausenderley Sachen, zu kommen und einen vernünfftigen Schlüssel dazu zu finden. Die falsche und abergläubische Menschen haben dißfals ORACVLA geglaubet oder besondere GENIOS für Ihre Könige erdichtet; die Ihnen dißfals zu Hülfe kämen. Deren Aberglaube aber uns dahin führet; daß wir die Hülffe und Beystand göttlicher Weisheit zu preisen, wovon wir eine tägliche Würckung, in Worten und Thaten, vor uns sehen. Und da Königl. Majest. über dem noch ihre Befehle höchsteigenhändig in wenigen, aber um so viel wichtigern Worten und Schreibarten abfassen; so wird auch die Nachwelt darüber Erstaunen und im Glauben fast irre werden; ob es irgend nur möglich seyn können; von eines eintzigen Königes und Regenten seinen Händen so viele Proben von Arbeit und Verstand zu haben, als wohl sonsten in keinem anderen Reich und Zeiten in der Welt einmahl anzutreffen gewesen ist. Von dem Knecht GOttes, CYRO, haben wir die Erkänntniß nöthiger Armeen; Oeconomie und Policey eines Königes, der sein Reich, Provintzien und Lande in beständigem Seegen und Glückseeligkeit setzen will, aus dem XENOPHONTE erwiesen. Nur Königl. Majest. beweisen auch beydes durch mannichfaltige Thaten. Davon wir einige Stücke, zum Muster guter Oeconomie und Policey-Lehren, bißhero, zu Erweckung einer mehrern Begierde unseres Volckes, bey Bekanntmachung der neugestifften Oeconomie-Profession, angeführet haben.

§. 46. Aber es solle dieses auch genug von den Stücken guter Oeconomie und Policey seyn, die uns täglich, durch göttliche Gnade und Seegen in hießigen Landen vor Augen schweben. Und wie wir uns, über dieser Schrifft, die uns so leicht aus der Feder und gutem Hertzen, hingeflossen, allerhand verkehrte Urtheile besorgen: so wollen wir die Bewegungs-Ursachen davon, statt einer Entschuldigung, anzeugen. Dann nachdem Königl. Majest. unser allergnädigster König und Herr, meines Wissens, der erste auf dem gelehrten Erdcreiß gewesen: der auf seiner Hällischen Universität, aus eigener höchsten Bewegnüß, eine neue PROFESSIONEM zur OECONOMIE, Policey und Cammersachen angeleget; auch das Absehen und den Nutzen davon öffentlich bekannt zu machen, allergnädigst anbefohlen: so habe ich geglaubet; daß weder der neue OECONOMIE-PROFESSOR einen grössern Trieb zu seiner Arbeit, noch auch die Studiosi und Lehrlinge einen schärferen Zug, sich in solchen collegiis einzufinden, als dardurch, bekommen könten, wann Sie ihre Gedancken, in sothanen Cameral, Policey und Oeconomie-Lehren, auf das Exempel des grossen und weisen Stiffters in Dero Königreich, Provintzien und Landen vornehmlich wendeten und, was ich gesaget, erweiterten; was ich gefehlet, verbesserten; auch weil das meiste noch zurücke und hieselbst unberühret, mit einem reichen Zusatz, vermehreten. Nechst deme so habe die Gnade, mich auch dieses zu errinnern; daß, nebst meiner Universitäts-Bedienung und nunmehrigen andern Verrichtungen und Aemtern, der Stiffter hießiger Friederichs-Universität, mit der professione historiarum, mir den Beruff eines Königl. HISTORIOGRAPHI ertheilet, von welchem ich dann in dieser Schrifft, bey solcher Gelegenheit, einen heimlichen Zug und Trieb bey mir gefunden, zu einer Oeconomie- und Policey-Historie etwas beyzutragen. Und in der That möchte man grosse Herren hierunter nicht unbillig bedauren; daß Sie öffters Geld und Bestallung auf HISTORIOGRAPHOS verwenden; welche doch entweder ihre Besoldung zu Ihrer eigenen Gemüths-Belustigung in dem gelehrten Müßiggang anwenden oder, wann Sie je etwas arbeiten, auf veraltete Zeiten fallen und, darüber Ihres Stiffters vergessen. Nun ist zwar auch nicht allemahl die Gemächlichkeit dieser Leute daran schuld oder ihre Zaghafftigkeit; daß Sie es nicht wagen wollen, von neuen Sachen zu schreiben: sondern es fehlet ihnen öffters an Gelegenheit und Hülfe von Nachrichten. Die wenigste sitzen in solchen COLLEGIIS, wo dasjenige, was geschrieben werden solle, hineinlauffet; die ARCHIVA sind den meisten gleichfals verschlossen und Bediente, welche dergleichen Dinge unter Händen, nehmen sich nicht die Zeit, selbigen davon einen Unterricht zu geben. Hierzu kommet noch die üble Gewohnheit einiger Leute, daß, wann der Geschichtschreiber hier und da etwa, aus abgehender Nachricht, geirret oder unvollkommen, Sie sofort die Gelegenheit ergreiffen, über demselben zum Ritter zu werden und Ihn bey dem Herren zu verunglimpfen. Endlich wann auch etwas geschrieben wird, solches meistens auf Dinge, die von Krieg und Kriegsgeschrey handeln, gerichtet und an die Großthaten zu Hauß und im Lande fast niemand gedencket. Endlich tragen sich auch die Unverständige damit; daß es nicht nöthig, Sachen zu schreiben, die jedermann im Lande bekannt wären: die aber nicht erwegen, daß die folgende Zeiten die vergangene verzehren und auslöschen. Und was ietzo vor unsern Augen und in unsern Händen, über funfzig Jahre zum Geheimnüß werden und die Vergessenheit sehen müsse, wann solches in der Historie nicht angeheftet. Bey solcher Beschaffenheit sind in der That grosse Herren unglücklich, wann Sie in die Vergessenheit arbeiten und die löbliche, weise und unermüdete Fürsten, die Ihren Ländern und Leuten so viel gutes gethan und geschaffet, auch zur guten Nachfolge so viele Exempel hinterlassen, vor anderen nichtswürdigen Regenten, nichtes zum Voraus haben sollen. Wie geschwinde lauffen doch die Regierungs-Jahre, wann Sie auch am längsten währen, ab und dahin.

§. 47. Wie uns nun hoffentlich, gleich gesagter Ursachen halben, niemand übel deuten wird; daß wir, bey Bekanntmachung einer neuen OECONOMIE, Policey- und CAMERAL-PROFESSION, einige Stücke aus denen Königl. Preußischen Anstalten zum Muster aussetzen und derselben, bey dieser Gelegenheit, wiewohl in Unvollkommenheit, gedencken: so bleibet dem allerdurchlauchtigstem Stiffter, für aller Welt und Nachkommenschafft, allein die Ehre; daß solche profession von Königl. Majest. aus eigener höchster Bewegnüß, auf dero Universität Halle am allerersten angerichtet und eingeführet; auch die STVDIOSI, in dem dieserhalben, vom 24 Iulii 1727. ergangenem allergnädigstem Befehl, nach dem Exempel des Iustiniani M. in §. 7. prooem. Instit. angemahnet und dahin aufgemuntert werden: sich in dieser Wissenschafft zu üben und von Königl. Majest. die Versicherung zu haben, dieserwegen kuͤnfftig, in Ertheilung der Bedienungen, bedacht zu werden. Wie dann Koͤnigl. Majest. zu Treibung und Verwaltung dieser profession, Dero ehemahligen Cammerconsulenten und nachherigen Kriegs und Domainen auch nunmehrigen Geheimden Rath deßwegen benennet und ausersehen, weil derselbe in solchem collegio die, andern abgehende, Gelegenheit gehabt; die Einrichtung des Landwesens in den Koͤnigl. Aemtern; wie auch der Policeysachen in den Staͤdten und uͤberhaupt allen Anstalten der Koͤnigl. Cammer, in diesem Hertzogthum Magdeburg, taͤglich mit anzusehen und zu hoͤren auch in dergleichen Geschaͤfften selbsten Hand anzulegen. Worzu noch die beste Schule in dem Hertzogthum Cleven und andern benachbarten Koͤnigl. Provintzien gekommen, in welchen derselbe bey dergleichen commission sich eine lange Zeit gleichfals befunden und von seinen Obern und Fuͤrgesetzten das Zeugnuͤß seines Fleißes und Geschicklichkeit, zu Erlangung Koͤnigl. Gnade, erhalten hat. Zwar hat der fleißige und gelehrte auch, wegen seiner vielen zur Oeconomie gehoͤrigen Buͤcher, beruͤhmte von Adel, Iulius Bernhard von ROHR in seiner Haußhaltungs-Bibliothec bereits unter denenjenigen gelehrten Leuten, die den Universitaͤten einen Oeconomie Professor gewuͤnschet auch unsern Nahmen so wohl; als des hiesigen Herrn Directoris genennet; wie dann andere noch auch dahin, mit ihrem Wuͤnschen, gegangen, daß sich eine Universitaͤt deßfals zusammen thun und dergleichen OECONOMIE-PROFESSION von dem Stiffter selbsten erbitten solle: so ist es doch, so viel das erste betrifft, bey dem blossen Wuͤnschen geblieben; das letztere aber deßwegen kaum zu erwarten gewesen, weil die meiste professores gegen einander eyfersichtig seyn. So daß jeder, was er nicht verstehet oder bestreiten kan, deßwegen zu unterdrucken suchet, damit kein Gewinn in den Stunden von Geldern ihme entgehe und an andere vertragen werde. Weßwegen der vernuͤnfftige hießige Universitaͤts-Cantzler, von SEKENDORF dafuͤr gehalten: daß die Aufsicht uͤber eine Universitaͤt und die Vorsorge, uͤber derselben, nicht wohl einem professori anzuvertrauen, weil jedes sein Absehen dahin gehe; wie er alles allein, so viel möglich, an sich locken möge und sich öffters darunter allerhand Streiche zu gebrauchen suche, die von einem ehrlichen gelehrten Manne man kaum glauben oder dencken solte. Nur es hat vor tausend und so vielen hundert Jahren es schon Moderatus COLVMELLA erkannt: daß den Universitäten ein Oeconomie-Professor, zum besten des Landes, höchstnöthig und dieser Mangel dem gemeinen Wesen schädlich und nachtheilig sey. Aber von tausend Jahr her ist es bey dem blossen Wünschen auch geblieben.

§. 48. Zwar muß man hiebey dannoch dieses nicht verschweigen: daß ja dem PROFESSORI PHILOSOPHIAE PRACTICAE, auf Universitäten, nebst der ETHIC und POLITIC auch die OECONOMIE anbefohlen, als in welchen dreyen Stücken eben solche Profeßion nahmentlich bestehet. Gleichwie aber diese Eintheilung der thätigen Weisheit oder Gelehrsamkeit sich auf den ARISTOTELEM gründet; gleichwohl dieser gelehrte, so tieff und weitläufftig derselbe in den andern Wissenschafften gegangen; so seicht und trocken seine so genannte zwey Oeconomie-Bücher herauskommen, die auch der Araber AVERROES deßwegen vielleicht nicht wehrt gehalten, darüber sich eine Mühe zu geben: so ist das Geheimnüß leichtlich verrathen, warum bißhero professores die Oeconomie gelehret; welche zweifeln müssen, ob die Korn-Aeren auf den Bäumen oder auf dem Acker zu suchen wären. Dann ihr Zeuge-Vater, auf den selbige gewiesen: läßt es in seinen Oeconomischen Büchern fast allein bey der Sittten-Lehre eines Haußvaters; Haußmutter; der Hauskinder und des Haußgesindes von Knechten und Mägden bewenden. Wie es aber um den Acker; Wiesen; Teiche; Forste; Garten und Pflantzen stehe: wie dem Vieh in den Ställen abzuwarten: wie der Dinger auf dem Hofe zu vermehren: das Getraide zu verbrauen und zu verkauffen: was ein Haußwirth alle Tage im Jahr zu thun und zu lassen: was vor Vorrath in der Feuermauer; dem Speise-Gewölbe; dem Käsekorb; in der Küchen und im Keller nöthig und wie alles wirthschafftlich anzuschaffen; zu erhalten und auszugeben:

davon hat ARISTOTELES nicht eine Sylben. Dannenhero sich auch dessen Creaturen, die bißherige OECONOMIE-PROFESSORES darum keine Mühe noch Bekümmernüß gegeben. Sondern es haben selbige sich Meister gedüncket; wann sie die Haußtafel, welche die Kinder herbethen, erklären können. Welches dann auch die Ursache ist; warum, unter hundert Büchern, die in der philosophie von der OECONOMIA handeln; auch nicht wohl eine Zeile gesundes und zum Werck dienendes anzutreffen. So daß in der That der grösseste Betrug in diesem Nahmen stecket.

§. 49. Und ich kan nicht läugnen, daß nachdem wir die Sache haben, auch wohl zu wünschen wäre; daß wir derselben zu gefallen, eine füglichere Benennung in dem Teutschen ausfindig machen und in den Gang bringen könten. Dann es schreibet sich das Wort OECONOMIE deßwegen von denen Griechen her, weil wir oben bereits gesaget: daß der Griechische weise, SOCRATES der Anfänger von dieser Wissenschafft gewesen; dessen Grundregeln und Lehrsätze uns auch XENOPHON in solcher Sprache hinterlassen. Da nun, lange Zeit hernach, die Römer, wie alle andere Wissenschafften; also auch diese von den Griechen entlehnet; so haben selbige damit den Nahmen gleichfals von Ihnen bekommen und behalten. Mithin dem Griechischen Wort ὀικονομία das Römische Bürgerrecht und Kleid gegeben und solches oeconomiam geheissen. Welches, da es in seiner Sprache, so viel, als einen Haußgesetz, Haußordnung und Haußrecht bedeutet, die Römer wohl gesehen; daß dieses Wort mehr auf die Rechte und Sitten zielete; die ein Haußwirth gegen seinen Haußleuten und diese gegen ihme haben solten; mithin in Sachen, die zur Wirthschafft gehörig, in ihrer Sprache andere Nahmen, de re AGRARIA; de AGRICOLATIONE; de re RVSTICA; de re FAMILIARI acquirenda & conseruanda angenommen und eingeführet; die wir, in unserer Sprache, vom Ackerwesen; vom Ackerbau; vom Landwesen; von der Wirthschafft und Haußhaltung, eben so glücklich, übersetzen können. Dieweilen aber der Verstand aller dieser Wörter zu enge, in dem, nebst dem Hauswesen, auch die Policeysachen mit begriffen seyn solten: so ist und bleibet dieses gewiß, daß es den Römern sowohl; als uns Teutschen an einem füglichen Wort fehlet, welches alles dieses, mit eins, sagen und ausdrücken solle.

§. 50. Ich habe mich selbsten über dieser Frage in meinen Gedancken aufgehalten und herum gesonnen; ob dergleichen Nahmen in unserer Sprache nicht auszufinden wäre, der beydes die Wirthschafft und Policey zusammen im Begriff hätte? Andere Völcker insgesamt fühlen hierunter eben den Mangel. Wie dann auch die Frantzosen, die doch auf Erweiterung ihrer Sprach mehr Fleiß, als andere, angewendet, sich nicht allein mit zweyerley Wörtern dißfals behelfen; sondern sie entlehnen auch beydes von Griechen und Römern und nennen die Kunst vom Landwesen l'oeconomie und die Kunst in Handel und Wandel la police. Nur im Teutschen haben wir zwey Wörter, die wir leichtlich in dem Verstand erweitern könnten, beydes zusammen zu fassen, wann zu den Regeln der Vernunfft auch der gemeine Gebrauch käme. In hiesigen Landen heisset alle Nahrungs und Erwerbekunst überhaupt gut Wirthschafften. Wir nennen einen Fürsten, der seine Landes Einkommen, durch Handel und Wandel, vermehret und mehr einnimmet, als er ausgiebt, einen guten Wirth und, wann das Gegentheil geschiehet, so heisset es; es sey an einem solchem Hof keine gute Wirthschafft. Wie dann auch ein, in Cammer- und Land-Sachen geübter Rath den Nahmen eines guten Wirthes vor das Land und seinen Herrn führet. Woraus dann so viel folget; daß gleichwie die Nahrungs-Kunst vor den gemeinen Mann so wohl, vor Bürger und Bauren; als auch vor die Fürsten und das gantze Land gehörig: so auch von allen diesen das Wort Wirthschafft angenommen und gebrauchet werden möge. Gleiche Beschaffenheit hat es mit dem Wort Haußhalten, Haußhalter, Haußhalterschafft und dergleichen. Dann ob wir gleich das Wort Hauß sonst in einem engern Verstand vor eine einzele Familie nehmen: weil aber ein gantzes Fürstenthum sowohl, als ein Fürstlicher Hof, in vielen Stücken, eben dasienige, was eine einzele Familie, in der Einrichtung, erfordert; auch insgemein das Sprichwort wahr wird, daß derjenige, der seinem eigenem Hause wohl vorstehe; derselbe die Vermuthung habe, daß er sich in die Einrichtung eines Fuͤrstlichen Hofes und gantzen Landes, wohl finden werde: so ist das Wort ὀικονομία oder Haußhaltungs-Kunst beydes in einzelnen Familien und in gantzen Fuͤrstlichen Hoͤfen und Landen angenommen und gebrauchet worden. Wie dann die Haußhalterschafft uͤber GOttes Geheimnuͤsse selbsten in der sogenannten oeconomia salutis vorkommet.

§. 51. Doch die Haußgelehrte unserer Zeiten thun wohl; daß Sie zur Sache greiffen und sich bey dem Nahmen nicht aufhalten. Wie dann die Erndte solcher Haußhaltungs-Buͤcher in diesem und vorigem letztern Jahrhunderten weit reicher, als in denen alten Zeiten solche jemahls gewesen ist. Man kan zwar nicht sagen: daß die Griechen und Roͤmer von der Kunst, zu Wirthschafften, gar nichts hinterlassen, weil wir oben davon dergleichen Buͤcher selbst angefuͤhret; in der That auch einige darunter gar eigen und fleißig von allen Dingen handelen, die in der Wirthschafft vorkommen. Nur von wenigen Jahren her sind so viele dergleichen Schrifften an das Licht kommen, absonderlich auch in Teutscher Sprache; daß deren Anzahl wohl einen gantzen Buͤcher-Schranck einnehmen koͤnnte. Der Herr von ROHR hat von selbigen eine eigene Bibliothec der Haußhaltungs-Buͤcher geschrieben. Dabey mich aber Wunder nimmt; daß er die vollstaͤndigste unter dem Vorwand uͤbergangen, weil selbige sich anderer Huͤlfe bedienet und das ihrige von anderen entlehnet und zusammen geschrieben haͤtten. Dann es kommt hier nicht auf den Mann, der geschrieben; sondern die Sache an. In welchem letztern es eine grosse Huͤlffe fuͤr einen Haußwirth, wann er in einem oder dem andern Buch, wo nicht alles, doch das meiste zusammen findet. Dieses aber ist es, was ich an den allermeisten, wo nicht allen, tadle. Daß Sie in ihren Recepten nur alles obenhin und zusammen, unter der Formel, schreiben: nimm ein Loth etc. mische es wohl etc. es hilfft. Dann da verrathen sich die Urheber von dergleichen Buͤchern, so kostbar und schoͤn sie auch in den Kupferstichen seyn, daß sie keine in der Natur und Vernunfft liegende Ursachen zum Grund haben; sondern andern nur nachschreiben. Und es ist auch solchen Leuten deßwegen nicht zu verdencken; weil die wenigste davon die Natur-Kunst aus der physic, medicin und mathematic erlernet; mithin keine Rechenschafft ihres Glaubens oder Aberglaubens zu geben wissen. Ich wuͤnschte deßwegen; daß hieselbst absonderlich die medici, welche die Kraͤfften von Feuer, Wasser, Lufft und Erden aus dem Grund gelernet haben sollen und mithin von dero Wuͤrckungen zu urtheilen wissen, die Hand an diesen Pflug legten. Welche es, in kurtzem, weiter als alle Haußwirthe bringen; die Fabeln von dem wahrhafftigen durch Natur und Vernunfft-Gruͤnde, zu unterscheiden lehren; auch allen Dingen ihre Ursache zu geben, wissen wuͤrden. Wordurch dergleichen Buͤcher kuͤrtzer; deutlicher; gewisser und angenehmer werden solten. Doch das Reich der Natur und die Specialphysic ist so groß und weitlaͤufftig: daß die Wissenschafften davon der Kuͤrtze des menschlichen Lebens halben getheilet werden muͤssen. Dann wer findet wohl einen medicum oder physicum? der zugleich ein Leibartzt; ein Bergmann; ein Jaͤger; ein Foͤrster; ein Fischer; ein Vogelsteller; ein Ackermann; ein Brauer; ein Schaͤfer; ein Hirte; ein Gaͤrtner; ein Koch oder dergleichen ist; ohngeachtet alle diese und noch hundert andere Dinge in der physic und Natur-Kunst zusammen lauffen? Nur bleibet gleichwohl dieses meine Meynung; daß einer, der sich auf das Wirthschaffts-Studium legen und darinnen dereinst große Thaten thun will, vor allem noͤthig habe, daß er sich in der PHYSICA THEORETICA und practica oder EXPERIMENTALI um reine und sinnliche mechanische principia und Lehr-Gruͤnde umsehen und allen Aberglauben von verborgener und heimlicher Weisheit in diesen Natur-Geschaͤfften verlaͤugnen lerne. Dann hat er die mechanische Wuͤrckung recht innen: so wird er sich nachhero in alles Landwesen leicht zu finden wissen, auch in keinem Stuͤcke sich so bald etwas weiß machen lassen.

§. 52. So viel nun die Bücher betrifft, welche zur Einleitung in diese Wirthschafftskunst, einem Lehrer etwa zum Grund dienen mögen; so will ich hierunter niemand vorgreiffen, dennoch auch dieses nicht verschweigen, was ich selbsten in der That gefunden. Als der grundgütige Gott mich selbsten in Erkauffung eines Ritterguths zu Gatterstätt in Querfurth und, bald nachhero, mit einem andern in hiesiger Gegend, dem etwas wichtigern Bendorf geseegnet; so habe ich Gelegenheit und nothtringende Ursachen gefunden, auf diesen Plan, in meiner Arbeit mit ein Auge zu werffen. Nachdem ich es aber mir, in verschiedenen, zu meinem Amt gehörigen Verrichtungen kostbarer und saurer werden lassen, als von vielen meines gleichen vielleicht solches nicht gesaget werden mag: so ist es bey mir sehr schwehr hergegangen, mich auf die Haußwirthschaffts-sachen herunter zu lassen und auf solche einige Zeit zuverwenden. Gleichwohl, da ich die adelichen Güter einmahl auf dem Halse hatte: so schiene es unverantwortlich zu seyn, seiner selbsten zuvergessen und das seinige zu versäumen. Zwar wird mir mein Gewissen und diejenige, welche einen Umgang bey mir haben, das Zeugnüß geben: daß die herrschafftliche Geschäffte bey mir allezeit die Oberhand behalten und meine bißherige Weise, oder, wie es andere an mir angesehen, dieses mein Fehler gewesen; daß ich die Amts und Beruffsgeschäffte denen meinigen vorgesetzt und diese letztere öffters, der ersten halben, verabsäumet habe. Weil aber etwas zuerlernen, niemahls zuspathe seyn kan, absonderlich wann man in seinem Eigenthum darzu einen Beruff bekommet; ich auch, bey Verpachtung meiner Kleinigkeiten, mit Wirthschafftsverständigen die Anschläge davon, an Ackern, deren Beschaffenheit und Ertrag des 5.6.7.8. Korns; an Wiesen und dero Unterscheid, ob selbige zwey oder dreyhäuicht; ob sie im Schaden oder sicher gelegen; an Hopfenbergen, wie viele Schäffel jährlich der Ertrag von zwölf Jahren her gewesen; an Weinbergen, was für Art und Lage darinnen; an Gärten, wie solche mit Bäumen und Pflantzen besetzet, auch wie Grund und Boden beschaffen; an Weiden, wo das Brennholtz kostbahr, das Schock, zu einem Gülden gerechnet; an Hut, Trifft und Weide, nachdem auch solche groß oder wie an sich beschaffen; an Brauen, wie starck der Vertreib und wie viele Gebräude jährlich, ohne hazard, von 6. oder 9. Jahren her geschehen; an Viehzucht, auf iede Hufen, nach Gelegenheit, zwey Kühe, ausser Göldevieh, Schweinen und Federvieh; an der Schäferey, was für Wollen davon falle und wie starck dieselbe; an Teichen, ob jedes Jahr auf einen Setzling ein halb Pfund Zuwachs zurechnen; an Taubenflug, wie starck derselbe; an Bienenstöken, und dero Zahl auch Lage zur Nahrung; an Frohndiensten; in Handarbeit, pflügen, Fuhren, Bothenlauffen; an Jagten zur Ergötzung oder Nutzen; an Gerichten mit oder ohne Justitzgeld der Unterthanen und Gerichts-Verwandten; an Lehenwaaren, auf alle oder nur Sterbefälle; an Zinßgeträydig, den Scheffel Rocken a 16. Gr. den Wäitzen a 20. Gr. die Gersten a 12. Gr. den Haber a 8. Gr. Berlinisch Maaß gerechnet; an Ziegelscheunen, Kalckbrennen jeden Brand, nach Abzug der Unkosten, a 80. Rthlr. gerechnet; an Brandteweinbrennen, nach Anzahl der Blasen und des Vertriebs; an Mühlen nach Anzahl der Zwanggäste auf jede Person 10. Scheffel Rocken gerechnet und anderes dergleichen mehr, durchgehen müssen: so habe die Erfahrung bekommen, daß die Wirthschafft ihre vernünfftige, beständige und sichere Regeln habe, folglich nunmehro in dem Stand sey, auf Universitäten gelehret und gelernet zu werden. Gleichwie ich nun an hießigem Ort die Reichshistorie, wie selbige zur Erkenntniß des Teutschen Staatsrechtes; wie nicht minder GERMANIAM PRINCIPEM und die Kunntschafft der vornehmen fürstlichen Häuser, und dero Rechte, Gerichte, Hoheit, Macht und Beschaffenheit; benebenst die differentias iuris ROMANI & GERMANICI in bürgerlichen, Lehen und Staatssachen vornehmlich auf das Catheder gebracht: so habe ich mich auch nach einem Buch umgesehen, welches, bey der Wirthschafft, im lehren und lernen, zum Grund legen und gebrauchen könnte. Des seeligen Veit Ludwig von Seckendorf seine, aus der Erfahrung, und mit

Verstand, geschriebene Bücher habe ich, vor vielen Jahren, schon werth gehalten. Worzu noch ein besonderer Trieb dardurch kommen: Weil derselbe, auf hießiger Friedrichs-Universität, bey deren ersten Anrichtung und ehe noch die Käyserliche Privilegia erhalten worden, zum Universitätscantzler bestellet gewesen. Mit dem Absehen; damit dieser so gelehrte und erfahrne Edelmann, durch seine Gegenwart und Aufsicht auf das Universitäts-Wesen, viele Leute von Stand und vornehmen Bedienungen in das Vertrauen, gegen hiesigem Ort, setzen möchte; daß selbige die Ihrige zu Erziehung und Unterricht in nützlichen Wissenschafften, häuffig zu uns senden dürfften. Ob nun wohl dieser gelehrte Greiß hiesigem Ort im Jahr 1692. durch seinen Tod, zwey Jahre vorhero, ehe noch die Käyserl. PRIVILEGIA 1694. ankommen, entzogen worden: so ist doch desselben Andenkken an hiessigen Anstalten allezeit in sonderbahrem Seegen geblieben. Als nun Königl. Majestät das von solchen Zeiten nicht wiederbesetzte Universitätscantzelariat am 12. Jan. 1722. aus besonderen Gnaden mir allergnädigst aufgetragen und so dann darauf am 8. Maii 1722. an dero hiesige Universität ein weitläufftiges Bestallungs-Rescript vornehmlich des Inhalts ergehen lassen: Daß der zeitige PRORECTOR, in Sachen, die von einiger Wichtigkeit und die über 4. Rthlr. anbetreffen, jedesmahl verbunden, die Einwilligung des DIRECTORIS und CANCELLARII zu suchen auch in allen schrifftlichen Verordnungen sich beyder ihrer Unterschrifft mit zugebrauchen: so habe gewüntschet, auch hierdurch Gelegenheit zubekommen, den, ohnedeme sehr beliebten, Teutschen Fürstenstaat und darinnen enthaltene nützliche Lehren dieses Hällischen ersten Universitätscantzlers, bey unserer Jugend, bekannt zu machen. Absonderlich da auch vor der Zeit der hiesige Herr DIRECTOR über solches Buch ehemahls gelesen.

§. 53. Und diese Arbeit über den Teutschen Fürstenstaat ist auch so wohl gerathen; daß der Fleiß meiner Zuhörer bey mir noch dieses gewircket; daß ich meine eigene Anmerckungen, über solches Buch, hinzugethan und solche denselben in die Feder gegeben habe. Nur ich muß, bey solchem Buch, zugleich auch ein und das andere erinnern. Dann erstlich ist von desselben eigentlichem Absehen etwas zu sagen; so dann auch der Nutzen und das Geschicke so wohl, als auch die Gebrechen davon, nach dem Grund der Wahrheit, anzuzeigen. So viel nun das erstere betrifft; so hat der Autor solches Buch einem Teutschen Erbprintzen zum Dienst und dem Endzweck geschrieben; damit derselbe überhaupt von Cammer- Hof- Jagt- Forst- Justitz- geistlichen und weltlichen Sachen; wie auch von allen seinen Regalien im Kriegs- und Policeywesen einen kurtzen Begriff und Unterricht haben möchte. Folglich ist dessen Werck gar nicht dahin gegangen; den Anschlag zu einem Gut in allen Haußwirthschafftskleinigkeiten zu machen und von demjenigen Unterricht zu geben, wovon wir im vorhergehenden §. Meldung gethan haben. Worzu also gantz andere Bücher erfordert werden; gute Pachter und Haußwirthe zuerziehen. Nachgehends ist gleichwohl von dem Grund dieses Buches so viel zumelden; daß selbiger nicht aus Römischen Rätzeln entlehnet und von demjenigen ausgeschrieben, was dißfalls in dem IVRE IVSTINIANEO von denen rebus FISCI und dem sacro patrimonio principis vorkommet, welches alles in unserm Teutschen Fürstenstaat nichts, als Verderben und Unfug, anrichtet: sondern, wie der seel. Cantzler von Seckendorf in vielen und wichtigen Bedienungen an Fürstlichen Sächsischen Höfen in der Cammer; Hofhaltung; Regierung; Cantzeley und Consistorio gestanden, auch alle Nachricht aus denen Archiven zur Hand gehabt; also auch derselbe aus der Erfahrung selbsten geurtheilet und dardurch, absonderlich in Landessachen, so viel Gutes an das Licht gebracht, dergleichen man von andern nicht erwarten mögen. Da nun dieses Buch in Teutscher Sprache zuhaben, in welcher sich doch von einem gebohrnem Teutschen, absonderlich einem Fürsten; Hoff oder Edelmann alle Dinge leichter und verständlicher lesen lassen: so wäre dabey dennoch auch dieses zu wünschen; daß seine Schreibart deutlicher und auserlesener wären. Dann es hält selbige keine periodos; sondern wird durch Zwischensaͤtze und parentheses, oͤffters zerrissen und, ohne alle Noth dunckel und schwehr gemachet. Wie dann auch die Woͤrter selbsten manchesmahl anstoͤßig und unzierlich herauskommen. Welches alles das Ohrenmaaß und die Regeln der Wohlredenheit nicht wohl vertragen. Folglich mehr in selbigem Buch auf die guten Sachen; als auf die Schreibweise desselben Achtung zu geben.

§. 54. Solchemnach stehet dem Oeconomie-Professori noch eine Thuͤr offen steh mit einem wohlgesetzten und zusammenhaͤngenden Policey- und Oeconomiebuch bey den Lehrenden und Lernenden beliebt zu machen. Wobey dann aber die noͤthige Stuͤcke folgende seyn. Und zwar 1) eine gute Ordnung, daß eines aus dem andern stiesse 2) die Gruͤnde davon aus der Natur hergeleitet und nicht blindlings ausgeschrieben, 3). die Regeln erstlich uͤberhaupt gemachet und so dann erst, durch die Exempel und Vernunfftschluͤsse, bewaͤhret 4) die Eigenschafften der Wirthschafften uͤberhaupt von denenjenigen unterschieden, welche sich in diesem und jenem Land allein befinden 5) eine gute Maaß in allen Stuͤcken; weil die besondere Kleinigkeiten in dieser Wissenschafft fast unendlich, uͤber welchen aber sich der oeconomie professor so wenig als ein Gaͤrtner uͤber die Wissenschafften aller Blaͤtter und Zweige auf den Baͤumen und Pflantzen aufzuhalten 6) eine sorgfaͤltige Vermeidung des Gemenges der Sachen und Rechten davon, dann diese letztere denen Rechtsgelehrten billig verbleibet. Da hingegen selbige sich, bey einem streitigen Pacht, darum wenig bekuͤmmern, was der Paͤchter vor eine Wirthschafft treiben oder wie er das Guth verbesseren sollen.

§. 55. Unter denen fast unzaͤhlichen Buͤchern nun, welche in der Wirthschafft am Tage liegen: muͤssen dieselbe vornehmlich in zwey Gattungen gesondert werden. Die erste bestehet aus Buͤchern, welche die Policey- und Wirthschafftssachen uͤberhaupt und insgesamt beschrieben; und so dann die andere in denjenigen, die sich bloß uͤber einem einzigem Stuͤcke aufzuhalten pflegen. Unter den ersteren haben wir vornehmlich drey Maͤnner, die sich in dem Wirthschaffts- und Policeywesen insgemein wohl verdient gemachet haben. Der weitläufftigste und vollständigste ist unter dem Nahmen Francisci Philippi FLORINI und dem Titel bekannt: oeconomus prudens & legalis, kluger und rechtsverständiger Haußvater in zweyen sehr starcken Regal und mit vielen saubern Kupferen versehenen Folianten, gedruckt zu Nürnberg 1719. In dem ersten Theil ist die gemeine Haußwirthschafft eines Landmannes; in dem letzteren aber die Fürstliche und Adeliche Haußhaltungs-Kunst abgefasset und dannenhero von Einrichtung eines Hofes; von der Jägerey; Reutbahn und dergleichen gehandelt. Dem Bericht des Verlegers nach, solle FLORINVS selbsten das wenigste bey diesem Buch gethan haben. Weil vielmehr der Verleger Sorge getragen; daß die Reuthbahn von einem geschickten Stallmeister; die Forstsachen von einem erfahrnem Förster und so weiter aufgesetzet und ihme zugeschicket worden. So daß er hirunter keinem Universalisten getrauet; sondern allezeit nur einzele Leute oder Particularisten zu solchem Werck gebrauchet habe. Dahero es dann nicht anderst kommen mögen; als daß dieses von so vielen Leuten geschriebene Buch auch nicht aus einem Thon gehe; sondern die Gründe öffters einander entgegen lauffen. Die bey jedem Haußwirthschaffts-Stücke erforderte Rechte hat Ioh. Christoph. DONAVER Stadt-Consulent in Nordlingen hinzugethan. Woraus der Verleger, seinem Begriff nach, viel Wunders machet; da doch in demselben nichtes, als die Menge vieler Allegaten und angeführten gemeiner Rechts-Bücher von demjenigen zu erheben; der davon ein Liebhaber ist. Dann der auctor selbsten hat weder die Richtigkeit in Rechts-Sachen; noch eine tieffe Einsicht in Reichs-Sachen erwiesen: sondern sich durch blinde Leiter in der Wüsten hin- und herführen lassen. Ein kluger Baumeister findet hier Stein und Kalck, davon er, wann er richtige Gründe hat, leichtlich etwas gutes aufführen kan: dahingegen, wann er dem auctori folget, ein Babylonischer Thurnbau daraus wird, da die Sprachen so verschiedener Rechtsgelehrten sehr verwirret herauskommen. In Francken und Schwaben verkaufft sich diese Waahre; welche aber in andern Oertern, wo Licht und Recht gilt, sehr abgeschmackt herauskommet. Dahero der Verleger sich und seinem Buch bey dem letztern besser rathen sollen; wann er seinen Donauer zu hauße gelassen und das Buch mit solchem gemeinem Krempelzeug nicht aufgeschwellet haͤtte. Dann dieser Goͤtzendienst fremder Rechtsgelehrten hat in dem vernuͤnfftigen Teutschland ein Ende. Diesem folget nun Andreae GLOREZ von Maͤhren neuangeordnete Hauß- und Land-Bibliothec fuͤr einen Hof- Handels- Buͤrgers- und Landmann, in eine deutlichere Schreibart gebracht von Georg. Philip. PLAZEN, in zwey starcken, Folianten mit vielen, aber unsaubern Kupferen gedruckt, Nuͤrnberg 1719. Es ist wahr; daß durch alle vier elementa von diesem GLOREZ nichtes ausgelassen worden, was nur irgend zur buͤrgerlichen und fuͤrstlichen Wirthschafft gehoͤrig. Dann es handeln diese Buͤcher nicht nur vom 1) Ackerbau, 2) Gartenwesen, 3) Weinbau, 4) Forstsachen 5) Wassern, Teichen 6) Jagden 7) Bergwercken 8) Bierbrauen 9) Kuͤchen- und Backwerck 10) Gastereyen und dergleichē: sondern es verfaͤllet auch der auctor endlich auf die uͤbermaͤßige Begierde, auch einen Leibartzt; mathematicum; iureconsultum und, weiß nicht was sonsten, vorzustellen. Welches eben der Fehler des obgedachten Florini ist. Dann die letztere Gattung fordert niemand von dergleichen Haͤnden. Die auch insgemein sehr unfuͤglich und ungeschickt herauskommen. Inzwischen ist dieses in dieser letztern edition zu loben, daß der Verfasser fast alle andere Wirthschaffts-Buͤcher mit dem Seinigen gelesen und, was er nur immer gekonnt, zusammen getragen hat. Aber auch alles ohne eigene Erfahrung, Kunst und Wissenschafft der Natur. Wie er dann auch denenjenigen, die er ausgeschrieben, die Ehre nicht anthut, selbige zu benennen. Das dritte vollstaͤndige Werck ist Wolfgang Helmhards Freyherrn von HOHBERG Georgica curiosa oder umstaͤndlicher Bericht vom adelichen Land- und Feld-Leben, auf alle in Teutschland uͤbliche Land- und Haußwirthschafften in zwey Theilen Nuͤrnberg 1682. fol. Es bleibet diesem Werck billig sein Vorrecht. Dann der auctor hat solches meistens aus eigener Erfahrung geschrieben; gleichwohl aber auch dabey andere Bücher zu lesen, nicht vergessen. Wie dann auch die letztern Verfasser der zwey obigen Bücher mit diesem Kalbe gepflüget haben; ob gleich, weil sie beyde neuer, sie auch die Gelegenheit gehabt, andere erst nachhero erfundene und geschehene Veranstaltungen in der Wirthschafft mit beyzufügen. Weil aber diese drey Bücher fast allzuweitläufftig, und solche mit vielen andern Dingen aufgeschwellet: so mag sich ein Wirthschaffts-Student auch wohl um andere umsehen, welche die Sache kürtzer gefasset. Mir gefället, unter vielen andern, des Iulii Bernhard von ROHR seine Arbeit sehr wohl. Dann obgleich dieser Mann verschiedne Bücher, die hieher gehören, geschrieben: so ist doch dasjenige, welches mit der Uberschrifft ans Licht kommen: Iulii Bernhard von ROHR vollständiges Haußwirthschafftsbuch, Leipzig 1722. in 4t. das bequemeste und anständigste. Dann es ist solches nicht allzuweitläufftig, welches den Leser allzulange aufhält; auch nicht allzukurtz, wo der Sachen kein Genüge geschiehet. Ferner ist der Verfasser in der mathesi erfahren; er verstehet die mechanische Naturwürckung; er glaubet und singet nicht andern nach, sondern siehet sich nach den Ursachen davon um, was nach der Naturwürckung möglich und was nur erdichtet; er ist ein Rechtsgelehrter; er gehet als ein Landedelmann mit dergleichen Sachen um und er sitzet auch in einem Landes-Collegio des Stiffts Merseburg und endlich fähret er in dieser Wissenschafft, in welcher er schon so viele Zeit, in Lesen und Schreiben, zugebracht, nicht obenhin; sondern er lieset und ziehet auch andere zu rath. Bey welchen Umständen ich nicht läugnen kan, daß, als ich von dem Königl. Hof befehliget worden, jemand auf einer gewissen Universität zur OECONOMIE-PROFESSION vorzuschlagen, ich auf dessen Person vornehmlich mein Absehen, auch deßhalben gerichtet; damit auch solches diesen neuen Anstalten ein Vertrauen machte; wann sich dieser profession einer von Adel und guter Geburth auf Universitäten widmete. Und ich würde auch, in Anführung der verschiedenen Haußwirthschafftsbuͤcher, noch weiter gehen; weil ich mir vorgesetzet; alle dieselbe, von ihrem Teutschen Zeuge-Vater, dem COLERO an, zu erzehlen: wann nicht eben dieser Herr von ROHR bereits an. 1716. solches alles in seiner sogenannten Haußhaltungs-Bibliothec zusammen getragen und an das Licht gebracht haͤtte. Welchemnach der Leser an denselben schlechterdinges zu verweisen. Wiewohl dabey gleichwohl auch noch dieses zu wuͤnschen waͤre: daß iemand, bey Erzehlung solcher Buͤcher, sich noch mehrere Muͤhe um der Verfasser ihr Leben geben moͤchte. Damit auch zugleich dieses kund wuͤrde; was ein jeder in solcher Arbeit vor Absehen und Kraͤfftē gehabt habe, solche zu bewerckstelligen. Und ist es in der That eine seltsame Weise: daß es viel leichter, des geringsten Schuldieners, wann er sich etwa mit einer neuen ausgeschriebenen Sprach-Kunst bekannt gemachet, sein Leben zu erfahren; als derjenigen Leute, die es in der Wirthschafft auch noch so weit gebracht haben.

§. 56. Aber was solle man von dem gemeinen Geschrey derjenigen sagen: Welche alle Wirthschafftsbuͤcher verlachen und verachten. Unter dem Vorwand: Erfahrung mache einen Wirth. Wann dieses Urtheil allein im Kuͤhstall oder bey den Dreschflegeln in der Scheune bliebe; so moͤchte man solches mit Verachtung ansehen und glauben / daß diesen Leuten der Kopf nicht gereiniget oder aufgeraͤumet / etwas zu dencken oder auszufinden / sondern nur dasjenige / so wie in einem Affenspiel / nachzumachen / was sie von andern gesehen. Weil aber in dieses verkehrte Urtheil auch die obersten Vorsteher und Glieder in Cammercollegien verfallen; so wird der neue PROFESSOR OECONOMIAE bemuͤhet seyn / dieser verfuͤhrischen Lehre / nach Grund und Wahrheit / zusteuren. Wer viel mit Pferden umgehet / lernet endlich auch zur Noth zu Pferde sitzen. Aber deßwegen wird niemand die Reitbahn zumachen; da solche Kunst / aus dem Grund und nach natuͤrlichen Regeln / gewiesen wird. Dahero vielmehr mein Wunsch dieser waͤre: Daß gleichwie in denen Saͤchsischen Landen jedes Kirchspiel / sich Lutheri

Schrifften und die Weimarische Bibel anschaffen müssen: also auch jeder Dorfschultze befehliget würde / sich ein paar Haußwirthschafftsbücher anzuschaffen. Welches / absonderlich in jetzigen Zeiten / da jeder gemeiner Bauersmann seine Kinder schreiben / lesen und rechnen lernen lässet / deßwegen ungemeinen Nutzen haben würde. Weil zuglauben / daß / absonderlich in müßigen Tagen / mancher Baurenkerl / wann er dergleichen Bücher vor Augen / ein Trieb rühren würde / etwas in selbigen nachzulesen. Da dann / wann dieses geschehen und er etwas neues fände / ihme am leichtesten seyn könnte / bey vorkommender dergleichen Arbeit / eine Probe zumachen. Ich glaube; daß gleichwie / nach unserm ehemahligen und p. 165 befindlichem Wunsch nunmehro die OECONOMIEPROFESSION gestifftet; es auch / mit der Zeit / an der andern Einrichtung nicht ermangeln, in allen Stücken aber unserm weisen Salomo der Ruhm bey der Nachwelt verbleiben werde; daß man Sr. Königl. Majest. den Anfang dieser Anstalten zu dancken welchen nunmehro auch andere Könige / Fürsten und Herren / auf ihren Universitäten nachfolgen mögen.

Halle den 15. Octobr. 1727.

ZINCKE/MÜLLER/ZEDLER
UNIVERSALLEXIKON
⟨ART. »WIRTHSCHAFFT«⟩
1748

Wirthschafft heisset zwar uͤberhaupt, Dinge zu der Nothdurfft des Lebens einnehmen und ausgeben, oder deswegen Geschaͤffte treiben; Allein es wird doch in dem gemeinen Leben, und sonderlich heut zu Tage, gar mannigfaltig genommen. Daher ist es besonders zu bestimmen, ja von der Sache selbst insgemein etwas umstaͤndlicher zu handeln. Es ist zwar von der Sache selbst schon unter den Artickeln: Haußhalten, Haußhalter und Haußhaltung, in dem XII Bande, p. 899. u. ff. sehr vieles angemercket worden, dahin wir auch den geneigten Leser verweisen; Allein den mannigfaltigen Gebrauch des Wortes Wirthschafft, und hiernaͤchst noch einige andere Dinge, haben wir hier nachzuholen.

DES WORTS VERSCHIEDENE BEDEUTUNGEN.

Das Wort: Wirthschafft wird entweder vor einen Inbegriff vieler Wirthschaffts-Geschaͤffte, z. E. die Wirthschafft insgemein, die Land-Wirthschafft, die Wirthschafft mit dem Acker-Bau, oder nur vor eintzelne Wirthschaffts-Geschaͤffte, z. E. die Wirthschafft bey der Ausgabe, die Gast-Wirthschafft, die Wirthschafft mit dem Buttern, Kochen, Brauen, genommen. Ja, man sagt oͤffters in diesem Verstande von einer gantz einfachen Verrichtung in der Wirthschafft: Was ist das da vor eine Wirthschafft? Ferner verstehet man dadurch in Ansehung der Personen, so da Wirthschafft treiben, entweder eintzelne Wirthschafft, z. E. ein Student, ein Soldat, eine unverheyrathete Person, haben ihre besondere

Wirthschafft; Oder man nennet diejenige, so in der ehelichen und häußlichen Gesellschafft getrieben wird, Wirthschafft, und welche eigentlich und accurat zu reden Haußwirthschafft heißt, jener eintzelnen Wirthschafft aber ausser einer häußlichen Gesellschafft, worinnen doch auch mancherley Personen vor sich selbst eine Wirthschafft ausüben können, z. E. ein Knecht, eine Magd, mit ihrem Lohne und Verdienst, entgegen gesetzet wird. Inzwischen braucht man doch auch das Wort: Wirthschafft, allein von solchen Haußwirthschafften, wenn man spricht: Aus so und so viel Wirthschafften bestehet das Dorff, die Stadt. Da dann eine jede Familie eine Wirthschafft, in Ansehung auch der geringsten Geschäffte, die man zu der Nothdurfft mit Gelde, Geldes-Werth, Diensten und Credit vornimmt, heisset. Ja in dem einen und andern Sinne verstehet man es offt, wenn es heisset, es treibe einer Wirthschafft. Jedoch wird gemeiniglich die haußwirthschafftliche Wirthschafft darunter verstanden. Allein in noch engern Verstande nimmt man das Wort und diese Redens-Art, wenn man dadurch eigentlich das besondere Nahrungs-Geschäffte der Gast- oder Schenck-Wirthschafft verstehet, und spricht, es treibe einer Wirthschafft, das ist, er halte Gast- oder Schenck-Wirthschafft. Viele, und sonderlich ehemahls, glaubten auch, das rechte eigentliche Wirthschafften werde vornemlich auf dem Lande mit dem Feld-Bau und der Vieh-Zucht getrieben. Und daher verstund man auch durch einen, der Wirthschafft triebe, eigentlich einen Land-Wirth, und unterscheidete also sein Gewerbe von denen andern Nahrungs-Arten in Städten, bey Höfen, unter den Soldaten etc. Ja man verstehet noch, sonderlich in Nieder-Sachsen, durch einen Wirth einen Land-Wirth, oder einen Gast-Wirth, oder präcise einen guten Wirth, und die böse Wirthschafft würdiget man nicht einmahl dieses Nahmens = Wirthschafft, und Wirthschafftreiben, heißt also in diesem Sinne eigentlich gute Wirthschafft treiben, und daher spricht man von einer schlimmen Wirthschafft: Es wird keine Wirthschafft getrieben, oder er ist kein Wirth. Man siehet also, daß in allen diesen Bedeutungen entweder wirthschafftliche Geschaͤffte, oder zusammengesellte Personen, die solche treiben, verstanden werden, oder man zeigt eine besondere Art, eine besondere Eigenschafft, einen besondern Ort, und dergleichen von dieser Sache an. Und daher nimmt man es bald in dem weitlaͤufftigen, engern und allerengsten, jedoch bey allen wiederum in verschiedenem Verstande. Wie nun eine so grosse Vieldeutigkeit, und ein so gar schwanckender Sprach-Gebrauch eines Wortes, oder ein Terminus non fixus, theils daher kommt, wenn sich so vielerley Leute von verschiedenen Begriffen und Stuffen der Erkaͤnntniß, alle gelehrte und ungelehrte, kluge und einfaͤltige, vornehme und verstaͤndige, geringe und gemeine Leute, mit der Sache, oder einem Theile derselben, beschaͤfftigen, und also weder Begriffe, noch Worte, in dem bestimmten und festen Gebrauche erhalten werden koͤnnen, alles aber in der Welt gewisser massen Wirthschafft treibet; Theils aber auch daher kommt, wenn eine Sache in einer Nation nicht gleich, hernach aber nur stuͤckweise nach und nach bekannt und geuͤbet worden: Also kan man beydes gar sonderlich mit dem Worte: Wirthschafft erlaͤutern.

HISTORISCHE ABHANDLUNG.

Denn die Wirthschafft ist eine gemeine Sache, hiernaͤchst aber bey uns Deutschen anfaͤnglich sehr wenig bekannt gewesen, nur aber mit der Zeit stuͤckweise bekannt worden, und sonderlich unter ungelehrten und geringen Leuten lange Zeit allein geblieben, weil die Gelehrten, Grossen, Edlen und Vornehmen sonst das Wirthschafften vor was veraͤchtliches und sordides hielten, indem sonst das meiste nur auf dem Lande mit Vieh und Mist vorkam, Sclaven und Knechte alles thaten, Bauren die geringsten Leute waren, Stadt-Wirthschafft aber ein Unding, oder doch sehr geringe, die Kuͤche aber auch so delicat nicht, wie jetzo war, und also viel eigentliche Hauß-Geschaͤffte der Wirthschafft fehleten,

Krieg, Jagd, ein bisgen Studiren, Sauffen, Spielen und Faullentzen aber der Deutschen Sache war. Mit der Zeit aber hat sich alles geaͤndert. Ja, nach solcher Aenderung fehlete es auch an einer eigenen Wissenschafft, oder Anweisung in Lehr-Saͤtzen und Regeln, dieser nun immer schwehrer, aber auch noͤthiger und nuͤtzlicher werdenden Geschaͤffte, und derselben gemeinen und kuͤnstlichen Ausuͤbung. Man wuste noch viel weniger von der besondern Anweisung, die publique Wirthschafft eines gantzen Landes zu befoͤrdern und zu dirigiren, oder aber eine Privat-Wirthschafft, theils der Fuͤrsten, theils anderer Leute, zu regieren, zu verbessern, und zu fuͤhren. Und also wuste man von einer oͤconomischen Wissenschafft, so ferne dadurch ein gantzer Lehr-Begriff zu dem Unterricht und zu der Vorbereitung auf die Uebung dieser verschiedenen Wirthschafft, verstanden wird, nichts, oder nicht viel. Ja man hielt gar dafuͤr, es sey nicht moͤglich, einen solchen Lehr-Begriff, ausser dem, der etwan in den allergeneralesten philosophischen Lehren bestuͤnde, zu verfertigen, weil die Wirthschafft endlich so gar vieles in sich begriff, und alle Specialia sich in so viel Singularia ja Singularissima, vertheileten. Endlich aber verschwand auch dieser Mangel unserer Erkaͤnntniß, und verschwindet jetzo immer mehr. Ja man erkennet nunmehro, daß die unzaͤhligen Singularia, die bey allen recht practischen Wissenschafften vorhanden, gar nicht hinderlich sind, solche nach und nach auf Special-Saͤtze zu reduciren, diese aber in den allgemeinen Saͤtzen zu finden, und solchergestalt ein Systema der wirthschafftlichen Wissenschafft zu machen. Eben diese Wissenschafft nun, wenn man sonderlich die blosse Anweisung zu der Privat-Wissenschafft insgemein, und nicht der Fuͤrsten insbesondere, als welches das Cammer- und Finantz-Wesen ist, darunter verstehet, heisset nun auch zum oͤfftern heut zu Tage die Wirthschafft, wenn man spricht: Er studiret, er hoͤret, die Wirthschafft, oder die Oeconomie. Solchergestalt aber wird dieses Wort auch vor die Lehre und eine gelehrte Wissenschafft, gebraucht, welche in der That so wohl der Policey-Wissenschafft, oder der Lehre von der oͤffentlichen

Landes-Wirthschafft, als bey der Finantz- und Cammer-Wissenschafft zu dem Grunde lieget.

PHILOSOPHISCHE BETRACHTUNG DER WIRTHSCHAFFT-LEHRE UEBERHAUPT.

Seit dem das Eigenthum in der menschlichen Gesellschafft eingeführet worden, so ist es gewiß eines der fürnehmsten und wichtigsten Werck-Zeuge des geselligen Lebens worden; Ja eben die Geselligkeit hat das menschliche Geschlecht genöthiget, der ursprünglichen Gemeinschafft aller Dinge zu entsagen, und dargegen das Eigenthum einzuführen. Denn unsere zeitliche Glückseligkeit, als der Haupt-Zweck, den wir in diesem Leben suchen, setzet unstreitig unsre nothdürfftige Erhaltung voraus. Diese aber ist ein Zweck, zu welchem GOtt und Natur zwar die Mittel darreichet, aber gleichsam nur halb: Indem die menschliche Kunst und Ausarbeitung sie meistentheils erst zu solchem Zwecke tüchtig und bequem machen muß. Bey dieser Bewandniß hat die Gemeinschafft aller Dinge nicht bestehen können: Dieweil, bey dem Anwachs der Menge und der Verderbniß der Menschen, von allen Seiten weder gleiche Arbeit und Geschicklichkeit in dem Zubereiten, noch gleiche Genügsamkeit in dem Genusse zu hoffen gewesen. Dahero hat nothwendig das Eigenthum eingeführet werden müssen. Doch kan kein Mensch weder alle Bedürffnisse zu seiner Erhaltung auf seine gantze Lebens-Zeit übersehen, noch alle Mittel, sich in seinen Bedürffnissen zu helffen, in die Grentzen seines Eigenthums bringen: Dahero hat, nach eingeführtem Eigenthume, von allen Seiten der eine immer unzähliche Dinge von nöthen, die in dem Eigenthume des andern sind: Und solchergestalt hat das Eigenthum vielerley Gewerbe, Handel und Wandel, in der menschlichen Gesellschafft nach sich gezogen. Der gantze Vorrath aller Güter, die ihrer Natur nach des Eigenthums fähig, und einem jeden Menschen, zu dem Zwecke seiner eigenen und der Seinigen

Erhaltung, eigenthümlich zuständig sind, heisset sein zeitliches Vermögen. Die nothdürfftige Zulänglichkeit solches Vermögens zu solchem Zwecke, heisset ein gutes Auskommen. Die Unzulänglichkeit desselben zu solchem Zwecke, nebst der Unfähigkeit, zulängliche Lebens- und Erhaltungs-Mittel vor sich zu bringen, heisset Armuth. Der Ueberfluß aber desselben, den man erworben, und mit dem man nun vielen andern zu dienen, und hierdurch groß und mächtig in der menschlichen Gesellschafft zu werden, in dem Stande ist, heisset Reichthum. Also ist zeitliches Vermögen eine Sache, auf welche nicht allein unsere und andere Menschen nothdürfftige Erhaltung, sondern auch ein ansehnlicher Theil, so wohl der wichtigsten geselligen Tugenden, als auch unserer Grösse und Macht, in der menschlichen Gesellschafft ankommt: Und Armuth ist ein Brunnquell alles Unvermögens und Elendes. Wir halten also darvor, daß Crates nicht wohl klug gewesen, daß er sich, wie Laertius berichtet, von seinem Lehrmeister, dem Cynischen Diogenes bereden lassen, daß er sein Eigenthum fahren lassen und, wenn er was an Gelde gehabt, es in das Meer geworffen. Diese Thorheit, die aus den irrigen Sitten-Lehren einiger Heydnischen Secten entsprungen, ist durch die Meister der Sententien (Magistros Sententiarum) dergestalt bis auf unsere Zeiten fortgepflantzet worden, daß man wohl noch heut zu Tage viel prächtige Lob-Sprüche der Armuth, und viel bettelstoltze Schelt-Reden, wo nicht wider die zeitlichen Güter überhaupt, doch wenigstens wider den Reichthum höret; Wie denn auch das bekannte gelehrte Bettel-Wesen, und die prahlhaffte Entgegensetzung der freyen und der unfreyen, oder schmutzigen Künste, (Artium liberalium & illiberalium, seu sordidarum) noch diesen uralten Ursprung hat. Man spricht: Armuth muntert zur Tugend auf. Aber sie muntert eben so schier auch zu Lastern, z. E. zu dem Stehlen, auf, wenn die Regung zu der Tugend nicht vorhin schon in dem Gemüthe vorhanden ist. Armuth lehret viel Böses. Und die Erfahrung bezeuget, daß wohl eben so viel, ja in Ansehung der üblen Auferziehung der meisten Armen, wohl weit mehr liederliches und lasterhafftes Gesindel unter dem gemeinen armen Volcke anzutreffen, als unter vermoͤgenden Leuten. Wir leugnen nicht, daß ein Tugendliebendes Gemuͤth, durch anderes Ungluͤck, also auch durch die Armuth, zu der Tugend angespornet werde; ja daß dieser Sporn, wegen der grossen Unvollkommenheit unserer Tugend-Neigung, und wegen des Muthwillens der Affecten, zuweilen zufaͤlliger Weise schaͤdlich seyn koͤnne. Deswegen bleibet aber doch Armuth an sich selbst ein Uebel, das sich ein vernuͤnfftiger Mensch, wegen des zufaͤlligen Nutzens, eben so wenig wuͤnschen, und vorsetzlich darnach ringen kan, als etwa nach einem Bein-Bruche, nach einer Kranckheit, nach einer Feuers-Brunst, als die zufaͤlliger Weise auch nuͤtzlich seyn koͤnnen: Und ehrliches Reichthum bleibet gleichfalls ein an sich selbst untadelhafftes Gut. Aus dem zufaͤlligen Nutzen der Armuth folget nur so viel, daß ein Armer, der sich in das Ungluͤck der Armuth kluͤglich zu schicken weiß, auch etwas gutes in solchem seinem Ungluͤck finden, und solches sich wohl zu Nutze machen koͤnne. Und was den Reichthum betrifft, so spricht zwar Salomo: Armuth und Reichthum gieb mir nicht; Er thut aber wohl bedaͤchtig die Ursach hinzu: Ich moͤchte sonst, wo ich zu satt wuͤrde, verleugnen und sagen: Wer ist der Herr? Um anzuzeigen, daß Reichthum, wie alle Mittel-Guͤter, nur durch seinen Mißbrauch zu einem Uebel werden koͤnne. Zudem, wenn man die Vortheile der Armuth ruͤhmet, so ist die Frage, was eigentlich solche Lobredner unter dem Worte, Armuth, verstehen. Uns deuchtet immer, daß das, was sie Armuth nennen, nicht einmahl eine wahrhaffte Armuth, sondern nur ein etwas schwehres u. Sorgen-volles nothduͤrfftiges Auskommen sey. Zu wahrer eigentlicher Armuth ist der Mangel der nothduͤrfftigen Lebens-Mittel nicht genug, sondern es muß auch eine Unfaͤhigkeit, solche zu erwerben, dabey seyn. Wer diese sehr herausstreichen wolte, der muͤste ein gar sonderbarer Liebhaber von dem Betteln seyn, dessen doch so gar der ungerechte Haußhalter sich schaͤmete. Doch gilt alles, was gesagt worden, auch von dem schwehren und allzu

Sorgen-vollen nothdürfftigen Auskommen, wenn man auch ja, welches man niemanden wehren kan, das Wort Armuth bis dahin ausdehnen wolte. Gleichwie das Eigenthum allerhand Gewerbe, Handel und Wandel, dieser aber die Schätzung der Güter um einen gewissen Preiß, nach sich gezogen hat: Also ist zu der Bequemlichkeit solcher Schätzungen so wohl, als aller Handels-Gewerbe überhaupt, das Geld als ein allgemeiner Preiß (Pretium eminens) aller Dinge eingeführet worden. Dahero wird nun bey dieser Verfassung des menschlichen Geschlechts das gantze Vermögen eines Menschen, der Grösse nach, nach Gelde geschätzet, so, daß alle Arten der Güter, bewegliche und unbewegliche, als Geldeswerth betrachtet, und in Angebung des Vermögens eines Menschen so hoch, als sie ohngefehr in das Geld zu setzen sind, folglich zu Gelde, gerechnet werden. In dieser Betrachtung also, ist Geld und zeitliches Vermögen nun bey nahe so gut, als einerley. Die Ursach, warum man alles zu Gelde rechnet, ist diese: Es ist unmöglich, daß ein Mensch alle seine Bedürffnisse auf seine gantze Lebens Zeit übersehen, und alle Arten der Mittel, sich in solchen Bedürffnissen zu helffen, in sein Eigenthum, oder Vermögen, solte bringen können. Man suchet dahero entweder Geld, oder von einer oder der andern Art der Güter, so man nur kan, nehmlich was man auch selbst unmittelbar nicht verbrauchen kan, unter sein Eigenthum zu bringen: Damit, wenn in einem oder dem andern Stücke Mangel und Bedürffniß vorfällt, man das, was man selbst nicht brauchet, gegen das, was man brauchet, an andere verhandeln könne. Diese Verhandlung geschiehet durch Geld, darein sich alles, was unter dem Eigenthume ist, setzen lässet: Und wie viel Geld also vor eine Sache, die in unserm Eigenthume, oder Vermögen ist, zu erlangen ist, so viel kan man an allen nur ersiñlichen Arten der Dinge, die man bedürffen kan, davor haben. Also muß ohnstreitig unser gantzes Vermögen, es bestehe auch an Gütern, worinnen es wolle, so hoch zu schätzen seyn, als es allenfalls an Gelde beträgt. Und dieses ist also der Grund, warum man das Vermögen eines Menschen, in Ansehung seiner Grösse zu Gelde rechnet. Da Geld, oder zeitliches Vermögen, ein Zweck von so hoher Wichtigkeit ist; Und die Erfahrung bezeuget, wie schwehr es zu erwerben, und wie fürsichtig damit umzugehen sey, damit man es nicht unvermerckt verlieren, oder liederlich darum gebracht werden möge: So muß nothwendig eine Klugheit in Ansehung unsers zeitlichen Vermögens seyn, die die Klugheit zu wirthschafften, oder vernünfftig Hauß zu halten, genennet wird, welche nichts anders ist, als eine Klugheit, die, aus der eigentlichen Natur eines zeitlichen Vermögens Mittel an die Hand giebt, zeitliches Vermögen zu erlangen, zu erhalten, und zu unserer nothdürfftigen Erhaltung, Ehre und Bequemlichkeit, vernünfftig anzuwenden. Was erstlich die Erlangung und Erhaltung eines zeitlichen Vermögens betrifft, so ist zuförderst dabey diese grosse Haupt-Regel vorauszusetzen, daß diese beyde, nemlich die Erlangung und Erhaltung der Güter, niemahls von einander seyn müssen, wenn man zu einem Vermögen gelangen will. Denn ein Vermögen ist ein Vorrath der Güter, die uns eigenthümlich zuständig sind. Wenn man nun täglich, ja stündlich, auch noch so viel erlanget, aber täglich, ja stündlich, eben so viel, oder gar ein mehreres verthut, so gelanget man nimmermehr zu einem Vorrathe, und also auch nimmermehr zu einem Vermögen. Also machen die Erlangung und Erhaltung der Güter, beyde zusammen, nur ein eintziges zulängliches Mittel aus, ein Vermögen vor sich zu bringen: Und jedes von beyden, wenn es von dem andern getrennet wird, ist ein unzulängliches Mittel, das, wegen seiner Unzulänglichkeit, die Würckung des gesuchten Zweckes zu thun unfähig ist. Die Klugheit das erlangte zu erhalten, um zu einem Vermögen zu gelangen, und dieses, wo möglich, bis auf einen ansehnlichen Grad des Reichthums zu vermehren, wird die Sparsamkeit genennet. So ist es demnach unmöglich, ein Vermögen vor sich zu bringen, wenn man von dem, was man von Zeit zu Zeit an zeitlichen Gütern erlanget, nichts zurück halten und sparen will. Es ist aber auch unmöglich, viel zu sparen, wenn man nichts, oder allzuwenig erlanget, nemlich täglich kaum so viel, als man, das Leben kümmerlich hinzubringen, schlechterdings von nöthen hat. Dergleichen Zeiten, da, vermöge der allgemeinen Glücks-Umstände, dem grösten Theile der Einwohner eines Landes, mit allem ihrem sauren Schweisse, ein mehrers zu erwerben nicht leicht möglich ist, heissen eigentlich schwere Zeiten. Es ist dahero die Frage, wie man doch zu Geld und Gut, davon man, durch sparen und zurücke legen, sich nach und nach ein Vermögen sammlen möge, gelangen könne? Darauf ist zu antworten, daß die Mittel oder Wege darzu, theils in unserer Gewalt sind, theils auch nicht: Das ist, daß die Erlangung zeitlicher Güter theils auf unsere Klugheit und Anstalten darzu, theils auf das Glück ankomme. Das Glück ist zwar seiner Existentz nach ausser unserer Gewalt: Doch sind dem ohngeachtet Regeln des Glückes, wie nemlich ein jeder sein Glück, wenn es gleich ausser seiner Gewalt ist, erkennen, beurtheilen, und sich in dasselbe schicken solle. Man hat also bey Betrachtung der eigentlichen Glücks-Umstände, in denen man sich befindet, auf diejenigen Regeln vor andern Achtung zu geben, durch die man entweder zu einem guten Vermögen gelangen kan, ohne daß man es verdienen dürffe, oder die doch, wenn wir es auch verdienen müssen uns unsre Nahrung erleichtern. Alle solche Glücks-Umstände soll man, da zeitliches Vermögen eine Sache von so hoher Wichtigkeit ist, über die massen werth halten: Denn sie thun ja offt mehr zu dem Zwecke, als alle Klugheit und Geschicklichkeit vermag. Kunst, Geschicklichkeit, Klugheit, vermag gemeiniglich, wenn gar kein Glück dabey ist, nicht viel mehr, als daß sie von dem Hunger erretten, und man davon sein spärliches Auskommen habe. Sollen sie ein mehrers thun, und ein sonderliches Vermögen, oder Reichthum erwerben, so muß sie das Glück unterstützen, ja darbey das Beste thun; Welches, wenn wir betrachten, daß das Glück in GOttes Händen sey, unserer Meynung nach hauptsächlich dasjenige ist, was man bey allem Arbeiten und Erwerben den göttlichen Segen nennet: Dahero man in unserer Sprache gar recht Glück und Segen immer zusammen setzet, als Dinge, die wo nicht einerley, doch einander sehr nahe verwandt sind. Denn niemand wird sagen, daß der Segen Gottes eben in Wunderwercken bestehen muͤsse: Bestehet er nicht in Wunderwercken, so muß er durch die Ordnung der Natur sich aͤussern, als welche GOtt theils erhaͤlt, theils regieret: Die Ordnung der Natur aber, so weit sie ausser unser Gewalt ist, und dennoch in den Fortgang unserer Unternehmungen einen Einfluß hat, heisset Gluͤck: Also kan der ordentliche Segen GOttes bey unserer Arbeit nichts anders seyn, als ein von GOtt bescheertes, auch wohl zuweilen besonders regiertes Gluͤck. Demnach laͤsset sich hieraus auch nach der Vernunfft begreiffen, was das sey: Der Segen des Herrn machet reich ohne Muͤhe; Seinen Freunden giebt ers schlaffend. Man muß nemlich nicht meynen, daß die wahre zulaͤngliche Grund-Ursache eines guten zeitlichen Vermoͤgens nur unser Arbeiten und Bemuͤhen sey. Ohne Gluͤck, und also ohne Gottes Segen, bringen wir mit aller unserer Arbeit nichts sonderliches vor uns: Und wer etwas vor sich bringet, der hat es nicht so wohl seiner Arbeit selbst zu dancken, als vielmehr dem Einflusse, den das durch Gottes Weisheit und Guͤte regierte Gluͤck, das ist, der goͤttliche Segen, in seine Arbeit hat. Durch guten goͤttlichen Gluͤcks-Segen auch nur allein, kan ein Mensch reich werden: Niemahls aber durch Arbeit allein, ohne Gluͤck und Segen. Und wenn wir also auch bey unserer Arbeit reich werden, so werden wir durch den goͤttlichen Gluͤcks-Segen reich, welchen so dann unsere Arbeit nur veranlasset. Es ist dahero ein gefaͤhrlicher Irrthum, einen Effect, den man hauptsaͤchlich dem Gluͤcke und goͤttlichen Segen zuzuschreiben hat, seiner Klugheit und Bemuͤhung allein zuzuschreiben. Einigen zeiget das Gluͤck Gelegenheit, zu einem Vermoͤgen zu gelangen, ohne daß sie es verdienen duͤrffen, zum Exempel denen, die reiche Eltern, oder Anverwandten haben, deren Erben sie werden; Oder die von reichen guten Freunden beschencket, oder zu Erben eingesetzet werden; Oder denen eine besondere Verbindung ihrer Gluͤcks-Umstaͤnde Mittel und Wege zeiget, reiche Heyrathen zu thun. Einige hingegen müssen ihr Vermögen verdienen, sie werden aber in ihrer Nahrung durch das Glück unterstützet, daß sie es darinnen sonderlich hoch bringen. Die letztern haben sich zu hüten, daß sie das Glück, so auf ihrer Seiten ist, z. E. die gute Kundschafft in der Nahrung, nicht durch Nachläßigkeit, Sicherheit, Uebermuth, Trotz, auf ihre Geschicklichkeit, verschertzen. Die erstern aber haben, aus dem Grunde der Klugheit das Glück zu erkennen, und sich in dasselbe zu schicken, wohl zu erwegen, daß, gleichwie solche Glücks-Umstände ohne ihr Verschulden sich ereignen, also sie auch eben so leicht, ohne ihr Verschulden, ihnen wieder vor den Augen gleichsam verschwinden können: Ja daß, zwar nicht die Erlangung solcher Glücks-Umstände, wohl aber, gleich wie der vernünfftige Gebrauch, also auch die Verschertzung derselben, ja die Gereichung derselben zu ihrem Verderben, in ihrer Gewalt sey. Aus der ersten Betrachtung, wie bald nemlich gutes Glück verschwinden könne, folget, daß diejenigen, denen das Glück auf gedachte Art günstig ist, sich darauf nicht eben allzu trotziglich zu verlassen, sondern wohl zu erwegen haben, daß das Glück nur die eine, und wenn es allein ist, unzulängliche Grund-Ursache unsers Wohlergehens sey, daß also dem ohngeachtet Vernunfft und Klugheit erfordere, etwas rechtes zu lernen, ingleichen sich Freunde zu machen; Damit man entweder bey wanckendem Glücke eine Zuflucht haben, oder das fort daurende Glück nicht müßig misbrauchen, sondern sich dadurch nach Würden in der Welt heben möge: In Erwegung, daß der Müßiggang allein, wenn auch gleich kein anderes Unglück darzu kommt, leicht das gröste Vermögen in sehr wenigen Jahren zu ruiniren, und dessen gewesenen Besitzer weit unglücklicher, als alle, die von Anfang arm gewesen, zu machen fähig ist. Durch die andere Betrachtung aber, daß man sich nemlich bey dergleichen Glücke wohl hüten müsse, es nicht närrisch zu verschertzen, wird theils eben dieses bekräfftiget, theils folget auch daraus, daß es z. E. unbesonnen sey, sparsame und wohlhabende Eltern durch liederliche Aufführung und Ungehorsam in ihrer guten Meynung, stutzig zu machen, oder vermögende Verwandten und Freunde durch widerwärtige Aufführung vor den Kopff zu stossen, als wodurch mancher sich um sein Glück gebracht, oder doch darinnen sich viel geschadet. Was das Glück einer wo nicht reichen, doch vortheilhafften Heyrath betrifft, so erfordert allerdings der Zweck der Ehe, und in Absicht auf denselben, Vernunfft und Klugheit, daß Personen von nicht sonderlichem Vermögen in dem Heyrathen auch auf das Vermögen dencken, als welches doch unstreitig erfordert wird, wenn Eheleute wohl mit einander leben sollen. Das Vermögen aber einer Person, die dißfalls in Vorschlag kommen kan, ist entweder ein schon erworbenes, oder es kan doch eine Person, ob sie gleich kein Vermögen besitzet, von besonderer Fähigkeit seyn, ein zum wenigsten genügliches Vermögen erwerben, oder durch Sparsamkeit und Haushältigkeit erhalten zu helffen; Und offtmahls werden das die gesegnetesten Ehen, wenn Liebe, Verstand und Glück einen fleißigen und glücklichen Erwerber, und eine gute Wirthin, zusammen führet, ob sie gleich offt nicht hundert Thaler an würcklichem Vermögen zu einander bringen. Cicero erzählet, Offic. Lib. II. daß Themistocles, als er gefraget worden, ob er seine Tochter lieber einem armen redlichen, oder einem reichen nicht so redlichen Manne geben wolte, geantwortet habe: Ich will lieber einen Mann, der kein Geld, als Geld, das keinen Mann hat. Die meisten, die, wie billig, in ihren Freyers-Gedancken und Anschlägen auf Vermögen sehen, pflegen nur die erste Art, nemlich das schon erworbene Vermögen, vor Augen zu haben, und wo sich dergleichen findet, ohne ferneres Bedencken ihr Glück zu versuchen. Denn was man als etwas schon gegenwärtiges sehen kan, und nur einstreichen zu dürfen vermeynet, fällt freylich leichter und mehr in die Augen, als was man erst urtheilen soll; Wir meynen die nur jetzt angeführte andere Art, auf das Vermögen in dem Heyrathen seine Absicht zu richten, da nemlich Leute von Verstande, die auch wohl wenig, oder nichts haben, dennoch mit gar reiffem Rathe in Absicht auf das Vermögen einander heyrathen können. Nichts destoweniger ist in reichen und nicht reichen, ja armen Heyrathen, so gar einerley Unterschied und Regel der Klugheit zu beobachten, daß sich durch weniges Nachsinnen sehr leicht begreiffen laͤsset, man koͤnne sich in reichen Heyrathen so leicht und so sehr vergehen, und habe sich also damit so vernuͤnfftig und behutsamlich in Acht zu nehmen, als mit einer maͤßigen, oder gar armen: Und hingegen koͤnne man durch eine nicht gar reiche, oder auch durch eine arme Heyrath, je so schier sein Gluͤck machen, als durch eine reiche. Es ist wahr, wenn man in einer reichen Heyrath zugleich eine vernuͤnfftige und haushaltige Person findet, so ist es in so weit vor ein ungemeines Gluͤck zu achten. Wenn hingegen die Person, und vielleicht ihre gantze Freundschafft, an Geschwistern, Herren Vettern, Frauen Muhmen, Schwaͤgern, nur der Ueppigkeit und Pracht ergeben sind, so sehen wir in dergleichen reichen Heyrath, da das reiche Heyraths-Gut leicht zu verprassen ist, ein schlechtes Gluͤck. Denn der andere Ehegatte ist entweder gleiches Sinnes, so werden sie bald mit Freuden arm: Oder nicht, so wird die vornehme Freundschafft dem elenden Bettel-Hunde, der nicht zu leben weiß, es auch von der galanten Frau gar nicht lernen will, die Hoͤlle bey nahe in recht eigentlichem Verstande heiß genug machen. Aber gleichergestalt, wenn auch zwar nicht gar reiche, ja gar duͤrfftige Personen, einander heyrathen, jedoch nur zum wenigsten von der einen Seite Arbeitsamkeit, Gluͤck und Verdienst, von der andern gute Wirthschafft, gleichsam als ein Heyraths-Gut zusammen bringen; So ist an einer gar gluͤcklichen und gesegneten Ehe eben so wenig zu zweiffeln: Wohl aber, wenn faules und verschwenderisches, wolluͤstiges und hoffaͤrtiges Bettel-Volck sich zusam̄en verbindet. Wir halten demnach dieses vor die allgemeine Haupt-Regel der Klugheit zu heyrathen, in Absicht auf das zeitliche Vermoͤgen: Man bemuͤhe sich, eine gute Wirthin zu bekommen. Zeigen nun die Umstaͤnde Mittel und Wege, eine gute Wirthin mit einem schon ersparten guten Vorrathe zu finden, und ihrer theilhafftig zu werden, so ist es desto besser: Wo nicht, so halte man auch die blosse

Tugend der Haushaͤltigkeit vor eine nicht allzugeringe Mit-Gabe. Denn ist gleich kein wuͤrckliches Vermoͤgen da, so kan doch auch nur diese grosse Haupt-Tugend eines Frauen-Zimmers, wenn sie sich mit dem Fleisse eines geschickten, unermuͤdeten und gluͤcklichen Arbeiters gleichsam zugleich mit verehliget, einen gar genuͤgsamen Ehe-Segen eines zeitlichen Vermoͤgens erzeugen und hervor bringen. Zum wenigsten ist dieses, nemlich arbeiten und sparen, der von GOtt geordnete ordentliche Haupt-Weg, auf welchem, weil uns GOtt darauf gewiesen, man die Fuß-Stapffen des goͤttlichen Segens unstreitig finden wird. Schon erworbenes Geld und Gut erheyrathen, ist ein feiner bequemer Neben-Weg, auf welchem man aber von jenem nur etwas muͤhsamern Haupt-Wege sich gleichwohl nicht allzu weit entfernen muß, wenn man sich nicht ungluͤcklich verirren, und in Versuchung und Stricke fallen will. Im uͤbrigen sind, bey der Klugheit zu heyrathen, jungen Leuten die Regeln, sein Gluͤck zu erwarten, und sich in die Zeit zu schicken, aber auch denenjenigen, die nun zu ihrer Reiffe gediehen, die Regel, nicht aus dem Warten ein Zaudern zu machen, um nicht, vor allzu grosser Klugheit zu warten, unter die Hagestoltzen, und in das alte Register zu gerathen, fleißig einzuschaͤrffen. Die Mittel der Erlangung zeitlicher Guͤter, die in unserer Gewalt, und also in so weit voͤllig unserer Klugheit uͤberlassen sind, heissen die Mittel zu erwerben, das ist, durch unverdrossene wohl angewendete Arbeit und Klugheit, an zeitlichen Guͤtern so vieles in unser Eigenthum zu bringen, daß wir davon nicht allein leben, sondern auch, so viel moͤglich, zu einem bestaͤndigen Vermoͤgen nach und nach etwas zuruͤck legen koͤnnen. Da nun solcher Mittel, bey so vielerley Staͤnden und Gewerben der Menschen, bey nahe unzaͤhlig sind, so, daß ein gesunder Mensch, der sich in der Welt nicht zum wenigsten nothduͤrfftig nehren kan, ordentlicher Weise am meisten selber daran Schuld seyn muß: So soll ein kluger und ehrliebender Mensch, von was vor Stande er auch sey, ein Gelehrter, oder Ungelehrter, ein Geistlicher, oder ein Weltlicher, sich zufoͤrderst schaͤmen, zu betteln, ingleichen auf eine unehrliche und unerlaubte, oder, ohne dringende Noth, auf eine unanständige Handthierung sich zu legen, oder auch nur dann und wann bey Gelegenheit den aus dergleichen Handlungen zu ziehenden schändlichen Gewinnst sich belieben zu lassen. Die unehrlichen, und in göttlichen und weltlichen Rechten verbotenen Handthierungen, sind nicht allein den Regeln der Gerechtigkeit zuwider, sondern auch, wenn wir gleich die Regeln der Gerechtigkeit nicht in Betrachtung ziehen, den Regeln der Klugheit; Wenn wir nemlich auch nur den Schaden erwegen, den man dadurch an seiner Ehre, und an tausend von derselben abhangenden grossen Vortheilen leidet, da man doch bey der so unzählbaren Menge ehrlicher und anständiger Gewerbe, keine Ursach hat, (als seine eigene Niederträchtigkeit) zu unehrlichen und unanständigen seine Zuflucht zu nehmen. Zu den unehrlichen, und in göttlichen und menschlichen Rechten nicht erlaubten Handthierungen, gehören nicht allein alle grobe Diebereyen, sondern auch alle verbotene Arten, Geld an sich zu bringen, als da sind: Der ungerechte Wucher; Geschencke und Gaben, durch welche Richter und Patronen, die etwan Aemter zu vergeben haben, sich bestechen lassen; Die Rabulisterey; Allerhand verdächtige Accidentien in öffentlichen Aemtern, oder anvertraueten Geld-Einnahmen; Das grobe und subtile Kuppeln; die Künste listiger Frauens-Personen, die Buhler in ihre Netze zu ziehen, und sie um das ihrige zu berücken, wenn sie ihnen auch keine allzugroben Ausschweiffungen erlauben; Das Spielen, wenn man es zu seinem ordentlichen Nahrungs-Gewerbe machet; und so weiter. Unanständige Erwerbungs-Mittel sind diejenigen, die zwar an sich selbst nicht unzuläßlich, aber in Ansehung dessen, der sich ihrer, in der Meynung, daß der Geruch des Gewinnstes aus einer jedweden Sache gut sey, (Lucri bonus odor ex re qualibet) bedienet, der Wohlanständigkeit zuwider sind. Z. E. Wenn ein Geistlicher wolte Bier schencken, eine Obrigkeitliche Person den Nachtwächter-Dienst mit vertreten, und so weiter. In Ansehung der zuläßlichen und anständigen Erwerbungs-

Mittel, erfordern die Regeln der Klugheit zuförderst eine zuverläßige Wahrhafftigkeit derselben. Diese aber kan entweder Gewisheit, oder ein gnugsamer Grad der Wahrscheinlichkeit seyn. Denn was die letzte betrifft, so ist die bekannte Regel zu mercken: Wer nichts waget, (z. E. in dem Kauff-Handel) der gewinnet nichts. Aus diesem Grunde ist ein Geld-Geitziger in vielen Fällen unfähig, viel zu gewinnen: Dieweil er in Ansehung der wahrscheinlichen Erwerbungs-Mittel allzu furchtsam ist, und ehe er einen Thaler wagen und anlegen soll, vorher gesichert seyn will, daß er ihn unmöglich einbüssen könne. In welchen Mitteln aber weder Gewisheit, noch ein gnugsamer Grad der Wahrscheinlichkeit ist, deren sich mit ziemlichem Aufwande zu bedienen, ist keine Klugheit vor einen Menschen, der erst etwas erwerben soll; Dahin gehören die Alchymisterey, die Berg-Wercke, die Lotterien. Ein anders ist von Leuten zu sagen, die schon ziemliches Vermögen haben, und auf solche Dinge zu ihrer Lust, aus Curiosität, oder aus Freygebigkeit, so viel wenden, als den Regeln einer vernünfftigen und nicht verschwenderischen Lust, Curiosität, oder Freygebigkeit, gemäß ist. Die zuverläßlichen Erwerbungs-Mittel bestehen entweder in Diensten, die man der menschlichen Gesellschafft erweiset, die nemlich in blossen Thaten beruhen; Oder in Gütern, die in dem Eigenthume sind. Die Dienste, dadurch etwas zu erwerben ist, sind entweder edle, die in einem durch die weltlichen Gesetze erhabenen Ehren-Stande geleistet werden, z. E. die Dienste der Obrigkeitlichen Personen, der Gelehrten; Oder gemeine Dienste, die in den niedrigen und unterworffenen Ständen gethan werden, z. E. die Dienste des Gesindes, der Tagelöhner. Die in dem Eigenthume befindlichen Güter sind entweder Geld, als der Nervus rerum gerendarum selbst, in sofern nemlich Geld mit Gelde zu verdienen ist: Oder Geldes werth, nemlich alle andere so wohl unbewegliche, als bewegliche Güter, durch welche man Geld verdienen, und welche man vor Geld erlangen kan: Die unbeweglichen, wenn sie gehörig angebauet, und haußwirthlich genutzet werden; Die beweglichen aber, wenn sie durch mancherley Künste ausgearbeitet, und zu menschlichem Gebrauche auf tausenderley Art zubereitet, und andern entweder vor Geld eigenthümlich überlassen werden, oder nur der Gebrauch derselben ihnen vor Geld gegönnet wird. Unter den Diensten, dadurch etwas zu erwerben ist, erfordern die meisten besondere Wissenschafften, Geschicklichkeiten und Künste, die man erlernet, und es darinnen so viel möglich hoch gebracht haben muß. Diese Wissenschafften und Künste demnach haben zwar in die Oeconomie, als wichtige Erwerbungs-Mittel, einen starcken Einfluß: Sie gehören aber selbst nicht in die Oeconomie, als aus deren Gründen ihre Regeln nicht fliessen; Sie sind also, so zu reden, fremde Mittel der Haushaltungs-Kunst. Eben dieses ist auch von den Künsten zu sagen, dadurch die in dem menschlichen Eigenthume befindliche Sachen ausgearbeitet werden. Hingegen Geld mit Gelde zu verdienen, ist ein der Haushaltungs-Klugheit eigenes Mittel. Es kan solches auf zweyerley Art geschehen, entweder durch vorsichtiges Ausleyhen auf gewöhnliche Zinsen, oder durch die Handlung, entweder unmittelbar mit dem Gelde selbst, oder mit Waaren, die man einkauffet, um sie mit Vortheil wieder zu verkauffen; Dahero die Handlungs-Kunst oder Wissenschafft allerdings eine besondere öconomische Wissenschafft ist. Eben dieses ist auch, in Ansehung der unbeweglichen Güter, von der mit besagten Gütern beschäfftigten Stadt- und Land-Wirthschafft, zum wenigsten in Ansehung des grössesten Theils ihrer Verrichtungen, zu urtheilen. Zum wenigsten hat der Gebrauch eingeführet, daß besagte Wirthschafft als einer der wichtigsten Special-Theile der Oeconomie betrachtet wird; Ob gleich vieles davon, wie in andern Künsten, damit man sich nähret, der Oeconomie nicht eigen ist. Also kan man sagen, daß die Oeconomie, was die Erwerbungs-Mittel betrifft, theils ihrer eigenen Mittel sich bediene, die aus ihren eigenen Gründen, nemlich aus der Natur des Eigenthums, fliessen: Theils fremder Mittel, nemlich auch aller andern Künste und Wissenschafften, als die wir mit höchstem Rechte auch mit zu dem Zwecke unserer Erhaltung, und also in der Absicht, etwas damit zu erwerben, treiben. Daß die besondern Oeconomischen Wissenschafften, als nemlich die Kauffmanns- oder Handlungs-Wissenschafft, die Stadt- oder Land-Wirthschafft, Disciplinen der Gelehrsamkeit seyn sollen, welche also auf Universitäten mit so gar sonderbahrem Nutzen systematisch abzuhandeln wären, haben wir bis auf diese Stunde uns nicht überzeugen können. Gelehrte Wissenschafften, oder Disciplinen, haben nicht mit sinnlichen und unmittelbaren, sondern mit abstracten und sehr mittelbaren Wahrheiten zu thun, selbige aus den sinnlichen, als aus ihren Gründen, scharffsinnig zu erfinden und zu erweisen; Und zu diesem Zwecke dienet die systematische Abhandlung. Die besondern oder specialen Oeconomischen Wissenschafften aber, so gut, als die Handwercks-Künste, haben mit unmittelbar sinnlichen Erfahrungen zu thun, und mit Regeln und Handgriffen, die so fort unmittelbar in solchen Erfahrungen ihren Grund haben, ohne daß sie, wie die gelehrten Wissenschafften, durch tieffes Nachdencken sich in eine an einander hangende Reyhe sehr mittelbarer abstracter Wahrheiten von solchen Erfahrungen und Handgriffen einzulassen, von nöthen haben solten: Immassen auch die Erfahrung bezeuget, daß alle Lehrlinge besagter Künste, ihre gantzen Lehr-Jahre über, nichts anders thun, als fleißig zusehen, Achtung geben, und nach und nach mit Hand anlegen, auch dadurch in ihrer Art vollkommen geschickte Leute werden. Worzu soll also hier eine systematische Abhandlung dienen, da der Zweck einer gelehrten systematischen Abhandlung in dergleichen Dingen nicht statt hat? So, daß es fast lächerlich seyn würde, z. E. die Kunst zu ackern, zu säen, zu erndten, zu dreschen, zu fischen, Vogel zu stellen, zu backen, zu waschen, und so weiter, in ein gelehrtes, auf tief heraus geholete mechanische, physicalische, und moralische Gründe gebauetes Systema zu bringen. Wir leugnen nicht, daß viele gar merckwürdige und sehr nützliche Nachrichten, von allerhand dergleichen Dingen, von guten erfahrnen Hauswirthen aufgezeichnet, und in Büchern mitgetheilet werden koͤnnen, wie wir z. E. gar feine Koch-Buͤcher, gar feine Sachen von dem Land-Wesen, (de re rustica) und so weiter, haben; Wir leugnen auch nicht, daß aus den gelehrten, sonderlich physicalischen und mechanischen Wissenschafften, denen Hauswirthen, Kuͤnstlern und Handwerckern, theils zu Erleuchterung ihrer Arbeit, theils zu Verbesserung derselben, viel gute Nachrichten mitgetheilet werden koͤnnen. Deswegen muß man aber nicht aus allen Dingen Lehrbegriffe der Wissenschafften machen, und sie in die Hoͤr-Saͤle der Gelehrten weisen wollen; Sondern es wird wohl darbey verbleiben, was Cicero Offic. Lib. II. gantz an dem Ende hiervon urtheilet: Sed toro hoc de genere de quærenda, de collocanda pecunia, etiam de utenda, commodius a quibusdam optimis viris ad medium Janum sedentibus, quam ab ullis Philosophis ulla in schola disputatur. Wer etwas erwerben will, der hat entweder schon etwas, es sey nun durch Gluͤck, oder durch vorhergehenden Erwerb: Oder er hat noch nichts. Wer noch gar nichts hat, und nicht etwa darinnen gluͤcklich ist, daß ihm andere vermoͤgende Leute mit etwas zu der Anlage unter die Arme greiffen, worzu das gesellige Leben denen, die nur ihr Gluͤck ein wenig mit Fleiß suchen wollen, hin und wieder Gelegenheit an die Hand giebt, der hat ein einiges Mittel, etwas zu erwerben: Nemlich durch fleißige Arbeit und gute Dienste. Wer aber schon etwas hat, der kan auf beyderley gezeigte Arten etwas erwerben: Nemlich theils durch gute Dienste und fleißige Arbeit, theils durch das, was er schon hat, und nicht zu seiner Erhaltung nothwendig verbrauchen, oder verzehren muß. Also ist kein gesunder Mensch zu finden, dem GOtt, Natur und Geselligkeit, nicht Mittel an die Hand gegeben haͤtte, sein Brod zu erwerben, wenn er nur das ihm verliehene Pfund nicht in Faulheit und Fahrlaͤßigkeit vergraben will. Wer also nichts hat, der muß mit allerhoͤchstem Fleisse sich auf Kuͤnste und Wissenschafften legen, weil diese der eintzige Grund seiner Nahrungs-Mittel sind; Und zwar auf solche, mit denen, nach der Gluͤcks-Beschaffenheit der Zeiten und Laͤnder, etwas erkleckliches zu verdienen ist. Er muß sich auf diejenigen, derer entweder edlen, oder gemeinen Wissenschafften und Kuͤnste legen, in welcher er, nach der Beschaffenheit seiner Gemuͤths- oder Leibes-Kraͤffte, es sehr hoch zu bringen, und nach seinen Gluͤcks-Umstaͤnden am leichtesten unterzukommen, sich getrauen kan. Er muß, weil solcher Leute sehr viele sind, es in solcher Wissenschafft, oder Kunst, allen, oder den meisten, oder doch sehr vielen, auf eine sehr in die Augen fallende Art zuvor zu thun trachten, und bedencken, daß vor einen Menschen ohne zeitliche Mittel, es viel kluͤger und besser sey, in einer gemeinen Kunst, z. E. in einem Hand-Wercke, vortreflich, als in einer edeln Wissenschafft auch gut, aber doch nur mittelmaͤßig bewandert zu seyn. Wer endlich nichts hat, auch nichts, oder doch nichts sonderliches, oder nuͤtzliches gelernet hat, auch solches nicht etwa noch spaͤte thun kan, mit dem siehet es freylich in Ansehung eines zu erwerbenden Vermoͤgens, und zu stifftenden eigenen Hauswesens, mißlich aus. Er muß sich demnach unter seinen Gluͤcks-Umstaͤnden fleißig umsehen, ob etwas darunter zu finden sey, das ihn aus der Niedrigkeit heben koͤnne: Wo nicht, so erfordern die Regeln der Gerechtigkeit und Klugheit, den vornehmen Herrn sich aus dem Sinne zu schlagen, und auch durch die niedrigsten ehrlichen Dienste lieber sein Brod zu verdienen, als (welches weit schimpflicher, gefaͤhrlicher und schaͤdlicher) einen Bettler abzugeben, oder zu einer unehrlichen Handthierung sich verleiten zu lassen. Denn auch ein Herren-Diener, ein Drescher, ein Boten-Laͤuffer, ein Tageloͤhner, hat, nach aller gesunden Vernunfft, noch den Rang uͤber einen Bettler, er mag sich seinem Stande, oder Herkommen nach schreiben, wovon er will. Und es ist der Ordnung Gottes, der Natur, und des geselligen Lebens gemaͤß, daß sich ein jeder naͤhre, wie und so gut er kan; Und also mit den Diensten seiner Haͤnde und Fuͤsse, wenn er keiner bessern, bequemern und ansehnlichern faͤhig ist. Wer auch dieses nicht kan, z. E. ein Krancker, ein Kruͤpel, der ist ein wahrhafftig Armer, und muß in einer wohlbestalten Policey auf oͤffentliche gemeine Kosten erhalten und verpfleget werden. Wer schon etwas hat, und zwar erstlich ein schon erspartes Capital, an beweglichen, oder unbeweglichen Guͤtern, so groß, oder klein es auch sey, der ist nicht klug, wenn er es ohne dringende Noth verthut: Es sey nun, daß das, was das Capital abwirfft, zu nothduͤrfftigem Unterhalt zulange, oder nicht; Indem in dem letztern Falle die Klugheit erfordert, den Mangel lieber durch Verdienst der Arbeit, als durch Angreiffung des Capitals, zu ersetzen. Denn wenn das Capital verflogen ist, so muß man sich doch durch Arbeit und Verdienst nehren: Also thue man es lieber so gleich, und behalte das Capital zu dem Hinterhalte, und das, was es etwan abwirfft, zu dem Zuschusse, um welchen man sich durch Verthuung des Capitals bringet, und sich also die Nahrung schwehrer machet. Ferner, was das schon erworbene Capital abwirfft, ingleichen, was man durch Arbeit und Dienste entweder darzu, oder wenn man kein Capital hat, durch solche Arbeit und Dienste allein erwirbet, muß nicht nothwendig alles verthan werden. Denn unsere Nahrung wird ohnstreitig durch den Zuschuß, den wir von den Einkuͤnfften schon erworbener Capitalien haben, ungemein erleichtert und gesichert. Je mehr wir also diese durch stetige Zuruͤcklegung von dem, was einkommt, verstaͤrcken koͤnnen, desto groͤsser wird von Zeit zu Zeit solcher Zuschuß, und desto hoͤher koͤnnen wir es also von Jahr zu Jahre, so wohl in dem Erwerben, als in dem Zuruͤcklegen, bringen; Da man widrigenfalls immer in einerley muͤhseligem mäßigem Zustande bleibet, den unversehene Ungluͤcks-Faͤlle, leicht in Armuth und Elend verkehren koͤnnen. Also soll man von dem, was das Capital abwirfft, und was man durch Arbeit darzu erwirbet, noch immer zuruͤck zulegen trachten, und damit fortfahren, so groß auch, so lange man noch nicht reich ist, das Capital wird; Indem, je groͤsser das Capital nach und nach wird, desto reicherer Zuschuß zu dem, was man verdienen kan, jaͤhrlich davon zu heben ist, und desto leichter sich also von Zeit zu Zeit, und zwar ein mehrerers, zuruͤcklegen laͤsset. Wen̄ das erworbene sich jaͤhrlich mehrende Capital so starck wird, daß man auch von dessen

Einkünfften allein alle Nothdurfft und Bequemlichkeit des Lebens bestreiten kan, so ist es entweder Reichthum, oder die näheste Stuffe darzu. Wer reich ist, oder nur diese näheste Stuffe des Reichthums erstiegen hat, der kan so dann arbeiten, und ferner erwerben, wenn und wie es ihm bequem ist, ja nur aus Lust: Er kan alles haben, was sein Hertz zu dem Zwecke der Tugend, vernünfftiger Ehre, und zuläßlicher Vergnügung begehret, und eben hierdurch wohl hundert andern ehrlichen arbeitsamen Leuten, ihnen zu der Nahrung, und sich selbst zu der Ehre, Bequemlichkeit und Vergnügung, etwas ansehnliches zu verdienen geben. Wer ist wohl, der sich diesen Zweck nicht wünschet? Wünschen aber ist nicht genung, man muß die Mittel mit rechtem, und einer so wichtigen Sache würdigem Ernste ergreiffen. Ein Wünschen des Zweckes, mit Verschmähung der Mittel, ist ein Wunsch der Narren. Die Mittel aber sind, von unserer Seite, arbeiten, und auf die allhier gezeigte Art sparen: Von Seiten Gottes Glück und Segen. GOtt lässet es an sich nie mangeln, wenn es nur nicht an uns mangelt. Derowegen erfordert die Klugheit, besagte Mittel sich so hoch empfohlen seyn zu lassen, als gern man glückselig leben wolte. Nemlich daß man 1) etwas erkleckches zu verdienen trachte; 2) Daß man von dem Verdienten zurück lege und spare, was nur möglich ist; 3) Daß man von dem Ersparten nichts müßig liegen lasse, sondern das Erworbene so gleich wieder als ein Erwerbungs-Mittel brauche, und damit vorsichtig und klüglich werbe; 4) Daß man diesen wichtigen Zweck, welcher der eine Haupt-Zweck der Wirthschafft ist, nemlich etwas zu verdienen, zurück zu legen, und das Zurück gelegte theils durch ferneres Verdienen, theils durch Werbung mit dem Zurück gelegten selbst, immerfort zu vermehren, allen Zwecken der nicht schlechterdings nothwendigen Ausgaben vorziehe. Auf diese Art kan es nicht wohl fehlen, der Vorrath muß sich mehren, und wenn das Glück nicht sonderbar zuwider ist, zu einem gar genüglichen Vermögen, ja wohl zu einem ansehnlichen Reichthume, erwachsen. Was insonderheit das Arbeiten und Verdienen anlanget, so ist die gemeine Regel merckwürdig, daß man einen kleinen Gewinnst nicht verschmähen solle. Denn er ist leichter, und kan öffter kommen, als ein grosser, da er denn gar bald so viel ausmachet, als ein grosser. In dessen Betrachtung halten wir davor, daß, sonderlich in schwehren Zeiten, es offt besser und sicherer sey, das, was man etwa verdienet, zu kleinen Theilen von ihrer vielen, als eben so viel in ansehnlichen Theilen von wenigen zu verdienen, z. E. besser, einen Thaler von ihrer zwölffen, als eben denselben Thaler von ihrer zween, oder dreyen. Denn in beyden Fällen hat man seinen Thaler verdienet: Aber die erste Art, ihn von ihrer zwölffen zu verdienen, ist darinnen vortheilhaffter, als die andere, ihn von ihrer zween, oder dreyen zu verdienen, weil weit mehrere Leute zweene Groschen, als acht oder zwölff Groschen, zu verthun haben, und also die ersten zwölffe mehrere fernere Kundschafft von Leuten ihres gleichen an Vermögen, wenn ihnen wohl gedienet wird, veranlassen können, als die anderen zween oder drey: Unter denen auch nur ein eintziger abgehen darff, so ist die Nahrung um ein grosses gefallen. Was aber das Sparen anlanget, so ist schon oben erinnert worden, wie schlechterdings nöthig es sey, es mit dem Erwerben zu verbinden, wenn man etwas vor sich bringen wolle. Die Mittel aber der Sparsamkeit sind diese: Daß man 1) ein genaues Verzeichniß aller seiner Einnahme, und zwar, wenn diese von vielerley Arten ist, ein besonderes Verzeichniß von einer jeden Art halte: Damit man jährlich, Quartal-Weise, oder Monatlich, wissen und beurtheilen könne, welche einträglicher sey, als die andere; Um wie viel in einer jeden der Gewinnst die Anlage übersteige; Wie der Gewinnst zu vermehren, die Anlage zu vermindern; Wie eine jede steige, oder falle, und wenn sie fällt, woran es doch liege, um dem Mangel abzuhelffen, denn allererst bey sehr grossem Verfall einer Nahrung helffen wollen, ist mehrentheils zu spät. Viele verliehren durch den Mangel dieser behutsamen Aufmercksamkeit auf alle Arten ihrer Nahrung und Gewerbe, offt durch ein eintziges heimlich schädliches Gewerbe, alles, oder das meiste, was sie durch die übrigen guten und austräglichen Arten gewinnen; Daher es kommt, daß auch offt fleißige Leute, und die nicht im geringsten verthuhlich sind, dennoch, ihnen selbst und andern unvermerckt, in Abfall der Nahrung kommen. 2) Daß man ein eben so genaues Verzeichniß über alle seine Ausgaben in dem Hauswesen halte, die man zu der Nothdurfft, zu der Lust, zu Ehren, aufwendet: Denn diejenigen Ausgaben, die als eine Anlage auf das Gewerbe, das man treibet, verwendet werden, gehören nicht in dieses, sondern in das vorhergehende Register. Wenn man die Haupt-Summen dieser beyden Rechnungen jährlich, Quartal-Weise, oder monatlich, gegen einander hält, so siehet man so gleich, wie man gewirthschafftet. Man kan urtheilen, wenn man übel gewirthschafftet, in welchem Puncte der Fehler sey; Wenn man wohl gewirthschafftet, wie das mäßig-gute, das noch besser seyn könnte, zu verbessern sey. Weil 3) die eine Haupt-Absicht einer guten Wirthschafft die Erwerbung und Verstärckung eines beständigen Vermögens ist, zu welchem Zwecke also immer von dem, was man erwirbet, etwas übrig bleiben muß, und zwar anfangs so viel, als nur möglich ist: So beurtheile man, ehe man zu einer jeden Ausgabe sich entschliesset, oder, wenn es schon geschehene Sache ist, in dem Register der Ausgaben, sonderlich der Lust- und Ehren-Ausgaben, welche unter denselben man wohl hätte gar entrathen, oder doch sie vermindern, oder eben so gut um nähern Preiß haben können. Man erwege die ausgegebene Summe, ob die genossene Lust, oder die eingebildete Ehre, ihrer wohl werth sey, und ob nicht jetzt das Vergnügen, wenn man die unnöthige Ausgabe ersparet, und besagte Summe noch in Händen hätte, weit grösser und dauerhaffter seyn würde, als die Lust, oder vermeynte Ehre, die nun als ein Wind vorüber ist, gewesen; Ingleichen ob nicht, wenn das, was man ohne Noth verthan, noch vorhanden wäre, man solche Lust sich noch alle Tage und zwar in kurtzem nur von den Einkünfften und Interessen dessen, was man verthan, sich beständig würde machen, oder solche Ehre sich beständig würde anthun können. Auch erwege man die Unlust und den Verdruß, der mehrentheils mit der genossenen Lust, und vermeynten Ehre, verbunden gewesen, oder doch mittelbar daraus erfolget. Durch diese und dergleichen Betrachtungen, bemühe man sich, sich zu überwinden, von den unnöthigen Ausgaben von Zeit zu Zeit immer mehr und mehr abzukürtzen; So wird die wahrhafftig güldene Sparsamkeit, und mit ihr das Vermögen an Kräfften augenscheinlich zunehmen. Wenn 4) das Sparen dem allen ohngeachtet etwas schwer und sauer werden will, so bedencke man, daß man nicht immer, oder doch zum wenigsten nicht immer in einerley Grade, werde sparen müssen. Denn je mehr durch die Sparsamkeit das Vermögen wächset, desto eher, desto besser, desto beständiger, kan man sich so dann etwas zu gute thun; Und die Tugend der Sparsamkeit hat also eine gantz besondere artige Eigenschafft, durch welche sie von der geitzigen Filtzigkeit unterschieden ist, daß, je länger und je mehr man sparet, desto weniger man sparen dürffe; Und da andere Tugenden in ihrem Fortgange von Tage zu Tage zunehmen und stärcker werden müssen, die Sparsamkeit hingegen in ihrem Fortgange, nemlich bey mehrerem und mehrerem Zunehmen des durch sie erlangten Vermögens, mit höchstem Rechte immer mehr und mehr nachlassen könne. Man muß also auch nicht dencken, daß die Sparsamkeit etwan eine Feindin der Lust und der Ehre dieses Lebens sey: Sondern sie ist ja vielmehr das eintzige Mittel darzu, wenn die Lust und Ehre von einem Nachhalt und dauerhafft seyn soll. Man muß nur die Ordnung nicht verkehren, und mit einem herrlichen Leben alsofort den Anfang machen wollen, ehe man noch etwas vor sich gebracht, sondern erst ein Vermögen erwerben und zu dem Grunde setzen; Alsdenn kan, ja soll man auf diesen Grund ein gutes, und nach Proportion, ein herrliches Leben bauen. Dasjenige, was die Sparsamkeit eintzig hindert, ist die Annehmlichkeit der mittlern Güter, die die Wollust und der Ehr-Geitz, welche beyde Affecte die beyden Wurtzeln aller Verschwendung sind, zu ihrem höchsten Gute machen, und dem Genusse solcher Annehmlichkeit also alles, folglich auch dasjenige, was man an zeitlichen Guͤtern von Zeit zu Zeit auf je eine Art erlangen kan, mit grosser Hefftigkeit und Eylfertigkeit so gleich wieder aufopffern. Die Erwegung dieses Ursprunges der Verschwendung, und seiner Eitelkeit, kan uns nicht weniger auf Betrachtungen leiten, die eine vernuͤnfftige Sparsamkeit zu befoͤrdern sehr dienlich sind. Einmahl sind doch diejenigen Dinge, auf welche Wollust und Ehrgeitz alles wendet, wenn sie auch Guͤter sind, nur mittlere Guͤter: Denn das wahre hoͤchste Gut brauchet keine Verschwendung, ja es kan mit Verschwendung nicht beysammen bestehen. Alle mittlere Guͤter aller Arten aber sind, durch Gottes weise Ordnung, in einer ungemeinen Mannigfaltigkeit vorhanden, durch deren eine Art so gut, als durch die andere, ihre Zwecke sich erlangen lassen, aber nur in unterschiedenen Graden der mit solchen Mitteln verbundenen Neben-Annehmlichkeit, oder Unbeschwerlichkeit; Welche Grade der Annehmlichkeit, und der Unbeschwerlichkeit, man also nicht zu seinem hoͤchsten Gute machen, sondern vor allen Dingen deren gar leichte Entbehrlichkeit wohl erwegen muß. Geringe Speisen und Getraͤncke z. E. stillen ja den Hunger und Durst so gut, als niedliche, ja wohl auch eben so annehmlich, wenn man nur so klug ist, und das Essen und Trincken so lange aufschiebet, bis man vorher recht hungrig wird. In einer Bauer-Huͤtte ist man vor Kaͤlte, Wind und Regen so gut sicher, als in einem Pallast. Schlechte Kleidung bedeckt den Leib so gut, als kostbare. Doch mag man solche annehmlichere Mittel der Haupt-Zwecke dieses Lebens allerdings, zu der Vergnuͤgung dieses Lebens, auch mitnehmen, wenn sie zu haben sind. Sie sind aber, nach eingefuͤhrtem Eigenthume, nicht anders zu haben, als vor Geld; Und wer ihrer also geniessen will, und zwar bestaͤndig, der muß Vermoͤgen haben: Denn etwan einmahl in Ansehung dieser Annehmlichkeiten eine gute Stunde haben, und hernach davor lange Zeit wieder mit dem Hunger und Mangel kaͤmpffen muͤssen, ist das elendeste Leben von der Welt. Ein Vermoͤgen aber laͤsset sich nicht durch Verthuung alles dessen, was man von Zeit zu Zeit erwirbet, sondern durch

Zusammenhalten und Sparen erlangen: Und das Sparen ist weder unmöglich, noch so gar schwer, wenn man theils obgedachtermassen die Entbehrlichkeit derer annehmlichern und unbeschwerlichern unter den Mitteln menschlicher Zwecke erweget, theils nach Anleitung der vorhergehenden Anmerckung bedencket, daß solche Entbehrung, und der vernünfftige Zwang, den man dißfalls seinen Begierden anthut, ein Mittel sey, vermittelst des dadurch zu erlangenden Vermögens, zum wenigsten eines gewissen Grades solcher Annehmlichkeit und Unbeschwerlichkeit beständig theilhafftig zu werden: Auch daß, wenn solche Annehmlichkeit und Unbeschwehrlichkeit gleich nicht die grösseste und kostbarste wäre, dennoch die Gewohnheit und beständige Lebens-Art sie der grössesten und kostbarsten gleich mache: Wie z. E. einem wohlhabenden Bauer das bäuerische Wohlleben, und die bäuerische Ehre, just eben so wohl thut, als einem wohlhabenden Edelmanne das edelmännische, ob wohl das eine weit kostbarer ist, als das andere. Wer bey allen sich darbietenden Gelegenheiten zu Ausgaben diese Betrachtungen, in der deswegen anzustellenden Ueberlegung, die fürnehmsten seyn lässet, und sich übet, selbige bey sich gelten zu lassen, dem wird das Sparen nach und nach immer weniger und weniger sauer ankommen. Was Cicero, Offic. Lib. II. von den unnöthigen Verschenckungen spricht: Multí patrimonia effuderunt inconsulte largiendo: quid autem est stultius, quam, quod libenter facias, curare ut id diutius facere non possis? hat in der That in allen Ausgaben, durch die man nimmermehr zu einem Vermögen kommen kan, statt. Aus dieser Art und Beschaffenheit einer vernünfftigen Wirthschaft, folget von sich selbst, daß man alles, was derselben entgegen ist, insonderheit das Spiel, unvorsichtige Contracte, unnöthige Processe, und unvernünfftige Schulden, gleich als eine Pest fliehen müsse. Unvernünfftige Schulden sind solche, die diejenigen machen, die gar nicht nach einer vernünfftigen Rechnung der Einnahme und Ausgabe leben, und die an statt, daß sie solche Rechnung also machen solten, daß immer von dem

Erworbenen etwas ansehnliches übrig bleibe, vielmehr also rechnen, daß das Gewonnene, den Aufgang zu bezahlen, immer nicht zulange, sondern an statt, daß von dem Gewonnenen etwas übrig seyn solte, vielmehr von dem Aufgange immer etwas übrig bleibet, das von dem künfftig zu gewinnenden erst zu bezahlen ist: Welches in die Länge keinen guten Ausgang nach sich ziehen kan. Die Deutschen nennen den Verdienst eines solchen Hauswirthes, als den er so dann nicht einmahl vor den seinigen achten kann, gar wohl und nachdrücklich vorgegessenes Brod. Ein anders ist es demnach mit den Geldern, die zuweilen auch ein guter Wirth, um mit guter Fürsichtigkeit ein wohl überlegtes nutzbares Gewerbe damit zu treiben, eine Zeitlang aufzunehmen sich genöthiget siehet, die er doch je eher, je besser, von den Einkünfften des Gewerbes sich wieder von dem Halse zu schaffen suchen wird.

Nun ist noch übrig, zu erwegen, wie ein erworbenes Vermögen zu unserer Nothdurfft, Ehre und Vergnügung, klüglich anzuwenden sey, als welches der andere grosse Hauptzweck der Klugheit zu wirthschaften ist. Diese Klugheit beruhet ohnstreitig auf dreyen Regeln, deren eine aus der andern folget. Die erste ist, daß, so lange das Vermögen noch sehr klein, man so spärlich, als es nur möglich, mit der unentbehrlichen Nothdurft sich behelffe, und ein mehreres, ob man gleich könnte, nicht leicht verthue; Folglich der Ausgaben zu der Lust beynahe schlechterdings, der Ausgaben aber zu Ehren, so viel es nur der Stand eines jeden leidet, sich enthalte. Denn zu dieser Art der Ausgaben ist es zu der Zeit, da das Vermögen noch klein ist, noch nicht Zeit: Dieweil die Mittel, sie mit Grunde und mit Bestande zu machen, noch nicht vorhanden sind, wohl aber vermittelst dieser ersten Regel, mit der Zeit erlanget werden können. Also weiset uns die erste Regel, mit dem erworbenen wohl umzugehen, abermahl auf die Sparsamkeit, als den vornehmsten Grund einer klugen Haushaltung. Besagte Regel hat auch noch diesen guten Nutzen, in Ansehung des Gebrauchs eines Vermögens, (welcher Nutz denenjenigen, die ihre Wirthschaft recht von fornen, und ohne einen Vorsprung des Vermögens zu haben, kümmerlich anfangen müssen, zu dem Troste dienen kan,) daß man der Mäßigkeit fein zu rechter Zeit, nehmlich in der Jugend, zu Gründung einer festen Gesundheit, gewohne, welche Gewohnheit so dann in den Zustand, da man zu besserm Vermögen gelanget, einen grossen Einfluß hat. Dahero diejenigen, die einen dürfftigen Anfang ihrer Nahrung haben andern, die einen guten Vorsprung haben, ihr Glück zu beneiden nicht Ursach haben: Indem diese, wenn sie nicht in kurtzem weit elender werden wollen, als jene, in ihrer Jugend, mit eben so vieler Ansichhaltung, der Sparsamkeit und Mäßigkeit sich befleißigen, und ihren Vorsprung an Vermögen also bey nahe betrachten müssen, als hätten sie ihn nicht. Die andere Regel ist, daß, wenn nun vermittelst der Arbeit und Sparsamkeit, mit Beywürckung des Glücks und göttlichen Segens, ein genügliches Vermögen erworben ist, dieses auch wohl durch eben dieselben Mittel, als welche mit dem Anwachs des Vermögens immer leichter und fruchtbarer werden, von Grad zu Grad bis auf einen ansehnlichen Reichthum zunimmt; Nunmehro es allerdings Zeit sey, seine saure Arbeit und Sparsamkeit zwar nicht gäntzlich bey Seite zu setzen, aber doch die erstere um ein merckliches, nach Proportion des Vermögens, sich zu erleichtern, und der Früchte der letztern mit Ehre und Vergnügen zu geniessen. Alsdenn soll man sich, den Seinigen und andern Menschen, in allen Stücken der Nothdurft, der vernünfftigen und seinem Stande gemässen Ehre, der Beqvemlichkeit und unschuldigen Leibes- und Gemüths-Ergötzlichkeiten, gütlich thun, und erwegen, daß dieses das eintzige sey, was an dieser Art zeitlicher Güter die kurtze Zeit über, da unsere Verwaltung derselben währet, vor so viele Arbeit und Sorge, die wir damit haben, uns endlich zu Nutze kommen könne. Wenn allhier gesagt wird, daß man von einem erworbenen ansehnlichen Vermögen so wohl sich, als seinem Nächsten gütlich thun solle, so ist zu mercken, daß solches beydes ordentlicher Weise zu gleicher Zeit geschehe. Denn indem man so wohl sich selbst und den Seinigen gütlich thut, so thut man auch seinem Nächsten gütlich, da man solchergestalt mehr aufwendet, und verthut, als ein Armer kan, folglich vielen wackern arbeitsamen Leuten und Künstlern, durch seinen Aufwand, Arbeit und guten Abgang schaffet, wornach sie in ihrer Dürfftigkeit sehnlich Verlangen tragen; Wodurch sie denn ebenfalls zu ihrer Nothdurfft zu ihren Ehren- und Vergnügungs-Ausgaben, etwas ansehnliches verdienen können. Woraus erhellet, daß nicht aller grosser Aufwand an Kleidern, Wohnung, Haußrath, Gärten, Bedienten, u.s.w. Verschwendung, Ueppigkeit, und wider die Regeln guter Wirthschaft sey. Es kommet nur darauf an, wer den Aufwand mache, und in was vor einer Absicht er ihn mache. Ein Reicher, der die Absicht hat, ehrlichen und fleissigen Arbeitern etwas zu verdienen zu geben, und die Beqvemlichkeit, die seltene Artigkeit und Nettigkeit ihrer Waaren, zu seinem Vergnügen immer mit zu nehmen, kan jährlich grossen Aufwand machen, ohne den Vorwurf der Ueppigkeit und Verschwendung zu verdienen. Wenn reiche und wohlvermögende Leute so kärglich leben wollen, als die armen, so fällt die Nahrung dieser letztern, und aller derer, die noch gern etwas verdienen und vor sich bringen wollen. Denn wovon wollen diese leben, und etwas erwerben, wenn die Reichen nichts verthun, und die saure Arbeit so vieler tausend Künstler, die etwas sauberes, zu dem Dienst derer, die es bezahlen können, hervor zu bringen, sich um die Wette bemühen, aus Kargheit, oder Aberglauben, verschmähen, und dargegen ihren Uiberfluß faulen Bettlern, die nichts haben lernen wollen, zuwenden wolten? Wir halten dahero dieses vielmehr vor die erste, ordentliche und vornehmste Art, wie reiche und wohlbegüterte Leute von ihrem Reichthum andern Menschen wohl und gütlich thun können und sollen: In welcher Absicht sie diejenigen, die ihnen arbeiten und dienen, wohl, richtig und bald bezahlen, und sonderlich nothdürfftigen Leuten nicht durch ein allzuknickerisches Handeln gleichsam das Hertz aus dem Leibe abdringen sollen. Es nehmen es auch, wie die Erfahrung lehret, alle ehrliche und nothduͤrfftige Arbeiter, die nicht betteln, sondern ihr eigen Brod essen wollen, vor eine gute Wohlthat reicher und wohlvermoͤgender Leute, und vor einen Segen GOttes durch sie, auf, wenn sie durch ihren Aufwand ihnen etwas zu verdienen geben, und dadurch veranlassen, daß sie das Werck ihrer Haͤnde mit Nutzen, gutem Auskommen, und mit Freuden treiben koͤnnen. Sehr viele geitzige Reiche in einem Lande sind mit eine grosse Ursache schwehrer Zeiten. Doch kan und soll man freylich auch ausserordentlicher Weise, nehmlich umsonst, den Armen durch Allmosen Gutes thun, und den Nothduͤrfftigen, die sich naͤhren koͤnnen und wollen, durch Darlehne und Vorschuͤsse, auch wohl ohne Zinsen, in ihrer Nahrung aufhelffen. Hieraus folget endlich die dritte Regel, daß also unser gantzer oͤconomischer Wandel ohne Geitz seyn muͤsse, das ist, daß wir nicht vor allzugrosser oder vielmehr verkehrter Haußhaͤltigkeit, in die Eitelkeit verfallen muͤssen, zeitliches Vermoͤgen, oder Reichthum; seiner selbst wegen, etwa gar als das hoͤchste Gut dieses Lebens zu suchen, als welche Art der Leutte nimmermehr genug bekommen kan, sondern an statt, daß gutes Vermoͤgen ein Mittel eines mit Ehren vergnuͤgten Lebens seiner selbst und vieler anderer, seyn solte, es vielmehr zu einer Materie machet, den Leib und das Gemuͤth desto mehr mit Arbeit auszumergeln, und das Hertz mit Unmuth, Sorgen und Neid, sich desto mehr abzufressen, ja andere destomehr zu schinden und zu druͤcken, jemehr nur das Vermoͤgen waͤchset. Woraus deutlich erhellet, daß ein Geitziger einer der groͤsten Haupt-Narren der Welt sey. In diesen dreyen Grundregeln eines vergnuͤglichen Wohllebens, und darzu erforderten vernuͤnfftigen Aufwandes wohlbeguͤterter Leute, stecket unsers Erachtens derjenige Inbegriff der Tugenden, welchen die Lateiner Frugalitas nenneten. Zwar nahmen sie dieses Wort zuweilen in so weitem Verstande, daß sie darunter ein tugendhafftes Leben uͤberhaupt verstunden: Inmassen sie Hominem frugi einen rechtschaffenen braven Mann uͤberhaupt, der in allen Stuͤcken recht und kluͤglich zu handeln wisse, nenneten. So bezeuget Cicero,

Tuscul. lib. 4. Ex quo intelligitur, qualis ille sit, quem tum moderatum, alias modestum & temperantem, alias constantem, continentemque dicimus: nonnunquam haec eadem vocabula ad frugalitatis nomen tanquam ad caput referre volumus; quod nisi eo nomine virtutes continerentur, nunquam illud ita pervulgatum esset, ut jam proverbii locum obtineret, hominem frugi omnia recte facere. Und lib. 3. Tres virtutes, fortitudinem, justitiam, prudentiam, frugalitas complexa est: & si hoc quidem commune est virtutum. Omnes enim inter se nexæ & conjugatæ sunt. Frugalitatis videtur esse proprium, motus animi appetentis regere & sedare, semperque adversantem libidini moderatam in omni reservare constantiam: cui contrarium vitium nequitia dicitur. Doch scheinet es, daß man eben durch diesen natürlichen Zusammenhang aller Tugenden, durch welchen eine jede zu einer jeden das ihrige beyträgt, veranlasset worden, diejenige Tugend und Klugheit wohlbegüterter Leute, die zu einem vergnüglichen Wohlleben, und in dem dahin gehörigen Aufwande, erfodert wird, (welche Tugend und Klugheit in eigentlichem Verstande Frugalitas heisset) auf so viele andere Tugenden auszudehnen, die sie zugleich mit in sich begreiffen soll. Nehmlich so viel ist gewiß, daß, nach den Regeln der Tugend und Klugheit, wohlbegüterte Leute ihr ansehnliches Vermögen zuförderst zu ihrer und der Ihrigen Nothdurfft, hierneben aber auch zu aller vernünfftigen Beqvemlichkeit des Lebens anwenden und gebrauchen sollen, zu welcher letztern fürnehmlich die Ehre, die einem jeden nach seinem Stande gebühret, und alle unschädliche Lust und Ergötzlichkeit gehöret. Doch ist der letzte dieser beyden Zwecke, nehmlich der Zweck der Bequemlichkeit, der Standesmäßigen Ehre und Ergötzlichkeit, nicht schlechterdings und an sich selbst den Regeln der Tugend und Klugheit gemäß, sondern nur unter der Bedingung, so weit die Ehre und an sich selbst zuläßliche Lust, auf die man etwas mögte wenden wollen, der Gesundheit und der Aufwand selbst den Regeln guter Wirthschafft, nicht zuwider ist. Solte demnach ein auf Lust und Ehre angesehener Aufwand der

Gesundheit zu Nachtheil gereichen, so erfordern die Regeln der Tugend und Klugheit, sich dessen zu enthalten; Welche Tugend die Mäßigkeit heisset. Solte er nach Proportion des Vermögens dessen, der den Aufwand machen will, den Regeln guter Wirthschaft zuwider seyn, so erfodern die Regeln der Tugend und Klugheit gleichfalls, den Aufwand zu unterlassen; Welche Tugend die Sparsamkeit heisset. Solte hingegen einen Aufwand entweder die Nothdurfft erfordern, oder eine vernünfftige Beqvemlichkeit, in Absicht auf Stand und Ehre, oder Lust, dabey weder die Gesundheit leide, noch den bishero ausgeführten Regeln guter Wirthschaft zuwider gehandelt werde: So wäre es weder Mäßigkeit noch Sparsamkeit, sondern Kargheit und Knickerey, bey gnugsamen Vermögen, oder Reichthum, sich und den Seinigen in obgedachten Stücken über die Gebühr etwas abzubrechen. Die Tugend demnach wohlvemögender Leute, den Aufwand, den sie neben der unentberlichen Nothdurfft, auf Standes mäßige Ehre und Ergötzlichkeit zu verwenden haben, mit Vermeidung der Kargheit und Knickerey, nach den Regeln aller Tugenden, insonderheit der Mässigkeit, und Sparsamkeit, oder guter Wirthschaft, zu mäßigen, ist unsers Erachtens diejenige, die die Lateiner in eigentlichem Verstand Frugalitas nenneten. Der höheste Grad derselben, dessen nur Standes Personen von grossen Einkünfften, oder doch in sehr hohem Grade reiche Leute, fähig sind, heisset μεγαλο πρέϖεια, Magnificentia. Diese ist ein mehr als gemeiner ansehnlicher Aufwand vornehmer und reicher Leute, die nach ihrem Stande und Vermögen zu leben wissen, sonderlich in öffentlichen Ehren Ausgaben; Da sie ihren Ueberfluß theils zu dem gemeinen Besten, z. E. an öffentliche Gebäude, zu ansehnlicher Belohnung grosser Verdienste, theils auch zwar in Privat-Geschäfften, jedoch aber zu gemeinem Nutzen, und mit öffentlicher Milde und Gutthätigkeit, wohl anzuwenden wissen, z. E. in Gebäuden, in Kleidung, Hausrath, Bedienung, und andern Beqvemlichkeiten, insonderheit in feyerlichen Begebenheiten. Denn vornehme und reiche Leute sind verbunden, nicht wie niedrige und arme, oder die von mittlerm Vermögen sind, sondern ihrem Stande und Vermögen gemäß, zu leben, und ihren Aufwand einzurichten. Dahero ist nicht zu zweiffeln, daß, da dergleichen ansehnliche und kostbare Lebens-Art so vernünftig und wohl anständig geführet werden kan, also eine Tugend in Ansehung derselben seyn müsse, die gewiß nicht von geringer Wichtigkeit ist, und deren nur vornehme Personen, die ein grosses Vermögen zu Erhaltung der Würde ihres Standes, und zu Beförderung des gemeinen Nutzens, wohl anzuwenden haben, fähig seyn können.

JOHANN HEINRICH GOTTLOB JUSTI
KURZER SYSTEMATISCHER GRUNDRISS ALLER ÖKONOMISCHEN UND KAMERALWISSENSCHAFTEN
1761

EINLEITUNG.
VON DEN ALLGEMEINEN GRUNDSÄTZEN UND DER EINTEILUNG DES VORTRAGES.

§. 1.

Der Vortrag aller nützlichen Wissenschaften, muß auf allgemeine Grundsätze gebauet werden, woraus alle Lehren im Zusammenhange herzuleiten sind. Diese Lehrart, wenn sie allein das Wesentliche zum Augenmerk hat, und unnütze Subtilitäten und Nebendinge vermeidet, ist so weit von dem Pedantismo entfernet, daß sie vielmehr denenjenigen Arten, die Wissenschaften aus bloßer Übung, oder als ein Gedächtniswerk, zu erlernen, unendlich vorzuziehen ist. Ob nun zwar diejenigen Wissenschaften, welche zu der Regierung eines Staats gehören, besonders die eigentlich so genannten Kameralwissenschaften, zeither in keinem einzigen Buche aus allgemeinen Grundsätzen im Zusammenhange hergeleitet und vorgetragen worden sind: so ist doch gar leicht einzusehen, daß ein solcher Vortrag bei diesen Wissenschaften, wenn sie anders, wie niemand leugnen wird, in der Tat nützliche und gegründete Wahrheiten in sich enthalten, gar wohl möglich sein muß.

§. 2.

Gleichwie nun das Allerdurchlauchtigste Erzhaus Östreich in allen seinen preiswürdigen Regenten die ihm unterworfenen Reiche und Länder allemal mit einer ausnehmenden

Gütigkeit und Gelindigkeit beherrschet hat: so kann sich um so weniger Bedenken eräugnen, diejenigen Grundsätze in den ökonomischen und Kameralwissenschaften anzunehmen, welche die Natur der Sache, die Wahrheit und die gesunde Vernunft erfordern. Es ist aber diesem nichts so sehr gemäß, als daß diese Grundsätze aus dem Endzwecke desselben bestehn. Dieser Endzweck ist die gemeinschaftliche Glückseligkeit.

§. 3.

Hieraus folget der erste und allgemeine Grundsatz, nämlich: daß alle Regierungsgeschäfte eines Staats solchergestalt eingerichtet werden müssen, daß dadurch die Glückseligkeit desselben befördert werde.

§. 4.

Sodann ist zu erklären, wie vielerlei die Republiken und Regierungsformen sind. Diese sind nun:

1) Die Monarchie, oder die Regierung eines Einzigen.

2) Die Aristokratie, oder die Herrschaft der Vornehmen.

3) Die Demokratie, oder die Herrschaft des Volkes; welche drei Hauptarten auf verschiedene Art mit einander vermischet sein können. Hierbei kann durch zulängliche Gründe leicht erwiesen werden, daß die monarchische Regierungsform, in Ansehung der Geschwindigkeit, womit die Mittel zur Glückseligkeit des Staats ergriffen werden können, und weil hierbei viele innerliche Bewegungen und Unordnungen zu vermeiden sind, allen andern Regierungsarten ungleich vorzuziehen sei.

§. 5.

Ferner wird es nötig sein, die verschiedenen Beschaffenheiten der monarchischen Regierungsform zu erwägen, und zwar

I) In Ansehung der Nachfolge in der Regierung, welche auf die Wahl oder die Erbfolge gegründet, und davon die letztere wieder allein männlich, oder männlich und weiblich zugleich sein kann; und zwar kann die Erbfolge in Absicht auf auswärtige Prinzen, oder die Landstände, versichert oder unversichert sein, und bestritten werden.

II) Sind die Monarchen zu erwägen, in Ansehung einer unumschränkten, oder durch die Reichsgrundgesetze und Freiheit der Stände eingeschränkten Alleinherrschaft.

III) Muß man betrachten, ob die Staaten eines Monarchen einen allgemeinen Zusammenhang haben, oder in verschiedenen Reichen und Staaten bestehen, die in Ansehung ihrer Einrichtung und Regierungsform von einander abgesondert sind, und weiter keinen Zusammenhang haben, als daß sie unter einerlei Regenten stehen.

§. 6.

Die allgemeine Kenntnis dieser verschiedenen Umstände und Beschaffenheiten der Reiche, ist unumgänglich nötig. Denn ob zwar etwas davon in iure publico universali vorgetragen wird; so geschieht es doch daselbst nur, um, was dabei Rechtens, zu erlernen. Hier aber muß es hauptsächlich erwogen werden, um den Einfluß und Wirkung zu zeigen, den diese Umstände in die Glückseligkeit und Stärke und Schwäche des Staats haben, und ein Lernender wird von diesen allgemeinen Lehren ganz leicht die Anwendung auf denjenigen Staat machen können, worinnen er dereinst gebrauchet wird.

§. 7.

Es sind auch aus diesen mannigfaltigen Beschaffenheiten eines monarchischen Staats eben so viel verschiedene Grundsätze zu ziehen, als:

I. Daß die festgesetzte und versicherte Erbfolge in der Regierung zu der Glückseligkeit des Staats gehöre.

II. Daß man die Reichsgrundgesetze und die Freiheit der Stände, die dem Wohlstande der Republik nicht nachteilig sind, niemals über den Haufen werfen müsse; jedoch aber auch keine neuen Freiheiten und Privilegien zu erteilen habe, welche verhindern, geschwinde Mittel zur Glückseligkeit des Staats zu ergreifen.

III. Daß man verschiedene Reiche und Länder eines Monarchen, die eine von einander abgesonderte Verfassung und Regierungsform haben, in eine Vereinigung und allgemeinen Zusammenhang zu bringen suchen müsse; weil eine solche Absonderung den Gebrauch der vollen Kräfte des Staats hindert, die Mittel zur Aufnahme des Staats, besonders in Ansehung der Commercien, einigermaßen unwirksam macht, und gemeiniglich eine Antipathie und Eifersucht unter den verschiedenen Reichen und Ländern nach sich zieht. Jedoch ist vor solchen Unternehmen wohl zu erwägen, ob es in Ansehung der Verfassung und Verknüpfung solcher Länder mit andern Reichen, und der Ombrage, so benachbarte Mächte darüber schöpfen können, ratsam und tunlich sei, oder ob es vielleicht üblere Folgen nach sich ziehen werde.

§. 8.

Vornehmlich aber ist der Endzweck der monarchischen Regierungsform zu zeigen, nämlich, daß man unter der höchsten Gewalt eines Einzigen die Glückseligkeit des Staats zu befördern suche. Hieraus können alle Pflichten des Monarchen und der Untertanen gar leicht hergeleitet werden, da denn folgende Hauptgrundsätze fest zu setzen sind:

I. Der Monarch muß solche Mittel ergreifen, wodurch seine Untertanen glücklich gemacht werden.

II. Die Untertanen müssen auf ihrer Seite durch Beobachtung ihrer Pflichten dem Regenten diese Mittel erleichtern, und dieselben auf alle Art befördern.

§. 9.

Aus diesen beiden Grundsätzen fließet ein neuer Hauptgrundsatz, den man in den Kameralwissenschaften niemals außer Augen verlieren muß, nämlich:

Der Wohlstand des Regenten, und die Glückseligkeit der Untertanen, können niemals von einander getrennet werden; und eines ohne das andere kann niemals auf eine dauerhaftige Art vorhanden sein.

Hierwider hat Machiavell in seinem bekannten Buche gefehlet, der in der Ausübung viele Anhänger gefunden hat. Es ist aber gewiß, daß aus dem vereinigten Wohlstande des Regenten und der Untertanen, allein die wahre Stärke des Reichs entspringt. Denn es bestehet dieselbe hauptsächlich in dem gemeinschaftlichen Vertrauen, das ein weiser Regente und glückliche Untertanen eines beträchtlichen Staates gegen einander haben; und weder die erfüllte Schatzkammer des Regenten, noch fürchterliche Kriegsheere, machen diese Stärke aus; weil dieses keine dauerhaftige, und in allen Zufällen die Probe haltende Stärke ist.

§. 10.

Man sieht demnach leicht, daß alles auf die Mittel ankommt, wodurch dieser gemeinschaftliche Wohlstand bewirket wird; und man wird ohne Mühe gewahr, daß man zuerst diejenigen Mittel betrachten muß, wodurch der übereinstimmende Wohlstand des Regenten und der Untertanen erhalten, und die letztern in den Stand gesetzet werden, die Abgaben zu Bewirkung der Macht und der Glückseligkeit des Staats zu leisten. Weil aber dieser Beitrag der Untertanen, und die Einkünfte des Staats übel verwaltet, und nicht zu seiner Glückseligkeit angewendet werden können; so ist es nötig, auch diejenigen Mittel zu erwägen, die bei der Verwaltung der Einkünfte des Staats anzuwenden sind, oder die Art und Weise, wie die Wirtschaft des Staats am nützlichsten und bequemsten zu führen ist.

§. 11.

Die ganze Lehre aller ökonomischen Wissenschaften teilet sich also natürlicher Weise in zwei Teile, davon der erste Teil die Politik und Policeywissenschaften in ihrem weitläuftigen Verstande, so daß die letztere die Commercienwissenschaft zugleich in sich enthält, benebst der besonders also genannten Ökonomie unter sich begreift; der andere Teil aber die eigentlichen sogenannten Kameralwissenschaften vorträgt. Ich werde also auch die Grundsätze davon nach meinen geringen Einsichten in folgenden zwei Abteilungen abhandeln.

ERSTE ABTEILUNG.

GRUNDSÄTZE DER STAATSKUNST, POLICEYWISSENSCHAFT, UND BESONDERS SOGENANNTEN ÖKONOMIE.

§. 1.

Die gemeinschaftliche Glückseligkeit ist der Endzweck eines Staats; und der Wohlstand des Regenten und der Untertanen sind unzertrennlich mit einander vereiniget. Beide haben demnach das Ihrige zu der Glückseligkeit des Staats beizutragen, und zu dem Ende gewisse Pflichten auf sich. (Einleit. §. 8. und 9.)

§. 2.

Gleichwie nun oben zu dem Ende zwei Grundsätze angenommen worden sind: so teilet sich, nach Maßgebung derselben, diese Abteilung in zwei Abschnitte. Es ist nämlich zu erwägen:

I. Was auf Seiten des Monarchen vor Mittel und Maßregeln zu ergreifen sind, um die Glückseligkeit der Untertanen und des gesamten Staats zu befördern; und

II. Was die Untertanen auf ihrer Seite vor Pflichten und Schuldigkeiten zu beobachten haben, um die Mittel und Maßregeln dem Regenten zu erleichtern.

Erster Abschnitt.

Von den Mitteln und Maßregeln des Regenten, um die Glückseligkeit der Untertanen und des Staats zu befördern.

§. 3.

Die Glückseligkeit der Untertanen, wie sie in dem menschlichen Leben und nach den Umständen eines gemeinen Wesens erlanget werden kann, wird vornehmlich durch zweierlei Beschaffenheiten erreichet.

I. Daß jederman in dem Staate eine genugsame Sicherheit genieße, und von seinem Vermögen, oder Erwerb ruhig, und von allen Gewalttätigkeiten befreiet leben könne. Weil aber die Sicherheit allein keine Glückseligkeit ausmacht, wenn überall Elend und Armut herrschet, so wenig als in diesem Falle der Wohlstand des Regenten statt haben kann; so muß noch hinzu kommen:

II. Daß sich das Land in solchen Umständen befinde, daß ein jeder nach der Maße seines Standes und seiner Beschaffenheit bequem leben könne, und vermögend sei, den zu der glücklichen Regierung des Staats erforderlichen Aufwand durch die zu leistenden Steuren und Abgaben zusammen zu bringen, ohne deshalb an seinem notdürftigen Unterhalte Mangel leiden zu dürfen. Kurz, das Land muß einen genugsamen Reichtum haben. Dieser Abschnitt teilet sich demnach von selbst in zwei Hauptstücke; davon das erste von der Sicherheit, und das andere von dem Reichtume des Staats handelt.

Erstes Hauptstück.
Von der Sicherheit des Staats.

§. 4.

Die Sicherheit des Staats muß auf zweierlei Art betrachtet werden. Sie ist nämlich

I. Eine äußerliche,

II. Eine innerliche Sicherheit, und eine jede erfordert ihre Mittel und Maßregeln, um dieselben einem Staate zu verschaffen. Lasset uns diese Mittel und Maßregeln betrachten.

§. 5.

Was nun I. die äußerliche Sicherheit anbetrifft, welche hauptsächlich in dem Frieden mit auswärtigen Mächten, und in dem Schutze gegen allen feindlichen Überfall von außen besteht, so wird erfordert, um dieselben zu bewirken:

1) Ein weises Betragen gegen die übrigen freien Staaten:

2) Ein beträchtliches, auf die Kräfte des Staats eingerichtetes Kriegsheer.

§. 6.

1) Dieses weise Betragen gegen die übrigen freien Staaten besteht vornehmlich in drei Stücken, a) in einer Aufmerksamkeit auf die übrigen Europäischen, besonders auf die benachbarten Mächte, um sowohl die Bewegungen und Absichten derselben gegen unsern eignen Staat, als gegen einander selbst zu entdecken, und den Krieg abzuwenden; weil öfters die unter fremden Mächten entstandenen Feindseligkeiten uns in der Folge wider unsern Willen nötigen, daran Teil zu nehmen. Hierzu bedienet man sich nun vornehmlich der Gesandten, daher dazu kluge, vorsichtige, und keine Kosten scheuende Personen zu erwählen, wie denn sonst ein Staat keinen Aufwand zu sparen hat, um durch andere erlaubte Wege die geheimen Absichten der übrigen Staaten zu erfahren, welches nicht unerlaubt ist, wenn man allein zu seiner Sicherheit Gebrauch davon machet.

§. 7.

b) Hinlängliche und vorteilhafte Bündnisse gehören gleichfalls zu diesem weisen Betragen, wobei die Beschaffenheit desjenigen Staats, mit dem das Bündnis geschlossen werden soll, seine Lage, Macht- Staatsabsichten, Anforderungen und Vernehmen mit andern Mächten zu erwägen, weil dieses alles zu seiner Zeit, seine Wirkung in Absicht auf das mit ihm geschlossene Bündnis haben kann.

§. 8.

c) Endlich gehören darzu wirksame Maßregeln, um die allzustark anwachsende Macht eines Europäischen Reiches, vornehmlich eines Nachbars zu verhüten, welches allerdings erlaubt ist, wenn wir vor unsere Freiheit und Ruhe etwas gegründetes zu befürchten haben. Es sind aber dabei alle Umstände hinlänglich zu erwägen, und es muß eine höchst wahrscheinliche Hoffnung eines guten Erfolgs vor-

handen sein. Kurz, weil es hier darauf ankommt, einen Krieg anzufangen, wenn andere Mittel nicht zureichen, so muß man mit großer Klugheit zu Werke gehen, und beiderseits Kräfte, und die Gestalt der Angelegenheiten wohl prüfen. Hier ist meines Erachtens der Grundsatz anzunehmen, daß man zwar den Frieden, als die größte Glückseligkeit der Länder, auf alle Art zu erhalten suchen, aber auch aus allzu großer Liebe zum Frieden eine künftige gewisse Gefahr nicht anwachsen lassen müsse.

§. 9.

Weil aber alle menschliche Klugheit und Vorsicht nicht vermögend ist, einen Staat in einem beständigen Frieden zu erhalten, weil die Herrschsucht alle Gesetze des Natur- und Völkerrechts, und alle geheiligten Bande der menschlichen Gesellschaft verletzet, wenn sie wahrnimmt, daß man ihr keine kräftigere Mittel, als Vorsicht und Liebe zum Frieden entgegen setzen kann, so wird zur äußerlichen Sicherheit annoch erfordert:

a) Ein hinlängliches Kriegsheer, dessen Stärke nach den möglichen Kräften des Staats, und der Kriegsverfassung der benachbarten Mächte, besonders derjenigen, die widrige Absichten gegen uns haben, einzurichten ist. Es bringet aber ein beträchtliches Kriegsheer einem Staate gar großen Nutzen, nämlich eine beständige Ruhe, ein Ansehen unter den Europäischen Staaten, woraus in den Commercien und sonst viele Vorteile entstehen, und vornehmlich die Unabhängigkeit von seinen Bundsgenossen, indem die Abhängigkeit schlechten Vorteil bringt.

§. 10.

a) Zuvörderst ist bei dem Kriegsheere zu erwägen, ob es ratsam sei, sich auswärtiger Werbungen zu gebrauchen, oder bloß allein die Landeskinder zu Kriegsdiensten anzuwenden. Ob nun zwar durch die auswärtigen Werbungen das Land nicht von Einwohnern entblößt wird; so ist hingegen gewiß, daß man durch solche auswärtige Werbungen, wenn

man nicht große Geldsummen aufwendet, fast nichts, als liederliches Gesindel erhält, die keiner Ehre fähig sind, welche doch auch den gemeinen Soldaten, wenn sie ihre Schuldigkeit tun sollen, unumgänglich notwendig ist, wie denn die Landeskinder allemal mit ungleich mehrerer Tapferkeit das Vaterland verteidigen werden.

§. 11.

b) Der Endzweck des Kriegsheeres besteht vornehmlich in einer allzeit fertigen Verteidigung des Staats. Zu dem Ende muß dasselbige in beständiger Bereitschaft, und sogar allezeit in mobilem Stande erhalten werden, wobei die Beziehung der Feldläger im Sommer von großem Nutzen ist.

§. 12.

c) Die wahre Stärke eines Kriegsheeres beruhet hauptsächlich auf einer genauen Zucht und Ordnung, wobei man vor allen Dingen eine wahre Ehrbegierde und Liebe vor das Land in ihnen zu erwecken bemühet sein muß. Dieses sind allein die Mittel, ein Heer tapfer und unüberwindlich zu machen.

§. 13.

d) Die Verpflegung desselben muß richtig, zureichend, und so viel das Brot betrifft, in Natur geleistet werden, weil sonst der gemeine Soldat bei itzigem erhöheten Preise aller Dinge unmöglich notdürftig leben kann. Die Anschaffung alles Notwendigen bei dem Kriegsheere sollte weder den Obristen, noch Hauptleuten überlassen werden, sondern aus Landesherrlichen Manufakturen geschehen.

§. 14.

Das Kommando darüber sollte von Rechts wegen der Regente selbst führen, weil das seine vornehmste Pflicht ist, wenigstens muß es dem Feldherrn uneingeschränkt anvertraut werden, damit über die Einholung der Befehle die besten Gelegenheiten nicht aus den Händen gehen.

§. 15.

Wir kommen nunmehro auf die innerliche Sicherheit des Staats, um dieselbe zu bewirken; so ist erforderlich:

1) Eine genaue Aufmerksamkeit, auf alle Stände des Staats.

2) Eine genaue Ausübung der Gerechtigkeit.

3) Aufsicht auf das Leben, Wandel, und Religion der Untertanen.

4) Die Sicherheit der Straßen.

5) Aufsicht auf die Gewerbe und Lebensmittel.

§. 16.

1) In Ansehung der genauen Aufmerksamkeit auf alle Stände des Staats, ist zuvörderst nötig, daß der Regent eine aufmerksame Beobachtung anwende, daß niemand eine allzu große, und vor den Staat schädliche, oder gefährliche Macht oder Reichtum erlange, oder diejenige Beschaffenheit übersteige, die ein Untertan zu dem genauen Zusammenhange des Staats notwendig haben muß, wobei aus der alten Geschichte Beispiele solcher Reiche, z. E. des Carolingischen angeführet werden können, die es hierinnen versehen haben.

§. 17.

Sodann muß diese Aufmerksamkeit dahin gerichtet sein, daß kein Stand den andern unterdrücke, oder sich allzu großer mit der Glückseligkeit des Staats nicht verträglicher Rechte über den andern anmaße. Nach diesen Grundsätzen kann die Leibeigenschaft mit dem Wohlsein des Staats schwerlich bestehen.

§. 18.

Zu Bewirkung der innerlichen Sicherheit wird weiter erfordert, die Handhabung der Gerechtigkeit. Diese muß zuvörderst a) wahrhaftig sein, welches durch gute auf die Wohlfahrt des Staats und die Beschaffenheit der Zeiten gerichtete Gesetze bewerkstelliget wird. Diese Eigenschaft kann man den Römischen Gesetzen nicht allenthalben beilegen; als welche bei einer von der unsrigen sehr unterschiedenen Staatsverfassung, Religion und Weltweisheit gegeben worden sind, und wobei man sich ganz andere geheime Staatsendzwecke vorsetzte, denn dieses kann bei den Gesetzen zur Wohlfahrt des Staats allerdings geschehen.

§. 19.

Die Gerechtigkeit muß ferner b) unparteiisch sein, wozu scharfe Aufsicht und Ahndungen wider die Richter erfordert werden, und wobei gewisse Oberste Justizinspectores, die in ihrem Kreise herum reisen müßten, gute Dienste leisten könnten.

§. 20.

Die Gerechtigkeit muß auch c) kurz und schleinig ausgeübet werden. Folglich muß man den Verschleifungen der Advokaten und Parteien durch gute Prozeßordnungen Ziel und Maß setzen, und überhaupt die gerichtliche Verfahrungsart so kurz als möglich, jedoch nicht tumultuarisch einrichten.

§. 21.

Endlich muß die Ausübung der Gerechtigkeit d) einförmig und gewiß sein, folglich müssen die widerstreitenden Meinungen der Rechtsgelehrten, die aus den vielerlei Rechten entstehen, durch neue Gesetze aufgehoben werden, und überhaupt würde ein ganz neues Gesetzbuch von dem größten Nutzen sein.

§. 22.

3) Wenn die innerliche Sicherheit dargestellet werden soll, so gehöret auch dazu eine Aufsicht auf das Leben, Wandel und Religion der Untertanen. Zu dem Ende muß a) eine weise Regierung vor die Erziehung der Jugend in guten Sitten, Tugend und Wissenschaften, sowohl in niedern als hohen Schulen, ungemeine Vorsorge tragen, damit der Staat dereinst tugendhaftige und nützliche Bürger erhält.

§. 23.

Ein weiser Regent muß auch b) ferner auf das Leben und Wandel der Erwachsenen Aufmerksamkeit haben, damit große, ärgerliche und dem Staat schädliche Laster und Üppigkeiten nicht einreißen. Jedoch ist es zu klein vor einen Regenten, sich um das Bezeigen der Leute einzeln in ihren Häusern zu bekümmern, und es muß dem Volke eine erlaubte Lust gestattet werden, welches eine weise Staatsmaxime der Römer war. Hierzu dienen die Schauspiele vortrefflich, welche bei guter Einrichtung eine rechte Sitten- und Tugendschule werden können.

§. 24.

Meines Erachtens muß eine weise Regierung c) in Ansehung der Religion diesen Grundsatz annehmen, daß man zwar den Zwiespalt in Glaubenssachen, so viel möglich, verhüten müsse, weil dadurch Trennung und Feindschaft, oder wenigstens Mißtrauen und Parteilichkeit unter den Untertanen entstehet. Allein, wenn der Zwiespalt einmal vorhanden ist, so muß man ihn weder durch Verfolgung, Ausjagung, noch andere gewaltsame Mittel aufzuheben suchen, und dadurch das Land in Zerrüttung, Armut und Mangel an Einwohnern setzen, auch wegen der Einheit in der Religion das Land nicht in Mangel der Commercien und Manufakturen lassen.

§. 25.

4) Die Sicherheit der Straßen wird gleichfalls zur innerlichen Sicherheit unumgänglich erfordert. Hierzu dienet, daß man zuvörderst auf alle, auf den Landstraßen reisende, und in das Land kommende Personen, genaue Obacht haben läßt, und die Gastwirte und alle Privatpersonen zur ausführlichen und richtigen Anzeigung der bei ihnen ankommenden Fremden verbindet, auch auf die Gast- und Wirtshäuser sonst gute Obsicht tragen läßt.

§. 26.

Sodann muß man sich wirklich der Miliz bedienen, um sowohl Generalvisitationen im Lande zu halten, als dieselben auf den Landstraßen und in den Wäldern, wie nicht weniger des Nachts in den Städten patrouillieren, besonders aber die Wirts- Kaffee- und andere Ergötzlichkeitshäuser untersuchen zu lassen, welche um zehn Uhr völlig geschlossen sein müssen.

§. 27.

5) Zuletzt gehöret noch zu der innerlichen Sicherheit eine Aufsicht auf die Gewerbe und Geschäfte der Menschen, welche hauptsächlich in sich schließet a), daß ein jedes Handwerk und Gewerbe in seinen Grenzen bleibe, und dem andern nicht eingreife, wannenhero solches durch gute Gesetze und Einrichtungen zu bestimmen ist. Überhaupt aber sind darüber keine ordentlichen Prozesse zu gestatten, sondern die Streitigkeiten müssen von den Manufaktur- Policey- oder Kammercollegiis zum Vorteil des Nahrungsstandes entschieden werden.

§. 28.

b) Allen in den Gewerben befindlichen Waren und Produkten müssen über ihre Güte, Beschaffenheit, Wert oder Arbeitslohn sowohl, als den dabei nötigen verschiedenen Personen Ordnungen vorgeschrieben werden, wie denn besonders die Auflehnungen der Handwerksgesellen scharf zu ahnden sind.

§. 29.

c) Der Preis der unentbehrlichen Dinge, besonders der Lebensmittel, muß nach Beschaffenheit der Zeiten bestimmet werden; weil sowohl zum Aufnehmen und auswärtigen Vertrieb der Manufakturen, ungemein viel darauf ankommt, als das Volk schwierig und verdrießlich gemacht wird, wenn es sich bei den unentbehrlichen Lebensmitteln dem Raube des Eigennutzes überlassen sieht.

Zweites Hauptstück.
Von dem Reichtume des Staats.

§. 30.

Nachdem die Sicherheit des Staats abgehandelt ist, so ist nunmehro dasjenige zu untersuchen, was oben noch zur Glückseligkeit desselben erfordert wurde, nämlich, daß er sich in einem solchen Zustande befinde, damit die Untertanen bequem leben können, und im Stande sind, die erforderlichen Abgaben zu leisten. Wenn ein solcher Zustand vorhanden sein soll; so muß das Land einen genugsamen Reichtum haben. Weil aber der Reichtum, wenn er tot und müßig liegt, zum Nutzen des Landes, und der Nahrung der Untertanen, nicht das geringste beiträgt; so wird noch erfordert, daß er wohl zirkuliere, und in den Gewerben aus einer Hand in die andere gehe. Bei diesem andern Hauptpunkte der Glückseligkeit des Staats sind also hauptsächlich zweierlei Betrachtungen nötig:

I. Worinnen der Reichtum eines Landes bestehe, und wodurch derselbe erworben wird; sodann aber

II. Durch was vor Mittel der Umtrieb des Geldes am besten befördert werden kann.

§. 31.

I. Der Reichtum, oder das Vermögen eines Landes, ist zuvörderst von dem Reichtum des Fürsten, oder der Privatpersonen zu unterscheiden. Alles, was in der Schatzkammer des Regenten, oder bei Privatpersonen müßig liegt, ist kein Reichtum des Landes, ob es zwar zu dem gesamten Reichtume des Staats gehöret. Der in den Gewerben befindliche Reichtum ist allein der wahre Reichtum des Landes. Dieser nun entspringt hauptsächlich aus dreierlei Quellen, als

1) Aus dem Anwachs und der Menge der Einwohner.

2) Aus den Commercien außerhalb Landes, und

3) Aus den Bergwerken. Wir müssen demnach eine jede von diesen Quellen besonders betrachten.

§. 32.

1) Durch den Anwachs und die Menge der Einwohner wird sowohl Vermögen in das Land gezogen, als das Gewerbe und der Umtrieb des Geldes befördert, wenn gute Anstalten und Ordnungen zum Behuf der Manufakturen gemacht werden. In diesem Falle kann ein Land, seine natürliche Lage und Beschaffenheit sei wie sie wolle, niemals zu viel Einwohner haben. Das Beispiel von Holland bestätiget dieses auf eine unleugbare Weise. Folgende Grundsätze müssen demnach unstreitig zum Grunde gelegt werden, daß man auf alle Art suchen müsse, fremde, bemittelte und geschickte Personen in das Land zu ziehen, und daß man sonst den Anwachs der Einwohner durch dienliche Mittel zu befördern habe.

§. 33.

Um aber beide Arten der Vermehrung der Einwohner zu bewirken, so muß das Land a) mit einer gelinden Regierung versehen sein, und eine vernünftige Freiheit darinnen herrschen. Denn die Menschen verabscheuen nichts so sehr, als eine strenge und sklavische Herrschaft, und die Einschränkung ihrer unschuldigen oder gleichgültigen Handlungen.

§. 34.

b) Sodann aber muß eine weise Regierung fremden, reichen, oder geschickten Personen, allerlei Titel, Würden und Vorzüge erteilen. Die Reichen vermehren den Reichtum des Landes, oder des Staats; geschickte Personen aber können öfters einem Lande den größten Vorteil zuwege bringen.

§. 35.

c) Den Fremden, die sich anbauen, oder ankaufen, muß man eine zeitige Befreiung von allen Abgaben, den Künstlern aber in solchen Manufakturen, die man erst in Flor bringen will, tätige Beihülfe angedeihen lassen. Ja es ist auch ratsam, den Neuanbauenden eine wirkliche Unterstützung an Gelde, oder Baumaterialien auszusetzen.

§. 36.

d) Allerlei Ordnungen, welche das eheliche Leben erleichtern und befördern, sind gleichfalls zu den Anwachs der Einwohner unumgänglich nötig. Hierzu würde dienen, wenn man die mancherlei Unkosten abzuschaffen suchte, die den Anfang des Ehestandes schwer machen, und wenn man den häufigen Anwachs der Ordensgeistlichen zu vermeiden wüßte, deren Stand zwar an sich selbst sehr gut und löblich sein kann, doch aber von vielen aus unrechten Absichten ergriffen wird.

§. 37.

e) Gute Anstalten wider die Pest und andere ansteckende Krankheiten sowohl, als überhaupt eine Aufsicht auf das Arzneiwesen, verhindern endlich die Verminderung der Einwohner, und gehören also ebenfalls hieher.

§. 38.

2) Die andere Quelle des Reichtums sind die Commercien, und zwar diejenigen, die außerhalb Landes mit auswärtigen Nationen geführet werden; denn diejenigen, so sich nur in dem Bezirke des Landes einschließen, befördern zwar die Nahrung, und den Umtrieb des Geldes, dahero besser unten davon zu handeln ist; in der Tat aber erwerben sie niemals dem Lande einen größern Reichtum.

§. 39.

Wenn aber die Kaufmannschaft mit auswärtigen Völkern dem Staate Reichtum zuwege bringen soll; so muß man nicht bloß fremde Waren kommen lassen; dieses zieht vielmehr die Armut des Landes unvermeidlich nach sich; sondern man muß sich bemühen, im Lande selbst solche Waren zu gewinnen, die uns die Ausländer abnehmen, dergestalt, daß vor diejenigen Waren, die das Land unumgänglich nötig hat, nicht nur kein Geld außer Landes gehe, sondern noch Geld in das Land gezogen wird.

§. 40.

Folgende drei Grundsätze sind demnach anzunehmen, welche der Staat bei allen Maßregeln zu den auswärtigen Commercien vor Augen haben muß.

A. Man muß auf alle Art zu verhüten suchen, daß Geld außer Landes gehet. Dieses ist der erste und vornehmste Grundsatz. Weil aber dieses durch ein bloßes Verbot und Anstalten wider die Ausfuhre des Geldes zu erhalten, unmöglich ist, wenn nicht der Kredit des Landes darunter leiden soll; so müssen diesen Grundsatz noch zween andere unterstützen, nämlich die folgenden:

§. 41.

B. Man muß, nebst den Manufakturen, vornehmlich solche Waren im Lande zu gewinnen suchen, welche die Ausländer nicht entbehren können. Von dieser Art sind alle unedlen Metalle, Mineralien, Bergsalze und Farben, als von welchen Holland gar nichts, Frankreich, Engelland, Portugal und Spanien aber gar wenig erzeugen, und die auch in andern Weltteilen gebrauchet werden; Teutschland aber, und besonders Östreich, haben gewiß einen Überfluß daran, wenn man sich Mühe geben wollte.

§. 42.

C. Man muß die Ausländer anzureizen suchen, daß sie uns die Landeswaren abnehmen. Diese Anreizung, weil der Kaufmann bloß aus Gewinn handelt, besteht allein darinnen, daß man sie ihm tüchtig und wohlfeil liefert.

§. 43.

Zufolge dieser Grundsätze müssen diensame Mittel angewendet werden, welche diese Endzwecke zu bewirken vermögend sind; nämlich a) Anstalten, um dergleichen Waren zu gewinnen. Diese bestehen vornehmlich in Anreizung vor die Untertanen durch die Freiheiten, Belohnungen und Gnadenbezeigungen, daß sie sich auf den Anbau derselben legen.

§. 44.

b) Ferner werden zu den Commercien außerhalb Landes vorteilhaftige Commercientraktate mit auswärtigen Mächten erfordert, um den Untertanen allerlei Vorzüge und Zollfreiheiten in fremden Ländern zu verschaffen. Dergleichen Traktate sind um so leichter zu schließen, jemehr ein Staat in Ansehn steht, und eine beträchtliche Kriegsmacht unterhält.

§. 45.

c) Die Verbesserung und gute Einrichtung der Landstraßen, Seehäfen, Kanäle und Flüsse, dienen gleichfalls zur Aufnahme der auswärtigen Handlung, indem die Fortschaffung der Waren Fremden und Untertanen dadurch bequem und leicht gemacht wird. Desgleichen trägt eine gute Einrichtung des Post- und Fuhrwesens sehr viel dazu bei.

§. 46.

d) Ohne eine gute Einrichtung der Mauten und Zölle, die der Aufnahme der Commercien gemäß ist, kann endlich in dieser Sache unmöglich etwas fruchtbarliches zu Stande gebracht werden. Es sind aber bei den Mauten, Zöllen, oder Akzisen folgende Grundsätze anzunehmen:

A. Alle eingehende entbehrliche Waren, davon das Ähnliche im Lande selbst verfertiget wird, oder die nur zur Pracht und Verschwendung dienen, müssen mit hohen Mauten oder Akzisen beleget werden;

B. Alle unentbehrliche Waren hingegen mit mäßigen; denn es würde sonst bloß eine Art der Kontribution sein, welchen Endzweck die Zölle aber eigentlich nicht haben sollen; zu geschweigen, daß ein Regente widrigenfalls seinen Untertanen das Unentbehrliche und die Notdurft schwer machen würde.

C. Ausgehende, oder nur durchpassierende Waren müssen mit gar keinen, oder doch nur geringen Wegmauten oder Zöllen beschweret werden. Es wird dadurch Geld und Nahrung in das Land gebracht, und öfters selbst zu Commercien Anlaß gegeben.

§. 47.

3) Endlich, wenn die natürliche Beschaffenheit des Landes die Hand bietet: so sind die Bergwerke eine hauptsächliche Quelle des Reichtums eines Staats. Da wir hier die Bergwerke nicht als eine Regal- oder Kameralsache, sondern als ein Mittel zur Glückseligkeit des Staats betrachten, so sind dabei folgende Grundsätze anzuwenden:

§. 48.

A. Man muß Gold und Silber bei einer geringen Ausbeute, ja so gar mit Verlust zu bauen suchen; denn das Land wird dadurch reicher, weil doch die aufgewendeten Kosten allemal im Lande bleiben. Überdies werden dadurch eine Menge Menschen ernähret, wodurch der Umtrieb des Geldes notwendig mehr befördert werden muß.

§. 49.

B. Man muß neue und vorteilhaftige Arten, die Metalle zu schmelzen und auszubringen, annehmen und einführen; denn in der Natur lernen wir nie aus, und wir finden in keiner Wissenschaft mehr, als hier, daß unsere Vorfahren nicht alles erschöpfet haben.

§. 50.

C. Man muß suchen, sich neben den Metallen in einerlei Bergwerken, allerlei andere Mineralien, Bergsalze und Farben zu gute zu machen. Denn die Gold- Silber- und andern Erze stehen gemeiniglich mit verschiedenen andern Mineralien, die öfters nicht geachtet und zu Nutze gemacht werden, in einerlei Gebirge, wo sie mit geringen Kosten gebauet werden können.

§. 51.

D. Bei allen Bergwerken muß man Betracht auf das Holz nehmen, und solches so viel, als möglich, schonen. Denn es ist zu besorgen, daß es zwar nie an Erzen, aber wohl am Holze und Kohlen, sie zu arbeiten, fehlen wird.

§. 52.

II. Gleichwie wir oben (§. 30.) gezeiget haben, daß der Reichtum, wenn er tot und müßig liegt, einem Lande wenig Nutzen zuwege bringet; wannenhero derselbe beständig in den Gewerben aus einer Hand in die andere gehen muß; so müssen wir nunmehro von dem Umtriebe des Geldes handeln. Es werden aber vornehmlich viererlei Mittel erfordert, wenn dieser Umtrieb befördert werden soll; nämlich:

1) Sicherheit und Bequemlichkeit vor die auszuleihenden Gelder.

2) Gute Einrichtung der Manufakturen und Fabriken, oder überhaupt der Commercien innerhalb Landes.

3) Gute Ordnung bei den Handwerkern und allen übrigen Gewerben.

4) Anstalten wider den Müßiggang, das Betteln und die Verschwendung.

Es ist nötig, daß wir alle diese Mittel besonders erwägen.

§. 53.

1) Die Sicherheit und Bequemlichkeit vor die auszuleihenden Gelder verhindert allerdings, daß der Reichtum des Landes nicht tot und müßig liegen bleibt. Denn jederman zieht gerne Nutzen von seinen Geldern, wenn er nicht befürchten darf, dieselben zu verlieren. Es wird aber diese Sicherheit und Bequemlichkeit durch folgende Beschaffenheiten verschaffet.

§. 54.

a) Zuvörderst müssen gute und scharfe Gesetze wider die Banquerote und wucherlichen Kontrakte vorhanden sein, dergestalt, daß beide scharf untersuchet und bestrafet werden, besonders, wenn die ersten vorsetzlich geschehen, oder durch Verschwendungen zugezogen sind.

§. 55.

b) Sodann wird eine schleunige Verwaltung der Gerechtigkeit in allen Wechsel- und Schuldsachen dazu erfordert. Zu diesem Ende müssen gute Wechselordnungen vorhanden sein, und bei klarem Brief und Siegel nicht der geringste Verschleif der Sache gestattet werden. Die in vielen Ländern eingeführten Handelsgerichte, wo gleichsam die Sache stehenden Fußes geschlichtet wird, helfen diesen Endzweck nicht wenig befördern.

§. 56.

c) Ferner dienen zu dieser Sicherheit und Bequemlichkeit der auszuleihenden Gelder gute Bancoanstalten. Man hat vornehmlich zweierlei Banken, nämlich Wechsel- und Leihebanken. Die ersten dienen hauptsächlich zur Bequemlichkeit der großen Kaufleute, damit sie daselbst die auszuzahlenden Gelder einander ab- und zuschreiben lassen können. Die andern sind auf den Kredit entweder des Landesherrn, oder der Stände, oder gewisser Handlungsgesellschaften errichtet, damit man daselbst seine Gelder sicher unterbringen könne; und dieser Kredit muß auf das vollkommenste erhalten werden.

§. 57.

2) Der Umtrieb des Geldes wird ferner durch eine gute Einrichtung der Commercien innerhalb Landes, oder der Manufakturen und Fabriken befördert, damit ein jeder dadurch vor seine Hände die Arbeit, und mithin bequemen Unterhalt finden möge. Hier muß man zuvörderst den Grundsatz annehmen, daß man alles dasjenige, was im Lande selbst erzeuget und verfertiget werden kann, zu gewinnen suche, und darzu die behörigen Anstalten machen müsse. Die Seiden- und Wollenmanufakturen verdienen hierunter das größte Augenmerk, weil dabei viele Menschen ernähret werden können, und widrigenfalls große Geldsummen außer Landes gehen. Man muß demnach solche durch folgende Mittel zu gründen suchen:

§. 58.

a) Durch Anreizung der Untertanen, daß sie sich darauf befleißigen. Dieses geschieht am besten durch Belohnungen. Colbert hat viele Millionen aufgewendet, um den Seidenbau, die Seiden- und Tuchmanufakturen in Frankreich zu gründen; die aber dieses Reich nach der Zeit zehenfältig wieder gewonnen hat.

§. 59.

b) Die Berufung auswärtiger Künstler und geschickter Leute bei solchen Manufakturen und Fabriken, die man erst gründen will, ist gleichfalls nötig. Man muß dieselben mit Befreiung und tätiger Beihülfe unterstützen, und in Stand setzen, daß sie sich selbst verlegen können. Denn geschickte Leute bleiben nicht, wenn sie nichts gewinnen können.

§. 60.

c) Hierbei muß man die Monopolien verhüten. Es sind aber Monopolien, wenn jemand dahin befreiet und begnadiget wird, daß er eine gewisse Ware mit Ausschließung aller andern verfertigen, oder im Lande vertreiben darf. Diese Monopolien verhindern, daß die Sache nie guten Preises und in solcher Güte und Menge erzeuget werden kann, daß damit bei auswärtigen Vertrieb zu finden wäre.

§. 61.

d) Vornehmlich aber muß man auf gute Gesetze über die Ein- und Ausfuhre der Waren und Landesprodukte bedacht sein. Besonders müssen nie rohe und unverarbeitete Materialien aus dem Lande geführet werden. Denn da sie die Ausländer einmal nötig haben: so kann das Land noch mehr daran gewinnen, und seinen Einwohnern Nahrung verschaffen, wenn man sie völlig verarbeitet und verfertiget außer Landes sendet.

§. 62.

e) Die Messen und Märkte sind gleichfalls den Commercien innerhalb Landes sehr beförderlich. Die Märkte sind die eigentlichen Kanäle zu dem Umtriebe des Geldes, wo es von einem Nahrungsstande zu dem andern übergeht; und die Messen sind eben dieses im Großen. Jedoch, weil es bei den Messen auch mit auf die Ausländer ankommt; so kann keine Messe neu gegründet werden, wenn nicht die dazu erwählte Stadt eine gute Lage, und das Land solche Produkte hat, welche die Ausländer suchen und abnehmen.

§. 63.

3) Gute Ordnungen bei den Handwerkern, und allen übrigen Gewerben, sind die dritte Beschaffenheit, welche zu dem Umtriebe des Geldes erfordert wird. In der Tat verdienen die Handwerker mehr Aufmerksamkeit, als in vielen Staaten geschieht. Denn der Umtrieb des Geldes, und der Zusammenhang des gesamten Nahrungsstandes beruhet nicht zu geringen Teil auf denselben. Es muß aber diese Aufmerksamkeit vornehmlich auf folgende Stücke gerichtet sein:

§. 64.

a) Die benötigten Handwerker, und die darzu erforderlichen Materialien müssen in keinem Orte und in keiner Gegend des Landes ermangeln. Zu dem Ende muß ein Manufaktur- oder Handwerkskollegium oder Departement von allen im Lande befindlichen Handwerkern, denen unter und bei ihnen arbeitenden Personen, ihren Materialien und Geräten, die genauesten Verzeichnisse haben, und das Benötigte darnach verfügen; besonders aber muß es dahin sehen, daß von ihren Materialien und Handwerksgeräte alles mögliche im Lande erzeuget und verfertiget werde.

§. 65.

b) Dieses Manufakturkollegium muß auch vor die Tüchtigkeit derer von den Handwerkern zu verfertigenden Waren sorgen, und sowohl ihre Güte, Beschaffenheit und Preis bestimmen, als bedacht sein, durch Handwerks- und mechanische Realschulen, tüchtige und geschickte Leute vor die Handwerke und Gewerbe erziehen zu lassen.

§. 66.

c) Zu dem Ende sind viele bei den Handwerkern annoch befindliche Mißbräuche abzuändern; und ob zwar die Zünfte beibehalten werden können: so muß ihnen doch alle Anmaßung des Zwanges über ihre Mitglieder verwehret sein, und jedem geschickten Armen der Weg offen stehen, ohne Entgeld das Meisterrecht zu erlangen.

§. 67.

d) Bei dem ungewissen Nutzen der Zünfte und ihren Mißbräuchen muß man sie immer mehr einzuziehen suchen; und dahero die neu zu gründenden Manufakturen und Fabriken davon ausnehmen; am allerwenigsten aber muß man gestatten, daß alle und jede Gewerbe in Zünfte eingeschlossen werden, wie in Wien gewöhnlich ist; allwo die Sauerkrauthändler, die Fleck- oder Kaldaunensieder, die Brandweinbrenner, und kurz, alle und jede Gewerbe in Zünfte eingeschlossen sind, davon die Stellen überdies mit großem Gelde gekaufet werden müssen.

§. 68.

4) Endlich befördert den Umtrieb des Geldes, daß ein jeder angehalten werde, sich ehrlich zu ernähren, und sich des Müßigganges, des Bettelns und der Verschwendung enthalte. Dahero würde es sehr nützlich sein, wenn jederman gehalten wäre, Rechenschaft zu geben, wovon er sich ernähret. Die Römer hatten zu dem Ende die Censores, und in Persien und China ist dieses noch heute zu Tage gewöhnlich.

§. 69.

Es ist aber das Betteln eine offenbare Pest des gemeinen Wesens, und ein Merkzeichen, daß sich das Land in keinen allzu glücklichen Umständen befinde. Wannenhero solches durchaus nicht zu gestatten ist; sondern die jungen und starken Bettler in gewisse Arbeitshäuser einzuschließen, die alten und gebrechlichen aber in Spitälern zu ernähren. Dieses ist allein das wahre Mittel wider das Betteln, und kann ohne große Kosten des Staats geschehen. Es waltet auch keine Ungerechtigkeit dabei vor, wenn Manufakturen und Fabriken im Lande vorhanden sind, und folglich jeder vor seine Hände Arbeit finden kann.

§. 70.

Die Verschwendung ist am schweresten zu bestimmen, und zu verhüten. Sie schadet auch dem Staate so viel nicht; indem es ihm gleichgültig sein kann, in welchen Händen sich der Reichtum befindet. Nur muß eine weise Regierung dahin ihre Vorsorge richten, daß die Mittel zur Verschwendung nicht aus auswärtigen Ländern eingeführet werden: indem sie sonst doppelt schädlich ist, und sowohl einzelne Familien, als das gesamte Land arm machet.

Zweiter Abschnitt.
Von den Pflichten der Untertanen, um die Mittel und Maßregeln des Regenten zu ihrer Glückseligkeit zu befördern und zu erleichtern.

§. 71.

Die Untertanen haben gleichfalls gewisse Pflichten auf sich, um die Mittel und Maßregeln des Regenten, die er zu Bewirkung ihrer Glückseligkeit zu ergreifen hat, zu befördern und zu erleichtern (§. 2.). Diese Pflichten kann man auf zweierlei Art betrachten. Sie sind nämlich:

I. Entweder unmittelbare Pflichten gegen den Regenten und den Staat, ohne deren Erfüllung das Land zwischen beiden Teilen nicht bestehen kann; oder sie sind

II. Mittelbare Pflichten, die sie zwar unmittelbar gegen sich selbst zu beobachten haben, die aber auch mittelbarer Weise Pflichten gegen den Staat und Regenten sind; weil die

Vernachlässigung dieser Pflichten sie zu unnützen Mitgliedern des gemeinen Wesens macht, und sie außer Stand setzet, das Ihrige zur Glückseligkeit des Staats beizutragen.

§. 72.

Dieser Abschnitt teilet sich demnach nach Maßgebung dieser zweierlei Pflichten in zwei Hauptstücke, davon das erste Hauptstück von den unmittelbaren Pflichten der Untertanen, das zweite aber von ihren mittelbaren Pflichten gegen den Regenten oder den Staat, oder von der Schuldigkeit mit ihrem Vermögen wohl zu wirtschaften, handeln wird.

Erstes Hauptstück.
Von den unmittelbaren Pflichten der Untertanen gegen den Regenten und den Staat.

§. 73.

Diese unmittelbare Pflichten der Untertanen, ohne welche das Wesen einer Republik nicht bestehen kann, sind vornehmlich

1. Der Gehorsam,
2. Die Treue, und
3. Die Aufbringung derer zu dem großen Aufwande des Staats nötigen Kosten.

Von einer jedem dieser Pflichten haben wir also besonders zu handeln:

1. Von dem Gehorsam.

§. 74.

Der Gehorsam gegen die Befehle, Gesetze und Anordnungen des Regenten ist die wesentliche Pflicht aller Untertanen, ohne welche die Verfassung einer Republik unmöglich bestehen kann. Denn indem sie zu Beförderung ihrer Glückseligkeit eine höchste Gewalt über sich gesetzet haben; so ist der Mangel des Gehorsams den hauptsächlichen Endzwecken einer Republik gerade zuwider.

§. 75.

Man muß dannenhero in einer weisen Regierung über die Erfüllung der einmal gegebenen Befehle auf das strengste halten; weil man sonst den abgezielten heilsamen Endzweck niemals erreichen kann. Zu dem Ende müssen die Bedienten des Regenten und die Unterobrigkeiten, wenn sie hierinnen ihre Pflicht außer Augen setzen, scharf bestrafet werden; und es ist gut, sich der sogenannten Fiskäle, oder wie sie in Frankreich genennet werden, der Advokaten des Königs zu gebrauchen, welche auf die Beobachtung der Edikte und Gesetze ein wachsames Auge haben müssen.

§. 76.

Allein, bei einer weisen Regierung müssen auch keine Gesetze und Befehle erteilet werden, die nicht vorhero auf das reiflichste überleget sind, ob sie die Wohlfahrt des Staats in der Tat befördern, und mit Bestand erfüllet werden können; denn Gesetze und Anordnungen, welche bald widerrufen werden, oder von selbst nicht bestehen können, wirken eine gewisse Art der Verachtung in den Untertanen, dergestalt, daß hernach auch die weisesten Anordnungen in den Herzen des Volks wenig Eindruck machen. Überhaupt besteht in Erteilung der Gesetze und Befehle und in den Mitteln, sie zur Erfüllung zu bringen, die größte Weisheit eines Monarchen. Denn ein weiser Monarch kann das Genie und die Neigungen des Volks bilden, wie er will, wenn er die gehörigen Mittel anwendet.

§. 77.

Ohne diesem Gehorsam kann der Endzweck des gemeinen Wesens nicht bestehen, und die gemeinschaftliche Glückseligkeit nicht erreichet werden (§. 74.). Dannenhero, wenn in einer Republik Mitglieder vorhanden sind, welche auf beständig, oder in gewissen Fällen sich des Gehorsams entbrechen können, so ist dieses ein Ungeheuer von einer Republik, welche nicht einmal eine Republik genennet werden kann; und der Regent ist nicht allein berechtiget, sondern auch nach seiner Pflicht verbunden, diese elende Gestalt einer Republik abzuändern. Teutschland ist keine solche monströse Republik. Denn ob zwar bei den mächtigen Ständen der Gehorsam zuweilen fehlet; so geschieht es doch de facto unter allerlei Vorwand, nicht aber nach der wahren Staatsverfassung unsers Vaterlandes, die auch die mächtigsten Stände zu dem Gehorsam verbindet, nämlich gegen den Kaiser und das gesamte Reich, als welche die oberste Gewalt besitzen; nicht aber gegen den Kaiser allein; welcher, vermöge der Grundverfassung unsers Vaterlandes, die wenigste Gerechtsame der obersten Gewalt allein ausüben kann.

§. 78.

Der Regent ist auch nicht allemal die Ursache seiner Befehle anzuzeigen schuldig; weil die Geheimnisse des Staats und der Regierung ohne Nachteil nicht entdecket werden können. Der Gehorsam der Untertanen darf sich dannenhero nicht auf die Güte und Nützlichkeit der Gesetze und Befehle gründen, sondern ein jeder Untertan muß zu der obersten Gewalt das Vertrauen haben, daß sie keine Befehle geben wird, die nicht der Glückseligkeit des Staates gemäß sind.

§. 79.

Jedoch soll ein weiser Regent nicht leicht Befehle geben, ohne darinnen zugleich die Ursachen und Bewegungsgründe anzuzeigen; weil er mit denkenden Wesen zu tun hat, welche nicht gerne sklavisch und blindlings gehorchen. Dannenhero ist es gut, wenn die Edikte wohl, überzeugend, und in einer schönen Schreibart abgefasset sind. Allein, es ist keine Schuldigkeit des Regenten, daß er solches in allen und jeden Fällen tun müsse; auch sind öfters noch geheime Ursachen vorhanden, über diejenigen, welche man öffentlich bekannt macht.

§. 80.

Aus diesen Grundsätzen folget, daß auch in eingeschränkten Regierungsformen der Gehorsam niemals zu verweigern ist; gesetzt, daß auch die Befehle wider die Freiheit der Untertanen zu laufen scheinen. Denn die Wohlfahrt des Staates ist das höchste Gesetz in demselben, und die Untertanen können die geheimen Ursachen des Regenten einzusehen nicht verlangen. (§. 78). Es kann auch in zweifelhaftigen Fällen die Entscheidung bei ihnen keinesweges beruhen. Dahingegen ist nichts so gewiß; als daß der Mangel des Gehorsams die wesentlichste Pflicht der Untertanen und die Wohlfahrt des Staats über den Haufen wirft.

§. 81.

Gesetzt auch, daß ein Regente durch seine Gesetze und Anordnungen die Grenzen seiner Macht überschritte, und die Freiheit der Stände und Untertanen in der Tat verletzte: so halten doch die gründlichsten Gelehrten davor, daß vernünftige Untertanen außer beweglichen Vorstellungen ihrer Pflicht und Gehorsam zuwider nichts unternehmen dürfen; weil die Entbrechung des Gehorsams nur ihr größeres Unglück, innerliche Kriege und den Untergang der Republik verursachet.

§. 82.

Dahingegen behaupten die so genannten Monarchomachi, daß die Untertanen bei jeder Verletzung ihrer Freiheiten sich widersetzen und sich eines tyrannischen Regiments entledigen können. Nach den obigen Grundsätzen sind dieses gefährliche und unselige Meinungen. Dennoch aber kann man nicht leugnen, daß ein Regent, welcher seiner Pflicht nach, die Glückseligkeit des gemeinen Wesens befördern soll, wenn er offenbar das Unglück des Staats suchet, und als Tyrann und Feind handelt, auch als Feind anzusehen ist.

§. 83.

Hiebei sind noch verschiedene Fragen zu erörtern; besonders von der Heeresfolge, ob die Untertanen in allgemeiner und höchster Gefahr des Staats die Waffen zu führen und das Vaterland zu verteidigen schuldig sind, welches allerdings bejahet werden muß. Jedoch, ist hiervon die so genannte Enrollierung wohl zu unterscheiden, welche keine Heeresfolge genannt werden kann, sondern auf den Fuß einer beständigen Miliz hinaus läuft.

§. 84.

Die Heeresfolge oder das Aufgebot der Untertanen zur Verteidigung des Staats ist ehedem gar gewöhnlich gewesen. Es fragt sich aber, nachdem die Verfassung einer beständigen Miliz eingeführet worden, und die Untertanen deshalb weit mehr Abgaben entrichten müssen, ob sie auch noch heute zu Tage die Heeresfolge zu leisten schuldig sind. Da die Verteidigung des Staats einen jeden Untertan so nahe angehet, als seine eigene, indem er dessen Glückseligkeit auf alle mögliche Art zu befördern verbunden ist; so ist an der Schuldigkeit keinesweges zu zweifeln.

§. 85.

Es fragt sich aber, ob ein Regent weislich handelt, wenn er die letzte Wohlfahrt des Staats auf das zusammengeraffte, ungeübte und feige Landvolk ankommen läßt. Meines Erachtens muß man eher zu Auxiliartruppen oder zu Friedenstraktaten, man erhalte auch noch so schlechte Bedingungen, seine Zuflucht nehmen, als das Landvolk dem Feinde entgegen stellen, weil es gewiß nichts hilft, und das Land doch desto mehr ruinieret wird.

§. 86.

Nur solche Länder kann man ausnehmen, wo die Untertanen natürliche Vorteile durch die Gebirge vor sich haben und in Waffen nicht ganz ungeübt sind, als z. E. in Tirol und in der Schweiz, wo das Landvolk öfters den Feind übel abgefertiget hat.

§. 87.

Es ist ein ganz gemeines Gebrechen in vielen Ländern, daß man die Widersetzlichkeit der Untertanen gegen die Unterobrigkeiten, die sie unter dem Vorwand, ihre Gerechtsame zu verteidigen, begehen, übersiehet, oder doch gar geringe bestrafet. Allein meines Erachtens ist dieses ein böses Beispiel, das selbst vor den Regenten nachteilige Folgen haben kann, indem er sich der Unterobrigkeiten zu Ausübung seiner Befehle bedienen muß.

2. Von der Treue.

§. 88.

Eine unverbrüchliche Treue gegen den Regenten, welche gleichfalls aus dem Endzwecke der Republik fließet, ist die zweite hauptsächlichste Pflicht der Untertanen; und sie ist ihnen so wesentlich, daß ohne dieselbe die Beschaffenheit einer Republik und die Eigenschaft der Untertanen nicht bestehen kann. Denn, da ein jedes Mitglied der Republik die Beförderung der gemeinschaftlichen Wohlfahrt zum Endzwecke haben muß; so ist es unmöglich, sich Mitglieder eines Staats vorzustellen, welche der Treue gegen denselben und den Regenten, als obersten Besorger der Angelegenheiten des gemeinen Wesens, entlediget sein können.

§. 89.

Überhaupt ist dieses eine Pflicht, wider welche nur niederträchtige Gemüter sündigen können; indem ein edler Geist allemal sein Vaterland lieben, und den Nachteil desselben mit Verachtung seines eignen anscheinenden Vorteils abzuwenden suchen wird. Wenn auch ein vernünftiger Mensch seinem Nächsten rechtschaffen zu dienen und nützlich zu sein schuldig ist; so ist er vielmehr gegen den Staat und den Regenten hierzu verpflichtet, als gegen welche er die engsten Verbindlichkeiten auf sich hat.

§. 90.

Aus dieser Treue folget demnach, daß die Untertanen im Notfalle eher Gut und Blut vor ihren Regenten, und die Erhaltung der gemeinschaftlichen Wohlfahrt aufzusetzen schuldig sind, als daß sie von dieser unverbrüchlichen Treue im geringsten abweichen könnten. Dannenhero ist es dieser Treue offenbar entgegen, wenn sich die Untertanen dem in ihre Grenzen eindringenden Feinde ergeben, oder demselben auf allerlei Art Vorschub tun. Wenigstens müssen sie die ausgeschriebenen Kontributionen und Proviantlieferungen nicht ohne Vorbewußt ihres Regenten leisten.

§. 91.

Ein weiser Regent aber, wenn er seine Untertanen nicht hinlänglich schützen kann, wird sie auch durch seine Befehle nicht davon abhalten; weil dergleichen Widersetzung vor ihn keinen Nutzen hat, und doch ohnfehlbar den gänzlichen Untergang des Landes nach sich ziehen würde. Es müssen dannenhero ganz besondere Umstände vorhanden sein, wenn es der Weisheit eines Regenten gemäß sein soll, seinen Untertanen anzubefehlen, daß sie flüchten, ihre Habseligkeiten verbergen, oder gar das Land verwüsten sollen.

§. 92.

Wider diese unverletzliche Treue können keine Privilegia einige Gültigkeit haben; dahero leicht zu entscheiden ist, was von den Privilegiis einiger Städte, Kraft welcher sie sich dem Feinde zu ergeben berechtiget sein wollen, zu halten sei: denn nach der gesunden Vernunft kann ohne Zweifel keine Ausnahme statt finden, welche das Wesen der ganzen Sache über den Haufen wirft.

§. 93.

Besonders müssen die befestigten Städte vor dem offenen Lande ihre Treue zu erkennen geben, und nicht zur Zeit der Belagerung entweder durch bewegliche Bitten, oder tumultuarische Bewegungen die Besatzung zur Übergabe zu bringen suchen, bloß um die Verwüstung ihrer Häuser und Habseligkeiten zu vermeiden; wie denn in solchem Falle sowohl der Kommendant, als auch zu seiner Zeit der Regent dergleichen Bezeigen mit äußerster Strafe zu belegen berechtiget ist.

§. 94.

Überhaupt ist die Untreue ein solches Verbrechen, welches, da es dem Endzwecke der Republik unmittelbar entgegen handelt, mit großer Strenge bestrafet werden muß. Jedoch müssen auch bei dieser Mißhandlung die Regeln einer wahren Gerechtigkeit nicht außer Augen gesetzet werden: und ob es zwar die Umstände und die Geheimnisse des Staates nicht allemal zulassen, Untersuchungen vor den ordentlichen Richtern anzustellen; so muß doch nichts auf bloßes Angeben und Verdacht, sondern auf hinlänglichen Beweis verhänget werden.

§. 95.

Dannenhero sind die sogenannten Lettres de Cachet, welche in Frankreich eingeführet sind, und wodurch viele unschuldige ohne Untersuchung relegieret, oder ins Gefängnis gesendet werden, keinesweges zu billigen. Sie sind vielmehr als eine offenbare Frucht einer despotischen Regierung, wodurch der heimliche Haß, Neid und die Verleumdung tausend Ungerechtigkeiten verursachen, von allen vernünftigen Menschen zu verabscheuen.

§. 96.

Hierbei ist vornehmlich die Lehre von dem sogenannten Dominio eminenti, oder Obereigentum des Regenten vorzutragen und zu untersuchen, ob wirklich ein solches Obereigentum des Regenten und des Staates über alles Vermögen und Güter der Untertanen statt habe: das Obereigentum des gesamten Staates über das Vermögen und die Güter der Untertanen ist in so weit nicht zu leugnen, daß dem Staate der Gebrauch derselben zustehe, wenn es dessen Glückseligkeit unumgänglich erfordert. Allein es ist sehr schwer zu entscheiden, ob eine wahre oder vermeinte Notwendigkeit vorhanden ist; und der Gebrauch, zu welchem der Staat berechtiget ist, kann das Eigentum der Privatpersonen keinesweges ausschließen. Mithin bleibt das Obereigentum des Staates vielen Schwierigkeiten unterworfen.

§. 97.

Diese ganze Lehre kann dennoch weit besser aus dem Grundsatze entschieden werden, daß das Wohl des gesamten Staates auch im Notfalle mit dem Schaden einiger Privatpersonen besorget werden muß. Gleichwie nun dieser Grundsatz seine unstreitige Richtigkeit hat; so folget alles daraus, was einige Gelehrte aus dem Obereigentume ableiten, ohne daß man eben das Dominium eminens selbst zuzugestehen nötig hat. Z. E. daß man Privatpersonen zu Geiseln an den Feind geben darf, daß man die Grundstücke der Untertanen zu Befestigungswerken und andern Kriegsverrichtungen anwenden darf, u. d. g. Jedoch muß solchen Privatpersonen der Schade vergütet werden, wenigstens, wenn sich die Republik wieder in ruhigem Zustande befindet. Denn alle Untertanen müssen nach einer gerechten Gleichheit das Ihrige zur Wohlfahrt des Staates beitragen.

§. 98.

Am allerwenigsten aber kann die Lehre von dem Dominio eminenti so weit erstrecket werden, daß die Güter der Untertanen zu unnötigen Anstalten, oder zum Vergnügen des Regenten, nach eigenem Belieben gebrauchet und beschädiget werden können. Die Jagd- und Forstbedienten in vielen Ländern verfahren nicht anders, als wenn die Güter der Untertanen dem Regenten eigentümlich gehörten, und mithin von dem Wilde und durch die Jagden ohne weiteres Bedenken zu Grunde gerichtet werden dürften. Wenn aber den Privatpersonen in unumgänglichen Notfällen der Republik der Schade ersetzet werden muß; so ist um so viel weniger hieran in unnötigen, oder bloß zum Vergnügen gereichenden Anstalten zu zweifeln.

3. Von Aufbringung der Kosten des Staats.

§. 99.

Die dritte unmittelbare Pflicht der Untertanen gegen den Monarchen und den Staat besteht in Aufbringung des zu der Regierung des Staats erforderlichen Aufwandes. Denn da ein Staat eine Menge Anstalten erfordert, die große Kosten verursachen; so muß entweder die Republik genugsame Güter darzu ausgesetzt haben, oder die Untertanen, da sie einmal zu Beförderung ihrer Glückseligkeit die Verfassung eines gemeinen Wesens eingeführet haben, müssen einzeln aus ihrem bereitesten Vermögen nach einer gerechten Gleichheit diese Kosten zusammen bringen.

§. 100.

Die Art und Weise, diese Kosten aufzubringen, geht allenthalben dahin, daß 1. dem Monarchen gewisse vorzügliche aus der Majestät abfließende Rechte, die man Regalien nennet, auszuüben, und die Einkünfte daraus zu ziehen, überlassen sind. Denn entweder diese Regalien sind ohnedem mit der Ausübung der obersten Gewalt unzertrennlich vereiniget, oder sie sind solchergestalt beschaffen, daß sie ohnedem von den Untertanen gemeinschaftlich nicht genutzet werden können, ohne verschiedenes Nachteil in dem gemeinen Wesen zuzulassen; und in der Tat sind sie ein Weg zu den Kosten des Staates, der den Untertanen am wenigsten beschwerlich ist.

§. 101.

Allein diese Einkünfte aus den Regalien reichen zu dem großen Aufwande des Staates nicht zu. Es müssen dannenhero 2. die Untertanen gewisse auf die Güter oder Personen gelegte Geldabgaben leisten, welche Steuern, Schatzungen, Ungelder oder Kontributionen genennet werden. Die Verbindlichkeit der Untertanen, dieselben zu leisten, ist außer Streit. Allein nach dem Endzwecke der Republiken müssen sie nicht übermäßig sein, und die Untertanen der Lebensnotdurft berauben. Es ist auch eben so gewiß, daß der Regent damit wohl zu wirtschaften, und solche zu nichts anders, als zur Glückseligkeit des Staats anzuwenden, in seinem Gewissen verbunden ist.

§. 102.

Hierüber sind 3. in den meisten Reichen und Ländern gewisse, ehedem zu der Hofhaltung des Regenten besonders gewidmete Güter vorhanden, welche Kammergüter oder Domänen genennet werden, und in Grundstücken und damit verknüpften Gerechtsamen bestehen, dergestalt, daß sie den Landgütern der Edlen und anderer Privatpersonen fast in allem ähnlich sind. Die Einkünfte davon dienen gemeiniglich den Kosten des Staates zur Beihülfe.

§. 103.

Aus diesen drei Quellen entspringen alle Einkünfte des Regenten, von deren bequemen und nützlichen Aufbringung und Verwaltung in der zweiten Abteilung besonders gehandelt werden wird. Denn hier waren sie nur in so weit zu erwähnen, als die Aufbringung dieser Kosten zu den Pflichten der Untertanen gehöret.

Zweites Hauptstück.
Von den mittelbaren Pflichten der Untertanen gegen den Staat, oder von der guten Wirtschaft mit ihrem Vermögen, worinnen die Haushaltungskunst vorgetragen wird.

§. 104.

Über die unmittelbaren Pflichten der Untertanen, die wir im vorigen Hauptstücke abgehandelt haben, sind noch gewisse mittelbare Pflichten derselben zu erwägen (§. 71). Diese bestehen vornehmlich in der Schuldigkeit, mit ihrem Vermögen wohl zu wirtschaften. Denn ob zwar ein jeder Mensch vornehmlich wegen der Pflichten gegen sich selbst verbunden ist, vor die Erhaltung seines Vermögens, und vor sein künftiges Auskommen in der Welt, besonders im Alter, Sorge zu tragen: so sind doch dieses zu gleicher Zeit mittelbarer Weise Pflichten gegen den Monarchen und den Staat. Die Vernachlässigung dieser Pflichten gegen sich selbst zieht zugleich nach sich, daß er ein unnützes Mitglied des gemeinen Wesens wird, und dem Staate nicht allein die schuldigen Abgaben zu leisten sich außer Stande befindet, sondern auch dem gemeinen Wesen und seinen Mitbürgern überlästig wird.

§. 105.

Gleichwie nun im Betracht dessen dem Monarchen allerdings zusteht, über die besondere Wirtschaft der Privatpersonen, Gesetze und Ordnungen zu machen; so gehöret auch die Lehre von der Haushaltungskunst, oder der besonders also genannten Ökonomie, in den Zusammenhang der Wissenschaften, die man hier abzuhandeln hat. Und zwar werden wir die Haushaltungskunst vornehmlich nach dreierlei Betrachtungen abhandeln; indem wir

1) allgemeine Lehren und Grundsätze von der Haushaltungskunst überhaupt,

2) die Wirtschaft in den Städten, und

3) die Wirtschaft auf dem Lande, in der Kürze vortragen werden.

1. Von der Haushaltungskunst überhaupt.

§. 106.

Zuerst muß man wissen, was zeitliches Vermögen sei; nämlich, das Vermögen ist ein zureichender Besitz solcher Sachen, die zur Notdurft, Bequemlichkeit, und dem Wohlstande dieses Lebens gehören; und weil das Geld ein allgemeines Vergleichungsmittel von dem Werte aller Dinge ist, so muß das Vermögen in Geld oder Geldeswert bestehen.

§. 107.

Die Materie des Geldes ist bekanntermaßen Gold und Silber; und der Gebrauch desselben ist so alt, daß er weit über die Zeiten Abrahams zu setzen ist. Die Menschen nämlich haben gar bald eingesehen, daß das älteste Mittel die benötigten Dinge von einander zu erhalten, nämlich das Tauschen, vielen Unbequemlichkeiten unterworfen sei. Sie haben demnach auf ein Mittel denken müssen, einer Sache einen allgemeinen und vorzüglichen Wert beizulegen, die nicht häufig vorhanden, leicht fortzubringen, und doch dem Untergange oder der Verderbung nicht unterworfen war. Dieses haben sie in Gold und Silber gefunden, welche also nicht aus Eigensinn, oder von ohngefehr, sondern wegen ihrer Feuerbeständigkeit, Dauer, Schönheit, und andrer innerlichen Beschaffenheit zu dem allgemeinen Werte der Dinge erwählet worden sind.

§. 108.

Es ist aber das Vermögen zu dem Endzweck eines geselligen, glücklichen, und so gar tugendhaften Lebens unumgänglich nötig. Man kann nicht zweifeln, daß ein armer Mensch nicht allein zum Dienste des gemeinen Wesens, sondern auch zu vielen Tugenden größtenteils unfähig ist; und die Armut nötiget öfters die Menschen, viele Laster zu begehen, die sie in einem vermögenden Zustande gewiß unterlassen haben würden. Wenn also einige heidnische Weltweisen die Armut so hoch gepriesen haben; so verdienen sie darinnen, nach der Verfassung der heutigen Republiken, wenig Beifall.

§. 109.

Man kann aber keinen Grad des Vermögens bestimmen, bei welchem man stehen bleiben müsse. Denn da wir die uns betreffenden Unglücksfälle nicht voraus sehen können, und da wir der Republik immer nützlicher zu werden im Stande sind, jemehr wir Vermögen haben; so kann niemand in der Welt sagen, daß er genug Vermögen besitze. Hieraus folget aber nicht, daß man die Erwerbung des Vermögens zu dem einzigen Endzwecke unsrer Handlungen, und das Gold zu seinem höchsten Gute machen müsse. Es ist nur in so weit gut und nützlich, als es ein unentbehrliches Mittel unserer lobenswürdigen Handlungen ist.

§. 110.

Man muß auch das Vermögen bloß durch erlaubte Wege erwerben. Es sind nämlich die Wege, Vermögen zu erwerben, entweder erlaubt, oder unerlaubt. Unerlaubte Wege sind alle diejenigen, wodurch unser Nebenmensch hinterlistiger Weise und wider seinen Willen, oder wenigstens wider die Pflichten, die er sich selbst schuldig ist, um sein Vermögen gebracht wird, worzu Betrug, übermäßige Bevorteilung, das Spielen und dergleichen zu rechnen sind.

§. 111.

Die erlaubten Wege geschehen entweder durch Gewerbe, oder durch Dienste. Diese kann man wieder als anständige und edle, oder als unanständige und unedle Gewerbe und Dienste betrachten. Da heute zu Tage bei den Diensten auf erlaubten Wegen wenig Vermögen zu erwerben ist; so sind die Gewerbe, besonders aber die Commercien und Bergwerke anzuraten. Überhaupt ist es ein Vorurteil, daß die Commercien edlen und vornehmen Personen unanständig sind. Am allerwenigsten aber können sie es sein, wenn man nur an Handlungsgesellschaften, Schiffen und dergleichen Anteil nimmt.

§. 112.

Das Glück oder Unglück hat in die Erwerbung, oder den Verlust des zeitlichen Vermögens, allzu viel Einfluß, als daß wir es hier mit Stillschweigen übergehen könnten. Wenn wir aber keinen heidnischen, oder nach einem unvermeidlichen Verhängnis schmeckenden Begriff von dem Glücke oder Unglücke haben: so können wir unter dem Glücke nichts anders verstehen, als die günstige Gestalt der Sachen in der

Welt, welche mit unsern Angelegenheiten einen Zusammenhang oder Einfluß haben; und das Unglück ist die widrige Gestalt dieser Sachen.

§. 113.

Da wir nun den Zusammenhang der Sachen nicht in unserer Gewalt haben; so irren diejenigen, welche glauben, daß man alles vorgesetzte Glück erlangen könne, wenn man die wahren und erforderlichen Mittel anwendet. Die geringste Begebenheit, welche alle menschliche Vorsicht nicht voraus sehen kann, ist im Stande, die weisesten Entwürfe und klüglichsten Mittel fruchtlos zu machen. Der große Verfasser des Antimachiavells erzählet, daß ein paar Handschuh die erste Veranlassung gegeben habe, daß Engelland mit Frankreich im Jahre 1711 einen besondern Frieden schloß. Eine Begebenheit, die auf viele künftige Jahrhunderte ihren Einfluß in die Angelegenheiten von Europa haben wird.

§. 114.

Man kann aber unmöglich Vermögen erwerben, wenn nicht zuvörderst ein jeder das Vermögen, so er bereits besitzet, zu erhalten suchet. Diese Erhaltung des Vermögens, welche wegen der menschlichen Leidenschaften so leicht eben nicht zu bewerkstelligen ist, besteht vornehmlich darinnen, daß man niemals das Vermögen selbst, oder den Grund des Vermögens angreift, sondern bloß den Nutzen oder die Einkünfte des Vermögens verzehret. Hierzu gehören aber öftere Untersuchungen, von dem Zustande des Vermögens, welches durch Berechnungen, allerlei Inventaria und dergleichen geschieht. Vornehmlich aber wird dazu erfordert die Sicherstellung des Vermögens, nämlich leiblicher Weise, vor Dieben, Feuer und andern Gefahren, moralischer Weise aber durch Vorsicht bei Kontrakten und Ausleihung der Gelder.

§. 115.

Sodann muß ein jeder von seinen Einkünften etwas zu ersparen suchen. Die Einkünfte sind die jährlichen Nutzungen von unserm Vermögen, Gewerben und Diensten; und wenn es ohne Abbruch der Notdurft, welche nach eines jeden Stande zu beurteilen ist, geschehen kann; so ist ein jeder schuldig, von denenselben etwas auf künftige Not- und Wohlstandsfälle zu ersparen. Denn außer besondern gar raren Glücksfällen ist sonst kein anderer Weg, Vermögen zu erwerben; und auch diejenigen, die schon Vermögen haben, können durch Vermehrung desselben, und durch einen Vorrat baren Geldes, bei vielen Gelegenheiten sich selbst, ihrer Familie, ihren Nächsten, und der Republik gar beträchtlichen Vorteil stiften. Das Haus Brandenburg hat von den ältesten Zeiten her durch seine gute Wirtschaft den Grund und den Fortgang seiner Größe zuwege gebracht.

§. 116.

Zu dem Ende muß bei einer jeden Haushaltung ein Entwurf der Einkünfte und Ausgaben gemachet werden. Denn ohne dergleichen Entwurf, welcher die Richtschnur aller Handlungen sein muß, kann nichts anders, als eine höchst unordentliche Haushaltung entstehen, bei welcher man entweder zu Grunde geht, oder, wenn bloß der Geiz die ganze Wirtschaft führet, auf andere Art wider seine Pflichten sündiget. Es sind aber die gewissen Einkünfte leicht in Ansatz zu bringen, die ungewissen aber werden von sechs bis neun Jahren zusammen gerechnet, und dadurch in eine mittlere Summe festgesetzt. Eben so sind die Ausgaben leicht zu bestimmen, weil man die Kosten der Küche, des Kellers, des Stalles, des Gesindes, mit ziemlicher Gewißheit im voraus berechnen kann.

§. 117.

Es können aber zu den ordentlichen und bekannten Ausgaben der Haushaltung nur die Hälfte der Einkünfte bestimmet werden, und nach dieser Einrichtung ist die Einteilung zu machen. Denn die außerordentlichen und unvermuteten Ausgaben steigen fast eben so hoch an; und alle und jede Ausgaben können unmöglich voraus gesehen werden. Hierzu kommen noch die Unglücksfälle, Krankheiten, und die Ersetzung desjenigen, was in der Haushaltung zu Grunde geht, wie auch die unvermuteten Ausgaben, welche der Wohlstand erfordert; so daß man bei einer solchen Einteilung, dennoch nur ein weniges jährlich ersparen wird.

§. 118.

Der vernünftige Gebrauch des Vermögens, ist einer der wichtigsten Punkte in der Haushaltungskunst. Man soll aber zuerst vor seine Notdurft nach seinem Stande und seiner Beschaffenheit sorgen. Sodann soll man auf einen sogenannten Notpfennig, oder einen Vorrat am Gelde bedacht sein, womit man sich in Not- und Unglücksfällen retten kann.

§. 119.

Alsdenn erst kann man an die Ausgaben der Bequemlichkeit und des Wohlstandes denken; und wenn man sich hierzu genugsam im Stande befindet; so ist man schuldig mit seinem Vermögen seinem Nächsten und der Republik zu dienen. Dieses kann aber geschehen, ohne daß man sich selbst des Vermögens zu berauben nötig hat; nämlich durch Unternehmung und vernünftige Wagung solcher Gewerbe und Geschäfte, wodurch viele unserer Nebenmenschen ernähret und versorget, der Republik aber gute Dienste geleistet werden.

§. 120.

Was die Einrichtung der Wirtschaft selbst anbetrifft; so muß ein jeder zu dem Endzwecke seines Gewerbes die leichtesten und bequemsten Mittel in einem genauen Zusammenhange und Ordnung anwenden. Die Ordnung ist die Seele aller Geschäfte, und also auch der Haushaltung und Gewerbe. Sie besteht aber vornehmlich darinnen, daß ein jeder wisse, was er zu tun habe, und ihm anvertrauet sei, und zu welcher Zeit er dieses oder jenes zu verrichten habe. Hierbei wird gute Aufsicht und Subordination erfordert, denn ohne dieselben wird kein vernünftiger Zusammenhang, der alle Geschäfte erleichtert, dargestellet werden können. In Ansehung der Mittel muß man vernünftig erwägen, was ein jedes vor Wirkungen und Folgen habe: und wenn dieses geschieht; so wird man auch die unnötigen, überflüssigen und schweren oder kostbaren Mittel und Wege zu vermeiden im Stande sein.

§. 121.

Endlich muß man in einem jeden Gewerbe vornehmlich bemühet sein, durch einerlei Mittel und Wege verschiedene Endzwecke und Gewinnste zu erreichen. Die Natur der Sache selbst hat schon verschiedene Geschäfte dergestalt mit einander verbunden, daß sie durch einerlei Wege, Mittel und Kosten bewerkstelliget werden können. Sonderlich finden wir dieses bei dem Bergwesen. Bei Röstung des Vitriolerzes kann man zugleich Schwefel, und des Zinnerzes Arsenik gewinnen. Eben so können alle Seifensieder mit leichter Mühe und Kosten zugleich Pottasche sieden, so wie man in den Lustgärten die grünen Wände von Maulbeersträuchen anlegen kann, um den Endzweck des Nutzens und Vergnügens zugleich zu genießen. Überhaupt aber müssen in allen Geschäften keine gebrauchten Mittel oder Materialien unnütz angewendet, oder weggeworfen werden.

2. Von der Wirtschaft in den Städten.

§. 122.

Nach den allgemeinen Haushaltungsregeln müssen wir nunmehr die besondern Arten der Wirtschaft betrachten. Nun könnte man zwar so viel Arten der Wirtschaft annehmen, als mancherlei die Gewerbe in der Welt sind. Allein, gleichwie die Art und Weise, die Wirtschaften zu führen, nach Maßgebung des Orts, wo sie getrieben werden, gar viel ähnliches mit einander haben; so teilet man die Wirtschaft am besten in diejenige, so in den Städten, und in diejenige, so auf dem Lande geführet wird; davon demnach jede besonders zu erwägen ist.

§. 123.

Was die Wirtschaft in den Städten anbelanget; so ist dabei zuvörderst der Ursprung der Städte zu betrachten. Die Städte in Teutschland aber haben teils den Römern, als welche den Teil von Teutschland, in der Gegend des Rheins und der Donau, den sie in ihrer Gewalt hatten, stark mit Kolonien besetzten, teils aber Heinrich dem Vogelsteller ihren Ursprung zu danken; indem dieser löbliche Monarch eine Menge Städte erbauete, um Teutschland von den öftern Einfällen der Hunnen einigermaßen in Sicherheit zu setzen. Wenige Städte an der Ostsee sind entweder durch die Handlung entstanden, oder dadurch groß und blühend geworden.

§. 124.

Man kann die Städte verschiedentlich einteilen, sie sind nämlich Residenz- Universitäts- Handlungs- und Manufakturstädte, und öfters ist eine Stadt einer Art von Manufakturen mehr gewidmet, als der andern. Eben so muß man billig die Städte in große, mittelmäßige und kleine einteilen, zugleich aber erwägen, ob eine Stadt dem Landesherrn unmittelbar unterworfen ist, oder nicht.

§. 125.

Der Endzweck der Städte ist vornehmlich das Gewerbe. Eine Stadt ist nämlich ein Zusammenhang von Gesellschaften und Familien, die unter der Aufsicht eines Policeycollegii an einem verwahrten Orte beisammen wohnen, um mit destomehrerer Bequemlichkeit sich den Gewerben zu widmen. Vornehmlich dienen die Städte, um den Umtrieb des Geldes im ganzen Lande desto besser zu erhalten und zu befördern. Wenn man also den Staat einem menschlichen Körper vergleichen will; dergestalt, daß die Gewerbe das

Blut und Leben darinnen vorstelleten; so kann man die Städte mit Recht als die großen Haupt- und Pulsadern ansehen, welche das Haupttriebwerk der ganzen Bewegung sind.

§. 126.

Die Städte sind also eigentlich zum Behuf der Commercien, und zwar vornehmlich dererjenigen, so innerhalb Landes geführet werden; obgleich die auswärtige Handlung gleichfalls dabei bestehen kann. Sie sind folglich auch der Sitz der Manufakturen und Handwerke; und alle Policeyanstalten müssen dahin gerichtet sein, daß diese Commercien und Manufakturen sowohl in Ansehung ihrer innerlichen Wirtschaft, als ihres Vertriebs befördert werden.

§. 127.

Es ist mithin gewiß, daß der Ackerbau dem Endzwecke der Städte zuwider sei, und die Applikation der Handwerksleute auf ihre Gewerbe, und folglich die Zirkulation des Geldes verhindere. Höchstens ist also der Ackerbau nur bei den kleinen Städten zu dulden: bei mittelmäßigen und großen Städten aber sollten die dazu gehörigen Äcker den bereits vorhandenen oder neu anzulegenden Dörfern überlassen werden.

§. 128.

Dahingegen ist der Weinbau den Städten nicht so schädlich; indem er bei weiten nicht so viel Wirtschaftsgeschäfte erfordert, als der Ackerbau. Es fragt sich aber, ob überhaupt ein starker Weinbau einem Lande vorteilhaft sei. Wenn der Wein gut ist, und stark außer Landes gehet: so ist daran kein Zweifel. Außerdem muß man nur solche Gebürge damit bepflanzen, die zu andern Endzwecken nicht wohl genutzet werden können; denn das platte Land kann weit nützlicher zu Getreide, und allerlei die Commercia befördernden Gewächsen gebraucht werden. Den Wein aber zu einem allgemeinen Getränke des Landes zu machen, findet wegen der daraus entspringenden Ausschweifungen, und anderer Ursachen, viel Bedenklichkeiten.

§. 129.

Gleichergestalt ist der Gartenbau, besonders, wenn damit der Seidenbau verknüpft wird, eine gar vorteilhafte Nahrung der Städte. Der Gartenbau ist dreierlei. Man hat entweder Lust- oder Ziergärten, Küchen- und Obstgärten; und alle drei Arten sind eine gute Nahrung der Städte, wenn nämlich mit der ersten Art der Seidenbau verbunden wird, welches gar wohl angeht, indem sowohl die grünen Wände und Alleen, als andere Schatten gebende Bäume, Maulbeerbäume sein; die Gewächshäuser aber zur Abwartung der Seidenwürme gar bequem angewendet werden können.

§. 130.

Das Bierbrauen ist von uralten Zeiten als eine Nahrung der Städte angesehen worden; und Heinrich der Vogelsteller hat bei Errichtung der Städte denenselben diese Nahrung vornehmlich gewidmet. Verschiedene Städte in Teutschland, als Braunschweig, Zerbst, Merseburg, Prag, Satz, sind wegen ihrer guten Biere sehr berühmt, davon so gar einige nach Indien geführet werden.

§. 131.

Nur muß das Ausschenken der Biere nicht von den Bürgern selbst geschehen, wie an einigen Orten gewöhnlich ist; sondern es muß den Wirts- und Bierhäusern überlassen werden; weil sonst die Bürger an ihren Gewerben sehr verhindert werden. An den meisten Orten ist es ein Zeichen der Freundschaft, daß die Bürger bei einander zu Biere gehen müssen.

§. 132.

Das Branntweinbrennen kann gleichfalls als eine Nahrung der Städte angesehen werden; und in verschiedenen Orten ist es die Hauptnahrung, dabei sich die Bürger sehr wohl befinden. Es sind aber meines Erachtens die starken Wasser mit etwas hohen Abgaben zu belegen, damit der Gebrauch derselben zum Nachteil der Gesundheit der Untertanen, wie in Engelland nicht zu sehr einreiße; auch muß darauf gesehen werden, daß das Branntweinbrennen keinen Mangel oder Teurung des Getreides veranlasse.

3. Von der Landwirtschaft.

§. 133.

Was die Wirtschaft auf dem Lande anbetrifft; so kommt alles darauf an, daß die zwei hauptsächlichsten Stücke desselben, als der Ackerbau und die Viehzucht, auf eine geschickte und vernünftige Art zu einerlei Endzwecke, nämlich zu der bestmöglichsten Nutzung des Gutes mit einander verbunden werden. Denn die Landwirtschaft setzet ein Landgut voraus, welches aus gewissen Grundstücken, vornehmlich Ackerfelde, Wiesen und Gehölze besteht, die zu gewissen landwirtschaftlichen Gebäuden gehören, um den Endzweck der Nutzung desto besser zu erreichen.

§. 134.

Zuvörderst muß demnach die Beschaffenheit des Gutes, sowohl nach seinen Gerechtsamen und Beschwerden, als nach seiner innerlichen Einrichtung erwogen werden, ob nämlich die dazu gehörigen Grundstücke in gerechter Maße mit einander verbunden sind, dergestalt, daß kein notwendiges Stück, was zur Landwirtschaft erfordert wird, ermangele. Denn, wenn es mit Wiesen, Gehölze, Weide, Trift und dergleichen nicht genugsam versehen wäre; so müßte man zuvörderst diesem Mangel abhelfliche Maße zu geben suchen.

§. 135.

Sodann muß die dasige Landesart oder Gegend untersuchet werden, ob sie fruchtbar oder unfruchtbar sei. Wie der Boden beschaffen, und wie die Witterung daselbst gemeiniglich auszufallen pflege, damit man nach Maßgebung dieser Dinge, die Nutzung der Grundstücken einrichten könne. Denn es kömmt hierbei auf die Landesart gar viel an. Jedoch muß ein verständiger Landwirt nicht eben bei der einmal eingeführten Art die Äcker zu bearbeiten, sklavisch stehen bleiben. Durch mäßige und mit guter Überlegung angestellte Versuche, dabei man eben auf die Landesart vernünftigen Betracht machen muß, läßt sich viel nützliches ausfündig machen.

§. 136.

Wenn der Boden unfruchtbar ist; so muß ein verständiger Landwirt die Ursache der Unfruchtbarkeit zu beurteilen wissen, ob nämlich der Boden zu feuchte und morastig, zu steinigt, zu mager oder allzuviel mit Sand oder Letten vermischet sei; da er denn befinden wird, ob sich die Ursache abändern und der Acker fruchtbar und urbar machen lassen wird. Es ist auch nicht undienlich, Versuche solcher Mittel anzustellen, die eine größere Fruchtbarkeit zuwege bringen sollen.

§. 137.

Hier fragt es sich was von der Kretzschmarischen und andern neuen Erfindungen, den Ackerbau zu verbessern, zu halten sei. So viel ist nicht zu leugnen, daß die Kretzschmarische Erfindung, wie auch andere dergleichen, an verschiedenen Orten gar wohl ins Werk gesetzet werden können. Nur muß man sie nicht als allgemein ansehen, wie man denn vor deren Einführung auch darauf Betracht nehmen muß, ob die Unterhaltung mehreren Zugviehes, oder der Aufwand anderer Kosten nicht höher ansteigen, als der zu verhoffende größere Nutzen austrägt.

§. 138.

Man muß vornehmlich solche Früchte und Produkte zu gewinnen suchen, die nach der dasigen Landesart am besten wachsen und gedeihen. Unter verschiedenen solchen Früchten aber muß man diejenigen am häufigsten bauen, die den meisten Abgang und Vorteil vor sich haben. Zu dem Ende muß ein Landwirt beständige Überschläge und Berechnungen einer Nutzung gegen die andere zu machen wissen. Jedoch muß man auch diejenigen Früchte mit zu gewinnen suchen, die man in der Haushaltung nötig hat. Denn das ist eine Hauptregel vor den Landmann, daß er die baren Geldausgaben so viel möglich zu vermeiden suchet.

§. 139.

Da viele Früchte, die der Landwirt erzeuget, gleichgültig, eine statt der andern gebrauchet werden können; so muß er auch hier Überschläge und Berechnungen machen, wie hoch der Preis von jedem ist, und was ein jedes in dem Gebrauche vor Nutzen abwirft; und indem er den Preis und die Nutzung gegen einander hält; so muß er, nach Maßgebung der größern Nutzung, den Gebrauch dieser oder jener Frucht erwählen. Ich habe in dem dritten Teile der Teutschen Memoires Beispiele hiervon in Ansehung der Fütterung vor das Vieh an die Hand gegeben.

§. 140.

Vornehmlich ist die Ordnung die Seele der Landwirtschaft, so wie sie es in allen Dingen und in allen Arten der Gewerbe und der Haushaltung ist. Zu dem Ende muß der Landwirt weder an Gelde noch an Früchten nicht das geringste einnehmen oder ausgeben und in die Haushaltung verwenden, was nicht in ordentliche Register und Rechnungen eingetragen wird. Alle Personen des Gesindes und die in der Wirtschaft gebrauchet werden, müssen ihre angewiesene Verrichtungen und ihre bestimmte Zeit dazu haben; so daß er weiß, von wem er ein jedes zu fordern hat. Es ist auch gut, daß in großen Haushaltungen eine Subordination des Gesindes statt findet, da denn der vorgesetzte vor die Versehen Rechenschaft zu geben hat.

§. 141.

Die Absicht dieses kurzen Entwurfes erlaubet es nicht, die besondre Geschäfte der Landwirtschaft, als des Düngens, des Pflügens, des Säens, des Erntens und des Dreschens ausführlich abzuhandeln. Je öfter, zärter und mürber der Acker gepflüget und zubereitet wird, desto besser werden die Früchte geraten, wenn die übrigen Umstände des Ackers und der Witterung darnach beschaffen sind. Die Notwendigkeit der Düngung muß aus der Zeit der vorhergehenden Mistung, aus der Lage und der Beschaffenheit des Ackers, und aus demjenigen, was er seit der letzten Düngung getragen hat, beurteilet werden. In Ansehung des Säens, Erntens und Dreschens muß man vornehmlich von der Witterung und der Zeit Vorteil zu ziehen suchen und darauf sein Augenmerk richten.

§. 142.

Zu dem Endzwecke der Landwirtschaft wird allerlei Zug und anderes Vieh erfordert, sowohl um den Acker zu bearbeiten, als die Haushaltung ohne große bare Geldausgaben zu unterhalten, wie nicht weniger um genugsamen Mist zur Düngung der Felder zu erhalten. Die Viehzucht ist also das zweite hauptsächlichste Stück der Landwirtschaft. Ja es gibt Länder und Gegenden, wo die Viehzucht das Hauptwerk der ganzen Nutzung der Grundstücke eines Gutes ist, wenn nämlich die Grundstücke größtenteils aus Waldungen, Wiesen, Weiden und Triften bestehen.

§. 143.

Das Zugvieh muß nach der Maße derer zum Gute gehörigen Äcker unterhalten werden; und die Beschaffenheit der Gegend muß es an die Hand geben, ob es besser ist, Pferde oder Ochsen zu gebrauchen. Die Beschaffenheit der vorhandenen Triften und Weiden aber muß es lehren, ob man die Pferde mit Grase oder Haber ernähren kann. Wenn Grasepferde unterhalten werden; so muß man noch einmal so viel Zugvieh haben, weil diese nur zu halben Tagen arbeiten können. In Ansehung der Winterfütterung wird dabei wenig Vorteil sein, zumal wenn die überflüssigen Wiesen, als Acker genutzet werden können, es sei denn, daß es die Düngung erforderte, oder daß man den Endzweck der Stuterei damit verbinden könnte.

§. 144.

Das Rindvieh wird vornehmlich wegen der Mistung und der Nutzung in der Haushaltung unterhalten. Die Größe des Gutes, die Beschaffenheit der Weiden, Triften und Wiesen muß es an die Hand geben, wie viel man unterhalten kann. Ein guter Hauswirt soll sich auf Schweizervieh befleißigen, oder wenigstens auf Kühe von guter Art. Bei magern oder faulen und morastigen Triften, in welchen vielleicht die Ursache des Viehsterbens am meisten zu suchen ist, tut man besser es zu Hause zu füttern.

§. 145.

Das Schafvieh ist einem Landwirte sehr nützlich, es dienet nicht allein gut zur Düngung, wie wohl man in Österreich diese Art der Düngung vor schädlich ansieht, sondern ihre Wolle gibt auch dem Landwirte bar Geld in die Hände. Man soll nur so viel unterhalten, als die Weide und Trift ernähren kann, vornehmlich aber als man im Winter Heu vor sie hat. Denn wenn dieses zu Ausgange des Winters teuer gekaufet werden muß; so geht aller Vorteil verloren. Es ist gut rein Vieh, nicht aber Schmiervieh zu haben, und man muß auf die Betrügereien der Schäfer ein wachsames Auge haben.

§. 146.

Schweinvieh ist nur in so weit einem Landwirte vorteilhaftig, als sich Bier- und Branntweinbrauerei bei dem Gute befindet, nicht aber, wenn sie mit Körnern gefüttert werden sollen. Jedoch muß man allemal so viel unterhalten, als zur Haushaltung erfordert wird. Eben dieses muß man von allen Arten des Federviehes behaupten; denn wenn man dasselbe unterhält, um es zu verkaufen: so darf man nur den Überschlag machen, um wahr zu nehmen, daß mehr Schaden als Vorteil dabei ist. Tauben aber, ob sie sich gleich selbst zu ernähren scheinen, sind dem ausgesäeten Getreide sehr schädlich.

§. 147.

Es sind noch verschiedene zufällige Pertinenzstücke bei den Landgütern, wie man denn auch eine Menge Nebengeschäfte, die nicht eigentlich zu dem Wesen der Landwirtschaft gehören, hin und wieder damit verbunden sieht. Allein, die gegenwärtige Kürze erlaubet es nicht, uns damit einzulassen. Wir müssen die Leser auf das größere Werk der ökonomischen und Kameralwissenschaften oder die Staatswirtschaft verweisen.

ZWEITE ABTEILUNG, VON DER BESONDERN WIRTSCHAFT DES STAATS, ODER DER EIGENTLICH SO GENANNTEN KAMERALWISSENSCHAFT.

§. 148.

Nachdem in der ersten Abteilung diejenigen Grundsätze und Mittel erwogen worden sind, welche erfordert werden, um die Glückseligkeit des Staats zu befördern, dessen Vermögen und Kräfte zu erhalten und zu vermehren, und die Untertanen in den Stand zu setzen, daß sie vermögend sind, die zu dem Aufwande des Staats erforderlichen Abgaben zu leisten; so ist nunmehr in dieser andern Abteilung die Art und Weise zu erwägen, wie die Einkünfte eines Monarchen wohl und klüglich verwaltet werden können. Denn gleichwie eine jede Privatwirtschaft vornehmlich zum Augenmerk haben muß, Vermögen zu erwerben, oder das Erworbene zu erhalten, zu welchem Ende das Vermögen vernünftig gebrauchet, und die Haushaltung und der Aufwand nach einem festgesetzten Entwurfe eingerichtet werden muß; so ist um so mehr bei dem ganzen Staate nötig, die Hebung der Einkünfte und die Ausgaben in eine solche Verfassung und Einrichtung zu setzen, daß dadurch alle zur Glückseligkeit eines Staats anzuwendende Mittel bestritten werden können.

§. 149.

Es teilet sich aber die ganze Lehre von der Wirtschaft des Staats natürlicher Weise in zweierlei Betrachtungen.

1) Wie die zu dem Aufwande des Staats erforderlichen Einkünfte auf eine bequeme und dem gemeinschaftlichen Wohl des Regenten, und der Untertanen gemäße Art aufzubringen und zu erheben sind;

2) Und wie der Gebrauch oder die Ausgabe und Verwaltung der Einkünfte am bequemsten und vorteilhaftesten eingerichtet werden kann.

Dahero will ich auch die vornehmsten Grundsätze und Regeln, die meinen geringen Einsichten nach hier angewendet werden müssen, in zwei Abschnitten vortragen, davon der erste Abschnitt von der Aufbringung und Erhebung der Staatseinkünfte; der andere aber von dem Gebrauche des Staatsvermögens oder der Ausgabe und Verwaltung der Einkünfte handeln wird.

Erster Abschnitt.
Von der Aufbringung und Erhebung der zu den Unkosten des Staats erforderlichen Einkünfte.

§. 150.

Aller Aufwand, der zu der Regierung eines Staats erforderlich ist, wird entweder

1) durch die ordentlichen Einkünfte; oder

2) durch außerordentliche Aufbringung der benötigten Geldsummen in Kriegszeiten und andern gefährlichen Umständen des gemeinen Wesens bestritten.

Von beiden sind also die nötigen Grundsätze und Maßregeln, in so weit es der enge Raum dieses Entwurfs gestattet, beizubringen. Zu dem Ende müssen wir diesen ersten Abschnitt ferner in zwei Hauptstücke einteilen, davon das erste die ordentlichen Einkünfte des Staats, das andere aber die außerordentliche Aufbringung der benötigten Geldsummen in Notfällen zum Gegenstande haben wird.

Erstes Hauptstück.
Von den ordentlichen Einkünften des Staats.

§. 151.

Die ordentlichen Einkünfte eines Monarchen entspringen aus folgenden drei Hauptquellen, als:

A. Aus den Kammergütern oder Domänen.

B. Aus den Regalien.

C. Aus den eigentlich so genannten Abgaben oder Kontributionen der Untertanen.

Denn ob zwar hier und dar noch einige Einkünfte zu fallen pflegen; so sind sie doch nicht so wichtig, daß sie ein besonderes Augenmerk, in Absicht auf die Wohlfahrt des Staats, verdieneten. Von jeder dieser drei Hauptquellen müssen wir demnach besonders handeln.

A. von den Kammergütern oder Domänen.

§. 152.

Der Ursprung der Domänen, ist sogleich in dem Ursprunge der königlichen Würde selbst zu suchen. Denn indem man einen Regenten über sich gesetzet hat; so hat man auch auf seinen Standes gemäßen Unterhalt bedacht sein müssen, worzu man nach der Beschaffenheit der alten Zeiten Grundstücke und Güter am ersten vor dienlich gefunden hat. Der Ursprung der römischen Republik und die damals gemachte Austeilung der Felder gibt ein sattsames Zeugnis an die Hand. Daher auch mit Grunde gefolgert werden kann, daß sie als besonders von der Republik zum Unterhalte des Regenten gewidmete Güter, nicht veräußert werden können.

§. 153.

Allein man muß den Ursprung der landesherrlichen Domänen in Teutschland nicht auf eben die Art betrachten. Sie sind entweder von dem Kaiser in Lehn empfangen, oder durch Kauf und andre Arten von Verträgen erworben worden, wie davon eine Menge Urkunden vor Augen liegen; oder sie sind schon eigentümliche Güter ihrer Familien gewesen, ehe sie aus Statthaltern und Richtern erbliche Landesherren wurden. Dahero kann der Grundsatz, daß ihre Kammergüter nicht veräußert werden können, in diesem Betrachte nicht als unstreitig angesehen werden.

§. 154.

Es bestehen aber die Kammergüter oder Domänen in gewissen Ämtern oder Gütern und Grundstücken, die zu dem Endzwecke der Landeswirtschaft eine gewisse Verbindung oder Zusammenhang mit einander haben, und mit gewissen Gerechtsamen der Gerichtsbarkeit, der Zinsen und Frondienste versehen sind, und welche den Herrschaften und Gütern der Privatpersonen ähnlich sind.

§. 155.

Die Domänen sind von den eigenen Patrimonial- oder Chatoullgütern des Regenten darinnen unterschieden, daß die letztern von dem Regenten durch Erbschaften, Käufe und andere Wege, wodurch Privatpersonen Güter erwerben, erlanget und zu Kammergütern noch nicht erkläret worden sind.

§. 156.

Es können aber die Chatoullgüter den Domänen inkorporieret werden, entweder durch eine ausdrückliche oder stillschweigende Erklärung des Regenten. Die stillschweigende Erklärung geschiehet, wenn er die Patrimonial- oder Chatoullgüter eine lange Zeit hindurch von eben denen Kamercollegiis administrieren läßt, welche die Domänen verwalten: und wenn die davon fallenden Nutzungen zu eben denen Kassen und Ausgaben kommen, wohin die Einkünfte der Kammergüter fließen und verwendet werden. Ob aber diese Inkorporation ratsam sei, solches kömmt auf die Beschaffenheit der Regierungsform und der Erbfolge und auf die Stärke des Mannesstammes an, und muß darnach entschieden werden.

§. 157.

In einigen Staaten scheint man den Grundsatz angenommen zu haben, die Domänen auf alle mögliche Art zu vermehren; daher werden alle eröfnete Lehen zur Kammer gezogen, und die adeligen Güter durch allerlei Wege an sich gekauft. Allein, wenn diese Vermehrung durch Auskaufung des Adels geschiehet; so scheint dieses Verfahren nicht auf guten Grundsätzen zu beruhen: indem der Adel durch seinen größern Aufwand zu der Nahrung der Untertanen gar viel beiträgt; und weil durch Vertreibung des Adels beträchtliche Geldsummen zugleich außer Landes gehen. Allein man muß daraus nicht auf das Gegenteil schließen, daß es nämlich ratsam sei, alle Kammergüter zu veräußern und los zu schlagen. Sie machen in den Einkünften des Regenten ein wichtiges Kapitel aus; und der Nutzen davon kann durch gute Wirtschaft beständig vermehret werden.

§. 158.

Es ist eine wichtige Frage, ob es besser sei, die Domänen zu verpachten, oder durch Bediente administrieren zu lassen. Meines Erachtens ist die Verpachtung der eigenen Administration ungleich vorzuziehen; welches auch das Beispiel vieler Länder, woselbst die Einkünfte aus den Domänen seit der Verpachtung noch einmal so hoch angewachsen sind, klärlich bestärket. Es wird aber um so weniger Zweifel bei der Sache vorhanden sein, wenn man folgende drei Grundsätze erwäget, die meines Ermessens sowohl in diesem besondern Falle, als in dieser ganzen Abteilung zum Grunde zu legen sind.

§. 159.

Erstens: Alle ungewisse Einkünfte des Staats, wobei die Untertanen den Vexationen und Erhöhungen der Bestandesinhaber unterworfen sind, als: Maut, Zoll, Akzise, Posten, dürfen nicht verpachtet werden. Denn ob zwar hierwider eingewendet zu werden pflegt, daß ein sicherer Etat der Einkünfte des Staats unumgänglich nötig sei; so können doch auch die ungewissen Einkünfte durch eine Vergleichung verschiedener Jahre ziemlich genau bestimmt werden, ohne daß man nötig hat, solche, zum Nachteile der Untertanen, des Commercii, und überhaupt des Aufnehmens des Staats, in Pacht oder Bestand zu überlassen.

§. 160.

Der zweite Grundsatz ist: Alle gewisse Einkünfte, besonders diejenigen, die eine besondere Aufsicht und Fleiß erfordern, wie die Domänen, welche großenteils aus Landwirtschaft bestehen, können in Bestand überlassen werden, weil der Pachter, wenn der Verlust und Vorteil auf ihn selbst fällt, ungleich mehr Aufsicht und Fleiß anwendet, als besoldete Bedienten, deren öfterer Unterschleif ohnedem schwerlich vollkommen verhütet werden kann; wie denn ein Bestandsinhaber hinlängliche Vorsorge tragen wird, daß keine Retardaten anwachsen, oder gar Prästanda vergessen werden; da hingegen die Untertanen, da sie einmal wissen, was sie abzutragen haben, über die Gebühr nicht beschweret werden können.

§. 161.

Der dritte Grundsatz ist: Man muß, so viel als möglich, den Überfluß der Bedienten zu Einbringung und Hebung der Landeseinkünfte vermeiden, weil es sowohl mehr Besoldungen und Kosten verursachet, als auch zur Aufsicht über dieselben und Abnahme der Rechnungen mehr höhere Bediente in den Kammercollegiis erfordert.

B. Von den Regalien.

§. 162.

Die Regalien, sind gewisse mit der Majestät oder Landeshoheit verbundene Rechte, welche die Direktion verschiedener zur Wohlfahrt des Staates nötigen Einrichtungen und Anstalten zu ihrem Hauptzwecke haben, und wobei durch einen Nebenzweck vor die Kassen des Regenten und des Staats Einkünfte fallen. Man kann sich auf keine andere Art einen zureichenden Begriff von den Regalien machen. Denn wenn man alle Rechte der obersten Gewalt, und die in der Regierung vorfallenden verschiedenen Arten der Angelegenheiten zu Regalien machen wollte, wie diejenigen tun, welche das Recht des Krieges und Friedens, der Gesandschaften, die Erhebung der Steuern und Kontributionen, u. d. m. als Regalien ansehen; so würde man eine unbeschreibliche Menge von Regalien bekommen. Wenn man aber bloß die Einkünfte, als das Hauptwerk der Regalien betrachten wollte; so würde man sich von den richtigen Grundsätzen einer jeden Regierung allzuweit verlieren.

§. 163.

Die Einteilung der Regalien, in hohe und niedrige, gehöret in das Ius publicum, indem sie hier nur in so weit vorzutragen sind, als durch einen Nebenzweck Einkünfte daraus gezogen werden; und wie deren Ausübung nach ihrem Hauptzwecke mit der Wohlfahrt des Staates zu vereinbaren ist. Es ist auch nicht nötig, die Regalien in Land- und Wasserregalien einzuteilen, weil die Wasserregalien nicht so beträchtlich sind, daß sie zu einer allgemeinen Einteilung dienen könnten; vielmehr sind sie bloß als ein einzelnes Regal anzusehen.

§. 164.

Wenn man fragt, ob es ratsam sei, die Regalien in Lehn zu geben; so muß solches allerdings verneinet werden, obgleich diese Gewohnheit ehedem gar häufig statt gefunden hat. Allein, man siehet leicht, daß die Wohlfahrt des Staats, die mit der Direktion der Regalien verbunden ist, niemand anders anheim gegeben werden kann.

§. 165.

Ob es aber besser ist, dieselben zu verpachten, oder durch eigene Bediente verwalten zu lassen, solches ist aus eben den Grundsätzen zu beurteilen, die ich kurz vorhin angeführet habe (§. 159. 160.); dabei aber in Ansehung der besondern Beschaffenheit der Regalien noch ein neuer Grundsatz zum Augenmerk genommen werden muß, nämlich: Alle Regalien, welche einen unmittelbaren Einfluß in das Aufnehmen der Commercien und des Staats überhaupt haben, können nicht verpachtet werden; weil die Pachter nur ihren eignen Vorteil, nicht aber das Aufnehmen des gemeinen Wesens vor Augen haben. Von dieser Art sind das Münzregal, Akzise, Zoll und Mauten, und die Posteinkünfte.

§. 166.

Nach diesen allgemeinen Betrachtungen von den Regalien ist ein jedes derselben besonders abzuhandeln, und zwar müssen wir hier vornehmlich sechserlei Regalien erwägen, nämlich:

a) Das Zoll- und Mautregal.
b) Das Postregal.
c) Das Jagd- und Forstregal.
d) Das Bergwerksregal.
e) Das Münzregal.
f) Die Wasserregalien.

a) Von dem Zoll- und Mautregale.

§. 167.

Das Zoll- und Mautregal ist vornehmlich zur Aufnahme der Commercien einzurichten. Zu dem Ende sind oben schon die Grundsätze davon angeführet; wie denn kurz vorher erinnert worden, daß Zölle und Mauten nicht verpachtet werden müssen. Dahero lieber die kleinen Mautstellen, welche die Kosten vor eigene Bediente nicht abwerfen, gegen einen gewissen Abzug von jedem einzunehmenden Gulden oder Taler an jemand zu überlassen sind, wozu sich allemal Leute finden werden.

§. 168.

Die Verwaltung der Zölle und Mauten kommt auf zwei Hauptaugenmerke an, daß nämlich der Unterschleif der Bedienten verhütet werde, und daß man sich vor dem Betruge oder der Schwärzung der Fuhrleute oder Reisenden verwahre. Zum Behufe des ersten Punktes müssen in den Zoll- und Mautstellen Gegenschreiber gehalten und die Zollentrichter angehalten werden, die empfangenen Mautzettel in einer andern Zollstelle abzugeben, wo sie zu Untersuchung der Rechnungen aufbewahret werden müssen. Auch müssen die Zollcommissarii fleißige und unvermutete Untersuchungen der Zollstätten und ihrer Bücher und Register vornehmen.

§. 169.

Was die Verhütung des Betrugs in Ansehung der Entrichter anbetrifft; so muß man zwar zu dem Ende sich der Zollausreiter, der Visitationen und anderer nötigen Vorsicht bedienen; jedoch alles mit solcher Bescheidenheit veranstalten, daß dadurch die Commercien nicht gestöret, und die Reisenden der Grobheit und den Vexationen der Zollbedienten nicht ausgesetzet werden. Besonders müssen diese Bedienten auf das strengste bestrafet werden, wenn sie unter einigem Vorwande Geld von den Reisenden erpressen oder annehmen.

§. 170.

Man könnte hier zugleich untersuchen, ob die Mauten, Aufschläge und Akzisen auf das Gewerbe im Lande, besonders auf die Viktualien ratsam, und der Wohlfahrt des Staats zuträglich zu achten sind, worüber in vielen Schriften pro und contra gestritten worden. Allein es wird diese Frage besser aus denenjenigen Grundsätzen entschieden werden können, die ich besser unten, bei dem Kontributionswesen, anführen werde.

b. Von dem Postregale.

§. 171.

Die Posten sind eine Policeyanstalt, vermittelst derer zum Behufe der Commercien und der, den Untertanen nötigen Korrespondenz zur festgesetzten Zeit und Stunde, Briefe, Pakete, Waren und Reisende vor ein bestimmtes Postgeld mit abwechselnden Pferden von einem Orte zum andern geschaffet werden. Das Postregal ist demnach allerdings eine der Landeshoheit zustehende Gerechtsame. Allein, da die meisten Reichsstände sich derselben begeben haben; so sind in Teutschland die meisten Posten kaiserliche oder so genannte Reichsposten.

§. 172.

Die Erfindung der Posten ist sehr alt in der Welt. Die Perser und Römer haben sich derselben offenbar bedienet. Allein, sie war mit den Wissenschaften und andern guten Anstalten untergegangen, bis die Universität in Paris im dreizehnten und vierzehnten Jahrhunderte etwas ähnliches veranstaltete; und bis die Familie von Taxis, die jetzo mit dem Fürstenstande pranget, wahrscheinlich zur Nachahmung dieser Einrichtung der Universität, diese Anstalt dem Kaiser vor zweihundert Jahren an die Hand gab, der auch dieselbe zur Vergeltung damit von Reichs wegen belehnte, wobei sich dieses Haus noch jetzo sehr wohl befindet.

§. 173.

Allein wenn man fraget, ob es ratsam sei, die Posten in Lehn zu geben; so muß man solches nach denen nunmehr besser erkannten guten Kameralgrundsätzen schlechterdings verneinen, weil es bei den Posten gar sehr auf eine Einrichtung ankommt, die den Commercien beförderlich ist; wie sie denn aus eben diesem Grunde nicht füglich verpachtet werden können.

§. 174.

In diesem Betracht ist auch ein mäßiges Porto zu setzen, welches in der Tat dem Monarchen eben so viel einträgt, als ein hohes, weil bei hohem Postgelde ein jeglicher, so viel möglich vermeidet, sich der Posten zu bedienen. Die Erfahrung hat dieses in verschiedenen Ländern genugsam bestärket.

§. 175.

Bei dem Postwesen kommt alles auf eine vollkommene Akkuratesse an, dergestalt, daß sowohl die Posten zu gesetzter Stunde richtig ein- und auslaufen, als vor die Briefe und mitzugebenden Gelder und Sachen eine vollkommene Sicherheit vorhanden sei.

§. 176.

Die Haltung der Pferde und die übrigen Kosten werden mit größerem Vorteile den Posthaltern oder Postknechten, gegen eine gewisse ausgeworfene Summe, auf ihre Gefahr überlassen, als daß dieses alles auf besondere Rechnung des Monarchen bestritten wird, weil diese Leute alsdenn ungleich mehr Vorsorge und Schonung zeigen werden.

§. 177.

Den Postmeistern aber ist bloß Besoldung auszusetzen, und ihnen kein Anteil an den Posten oder Extraposten zu lassen; weil es in dem Postwesen gar viel auf ihre eigene Taxe ankömmt, welche sie sodann ihres Vorteils wegen erhöhen, allein zum Nachteile des gemeinen Wesens und der Reisenden. Es werden wegen des alsdenn häufigen Gebrauchs der Posten die Einkünfte des Monarchen keinen Verlust erleiden.

c) Von dem Jagd- und Forstregale.

§. 178.

Das Jagd- und Forstregal besteht hauptsächlich darinnen, daß der Landesherr nicht allein die ihm zuständigen Waldungen und das darinnen befindliche Wild auf alle mögliche Art nutzen kann; sondern auch allen Privatpersonen, die in dem Lande Waldungen und Jagden besitzen, über den Gebrauch derselben, Gesetze und Vorschriften, nach Erfoderung der Landeswohlfahrt, zu geben befugt ist; wie denn auch dem Landesherrn in den Waldungen der Privatpersonen noch verschiedene Nutzungen zustehen, z. B. die Bienen, die Hirschgeweihe und öfters die Eichel- und Buchmastung.

§. 179.

Zu dem Jagdregale gehöret vornehmlich die hohe Gerichtsbarkeit darüber, die Bestimmung der Jagdzeiten, die Erkenntnis, was zur hohen, mittlern oder niedern Jagd gehören soll, und kurz, alle gesetzgebende Gewalt in Jagdsachen; desgleichen das Recht, Kafillereien zu verleihen und unter die Jagdgerichtsbarkeit zu ziehen, die Jagdfolge in der Vasallen Revier, das Recht, Jagdfronen von den Untertanen zu fordern, und viele andere dergleichen Gerechtsame, worunter einige in der natürlichen Billigkeit wenig Grund zu haben scheinen, z. B. daß die Fleischer, Wirte, Kafiller die Jagdhunde ausfüttern sollen.

§. 180.

Ein mittelmäßiger Stand des Wildes ist sowohl dem Monarchen, als denen Untertanen am vorteilhaftigsten; denn ein allzugroßer Wildstand schadet den Feldern der Untertanen, ist selbst den Waldungen nicht zuträglich, und beraubt den Monarchen alles Vorteils von der Wildbahn, weil das überflüssige Wild, wenn wenig oder gar nichts geschossen wird, sich dennoch in die angrenzenden Wälder und Länder verläuft.

§. 181.

Das Forstregal insbesondere kömmt vornehmlich darauf an, daß der Landesherr die hohe Gerichtsbarkeit und gesetzgebende Macht in allen Wald- und Forstsachen ausübet, die

Holzschlagung und deren Zeit anordnet, den wirtschaftlichen Gebrauch der Waldungen und den künftigen Zuwachs den Privatpersonen vorschreibt, Holzmärkte, Flöße und dergleichen zum Vertrieb des Holzes bewilliget und anordnet, Hut und Trift in den Waldungen konzedieret, verbietet oder zu Schonung des Holzes einschränket; kurz, alles dasjenige besorget, was die Wohlfahrt des Landes bei dem Forstwesen erfordert.

§. 182.

Man muß aber besonders auf die Erhaltung der Waldungen bedacht sein. Dannenhero ist nicht mehr Holz zu fällen, als jährlich zuwächst, welches von einem Forstverständigen ziemlich genau bestimmt werden kann. Wie denn auch der Regent nicht gestatten darf, daß die Untertanen ihre eigenen Waldungen ruinieren.

§. 183.

Es müssen aber auch die Waldungen bestmöglichst genutzet werden. Dieses geschiehet, wenn an Orten, wo das Holz in gutem Preis ist, Holzmärkte gehalten werden, wenn aus Waldungen, wo das Holz in geringem Preis ist, die aber unweit Flüssen gelegen sind, solches an teuere Örter durch Flöße geschafft wird, und wenn in Waldungen, welche die Gelegenheit der Flüsse nicht haben, Schmelz- und Glashütten, Salpetersiedereien und dergleichen angeleget werden.

§. 184.

Damit das Jagd- und Forstregal wirtschaftlich genutzet werde; so ist schlechterdings notwendig, daß die obersten Jagd- und Forstbedienten zugleich mit in den Kammercollegiis Sitz und Stimme haben, damit vermittelst derselben das Hauptaugenmerk des Jagd- und Forstwesens und die wirtschaftliche Verwaltung bei der Kammer beruhen mögen. Denn wo die Jagd- und Forstangelegenheiten von der Kammer gänzlich getrennet sind; so werden die Nutzungen davon viel geringer ausfallen.

§. 185.

Überhaupt wird in vielen Ländern mit dem Jagd- und Forstwesen nicht allzu wohl gewirtschaftet; indem der Aufwand auf die kostbaren Jagdlustbarkeiten alle daraus fallende Nutzungen gemeiniglich weit übersteigt. So sehr die Jagdlust einem Regenten zu gönnen ist; so sollte er doch wenigstens die Haushaltung so einrichten, daß die Einkünfte aus dem Jagd- und Forstregale zu diesen Ergötzlichkeiten zureicheten.

d) Von dem Bergwerksregale.

§. 186.

Das Bergwerksregal ist das Recht der obersten Gewalt, alle Güter, die unter der Erde befindlich sind, oder daher ihren Ursprung haben, entweder selbst zum Besten des Staats zu nutzen, oder unter seiner Vorsorge und Anordnung von andern nutzen zu lassen, und davon Einkünfte zu ziehen. Zu diesem Regale gehören demnach vornehmlich die hohe Gerichtsbarkeit über alle Bergwerke und Bergsachen: das Recht, den Zehenten von allen durch die Bergwerke gewonnenen Gütern zu erheben, die Quartalgelder und andere Abgaben darauf zu legen, das Vorkaufrecht der gewonnenen Metalle und viele andere dergleichen Befugnisse.

§. 187.

Der Regel nach gehöret unter das Bergwerksregal nur dasjenige, was in Gängen, Klüften und Flözen streichet. Dahero eigentlich edle und unedle Steine, Marmor, Kalksteine, Farben und dergleichen nicht darunter begriffen werden können. Allein weil doch diese Dinge als res nullius anzusehen sind, die dem Privateigentume, welches sich nur auf die Nutzung der obern Erde erstrecket, nicht mit zugestanden sind; so ist der Regent, vermöge der oberherrlichen Gewalt, allerdings befugt, auch diese zum Besten des Staats zu nutzen.

§. 188.

Ob nun zwar dieses Regal nicht allein die Erhaltung des Zehenten oder anderer Bergabgaben, sondern auch in dem Anbaue selbst besteht (§. 186.); so ist es doch ratsam, ein freies Bergwerk zu erklären, den Anbau jederman zu verstatten, und denen Untertanen und Fremden die Bergwerke in Lehn zu geben, auch alle dienliche Mittel zu ergreifen, um jederman zum Bergbaue anzureizen. Denn wenn der Bergbau bloß auf Rechnung und Kosten des Landesherrn geführet werden sollte; so würde solches nicht allein öfters seine Einkünfte in Unordnung setzen, sondern auch verhindern, daß er zum Besten des Staats nicht häufig genug getrieben würde.

§. 189.

Wenn nun ein freies Bergwerk erkläret wird; so entsteht daraus das Schürfen, oder die Nachsuchung der Mineralien und ihrer Gänge; sodann die Vereinigung gewisser Personen, welche den gefundenen Gang nach ihren beliebig angenommenen Teilen zu bauen sich erklären, welche eine Gewerkschaft heißt. Diese Gewerkschaft mutet den Gang bei den Berggerichten, das ist, sie erhält Erlaubnis, den Gang nach den Bergrechten bauen zu dürfen. Wenn dieser Bau glücklich fortgeht, und Ausbeute oder Gewinnst erhalten wird; so geschieht das Bestätigen und Vermessen, oder die Lehnsreichung, welche das Recht der Gewerkschaft wider alle andere in Sicherheit stellet. Es werden aber der Gewerkschaft verschiedene Maße zugemessen, deren jedes acht und zwanzig Lachter oder Klaftern in sich enthält, welches ihr Feld, und in verschiedenem Betracht eine Zehe oder Fundgrube heißt, welche wieder in hundert und acht und zwanzig Kuxe, oder unsichtbare Teile eingeteilet wird, nach welcher die Mitglieder der Gewerkschaft den Anbau übernehmen, die Zubuße oder Kosten beitragen, und die Ausbeute empfangen.

§. 190.

Obgleich eine jede Gewerkschaft ihre nötigen Bedienten setzet; so muß doch der Landesherr Bergkollegia und andere obere Bergbedienten verordnen, welche nicht nur sein Interesse dabei beobachten und die Streitigkeiten unter den Gewerkschaften schlichten; sondern auch die beste Art und Weise des Bergbaues an die Hand geben, und sonst zu Beförderung der Bergwerke alles mögliche beitragen.

§. 191.

Es dienet übrigens sehr zu Beförderung des Bergbaues, wenn der Landesherr die Schmelzhütten selbst hält, und den Gewerken das gelieferte Erz, nach dem durch die Guardeine probierten Gehalte, nach Abzug der Schmelzungskosten, bezahlet. Jedoch muß auch denen, so es verlangen, die Anbauung eigener Schmelzhütten erlaubt werden.

§. 192.

Das Salzregal folget aus dem Bergwerksregale, es werde nun das Salz gegraben, oder aus Salzquellen gesotten. Daher der Landesherr, wenn die Salzwerke Privatpersonen gehören, zu dem Zehenten allerdings berechtiget ist. Allein, es fragt sich, ob es gut sei, daß der Monarch den Salzverkauf im Lande an sich ziehe, und ein Regal daraus mache? Wenn diese Art des Salzregals nur darinnen besteht, daß der Landesherr das Salz durch gewisse Factors um einen etwas erhöheten, aber nicht unleidlichen Preis verkaufet, oder das Monopolium davon gegen eine Summe Geldes an jemand in Bestand überläßt, der aber auch keinen allzu hohen Preis setzen darf; so ist soviel nicht darwider zu sagen. Allein wenn das Salz, welches doch die ärmsten Untertanen nötig haben, in einem sehr hohen Preise ist, wie man in Italien, in den österreichischen Staaten und in verschiedenen andern Ländern wahrnimmt; so gereichet es den Untertanen zur großen Last und dem Staate zu schlechter Aufnahme.

§. 193.

Es dienet aber dem gemeinen Wesen zum großen Vorteile, daß Salzwerke im Lande angeleget werden, damit davor kein Geld außer Landes gehe: und wenn die Sole, oder die Grube ausfündig gemacht ist; so ist es allerdings ratsam, daß sie der Landesherr selbst auf seine Rechnung und Kosten anlege: weil es eine der paratesten Einkünfte abgibt, bei deren Anbau keine Gefahr und Verlust der Kosten zu besorgen, wie bei den Bergwerken.

§. 194.

Man kann nämlich aus der Grube oder der Quellen Beschaffenheit gar leicht beurteilen, ob mit Vorteil daraus Salz zu gewinnen ist. Die Sole ist nämlich entweder von Natur so lötig oder salzreich, daß sie sogleich mit Vorteil versotten werden kann, oder sie muß durch Wasserkünste in die Höhe getrieben werden, und in gewissen Häusern tropfenweise von einem Holzreise auf das andere fallen, damit das Wasser davon zum Teil verdünste, welches gradieren heißt. Allein es ist selten bei dieser letztern Art Vorteil zu hoffen.

§. 195.

Andere Salzsiedereien, als des Salpeters, der Pottasche etc. werden gleichfalls zu dem Salzregale gerechnet; da denn sonderlich ratsam ist, daß sich der Regent die Salpetersiedereien privative zueignet: weil daraus das Pulver, als die notwendigste Kriegsbereitschaft, verfertiget wird, welches teuer zu kaufen, oder wohl gar davor das Geld außer Landes zu senden, nicht wirtschaftlich ist, auch öfters zum Mangel ausschlägt.

e) Von dem Münzregale.

§. 196.

Das Münzregal ist die hohe Befugnis eines Landesherrn, nicht allein selbst mit Ausschließung aller andern Geld prägen zu lassen, sondern auch den Wert aller in seinem Lande roulierenden fremden Münzen zu bestimmen, sowohl als alle andere Münzangelegenheiten zu dirigieren. Man hat nämlich statt des in den Gewerben unbequemen Tauschens Gold und Silber als das allgemeine Vergütungsmittel aller Arten von Gütern angenommen; und zu Ersparung der Untersuchung der Güte und Feine des Goldes und Silbers hat man es in gewisse Formen gebracht, und den Wert darauf dauerhaftig bemerket, welches Geld oder Münze genennet wird. Dieses Münzwesen nun muß allerdings der obersten Gewalt zustehen, als welche die Commercien und Bergwerke des Landes zu dirigieren hat und deren Bemerkung des Wertes, sowohl bei den Untertanen, als Fremden, den meisten Glauben finden muß.

§. 197.

Daraus folget, daß die Münzen den darauf angezeigten Wert des Goldes und Silbers in der Tat haben müssen, weil sonst die oberste Gewalt Treu und Glauben verletzen würde. Schlechte Münzen sind auch den Commercien nachteilig: und die Ausländer wissen durch Agio, Wechselkurs und Provision die Sache dennoch in die Wege zu richten, daß sie eher weniger als mehr dem wahren Werte nach davor vergüten. Man muß demnach die Kosten der Ausmünzung nicht von der Münze selbst, sondern von andern Einkünften des Staats nehmen, wie die Engelländer mit großem Vorteile vor den Staat eingeführet haben.

§. 198.

Wenn man hierwider einwendet, daß alsdenn die guten Geldsorten außer Landes geführt werden würden; so kann man hierauf antworten: daß der Landesherr allen ausländischen Münzen keinen andern Kurs in seinen Landen lassen müsse, als ihr wahrer innerlicher Gehalt ausmacht; und alsdenn ist es ganz einerlei, ob das Geld unter diesem oder jenem Gepräge im Lande vorhanden ist. Niemand wird auch alsdenn die guten Landesmünzen auszuführen suchen, wenn er an ausländischen geringhaltigen Münzsorten so viel verliert. Es bedarf demnach keines Verbotes die Landesmünze auszuführen, welches ohnedem der Natur der Sache nach unmöglich ist.

§. 199.

Man pfleget grobe Münzsorten und Scheidemünze auszuprägen. Grobe Münzsorten, heißt man die Speziestaler, Zweidrittel und Eindrittel Stücken, oder wenn man nach Reichstaler ausmünzet, die ganzen, halben und viertel Taler; und diese sind es, die eigentlich ihren wahren innerlichen Wert haben müssen. Die Scheidemünze, weil sie bloß zum Gebrauche des Landes bestimmt ist, und also mit den groben Sorten nicht einerlei Endzweck hat, bedarf diesen innerlichen Gehalt nicht: ja es ist besser, sie bloß vom Kupfer auszumünzen; da hingegen Gesetze vorhanden sein müssen, daß nur kleine Zahlungen und Ausgaben darinnen geschehen können.

§. 200.

Die Münzmeister haben denen Regenten die ungegründete Meinung beigebracht, daß sich rein Gold und Silber nicht wohl bearbeiten ließe. Dahero hat man einen Zusatz oder so genannte Legierung bei den Münzen beliebet: und weil sich auf diese Art der geringe Gehalt desto besser verbergen läßt, daß es wenigstens nicht nach dem Gewichte beurteilet werden kann; so ist es überall eingeführet worden. Man hat also bei Gelde die weiße und rote Legierung. Bei der ersten ist der Zusatz Silber, bei der andern Kupfer. Silbermünzen aber werden allemal mit Kupfer legieret. Dieser Zusatz ist unnötig und wider allen Endzweck der Münze: und so lange derselbe beibehalten wird; so dürfen wir nicht hoffen, daß eine Verbesserung des höchstverderbten Münzwesens geschehen wird.

§. 201.

Unterdessen entsteht daher ein Unterschied nach ihrem Schrot und Korn. Schrot zeiget die Art der Legierung, Korn aber den innerlichen Gehalt an. Wenn man also saget, daß eine Münze von guten Schrot und Korn ist; so bedeutet dieses, daß sie sowohl in der Proportion des Zusatzes, als in ihrem wahren Werte gerecht und gut sei: und aus dieser verschiedenen Beschaffenheit des Schrots und Kornes entstehen die neuerlei Münzfälle, die hier anzuführen zu weitläuftig sind.

§. 202.

Eben aus dieser Legierung und aus dem festgesetzten Preise, den das Silber hat, entsteht der Münzfuß, oder die Ordnung über den Gehalt der Münze nach ihrem innerlichen Werte und Schrot und Korn. Gleichwie aber Gold und Silber im Preise steigen; so muß sich auch der Münzfuß verändern. Der Reichsmünzfuß war ehedem, daß die Mark fein Silber zu neun Reichstaler sieben Groschen ausgemünzet werden sollte. Hierauf folgete der zinnäische Fuß zwischen Sachsen und Brandenburg, der die Mark auf zehn Reichstaler zwölf Groschen setzte. Der Leipziger, nachher auch von dem Reich angenommene Münzfuß war die Mark zu zwölf Reichstaler, und jetzo präget man sie zu sechszehn, zwanzig und mehr Reichstalern aus.

§. 203.

Da das Münzwesen in die auswärtigen Commercien einen so starken Einfluß hat; so sieht man leicht, daß dasselbe nach guten Regierungsgrundsätzen weder verpachtet, noch in Lehen gegeben werden kann; indem die damit verbundene Wohlfahrt des Staats die eigne Verwaltung und Vorsorge des Regenten erfordert. Vielmehr hat der Regent alle Aufmerksamkeit anzuwenden, daß die Münzmeister und andere Bedienten hierinnen ohne allen Unterschleif nach seiner gerechten Intention und Vorschrift verfahren.

§. 204.

Ob zwar dem Regenten allerdings zusteht, den Wert der im Lande roulierenden ausländischen Geldsorten sowohl als der Landesmünzen zu bestimmen; so versteht sich doch dieses nach ihrem wahren innerlichen Gehalte. Es ist demnach ein unverantwortlicher Mißbrauch der landesherrlichen Gewalt über das Münzwesen, wenn der Wert der Münzen nach gewissen Absichten der Regierung bald ungemein erhöhet, bald über die Gebühr erniedriget wird. Frankreich hat sich dieses Mittels zum Schaden seiner Untertanen und der Commercien gar öfters bedienet.

f) Von den Wasserregalien.

§. 205.

Die Wasserregalien bestehen in der Befugnis des Landesherrn, den Gebrauch der Meere, Seen und großen Flüsse, die in dem Gebiete des Staats sind, zur Wohlfahrt des Landes einzurichten und dabei durch einen Nebenzweck Einkünfte zu ziehen. Die Hauptabsicht des Regenten hierbei muß auf die Beförderung der inn- und ausländischen Commercien und Gewerbe gehen.

§. 206.

Gleichwie ohne gute Seehäfen keine auswärtige Commercien statt finden können; so ist auch der Landesherr befugt, sich Hafen- und Ackergeld entrichten zu lassen, und Zölle dabei anzulegen, wodurch er in Ansehung der fremden handelnden Nationen, der Ein- und Ausfuhre der Ware und der Aufnahme der Commercien überhaupt, verschiedene Endzwecke erreichen kann; wie es denn zuweilen nötig ist, zu diesem Behuf Freihäfen, die ohne alle Abgaben sind, zu erklären. Eben dieses läßt sich von großen schiffbaren Strömen und denen darauf befindlichen Zöllen behaupten.

§. 207.

In eben diesem Betrachte kann der Regent zur Bequemlichkeit der Handlung und der Reisenden auf großen Strömen Fähren, Brücken, Schleusen und Holzflöße anlegen lassen und davon Abgaben ziehen; desgleichen gehören die Mühlen darauf, unter die Wasserregalien des Landesherrn, weil es dem gemeinen Wesen daran liegt, daß die Schiffahrt dadurch nicht gehindert werde. Weil aber diese Ursache bei kleinen Flüssen und Bächen wegfällt; so würde man zu weit gehen, wenn man überhaupt die Mühlen, die eine ordentliche Landesnahrung sind, unter die Regalien rechnen wollte.

§. 208.

Verschiedene Meerprodukte, als Perlen, Korallen und Agtsteine gehören unstreitig unter die Wasserregalien. Man kann auch gewissermaßen das Meersalz dahin zählen; weil das Salz einmal unter die Regalien gerechnet wird. Allein die wilde Fischerei in den Meeren, Seen und Flüssen gehöret nur in so weit zu den Regalien, als sie eine gewisse Direktion zur Wohlfahrt des Staats erfordert. Die Fischerei selbst ist eine Landesnahrung, die aber der Regent nach Maßgebung des Gewinstes mit Abgaben zu belegen gar wohl befugt ist.

§. 209.

Es kann sich auch der Regent die in dem Meere, Seen und Flüssen entstehenden Inseln und Anschwemmungen neuen Erdreiches zueignen; weil sie res nullius und doch in dem Gebiete der Republik sind, deren Wohlfahrt die Anbauung derselben erfordert, die also billig der Vorsorge des Regenten überlassen wird. Einige rechnen noch das Strandrecht, und die gesunkene Güter aus dem Grunde des Meeres heraus holen zu lassen, unter die Regalien. Allein, wenn die Eigentümer vorhanden oder bekannt sind, oder sich melden; so würde es die größte Unbilligkeit sein, sie ihres Eigentumes zu berauben.

§. 210.

Über diese Regalien hat man in Teutschland noch einige andere ausfündig gemacht; indem einige Fürsten den Getreidehandel, die Verkaufung des Tabaks, die Bier- und Branntweinbrauereien, die Schäfereien und dergleichen privative an sich gezogen haben. Allein, meines Erachtens, sind sie einem großen und weisen Regenten, der seine Untertanen liebt und seine Pflichten in ihrem ganzen Umfange kennet, nach welchen er die Nahrung seiner Untertanen befördern, nicht aber selbst an sich ziehen soll, ganz und gar nicht gemäß. Dahero ich etwas davon beizubringen vor überflüssig halte.

C. Von den Kontributionen oder Steuern und Abgaben der Untertanen.

§. 211.

Endlich ist die dritte Quelle der Einkünfte eines Regenten, nämlich die Steuern oder Kontributionen der Untertanen, zu betrachten. Denn da die Domänen und die Einkünfte aus den Regalien zu dem großen Aufwande des Staats nicht zureichen, besonders, nachdem die Europäischen Mächte beständige Kriegsheere zu unterhalten pflegen; so müssen die Untertanen durch wirklichen Geldbeitrag das Benötigte vollends zusammen bringen. Gleichwie es aber auf die Art und Weise, die Kontributionen von den Untertanen zu erheben, ungemein viel ankömmt; indem es, vermöge des ersten und allgemeinen Grundsatzes notwendig ist, daß man einen solchen Weg erwählet, der die Glückseligkeit der Untertanen nicht störet, und die Fremden nicht abschrecket, in das Reich zu ziehen, kurz, der dem Aufnehmen des Staats gemäß ist; so fragt es sich, welches der beste und der Wohlfahrt des Staats zuträglichste Weg sei.

§. 212.

Meines Erachtens müssen hier folgende Grundsätze angenommen werden, die, wenn sie richtig sind, durch ihre Folgen die wahre Art und Weise, die Abgaben zu erheben und aufzubringen, leicht an die Hand geben werden; und zwar sollte man 1) zu den Kontributionen solche Wege ausfündig zu machen suchen, auf welchen die Untertanen die Abgaben gleichsam aus eigener Bewegung und mit willigem und freudigem Herzen entrichteten. Allein ob sich dieses gleich in der Tat ausüben ließe; so ist es doch hier zu weitläuftig, die Möglichkeit zu zeigen.

§. 213.

Die Abgaben müssen 2) von allen Untertanen, denen nicht vermöge der Verfassung des Staats die Befreiung zusteht, in einer gerechten Gleichheit entrichtet werden; weil alle gleichen Schutz genießen. Gleichwie sich aber die Wirkung des Schutzes hauptsächlich bei dem Vermögen äußert; so erfordert eben diese gerechte Gleichheit, daß die Proportion des Vermögens zum Grunde gelegt werden muß.

§. 214.

Die Kontributionen müssen 3) einen sichern und unbetrüglichen Grund haben, dergestalt, daß sie sowohl parat und unfehlbar eingetrieben werden können, als auch weder der Unterschleif der Bedienten, noch die Verschweigung, oder Hintergehung der Untertanen nicht leicht dabei statt finden kann. Denn die Ausgaben des Staats leiden, ohne äußerste Unordnung und Nachteil, keinen Aufschub; und bei Abgaben, die ohne sehr große Aufsicht und Strenge nicht sicher gestellet werden können, muß sowohl zur Erhebung viel aufgewendet, als das Land bedrücket werden.

§. 215.

4) Die Abgaben dürfen der Freiheit der menschlichen Handlungen und den Commercien und Gewerben niemals hinderlich und beschwerlich fallen; weil es der Glückseligkeit der Untertanen und des gesamten Staats entgegen ist; als welche vornehmlich darauf ankömmt, daß die Commercien und Gewerbe in gute Aufnahme gebracht werden, und daß die Untertanen einer vernünftigen Freiheit genießen.

§. 216.

Man muß bei den Abgaben die Vielheit der Kassen vermeiden; mithin müssen sie so viel als möglich einförmig sein, und nicht vielerlei Gegenstände zum Grunde haben; weil sonst sowohl wider den bereits oben festgesetzten Grundsatz eine Menge Bediente, als auch unzähliche Aufsicht und Rechnungen mehr erfordert werden. Dieser Grundsatz ist auch den Neigungen der Menschen gemäß, welche, da sie die Abgaben selten mit freudigen Herzen entrichten, um desto unwilliger werden, wenn so gar vielerlei Abgaben sind, und sie folglich niemals damit fertig werden. Dahingegen sind die Abgaben zu kleinen Anteilen, und mithin monatlich zu entrichten, damit die Summa auch den Armen nicht auf einmal zu schwer falle.

§. 217.

Wenn nun diese Grundsätze ihre Richtigkeit haben; so kann man die Art und Weise, die Kontributionen sicher, bequem und dem Wohlstande des Staats gemäß einzurichten, leicht daraus herleiten; und zwar werden sich hauptsächlich zweierlei Gegenstände finden, welche den obigen Grundsätzen gemäß sind. Diese sind die unbeweglichen Güter oder Grundstücke, und die Gewerbe.

§. 218.

Die Grundstücke sind allerdings der hauptsächlichste Gegenstand der Kontributionen; weil sich dabei sowohl die Regel von der Proportion des Vermögens beobachten läßt, als weil sie einen sichern und unfehlbaren Grund abgeben, bei dem weder der Unterschleif der Bedienten, noch die Verschweigung und Hintergehung der Untertanen möglich ist; wie denn dieser Gegenstand der Kontributionen allen übrigen Regeln gemäß ist. Es wird auch vielleicht kein Land sein, wo man nicht diesen so leicht in die Sinne fallenden Weg der Abgaben zuerst erwählet hatte.

§. 219.

Weil aber nicht alle Grundstücke von einerlei Wert, Güte und Einkünften sind; so ist es billig, gewisse Klassen derselben zu machen, als z. B. die Äcker, Wiesen, Weingärten in gute, mittelmäßige und schlechte einzuteilen: Eben so könnten die Häuser in große, mittelmäßige und kleine Städte unterschieden, und sodann jeder Klasse die monatliche Kontribution vor ein Haus oder Grundstück bestimmt werden.

§. 220.

Es wird aber ein gewisser Teil der Einkünfte von den Grundstücken zur Richtschnur der Kontribution bestimmt. Dieses heißt der Kontributionsfuß. In den meisten Ländern ist es der vierte Teil der Einkünfte, in einigen aber gar der dritte. Zuweilen ist dieses genau von jedem Grundstücke bestimmt, als in Sachsen die sogenannten Schocke sein sollen, welche so viel Schock Groschen Einkünfte bedeuten; zuweilen aber hat man nur überhaupt einen ohngefähren Ertrag zum Grunde gesetzt, wie in Holstein die Pflüge.

§. 221.

Gleichwie aber nicht alle Einwohner eines Staats Grundstücke besitzen; so erfordert der Grundsatz von der gerechten Gleichheit der Abgaben das Gewerbe zu dem zweiten hauptsächlichsten Gegenstande der Kontribution zu erwählen. Allein man muß nicht die Materialien der Gewerbe mit Auflagen beschweren, als welches der Freiheit der menschlichen Handlungen und der Aufnahme der Commercien und Gewerbe hinderlich und beschwerlich ist, wobei auch unzählicher Unterschleif und Vexation der Bedienten und heimliche Einfuhre und Betrug der Untertanen vorfällt; sondern die Gewerbe treibenden Personen selbst sind ein viel sicherer Gegenstand der Abgaben, man muß nämlich einen jeden, der ein Gewerbe treibt, nach der Maße der Diener, Gesellen, Lehrjungen und Arbeiter, die er dazu gebrauchet, und welche nicht verschwiegen und verstecket werden können, mit einer jährlichen Abgabe belegen, die er monatlich entrichtet.

§. 222.

Dieser Gegenstand der Kontribution hat gleichfalls alle Eigenschaften, welche obige Grundsätze erfordern, wie denn bei diesen zwei Objekten der Abgaben so leicht niemand von dem Beitrage zu den Kosten des Staats verschonet wird. Denn diejenigen, so weder Grundstücken besitzen, noch Gewerbe treiben, sind doch tausenderlei Dinge zu ihrer

Haushaltung und Lebensunterhalt benötiget, welche diejenigen, die Gewerbe treiben, in einen hohen Preis setzen, mithin müssen sie indirecte zu den Abgaben das ihrige beitragen.

§. 223.

Wenn man nun nach den obigen Grundsätzen, die in den verschiedenen Ländern gewöhnliche Abgaben, als Kopfsteuer, Akzise, Aufschläge, Fleisch- und Tranksteuer, Vieh- oder Klauensteuer, Vermögensteuer u. d. m. mit ihrer verschiedenen Einrichtung und Endzweck durchgehet und untersuchet, so wird man leicht entscheiden können, ob und wie weit dieselben, als ordentliche Abgaben mit der Wohlfahrt des Staats übereinstimmen oder nicht. Man wird auch begreifen, worauf man zu sehen hat, wenn man eine bessere und dem Wohlsein des Staats gemäßere Art der Abgaben einführen will.

Zweites Hauptstück.
Von außerordentlicher Aufbringung der benötigten Geldsummen in besondern Notfällen des Staats.

§. 224.

Nunmehr kommen wir zu außerordentlichen Mitteln, um zum Behufe des Staats in eilenden Fällen, und gefährlichen Zeitumständen Geld aufzubringen (§. 150). Hier sollte nun freilich nach den besser unten anzuführenden Grundsätzen von dem Etat der Ausgaben in einem wohleingerichteten Staate der Schatz des Regenten so viel vermögen, daß dergleichen außerordentliche Vorfälle bestritten werden könnten. Denn es eräugnen sich tausenderlei Gelegenheiten, sowohl in zu machenden Akquisitionen und zu erwerbenden Vorteilen, als in Rettung des gemeinen Wesens bei gefährlichen Zeitumständen, wo nichts so vortrefflichen Nutzen leistet, als ein parat liegender Schatz. Allein da dieses nicht in allen Reichen und Ländern, teils wegen der vorhergegangenen Wirtschaft, teils aber wegen öfterer Kriegsunruhen und anderer Beschaffenheit des Staats möglich ist; so ist zu erwägen, wie eine solche außerordentliche und eilende Aufbringung der benötigten Summen am nützlichsten und heilsamsten geschehen kann.

§. 225.

Es sind hier zwei Wege vorhanden; denn es muß solches 1) entweder durch die Art einer außerordentlichen Abgabe und Hebung von den Untertanen aufgebracht werden, oder 2) die benötigten Summen müssen auf den Kredit des Monarchen und des Staats aufgenommen werden. Einen jeden von diesen zwei Wegen müssen wir etwas umständlicher betrachten.

§. 226.

Wenn das Land nicht bereits allzustark mit Abgaben beschweret, und die benötigte Geldsumme nicht so hoch ist; so kann man sich am besten der Erhöhung einer ordentlichen Abgabe bedienen. Da man weiß, was diese oder jene Abgabe, deren Erhöhung den Untertanen am wenigsten beschwerlich ist, im ganzen Lande einträgt; so kann leicht ausgerechnet werden, wie hoch die Vergrößerung sein muß, wenn die benötigte Summe heraus kommen soll.

§. 227.

Wenn aber die erforderliche Summe auf eine außerordentliche Art von den Untertanen gehoben werden muß, indem die ordentlichen Abgaben ohnedem stark genug sind, und die Summe zu groß ist, so gibt die Natur der Sache von selbst die Grundsätze an die Hand, daß man einen solchen Gegenstand einer außerordentlichen Abgabe erwählen muß, der sicher und gewiß ist, und keine Verzögerung nach sich zieht; sodann daß eine solche außerordentliche Abgabe hauptsächlich die vermögenden Einwohner, die sie parat zu leisten im Stande sind, treffe. Ferner muß eine solche außerordentliche Aufbringung aus dem Vermögen der Untertanen weder der Gerechtigkeit und Billigkeit entgegen sein, noch der Wohlfahrt des Staats und der Untertanen auf andere Art nachteilig fallen.

§. 228.

Eine Vermögensteuer ist mithin kein dienlicher Weg, weil die Anzeigung des Vermögens aller Untertanen Zeit erfordert und die Verschweigung dabei statt hat; wie denn meines Erachtens überhaupt eine Vermögensteuer der allerschädlichste Weg der Abgaben ist; weil die Entdeckung des Vermögens allen Menschen zuwider ist, ohne Eide und Meineide nicht geschehen kann, und besonders den Kaufleuten und andern Gewerbe treibenden Personen nachteilig fällt; wodurch folglich die Wohlfahrt des Staats und der Untertanen auf verschiedene Art Nachteil leidet.

§. 229.

Aus eben diesen Gründen kann eine Abgabe von den Kapitalien, so die Untertanen auf Zins ausstehen haben, nicht statt haben, weil hier gleichfalls auf gewisse Art das Vermögen entdecket werden muß. Jedoch würde eine Vermögensteuer auf die unbeweglichen Güter, mit der Bedingung, daß die Eigentümer ihren Gläubigern ein gewisses Prozent, so viel als die Vermögensteuer austrägt, abzuziehen befugt sein sollten, noch eher zu entschuldigen sein. Wiewohl dennoch die Last größtenteils allein auf die Schuldner fallen dürfte, wenn sie die Kapitalien nicht bald aufgekündiget sehen wollten.

§. 230.

Eine Personen- oder Kapitationssteuer, in welcher alle Untertanen, nach ihrem Stande und Range unter gewisse Klassen zu bringen, und einem jeden sein zu erlegendes Quantum zu bestimmen ist, dürfte hingegen ungleich zuträglicher sein. Denn ob zwar auch hier einigen Betracht verdienet, daß diejenigen, so von einerlei Stand und Würden sind, nicht allemal einerlei Vermögen haben; so kann doch dem ziemlich abhelfliche Maße gegeben werden, wenn man in jedem Stande oder Würde dreierlei Klassen macht, nämlich solche, die wohl leben, die mittelmäßig gut leben können, und die nur schlecht zu leben haben; wie in vorigen Kriegeszeiten vor funfzehn bis achtzehn Jahren in den österreichischen Staaten dergleichen Einrichtung getroffen worden.

§. 231.

Die Ritterpferde können gleichfalls, wo sie im Lande gewöhnlich sind, und solches der Freiheit der Stände nicht entgegen ist, zu einem außerordentlichen Beitrage bequem gezogen, oder nach dem Fuße der Ritterpferde zu einem Darlehn angehalten werden. Es ist dieses um so billiger, da die Besitzer der Rittergüter ursprünglich zum Schutze des Vaterlandes in Kriegszeiten und gefährlichen Umständen bestimmt sind, welches aber bei heutiger Kriegsverfassung nicht mehr geschieht; mithin kann statt dessen in gefährlichen Zeitläuften eine schleunige Geldhülfe billig erfordert werden.

§. 232.

Eine Besoldungssteuer, vermöge deren alle Bedienten ein gewisses Prozent Abzug von ihren Besoldungen leiden müssen, ist gleichfalls kein undienlicher Weg. Denn ob sie zwar statt der schuldigen Abgaben dem Staate ihre Dienste leisten: und ob zwar ihre Besoldungen schon also eingerichtet sind, daß die Regierung den schuldigen Beitrag zu dem Aufwande des Staats gleichsam bereits abgezogen hat; so versteht sich dieses nur in geruhigen Zeitläuften, und ihre Verbindlichkeit in großen Notfällen der Republik beizustehen, ist dadurch nicht aufgehoben. Allein ob es ratsam sei allen und jeden Bedienten unter dem Titel einer Kaution oder Vorstandes ein Darlehn aufzulegen, das ist eine andere Frage, die billig verneinet werden muß: weil die wenigsten Bedienten von einerlei Würde gleiches Vermögen, und viele gar keines haben.

§. 233.

In verschiedenen Reichen hat man in dergleichen Notfällen zu Verkaufung der Bedienungen seine Zuflucht genommen. In Frankreich wenigstens ist es gar ein gewöhnlicher Weg in der Eil Geld aufzubringen, daß man sogleich eine Menge wichtige neue Bedienungen kreieret und um großes Geld verkaufet. Allein da die Verkaufung der Bedienungen überhaupt nichts nutzet: indem sie sowohl die Geschicklichkeit und Verdienste nicht befördert, als öfters die ungeschicktesten Leute zu wichtigen Staatsbedienten macht; so kann eine solche unnötige, oder wenigstens entbehrliche Kreierung neuer Bedienten, wodurch dem Staate die Last neuer Besoldungen auf den Hals fällt, um so weniger angeraten werden.

§. 234.

Es fragt sich, ob der Staat in solchen Notfällen nicht die Ausbeute der Bergwerke an sich nehmen könne, als welche ein bloßer Gewinst sind, und ohnedem aus der Konzession und Begnadigung des Staates entstehen, dem das Bergregal eigentlich zugehöret. Allein, da die Bergwerke eine große Schonung und Achtsamkeit erfordern, und da sie, wenn sie bedrücket werden, zu großen Nachteile des Staats leicht eingehen; so würde ich dazu nur in den allerbedrängtesten Zeitumständen raten, und zwar, daß es die allererste Sorge der Regierung sein müßte, die gehobenen Summen auf das baldigste wieder zu erstatten.

§. 235.

Eben so wenig kann man anraten, daß der Staat in Notfällen die Kapitalien der Kirchen, der geistlichen Stiftungen und der Pupillen, oder die bei den Gerichten in Deposito liegenden Gelder zu sich nehmen, und zur Wohlfahrt des Staats anwenden möge; es sei denn, daß sich der Staat von seinem Umsturz auf keine andere Art retten könnte. Viel eher könnte man die von den Einkünften der Stadtmagistrate vorrätig liegenden Gelder und Kapitalien in Notfällen zum Besten des Staats anwenden, weil diese ohnedem keinen andern

Gebrauch, als zum Nutzen der Städte, und mithin in gefährlichen Zeitläuften zur Wohlfahrt des gesamten Staats, woran alle einzelne Gemeinden Teil nehmen, haben können.

§. 236.

Wenn aber wegen allzu sehr erschöpften Zustandes der Untertanen, oder der Freiheit der Stände halber, diejenigen Wege, so wir vorhin vorgeschlagen haben, nicht tunlich sind, oder aus Gelindigkeit des Monarchen nicht erwählet werden; so bleibt nichts, als der Weg des Kredits übrig. Denn heute zu Tage wird kein verständiger Kameralist auf den Weg einer gänzlichen Veräußerung, es sei einiger Einkünfte, oder der Juwelen und Kostbarkeiten, oder gar eines Stückes von Land und Leuten verfallen.

§. 237.

Es ist aber vor allen Dingen erforderlich, daß ein vollkommener Kredit vorhanden sei. Nichts ist dem Staate so nötig, als diese Sache. Es eräugnen sich tausenderlei Vorfälle, wo entweder die Eil oder das Geheimnis, oder die Regierungsverfassung oder andere Umstände die Hebung der benötigten Summen, durch den Weg der Abgaben von den Untertanen nicht zulassen. Wenn nun kein Kredit vorhanden ist; so sieht man sich in den Anstalten zur Glückseligkeit und Aufnahme des Staats oder desselben Rettung, allenthalben gehemmet; und man sieht sich genötiget, öfters zu Mitteln zu greifen, die guten Regierungsgrundsätzen gar nicht gemäß sind.

§. 238.

Der Mangel des Kredits ist so gar eine der gefährlichsten Wunden des Staats. An viele vortreffliche Projekte der Aufnahme des gemeinen Wesens und der Commercien, darf man bei diesem Mangel nicht einmal gedenken. Denn bei allen solchen Anstalten müssen sowohl die Untertanen als Fremde, ein Vertrauen zu dem guten Treu und Glauben der Regierung haben, sowohl als zu der Richtigkeit in Haltung ihrer Versprechungen und eingegangenen Verbindlichkeiten. Überdies setzet der Mangel des Kredits die Regierung öfters in die Notwendigkeit, mit dem äußersten Schaden und Verluste an Land und Leuten, ihre Angelegenheiten zu besorgen.

§. 239.

Es muß demnach einer der ersten Grundsätze einer weisen Regierung sein, einen vollkommenen Kredit zu erhalten, und mithin muß auch bei gefährlichen Zeitläuften die Bezahlung der Interessen nicht verschoben werden. Hierinnen besteht fast allein die Erhaltung des Kredits: denn jeder Gläubiger hält sein Geld so lange sicher, als die Interessen richtig fallen; dahingegen alles in Furcht gerät, und sein Geld zurück verlanget, wenn die Interessen außenbleiben; mithin wird durch die unterlassene Intereszahlung die Sache des Staats immer schlimmer.

§. 240.

Wenn nun ein solcher guter Kredit vorhanden ist; so ist es ganz leicht, Geld aufzubringen, und zwar zuvörderst durch freiwilliges Darlehn der Untertanen, welches entweder vermittelst einer Subskription, oder Errichtung einer Banco, oder durch Aufnehmung einzelner Kapitalien geschehen kann; wozu sich bei vollkommenen Kredit Leute genug finden werden. Denn jederman ist geneigt, die sichere Unterbringung seiner Gelder im Lande, der Einlegung in eine fremde und entlegene Banco, oder der Darleihung an fremde Kaufleute, ungleich vorzuziehen.

§. 241.

Man kann sich auch der Einrichtung von Leibrenten, oder Tontinen, darzu bedienen. Die letztern sind von den Leibrenten darinnen unterschieden, daß die Interessen der abgestorbenen Gläubiger den Überlebenden zuwachsen; und es werden sich zu solchen Anstalten bei gutem Kredit des Staats allemal Einleger genug finden; wie sich denn Frankreich öfters dadurch geholfen hat. Es ist aber eine Tontine allemal sicherer und vorteilhaftiger zu schätzen, als die Leibrenten; weil bloß gegen gemeine Interessen endlich das Kapital ohne Bezahlung dem Staate anheim fällt; dahingegen die Leibrenten mehr Interessen erfordern, welche also die Einkünfte des Staats mehr derangieren; zu geschweigen, daß diese Interessen bei dem langen Leben der Personen hoch anwachsen können.

§. 242.

Die Errichtung der Lotterien, zumal wenn sie wichtig sind, können auch in solchen Bedürfnissen des Staats gebrauchet werden; und sie können entweder allein Statt haben, oder mit den vorigen Arten und andern Anstalten verbunden werden.

§. 243.

Hierbei sind zugleich verschiedene Fragen zu untersuchen, welche die Wege, Geld aufzubringen, veranlassen; nämlich, ob es besser sei, die Gelder von Untertanen, oder von Fremden aufzunehmen. Es ist kein Zweifel, daß es nicht vor den Staat vorteilhaftiger sei, wenn das Geld allein im Lande aufgebracht werden kann; weil sonst die Interessen aus dem Lande gehen, die das Land immer ärmer machen, weil doch das Kapital dereinst wieder bezahlet werden muß. Allein die Not leidet kein Gesetz, wenn das Geld nicht im Lande aufzubringen ist.

§. 244.

Es fragt sich ferner, ob es gut sei, die Fremden zu Leibrenten, Tontinen und Lotterien zuzulassen. Da bei den Leibrenten und Tontinen das Geld nach Absterben der Gläubiger, dem Staate anheim fällt; so hat es wegen der Fremden gar kein Bedenken: und in Ansehung der Lotterien, bei welchen man sich ohnedem um die Beschaffenheit derjenigen, so darinnen einlegen, nicht bekümmern kann, muß man es dem Glücke überlassen, ob große Gewinste außer Landes gehen werden.

§. 245.

Ob die von vielen Skribenten wider die Moralität dieser Anstalten, gemachten Einwürfe erheblich sind, kann hier nicht so genau untersucht werden. Unterdessen, da man sich sowohl in den Commercien und Gewerben, als selbst in vielen andern Anstalten des Staats öfters dem Glücke und Hazard unterwerfen muß; wie denn in den meisten Gewerben und Geschäften der Gewinst des einen, ein Verlust vor den andern ist; so sieht man nicht, daß die Feinde der Lotterien und anderer solcher Anstalten, wichtige Gründe vor sich haben können.

§. 246.

Wenn aber der Staat nicht genugsamen guten Kredit hat; so sind die Wege Gelder aufzubringen ungleich schwerer, so, daß man sich öfters genötiget sieht, gewisse Einkünfte gegen Auszahlung großer Summen zu verpachten; wie in Frankreich gewöhnlich ist, als woselbst die Generalpachter gar bekannt sind, die zu vielen Zeiten dem Könige seine Einkünfte vier, fünf und mehr Jahre zum voraus ausgezahlet, und vorgeschossen haben, welches gewiß eine der schädlichsten Arten der Staatswirtschaft ist.

§. 247.

Öfters sieht man sich auch gemüßiget, einige Einkünfte den Kreditoren, zu Ziehung der Interessen, oder Bezahlung der Schuld zu verpfänden, und sie selbst in deren Einnahme und Besitz zu setzen. So wenig ratsam dieses Mittel schon ist; so muß man doch diese Regel dabei annehmen, daß es nie mit ungewissen Einkünften geschehen muß.

§. 248.

Das äußerste und härteste Mittel unter allen ist, wenn man den Bedürfnissen und Nöten des Staats auf keine andere Art abhelfen kann, als die Domänen oder die Einkünfte von gewissen Ländern zu versetzen, welches wenigstens niemals mit der Landeshoheit, oder an freie und mächtige Staaten geschehen muß; weil es mit der Zurückgabe daselbst gemeiniglich schwer hält: es sei denn, daß man sich selbst zugleich mit im Besitze zu erhalten weiß.

Zweiter Abschnitt.
Von dem vernünftigen Gebrauche des Staatsvermögens oder von der Ausgabe des Staats, und von denen Kameralgeschäften.

§. 249.

Nachdem in dem vorigen Abschnitte diejenigen Grundsätze erwogen worden sind, welche zur Richtschnur genommen werden müssen, um die zu dem großen Aufwande des Staats erforderlichen Einkünfte zu erheben; so bleibt nunmehr nichts weiter übrig, als die bei dem Gebrauche und der Ausgabe und Verwaltung der Einkünfte und des Vermögens des Staats erforderlichen Grundsätze zu betrachten (§. 149). Wir müssen zu dem Ende sowohl die nötigen Maßregeln und vornehmsten Absichten bei dem Aufwande selbst etwas näher untersuchen, als die Art und Weise an die Hand geben, wie die Einkünfte und Ausgaben des Staats am bequemsten und nützlichsten verwaltet werden können.

§. 250.

Dieser Abschnitt teilet sich also von selbst in zwei hauptsächliche Betrachtungen, die zu zwei Hauptstücken Anlaß geben, nämlich:

I. Worauf man bei dem Gebrauche des Staatsvermögens und dem Aufwande und Ausgaben sein vornehmstes Augenmerk zu richten hat, und

II. Auf was Art und Weise die Verwaltung und Besorgung der Staatswirtschaft am nützlichsten eingerichtet werden kann.

Erstes Hauptstück.
Von dem Gebrauche des Vermögens des Staats, oder Aufwande und Ausgaben der Regierung.

§. 251.

Das Vermögen des Staats besteht eigentlich in allen Gütern, die dem Staate oder den Untertanen zugehören, und sich in den Grenzen derer zu der Republik gehörigen Länder befinden. Ja die Geschicklichkeiten und Fähigkeiten aller Untertanen, und in gewissem Betracht ihre Personen selbst, gehören zu dem Vermögen des Staats. Denn die Verbindung der einzelnen Mitglieder des Staats ist so enge und unzertrennlich, daß dadurch nur ein einziger moralischer Körper wird, dem alles zugehöret, was die einzelnen Mitglieder an Vermögen und Fähigkeiten besitzen.

§. 252.

Gleichwie nun alle vorhergehende Grundsätze und Regeln den Endzweck gehabt haben, das Vermögen des Staats zu erhalten und zu vermehren; so ist nunmehro nichts mehr übrig, als den vernünftigen Gebrauch und die Anwendung des Vermögens und der Einkünfte des Staats zu erwägen, als ohne welchen alle vorhergehende Maßregeln die Glückseligkeit des Staats zu befördern nicht im Stande sind. Denn was würde aller Reichtum des Staats und alle daraus fließende wichtige Einkünfte helfen, wenn sie übel, und nicht zu dem Besten des Staats angewendet werden.

§. 253.

Der Regent und seine vornehmsten Ministers müssen zuvörderst das Vermögen des Staats genugsam kennen, wenn sie dasselbe vernünftig gebrauchen wollen. Zu dem Ende müssen sie von der natürlichen Beschaffenheit der Länder, von ihrer Fruchtbarkeit oder Unfruchtbarkeit, von der Menge oder Schwäche ihrer Einwohner und ihren Geschicklichkeiten, Gesinnungen, Neigungen, Tugenden und Lastern, von dem Reichtume, Commercien, Nahrungszustande, Landwirtschaft, Bergbau und allen andern Umständen der Länder, eine vollkommene Kenntnis besitzen.

§. 254.

Die erste Hauptregel von dem Gebrauche des Staatsvermögens besteht darinnen, daß ein jeder Teil von diesem Vermögen solchergestalt gebrauchet werde, daß er seinen Endzweck nicht verliere, den er in dem Zusammenhange mit dem gesamten Staatskörper hat. Diese Regel gründet sich vollkommen auf die Natur der Sache, und auf die gesunde Vernunft, und ist sehr reich an Folgen, wenn sie mit Überlegung gebraucht wird.

§. 255.

Die zweite Hauptregel kömmt darauf an, daß das Vermögen des Staats solchergestalt gebrauchet werde, damit dadurch die Substanz des Vermögens selbst nicht angegriffen, sondern nur der daraus fallende Nutzen angewendet wird; weil sonst das Vermögen des Staats nach und nach zu Grunde gehen muß, oder die Mittel zur Glückseligkeit des Staats werden doch immer geringer werden.

§. 256.

Die dritte Hauptregel ist: Man muß das Vermögen des Staats also gebrauchen, daß es im Lande bleibe, und nicht in andere Länder fließe; indem dadurch das Land immer ärmer, und die Nachbarn zu unserm Schaden, reicher werden. Nach solcher Regel ist es allemal besser, zwei Millionen auf das Kriegsheer mehr zu verwenden, als eine Million Subsidiengelder außer Landes zu schicken.

§. 257.

Die vierte Hauptregel ist: Alle Unternehmungen, die einen großen Aufwand erfordern, müssen vorhero wohl überleget werden, ob sie das Vermögen des Staats ertragen kann; und zwar müssen darzu schon die bereitesten Mittel vorhanden sein. Denn etwas mit Schulden anzufangen, ist wider alle vernünftige Grundsätze, wodurch das Verderben des Staats ohnfehlbar verursachet wird.

§. 258.

Die fünfte Hauptregel ist: Die Regierung muß in allen ihrem Aufwand und Ausgaben die Sparsamkeit beobachten, aber nicht in solchen Fällen, wo es auf die wahre Ehre und Hoheit des Regenten, oder auf die offenbare Wohlfahrt des Staats ankömmt. Die Würde des Regenten ist so erhaben, daß vor ihn nichts so niederträchtig als der Geiz ist; und durch einen klugen Aufwand kann öfters dem Staate gar beträchtlicher Vorteil gestiftet werden.

§. 259.

Nach der sechsten Hauptregel, muß die Regierung in allen Anstalten und Unternehmungen, die entweder einen großen Aufwand auf einmal, oder beständig fortdaurende Unkosten erfordern, zumal, wenn dazu viel kleine Ausgaben gehören, oder eine besondere Aufsicht und Fleiß dabei nötig ist, die Sache nicht auf ihre Rechnung ausführen lassen; sondern mit gewissen Entrepreneurs einer festzusetzenden Summe halber einen Vergleich treffen, die es sodann vor diese Summe auf ihre Gefahr zu bewerkstelligen haben. Hierdurch werden alle Betrügereien und Unterschleif der Bedienten sowohl, als Unterschleif der Arbeiter vermieden. Diese Maxime ist sehr alt in der Welt. Die Römer hatten schon die Unterhaltung des Capitols allemal einem gewissen Entrepreneur vor eine festgesetzte Summa überlassen.

§. 260.

Vermöge der siebenten Hauptregel, wird eine gewisse Ordnung in den Ausgaben erfordert. Denn die Regierung muß eben sowohl als eine Privatperson in ihrer Haushaltung zuvörderst das schlechterdings Notwendige besorgen. Sodann muß sie das Nützliche zu bewirken suchen. Auf das Nützliche, folget in der Ordnung der Ausgaben das Bequeme und

Wohlanständige, nämlich was zur Pracht und Zierde des Hofes und des Landes gereichet. Denn der ordentliche und dem hohen Stande des Regenten gemäße Unterhalt gehöret gleichfalls zu den schlechterdings notwendigen Ausgaben.

§. 261.

Alle diese Ordnungen der Ausgaben haben wieder ihre gewisse Grade; so ist, z. B. das Notwendige schlechterdings notwendig, dergestalt, daß der Staat ohne dasselbe nicht bestehen kann, oder es ist zwar sehr notwendig, jedoch mit einem mäßigen Schaden entbehrlich, oder es ist nur in sofern notwendig, daß außerdem mehr Beschwerlichkeiten und Geschäfte entstehen. Alles aber, was die Wohlfahrt des Staats offenbar befördert, gehöret nicht unter die Klasse des Nützlichen, sondern unter den zweiten Grad des Notwendigen. Denn das ist der Endzweck der Republik.

§. 262.

Was das Geschäfte der Ausgabe des Staats selbst anbelanget; so ist zuvörderst von nöten, daß ein richtiger Etat der Einkünfte formieret wird. Dieses ist nun bei den gewissen und bestimmten Einkünften gar leicht zu bewerkstelligen möglich; indem das höchste Finanzcollegium nicht nur die gewissen Abgaben vorher selbst eingerichtet haben, sondern auch der wirkliche durch abgenommene Rechnungen richtig befundene Ertrag dahin, als in seinen Mittelpunkt zusammen fließen muß. Was aber die ungewissen Einkünfte anbetrifft; so pflegt man den Ertrag derselben in sechs oder neun auf einander folgenden Jahren zu nehmen, und durch die Division diejenige Summe heraus zu ziehen, die auf ein einzelnes Jahr eins in das andere gerechnet, alsdenn heraus kömmt. Dieses bestimmet die ungewissen Einkünfte gleichfalls zuverlässig.

§. 263.

Wenn nun solchergestalt ein allgemeiner Etat der Einkünfte verfertiget ist; so muß gleichfalls ein allgemeiner Etat der

Ausgaben entworfen werden: denn meines Erachtens ist es nicht zuträglich, vor eine jede Ausgabe einen besondern Fond ausfündig zu machen. Der erforderliche Zusammenhang fehlet, und wenn ein Fond gebricht, oder außerordentliche Ausgaben vorfallen; so eräugnen sich nichts, als Unordnungen: und man sieht sich beständig gehemmet, aus Mangel des Fonds zur Wohlfahrt des Staats dienliche Anstalten zu treffen.

§. 264.

Es sind aber in dem Etat der Ausgaben zwei Hauptklassen zu betrachten, nämlich:

1) Die Ausgaben vor den Militäretat, und die, so
2) Zu dem Ziviletat erfordert werden.

Man begreifet aber unter diesen zwei Klassen alle und jede Ausgaben, sie haben Namen, wie sie wollen; und das, was zu der Verteidigung des Staats gehöret, wird dem Militäretat, alles übrige aber, und selbst der Aufwand vor die Person des Regenten, zu dem Ziviletat gerechnet.

1) Von den Ausgaben vor den Militäretat.

§. 265.

Vor den Militäretat muß nach der heutigen Gestalt von Europa wenigstens die Hälfte aller Einkünfte bestimmet werden. Weil sonst der Staat schwerlich in gehöriger Rüstung stehen wird. Ja die Hälfte ist eher zu wenig als zu viel. Wenigstens ist mir von der preußischen Verfassung gesaget worden, daß daselbst Dreiviertel der jährlichen Einkünfte auf den Militäretat gehen.

§. 266.

Von dieser vor den Militäretat bestimmten Summe muß nun zuvörderst die wirkliche Verpflegung oder alle Unterhaltungskosten, vor das ganze Kriegsheer, sowohl der Generalität als der Regimenter bestritten werden; und pfleget man auf ein Regiment Infanterie von funfzehnhundert Mann oder zwei Bataillons in allen hunderttausend Taler jährlich und eben soviel vor ein Regiment Kavallerie von achthundert Mann durch Pausch und Bogen zu rechnen, darunter aber Anwerbung und Remontierung nicht begriffen sind.

§. 267.

Sodann muß vor das Artilleriecorps eine gewisse Summe ausgeworfen werden, dessen Stärke auf die Größe des Kriegsheeres und die Vielheit der Festungen ankömmt, und zugleich muß eine andere Summe zu Anschaffung und Erhaltung aller Kriegsbedürfnisse, Bereitschaften und Geräte ausgesetzet werden, die beständig in genungsamer Menge vorhanden sein müssen.

§. 268.

Ferner muß zu den Festungen des Staats selbst jährlich eine gewisse Summe bestimmet werden, nach Maßgebung der Anzahl der Festungen und ihrer Größe und Stärke; denn ob zwar die zu Verteidigung der Festungen erforderlichen Kriegsbedürfnisse schon unter den in dem vorhergehenden Paragrapho gedachten zwei Summen enthalten sind; so nehmen doch die Kosten der Reparatur der Festungswerke und anderer vor den Commendanten, und die Besatzung gewidmeten Gebäude sowohl, als andere in den Festungen selbst nötige besondere Anstalten, noch ansehnliche Summen hinweg.

§. 269.

Weiter erfordert die Unterhaltung des Kommissariats und die Anfüllung der Magazine, sowohl zum Unterhalte der Mannschaft, als der Pferde, die Auswerfung einer gewissen, wie wohl nur mäßigen Summe. Denn wenn auch nicht die Anfüllung derselben von den Untertanen durch die sogenannte Kriegsmetze geschieht; so ist doch der wirkliche Aufwand darzu schon unter der Verpflegung des Kriegsheeres begriffen, und erfordert nur deshalb einen mäßigen Nachschuß, weil der dem Soldaten bei Lieferung des Brots zu machende Abzug zu dem sämtlichen Aufwande nicht zureicht.

§. 270.

Endlich muß durch eine jährliche Summe eine Vorratskasse gemacht werden, woraus sowohl die Unkosten zu den Feldlägern in Friedenszeiten, die zu besserer Übung des Heeres alle Jahre gehalten werden sollen, bestritten werden können, als auch alle übrige Anstalten zu dem mobilen Stande der Armee benötigten Falls zu besorgen sind. Wiewohl es allerdings besser wäre, wenn ein jedes Kriegsheer allezeit in marschfertigem Stande gehalten würde; weil man außerdem mit dem großen Aufwande des Staats, der auf ein beständiges Kriegsheer geht, nur halb seinen Endzweck erreichet, und ein geschwinder Feind große Eroberungen machen kann, ehe die Armee in marschfertigen Stand kömmt.

§. 271.

Überhaupt erfordert es die Natur der Kriegsgeschäfte, daß alle Anstalten und Bedürfnisse, die darzu nötig sind, im voraus zu Friedenszeiten und in solchen genugsamer Vorrat besorget werden müssen, daß nicht allein bei sich eräugnendem Kriege bereits alles parat ist, sondern auch der Krieg von den vorhandenen Vorräten ein paar Jahre geführet werden kann. Denn währendem Kriege kann es weder mit so guter Wirtschaft, noch allemal zeitig genug geschehen, um in den Kriegsverrichtungen keine Hindernis und Nachteil zu verursachen.

§. 272.

Zu dem Ende muß ein Monarch allerlei Arten von Fabriken unterhalten, um die Kriegsbedürfnisse und Gerätschaften in Friedenszeiten verfertigen zu lassen, die aber nicht von dem Kriegscollegio, sondern von den Finanz- und Kammercollegiis dirigieret werden müssen. Besonders muß er Salpetersiedereien und Pulvermühlen selbst unterhalten, als worzu mehr Unkosten erfordert werden, wenn es vor bar Geld angeschaffet werden soll, und zwar müssen alle diese Bedürfnisse im Lande gewonnen und nicht von Fremden aufgekaufet werden (§. 256).

§. 273.

Dennoch, wenn gleich diese Fabriken dem Landesherrn gehören, kann man sich der Entrepreneurs darbei bedienen (§. 259.), indem ihnen vor die Verfertigung eines Zentners oder einzelnen Stückes ein gewisser Preis akkordieret wird. Besonders muß man sich in Kriegszeiten zu allen Notwendigkeiten und Bedürfnissen vor das Kriegsheer solcher Entrepreneurs gebrauchen, als wodurch die Sache nicht allein wohlfeil erhalten wird; sondern auch eine Menge Kommissariatsbediente ersparet werden.

2) Von den Ausgaben vor den Ziviletat.

§. 274.

Die andere Hauptklasse ist die Ausgabe vor den Ziviletat, der in weitläuftigen Verstande die andere Hälfte der Einkünfte erfordert. Denn hieher gehöret alles, was zur Wohlfahrt des gesamten Staats und zur Erhaltung der hohen Würde und des Ansehens des Regenten aufgewendet werden muß, die Verteidigung des Staats allein ausgenommen. Denn ob man zwar zu den besondern Ausgaben des Regenten und zu Unterhaltung seiner Hofstatt eine neue Klasse der Ausgaben widmen könnte; so kommt es doch hier nicht auf den Unterschied des Aufwandes selbst, sondern auf die Art der Kassen und ihre Verwaltung an; da man denn keine Ursache findet, eine neue Klasse zu machen, weil die Unkosten des Hofes mit andern Ausgaben des Ziviletats allenthalben einerlei Kasse und Verwaltung haben.

§. 275.

Die Bestreitung der Chatoulle des Regenten ist das erste Kapitel auf den Ziviletat, wenn darzu keine besondere Güter ausgesetzet sind, welches aber nicht einmal ratsam ist;

weil sowohl an Bedienten vieles ersparet wird, als auch die Verwaltung besser geschieht, wenn alles von den Kammercollegiis abhängt. Die Größe der jährlichen Summe zu der Chatoulle kommt auf den Willen und die gute Wirtschaft des Regenten an, und werden daraus die Hand- und Spielgelder, Kleider, Kostbarkeiten, Mobilien, Almosen und besondere Wohltaten und Belohnungen, u. d. m. bestritten.

§. 276.

Das zweite Kapitel auf den Ziviletat ist die Unterhaltung der Hofstatt. Hierzu gehören nicht allein die Kosten, so die Küche, Keller, Stall, Konditorei und dergleichen erfordern, sondern auch die Besoldung aller zur Bedienung des Regenten und seiner Familie erforderlichen vornehmen und geringen Bedienten. Es ist nicht ratsam, die geringen Bedienten selbst zu speisen, sondern es ist besser, ihnen Kostgeld zu geben; wenn in der Küche und bei der Tafel eine so gute Ordnung ist, daß die Speisen den Bedienten nicht preiß sind. Selbst bei der Tafel des Regenten läßt sich eine hauswirtliche Einrichtung machen; und es geht so gar an, daß man sich dabei des Oberküchenmeisters als eines Entrepreneurs bedienen kann, wenigstens muß die jährlich darzu ausgeworfene Summe nie überschritten werden. Es ist auch eine überall an den Höfen angenommene Maxime, daß man zu den vornehmsten Hofbedienten entweder reiche Edelleute, oder solche Personen erwählet, die zugleich in andern Militär- und Zivilbedienungen stehen, und folglich mit geringer Besoldung vorlieb nehmen.

§. 277.

Die Unterhaltung der Gesandten und andere zu der auswärtigen Korrespondenz erforderliche Kosten, machen das dritte Hauptstück auf den Ziviletat aus; und dieser Aufwand ist beträchtlich, oder geringe, nach der Maße des Einflusses, den ein Staat in die Angelegenheiten der europäischen Mächte hat. Wenn ein Monarch unter den europäischen Mächten eine ansehnliche Figur macht; so kann die geheime

Korrespondenz allein einen ansehnlichen Aufwand betragen; und hier darf man am allerwenigsten sparsam sein. Übrigens pfleget man zu den Gesandten gern reiche Leute zu erwählen, die aus ihrem Vermögen etwas zusetzen können, und das Hauptwerk der Geschäfte auf zugegebene, geschickte Legationsräte und Sekretarien ankommen zu lassen. Meines Erachtens aber ist von dieser Maxime nicht viel zu halten.

§. 278.

Das vierte Kapitel in diesem Etat bestehet in den Besoldungen aller zu dem Kameral- Policey- Justizwesen und andern Regierungsanstalten erforderlichen Bedienten, sowohl als in den ordentlichen Pensionen solcher Bedienten, die in Gnaden erlassen worden sind. Gleichwie man nur geschickte Bedienten annehmen soll; so muß auch ihre Besoldung solchergestalt beschaffen sein, daß sie nach ihrem Stande zureichend davon leben können; denn sonst erhält man keine geschickte Leute, oder sie dienen mit Mißvergnügen, oder begehen gar allerlei Ungerechtigkeit und Unterschleif.

§. 279.

Jedoch müssen diese vier Kapitel des Ziviletats solchergestalt eingerichtet und festgesetzet werden, daß sie höchstens nur Zweidrittel von dem vor den Ziviletat bestimmten Aufwande wegnehmen, welches in Ansehung aller Einkünfte, vier Zwölfteile beträgt, die übrigen zwei Zwölfteile aller Einkünfte oder das rückständige Drittel des Aufwandes vor den Ziviletat muß in einer weisen Regierung, welche die Wohlfahrt des Staats wahrhaftig befördern will, zu folgenden drei Kapiteln verwendet werden.

§. 280.

Es muß nämlich 1) eine außerordentliche Kasse angeleget werden, woraus alle zur Aufnahme des Staats nötige Maßregeln und Verbesserungsanstalten bestritten werden können. Z. B. Es müssen daraus Commercien und Manufakturen unterstützet, befördert und aufgeholfen, die Anlegung und Ausbesserung der Seehäfen, Kanäle und Landstraßen bestritten, und andere Anstalten, die dem Lande zu mehrerer Aufnahme gereichen, besorget werden.

§. 281.

2) Sodann ist eine Kasse zu Bezahlung der Schulden nötig. Denn es werden wenig Höfe sein, wo nicht wenigstens alte Schulden vorhanden sind; und nichts ist der Billigkeit und Gerechtigkeit so gemäß, als daß auch diese bezahlet werden. Man kann auch den Kredit, der allen Höfen so unumgänglich nötig ist, auf keine andere Art erhalten; denn jederman muß aus den vorhergehenden Beispielen befürchten, daß sein Darlehn gleichfalls eine alte Schuld werden wird.

§. 282.

3) Zu dem Schatze des Monarchen muß jährlich eine gewisse Summe zurück geleget werden; denn die Wohlfahrt desselben, und des gesamten Staats erfordert unumgänglich, daß ein wichtiger Vorrat an barem Gelde vorhanden sei, damit man bei allen Vorfällen zur Rettung und Wohlfahrt des Staats wirksame Maßregeln ergreifen kann. Jedoch weil dieser Schatz dem Gewerbe und der Nahrung der Untertanen entzogen wird; so kann die Summe, so daselbst jährlich einzulegen ist, kaum an den vier und zwanzigsten Teil der jährlichen Einkünfte steigen.

§. 283.

Sodann sind bei den Ausgaben des Staats noch einige besondere Maximen und Grundsätze festzusetzen. Es muß nämlich in keiner Ausgabekasse eine besondere und ungewöhnliche Ausgabe, oder die Erhöhung der gewöhnlichen Ausgaben zugelassen werden, wobei nicht die Bedienten bei ihren Vorgesetzten angefraget, und die Ursachen und Notwendigkeit davon angezeiget und Befehl dazu erhalten haben. Ja bei wichtigen Ausgaben muß diese Anzeige dem obersten Finanzcollegio geschehen.

§. 284.

Es müssen auch alle Ausgaben, so viel als möglich, gewiß gemacht werden; weil sonst kein richtiger Etat derselben, und mithin keine ordentliche Wirtschaft des Staats erlanget werden kann. Dieses geschieht durch Untersuchung der vorigen Rechnungen und dabei gemachten wirtschaftlichen Erinnerungen; und wenn die Ausgaben nicht alle Jahre gleich sind; so muß man in dem Etat derselben sechs oder neun Jahre zusammen nehmen, und die herauskommende mittlere Summe zum Grunde setzen.

§. 285.

Man muß bei allen die Nebenkosten und Anstalten durch Bediente, so viel möglich, zu vermeiden suchen; wannenhero es gut ist, sich allenthalben der Entrepreneurs zu bedienen. Übrigens ist es eine sehr nötige Wirtschaftsregel, daß man die Ausgaben nicht erst selbst notwendig macht. Dieses geschieht, wenn man die rechte Zeit und Gelegenheit außer Augen läßt, in welchen öfters eine Sache mit wenigen hätte bestritten werden können, und besonders, wenn man ohne vorhergehende Disposition und Überlegung etwas anfängt.

§. 286.

Endlich sind zu der Ausgabe viel besondere Ausgabekassen eine nützliche Einrichtung, die aber mit dem Generalfinanzcollegio zusammen hängen und öfters visitieret werden müssen. Man muß auch den in einer Kasse bleibenden Überschuß daselbst lassen; weil in allen Arten der Ausgaben öfters außerordentlicher Aufwand vorfällt. Jedoch muß aller Überschuß zu Ende des Jahres dem obersten Finanzcollegio angezeiget werden, als welches die Generalkasse vorstellen muß.

Zweites Hauptstück.
Von der Verwaltung der Staatswirtschaft, oder der Kameralgeschäfte.

§. 287.

Nachdem wir nunmehro auch die Grundregeln bei den Ausgaben des Staats vorgetragen haben; so ist nichts mehr übrig, als daß wir noch kürzlich zeigen, auf was Art und Weise die Wirtschaft des Staats am besten besorget, oder die bei Erhebung der Einkünfte, und bei den Ausgaben des Staats vorfallenden Geschäfte am besten verwaltet werden können (§. 250). Denn auch hier kann eine kluge Einrichtung zum Vorteile des Regenten und des Staats gar viel beitragen; dahingegen eine üble Verwaltung nichts als Verwirrung, Unordnung und Nachteil verursachet.

§. 288.

Zuvörderst muß man von denen bei dem Kameralwesen beschäftigten Personen überhaupt merken, daß, nebst der, allen Bedienten, ja allen Menschen, gebührenden Treue, Redlichkeit und Menschenliebe, dieselben vor allen Dingen einen ungemeinen Fleiß und eine solche pünktliche und genaue Ordnung in allen ihren Verrichtungen beobachten müssen, die in der Tat auf das höchste getrieben ist. Denn an einer solchen Pünktlichkeit und unermüdeten Fleiße muß man eben erkennen, ob jemand zum Kameralgeschäfte geschickt ist, oder nicht. Sodann müssen sie in den Kameralwissenschaften selbst, und in den guten Regierungsgrundsätzen, sowohl als in dem Zustande und Beschaffenheit des Landes, eine zureichende Erkenntnis und Erfahrung besitzen; und verschiedene Kameralgeschäfte erfordern so gar unumgänglich, daß die dirigierenden Personen, wo nicht alle, jedoch die meisten, gleichsam von unten auf gedienet haben müssen, um auch in den Geschäften der niedern Bedienungen genugsame Einsicht und Erfahrung zu haben. Endlich müssen die obersten Kameralbedienten beständig den Grundsatz vor Augen haben, daß sie erst säen müssen, ehe sie ernten können, das ist, daß sie zuvörderst Nahrung und Gewerbe in das Land zu bringen suchen, und in allen Dingen erst das Vermögen gründen müssen, ehe sie davon Abgaben und Nutzungen ziehen. Das ist in der Kürze das Bild eines echten Kameralisten.

§. 289.

Hauptsächlich aber sind nunmehr diejenigen Collegia und deren Einrichtung zu betrachten, wodurch die Einkünfte und Ausgaben des Staats am besten verwaltet werden können; da denn zuerst die gewöhnliche Einrichtung der Europäischen Staaten zu untersuchen ist, die fast allenthalben auf einerlei Art hinaus laufen: indem sie in einem jeden Lande gewisse Kammern und Policeycollegia, an ihrem Hofe aber verschiedene Obercollegia haben, von welchen die in den Ländern abhängen.

§. 290.

Die Hofcollegia sind gemeiniglich eine Generalkammer oder Oberfinanzcollegium, ein Kriegsrats- Obercommercien- Policey- und Bergwerkscollegium, benebst einer Rechnungskammer. Alle diese sind gemeiniglich von Ansehen und Gewalt einander gleich: und ihre Anordnungen und Befehle erstrecken sich über alle zu dem Staate gehörigen Länder und Provinzen, und die in denselben befindlichen Collegia und Bedienten. Jedoch wo der Staat nicht allzu groß ist; so sind verschiedene dieser Collegiorum nur Departements oder Gemächer eines andern hohen Collegii, z. B. das Commercien- und Bergwerksdepartement, auch wohl zuweilen einander auf verschiedene Art subordinieret.

§. 291.

Die Ländercollegia sind diejenigen, die in einem gewissen besondern Lande oder Provinz, nach der Vorschrift und Anordnung des Regenten und seiner Hofcollegiorum, die Kameral- und Policeysachen dirigieren, Einnahme und Ausgabe besorgen, Rechnungen und Kassen untersuchen, die Verwaltung oder Verpachtung der Kammergüter und Regalien besorgen, und kurz, aller Geschäfte zu Beförderung ihres Monarchens Interesse, und das Aufnehmen des Nahrungsstandes verwalten. Zu diesem Ende haben sie verschiedene Kreishauptleute, Amtleute, Kommissarien, Inspecteurs, Ober- und Untereinnehmer unter sich, deren sie sich zu Ausrichtungen dieser Angelegenheiten bedienen.

§. 292.

Nur Frankreich hat in diesem Stücke eine ganz andere Einrichtung, indem eine jede Art von Geschäften einem einzigen Minister anvertrauet ist, z. B. das ganze Kriegeswesen hat der Kriegesminister; die Armatur zur See, die Schiffahrt und das Handlungswesen, ist unter dem Namen des Seedepartements einem andern anvertrauet: und so ist wieder einem andern Minister das Finanzwesen untergeben. Diese Ministers bedienen sich zu Ausrichtung der Geschäfte gewisser Kommissarien, die daselbst Commiß genennet werden. Allein alle Entscheidung und Verfügung hängt von dem Minister allein ab; indem diese Kommissarien keine Räte, wie in Collegien, sondern bloß Untergebene des Ministers sind. So sehr diese Einrichtung die Ausführung der Geschäfte beschleuniget; so ist sie doch schwerlich anzuraten, weil es allzu viel gewagt ist, alle wichtige Angelegenheiten des Staats dem Eigensinne, der Willkür, den Leidenschaften, und öfters den schlechten Einsichten einer einzigen Person anzuvertrauen.

§. 293.

Es haben verschiedene Schriftsteller eine andere Einrichtung der Finanz- und Policeycollegiorum vorgeschlagen; darunter gehöret: nebst den noch allenthalben ermangelnden Manufakturcollegiis, vornehmlich ein Collegium supremum augmentatiuum, welches nichts zum Endzwecke und Augenmerk haben soll, als solche Anstalten und Maßregeln, die zu Gründung und Vermehrung des Staatsvermögens, und der daher entspringenden Vermehrung der Einkünfte, zu Verbesserung des Nahrungsstandes, und kurz, zur Aufnahme des Staats gereichen. Allein ob gleich dieses Collegium nicht ganz zu verwerfen ist; so wird doch eben dieser Endzweck durch die Einrichtung, die ich jetzo vortragen will, eben so gut und mit ungleich mehr Ordnung und Zusammenhang bewirket.

§. 294.

Ehe ich aber diese Einrichtung vortrage; so will ich vorhero einige Sätze erweisen, die uns von selbst auf diesen Vorschlag führen werden. Es ist nämlich gewiß, daß alle zur innerlichen Regierung eines Staats erforderlichen Geschäfte einen unzertrennlichen Zusammenhang mit einander haben, wie die Natur der Sache und alle Beispiele genugsam beweisen. Die Republik, deren Wohlfahrt durch die Regierung befördert werden soll, ist ein einfacher moralischer Körper, der in allen seinen Angelegenheiten den engesten Zusammenhang hat: und gleichwie über diesen oder jenen Teil der Regierungsgeschäfte kein besonderer Regent statt finden kann; so können auch darzu ohne Nachteil des Staats keine Collegia gebrauchet werden, die von einander unabhänglich sind.

§. 295.

Eben so wahr ist es, daß die Vielheit der Collegiorum auch die Geschäfte vervielfältiget; indem allerlei Kommunikationen, Unterhandlungen, Befehle, Berichte und Gutachten mehr erfordert werden, der verschiedenen Meinungen, Absichten, Jalousie, und dergleichen zu geschweigen, welche die Chefs und die Collegia selbst gegen einander haben.

§. 296.

Bei dieser Beschaffenheit der Sache ist es meines Erachtens unumgänglich notwendig, daß entweder die Chefs von den verschiedenen einander nicht subordinierten Hofcollegiis ein besonders höchstes Collegium ausmachen, worinnen der Monarch selbst präsidieret, und wodurch der erforderliche Zusammenhang in den Geschäften erhalten wird; oder daß ein allgemeines hohes Collegium in innerlichen Landesangelegenheiten angeordnet werde, von welchen die in verschiedenen Ländern gewöhnlichen egalen und einander nicht unterworfenen Collegia nur Departements sind.

§. 297.

Nachdem aber die Arbeit vor viele Monarchen zu schwer werden würde, wenn in der Tat durch jenes höchste Collegium der Präsidenten der Endzweck erreichet werden sollte: indem kaum der weiseste und arbeitsamste Monarch, der den Versammlungen dieses höchsten Rats allemal unausbleiblich beiwohnete, zu Erfüllung der dabei vorwaltenden Absicht zureichend wäre; überdies die Arbeit dennoch in Ansehung der Kommunikationen vervielfältiget bleiben würde; so würde meinen geringen Einsichten nach, ein einziges hohes Collegium in innern Landesangelegenheiten die vorteilhafteste Einrichtung sein.

§. 298.

Solchemnach hätte dieses hohe Collegium nicht nur die ganze große Wirtschaft des Staats in seiner innerlichen Verfassung sowohl, als die zur Verbesserung des Nahrungsstandes und überhaupt zur Aufnahme des Staats nötige Vorsorge und Anstalten zu besorgen; sondern es hätte auch vornehmlich den Etat der Einkünfte und Ausgaben zu formieren, und alle in das Land zu erlassenden Befehle, Gesetze und Anordnungen zu beschließen und abzufassen. Folglich wären die eigentlichen Finanz- und Policeysachen, die Wirtschaft bei dem Kriegsheere, die oberste Aufsicht in Justizsachen, die Bergwerksangelegenheiten, das Commercienwesen und die Banco- Zoll- und Akzis- oder Mautgeschäfte, bloß durch Departements dieses hohen Collegii zu verwalten.

§. 299.

Diese Departements könnten sich wöchentlich viermal ein jedes vor sich versammlen, und die in ihre Departements laufenden besondern Geschäfte besorgen; zweimal aber die Woche wäre allgemeiner Rat, worinnen alle wichtige zur Aufnahme des Landes, und zum allgemeinen Zusammenhange der Regierung gehörigen Angelegenheiten vorgetragen und entschieden würden; und zwar könnten von einem jeden Departement nur der Präsident, der Vizepräsident und zwei Räte in dem hohen Collegio Sitz und Stimme haben; die übrigen wären bloß Departementsräte, die allein in den Angelegenheiten ihres Departements arbeiteten.

§. 300.

Hierüber würde es die Arbeit ungemein befördern, wenn ein jeder Rat gewisse und bestimmte Geschäfte besonders zu besorgen hätte: z. B. in dem Commerciendepartement ein Rat, die Wollen- und Seidenmanufakturen, ein anderer die Handwerksangelegenheiten, ein dritter das Commercium zur See, u. s. w. Ein jeder hätte nur die wichtigsten Angelegenheiten in den Rat zu bringen: das übrige müßte seiner eigenen Anordnung überlassen sein. Denn nichts ist so wahr, als daß die kollegialischen Abhandlungen die Geschäfte keinesweges befördern und beschleunigen. Die Collegia können bloß zu dem Ende nützlich sein, damit in wichtigen Angelegenheiten nicht alles den Einsichten eines einzigen Mannes überlassen bleibt, der öfters von Leidenschaften, Absichten und Vorurteilen eingenommen ist. Allein alle Kleinigkeiten vor die Collegia zu bringen, ist wider ihren Endzweck, verzögert die Sachen, und hat nicht den geringsten Nutzen, weil die andern Mitglieder, die gemeiniglich wenig oder keine Information von der Sache haben, dennoch alles auf den Vortrag und Unterricht des Referenten ankommen lassen müssen; zu geschweigen, daß die Ämulation alsdenn einen jeden Rat antreiben wird, die ihm besonders anvertrauten Sachen in den bestmöglichsten Stand zu setzen.

§. 301.

Dieses hohe Collegium müßte nun verschiedene andere niedere Collegia unter sich haben. Z. B. Unter dem Finanz- und Policeydepartements würde eine Rechnungskammer und ein Kammerzahlamt nötig sein. Das Commerciendepartement müßte ein Manufaktur- und Handwerkscollegium unter sich haben. Unter dem Bergwerksdepartement müßte das Münzdirektorium und die niedern Bergwerkscollegia in den Ländern stehen.

§. 302.

Allein die niedern Kammern und Finanzcollegia in den besondern Ländern und Provinzen kann ich, außer wo es die Regierungsform und Privilegia eines Landes, oder die weite Entlegenheit vom Hofe unumgänglich erfordern, nicht vor dienlich finden; sondern es würde ungleich besser sein, über einen gewissen Distrikt einen Landkammerrat zu setzen, der alle in seinem Bezirke fallende Geschäfte an Maut- oder Akzis- Commercien- Bergwerks- Domänen- und Kontributionssachen besorgete, über die Einnehmer, Faktors und Subalternenbedienten die Aufsicht führete, ihre Rechnungen untersuchete und justifizierete, auch von allen wichtigen Dingen seinen Bericht an das hohe Collegium erstattete.

§. 303.

Der Landeshauptmann in jeder Provinz könnte über die darinnen befindlichen Landkammerräte einige Aufsicht haben, jedoch ohne eine höhere Instanz auszumachen, welches nur die Arbeit vervielfältiget, sondern ein jeder Landkammerrat müßte seinen unmittelbaren Bericht an besagtes hohes Collegium erstatten.

§. 304.

Von diesem hohen Collegio und dem darinnen befindlichen Justizdepartement, müßte auch das Justizwesen im ganzen Staate abhängen, daß die wahre und schleunige Verwaltung der Gerechtigkeit, die Verbesserung der Rechte und die zur innerlichen Sicherheit und Wohlfahrt des Landes erforderlichen Gesetze, wie nicht weniger die über die Justizcollegia einlaufenden Beschwerden und die über sehr wichtige Prozesse anzustellende Revision in desselben Verrichtung, Oberaufsicht, Anordnung und Abstellung beruheten; so daß denen Justizcollegiis, und dem vor alle Länder zu setzenden Appellationsgerichte bloß die Prozesse und die rechtlichen Formalitäten übrig bleiben dürften.

§. 305.

Was die Armee anbelanget; so müßte dieses hohe Collegium in innere Landesangelegenheiten gleichfalls deren Stärke und Schwäche nach Maßgebung der Landeseinkünfte sowohl als den Etat des Soldes, und der Unterhaltungskosten der Regimenter und Compagnien bestimmen, wie nicht weniger die erforderlichen Summen vor den Militäretat, sowohl am Gelde, als Naturallieferungen aus den Fabriken, Magazinen und sonst vom Lande besorgen und anbefehlen.

§. 306.

Weil aber das Kriegsheer allenthalben ein befreites Forum genießet, und hierüber auch die Arbeit, vornehmlich zu Kriegszeiten, diesem hohen Collegio zu viel werden würde; so wäre noch ein besonderes Generalkriegsgerichte nötig, sowohl als ein Kommissariat, welches die Lieferungen an die Armee nach der Vorschrift des hohen Collegii in Erfüllung brächte, und die innerliche Wirtschaft der Regimenter und ihre Rechnungen untersuchte. Überdies würde man noch fünf hohe Generals als Inspecteurs über die Armee nötig haben, als zwei bei der Infanterie, einen bei der schweren Reiterei, einen bei den Dragonern und einen bei den Husaren. Diese Inspecteurs müßten die Musterungen bei dem Kriegsheere verrichten: und könnten in Kriegszeiten als Räte mit in das Kriegsdepartement gezogen werden, um bei denen Kriegsoperationen ihr Gutachten zu erteilen. Die Bequartierungen und Märsche der Kriegsvölker müßten von dem Kommissariat abhängen. Die Landkammerräte könnten aber dennoch zugleich auf die Befehle des Kriegskommissariats die Märsche und Bequartierung der Regimenter in ihren Distrikten veranstalten. Auf diese Art könnten eine Menge Bedienten ersparet und dennoch die Wirtschaft des Staats in guter Ordnung und Zusammenhang geführet werden.

JOHANN AUGUST SCHLETTWEIN
GRUNDSÄTZE DER ECHTEN STAATSWIRTSCHAFT
1779

§. 226.
Die Quellen der Einkünfte eines Staats.

Die *Staatswirtschaft* beschäftiget sich mit Erhebung und Verwaltung der öffentlichen Einkünfte, welche der Staat um seines eigenen Glücks willen der obersten Gewalt, oder dem Regenten verschaffen muß. Alle Einkünfte, die der Staat seinem Oberhaupte verschaffet, bestehen *in den Genießungsmaterien*, welche der Regent für sich und zu Handhabung seiner Gerechtsame, das ist, zur Herstellung, und Erhaltung der Ordnung der Glückseligkeit der Gesellschaft braucht, oder in *den allgemeinen Entgeltungsmitteln* dieser Genießungsmaterien, das ist in denjenigen Geldsummen, für welche jene Genießungen angeschafft werden können. Die Genießungsmaterien und die Entgeltungsmittel derselbigen, oder *das Gold und Silber, das Geld,* kommen einzig und allein aus den Grundstücken des Erdbodens. Es kann niemand Genießungsmaterien und Geld einnehmen, der nicht entweder selbst solche Grundstücke hat, welche die Genießungsmaterien, oder das Gold und Silber hervorbringen, oder der nicht diese Genießungsmaterien, oder das Geld von den Eigentümern der Grundstücke unmittelbar aus ihren Händen, oder mittelbar durch Zwischenhände empfängt. *Daher können auch dem Regenten eines Staates seine Einkünfte nicht anders verschaffet werden, als daß man ihm entweder G r u n d s t ü c k e überläßt, durch deren Benutzung er die nötigen StaatsErfordernisse zieht; oder daß die Inwohner des Staats ihm das Recht übertragen, die öffentlichen Bedürfnisse aus den Händen der Besitzer der Genießungen im Staate sich entrichten zu lassen,* und dieses zwar entweder *unmittelbar aus den Händen der Grundeigentümer selbst,* oder mittelbar aus *den Händen derer, die ihre Genießungen, oder das Geld erst von den Grundeigentümern erhalten.*

§. 227.
Die Fundamentalregel von Erhebung der öffentlichen Einkünfte.

Damit wir nun mit vollkommener Zuverlässigkeit entscheiden können, welche Art der Erhebung der öffentlichen Einkünfte die beste ist, so wollen wir hier eine *Fundamentalregel* bestimmen, die mit unwiderstehlicher Kraft jedem offenen Menschensinn ihre Wahrheit eindrückt. Sie ist diese:

Nur die Art der Erhebung der öffentlichen Einkünfte ist die echte, bei welcher erstlich alles Interesse des Regenten bloß als Folge von dem Interesse des Volks, oder des Staates angesehen, und außerdem kein Interesse für den Regenten gefunden wird, zweitens *alle Veränderungen in der Größe des Interesse des Volkes verhältnismäßige Veränderungen des Interesse des Regenten unaufhaltlich wirken.* Wer gar kein Interesse haben kann, ohne solches aus dem Interesse eines andern zu schöpfen, der wendet zuverlässig all sein Denken, all sein Sorgen, all sein Tun darauf an, den Nutzen oder das Interesse des andern immer aufrecht, und ergiebig zu erhalten; der beschäftiget sich mit nichts anderm, als alle diejenigen Umstände aufs genaueste kennen zu lernen, welche in die Fortdauer, oder in die Verminderung des Interesse des andern einen Einfluß haben, um diejenigen zu entfernen, oder abzuhalten, welche das Interesse des andern zernichten, oder schwächen können, und diejenigen herzustellen, die dem Interesse des andern seine Dauer verschaffen.

Wer es offenbar sieht, daß die Verminderung des Interesse des andern eine unaufhaltbare Verminderung seines eigenen Interesse nach sich zieht, und daß die Vermehrung des Interesse des andern eine Vermehrung seines eigenen Interesse wirket, der studiert gewiß nichts vorzüglicheres, als das Interesse und Glück des andern zu vergrößern, der ist gewiß wachsam, damit die Ordnung immer befolget werde, darinne das Interesse und Glück des andern unablässig steigt. Ich darf nur gewiß sein, daß meine jährliche Einkünfte, deren Summe ich A nennen will, 10 A werden, wenn die jährlichen Einkünfte des andern die ich X nenne, 10 X werden, und daß meine jährliche Einkünfte A nicht verzehnfältigt oder auf zehn A erhöhet werden können, als wenn des andern seine jährliche Einkünfte X verzehnfältiget, oder auf 10 X erhöhet werden. Werde ich nun wohl mein Dichten und Trachten auf was anderes wenden, als für die Vergrößerung des Interesse des andern zu arbeiten, und immer dem Plane nachzugehen, nach welchem das Interesse des andern sich unaufhörlich vervielfältiget? Nun ist mirs um meines eigenen Interesse Willen, dringendes Herzensanliegen, das Interesse und das Glück des andern zu vergrößern, und ich würde geradezu und wissendlich mein Interesse vermindern, oder statt 1 A meiner Einkünfte nicht 10 A haben *wollen*, wenn ich mir nicht das Interesse und Glück des andern zu meiner Hauptangelegenheit machte.

Aber ganz anders ists, wenn ich Interesse oder Vorteile ziehen zu können glaube, ohne solche aus dem Interesse des andern zu schöpfen, und ohne das Interesse des andern als einzige Quelle meines Interesse anzusehen. Nun ist gewiß nicht meine ganze Tätigkeit der ausübenden Sorge für des andern Glück gewidmet, nun habe ich schon etwas für mich nützlich scheinendes zu tun, ohne daß mirs interessant ist, mich um das Interesse, und Glück des andern zu bekümmern, und immer zuerst für das Glück des andern zu arbeiten.

Laßt uns die Anwendung dieser Simplizitäten auf den Regenten machen. *Der Vater des Staats* – denn das ist *der Regent* – soll *seine Kinder* – zu etwas anderm sind die Glieder des Staats in *Ansehung des Regenten* nicht bestimmt – zu ihrem größtmöglichen Wohlstande leiten, den sie auf dieser Erde haben können, und nach der Ordnung des Urhebers der Gesellschaft haben sollen. In dieser Leitung zum Glück besteht das ganze Geschäft des *Regierens*, und sonst in nichts anderm. Mithin ist *die Bestimmung der Staatsverwaltung*, oder *Regierung nur die, das Interesse, und das Glück der Glieder der Gesellschaft zu erhalten, und zu vergrößern.*

Gibt es nun eine Ordnung, einen Plan, ein System, bei welchem die Staatsverwaltung alle ihre Genießungen und Einkünfte ohne Unterschied einzig und allein aus dem Interesse, oder Glück aller Glieder der Gesellschaft ziehet, und sonst keine ziehen kann, und bei welchem das steigende Glück der Gesellschaft steigendes Glück der Staatsverwaltung, das fallende Glück der Gesellschaft aber fallendes Glück der Staatsverwaltung ist, ohne daß die Willkürlichkeit in irgend einem Stücke etwas dabei bestimmen kann, oder darf: So ist dieses System zuverlässig das einzige wahre System, nach welchem die Einkünfte der Staatsverwaltung erhoben werden müssen. Denn bei diesem System allein ist das ganze Interesse der Regierung nach allen seinen Teilen Frucht von dem Interesse des Volks, die sich nur mit dem wachsenden Interesse des Volks vervielfältigt, und mit dem abnehmenden Interesse des Volks vermindert. Also ist bei diesem einzigen System die ganze Tätigkeit der Regierung darinne ungeteilt und konzentriert, immer und unaufhörlich den Reichtum und das Glück des Volks zu erhöhen. *Nur bei diesem einzigen System ist alles, was die Regierung tut, Regierung, nie abgesondertes eigenes Privatgewerbe.*

§. 228.

Beweis, daß der Weg öffentliche Einkünfte aus besondern eigenen Grundstücken zu ziehen, nicht der rechte Weg der Staatswirtschaft ist.

Nun will ich untersuchen, ob es ein solches System gibt, und worinne sein wahrer Gang und seine Wirkungen bestehen. Das ist unwidersprechlich gewiß, daß die Revenüen der Staatsverwaltung entweder unmittelbar aus besondern Grundstücken gezogen werden müssen, welche der Staat an die Regierung zu dem Ende überlassen, oder der Regent zu dem Ende erworben hat; oder der Regent muß das Recht haben, über das Eigentum der Menschen, und die Benutzungsarten desselbigen dergestalt zu disponieren, daß er *durch diese Disposition* Revenüen bekömmt; oder der Regent hat weder Grundstücke, noch Benutzungsrechte über das Eigentum der Menschen, sondern empfängt die öffentlichen Einkünfte unmittelbar aus den Einkünften des Volks.

Wenn der Regent seine eigene Grundstücke hat, um daraus seine Revenüen zu beziehen, so erfordert sein Interesse, diese Grundstücke aufs vollkommenste zu kultivieren, und die Produkte derselbigen in einem so hohen Werte, als es immer möglich ist, umzusetzen. Da hat also der Regent seine eigene Angelegenheiten, die ganz von den Angelegenheiten des Volks unterschieden sind, die einen Teil seiner Sorgen von dem Volke wegziehen, und nur allein auf sein abgesondertes Interesse anheften, und die ihm mit allen übrigen Privat-Eigentümern in völlig gleiche Klasse setzen. Um die Produkte seiner Güter in dem höchstmöglichen Werte anzubringen, kann und muß er den Grundsätzen des Spekulationshandels und der Gewerbsamkeit folgen. Er wird und muß von den vorteilhaftesten Umständen der Konkurrenz im Handel und Wandel zu profitieren suchen, und da muß er mit seinen Untertanen, *mit seinen Kindern* wollte ich sagen, in Ansehung des Absatzes seiner Waren wetteifern, und dadurch wird er ihnen oft das nützliche Spiel der Handlung um seines eigenen Vorteils Willen, weniger einträglich machen. Verkauft der Regent selbst viel Getreide, viel Holz, viel Wein, viel Eisen etc. aus seinen eigenen Grundstücken, so werden seine Landeskinder bei dem Verkauf ihres Getreides, ihres Holzes, ihres Weins, und ihrer übrigen Produkte oft zurückstehen, und Vorteile entbehren müssen, bloß, weil ihr Regent besondere Vorteile sucht. Wie reimt sich das mit der hohen Bestimmung des *Regenten*, oder des *Landesvaters*?

Noch mehr aber. Hat der Regent seine eigenen besondern Grundstücke, um durch die größtmögliche Benutzung derselbigen seine Einkünfte zu vergrößern, so steht er in der größten Versuchung und Gefahr, zu monopolistischen und

Zwangs-Anstalten hingezogen zu werden, um seines Vorteiles Willen, seine Kinder, sein Volk zu drücken, und ärmer zu machen. Wie leicht wird er nicht gereizt werden können, seine LandesInwohner zu zwingen, daß sie gewisse Produkte und Waren nur von ihm abkaufen, oder nur an ihn verkaufen, oder daß sie ihre eigene Produkte und Waren, nicht wenn, und in welchen Preisen es ihrem Interesse gemäß ist, sondern wenn und wie es der besondere Handels-Vorteil des Regenten haben will, behalten, feilbieten, oder verbrauchen müssen? Wie leicht wird da der Regent die Staatsgewalt nicht zum Unglück seines Volks mißbrauchen? kann der Staat jemals sicher sein, daß dies nie geschehen wird?

Also ist zur vollkommenen Versicherung des Wohlstandes eines Staates, und einer unverbrüchlichen guten Regierung absolut notwendig, daß der Regent keine eigene Grundstücke, keine Äcker, Wiesen, Weinberge, und Bergwerke etc. habe, aus welchen er die öffentlichen Einkünfte zu ziehen berechtiget, und verbunden sein soll.

§. 229.
Schlüsse auf die Kammergüter.

Diejenigen Grundstücke, welche dem Regenten eines Staates als Quellen öffentlicher Einkünfte zugehören, heißen *Domänen, Kammergüter, Tafelgüter,* und in Königreichen, *Krongüter*. Da nun das Glück einer guten Regierung für einen Staat alsdenn, wenn der Regent eigene Grundstükke zu Beziehung seiner öffentlichen Einkünfte besitzet, bei weitem nicht so versichert ist, als wenn er keine solche Grundstücke hat, *so ist es auch zur Vollkommenheit einer beglükkenden Staatsverfassung erforderlich, daß dem Regenten keine Domänen, oder Kammergüter zu Quellen seiner Revenüen angewiesen werden, und daß er diejenigen, die er hat, an PrivatEigentümer überlasse.*

In den meisten Staaten findet der Fall statt, daß die Regenten Kammergüter haben, welche sie, um jährliche Einkünfte daraus zu schöpfen, entweder durch besondere Bediente verwalten lassen, oder verpachten. Betrachtet man die Sache bloß nach den Gründen des Privatnutzens, so ists gewiß, daß ein Regent durch die *Selbstverwaltung* seiner Kammergüter, *wenn er sie durch Männer führen läßt, welche eine felsenfeste Treue und Redlichkeit gegen ihn haben, und die echte Kulturordnung, die wir oben erklärt haben, vollkommen verstehen, und mit unverdrossener Tätigkeit ausüben,* weit größere Einkünfte ziehet, als er *durch Verpachtung*, man mag diese auch veranstalten, wie man will, erhalten kann. Da aber *die Bedingung* in ihrer ganzen Vollständigkeit in dieser Welt *nicht leicht* realisiert werden kann; so muß immer die Verpachtung vor der Selbstverwaltung angeraten werden. Es ist unbeschreiblich, was für Unordnungen bei der Selbstverwaltung der Kammergüter *insgemein* vorgehen. Die Domestiken, wie wir sie itzt in der Welt haben, sind auf Kammergütern weit träger, und sorgloser bei ihren Geschäften, als in Privatökonomien, sie lassen an den Gerätschaften, und Mobilien weit mehr verderben, als in der Ökonomie eines PrivatEigentümers geschieht; sie sind nicht unter der beständigen wirksamen Aufsicht, die sich in Privatökonomien verwenden läßt. Der Verwalter selbst wird *gemeiniglich* durch seinen Privatnutzen, durch Stolz, und Lüste hingerissen, für sich und die Seinigen mehr zu sorgen, als für das Interesse des Regenten. Anderer Fehler, die sich auf die *Unwissenheit, und Probenmachereien der Verwalter* gründen, gedenke ich nicht. Die Auslagen also, welche bei der Selbstverwaltung der Kammergüter gemacht werden müssen, übersteigen insgemein die Auslagen weit, die der gute Privatwirt macht, und an den Produktionen gehet für den Regenten weit mehr verloren, als dem Privateigentümer entgehen kann. Bei der *Verpachtung* fällt alle das Übel weg. Wenn man nur Pächter wählt, die in der Landwirtschaft gute erfahrne Leute sind, und Vermögen genug haben, die *InstrumentalAuslagen* der Kultur zu machen, und wenn man ihnen die Güter, nicht auf zu kurze Zeit, sondern auf 12 oder mehrere Jahre verlehnet, und dabei die Bedingung macht, daß sie die erforderlichen InstrumentalAuslagen, besonders an Vieh, immer komplett halten; so wird man weit mehr Nutzen für den Regenten ziehen, als durch alle gewöhnliche Selbstverwaltungen.

Man mag aber die Domänen selbst verwalten, oder verpachten, so hat immer der Regent dabei sein eigenes abgesondertes Interesse, welches nach den *evidenten Prinzipien der Regierungsordnung* nicht sein soll; und aus *diesen ganz unläugbaren Gründen der wahren Politik* muß man denjenigen beipflichten, welche *die Veräußerung der Kammergüter an Privateigentümer* anraten. Nur ist darauf zu sehen, daß sie in die Hände solcher Wirte kommen, die alle nötigen Auslagen machen können, und daß bei der Veräußerung die Verstückelung der Güter *nicht weiter als höchstens auf 24 Morgen, die immer beisammen bleiben sollen,* zugelassen wird.

§. 230.
Von Regalien als unechten Quellen der öffentlichen Einkünfte.

Die Rechte der Staatsverwaltung überhaupt werden mit dem allgemeinen Namen der *Regalien* belegt. *Im engern Verstande* aber versteht man unter den *Regalien* diejenigen Rechte, welche der Regent über das PrivatEigentum der Menschen dergestalt ausübt, daß er durch die Ausübung derselbigen, und durch die Dispositionen, die er in Ansehung des Privatvermögens, und der Benutzungsarten desselbigen macht, Revenüen zu ziehen sucht. Bei allen Regalien disponiert der Regent über ein Personal- oder RealEigentum der Menschen nach seinem Gutfinden, und zu seinem Interesse. Immer werden die Rechte eines Eigentümers um das Interesse des Regenten willen eingeschränkt. Man kann und muß sagen, daß der Regent durch die Regalien, und deren Ausübung gleichsam ein eigenes besonderes Gewerbe treibt, um dadurch Revenüen zu erhalten. Das Regalrecht sieht er als sein besonderes Eigentum an, das nach eigenen Maximen benutzet werden könne, und müsse, um Vorteile davon zu ziehen, und deswegen ist auch das Studium der Regalien-

Wirtschaft eben so weitläuftig, und noch weitläuftiger worden, als das Studium der Domänenwirtschaft.

Also ist der Grund, daß ein Regent keine Revenüen aus einem eigenen von dem Eigentum des Volks ganz abgesonderten Fond schöpfen müsse, den Regalien im engern Verstande, eben so schlechterdings entgegen, als er es den Domänen ist. Das Volk ist nie völlig gesichert, daß der Regent seine oberste Gewalt nur zur Beschützung des Eigentums der Glieder des Staats, und nur zur Aufrechthaltung der echten Gesellschaftsordnung zur größtmöglichen Erweiterung des Genießungskreises seiner Kinder anwendet, wenn er *besondere Regalien* hat, die ihm durch eine eigene Verwaltung Einkünfte tragen sollen.

Überdies aber ist jede Disposition des Regenten über das Eigentum der Glieder des Staats, oder anderer Menschen, wodurch diese in der Freiheit des Gebrauchs des Ihrigen eingeschränkt werden, ohne daß sie gegen jemanden ungerecht sind, und also eine Einschränkung ihrer Freiheit verdienen, den oben erklärten Prinzipien der natürlichen Gesellschaftsordnung gerade zuwider, und kann unmöglich bestehen, wenn der Staat an Reichtum immer zunehmen, und der Wohlstand aller Klassen der Bürger blühend werden soll. *Unumschränkte Freiheit des Gebrauchs des Eigentums, und der Gewerbe, und des Handels* muß notwendig hergestellt werden, wenn jedes Personal- und RealEigentum in der Gesellschaft auf die interessanteste und einträglichste Weise benutzet werden soll.

Alle Rechte der Staatsverwaltung, oder *alle Regalien zwecken nach den Grundsätzen der unveränderlichen Ordnung der Regierung nur darauf ab, daß allen Gliedern des Staates ihr Eigentum auf immer ungekränkt und uneingeschränkt erhalten, und ein jeder zur besten Benutzung desselbigen unterrichtet, und aufgemuntert werde, um die größtmöglichen Vorteile für sich daraus ziehen zu können.*

§. 231.
Alle öffentliche Einkünfte müssen unmittelbar durch Abgaben des Volks zusammengebracht werden.

Wenn also der Regent eines Staates weder eigene Grundstücke haben, noch besondere Gewerbe für sich treiben, noch um seines besondern Vorteils willen über die Benutzung des Eigentums anderer Menschen disponieren soll; so bleibt zur *Quelle der öffentlichen Einkünfte* nichts anders übrig, als *die Abgaben des Volks* an den Regenten. Nur in diesem einzigen System, *daß die Einkünfte des Regenten eine bestimmte Portion von den jährlichen Einkünften des Volks sind,* ist das Interesse des Regenten so innig mit dem Interesse des Volkes verwebt, daß, um jenes fortdaurend zu erhalten, und zu vergrößern, für die Aufrechthaltung, und Vermehrung des letzten unumgänglich notwendig gesorgt werden muß. Nur in diesem einzigen System kann das Volk die vollständigste Versicherung haben, daß der Regent, welcher zuverlässig seine jährliche Einkünfte nicht nur erhalten, sondern immer vermehren will, für die Erhaltung und das unaufhörliche Wachstum der jährlichen Einkünfte des Volks, von welchen alle seine Einkünfte nur eine verhältnismäßige Portion sind, mit ganzer Anstrengung seiner Regenten-Weisheit sorgen, und folglich *um seines eigenen Vorteils willen* die Glieder seines Staates reicher und glücklicher machen werde.

§. 232.
Beweis, daß alle Abgaben des Volks ohne Unterschied auf die Eigentümer und Benutzer der Grundstücke fallen.

Man mag aber die Abgaben in einem Staate einrichten, wie man will, so liegen sie alle einzig und allein auf den Grund-Eigentümern. Das ist: *alle Abgaben, sie mögen Namen haben, wie sie wollen, werden in allen Fällen, man mag sie erheben, wie man will, und von wem man will, von den GrundEigentümern bezahlt*. Ich bitte alle meine Leser inständig, die Simplizitäten zu beherzigen, die ich hier darstellen will.

Zuerst frage ich:

Ists nicht eine gleiche Zahlung des GrundEigentümers A, ob ich ihm von seinen jährlichen Einnahmen den Wert von zehen Talern abfordere; oder ob ich die Einrichtung mache, daß der GrundEigentümer A von seinen Produkten nicht mehr das ganze Quantum, wie vorher, verkaufen kann, sondern dem Geldbetrage nach für zehen Taler weniger davon absetzt; oder ob ich die Anstalt treffe, daß der GrundEigentümer alle seine Produkte dem Werte nach für zehen Taler geringer weggeben muß, als er sie sonst weggab? oder ob ich die Verfassung herstelle, daß der GrundEigentümer seine Bedürfnisse um zehen Taler teurer bezahlen muß?

Man muß mirs erlauben, daß ich diese Sache noch heller zu machen suche. Ich schreibe aus keinem andern Endzwecke, als Wahrheiten, auf welchen das Glück meiner liebsten Mitmenschen beruht, so empfindbar zu machen, damit sie endlich wirksam werden.

Ein Landmann soll jährlich aus seinem ganzen Landgute funfzig Malter, oder Achtel Korn einnehmen, und der Geldwert eines solchen Achtel Korns soll fünf Gulden sein. Er soll von seinen funfzig Achteln nur zwanzig für seine eigene Haushaltung brauchen, und die übrigen dreißig alle in dem bestimmten Preise absetzen können, und also im Geldbetrage 150 Gulden dafür ziehen.

Gesetzt nun, der Regent macht eine Einrichtung, durch welche er von andern Menschen B, C, D jährlich 10 Gulden einnimmt, aber eben dadurch die Folge wirkt, daß der angeführte Landmann um deswillen von seinen dreißig Achtel Korn nur 28 solche Achtel verkaufen kann, anstatt daß er sie alle dreißig verkauft hätte, wenn der Regent den andern Menschen die 10 Gulden nicht abgenommen hätte? Muß nicht itzt diese 10 Gulden der Landmann tragen, der um der von den Regenten gemachten Anstalt willen den Betrag von 10 Gulden weniger einnimmt, oder der, anstatt vorher 150 Gulden einzunehmen, itzt nur deren 140 einnehmen kann? Ists denn für den Landmann itzt nicht das nämliche, als wenn man die Verfassung hat, daß er selbst unmittelbar diese 10 Gulden an den Regenten bezahlen muß, aber seine dreißig Achtel Korn für 150 Gulden ungehindert absetzen kann?

Gesetzt ferner, der Regent macht die Anstalt, daß die Menschen B, C, D, ihm jährlich 10 Gulden entrichten müssen, daß aber um deswillen der Landmann A jedes Achtel Korn nicht mehr um 5 Gulden, sondern um 4 fl. 40 kr. das ist, um 20 Kreuzer weniger, verkaufen kann. Ists denn nun nicht der Landmann, der jene 10 fl bezahlt? Er löst itzt nicht mehr als 140 fl aus seinen dreißig Achteln Korn. Also ists für den Landmann in diesem Falle wieder das nämliche, als wenn man unmittelbar 10 fl ihm abgefordert, aber die Verfassung gelassen hätte, daß er seine 30 Achtel Korn für 150 fl. abzusetzen im Stande gewesen wäre.

Gesetzt endlich, die Regierung erhebt von den Menschen B, C, D, die keine Landleute sind, zehen Gulden, macht aber *dadurch* den Effekt im Staate, daß der Landmann seine Ackerwerkzeuge, seine Hausgeräte und Kleider um 10 Gulden teurer bezahlen muß. Muß nicht der Landmann diese 10 Gulden tragen? Eben deswegen, weil man die 10 fl von den andern Menschen B, C, D einfordert, kosten die Bedürfnisse des Landmanns itzt 10 fl mehr, als vorher. Daher ists für den Landmann abermal das nämliche, als wenn man ihm unmittelbar die 10 fl aufgelegt, und den Gang der Sachen so gelassen hätte, daß der Landmann seine Bedürfnisse für 10 fl wohlfeiler, wies vorher war, erhalten könnte.

§. 233.
Fortsetzung des angefangenen Beweises.

Nun frage ich *zweitens*:

Wenn derjenige, welcher durch sein Nahrungsgewerbe kein Getreide, und kein Silber hervorbringen kann, sondern sein nötiges Getreide, und sein Silber, das er braucht, oder wünscht, von den Eigentümern des Getreides und des Silbers notwendig bekommen, das ist, die Schenkung weggerechnet, mit seiner Arbeit erkaufen muß, wenn er, sage ich, wegen seiner Arbeit eine Abgabe von einem Malter, oder Achtel Getreide, oder von zwei Unzen Silber an den Staat bezahlen soll: muß er nicht seine Arbeit an die Eigentümer des Getreides und des Silbers gerade um so viel teurer verkaufen, als diese Abgabe von einem Malter, oder Achtel Getreide oder von zwei Unzen Silber beträgt?

Bekommt der Arbeiter für seine Arbeit von dem Eigentümer des Getreides oder des Silbers nicht dieses Malter, oder Achtel Getreide, oder nicht diese zwei Unzen Silber, die der Staat ihm abfordert; so hat er weder Getreide, noch Silber und kann die Abgabe nicht bezahlen, der Staat mag mit seiner Person anfangen, was er will. Also muß der Arbeiter, den ich annehme, den ganzen Betrag der ihm aufgelegten Abgabe auf seine Arbeit schlagen, und deren Preis um den Betrag der Abgabe erhöhen, damit der Eigentümer des Getreides, und des Silbers, wenn er jene Arbeit kauft, in dem erhöheten Preise derselbigen dem Arbeiter die Abgabe entrichten müßte.

Gesetzt, eine solche angenommene Arbeit, die kein Getreide, und kein Silber hervorbringt, ist heute, da noch keine Abgabe auf die Arbeit gelegt ist, gerade so viel Getreide wert, als der Arbeiter in einem Monate, den er zu seiner Arbeit braucht, verzehrt. Der Preis der Arbeit soll also ein Achtel oder Malter Getreide, oder in gleichem Geldwerte zwei Unzen Silber sein. Nun bekommt also der Arbeiter für seine Arbeit von dem Eigentümer des Getreides, oder des Silbers, der die Arbeit kauft, ein Malter, oder Achtel Getreide, oder zwei Unzen Silber. – Nun soll mit dem Anfange eines neuen Monates eine Abgabe von einem Malter oder Achtel Getreide, oder von zwei Unzen Silber auf die bestimmte Arbeit gelegt, und von dem Arbeiter monatlich abgefordert werden. Der heutige Preis der Arbeit war ein Malter oder Achtel Getreide, oder zwei Unzen Silber, als soviel der Arbeiter gerade in dem Monate über seiner Arbeit verbraucht. Läßt nun der Arbeiter diesen Preis für den künftigen Monat auch noch, so bekommt er nur dafür, was er verzehrt, kann aber die abgeforderte Abgabe nicht entrichten. Soll er monatlich für seine Arbeit ein Malter Getreide, oder zwei Unzen Silber an Auflage bezahlen, und diese Auflage doch nicht auf den Preis seiner Arbeit schlagen, sondern mit seinem ersten Preis zufrieden sein; so muß er die zwei Unzen Silber, oder das Malter Getreide, die den ersten Preis ausmachten, dem Regenten abliefern. Aber nun hat er nichts zu seiner Subsistenz. Denn eben dieser erste Preis war der Betrag dessen, was der Arbeiter während seiner Arbeit verbrauchete. Also muß notwendig die erwähnte Auflage des Malter Korns, oder der zwei Unzen Silber von dem Arbeiter auf den Preis seiner Arbeit geschlagen werden, und der *Eigentümer des Korns, oder des Silbers muß dem Arbeiter für seine Arbeit gerade soviel mehr Korn, oder Silber bezahlen, als die abgeforderte neue Abgabe beträgt.*

§. 234.
Noch weitere Fortsetzung des vorhergehenden.

Ich habe vorausgesetzt, daß der Arbeiter, von welchem ich rede, für seine Arbeiten vorher, ehe die neue Abgabe von ihm abgefordert wurde, gerade so viel Korn, oder Silber durch Verkauf seiner Arbeit empfing, als er während derselbigen wirklich verbraucht. Auch habe ich vorausgesetzt, daß die Eigentümer des Getreides, und des Goldes und Silbers die Arbeiten des gewerbtreibenden Mannes in den um den Betrag der Auflage erhöheten Preisen noch abkaufen wollen, oder müssen. Aber wenn nun diese Voraussetzungen nicht statt finden? Wie ists da, wenn der Arbeiter schon vor der neuen Auflage für seine Arbeit von den Eigentümern des Getreides und des Silbers so viel bekommen hat, daß er nicht nur seine Bedürfnisse während der Arbeit bestreiten konnte, sondern auch noch ein Malter Korn, oder zwei Unzen Silber über seine Arbeitsbedürfnisse hatte? Wie ists da, wenn die Eigentümer des Getreides und des Silbers nun nach der Auflage dem Arbeiter seine Arbeiten nicht im erhöheten Preise abkaufen wollen?

Was *den ersten Fall* betrifft, so waren das Malter Korn, oder die zwei Unzen Silber, welche der Arbeiter über seine Arbeitsbedürfnisse von den Eigentümern des Getreides und des Silbers empfing, und die der Regent ihm nun als Abgabe abfordert, bloß aus den Händen der Eigentümer des Korns, und des Silbers hergekommen. Vorher war diese Portion Korn, oder Silber, die man dem Arbeiter als Auflage nun abnimmt, eine rechtmäßige Erwerbung für seine Arbeit, und die Eigentümer des Korns und des Silbers haben dem Arbeiter diese Erwerbung für seine Arbeit freiwillig zugestanden, weil die Konkurrenz es nicht anders verstattete. Der Arbeiter will nun gewiß nicht ärmer werden, als er vorher war, ehe er die Auflage zahlen mußte. Er legt also den Betrag der Auflage, die man ihm von seinen bisher rechtmäßig bezogenen Arbeitsverdienste abfordert, wieder auf seine Arbeit, und macht diese entweder um so viel schlechter, als vorher, oder erhöhet geradezu ihre Preise, welches im Grunde völlig einerlei PreisErhöhung für den Käufer der Arbeit ist. *Mithin muß auch in diesem Falle der Eigentümer des Korns, und Silbers dem Arbeiter um so viel mehr Korn, oder Silber bezahlen, als ihm durch die Auflage abgenommen wird.*

Nehmen wir den *zweiten Fall*, daß nämlich die Eigentümer des Getreides und des Silbers nach der Auflage, die der Arbeiter auf seine Arbeiten schlägt, diese Arbeiten nicht in dem erhöheten Preise kaufen wollen; so muß der Arbeiter nun notwendig aufhören zu arbeiten, da ihm seine Arbeiten von den Eigentümern des Getreides und des Silbers nicht vergütet werden. Es waren aber diese Arbeiten Zahlungsmittel, womit der Arbeiter Getreide, oder Silber von den Eigentümern dieser Produkte erkaufte. Folglich vermindert sich nun die Masse der Zahlungsmittel gegen die Masse des Getreides, oder Silbers; die Eigentümer dieser Produkte können nun nicht mehr so viel davon absetzen, als vorher, oder müssen wenigstens mit den vorigen Preisen ihrer Produkte verhältnismäßig herunter gehen. Das heißt: *die Eigentümer des Getreides, und des Silbers verlieren nun beim Verkauf ihrer Produkte allerwenigstens gerade so viel, als die Auflage beträgt, welche der Staat denen abfordert, welche für die Eigentümer des Getreides, oder des Silbers arbeiten.*

§. 235.
Der Schluß des Beweises.

Nun kann ich den vollständigen Schluß machen, der zu meinem versprochenen Beweise nötig ist. Diejenigen Klassen der Inwohner der Staaten, welche keine Grundstücke, das ist, keine Äcker, Wiesen, Weinberge, Waldungen, Fischwasser, und Bergwerke haben, und welche also aus ihrem Eigentum keine Genießungs-Materien, und kein Gold und Silber ziehen können, müssen alle diese Produkte von den Eigentümern jener Grundstücke erwerben. Wodurch aber? oder was können sie den Eigentümern dafür geben? Nichts anders, als bloß ihre Dienste, oder Arbeiten, oder Geschäfte, wie mans nennen will. Denn Produkte haben sie vor sich nicht, weil sie solche alle von dem GrundEigentümern bekommen müssen. Mithin müssen alle Klassen von Menschen, welche keine Eigentümer von Grundstücken sind, und welche doch Produkte von den Eigentümern der Grundstücke haben wollen, *zuerst* durch gewisse Dienste diese Produkte erkaufen.

Wenn man aber Abgaben von diesen Menschen fordert,

sie mögen heißen, wie sie wollen, so macht man dadurch entweder dies, daß die GrundEigentümer die Arbeiten und Geschäfte dieser Menschen um den Betrag der Abgabe teurer bezahlen, oder bei den Verkauf ihrer Produkte an die Klasse dieser arbeitenden Menschen gerade so viel verlieren müssen, als die Auflage ausmacht.

Folglich fallen alle Auflagen, die man von denen fordert, welche keine GrundEigentümer sind, immer einzig und allein auf die Grund-Eigentümer.

§. 236.
Weitere Erläuterung dieser wichtigen Sache.

Es ist bekannt, daß der Fuhr- und Schiffmann *alle die Zölle*, die ihm während seiner Reise, oder seines Transportes abgenommen werden, dem Kaufmann, für welchen er die Güter führt, anrechnet. Der Kaufmann also, der die Güter bekommt, bezahlt die Zölle. Es ist aber auch bekannt, daß der Kaufmann diese Zölle als Auslagen auf die Waren anrechnet, und sie auf die Preise der Waren schlägt. Also ists auch der Kaufmann nicht, der eigentlich die Last der Zölle trägt, sondern der Käufer ist es, der dem Kaufmann die durch den Zoll im Preis erhöhete Waren abnimmt. Der Käufer, welcher diesen Zoll im erhöheten Warenpreise bezahlt, schlägt, wenn er wieder ein gewerbtreibender Mann ist, diese Auslagen auf die Waren seines Gewerbes, und so geht es im Zirkel notwendig bis auf den fort, der alle diese Gewerbe durch die Produkte, die dazu erfordert werden, vergütet. Dies ist der *GrundEigentümer, der alle die Produkte, welche die ganze Summe aller Preiserhöhungen der Gewerbe, oder der Arbeiten und Geschäfte ausmachen, hergeben oder entbehren muß.*

Wie es mit *den Zöllen* ist, so ist es mit *allen andern Auflagen auf die Gewerbe, und auf die Konsumtion* ebenfalls. Die Gründe sind die nämlichen.

§. 237.
Zweiter Beweis, daß alle Auflagen auf die Gewerbe, und Konsumtionen von den GrundEigentümern bezahlt werden.

Ich finde nützlich, hier noch denjenigen Beweis beizufügen, den ich in meinen Schriften für alle Staaten schon vorgelegt habe. Um des Besten der Menschheit willen bitte ich alle denkende Männer um ernstliche Prüfung desselbigen. Ich bilde zuerst dieses *allgemeine Ideal*:

A soll absolut notwendig die Hülfe des B brauchen.

B soll gar nicht sein, und dem A gar nicht helfen können, ohne das Hülfsmittel M für sich selbst, und für andere, die es dem B abfordern, zu haben.

Die ganze Summe von diesem M aber, welche dem B zu seiner eigenen Bedürfnis und für andere, die es von dem B fordern, nötig ist, soll nur allein bei dem A zu finden sein.

Nun frage ich:

Muß also nicht der A absolutnotwendig dem B für die Hülfe, die dieses B dem A leisten soll, alles das M geben, dessen der B für sich selbst und für andre, die es ihm abfordern, benötiget ist.

Muß nicht alles das M, welches ein dritter dem B abfordert, von dem A ganz allein getragen werden?

Ists denn möglich, daß man an diesen zwei Folgen nur den geringsten Zweifel haben kann, wenn die drei angenommenen Data statt finden?

Aber nun wende ich diese allgemeine Formul an.

A stellt die ganze Klasse von GrundEigentümern und GüterBenutzern vor, nämlich alle Eigentümer der Äcker, Wiesen, Weinberge, Waldungen, Fischwasser, und Bergwerke.

B ist die ganze Klasse aller dienstbaren und bloß konsumierenden Menschen, nämlich aller Handwerksleute, Fabrikanten Kaufleute, und aller übrigen Verbraucher; sie mögen heißen, wie sie wollen.

M ist die ganze Masse aller rohen NaturProdukte und aller Materien, die aus den Grundstücken der Erde gewonnen werden, nämlich aller Erdgewächse, aller Tiere auf dem Lande, und im Wasser, aller Mineralien, und Metalle u.s.w.

Ich drücke daher meine Formul in der Anwendung also aus:

1.) Der A, oder die ganze Klasse von GrundEigentümern braucht die Hülfe, oder die Dienste des B, das ist, der Handwerksleute, Fabrikanten, Handelsleute, und Konsumenten.

Unmöglich kann man dieses leugnen. Denn die GrundEigentümer brauchen die Dienste der Wagner, Schmiede, Schuhmacher, Schneider, Gerber, Tuch- und Hutmacher, Maurer Zimmerleute u.s.w. und um ihre Produkte gut anzubringen, Sucher und Konsumenten.

Ferner ist unwidersprechlich:

2) Der B, das ist, die ganze Klasse der dienstbaren, und bloß konsumierenden Menschen kann gar nicht leben, nicht arbeiten, den GrundEigentümern gar nichts helfen, auch schlechterdings nichts konsumieren, ohne das M, das ist, ohne Früchte zur Subsistenz, Materialien zur Kleidung, und Wohnung, Metalle und besonders Gold und Silber zum Umsatz und zum Erkauf ihrer Erfordernisse zu haben.

Es ist kein einziger Handwerksmann, kein Fabrikant, kein Kaufmann, und kein Konsument, der nicht Speisen und Getränke haben muß, der nicht Materialien zur Betreibung seines Gewerbs und seiner Kunst braucht, und der nicht, um alles das anzuschaffen, Dienste und Arbeiten leisten, oder Gold und Silber, oder Geld erwerben muß.

Endlich ist es auch die klärste Wahrheit:

3) Die ganze Summe, oder Masse M, das ist, die ganze Masse aller Naturprodukte, nämlich aller Erdgewächse, aller Tiere, und Nutzungen derselbigen, aller Mineralien und Metalle, und also auch alles Goldes und Silbers, oder Geldes ist nur allein bei dem A, das ist in den Händen der GrundEigentümer und Benutzer des Erdbodens.

Diese Wahrheit habe ich oben §. 26. überzeugend dargelegt, und bitte jeden, der daran zweifelt, daselbst nachzusehen.

Da nun die *drei Data* meiner allgemeinen Formul in der Anwendung auf die GrundEigentümer, auf die dienstbare und verzehrende Klasse, und auf die Hülfsmittel zum Leben und zur Gewerbsamkeit unwidersprechlich gewiß sind; so muß man auch die Folgen in der Anwendung einräumen:

a) Alles M, das ist, alle Materialien zum Leben und Glück, welche der B, das ist, die Klasse der dienstbaren Menschen, und der Verbraucher für sich selbst, und für andere, das ist, als Abgaben für den Regenten braucht; muß dem B von dem A, das ist von den GrundEigentümern und Benutzern gegeben werden.

b) Folglich ist alles M, das ist, alle Materien, sie mögen in Gold, oder Silber oder in etwas anderm bestehen, welche der Regent dem B, oder der dienstbaren und konsumierenden Klasse aufleget, und als Abgaben fordert, eine Last des A, das ist, eine Last der GrundEigentümer und GüterBenutzer.

Dies ist also wieder ein unumstößlicher Beweis, *daß alle Abgaben, mit welchen die dienstbaren und konsumierenden Menschen belegt werden, schlechterdings notwendig von den GrundEigentümern getragen werden müssen.*

§. 238.
Von der Unmöglichkeit, daß die Kunstindustrie vor sich sollte Abgaben bezahlen können.

Ich habe schon oben bewiesen, *daß durch alle Kunstindustrie kein Wert hervorgebracht wird, daß die Kunstindustrie durch alle ihre Geschäftigkeit nicht einmal den vorhandenen Wert erhält, sondern durch ihre Arbeit und während ihrer Geschäfte die Masse der Genießungen wirklich vermindert* (§. 103.). Die Arbeit der Kunstindustrie mag in ihrem Werte so hoch geschätzt werden, wie sie immer wolle, so wirkt sie doch kein Tilgen dieses Wertes, sondern empfängt ihn, wenn sie ihn haben will, bloß aus den Händen derer, welche diesen Wert, das ist, die Produkte, die der Künstler wünscht, schon haben. Wenn nicht die GrundEigentümer die Materien, die der Künstler über seiner Arbeit verbraucht, und die er für seine Arbeit erwartet, durch ihre Kulturgeschäfte hervorbrächten, und wenn die Inhaber dieser Materien dem Künstler für seine Arbeit dieselbigen nicht mitteilten; so hätte der Künstler nicht ein

Stäubgen von dem Werte, den er auf seine Arbeit setzt. Da also *die Kunstindustrie* durch sich selbst nicht den geringsten Wert wirket, sondern *alles, was sie einnimmt, von den GrundEigentümern empfängt;* so kann sie auch vor sich selbst keine Auflagen tragen. *Was man ihr abfordert, fällt auf die GrundEigentümer.*

§. 239.
Unterschied der direkten, und indirekten Erhebung der Auflagen von den GrundEigentümern.

Alle Abgaben, sie mögen Namen haben, wie sie wollen, liegen auf den GrundEigentümern. Wenn die Abgaben *unmittelbar aus den Händen der GrundEigentümer* eingezogen werden, so nennt man dies *die direkte Erhebung* der Auflagen. Wenn aber die Abgaben *unmittelbar aus Zwischenhänden zwischen den GrundEigentümern und dem Regenten* erhoben werden, so ist dies *die indirekte Erhebung* der Auflagen.

Man sieht, ohne daß ich es sagen darf, daß bei *der indirekten Erhebung der Auflagen* ganz unnötige Weitläuftigkeiten vorfallen. Um eine bestimmte Summe, die sich in den Händen der vielen Klassen von Arbeitern, von gewerbtreibenden Personen, und von Verbrauchern verteilet hat, aus diesen Händen zusammen zu ziehen, und dies zwar so zu tun, daß keiner zur Arbeit untüchtig, und keinem sein unumgänglich notwendiger Verbrauch unmöglich gemacht wird, braucht der Regent weit mehr Hülfshände und Unkosten, als wenn er die nämliche Summe unmittelbar aus der Quelle, das ist, aus den *Grundstücken selbst* schöpfet. Bei *dieser direkten Erhebung* fällt alles das Nachsehen, und Auflauren, alle die Zeitversäumnis, alles das Zwingen, alles das Nachrechnen in Kleinigkeiten, welches bei *allen indirekten Auflagen* so notwendig ist, ganz weg. Die große Menge von Aufsehern, von Visitatorn, von Ausreutern, Treibern, und Rechnern, die zu den indirekten Auflagen auf Gewerbe, auf Handel und Wandel, auf Konsumtion nötig sind, und die dem Regenten immer beträchtliche Summen kosten, und im Staate nicht den geringsten Wert wirken, wird nun überflüssig.

Doch dies ist das wenigste. Die Hauptsache besteht darinne, *daß die indirekte Erhebung der Auflagen in einem jeden Staate die Hervorbringung der Genießungsmaterien unaufhaltlich vermindert, und das Elend aller Klassen von Menschen vergrößert.* Durch die indirekte Erhebung der Auflagen entstehen die notwendige Folgen, daß die Bedürfnisse der Landleute immer verteuret und der Absatz und Wert der landwirtschaftlichen Produkte verringert werden. Dies habe ich vorher bewiesen. Wenn aber die *Erfordernisse* zur Landwirtschaft in ihren Preisen immer steigen, und der Wert und Absatz der landwirtschaftlichen Erzeugungen sich vermindern, so muß bei den Landleuten das Vermögen und der Eifer die Kultur gut fortzusetzen, und folglich die Masse der Genießungsmaterien, notwendig kleiner werden. *Dies ist das größte Übel für die menschliche Gesellschaft, welches bei der indirekten Erhebung der Auflagen gar nicht aufgehalten werden kann.*

Nimmt man aber die Abgaben *unmittelbar aus den Händen der GrundEigentümer, ohne die arbeitende und verzehrende Klasse zu belästigen, so werden die Bedürfnisse der Landleute, welche sie von den übrigen Klassen* der Menschen erhalten, nicht verteuret, und die ganze arbeitende und verzehrende Klasse wird im Verbrauche ihrer Genießungen und also in ihren Nachfragen nach den landwirtschaftlichen Produkten auf keinerlei Weise gehindert. Daher bekommen itzt die GrundEigentümer immer mehr Mittel in ihre Hände, und größeres Interesse ihre Kultur fortzusetzen und zu erhöhen. *Der Reichtum und das Glück des Volkes müssen nun unaufhaltlich fortwachsen.*

§. 240.
Alle Abgaben müssen Teile des reinen Ertrages der Grundstücke sein.

Alle Abgaben sollen also nach den dargelegten Gründen einzig und allein unmittelbar aus den Händen der Grund-Eigentümer erhoben werden. Nun besteht aber die ganze *jährliche Produktion* aller Grundstücke in zwei Teilen, nämlich 1.) *in den jährlichen Auslagen auf die Benutzung der Grundstücke*, und 2.) *in dem reinen Ertrage*. Von den jährlichen KulturAuslagen darf auf keine Weise etwas genommen werden, wenn die Totalproduktion nicht kleiner werden soll. Also ist *der reine Ertrag der Grundstücke die einzige wahre Quelle aller Abgaben an den Staat.*

Unter Abgaben sind auch die *Dienste* begriffen, welche der dienstbare Bürger auf seine eigene Kosten dem Staate, oder Regenten leisten soll.

§. 241.
Der wievielste Teil des reinen Ertrages zu Abgaben bestimmt werden kann.

Wollte man den GrundEigentümern *ihren ganzen reinen Ertrag* nehmen, so würden sie zwar die Benutzungskosten für jedes Grundstück behalten; aber sie würden ihren wesentlichen Trieben zum Genuß und zum Vergnügen gar kein Genüge tun können, und also alle Lust zu KulturVerbesserungen verlieren. *Eine weise Regierung erhebt also nur einen Teil des reinen Ertrages*, damit die Eigentümer Reize behalten, ihre Grundstücke immer höher zu benutzen.

Je mäßiger dieser Teil des reinen Ertrags ist, desto mehr wächst der reine Ertrag und desto größer werden die Einkünfte des Volks und des Regenten. Ist z. E. der *vierte oder fünfte Teil* des reinen Ertrages zu Abgaben auf ewig festgesetzt; so behält der GrundEigentümer von jedem Grundstücke außer den nötigen KulturAuslagen drei Viertel, oder vier Fünftel vom reinen Ertrage für sich. Je mehr er nun seine Grundstücke bessert, und ihren Ertrag erhöhet, desto größer ist sein Interesse, und desto größer werden auch die Revenüen des Regenten. Wie die Summe des reinen Ertrags steigt, so steigt auch jedes Viertel, oder Fünftel desselbigen verhältnismäßig. Mithin müssen auch die jährlichen Einkünfte beides des GrundEigentümers, und des Regenten vervielfältiget werden. Welch Band zwischen beiden zum allseitigen offenbaren Glück!

§. 242.
Von der Art, wie die einzige TerritorialAuflage umzusetzen und zu erheben ist.

Um diese *TerritorialAuflage* auf den reinen Ertrag der Grundstücke richtig anzusetzen, ist erforderlich:

1.) das ganze Land nach allen seinen Grundstücken ausmessen zu lassen;

2.) den reinen Ertrag aller Grundstücke aller Klassen nach einerlei Regel, oder Methode zu berechnen, so wie ich oben dieselbige bestimmt habe,

3.) ein vollständiges Register von allen Grundstücken und der auf jedem derselbigen in Verhältnis seines reinen Ertrages haftenden jährlichen Abgabe zu verfertigen, und nach diesem Register von jedem Eigentümer seine schuldige Portion einzuziehen.

§. 243.
Von den in gewissen Perioden vorzunehmenden Abänderungen der Register über die TerritorialAuflage.

Der reine Ertrag der Grundstücke vermehret sich bei diesem System unaufhörlich fort. Die Grundstücke der schlechtern Klasse werden immer in einem Zeitraume von etlichen Jahren besser, und kommen in eine höhere Klasse. Mithin ist es erforderlich, etwa alle sechs, oder neun Jahre in jedem Orte des Landes mit Zuziehung der Vorgesetzten die neue *Klassifizierung* der einzelnen Grundstücke eines jeden Besitzers vorzunehmen. Für eine Markung von zwei tausend Morgen Land braucht man zu der *Erneuerung dieser Klassifikation einen Direktor des Geschäftes und einen Rechner, und höchstens sechs Tage Zeit. Ich schreibe dies aus der Erfahrung, und die Probe kann es an jeden Orte vollständig bestätigen.*

§. 244.
Von der Weisheit der Staatsverwaltung bei den Ausgaben.

Ist man nun mit dem wichtigen Gegenstande der Erhebung der jährlichen Einkünfte des Staats in Ordnung; weiß man die Summen der jährlichen Einkünfte genau: So muß man auch zur *Verwendung derselbigen* eine weise Einrichtung machen. Der wesentliche Zweck, zu welchem die Einkünfte des Staats bestimmt sind, bestehet in der Herstellung, Erhaltung, und Erhöhung derjenigen Ursachen und Kräfte, auf welche sich *die große Gesellschaftsordnung* zur Sicherheit und zur besten Benutzung des Eigentums aller Glieder der Gesellschaft gründet. Daß die Masse der Genießungen bei vollständiger Sicherheit eines jeden Bürgers für alle und jede vergrößert werde, das ist das einzige unveränderliche Ziel der Regierung. Daraus folgt dann *die oberste Grundregel aller Ausgaben des Staates:*

> *Je mehr und je schneller durch den Aufwand des Staates das Vermögen und der Eifer der Hervorbringer der Genießungen, oder der GrundEigentümer gestärket, und lebendig erhalten wird: desto vollkommener und beglückender ist der Aufwand für Volk und Regenten. Je weniger aber, und je langsamer der Aufwand des Staates in die Hände der GrundEigentümer zurückfließt, desto unvollkommener ist der Aufwand.*

Die Benutzung des GrundEigentümers ist die einzige Quelle aller Genießungen für alle Stände und Klassen der Menschen von dem Höchsten an bis zum Niedrigsten. Je mehr man diese Quelle verstärkt, und je schneller ihr Segen sich auf alle übrigen Klassen der Menschen ergießt, desto glücklicher ist die Gesellschaft, desto größer wird der reine Ertrag der Grundstücke und desto höher steigen die öffentlichen Einkünfte. Diese Folgen aber, an welchen doch alles gelegen ist, sind desto geringer, je weniger und je langsamer der Aufwand, der in seiner ganzen Summe aus den Grundstükken kommt, in die Quellen aller Genießungen, und alles Aufwandes, das ist, in die Benutzung der Grundstücke zurückfließt.

§. 245.
Von den HauptKlassen der öffentlichen Ausgaben.

Die Ausgaben des Regenten sind insbesondere entweder eigentliche *StaatsAusgaben*, welche unmittelbar auf die Erfordernisse der Gesellschaft, das ist, auf die *StaatsAngelegenheiten* gemacht werden; oder *HofAusgaben*, welche sich auf die Person, und Familie des Regenten beziehen; oder *staatswirtschaftliche, Kameral- oder FinanzAusgaben,* welche geradezu auf die Erhebung und Verwaltung der Einkünfte des Staats abzwecken.

Die eigentlichen *StaatsAusgaben* sind: 1.) die Ausgaben auf den Kriegsstaat; 2.) auf die Justizverwaltung; 3.) auf das Instruktionswesen, oder Kirchen- und Schulstaat; 4.) auf die LandesPoliceiVerfassung; 5.) auf die auswärtige Staatsaffären; und 6.) auf das oberste StaatsDirektorium, und alle dazu gehörige Gegenstände der Gesetzgebung.

Die *HofAusgaben* begreifen a) die Handgelder des Regenten; b) die Deputate für die gesamte zur Familie des Regenten gehörigen Personen; c) den Aufwand auf die Garderobe des Regenten; d) den Aufwand auf seine Gärten; e) auf den Marstall; f) auf das herrschaftliche Bauwesen; g) auf die Hof-Konsumtion, oder Küche und Keller; h) auf den gesamten Hofstaat; i) auf die Meubles bei Hof von allen Gattungen; k) auf öffentliche Lustbarkeiten des Hofes etc.

Unter die eigentlichen *FinanzAusgaben* gehört 1.) der

Aufwand auf die Domänen und Regalien des Staats, um solche in den besten Benutzungsstand zu setzen, so lange man sie hat; 2.) auf die Einziehung der verschiedenen öffentlichen Einkünfte selbst; 3.) auf die gesamten Departementer, und Bedienten, und Geschäfte, welche mit der Verrechnung und Verwaltung der Einnahmen, und Ausgaben des Staates zu tun haben.

Die *RangOrdnung* dieser AusgabsKlassen zeigt sich von selbst dem, der das vorhergehende in dem erklärten Regierungssystem gefaßt hat. In allen aber muß der *einzige Geist* herrschen, *die Ordnung zu begünstigen, in welcher alles wirksam ist, die Masse der Produktionen zur Vervielfältigung und Beglückung des Menschenlebens unablässig zu vergrößern, und unter den Menschen zu verteilen.*

§. 246.
Von einem akkuraten StaatshaushaltungsPlan.

Der Weise wünscht und begehrt immer nur nach dem Maße der Kräfte, die zum Wirken und Schaffen vorhanden sind. Der Tor machts anders. Der wünscht, und begehrt, und macht Pläne, und bauet Schlösser, ohne noch zu wissen, ob Raum, und Materien, und Hände zur Ausführung seiner Pläne, und seiner Gebäude vorhanden sind, und vorhanden sein können. Der Unterschied in den Folgen des Verfahrens eines Weisen, und des Verfahrens eines Toren ist dem sehenden Auge sichtbar. *Der weise Haushälter* also macht alle seine WirtschaftsPläne nur nach der Größe der wirklichen Einnahme, die er mit Gerechtigkeit hat, weil er weiß, daß er nichts anders verwenden kann, als was er mit Gerechtigkeit hat. Man gewöhne sich nur einmal daran, erst den AusgabsPlan in der Haushaltung zu entwerfen, und dann hinten nach sich nach den Einnahmen umzusehen, die man zu Realisierung des AusgabsPlanes nötig findet. Zuverlässig entgeht man der Gefahr nicht, entweder mit Ungerechtigkeit und zum Verderben anderer Menschen Einnahmen zu suchen, oder die Quellen der rechtmäßigen Einnahmen zu erschöpfen, Schulden zu machen, und die Haushaltung zu zerrütten. Aber immer zuerst auf die sichere Einnahme, und auf das gewisse Haben Rücksicht nehmen, das ist ein starker Schlagbaum wider die Ausschweifungen der Wünsche und der Begierden, welche gar zu leicht zur Verfertigung des AusgabsPlanes falsche Bedürfnisse herzaubern, und sie dem geblendeten Auge als notwendig darstellen.

Ich wende dies mit zwei Worten auf die *Staatshaushaltung* an. Man muß vor dem Anfange eines jeden neuen Jahres einen *StaatswirtschaftsPlan* zeichnen, um des bevorstehende Jahr hindurch nicht auf gerate wohl, sondern nach Weisheit die wirtschaftlichkeiten Angelegenheiten des Staats zu besorgen, so, daß die Quellen der StaatsEinkünfte nicht geschwächt, sondern noch ergiebiger gemacht werden. Dieser Plan erfordert,

Erstlich, daß man die gewisse und sichere Summe der jährlichen Einkünfte des Staats aus einem Durchschnitte von allerwenigstens zehen Jahren her zum Grund lege;

Zweitens, daß man alle Ausgabsrubriken aus den bisherigen staatswirtschaftlichen Rechnungen durchgehe, jede derselbigen *in ihrem ganzen Detail* überschaue, und für jede nach dem Grade ihrer Notwendigkeit eine jährliche Summe bestimme, mit der genauesten Rücksichtnehmung, daß die TotalSumme der sämtlichen AusgabsRubriken die vorhandene sichere EinnahmenSumme nicht nur nicht übersteige, sondern höchstens nur $^{9}/_{10}$tel derselbigen ausmache, und also $^{1}/_{10}$tel von der EinnahmenSumme als ein Hinterhalts-Fond (Fond de reserve) zu unvorgesehenen und außerordentlichen Vorfällen übrig bleibe.

Wenn man *diesen Plan* in seiner lichtvollen Klarheit entworfen hat, so muß der Regent, wofern es ihm ein Ernst ist, gut hauszuhalten, denselbigen bestätigen, und seinem Finanz- oder Kammer-Collegio die gemessenste Befehle zugehen lassen, von der für jede AusgabsRubrik nach vorheriger genauen Erwägung ihres ganzen Detail festgesetzten Summe durchaus nicht abzuweichen, und folglich die strengste Aufsicht auf jedes Departement, welches die eine oder andere Ausgabe zu besorgen hat, zu tragen, damit gute Ordnung beobachtet und nicht über die vorgeschriebene Grenzen geschritten, und doch die verlangte Effekt die Ausgabe gewirkt werden möge.

§. 247.

Folgen von der Beobachtung eines solchen Planes.

Wird *dieser Plan* beobachtet, so kommt der Regent nie in die traurigen Umstände, durch Unordnungen und Ausschweifungen in den Ausgaben oft zu den Notwendigkeiten für ihn selbst und für den Staat die Erfordernisse nicht bestreiten zu können, sich in Schulden zu stürzen, seinen Kredit, sein Ansehn, und seine Ehre aufs Spiel zu setzen, durch die jährlichen Zinszahlungen seine wahren Einkünfte zu vermindern, das Volk durch übermäßige Auflagen zu drücken, und die Quellen des StaatsReichtums zu seinem eigenen und seiner Nachkömmlinge Nachteil vertrockenen zu sehen. Aber allen diesen Erniedrigungen und entehrenden Kalamitäten kann der Regent nicht entgehen, wenn er nicht eine Wirtschaft nach *diesem Plane* einrichtet, und nicht felsenfest dabei beharret.

GEORG SARTORIUS
VON DER MITWIRKUNG DER OBERSTEN GEWALT ZUR BEFÖRDERUNG DES NATIONALREICHTUMS
1806

Seit den Physiokraten und seit Adam Smith hat die Behauptung immer mehr die Oberhand behalten, daß nächst Schutz und Sicherheit gegen auswärtige Feinde, gegen die gewaltsamen, rechtswidrigen Eingriffe in das Eigentum im Innern, nächst Anlegung gewisser Institute zur Beförderung des National-Reichtums, die von dem Interesse der Privaten nicht zu erwarten wären, nichts, als die unbedingteste Freiheit für jeden seine Kräfte, sein Privateigentum nach Gutdünken zu eigenem Vorteile zu verwenden, und die daraus hervorgehende, freieste Konkurrenz von der obersten Gewalt gefordert werden könne und solle.

Die Physiokraten, wenn sie mit Adam Smith hier in dem Resultate ganz, oder wenigstens fast ganz übereinstimmen, erweisen gleichwohl die Echtheit dieses Satzes der ungestörten Freiheit der Erwerbung und Verwendung des Eigentums zu eigenem Vorteile, oder deduzieren sie zum Teil aus ganz anderen Gründen, als Adam Smith. Jene behaupten, es sei ein unveräußerliches Recht, daß jeder sein Eigentum nach Gutdünken zu Erreichung seines eigenen Vorteils verwende, wenn er nur keine gewaltsamen Eingriffe in die Rechte anderer sich zu Schulden kommen lasse.

Das Privat-Eigentum und dessen freier Gebrauch ist ihnen das höchste und erste Recht, dem alles untergeordnet sein muß. So sind sie entschieden gegen alle Störung eines freien Getreidehandels mit dem Auslande, zu allen Zeiten und unter allen Bedingungen, schon allein aus dem Grunde, weil es jedem frei stehen müsse, seinen eigenen Vorteil mit dem, was er besitze und erworben habe, nach eigenem Gutdünken zu verfolgen, ohne daß die Staatsgewalt die Befugnis habe, diesen freien Gebrauch aus dem Grunde zu beschränken, weil dies einseitige Verfolgen des eigenen Vorteils mit dem Interesse aller übrigen Genossen des Staats im Widerspruch sein könne. Das Privat-Eigentum, und dessen ungestörte Verwendung zu eigenem Vorteile ist ihnen das Höchste und Heiligste, und wenn dadurch Tausende der Genossen unsers Staats den Hungerstod sterben sollten; so ist dies dem strengen Physiokraten keine Kränkung der Rechte anderer, sondern eine im Recht begründete Verfolgung des Vorteils, die jedem zustehen muß: Rechte, heißt es, sind keine Bedürfnisse, und Bedürfnisse sind keine Rechte. So wenigstens spricht, und so deduziert der echte Physiokrat diese Freiheit, obwohl die Anhänger dieses Systems von der laten Observanz das Zuträgliche für alle, das aus dieser Freiheit entsteht, mit in Anschlag bringen.

Jene Ansicht ist aber unbefriedigend, das ganze Räsonnement scheint auf unhaltbarem Grunde zu ruhen.

Der Beweis eines ausschließenden Eigentums auf die Materie, ohne Vertrag, ohne Staat, ohne alle positive Gesetzgebung, wird nie gelingen; alle haben ursprünglich gleiche Ansprüche auf sie. Die Form, die der eine der Materie gegeben hat, muß zwar auch ohne alle positive Gesetzgebung und ohne allen Staat, als ihm eigenbehörig angesehen werden, aber auf die Materie, welcher die Form gegeben ward, hat er damit noch gar kein ausschließendes Recht. Beides kann aber nun nicht mehr getrennt werden. Nimm die Form zurück, und laß uns die Materie, so sagen Alle, während der Eine behauptet: die Form ist mein, könnt ihr die Materie davon nicht trennen, so müßt ihr mir beides lassen. So werden sie sich streiten und die Stärke oder das Unrecht wird entscheiden, oder sie werden sich vertragen, aber die Verträge werden, ohne eine höchste Staatsgewalt, immer wieder in Krieg ausarten.

Der Staat soll dieser ewigen Fehde ein Ende machen und zu Folge öffentlicher Gesetze, als Aussprüchen des Verstandes, der Überlegung, willkürliche Vorschriften geben, und die Ansprüche der Einen nach Möglichkeit mit den Ansprüchen der anderen bestehen machen.

Es gibt zwei willkürlich zu wählende Methoden, entweder ein gemeinschaftliches Eigentum für alle Genossen des Staats, oder die Einführung eines Privat-Eigentums. Beide haben ihre Gebrechen. Wenn nun in unseren Staaten das Privat- und Erbeigentum als die gewöhnliche Einrichtung vorkommt, so ist sie doch auf keinen Fall die einzig mögliche Bedingung, unter welcher die Menschen rechtlich neben einander bestehen könnten, und das Privat-Eigentum, so wie dessen ungestörte Verwendung zu eigenem Vorteile, ist keineswegs das höchste, oder das einzige Recht: dies besteht vielmehr in der Persönlichkeit, und diese wird Jedem sehr schlecht geschützt sein, wenn Allen die unbedingt freie Erwerbung, und die unbedingt freie Verwendung des Erworbenen zu eigenem Vorteile zusteht. Bei solcher Verfassung würden Einzelne, ohne die bestehenden Gesetze zu übertreten, durch Glück, Zufall, Geschicklichkeit, Klugheit und List sich so gut als in den Besitz von allem setzen, alle übrige zu Sklaven von sich machen, und alle Persönlichkeit ihnen rauben können. In der Tat hat wohl nie ein Staat bestanden, wo Privat- und Erbeigentum üblich war, in welchem die unbedingteste Freiheit zu erwerben, und das Erworbene zu eigenem Vorteile nach Gutdünken anzuwenden, ohne alle Schranken bestanden hätte, wenn man auch von den Verbrechen gegen das Eigentum anderer hier ganz abstrahiert.

Wo einmal Privat- und Erbeigentum besteht, da muß die Freiheit in der Erwerbung und Verwendung desselben doch beschränkt gedacht werden durch das ursprüngliche Recht aller auf ihre Persönlichkeit, durch die ursprünglichen Ansprüche aller auf die Materie, durch die Befriedigung der Bedürfnisse, ohne welche die Menschen gar nicht leben können. Das öffentliche Gesetz muß diese Bedingungen enthalten, d. h. es muß durch dasselbe die Freiheit der Erwerbung und die der Verwendung des Erworbenen beschränkt werden.

Es scheint leicht begreiflich, wie die Physiokraten durch den Anblick des Staats, in welchem ihre Schule entsprang und aufblühte, zu jener Behauptung kamen, da die vielen zwecklosen und verderblichen Regulative, und die ungerechtesten Beschränkungen in der Erwerbung und Verwendung des Eigentums in Frankreich üblich genug waren. Getroffen von diesen Nachteilen, stellten sie jenen, dem was sie vor sich sahen ganz widerstrebenden Grundsatz auf, in dem gerechtesten und lobenswertesten Unwillen; fielen aber eben hiermit in ein anderes Extrem. Ist doch das Mittel zu halten für Alle immer gleich schwer gewesen! Adam Smith spricht zwar auch einmal von der natürlichen Freiheit, einem natürlichen Rechte, das jeder haben müsse, sein Kapital und seine Arbeit nach Gutdünken anzuwenden, und deren Produkt mit anderen in Konkurrenz zu bringen; jedoch gründet er vielmehr diese jedem zustehende Freiheit auf das Zuträgliche, und auf die aus seiner Ansicht der Elemente des National-Reichtums hervorgehende Behauptung, daß die freie Konkurrenz den National-Wohlstand am meisten befördern müsse. Es sind mehr politische, als rechtliche Gründe, die er für seine Maxime anführt.

Er fordert von dem Staate außer der ungestörten Freiheit, Fleiß und Kapital nach eigenem Gutdünken anzuwenden, und der unbeschränktesten Konkurrenz bei dieser Anwendung und der Veräußerung dessen, was dadurch gewonnen worden, Schutz gegen auswärtige Feinde, Rechtspflege im Innern, und die Bewirkung und Erhaltung aller der Anlagen zur Bildung, zum Unterrichte und zum Verkehr, welche nicht durch das Privat-Interesse hervorgebracht, oder so wie es erforderlich ist, einzig und allein durch die Privaten zu erhalten stehen.

Nun aber will er diesen von der Staatsgewalt begehrten Schutz, die Rechtspflege und jene Anstalten nicht allein durch die Beiträge oder Abgaben von den Einzelnen erhalten wissen; sondern er gesteht der obersten Gewalt die Befugnis zu, namentlich in Bezug auf den Schutz gegen auswärtige Feinde, durch allerhand künstliche Mittel, als

Prämien, Ausfuhrverbote u. s. w., die er sonst gleichwohl verwirft, die National-Industrie zu diesem Zweck direkt und indirekt zu leiten. Jedoch er geht noch weiter, und hier und da findet man in seinem Werke gewisse Bestimmungen, die er empfiehlt, und wobei keineswegs eine durchaus freie Anwendung von Kapital und Fleiß, oder eine durchaus freie Konkurrenz den Privaten verstattet wird. So gibt er z. B. zu, daß die freie Ausfuhr des Getreides, unter gewissen Umständen, bei geringem Umfange des Landes, wohl untersagt werden könne, wenn der Preis desselben zu einer bedeutenden Höhe gestiegen wäre; er will zwar die gänzlichen Verbote der Ausfuhr des rohen Materials, welches zur Fabrikation im Lande gebraucht wird, abgeschafft, allein die Ausfuhr mit verhältnismäßig bedeutenderen Abgaben belegt wissen, welches denn kein Verbot gerade zu, wohl aber doch eine Erschwerung der Ausfuhr veranlassen muß; er will die Einfuhr der rohen, zur Fabrikation erforderlichen, fremden Produkte von Abgaben befreit wissen; ja er will im Innern eines Staats durch verschiedene Statute das Verhältnis zwischen Gutsherrn und Pächtern nicht allein von der willkürlichen Bestimmung dieser beiden Teile abhängig sein lassen, sondern vielmehr durch höhere Abgaben von den Kontrakten, die dem allgemein bessern Anbaue des Bodens nachteilig sind, diese eben erschweren, oder untunlich machen, und somit durch gewisse Statute auf die bessere Kultur des Bodens wirken. Eben damit aber scheint er zuzugestehen, daß die vorteilhafteste Benutzung des Bodens keineswegs allein durch das Streben der Einzelnen zu erreichen stehe. Er rechtfertigt ferner Monopole auf kurze Zeit, bei dem ersten Anfange des Betreibens eines unbekannten Handelszweigs in ferne, fremde Gegenden, mit etwa unbekannten Völkern.

Indes scheinen diese Maßregeln, die offenbar eine positive Einmischung der Regierung in die Verwendung von Fleiß und Kapital der Privaten enthalten, ihm mehr Ausnahmen von der Regel zu sein, denn sein Grundsatz bleibt immer: Freiheit der Anwendung des Kapitals und des Fleißes, freie Konkurrenz zwischen allen Teilen desselben Landes und des Auslandes, so wie er denn oft genug wiederholt: *daß jeder, indem er seinem Privatvorteile nachjage, den Vorteil des Ganzen befördern müsse.* Dem Vorwurf eines Widerspruchs aber scheint er dadurch entgehen zu können, wenn er etwa sagte: dies ist die Regel, jenes sind die Ausnahmen, und fast jede Regel, die man aufstellt, ist diesen unterworfen. Auch kommt er wirklich immer von neuem auf die Freiheit der Anwendung von Fleiß und Kapital, auf die freieste Konkurrenz zwischen allen Teilen zurück. Er wiederholt oft, bei seiner Prüfung des merkantilischen Systems, daß die dadurch zu bewirkende Emporbringung unserer Manufakturen, daß der dadurch zu leitende Verkehr mit dem Auslande zur Beförderung des National-Reichtums törichte Bestrebungen seien, indem, zu Folge dieses Systems, die Regierung mit einer Sorgfalt beladen, und ihr eine Pflicht zugeteilt werde, deren Erfüllung über ihre Kräfte und Kenntnisse weit hinausgehe, da nur der Privatmann im Stande sei zu beurteilen, wie er am geschicktesten seinen Fleiß und sein Kapital werde verwenden können. Und somit schließt er immer wieder damit: Schutz und Sicherheit für das Erworbene gegen auswärtige Feinde, gegen die Ungerechtigkeit der Mitbürger, Anlage aller der Institute zum Verkehr, die durch das Interesse von Privatpersonen nicht allein hervorzubringen stehen, dies, und die Hinwegräumung aller Monopole, aller der Hindernisse, welche der freien Anwendung von Fleiß und Kapital im Wege stehen, sind die einzig wirksamen, zuträglichsten und der natürlichen Freiheit angemessensten Hülfsmittel, um dem Volke zum höchsten National-Reichtume zu verhelfen.

Auf diese Weise gründet Smith seine Maxime vornehmlich auf das Zuträgliche, oder auf den größern vermehrten National-Reichtum, der aus dem Prinzip der Freiheit der Erwerbung und Verwendung des Erworbenen für alle und jede sich ergeben müsse. Das Recht der obersten Staatsgewalt, sich in die Leitung der National-Industrie zu mischen, scheint er weniger zu bezweifeln, und ausnahmsweise gesteht er selbst eine direkte und indirekte Einmischung der Art der Regierung zu.

In der Tat ist dies auch der richtigere Gesichtspunkt. Das Recht, die Befugnis kann der obersten Staatsgewalt nicht abgesprochen werden, durch Statute die freie Erwerbung und die freie Anwendung des Erworbenen und des Fleißes zu eigenem Vorteile zu beschränken, wenn die gerechten Ansprüche anderer, durch jene unbedingt freie Anwendung zu eigenem Vorteile, gekränkt würden, und wenn den Nachteilen, die aus dem einseitigen Verfolgen des Vorteils der Einen entstehn, nicht durch das Widerstreben der Andern von selbst abgeholfen werden kann. Vorausgesetzt, daß dies möglich sei, wenn jene unbedingte Freiheit verstattet würde, so muß die oberste Gewalt auch das Recht haben, diese zu beschränken, denn der Gebrauch der äußern Freiheit der Einen muß immer durch den der Andern bedingt gedacht werden, und die allgemeinen, öffentlichen Gesetze müssen diese Bestimmungen und Bedingungen enthalten. Es kann auf jeden Fall alles Privat-Eigentum und dessen freier Gebrauch nur in so fern rechtlich begründet angesehen werden, als dadurch die Möglichkeit den Anderen nicht benommen wird, gleichfalls zu erwerben und auch eine freie Anwendung mit dem Erworbenen zu machen.

Wenn es ausgemacht ist, daß es der Vorteil jedes Einzelnen und aller ist, daß allen eine unbedingt freie Anwendung ihres Fleißes und ihres Kapitals zugestanden werde, daß das Streben des Einzelnen nach eigenem Vorteile nie mit dem der Übrigen im Widerstreit sein, oder daß jenes nachteilige Streben der Einen durch das Widerstreben der Anderen immer unschädlich gemacht werden kann: so hat freilich die oberste Gewalt des Staats nichts weiter zu tun, als ruhig diesem wechselseitigen Streben der Einzelnen zuzusehen, und alle Pflichten der Regierung, in Bezug auf die Beförderung des National-Reichtums, mögen alsdann hinlänglich von Smith angegeben worden sein.

Laßt uns demnach untersuchen: in wie fern ist es in Wahrheit begründet, was Smith oft behauptet, daß der Einzelne, indem er seinem Vorteile nachjage, den Vorteil des Ganzen notwendig befördern müsse, weil, wie er hinzusetzt, jeder am besten ausmitteln werde, auf welche Weise er seinen Vorteil am sichersten erreichen könne, da nun aber das Ganze aus allen Einzelnen bestehe, die Wahrheit des Satzes von selbst einleuchte.

Laßt uns untersuchen, in wie fern diese Maxime gegründet ist, und wenn sich das Irrige derselben zeigen sollte, in wie fern die oberste Staatsgewalt gewisse Maßregeln ergreifen könne, um den aus diesem einzelnen Streben entstehenden nachteiligen Wirkungen abzuhelfen?

Allerdings kann man im Allgemeinen mit dem Grundsatze einverstanden sein, daß, wenn einmal Privat-Eigentum eingeführt ist, die freie Erwerbung und die freie Anwendung von Fleiß und Kapital im Ganzen dem Gedeihen des Wohlstandes einer Nation am zuträglichsten sein werde. Es ist sehr gewiß, daß eine Regierung, welche diese Anwendung nach ihrem Ermessen im Einzelnen vorteilhafter zu leiten gedenkt, als die Privaten es vermögen, die direkt oder indirekt jenen oder diesen Zweig der Industrie emporbringen will, weil sie das, was dem Einzelnen frommt, am besten einzusehen vorgibt, es ist sehr gewiß, daß dies Verfahren einer Regierung, der Regel nach, von verderblichen Folgen begleitet sein wird. Allein es treten auch Fälle ein, wo es der obersten Gewalt Pflicht wird, jene unbedingte Freiheit in der Erwerbung und der Verwendung des Erworbenen zu begrenzen, und wo sie dies auch mit Glück zu leisten vermag. Die Passion der Regierungen, alles zu leiten und zu regulieren, ist freilich oft höchst verderblich dem Volke geworden, sie hat bei den besten Gesinnungen der Regenten die verderblichsten Maßregeln hervorgebracht: allein die unbedingte Freiheit würde fürwahr auch nicht ohne manche nachteilige Folgen sein.

Der Satz, daß jeder, indem er seinem Vorteile nachjage, den Vorteil des Ganzen befördern müsse, ist offenbar irrig, er ist es zum Teil selbst zu Folge der vortrefflichen Analyse, welche Smith von den Elementen des National-Reichtums, und namentlich z. B. vom Kapitale gegeben hat. Er hat es ganz siegreich dargetan, daß der Kapitalist, indem er nur nach höheren zu machenden Gewinsten strebe, nicht nur um die Fortschritte des Volks zum National-Reichtume wenig bekümmert, vielmehr in den meisten Fällen geradezu damit im Widerstreit sei. Wenn es wahr ist, daß die Kapitalisten, bei dem zunehmenden Reichtume einer Nation, wenn die Möglichkeit der vorteilhaften Anwendung ihrer Kapitale nicht auf gleiche Weise zunimmt, an ihren Gewinsten einbüßen, während die von ihnen zu machenden Gewinste, bei dem sinkenden Wohlstande der Nation, steigen – eine Wahrheit die unbezweifelt ist – wie steht es alsdann mit der Wahrheit jenes Satzes: daß der Vorteil des Ganzen mit dem Streben der Einzelnen nach ihrem Vorteile zusammen falle?

Ferner: während der Produzent oder der Besitzer eines Guts, der es verkaufen will, nur dahin sein Bestreben richtet, daß er zu dem höchst möglichen Preise dieses Gut verkaufe oder es darin erhalte; so ist das Bestreben aller Konsumenten gerade diesem entgegengesetzt. Wenn aus dem wechselseitigen Bestreben beider Teile zwar der Vorteil erwächst, daß die Güter der Regel nach um ihren ursprünglichen Preis werden verkauft werden, wie man gern zugibt, so ist doch einmal hieraus klar genug, wie wenig das Streben jedes Einzelnen für sich nach eigenem Vorteile, mit dem Vorteile aller zusammen fallen müsse, und es ist damit noch gar nicht erwiesen, daß in allen Fällen dies nachteilige Streben der Einzelnen durch das Widerstreben anderer unschädlich gemacht werden könne. Dies aber hätte vor allem andern gezeigt werden müssen, und dies ist es auch, was Smith eigentlich unter jenem Ausdruck versteht. Allein es ist nicht von ihm erhärtet worden, und kann nie erwiesen werden, daß dies *immer* der Fall sein müsse.

Wenn z. B. das Bestreben der Kaufleute unter andern dahin geht, das Markt für ihre Waren nach Möglichkeit auszudehnen, und wenn man gern zugibt, daß dies in vielen, ja in den meisten Fällen unserm Volke im Ganzen zuträglich sein werde, so ist es dies doch keineswegs in allen. Einzelne werden dadurch nicht nur fast immer leiden, sondern die meisten, ja alle übrige werden selbst dadurch einbüßen können. Bei der Zerstückelung Europa's in mehrere, verschiedene Staaten, von verschiedenem Reichtume, wo die Güter, teils wegen der verschiedenen, ursprünglichen Kosten, teils aus anderen Gründen verschiedenartige Preise haben, kann es allerdings der Vorteil unserer, den auswärtigen Handel betreibenden Kaufleute sein, die unentbehrlichsten Bedürfnisse des Lebens, namentlich etwa das Getreide bei uns aufzukaufen und zu ihrem eigenen Vorteile ins Ausland zu führen, dadurch aber in unserm Vaterlande nicht nur Teurung, sondern sogar Hungersnot zu veranlassen.

Wenn die Preise in dem fremden Lande sehr hoch stehen, wenn durch die Lage des unsrigen an Kanälen, Strömen und Meeren die Kosten des Transports sehr erleichtert werden, so ist es unbegreiflich, wie man immer die auf den ersten Anblick falsche Behauptung wiederholen kann, daß es nie der Vorteil unserer Kaufleute sein könne, eben wegen der größeren Kosten des Transports, unser Land vom Getreide bis zum Mangel zu entblößen. Es hängt lediglich von den höheren Preisen ab, welche das fremde Volk zu zahlen geneigt ist und geben kann, von seiner wirksamen Nachfrage, von seinem größern Vermögen, in wie fern das eine, oder das andere statt finden werde.

Es ist nicht minder gewiß, daß, in unserm Staate, bei einer gänzlich unbedingten Freiheit der Verwendung von Kapital und Fleiß, es allerdings geschehen kann und wirklich oft geschieht, daß die größeren Kapitalisten, welche gleiche Gewerbe mit den kleineren betreiben, diese gänzlich aus dem Felde schlagen und von der Konkurrenz mit ihnen vertreiben können. Das Streben der größeren Kapitalisten ist demnach in einem Widerspruche mit dem der Kleineren, und wenn man zwar zugestehen muß, daß durch dies Bestreben der größeren und reicheren Kapitalisten die Güter zu wohlfeileren Preisen, durch bekannte, ihnen zu Gebote stehende Hülfsmittel werden erhalten werden können und somit das Ganze dabei gewinnen werde; so kann es doch Fälle in kleinen Ländern geben, wo große Kapitalisten alle Gewerbe gleichsam despotisch beherrschen, und, indem sie sich mit einander leicht verstehen, zum Verderben aller wirken können. Es können Fälle der Art selbst in großen Ländern eintreten, wo dergleichen in einzelnen Teilen statt findet.

Wenn es wahr ist, was von einigen behauptet, von andern geleugnet wird, daß die Bedienten der Englisch-Ostindischen Compagnie die bekannte und schreckliche Hungersnot in Bengalen veranlaßten, so ist dies Beweises genug; wenn aber dieses Faktum auch nicht begründet wäre, und wenn man mit Recht hier einwenden wollte, daß dies die Folge zum Teil von einer monopolisierenden Handels-Compagnie gewesen sei: so würde doch die Möglichkeit immerhin nicht in Anspruch genommen werden können, nicht nur daß freie, vereinte Compagnien, sondern daß einzelne große Kapitalisten, die sich mit einander verständen, wenn gleich nicht gleich große, dennoch ähnliche verderbliche Wirkungen würden hervorbringen können.

In Bezug auf den Besitz, die Benutzung und die Erwerbung vom liegenden Grund und Boden eine *durchaus* unbedingte Freiheit zuzugestehen, scheint um so mehr verderblich, da hier nicht wie bei dem beweglichen Eigentum und dessen Erwerbung und Verwendung die großen Teils so heilsame Konkurrenz immer statt finden kann, vollends wenn einzelne Wenige einmal in den Besitz des größten Teils des Grundes und Bodens sich gesetzt haben. Es ist dies eine geschlossene Fläche, die nicht beliebig, wie das bewegliche Eigentum, vermehrt werden kann. Sind nun einzelne Wenige einmal im Besitz desselben, so können sie auch, als Monopolisten, da alle Substanzen zur Erhaltung, zur Industrie, zum Handel von ihnen zu nehmen sind, gleichsam alle zu ihren Sklaven machen, sie können, indem sie bloß ihren Privat-Vorteil verfolgen, eine Benutzung des Bodens vorziehen, die dem Interesse aller übrigen widerstreitet.

Endlich aber kann der Fall eintreten, daß das Interesse

des Ganzen das Betreiben gewisser Gewerbe, oder die Benutzung eines Bodens fordert, während die Privaten bei ihrem Privat-Unternehmen deshalb noch nicht hinlänglich entschädigt werden, so wie auch nach Adam Smith dies bei gewissen öffentlichen Anlagen der Fall ist.

Jene Behauptung also, daß jeder, indem er seinem Privat-Vorteile nachjage, den Vorteil des Ganzen notwendig befördern müsse, und daß dies Streben der Einzelnen in *allen* Fällen hinreichend sei, um den Nationalwohlstand zur größt möglichsten Vollkommenheit zu bringen, ist wahrhaft durchaus unhaltbar.

Ein anderer Satz dieses freiern Systems lautet so: daß es an Vermessenheit grenze, wenn die Regierung, durch direkte oder indirekte Mittel, sich anmaße, dem Kapital und Fleiß der Einzelnen eine bessere Richtung zu geben, als sie selbst für sich, zu ihrem eigenen Vorteile, auszufinden vermögen. Alle direkte oder indirekte Vorschriften von Seiten der Regierung zur geschicktern Anwendung von Fleiß und Kapital sind, nach dieser Behauptung, verwerflich. In der Tat ist dieser Satz, wenn er anders das sagen soll, daß der Einzelne, der Regel nach, es am besten verstehen werde, wie er, unter den gegebenen Umständen, seinen Fleiß und sein Kapital am vorteilhaftesten verwenden könne, sehr in der Wahrheit gegründet, er schließt aber keineswegs den ersten in sich.

Welcher mächtigere Hebel, als eben dies Privat-Interesse, kann, wenn einmal das Privat-Eigentum eingeführt ist, gedacht werden? Von wie viel tausend Umständen hängt es ab, ob Arbeit und Kapital so oder anders benutzt, dem oder jenem die größten Vorteile gewähren werden? Allerdings ist der Wechsel hier zum Teil so mannigfaltig, die Bedingungen, auf welche Rücksicht zu nehmen ist, sind so vielfach, und so unendlich, daß nur der Privatmann mit all seiner Aufmerksamkeit diese mit Glück zu verfolgen im Stande ist.

Freilich können und werden die Unternehmungen Einzelner von Zeit zu Zeit mißlingen, der Erfolg wird den Berechnungen nicht immer entsprechen, manches wird versucht werden müssen, um der Konkurrenz der Fremden, der

Einheimischen mit Glück zu begegnen. Alle Künsteleien des merkantilischen Systems sind gewiß dann verwerflich, wenn die Regierung sich diesem zu Folge anmaßt, bei solchem unendlichen Wechsel, es besser als die Einzelnen zu beurteilen, wie sie ihre Kräfte zum eigenen Nutzen am vorteilhaftesten anwenden können. Alle diese Künsteleien bewirken nur, daß Kapital und Fleiß auf andere Gegenstände verwendet werden, von denen es durchaus ungewiß ist, in wie fern dadurch ein größerer Vorteil nicht nur dem Einzelnen, sondern Vielen, ja Allen und auf die Dauer erwachsen werde.

Die Verbreitung der Kenntnisse aller Art mag die Regierung bewirken, den Fleiß ermuntern, belohnen, Schutz, Sicherheit, möglichste Freiheit der Anwendung von Fleiß und Kapital verstatten, die ersten Versuche in neuen Zweigen der Industrie, deren Gelingen immer ungewiß ist, eine Zeitlang von Abgaben befreien, durch Patente, oder Monopole auf kurze Zeit von einigen Jahren, diesen neuen Versuchen oder Erfindungen eine Belohnung zusichern, durch die vollkommensten Mittel der Kommunikation auf das Zunehmen der Betriebsamkeit wirken, die nötige Konkurrenz erhalten, übrigens aber unbesorgt den Einzelnen es überlassen, auf welche Weise sie ihre Vorteile am besten werden erhalten können.

So wahr dies alles ist, so schließt dies doch gar nicht die Befugnis und die Pflicht der Regierung aus, da, wo das Streben der Einzelnen nach Wohlstand, nach eigenem Vorteile allen Übrigen oder den meisten Anderen nachteilig wird, diesem bestimmt entgegen zu wirken, wenn diesen Gebrechen nicht durch das freie Streben, oder die Konkurrenz anderer abgeholfen werden kann. Dergleichen Fälle können aber, wie bereits erwähnt worden, unbezweifelt eintreten, und es ist auch möglich, daß die oberste Gewalt dem Streben der Einzelnen nach eigenem Vorteile, welches allen oder den meisten nachteilig wird, entgegen wirke, ohne die zur Belebung der Industrie nötige Freiheit zu sehr zu beschränken. Es mag zwar immerhin sehr wahr sein, daß es unendlich schwer ist, diese Fälle stets mit Sicherheit auszumitteln; es mag mit noch mehr Schwierigkeiten verbunden sein, den daraus entstehenden Gebrechen wirklich abzuhelfen; es mag sehr oft geschehen, daß die Regierung, den Vorteil Einzelner, der Andere drückt, – ein Fall, der, wenn einmal Privat-Eigentum vorhanden ist, nur zu oft eintritt, und gar nicht vermieden werden kann – als etwas fürs Ganze, für alle Übrigen, für die Meisten verderblich ansieht, und indem sie Mittel zur Hülfe der Einen ergreift hinwieder Andere vielmehr drückt; es mag sein, daß selbst in dem Falle, wo es erwiesen ist, daß Einzelne wenige auf Kosten aller ihren Vorteil einseitig erreichen, die Mittel dennoch, welche die Regierung dagegen ergreift, nichts fruchten, vielmehr wieder andere und größere Gebrechen veranlassen: allein es ist hier nur erst von der Befugnis, welche der Regierung zugestanden wird, um die Mittel dawider zu ergreifen, die Rede, diese kann und darf nicht bezweifelt werden. Es wird später zu untersuchen sein, wann die Fälle eintreten, welche Mittel dagegen zu Gebote stehen, in so fern dies im Allgemeinen angegeben werden kann, da die einzelnen Modifikationen, unter welchen die Länder sich, nach ihrer besondern Lage, befinden, so unendlich verschieden sind. Hier ist es zunächst nur um die Befugnis für die oberste Gewalt, und um den Grundsatz zu tun, daß dem Streben der Einzelnen nach einseitigem Vorteile bestimmt entgegen gewirkt werde, wenn jenes Streben Allen oder den meisten übrigen nachteilig wird, und wenn diesem Übel, durch die gleiche Freiheit, die anderen zusteht, nicht abgeholfen werden kann.

Der dritte Satz dieses freiern Systems besteht darin: daß die freieste Konkurrenz zwischen Allen empfohlen wird. Dieser Satz läßt sich im Allgemeinen gar wohl verteidigen, ja als das beste allgemeine, oder eines der vorzüglichsten Hülfsmittel empfehlen, um eben den Gebrechen vorzubeugen, die daraus entstehen, daß das Bestreben Einzelner, nach ihrem Privat-Vorteile, mit dem vieler anderen, der meisten, aller übrigen, oder mit dem National-Reichtume im Widerstreite sein kann.

Wenn durch diese freie Konkurrenz alle Monopole hinwegfallen, so können auch keine monopolistischen Preise der Güter behauptet werden, es werden sich die Produzenten, die Verkäufer mit den möglichst niedrigsten Preisen begnügen müssen. Fallen die Gewinste zu spärlich bei dem einen Gewerbe verglichen mit anderen; so werden mehrere ihren Fleiß und ihr Kapital diesem entziehen und einem andern zuwenden, wo unverhältnismäßig größere Gewinste statt fanden und diese herabbringen, damit aber auch die Preise dieser Güter erniedrigen. Der Konsument wird sich, wo nicht immer, doch der Regel nach, am besten bei dieser freiesten Konkurrenz befinden. Es wird durch sie ein Wetteifer rege erhalten, der allgemein zuträglich ist, ein Wetteifer, der mehr, als alle Belohnung, alle Ermunterung von Seiten der obersten Gewalt helfen wird, um die größte Tätigkeit, das höchste Aufblühen der National-Industrie zu erhalten.

Der Übermacht einzelner großen Kapitalisten und anderen Eigentümern aber, die eben mit Hülfe ihres überwiegend größern Kapitals und Besitzes die kleineren Eigentümer drücken und unterdrücken können, wird durch diese Konkurrenz wenigstens großen Teils begegnet, ihr Übergewicht wird dadurch einiger Maßen in Schranken gehalten werden können, indem, wenn die großen Eigentümer zu große Gewinste machen, und das Produkt ihres Fleißes, ihres Kapitals, ihres Bodens in monopolistischen Preisen erhalten wollen, die freie Konkurrenz anderer großen Eigentümer, oder die Konkurrenz der kleinern Kapitalisten und Grundeigentümer sie zwingen wird, von diesen höchsten Gewinsten herabzusteigen, und mit den üblichen sich zu begnügen. Es ist vor einigen Jahren in Hamburg bemerkt worden, daß, als die Gewinste im Handel, veranlaßt durch die damals einzige Lage von Europa, so ungeheuer stiegen, eine Menge kleiner Kapitalisten in den Handel zu ihrem eigenen und zum Vorteile aller Konsumenten sich einließen, und die ungeheueren und unnatürlichen Gewinste herabbringen halfen. Es geschah aber auch, daß diese kleineren Kapitalisten, als jene Lage sich änderte, und als sie zum Teil sorglos und leichtsinnig, gleichsam, als würden jene Konjunkturen ewig dauern, sich in zu große Geschäfte, in größere, als ihre Kräfte erlaubten, einließen und sich allzugroßen Verschwendungen ergaben, daß sie bei den fallenden Gewinsten der unter großen Prozenten angeliehenen Kapitalien, zum Teil durch Wechselreiterei, nun gar nicht mehr bestehen konnten, und somit die notwendige Folge der bekannten Bankerotte alsdann eintrat. Ähnliche Erscheinungen, von geringerer Ausdehnung, bieten sich jedem an, der die um ihn her betriebenen Gewerbe, mit einiger Aufmerksamkeit, verfolgt.

Bei allen diesen Vorteilen einer freien Konkurrenz ist gleichwohl auch sehr gewiß, daß sie von anderen Seiten mit nachteiligen Folgen begleitet sein kann. Die Konkurrenten nämlich können und werden sich unter einander Abbruch tun, und in diesem Kampfe werden mehrere, besonders die minder wohlhabenden, oder minder geschickten zu Grunde gehen; niedrige Gesinnung, Neid, Eifersucht, das Bemühen, die Mitkonkurrenten durch unerlaubte Mittel zu schlagen, werden entstehen, oder dadurch vermehrt werden. Es ist nicht zu leugnen, daß, bei der verstatteten freiesten Konkurrenz, Einzelne, ganze Klassen, Städte und Länder zu Grunde gehen können, oder einbüßen, je nachdem man diese freie Mitwerbung unter allen Teilen der mit einander in Verkehr stehenden Völker, in einzelnen Ländern, unter den Gewerbtreibenden der einzelnen Orte, und in den besonderen Gewerben annimmt. Es bedarf kaum Beispiele. Italiens Städte empfanden den neuen Weg nach Ostindien nachteilig genug, und die Hanse war verloren als England, die Niederlande und andere Völker sich ihrer Handelszweige bemächtigten. Das gänzliche Versinken mehrerer Deutschen Städte, die immer mehr in Ruinen verfallen, das Versinken so mancher ehemals blühenden Gewerbe, und die fruchtlosen Versuche, diesem Elende abzuhelfen, sind Beweises genug.

Es ist wahr, daß durch den häufigen Wechsel, wie man Fleiß und Kapital am vorteilhaftesten anwenden könne, manche Nachteile unvermeidlich sind. Es ist wahr, daß bei dieser freiesten Konkurrenz die Kunden, die Käufer, die Konsumenten selbst oft betrogen werden können, indem nämlich der innere gute Gehalt der Güter keineswegs immer auf den äußern ersten Anblick zu erkennen steht, und daß demnach die Produzenten oder Kaufleute auf Betrug mehr ausgehen, und den äußern guten Schein ihrer Waren vorzüglich nur beendzwecken werden.

Hierbei ist aber nicht zu vergessen, daß ein Teil dieser Gebrechen unabwendbar mit der Einführung eines Privat- und Erbeigentums überhaupt verbunden ist. Die Betrügereien von Seiten der Produzenten und Kaufleute bei den Völkern, wo Zünfte, geschlossene Zünfte, privilegierte und monopolisierende Handels-Compagnien sich finden, sind so groß, daß man dreist zu Folge der Geschichte so gar behaupten kann, daß sie noch weit größer, als bei der freien Konkurrenz, sind, und daß noch weit andere, größere Übel hinzukommen, wie z. B. die Lähmung aller Tätigkeit, alles Wetteifers.

Die Klagen der Abnehmer der Güter, welche die Hanseaten verhandelten, als sie das Monopol über einen großen Teil von Europa behaupteten, haben nie aufgehört, die Klagen über alle die, welche z. B. Kolonien monopolienweise versorgten, sind nur zu bekannt. Wenn die freieste Konkurrenz in dieser Beziehung nicht ohne alle Nachteile ist, so sind doch gewiß, bei einem beschränkenden Systeme, die Gebrechen noch viel größer. Bestellte Schauämter und ähnliche Institute sind den Bestechungen unterworfen gewesen und haben immerhin wenig geholfen. Die Treue und Güte der einzelnen Kaufleute und Produzenten, so wie die Vortrefflichkeit ihrer Güter, wird die Zeit am besten bewähren, ihren guten Namen und die Solidität der von diesen zu nehmenden Güter begründen. Es werden ohnehin gute, mittlere und schlechte Waren, nach dem verschiedenen Bedürfnisse der Konsumenten, begehrt. Von der Tätigkeit der Polizei in anderen Rücksichten ist hier noch nicht die Rede.

Der häufige Wechsel in den Gewerben, im Absatz der

gewonnenen Produkte und der Nachfrage nach ihnen, Veränderungen in den Handelswegen, schlagen freilich Einzelne, ganze Klassen, Örter und Länder. Von dem Handelsverhältnisse zwischen den verschiedenen Völkern hier noch ganz abgesehen – wovon nachher – so ist solcher Wechsel, und es sind die damit verbundenen Nachteile immer gewesen, damals, als eine so freie Konkurrenz noch gar nicht in der Welt existierte, so gut als jetzt. Der Wechsel mag in unseren Tagen häufiger sein, als ehemals, denn es herrscht im Ganzen eine freiere Konkurrenz; aber die Geschichte spricht zu laut davon, daß er vordem auch existierte. Bei einem Volke, das nicht, wie die Europäer, mannigfaltigen Veränderungen der Mode und des Geschmacks unterworfen ist, wie z. B. bei den orientalischen Völkern, kann dieser Wechsel nicht so häufig sein; Produktion und Absatz bleiben zu einander mehr in gleichen Verhältnissen. Allein es ist auch nicht minder klar, daß eben dieser Wechsel nicht allein durch die verstattete freie Konkurrenz veranlaßt wird. Die Einführung des Privat-Eigentums, der gemeinen freien Arbeiter, der wechselnde Geschmack, die Mode, der ausgebreitetere Verkehr, die neuen, nach fremden Weltteilen erweiterten Märkte, veranlassen mehr noch, als die freie Konkurrenz an sich, solche Veränderungen, ob man schon dieser nicht allen Einfluß darauf absprechen will noch kann. Die Nachteile dieses häufigen Wechsels aber, werden indes auch zum Teil wieder vergütet durch andere Hülfen, welche eben diese freie Konkurrenz darbietet, und die in einem zwangvollen Zustande nicht so statt finden können.

Der leichtere Übergang, von dem einen Gewerbe zu einem andern, ist, bei freier Konkurrenz, eine Hülfe, die sonst durchaus fehlen muß. Dieser Übergang ist zwar nicht ohne Nachteile weder für das Ganze, noch für die Einzelnen, er ist bald mehr, bald weniger erschwert. Allein was sollen die, welche sich mit Gewerben beschäftigen, nach deren Produkt keine, oder eine geringe Nachfrage ist, weiter beginnen, wenn ihnen durch bekannte Anstalten das Übergehen zu anderen, zu vielen, zu den meisten Gewerben, durch Zwangs-Statute untersagt ist? Und wenn die Nachfrage, der Geschmack, das Bedürfnis nach anderen Produkten steigt, wer wird dem, der diese bedarf, helfen können, daß er nicht zu monopolistischen Preisen sie zu kaufen genötigt werde, wenn die Zahl derer, die sich mit ihrer Produktion abgeben, fixiert ist?

Der Wechsel von Absatz und Nachfrage ist so mannigfaltig, daß ihn zu bestimmen, und darnach die Produktion einzurichten, und den Mittelpreis zu fixieren, die Kräfte der erleuchtetesten Regierung übersteigen muß.

Der Übergang von einem gewohnten Geschäfte zu einem andern, der notwendige Übergang, weil jenes nicht mehr die nötigen Gewinste abwirft, wird nicht allen gleich leicht sein, da bald ein neues Kapital, andere Fertigkeiten und Kenntnisse zu Betreibung des neuen Gewerbes erforderlich sind. Für manche wird dieser Übergang ganz unmöglich, ganz untunlich sein, sie werden zu Grunde gehen; und es wird notwendig für diese gesorgt werden müssen. Von ihrer Unterstützung wird nachher die Rede sein.

Gibt man nun zu, daß die Einzelnen, unter den gegebenen Umständen, am besten werden beurteilen können, in wie ferne sie so oder anders am gewissesten ihren eigenen Vorteil werden erreichen können, gibt man zu, daß die freieste Konkurrenz einen bedeutenden Teil der Nachteile wieder aufhebt, welche daraus entstehen, daß die Einzelnen bloß ihrem Privat-Vorteile nachstreben, und kann anderen damit verbundenen Gebrechen auf andere Weise abgeholfen werden: so bleibt doch nicht weniger gewiß, daß die oberste Gewalt das Recht und die Pflicht habe, das unbedingt freie Bestreben der Einzelnen nach ihrem Vorteile einzuschränken, wenn daraus der Nachteil Aller, oder der Meisten entstehen kann, und wenn diesem nachteiligen Streben nach einseitigem Vorteile, nicht durch das Streben anderer nach dem ihrigen abgeholfen werden kann. Es wird notwendig sein, daß die Regierung durch Palliative auf kurze Zeit oft eingreife, weil zwar auf die Dauer, so gut als immer, dies Streben und Widerstreben der Einzelnen diesen Zweck wird erreichen lassen, aber bis daß dies gelinge – und es kann oft lange dauern, bevor dies geschieht – eine bestimmte Hülfe erfordert wird.

Es ist aber freilich unendlich viel schwerer zu sagen: sowohl wann diese Fälle eintreten, als auch was für Mittel dagegen ergriffen werden können und sollen, welche von Wirksamkeit sein werden, damit das geringere Übel nicht durch ein größeres noch vermehrt werde.

ALBRECHT THAER
ÖKONOMIE
ODER DIE LEHRE VON DEN VERHÄLTNISSEN, VON DER EINRICHTUNG UND DIREKTION DER WIRTSCHAFT
1809

Das Wort *Ökonomie* ist in sehr mannigfaltigem und, zuletzt von den Deutschen, in sehr unrichtigem Sinne gebraucht worden. Seiner Etymologie und ursprünglichen Bedeutung nach verstanden die Griechen die Einrichtung und Leitung des Haus- und Familienwesens darunter, also freilich dasselbe, was wir *Haushaltung* nennen. *Xenophon* in seinem Buche über die Ökonomie handelt darin von den häuslichen Verhältnissen, den Pflichten der Hausgenossen gegen einander, sagt aber nur beiläufig etwas vom Feldbaue, in sofern er auf den Hausstand Bezug hat. Er und andere Griechen gebrauchten dieses Wort sonst nie vom Ackerbau, sondern bedienten sich der Wörter *Georgia* oder *Geoponia* von demselben. Die Römer nahmen jenes Wort in einer weitläuftigern und sehr verschiedenen Bedeutung. Sie verstanden nämlich darunter die Wahrnehmung der richtigsten Verhältnisse zur Ereichung des Zwecks einer jeden Sache, die Disposition, den Plan, die Einteilung eines jeden Werkes. Cicero sagt: oeconomia causae, oeconomia orationis, und versteht darunter die Leitung einer Rechtssache, die Disposition einer Rede, in welchem Verstande es denn auch wieder einige neue deutsche Schriftsteller genommen haben, die von der Ökonomie eines Schauspiels, eines Gedichtes reden. In jenem Sinne der Römer ist das Wort auch von den Schriftstellern aller andern Nationen genommen worden, und sie verstehen darunter bloß das Verhältnis der einzelnen Teile unter sich und zum Ganzen, dasselbe, was wir auch

Organisation zu nennen pflegen, und das Wort erhält nur durch seinen Bezug auf einen andern Gegenstand einen realen Sinn. So spricht man von der Ökonomie der Natur, des tierischen Körpers, des Staats, und allerdings auch eines Gewerbes; wo aber dieses genannt werden muß, wenn es sich nicht aus dem Zusammenhange von selbst versteht. Wenn die landwirtschaftliche Einrichtung darunter verstanden werden soll, so sagt der Franzose: économie rurale, der Engländer: rural economy, jedoch verstehen diese nie die wirkliche Ausführung, den eigentlichen Akt des Ackerbaues, sondern nur die Einteilung und die Verhältnisse der Landwirtschaft darunter. Nur in denen Zeiten, wo man in Deutschland die Würde jeder Lehre durch ein lateinisches oder griechisches Wort zu heben glaubte, und sich deren besonders zu dem Ende auf Büchertiteln bediente, haben einige Schriftsteller nicht nur die Lehre vom Ackerbau, sondern auch den Ackerbau selbst *Ökonomie* zu nennen angefangen, und das Wort ist von manchen ausschließlich in diesem Sinne gebraucht worden. So hat *Benekendorf* sein weitschweifiges Werk, oeconomia forensis betitelt, nach welchem Titel man ein Werk über die Einrichtung der Rechtspflege und Gerichtshöfe erwarten sollte. Darnach haben sich dann auch die, welche den Ackerbau etwas ausgedehnter und kunstmäßiger zu betreiben vermeinen, *Ökonomen* genannt, und endlich nennt sich jeder, der die Pflugtreiber zu treiben angestellt ist, also, obwohl er von den richtigen Verhältnissen der Wirtschaft auch nicht den mindesten Begriff hat.

Allein das Wort ist noch in einem andern, ihm eben so fremden Sinne genommen worden. Weil es nämlich das Wesentliche einer guten Ökonomie ist, den Zweck einer jeden Sache mit dem möglichst mindesten Aufwande zu erreichen; so hat man die Sparsamkeit erst im Allgemeinen, dann die mit Gelde darunter verstanden, und nennt sogar wohl den Geiz, wenn er auch seines Zweckes ganz verfehlt, Ökonomie, und deshalb denjenigen zuweilen einen guten Ökonomen, der nichts an seine Wirtschaft wendet, sondern solche erschöpft.

Auch nannte man die Besorgung der Einnahmen und Ausgaben Ökonomie, und den, dem dieses besonders von geistlichen Korporationen aufgetragen war, den *Ökonomen*.

Wir gehen zu der lateinischen Bedeutung des Worts zurück, und verstehen unter *Ökonomie*, in Bezug auf die Lehre von der Landwirtschaft, die Lehre von den zweckmäßigsten Verhältnissen und von der Leitung und Anwendung derer Kräfte, durch welche die Produktion hauptsächlich hervorgebracht wird, und daher handelt dieses Hauptstück von der Anstellung, Erhaltung und Leitung der arbeitenden Kräfte; von den Verhältnissen des Viehstandes, oder vielmehr der Futterung und der Düngung zum Ackerbau; von denen darauf gegründeten Feldeinteilungen oder Wirtschaftssystemen in Rücksicht auf die nach jeder Lokalität möglich vollkommenste Erreichung des Zwecks dieses Gewerbes: des möglich höchsten nachhaltigen reinen Ertrages aus dem Ganzen der Wirtschaft. Endlich von der Direktion der Wirtschaft und ihrer Darstellung in Büchern und Rechnungen.

DIE ARBEIT IM ALLGEMEINEN

§. 135.

Die Arbeit ist es, wodurch der Mensch Alles gewinnt oder gewonnen hat, was er genießt. Was Grund und Boden ohne Arbeit gibt, ist äußerst wenig, und kann nur bei dem Nomaden-Leben in Betracht kommen. Alle Lebensmittel, alle Genüsse, allen Wohlstand und Reichtum, selbst das zur Bewirkung der Arbeit notwendige Kapital verdanken wir ihr. Durch die Quantität und Qualität der auf eine Sache verwandten Arbeit wird ihr Wert oder ihr natürlicher Preis bestimmt.

§. 136.

Jedoch erfordert jede Arbeit ein Material, woran sie ausgeübt wird. Dies Material gibt die Natur der Ackerarbeit im Grund und Boden, und aus dem durch die Arbeit aus dem

Grund und Boden hervorgebrachten Produkte wird das Material für die Verwendung jeder andern Arbeit geliefert.

§. 137.

Es ist also wohl nicht ganz und unbedingt richtig, wenn man in der neuern Metapolitik alles Vermögen und Einkommen der Nation einzig und allein aus der Arbeit ableitet. Der Grund und Boden hat einen beträchtlichen Anteil daran. Auf der andern Seite gehen aber die zu weit, welche den Grund und Boden als die alleinige Quelle des Einkommens betrachten.

Eine Nation, die einen sehr fruchtbaren Grund und Boden bewohnt, würde sich weit leichter zu einem hohen Wohlstande emporheben können, wie eine andere. Aber oft ist die Fruchtbarkeit des Bodens und des Klima wohl die Ursach gewesen, daß sie es nicht wollte.

§. 138.

Ohne Arbeit trägt der Boden nichts, und durch die Arbeit erhält er erst seinen Wert. In der Kindheit der Nationen nahm daher jeder seinen Boden, den er bearbeiten wollte, umsonst, weil noch zu wenig arbeitende Kräfte vorhanden waren. Wie man den Wert erkannte, den er durch die Arbeit zu erhalten fähig war, eignete sich der Gewalthabende denselben zu, und setzte einen Preis darauf. Dieser war sehr geringe, so lange es an Arbeit und an der Kunst, solche zweckmäßig zu verwenden, fehlte. So wie beides sich vermehrte, stieg der Preis des Grund und Bodens, mit demselben aber auch der Preis der Arbeit und folglich der Preis des aus beiden hervorgehenden Produktes.

§. 139.

Daher ist in kultivierten und bevölkerten Ländern ein im Durchschnitt der Jahre feststehendes Verhältnis oder Gleichgewicht zwischen dem Preise des Grund und Bodens, der Arbeit und der Produkte entstanden, welches, wenn es durch Zufälligkeiten gestört wird, sich doch bald wieder herstellt.

§. 140.

Indessen ist dieses Verhältnis nicht allenthalben gleich, sondern richtet sich nach der Quantität und Qualität des Bodens, gegen die der arbeitenden Kräfte, der Kunstkenntnisse und des dem Ackerbau gewidmeten Betriebskapitals. Der Grund und Boden ist wohlfeil, wo es an arbeitenden Kräften, an Kunstkenntnissen und Kapitale fehlt, und der Preis der letztern steht daselbst hoch gegen den des ersten. Wenn hingegen in einem bevölkerten Staate sich die arbeitenden Kräfte, die Kenntnisse und das zu ihrer Herbeischaffung und Vorausbezahlung nötige Kapital vermehrt haben, so steigt der Wert des Grund und Bodens im Verhältnis gegen jene.

§. 141.

Dies Verhältnis des Arbeitspreises gegen den Preis des Grund und Bodens trägt zur Begründung der verschiedenen Ackersysteme vieles bei. Man kann diese in ihren Extremen die extensiven und die intensiven nennen.

Wo nämlich der Boden wohlfeil, die Arbeit aber teuer ist, da wird man eine gewisse Masse von Produkten auf einer großen Fläche, aber mit möglichst geringer Arbeit hervorzubringen suchen müssen. Wo dagegen der Preis des Bodens hoch ist, Arbeit aber in genugsamer Menge und zu billigem Preise sich darbietet, da wird man auf einer geringen Ackerfläche denselben Wert an Produkten – wie dies wohl immer möglich ist – durch verstärkte Anwendung der Arbeit zu erzielen suchen.

Es gibt Gegenden in Amerika, wo man einen Acker guten Bodens mit dem Preise einer Tagesarbeit erkauft. In Belgien, in England und einigen Distrikten Italiens kann man dieselbe Fläche kaum in jähriger Pacht für den Preis von 80 Tagearbeiten erhalten.

§. 142.

Wer mit einem bestimmten Kapitale den Ackerbau betreiben will, wird im ersten Falle eine sehr große Fläche Landes zu kaufen haben, wenn er auch nur wenig zum Betriebe der Arbeit übrig behielte. Er muß *extensive* Wirtschaft mit möglich geringster Arbeitverwendung betreiben. Im zweiten Falle aber muß er eine kleine Fläche kaufen, nicht nur weil der Acker teurer ist, sondern auch weil er ein größeres Kapital zur Bezahlung der mehrern zu verwendenden Arbeit übrig behalten muß. In jenem Falle werden oft Güter gekauft, wo allein die Fronden zu den notwendigsten Arbeiten zureichen, und wo daher, wenn das Inventarium einmal vorhanden ist, nur ein unbedeutender barer Vorschuß zum Wirtschaftsbetriebe nötig ist.

Je wohlfeiler das Land ist, um so weniger werden Verbesserungsarbeiten ratsam sein. Wo man den Acker Landes um 15 Rthlr. kaufen kann, und davon 2 Rthlr. reinen Ertrag hat, würde es vielleicht unvorteilhaft sein, 15 Rthlr. Verbesserungskosten, z. B. durch Mergeln, daran zu wenden, wenn er gleich darnach den doppelten Ertrag gäbe, weil man für diese Kosten noch *einen* Acker kaufen könnte, der sich eben so stark verzinsete, wie die auf jenen verwandten Verbesserungskosten.

Ich sage *vielleicht*, denn es gibt dennoch viele Verhältnisse, wo es vorteilhafter sein würde, einen im Besitz habenden Acker oder Gut mit denselben Kosten zu verbessern, wofür man ein anderes kaufen könnte.

§. 143.

Wenn der Acker teuer ist, werden auch die Produkte dadurch etwas verteuert, jedoch oft nur in geringem Verhältnisse. Aber nicht immer ist der Acker teuer, wenn gleich die Produkte es sind, weil man aus Mangel an Kräften oder an Kenntnissen jenen nicht zu benutzen, und diese nicht hinreichend hervorzubringen versteht. In jenem Falle ist die möglich größte Anstrengung auf die Produktion zu verwenden; in diesem muß man wohl erwägen, ob man sein Kapital vorteilhafter auf Ankauf von mehrerem Boden, oder aber auf mehrere Bearbeitung verwende.

§. 144.

Wenn gleich die Extreme von sehr wohlfeilem Acker und sehr teurer Arbeit, und von sehr teurem Acker und wohlfeiler Arbeit in Deutschland selten oder gar nicht vorkommen, so sind doch mannigfaltige Gradationen dieses Verhältnisses in verschiedenen Provinzen und Distrikten vorhanden, die man bei der Einrichtung der Wirtschaft wohl zu erwägen hat, um sich darnach für ein mehr oder minder *intensives* Wirtschaftssystem zu bestimmen.

Dort wird Koppelwirtschaft mit langer Ruhe des Ackers und Weidedünger Arbeit ersparen; hier wird jähriger Fruchtwechsel mit Futterbau und Stallfutterung die Arbeit vorteilhafter vermehren, und der höheren Kosten ungeachtet den reinen Ertrag beträchtlich vergrößern.

§. 145.

Es ist seit einiger Zeit unter den Landwirten eine allgemeine Klage, daß der Lohn der Arbeiter und des Gesindes übermäßig gestiegen sei, und man hält es für ein großes Übel. Manche sehen dieses als einen Grund der gestiegenen Kornpreise an. In Gegenden, wo die Fronden zum Teil aufgehoben sind, sucht man in dieser Aufhebung wiederum den Grund des gestiegenen Arbeitslohns. Es ist aber vielmehr der gestiegene Preis der Lebensmittel, zugleich mit dem dadurch bewirkten Anreiz zur höhern Produktion, welcher den Arbeitslohn nach dem Geldpreise hat erhöhen müssen, und durch Aufhebung der Fronden ist vielmehr die Tätigkeit der arbeitenden Menschen vermehrt, und folglich die Summe der verrichteten Arbeit größer geworden, weshalb solche eher zur Verminderung des Arbeitspreises wirken muß.

§. 146.

Mehrenteils aber ist jene Klage ganz unbegründet, und die Verteurung des Arbeitspreises ist bloß nominal, keineswegs real, indem nämlich der Wert des Geldes gegen den Wert aller übrigen Dinge sich vermindert hatte, der Preis der übrigen Dinge aber, besonders des Getreides, gegen den Preis der Arbeit vorteilhafter sieht, wie vormals.

Man muß die Ursachen, welche auf die Erhöhung und Erniedrigung des Arbeitslohns, nach Gelde berechnet, wirken, wohl unterscheiden. Sie sind folgende:

§. 147.

1) *Die Preise der Lebensbedürfnisse.* Der Arbeiter muß notwendig so viel verdienen, daß er und wenigstens noch eine Person oder zwei Kinder davon leben und zwar so leben können, daß sie bei Kräften und gesund bleiben, auch ihre Kinder davon aufziehen. Hätten sie vorher nichts mehr als dieses Notdürftige gehabt, und stiegen nun die Lebensbedürfnisse, ohne daß der Arbeitslohn erhöht würde, so würden sie bald so verkümmern und verarmen, daß sie unbrauchbar würden, ihre Kinder nicht gesund aufziehen könnten, und somit würde sich ihre Zahl bald so vermindern, daß nun die wenigen übrigbleibenden einen desto höhern Lohn fordern könnten. Es muß also notwendig ein gewisses Verhältnis zwischen dem Preise der Lebensmittel und dem Preise der Arbeit bleiben, und dieses Verhältnis kann nur auf kurze Zeit und dann immer nachteilig aufgehoben werden, setzt sich aber bald von selbst wieder ins Gleichgewicht.

Steigt der Arbeitspreis aus einer der andern Ursachen in einer Gegend über das Verhältnis gegen die Lebensmittel in die Höhe, verdienen folglich die Arbeiter mehr, als sie zur Notdurft gebrauchen, so werden sie früher heiraten, mehrere Kinder erzeugen und aufziehen, und somit wird sich diese Klasse und die Zahl der Arbeitsuchenden so vermehren, daß der Lohn wieder fallen muß.

Indessen erfolgt diese Wirkung nicht schnell, und richtet sich nicht nach den jährig wechselnden Preisen des Getreides, sondern nur nach dem aus einer längern Reihe von Jahren auszumittelnden Durchschnitte. Vielmehr kann ein augenblickliches Sinken der Preise der Lebensmittel das Gegenteil bewirken, indem solche Arbeiter welche nur die Notdurft kennen und für Ersparung keinen Sinn haben, nun in drei Tagen so viel verdienen können, als zu ihrer Notdurft hinreicht, wozu vorher fünf Tage Arbeit erforderlich war. Sie werden sich nun leicht verleitet finden, zwei Tage die Woche weniger zu arbeiten, wodurch sich die Arbeit im Ganzen beträchtlich vermindert; derjenige also, welcher sie nötig hat, solche um so teurer bezahlen muß. Allein vorübergehend ist auch dieses nur, weil doch da, wo höherer Verdienst ist, sich mehrere Menschen erzeugen und hinziehen, und mit höherem Verdienst der Wunsch, noch mehr zu verdienen und sich etwas zu ersparen, bei den meisten doch rege wird, der vorher wegen der Unmöglichkeit ihn zu befriedigen unterdrückt war.

Im Allgemeinen also richtet sich in allen nicht entvölkerten Gegenden der Preis der Arbeit nach dem Preise der Lebensmittel, und man wird für 1 Scheffel Korn, beim gewöhnlichen Laufe der Dinge, fast allenthalben und zu allen Zeiten dieselbe Masse von natürlicher (kunstloser) Arbeit haben können, obwohl der Nominal- oder Geldpreis sehr verschieden ist.

Um den Zustand der Arbeiter also gleich zu erhalten, handelt der Landwirt, der die nötige Anzahl von arbeitenden Familien auf seiner Besitzung angesetzt hat, sowohl richtig für sich, als billig für sie, der ihnen statt eines Teils des Geldlohns ihre Lebensbedürfnisse zu einem feststehenden Preise gibt, oder aber den Geldlohn nach dem Verhältnisse, wozu er ihnen diese Bedürfnisse verkauft, erhöhet oder vermindert, wenn er sich anders der Arbeit dieser Leute zu jeder Zeit versichert hat. Wenn auch der Staat den Arbeits- und Gesindelohn durch Polizeianordnungen bestimmen will, – wovon der Nutzen sehr zweifelhaft ist – so müßte es nicht nach Gelde, sondern nach dem Preise des gewöhnlichsten Lebensmittels, des Roggens, geschehen.

Wenn ein Arbeiter sich ernähren, und bei zureichenden Kräften erhalten und dabei zwei Kinder aufbringen soll, so muß er in 9 Arbeitstagen mit unangestrengter kunstloser Arbeit einen Berliner Scheffel Roggen verdienen, wobei angenommen wird, daß sein Weib sich ihren Unterhalt selbst erwerbe. Erhalten die Tagelöhner gleich hin und wieder weniger, insbesondere seitdem die Preise des Getreides so beträchtlich gestiegen waren, so hat man ihnen andere Vorteile gewährt, die ihre Erhaltung möglich machten, welche aber allerdings mit in Anschlag zu bringen sind, wenn man von den Kosten der Arbeit redet. ½ Scheffel Roggen nehme ich daher als den geringsten Lohn für eine gewöhnliche Tagearbeit eines Mannes an. Und da der Preis der Arbeit und des Getreides ein weit beständigeres, sich zu allen Zeiten und an allen Orten mehr gleichbleibendes Verhältnis bei den Berechnungen der Wirtschaft abgibt, als der wandelbare Wert des Geldes; so nehmen wir diesen Preis einer Tagearbeit oder *eines Neuntel* Berliner Scheffels Roggen als eine *idealische* Münze bei unsern Wirtschaftsberechnungen an, und bezeichnen sie mit einem #.

Wenn man diese idealische Münze auf Geld reduzieren will, so muß man den Durchschnittspreis eines Scheffels Roggens etwa von zehn Jahren in seiner Provinz oder Distrikte ausmitteln, z. B.

gilt	1	Scheffel	Roggen	1	Rthlr.	–	Gr.,	so macht	1	#	2	Gr.	8 Pf.
„	1	„	„	1	„	3	„	„ „	1	#	3	„	– „
„	1	„	„	1	„	12	„	„ „	1	#	4	„	– „
„	1	„	„	2	„	–	„	„ „	1	#	5	„	4 „

Da der Arbeitslohn und die Konsumtion die wichtigsten Artikel in der Kostenrubrik jeder Wirtschaft ausmachen, so werden die Berechnungen, welche wir abstrakt und hypothetisch über die Verhältnisse der Wirtschaften zu machen haben, allgemein gültiger und zutreffender sein, als wenn wir uns des Geldes, welches immer nur den nominalen, nicht den realen Preis eines Dinges angibt, dabei bedienten.

§. 148.

2) *Vermehrung und Verminderung der Gewerbe.* So wie sich die Nachfrage nach Arbeitern vermehrt, suchen diese ihren Lohn natürlich höher zu treiben, und der Arbeitspreis steigt in der ganzen Gegend. Der aus dieser Ursache gestiegene Arbeitslohn ist für den Landwirt ohne Schaden, vielmehr vorteilhaft. Er ist eine Folge und zugleich eine Ursach des

vermehrten Wohlstandes der Gegend, vielleicht mit höherm Vorschuß für den Landwirt verbunden, aber in der Regel mit noch größerm Vorteile. Denn der durch Industrie vermehrte Wohlstand bewirkt sicher eine stärkere Nachfrage nach den Produkten und einen höheren Preis derselben.

Eine Ausnahme macht es jedoch, wenn die starke Nachfrage nach Arbeitern nicht von einer sicher begründeten Industrie und reellem Wohlstande, sondern von einer vorübergehenden Unternehmung oder Arbeit, z. B. vom Bau einer beträchtlichen Chaussee, Grabung eines Kanals u. s. w. herrührt. Hier kann eine plötzliche Steigerung des Lohns nachteilig wirken und den Landwirt in große Verlegenheit setzen, weshalb zu dergleichen öffentlichen Arbeiten die Menschen nie bloß aus der Nachbarschaft, sondern von mehrern entfernten Gegenden her zusammengebracht werden müßten, wenn die Regierung den Wirtschaftsbetrieb einer Gegend nicht in Verwirrung bringen will.

Wenn dagegen der Gewerbsbetrieb in einem Lande herabsinkt und Arbeit weniger gesucht wird, so bieten sich mehrere Arbeiter an, als man gebrauchen kann, und man vermindert ihren Lohn. Der sinkende Arbeitspreis ist hier aber die Anzeige der sinkenden Industrie und der nahe Vorbote des Verfalls derselben und der Verarmung; folglich für den Landwirt keinesweges vorteilhaft.

Da sich indessen die Zahl der Arbeit suchenden bald ins Gleichgewicht zu setzen pflegt mit der Nachfrage nach Arbeitern, indem sich bei Vermehrung der letztern und erhöhetem Lohne bald mehrere einfinden, bei zu sehr vermindertem Lohne aber die arbeitenden Menschen sich wegziehen oder ganz verkümmern; so verändert sich der Arbeitslohn nur während des Steigens und Fallens der Industrie. Bleibt sie auf ihrem Punkte stehen, so werden sich gerade so viele Arbeiter eingefunden haben, als man gebraucht, und es ist der Arbeitslohn – besonders, wenn man nicht auf den nominalen, sondern den realen Preis, oder auf sein Verhältnis mit dem Werte der Produkte sieht – keinesweges in solchen Gegenden immer höher, wo große Industrie herrscht, oder geringe, wo diese gänzlich fehlt. Der Verdienst hat in jeder Gegend arbeitende Menschen genug erzeugt, wogegen der Mangel an Verdienst in dieser die Menschen auswandern oder aussterben ließ. In letzteren fehlt es dann oft an den notwendigsten Arbeitern in solchen Jahreszeiten, wo man deren viele sucht, und weil sie außer der Erntezeit keinen Verdienst finden, so lassen sie sich um so teurer bezahlen, wenn sie nun gesucht werden.

So ist in England der landwirtschaftliche Arbeitspreis, im Verhältnis gegen den Preis anderer Dinge, wirklich geringer wie bei uns, ja er ist in einigen Gegenden so geringe, daß die arbeitenden Menschen gar nicht würden bestehen können, wenn sie nicht beständig fortdauernde Arbeiten fänden, und wenn sie nicht durch die daselbst vorhandenen, auf der andern Seite freilich höchst lästigen, Armen-Einrichtungen unterstützt würden.

§. 149.

3) *Wirklicher, durch Kalamitäten entstandener Mangel an Arbeitern.* Es kann durch Seuchen, Hungersnot und Krieg eine solche Entvölkerung in einigen Gegenden entstehen, daß auch selbst bei dem damit verbundenen Herabsinken der Industrie es dennoch zu den notwendigsten Arbeiten an Menschen fehlt, wo dann die wenigen übrig gebliebenen sehr hohen realen Arbeitslohn fordern können. Dies ist die traurigste Ursach des gestiegenen Arbeitslohns, weil mit dieser Steigerung der Wert der Produkte zugleich sinkt. Dies ist vielleicht der einzige Fall, wo der Landwirt die Steigerung des Lohns zu beklagen hat, und wo er sich Ersparung der Arbeit zum Gesetz machen muß. Sonst ist Arbeit selten so teuer, daß sie, gehörig verwandt, sich nicht reichlich bezahlt machte.

§. 150.

Bei der Berechnung und Beurteilung des Arbeitspreises muß man den Preis des Lohns und den der Arbeit selbst wohl unterscheiden. Jener kann in einer Gegend oft höher und dieser doch geringer sein, wie in einer andern. Denn die

Kraft, die Tätigkeit und Geschicklichkeit der Menschen ist sehr verschieden, und richtet sich häufig nach der Nahrung und nach dem Wohlstande, worin sie in ihrer Art leben. Ein Arbeiter, den ich 12 Gr. täglich gebe, kann mir oft, der Quantität und Güte nach, mehr als zweimal so viel Arbeit verrichten, als ein anderer, der 6 Gr. erhält. Wo es also fleißige und besonders in gewissen Arbeiten geschickte Menschen gibt, ist die Arbeit in der Regel wohlfeiler, wenn gleich der Lohn höher steht.

§. 151.

Obwohl eine jede zweckmäßig verwandte Arbeit sich immer reichlich bezahlt, und Ersparung in der Ausgabe des Arbeitslohns mehrenteils eine schlechte Ökonomie anzeigt, so ist jedoch die möglich höchste Benutzung der Arbeit und ihrer Zeit eines der wichtigsten Momente, worauf der wahre Ökonom zu sehen hat. Manchem lehrt dies erst eine lange Erfahrung, und es ist wahr, daß diese eine sehr richtige Übersicht und Takt darin geben kann. Allein durch die Beobachtung gewisser Grundsätze, welche schon die Theorie an die Hand gibt, wird man sich diesen Überblick weit schneller und richtiger erwerben, ohne so vieles Lehrgeld, wie die Erfahrung als einzige Meisterin fordert, zu geben.

§. 152.

Die richtige Verwendung der Arbeit ist bei der Landwirtschaft ungleich schwieriger, wie bei dem Manufakturen- und Fabrikenbetriebe. Denn die auf ein Produkt zu verwendende Arbeit nimmt mehrenteils nur einen kurzen Zeitraum ein. Sie ruhet dann einen weit längern hindurch, wo die Vollendung des Produkts größtenteils allein den Naturkräften überlassen wird, bis sie zur letzten Gewinnung desselben wieder eintreten muß. Nachdem jede Frucht bestellt worden ist eine Zeitlang hindurch nicht viel daran zu tun, wogegen die Arbeit bei einem Fabrikate immer fortgeht, bis solches vollendet ist. Damit nun der Landwirt seine arbeitenden Kräfte immerfort benutzen könne, muß er teils mannigfaltige Produkte erzielen, teils den ganzen Gang der Wirtschaft so einrichten, daß jeder Zeitpunkt wenigstens mit einer vorbereitenden Beschäftigung ausgefüllt werde. Die Produkte muß er so auswählen, daß die Arbeit, die ein jedes fordert, zu gehöriger Zeit in den Lauf der Geschäfte eingreife, daß aber nie mehrere *notwendige* Arbeiten zu gleicher Zeit zusammentreffen, als er mit seinen disponiblen oder herbeizuschaffenden Kräften bestreiten kann.

§. 153.

Von großen Arbeiten sind nie viele auf einmal vorzunehmen, am wenigsten auf sehr entfernten Plätzen. So viel möglich muß man eine nach der andern, und jede mit aller Kraft angreifen und zu vollenden suchen; teils der Aufsicht wegen, teils weil ein gewisser Wetteifer unter den Arbeitern erweckt werden kann, wenn deren viele unter Aufsicht bei einander sind; wogegen sie bei einer großen Arbeit, wenn ihrer wenige dazu verwandt werden, über die Weitläuftigkeit fast erschrecken, bei dem geringen Fortschritte, welchen sie macht, selbst mutlos werden, und auch wohl glauben, daß man des großen Umfangs wegen doch nicht bemerken werde, ob sie von der Stelle gekommen seien. Bei solchen großen Arbeiten ist immer ein Mensch oder ein Gespann zu viel besser, als eins zu wenig.

Bei kleinern Arbeiten muß man sich dagegen hüten, daß man nicht mehrere anstelle, als dabei nötig sind. Sie stehen sich sonst leicht im Wege, verlassen sich einer auf den andern, und glauben leicht, daß man die Arbeit selbst größer anschlage, als sie wirklich ist. Eine gehörige Abmessung der Kräfte, die zu jeder Arbeit erforderlich sind, ist deshalb von großer Wichtigkeit. Man lernt sie kennen, indem man den Zeit- und Kraftaufwand in einzelnen Abteilungen oder im Ganzen wohl beachtet.

§. 154.

Vor allem sind diejenigen größern Arbeiten vorzunehmen und mit aller Kraft zu betreiben, deren guter Erfolg von angemessener Witterung abhängt, sobald diese Witterung da ist. Hier muß man mit jeder Minute geizig sein. Werden sie durch eine veränderte Witterung gestört, so ist es gegen die im vorigen §. angegebene Regel, zu einer andern großen Arbeit überzugehen, wenn anders nicht besondere Gründe und vielleicht die wahrscheinliche lange Dauer der zu jener Verrichtung ungünstigen Witterung es ratsam machen. Besser ist es, in solchen Zwischenzeiten kleine Arbeiten, die immer auch notwendig sind, vorzunehmen, deren jede bald zu vollenden ist; weil man sich's zur Regel machen muß, nicht leicht eine angefangene Arbeit unvollendet zu lassen, welches man bei größeren Arbeiten würde tun müssen, wenn für die erste Arbeit die Witterung wieder günstig würde.

§. 155.

Die auf den abgelegendsten Flächen nötigen Arbeiten müssen besonders mit allen Kräften zugleich angegriffen werden, um sie schnell zu vollführen, weil die Aussicht dabei schwierig ist, und bei den Wegen viele Zeit verloren geht. Insbesondere ist dies der Fall, wenn ein häufiger Wechsel der Werkzeuge und deren Instandsetzung dabei nötig ist. Öftere Abwechselung der Werkzeuge ist überhaupt möglichst zu vermeiden, und die mit jedem auszuführende Arbeit nacheinander zu verrichten: auch um deswillen, weil Menschen und Vieh damit immer geschickter arbeiten, wenn sie in die Gewohnheit gekommen sind.

§. 156.

Eine notwendige oder einmal beschlossene Arbeit wird nie vorteilhaft aufgeschoben, sobald man die dazu nötigen Kräfte bei einander haben kann, wenn sie gleich in dem gegenwärtigen Zeitpunkte etwas teurer zu stehen kommen sollte, als man sie in einem andern zu bestreiten hoffen dürfte. Man denkt, es werde sich noch wohl Zeit finden, sie mit wohlfeilerem Arbeitslohn auszuführen. Allein eine Ersparung wiegt selten den Nachteil eines Versäumnisses auf, und was geschehen soll, wird immer je früher desto besser ausgeführt.

Es ist deshalb immer gut, einen Überfluß von arbeitenden Kräften zu seiner Disposition zu haben, und wenn man diesen Überfluß auch nicht immer mit so großem Vorteil wie die notwendigsten gebrauchen könnte: so wird es doch dem klugen Landwirte nicht leicht an Gelegenheit fehlen, sie zu jeder Zeit so zu gebrauchen, daß sie sich wenigstens bezahlen. Daß dies jedoch seine Grenzen habe und daß man sich auch mit zu vielen Arbeitern und Arbeitsvieh belasten könne, versteht sich von selbst.

Es gibt Produktionen, bei denen der Wert der Arbeit den Hauptteil ausmacht. Es gibt andere, wobei zwar auch Arbeit notwendig ist, bei welchen aber der Acker und die Düngung einen größern Anteil haben, als jene. Auf letztere muß die Arbeit vor allem verwandt werden, weil Acker und Dünger ohne solche daß ihrige auch nicht leisten würden. Der Überfluß der Arbeit kann alsdann auf erstere verwandt werden, wenn sie auch nur einen geringen Überschuß über das, was sie kosten, gäben.

Wenn man jedoch solche Produktionen unternimmt, deren Wert hauptsächlich aus der darauf verwandten Arbeit hervorgeht, so muß man vorher wohl überlegen, ob die Arbeit auch nachhaltig genug darauf verwandt werden könne, ohne sie anderen Produktionen, an welchen die Kraft des Bodens größern Anteil hat, zu entziehen. Denn wenn man jene nicht vollführen könnte, so würde die erste darauf verwandte Arbeit ganz verloren sein.

Deshalb hat der sonst so vorteilhafte Bau mancher Gewächse, die viele Arbeit erfordern, seine Bedenklichkeiten, insbesondere wenn diese Arbeit mit jenen wichtigen Arbeiten zusammentreffen könnte. Und da sich dies bei dem Bau einer großen Mannigfaltigkeit von Gewächsen nicht leicht berechnen läßt, so muß man solchen nicht unternehmen, wenn man nicht gewiß ist, zu jeder Zeit eine völlig dazu hinreichende Menge von Arbeitern und genugsame Aufsicht zu haben.

Aus dieser Ursach ist auch die von manchen angegebene Regel, daß ein Landwirt bare Ausgaben auf alle Weise vermeiden, und Alles zu eignem Bedarf selbst erzielen soll, selten zu befolgen. Wozu auch noch dieses kommt, daß man nicht berechnen kann, ob man den ungewissen Ertrag der Produktionen völlig benutzen werde, der Verkauf derselben auf dem platten Lande aber mehrenteils sehr ungewiß ist, und die kleine Quantität dennoch eine weitere Versendung nicht verlohnt.

§. 157.

Übrigens ist aber die Beachtung auch der kleinen Arbeiten von großer Wichtigkeit, weil sonst zusammengenommen dabei viele Zeit verschwendet wird. Müssen sie zu einer bestimmten Zeit und bei einer gewissen Witterung vorgenommen werden, so darf man sie nie aus dem Gedächtnisse verlieren, und muß sorgen, in diesem Zeitpunkte Arbeiter dafür zur Hand zu haben. Sind sie aber aufschieblich und zu jeder Zeit und Witterung ausführbar, so muß man die Zeit wohl wahrnehmen, wo man die Arbeiter zu größern Geschäften nicht benutzen kann.

§. 158.

Diejenige vielfache Trennung oder Teilung der Arbeit, welche in den Fabriken zur Ersparung der Zeit und der Kräfte und zur Übung der Arbeiter von so erstaunlichem Nutzen ist, kann in dem Grade bei der Landwirtschaft nicht angewandt werden. Indessen lassen sich doch auch hier bei manchen Arbeiten besondere Arbeiter zu einzelnen Teilen des Geschäftes anstellen, so daß ein jeder mit besondern Werkzeugen und Handgriffen einen Teil der Arbeit, ein anderer den andern Teil verrichtet. Der ersparte Übergang von einem Werkzeuge zum andern und die größere Übung in einem Handgriffe gegen die Verwechselung derselben, welche besonders bei steifen Leuten sehr in Betracht kömmt, macht einen erheblichen Unterschied nicht bloß in Ansehung des Zeitaufwandes, sondern auch in Ansehung der

Güte, worin jeder Teil der Arbeit gemacht wird. Allein es kömmt sehr darauf an, daß die verschiedenen Teile der Arbeiten gehörig in einander greifen, daß ein jeder Arbeiter genug und nicht zu viel zu tun habe, und einer nicht auf den andern zu warten brauche, weshalb man die Arbeit und die Arbeiter genau kennen, und Kräfte und Zeit gehörig abzuwägen wissen muß. Trifft alles gut zu, und ist die Sache einmal in gehörigen Gang gebracht, so wird oft der Wetteifer unter den Arbeitern dadurch erregt. Ist dies aber nicht, so kann die Untätigkeit dadurch nur befördert werden, indem jeder die seinige darauf schiebt, daß er auf den andern habe warten müssen. Auch haben die Arbeiter Vorwand, es einer auf den andern zu schieben, wenn die Arbeit schlechter gemacht worden.

Beispiel: Sammeln und Binden der Früchte, das Pflanzen, Kartoffelausheben u. s. w.

Auch findet bei größeren Wirtschaften Teilung der Arbeit in so fern Statt, daß ein Teil der Menschen mit dem Gespann, mit Ochsen oder mit Pferden, ein anderer mit der Hand, und zwar manchmal nur besondere Arbeiten zu jeder Jahreszeit verrichtet. Nur kann wegen der Veränderlichkeit der Arbeit selten einer das ganze Jahr hindurch bei derselben Arbeit angestellt bleiben. Und hierdurch erhalten größere Wirtschaften allerdings einen Vorzug vor kleineren, und verlieren nur dadurch wieder, daß jeder minder angestrengt arbeitet, als in manchen kleinen.

Manche Arbeiten können durch schwächere Personen, Weiber und Kinder eben so gut vollführt werden, als durch stärkere, und kosten durch erstere so viel weniger. Es kommt also viel darauf an, die durch stärkere und schwächere Personen zu verrichtenden Arbeiten so zu verteilen, daß man jeden durch das ganze Jahr mit Arbeiten beschäftige, die für ihn geeignet sind, und Männer nicht zu Arbeiten, die auch Weiber verrichten können, zu brauchen genötiget werde.

§. 159.

Man hat sogenannte Landwirtschafts-Kalender, worin die Verrichtungen von Monat zu Monat oder gar von Woche zu Woche nach ihrer angeblichen Folge verzeichnet sind. Manche setzen darauf einen großen Wert, und es werden deshalb noch immer neue verfertigt. Ich halte sie für ganz untauglich und verleitend für Anfänger. Der günstigste Zeitpunkt zur Verrichtung der Arbeiten differiert in demselben Klima, in verschiedenen Jahren, oft um mehr als einen Monat. Die Verspätung oder Beschleunigung einer Verrichtung verspätet oder beschleunigt die vieler andern, oder auch umgekehrt, indem man das eine früher tun muß, wenn man das andere erst später tun kann. Auch hat eine jede Wirtschaft nach ihrer besondern Einrichtung ihren eigenen Gang, welcher sich nur in individuellen Fällen für eine jede besonders berechnen läßt. Wer in einem solchen Kalender erst nachsuchen muß, was er zu tun habe, wird alles zur Unzeit tun.

Dagegen ist es höchst nützlich, daß sich ein jeder Landwirt in jedem Jahre einen Voranschlag aller Verrichtungen, die in einem gewissen Zeitraume vorgenommen werden müssen, mache, und darin die Arbeiten nach ihrer mehrern und mindern Wichtigkeit und mit den vorangegebenen Rücksichten verzeichne, und dabei nicht bloß auf die großen Arbeiten, deren er sich von selbst wohl erinnern wird, sondern besonders auf die kleinern, die dem Gedächtnisse so leicht entfallen können, Rücksicht nehme, es sei nun, daß diese eine genaue Wahrnehmung der Zeit und Witterung erfordere, oder aber immer einzuschieben sein, wenn jene Zeit und Kräfte übrig lassen. Darnach wird man dann voraus berechnen können, ob vielleicht mehrere arbeitende Kräfte mit Vorteil herbeizuschaffen sind, oder ob man, wenn dieses nicht tunlich ist, einige Verrichtungen und welche, unterlassen müsse.

ADAM MÜLLER
DIE HEUTIGE WISSENSCHAFT DER NATIONALÖKONOMIE KURZ UND FASSLICH DARGESTELLT
1816

Wenn man zehn bis fünfzehn Jahre nacheinander den Gang einer einzelnen Wissenschaft verfolgt hat, die sich mit den ersten und dringendsten Bedürfnissen des bürgerlichen Lebens beschäftigt, und sie eigentlich nicht vom Flecke rükken, den Zauberkreis unglücklicher Irrtümer nicht verlassen sieht, so möchte man verleitet werden zu glauben, unsere Zeit sei so wenig zur Wissenschaft, als nach den neulichen Urteilen einiger berühmten Rechtslehrer zur Gesetzgebung berufen. Die unermeßliche Majorität unserer gebildeten Zeitgenossen hat täglich und stündlich mit dem *Gelde*, als seinem ersten und heiligsten Interesse zu tun; eine noch größere Majorität glaubt, daß das Geld die Welt regiere; der Landbau wird getrieben, dem Vaterlande wird gedient, um ein reines Einkommen in Gelde zu gewinnen, alle Künste nicht um des Werkes, sondern um des Geldes willen, an allen Dingen wird nur ihre Eine, werte Eigenschaft der Umsetzbarkeit in Geld geschätzt und erstrebt; wie wenige Menschen haben nur die Stärke der Seele, ihre letzten Wünsche, Hoffnungen, Meinungen auf etwas, nicht Höheres, aber nur anderes als Geld zu richten. Nichtsdestoweniger ist in dem allwissenden Jahrhundert kein Gegenstand unerforschter und geheimnisvoller als das Geld und unter allen Fortschritten des Jahrhunderts keine Wissenschaft so stationär als die Nationalökonomie.

Vor etwa vierzig Jahren machte ein großer, einsichtsvoller und guter Mann die Entdeckung, daß die Anzahl der Produkte des menschlichen Fleißes vermehrt werde nach Verhältnis der Anzahl der Personen, unter welchen man die verschiedenen Geschäfte der Produktion verteilte. Seine (Adam Smiths) Entdeckung war nichts anderes als eine Fortsetzung jener Zauberkunst, welche die Faust, Schöffer und Gutenberg um die Mitte des 15. Jahrhunderts erfunden, die hierauf in dem europäischen Fabriksystem fortgewuchert und zuletzt in unsern Tagen in dem englischen Erziehungssystem der Herren Bell und Lancaster ihren Gipfel erreicht hat. In allen diesen verschiedenen Formen derselben Kunst wiederholt sich das Bestreben, vermittels besonderer Stempel für jeden einzelnen Buchstaben, für jede einzelne Fabrikart und für jeden einzelnen Lehrgegenstand die Worte, Fabrikate und Kenntnisse zu vermehren, und durch Teilung der Arbeit die Produkte zu vervielfältigen. Wenn auch die Kunst, Staaten und Kirchen und Festungen zu bauen in dem Maße in Abnahme kam, als die Kunst Stecknadeln zu erzeugen sich wunderbarerweise hob, wenn wir es auch der Zähigkeit und Unteilbarkeit und Trägheit des Landbaues verdankten, daß wir von den geometrischen Progressionen jener Faustischen Zauberkunst, von ihren Büchern und Fabrikaten und Lehrstempeln noch nicht aus der Welt hinausgedrängt sind, so bleibt nichtsdestoweniger so viel gewiß, daß das berühmte Buch der Ursachen des Nationalreichtums von Adam Smith die allgemeine Formel jener bis dahin geheimnisvollen Kunst weltkundig gemacht hat.

Die Teilung der Arbeit nach Adam Smith beruht auf dem Dasein des Geldes, wie das Geld dafür zu sorgen hatte, daß alle diese geteilte Arbeit und Kraft zuletzt immer wieder zusammengegossen werden konnte. Daher *Money is power*: Geld ist die Macht aller Mächte, die Kraft aller Kräfte, – ein Wort, das durch seine zentnerschwere Wahrheit in allen Gemütern bis auf den Boden hinabsank.

Wie man, nach Burke, in den Ruinen Salpeter findet um Pulver zu machen, und mit dem Pulver Ruinen um neues Pulver zu erzeugen, und so ins Unendliche fort, so wird durch die Teilung der Arbeit das Geld zuwege gebracht, und vermittelst des Geldes die Arbeit weiter geteilt, um Geld zu gewinnen, und so fort: also laßt uns teilen und weiter teilen, privatisieren und dismembrieren! Diese Kunst und diese Lehre hat für die schwankende und wetterwendische Gesinnung der Zeit zu viel Ansprechendes und Bestechendes, als daß man sie nicht kurzweg für die eigentliche Staatswirtschaft und Nationalökonomie hätte anerkennen sollen, zumal die Regierungen dem allgemeinen Andrange jener arbeitteilenden Geld- oder Goldmacherkunst, deren obersten Grundsatz der Doktor Smith ins Klare brachte, schon lange vor ihm hatten nachgeben, ihr ganzes Verwaltungsgeschäft fabrikenartig in der Teilung der Arbeit begründen und einer neuentstandenen Geldkaste, nämlich den Militär- und Zivilsoldaten hatten übergeben müssen.

Abgesehen vom Landbau, der sich in das neue System, ungeachtet aller Versuche ihn zu zwingen, durchaus nicht fügen wollte, waren es drei mächtige Hauptumstände, welche sich dieser angeblichen Nationalökonomie entgegenstellten und die sich auch wahrscheinlich von ihr nicht werden bemeistern lassen:

1. Die *Natur des Menschen* selbst, der sich für die Dauer durchaus nicht einer solchen mechanischen Stempelschneidekunst hingibt, andererseits die Eigenschaft hat, daß er sich in einer abgesonderten, mechanischen Funktion abnutzt und abstumpft, ohne daß er deshalb aufhörte Mensch zu sein und menschliche Bedürfnisse zu haben, endlich aber, wenn es nur auf die Mehrung der Produkte ankommt, von den eigentlichen Maschinen weit übertroffen wird. Daher ergeben sich aus dem Systeme der geteilten Arbeit in der Folge notwendig die Maschinenstürmerei, die Greuel einer alle Produktion mehr und mehr verschlingenden Armentaxe, und revolutionäre Aufwallungen der Völker, Reaktionen der mechanisch-entwürdigten Menschheit, welche sich für die ihr aufgedrungene Einseitigkeit durch die schrankenlosesten, politischen und religiösen Schwärmereien entschädigt.

2. Die *Natur der Staaten*. Das System der Arbeitsteilung

strebt dahin, dem *Privateigennutze* den unbegrenztesten Spielraum zu verschaffen, d. h., da der Eigennutz sich nur durch Teilung der Arbeit geltend machen kann, diese aber nur durch den Besitz des Geldes zu erreichen steht, – den unter die Glieder des Staates sehr ungleich verteilten Geldkräften die höchste Entwickelung zu geben, während der Staat sich der viel höheren und dringenderen Forderung, alle seine Glieder zur Entwickelung ihrer verschiedenartigen Kräfte und zum Genusse des gemeinschaftlichen Wohles zu bringen, nicht entschlagen kann, also wiederholentlich genötigt wird, dem Privateigennutze und der Geldmacht positive Grenzen anzuweisen. –

Ferner strebt dieses System nach absoluter *Handelsfreiheit*, nach Vernichtung aller merkantilischen Umgrenzungen der Staaten, der Provinzen, der Kommunen, d. h. aller Ganzheit, aller Geschlossenheit, aller Persönlichkeit der politischen Verbindungen, weckt demnach durch dieses sein Streben gerade den Sinn für die Unteilbarkeit gewisser höherer Güter und führt also von selbst den Augenblick herbei, wo die Regierungen und alle bei der Erhaltung der Ordnung und des Rechts interessierten Bürger unseres Weltteiles erkennen müssen, daß die so begehrte Handelsfreiheit nichts anderes sei, als ein nachgebliebener Sprößling jener falschen Freiheit, die das vereinigte Europa vor kurzem bei den Wurzeln ergriffen und ausgerottet zu haben schien. Endlich aber

3. findet dies System seinen unvermeidlichen Untergang in der *Natur des Geldes* selbst. Je weiter die Teilung der Arbeit um sich greift, um so mehr muß die Masse der Geldmittel und Geldzeichen im künstlichen und natürlichen Wege vermehrt werden, so wie denn offenbar die seit den drei letzten Jahrhunderten von Amerika aus nach Humboldt um beinahe 6 Milliarden Piaster vermehrte Produktion der edlen Metalle, der Arbeitsteilung in Europa den größten Vorschub geleistet hat. Wiewohl nun nach den von Humboldt angenommenen Verhältnissen von diesen 6 Milliarden nur etwa der dritte Teil mit 2 Milliarden unserm Weltteile rein und

bleibend zugute gekommen ist, so darf doch nicht übersehen werden, daß die nach dem Orient durchlaufenden Posten jener Totalsumme auch zur Befruchtung und Teilung unserer heutigen Industrie das ihrige beigetragen haben. Nichtsdestoweniger hat diese unübersehliche bare Zirkulation von Europa noch von einer, mindestens gerechnet ebenso großen Summe von Geldzeichen ergänzt werden müssen, um das Totalbedürfnis der durch die Form unserer Industrie herbeigeführten Geldauseinandersetzungen zu befriedigen. Die Kreation dieser Geldzeichen (meistenteils unter der offenen oder verdeckten Form von Staats-, Korporations- und Privatschulden) wurde einerseits durch den Lohn- und Soldcharakter, den alle Staats- und Privatverhältnisse sowie alle Dienste angenommen hatten, erzwungen; andrerseits wurde die Ausführung nur durch das allgemein obwaltende, reale und dringende Bedürfnis nach Geld und Geldeszeichen möglich. Zugleich aber muß nicht übersehen werden, wie durch diese Schulden und darauf bezogene Geldzeichen eigentlich nur das unbewegliche und an sich unteilbare Staats- und Privateigentum in den künstlichen Zauberkreis des Geldes hinübergezogen und in dessen Schwankungen verwickelt wurde, woraus sich der Schein ergab, als ob der Wert jenes Eigentums verdoppelt wäre und einmal in natura vorhanden sei, das andere Mal idealischer Weise in Obligationen, Pfandbriefen usw. zirkulierte.

Je mehr sich aber in dem gegebenen Augenblick die Masse der Geldmittel und Geldzeichen vermehrt, um so mehr muß sich eine wesentliche Eigenschaft des Geldes, nämlich seine Seltenheit verlieren. Die wirkende Kraft des Geldes steigt nicht etwa mit vermehrter Masse des Geldes, auch behauptet sie sich nicht etwa unter der Vermehrung so, wie sie vor der Vermehrung gewesen, sondern sie nimmt in einer etwas langsameren Progression ab, als in welcher sich die Masse des Geldes vermehrt. Die Bedürfnisse erster Notwendigkeit nämlich, welche zu dem Lebensunterhalte eines jeden einzelnen dringend erforderlich sind, lassen sich, da ihre Erzeugung von dem Gesetze der Arbeitsteilung völlig unabhängig ist, nicht nach Willkür oder durch eine Verstärkung der Geldkraft vermehren. Hierdurch nun, durch ein wohltätiges Gesetz der Notwendigkeit, welches dem Gelde überall bei allen seinen Funktionen begegnet und einredet, wird die Kraft des Geldes gelähmt; es wird dem Getreide und ähnlichen unentbehrlichen Waren gegenüber entwürdigt, es wird relativ wohlfeil und in dem Maße wohlfeiler, als man seine Kraft durch eine Vermehrung der Geldmittel erzwingen will, bis der unglückliche Zustand eintritt, dessen wir früherhin einmal schon erwähnt haben, wo nämlich der Landmann bei dem höchsten Geldpreise, welchen der Fabrikant für die Lebensmittel zu zahlen imstande ist, so wenig bestehen kann, als der Fabrikant den geringsten, welchen der Landmann sich gefallen lassen könnte, zu erschwingen vermag. Alsdann hat der gesetzliche Zustand ein Ende; der Handel muß mit Blut anstatt des Geldes fortgeführt werden. England stehet ungeachtet der hohen Vollendung seines Geldsystems einem solchen Zustande sehr nahe und die Kontinentalstaaten verdanken es nur dem bedeutenden Übergewichte ihres Ackerbaues, daß ihnen noch die erforderliche Zeit vergönnt scheint, um von den Exzessen eines seit dreihundert Jahren befolgten willkürlichen Systems zur ewigen Ordnung der Natur zurückzukehren.

Die eben beschriebene Depreziation der europäischen Geldmittel (sowohl der edlen Metalle, als mit ihnen auch der übrigen Geldzeichen, Wechsel, Obligationen, Schulddokumente) geht seit drei Jahrhunderten, wie die Geldgeschichte aller europäischen Staaten beweist, unaufhaltsam fort, nur daß sie seit den letzten dreißig Jahren in einer neubeschleunigten Progression kenntlich geworden ist. Sie hält mit der moralischen Depreziation, mit der steigenden Abtrünnigkeit der Menschen von den Gesetzen der Zucht, Ordnung und weisen Gewohnheit, mit dem wachsenden Übermute einer über das Nächste und Natürlichste völlig verblendeten Vernunft und mit dem vermeintlichen Zauber der Arbeitsteilung und Geldanbetung gleichen Schritt. Alle Kapitalien, welche die Vorzeit hinterlassen und die sie aus weisen Gründen unbeweglich gemacht, werden in Geld verwandelt und so in die allgemeine Entwürdigung mit fortgerissen; dem Grundeigentum wird entwunden, was zu Gelde gemacht werden kann, als wenn der ganze Weltteil der Willkür liebloser Pächter anheim gegeben wäre, und das wertlose Gerippe ehemaliger Hoheit wird für die nichtswürdigsten Preise weggeworfen; und wie der Saturn die eigenen Kinder verzehrt, so werden auch sogar die Kapitalien, welche in die beliebte Teilung der Arbeit verwendet worden, als Fabrikwaren in öffentlichen Versteigerungen und durch jedes gedenkbare Mittel verschleudert. Unerschwingliche Teuerung und verhungernde Wohlfeilheit quälen Europa zu gleicher Zeit.

Dies ist der Geist und die Richtung unserer beliebten Nationalökonomie; dies ist der Jammer aller europäischen Regierungen und das Geheimnis, welches die edelsten, wohlwollendsten Staatsmänner zu enthüllen suchen; dies ist der Grund der Not und der Verfassungssucht so vieler Völker; dies ist der erhabene Gegenstand der Sorge jener wenigen großen Franzosen, die wie de Bonald, Fievée, Villele usf. aus der lehrreichen Schule der Revolution wahrhaft belehrt hervorgegangen sind, und die der instinktmäßige Abscheu unserer Zeitgenossen vor der mit der wahren Nationalökonomie sehr nahe verwandten höheren Angelegenheit der Religion, unter den Namen der Ultras mit einem Haufen elender Zeloten in eine Klasse wirft.

Der Drang unsers Jahrhunderts nach Verfassungen und Konstitutionen hat allerdings einen tiefen und sehr realen Grund: es ist dieses das Verlangen, von dem Universal-Despotismus des Geldes befreit zu werden und zu jenem einzig natürlichen Zustande zurückzukehren, wo der Landbau und die auf ihm beruhende persönliche und geistige Kraft des Menschen dem mechanischen und irdischen Getriebe des Geldes die Waage hält. Es ist offenbar, daß die wohlwollendste Regierung über den Strom des Geldwesens nicht nur nichts vermag, sondern von ihm fortgerissen wird, solange sie sich nicht überzeugt, daß die ganze heutige europäische Geldwirtschaft nichts anderes sei als die allgemeinste Offenbarung jenes antisozialen Geistes, jenes hoffärtigen Egoismus, jener unmoralischen Begeisterung für die unechte Vernunft und für die falsche Aufklärung, welche die schrecklichen Revolutionen der letztverflossenen dreißig Jahre erzeugt haben. Die giftigsten Früchte des Baumes wurden bei Leipzig und Waterloo abgeschlagen; der Stamm steht und wird fortgrünen und neue Früchte tragen, bis ihn, wenn sich kein Heldenarm findet, der ihm die Axt anlegt, die Blitze des Himmels zerstören werden.

Die Vorgänge im südlichen Amerika zeigen, daß in der Produktion, Zufuhr und Zirkulation der edlen Metalle noch größere Stockungen und Veränderungen bevorstehen, als die bis jetzt schon eingetreten sind; wer berechnet die baren Summen, welche im Sommer 1816 bei der unerhörten Höhe des englischen Wechselkurses von dem Kontinente nach England hinübergeflossen und, wir fürchten, unwiederbringlich für uns verloren sind. Wenn diese Aderlässe der europäischen baren Zirkulation fortdauern und nichtsdestoweniger die allgemeine Abneigung der Völker gegen Papier und Kreditzirkulationen zunehmen sollte, dann wird sich die lange versäumte und niedergetretene natürliche Ordnung der Dinge auf eine unsanfte Weise zu erkennen geben; dann wird der Egoismus, der sich jetzt noch unter so manchen menschenfreundlichen und sozialen Formen versteckt, nackt an den Tag treten und der Krieg aller gegen alle, ganz wie ihn unsere heutige Nationalökonomie prophetisch ausdrückt, als der Zustand, wo man der Privatindustrie und der Privatlist freie Hand lassen muß, aber auch die Faust ihr Dasein fühlbar machen wird, entschieden sein.

Die wirkende Kraft des Geldes ist groß und segensreich, wenn ihr ein unabhängiger Landbau, wenn ihr die persönliche Kraft der wahren Kunst, wenn ihr eine unbezahlte Ehre und Tugend gegenübersteht und sie in wohltätigen Schranken erhält, kurz wenn es auch unveräußerliche Dinge und unteilbare Arbeiten einer höheren Ordnung gibt, die, da sie nicht blind in dem Bedürfnis des Geldes befangen und von ihm unterjocht, allein imstande sind, dem verheerenden Einbruch des Geldinteresses in die heiligsten Angelegenheiten des Lebens Grenzen zu setzen. Diejenige europäische Regierung, welche die Würde der Naturaldienste und Prästationen zuerst wieder empfinden und sich auf dem Gleichgewichte des Geldes und der unbezahlten Güter basieren wird, anstatt wie bisher von den allgemeinen Wertfluktuationen der edlen Metalle beherrscht und fortgerissen zu werden, wird zu der wahren Kultur unseres Weltteils den erheblichsten Fortschritt gemacht haben. Ohne ein solches moralisches Gegengewicht verliert sich die mechanische Kraft des Geldes in ihrer eigenen Unbegrenztheit. Teurung und Wohlfeilheit nebeneinander in gleich furchtbarem Grade vernichten dann alle die Wunder, welche das Geld scheinbar bewerkstelligte und die nur zustande kommen konnten, weil noch so viele, fast unsichtbare moralische Schranken, von dem Zeitalter und der Wissenschaft unbeachtet, fort- und dem Geld entgegen operierten. Jede unbegrenzte Kraft und jede Universalherrschaft zerstört sich in sich selbst. Napoleon wäre späterhin durch seine eigene Unbeschränktheit gefallen: zur Ehre der Menschheit und der unbezahlbaren, moralischen Kraft in ihr sind ihm vor diesem Zeitpunkte seine Schranken angewiesen worden.

Die Lehre von dem Gleichgewicht der bezahlbaren und unbezahlbaren, unveräußerlichen, *unteilbaren* Güter der Menschen wäre die wahre Nationalökonomie. Statt dessen wird die Krankheit unsers Jahrhunderts, sein Widerwille vor allen höheren, unbezahlbaren Gütern, sein unmoralischer Egoismus, nach dem Leisten eines guten und edlen Mannes, der sich, wenn er das Jahr 1816 erlebt hätte, am lebhaftesten von seinen Nachbetern lossagen würde, zum System erhoben und denen, die ihre Versorgung im Staatsdienst suchen (den Zivilsoldaten), als die heiligste Angelegenheit der Menschheit in die Hände gegeben.

KARL HEINRICH RAU
GRUNDSÄTZE DER VOLKSWIRTSCHAFTSLEHRE: EINLEITUNG
1826

I.
WESEN UND TEILE DER POLITISCHEN ÖKONOMIE

§. 1.

Die tägliche Erfahrung zeigt uns, daß sowohl das Dasein, als die Wirksamkeit der Menschen für die verschiedensten Zwecke bedingt sind durch einen Vorrat körperlicher Gegenstände, welche zur Erreichung manchfaltiger Absichten als Hülfsmittel gebraucht werden können. Sie werden *äußere*, oder besser *sachliche Güter* genannt, im Gegensatze der *persönlichen.*

§. 2.

Diejenigen sachlichen Güter, welche sich in der Gewalt irgend eines Subjektes befinden, bilden dessen *Vermögen.* Nur die in das Vermögen gelangten Güter können ganz nach Gefallen des Eigentümers gebraucht werden. Da Niemand den Gebrauch des Vermögens ganz entbehren kann, so ist die Erlangung und Anwendung desselben einer der allgemeinsten und wichtigsten menschlichen Zwecke. Diejenige Beschäftigung, welche darauf gerichtet ist, die Versorgung mit sachlichen Gütern zu bewirken, heißt *Wirtschaft*[(a)], und bildet den Gegenstand der *Wirtschaftslehre* oder *Ökonomie.*

(a) Die *Wirtschaft* kann man sich als die Bearbeitung und Aneignung der äußeren Natur durch den Menschen denken. Vgl. *Zachariä*, vierzig Bücher vom Staate, I., 315. (Stuttg. 1820.) – Indes wird die menschliche Tätigkeit auch noch aus einem anderen Grunde gegen die Natur gerichtet, nämlich um ihren

§. 3.

Der Zweck der Wirtschaft kann betrachtet werden

1) in Beziehung auf ein einzelnes Mitglied der bürgerlichen Gesellschaft und auf eine Familie. Die Regeln, nach welchen in einer solchen die Befriedigung der Bedürfnisse durch Erwerb, Erhaltung und Anwendung sachlicher Güter am vorteilhaftesten vorgenommen wird, bilden den Inhalt der *bürgerlichen Wirtschaftslehre* oder *Privatökonomie*;

2) in Beziehung auf den ganzen Staat. In diesem zeigt sich die nämliche Abhängigkeit von sachlichen Gütern, wie bei den Einzelnen, und das Wohl des Staates ist ebenfalls von dem Besitze eines, die Befriedigung der Bedürfnisse sichernden Vermögens bedingt. Die Wissenschaft von den wirtschaftlichen Angelegenheiten des Staats, oder von der Befriedigung sämtlicher Bedürfnisse in demselben vermittelst sachlicher Güter, ist die *politische Ökonomie, öffentliche Wirtschaftslehre, Staatswirtschaftslehre* im weiteren Wortverstande, franz. économie politique, engl. political economy.

§. 4.

Der Staat besteht

1) aus einer Anzahl von Menschen, welche in gesetzlicher Ordnung beisammen leben. Sie heißen Staatsbürger, sofern sie als Genossen der Staatsverbindung angesehen werden und als solche gewisse Rechte genießen[a]; ihre Gesamtheit ist das *Volk*, die *Nation*, im staatswissenschaftlichen Sinne des Wortes[b];

---

schädlichen Einflüssen auf unseren Körper zu widerstehen. *Rau*, über die Kameralwiss. S. 16. (Heidelb. 1825.)

(a) In dem positiven Staatsrechte hat das Wort *Staatsbürger* auch eine engere Bedeutung, es bezeichnet diejenigen Untertanen, welche zugleich die konstitutionellen öffentlichen Rechte genießen. *Schunk*, Staatsrecht des Königr. Baiern, I., 258. (Erlangen, 1824.)

(b) Wo noch kein Staat besteht, da gibt es also auch kein Volk in diesem Sinne, wohl aber im historisch-genealogischen, in Beziehung auf Abstammung und Absonderung.

2) aus einer höheren Gewalt, welche zur Erreichung derjenigen Zwecke, die in der Bestimmung des Staates liegen, Gesetze gibt und aufrecht erhält. Das mit ihr bekleidete Subjekt ist das *Staatsoberhaupt.* Die höhere Gewalt in abstracto, ohne Rücksicht auf die Beschaffenheit des Oberhauptes, bloß in Bezug auf ihre Bestimmung gedacht, wird *Regierung* genannt, mit welchem Ausdrucke man zugleich die Tätigkeit des Oberhauptes und seiner obersten Beamten zur Leitung der öffentlichen Angelegenheiten bezeichnet.

§. 5.

Da im Staate die Regierung und das Volk zu unterscheiden sind, und bei beiden Bedürfnisse sachlicher Güter vorkommen, so muß sich die politische Ökonomie auch mit den Wirtschaftsangelegenheiten beider beschäftigen (§. 4.)

Die Bedürfnisse des Volkes werden befriediget durch die wirtschaftliche Tätigkeit aller Einzelnen im Staate, welche dabei nur ihren eigenen Vorteil verfolgen. Der Inbegriff dieser wirtschaftlichen Tätigkeiten aller Staatsbürger ist die *Volkswirtschaft.*

§. 6.

Die Volkswirtschaft begreift in sich

a) die Wirtschaften sämtlicher Familien im Staate,

b) die verschiedenen, von den Staatsbürgern betriebenen Gattungen und Arten von Erwerbsgeschäften.

Der Inbegriff aller im Vermögen der Staatsbürger befindlichen sachlichen Güter ist das *Volks- (National-) Vermögen*[(a)],

---

(a) Man darf das Volksvermögen nicht mit dem Nationalreichtum verwechseln, wie dies häufig geschehen ist. Die Veranlassung hiezu kam aus anderen europäischen Sprachen, in denen man für Vermögen und Reichtum (d. h. einen hohen Grad des Vermögens) nur ein und dasselbe Wort hat, französ. richesse, womit man auch den Begriff: sachliches Gut od. Vermögensteil auszudrücken genötiget ist; englisch wealth. Vgl. *Torrens*, product. of wealth, S. 3.

welches ebenso den Gegenstand der Volkswirtschaft bildet, wie das Vermögen Einzelner den der Privatwirtschaft(b).

§. 7.

Die Volkswirtschaft ist nicht eine bloße Anhäufung nebeneinanderstehender Privatwirtschaften; vielmehr zeigt sich bei näherer Betrachtung, daß die letzteren in genauer Verbindung unter einander stehen und zusammen ein ganzes System von Tätigkeiten bilden, welches man mit einem Organismus vergleichen könnte. Dieser Zusammenhang der Volkswirtschaft ist auf folgende Weise zu erklären:

1) der Antrieb, nach dem die Menschen in wirtschaftlichen Angelegenheiten zu handeln pflegen, ist das Verlangen, mit der geringsten Beschwerde ihre Bedürfnisse zu befriedigen und noch darüber hinaus Gütergenuß zu erwerben.

2) die Erfahrung lehrt bald, daß dieses Bestreben sein Ziel leichter erreicht, wenn die Menschen sich in die wirtschaftlichen Verrichtungen teilen, und die dadurch zu Stande gebrachten Früchte unter einander austauschen. Jeder leistet folglich dem Andern einen, auf den Genuß sachlicher Güter sich beziehenden Vorteil, und empfängt von ihnen ähnliche Gegenleistungen.

§. 8.

3) Durch diese Einrichtung gerät Jeder in eine Abhängigkeit von Anderen, die ihn an das gesellige Leben fesselt und ihm die Erreichung aller, durch sachliche Güter erreichbaren Zwecke um sehr Vieles erleichtert. Dieses Band, welches die menschliche Gesellschaft zusammen zu halten beiträgt, ist darum so fest, weil es von den unbezwinglichen Antrieben der Eigenliebe ausgeht.

(b) Das Volksvermögen ist nicht so zu denken, als bestünde es bloß aus solchen Gütern, an deren Eigentum und Gebrauch alle Staatsbürger Teil haben, wie etwa die res publicae der Römer.

4) Da diejenigen Arbeiten, welche Anderen keine Vorteile gewähren, auch von ihnen keine Vergütung erhalten, und Jeder darauf bedacht sein muß, solche Beschäftigungen zu wählen, welche die reichlichste und sicherste Belohnung finden, so geschieht es, daß das, aus eigennütziger Absicht hervorgehende Zusammenwirken aller Einzelnen den Erfolg hat, sämtlichen Bedürfnissen des Volkes abzuhelfen.

5) Der dem Einzelnen zufallende Vorteil steht daher meistens mit der Größe seiner Leistung für die Gesellschaft im Verhältnis.

6) Eine Verbindung durch gegenseitige Leistungen heißt *Verkehr*. Die Volkswirtschaft wird durch den Verkehr mit sachlichen Gütern, z. B. den Tausch, das Leihen etc. zusammengehalten.

§. 9.

Die Tätigkeiten, aus denen die Volkswirtschaft zusammengesetzt ist, sind manchfaltig, und die von ihnen herrührenden Erscheinungen zeigen häufige Veränderungen, die sowohl von den unendlich verschiedenen Kombinationen von Neigungen, Fähigkeiten, Absichten und Gefühlen in den einzelnen Menschen, als in den wechselnden Naturereignissen ihren Grund finden. Dennoch lassen sich in der Handlungsweise der Menschen gleichförmige Regeln erkennen, welche darauf beruhen, daß

1) die Entstehung, Veränderung und Zerstörung der sachlichen Güter festen Naturgesetzen unterworfen sind, weshalb auch ihre Behandlung für gewisse Zwecke so lange dieselbe bleiben muß, bis die Fortschritte in der Kenntnis ihrer Naturbeschaffenheit und in der Kunst, auf sie einzuwirken, Änderungen nach sich ziehen[(a)].

2) Daß auch das Verhältnis des Menschen zu diesen Gütern, als den unentbehrlichen Mitteln zur Erreichung

(a) Beispiel: das Aufwachsen nutzbarer Pflanzen aus den Nahrungsstoffen im Boden und in der Atmosphäre.

der notwendigen Zwecke, im Ganzen unwandelbar ist(b). Im Einzelnen geht allerdings bald in den Bedürfnissen, bald in der Art ihrer Befriedigung ein vielfältiger Wechsel vor.

§. 10.

Die allgemeinen Gesetze, auf welche sich die Erscheinungen in der Volkswirtschaft zurückführen lassen, können

1) aus der Natur des Menschen und der sachlichen Güter als notwendig abgeleitet,

2) aus einzelnen übereinstimmenden Erfahrungen als wirklich bestehend nachgewiesen werden. Diese Erfahrungen dienen auch dazu, solche Gesetze neu aufzufinden; da aber in jedem gegebenen Falle eine eigentümliche Verknüpfung manchfaltiger Umstände obwaltet, so darf man nicht schon aus einzelnen Tatsachen allgemeine Ergebnisse abnehmen, sondern nur

a) aus vielen mit einander übereinstimmenden Tatsachen, welche zugleich

b) vollkommen beglaubigt, und

c) so vollständig bekannt sind, daß man in den Stand gesetzt wird, den Einfluß der verschiedenen einwirkenden Ursachen zu unterscheiden.

Was auf diese Weise bei sorgfältiger Untersuchung als Regel erscheint, muß dann erst mit jenen allgemeinen Tatsachen der Anthropologie, Naturwissenschaft und Gewerbskunde (1) verglichen werden.

§. 11.

Die einfachen volkswirtschaftlichen Gesetze können, wie diejenigen, welche die Naturwissenschaft aufstellt, durch einen Ausdruck in mathematischer Form verdeutlicht wer-

(b) Z. B. die gleichförmigen Ansprüche, die Jeder machen muß, der für eine Vergütung arbeiten oder einen Gegenstand vermieten soll und seine Lage nicht verschlechtern will.

den[a]. Ein solcher ist aber zu einer wirklichen Vorausberechnung des, unter gewissen Umständen zu erwartenden Erfolges nicht brauchbar, weil die Willensfreiheit ihren Einfluß behauptet und die Antriebe, wodurch die Menschen zum Handeln bestimmt werden, meistens nicht äußerlich erkennbar sind, also zweifelhaft bleibt, welche Gesetze überhaupt in Anwendung kommen werden; oft ist wegen der unbestimmbaren Begebenheiten nicht einmal die Art dieses Erfolges vorherzusehen[b][c].

§. 12.

Die Entwicklung der natürlichen Gesetze der Volkswirtschaft ist die Aufgabe des ersten, *theoretischen* Teils der politischen Ökonomie, den man *Volkswirtschaftslehre* nennen kann[a]. Er soll zeigen

---

(a) Der Gebrauch algebraischer Formeln ist von *Canard* angefangen, von *Lange, Kröncke, Gr. Buquoy* u. A. nachgeahmt worden. Sehr zusammengesetzte Formeln verfehlen ihre Bestimmung, weil es bei ihnen schwer wird, die Bedeutung aller Buchstaben im Gedächtnisse zu behalten, einfache können die aufgestellten Sätze anschaulicher ausdrücken.

(b) Gegründete Erinnerungen gegen das zu weit getriebene Bestreben, die volkswirtschaftlichen Lehren zu vereinfachen, woraus notwendig Einseitigkeit, Entfernung von den Ergebnissen reifer Erfahrung und die Gefahr, zu unpraktischen Regeln verleitet zu werden, entspringen, bei *Malthus*, principles of polit. econ., introduct. S. 1. 6.

(c) Wenn z. E. die Ausfuhr einer Ware plötzlich gehemmt wird, und die Frage entsteht, wie weit hiedurch ihr Preis im Lande herabgedrückt werden wird, so kommt es darauf an

1) wie leicht oder schwer sich die Erzeuger entschließen, die Hervorbringung der Ware aufzugeben,

2) ob dieselbe andere Anwendungen findet, oder sonst bedeutend stärker im Lande verbraucht wird, sobald ihr Preis etwas sinkt u.s.w.

(a) Um diesen Teil von dem zweiten, praktischen, zu unterscheiden, kann man ihn als die *theoretische*, und ferner, da in ihm die Volkswirtschaft rein in sich, abgesehen von der Einmischung

1) wie in einem ganzen Volke die zur Befriedigung aller Bedürfnisse erforderlichen sachlichen Güter beigeschafft werden,

2) wie sie in andere Hände übergehen und sich unter die verschiedenen Stände der Gesellschaft verteilen,

3) wie sie bei der Anwendung für die menschlichen Zwecke wieder vermindert und zerstört werden.

§. 13.

Die Volkswirtschaft beruht auf den selbständigen Bestrebungen der Bürger (§. 7.). Diese könnten, wenn sie von der Regierung gelähmt würden, durch nichts Anderes ersetzt werden. Daher haben die in der Volkswirtschaft wirkenden Kräfte auf die sorgfältigste Schonung von Seite der Regierung Anspruch, und weil hiezu die Kenntnis der volkswirtschaftlichen Gesetze nicht entbehrt werden kann, so müssen alle Regeln für das Verfahren der Regierung in wirtschaftlichen Angelegenheiten auf jene Kenntnis gegründet werden. Die Wissenschaft von diesen Regeln bildet den zweiten, *praktischen* Hauptteil der politischen Ökonomie[(a)].

§. 14.

Die Aufgabe der Regierung, in Bezug auf die Versorgung mit sachlichen Gütern, ist eine doppelte (§. 5.):

1) *Beförderung der wirtschaftlichen Zwecke des Volks.* Es liegt weder in den Kräften noch in den Pflichten der Regierung, den Vermögenszustand jedes Staatsbürgers unter ihre Aufsicht und Leitung zu nehmen[(a)]. Aber die Volkswirtschaft im

---

des Staats, betrachtet wird, als die *reine* Volkswirtschaftslehre bezeichnen. Andere Benennungen sind: Theorie des Volksvermögens, Metaphysik der Betriebsamkeit u.s.w.

(a) Er könnte mit der Benennung *praktische* oder *angewandte* Volkswirtschaftslehre belegt werden.

(a) Eine Gemeinschaft der Güter, wie sie alte und neue Politiker (*Platon, Morus* in der Utopia) wünschten, und wie sie in unseren Tagen der Würtemberger *Rapp* in seinem kleinen Staate *Har-*

Ganzen und in ihren Zweigen(b) bedarf einer Unterstützung von der Staatsgewalt, damit sie von Hindernissen befreit und emporgehoben werde, insofern dieser Erfolg von den Einzelnen nicht hinreichend bewirkt werden kann.

2) *Befriedigung* der *eigenen Bedürfnisse* der Regierung. Die Einnahmen derselben rühren unmittelbar oder mittelbar aus dem Volksvermögen her, die *Regierungswirtschaft (Finanzwesen)* ist deshalb auf das Genauste mit Volkswirtschaft verflochten.

§. 15.

Der praktische Teil der politischen Ökonomie, oder die Lehre von der wirtschaftlichen Staatsverwaltung, begreift demnach notwendig zwei Abschnitte in sich:

1) Die Lehre von der *Volkswirtschaftspflege* oder *Wohlstandssorge.* Diese wurde sonst als ein Teil der Polizeigeschäfte angesehen, und war unter den Benennungen *Wirtschafts-, Gewerbs-, Bevölkerungs-, Armen-Polizei* etc. in dem weiten Umfange der Polizei zerstreut; noch jetzt pflegen mehrere hieher gehörige Lehren, z. E. von den Brandversicherungen, von der Armenversorgung, den obrigkeitlichen Taxen der Lebensmittel etc. zur Polizeiwissenschaft gerechnet zu werden. Es ist aber von großer Wichtigkeit, daß die Zweige der Regierungstätigkeit in der Theorie sorgfältig von einander geschieden werden, wenn man es auch in der Ausübung passend finden mag, mehrere derselben mit einander zu verbinden(a).

---

mony erst 1805 in Pensylvanien, dann 1815 in Indiana an den Ufern des Wabasch gründete, würde die Gesellschaft eines der mächtigsten Antriebe zum Kraftgebrauche großenteils berauben, der aber bei hoher Sitteneinfalt und Tugend allerdings entbehrt werden könnte. – Vgl. *v. Jakob*, Nationalök. S. 55 d. 3. A.

(b) Z. E. der Handel, die Forstwirtschaft etc.

(a) In Deutschland werden oft die Volkswirtschaftslehre und die Lehre von der Wohlstandssorge zusammengenommen durch

2) Die Lehre von der *Regierungswirtschaft* oder die *Finanzwissenschaft*, die auch im engern Sinne des Worts *Staatswirtschaftslehre* heißt.

§. 16.

Der Güterverkehr der Menschen erstreckt sich über die Grenzen des einzelnen Staates hinaus, und verbindet mehrere Länder, selbst mehrere Erdteile mit einander. Deshalb ist die Annahme einer großen Weltwirtschaft, die wenigstens alle gebildeten Völker der Erde umschlingt, nicht unstatthaft. Könnten in diesem umfassenden Ganzen die einzelnen Glieder so innig verbunden sein, und in solcher Wechselwirkung stehen, als es bei den Bestandteilen der Volkswirtschaft der Fall ist, so würden sich für jenes allgemeine Gesetze aufstellen lassen, die man aus der Volkswirtschaftslehre schöpfen könnte, wenn man von allem demjenigen absähe, was sich auf die Besonderheit eines Volkes bezieht.

§. 17.

Diese Voraussetzungen (§. 16.) treffen aber nicht wirklich ein. Der Verkehr kann zwischen den Völkern nicht die Le-

---

die Benennungen Nationalwirtschaftslehre, Nationalökonomie, bezeichnet. Letzterer Ausdruck wurde schon 1774 von dem italienischen Schriftsteller *Ortes* gebraucht (economia nazionale), in Deutschland führten ihn 1805 *v. Jakob* u. Gr. *v. Soden* ein, den Franzosen u. Engländern ist er unbekannt, auch erkennen beide keine weitere Einteilung der pol. Ökonomie in bestimmte Hauptteile mit besonderen Benennungen an. Jener Gebrauch des Wortes *Nationalökonomie* dürfte immerhin beibehalten werden, wenn nur die wirkliche Verschmelzung der beiden unter ihm begriffenen Teile, also das Durcheinandermengen theoretischer u. praktischer Lehren, ganz unterbliebe. Auf keine Weise aber läßt sich rechtfertigen, wenn man die Verbindung dieser beiden Teile mit dem Namen *Staatswirtschaftslehre* belegt, der dem Wortverstande nach diese Bedeutung nicht haben kann. Vgl. *Rau*, über die Kameralwissenschaft. S. 33.

bendigkeit erreichen, die er innerhalb eines Volkes zwischen dessen Gliedern hat, und er kann keine solche Gleichförmigkeit des Erfolges herbeiführen,

1) weil schon das Beisammenleben der Menschen in einem Lande die wirtschaftlichen Verbindungen sehr erleichtert[(a)],

2) weil die Gemeinschaft der Sprache, der Sitten, der Abstammung, ferner die genauere Bekanntschaft unter den Gliedern eines Volkes und dergl. auf ähnliche Weise wirken,

3) weil die Staatseinrichtungen dem inneren Verkehr besondere Sicherung und Erleichterung gewähren.

§. 18.

Allerdings gibt es viele Lehrsätze der Volkswirtschaftslehre, welche ganz im Allgemeinen von dem Verkehre der Menschen gelten, ohne sich auf die Abgrenzung der Staatsgebiete zu beziehen; z. B. die Bestimmgründe des Preises, das Wesen des Geldes, des Kredites. Es lassen sich aber auch viele andere Lehren angeben, welche ganz wesentlich die Rücksicht auf ein besonderes (nur nicht gerade auf irgend ein bestimmtes) Land voraussetzen. Die Lage, Naturbeschaffenheit, Bevölkerung des Landes, die herrschenden Gewerbe, der Handel mit anderen Völkern und dergl. geben der Volkswirtschaft ihre Besonderheit, welche man notwendig im Sinne haben muß, um von der Menge des umlaufenden Geldes, von dem Verhältnis zwischen Ein- und Ausfuhr, von dem Gleichgewichte zwischen Erzeugung und Verzehrung und ähnlichen Dingen sprechen zu können. Diese Besonderheit muß auch von der Regierung aufgefaßt und berücksichtiget werden; daß die Regierungsmaßregeln gerade auf die Beförderung der Wirtschaft des einzelnen Volkes gerichtet werden, erheischt schon die Selbsterhaltung des Staates. Die Wissenschaft hat die Aufgabe, die verschiedenen möglichen Gestaltungen dieser volkswirtschaftlichen Verhältnisse zu untersuchen; zieht sie neben

(a) Einfluß der Frachtkosten auf die Beschränkung des Verkehrs.

dem inneren auch den auswärtigen Verkehr eines Volkes in Erwägung, so bleibt die Ansehung jener großen, durch alle Erdteile sich ziehenden Wirtschaft nichts mehr unerforscht; man darf sie demnach nicht als ein höheres Ganzes anderer Art betrachten.

II.
ÄUSSERE VERHÄLTNISSE DER POLITISCHEN ÖKONOMIE.

§. 19.

Die Volkswirtschaftspflege sowohl als die Regierungswirtschaft gehören unter die Zweige der Staatsverwaltung, d. h. der von der Regierung ausgehenden Tätigkeit zur Erreichung der Staatszwecke. Diese Zwecke müssen aus der höchsten Bestimmung, die der Staat den Aussprüchen der Vernunft zufolge hat, abgeleitet werden. Derjenige Teil der Staatswissenschaft, welcher die Idee des Staats aufstellt, und daraus die Grundverhältnisse desselben und die Richtungen der Regierungstätigkeit entwickelt, ist folglich die Quelle, von welcher die allgemeinen praktischen Lehren für jeden Verwaltungszweig fließen.

§. 20.

Die Staatswissenschaft hat unter anderen nachzuweisen, wie die Verpflichtung der Regierung entspringt, zu den wirtschaftlichen Zwecken im Staate mitzuwirken. Dies ergibt sich für das Finanzwesen aus den eigenen Bedürfnissen der Regierung (§. 14.), für die Volkswirtschaftspflege aber

1) aus dem mächtigen Einfluß eines günstigen Vermögensstandes auf die übrigen Staatszwecke,

a) indem, so lange nicht die dringendsten Bedürfnisse der Staatsbürger befriediget sind, die Sicherheit häufig unterbrochen wird, ungeachtet aller Maßregeln im Gebiete der Rechtspflege und Polizei, dagegen mit den Fortschritten des Wohlstandes und des Fleißes auch die Achtung vor dem Rechte des Eigentums zunimmt;

b) weil ein reichliches Vermögen zugleich Hülfsmittel darbietet, um diejenigen Bestrebungen zu unterstützen, deren Früchte das Leben verschönern und veredeln. Mit dem auf eigener Arbeit des Volkes ruhenden Wohlstande pflegt auch die Bildung gleichen Schritt zu halten, und es besteht, wie die Geschichte bezeugt, zwischen beiden eine innige Wechselwirkung;

c) weil auch die Regierung in den Stand gesetzt wird, mehr Einkünfte zu beziehen, und sowohl für die Befestigung der Sicherheit als für die Beförderung der allgemeinen Wohlfahrt wirksamer zu sein.

2) aus dem allgemeinen staatswissenschaftlichen Satze, daß die Regierung da eingreifen müsse, wo ein für die Staatszwecke wichtiger Erfolg von den Bürgern selbst nicht hinreichend hervorgebracht werden kann.

§. 21.

Demnach gehören die allgemeinen staatswissenschaftlichen Lehren unter die Grundlagen, auf welche der praktische Teil der politischen Ökonomie sich stützt. Dieser entspringt aus der Verbindung jener Lehren mit der Theorie des Volksvermögens, und muß zugleich, wenigstens seinen Hauptgedanken nach, in der Staatsverwaltungslehre, einem Teile der Staatswissenschaft, eine Stelle erhalten. Doch kann er in dieser Stellung nicht so ausführlich bis ins Einzelne der zu ergreifenden Maßregeln abgehandelt werden, als in der Wirtschaftslehre(a). Da aber die wirtschaftlichen Zwecke

(a) Ein ähnliches Verhältnis findet bei mehreren Staatsverwaltungsgegenständen statt. Die Staatswissenschaft muß das Einzelne der Strategik, Taktik sowie des Festungsbaues und der Waffenlehre der Kriegskunst überlassen, aber aus ihr die allgemeinen Sätze über die Herbeischaffung der Verteidigungsmittel, die verschiedenen Arten der bewaffneten Macht usw. aufnehmen. Ebenso muß das, was in der Polizeiwissenschaft über die Gesundheitspflege vorkommt, in der Medizin begründet u. weiter ausgeführt werden, und in derselben Beziehung steht die Volksbildungslehre zur Pädagogik.

nicht die einzigen im Staate sind, so werden in der Staatswissenschaft die Regeln der Wohlstandssorge und des Finanzwesens durch die Rücksichten auf andere Zwecke beschränkt und bedingt werden müssen. – Eine andere Folge dieses Verhältnisses ist, daß die Volkswirtschaftslehre unter die Grundwissenschaften der Staatswissenschaft gehört.

§. 22.

In der politischen Ökonomie werden vielfältig die Lehren der bürgerlichen Wirtschaftslehre, hauptsächlich der Gewerbskunde, (Bergbau-, Land- und Forstwirtschaftslehre, Technologie und Handelslehre) benutzt:

1) viele Sätze der Volkswirtschaftslehre sind aus jenen abstrahiert oder finden doch in denselben ihre Erläuterung und Nachweisung;

2) ebenso bedarf der praktische Teil der politischen Ökonomie des Beistandes der Gewerbskunde, sowohl wegen der zur Beförderung des Gewerbswesens zu treffenden Maßregeln, als für den Selbstbetrieb von gewissen Gewerben durch die Regierung und die Besteuerung des Gewerbsertrags.

§. 23.

Die Kenntnis der wirklichen Staaten wird aus der *Staatengeschichte* für die Vergangenheit, aus der *Staatenkunde (Statistik)* für die Gegenwart erlangt. Die neuere Geschichte der Staaten insbesondere, für die Ausübung lehrreicher als die ältere, bietet eine Fülle der schätzbarsten Erfahrungen dar über mancherlei von den Regierungen angewendete Mittel und die günstigen oder nachteiligen Folgen derselben (vgl. §. 10.). Diese Belehrung ist darum um so weniger entbehrlich, weil man überhaupt in der Staatsverwaltung nicht leicht ohne Gefahr Versuche anstellen kann.

§. 24.

Die *Statistik* enthält die sämtlichen Tatsachen, welche den Zustand der Staaten in einem gegebenen Zeitpunkte (gewöhnlich in der Gegenwart) darzustellen geschickt sind. Die Vermögensangelegenheiten nehmen unter den Gegenständen der Statistik eine besonders wichtige Stelle ein, weil sie am leichtesten einen bestimmten Ausdruck in Zahlen zulassen, der in jener Wissenschaft sehr wünschenswert ist. Die statistischen Angaben über Hervorbringung, Verteilung, Besitz und Verzehrung der sachlichen Güter in jedem Volke und über das Finanzwesen sind für die politische Ökonomie äußerst lehrreich, sie dienen, deren Inhalt zu bestätigen, zu erweitern, zu berichtigen und auf besondere Fälle anzuwenden. Wiederum gewährt auch die politische Ökonomie bei den statistischen Forschungen große Hülfe, weil sie die Gesichtspunkte bemerklich macht, nach welchen die Tatsachen gesammelt und geordnet werden können.

§. 25.

Die politische Ökonomie zeigt sich in folgenden Beziehungen lehrreich und in das wirkliche Leben eingreifend:

1) Sie gibt dem Staats- und Gemeindebeamten im Polizeifache (nach der weiteren Bedeutung dieses Wortes) die leitenden Regeln für einen wichtigen Teil seines Berufes. (§. 15. Satz 1.)

2) Sie belehrt den Finanzbeamten über die Grundsätze seines ganzen Wirkungskreises.

3) Sie leistet auch den Beamten in anderen Gebieten der Staatsverwaltung nützliche Dienste, namentlich den Justizbeamten,

a) weil ohne Berücksichtigung ihrer Lehren die Rechtsgesetze über viele das Vermögen betreffende Angelegenheiten nicht volle Zweckmäßigkeit erlangen können, z. B. Gesetze über Wucher, bäuerliche Verhältnisse,

b) weil aus ihr auch für die Anwendung der Rechtsgesetze auf viele Anstalten und Verhältnisse der Gesellschaft ein helles Licht fällt.

4) Sie gibt jedem denkenden Staatsbürger schätzbare Aufschlüsse über viele Erscheinungen des täglichen Lebens, die zwar zu allgemeiner Aufmerksamkeit und Teilnahme anregen, aber ohne Hülfe der Wissenschaft nicht gründlich beurteilt werden können.

5) Sie läßt den Gewerbsmann die Stelle, die sein Nahrungszweig im ganzen Gewerbswesen einnimmt oder einnehmen kann, erkennen, und deutet ihm an, welche Fortschritte die gemeinnützigsten, sichersten und einträglichsten sein werden.

§. 26.

Die Ergebnisse der öffentlichen Wirtschaftslehre sind auch, wenn man die Angelegenheiten des Menschengeschlechtes aus einem allgemeinen moralischen und weltbürgerlichen Gesichtspunkte betrachtet, im hohen Grade beruhigend und erfreulich.

1) Das in der Mehrzahl der Menschen gebieterisch wirkende Verlangen nach Besitz und Genuß sachlicher Güter ist dann der rechtlichen und sittlichen Ordnung widerstrebend, wenn zu seiner Befriedigung kein anderes Mittel offen steht, als der Mißbrauch der Gewalt zur Unterdrückung der Schwächeren, es sei nun einzelner Menschen, oder ganzer Klassen, oder vollends anderer Staaten. Das auf solche Weise gewonnene Vermögen zeigt aber auch keinen günstigen Einfluß auf diejenigen, welche es an sich bringen.

§. 27.

2) Fleiß und Geschicklichkeit in der Arbeit erscheinen dagegen als die einzigen allgemein und fortdauernd anwendbaren und sicheren Mittel, sich reichlichen Genuß der sachlichen Güter zu verschaffen. Sie sind zugleich der Entwicklung der höheren Anlagen des Menschen höchst förderlich, wie auch der durch sie errungene Reichtum für die Zwecke des Staates ersprießlich wird (§. 20.)

3) Zunahme der Betriebsamkeit und des Wohlstandes tragen nicht bloß zur Wohlfahrt jedes einzelnen Staates bei,

sondern auch zur Einführung und Befestigung eines völkerrechtlichen und befreundeten Verhältnisses zwischen den Staaten. Je mehr die Pflege der friedlichen Künste mit Liebe geübt wird, desto mehr erstarkt die Überzeugung, daß die Blüte anderer Staaten dem einzelnen nicht hinderlich, vielmehr vorteilhaft sei.

III.

VON DEN SYSTEMEN DER POLITISCHEN ÖKONOMIE.

§. 28.

Die Alten drangen in das Wesen der Volkswirtschaft nicht tief ein und viele der wichtigsten Gegenstände, z. E. die Lehre von dem Kapitale, blieben ihnen ganz fremd; daher beschränkte sich die Wohlstandssorge auf einfache Maßregeln, deren Zweckmäßigkeit leicht zu beurteilen war; auch das Finanzwesen beruhte nicht auf festen Grundsätzen, und zeigte oft nur das Bestreben, auf den kürzesten Wegen, ohne Beachtung der Folgen, Einkünfte für die Staatskasse zu gewinnen[a]. Unter die Ursachen dieser Unbekanntschaft mit den inneren Gesetzen des Nahrungswesens gehört die zum Teile aus der Sklaverei zu erklärende allgemeine Geringschätzung der stoffveredelnden Gewerbe *(Gewerke)*, und, was insbesondere die *Griechen* betrifft, die, alle Aufmerksamkeit auf sich ziehende Regsamkeit des öffentlichen Lebens, wobei die Staatsformen, die Parteiungen im Innern, und die Verhältnisse zu anderen Staaten keine Vorliebe für Wirtschaftsgegenstände aufkommen ließen.

(a) Indes fehlt es in der Staatsverwaltung des Altertums, soweit sie uns bekannt geworden ist, nicht an wohlberechneten, den Ortsverhältnissen angemessenen Einrichtungen, obgleich die vielen großen Anstalten, die den Gewerbfleiß der neueren Völker unterstützen, jenem Zeitalter verborgen blieben.

§. 29.

Die philosophischen Schriftsteller der Griechen, unter denen *Xenophon* und *Aristoteles* am meisten hieher gehöriges haben, während *Platons* Aussprüche im Zusammenhange mit seinem ganzen philosophischen Systeme genommen werden müssen, und deshalb weniger für die Ansichten seiner Zeit beweisen, betrachteten den Gütererwerb eben sowohl als alle Staatsangelegenheiten von der moralischen Seite. Das Vermögen erschien ihnen daher nur als das Mittel zu einem edlen und wohltätigen Leben schätzenswert, das unbegrenzte, aus Genußsucht hervorgehende Streben nach Reichtum dagegen unsittlich, indem das wahrhafte Bedürfnis äußerer Güter seine Grenzen habe. Deshalb, und weil man bei den Erwerbsbeschäftigungen zugleich den Einfluß beachtete, den sie auf geistige und körperliche Bildung des Menschen zu haben schienen, wurde der Landbau für das einzige Gewerbe gehalten, welches eines freien, feingesitteten Mannes würdig sei; an die Gewerke und Lohnarbeiten knüpfte sich die Vorstellung von Unanständigkeit und schimpflicher Abhängigkeit von Anderen; auch der Handel, obschon als nützlich anerkannt in Ansehung der Güter, die er herbeiführt, wurde doch den wucherlichen Erwerbskünsten beigesellt, während über die Natur des Geldes eine richtige Meinung bestand. So zeigt sich, daß bei einzelnen hellen Blicken in das wirtschaftliche Gebiet doch der Zusammenhang desselben noch nicht gefaßt wurde.

§. 30.

Die *Römer* gingen in diesem Gegenstande nicht weiter als ihre Lehrer, die Griechen, auch vermochte bei ihnen eben so wenig als bei diesen das tadelnde Urteil der Schriftsteller die für unsittlich erklärten Erwerbsmittel außer Gebrauch zu bringen.

§. 31.

Während des Mittelalters ruhten die Untersuchungen über Wirtschaftsangelegenheiten; gegen das Ende dieses Zeitraums entstand die äußere Veranlassung, welche ihre Wiedererweckung herbeiführte. Die Regierungen fanden sich durch die Vergrößerung ihrer Ausgaben und die Schwierigkeiten, welche mit der Aufbringung der dazu erforderlichen Staatseinkünfte verknüpft waren, bewogen, nicht nur mehr Ordnung in ihre eigene Wirtschaft zu bringen, sondern auch mehr Aufmerksamkeit als bisher auf die Gewerbe der Bürger zu verwenden, und zur Erhöhung des Volkswohlstandes nachdrückliche Maßregeln zu versuchen. Noch fehlte es an festen Grundsätzen zu diesem Behufe, der einzuschlagende Weg mußte erst gefunden werden. Als nun ausgezeichnete Staatsmänner mit Erfolg zu wirken angefangen hatten, nahm man nicht bloß bereitwillig ihr Verfahren zu einem Vorbilde für die Ausübung, sondern trug auch kein Bedenken, theoretische Sätze aus demselben herzuleiten. So geschahen die ersten Schritte in der wissenschaftlichen Behandlung des Gegenstandes, wobei, wie es unvermeidlich war, Wahres und Irriges untereinander gemengt den Inhalt der neuen Theorien bildete. Vor Allen waren es zwei französische Staatswirte, *Sully* und *Colbert*, auf welche man in diesem Sinne die Blicke heftete.

§. 32.

Maximilien de Bethune, Marquis de Rosny, späterhin zum *Duc de Sully* erhoben, geb. 1560, gest. 1641, leitete von 1589 bis 1610 unter *Heinrich IV.* die französische Staatswirtschaft. Der Hauptgegenstand seiner Bemühungen war, die unglaubliche Zerrüttung im Finanzwesen, die Zersplitterung und Veruntreuung der Staatseinkünfte, die Bedrückungen der Finanzpachter zu beseitigen. Dies gelang ihm auf das Vollständigste; auch legte er den Grund zu einer Verbesserung des Staatsrechnungswesens. In der Überzeugung, daß die Landwirtschaft die Hauptquelle des Volkswohlstandes sei, ließ er sich die Emporbringung dieses Gewerbes angelegen sein, was bei der bedrängten Lage der, von vieljährigen Kriegsleiden niedergebeugten französischen Landwirte doppelt nötig war. Auch hierin war sein Bestreben erfolgreich, er befreite den Landbau von manchen Lasten, gab dem Getreidehandel Freiheit, und erhöhte dadurch die Betriebsamkeit im ganzen Lande.

§. 33.

Das Zeitalter *Sully's* hatte nicht genug Empfänglichkeit für seine Grundsätze, weil es nach einer andern Richtung hingerissen wurde. Die Entdeckung des Wasserweges nach Ostindien hatte den Portugiesen den überaus einträglichen ostindischen Handel, die Entdeckung Amerika's den Spaniern die reichen Gold- und Silberbergwerke von Mexiko, Peru und Chili eröffnet. Die Holländer traten gegen Ende des 16. Jahrhunderts als Nebenbuhler der Portugiesen auf, verdrängten dieselben gänzlich und erreichten durch den Kolonialhandel einen, Staunen erregenden Grad von Reichtum und Macht. Auch die Engländer nahmen, seitdem *Elisabeth* und *Cromwell* den Seehandel zu heben begonnen hatten, an diesen Gewinnsten Teil. Die edlen Metalle strömten aus Amerika nach Europa, erhöhten die Preise aller Dinge, belebten die Gewerbe, und wurden deshalb als das wünschenswerteste sachliche Gut angesehen, durch dessen Besitz man unfehlbar reich und mächtig wurde. Der Sinn der Regierungen lenkte sich allgemein auf den auswärtigen Handel; auch die Schriftsteller teilten die Meinung, daß er das Hauptmittel sei, um Geldreichtum zu erlangen. So bildeten sich allmählich die Regeln aus, die man jetzt in ihrem Zusammenhange das *Handels- (Merkantil-) System* nennt.

§. 34.

Jean Baptiste Colbert's Finanzverwaltung trug zur Entwicklung des Handelssystems viel bei, indem die demselben angehörenden Regeln von jenem beharrlicher und in größerer Ausdehnung, als zuvor, in Ausübung gebracht wurden, weshalb man ihn sehr häufig als Vorbild aufstellte. Er war geb. 1619, wurde 1661 Contrôleur général des finances (Finanzminister), starb 1683. Wie *Sully* fand auch er große Verwirrung im Finanzwesen vor, deren Hebung ihm so gut gelang, daß er das reine Staatseinkommen von 32 auf 92 Mill. Liv. erhöhte. Da die Verschwendung eines üppigen Hofes und mehrere Kriege die Staatskasse in hohem Grade in Anspruch nahmen, so faßte er den Gedanken, dadurch neue Hülfsquellen zu eröffnen, daß er Fabriken und Handel in Schwung setzte und so den allgemeinen Wohlstand erhöhte. Ermunterungen und Prämien zogen geschickte Künstler herbei, die Seidenfabriken zu *Lyon* und *Tours*, die Tuchfabriken zu *Sedan, Abbeville* etc., die Strumpf- und Tapetenwirkereien, die Spiegelfabriken und andere mehr hoben sich auf überraschende Weise. Eine Flotte ward zur Erweiterung des Seehandels errichtet, Handelsverträge beförderten den Absatz französischer Waren in anderen Ländern, große Handelsgesellschaften kamen zufolge erteilter Privilegien zu Stande. Indes gesellten sich zu den bedeutenden Vorteilen, für die ihm noch jetzt Frankreich dankbar ist, auch manche Nachteile. Das künstliche Zollwesen, durch welches dem Handel mit dem Auslande eine solche Richtung gegeben werden sollte, daß er am meisten Geld einbrächte, noch mehr aber die vielen Verordnungen, vermittelst deren man die pünktlichste Beobachtung des bei den verschiedenen Gewerbszweigen damals üblichen Verfahrens erzwingen wollte, beengten den Fortgang des Gewerbsfleißes; zugleich aber verfiel die Landwirtschaft wegen der Bedrückungen, die den anderen Gewerben zu Liebe über sie ergingen.

§. 35.

Der Grundirrtum des *Handelssystems* liegt in dem falschen Schlusse, daß, wie der einzelne Bürger sich durch Geldgewinn bereichert, so auch in einem ganzen Volke die Vermehrung des Metallgeldes das beste Mittel zur Erhöhung des Wohlstandes sei. Von diesem Satze vermochte man sich nicht loszureißen, ob man gleich auch nicht verkennen konnte, daß das Geld für sich gar kein menschliches Bedürfnis zu befriedigen tauglich sei. Für Länder, die nicht aus eigenen Bergwerken Gold und Silber erhalten können, bot sich kein anderes Mittel dar, in den Besitz dieser Stoffe zu gelangen, als sie im auswärtigen Handel vom Auslande herbeizuziehen. Dies glaubte man dann bewirken zu können, wenn viele im Lande erzeugte Waren zu anderen Völkern hinausgeführt, aber nur wenige fremde hereingebracht würden, weil dann der ganze Überschuß der Ausfuhr über die Einfuhr vom Auslande in Geld bezahlt werden müsse. Der Unterschied zwischen der Größe der Aus- und Einfuhr wurde *Handelsbilanz* genannt, und dieselbe dann als günstig angesehen, wenn die Ausfuhr größer war als die Einfuhr. Der innere Handel, da er keine Vermehrung der Geldmenge bewirkt, erschien als gleichgültig oder doch unbedeutend.

§. 36.

Zur Gewinnung einer soviel als möglich günstigen Handelsbilanz, auf deren genaue Berechnung man viele Mühe verwendete, trachtete man darnach, alle Zweige von Fabrikarbeit im eigenen Lande hervorzurufen, damit man nicht bloß keine Kunstwaren von Außen einzukaufen brauchte, sondern noch große Vorräte derselben auszuführen hätte. Die Mittel, welche für diesen Zweck in Anwendung gebracht und empfohlen wurden, waren folgende:

1) Man suchte durch Verbote, oder wenigstens durch erschwerende Zölle zu verhindern, daß

a) fremde Fabrikwaren eingeführt, und

b) rohe inländische Stoffe ausgeführt würden. Letztere Maßregel beabsichtigte teils, daß die Ausländer genötigt würden, statt des rohen Stoffes vielmehr die daraus verfertigte Ware zu kaufen, teils aber, daß die inländischen Fabrikanten die Stoffe und Lebensmittel wohlfeil einzukaufen Gelegenheit hätten.

2) Dagegen wurde freigegeben oder noch besonders mit Prämien begünstiget

a) die Ausfuhr von Fabrikwaren,

b) die Einfuhr roher Stoffe.

3) Das Ausführen von Gold und Silber wurde auf das Nachdrücklichste verboten.

4) Zur Errichtung neuer Gewerkszweige wendete man

Belohnungen, Vorschüsse und mancherlei andere Ermunterungsmittel an.

5) Handelsverträge mit anderen Staaten sollten die Ausfuhr von Landeserzeugnissen befördern.

6) Privilegierte Handelsgesellschaften wurden hervorgerufen, um schwierigere Zweige des auswärtigen Handels zu unternehmen.

7) Man strebte nach dem Besitze von Kolonien in anderen Erdteilen, die man dann lediglich als Mittel behandelte, sowohl um den Fabriken des Mutterlandes größeren Absatz zu verschaffen, als um zu einem einträglichen Handel mit Kolonialwaren Gelegenheit zu geben.

§. 37.

Man findet die einzelnen, dem Handelssysteme angehörenden Sätze schon bei Schriftstellern des 16. Jahrhunderts, noch häufiger bei solchen, die im 17. und in der ersten Hälfte des 18. Jahrhunderts über Gegenstände der politischen Ökonomie schrieben. Indes findet sich zwischen ihnen keineswegs eine vollständige Übereinstimmung in Ansehung der obigen Sätze (§. 35. 36.); manche weichen in Hauptpunkten, z. B. in der Würdigung des inneren Verkehres und der Bestimmung des Geldes so sehr von der Mehrzahl ab, daß man versucht wäre, sie zu einem der späteren Systeme zu rechnen, wenn nicht der hohe Wert, den sie auf die günstige Handelsbilanz legen, sie als Anhänger des Handelssystemes bezeichnete.

§. 38.

Das zweite System der politischen Ökonomie, das *physiokratische*(a) oder *ökonomistische*, entstand in Frankreich um die Mitte des 18. Jahrhunderts, veranlaßt von dem Anblick des traurigen wirtschaftlichen Zustandes, welcher dort unter der

(a) *Physiokratie*, wörtlich durch Naturherrschaft zu übersetzen; die »natürliche Ordnung, l'ordre naturel«, gehörte unter die Losungswörter des schlechthin sogenannten »Systems«.

verschwenderischen Regierung Ludwigs XV. zu finden war. Der Stifter dieser Theorie war *François Quesnay*, geb. 1694, gest. 1777. Er und seine Anhänger wurden durch den Verfall des Landbaues am meisten angeregt, und wandten sich deshalb auf den von *Sully* betretenen Weg. Die Physiokraten blieben indes nicht bei den wirtschaftlichen Angelegenheiten stehen, sondern stellten überhaupt das Ideal einer vollkommenen Staatseinrichtung auf, in welcher Recht, Tugend und Wahrheit herrschten, und weder Armut noch Willkür vorkämen. Diese aus den Gebieten der Wirtschafts-, Sitten- und Rechtslehre zusammengefügten Sätze wurden mit lebhafter Phantasie, mit Begeisterung für das Gute und nicht ohne dialektische, ja sogar sophistische Kunst zu einem, dem Scheine nach wohlverbundenen Lehrgebäude verwebt, welches durch diese spekulative Form wie durch seine Grundgedanken dem Handelssysteme gerade entgegen gesetzt war.

§. 39.

Die Physiokraten gehen von der Annahme aus, daß, da alle materiellen Dinge durch die Natur hervorgebracht und von der Erde gewonnen würden, die Bearbeitung des Bodens die einzige Beschäftigung sei, welche die Gütermasse zu vermehren vermöge. Die weitere Verarbeitung der Stoffe und der Umtausch im Handel können keine neuen Güter erzeugen, sie erhöhen nur den Wert der Stoffe um so viel, als während und zum Behufe dieser Verrichtungen andere Bodenerzeugnisse verzehrt werden. Demnach ist es allein der Landbau, durch welchen ein Überschuß von Erzeugnissen über die aufgewendeten Kosten, als Geschenk der Naturkräfte, gewonnen wird. Für diesen Überschuß wurde der Kunstausdruck *reiner Ertrag*, produit net, eingeführt(a).

(a) Genauere Bestimmung der, von dem *rohen Ertrage* abzuziehenden *Kulturkosten*, reprises de la culture:

1) Ersatz der *jährlichen Auslagen*, avances annuelles, welche alle Jahre von Neuem zur Erzielung des Rohertrags aufgewendet werden müssen,

§. 40.

Die von dem rohen Ertrag vor Allem zu bestreitende Erstattung der Kulturkosten bildet das Einkommen der Landwirte, welche die *hervorbringende Klasse* (classe productive) der Gesellschaft genannt werden. An diese schließen sich die *Grundeigentümer*, classe des propriétaires, wohin auch die Zehntberechtigten und das Staatsoberhaupt gerechnet werden; dieser Klasse wird der reine Ertrag von den Landwirten entrichtet[(a)]. Beiden steht die *unfruchtbare Klasse*, classe stérile, aus allen übrigen Ständen bestehend, gegenüber, welche zwar mancherlei Nutzen für die Gesellschaft durch ihre Tätigkeit zu Wege bringt, nur aber nichts zur Vermehrung des Vermögens beitragen und von wirtschaftlicher Seite bloß durch ihre Ersparungen nützlich werden kann. Sie erhält die

---

2) Vergütung für die *ursprünglichen* oder *Bestandauslagen*, avances primitives, die nämlich für die, zum Betriebe der Landwirtschaft erforderlichen Einrichtungen, als Geräte, Vieh und dergleichen gemacht werden mußten, und von denen jährlich beträchtliche Zinsen erstattet werden müssen. Diese Bestandauslagen sollen nach *Quesnay* ungefähr 5 mal soviel als die jährlichen betragen.

(a) In dem reinen Einkommen liegt indes, nach der Meinung der Physiokraten, auch noch der Ersatz einer Art von Kosten, nämlich der sogenannten *Grundauslagen*, avances foncières, welche zum Behufe der Urbarmachung und der Bodenverbesserungen (Meliorationen) gemacht worden sind und deren Wirkung fortdauernd ist. Die Grundeigentümer haben das Verdienst, diese Auslagen unternommen zu haben und sie noch stets zu vermehren, und daher erscheint der reine Ertrag nicht ganz als Geschenk der Natur. Überhaupt sucht das physiokratische System die Grundeigentümer sehr zu begünstigen, sie werden als die Bürger im vorzüglichen Sinne, als die Beschirmer der anderen Stände dargestellt, weshalb sie auch bei der landständischen Verfassung allein Repräsentanten werden sollen. Offenbar waren es nicht diese Sätze, sondern die naturrechtlichen, wegen deren man die Physiokraten beschuldigte, mit zum Ausbruche der französischen Revolution, obgleich ohne es zu wollen, beigetragen zu haben.

benötigten sachlichen Güter von den ersteren Klassen zur Bezahlung der Dienste, die sie ihr leistet.

§. 41.

Aus diesen Vordersätzen wurden hauptsächlich nachstehende Regeln abgeleitet:

1) Die Landwirtschaft verdient die besondere Begünstigung der Regierung; besonders ist darauf zu sehen, daß die produktiven Auslagen nicht vermindert, sondern sogar erweitert werden.

2) Man muß zum Besten der Landwirte alle, die Freiheit der Bodenbenutzung hemmenden Lasten entfernen und den Absatz ihrer Erzeugnisse sowohl im In- als im Auslande befördern, um ihre Einnahme zu vergrößern.

3) Handel und Gewerke müssen ebenfalls ganz von allen Beschränkungen befreit sein, weil die auf beide zu verwendenden Ausgaben unproduktiv sind und die freie Konkurrenz die gute Folge hat, daß die Gesellschaft die Befriedigung ihrer Bedürfnisse durch jene Ausgaben so wohlfeil als möglich bewerkstelligen kann.

4) Da alle Staatsabgaben nur aus dem Überschusse der Erzeugnisse über die Kosten bestritten werden können, und dieser Reinertrag sich nur in den Händen der Grundeigentümer befindet, so fallen denselben auch alle jene Abgaben zur Last, indem die anderen Klassen nur durch das, was sie für ihre Dienste von den Grundeigentümern einnehmen, in den Stand gesetzt werden, Steuern und andere Abgaben an den Staat zu bezahlen. Daher ist es am bequemsten, statt aller Abgaben nur eine einzige, nämlich eine *Grundsteuer*, einzuführen, welche dasjenige auf dem kürzesten Wege und mit den geringsten Erhebungskosten von den Grundeigentümern nimmt, was sie doch, nur unter mancherlei Formen, zu bezahlen hätten[(a)].

(a) Versuch, diese einzige Grundsteuer, das berühmte impôt unique, in *Baden* einzuführen. *S. v. Drais*, Baden unter Karl Friedrich, I., 315. Der Versuch mißlang, aber auch sein Ge-

§. 42.

Das physiokratische System, ungeachtet seiner Einseitigkeit und der Unhaltbarkeit seiner Grundsätze, hatte doch das Verdienstliche, ein Beispiel tieferer Forschung über volkswirtschaftliche Gegenstände zu geben, die Wichtigkeit des Landbaus gegen das Handelssystem geltend zu machen, der Freiheit in Gewerbssachen das Wort zu reden und den Glauben an die große Bedeutung der Handelsbilanz zu bestreiten. Außer Frankreich fand dasselbe hauptsächlich in Deutschland eifrige Anhänger, wider welche auch mehrere Gegner auftraten.

§. 43.

Das *dritte System* ist das, nach seinem Urheber, dem Schotten *Adam Smith* (geb. 1723, gest. 1790) benannte *smithische* oder *Industriesystem*. Ein Teil der zu demselben gehörenden Lehrsätze war schon von früheren Schriftstellern ausgesprochen worden, aber Niemand hatte sie vor *Smith* in solchem Zusammenhange vorgetragen und solche Folgerungen aus ihnen abgeleitet. *Smiths* Lehrgebäude ist von der Einseitigkeit der beiden früheren Systeme entfernt, obgleich es mit dem physiokratischen in mehreren Punkten übereintrifft.

§. 44.

Die Hauptgedanken des *smithischen Systems* sind folgende:

1) Die Quelle, aus welcher alles Vermögen fließt, ist die menschliche Arbeit, auch bestimmt sich der Wert der Güter durch die Menge der auf sie gewendeten Arbeit.

---

lingen hätte wenig bewiesen, da er nur in Dörfern angestellt wurde, in welchen wenig andere Einkünfte als aus der Landwirtschaft vorzukommen pflegen. Die Unausführbarkeit der 4ten Regel ist so einleuchtend, daß sie von mehreren Physiokraten selbst zugegeben wird, aber sie erklären dieselbe nur aus äußeren Umständen, ohne die Irrigkeit der Prinzipien zuzugestehen.

2) Nicht bloß die auf Gewinnung roher Stoffe von der Erde gerichtete Arbeit, sondern auch die Tätigkeiten der Stoffveredlung (Gewerksarbeit, Fabrikation) und des Handels tragen zur Vermehrung des Vermögens unmittelbar bei, sind also *produktiv*.

3) Die wichtigsten Mittel, welche die produktive Wirkung der Arbeit verstärken, sind die zweckmäßige Verteilung der Beschäftigungen und der Gebrauch des Kapitales.

4) Jene drei Klassen von Gewerben (s. 2.) verdienen in gleichem Maße von der Regierung unterstützt zu werden.

5) Die freie Konkurrenz stellt die angemessensten Preise der Dinge her, bewirkt die Ausgleichung des Bedürfnisses mit den Vorräten und befördert überhaupt die Betriebsamkeit besser, als es durch viele Einmischung der Regierung geschehen könnte.

6) Diese soll daher nur *negativ* auf die wirtschaftlichen Angelegenheiten des Volkes einwirken, d. h. nur die Hindernisse, die der Entwicklung des Gewerbsfleißes im Wege stehen, zu entfernen suchen.

7) In Beziehung auf ihre Einnahmen soll die Regierung nicht an dem Betriebe von Gewerben Teil nehmen, sondern ihren Bedarf auf die, am wenigsten störende Weise von dem reinen Einkommen der Bürger aufbringen.

§. 45.

Manche einzelne Sätze dieses Systems bedurften einer genaueren Bestimmung, andere einer Berichtigung; auch war die Anordnung des Ganzen noch nicht vollkommen. Indessen waren die Grundgedanken so gediegen, daß die Untersuchungen neuerer Forscher nur eine allmähliche innere Fortbildung herbeiführten, ohne ein anderes System aufzustellen. Diese Vervollkommnung, durch die Bemühungen deutscher, englischer und französischer Gelehrten bewirkt, sichert dem smithischen System seine Fortdauer und bereitet ihm mehr und mehr die Herrschaft über die Ausübung in den einzelnen Staaten. Die abgesonderte Bearbeitung der Volkswirtschaftslehre, welche durch Trennung von den praktischen Lehren viel an Zusammenhang, Klarheit und systematischer Ordnung gewann, wurde vorzüglich in Deutschland mit gutem Erfolge vorgenommen.

FRIEDRICH BENEDICT WILHELM HERMANN ⟨THEORIE DER KOLLEKTIVBEDÜRFNISSE⟩ 1832/1870

1.

Wir haben dargelegt, wie der Trieb der Selbsterhaltung die Wirtschaften vereinzelt und einander entgegenstellt, wie der Tausch sie weiter sondert und die Subsistenz auf einzelne Erwerbsgeschäfte zu gründen gestattet, indem er es möglich macht, jedes Gut in jedes andere umzuwandeln, dadurch alle Güter in diejenigen Hände zu bringen, für die sie die höchste Brauchbarkeit haben, und wie dadurch die größtmögliche Wirksamkeit der wirtschaftlichen Sorge für die Befriedigung aller Bedürfnisse erzielt wird. Es wurde zugleich gezeigt, daß ein Volk im Ganzen kein wirtschaftliches Subjekt bildet, sondern daß alle Bedürfnisbefriedigung in demselben der Sorge von Einzelwirtschaften überlassen ist, in denen der Trieb der Selbsterhaltung waltet, und daß auch für die Kollektivbedürfnisse der Kommunitäten und des Staates selbst gesonderte Güterverwaltungen bestellt sind, die den aus dem Triebe der Selbsterhaltung hervorgehenden Regeln folgen, und welche mit allen übrigen Einzelwirtschaften im Tauschverkehr stehen. Es wurde indes zugleich nachgewiesen, daß das wirtschaftliche Streben, bei Herstellung der Güter Arbeit und Vermögen möglichst wirksam zu verwenden, die Sonderung der Einzelwirtschaften durchbreche und Verbindungen von Arbeit und Vermögen veranlasse, bald zu gemeinschaftlicher Verwendung in gesonderten Wirtschaften, bald in der freien Form der Überlassung auf Zeit an andere Wirtschaften gegen bestimmte Vergeltung und ohne Beteiligung am Risiko und Erfolg dieser Wirtschaften.

Derselbe Trieb der Selbsterhaltung, welcher Zuratehaltung

und möglichst wirksame Verwendung der Güter für streng gesonderte Bedürfniskreise verlangt und zu dem Ende die Wirtschaften einander entgegengesetzt, ist es also, der sie im Tauschverkehr auf ihre gegenseitige Hilfe verweist und sie durch Verbindung der Arbeiten und Vermögenssummen verschiedener Arbeiter und Eigentümer zur Herstellung, Versendung, Aufbewahrung, Beschützung der Güter gegen Beschädigung zu einem innigen und lebensvollen Zusammenwirken verknüpft, das man wohl als eine große Gesamttätigkeit zur allgenugsamen Befriedigung der Bedürfnisse im ganzen Volke, als *Volkswirtschaft* bezeichnen darf.

2.

Es ist in der bisherigen Betrachtung vermieden, neben der wirtschaftlichen Sorge oder quantitativen Zuratehaltung der Tauschgüter je für die wirksamste Zweckerreichung der Einzelwirtschaften, andere Beweggründe des Handelns ins Auge zu fassen, welche die wirtschaftliche Tätigkeit modifizieren und unterstützen. Dies soll in Folgendem geschehen.

Es liegt tief im Triebe der Selbsterhaltung, Arbeit oder Vermögen für irgend welche Zwecke auch in Gemeinschaft mit Andern nicht zu verwenden, ohne daß sie für die Lösung der eigenen Lebensaufgaben jedes Teilhabers in dieser Verbindung sich höher verwerten oder wirksamer erweisen, als bei isolierter Verwendung. Jede Vereinigung mehrerer Individuen für Zwecke im Bereiche der Herstellung von wirtschaftlichen Gütern oder deren Verwendung für Bedürfnisse erfordert daher genaue Feststellung der persönlichen Leistungen und Vermögensteile, mit denen man in die Verbindung eintritt und aller Vorteile und Lasten, die jeder Beteiligte zu genießen und zu tragen hat. Aus bloß ökonomischen Motiven gibt es keine Gesellschaftswirtschaft ohne genaue gegenseitige Auseinandersetzung der Mitglieder über Verpflichtung und Berechtigung im Innern derselben, wie kompakt auch die wirtschaftliche Verbindung andern Wirtschaften gegenüber ausschließlich auf ihr Interesse bedacht sein mag.

Von dieser Regel der Feststellung und gegenseitigen quantitativen Kontrolle und Abrechnung über Vorteile und Lasten der Mitglieder einer Wirtschaftsverbindung lassen sich vier Ausnahmen anführen. Liebe, religiöse und sittliche Bindung, sowie Tätigkeit des Geistes und Gemeinsinn.

3.

Die eine dieser Ausnahmen entspringt aus der *Liebe*, welche in der *Familie* waltet und unter der die neue Generation entsteht und gepflegt wird. Aber nicht einmal in dieser innigsten Lebensgemeinschaft und tiefsten gegenseitigen Verpflichtung der Mitglieder ist überall Gütergemeinschaft unter den Ehegatten die Regel und auch für die Kinder sind verschiedentlich separate Vermögensrechte gesetzlich anerkannt und geschützt. Die Sorge für das Individuum und die Sicherung seiner Subsistenz, namentlich nach dem Aufhören der Ehe, begnügt sich nicht mit dem Vertrauen auf Liebe und sittliches Pflichtgefühl, sondern sie hat schon selbst während der Dauer der Familie die Vermögens-Interessen ihrer Mitglieder vielfach gesondert. Mit Auflösung der Ehe tritt ohnehin an jedes einzelne Familienglied die ökonomische Sorge heran, welche nur in der Rechtsanstalt des Staates die äußere Sicherung ihrer Tätigkeit findet.

4.

Die zweite Ausnahme von der wirtschaftlichen Forderung der gegenseitigen quantitativen Auseinandersetzung der Mitglieder einer Wirtschaftsverbindung über Vorteile und Lasten findet sich in den *religiösen Gelübden* der Genossen, wie es in Klöstern der Fall ist. Wiewohl nach Außen bei der Erlangung und Herstellung notwendig nach dem wirtschaftlichen Prinzipe verfahrend und vielleicht auch bei der Aufnahme von Mitgliedern Vermögenseinbringung verlangend, darf man doch Klöster mit lebenslänglicher Bindung der Mitglieder zum Gehorsam und bloß mit deren Anspruch auf den Lebensunterhalt in dem gemeinsamen Haushalt eine wahre Gemeinwirtschaft nennen. Ebendasselbe findet statt, wenn zwar der Austritt, aber nur unter Verzicht auf Vermögensherausgabe, möglich ist. Wo aber Austritt mit Herausgabe von irgend Vermögenswerten stattfindet, bleibt noch einige Vermögenssonderung und das wirtschaftliche Prinzip ist im Innern der Kommunität noch nicht ganz eliminiert.

Ohne religiöse Bindung hat sich Wirtschaft mehrerer Individuen, die nicht durch Familienbande verknüpft sind, mit vollständiger Lebens- und Gütergemeinschaft nirgends haltbar gezeigt. Ja selbst beim Zusammentritt zu einer religiösen Gemeinschaft ist mindestens Ehelosigkeit zur dauernden Gemeinwirtschaft nötig, wie die Shakers zeigen. Ehepaare nehmen durch die verschiedene Zahl ihrer Kinder bald so differente Anteile an den Genüssen und Vorteilen der Gemeinwirtschaft in Anspruch, daß schon dadurch sicher Mißgunst und Streit unter den Mitgliedern entstehen muß, welche trotz der ursprünglichen Übereinstimmung in der religiösen Lebensauffassung die Verbindung sprengen werden. So Rapps New Harmony. Ohne religiöse Grundlage kann sich eine Wirtschaft mit vollständiger Arbeits- und Gütergemeinschaft und ohne innere Abrechnung über das Maß der Leistung und Berechtigung nicht halten, weil sie an der Trägheit und Unmäßigkeit der Einen und der Beeinträchtigung der fleißigen und aufs Haus bedachten Mitglieder notwendig zerfallen müßte, wie edel und vertrauensvoll auch der Gründer die Gemeinwirtschaft ausgestattet und eingerichtet hätte. Daher der rasche Verfall der Gemeinwirtschaft des trefflichen *Owen*, des Mannes, der bekanntlich zuerst in England der ökonomischen und sittlichen Verkommenheit seiner Fabrikarbeiter wirksam abzuhelfen bemüht gewesen. Daß andere Versuche von Gemeinwirtschaften gelungen wären, ist mir unbekannt. Die *Herrnhuter* Schwestern- und Witwenhäuser bestehen allerdings zum Teile seit mehr als 100 Jahren. Ihre Mitglieder, obwohl in religiöser Gemeinschaft lebend, sind aber in keiner Weise gehindert auszutreten. Auch wurde bei der Gründung Gütergemeinschaft aus diesen Häusern sorgsam ausgeschlossen. Religiöses und sittliches Beisammenleben ist der Zweck dieser

Kommunitäten, in denen aber jedes Mitglied ökonomisch streng vom eigenen Arbeitserwerb oder Vermögen lebt. Bloß zur Erleichterung und Ersparung benützt es die gemeinsamen Einrichtungen der Hauswirtschaft (Wohnung, Speisebereitung, Reinigung, Krankenpflege) gegen genau bemessene Vergeltung. Jedes Mitglied hat im Hauptbuch der Anstalt ein Folium und die ökonomische Kontrolle besteht wohl nirgend sorgfältiger und anschaulicher. Die strenge Durchführung des ökonomischen Prinzips ist selbst in dieser so engen Verbindung der Religion, der Sittlichkeit, der Bildung nicht hinderlich; vielmehr ist es gerade die Sonderung der wirtschaftlichen Interessen, was unter den Mitgliedern dieser Häuser das Gefühl der Unabhängigkeit und Selbstverantwortlichkeit aufrecht hält, ohne der gegenseitigen oder auch gemeinsamen Hilfe in Krankheit oder im Alter Eintrag zu tun.

5.

Eine dritte Beschränkung oder auch Ausschließung der wirtschaftlichen Gegenrechnung über den Aufwand an Tauschgütern für gewisse Leistungen tritt im Bereiche der menschlichen Arbeiten selbst ein. Sind diese nämlich als zur Befriedigung eines Bedürfnisses nicht anerkannt, so können sie auch keinen Tauschwert erlangen. Sie liegen dann außerhalb des Kreises der wirtschaftlichen Güter und können, so lange dieses stattfindet, nicht zum Gütererwerb dienen. Dahin gehören alle Äußerungen der schaffenden Kraft des Gedankens in der Wissenschaft, Poesie und bildenden Kunst, die nicht ein bestimmtes Bedürfnis befriedigen, sondern Kenntnis und Bild der Natur und des Menschenlebens selbständig darstellen wollen. Zwar können solche Leistungen mit der wachsenden geistigen Empfänglichkeit auch begehrt und dann mit Gegenwert vergolten werden. Das Tiefste in der Wissenschaft und das Edelste in der Kunst geht indes doch immer frei aus der inneren, eigentümlichen Begabung und dem unwiderstehlichen Triebe des Schaffens Einzelner, nicht aus der Absicht auf den Erwerb, hervor.

Und wenn solche Leistung auch später Geldwert erlangt, so ist doch zwischen diesem und dem Aufwand an Arbeit und Vermögen, den solche Leistungen erforderten, keine quantitative Vergleichung möglich. Dieses Verhältnis wurde in der ersten Bearbeitung dieser Schrift zuerst hervorgehoben und wird in der Untersuchung über die Produktion der Güter nähere Erörterung finden.

6.

Eine vierte Ausnahme von der strengen gegenseitigen Abrechnung über Leistung und Vorteil unter Personen, welche bei einer und derselben Güterverwendung interessiert sind, veranlaßt der *Gemeinsinn*, der die Gesellschaft kollektiv auffaßt und zur Anerkennung und Befriedigung von Bedürfnissen führt, welche in der Gesamtheit von Menschen als solcher hervortreten. Die öffentlichen Aufgaben der Gemeinden, Bezirke, Provinzen, des Staates im Ganzen, sodann die Kollektivzwecke einzelner Gruppen der Bevölkerung, wie der Kirchengemeinden, Schulen, Sanitäts- und Wohltätigkeitsanstalten etc. gehören hieher. Die Kollektivbedürfnisse, um die es sich hier handelt, entspringen nicht zunächst aus dem Triebe der Selbsterhaltung, der mit den gegebenen Mitteln an Arbeit und Vermögen auf möglichst wirksame Befriedigung der Bedürfnisse des Individuums, der Familien und anderer Verbindungen zu vollständiger Lebensgemeinschaft dringt, oder auch in technischen und kommerziellen Verbindungen Leistung und Erfolg unter den Mitgliedern der Verbindung streng quantitativ bemißt und verteilt. Sie setzen Einsicht in die Aufgaben der Gesamtheit, in den Zusammenhang des sozialen Lebens und in die Gegenseitigkeit der Lebensbeziehungen voraus, die sich der wirtschaftlichen Schätzung und Abrechnung zum großen Teile entziehen. Die Mitglieder der Gesellschaft sind durch die Kollektiveinrichtungen nicht bloß getragen, geschützt, gefördert, sondern oft auch im eigensüchtigen Streben gehemmt, und ihre Sonderbedürfnisse den Gemeinzwecken der Gesellschaft im Ganzen oder einzelner

Gruppen derselben untergeordnet. Die Kollektivzwecke stehen über den Bedürfnissen des Privatlebens als selbständige Aufgabe der Kommunitäten, in deren Lösung wohl jedes ihrer Mitglieder mit seinem ganzen Streben und Tun tief verschlungen ist, an deren Erfolg oder Wirkung aber die Beteiligung des Einzelnen quantitativ sich um so weniger schätzen läßt, als sie sehr oft in Beschränkung, Unterordnung des Privatinteresses und Zwang zu Leistungen besteht.

Es wurde bereits angedeutet, daß auch die Kollektivbedürfnisse die Verwendung wirtschaftlicher Güter erfordern, und daß, so weit dies der Fall, für deren ausschließliche Befriedigung Wirtschaften bestellt werden, welche wie andere Einzelwirtschaften in den Tauschverkehr eingreifen und, so lange und so weit das Gemeinbedürfnis Herstellung und Verwendung von Tauschgütern verlangt, den Regeln der Wirtschaft unterworfen sind. Solche Wirtschaften für Kollektivzwecke sind aber nicht Gemeinwirtschaften der Mitglieder der Kommunitäten in dem Sinne, wie die Wirtschaft einer Handelsgesellschaft, einer Arbeiter-Assoziation, einer Kommunität mit gemeinsamem Eigentum, sondern es sind *Zweckwirtschaften*, deren Vermögen aus dem Privateigentum ausgeschieden ist. Eigentümer dieses Vermögens ist eine juristische Person, über deren Bildung, Dauer, Auflösung, überall das positive Recht maßgebend ist. Es mag sein und ist in vielen Fällen nachweisbar, daß, wenn für allgemeine Lebenszwecke kollektiv gesorgt wird, dies, verglichen mit dem vereinzelten Aufwand der Privaten für dieselben Zwekke, mit bedeutender Ersparung an ökonomischen Werten verbunden ist; und nächst der Einsicht in die Notwendigkeit der kollektiven Befriedigung von gemeinsamen Lebensbedürfnissen, rechtfertigt wohl auch diese Ersparung am Aufwand das Eingreifen des Staates, wo der freiwirkende Gemeinsinn für solche Zwecke nicht ausreicht. Wie dem aber sei, der Anteil des Einzelnen an dem Erfolg oder der Wirkung der Kollektiv-Anstalten läßt sich nach dem Aufwand an Tauschgütern für deren Zwecke nur in sehr enger Weise bemessen; es ist eben nur ein Bedarf des *Kollektivzwek-*

kes, dessen gleiche Verteilung auf die Mitglieder der Gesamtheit mit deren auch nur möglichen, geschweige wirklichen Beteiligung an den Kollektiveinrichtungen in keiner Weise übereinstimmt. Schon aus diesem Grunde fehlt hier die wirtschaftlich genaue Bemessung der Deckung des Kollektivbedarfs proportional der Beteiligung jedes Mitgliedes der Kommunität, auf welche sich das Gemeinbedürfnis bezieht, wie sie bei einer Handelsgesellschaft und jeder andern wirtschaftlichen Verbindung stattfindet. Daher fehlt hier auch in der Regel die Freiwilligkeit der erforderlichen Leistungen für den Kollektivzweck, die bei der rein wirtschaftlichen Kombination von Personen für Herstellung und Verwendung von Gütern auf der Proportionalität von Last und Vorteil beruht. Die Deckung des Bedarfs von Gemeinzwekken erscheint dem Einzelnen immer als ein Opfer, für welches ein Äquivalent *streng ökonomisch* nicht nachgewiesen werden kann. Ohne das Eingreifen des Staates setzt sie voraus, daß einsichtige Männer die Kollektivaufgabe einer Gesamtheit erkennen und ohne Ansprüche auf eigene Vergeltung (nicht einmal in dem Mitgenuß derselben) mit den erforderlichen Mitteln ausstatten. Die Astor, die Stephen Girard, die Peabody ragen hier mit Gaben hervor, wie sie nur der kolossale Erwerb des heutigen Welthandels geben kann. In den ehemaligen deutschen Reichsstädten finden sich durchweg reiche Stiftungen und in der Gegenwart fehlt es nicht an gemeinsinnigen Opfern für Schule und Wohltätigkeit. Am meisten ist und wird noch überall für die Kirche gestiftet. Im Ganzen ist aber die freiwillige Gabe im Verhältnis zum Bedarf der Kollektivbedürfnisse selbst bei Schule und Wohltätigkeit nur teilweise ausreichend; bei den großen Aufgaben des Volkes, seine Selbständigkeit durch Waffenmacht zu wahren, Schutz von Person und Eigentum sowie Gerechtigkeit im Lande zu erhalten, den Bürgern bei der Sorge für die Bildung ihrer Kinder, für die Gesundheit Beistand zu leisten, ihrer wirtschaftlichen Tätigkeit Förderung und Unterstützung durch gemeinsame Anstalten zu bieten, ist sie geradezu unwirksam. Zwar ist in vielen Staaten an Domänen noch großes Vermögen vorhanden. Selbst wo es aber die Schulden übersteigt, deckt es doch nur einen mäßigen Teil des öffentlichen Bedarfs. In der Regel muß daher der Bedarf für alle absolut notwendigen Kollektivaufgaben zwangsweise von den Bürgern erhoben werden.

Der Staat, als Gesetzgeber, anerkennt den Bedarf und zwingt zu dessen Deckung. Gerade diese Beischaffung des Kollektivbedarfs zeigt aber am schlagendsten, daß man hier nicht mehr auf dem wirtschaftlichen Boden steht, auf welchem der Beitrag zum Gesamtbedarf mit dem Empfang der Vorteile, die er gewährt, im Verhältnis stehen und die Frage, ob und in welchem Umfange ein Bedürfnis zu befriedigen ist, nach dem Quantum der dafür verwendbaren Tauschgüter beantwortet werden müßte. Zwar ist man bemüht, das erforderliche Quantum dem öffentlichen Bedürfnis entsprechend wirtschaftlich zu bemessen; aber den rechten Maßstab seiner Erhebung zu finden, unterliegt Schwierigkeiten, bei welchen die Praxis mit der Gerechtigkeit der Verteilung der Last und der Rücksicht auf die Leistungsfähigkeit der Pflichtigen noch vielfach im Widerspruch steht. Daß dem so ist, zeigt die Verschiedenartigkeit der Besteuerung in den einzelnen Staaten auch bei gleichem Bedarf. Wie wenig das wirtschaftliche Prinzip im Bereich der Güterverwaltung für die Staatsausgaben im weitesten Sinne selbst da noch Geltung gefunden hat, wo es vollkommen anwendbar ist, ja streng angewendet werden muß, bei der Veranschlagung der Gütermassen, welche die Befriedigung der öffentlichen Bedürfnisse *erfordert*, beweist die Tatsache, daß die öffentlichen Rechnungen meist nicht einmal den ganzen Wertbetrag der wirklich notwendigen und verwendeten Güter enthalten. Fast überall kommen nämlich bedeutende Geldwerte an Arbeitsleistungen, sowie an Vermögen und dessen Nutzungen für die Staats-, Gemeinde- und korporativen Bedürfnisse in Natur zur Verwendung, ohne in irgend einer Rechnung aufgeführt und kontrolliert zu sein. Der Verfasser dieser Schrift hat zuerst auf diese Lücke aufmerksam gemacht und solche nicht verrechnete Güterverwendung den *versteckten Staatsbedarf* genannt. (Verhandlungen des statistischen Congresses zu Wien im Jahre 1857 S. 360 u. 526.) Es mag hier genügen, zu bemerken, daß derselbe häufig bis zu 1/4 der wirklich verrechneten Ausgaben (ohne die Schuldverzinsung) betragen mag. Am wenigsten ist endlich die Frage in den Wirtschaften für die Staatszwecke beachtet, ob und in wie weit denn die Tauschgüter, die sie erheischen, den Privatwirtschaften, denen sie entnommen werden müssen, entbehrlich sind. Die öffentlichen Zwecke werden als die höhern aufgefaßt und ihre Erreichung kann nur auf Kosten der Privatlebenszwecke geschehen. Wie weit diese Beschränkung gegen den unbestimmten Mitgenuß der Kollektivanstalten vernünftiger Weise gehen dürfe, wurde wohl am seltensten der quantitativen Prüfung unterworfen, die im Privathaushalt bei der Abwägung der Wichtigkeit der Bedürfnisse stattfindet. Auch hierin liegt daher eine sehr erhebliche Beschränkung in der Anwendung der ökonomischen Grundregeln.

Wirtschaftliche Privatunternehmungen von größerem Umfange können die Erreichung von Zwecken beabsichtigen, die zugleich kollektiv vorteilhafte Wirkungen äußern. Solange aber in denselben strenge die Regel waltet, mit dem strikt bemessenen Bedarf den größtmöglichen Werterfolg zu erlangen, und wenn da, wo die Unternehmung von einer Gesellschaft geführt wird, der Anteil jedes Mitgliedes am Erfolg proportional dem Werte seiner Leistung ist, so steht das Unternehmen auf dem wirtschaftlichen Boden, wie wichtig und nützlich auch dasselbe für die Gesamtheit sein mag, in deren Mitte es betrieben wird. Landstraßen, Eisenbahnen, Telegraphen, Häfen, Leuchttürme, Entwässerung größerer Ländereien, Dämme, Kanäle, Wasserleitungen, Kreditanstalten und so viele andere größere Unternehmungen geben Beispiele für das Gesagte. Wenn sie keinerlei unersetzte Aufopferung erfordern, sondern die Vergeltung für ihre Benützung mindestens den üblichen Ertrag von Vermögen und Arbeit wie in andern Erwerbsgesellschaften gewährt, so sind sie wirtschaftliche Anstalten, bei denen es auf vorteilhafte Anlegung von Vermögen und Arbeit der Unternehmer abgesehen ist. Große Veranstaltungen dieser Art greifen indes, abgesehen von ihrer unmittelbaren Benützung, so vielfältig in den Betrieb anderer Wirtschaften ein, und gewähren diesen in so weiter Verzweigung Erleichterung, Förderung, Sicherung ihrer Güterbenützung oder Vorteile für die Gesundheit, für den Haushalt, daß man ihnen eine allgemeine Wichtigkeit für die Wirtschaftsgebiete, in denen sie bestehen, nicht absprechen kann. Sie befriedigen teilweise Bedürfnisse, welche nicht mehr bloß auf den Kreis derer beschränkt sind, die unmittelbar von ihnen Gebrauch machen, sondern die zugleich den Aufgaben angehören, welche die Sozietät, je nach ihrer Gliederung in Gruppen, kollektiv zu lösen sucht.

Die Wirksamkeit einer Eisenbahn ist mit den Diensten, die sie den Reisenden, den Versendern von Briefschaften und von Gütern direkt leistet, und in deren Vergeltung das Unternehmen seinen ökonomischen Erfolg findet, nicht abgeschlossen; sie gewährt vielmehr zugleich Erweiterung des Marktes, Anregung zu neuer Produktion, unschätzbaren Zeitgewinn für die persönliche und Geschäftsverbindung, größere Sicherheit des Verkehrs und den Staatsregierungen rascheres Ineinandergreifen und kräftigere Wirksamkeit ihrer Zivil- und Militärorgane. In Ländern, wo eine zahlreiche Bevölkerung in mannigfaltiger technischer und sozialer Gliederung recht lebendigen Tauschverkehr entwickelt hat, können solche zugleich gemeinnützliche Anstalten auf rein wirtschaftlichem Wege hergestellt und betrieben werden, weil die Privatbenützung derselben so dringend begehrt ist, daß sie dem Unternehmer genügende Vergeltung gewährt. Was sie dann weiteren Kreisen in quantitativ nicht scharf berechenbaren Vorteilen leisten, erscheint als eine höchst wichtige Wirkung, welche die Gesellschaft ohne speziellen Güteraufwand unentgeltlich genießt. Ein gemeinsinniges Wirken, d. h. ein Wirken bloß um des gemeinen Besten willen und mit unvergoltener Aufopferung, ist bei solchen mit der Absicht auf wirtschaftlichen Gewinn hergestellten Anstalten nicht vorhanden. Das wirtschaftliche Streben genügt zugleich dem Kollektivbedürfnis.

Wo es indes an der sozialen und ökonomischen Entwicklung fehlt und sich ein genügender Ertrag durch die direkte Benützung solcher Anstalten nicht voraussehen läßt, vermag die bloße Einsicht der Bürger in den kollektiven Nutzen derselben ihre Herstellung auf dem Wege der freien, ökonomischen Verbindung von Vermögen und Arbeit nicht zu Stande zu bringen; es sei denn, daß die Unternehmer ganz oder teilweise auf den Ertrag ihrer Güterverwendung verzichten. So weit dieses der Fall ist, tritt dann das Unternehmen aus dem Kreise der ökonomischen Geschäfte heraus und wird eine freie, gemeinsinnige Widmung von Vermögen für Kollektivzwecke. Haben sich Unternehmer in ihrer Berechnung des zu erwartenden Ertrages geirrt und bleibt dieser hinter dem üblichen Satze zurück, so kann immerhin das Unternehmen kollektiv sehr nützlich, ja zur Anregung der technischen und wirtschaftlichen Tätigkeit selbst notwendig erscheinen; es hört aber auf ein wirtschaftliches zu sein und wird, in soweit es am Ertrage fehlt, eine unfreiwillige Aufopferung von Vermögen für mehr oder weniger wichtige Kollektivzwecke. Hier sehen wir dann eine rein in wirtschaftlicher Absicht unternommene Anstalt teilweise oder ganz übergehen in die Wirtschaft für Kollektivzwecke, an denen die Sozietät in hundert Richtungen und weitverzweigten Vermittelungen auf das Ersprießlichste beteiligt sein mag, ohne daß der Tauschwert dieser Benützung speziell erhoben und bestimmte Vergeltung für ihn ausgesprochen werden könnte. Erkennt man also diese Kollektivwirkung solcher größerer, technischer oder kommerzieller Veranstaltungen, obwohl sie rein ökonomisch sich nicht herstellen und betreiben lassen, doch kollektiv als notwendig, so bleibt nichts übrig, als den Teil ihres Aufwandes, der sich durch die Vergeltung ihres unmittelbaren Gebrauchs nicht ersetzt, zwangsweise von den Mitgliedern der bürgerlichen Gesellschaft zu erheben. Damit treten dann solche Anstalten aus der Reihe der wirtschaftlichen Privatanstalten heraus und werden, insoweit solche Zwangsbeiträge zu ihren Kosten gewährt werden, Wirtschaften für Kollektivbedürfnisse, bei denen strenge Abrechnung zwischen Kosten und Ertrag nicht mehr möglich ist, sondern bei denen die Gesellschaft das Äquivalent für ihre Steuer in der Befriedigung von Kollektivbedürfnissen genießt. Sie mögen auch in diesem Falle neben ihrem Kollektivzwecke zugleich höchst wichtig bleiben für die Zwecke der sie unmittelbar benützenden Privatwirtschaften; ja sie gewähren diesen vielleicht länger fort einen hohen ökonomischen Vorteil, der teilweise mit öffentlichen Mitteln gedeckt wird, was selbstverständlich dem Wesen der Wirtschaft widerspricht. Es ist möglich, daß solche teilweise oder auch ganz als öffentliche unternommene Unternehmungen nach längerem Bestand mit der Belebung des Verkehrs und ihrer frequenteren Benützung in der direkten Vergeltung des Privatgebrauchs genügenden Ertrag geben und in die Reihe der wirtschaftlichen Anstalten eintreten, womit dann die Sozietät die Kollektiv-Vorteile derselben wieder unentgeltlich genießt.

Hierin liegt die Aufforderung, auch bei solchen aus dem Gesichtspunkt des Gemeinsinnes gemachten Unternehmungen die Mittel streng zu Rate zu halten, damit die Aufopferung von Werten für den immerhin unbestimmteren Kollektivzweck möglichst beschränkt werde und die Anstalt ihre Vergeltung soweit möglich von denen finde, welche sie unmittelbar benützen.

7.

Es ist noch eines sittlichen Moments zu erwähnen, das in gewissen wirtschaftlichen Vorgängen waltet und deren Erfolg so wesentlich dient, daß man sagen kann, es bilde eine notwendige Ergänzung der wirtschaftlichen Tätigkeit.

Oben wurde wiederholt erwähnt, daß ohne Anerkennung und Sicherung der persönlichen Freiheit und des Eigentums die Selbsterhaltung sich nicht zur Ökonomie zu entwickeln vermöge. Schon der Verbindung von Arbeit und Vermögen zu gemeinsamer Verwaltung in gesonderten Wirtschaften genügt aber dieser Schutz nicht, wenn sie dieselbe verpflichteten Personen überlassen muß. Sie muß diesen Verwaltern ein Vertrauen gewähren, das nur auf sittlichen Motiven ruht. Noch mehr ist dies der Fall bei der weit häufigeren zeitweisen Leistung und Überlassung von Arbeit und Vermögen an andere Wirtschaften gegen bestimmte Vergeltung. Hier läßt sich selbst das Verhältnis des Arbeiters zum Lohngeber nicht vollständig würdigen ohne Beachtung der wichtigen sittlichen Momente, die es enthält. Mehr Treue und Glaube ist nötig, als man gewöhnlich annimmt, wenn nicht bald der Lohngeber hintergangen, bald der Arbeiter übervorteilt und unterdrückt werden soll. Ohne auf die notwendig gewordenen gesetzlichen Verfügungen zum Schutze der Arbeiter hinzuweisen, die so vielfach immer wieder umgangen werden, mag es genügen, hier nur des neuen Beispiels zu erwähnen, das die Verleitung deutscher Auswanderer in den Südstaaten von Nordamerika zu mehrjährigem faktischen Sklavendienst an die Hand gibt.

Noch entschiedener ist aber beim Darlehen und den verwandten Formen der zeitweisen Überlassung von Vermögensnutzungen an Andere bei allem Rechtsschutze Vertrauen in den Borger nötig, das nicht bloß auf ökonomischen Erwägungen, sondern zugleich auf der moralischen Haltung ruht, welche der Darleiher beim Borger voraussetzt. Bei dem ganzen Umfang der tausendfältigen Vermögensverbindung für wirtschaftliche Zwecke im Darlehen und verwandten Formen findet daher das ökonomische Streben nur in rein sittlichen Motiven das erforderliche Komplement. Und gerade die weitest verbreitete und wirksamste Form des wirtschaftlichen Zusammenwirkens ist nur da vollständig möglich, wo Treue und Glaube walten, welche auch unter der besten Rechtspflege nicht entbehrlich werden.

Ganz abgesehen von Aufgaben, denen die rein wirtschaftliche Sorge nicht gewachsen ist, läßt sich also in den Einzelwirtschaften selbst und in ihren Verbindungen ein vielfacher Einfluß anderer Motive nicht verkennen, von denen die Liebe, die Religion, der Gemeinsinn, die freie

Produktivität im Bereich der Wissenschaft und Kunst den Eigennutz beschränken und ihn höhern Zwecken unterordnen, das Vertrauen zu Andern aber das ökonomische Zusammenwirken durch ein sittliches Moment erleichtert und verstärkt, ohne welches ein nachhaltiges Gedeihen der Gesamtwirtschaft des Volkes nicht möglich wäre.

8.

Die bisherige Darstellung zeigt die Wirtschaft einer Nation als eine große Vielheit von ausschließlich für bestimmte Bedürfniskreise betriebenen Einzelwirtschaften, die durch zahllose Verbindungen von Arbeit und Vermögen den Erfolg ihrer technischen Tätigkeit qualitativ und quantitativ möglichst zu steigern, durch den allgemeinen Tauschverkehr aber jedes Gut dem zuzuführen bemüht sind, welcher dasselbe am dringendsten bedarf und am höchsten zu vergelten geneigt ist. Sie lehrt, wir nur dadurch, daß die Einzelwirtschaften alle Güter, die sie herstellen und bedürfen, als Tauschgüter auffassen, unter den Teilnehmern wirtschaftlicher Verbindungen die Auseinandersetzung stattfinden kann, von welcher eben das Zusammenwirken und damit der Erfolg der wirtschaftlichen Technik in so hohem Grade abhängt.

Die Nationalwirtschaft erscheint uns demnach als ein Gewebe von Beziehungen und Verbindungen gesonderter Wirtschaftskreise zu möglichst reichlicher ausschließlicher Befriedigung ihrer Bedürfnisse, wobei die Reduktion aller Güter auf den gleichartigen Tauschwert (den Geldwert) durchgreifende quantitative Kontrolle der möglichst wirksamen Verwendung von Arbeit und Vermögen bei der Herstellung wie bei der Verwendung der Güter für's Bedürfnis im Innern der Einzelwirtschaften wie in ihrem Ineinandergreifen möglich macht.

Das wirtschaftliche Zusammenwirken durch Verbindung der Arbeit und des Vermögens Mehrerer zu wirtschaftlich technischen Zwecken und die gegenseitige Abrechnung über das Maß der Beteiligung, sodann das direkte Tauschgeschäft führen zu vielfacher Berührung der einzelnen Wirtschaften. Dabei müssen entgegengesetzte Interessen und Bestrebungen aufeinander treffen und in Kampf geraten, wo immer begehrte Güter oder Vorteile nicht in dem gewünschten Umfang einem Jeden zu beliebiger Verfügung sich darbieten. Es wurde daher bereits oben die Anerkennung und Sicherung der persönlichen Freiheit und des Eigentums als Bedingung und Grundlage aller Tätigkeit nebeneinander bestehender Wirtschaften hervorgehoben. Obwohl beide Institutionen vor allem zum *Schutze* der Person und des Eigentums aufgestellt sind, so war doch die Gesetzgebung aller Kulturvölker zugleich bedacht, der Selbsttätigkeit im Gebrauch der persönlichen Kräfte und des Vermögens zur Befriedigung der Bedürfnisse und zur Lösung der höhern Aufgaben des Lebens keine engere Schranken zu setzen, als zur Sicherung der gleichen Selbsttätigkeit Anderer notwendig erscheint. Wenn daher auch vorgesehen ist, daß Keiner dem Andern Dienste oder Vermögen ohne freie Zustimmung zu gewähren braucht und über zweifelhafte Ansprüche der Richter entscheidet, so bleibt doch zwischen den rechtlichen Grenzen des Gebrauchs der persönlichen Freiheit und des Eigentums noch ein weiter Spielraum, auf welchem die Gleichberechtigten ihren Interessen frei nachgehen können. Und diese ungehinderte Verfolgung des eigenen Vorteils in den Grenzen, welche allen andern selbständigen Personen die gleiche Berechtigung sichern, ist es allein, was mit der Verantwortlichkeit übereinstimmt, welche Allen obliegt, welche einen gesonderten Kreis von Bedürfnissen zu befriedigen haben; insbesondere mit der Sorge für die Heranbildung der nächsten Generation. Nur bei freier Benützung ihrer Arbeit und ihres Vermögens zur eigenen Herstellung ihres Güterbedarfs oder zu dessen Erwerb von Andern vermögen sie die wichtige Verpflichtung zu erfüllen, welche mit der Gründung einer Familie gegen die Gesellschaft verbunden ist. Die Freiheit schützt zwar nicht den schwach Gebornen oder Verwahrlosten vor dem ökonomischen Verfall; aber sie verhütet das

schwere Unrecht, dem begabten und sittlich tüchtigen Mann die Erreichung seiner eigenen Lebenszwecke und die Erfüllung jener wichtigen Verbindlichkeiten gegen die Gesellschaft zu erschweren, vielleicht unmöglich zu machen, ein Unrecht, das, auch rein wirtschaftlich betrachtet, entschieden nachteilig ist. Denn bedürfen die zur ökonomischen Selbständigkeit nicht Geeigneten fremder Unterstützung, so läßt sich diese gewiß eher aufbringen, wenn die selbständigen Hauswirte reichlichen Erwerb finden, als wenn man sie aus Furcht, sie möchten ihren Unterhalt nicht finden und Unterstützung bedürfen, in dem Streben nach Sicherung und Besserung des eigenen Haushalts und in der Vorsorge für die Zukunft der Kinder behindert, die sie für das bürgerliche Wesen vorbereiten und ausrüsten sollen.

9.

Die allgemeinen Rechtsgesetze lassen in der Tat zwischen den notwendigen Schranken, die sie der Freiheit der Person und der Verfügung über das Eigentum setzen, weite Wege offen, auf denen die technische und ökonomische Tätigkeit der Einzelwirte viele wichtige Vorteile mit ausschließlichem Interesse verfolgen kann, ohne dabei das ähnliche Streben Anderer zu verletzen oder auch nur zu berühren. So ist es jedenfalls, wenn die Bemühungen sich auf verschiedene Objekte richten; aber auch, wenn gleichartige Güter oder Vorteile von Mehreren zugleich begehrt werden, findet nicht immer eine gegenseitige Störung der Interessen statt. Beispiele dieser Art bietet der Gebrauch aller freien Naturgaben, die Jedem in beliebigem Umfange sich darbieten, wie die Seefahrt, die Fischerei im offenen Meere, die Benützung mancher Art von Naturkräften zu technischen Verwendungen. Auch bei der Benützung von Anstalten, welche regelmäßige Dienste zu bestimmten Preisen nach Bedarf Vieler zugleich darbieten, wie sie im Bereiche des Verkehrs, des Unterrichts, der Kunstgenüsse so vielfach bestehen, ist jeder Gegensatz der Interessen der Benützenden beseitigt. Häufiger sind allerdings die Fälle, wo Mehrere je für ihre

Sonderwirtschaften Güter oder Vorteile zu erlangen suchen, von welchen sie wissen oder voraussetzen, daß dieselben an Menge oder Umfang dem Begehre nicht entsprechen. Hier bewegen sich dann die gleich Interessierten nicht mehr gleichgültig nebeneinander, sondern sie suchen einander in der Erlangung solcher Gegenstände oder Vorteile zuvorzukommen. Dieser Wetteifer Mehrerer für die Erreichung desselben Zieles heißt auch auf dem Gebiete der Ökonomie die *Konkurrenz*, der *Wettbewerb*. Er findet sich hier vornehmlich in vier Richtungen: bei der Aneignung oder dem Gebrauch von Naturgegenständen, welche örtlich oder überhaupt nicht in beliebiger Menge zu haben sind, bei der Herstellung neuer Güter mittelst Verbesserung technischer Leistungen oder durch Ersparung an den Erzeugungskosten, beim Eintausch von Gütern Anderer, endlich bei der Bemühung, die eigenen zu vertauschen. Werden auch der Moral und dem Recht widersprechende Mittel der Konkurrenz als unzulässig erachtet, so ist doch der Erfolg derselben immer ein Entgang von Vorteilen oder eine Minderung von Werten, eine Schwächung beabsichtigter wirtschaftlicher Resultate für alle oder für einen Teil der Konkurrenten. Ist die Lagerstätte eines nutzbaren Minerals, das Mehrere aufsuchen, beschränkt, so schließt das Eigentumsrecht der Grundbesitzer oder die Belehnung des zuerst findig Gewordenen die andern Bewerber aus. Bemühen sich Viele um die technische oder ökonomische Verbesserung einer Produktion, so macht der, dem sie gelingt, das gleichmäßige Streben Anderer und die darauf verwendeten Güter wertlos; die wohlfeilere Erzeugung oder Beifuhr schon begehrter Güter zwingt die bisherigen Produzenten, ihren Betrieb oft mit Verlust zu ändern. In diesen Fällen bringt der Wettbewerb Einem oder Wenigen Vorteil, den Konkurrenten Nachteil. Beim Wettbegehr von Tauschgütern kann die Preiserhöhung, welche Einzelne anbieten, um die Objekte *vor* Andern zu erlangen, auch diese zu gleicher Steigerung zwingen oder ihnen den Kauf unrätlich oder unmöglich machen. Beim Ausgebot eigener Güter mag der Eifer, seine Ware gewiß

und vor Andern los zu werden, den begehrten Preis so ermäßigen, daß Andere entweder gleiche Minderung annehmen oder auf den Verkauf verzichten müssen. So weit das Gebiet ist, auf welchem Umtausch derselben Güter stattfindet, so weit erstreckt sich auch der Kampf der gleichen Interessen. Nicht bloß unter Einzelnen, nicht nur unter Gruppen von Bewohnern desselben Landes, von Volk zu Volk waltet der Wettbewerb in der Vorwegnahme von Gaben der Natur, in der Geltendmachung von technischen und wirtschaftlichen Vorzügen zur Verdrängung derer, welche dasselbe ökonomische Ziel erstreben. So lange der Wettbewerb im Bereiche der Sachgüter sich bewegt, mögen die Konkurrenten leiden; indes hat doch der Besitzer von Vermögen in diesem einen Nachhalt. Wie aber alle Mehrung und Minderung einer Vermögenssumme für den Besitzer desto bedeutender erscheint, je kleiner diese zuvor gewesen, so wirkt auch der Wettbewerb im Bereiche der Ökonomie mit Vorteil und Nachteil besonders stark auf die kleinen Wirtschaften. Am schwersten trifft er wohl die bloß von Arbeit Lebenden, insonderheit bei weit gehender Teilung der technischen Tätigkeit, da hier meist wenig Auswege zur Besserung der Lage offen stehen.

Die unvermeidlichen Nachteile, welche die Konkurrenten einander zufügen, vermögen sie oft durch feste moralische Haltung und technische und ökonomische Anstrengung, oft durch rasche Benützung günstiger weiterer oder Seitenwirkungen der Konkurrenz selbst sogar mit überwiegendem Vorteil zu kompensieren. Für das Ganze des Tauschgebietes, auf welchem die gleichen Interessen einander bekämpfen, oder doch für diejenigen, welche die Güter bedürfen und kaufen wollen, um deren Erlangung, Herstellung oder Preis gestritten wird, bringt die Konkurrenz meist entschiedene wirtschaftliche Vorteile. Findet z. B. Einer unter vielen Suchenden neue nutzbare Minerallager, so ist deren Aneignung und Einreihung in den Tauschverkehr immer ein Vorteil für die Bedürfnisbefriedigung überhaupt, wenn auch nur Einer in Besitz gekommen; gelingt dies Mehreren, so mögen sie einander zugleich zur Preisermäßigung zwingen, die dann denen, welche dergleichen Brauchlichkeiten bedürfen, zugleich eine Ersparnis bringt. Zwingt die bessere Qualität oder größere Wohlfeilheit, in welcher Einer seine Produkte ausbietet, die Konkurrenten zu gleicher Verbesserung oder Preisermäßigung, so erfahren die letzten Käufer, welche diese Produkte für ihre Bedürfnisse verwenden, eine Besserung oder Erleichterung ihrer Wirtschaft. Ohne ihr Zutun legen ihnen die kämpfenden Konkurrenten, was sie sich gegenseitig abringen, so zudringlich vor die Türe, daß sie sich dessen nicht einmal zu erwehren vermöchten. Arbeitet der Wettbewerb der Käufer dem der Verkäufer regelmäßig entgegen, so ist der Preis der Ware ein Kompromiß, wobei dem Bedürfnis das begehrte Gut konstant geliefert werden kann, was dann allen Interessen zugleich entspricht.

Es sind der Objekte zu vielerlei und ihre Beziehungen zu den Einzelwirtschaften zu mannigfach, um bei bloß prinzipieller Betrachtung alle so tief eingreifenden Wirkungen dieses Vorgangs darlegen zu können. Schon diese allgemeine Andeutung lehrt aber, daß durch den Wettbewerb, obwohl er selbst aus dem Triebe der Selbsterhaltung und dem Streben der ausschließlichen Zweckerreichung entspringt, doch zugleich dem Eigennutze in höchst wirksamer Weise Schranken gesetzt werden. In der Konkurrenz findet die rücksichtslos waltende Selbstsucht in sehr vielen Fällen ihren natürlichen Regulator. Bei der Herstellung der Güter, beim direkten Tausch zwischen Einzelnen, bei der Verwendung der Brauchlichkeiten fürs Bedürfnis mag ein Wirtschafter die Grundregel der Ökonomie ungehindert anwenden: mit geringster Aufopferung an Arbeit und Vermögen möglichst viele Tauschgüter zu erlangen. Die Konkurrenz aber zwingt ihn, den Eigennutz zu brechen oder zu mäßigen und bald von erstrebten Vorteilen abzustehen, bald bisherige günstige Resultate der Herstellung und des Umsatzes von Gütern teilweise oder ganz aufzugeben. Wider Willen und oft ganz unvermutet werden die Einzelwirte durch den

Wettbewerb aus dem ruhigen Genuß bestehender Erwerbsverhältnisse aufgestört und gezwungen, mit neuen technischen Leistungen, mit sorgfältigerer Zuratehaltung ihrer ökonomischen Mittel, mit rascherer Benützung aller sich darbietenden Vorteile auch ihrerseits in den Wettkampf der gleichen Interessen einzutreten. Im Wettbewerb messen die Wirtschaften gegenseitig ihre technischen und ökonomischen Kräfte. Kaum gelangen sie aber an einem Punkte zu deren Abgleichung, so wird durch Vorteile in andern Geschäften und auf andern Verkehrswegen das Gleichgewicht aufs Neue gestört und wieder ist es die Konkurrenz, welche unter den Beteiligten zeitweise einen modus vivendi erzwingt, bei welchem Intelligenz, Raschheit und Rücksichtslosigkeit des Zugreifens, Kühnheit des Vertrauens auf künftige Ereignisse, technische Geschicklichkeit, bessere Zuratehaltung der wirtschaftlichen Mittel Einzelne dauernd bereichern können, während Andere in diesem Kampfe der Selbsterhaltung unterliegen, vielleicht in Dürftigkeit verfallen. Zum Glück kommt in den meisten Fällen wider die Absicht der Konkurrenten der beste Erfolg dieses Ringens der gleichen Interessen durch Einführung neuer Produkte, durch Verbesserung oder Preisermäßigung der bereits vorhandenen und durch Sicherung der Lieferung des Güterbedarfs dem eigentlichen Zwecke der wirtschaftlichen Tätigkeit zu gute: der möglichst reichlichen Befriedigung der Bedürfnisse des Volkes in allen seinen Wirtschaften. Die Konkurrenz ist ein Kampf der Wirtschaften bei der Besitznahme von Naturgegenständen, in der Technik und im Tauschverkehr aus der Gesamtmasse der disponiblen Brauchlichkeiten möglichst viele an sich zu reißen und dem eigenen Bedürfnis möglichst reichlich zu genügen; sie ist ein Kampf um's Dasein, in welchem oft Viele unterliegen, die Sieger aber meist einander selbst bekämpfen, bis zuletzt die Frucht des Kampfes der Gesamtheit zufällt, in welcher forthin mit gleicher Arbeit und Vermögensaufopferung mannigfaltigere oder mehr für die Lebenszwecke brauchbare Gegenstände sich darbieten. In dem vorwaltend eintretenden letzten Ergebnis des Wettbewerbs tritt auch auf dem rein wirtschaftlichen Gebiete, d. h. im Bereich der streng quantitativen Zuratehaltung von Arbeit und Vermögen der Einzelwirtschaften, ein Gesamtinteresse Vieler oder der ganzen Sozietät hervor, das mit dem Interesse dieser Einzelwirtschaften im Gegensatz steht. Da die Frucht der Konkurrenz den im ökonomischen Wettkampf gar nicht Beteiligten so oft ohne ihr Zutun zufällt, so wird zwar dieses Interesse in jedem einzelnen Falle mit seiner Befriedigung erst zum Bewußtsein gebracht; die Häufigkeit des Vorgangs hat indes dahin geführt, die Freiheit der Konkurrenz als eine Art Kollektivbedürfnis aufzufassen, dessen Träger die Mehrzahl oder Gesamtheit ist, und den offenen Kampf der Konkurrenz zu gegenseitiger Brechung des Eigennutzes der Einzelwirte anzuregen und zu begünstigen. Wie freilich dieses Verlangen nach Freiheit des Wettbewerbs gleichwohl in Widerstreit gerät mit andern als wirtschaftliche Kollektivbedürfnisse geltend gemachten Forderungen, und welche Aufgabe der Wissenschaft in der Sichtung und Anerkennung dieser dem Streben der Einzelwirtschaften entgegentretenden Interessen der Mehrzahl oder der Gesamtheit erwächst, davon wird weiter unten, soweit es in der gegenwärtigen Untersuchung erforderlich ist, die Rede sein.

FRIEDRICH LIST
DAS WESEN UND DER WERT EINER NATIONALEN GEWERBSPRODUKTIVKRAFT
1839

Betrachten und vergleichen wir mit einander die Geschichte und die Statistik der verschiedenen Nationen, so drängt sich uns die Bemerkung auf, daß ihre geistigen, sozialen und materiellen Zustände sich wechselseitig bedingen. Die Vermehrung der Wohlhabenheit hat immer Fortschritte in der Zivilisation und in den gesellschaftlichen Einrichtungen zur Folge, und kein geistiger und gesellschaftlicher Fortschritt bleibt ohne Wirkung auf die materielle Wohlfahrt. Hieraus folgt, daß wir, um zu lernen, wie ganze Nationen zu Wohlhabenheit und Reichtum gelangen, uns nicht darauf beschränken dürfen, zu untersuchen, auf welche Weise die materiellen Güter von den Individuen produziert, wie sie unter ihnen verteilt und von ihnen konsumiert werden. Dies ist eine Lehre, die dem einzelnen Kaufmann, Fabrikanten oder Agrikulturisten genügen mag, die aber dem Staatsmann und Gesetzgeber für seine höhere Wirksamkeit unzureichend erscheinen muß. Ihm ist nicht sowohl um die *Anhäufung wertvoller Gegenstände* in den Händen von *Individuen* zu tun, als vielmehr um die Anhäufung derjenigen Kräfte und Einrichtungen, wodurch die Wohlfahrt der ganzen Nation hervorgebracht und garantiert wird. Es mag ihm gut sein zu wissen, auf welche Weise Arbeit, Kapital und Naturkraft sich vereinigen, um sich in den Händen der Individuen zu wertvollen Produkten zu gestalten. Da er aber wahrgenommen hat, daß die wertvollen Produkte in einer ganzen Nation um so häufiger sind, je mehr Intelligenz, Religiosität, Moralität unter ihren Gliedern herrschend geworden, je weiter Wissenschaften und Künste, Gewerbe und Erfindungen im Allgemeinen vorangeschritten, je mehr sich von dieser allgemeinen Errungenschaft der Menschheit die einzelne Nation zu eigen gemacht, und je vollkommener die bürgerlichen, ökonomischen und politischen Einrichtungen der Nation sind; so schließt er daraus, dieses seien die Kräfte, wodurch jener Produktionsprozeß in der ganzen Nation befördert werde; er sucht daher vor allen Dingen auf die Vermehrung dieser Kräfte zu wirken. Da er ferner wahrgenommen hat, daß ganze Nationen in die Untertänigkeit und Knechtschaft anderer Nationen verfallen sind und dadurch, trotz dem Fleiß und der Sparsamkeit der Individuen, ihren Wohlstand und ihre Zivilisation verloren haben; so begnügt er sich nicht damit, die produktiven Kräfte zu vermehren; er trachtet auch nach Garantien, welche der Nation den Besitz ihrer bereits erlangten Produktivkräfte und Reichtümer und die fortdauernde Vermehrung derselben verbürgen; er strebt nach Unabhängigkeit und Macht. Ja, diese sind ihm sogar wichtiger, als Reichtum, weil sie der Nation nicht allein diejenigen *materiellen* Güter, in deren Besitz sie sich bereits befindet, sondern auch den Besitz ihrer Zivilisation, ihres Rechtszustandes, ihrer Freiheit, ihrer bürgerlichen und politischen Institutionen garantieren.

Wenn die einseitige Reichtumslehre, wie sie seit Adam Smith doziert wird, von dem Begriff von Wert ausgehend, und nur die Individualitäten und den Produktionsprozeß ins Auge fassend, überall die Nation, die Nationalität, die Nationalzustände, die Nationalkräfte, die Politik ignoriert, oder doch in den Hintergrund stellt, so muß der Staatsmann und Gesetzgeber überall von diesen ausgehen; denn er hat weder für die Wohlfahrt der ganzen Menschheit, noch für die Bereicherung Einzelner, sondern für die Erhaltung, die Wohlfahrt und Bildung einer gegebenen Nation zu sorgen. Nirgends ist ihm erlaubt, die ökonomische Frage von der politischen zu trennen, oder kosmopolitische Zwecke auf Kosten der politischen zu verfolgen. Wie verschieden aber die Ansichten seien, welche von diesen verschiedenen Gesichtspunkten aus gewonnen worden, darüber wollen wir einige Beispiele anführen.

Die englischen Kaufleute führen Massen von Opium nach Canton aus, wo sie diese Ware gegen Tee und Seide vertauschen. Der Handel ist gewinnreich für die Kaufleute beider Nationen. Nach der Werttheorie ist dieser Verkehr beiden Nationen nützlich, weil dadurch die Produktion beider befördert wird. Dagegen behauptet der Gouverneur von Canton, die Konsumtion von Opium habe eine unbeschreiblich nachteilige Wirkung auf die Moralität, die Intelligenz, das häusliche Glück und die öffentliche Ruhe der Chinesen, und die Konsumtion des Opiums steige in einem so furchtbaren Grade, daß von diesem Handel die größten Nationalübel zu befürchten seien. Was soll uns, ruft er aus, dieser Gewinn, den unsere Hong-Kaufleute an Werten machen? Jene Ware, die wir für unsere Seide und unsern Tee eintauschen, dient nur dazu, unsere ganze Zivilisation und damit unsere ganze produktive Kraft zu untergraben. Tausendmal besser wäre es, unsere überflüssigen Produkte, der Preis jenes Nationalgiftes, lägen in der tiefen See! Dies zur Unterscheidung der Theorie der produktiven Kräfte von der Theorie der Werte.

Frankreich produziert zur Zeit noch alle Manufakturwaren teurer als England, mit einziger Ausnahme der Seidenwaren. Die Weinproduzenten, die Kaufleute in den Seestädten, die Seidenfabrikanten und diejenigen Gelehrten, welche die Werke von Adam Smith und J. B. Say als ökonomische Offenbarungen betrachten, behaupten, Frankreich könne seine Wohlfahrt nicht besser befördern, als durch freien Handel mit England. Jede Nation, sagen sie, besitze Vorteile in gewissen Produktionszweigen, die ihr entweder durch Begünstigung der Natur, oder durch lange Übung und besonderes Geschick eigentümlich geworden seien. So die Engländer die meisten Fabrikationszweige, so die Franzosen den Wein- und Olivenbau, die Seidenzucht und Seidenfabrikation. Öffne man also von beiden Seiten die Zollinien, so werde England die französischen Produkte, Frankreich die englischen wohlfeiler beziehen; die Produzenten und Konsumenten beider Nationen würden doppelt gewinnen.

Lassen wir einstweilen die ökonomische Frage dahin gestellt sein, untersuchen wir die politische, weil, wie Adam Smith selbst zugesteht, »Macht wichtiger ist als Reichtum.« Es ist keine Frage, daß bei sehr mäßigen Zöllen, wie sie gegenwärtig in Frankreich von Leinenwaren erhoben werden, der größte Teil der französischen Baumwollen-, Wollen-, Eisenwaren- und Steingutfabriken samt der Leinwandfabrikation zu Grunde ginge. Mit diesen großen Fabrikationszweigen mußte notwendig auch eine Menge minderbedeutender, aber dennoch im Ganzen höchst wichtiger Gewerbszweige fallen, denn es ist eine wichtige, obwohl zur Zeit noch nicht genug erkannte Wahrheit, daß die Manufakturindustrie einer großen Nation ein zusammenhängendes Ganzes bildet, welchem kein einzelner Teil entnommen werden kann, ohne daß die andern dadurch empfindlich verletzt würden, daher wir auch nicht von Manufakturen, sondern von einer *Nationalmanufakturkraft* sprechen. Gesetzt nun, jedoch nicht zugegeben, den Franzosen verbliebe ihre Seidenindustrie, sie monopolisierten außerdem den ganzen englischen Seidenmarkt, gesetzt, die ganze außer Arbeit gekommene französische Fabrikbevölkerung fände Unterkunft in der Seiden-, Wein- und Olivenproduktion, die französischen Produzenten und Konsumenten gewönnen durch diesen Umschwung der Dinge wirklich an Wert; wie stände es aber um die Schiffahrt, die Fischereien, die Seemacht Frankreichs? Wie um seine politische Unabhängigkeit und Macht? Wie um die Garantien des Fortbestandes dieser ökonomischen Zustände? Offenbar steht mit nur geringer Ausnahme bei allen Nationen der auswärtige Handel, die Schiffahrt, die Seefischerei, im gleichen Verhältnis mit der Ausbildung der Nationalmanufakturkraft. Wer nur Wein, Öl und Seidenwaren zu bieten hat, ist selten in dem Fall, Schiffe zu befrachten, und wird leicht ausgestochen von Nationen, die Manufakturwaren aller Art zu bieten haben. Die Weinbauer und Agrikulturisten fragen nicht viel nach gesalzenen Fischen, und wer keine blühende Handelsmarine und Seefischerei besitzt, wird sich vergeblich bemühen, Flotten auszurüsten – der hat keinen Teil am Reich Neptuns. Wer aber daran keinen Teil, wer keine Manufakturwaren im Tausch gegen Rohstoffe zu bieten hat, kann sich nicht einmal wünschen, Kolonien zu besitzen, wenigstens wird er keinen Vorteil daraus ziehen, wenn er sie besitzt, und sie wohl auch nicht lange behalten. Mit dem auswärtigen Handel, der Handelsschiffahrt, den Fischereien, den Kolonien von Frankreich hätte es also bald ein Ende, und es trete zu England ungefähr in dasselbe Verhältnis, wie Portugal seit 1703. Vor dem Gedanken an einen Krieg mit Großbritannien müßte Frankreich zurückschrecken, denn da es mit seinem ganzen auswärtigen Handel an England gekettet wäre, da Frankreich England nur Luxusgegenstände lieferte, die letzteres entbehren oder auch anderswo haben könnte, während es den größten Teil seiner notdürftigsten Kleidungsstoffe, Gerätschaften und Maschinen von England bezöge, die es bei ausbrechendem Krieg nicht plötzlich selbst fabrizieren und auch nicht anderswoher beziehen könnte, weil andere Nationen schwerlich so viele Weine, Seidenstoffe etc. brauchten, als nötig wäre, um diese Bedürfnisse zu bezahlen, hauptsächlich aber, weil durch den Krieg der Verkehr zur See unterbrochen würde, müßte bei ausbrechendem Krieg mit England in Frankreich eine namenlose Kalamität entstehen, während ein solcher auf England nicht besonders schwer fiele. Allerdings dürfte bei der Furcht vor einer solchen Kalamität der Friede zwischen beiden Ländern so wenig gestört werden, als er seit 1703 zwischen England und Portugal gestört ward. Auch ist der Friede etwas Gutes; nur nicht wenn, wie in diesem Fall, Übergewicht auf der einen und Furcht auf der andern Seite die Ursachen desselben sind. England, im Gefühl seiner Macht, würde Frankreich möglichst viel zumuten, und Frankreich, im Gefühl seiner Abhängigkeit, würde möglichst viel gewähren müssen. Mit einem Wort, Frankreich würde zum Vollstrecker der Anordnungen herabgewürdigt, welche England über den europäischen Kontinent zu verhängen für gut fände, und zwar von dem Tag an, an welchem es seine Manufakturkraft geopfert hätte, um die kosmopolitische Idee des freien Handels zu fördern. Dies zur Unterscheidung des nationalen Gesichtspunkts von demjenigen kosmopolitischen, auf welchen uns die Reichtumstheorie stellt.

Kommen wir nun zu unserm speziellen Gegenstand, und werfen wir zuerst einen Blick auf die Entstehungsgeschichte der Manufakturkraft.

Als es nur Jägerhorden gab, war jedes Individuum sein eigener Manufakturist. Die Teilung der Arbeit konnte erst im Hirtenstand Platz greifen, jedoch nur in der Familie; in den Händen von Sklaven und Weibern erschien die Manufakturkraft schwach und untergeordnet; erst durch die Agrikultur, vermittelst der Landrente, ward sie emanzipiert.

Die Landrente und die von ihr erzeugte Manufakturkraft gründeten gemeinschaftlich die Stadt, und mit ihrer Gründung gelangte die Manufakturkraft zur Herrschaft. Sie erzeugte Handel und Schiffahrt, Wissenschaften, Künste und Erfindungen, bürgerliche und politische Institutionen, Gesetze und Freiheit, geistige und materielle Kapitale, Sicherheit im Innern und Macht nach Außen, und ward hinwiederum von den Erzeugten gepflegt und gehoben. So bildete sich der Manufakturhandelsstaat, der, so weit nur die ihm zu Gebot stehenden Transportmittel reichten, Wohlstand und Zivilisation über das flache Land verbreitete, den Jäger zum Hirten, den Hirten zum Ackerbauer erzog und den letzteren zivilisierte. Wie wohltätig er aber auch auf den bloßen Agrikulturstaat wirkte – immer stand dieser jenem in der Zivilisation, in Reichtum und Macht unendlich nach, immer blieb dieser von jenem abhängig.

Seine Abhängigkeit und seine Inferiorität überhaupt ward dem Agrikulturstaat am meisten begreiflich, wenn sich zwischen ihm und dem Manufakturhandelsstaat Zwistigkeiten erhoben: einmal weil er diesem an denjenigen Verteidigungsmitteln, welche geistige und materielle Kapitale gewähren, unendlich weit nachstand, sodann weil er durch die Unterbrechung des Verkehrs mit dem Manufakturhandelsstaat des

Absatzes seines Überflusses und der Zufuhr seiner Bedürfnisse beraubt ward, endlich – weil die reichsten und einflußreichsten seiner Angehörigen, indem sie bei dem auswärtigen Handel interessiert waren, und durch die Handelsunterbrechung Schaden litten, jederzeit mehr mit dem Ausland, als mit dem Inland sympathisierten.

So mußte die Agrikulturnation notwendig zur Einsicht gelangen, sie könne den höchsten Grad von Zivilisation und Reichtum, von Selbständigkeit und Macht nur erreichen, wenn es ihr gelänge, eine Manufakturkraft auf eigenem Boden zu pflanzen, und so entstand die Agrikulturmanufakturhandelsnation, die ein ungleich vollkommeneres Gemeinwesen ist, als die Agrikulturnation oder die Manufakturhandelsnation, weil sie in ihrem Innern alle Bedingungen der Nationalproduktion vereinigt, weil ihr Ackerbau von der ihn befruchtenden Manufakturkraft durch Kriege nicht getrennt werden kann, und weil die zuvor auf einen engen Raum beschränkte Manufakturkraft nunmehr sich auf ein weites Gebiet verbreiten, und alle darauf befindlichen natürlichen Hülfsquellen zu seinen Zwecken benutzen, folglich die Teilung der Arbeit im Ackerbau sowohl, als in den Manufakturen in einem unendlich größeren Maßstab Platz greifen kann.

Die erste Nation, die den Agrikulturmanufakturhandelsstaat gründete und ihn zur Vollkommenheit ausbildete, ist die englische, und wir dürfen nur die Geschichte und Statistik Englands zur Hand nehmen, um das Wesen der Manufakturkraft und den Wert, den sie für jede große, nach höherer Vervollkommnung strebende Nation hat, kennen zu lernen.

So lange England sich damit begnügte, den Hanseaten und Niederländern Wolle, Zinn und Blei, Häute und Butter zu liefern, und von ihnen Manufakturwaren entgegen zu nehmen, war seine Schiffahrt kümmerlich, sein auswärtiger Handel in den Händen der Fremden, seine Agrikultur so roh, daß die Kornpreise im Verhältnis zu den Fleischpreisen drei- bis viermal höher standen als gegenwärtig. Noch bis in's sechzehnte Jahrhundert kam alles Obst und Küchengewächse aus Flandern. Flachs- und Hanfbau war kaum bekannt. Die Steinkohle lag unbekannt in den Eingeweiden der Erde, und die Eisenproduktion war so gering, daß man Verbote gegen die Ausfuhr des Roheisens und der Eisenwaren erließ. Die Fischereien an den Küsten wurden von Fremden ausgebeutet. Die Bevölkerung betrug vor Eduard III. nicht über 1½ Millionen, und die Engländer waren zu jener Zeit die ersten Taugenichtse und Raufbolde von Europa. Kein Land besaß schlechtere Transportmittel im Innern, und nirgends war der Reisende mehr gefährdet. Von den Hanseaten war England so abhängig, daß noch Heinrich VIII. Kriegsschiffe von ihnen entlehnen mußte, und die Unwissenheit war noch im fünfzehnten Jahrhundert so groß, daß der englische Gesandte zu Rom, als der Papst den König von Portugal mit den *glücklichen Inseln* belehnte, in der Angst nach Hause eilte, vermeinend, der heilige Vater habe England an den König von Portugal verschenkt.

Durch die Manufakturen ward der Steinkohlenbergbau und die Küstenschiffahrt gehoben, ward England in den Stand gesetzt, allen Nationen Waren anzubieten, und ihre Rohstoffe und Agrikulturprodukte im Tausch entgegen zu nehmen; durch die Vermehrung der Fabrikbevölkerung ward Nachfrage nach gesalzenen Fischen erzeugt und die Fischerei emporgebracht; die Handelsmarine, die Küstenschiffahrt und die Fischerei erzeugten eine mächtige Kriegsmarine, welche überall die wichtigsten Inseln und die Zugänge zu allen Meeren und Flüssen eroberte, und das Manufakturmarktgebiet der Nation erweiterte. Anfänglich auf die Wollmanufaktur beschränkt erstreckte England nach und nach seine Tätigkeit auf alle andern Manufakturzweige, stach nach und nach in allen alle andern Nationen aus, sowohl was die Preise, als die Quantität und Qualität der Waren betraf, schuf ganz neue Industriezweige, wie z. B. die Baumwollenfabrikation, die bald an Bedeutendheit die Tuchfabrikation weit übertreffen sollte, produzierte mehr Eisen und Eisenwaren, als alle andern Nationen zusammengenommen, zeichnete sich vor allen Ländern in Künsten, in Maschinerien und durch neue Erfindungen aus. Wenn man den gegenwärtigen Zustand des englischen Ackerbaues und der Grundeigentümer mit dem früheren vergleicht, so sollte man glauben, alle diese Fortschritte in den Manufakturen seien nur gemacht worden, um die Grundeigentümer und die Agrikulturisten überhaupt zu bereichern. Denn mit der Vervollkommnung und Vermehrung der Manufakturen und des Handels wuchs die Bevölkerung um das Fünf- und Sechsfache ihres früheren Bestandes, und mit ihr zugleich die Nachfrage nach Agrikulturprodukten, folglich die Preise, demnach die Taglöhne, die Rente und der Wert des Grunds und Bodens, während auf der andern Seite die Preise der Manufakturbedürfnisse des Agrikulturisten durch die innere Konkurrenz, durch die Kapitalvermehrung und die Fortschritte in der Maschinerie und in den Verfahrungsweisen sich fortwährend verminderten. Dem Aufkommen der Manufakturen hauptsächlich ist die Verbesserung der Straßen, der Flußschiffahrt, die Anlegung von Kanälen und Eisenbahnen zuzuschreiben. Der Agrikultur sind aber diese Verbesserungen noch mehr zu gut gekommen, als der Manufakturindustrie. Denn dadurch ward die Arbeitsteilung unter den verschiedenen Agrikulturzweigen im Großen bewerkstelligt, dadurch erst wurden die Agrikulturisten in den Stand gesetzt, ihren Grund und Boden für diejenigen Kulturen zu benützen, die der Natur desselben am meisten entsprachen, und mit den Konsumenten dieser Produkte auf der ganzen Oberfläche der Insel in Verkehr zu treten, während sie früher nur auf ihre nächsten Umgebungen beschränkt waren. Wie die materiellen Verbesserungen auf die geistigen und gesellschaftlichen Zustände wirken, liegt am Tage: England ist nicht allein das reichste und gewerbfleißigste, es ist auch das mächtigste und unabhängigste, das freieste und zivilisierteste Gemeinwesen der Erde. Und wie im Ursprung der Kultur die einzelne Stadt über das in ihrem Bereich liegende Land durch die Kraft der ihr zu Gebot stehenden, geistigen und materiellen Mittel herrschte, so sehen wir jetzt diese Erscheinung sich in einem unendlich größeren Maßstab wiederholen: England beherrscht alle Meere und Küsten, es strebt nach einem Weltmanufakturmonopol und damit nach Weltherrschaft.

Daß die Manufakturkraft die Wurzel der englischen Größe sei, wer kann es in Abrede stellen? Auch über die Ursache des Aufkommens der Manufakturen bei einer Nation, die zur Zeit, als die Italiener und Deutschen in Künsten und Gewerben, in freien und wohlorganisierten Gemeinwesen sich auszeichneten, noch tief in Barberei versunken war, war man Jahrhunderte lang einverstanden: allgemein erklärte man sich diese Erscheinung aus der seit Eduard III. mit nur geringen Unterbrechungen befolgten Handelspolitik. Ja, so sehr war man davon überzeugt, daß diese Politik in Frankreich Nachahmung fand und zwar mit ausgezeichnetem Erfolg. Denn daß die Widerrufung des Edikts von Nantes mit der Wurzel wieder ausriß, was Colbert gepflanzt hatte, daß später die Mißregierung der französischen Könige alle bestehende Industrie niederdrückte und keine neue aufkommen ließ, ist doch wohl dem Colbert'schen System nicht zur Last zu legen.

Erst einigen Gelehrten des vorigen Jahrhunderts war die Entdeckung vorbehalten, daß die Manufakturen, weit entfernt die wichtigste, zivilisierende und bereichernde Kraft zu sein, nicht einmal als materiell produktiv zu betrachten seien, und daß die Wohlfahrt aller Völker der Erde nicht auf bessere Weise befördert werden könne, als durch allgemeine Handelsfreiheit. Die ganze Welt, sagte Quesnay, *muß als eine Universalrepublik von Kaufleuten betrachtet werden.*

Zu diesem Resultat kamen die Physiokraten dadurch, daß sie, von der Individualität und dem Produktionsprozeß der Individualität ausgehend, die Ursache des Reichtums zu erforschen suchten, und dieselbe in dem Reinertrag des Grunds und Bodens gefunden zu haben glaubten, und daß sie die Nation und die Nationalität mit ihren besondern Zuständen und Bedürfnissen gänzlich ignorierten, während früher die Politiker und Publizisten – der Natur der Dinge gemäß – die Nationalität und ihre Vervollkommnung zum Hauptgegenstand ihrer Untersuchungen und zur Hauptaufgabe ihrer Bestrebungen machten und, von ihr ausgehend, die Ursachen der geistigen und materiellen Wohlfahrt des gesamten Gemeinwesens zu erforschen strebten. Offenbar war diese Schule durch die kosmopolitische Idee der Welthandelsfreiheit zu ihrem falschen Raisonnement gekommen. Um die Schädlichkeit der nationalen Handelsmaßregel zu beweisen, mußte sie die Sterilität der Manufakturen und die Existenz der Universalrepublik fingieren. Mit Quesnay kam der falsche Kosmopolitismus in die politische Ökonomie, ward die Privatökonomie mit der Nationalökonomie verwechselt.

Beide, Kosmopolitismus und Individualismus, wurden von Adam Smith fortgesetzt. An die Stelle des Produkts die bloß materiell produktive Arbeit und den Tauschwert der Produkte setzend, erkannte er zwar den Manufakturen den Charakter der Produktivität zu, jedoch nur in so weit derselbe mit dem Prinzip der allgemeinen Handelsfreiheit, wie er sie verstand, vereinbarlich war, und ohne die Natur und die Zustände, Zwecke und Bedürfnisse der Nationalität und den Einfluß der Manufakturkraft auf die Nationalität zu würdigen. Überall, wo nicht von der Handelspolitik die Rede ist, gibt Smith zu, die Manufakturen seien die Basis des innern Verkehrs, des auswärtigen Handels, der Schiffahrt, des verbesserten Ackerbaues u.s.w.; er zeigt, wie letzterer nur in der Nähe, oder durch den Verkehr mit großen Städten gedeihe; er sagt ausdrücklich: »Alles, wodurch den Manufakturen Abbruch geschehe, schade am meisten dem Ackerbau.« Kurz man könnte aus einzelnen Stellen seines Werkes die bündigste Abhandlung über die Natur und den Wert der Manufakturen zusammensetzen. Wo er aber von der Handelspolitik spricht, wird überall auf die Natur der Manufakturkraft und auf den Unterschied derselben vom Ackerbau keine Rücksicht genommen. Hier raisonniert Adam Smith überall nur mit allgemeinen Ausdrücken, z. B. Produktion, Arbeit, Kapital u.s.w.; hier wird überall die Individualität und der Tauschwert vorangestellt, und das Wesen der produktiven Kraft und der Nationalität verkannt: »Jedes Individuum weiß am besten, wie es seine Kapitale am nützlichsten verwenden soll – die Freiheit ist der Produktion am zuträglichsten – den auswärtigen Handel dirigieren wollen, heißt so viel als von Staatswegen vorschreiben, wie die Individuen ihre Kapitale benutzen sollen. – Eine Nation gewinnt immer beim auswärtigen Handel, indem sie ja doch für die eingehenden Waren einen gleichen Betrag an Werten nach dem Ausland schickt; die Einfuhr hat immer einen gleichmäßigen Betrag an Ausfuhren zur Folge. – Dieser Handel würde nicht stattfinden, wenn nicht beide Teile an Werten gewönnen. – Die verminderte Einfuhr muß eine verminderte Ausfuhr zur Folge haben. – Eine Nation kann ihre Industrie nie über das ausdehnen, was ihr Kapital zu erschwingen vermag, durch Handelsmaßregeln aber lassen sich die Kapitale nicht vermehren. – Wie bei den Individuen, so ist es bei der Nation Torheit, die Waren nicht da zu kaufen, wo sie am wohlfeilsten zu haben sind, ein Schneider würde töricht handeln, wenn er auch seine Schuhe selbst fabrizieren wollte. – Einfuhrzölle oder Prohibitionen können den Reichtum nicht vermehren, sie können bloß Einzelne auf Kosten der Gesellschaft bereichern, indem sie den Gewerbtreibenden gegen die Konsumenten ein Monopol gewähren. – Der Nationalreichtum ist nur das Aggregat des Reichtums aller Individuen. – Jedes Land ist hinsichtlich gewisser Produktionszweige im Besitz besonderer Vorteile, die es am besten bei freiem Weltverkehr auszubeuten vermag und die ihm durch die Abschließung gegen das Ausland verloren gehen. – Man denke nur, wenn Schottland Wein produzieren wollte. – Bloß in dem Fall, wenn eine Nation eines besondern Industriezweiges zu ihrer Verteidigung bedarf (z. B. England der Schiffahrt) ist die besondere Begünstigung desselben durch Beschränkungen zu rechtfertigen, denn Macht und Unabhängigkeit sind wichtiger als Reichtum. – Es läßt sich nicht leugnen, daß durch Prohibitionen und Schutzzölle einzelne Produktionszweige gehoben worden sind, aber es ist zu bezweifeln, daß die Nation dadurch gewonnen, indem sie ohne Zweifel in andern Artikeln mehr verlor, als sie in den durch künstliche Mittel emporgebrachten gewonnen hat.« – Und das Resultat dieser seit Adam Smith allgemein als Wahrheit anerkannten Grundsätze in Beziehung auf England ist dieses – »England ist nicht *durch*, sondern *trotz* seines Handelssystems zu Reichtum und Macht gelangt.«

Nie ist die Welt durch ein sophistisches Raisonnement mehr irre geleitet worden, als durch das hier angeführte, und nie ist ein sophistisches Raisonnement ans Licht getreten, das unter dem Aushängeschild einer großen kosmopolitischen Idee, der Welthandelsfreiheit, größeren Egoismus verbärge und mehr dazu benützt worden wäre und noch immer dazu benützt wird, die Nation irre zu leiten, um einer einzigen das größte aller existierenden und gedenkbaren Monopole, ein Welt-, Manufaktur- und Handelsmonopol, auf Kosten der Zivilisation, des Wohlstandes, der Unabhängigkeit und Macht aller übrigen Nationen zu verschaffen.

Einesteils, um zu erklären, warum das Raisonnement Adam Smiths bei den Aufgeklärten und Denkenden, trotz seiner grundfalschen Basis, Eingang finden konnte – andernteils, um uns zum voraus gegen die Verdächtigung zu verwahren, als wollten wir die Irrtümer desjenigen Systems aufwärmen, das man mit dem Namen Merkantilsystem bezeichnet hat – haben wir allererst zu zeigen, in welchen Beziehungen Adam Smith, den vor ihm gang und gäbe gewesenen Ansichten gegenüber, Recht hatte.

Wahr ist im Allgemeinen bei diesem System die Idee der allgemeinen Handelsfreiheit. Gleichwie die Einigung der einzelnen Städte, der einzelnen Provinzen und Länder zu einem frei unter sich verkehrenden Ganzen allen Individuen vorteilhaft gewesen ist, so muß auch die Universalhandelsfreiheit vorteilhaft für alle einzelnen Nationen wirken. Die Realisierung dieser Idee setzt aber eine Einigung unter dem Rechtsgesetz, eine Universalkonföderation und die Unmöglichkeit des Kriegs voraus, wie sie jetzt unter den verschiedenen Städten und Provinzen der einzelnen Nationen besteht. Eine solche Konföderation der Nationen kann sich jedoch nur bilden, nachdem die Mehrzahl von Nationalitäten zu einem ziemlich gleich hohen Grade von Zivilisation, Reichtum und Macht gelangt sein wird. So lange aber die Nationen einander in ihrer natürlichen Freiheit gegenüberstehen, so lange noch Krieg besteht, ist die Erhaltung ihrer Nationalität, die Vermehrung ihres Wohlstandes, ihrer Macht und der Garantien ihrer Unabhängigkeit und Selbständigkeit, in und durch sich selbst, Hauptaufgabe jeder Nation, und wenn es klar am Tage liegt, daß diese Zwecke in möglichst vollkommener Weise nur erreicht werden können, wenn jede Nation möglichst bald dahin gelangt, die Manufakturkraft mit der Agrikultur auf ihrem eigenen Territorium zu vereinigen, wenn es klar ist, daß sie nur durch diese Vereinigung ein in sich selbst vollkommener und nach außen mächtiger Nationalkörper zu werden vermag, wenn es klar ist, daß die Agrikulturnation nur durch Hegung und Beschützung ihrer inneren Manufakturen gegen auswärtige Konkurrenz dieses Ziel erreichen kann: so wäre es eben so töricht, wenn die Nation durch Rücksichten auf den *Verlust* an *Werten* von einer solchen Selbstvervollkommnung abstehen wollte, als es lächerlich wäre, wenn eine Nation, um die Kriegskosten zu ersparen, sich abhalten ließe, die Angriffe einer andern Nation durch Waffenmacht abzuwenden.

Aus diesem Gesichtspunkte betrachtet erscheint diejenige Handelspolitik, welche die Pflanzung einer der Nation eigentümlichen Manufakturkraft zum Gegenstand hat, auch zugleich als diejenige, welche dem kosmopolitischen Prinzip am besten entspricht. Wenn dagegen in Folge ihrer bisherigen Handelspolitik und ihrer übrigen Nationalverhältnisse eine Nation in ihrer Manufaktur-, Handels- und Streitkraft einen unermeßlichen Vorsprung vor allen übrigen Nationen der Erde gewonnen hat, wie in unsern Tagen die englische, und wenn nicht geleugnet werden kann, daß unter den gegenwärtigen Weltverhältnissen diese Nation bei freier Konkurrenz auf allen Manufakturmärkten ein Weltmanufaktur-

und Handelsmonopol erlangen, alle andern Völker zu unmächtigen und abhängigen Agrikulturnationen degradieren, auf diese Weise Weltherrschaft begründen und somit die Bedingungen einer freien Konföderation unabhängiger und selbständiger Nationen vernichten würde, so erscheint bei den gegenwärtigen Weltverhältnissen die unbedingte Handelsfreiheit als dem wahren Kosmopolitismus widerstreitend.

Wahr ist ferner bei diesem System, daß die Natur die verschiedenen Nationen durch Klima u.s.w. in verschiedenen Produktionszweigen besonders begünstigt hat, daß es töricht wäre, in Schottland Wein pflanzen zu wollen und ihn nicht lieber in Frankreich zu kaufen, in Frankreich Baumwolle pflanzen zu wollen und sie nicht lieber in Nordamerika zu holen. Fälschlicher Weise hat man aber dieses nur auf die Agrikulturproduktion anwendbare Argument auch auf die Manufakturen ausgedehnt, die Manufakturen gedeihen in allen Agrikulturländern der gemäßigten Zone, vorausgesetzt nur, daß diese Länder ausgedehnt bevölkert, kultiviert und gebildet genug seien, d. h. daß sie die erforderlichen geistigen und materiellen Mittel besitzen. Wenn man auch in Schottland nicht mit Vorteil Wein baut, so ist es doch in Frankreich, Deutschland und Nordamerika eben so gut möglich, Manufakturen zu pflanzen, als in England und Schottland. Es ist töricht, diesen letztern Ländern eine besondere Befähigung in dieser Hinsicht zuzuschreiben, wenn doch aus der Geschichte erhellt, daß in frühern Zeiten die Fabriken auf dem Kontinent besser gediehen sind, als auf jenen Inseln. England mag in seiner Steinkohle einige Vorteile vor den Kontinentalländern voraus haben, diese aber besitzen wohlfeileres Holz und unbenützte Wasserfälle. Sodann ist es noch gar nicht entschieden, daß nicht noch eine neue bewegende Kraft entdeckt wird, die gar kein Brennmaterial oder doch weniger erfordert, als die Dampfkraft. Jedenfalls erscheint als unleugbar, daß jener Vorteil des wohlfeileren Brennmaterials weit aufgewogen werden kann durch wohlfeilere Lebensmittel, geringere Steuern u.s.w.

Nur in Beziehung auf einzelne Gegenden und einzelne Gewerbszweige existiert dieser Unterschied. So ist eine holz- und wasserkraftreiche Gebirgsgegend in gewissen Manufakturen vor den Ebenen bevorzugt. Dieser Vorzug dehnt sich aber nicht auf ganze Nationen und Reiche aus, welche die verschiedenartigsten Gegenden in sich begreifen. Aus diesem Argument folgt demnach nur, daß es töricht ist, die *Agrikulturproduktion* einer Nation durch Abhaltung fremder Konkurrenz befördern zu wollen, weil man dadurch dem Grund und Boden, dem Klima u.s.w. nicht diejenigen Eigenschaften verleihen kann, welche ihm die Natur versagt hat. In dieser Beziehung ist das Argument vollkommen gegründet, und es muß zugestanden und anerkannt werden, daß freier Verkehr mit Agrikulturpodukten und Rohstoffen allen Nationen in allen Stadien ihrer Entwicklung und unter allen Umständen und Verhältnissen am vorteilhaftesten ist, und daß die früher bestandenen und noch bestehenden Beschränkungen dieses Verkehrs, mögen sie nun in Abhaltung der fremden Zufuhr oder in Verhinderung der Ausfuhr bestehen, schädlich und ungerecht sind. Durch Verhinderung der Produkteneinfuhr wird nur die Manufakturkraft des Auslandes, die doch das wichtigste Beförderungsmittel des innern Ackerbaues ist, niedergehalten, ohne dem Ackerbau selbst irgend Nutzen zu bringen. Durch Verhinderung der Produktenausfuhr wird nur der Ackerbau niedergehalten, ohne daß man versichert wäre, daß dadurch die Manufakturen begünstigt werden. Ganz anders aber wirken die Vorteile, welche den innern Manufakturisten vor den auswärtigen gestattet werden, vorausgesetzt, daß die Nation im Übrigen zu Emporbringung einer Manufakturkraft befähigt, und daß der Schutzzoll nicht übertrieben sei, denn das Aufkommen der Manufakturkraft steigert durch Vermehrung der Bevölkerung etc. die Nachfrage nach Lebensmitteln, Rohstoffen u.s.w., somit die Preise, die Taglöhne und Renten und damit den Güterwert. Die Agrikulturisten gewinnen dadurch zehnfältig, was sie für ihre Manufakturbedürfnisse eine Zeitlang mehr bezahlen müssen. Auch dauert die in

Folge der Schutzzölle bewirkte Steigerung der Manufakturpreise nicht ewig. Im Gegenteil – bei jeder zur Pflanzung einer Manufakturkraft befähigten Nation muß die durch Schutzzölle bewirkte innere Konkurrenz die Preise der Manufakturwaren im Lauf der Zeit wohlfeiler stellen, als die sind, zu welchen sie früher vom Ausland bezogen werden konnten, weil der einheimische Manufakturist, sobald sich der innere Industriezweig in der Agrikulturnation gehörig ausgebildet hat, die mit Ausfuhr der Rohstoffe und mit Einfuhr der Fabrikate verbundenen Kosten und Handelsgewinnste nicht auf seine Preise schlagen darf. Auf diese Weise gewinnt durch das Aufkommen einer innern Manufakturkraft der Agrikulturist doppelt und anhaltend – einmal durch stete Verminderung der Preise seiner Manufakturbedürfnisse und dann durch stete Vermehrung der Preise seiner Produkte und des Werts seines Grunds und Bodens. Wir müssen noch einmal wiederholen: Smith's schottisches Weinbauargument, womit er so großen Effekt machte, ist in Beziehung auf die Manufakturkraft ein falsches. England liefert dazu die frappantesten Belege. England hat den Niederlanden ihre Wollenmanufakturen geraubt. Vor Eduard III. war es von der Natur nur zur Wollproduktion berufen. England hat den nordischen Reichen und Deutschland die Eisen- und Stahlwarenfabriken geraubt; später erst hat es seine Steinkohle dafür zu verwenden gelernt. England hat Frankreich eines Teils seiner Seidenmanufakturen beraubt. Kein Land der Erde ist weniger dazu berufen, und doch schätzt Mac Queen seine jetzige Seidenmanufakturproduktion auf 13 Millionen Pfund Sterling. England hat Ostindien seiner Baumwollenmanufakturen beraubt, kein Volk der Erde war durch die Natur seiner Agrikultur und durch uralten Besitz mehr zu ausschließlicher Betreibung dieses Manufakturzweigs berufen, als die Hindus. England steht in diesem Augenblick im Begriff, Deutschland, Frankreich und alle Länder des europäischen Kontinents ihrer Jahrtausende alten Hanf- und Flachsmanufakturen zu berauben, während dieses Reich bis in die Mitte des vorigen Jahrhunderts allen andern Ländern Europas, die mindest kultivierten nicht ausgenommen, in diesem Industriezweig weit nachstand.

Wahr ist es indessen, daß nicht alle Nationen der gemäßigten Zone in allen Stadien ihrer Kultur zu Pflanzung einer Manufakturkraft vermittelst des Schutzsystems gleichmäßig berufen sind. Rohe Jäger- und Hirtenvölker, im Aberglauben, Müßiggang und Unwissenheit, in Sklaverei und Knechtschaft versunken, oder in ihrer Kultur zurückgekommene oder stagnierend gewordene Agrikulturnationen, die aus Mangel an den allernötigsten Transportmitteln, den allernötigsten bürgerlichen Einrichtungen u.s.w. ihren Akkerbau noch so wenig entwickelt haben, daß sie bei großer Fruchtbarkeit ihres Bodens in Armut schmachten (wie z. B. Spanien, Portugal, Sicilien, die Türkei, die mittelamerikanischen Republiken), werden am schnellsten und sichersten durch freien Handel mit zivilisierteren und reicheren Nationen, d. h. durch den Austausch ihrer Produkte gegen fremde Fabrikate zu Zivilisation und Reichtum, zu besseren gesellschaftlichen Einrichtungen und Gesetzen, zu Bevölkerung und Macht gelangen. Allerdings geraten dergleichen Völker in die Abhängigkeit der mit ihnen handelnden Manufakturnationen, aber diese Abhängigkeit dauert nicht ewig; auch sie werden auf diesem Wege, wie einst England durch den Handel mit den Hanseaten, zu einem Grad der Bildung gelangen, wo ihnen die Pflanzung einer eigenen Manufakturkraft rätlich und vorteilhaft sein wird. Diese periodische Abhängigkeit ist der Preis, den sie für ihre Erziehung zur Unabhängigkeit zu entrichten haben. Endlich sind zu Behauptung eines Schutzsystems nicht berufen: kleine an Zahl der Bürger geringe und an Territorium beschränkte Staaten und Länder, weil sie nicht die Mannigfaltigkeit und Bedeutenheit der natürlichen, geistigen und materiellen Hülfsmittel und diejenige Größe des Marktes und Verschiedenheit der Bedürfnisse und der Nachfrage darbieten, welche erfordert wird, um eine innere Manufakturkraft vermittelst der innern Konkurrenz zu pflanzen. Dergleichen Zwergnationalitäten können nichts besseres tun, als sich an andere benachbarte Nationen anzuschließen, oder sich mit ihnen zu verschmelzen.

In Beziehung auf Nationen und Staaten der vorerwähnten Klasse hat Adam Smith ganz recht, wenn er behauptet, die Schutzzölle gewährten den Produzenten ein Monopol gegen die Konsumenten. Bei allgemeinem Mangel an Bildung, Freiheit und materiellem Kapital werden in dergleichen Ländern nur wenige Unternehmer sich finden, welche Einsichten, Kräfte und Lust besitzen, sich mit großen Industriezweigen zu befassen; es wird also keine Konkurrenz im Inland eintreten, die Manufakturisten werden fortwährend Monopolpreise behaupten, und die Agrikulturisten werden des großen Vorteils beraubt sein, den sie aus dem Bezug wohlfeilerer ausländischer Fabrikate und aus großem Produktenabsatz nach dem Ausland ziehen könnten; die Vermehrung der produktiven Kräfte des Landes wird somit nur langsam von Statten gehen. Diese Erfahrung hat man bei allen Schutzsystemen der mittel- und südamerikanischen Staaten gemacht, welche dieses System den Nordamerikanern nachahmten, ohne zu bedenken, daß sie der dazu erforderlichen intellektuellen, gesellschaftlichen und materiellen Kräfte ermangelten.

Ein Monopol ganz anderer Art begründet das Schutzsystem bei Nationen, die an Intelligenz, Moralität, Arbeitsamkeit, Beharrlichkeit und Sparsamkeit den Deutschen gleichen; die in Wissenschaften und Künsten, in der Fruchtbarkeit ihres Erfindungsgeistes sich auszeichnen, wie die Deutschen; die ein weites, mit den mannigfaltigsten Hülfsquellen ausgestattetes, von zahlreichen Strömen und Flüssen bewässertes, zum Teil höchst fruchtbares Territorium und ein Klima besitzen, in welchem die Arbeitskraft als eine einheimische Pflanze in Fülle wächst, wie die deutsche; bei Nationen, die, wie die deutsche, unter den ungünstigsten Verhältnissen ihren Ackerbau zu Blüte gebracht haben, die schon in früheren Zeiten im Besitz der Manufaktur- und Handelssuprematie gewesen sind, und nur durch einen unglücklichen Umschwung der Dinge, durch namenlosen Unstern, durch Religionsspaltungen, Territorialzersplitterungen und verheerende Kriege diesen hohen Standpunkt verloren haben, und denen nichts fehlt, als ein verbessertes Transportsystem und ein tüchtiges Handelssystem, um den höchsten Grad von Wohlstand und Zivilisation, von Macht und Unabhängigkeit zu erreichen. Bei solchen Nationen ist zwar das Schutzsystem auch ein Monopol, aber ein notwendiges und wohltätiges, wie das des Grundeigentums. Es ist ein Monopol, welches der ganzen Nation gegeben wird, und an welchem jedes Individuum nach Belieben Teil nehmen kann; ein Monopol, das, indem es die ganze Nation auf die schnellste Weise in den Besitz einer vollständigen Manufakturkraft setzt, den Konsumenten (d. h. den Agrikulturisten) wie den Produzenten bereichert – ein Monopol unserer Nation gegen die fremden Nationen, die sich nicht über Ungerechtigkeit beklagen können, weil sie schon zuvor ihren Angehörigen ein ähnliches Monopol gegen unsere Angehörigen gegeben haben. Wahr ist bei den Argumenten Smiths, daß jedes Individuum seine Kapitale am gewinnreichsten anzulegen und sein Geschäft am besten selbst zu betreiben weiß; daß der Staatsmann ein Tor wäre, welcher sich anmaßen wollte, die Individuen in Verwendung ihrer Kapitale zu dirigieren und ihnen vorzuschreiben, welchem Beruf sie sich zu widmen hätten; daß bei persönlicher Freiheit und bei unbeschränktem Handel und Verkehr die Industrie am besten gedeihe. Smith hatte vollkommen recht, wenn er die Provinzialdouanen und die übrigen mannigfaltigen Beschränkungen des innern Verkehrs als schädlich bezeichnete. Nur ist es falsch, wenn er Schutzmaßregeln gegen das Ausland als eine Beschränkung der Freiheit, als eine Anmaßung der Regierung, die Individuen in Verwendung ihrer Kapitale dirigieren zu wollen, darstellt. Schon Montesquieu bemerkt: »nirgends sei der fremde Handel mehr beschränkt, als in freien, und nirgends weniger, als in sklavischen Ländern. Was dem einzelnen Kaufmann nütze, sei nicht immer dem Handel vorteilhaft, und leicht könne die Freiheit des Handels Knechtschaft der Individuen zur Folge haben.«

Das angeführte Argument Smiths ist ein falsches, weil die schützende Handelspolitik, weit entfernt, jemanden in seinen Geschäften und Kapitalverwendungen zu beschränken und zu dirigieren, allen Individuen des Landes ein weiteres Feld für die nützliche Anwendung ihrer persönlichen Kräfte und ihrer Kapitale, wie der in ihrem Eigentum befindlichen Naturkräfte eröffnet und sichert, und es im übrigen den Einzelnen frei stellt, ob sie daraus Nutzen ziehen wollen oder nicht, und weil der Staat damit seine Angehörigen nur den Angehörigen fremder Staaten gleichstellt, die bei sich selbst das nämliche Privilegium des innern Manufakturmarktes besitzen. Der Staat tut damit etwas, was die Individuen für sich selbst nicht zu tun vermögen, und was zu tun sie eben darum der Staatsgewalt übertragen haben.

Wahr ist es allerdings, daß in der geordneten bürgerlichen Gesellschaft der Schneider besser tut, seine Stiefel vom Schuster zu kaufen, als sie selbst zu fertigen, wie Smith sagt, und daß es töricht von dem Schuster wäre, wenn er, um sein Gewerbe zu heben, an seiner Türe einen Schutzzoll anlegen wollte, wie Say meint. Aber eben so wahr und einleuchtend scheint uns, daß ein Schneider oder ein Schuster keine Nation ist. In diesen Beispielen zeigt sich recht klar, in welche Irrtümer eine Theorie verfallen mußte, die überall nur Individualitäten, nirgends Nationalitäten ins Auge faßt. Man setze nur den Schuster und den Schneider in den Fall zweier in ihrer natürlichen Freiheit einander gegenüberstehenden Nationalitäten, man versetze sie in eine Wildnis, gebe jedem eine zahlreiche Familie und denke sich hinzu: daß der Schuster den Schneider beherrschen will, daß der Schneider aber auch seinen eigenen Kopf hat und sich dabei vor den spitzigen Ahlen des Schusters fürchtet. Bei solchen Verhältnissen dürfte von schneiderischer Seite das Selbstschuhmachen nicht so ganz unvernünftig sein, und dem Schuhmacher seinerseits möchte dann wohl nichts anderes übrig bleiben, als Befolgung der gleichen Politik. Dieses Gleichnis, während es zeigt, wie wenig die Theoretiker bei Beurteilung des internationalen Handels auf die Natur und

Zustände der Nationalität Rücksicht genommen, beweist auch abermals, wie wenig sie die wechselseitigen Verhältnisse zwischen Agrikulturkraft und Manufakturkraft gekannt haben. Offenbar ist die Frage derjenigen Agrikulturnation, die sich eine Manufakturkraft aneignen will, nicht die des Schneiders dem Schuster gegenüber, sondern die des Akkerbauers dem Schuster und Schneider gegenüber. Nun lassen sich Beispiele genug anführen, und Verfasser hat sie in den amerikanischen Wildnissen zu Tausenden gesehen, wo der Ackerbauer es vorteilhafter findet, seine Kleider selbst zu verfertigen, als sie zu kaufen. Warum hat die Theorie nicht lieber dieses so nahe liegende (nur unbedeutend hinkende) Gleichnis gewählt? Der Grund liegt nahe, es bewies das Gegenteil von dem, was man beweisen wollte. Die gleiche Operation sehen wir im Großen von verständigen Besitzern großer Güter in Böhmen und Rußland wiederholen. Da ihnen der Produktenmarkt zu entfernt ist, als daß ihnen der Ackerbau durch den auswärtigen Handel großen Nutzen bringen könnte, so legen sie Manufakturen auf ihren Gütern an; statt die Produkte auf den Markt zu bringen, bringen sie den Markt zu den Produkten. Dies ist ganz dieselbe Operation, wie die der Agrikulturnation, die vermittelst eines vernünftigen Schutzsystems eine Manufakturkraft in ihrem Innern zu pflanzen sucht.

Aber, sagt die Reichtumstheorie, eine Nation kann ihre Industrie nur in so weit ausdehnen, als sie durch ihren Kapitalbesitz dazu befähigt ist. Maßregeln der Handelspolitik können jedoch die Kapitale nicht vermehren, sondern sie bloß in einen andern und zwar minder produktiven Kanal leiten. Bei diesem Argument, von welchem ein ganzes Kapitel bei Adam Smith voll ist, haben wir allererst darauf aufmerksam zu machen, daß das Wort *Kapital* in dieser Lehre ein Ausdruck ist, welcher ganz verschiedene Qualitäten und Dinge bezeichnet. Einmal bedeutet er die individuellen geistigen Kräfte, dann auch die Kräfte, welche aus den gesellschaftlichen Einrichtungen erwachsen, hauptsächlich aber die materiellen Vorräte und Instrumente, oder Grund und

Boden und was dazu gehört, zuweilen aber auch nur die durch Arbeit darauf verwendeten Verbesserungen, die Wertausgleichungsinstrumente (Geld, edle Metalle), manchmal aber alle oder doch mehrere dieser Gegenstände. Wer aber möchte mit Zahlen richtig rechnen, die verschiedenen Größen bedeuten, und wer kann mit Ausdrücken richtig raisonnieren, die verschiedenen Gegenstände bezeichnen? Es ist klar, daß es sich mit dergleichen Ausdrücken, wenn nicht jedesmal die Spezies, welche gemeint ist, angegeben wird, wie z. B. materielles Kapital, Grundkapital u.s.w., wie mit falschen Würfeln verhält und – leider müssen wir es behaupten – in der Reichtumstheorie ist damit viel unlauteres Spiel getrieben worden.

Offenbar ist das angeführte Argument aus der Privatökonomie abstrahiert. Wozu aber die Konfusion dieser mit der Nationalökonomie führt, erkennen wir aus dem eben erörterten Schneider- und Schusterexempel. Jedoch ist es auch in der Privatökonomie hinsichtlich des materiellen Kapitals nicht durchaus wahr. Denn durch Maschinenkraft, durch Teilung der Arbeit u. s.w., wird das Individuum in den Stand gesetzt, mit dem gleichen Betrag an materiellen Mitteln seine Industrie ungleich weiter auszudehnen, als früher. Jedes gute Gesetz, jede zweckmäßige Institution hat auf die Produktivität des materiellen Kapitals gleichen Einfluß. Das vorliegende Argument ist nur in einer sehr beschränkten Beziehung wahr, nämlich beim materiellen Agrikulturkapital. Dieses, wie wir schon oben erläutert haben, kann durch Einfuhrbeschränkungen fremder Produkte nicht vermehrt, sondern nur in andere, minder nützliche Kanäle geleitet werden. Belege dazu sind die Vieh- und Korneinfuhrbeschränkungen der Franzosen und Engländer. Durch die Zulassung fremden Getreides hätte England seine Manufakturwarenausfuhr und seine Manufakturbevölkerung, folglich die Nachfrage nach andern Arten von Agrikulturprodukten vermehrt, in Ansehung welcher der inländische Agrikulturist ein natürliches Monopol besitzt, und deren Produktion ungleich gewinnreicher gewesen wäre, als die des Getreides (z. B. Fleisch, Milch, Gemüse, Handelspflanzen).

Hier fragt es sich nun zunächst: was ist in Beziehung auf die *Manufakturkraft* einer Nation vernünftigerweise unter dem Wort *Kapital* zu begreifen? Läßt sich das Manufakturkapital vermittelst der schützenden Handelspolitik im Innern vermehren? Und ist die Nation auf innere Kapitale beschränkt, kann sie dieselben nicht von Außen beziehen?

Wenn die gebildete Agrikulturnation, wie wir sie oben vorausgesetzt haben, eine Manufakturkraft in ihrem Innern pflanzen will, so bedarf sie allererst eines Überflusses an Agrikulturproduktion. *Die Agrikultur selbst mit ihren Mitteln und Vorräten ist das hauptsächlichste materielle Manufakturkapital:* sie liefert die Mittel zur Erbauung von Häusern und Wasserwerken, zur Maschinerie, zum Unterhalt der Arbeiter und die Rohstoffe zur Verarbeitung. Die Manufakturkraft bedarf ferner Wassergefälle und Brennmaterial, die in den meisten Agrikulturnationen im Überfluß vorhanden und wenig benutzt sind. Sie bedarf Arbeiter, die aus der überflüssigen Agrikulturbevölkerung herangezogen werden müssen und unschwer herangezogen werden können, da in der Agrikulturnation immer eine Masse von Arbeitskräften aus Mangel an angemessener Beschäftigung müßig liegt. Sie bedarf Techniker, die allerdings erst gebildet werden müssen, die sich aber noch in jeder gebildeten Nation, welche den neuen Manufakturen die Existenz garantiert hat, nach und nach gebildet haben. Sie bedarf Unternehmer, welche die erforderlichen Geldmittel besitzen, um das materielle Agrikulturkapital in Manufakturkapital zu verwandeln. Gedenkbar ist es aber, daß nicht einmal eine besondere Klasse von Unternehmern erfordert wird, z. B. wenn die Agrikulturisten eines Landes in der Intelligenz weit genug vorangerückt wären, um selbst Fabriken und Manufakturen auf Aktien zu unternehmen. Kurz in der gebildeten Agrikulturnation ist zur Pflanzung einer Manufakturkraft Alles da, nur nicht die Übung des Arbeiters, die Kenntnis des Technikers, das Vertrauen des Unternehmers. Diese werden hervorgerufen durch ein Schutzsystem, welches bei den Arbeitern, Technikern und Unternehmern den Reiz erzeugt, sich den neuen Industriezweigen zu widmen, indem es ihnen besondere Vorteile verspricht, und für ihren Aufwand an Zeit, Mühe, Bildungskosten und an materiellem Kapital Garantie gewährt – und gereift werden sie durch die Zeit. Allerdings werden und müssen die Fabrikate im Anfang teurer werden, weil der inländische Fabrikant seinem Arbeiter größern Lohn bieten muß, um ihn zu bewegen, sich dem neuen Geschäftszweig zu widmen, dafür aber doch nur unvollkommene Arbeit erhält; ferner weil der inländische Techniker noch der Übung ermangelt, weil jeder Anfang mit einer Menge von Mißgriffen verbunden ist, weil die Verfahrungsweise, die Bezugsquellen und die Absatzwege erst aufgefunden werden müssen, weil der Zinsfuß in der Agrikulturnation immer höher steht, als in der durch die Manufakturen längst bereicherten fremden Manufakturnation, weil der Absatz anfänglich gering und ungewiß ist, während die längst bestehenden Manufakturen des konkurrierenden Auslandes bei großer Übung, bei Überfluß an materiellen Kapitalen und bei gesichertem Absatz viel größere Massen – somit auf's wohlfeilste fabrizieren können, endlich (und dies ist namentlich in Deutschland ein Hauptgrund), weil noch kein vervollkommnetes Transportsystem besteht, und der Transport der Baumaterialien, der Fabrikrohstoffe und Lebensmittel auf die Fabrikationskosten ungemein influiert. Alles dies verbessert sich mit der Zeit und es ist, außer der Roheisenfabrikation, kaum ein Manufaktur- oder Fabrikzweig gedenkbar, welchen eine Nation, wie die deutsche, in Beziehung auf Qualität und Preis nicht zu eben so großer Vervollkommnung zu bringen vermöchte, wie England.

Würde durch dieses Verfahren das, was hier die Theorie unter Kapital versteht, verringert und in minder produktive Kanäle geleitet, so müßte sich die Wirkung hiervon in der Verarmung der Agrikulturisten herausstellen. Aber weit entfernt davon nimmt man vielmehr in dieser Klasse ein Aufblühen des Wohlstandes wahr, das eben in derjenigen

Periode am sichtbarsten ist, in welcher der Schutzzoll noch zum Teil auf die Manufakturwaren-Preise influiert. Der Grund hiervon ist einleuchtend. Der Ackerbauer lebt nicht im Wohlstand, wenn die Manufakturwaren wohlfeil sind; er lebt im Wohlstand, wenn die abzusetzenden Quantitäten und Preise seiner Produkte so hoch sind, daß der Erlös aus seinem Überschußprodukt den Preis seiner Bedürfnisse übersteigt. Er wird aber auch nicht bloß darum wohlhabend, weil er mehr einnimmt, als er ausgibt, er wird hauptsächlich darum wohlhabend, weil sein Hauptproduktionsinstrument, der Grund und Boden, um das zwanzig- bis dreißigfache derjenigen Summe an Wert gewinnt, um welche seine Landrente sich vermehrt. Dies ist ein wesentlicher Unterschied zwischen dem Agrikulturisten und dem Manufakturisten, daß nämlich das Instrument des ersteren (der Grund und Boden) mit der wachsenden Manufakturkraft im Verhältnis der wachsenden Rente steigt, während die Instrumente des Manufakturisten (mit Ausnahme der Gebäude und der Wasserkraft) durch Konkurrenz und neue Erfindungen zum größten Teil nach und nach wertlos werden. Nun ist es aber klar, daß eben in der Zeit der ersten Anlagen der Fabriken und Manufakturen die meiste Nachfrage nach Baumaterialien, Wassergefällen, Lebensmitteln und Rohstoffen ist, und daß hieraus notwendig ansehnliche Preis- und Rentensteigerungen beim einheimischen Ackerbau entstehen müssen. Mit der Vermehrung des Bodenwertes steigt auch der Kredit des Agrikulturisten und indem ihn höhere Produkten- und Güterpreise zu größerer Tätigkeit, zu Agrikulturverbesserungen und zu neuen Versuchen und Kulturen ansporonen, werden ihm diese Operationen durch diese Kreditvermehrung ermöglicht.

Unter solchen Umständen ist schwer einzusehen, wie durch das Schutzzollsystem, vorausgesetzt, daß es nur *die industrielle Erziehung der Agrikulturnation zum Gegenstand habe* und für diesen Zweck und die Zustände der Nation weise berechnet sei, Kapitale in minder produktive Kanäle sollten geleitet werden können.

Geht man aber noch weiter, betrachtet man das Schutzsystem hinsichtlich seiner Wirksamkeit auf die Herbeileitung und Einbürgerung fremder Kapitale, materieller wie geistiger, so erscheinen die Einwürfe dagegen in ihrer vollen Nichtigkeit. Denn noch immer und überall haben Gewerbsbegünstigungen erfahrne Arbeiter, geschickte Techniker, umsichtige Unternehmer, vollkommenere Instrumente und Maschinen und bedeutende Geldkapitale ins Land gezogen. Diese Wirkung erklärt sich leicht daraus, daß in demselben Verhältnis, in welchem die Einfuhr fremder Manufakturwaren bei uns abnimmt, diese geistigen und materiellen Kräfte bei derjenigen Nation, von welcher wir die Manufakturwaren bisher bezogen haben, überflüssig und demnach angereizt werden, an den Vorteilen, die ihnen von unserem Schutzsystem geboten werden, Teil zu nehmen. Die Geschichte von England ist voll von Belegen hiefür. Kaum befindet sich ein Land in Europa, aus welchem nicht England Massen von Arbeitern, Technikern, Unternehmern, neuen Verfahrungsweisen, vorzüglich aber von Geldkapitalien bezogen hätte. Venedig und ganz Italien (die Lombards), Spanien und Portugal, Frankreich und Deutschland, Belgien und Holland haben zu Bereicherung dieser Insel redlich beigesteuert, und kein Land mehr als Deutschland. Der größte Teil des hanseatischen Handelskapitals ist entweder direkt oder über Belgien und Holland nach England gewandert. Billig fordert jetzt Deutschland, nachdem es durch den Zollverein zur kommerziellen Einheit gelangt ist, die einst den Engländern überlieferten intellektuellen und materiellen Kräfte wieder zurück. Daß dies seit der Gründung des deutschen Handelsvereins in der Macht der Deutschen liegt, beweist das Beispiel von Rußland und Nordamerika. Alle Engländer, die Rußland bereist haben, klagen darüber, daß die bedeutendsten Gewerbsetablissements im russischen Reich von Engländern und mit englischen Kräften betrieben werden. Es ist lächerlich, darüber zu jammern, daß die kleinen, kapitalarmen Gewerbsleute aus den östlichen Provinzen von Preußen (erst außer Tätigkeit gesetzt, dann angezogen durch das russische Schutzsystem) nach Rußland wandern, wenn man doch dafür die großen kapitalreichen Fabrikanten von England an sich ziehen könnte. Das Beispiel von Nordamerika hat gezeigt, daß nicht einmal eine lange Reihe von Jahren dazu gehört, um eine vollständige Manufakturkraft aus England nach andern Ländern zu verpflanzen. Freilich wurden reiche Engländer durch die Gleichheit der Abstammung und Sprache, der Sitten und Gewohnheiten, der bürgerlichen und politischen Institutionen u.s.w. leichter vermocht, nach Nordamerika, als nach irgend einem andern Lande auszuwandern; indessen sympathisieren sie mit den Deutschen mehr, als mit jedem andern europäischen Volke, und an bedeutenden Übersiedlungen ist daher bei zureichendem Anreiz nicht zu zweifeln. Nirgends äußert sich indessen der Einfluß der bürgerlichen und politischen Zustände auf die Bereicherung der Nation klarer, als in diesem Punkt. Wie reich Spanien und Portugal an natürlichen Hülfsquellen für gewinnreiche Gewerbsspekulationen seien, es ist noch wenigen gebildeten oder reichen englischen Gewerbsspekulanten eingefallen, ihr Glück dort zu versuchen; sie ziehen jede, auch die entfernteste englische Niederlassung der in der spanischen Halbinsel vor. Der Engländer haßt vor Allem die Rechtsunsicherheit, den Mangel an Öffentlichkeit, die administrative Willkür, die Strafrechtspflege ohne Geschwornengerichte; und in Ländern, wo er diese nicht findet, kommt er schwer zu dem Entschluß, seine Hütte zu bauen.

Folgerungen der wichtigsten Art lassen sich in Betreff der Kapitalverhältnisse der Nation aus nachbemerkten, von uns, so viel wir wissen, zuerst ans Licht gestellten Beobachtungen ziehen, wozu wir die Belege an einem andern Ort zu geben uns vorbehalten müssen.

Die jährliche Bruttoerwerbsproduktion einer Nation beträgt an Wert im Durchschnitt zwischen 100 und 200 Prozent des darin verwendeten Kapitals; die Bruttoagrikulturproduktion beträgt nur zwischen 10 bis 20 Prozent des darin steckenden Kapitals; dagegen beträgt bei großen Nationen, selbst bei den gewerbreichsten, die Summe des Gewerbskapitals nicht mehr als zwischen 1/10 und 1/20 des gesamten Agrikulturkapitals; der Wert des Grundeigentums (oder der kapitalisierten Rente) bildet bei weitem den größten Teil des Agrikulturkapitals.

Jede Summe von produktivem Manufakturkapital, und von dem auf wirksame Transportverbesserungen verwendeten Kapital vermehrt um das zehn- bis dreißigfache seines Belaufs den Gesamtwert des liegenden Eigentums der Nation.

Hieraus läßt sich abstrahieren:

1) daß die Agrikulturisten und Grundbesitzer eines Landes um das zehn- bis dreißigfache derjenigen Summen bereichert werden, um welche die Nation ihre materiellen Kapitalanlagen für die Erweiterung der Gewerbe oder die Vervollkommnung der Transportmittel vermehrt;

2) daß bei gleich großem Grundbesitz der Grundeigentümer der gewerbreichen Nation zehn- bis dreißigmal reicher ist, als der Grundeigentümer der bloßen Agrikulturnation. Man vergleiche die Verhältnisse des englischen Grundbesitzers mit denen der Grundbesitzer in jedem andern Agrikulturland, und man wird diese Beobachtung bestätigt finden;

3) daß eine Nation nur 1/10 bis 1/20 des Wertes ihres Grundkapitals in Gewerben- und Transportverbesserungen anzulegen braucht, um den höchsten Grad von materieller Nationalprosperität zu erreichen;

4) daß der dritte bis sechste Teil des Grundwertes einer Nation zureicht, um alles einer Nation erforderliche materielle Gewerbsbetriebskapital dreifach zu hypotheciren, daß daher jede Agrikulturnation die Mittel besitzt, das ihr zur Emporbringung einer Manufakturkraft erforderliche materielle Kapital anlehensweise von Außen zu beziehen;

5) daß alle Bewegungen und jeder Umschwung in der Nationalökonomie, welcher auf die Manufakturkraft der Nation influiert, auf den Wohlstand der Agrikulturisten im Ganzen zehn- bis dreißigmal mehr influiert, als auf den der Manufakturisten selbst.

Wenn wir hierbei noch ferner den Einfluß der bürgerlichen und politischen Institutionen auf Gewerbe, Handel und Grundwert berücksichtigen, so zeigt sich, daß der große Güterbesitzer im Grunde der Hauptaktionär in derjenigen Gesellschaft ist, die man den Staat nennt; daß seine Aktie ganz in demselben Verhältnis im Werte steigt oder fällt, in welchem die geistigen und materiellen Produktivkräfte der Nation zu- oder abnehmen, und daß der güterbesitzende Adel, wenn er gegen die Gleichheit der Rechte, gegen recht- und freiheitsichernde Institutionen, gegen die zu Pflanzung der Gewerbe erforderlichen Maßregeln und Einrichtungen ankämpft, wenn er auf zivilisationswidrige und kulturstörende Einrichtungen, wie z. B. Steuerfreiheit, Feudal- und Jagdrechte, grundherrliche Gerichtsbarkeit u.s.w. Wert legt, wenn er das Zustandekommen eines Nationaltransportsystems nicht aufs eifrigste befördert, sein eigener bitterster Feind ist, weil er sich dadurch nur dem Steigen seiner Rente und seines Grund- und Bodenwertes in den Weg stellt, und das Fundament, auf welchem seine ganze Existenz und Prosperität ruht, untergräbt. Wie sehr der Mangel der Freiheit überhaupt und folglich auch der Manufakturen auf den Wert des Grunds und Bodens wirke, sieht man am klarsten, wenn man die Zustände der amerikanischen Sklavenstaaten mit denen der freien Staaten vergleicht, z. B. den von Massachussets mit dem von Virginien. Eine gegebene Oberfläche hat in dem ersteren Staat 20 bis 30 mal mehr Wert als in dem letzteren, und der Wert der Sklaven im letzteren ist dabei ohne alle Vergleichung geringer als der Betrag des Manufakturkapitals in ersterem. Ein Acker Landes von gegebener Qualität, der in Virginien 5 Dollars gilt, wird in Massachussets in der Nähe der Manufakturstädte zu 150 bis 200 Dollars verkauft. Dabei nimmt dort das Land noch immer von Jahr zu Jahr an Ertragsfähigkeit ab, während es hier fortwährend darin zunimmt. Es läßt sich beweisen, daß die virginischen Grundeigentümer in der Gesamtheit nicht mehr gewinnen könnten, als wenn sie ihre Sklaven nach und nach ins Ausland verschenkten, und ihr Land durch freie

Bauern bearbeiten ließen. Auch hat die Aufhebung der Sklaverei in den westindischen Kolonien bereits in dieser Beziehung ihre Wirksamkeit sattsam bewährt, indem sich nach glaubwürdigen Zeugnissen amerikanischer Reisender der Güterwert bereits um 10 bis 30 Prozent gehoben hat.

Nächst jenen Sklavenstaaten liefert Ungarn ein schlagendes Beispiel zur Illustration unserer Argumente. In Folge der Privilegien des ungarischen Adels, der herrschenden Unsicherheit im Grundbesitz, der Beschränkungen bei Veräußerung desselben, des Mangels an Ehre und politischen Rechten bei dem Bürgerstand, ist Ungarn ohne Straßen, ohne blühende Manufakturen und bedeutenden Handel, zählt es bei unermeßlichen Naturhülfsquellen kaum die Hälfte oder den dritten Teil der Bevölkerung, die es nähren und beschäftigen könnte. Jene vermeintlichen Vorrechte dienen dem Adel nur dazu, seinen eigenen Wohlstand niederzuhalten. Eine Reform dieser politischen Zustände dagegen würde schnell eine Masse ausländischen Manufaktur- und Handelskapitals ins Land bringen, und den Wert des Grunds und Bodens um das zehnfache steigern.

Allein die Reichtumstheorie hält uns entgegen: alles dies werde im freien Verkehr am schnellsten erzielt; durch Kapitalanhäufung, vermittelst freien Verkehrs, werde der Akkerbau gehoben, und aus der Blüte des Ackerbaues müßten die Manufakturen auf ganz naturgemäße Weise hervorgehen. Jedes Individuum sei für sich der beste Richter, wenn es sich darum handle, den vorteilhaftesten Industriezweig ausfindig zu machen, und das Privatinteresse sei das beste Stimulationsmittel zur Reichtumsvermehrung der Bürger. Der Reichtum der Nation aber sei nur das Aggregat des Reichtums der Individuen. Eine Nation bedürfe nichts als des Friedens, leidlicher Justiz und nicht allzuschwerer Abgaben, um zum höchsten Grad von Reichtum zu gelangen. (Siehe Dugald Stewards Biographie Adam Smiths.)

Dieses ganze Raisonnement, auf Individualismus und Materialismus gegründet, verkennt die Natur der Nationalität und der produktiven Kräfte gänzlich. Bei den gegenwärtigen Weltverhältnissen können Freiheit und Privatinteresse der Individuen nur innerhalb der Nation ihre Kraft äußern, sobald aber ganze Nationalitäten einander gegenüberstehen, muß vor allen Dingen die Natur der Nationalität in Betracht kommen, und die der Individualität in den Hintergrund treten. Seitdem die Manufakturkraft jeder Nation ein zusammenhängendes Ganzes bildet, und als Ganzes durch Nationalpolitik gehegt und gepflegt wird, ist es töricht von der Freiheit und Kraftäußerung der Individuen, ganzen Nationalitäten gegenüber Heil zu erwarten, wie es töricht wäre, wollte man von der Tapferkeit vieler, nicht zu einem Ganzen verbundener Einzelnen, gegen eine geordnete Armee ein günstiges Resultat hoffen. Man denke sich die Nationalitäten in Fouriersche Phalangen aufgelöst, und man wird die Individualität mit ihrem Privatinteresse und ihrer Freiheit in dieser abgesonderten Gesellschaft aufgehen sehen. Dergleichen Gesellschaften sind wirklich in Nordamerika von deutschen Auswanderern zur Ausführung gekommen und was sehen wir dort? Ganz dieselbe Politik, die erst von Venedig befolgt und dann von England nachgeahmt worden ist; es werden nur Rohstoffe eingeführt und nur Manufakturwaren ausgeführt. Ja, Herrn Rapps Politik ist eine noch viel konsequentere, als die der englischen Tories; er hat keine Kornbill eingeführt, in der Absicht seine Gesellschaft durch Aushungerung zu bereichern. Durch die Nation empfängt in unsern Tagen das Individuum den größten Teil seiner produktiven Kraft. Die individuelle Freiheit und Tätigkeit kann z. B. dem Deutschen – wie groß auch seine individuellen Anlagen und Kapitale seien – nicht dazu behülflich sein, den ostindischen Handel zu betreiben oder eine großartige Erfindung zu verwerten, er kann dies nur durch Intervention der englischen Nationalität bewerkstelligen.

Wahr ist, daß die Agrikulturnation durch freien Handel mit einer in den Manufakturen zur Suprematie gelangten Nation ihren Ackerbau bedeutend fördern kann, aber irrig, daß die so bereicherte Agrikulturnation bei freier Konkurrenz mit der herrschenden Manufakturnation auf ihrem innern Markt eine vollständige Manufakturkraft zu pflanzen, auszubilden und zu erhalten vermag. Der Grund davon liegt in der eigentümlichen Natur der Manufakturen, die eine Masse von Geschicklichkeiten und Angewöhnungen, von Kenntnissen und Übungen, von Verfahrungsweisen, Gerätschaften und Maschinerien, von öffentlichen Einrichtungen und ökonomischen und bürgerlichen Konnexionen und von materiellem Kapital voraussetzt, welche nur durch langes, gleichförmiges, ununterbrochenes, von Generation zu Generation fortgesetztes Bestreben zu erlangen ist, deren Besitz in wohlfeilen Manufakturwarenpreisen sich ausspricht. Es ist das Prinzip der *Stetigkeit* und *Kontinuation*, welches, wie bei allen menschlichen Gründungen überhaupt, so besonders bei Gründung der Gewerbe und einer nationalen Manufakturkraft die Basis großer Leistungen und Stiftungen ist. Die Geschichte der Klöster und Dynastien, der Städte und Nationen, wie die der einzelnen Wissenschaften und Künste, bestätigt uns die Macht dieses Prinzips. Diese sind nur zu ihrer gegenwärtigen Ausbildung, jene nur zu Ansehen, Reichtum und Macht gelangt, indem eine Reihe von Generationen nach einem und demselben Ziel strebte, und jede neue Generation das Werk der vorigen da fortsetzte, wo sie es gelassen hatte. Nur in Folge dieses Prinzips war es einzelnen Klöstern, Korporationen und Städten möglich, Bauwerke herzustellen, deren Anlagekosten vielleicht den ganzen Wert ihres gegenwärtigen Besitztums weit übersteigt. Jeder Gewerbsmann und Fabrikant wird uns bezeugen, mit welchen Schwierigkeiten der Anfang eines jeden Geschäfts verbunden ist, selbst nachdem derjenige Manufakturzweig, welchem das Geschäft angehört, bereits einen hohen Grad von Ausbildung erlangt hat, um wie viel leichter es ist, ein bereits begonnenes Geschäft weiter auszubilden und auszudehnen, als ein neues zu begründen, und daß durch anhaltenden, eifrigen, mit Kenntnis, Umsicht und Ökonomie verfolgten, und durch materielles Kapital zureichend unterstützten Betrieb jedes Geschäft im Laufe der Zeit gewinnreich werden muß. Überall wo man nach der Entwicklung eines jetzt in hoher Blüte befindlichen Manufakturzweigs forscht, findet man, daß er nur durch die Anstrengungen und Verbesserungen einer Reihe von Generationen zu seiner jetzigen Ausbildung gelangt ist. Dehnt man seine Forschungen auf die Manufakturkraft ganzer Nationen aus, so erstaunt man bei der Wahrnehmung, wie überall ein Industriezweig aus dem andern erwachsen, wie das Gedeihen jedes besondern Industriezweigs durch das Gedeihen aller Übrigen bedingt, wie das Ganze nur dadurch entstanden ist, daß jeder Zweig von Generation zu Generation gehegt und gepflegt ward. Beobachten wir auf der andern Seite die Wirkungen der dem Prinzip der *Stetigkeit* und *Kontinuation* feindlichen Elemente, der Störungen und Unterbrechungen durch Kriege, auswärtige Handelsmaßregeln, Konkurrenz, Handelskrisen und Fluktuationen oder durch innere Kalamitäten, so sehen wir, wie manchmal das, was die Industrie nur im Lauf von Menschenaltern vollbringen konnte, im Lauf weniger Jahre durch Stockungen oder rückgängige Bewegungen vernichtet ward. Die Manufakturgebäude gerieten in Zerfall, die Arbeiter, Techniker und Unternehmer wanderten aus oder verkümmerten, die materiellen Manufakturkapitale fielen entweder der rohen Natur wieder anheim oder flossen ins Ausland. Dies ist die Natur der Gewerbe und der Nationalmanufakturkraft, und hieraus muß man sich die Erscheinung erklären, warum eine alte längst zur vollständigen Ausbildung gelangte – durch eine kräftige Handelspolitik in ihrem innern Bestand beschützte – und in ihrem auswärtigen Absatz unterstützte Nationalmanufakturkraft bei freier Konkurrenz eine erst werdende – auf ihrem innern Markt nicht beschützte – mit den von uns schon weiter oben geschilderten Nachteilen des ersten Anfangs noch kämpfende Manufakturkraft nie aufkommen lassen wird. Eine solche Konkurrenz ist der Kampf eines Gullivers mit Liliputern, eines erstarkten Mannes mit Kindern.

Wenn aber doch nicht geleugnet werden kann und auch von uns zugestanden worden ist, daß durch den fremden

Handel vermittelst Ausfuhr von Produkten und Einfuhr von fremden Fabrikaten Zivilisation und Reichtum der Agrikulturnation befördert werden (Macht und Independenz außer Frage gelassen), findet letztere alsdann nicht wenigstens Ersatz für den Mangel einer eigenen Manufakturkraft in der Prosperität ihres Ackerbaues? Allerdings – aber nur bis zu einem gewissen Punkt – nur so lang, als der innere Ackerbau noch nicht zu einer gewissen Entwicklung gelangt ist – als die gesellschaftlichen Zustände der Nation noch unvollkommen sind – als die Produktenausfuhr im Verhältnis zu der Produktenvermehrung noch wachsen kann. Wird aber der Handel durch Kriege unterbrochen – oder bezieht die zur Manufaktursuprematie gelangte Manufakturnation ihre Bedürfnisse an Rohstoffen und Lebensmitteln aus andern Ländern – oder schließt sie gar dieselben durch Handelsbeschränkungen von ihren Grenzen aus – so entsteht im Agrikulturstaat der *verkrüppelte Ackerbau*, d. h. die Produktenvermehrung, welche dazu dienen sollte, entweder fremde oder einheimische Manufakturisten zu nähren, und dadurch den Agrikulturisten in Wohlstand zu versetzen, wirkt nun bloß auf die Vermehrung der Agrikulturbevölkerung, und damit auf die Zerstückelung des Grunds und Bodens, bis der Anteil jedes Individuums so klein geworden ist, daß er in der äußersten Notdurft des kleinen Ackerbauers seine Grenze findet, d. h. daß dieser nur so viel zu produzieren vermag, als zu seiner kümmerlichen Ernährung und Bekleidung erforderlich ist. In diesem Zustand besteht neben großer Ausbildung der Agrikultur im Ganzen ein hoher Grad von Armut unter den Individuen. Früh oder spät muß dieser Zustand bei jeder Nation eintreten, welche, auf einem gewissen Punkt ihrer Agrikulturentwicklung angelangt, nicht darauf bedacht ist, oder die Mittel nicht besitzt, eine nationale Manufakturkraft zu pflanzen, und sie gegen auswärtige Beeinträchtigungen zu schützen. Nur durch Pflanzung einer einheimischen Manufakturkraft kann dieses Übel geheilt werden; nur dadurch wird einerseits ein großer Teil der Agrikulturbevölkerung in die Manufakturen hinübergezogen, andererseits aber durch große Nachfrage nach Agrikulturprodukten der große Ackerbau gewinnreicher und zu Arrondierungen angereizt.

Die Urquelle aller vorerwähnten Irrtümer der Reichtumslehre ist: »daß sie eben nur eine Reichtumslehre ist, daß sie den Reichtum, nicht die Kraft, welche den Reichtum hervorbringt und beschützt, zum Hauptgegenstand ihrer Forschungen gemacht hat.« *Der Reichtum aller Einzelnen sei das Aggregat des Reichtums der Nation?* Allerdings, aber es handelt sich in dieser Frage überall nicht um Tauschwert und Reichtum, sondern um produktive Kraft, und die produktive Kraft einer ganzen Nation ist eine ganz andere, als die der Individuen; denn sie bestimmt sich nach der Teilung der Arbeit in nationaler Ausdehnung, und nach den gesellschaftlichen, bürgerlichen und politischen Institutionen der Nation. Es ist zu verwundern, daß Smith das von ihm entdeckte oder vielmehr bei Aristoteles gefundene Gesetz der Teilung der Arbeit nicht bis in seine höheren Konsequenzen verfolgt hat. Denn wie in der einzelnen Fabrik die Arbeiter, durch zweckmäßige *Teilung der Operationen* und *geistige wie örtliche Vereinigung ihrer individuellen Produktivkraft zu einem und demselben Zweck und Ziel*, ein größeres Produkt zu Stande bringen als vereinzelt, so ist dies der Fall in der gesamten Manufakturindustrie, in der gesamten Agrikultur, im gesamten Nationalhaushalt. Wenn eine ganze Nation ihre Nationalarbeiten in der Art geteilt hat, daß ein verhältnismäßiger Teil der Bevölkerung sich dem Ackerbau, ein anderer den Manufakturen widmet, so muß die produktive Kraft der Individuen, daher auch ihre Produktion offenbar eine größere sein, als wenn die ganze Bevölkerung der Nation sich nur auf den Ackerbau legt, und die Manufakturwaren von außen bezieht. Die Produktivität der Arbeitsteilung nämlich geht nicht allein aus der *Teilung der Operation*, sondern auch aus *der Vereinigung der Individuen zu einem und demselben Zweck* hervor, und sie ist offenbar um so bedeutender, je *näher sich die Individuen stehen, je weniger sie geistig und räumlich von einander getrennt sind.* Aus demselben Grund muß das Produkt der

Agrikulturisten und Manufakturisten um so größer sein, je näher sie einander stehen, je weniger sie durch Kriege, Handelsmaßregeln und Handelskrisen von einander getrennt werden können; je mehr also durch ununterbrochenen Tausch ihrer beiderseitigen Produkte ihre beiderseitige produktive Kraft und das fortwährende Wachstum derselben garantiert ist. Aus demselben Grund muß die produktive Kraft der einzelnen Agrikulturisten eine größere sein, wenn sie durch das Bestehen einer Manufakturkraft im Innern der Nation, nämlich durch die daraus erwachsende Nachfrage nach mannigfaltigen Agrikulturprodukten und durch die von ihr hervorgerufenen Transportverbesserungen in den Stand gesetzt werden, ihren Grund und Boden für diejenigen Kulturen zu benützen, welche seiner besondern Natur am meisten entsprechen, als wenn aus Mangel an großer Nachfrage nach mannigfaltigen Produkten und an Transportmitteln jeder Agrikulturist sich auf alle Zweige des Ackerbaues legen muß. Aus demselben Grund muß die produktive Kraft des einzelnen Manufakturisten eine andere sein, wenn alle andern Manufakturzweige, deren er zum Bezug seiner Bedürfnisse oder zum Absatz seiner Produkte bedarf, ihm räumlich nahe stehen und politisch mit ihm vereinigt sind, als wenn sie sich im Auslande befinden und durch Kriege und Handelsmaßregeln von ihm getrennt werden können. Die Wichtigkeit dieser Arbeitsteilung, welche wir im Gegensatz zur internationalen Arbeitsteilung und zur Privatarbeitsteilung die Nationalarbeitsteilung nennen, hat die Reichtumslehre zwar nicht anerkannt und ausgebildet (sie wäre sonst wohl auch zur Erkenntnis ihrer Irrtümer gekommen), aber sie hat sie gefühlt. Dies folgt aus ihrem Argument, daß der innere Handel einer Nation zehnmal wichtiger sei, als der auswärtige. Dadurch ist anerkannt worden, daß die durch den *innern* Handel bewirkte *Nationalarbeitsteilung* zehnmal wichtiger ist, als die durch den *fremden* Handel bewirkte *internationale Arbeitsteilung*, und daß alle Verhältnisse, wodurch die Nationalarbeitsteilung befördert wird, für die gegebene Nation zehnmal wohltätiger und vorteilhafter sein müssen, als diejenigen, wodurch die internationale Arbeitsteilung befördert wird. Die produktive Kraft einer ganzen Nation ist ferner darum eine ganz andere als die der Individuen, weil sich die letztere nach der größern oder geringern Vollkommenheit der Regierung und der öffentlichen Anstalten, der Gesetze, überhaupt der gesellschaftlichen und politischen Zustände bestimmt, und weil demnach die Individuen den größten Teil ihrer produktiven Kraft vom Staate empfangen.

Aus der gleichen falschen Quelle fließen die Argumente, welche mit den Sätzen geführt worden sind: die Waren müsse man da kaufen wo sie am wohlfeilsten zu haben seien – die Produkte würden nur mit Produkten erkauft – der Wert der Einfuhren und der Ausfuhren müsse sich jeder Zeit von selbst balancieren – die verminderte Einfuhr müsse eine verminderte Ausfuhr zur Folge haben u.s.w.; denn in nationaler Hinsicht kommt es bei dem internationalen Handel überall gar nicht darauf an, ob man an den Einfuhren und Ausfuhren Gewinn oder Verlust an Werten mache, sondern nur darauf, ob unsere produktive Kraft, unsere Nationalwohlfahrt, Selbständigkeit und Macht dadurch beeinträchtigt oder gehoben werden. Beispiele von dem Unterschied beider Systeme haben wir oben angeführt, und eines der frappantesten haben uns in der neuesten Zeit die Engländer mit dem Leinenwarenhandel geliefert. Es kömmt bei der Leinwandfrage, die gegenwärtig in Frankreich diskutiert wird, nicht darauf an, ob die Engländer uns in Rohstoffen, Weinen u.s.w. an Wert eben so viel abnehmen, als sie uns an Leinenwaren liefern, und ob unsere Kaufleute daran an Wert gewinnen oder nicht; darauf kömmt es an: ob wir dadurch dem Punkt, unsere eigene Manufakturkraft mit unserer eigenen Agrikulturkraft ins Gleichgewicht zu bringen, ob wir dieser ersten Aufgabe jeder Nation, die sich aus der Barbarei zu Ansehen und Würde, zur Selbständigkeit und Macht erheben, und auf diesem Standpunkt behaupten will, näher gebracht oder davon entfernt werden. Löst Deutschland diese Aufgabe so schnell, als es vermag, so wird es seinen

Rohstoffen und Lebensmitteln an innerm Absatz sicherlich nicht fehlen, und mit Gottes Hülfe mag es auch noch dahin kommen, daß die Deutschen fremdes Korn einführen. Verständige Engländer selbst müssen Deutschland die Fähigkeit zu Versorgung seines eigenen Manufakturmarktes zuerkennen. Erst noch kürzlich sagte ein angesehener englischer Statistiker: seien anders die Kontinentalvölker bei gesundem Verstande, so werde England auf den Absatz seiner Manufakturwaren nach dem Kontinent in Zukunft weniger rechnen dürfen. In der Tat diejenigen, welche das Heil Deutschlands von der Aufhebung der englischen Kornbill, von der Produktenausfuhr überhaupt hoffen, sind jenen Schildbürgern nicht unähnlich, die den Grund und Boden, worauf ihre Gebäude stehen und ihre Verkehrsstraßen angelegt sind, gerne zu landwirtschaftlichen Zwecken benützen möchten. Was Deutschland Not tut, ist: Transportmittel – verbesserte Transportmittel – ein vollkommenes Transportsystem – sodann Einfuhr von Technikern, Manufakturisten, geschickten Arbeitern und Manufakturkapitalien – nicht aber fremde Manufakturwaren. Was allen Kontinentalvölkern, Österreich und dem deutschen Zollverein, Holland und Belgien, Frankreich und Rußland Not tut, ist: ein *veredeltes* Kontinentalsystem. Die dem Napoleonischen Kontinentalsystem zu Grunde liegende Idee ist und bleibt eine wahre, so lang die Kontinentalnation in der Gewerbsindustrie, in Handel und Kolonien, in Schiffahrt und Seemacht noch so unendlich weit hinter England stehen. Unter sich sind sie einander nicht so ungleich, daß nicht durch sehr mäßige Zollsätze ihre wechselseitigen Interessen ins Gleichgewicht zu stellen wären. Und da der nordamerikanische Kontinent mit dem europäischen in Beziehung auf Manufakturkraft sowohl, als auf Seemacht ganz gleiches Interesse hat, so dürfte es auch einer solchen Handelskoalition unschwer gelingen, sich mit Nordamerika in gleichem Geiste zu vereinigen, und vermittelst dieser Vereinigung England in jeder Beziehung die Waage zu halten.

Durch seine Vervollkommnungen der Flachs- und Hanffabrikation hat England den Satz: daß die Manufakturkraft einer Nation ein Ganzes bilde, und daß jeder besondere Industriezweig durch alle übrigen zu seinem Vorteil oder Nachteil influenziert werde, in höchst auffallender Weise illustriert. Man streitet sich in diesem Augenblick in Frankreich darüber, wie es komme, daß England in der letzten Zeit in der Leinwandfabrikation so unermeßliche Fortschritte gemacht habe, da doch Napoleon auf die Erfindung einer Baumwollenspinnmaschine einen so großen Preis gesetzt, und die französischen Mechaniker und Fabrikanten sich zuerst mit diesem Gegenstand beschäftigt hätten. Man untersucht, ob die Engländer oder die Franzosen mehr mechanisches Talent besäßen u.s.w. Man gibt alle Erklärungen, nur nicht die richtige und natürliche. Es ist Torheit, den Engländern größeres Talent für die Mechanik und größeres Geschick und größere Tüchtigkeit für die Industrie überhaupt zuzuschreiben, als den Deutschen oder Franzosen. Vor Eduard III. waren die Engländer die ersten Taugenichtse der Welt. Damals ließen sie sich nicht einfallen, in Beziehung auf mechanisches Talent und Gewerbsgeschick sich mit den Italienern und Belgiern, oder mit den Deutschen zu vergleichen. Seitdem hat ihre Regierung sie in die Schule genommen, und so sind sie nach und nach dahin gelangt, daß sie am Ende ihrem Lehrmeister die Gewerbsfähigkeit absprechen wollen und scheinbar auch können. Wenn die Engländer in der Maschinerie der Leinwandfabrikation in den verflossenen zwanzig Jahren schnellere Fortschritte gemacht haben, als die Franzosen und die Deutschen, so kommt dies nur daher, daß sie erstens in der Mechanik überhaupt weiter voran gewesen; zweitens, daß sie insbesondere in der mit der Leinwandspinnerei und Weberei so nahe verwandten Baumwollenmaschinenspinnerei und Weberei weiter voran gewesen; drittens, daß sie in Folge ihrer früheren Handelspolitik im Besitz größerer Kapitalien gewesen; viertens, daß in Folge ihrer Handelspolitik ihr Markt für Leinwandfabrikate weit ausgedehnter war, und endlich, daß ihre Schutzzölle in Verbindung mit den erwähnten Verhältnissen ihrem mechanischen Talent größern Reiz und größere Mittel boten, sich auf die Vervollkommnung dieses Industriezweigs zu werfen.

Mit Grund hat die Reichtumstheorie gegen folgende Sätze des Merkantilsystems Protestation erhoben: daß der Reichtum der Nationen bloß im Besitz edler Metalle bestehe; daß eine Nation nur gewinnen könne, was die andere verliere; daß aus der Handelsbilanz die Zu- oder Abnahme des Nationalreichtums zu folgern sei. Aber ihrerseits hat sie hinwiederum nicht eingesehen und erkannt, daß unter gegenwärtigen Weltverhältnissen bei unbeschränktem Verkehr zwischen einer Manufakturnation und einer Agrikulturnation die letztere stets in der Schuld der ersteren sich befindet; sie hat die Fälle, in welchen hieraus Handelskrisen erwachsen und die nachteiligen Wirkungen von dergleichen Krisen für den Agrikulturstaat nicht ins Licht gestellt; sie hat nicht unterschieden zwischen dem bloßen *Besitz* des Geldes und der *Dispositionskraft* über das Geld. So z. B. besitzt England eine ungleich geringere Quantität Geld als Frankreich; es disponiert aber in Folge seiner Manufaktur- und Handelskraft über ungleich größere Summen als Frankreich; nämlich über alle Barschaften, die bei dem mit ihm in Verkehr stehenden Agrikulturnationen zirkulieren. Die Reichtumstheorie, indem sie den Irrtum aufdeckte, daß die Nationen nur durch Verlust anderer Nationen gewinnen können, ist in die entgegengesetzte irrige Ansicht verfallen, daß aller internationale Handel der Nation Vorteil bringe, während doch, wie wir nachgewiesen zu haben glauben, und wie das Beispiel von Portugal unwiderleglich beweist, eine Nation durch den fremden Handel nicht nur die wichtigsten Zweige der Nationalindustrie, sondern sogar ihre ganze Manufakturkraft verlieren, also von einer Agrikulturmanufakturnation zu einer bloßen Agrikulturnation degradiert werden kann.

Die Geschichte des Handels und der Industrie von Nordamerika und insbesondere der allerneuesten Handelskrisis jenes Landes beweist, wie notwendig es sei unter den gegenwärtigen Weltverhältnissen, daß eine Agrikulturnation vermittelst ihrer Handelspolitik ihre Einfuhren mit ihren Ausfuhren ins Gleichgewicht zu stellen wisse, welche furchtbare Krisen aus einer Störung dieses Gleichgewichts entspringen, und daß diese Störungen ohne ein zweckmäßiges Handelssystem mit der steigenden Kultur des Agrikulturstaats in furchtbarer Progression wachsen. Es kommt nicht darauf an, daß die Einfuhren und Ausfuhren in *langen Zeiträumen* sich balancieren; dieses Gleichgewicht stellt sich allerdings von selbst wieder her, wenn nicht durch reiche Ernten, doch durch Handelskrisen und durch Nationalbankerott. Darauf kommt es an, daß sich die Einfuhren mit den Ausfuhren in *kurzen Zeiträumen*, wo möglich von einer Ernte zur andern, balancieren; denn in diesem Fall sind jene Krisen unmöglich. Zu der gegenwärtig amerikanischen Krisis haben allerdings die englischen Anleihen, die großen Unternehmungen und die Bankkonfusion das Ihrige beigetragen; wären aber die Einfuhren mit den Ausfuhren im Gleichgewicht gestanden, so hätten die fremden Anleihen und die großen Unternehmungen die Handelskrisis nicht nur nicht vermehrt, sondern den Flor des Landes bedeutend gehoben. Der Hauptgrund der Krisis ist in der Herabsetzung der amerikanischen Zölle von 1833 zu suchen. Die englischen Manufakturisten, zu Exportationen angereizt und durch Wechseldiskontierungen der englischen Banken darin unterstützt, überführten den amerikanischen Manufakturmarkt mit ihren Waren, gewährten den amerikanischen Zwischenhändlern Kredit, und setzten ihn dadurch in den Stand, dem amerikanischen Konsumenten wiederum Kredit zu gewähren. Diese Kreditgebung ward andererseits durch die amerikanischen Banken noch ferner vermittelt. Da der einzelne englische Manufakturist und Exporter nicht berechnete oder nicht berechnen konnte, wie groß das Gesamtbedürfnis an Manufakturwaren in Nordamerika sei, wie hoch die Gesamtausfuhr von England sich belaufe, und wie Gesamtnachfrage und Gesamtzufuhr sich zu einander verhalten werden, so führte jeder so viel aus, als er nur auf Kredit anbringen konnte. So entstand ungeheures Mißverhältnis zwischen den Schulden und dem Zahlungsvermögen der Nordamerikaner. Wollten jetzt die Engländer den Amerikanern nur ein Jahr lang kreditieren, bis die Baumwolle von 1839 und 1840 an Zahlungsstatt gegeben werden kann; wollte England nur den diesjährigen und den künftigen Getreideüberfluß der Nordamerikaner an Zahlungsstatt nehmen, so würden sich die übertriebenen Einfuhren der vergangenen Jahre leicht ausgleichen lassen. Aber England will kein Getreide zu wohlfeilen Preisen und kann auch nicht warten, bis die Baumwolle von 1839 und 1840 in den Markt kommt. Es braucht Geld – bares Geld – weil die englischen Handelsverhältnisse in China durch die Störung des Opiumhandels, durch augenblickliche Getreidebezüge vom Kontinent u.s.w. einen plötzlichen Abfluß seiner Barschaften veranlaßt haben. Es braucht *augenblicklich* Geld. Wie bewährt sich nun in diesem Fall die Theorie? Zwar zirkulieren in Nordamerika mehr Barschaften als je (man rechnet zwischen 80 und 100 Millionen Dollars), aber die Engländer können darüber disponieren, und disponieren in der Tat darüber. Was hilft den Amerikanern ihre Baumwolle und ihr Getreide, sie sollen Gold geben. Vermindert sich aber die Quantität ihrer reellen Wertausgleichungsmittel, so stürzen die Banken, so stürzen die Kaufleute, und in Folge ihres Sturzes verbreitet sich der Bankerott über den ganzen Manufaktur- und Agrikulturstand. Dieses Schicksal suchen sie durch Einstellung der Barzahlung abzuwenden, sie wollen mit der neuen Baumwolle, nicht mit Gold bezahlen. Hier sieht man nun, daß, wo der Staat die ihm obliegende Sorge, die Einfuhren mit den Ausfuhren ins Gleichgewicht zu stellen, nicht übernimmt, die Geldkorporationen und am Ende die Privatpersonen sie übernehmen wollen; nur zeigt sich der Unterschied, daß es durch den Staat mit Wirksamkeit geschehen wäre, indem sie die Ökonomie der Nation durch seine Vorkehrungen in ihrem Bestand erhalten hätte, während jetzt die Geldkorporationen und Privatleute vergeblich das schon eingetretene Mißverhältnis zu bekämpfen suchen. Denn die Baumwollenproduktion von Nordamerika ist von jeher der Nachfrage weit vorangeeilt, und werden nun große Massen dieser Ware auf den Markt geworfen, so tritt Wertlosigkeit oder doch ein ganz unverhältnismäßiges Fallen der Baumwollenpreise ein, und die Baumwolle hört auf ein Zahlungsmittel zu sein. Auf die Kornausfuhr ist bei den gegenwärtigen Korngesetzen von England gar nicht zu rechnen, und auch von dieser Seite aus droht dem Nationalhaushalt Verderben. In Folge der unsinnigen Handelspolitik verließen nämlich große Massen von Menschen und Kapitalien die Manufakturen und warfen sich auf den Ackerbau; ferner mußte fast der ganze neue Zuwachs an Menschen und Kapital in demselben Unterkommen suchen. Jede neue Kolonie bedarf aber im Anfang Lebensmittel und trägt daher zum Steigen der Produktenpreise bei, während sie, nachdem sie die ersten Jahre überwunden hat, selbst großen Überfluß an Lebensmitteln produziert und auf den Markt wirft. Dieser Fall ist mit dem gegenwärtigen Jahre eingetreten. Während in den vorigen Jahren das Faß Mehl 9 bis 12 Dollars galt, ist es bereits auf 5 bis 6 Dollars gesunken, und muß bei dem Mangel an Absatz nach außen und bei dem beschränkten Absatz an die innern Manufakturisten, deren Zahl sich in Folge der Handelspolitik nicht nur nicht vermehrt, sondern bedeutend vermindert hat, noch weiter sinken. Das Fallen der Getreidepreise muß aber notwendig auch ein Fallen der Güterpreise und somit den Bankerott aller derjenigen Agrikulturisten zur Folge haben, deren Eigentum um hohe Preise gekauft und dafür hypothecirt worden ist. Aus diesem nun schon zum vierten oder fünftenmal eingetretenen Verhältnis läßt sich abnehmen, welchen Wert eine Theorie habe, die den Satz aufstellt, daß die Regierung um die Gleichstellung der Einfuhren mit den Ausfuhren sich gar nicht zu bekümmern habe und welche die Manufakturen nicht als das hauptsächlichste Mittel erkennt, der Nation zur Disposition über die ihr zu allen Zeiten erforderliche Quantität von Zirkulationsmitteln zu verhelfen.

Man pflegt in der neuesten Zeit öfters die Schweiz als

Beispiel anzuführen, wie die Manufakturen ohne Schutzzölle gedeihen können. Dr. Bowring hat dieses Beispiel zum Behuf seiner Demonstrationen in Frankreich und Deutschland mit gutem Vorteil ausgebeutet. Man hat aber nicht bedacht, daß die Schweiz ihre Gewerbe zumeist besondern Vorteilen verdankt, in deren Besitz sie sich seit Jahrhunderten befindet. Der Grund zu ihrer gegenwärtigen Manufakturkraft ist, wie in allen Ländern alter Kultur, durch die Zunft- und Städteverfassung gelegt worden. Alsdann ist dem Lande zu Statten gekommen, daß es mitten in den Brandungen des Despotismus, des Fanatismus, der Revolution und der Kriege Europas seit Jahrhunderten gleichsam eine Insel der bürgerlichen und religiösen Freiheit bildete, in der jeder Verfolgte oder Vertriebene, welcher Partei er angehörte, ein Asyl suchte und fand; wodurch, wie auch in der neuesten Zeit durch Reisende, aus allen Ländern Massen geistiger und materieller Kapitale zuflossen. Unter den ungemein wohlfeilen und sehr geordneten, dem Industriestand Ehre und Einfluß, Besitz und Genuß seines Erwerbs sichernden schweizerischen Kantons- und Stadtregierungen mußten geringe Kapitalanfänge im Lauf der Jahrhunderte notwendig zur Bedeutenheit anwachsen. Ferner ist das Land für den Handel zwischen Deutschland, Italien und Frankreich ungemein günstig gelegen und teilweise privilegiert. Schon die gute Gelegenheit, sich die drei verschiedenen Sprachen anzueignen, die Gesetze, Einrichtungen und Verhältnisse der drei verschiedenen Länder kennen zu lernen, mußte den Schweizern in dieser und jeder andern Beziehung ansehnliche Vorteile verschaffen. Zivilisation, Gemeingeist, bürgerliche und religiöse Freiheit nährten Rührigkeit und Unternehmungsgeist, die, bei der großen Beschränktheit der innern Nahrungsquellen, die Schweizer nach fremden Ländern trieben, wo sie wie ein Bienenschwarm Honig sammelten, um ihn in ihre Zellen zu tragen. Auf der einen Seite waren den schweizerischen Manufakturen die meisten deutschen Länder seit Jahrhunderten unverschlossen, und die vorerwähnten Vorteile mußten ihnen dort in manchen Manufakturartikeln das Übergewicht sichern. Auf der andern war das Land durch Natur- und Handelsverhältnisse im Einschwärzen seiner Waren nach den verschlossenen Staaten überaus begünstigt. Auch ist die Industrie der Schweiz nicht sowohl eine nationale, welche sich in Gegenständen des allgemeinen Verbrauchs auszeichnet, als eine Luxusindustrie, die sich im Großen hauptsächlich auf Gegenstände verlegt, welche leicht einzuschwärzen oder nach entfernten Weltgegenden zu verführen sind. Zieht man diese Verhältnisse gehörig in Erwägung, so wird man schwerlich dadurch zu dem Schluß geführt, daß zur Zeit die Kontinentalnationen sich besser bei freiem Handel mit England, als bei Schutzsystemen ständen. Es ist unbegreiflich, wie französische Theoretiker das Beispiel der Schweiz für ihre Welthandelsfreiheitsargumente anführen mögen, ohne nur zu berücksichtigen, daß die Schweiz, nach dem Maßstab des gegenwärtigen französischen Abgabensystems, im Verhältnis der Seelenzahl ungefähr 60 bis 70 Millionen Franken Abgaben zu bezahlen hätte, während sie jetzt vielleicht kaum den zehnten Teil bezahlt. Aus dem Beispiel der Schweiz folgt nun, daß eine Nation, nachdem sie unter günstigen Umständen gewisse Gewerbszweige zur Vollkommenheit gebracht, die auswärtige Konkurrenz in diesen Gewerbszweigen nicht zu fürchten hat; nicht aber, daß sie des Schutzsystems nicht bedürfe, um sie zur Vollkommenheit zu bringen.

Bei Erwähnung der Zunftverfassung können wir nicht unbemerkt lassen, daß diese Einrichtung früher die Dienste eines Lokalschutzsystems vertrat, durch Beschränkung der Arbeiter und Meisterzahl entnahm sie die meisten Manufakturbedürfnisse des Landes dem großen Verkehr, belehnte den Manufakturisten gleichsam mit dem Manufakturmarkt in einem gewissen Umkreis, garantierte ihm Monopolpreise gegen den Agrikulturisten, schuf aber dagegen überall einen Produktenmarkt in der Nähe der Agrikulturisten, welcher seinerseits für die meisten Produkte ein natürliches Monopol besaß, und verbreitete damit *Lokalarbeitsteilung* auf der ganzen Oberfläche des Landes. Unter solchen Verhältnissen konnte sich die fremde Konkurrenz an Manufakturwaren hauptsächlich nur auf Luxusgegenstände erstrecken. Ganz anders gestaltet sich nun aber das Verhältnis unter dem Einfluß der großen Fabriken. Überall, so weit ihre Konkurrenz reicht, verschwindet der Handwerker und kleine Fabrikant. Die Tuchfabrik tötet das Tuchmacherhandwerk, die Steingutfabrik das Töpferhandwerk, die Eisen- und Stahlfabriken (Hardware) die Gewerbe der Messerschmiede, Schlosser u.s.w. Je weiter die Erfindungen fortschreiten, desto mehr muß zur Zeit das kleine Gewerbe und die Hausfabrikation schwinden. Dies zeigt sich recht klar an der Leinwandfabrikation, die inzwischen mehr noch vom Dorfe, als von der Stadt betrieben ward. Dadurch verliert der Agrikulturist offenbar mehr und mehr seinen Lokalmarkt, und Ersatz oder Gewinn kann ihm aus dieser Veränderung nur erwachsen, wenn die Zahl der *inländischen* Fabrikarbeiter steigt, und wenn er durch Transporterleichterungen mit diesen entfernter wohnenden Konsumenten in wohlfeilen Verkehr gesetzt wird. Dagegen muß der Einfluß der fremden Konkurrenz in Manufakturwaren, der Handelsunterbrechungen durch Kriege und feindselige Handelsmaßregeln und der Krisen auf dem Waren-, Produkten- und Geldmarkt sich um so fühlbarer machen, und die große Masse der Bevölkerung des Landes um so mehr in ihren Wirbel ziehen, je mehr das kleine Gewerbe in einem Lande von dem großen erdrückt wird. Wir sind weit entfernt, hieraus die Notwendigkeit der Beibehaltung der Zunftverfassung zu folgern; wir wollen nur bemerklich machen, daß nach dem Verfall der Zunftverfassung ein Teil der wohltätigen Zwecke, welche durch dieselbe erreicht worden sind, dem Staate zur Besorgung anheim fällt.

Wenn die Manufakturkraft der Nation, in ihrer Totalität betrachtet, als Ursache und Wirkung eines ungleich höheren Grades von Zivilisation, von bürgerlicher Freiheit, von Wohlstand, Unabhängigkeit und Macht der Nation erscheint, als im Agrikulturstaat je eintreten kann, so ist dagegen nicht in Abrede zu stellen, daß die großen Fabriken mannigfaltige und große Nachteile im Gefolge haben, und daß das Manufaktursystem des Mittelalters, indem es eine große Anzahl freier, selbständiger, an Wohlstand, Gewerbsbetrieb und Bildung einander so ziemlich gleichstehender, und in ihrem Bestand und Wesen für die ganze Lebenszeit gesicherter Manufakturisten zu einem Gemeinwesen verband, große Vorzüge hatte vor der neuen Ordnung, die eine große Anzahl unselbständiger, auf den notdürftigsten Lebensunterhalt beschränkter, oft dem Mangel ausgesetzter und in ihrem Beruf auf die Erlernung weniger Handgriffe beschränkter Manufakturarbeiter einigen wenigen Gebildeten und Reichen unterwirft; dagegen ist aber auch nicht zu verkennen, daß offenbar die Fortschritte in den Wissenschaften und Künsten und die Gesetze der Natur selbst den frühern Zustand gestürzt haben; – daß, nachdem einmal *eine* Nation diesen Gesetzen Folge gegeben, die *übrigen* Nationen den frühern Zustand unmöglich aufrecht halten konnten, ohne in ihrer Kultur und Macht überhaupt zurückzubleiben; – daß offenbar die größten Gebrechen, die wir an der neuen Ordnung in England gewahren, von dem falschen Streben dieser Nation, die ganze Manufakturkraft der Erde zu monopolisieren, und überhaupt von einer fehlerhaften Gesetzgebung und Handelspolitik herrühren. Endlich scheint uns, die neue Ordnung sei eine provisorische; sie gehöre nur einer Übergangsperiode an.

Der Zustand des englischen Manufakturarbeiters wird hauptsächlich gedrückt: durch die vermittelst der falschen Douanengesetzgebung und der ungeheuern Konsumtionsauflagen bewirkte künstliche Verteurung der ersten Lebensbedürfnisse; durch die häufigen Fluktuationen im Manufakturwarenmarkt, eine natürliche Folge der universellen Ausbreitung des englischen Handels; endlich durch das stete Bestreben der englischen Regierung, den englischen Manufakturwaren auf allen fremden Märkten durch größere Wohlfeilheit Absatz zu verschaffen – eine Rücksicht, wodurch sie von allen denjenigen legislativen Anordnungen abgehalten wird, die zwar den Zustand des Arbeiters verbessern, zugleich aber auf die Erhöhung der Manufakturwarenpreise wirken mußten. So gewinnt England die Mittel, die Manufakturkraft der Manufakturnationen zweiten und dritten Ranges niederzuhalten, hauptsächlich auf Kosten des Wohlstandes seiner eigenen Manufakturarbeiter. Daher die herrschende Aufregung in dieser Klasse. Es ist klar, daß ein so unnatürlicher Zustand nicht fortdauern kann, und daß jede eintretende Veränderung den übrigen Manufakturnationen zu gut kommen muß. Eben so klar ist aber auch, daß bei Nationen, die noch lange nicht im Stande sind, ihren innern Markt mit Manufakturwaren zu versorgen, die Furcht, durch Beschützung ihrer innern Fabriken sich jene in England sich äußernden Übel zuzuziehen, eine eben so ungegründete, als törichte ist. Dies ist, als ob ein erst noch im Aufstreben begriffener Privatmann sich scheuen wollte, seinen Haushalt zu ordnen, aus Furcht sich die Übel eines allzugroßen Reichtums zuzuziehen. Wie wenig diese Übel in Ländern zu befürchten sind, in welchen dem Arbeiter die Existenz durch künstliche Verteurung der Lebensmittel nicht verkümmert wird, und die erst im Begriff stehen, ihren eigenen Manufakturmarkt zu erobern, zeigt das Beispiel von Nordamerika, wo der Zustand der Manufakturarbeiter ein ganz anderer ist, als in England. In den Baumwollenspinnereien von Lowell z. B. leben nicht nur die Spinner im Wohlstand, auch die weiblichen Arbeiter erübrigen bei reichlicher Kost und überaus anständiger Bekleidung noch Heiratsgüter, und die neuesten amerikanischen Zeitungen berichten die Tatsache, daß man in jenem Fabrikort über 100 Arbeiterinnen zähle, die mehr als 1000 Dollars an ihrem Lohn erspart hätten.

Unsere Ansicht, daß die neue Ordnung im Gewerbswesen nur einer Übergangsperiode angehöre, gründet sich auf Hoffnungen, die wir aus der Kulturgeschichte schöpfen. Wenn nicht geleugnet werden kann, daß bisher die Fortschritte in den Künsten und Wissenschaften und in der bürgerlichen und politischen Ordnung überhaupt die Zustände der arbeitenden Klassen und die Freiheit der Massen befördert haben, so ist doch wohl nicht anzunehmen, der menschliche Erfindungs- und Verbesserungsgeist werde bei jenen Erfindungen und gesellschaftlichen Einrichtungen stehen bleiben, durch welche das kleine Gewerbe von dem großen überflügelt worden, und die zuvor unabhängige Mehrzahl der Manufakturisten in die Abhängigkeit Weniger geraten ist. Nehmen wir aber an, der Erfindungsgeist schreite fort, so wird die Hypothese nicht allzu gewagt erscheinen, daß es ihm gelingen dürfte, die Dampfmaschinerie noch außerordentlich zu vervollkommnen, oder eine neue bewegende Kraft zu entdecken und dem Menschen dienstbar zu machen, die überall mit wohlfeilen Kosten in Funktion zu setzen, von der Lokalität weit weniger abhängig und im Kleinen viel anwendbarer ist, als jetzt die Dampfkraft. Nehmen wir ferner an, daß die Vervollkommnungen der Rohstoffproduktion, der Maschinenfabrikation und der Maschinen selbst noch immer fortschreitet, daß dadurch die Preise der Maschinen immer mehr vermindert und die Operationen immer mehr vereinfacht werden: so ist wohl gedenkbar, daß eine Zeit kommen kann, wo die meisten Gewerbe, die jetzt im Großen mehr rentieren, im Kleinen ausführbarer und lukrativer werden. Gedenkbar ist ferner, daß der Assoziationsgeist bei den zivilisierten Nationen immer größere Fortschritte macht; daß der Gedanke, die Arbeiter als Aktionäre bei den großen Fabrikanstalten zu beteiligen, und ihnen dadurch Wohlstand für das ganze Leben und einen gewissen Grad von Independenz zu sichern, mehr und mehr realisiert werden dürfte. Gedenkbar ist endlich, daß die verschiedenen Nationen sich über gewisse Anordnungen und Einrichtungen, z. B. hinsichtlich der Verwendung der Kinder zur Arbeit, der Arbeitsstunden, der Versorgung kranker Arbeiter u.s.w. verständigen und damit die Rücksicht auf Konkurrenz im auswärtigen Manufakturmarkt, wodurch bisher dergleichen Verbesserungsvorschläge paralysiert wurden, wirkungslos machen.

Der Verfasser ward zu Entwerfung dieses Aufsatzes durch eine Art Herausforderung veranlaßt. Er hatte in einem für die Augsburger allgemeine Zeitung bearbeiteten Bericht über die diesjährige Gewerbeausstellung von Frankreich die für die deutsche Flachs- und Hanfindustrie von der englischen Konkurrenz zu befürchtenden Nachteile und die durch größere Beschützung der deutschen Baumwollenindustrie zu hoffenden Vorteile ins Licht zu stellen gesucht, und da er sich auf diese Weise mit der herrschenden Theorie der politischen Ökonomie in Widerspruch gestellt, sich genötigt gesehen, über dieselbe das Urteil ergehen zu lassen: sie habe das Wesen und den Wert der Manufakturen und des Schutzsystems nicht gekannt oder doch nicht anerkannt. Dagegen erhob sich ein Korrespondent »vom Rhein« zuerst mit einer Berufung auf Jean Paul, daß eine falsche Theorie nur durch eine bessere zu ersetzen sei; dann mit einer Verteidigung des Prinzips der Handelsfreiheit durch Gründe, wie sie bei Adam Smith und J. B. Say zu lesen, und wie sie von uns in Masse so eben widerlegt worden sind. Jean Paul hat allerdings recht, wenn er sagt: eine falsche Theorie sei nur durch eine bessere zu *»ersetzen.«* Daraus folgt jedoch keineswegs, daß, so lange nicht eine neuere und bessere gefunden ist, die Irrtümer der alten Theorie nicht aufgedeckt werden sollen, und noch viel weniger, daß man eine als falsch anerkannte Theorie befolgen müsse. Es gibt noch einen Notbehelf bei erkannten Irrtümern alter und dem Mangel besserer Theorien – den gesunden Menschenverstand und die Erfahrung. In keinem Fach der menschlichen Tätigkeit, wobei die Wissenschaft Leitstern sein sollte, ist man bis jetzt mehr genötigt gewesen, von diesem Notbehelf Gebrauch zu machen, als in der Handelspolitik, und es spricht eben nicht zum Nachteil des gewerbepflegenden und beschützenden Systems, daß wir in der Liste derjenigen Regenten und Staatsmänner, welche demselben zugetan gewesen sind, just die größten Namen aufgezeichnet finden: Eduard III. und Elisabeth; Heinrich IV. und Ludwig XIV., Colbert und alle englischen Minister seit der Königin Elisabeth, den großen Kurfürsten und den großen König von Preußen, Maria Theresia und Joseph II., Washington und Maddison, Jefferson und Napoleon. Dagegen kann die Theorie die Namen Quesnay, Smith und Say aufstellen. Was den ersten betrifft, so wird es unnötig sein zu beweisen, daß er ein unwissender Träumer war, der nur aus der kosmopolitischen Idee der Handelsfreiheit ein visionäres System herausspann. Von Adam Smith bezeugt sein gleichzeitiger Biograph, daß er zwar einen tiefforschenden Geist, aber nicht einmal so viel generalisierenden Verstand besaß, um den ganzen Charakter eines Menschen richtig aufzufassen. Smith war in hohem Grade die Gabe eigen, einzelne Handlungen, Begriffe und Gegenstände zu beurteilen und zu analysieren, wodurch es ihm möglich ward, der politischen Ökonomie in ihren einzelnen Teilen eine wissenschaftliche Unterlage zu geben. Aber die Gabe, die einzelnen Doktrinen zu einem harmonischen Ganzen zu verbinden, besaß er keineswegs. Überdies war er von der kosmopolitischen Idee der Handelsfreiheit zu sehr beherrscht, als daß er da, wo dieses Prinzip nach seiner Meinung bedroht war, der Natur der Nationalität hätte Gerechtigkeit widerfahren lassen können. Dies sieht man am deutlichsten aus der Anwendung seines an sich richtigen Prinzips: »Macht ist wichtiger als Reichtum.« Nach demselben findet er es sehr klug und weise, daß die Engländer vermittelst der Navigationsakte ihre inländische Schiffahrt begünstigten, aber er hat nicht gesehen oder wollte nicht sehen, daß die Manufakturkraft eine noch tiefere Unterlage der Seemacht ist, als die Privatmarine, indem diese sowohl, als der auswärtige Handel und die Fischereien auf der Nationalmanufakturkraft beruhen; daß die Manufakturkraft überhaupt in unsern Tagen die Streitkraft aller Nationen großenteils bedingt, und daß ohne sie keine Nationalselbständigkeit und Unabhängigkeit gedenkbar ist. Say endlich ordnete nur, was Adam Smith ans Licht gefördert hatte; seine Gabe ist: Darstellungstalent. Wo er selbst ein eigenes Urteil ausspricht, ist es meistens ein oberflächliches oder falsches. Man kann nicht oberflächlicher sein, als Say in den Materien von den Manufakturen, vom fremden Handel, von der Handelspolitik, von der Handelsbilanz, vom Gelde, vom Güterwert. Man nehme nur zum Beispiel den diese Abhandlung zunächst berührenden Satz: »Die Begünstigung der Manufakturen sei vielleicht da zu rechtfertigen, wo voraussichtlich der betreffende Manufakturzweig im *Lauf weniger Jahre* gewinnreich werde.« Say sieht nichts vom Ineinandergreifen aller einzelnen Manufakturzweige, oder von der Notwendigkeit der industriellen Erziehung der Nationen, oder von dem im Gewerb so wichtigen Prinzip der Stetigkeit und Kontinuation. Er hat sich nie die Frage gestellt: wie lange das Leben einer Nation daure? Er konnte daher auch nicht zur Einsicht kommen, daß es ein ewiges ist, oder doch von jeder gesunden Nation als ein ewiges betrachtet werden sollte. Er will nur *wenige* Jahre opfern für die Erlangung eines Gutes, das eine ewige Nationalexistenz verbürgt, und also offenbar mit den Anstrengungen von ganzen Generationen nicht zu teuer erkauft ist. So überzeugen wir uns, daß die großen Regenten und Staatsmänner, indem sie, ohne in die Tiefen der politischen Ökonomie herabzusteigen, bloß nach allgemeinen Wahrnehmungen und Erfahrungen urteilten, die Natur der Nationalität und der Nationalmanufakturkraft richtiger gewürdigt haben als die gelehrten Nationalökonomen. Napoleon sprach in dieser Beziehung einzelne Sentenzen aus, welche ganze Bände von Say aufwiegen. Und wenn man tiefer in die Fälle eingeht, wo dieser Schriftsteller den großen Montesquieu hofmeistern will, findet man, daß er ihn nicht einmal verstanden hat.

Der Verfasser hat indessen der Aufforderung des Korrespondenten vom Rhein mit diesem Aufsatz entsprochen; er hat die Manufakturen und das Schutzsystem aus einem ganz andern Gesichtspunkt als die Schule, nicht nach der Theorie der Werte, wie die neuern englischen Schriftsteller sehr richtig ihr Lehrgebäude nennen, sondern nach der Theorie der produktiven Kräfte beleuchtet und damit durch Aufstellung einer neuen Theorie die alte zu ersetzen gesucht. Ob diese

Theorie eine bessere sei, muß er dem Urteil Anderer überlassen; wenigstens scheint es, sie stehe mit der Natur der Dinge, mit der Erfahrung und dem gesunden Menschenverstand in besserer Harmonie als die alte.

»Der Korrespondent vom Rhein« verdient das Lob eines billigen und wohldenkenden Mannes, wenn er im Namen der herrschenden Theorie den Nationen erlaubt, in gewissen einzelnen Fällen die Nationalindustrie in Schutz zu nehmen; nur beweist das, was er gleich darauf in Betreff der deutschen Leinwandindustrie anführt, daß Konzessionen geringen Wert haben, die nicht auf Prinzipien beruhen. Nach ihm ist noch sehr zu bezweifeln, ob es weise sei, die deutsche Leinwandfabrikation zu beschützen, eine Industrie, in welcher die Deutschen seit uralten Zeiten sich ausgezeichnet haben, welche mit der deutschen Agrikultur und der ganzen Ökonomie der Nation aufs engste verwachsen ist, deren Produkte unter die ersten Lebensbedürfnisse aller Volksklassen gehören, die offenbar durch die auswärtige Konkurrenz in ihren Wurzeln bedroht ist, und wobei der Erfolg eines auch nur mäßigen Schutzes kaum einem Zweifel unterliegen kann.

Der Verfasser ist weit entfernt, die Einführung von hohen Zollsätzen oder von Prohibitivmaßregeln als ein Mittel anzuraten, um die industrielle Erziehung der deutschen Nation zu bewirken und zu beschleunigen. Schutzmaßregeln müssen für die Zustände jeder einzelnen Nation besonders berechnet sein, und die Zustände Deutschlands sind zur Zeit der Art, daß der Zweck durch mäßige Schutzzölle viel besser erreicht wird als durch hohe. Der Verfasser behauptet nur, daß die *industrielle Erziehung der Nation* das Ziel sein muß, wonach der deutsche Zollverein zu streben hat, daß die Maßregeln, um zu diesem Ziele zu gelangen, darauf berechnet sein müssen, allererst die Industrie in ihrem gegenwärtigen Bestand zu erhalten, und dann nach und nach ihr den innern Manufakturmarkt zu gewinnen und zu sichern, vorzüglich aber die großen auf Befriedigung allgemeiner Bedürfnisse abzielenden Manufakturzweige emporzubringen;

endlich, daß Rücksichten auf die Ausfuhr von Rohstoffen und Agrikulturprodukten den deutschen Zollverein nicht bestimmen können und dürfen, von dem Streben nach dem angegebenen Ziel abzuweichen; daß diesem Streben nichts so schädlich ist, als Schwankungen oder gar rückgängige Bewegungen im Zollschutz, und daß es durch nichts so sehr gefördert werden kann, als durch lange Vorherbestimmung des zu erwartenden Schutzes und durch unverbrüchliche Festhaltung an den einmal zugesicherten Begünstigungen.

Schließlich bemerkt der Verfasser, daß er die Werttheorie in ihrem Werte bestehen läßt, und ihr in ihrem Bereich keineswegs Geltung absprechen, am wenigsten aber denen, die sich um ihre Ausbildung verdient gemacht, ihre Verdienste absprechen will; daß aber ihr zur Seite *eine selbständige Theorie der produktiven Kräfte* gebildet werden müsse, um zur Einsicht zu gelangen, wie unter den gegenwärtigen Weltverhältnissen die Nationen zu industrieller Selbständigkeit erzogen und zur Universalkonföderation und allgemeinen Handelsfreiheit vorbereitet werden können. Denn diese ist nur möglich, wenn sich die mächtigsten und gebildetsten Nationen der Erde auf gleiche Stufe der Zivilisation, der Selbständigkeit und Macht emporschwingen. Diese Stufe können sie nur dadurch erreichen, daß sie in sich selbst zu einer harmonischen Ausbildung ihrer geistigen, gesellschaftlichen und materiellen Nationalzustände gelangen. Diese Ausbildung setzt eine gleichmäßige Entwicklung der Manufakturen des Handels und der Agrikultur in dem Innern jeder Nation voraus, und auf diesem Wege allein befähigen sich die Nationen zu gleichmäßiger Teilnahme am Welthandel, an der Schiffahrt, an der Seemacht, an der Kolonisation und an der Zivilisierung barbarischer Völker. *Der höchste Grad der geistigen Bildung und der materiellen Wohlfahrt des menschlichen Geschlechts ist nur zu erreichen vermittelst Beförderung der Bildung und der materiellen Wohlfahrt der Nationalitäten.*

CARL WILHELM CHRISTIAN SCHÜZ
DAS SITTLICHE MOMENT IN DER VOLKSWIRTSCHAFT
1844

Es ist ein in der Wissenschaft ziemlich allgemein angenommener, namentlich von der englischen national-ökonomischen Schule verbreiteter und festgehaltener Grundsatz, daß der *Eigennutz* der Einzelnen, das egoistische Streben der Individuen, ihre wirtschaftliche Lage, ihre gesellschaftliche Stellung möglichst zu verbessern, die mächtigste Triebfeder in der Volkswirtschaft bilde, daß dieses Streben diejenige Kraft sei, welche nicht nur in der Wirtschaft der Einzelnen, sondern auch in der Volkswirtschaft, im Völkerverkehre das wirtschaftliche Wohl am besten und dauerndsten fördere; daß es sich daher, um die wirtschaftlichen Zustände eines Volks zu verbessern, hauptsächlich darum handle, die Hindernisse hinwegzuräumen, welche jenem Streben in den Weg treten, und solche Einrichtungen zu treffen, welche der Entfaltung des egoistischen Erwerbstriebs der Einzelnen die größte Freiheit gestatten.

»Cherchez, so bezeichnet *Sismondi* diesen Grundsatz, cherchez votre interêt avant tout; votre interêt vous le trouverez à être préférés à vos rivaux, soit qu'il s'agisse de vendre ou de travailler; vous le trouverez à faire les conditions les plus lucratives, que vous pourrez avec ceux, qui veulent vous servir, soit qu'il s'agisse d'acheter d'eux, ou de faire travailler pour vous. Peut-être les réduirez vous à misère, peut-être les ruinez vous, peut-être detruirez vous leur santé ou leur vie. Ce n'est pas votre affaire; vous representez l'interêt des consommateurs; *or chacun est consommateur à son tour; vous representez donc l'interêt des tous, l'interêt national.*«

Indem die Wissenschaft auf diese Weise dem Egoismus in

dem wirtschaftlichen Leben das Recht einer unbedingten Herrschaft einräumt, ihm zugleich die Wirkung eines patriotischen Strebens beilegt, und den Erwerbstrieb der Beachtung der höheren sittlichen Maximen des Handelns wenigstens indirekt entbindet, so scheint sie uns auf einen bedenklichen, zu sehr gefährlichen Konsequenzen führenden Weg geraten zu sein.

Trennt man nämlich das wirtschaftliche Streben los von allen tieferen Motiven und höheren Zwecken des menschlichen Handelns, sieht man in ihm lediglich das Walten des egoistischen Erwerbstriebs nach der einen, und der Genußsucht nach der anderen Seite, stellt man mit *Lotz* zum Beispiel der Volkswirtschaftslehre lediglich die Aufgabe, nachzuweisen, wie der Mensch seine Betriebsamkeit zum Gütererwerb, Besitz und Gebrauch als verständig *sinnliches* Wesen nach den Grundsätzen des verständigen Eigennutzes üben und entfalten möge, so scheint uns die Wissenschaft, wenn sie konsequent verfährt, nicht bloß eine wichtige Seite der Erfahrung von sich zu weisen, nämlich die Tatsache, daß die *Sittlichkeit* auf die wirtschaftlichen Bestrebungen, auf das wirtschaftliche Wohl der Einzelnen und der Völker einen mächtigen Einfluß ausübt; sondern sie scheint uns im Denken und mittelbar im Handeln auf Grundsätze zu führen, die verstoßen gegen die höheren Gesetze einer sittlichen Weltordnung und damit die Grundpfeiler *alles* gesellschaftlichen Wohles untergraben.

Der Zweck des menschlichen Handelns löst sich, wenn man streng nach dieser Auffassungsweise verfährt, in einen reinen Materialismus auf; das berechtigte Prinzip des menschlichen Handelns wird innerhalb dieses Denkkreises lediglich der klug berechnende Egoismus; der Erwerbtrieb wird im Privat- und öffentlichen Leben zur Habsucht, zum Streben nach Monopolen und Privilegien; die Sparsamkeit wird zur Kargheit, zum Geiz, das durch keine höheren Gesetze geregelte und gezügelte Streben nach Genuß führt leicht zum sittenverderblichen Luxus, zur Schwelgerei.

Der Grundherr und große Unternehmer, ohne sittliche

Achtung der Persönlichkeit seiner Arbeiter, wird zum Unterdrücker derselben; sein Erwerbtrieb, seine Habsucht treibt ihn an, sie zu gewinnbringenden Arbeitstieren, zu Maschinen herabzusetzen; der Kapitalist wird zum harten, rücksichtslosen Gläubiger und Wucherer; der Käufer, wie der Verkäufer, lediglich durch den Eigennutz geleitet, hat keinen anderen Maßstab für sein Handeln, als die Rechnung über Gewinn und Verlust; die unter seiner Handlungsweise leidenden *Menschen* sind kein Gegenstand seines Kalküls; alle seinen Interessen widerstreitenden Forderungen der Menschen- und Bürgerpflicht prallen ab an seinen kalten Berechnungen.

Die Ehe, das zarte Kind wird ein Gegenstand der Spekulation; der Dienst in der Gemeinde, im Staate, in der Kirche, wird ein Mittel zum Erwerb, zur Ausbeutung der Untergebenen; der schwächere Stand ein Raub des stärkeren; das Volk im Ganzen »eine Schweizerei,« eine Viehherde der Gewalthaber.

Die unterdrückte Klasse aber, von der Sucht nach grenzenlosem Genuß beherrscht, wie die höheren Stände, durchbricht zuletzt alle Bande der geselligen Ordnung und greift mit verbrecherischer Hand nach den Gütern, deren Besitz ihr höchstes Ziel ist.

Im Verkehr der Völker untereinander führt der ungezügelte Erwerbtrieb zum Streben nach Überlistung, Ausbeutung und Unterdrückung, zu einem Raub- und Eroberungs-System, von welchem die Geschichte der Handels- und Kolonialpolitik der europäischen Staaten in den letzten Jahrhunderten nur zu zahlreiche Belege an die Hand gibt; er führt zum schroffen Merkantilsystem, dem Ausdrucke des wirtschaftlichen Egoismus in seiner höchsten Potenz.

Diese Konsequenzen des Waltens rein eigennütziger Triebfedern im ökonomischen Leben erkennt im allgemeinen *Lotz* selbst an, indem er zugesteht, daß die wirtschaftliche Tätigkeit, wenn nur verständiger Eigennutz ihr ewiger und steter Leitstern sei, leicht oft in Widerspruch geraten könne mit der allgemeinen Weltordnung, daß erst ein rechtliches und sittliches Handeln der Betriebsamkeit die Krone aufsetze, und *ihren regelmäßigen Fortgang am allermeisten sichere und fördere*.

Trotz dem will er den sittlichen Grundsätzen in der Volkswirtschafts-*Lehre* keinen herrschenden Einfluß gestatten, und überläßt es der Rechts- und Sittenlehre, da beschränkend und modifizierend einzuschreiten, wo diese höheren Gesetze in Widerstreit geraten würden mit den Forderungen der Nationalökonomie.

Allein, wir wiederholen es, diese Verwerfung des Hereinziehens eines sittlichen Prinzips in die Volkswirtschafts-Lehre scheint uns bei einer Wissenschaft, die wesentlich dem Gebiete des praktischen Lebens angehört, und auf das praktische Leben den entschiedensten Einfluß ausübt, die, wenn sie alles sittlichen Gehaltes entblößt wird, anerkanntermaßen oft zu Grundsätzen führt, die »mit der allgemeinen Weltordnung in Widerspruch geraten können,« jedenfalls einem ernsten Bedenken unterworfen werden zu müssen; es scheint bedenklich zu sein, Grundsätze aufzustellen, und als gültig im wirtschaftlichen Leben zu behaupten, die in sittlicher Hinsicht verwerflich sind, oder wenigstens von sittlichem Standpunkte aus einer wesentlichen Restriktion unterworfen werden müssen; es scheint ein zur Erklärung wirtschaftlicher Erscheinungen wesentlich erforderliches Element bei Übergehung der Betrachtung sittlicher Triebfedern übergangen zu werden.

Hieran erinnert schon die aus der Geschichte gezogene, anerkannte, allgemeine Erfahrung, daß ein sittenverderblicher Luxus stets der Vorbote des politischen und wirtschaftlichen Verfalls der Völker gewesen ist.

Allein auch eine spekulative Begründung der Nationalökonomie knüpft sie notwendig an das sittliche Leben an; räumt den sittlichen Gesetzen eine durchgreifende Herrschaft ein, ohne daß sie ihr darum den vorherrschenden Charakter einer Wirtschafts-Wissenschaft benähme.

Zwar wird eine spekulative Begründung und Behandlung dieser Wissenschaft als der Natur derselben widerstreitend in der Regel verworfen.

Die Volkswirtschaft wird als von Naturgesetzen beherrscht betrachtet, die wesentlich bestimmend auf die menschliche Handlungsweise einwirken, und darum der Wirtschafts-Wissenschaft wesentlich den Charakter einer Erfahrungswissenschaft aufdrücken. Allein wenn auch der Boden der Erfahrung in dieser Wissenschaft, auch unserer Ansicht nach, niemals verlassen werden sollte, so scheint uns doch eine völlige Ausschließung des spekulativen Moments nicht gerechtfertigt zu sein.

Die Volkswirtschaft ist das Produkt zweier Faktoren, der Natur und des menschlichen Geistes. Soweit natürliche Elemente in ihr wirken, Boden, Klima, organische, chemische, mechanische Kräfte, fußt sie auf dem Boden der Erfahrung; ist beherrscht durch Naturgesetze.

Soweit aber die Volkswirtschaft das Produkt der menschlichen Intelligenz, des menschlichen *Willens*, der menschlichen Tätigkeit ist, fällt sie in das Gebiet des praktischen *Geistes*, empfängt von ihm die leitenden Gesetze. Diese Gesetze empirisch aufzufassen, und in die Wissenschaft aufzunehmen, ist Aufgabe derselben. Aber es ist dies nicht ihre einzige Aufgabe. Sie soll zugleich zeigen, in wie fern die regelmäßige erfahrungsgemäße Handlungsweise der Menschen überhaupt im Einklang steht mit den höheren Gesetzen des Geistes, oder vielmehr sie soll, von den Gesetzen des Geistes ausgehend, den in der Wirklichkeit waltenden *vernünftigen* Geist in sich darstellen, diesen Geist zur Herrschaft zu bringen suchen, das in der Erfahrung sich findende Unvernünftige, Verwerfliche aber in seiner Nichtigkeit und Verwerflichkeit darstellen.

Hiermit wird es zur Aufgabe der Wissenschaft, zu zeigen, nicht bloß wie das regelmäßige Handeln der Menschen in wirtschaftlichen Dingen beschaffen *ist*, wie die eine oder die andere Handlungsweise zum Wohle oder zum Verderben führt, sondern auch wie das wirtschaftliche Handeln beschaffen sein *soll*?

Wenn dies aber die Aufgabe der National-Ökonomie ist, so kann zwar nicht an sie die Forderung gestellt werden, daß sie sich mit der Wissenschaft der Moral, so weit diese das wirtschaftliche Leben beleuchtet, völlig identifiziere, sie soll *vorherrschend* die Gesetze, Regeln, Maximen des *wirtschaftlichen* Lebens, als die besondere Wissenschaft *dieser* Seite der menschlichen Zustände darstellen; aber es kann von ihr gefordert werden, daß sie da, wo die höheren Gesetze des menschlichen Handelns wesentlich bestimmend auf den Gang der wirtschaftlichen Angelegenheiten einwirken, diese Gesetze hervorhebt, und daß sie da, wo das Handeln aus rein wirtschaftlichen Rücksichten verderblich ist, unter Hinweisung auf die höheren Gesetze der menschlichen Natur entgegenwirkt; sie darf die Beachtung der sittlichen Fäden, die durch das wirtschaftliche Leben sich ziehen, nicht von sich weisen.

Wir erkennen gerne an, daß die abstrakte Auffassung der wirtschaftlichen Tätigkeit den wünschenswerten Erfolg hat, die Macht des rein wirtschaftlichen Prinzips in allen seinen Konsequenzen zur vollständigen Erkenntnis zu bringen; aber wir glauben, daß sich eben dadurch das Ungenügende dieses Prinzips an den Tag stellen muß, wir glauben jedenfalls der Wissenschaft das Recht einer Auffassungsweise vindizieren zu müssen, welche die in dem wirtschaftlichen Leben waltenden höheren Triebe und Gesetze zum Bewußtsein bringt.

Obgleich dem Prinzipe nach *Rau* die Pflicht dieser Auffassungsweise der Wissenschaft nicht auferlegen will, so gibt er doch zu, daß die Volkswirtschaftslehre, ohne ihre Grenzen zu überschreiten, auch die höheren Beziehungen ihres Gegenstandes beleuchten *könne*, daß sie die Sachgüter *nur als Mittel für die persönlichen betrachten* und die nachteiligen Wirkungen *nicht übersehen dürfe*, welche aus dem ungemäßigten Verfolgen der wirtschaftlichen Zwecke für den Zustand einzelner Familien, Volksklassen und ganzer Völker entstehen können.

Ebendamit aber erkennt er an, daß die Grundsätze der wirtschaftlichen Tätigkeit zu bilden seien nach den *stillschweigend vorausgesetzten höheren sittlichen Gesetzen.*

Dies ist es im Grunde, was wir zunächst hauptsächlich von der Wissenschaft anerkannt, aber auch in allen seinen Konsequenzen festgehalten wünschen.

Allerdings führt der Widerstreit der Interessen, welchen der wirtschaftliche Egoismus aufregt, durch die Wirkungen, welche er in seinem Gefolge hat, zu der Überzeugung, daß das Interesse der Einzelnen, der verschiedenen Volks-Klassen und das gemeinschaftliche Wohl verschiedener Völker nur in der harmonischen Verfolgung der gemeinsamen Zwecke, bei gegenseitigem freierem Völkerverkehre seine wahre dauernde Befriedigung findet, daß der wahre verständige Egoismus in derjenigen Handlungsweise besteht, welche, indem sie zunächst egoistische Zwecke verfolgt, *zugleich für die Interessen Anderer, für die Interessen der Gesellschaft* wirksam ist.

Der Grundherr, der zunächst durch die Ausbeutung seiner Pächter oder Arbeiter, durch die Hemmung der Entwikkelung des gewerblichen Lebens seine Interessen zu fördern wähnt, muß allmählich zu der Überzeugung gelangen, daß sein wahres dauerndes Interesse nur durch eine liberale Behandlung seiner Arbeiter und Pächter am Besten begründet werden kann; daß die Entwickelung des städtischen Lebens, weit entfernt, seinen Interessen entgegenzustehen, diese Interessen vielmehr in hohem Grade zu fördern geeignet ist.

Dem Handwerker, dem Fabrikanten, dem Kaufmann, der unmittelbar durch Monopole und Privilegien, durch hohe künstlich gesteigerte Waren-Preise seinen Vorteil zu erreichen glaubt, muß sich die Überzeugung aufdringen, daß die Verallgemeinerung eines monopolistischen Strebens den Nutzen des Monopols der Einzelnen aufhebt, die Vergrößerung der Konsumtion und des Absatzes und die Ausbildung einer regeren gemeinnützigen Tätigkeit zum Nachteil eines Jeden hindert, und daß die Verallgemeinerung einer freieren Konkurrenz zuletzt dem Interesse Aller am Besten entspricht.

Auf dem fiskalischen Standpunkte der Regierung muß Erfahrung und Nachdenken zu der Einsicht führen, daß nicht bei der Ausbeutung einzelner Klassen durch die anderen, nicht durch übermäßige, die Quellen des künftigen Einkommens schwächende Besteuerung, durch lästige Staats-Monopole u.s.w. ein großes, nachhaltiges Einkommen gesichert werden könne, sondern nur bei möglichster Entwickelung der Kräfte und des Wohlstands aller Klassen des Volks, bei gleichmäßiger gerechter Berücksichtigung der verschiedenen Interessen, bei weiser Schonung der Quellen des künftigen Einkommens.

Im Verkehre der Völker unter einander endlich muß die gegenseitige feindliche Spannung, in welche der Kampf der Interessen versetzt, der Überzeugung Eingang verschaffen, daß unmöglich durch gegenseitige Überlistung, Beschränkung und Hemmung, sondern nur durch gegenseitigen Wettkampf in der Vervollkommnung der Tätigkeit, durch gegenseitigen freieren Verkehr das dauernde Wohl der Völker wahrhaft gefördert werden könne.

Schon aus dem Kampfe der egoistischen Interessen erwächst also die Einsicht, daß das wahre und dauernde wirtschaftliche Wohl der Einzelnen, der Stände und Völker nur erreicht werden könne durch gegenseitige Konzessionen, durch harmonische Verfolgung gemeinsamer Zwecke.

Zu dieser Stufe der Erkenntnis führt schon diejenige Behandlung der National-Ökonomie, welche lediglich die egoistisch-wirtschaftlichen Interessen ins Auge faßt, welche den Gesetzen der Moral keinen Einfluß auf ihre Ansichten und Maximen gestattet.

Allein auch diese Stufe der Erkenntnis läßt dem schädlichen Kampfe der egoistischen Interessen noch einen weiten Spielraum; sie setzt den wirtschaftlichen Strebungen keinen höheren Zweck, kein höheres Ziel; sie setzt, um eine große allgemeinere Gewalt im Leben auszuüben, eine allgemeine, dem verblendeten Egoismus selten eigene tiefere Erkenntnis der gesellschaftlichen Interessen, die Macht der einzelnen Stände, die Macht der Staats-Gewalt voraus, die sich widerstreitenden Interessen in einen möglichst harmonischen Einklang zu bringen. Aber jene Einsicht und diese Macht fehlen so häufig.

Zu einer wahrhaft höheren Stufe der Erkenntnis, zu einer Erkenntnis, die auch dem weniger gebildeten Verstande zugänglich ist, die moralisch zu einer bestimmten Handlungsweise verpflichtet, führt allein das Hinausgehen über das reine Utilitäts-Prinzip, die Anknüpfung der wirtschaftlichen Maximen an die höheren Gesetze einer sittlichen Ordnung.

Suchen wir daher in dem Folgenden die sittlichen Gesetze, welche das wirtschaftliche Leben beherrschen, die sittlichen Triebfedern, die in ihm walten, einer näheren Auseinandersetzung zu unterwerfen.

Vor Allem setzt diese Auffassungsweise die Anerkennung der höheren Persönlichkeit des Menschen, die Anerkennung der moralischen Würde desselben voraus.

Auch in dem wirtschaftlichen Leben, bei seinen wirtschaftlichen Strebungen soll der Mensch nicht bloß als verständig-*sinnliches* Wesen, als höheres Tier betrachtet und behandelt werden, sondern zugleich als ein Glied einer höheren moralischen Ordnung, als sinnlich-*vernünftiges* Wesen.

Aus diesem Grundsatze ergibt sich eine Reihe von Folgerungen:

1. Unter allen Umständen muß die Herabdrückung einzelner Volks-Klassen zu bloßen Produktions-Werkzeugen, zu Lasttieren der Gesellschaft verworfen werden. Mag auch die ökonomische Berechnung die Vorteile der Aufhebung der Sklaverei, der Leibeigenschaft für die Beteiligten zweifelhaft machen, mag sie vielleicht erst in entfernter Zukunft, für künftige Generationen einen ökonomischen Nutzen in Aussicht stellen; jene Zustände sind von moralischem Standpunkte aus verwerflich, und schon deshalb aus dem gesellschaftlichen Leben zu verbannen.

Die Volkswirtschaftslehre soll immerhin die ökonomischen Vorteile und Nachteile jener Zustände prüfen, die wirtschaftlichen Folgen, die aus ihrer Aufhebung entspringen, untersuchen, wo sie es kann, nachweisen, daß das wahre ökonomische Interesse den sittlichen Forderungen entspricht; daß ein sittliches Handeln auch wirtschaftlich Nutzenbringend ist; aber das Resultat der ökonomischen

Berechnungen mag immer ausfallen, wie es will, *das Gebot des höheren Gesetzes steht fest.*

Mag ferner das ökonomische Interesse einzelner Stände die Herabdrückung des Lohns der Arbeiter auf das äußerste Minimum anraten, mag es ökonomisch noch so rätlich scheinen, zu Vervollkommnung und Vermehrung der Produktenmasse das Maß der Kräfte der Arbeiter aufs Äußerste anzuspannen, mit der Zeit zur Arbeit aufs Höchste zu geizen, selbst die Stunden der Nacht, die zur physischen Erholung, zur Sammlung und Erbauung des Geistes bestimmten Tage zur Arbeit zu nutzen; mag es für Unternehmer und Eltern noch so einträglich sein, schon im zartesten Alter die Kräfte der Kinder auf Kosten ihrer physischen und geistigen Ausbildung auszubeuten; das höhere Gesetz der Sittlichkeit stellt an die Einzelnen, wie an die Gesellschaft die gebieterische Forderung, die Lage der armen arbeitenden Klassen, der schwachen hülflosen Kinder nicht auf eine Weise zu mißbrauchen, die ihrem menschlichen Dasein allen Wert raubt, die sie zu tierischen Wesen erniedrigt.

Das ökonomische Gesetz der Produktion, das die Hervorbringung der möglichst großen Masse von Gütern mit dem möglichst geringen Aufwand menschlicher Zeit und Kraft fordert, muß hiernach durch das Hinaufheben des ökonomischen Lebens in den Kreis der moralischen Welt eine wesentliche Restriktion erleiden. *Unter dem Streben nach irdischen Gütern*, nach den Mitteln zur Befriedigung der Bedürfnisse, *soll bei keiner Klasse der Gesellschaft der Zweck des menschlichen Lebens selbst zu Grunde gehen.*

2. Ohne die Achtung der moralischen Würde, der sittlichen Rechte der Menschen gibt es keine unbedingte Verpflichtung einzelner Stände, für eine *Verteilung* des Einkommens unter sämtliche Klassen des Volks Sorge zu tragen, die ihnen das Glück eines menschlichen Daseins sichert. Selbst die Staatsgewalt fordert nicht immer und unbedingt ihr Interesse hiezu auf. Die möglichste Größe der Produktion und des Erwerbs im Ganzen, selbst mittelst Unterdrückung einzelner Klassen des Volks kann ihrem Interesse genügend erscheinen.

Erst aus der Anerkennung der sittlichen Persönlichkeit aller Glieder des Staats erwächst die unbedingte Verpflichtung für die Regierung und die Gesellschaft, auf eine Verteilung des Volksvermögens und Einkommens hinzuwirken, bei welcher alle Klassen des Volks ein menschliches Leben zu führen im Stande sind.

Es gereicht der neueren Wissenschaft zu hohem Ruhme, daß sie der Lehre von der Verteilung des Volkseinkommens eine große Sorgfalt widmet, daß sie eine gute Verteilung desselben als eine Hauptaufgabe im gesellschaftlichen Leben betrachtet, daß sie den Grundsatz ausgesprochen, nicht sowohl die Größe der Produktion, die Vermehrung der Reichtumsmasse im Ganzen soll das Hauptziel ihres Strebens sein, sondern die Verhütung der Armut, die Hebung des Wohlstands der unteren Klassen.

Die volle Verpflichtung, abgesehen von äußeren Gründen, so ihre Aufgabe zu fassen, erhält sie aber erst dann, wenn sie auf den sittlichen Boden sich stellt, wenn sie die sittliche Berechtigung aller Volksklassen anerkennt.

3. Wie die Erwerbung und Verteilung der Güter ihr höheres Gesetz von der Moral empfängt, so auch die Verwendung, der Verbrauch derselben.

Ohne sittliche Auffassung des menschlichen Lebens kennt die Konsumtion kein höheres Gesetz als das der *Nachhaltigkeit*; die Bestimmung, welche dem Vermögen gegeben wird, sobald diesem Gesetze Genüge geleistet ist, liegt außerhalb ihres Kreises; mag die Verwendung lediglich dem sinnlichen Genusse dienen, mag sie den höheren Bedürfnissen des Geistes keine Rechnung tragen, mag sie sittlich noch so verwerflich sein, so lange sie nicht direkt die Quellen des künftigen Einkommens zerstört, hat sie von der Volkswirtschaftslehre keinen Vorwurf zu befürchten.

Erst wenn die National-Ökonomie den Gesetzen der moralischen Welt einen Einfluß auf sich gestattet, empfängt sie die Grundsätze, welche das Streben nach irdischen Gütern regeln, ihm »ohne die Nichtigkeit und Geringschätzung derselben zu lehren«, seine Grenze setzen, das rastlose Jagen nach immer weiteren und neuen Genüssen zügeln, welche den Geiz, wie die Schwelgerei verbannen, die, wo kein äußeres Gesetz die Grenzlinie zwischen schädlichem und unschädlichem Luxus vorzuschreiben vermag, die rechte Grenze bezeichnen, die der Verwendung der materiellen Güter eine Richtung geben, welche dem Adel des menschlichen Geistes entspricht, Wohlsein in möglichst weiten Kreisen verbreitet, und die Kraft zum Erwerben, die Kraft zum Handeln in der Familie, in der Gemeinde, im Staat für die Zukunft nicht bloß erhält, sondern stärkt und vermehrt.

Suchen wir nach dieser Andeutung der allgemeinen, das wirtschaftliche Leben beherrschenden sittlichen Gesetze die Macht sittlicher Triebfedern in demselben näher im Einzelnen nachzuweisen.

1. Die Volkswirtschaftslehre, indem sie der Macht sittlicher Triebfedern weniger Rechnung trägt, stützt die ganze wirtschaftliche Tätigkeit der Einzelnen in der Regel auf den *Eigennutz*, leitet von ihm alle wirtschaftlichen Handlungen, alle Anstrengung des Geistes, alle Tätigkeit ab, und erwartet von ihm im Einzelnen wie im Allgemeinen in der Hauptsache ein befriedigendes Ergebnis.

Wir sind weit entfernt, die Macht des Egoismus in allen Verhältnissen des Lebens, namentlich aber in wirtschaftlichen Dingen in Abrede zu stellen. Er ist ein mächtiger Sporn zur Tätigkeit; er übt innerhalb bestimmter Grenzen einen großen wohltätigen Einfluß im menschlichen Leben aus; es muß ihm selbst eine sittliche Berechtigung zugestanden werden.

Jeder Mensch hat das Recht der Existenz, hat die *Pflicht*, sich in eine ökonomische Lage zu versetzen, die ihn befähigt, als freier Mensch Anderen gegenüber zu treten, das Recht seiner Persönlichkeit zu verteidigen, sich unabhängig von Anderen zu machen. Noch mehr! Er hat die *Pflicht*, zu Befriedigung seiner Bedürfnisse alle seine Kraft anzustrengen, um Andere, um die Gesellschaft der Notwendigkeit zu überheben, ihn für den Fall der Verarmung aus ihren Mitteln zu unterstützen.

Indem aber der Egoismus durch diese sittlichen Motive veredelt auftritt, wird seine Kraft zur Tätigkeit unendlich gestärkt. Der Einzelne produziert und erwirbt nicht mehr bloß getrieben durch die Not, durch das Streben nach Genuß, nach Auszeichnung vor Anderen, sondern zugleich getrieben durch das Gefühl der Pflicht und der *Ehre*, durch die Furcht vor der *Schande*, Anderen zur Unterstützung anheimzufallen, in ihre Abhängigkeit zu geraten, kurz durch Motive, die unendlich mächtiger sind, als der jedes edleren Triebes entblößte Egoismus.

In dieser sittlichen Triebfeder, welche den Menschen hebt, seinen Mut stählt, ihn vor moralischem Versinken verwahrt, liegt die unendliche Bedeutung der Herrschaft eines sittlichen Geistes, eines sittlichen Ehrgefühls unter allen Klassen des Volks auch in wirtschaftlicher Hinsicht.

Dieser Geist ist es aber nicht bloß, der die Kraft zur Erwerbstätigkeit erhöht, er ist es auch, der bei der Verwendung und Konsumtion der Güter die Beachtung und Befolgung der höheren Gesetze am sichersten verbürgt, der einen einfachen, zufriedenen Sinn bildet, der vorzüglich befähigt, den Lockungen des Augenblicks zu widerstehen, an den Genüssen sich abzubrechen, Kapitalien zu sammeln und für die Zukunft zurückzulegen.

Dieser Geist ist es, der für die Arbeit gerne den verdienten Lohn bezahlt, den schuldigen Dienst für angemessenen Preis gewissenhaft leistet, der *Zutrauen* bei den Mitbürgern erweckt, dem Produzenten, dem Kaufmann Abnehmer seiner Waren verschafft, die *Kundschaft* erwirbt und erhält, den Absatz in steigender Progression vergrößert.

Er ist es endlich, der den Kredit im engeren Sinne, das *Leihvertrauen* schafft, indem er den *Willen*, die eingegangenen Verbindlichkeiten zu erfüllen, stärkt, für die Erfüllung derselben die sicherste Gewähr leistet.

2. Die Macht des sittlichen Prinzips äußert sich aber weiter, indem sie sich hinauserstreckt über das Interesse der einzelnen Individuen, zunächst namentlich in der Sorge *für das Wohl der Familie*. Die Liebe zu der Gattin, zu den Kindern

ist in allen Kreisen der Gesellschaft eine so mächtige Triebfeder zur Erwerbstätigkeit und Sparsamkeit, daß der Einzelne seine Sorgfalt ausdehnt weit über sein eigenes persönliches Interesse, selbst über die Dauer seines eigenen Lebens hinaus; sie gibt Lust und Mut und Kraft zu Anstrengungen, zu welchen aus dem egoistischen Triebe allein, aus dem Streben nach Wohlleben, Auszeichnung und Nachruhm die Kraft nie hätte geschöpft werden können.

Ebendarum ist das sittliche Institut der *Ehe* auch in wirtschaftlicher Hinsicht eines der wichtigsten Institute im Leben. Sie lenkt durch die Macht der häuslichen Neigungen den jungen Mann von Luxus und Verschwendung, das Mädchen von Leichtsinn, Putzsucht und unordentlichem Leben ab; sie stärkt das schwächere Geschlecht durch den Rat, die Unterstützung des Mannes; den Mann durch die Liebe, die Sorgfalt des Weibes; der Blick auf ihre Kinder kräftigt ihre Anstrengungen.

Eine Zerrüttung der ehelichen Verhältnisse aber ist der sichere Vorbote der Zerrüttung auch der wirtschaftlichen Verhältnisse. Mit der Zerreißung der ehelichen Bande erschlafft auch die Sorge des Familienvaters für Frau und Kinder, der Geist der Unordnung dringt in alle wirtschaftlichen Verhältnisse: die Wirtschaft geht zurück, anstatt vorwärts zu schreiten. Und diese Wirkungen greifen weit und tief. Nicht bloß das Wohl der Familie in der Gegenwart wird untergraben, nicht bloß das gegenwärtige Vermögen, das den Kindern zufallen könnte und sollte, wird geschmälert und verschleudert, das Beispiel der häuslichen Zwietracht und Unordnung wirkt in der Seele der Kinder oft durch Generationen fort.

Wie unendlich nachteilig sind ferner die Folgen, die auch in wirtschaftlicher Hinsicht aus unehelichen Verbindungen namentlich für die daraus hervorgegangenen Kinder und für die Gesellschaft entspringen? Meist ohne väterliches Vermögen, und was mehr ist, ohne väterliche Zucht und Fürsorge, ohne Sinn für ein geordnetes Familienleben, fallen sie den Gemeinden, den öffentlichen Anstalten, oft den

Strafhäusern anheim, und anstatt nützlicher Glieder der bürgerlichen Gesellschaft, was sie im Schoße der Familie erzogen, hätten werden können, werden sie sich und anderen eine Last.

Es ist daher auch aus wirtschaftlichem Gesichtspunkt betrachtet, eine in höchstem Grade leichtsinnige, alles sittlichen Sinnes, alles Verstandes bare Tendenz, welche auf die Lockerung des ehelichen Verhältnisses, selbst auf die Vernichtung dieses wichtigen sittlichen Institutes hinarbeitet; die das menschliche Glück durch einen Zustand der Gesellschaft zu begründen hofft, und welchem das Eigentum, das Erbrecht, die Ehe völlig verschwunden wären.

Aufs engste verbunden mit der durch sittliche Motive veredelten Eigenliebe, mit der Liebe zur Familie nämlich, steht auch das Recht des *Privateigentums* und des Erbrechts.

Indem nicht bloß das Interesse, sondern auch die sittliche Pflicht jedem Menschen gebietet, sich in eine ökonomische Lage zu versetzen, die ihm ein freies menschliches Dasein verschafft, ist es zugleich eines der heiligsten Rechte des Menschen, den Schutz seines Besitzes und seines Erwerbs von der Gesellschaft in Anspruch zu nehmen. Die Nichtachtung dieses Anspruchs, die Aufhebung des Privateigentums würde die egoistische Triebfeder zur Erwerbstätigkeit in doppeltem Maße schwächen; denn sie würde auch das sittliche Motiv, das sich mit dem Egoismus verschwistert, und die Kraft zur Erwerbstätigkeit verdoppelt, in hohem Grade vermindern.

Das Gleiche gilt von dem Erbrecht. Würde die Verlassenschaft Verstorbener nicht an diejenigen fallen, die durch Bande des Bluts mit dem Erblasser verbunden waren, denen er mit Freuden nach seinem Tode die Frucht seiner Anstrengungen hinterläßt, würde, wie die St. Simonisten und Kommunisten verlangen, das Vermögen Verstorbener der Gesellschaft anheimfallen, so wäre damit eine der wichtigsten sittlichen Triebfedern der Erwerbstätigkeit und Sparsamkeit aus der Gesellschaft hinweggenommen.

Der sittliche Sinn in den Familien ist es aber ferner, der

seine Fürsorge selbst auf entferntere Generationen ausdehnt; der Bäume pflanzt, die erst in entfernter Zukunft Nutzen bringen, der durch Familien-Stiftungen auch für ungeborene Geschlechter sorgt; der die Familiengüter durch eine Reihe von Generationen zusammenhält, und vermehrt; der entgegenwirkt gegen die Lockungen des Augenblicks, die zur Zersplitterung jener Güter, zur Hingabe derselben gegen flüchtige Güter der Gegenwart auffordern, gegen Güter, die nicht mehr zusammen gehalten werden durch jenen sittlichen Geist, der sie geschaffen, der mahnend gleichsam aus ihnen selbst spricht.

Nicht der Eigennutz, sondern der sittliche Sinn ist es vorzüglich, in dem die Sparkassen, die Witwen- und Waisenkassen, die Lebensversicherungs-Anstalten, ihre tiefste Wurzel haben; ihr Gedeihen ist ein ehrendes Zeugnis für die Zunahme des sittlichen Geistes im Volk.

Dieser Geist der Tätigkeit, der Sparsamkeit, der Vorsicht und Fürsorge auch für spätere Nachkommen ist eine der wesentlichsten Grundlagen auch der jetzt bestehenden Vermögens-Verteilung; er ist es, der die wirtschaftliche Lage der verschiedenen Volksklassen zu jeder Zeit vorzüglich bedingt. Dies mögen diejenigen wohl bedenken, welche den Besitz der Reicheren mit Neid und Haß betrachten, das Eigentum, wie es besteht, als einen aufgehäuften Raub der Einen an den Anderen zu bezeichnen sich erfrechen; sie mögen sich zum Bewußtsein bringen, daß Fleiß, Ordnung, Sparsamkeit, wenn sie in derselben Familie Generationen hindurch lebendig wirken, wenn sie durch die Macht der Erziehung und des Beispiels übergehen auf Kinder und Kindes-Kinder, in den meisten Fällen, zu befriedigenden äußeren Glücksumständen führen; sie mögen, um ihre eigene Lage und die ihrer Nachkommen zu verbessern, damit beginnen, sich selbst zu reformieren, sich in der Ausdauer zu üben, ihre Genußsucht zu zügeln, ihren eigenen unlauteren Sinn zu ändern. Sie mögen die Statistik der Armut nachschlagen, und sich überzeugen, wie häufig die Erscheinung derjenigen Armut ist, deren Quelle auf Leichtsinn, Laster und Verbrechen zurückgeführt werden muß. Wenn man die Zahl derjenigen Armen abrechnet, welche aus Greisen und Kindern, Gebrechlichen und Kranken bestehen, so ist es die Ausschweifung, die Verschwendung, die Unmäßigkeit, das Verbrechen, kurz die Unsittlichkeit in ihren mannigfaltigen Gestalten, die für sich mehr Arme macht, als alle andere Ursachen zusammen. In Nordamerika sind drei Viertel aller Armen ein Opfer der Trunksucht.

3. Die Macht sittlicher Triebfedern äußert sich in größerem *allgemeinerem* Maße allerdings hauptsächlich in der Sorge für das eigene Familienwohl. Je entfernter die sittlichen Kreise der Familie stehen, desto weniger allgemein, desto schwächer ist in der Regel ihre Wirksamkeit.

Allein es wäre doch eine wichtige Tatsache übersehen, wenn man die Macht des sittlichen Geistes, der sich in dem korporativen und politischen Leben wirksam zeigt, völlig außer Acht lassen wollte.

Die korporative Verbindung der Menschen erhöht ihr Selbstbewußtsein, stärkt ihre Kraft, kontrolliert ihre Aufführung auch in wirtschaftlichen Beziehungen; sie treibt zur Unterstützung der Genossen durch Rat und Tat; zur Sorge für ihre Witwen und Waisen, zur Verfolgung gemeinsamer Zwecke mit dem Gewicht vereinigter Kräfte.

Aber auch in der Gemeinde, im Staat ist es der sittliche Geist, der Sparsamkeit, Zweckmäßigkeit, Ordnung in die Verwaltung bringt, den Kredit gründet und erhält, und auf das wirtschaftliche Wohl der gegenwärtigen und künftigen Generationen den mächtigsten Einfluß ausübt; er ist es hauptsächlich, der der öffentlichen Konsumtion Maß und Ziel vorschreibt, schädlichen Luxus und Verschwendung verbannt, eine gute Verteilung der Lasten bewirkt; der bei der Auswahl der Einnahmequellen nicht bloß ihre Einträglichkeit für die Staatskasse, sondern auch ihre Wirkung auf das wirtschaftliche und sittliche Wohl der Bürger ins Auge faßt; der nicht spekuliert auf die Einfalt, Leidenschaft, Spielsucht des Volks; nicht frevellich unerschwingliche Lasten auf künftige Generationen wälzt. Dieser sittliche Geist ist es endlich, der eine Reihe von Kapitalien niederlegt in Stiftungen und mancherlei Anstalten für wohltätige Zwecke, für Arme und Kranke, für Unterricht und Erziehung; der, wenn auch nur ausnahmsweise im Dienste der Gemeinde, des Vaterlands auch für wirtschaftliche Zwecke zu Anstrengungen treibt, wozu reiner Eigennutz oder Ehrgeiz der Einzelnen nie getrieben haben würde.

4. Wie im Ganzen die Produktion und Konsumtion von einem sittlichen Geiste beherrscht werden muß, wenn sie das gesellschaftliche Wohl wahrhaft begründen soll, wie beim Einzelnen, in der Familie, in der Korporation, der Gemeinde u.s.w. die sittlichen Triebfedern die festesten Träger des wirtschaftlichen Wohles bilden, so muß auch das Verhältnis der Stände untereinander, jeder Kreis des gewerblichen Lebens von jenem Geiste durchdrungen sein, wenn die wirtschaftliche Tätigkeit zum Frommen der Gesellschaft ausfallen soll. Betrachten wir zunächst die Verhältnisse des *Landbaues.*

Ein befriedigender Zustand der landwirtschaftlichen Verhältnisse eines Staats, wie sehr er auch durch die Ausbildung der Gewerbskunst, durch intelligenten Betrieb, durch die Verteilung des Bodens u. s. f. bedingt ist, hängt doch wesentlich zugleich von dem Geiste ab, in welchem die Beziehungen der Grundbesitzer zu der landbautreibenden Klasse geregelt sind. Und hierbei ist es hauptsächlich der Geist der mächtigeren Klasse, der Grundherren, der von vorherrschender Bedeutung ist, indem sie auf die wirtschaftliche und moralische Erhebung oder Erniedrigung der untern Klassen den entschiedensten Einfluß auszuüben im Stande sind. Oft hat die Macht der Verhältnisse die niederen Klassen in eine Lage versetzt, die ihnen die Verbesserung derselben in hohem Grade erschwert; die Fesseln der Sklaverei und Leibeigenschaft sind oft so fest um Millionen geschlungen, daß von einer Erhebung auf eine höhere Stufe aus eigener Kraft gar nicht die Rede sein kann. Schon das wohlverstandene eigene Interesse fordert zwar in vielen Fällen die Sklavenbesitzer, die Herren der Leibeigenen auf, die

Bande zu lösen, welche die produktive Tätigkeit lähmen, und die Quelle der Verbesserung des eigenen Zustands verschließen. Allein diese Einsicht reift meist langsam, wird langsam in größeren Kreisen zu einer die Kraft zum Handeln gewährenden Überzeugung, der zu hoffende Nutzen liegt oft in einer so fernen Zukunft, daß ohne die Macht der sittlichen Kraft, welche auch zu persönlichen Opfern befähigt, um die Lage der Kinder und Enkel zu verbessern, welche überhaupt weiter reicht, als wozu das persönliche, selbst das Familieninteresse antreiben würde, wir sagen, der Nutzen liegt oft dem gegenwärtigen Besitzer gegenüber in so unbestimmter Aussicht, daß ohne die Mitwirkung des sittlichen Prinzips, ohne die Anerkennung der sittlichen Pflicht, zur Verbesserung der Lage der unteren Klassen, zur Erhöhung der Kraft des Staates beizutragen, von einem Fortschritt zum Besseren oft lange keine Rede sein würde.

Sehen wir ab von den in unseren zivilisierten Staaten verschwundenen Zuständen der Sklaverei und Leibeigenschaft, so drängen sich der Betrachtung auch jetzt mannigfache Hemmnisse der Verbesserung des Zustands der unteren Klassen auf, zu deren Hinwegräumung die sittliche Pflicht der höheren Stände, die in diesem Geiste handelnde und ordnende Macht der Gesetzgebung angerufen werden muß.

Fassen wir zunächst das Verhältnis der Grundherren zu den unmittelbar im Landbau beschäftigten Unternehmern und Arbeitern ins Auge.

Das unmittelbare Interesse des Grundeigentümers, das, wozu ihn das rein wirtschaftliche Prinzip zunächst auffordert, ist die Erzielung der möglichst hohen Rente. Die Herabdrückung des Einkommens der Unternehmer und Arbeiter auf das Minimum des Lebensbedarfs, die widerrufliche, möglichst kurze Festsetzung der Pachtzeit, um jeden günstigen Moment zur Erhöhung der Rente benützen zu können; die Verpachtung seiner Grundstücke im Kleinen, um eine möglichst große Zahl von Pachtliebhabern herbeizuziehen, um durch die Konkurrenz die Pachtrente möglichst in die Höhe zu schrauben, scheint daher durch sein Interesse geboten.

Diese Handlungsweise des Egoismus tritt uns in ihrer schroffsten Gestalt in Irland entgegen. Aber auch die Folgen, die aus dieser Handlungsweise entspringen, sind bekannt. Der kleine Pächter und Taglöhner ist bei seinem geringen Einkommen ganz außer Stand, für Zeiten, in welchen er wegen Krankheit oder Mangel an Arbeit nichts verdienen kann, etwas zurückzulegen. Er vermag keine Ersparnisse zum einstigen Unterhalt in seinen alten Tagen, ferner für seine Witwe und unerwachsenen Kinder im Fall seines Todes zu machen. Die Wohnungen von beinahe fünf Millionen Menschen dieser Klasse, bestehen in elenden Hütten. Mehrere Glieder der Familie schlafen zusammen auf Stroh, und selbst auf bloßer Erde. Ihre Nahrung besteht einzig und allein aus in Wasser gekochten Kartoffeln, die ohne alles Salz und andere Zutat genossen werden. Ganze Massen dieser Bevölkerung haben häufig kein anderes Mittel der Erhaltung als den Bettel, und die Gewißheit, welche die Wohlhabenden von diesem Zustande der Dinge haben, macht, daß sie Almosen ohne alle Erkundigung nach den Umständen geben, wodurch aber der Faulheit, dem Betrug und vielen anderen Lastern Vorschub geleistet wird. Kurz der ganze Zustand der Gesellschaft ist in seinen Elementen zerrüttet.

Diese Folgen müssen den Grundherrn zu der Einsicht führen, daß sein wahres dauerndes Interesse, das Interesse der ganzen Gesellschaft nur durch eine Behandlung seiner Pächter und Arbeiter gefördert wird, die ihnen möglich macht, mit Lust und Liebe ihrem Erwerbe nachzugehen, die bewirkt, daß der Pächter in seinem Grundherrn nicht seinen Bedrücker, sondern den Genossen seiner Interessen, seinen Freund und Schutzherrn erblickt. Schon das äußere Vertragsverhältnis, die billige Festsetzung des Pachtzinses, die Dauer der Pachtzeit, muß diese Beziehung des Grundherrn zu seinen Pächtern aussprechen. Aber dieses Verhältnis wird ein wahrhaft menschliches, förderliches erst dann, wenn es zugleich von sittlichem Geiste durchdrungen wird, wenn der Grundherr in seinem Pächter und Arbeiter nicht bloß das rententragende Stück seines Inventars, sondern zugleich den Menschen würdigt, auf dessen Lage er durch seine Stellung in der Gesellschaft, durch sein Vermögen und seine Bildung den mächtigsten Einfluß zu üben im Stande ist, wenn das Verhältnis zu einem zugleich auf sittlicher Basis beruhenden Schutz- und Klientelverhältnis sich ausbildet, wenn der Widerstreit der Interessen sich auflöst, die Härten desselben sich mildern durch gegenseitiges Händereichen auf sittlichem Boden.

Ähnliches gilt in Beziehung auf eine Reihe von Rechten, die dem Grundherrn auf dem Boden zustehen. Nehmen wir z. B. das Zehentrecht.

Stellt man sich auf den rein wirtschaftlichen Standpunkt der Zehentberechtigten, so kann kein Zweifel sein, daß die Umwandlung dieses Rechts z. B. durch Fixierung des Zehenten in vielen Fällen wenigstens in Rücksicht auf die künftig aus demselben zu erwartenden Vorteile von Nachteil ist. Denn eine Fixierung schneidet die Hoffnung auf eine Erhöhung des Einkommens, wie sie durch einen, wenn auch langsam fortschreitenden Bodenanbau sich wahrscheinlich ergeben würde, ab. Auf der anderen Seite hemmt eine Abgabe vom rohen Ertrag des Bodens jedenfalls auf einer höheren Stufe landwirtschaftlicher Kultur die nützlichste Anwendung der Kräfte, die Verbesserung der Lage der landbautreibenden Klasse, den Fortschritt des gesellschaftlichen Zustands im Ganzen. Indem auf der einen Seite die Berechtigten sich auf ihr Interesse und ihr gutes Recht berufen, entsteht auf der anderen das Gefühl der Verletzung einer sittlichen Pflicht, der Versuch der Geltendmachung eines sittlichen Rechts.

Man hielt den Zehenten, bemerkt Vogelmann (die Zehent-Ablösung in Baden S. 9) zuerst für gerecht, aber hart; dann für unbillig und zuletzt für ungerecht. Bei dieser Ansicht glaubten die Zehentpflichtigen ganz auf der rechten Bahn zu sein, wenn sie ihre Früchte in der Zeit einheimsten, die ihnen zur Ernte geeignet schien, wenn sie dem Zehentherrn soviel zurückließen, als ihnen gefällig war. Hatte aber das Gewissen der Zehent-Pflichtigen einen Leck bekommen, so war es Zeit für die Zehentberechtigten, ihre Rechte zu retten, und dem Zehent-Ablösungsgesetze ihre Zustimmung zu geben.

Auch hier kann der Zwiespalt der Interessen nur dann eine freie Lösung finden, wenn die Berechtigten sich auf den höheren sittlichen Standpunkt stellen, wenn sie im Interesse der Pflichtigen, im Interesse des gesellschaftlichen Wohles, wenn auch mit Aufopferung künftig zu erwartenden Vorteils, von selbst die Hand zur Lösung bieten. In diesem Falle aber sind sie gewiß, den Dank der Mit- und Nachwelt zu ernten, und aus der Entwicklung der wirtschaftlichen Zustände ihres Vaterlands, der Kraft des Staats mannigfachen Ersatz zu erhalten für die Opfer, die sie im Gefühle ihrer Pflicht dem allgemeinen Wohle gebracht.

Zu den grundherrlichen Rechten, welche zu einer Ausgleichung in höherem sittlichem Geiste auffordern, gehört ferner namentlich auch das *Jagdrecht*. Indem dieses Recht auf der einen Seite für die Berechtigten die Quelle vielfachen *Vergnügens* ist, und in vielen Fällen auch durch eine reichliche Geldentschädigung ihnen nicht ersetzt werden kann, ist es auf der anderen Seite für diejenigen, auf deren Besitzungen dasselbe lastet, häufig eine Quelle zahlloser Plackereien und Beschädigungen, ein Hemmnis der Kultur des Bodens, ein Hohn auf die Arbeit von tausend fleißigen Händen.

Auch hier ist es nur die sittliche Achtung der Arbeit des Landmanns, die zur Lösung eines Zwiespalts von Interessen führen kann, der bei Festhaltung des egoistischen Prinzips unaufgelöst bleibt, bis er oft auf eine dem Recht und der Moral widerstreitende Weise seine gewaltsame Lösung findet.

Bei dem Gewerbe der *Forstwirtschaft*, das in verhältnismäßig weit geringerem Maße als die Landwirtschaft Menschenkräfte in Anspruch nimmt, ergeben sich ebendeshalb auch weniger persönliche Kollisionen. Indessen kommt bei dem Betriebe desselben eine sittliche Rücksicht in anderer Weise in Betracht. Das unmittelbare Privatinteresse der einzelnen

Wald-Eigentümer, das oft zu gänzlicher Ausrottung der Waldungen auffordert, kann hier keineswegs unbedingt maßgebend sein. Vielmehr zwingt häufig das Interesse der Gegenwart und der zukünftigen Generationen, auch mit Aufopferung pekuniären Gewinns die Waldungen in einem den Bedürfnissen der gesamten Gesellschaft in der Gegenwart wie in der Zukunft entsprechenden Zustande zu erhalten.

Diese sittliche Pflicht muß, wenn nicht der Familiengeist der Einzelnen, die Vorsicht der Gemeinden und Korporationen von selbst ihr Genüge leistet, von dem Staate in Schutz genommen, ihre Erfüllung muß durch polizeiliche Fürsorge gesichert werden. Auch bei der Verwertung des Holzes muß namentlich an den Staat, wenn er als größter Waldbesitzer es in seiner Macht hat, die Preise desselben monopolistisch zu steigern, die Forderung gestellt werden, daß er zugleich seiner Pflicht eingedenk ist, die Lage der ärmeren Klassen nicht durch fiskalische Steigerung eines der notwendigsten Lebensmittel auf eine wirtschaftlich und sittlich verderbliche Weise zu verschlechtern.

Bei dem Gewerbe des *Bergbaues* steht wie bei der Forstwirtschaft häufig das Interesse der jeweiligen Unternehmer im Widerstreit mit dem Interesse künftiger Generationen. Aber die Pflicht des lebenden Geschlechts gebietet, den Bergbau auf eine Weise zu betreiben, der auch künftigen Geschlechtern in ihm eine Quelle lohnender Beschäftigung erhält; sie fordert die Verbannung des *Raubbaues.*

Bei diesem Gewerbe sind es ferner mancherlei Einrichtungen und Verbindungen sittlicher Natur, welche sein Gedeihen wesentlich gefördert, auf die Lage der bei ihm beteiligten Unternehmer und Arbeiter einen sehr wohltätigen Einfluß ausgeübt. Wir erinnern z. B. an die Assoziation der Gewerkschaften, die seit dem 16. Jahrhundert in Sachsen besteht, und die Bestimmung hat, einzelnen hülfsbedürftigen Gruben durch unverzinsliche Vorschüsse oder reine Geschenke zu Hülfe zu kommen; an die Ordnung des Arbeiterverhältnisses, wodurch Weiber und Kinder von der

Arbeit in den Bergwerken ausgeschlossen, die Arbeitszeit bestimmt, die Disziplin geregelt, und ein *Knappschafts-Verband* unter den Arbeitern mit bestellten Führern und Vertretern zur Wahrung ihrer Interessen, zu gegenseitiger Hülfe in der Not, zur Unterstützung der Witwen und Waisen der Bergleute gebildet worden ist. Und wie sehr hat im Leben der Bergleute, die in saurer schlecht bezahlter Arbeit ihre Tage verbringen, dieser Geist, der sie verbrüdert, gesichert, gehoben – sie mit ihrer harten Lage versöhnt, die Liebe zu ihrem schweren Beruf tief in ihre Seele eingeprägt!

Weiter sind es namentlich die Verhältnisse der *technischen Gewerbe*, die zu einer Regelung in sittlichem Sinne auffordern.

Wie mächtig hat in dem korporativen Leben der Zünfte der sittliche Geist, der sie beseelte, auch auf die wirtschaftliche Lage ihrer Mitglieder eingewirkt! Wie sehr hat er das Ehrgefühl derselben gehoben, die Zucht und Ordnung bei Jung und Alt gefördert! Wie vieles vermag dieser Geist auch bei der veränderten Gestalt der Verhältnisse noch in unseren Tagen, wenn er rein erhalten wird von den schädlichen Auswüchsen des Egoismus und *neu belebt* in seinem wahren edlen Sinne!

Wie wichtig ist aber namentlich die Herrschaft eines sittlichen Geistes in den *großen* Gewerbsverhältnissen unserer Zeit; bei der Macht der großen Kapitale, bei dem Einflusse des einzelnen Fabrikherren auf Tausende von ihnen abhängiger Arbeiter!

Bekanntlich ist es besonders die Anwendung kostbarer arbeitsparender *Maschinen*, was in Verbindung mit einem intelligenteren zweckmäßig geordneten Betriebe im Großen den kleinen Gewerbetreibenden die Konkurrenz auf dem Gebiete der großen Gewerbe unmöglich macht, was ihnen die Gelegenheit zum Erwerb in der bisherigen Weise entzieht. Bei den großen Vorteilen, welche aus der Arbeits- und Kostenersparnis bei der Produktion durch Maschinen entspringen, kann von einem Verzicht auf die Anwendung derselben aus Rücksicht auf die in ihrer Existenz gestörten

Handwerker, überhaupt auf die mit kleineren Hülfsmitteln arbeitenden Gewerbetreibenden nicht die Rede sein. Dem überwiegenden dauernden Interesse der ganzen Gesellschaft muß das untergeordnete temporäre Interesse verhältnismäßig weniger weichen. Auch von einem Rechte auf Seite der kleinen Gewerbetreibenden, eine Schadloshaltung für den ihnen zugehenden Nachteil zu fordern, sei es gegenüber von den großen Unternehmern, oder von der Gesellschaft kann in der Regel keine Rede sein. Nur die sittliche Pflicht und die Gefahr, welche aus dem ökonomischen Ruin einer Anzahl von Bürgerfamilien für die gegenwärtige und künftige Gesellschaft entspringt, fordert zur Fürsorge für diejenigen auf, deren Wohl dem allgemeinen Besten zum Opfer gebracht werden muß.

Wenn aber auch dieser Verbindlichkeit der Gesellschaft Genüge geleistet worden ist, so bildet sich bei dem Großbetrieb der Gewerbe jenes neue so vielfach gefahrdrohende Verhältnis der Fabrikherren und Fabrikarbeiter aus, das, wenn bei ihm das rein wirtschaftliche Interesse zügellos waltet, zum größten Verderben der Gesellschaft ausfallen kann.

Wenn man von rein eigennützigem wirtschaftlichem Standpunkte aus das Verhältnis des Fabrikherrn zu seinen Arbeitern betrachtet, so hat jener keine andere Aufgabe, als mit dem möglichst geringen Kostenaufwand die möglichst große Masse preiswürdiger Produkte auf den Markt zu liefern. Sein Streben, den Arbeitslohn auf den möglichst geringen Betrag herabzudrücken, die Arbeitszeit möglichst auszudehnen, zur Ersparnis von Kosten die wohlfeilen Kräfte der Kinder in seine Fabrik zu ziehen, seine Arbeiter in der vollsten Abhängigkeit von sich zu erhalten, alles dies erscheint auf seinem Standpunkt vollkommen gerechtfertigt, die Aufgabe seiner wirtschaftlichen Klugheit. Allein wenn so der Unternehmer in seinen Arbeitern nichts Anderes als Werkzeuge erblickt, welche er, wie die Spulen und Kardätschen an seinen Maschinen für seinen Gewinn benutzt, die er wegwirft, wenn sie ihm weniger brauchbar sind, deren leibliches und geistiges Wohl ihm eine völlig fremde

Rücksicht ist, der bei seinem Gewerbebetrieb sich keine andere Aufgabe stellt als »seinen Gewinn und Verlust zu buchen,« so kann es nicht fehlen, daß dieser Geist des Egoismus auch bei den Arbeitern seine Früchte trägt, daß der Zwiespalt der Interessen, die Rücksichtlosigkeit und Härte der Behandlung Erbitterung erzeugt, daß ein Verhältnis sich ausbildet, das ökonomisch, moralisch und politisch in hohem Grade gefahrdrohend ist.

Um dieses Verhältnis zu einem Besseren zu gestalten ist es vor Allem nötig, daß der Arbeiter nicht bloß als Produktions-Werkzeug, als Teil einer seelenlosen Maschine, sondern als Mensch, als menschlich berechtigtes Wesen von dem Unternehmer, von der Gesellschaft aufgefaßt wird.

Bei dieser Auffassungweise wird es namentlich die Aufgabe der Fabrikherrn, den mächtigen Einfluß, den sie auf das Wohl und Wehe der Arbeiter-Klasse auszuüben im Stande sind, nicht rein nach dem pekuniären Kalkül, sondern zugleich in einem höheren sittlichen Geiste auszuüben.

Ich habe, sagt de *Gerando*, in seiner schönen Schrift über die Fortschritte des Gewerbsfleißes in Beziehung auf die Sittlichkeit des Arbeiterstandes S. 70. (Deutsch. Kassel 1842.) den Herrn eines gewerblichen Unternehmens gesehen, welcher bei geschickter Führung seines Geschäfts, bei Erreichung eines hohen Wohlstands, umgeben von der öffentlichen Achtung, die Überzeugung gewonnen hat, daß es für ihn einen schönen und süßen Beruf gebe, den, der Vater seiner Arbeiter zu sein, und der voll Bestrebens, ihnen nützlich zu sein, den Glauben hegte, daß er ihren Wohlstand nicht besser fördern könne, als durch die Besserung ihrer guten Sitten. In seiner Anstalt herrscht überall eine vollkommene Ordnung. Die äußere Zucht ist streng. – Man nimmt keinen Arbeiter an, dessen gute Aufführung nicht gehörig dargetan ist. Der Trunkenbold ist gänzlich ausgeschlossen, jede Person, die durch ihre Reden, oder ihr Betragen den Anstand verletzt, wird entlassen. Die Lüderlichkeit kann nicht einmal den Versuch wagen, durch Verführungen einzudringen, die zu beobachtenden Vorschriften und die Ermahnungen, welche zur Erläuterung oder Vervollständigung derselben dienen, sind in den Werkstätten angeschlagen; wenn ein Arbeiter angenommen wird, muß er vorher Kenntnis davon nehmen; eine mit Gerechtigkeit gepaarte Festigkeit und eine tätige Aufsicht sichern die genaue Beobachtung derselben. Aber der Arbeiter oder die Arbeiterin, welche sich durch musterhafte Aufführung auszeichnete, erhalten auch aus dem Munde des Herrn selbst die Belobungen, welche zugleich eine gute Lehre für alle sind. Auch begleitet er dieselben mit Belohnungen. An gewissen Tagen des Jahres verteilt er diese Aufmunterungen selbst; es sind das Feiertage für die Manufaktur, und alsdann folgen gemeinschaftliche Freuden auf die in Gemeinschaft getragene Arbeit. Er nimmt sich der Kinder an, und fördert ihre Erziehung, seine Frau, seine Mutter, seine Töchter besuchen die kranken Arbeiter, er unterstützt im Verborgenen die, welche von irgend einem Unglück betroffen worden. Dem einen ist er zu seiner häuslichen Einrichtung behülflich, dem andern geht er mit gutem Rat an die Hand; er veranlaßt sie, sich Ersparungen zu machen; wenn es nötig ist, übernimmt er die Beiträge selbst und legt sie vorteilhaft an. Seine Arbeiter finden ihn überall, wo sie seiner bedürfen. Was täten sie auch nicht, um seine Liebe zu erwidern, um seine Achtung zu verdienen?

Dies ist der Geist, in dem das Verhältnis des Fabrikherrn zu seinen Arbeitern aufgefaßt werden muß, dies ist Forderung der Pflicht, dies ist die Handlungsweise, die das Interesse der Gesellschaft, die zugleich das Interesse der Unternehmer wahrhaft fördert. »Wenn es einen Rechnungsmann gäbe, dem edlere Beweggründe unzugänglich wären, so würden wir ihm dartun, daß eine solche Art und Weise eine Fabrik zu leiten, auch eine sehr einträgliche Spekulation ist, und über 5 vom Hundert einträgt, jedoch vorausgesetzt, daß überhaupt eine solche Leitung da möglich sei, wo die Seele keiner solchen Begeisterung für die Tugend fähig ist. Wer aber von einer solchen Begeisterung beseelt ist, dem wird das Gute leicht, denn es macht sich von selbst.«

5. Werfen wir nach dieser Betrachtung der Wirksamkeit des sittlichen Geistes im Innern der Volkswirtschaft noch einen Blick auf die gegenseitigen wirtschaftlichen Beziehungen der Nationen untereinander.

Jede Nation, als große moralische Person hat wie das Individuum das Recht und die Pflicht, ihre Wirtschaft im Innern so zu entwickeln, ihr Verhältnis nach Außen so zu regeln, daß sie in ihrem ganzen Handeln gegenüber von fremden Völkern selbständig aufzutreten vermag. Ihr Streben ist somit zunächst ein egoistisches. Die Sicherung *ihrer* wirtschaftlichen Existenz, die Verbesserung *ihrer* wirtschaftlichen Lage ist ihr erstes Gebot.

Läßt sie diesem egoistischen Streben nach Außen vollen freien Lauf, erkennt sie hiebei kein höheres Gesetz an, als das des wirtschaftlichen Interesses, als das Recht des Stärkeren und Listigeren, setzt sie jede Achtung der moralischen Persönlichkeit fremder Völker bei Seite, so führt dieser nationale Egoismus zu jenem Unterdrückungssystem, jenem Systeme der Habsucht und Überlistung, das in der Kolonial- und Handels-Politik des Merkantilismus seinem Wesen nach ausgedrückt ist.

Allein wie der Egoismus einzelner Stände im Inneren der Volkswirtschaft in der erwachenden Einsicht und Kraft der benachteiligten Klassen seinen Widerstand findet, wie er den Kampf der Interessen aufregt, zu Transaktionen und Konzessionen, endlich zum Händereichen auf dem höheren sittlichen Gebiete führt, so auch im Verhältnis der Nationen zu einander.

Die Kolonie, erbittert durch die selbstsüchtige Unterdrückung des Mutterlands, greift zu den Waffen, erobert sich Zugeständnisse oder völlige Unabhängigkeit, der überlistete, wirtschaftlich niedergehaltene Staat, im Bewußtsein seines Interesses und seiner wachsenden Kraft lernt von seinem Gegner, entwickelt seine Kraft im Innern, regelt sein Verhältnis nach Außen, und zwingt zu Zugeständnissen, zu Entfernung der benachteiligenden Maßregeln des Auslands.

So erzeugt zuletzt der wechselseitige Kampf des Egoismus der Nationen die Überzeugung, daß nur durch gegenseitige Anerkennung der Rechte und Interessen, durch gegenseitigen ehrlichen Verkehr, durch Verträge, die den Geist wahrer Gegenseitigkeit atmen, durch Gesetze und Handlungen der Politik, die – mit weiser Achtung der Rechte und Interessen der eigenen Nation – die Freundschaft und den Frieden unter den Völkern als ein auch wirtschaftlich kostbares Gut bewahren, – das wahre, dauernde Wohl gefördert werden kann, daß auch im Verkehre der Völker wie der Individuen eine sittliche Ordnung der gegenseitigen Beziehungen allein zum wahren Ziele führt.

Fassen wir in Kürze zusammen, was wir mit der bisherigen Darstellung bezweckt:

1) Wir fordern von der Wissenschaft die Anerkennung, daß die Volkswirtschaft nicht bloß in dem *Eigennutze* der Individuen und Völker, sondern vielmehr zugleich in dem *sittlichen Geiste*, der die wirtschaftlichen Strebungen derselben belebt, ihre tiefste Wurzel ihre sicherste, dauerndste Stütze habe.

2) Wir fordern, daß dieses Anerkenntnis sich ausspreche in dem Zugeständnis, daß die Gesetze der moralischen Welt gebietend hereinragen müssen in das wirtschaftliche Leben, daß also auch die Grundsätze der Wissenschaft beherrscht werden müssen von den Gesetzen der moralischen Welt, wenn sie für die Richtung und Leitung der Wirtschaft der Völker die wahren endgültigen Maximen an die Hand geben will.

3) Wir sprechen die Überzeugung aus, daß wie mächtig auch äußere Institute, Einrichtungen und Maßregeln das Wohl und Wehe der Völker berühren, doch die Individuen selbst, die *persönliche sittliche* Kraft die Hauptquelle, die unerläßliche Bedingung wahren dauernden Wohlstandes bilden.

Wir erinnern an die feierlichen Worte, die im Jahr 1834 am Schlusse der von dem englischen Parliament angeordneten (7 Folio-Bände umfassenden) Untersuchung des englischen Armenwesens die königlichen Kommissäre in ihrem an den König erstatteten Bericht aussprachen:

»Die Kommissäre anerkennen und erklären, daß man weniger auf irgend eine wirtschaftliche Einrichtung, als auf den Einfluß der sittlichen und religiösen Erziehung rechnen solle;

daß, wenn eine gute Armen-Fürsorge gestattete, jede Vervollkommnung in der Zukunft zu verwirklichen, die wichtigste Pflicht der Gesetzgebung sei, die Maßregeln zu ergreifen, welche notwendig sind, um die religiöse und sittliche Erziehung der armen Klassen zu verbessern.«

Möge in unserem Vaterland, das eines tiefen sittlichen Sinnes vor andern Völkern sich rühmt, diese Quelle wahren dauernden Wohlstands sich wahrhaft bewähren; möge dieser Sinn auch die neuen Gestalten, die in der Gesellschaft sich bilden, belebend durchdringen; möge er seine Kraft bezeugen durch die Überwältigung schroffer Selbstsucht, die der Vollendung großer patriotischer Unternehmen in dem Weg steht; mögen namentlich die höheren einflußreichen Klassen der Gesellschaft mit ihrem wirksamen Beispiele voranleuchten; – die Macht, die ihnen Bildung, Stellung, Vermögen verleiht, wie zur wirtschaftlichen, so auch zur sittlichen Hebung des Volks aufbieten; mögen sie durchdrungen werden von der lebendigen Überzeugung, daß darin zuletzt die sicherste Bürgschaft des Wohls, der Größe unseres Vaterlands im Ganzen und in seinen einzelnen Gliedern für die Zukunft liegt!

WILHELM GEORG FRIEDRICH ROSCHER
ABSATZKRISEN
1849/1882

PATHOLOGIE

§. 169.

Absatzkrise nennen wir die Krankheit der Volkswirtschaft, die in einem peinlichen Zurückbleiben der Konsumtion hinter der Produktion besteht. Denn die harmonische Entwickelung von Produktion und Konsumtion, von Ausgebot und Nachfrage ist eine der wesentlichsten Bedingungen zum Gedeihen jeder Volkswirtschaft. So wahr es ist, daß Produkte nur mit Produkten bezahlt werden können, so gewiß trägt doch nicht jede Produktion in sich selbst schon die Garantie des gehörigen Absatzes, sondern nur die allseitig entwickelte, in Harmonie mit der ganzen Volkswirtschaft fortschreitende Produktion. Das auffälligste Symptom einer Absatzkrise ist die große Menge der Insolvenzen, hervorgerufen durch den Preisfall der unverkäuflich gewordenen Waren, der sich, bei der tausendfältigen Verflechtung der Interessen auf jeder höhern Kulturstufe, weit über den ursprünglichen Herd der Krankheit hinaus verbreiten kann. Da jeder Geschäftsmann des leidenden Wirtschaftsgebietes den anderen mißtraut und deshalb mit Fieberangst seine ausstehenden Geldforderungen eintreibt, so geht der Diskontsatz furchtbar in die Höhe, wogegen die Arbeitslöhne und Preise der Grundstücke sowie der fixen Kapitalien natürlich sinken.

§. 170.

Je stärker die Arbeitsteilung entwickelt ist, um so schwieriger, das Angebot eines Produktes mit der künftigen Nachfrage immer im Gleichgewichte zu halten. Darum finden wir auf den höheren Stufen der volkswirtschaftlichen Kultur die Absatzkrisen aller Art nicht bloß am häufigsten, sondern auch am gefährlichsten. Je mehr Zwischenhände an einem Produktions- oder Absatzprozesse teilnehmen, desto weiter muß das Ausbleiben der schließlichen Zahlung seinen störenden Einfluß ausdehnen, desto mehr namentlich den Konsumtionsmut des Publikums lähmen. Wo jede Familie alle ihre Bedürfnisse selbst erzeugt, alle ihre Erzeugnisse, abgesehen von Naturalsteuern und Zinsen, selbst verbraucht, da sind Absatzkrisen unmöglich. Aber auch da können sie nicht bedeutend sein, wo das, auf Bestellung der unmittelbaren Konsumenten arbeitende, Handwerk überwiegt; wo sich der Handel nur mit Luxusartikeln beschäftigt, und diese durch persönlichen Meßbesuch gegen sofortige Barzahlung vertreibt. Viel bedeutender, wo Spekulation, Fabrik und Großhandel vorherrschen; wo das stehende, so schwer aus einem Kanal in den andern umzuleitende, Kapital über das umlaufende vorwiegt, also namentlich die Maschinen- über die Handarbeit. Der Binnenhandel ist vor Krisen im Ganzen sicherer, als der ausländische, weil sich der Bedarf des einheimischen Marktes gewöhnlich besser im Voraus berechnen läßt. Ganz besonders aber neigt ein Land mit vorherrschender Papierzirkulation zu öfteren und heftigeren Krisen, als ein Land mit barem Gelde: weil das Papier schon an sich meist stärkeren Schwankungen unterliegt, und bei leichtsinniger Verwaltung viel mehr zu gewagten Spekulationen einladet. Überhaupt äußert sich die Zweischneidigkeit des Kredites namentlich auch darin, daß er zwar die Produktion und in gewöhnlichen Zeiten den Absatz fördert, ebenso aber auch die Krisen, wenn sie doch einmal eintreten, verderblicher macht. Mit einem Worte, diese Krankheiten sind eine *Schattenseite der höhern Kultur* selbst, eine schwer vermeidliche Folge ihres rastlosen Wetteifers und Neuerungsgeistes. Namentlich müssen die Wegräumung aller inneren und äußeren Verkehrsschranken, sowie die Ausbildung eines eigentlichen Weltmarktes in der Übergangszeit, bis sich die Menschen völlig an diese freieren Spielräume gewöhnt haben, als ein Beförderungsmittel der Absatzkrisen gelten.

Wenn *Kolonien*, bei aller sonstigen Jugendlichkeit ihrer Entwickelungsstufe, doch so häufig an schwerer Absatzkrise leiden, so hängt das mit dem Grundzuge ihres Charakters zusammen, daß hier zwar die Natur noch wenig ausgebeutet, eben darum die Rohproduktion sehr vorherrschend, auch das Kapital noch unbedeutend ist, aber die Bevölkerung mit allen Bedürfnissen und geistigen Hülfsmitteln einer hohen Kultur ausgerüstet. Daher die unverhältnismäßig große Bedeutung des auswärtigen Handels für die meisten Kolonien, deren Produktion vornehmlich auf den fernen Export rechnet. Daher auch die monströse Entwickelung des Kredites, zumal Bankwesens, ferner die Spekulationswut überhaupt und der Raubbau in der Landwirtschaft speziell, wozu sie hinneigen. Bei der Einseitigkeit, womit sich die meisten Kolonien auf gewisse Produktionszweige werfen, muß fast jeder Krieg eine furchtbare Absatzstockung bewirken. Ebenso jede Mißernte, weil die Einfuhr der Kolonien meist auf Kredit, als Vorschuß gleichsam auf die nächste Ernte erfolgt ist.

§. 171.

Was die *Ursachen* der Krankheit betrifft, so kann jeder Umstand, welcher plötzlich und stark die *Konsumtion vermindert*, die *Produktion vermehrt*, oder auch nur die *gewohnte Ordnung des Verkehrs erschüttert*, eine Absatzkrise nach sich ziehen.

So ist im Kleinen jeder grelle Modenwechsel mit einer Krise verbunden, wenigstens da, wo eine hohe Arbeitsteilung ganze Produzentenklassen auf die Verfertigung einzelner Modewaren beschränkt hat. Große Epidemien etc. können die Konsumtionslust des Publikums in dem Grade entmutigen, daß namentlich die Luxusgewerbe eine schwere Krise leiden. Viel mehr natürlich große Verluste des Volksvermögens durch Mißernte, Krieg oder Aufruhr. (§. 172.) Besonders langwierig sind die Häuserkrisen einer sinkenden

Stadt, weil gerade bei Häusern das Angebot nur sehr langsam vermindert werden kann. – Wenn bedeutende Verbesserungen des gewerblichen Maschinenwesens oder der landwirtschaftlichen Technik erfolgt sind, und nun eine Menge von Unternehmern sich wetteifernd auf deren Benutzung geworfen hat, so pflegt zwar mit der Zeit diese vermehrte Produktion durch verminderten Preis der Waren auch eine vermehrte Konsumtion hervorzurufen; aber eine solche Umwandlung der Volkssitte braucht eben immer Zeit, und eine Krise bildet gewöhnlich den Übergang. Dasselbe erfolgt unvermeidlich, und zwar in vielen Erwerbzweigen zugleich, wenn ein Handelsvolk seine eigenen Produktivkräfte schneller wachsen sieht, als die seiner auswärtigen Kunden. Eröffnen sich plötzlich auf irgend einem Gebiete sehr günstige Absatzkonjunkturen, so werden sie bei lebhaften, durch starke innere Konkurrenz gespornten Völkern fast regelmäßig von der Gesamtheit der Spekulanten überschätzt. Jeder Einzelne handelt so, als wenn er allein die Gelegenheit ausbeuten könnte; und eine Krise erfolgt um so unvermeidlicher, je mehr die Konjunktur auch für den Mindergebildeten faßlich und auch für den Minderwohlhabenden zugänglich war. Eine bloß temporäre Erweiterung der Nachfrage ist daher auf die Dauer, wenigstens in stark bevölkerten, durch Konkurrenz gedrängten Gebieten leicht ein großes Unglück. Hält nämlich die Gunst der Konjunktur nur eine kleine Weile an, so glauben die Meisten, sie werde ewig dauern, und richten sich mit ihrem Angebote danach ein. Man wird hier aber, auch abgesehen von der zuletzt unvermeidlichen Krise, insgemein sagen müssen, daß das Herabsinken von einer höhern Stufe weit unbehaglicher und moralisch gefährlicher ist, als das Stehengebliebensein auf einer niedrigern. – Unter den Verkehrskrisen im engern Sinne beruhen die wichtigsten auf Wertänderung der Umlaufsmittel. Bei einer Ware wie Gold und Silber, deren Bedarf so dehnbar ist, kann eine Vermehrung des Angebotes nicht sofort eine entsprechende Tauschwertverminderung herbeiführen. Nun hat, bis die letztere eingetreten, eine Menge von

Kauflustigen wirklich mehr Kauffähigkeit, als zuvor. Die Geldpreise der übrigen Waren steigen alsdann nicht bloß durch Konsumtionskäufe, sondern auch durch Spekulation, indem ein weiteres Steigen vorausgesetzt wird, und die Vermehrung der Umlaufsmittel, so lange deren Preis noch ziemlich der alte bleibt, auf den Zinsfuß drücken, folglich Spekulationen erleichtern muß. Hierdurch nimmt in der Regel auch die Produktion der übrigen Waren zu. Geschähe dies bei allen gleichmäßig, so brauchte keine Absatzkrise bevorzustehen. In der Wirklichkeit aber ist auf solche vollkommene Gleichmäßigkeit schwerlich zu rechnen; und wenn nun früher oder später der Preis der Edelmetalle selbst herabgeht, deren Gesamtmasse folglich keinen viel höhern Wert mehr hat, als vor der vergrößerten Warenproduktion, so muß vielen Waren die gehörige Nachfrage fehlen. Etwas Ähnliches gilt von Münzverringerungen oder von Papieremissionen, deren wahre Unsolidität einstweilen noch maskiert wird. Auch die plötzliche Einführung oder Abschaffung einer Handelssperre kann eine Absatzkrise bewirken. Aber schon die bloße Erwartung der Kaufleute, daß sich das Angebot einer Ware bedeutend verringern, die Nachfrage zunehmen werde, pflegt einen Wetteifer der Spekulation hervorzurufen, um die noch vorhandenen Vorräte in ihren Besitz zu bringen. Hieraus kann gar bald eine allgemeine Überspekulation entstehen, vornehmlich veranlaßt durch das lockende Beispiel und die vermehrten Kreditmittel derjenigen, welche beim Steigen des Preises ihrer Vorräte gewonnen haben. So dehnt sich die fieberhafte Tätigkeit, welche vielleicht nur für gewisse Einfuhrzweige begründet war, über den größten Teil der Volkswirtschaft aus; und wenn man nachmals der Übertreibung inne wird, so kann die Krisis eine sehr ausgedehnte sein.

§. 172.

Fast jede große *Kornteuerung* ist von Absatzkrisen begleitet; und in manchen Fällen scheint das primäre Übel, das Erntedefizit, minder schlimm, als das sekundäre. Durch den geringern Ertrag der Ernte, sowie durch die vielen, sonst nicht notwendigen Korntransporte etc. wird das Nationaleinkommen überhaupt vermindert: das Volk im Ganzen also, z. B. fremden Völkern gegenüber, kann nicht mehr so viel kaufen, wie gewöhnlich. Dazu kommt dann noch in Folge der hohen Kornpreise eine Umwälzung in der Einkommensverteilung, welche nicht ohne Einfluß auf die Nachfrage nach Waren bleiben kann. Zwar gewinnen hierbei die Kornproduzenten fast ebenso viel, wie die Kornkonsumenten verloren haben; aber es ist sehr zweifelhaft, ob jene nun ihre Mehrnachfrage denselben Waren zuwenden, von welchen diese sich zurückgezogen. Jedenfalls können die meisten Produzenten ihren Gewinn erst vollständig überschlagen, wenn die Teuerung zu Ende geht, während die Konsumenten ihren Verlust sogleich fühlen. Es pflegen daher alle entbehrlichen Waren, sowie alle diejenigen, deren Anschaffung sich wenigstens aufschieben läßt, gewaltig an Absatz zu verlieren. Dies trifft die meisten Gewerbe- und Handelsleute um so mehr, als die Notwendigkeit, für eingekauftes Getreide starke Barsendungen ins Ausland zu machen, die Banken zur Einschränkung ihrer Kredithülfen zwingt. – Ganz vornehmlich pflegt der *Ausbruch eines Krieges* nach langem Frieden eine schwere Absatzkrise zu bewirken. Auch hier nimmt das Gesamteinkommen des Volkes ab. Die kräftigsten Männer und Pferde werden ihrer bisherigen Produktionsarbeit entzogen; das geistige Interesse der Nation auf Kämpfe und Siege, also in wirtschaftlich meist unproduktive Kanäle geleitet. Das allgemein herrschende Gefühl der Unsicherheit entmutigt alle diejenigen, welche sonst im Voraus zu produzieren pflegten, bringt auch die Besitzer von Staatspapieren, Aktien etc. durch deren Kurserniedrigung um einen großen Teil ihres Vermögens, ohne daß irgend eine andere Volksklasse aus diesem Verlust Gewinn zöge. Dazu dann noch eine Menge von Aufspeicherungen ohne kaufmännischen Zweck, sogar von eigentlichen Zerstörungen. Diese Abnahme des nationalen Einkommens muß für alle Besitzer von früher produzierten Warenvorräten, für alle diejenigen Produzenten, welche ihr früheres Geschäft ungeschmälert fortsetzen wollen, ja selbst für alle Besitzer von Produktivkräften, (Eigentümer fixer Kapitalien, Arbeiter), die nun großenteils müßig liegen, eine Krisis zur Folge haben. Außer dieser absoluten Verminderung der Nachfrage bringt der Krieg fast unvermeidlich auch eine furchtbare Erschütterung der ganzen noch übrigen Konsumtion hervor. Die Summen, welche der kriegführende Staat an Steuern, Anleihen etc. erhebt, werden zu ganz anderen Arten der Nachfrage verwandt, als wenn sie in den Taschen der Untertanen geblieben wären. Dasselbe gilt in noch höherem Grade von Plünderungen oder Erpressungen des siegreichen Feindes. Zu diesem Allen kommt dann noch die große Umwälzung, welche jeder bedeutende Krieg in den Wegen des auswärtigen Handels bewirkt. – Ähnliche Erscheinungen können die Folge *innerer Unruhen* sein, mögen diese letzteren nun auf dem Kampfe verschiedener Provinzen, oder verschiedener Volksklassen gegen einander beruhen. In beiden Fällen mag die Erschütterung der alten Verkehrswege durch eigentliche Zerstörung, durch unproduktive Verwendung der Kapital- und Arbeitskräfte, durch Verarmung zahlreicher Konsumentengruppen, durch Lähmung des öffentlichen Vertrauens ebenso groß sein, wie im Kriege. Ja, man nimmt sogar zu unmäßigen Papieremissionen, und was hieraus weiter folgt, im Bürgerkriege noch leichter seine Zuflucht, als im auswärtigen, weil manche Umwälzer darin mit Recht, abgesehen von der finanziellen Not, ein Hauptmittel der Umwälzung selbst erkannt haben. – Aber selbst die *Wiederherstellung des Friedens* nach langem Kriege pflegt eine Absatzkrise herbeizuführen, um so heftiger, je plötzlicher der Friedensschluß. Viele Tausende von tüchtigen Arbeitern kehren jetzt unvorbereitet zum Pfluge, Webstuhle etc. zurück. Der riesenhaft gewachsene Zweig der Volkswirtschaft, der Kriegsbedürfnissen diente, schrumpft plötzlich wieder ein. Auch das Wegfallen so vieler gewohnten Steuern und Anleihen muß einen gewaltigen Stoß bewirken. Noch erschütternder kann unter Umständen die Rückkehr des Handels in seine zwar natürlichen, aber jahrelang unterbrochenen Kanäle sein. Überhaupt aber läßt sich ein Volk, das kriegerische Anstrengungen macht über sein Einkommen hinaus, einem Verschwender vergleichen, in dessen Umgebung Alles den Schein des Reichtums haben kann. Die Grundrente steigt vieler Orten durch die höheren Kornpreise. Viele Kapitalisten gewinnen durch die Staatsanleihen, zumal solche, die in der Hauptstadt wohnen, also die öffentliche Meinung am stärksten influieren; ebenso die Fabrikanten, welche für die Subsidien und Expeditionen arbeiten. Aber Alles ist, vom Standpunkte der ganzen Volkswirtschaft betrachtet, nur Täuschung; obwohl viele Einzelne, gerade wie bei jenem Verschwender, dafür interessiert sind, daß die Täuschung lange fortdauere. Kommt die Nation endlich zur Besinnung, so muß der Stoß des Anhaltens um so erschütternder wirken, je rascher das Bergunterlaufen gewesen.

§. 173.

Indessen kann auch, ohne irgendwelche Kalamität, gerade die *allzu große Sicherheit* eines für unwandelbar gehaltenen Friedens und Glückes zu *leichtsinniger Spekulation* und in Folge davon zu einer Krise führen. Der bei reichen, hoch kultivierten Völkern regelmäßig niedrige Zinsfuß enthält eine große Versuchung hierzu: wie denn z. B. Zinsreduktionen der Staatsschuld nicht selten den Anstoß zur Schwindelei und weiterhin Krisis gegeben haben. Die gewöhnlichste Form, worunter die Ersparnis guter Wirte aufzutreten pflegt, ist die Verwandlung von Einkommensteilen in umlaufendes Kapital und von diesem wieder in stehendes. Hierdurch braucht die Verzehrung des Volkes im Ganzen durchaus nicht geringer zu werden; aber sie wirft sich auf andere Güterklassen, als bisher, und kann deshalb, wenn die Veränderung sehr stark und plötzlich ist, einer Menge von Produzenten eine Krisis zuziehen. Noch viel mehr natürlich, wenn die neuen Kapitalfixierungen den Betrag der neuen Ersparnisse übertreffen. Solche Krisen, die auch ohne besondere Unfälle schon durch den natürlichen Verlauf der Entwickelung hoher Kultur (§. 170) in großer Regelmäßigkeit vorbereitet werden, lassen sich am deutlichsten erkennen und oft voraussagen aus den Bewegungen der Bankoperationen. Es sind vornehmlich diese auf Mißverständnis und Mißbrauch des Glückes beruhenden Krisen, welche im Stadium ihrer Expansion, wie sie dem Collapsus voranzugehen pflegt, eine wahrhaft epidemische Krankheit der Schwindelei darstellen, mit Betrug auf Seite der Klugen, Blindheit auf Seite der, meist auch ziemlich gewissenlosen, Einfältigen in einem für die Nachwelt oft unglaublichen Grade. Namentlich werden zunächst vor dem Beginne des Collapsus alle Hülfsmittel des Kredites in tollster Rücksichtslosigkeit angespannt, um die von der Spekulation »eingesperrten« Waren nicht zu sinkendem Preise losschlagen zu müssen.

§. 174.

Um den Schaden zu messen, welchen die Absatzkrise dem Volksvermögen im Ganzen bringt, kann der Preisabschlag der Aktien und ähnlichen Wertpapiere nicht unmittelbar gebraucht werden. Dieser zeigt ja nur den Unterschied an zwischen den Hoffnungen vorher und der Verzagtheit nachher. Ohnehin bedeutet ein großer Teil davon eben nur einen Übertrag aus einer Hand des Volkes in die andere. Doch werden hierbei unstreitig auch viele wirkliche, obwohl unkörperliche Kapitalien zerstört: heilsame Organisationen, arbeit- und geldsparende Vertrauensverhältnisse etc. Wenn Produkte zu einem Preise unterhalb der Produktionskosten verkauft werden, so verlieren die Produzenten regelmäßig mehr, als die Konsumenten gewinnen. Indessen der Hauptverlust, welcher darin besteht, daß man Kapitalien mehr oder weniger unwiderruflich in falschen Spekulationen festgelegt hat, ist eigentlich schon vor der Krise eingetreten; nur wird sich das Volk erst durch die Katastrophe dessen bewußt, und der Kampf der Beteiligten darüber, wer den Schaden tragen soll, macht den Kern der Krise aus, die

Ungewißheit über den Ausgang dieses Kampfes den Kern der gleichzeitigen Panik. – Übrigens darf man die Größe dieses *materiellen Schadens* bei kräftigen, noch im Wachstume begriffenen Völkern nicht zu hoch veranschlagen. Der gesteigerte Zinsfuß enthält einen mächtigen Antrieb zur Neubildung von Kapitalien. Jener Luxus, der in der Schwindelzeit aus Selbsttäuschung oder absichtlich war getrieben worden, macht der alten Nüchternheit und Sparsamkeit wieder Platz. Die Handelshäuser und Kapitalanlagsplätze, welche die Krise mit Ehren bestanden haben, genießen jetzt billig höheres Vertrauen, als zuvor. Die französische Volkswirtschaft, gemessen nach den Diskontierungen der Bank von Frankreich, ist seit 1799 trotz aller Krisen doch gewaltig fortgewachsen; soferne der Punkt, von welchem aus nach überstandener Krise der Wiederaufschwung der Geschäfte beginnt, zwar immer viel tiefer lag, als der Gipfel in der Zeit der Überspekulation, aber doch regelmäßig höher, als der entsprechende Punkt nach den früheren Krisen.

Weit gefährlicher ist die Tendenz jeder Absatzkrise, den *Unterschied zwischen Reichtum und Armut*, sowie die Abhängigkeit der letztern noch *schroffer* zu machen. War die Krise durch unmäßige Gewerbeproduktion entstanden, so leiden zwar auch die großen Fabrikanten einen zeitweiligen Verlust, der aber für sie meistens dadurch bald ausgeglichen wird, daß der bleibende Ruin vieler kleineren Nebenbuhler sie von einer lästigen Konkurrenz befreiet. Und der Lohn der Arbeiter steigt in der Flutzeit vor der Krise gewöhnlich später, als der Preis anderer Waren, da man in diesen spekuliert, also nicht bloß die jetzige, sondern auch die künftige Nachfrage einwirkt. Andererseits fällt er beim Eintreten der Ebbe mit zuerst, weil hier kein Aufspeichern in Erwartung besserer Zeiten möglich ist. Bei den Börsenkrisen im engern Sinne fällt regelmäßig die »Coulisse«, d. h. die kleinen, ungeübten Spekulanten, den großen, »innerhalb des Schrankens stehenden« Geldhäusern zum Opfer. Diese letzteren haben meist die Hausse planmäßig eingeleitet, sehen die Baisse rechtzeitig voraus und können auch während derselben noch zu gewinnen fortfahren, durch Benutzung der Angstkurse zu neuen Aufkäufen. – Natürlich ist eine solche Verschärfung der Geldoligarchie nicht als Verstärkung derselben anzusehen, kann vielmehr nachhaltig nur die im Hintergrunde lauernden Gefahren der Revolution und des Cäsarismus vergrößern. Häufige Krisen haben namentlich insofern etwas furchtbar Aufreizendes, als die von ihnen bewirkten Arbeiterentlassungen die gewöhnliche, in normalen Verhältnissen wohl begründete Ausrede der Unternehmer illusorisch machen, daß sie allein die Gefahr der Unternehmung zu tragen hätten.

THERAPIE.

§. 175.

Als *Mittel, welche der Krankheit vorbeugen können*, sind namentlich drei zu prüfen.

A. Eine in hohem Grade ausgebildete und zum Gemeingute des Volkes gewordene *Statistik*. Hätte jeder Produzent und Kaufmann eine genaue und fortlaufende Kenntnis sowohl von der Größe des Bedarfs, wie von der Zahl und dem Betriebe seiner Mitbewerber, so wären bedeutende Krisen kaum möglich. Bei hoher Kultur wird solche Kenntnis zwar immer schwieriger, wegen der immer mehr in einander geflochtenen, über den ganzen Erdkreis erweiterten Wirtschaftsbeziehungen; aber auch die Hülfsmittel zur Verwirklichung des Ideals werden mit der wachsenden Öffentlichkeit des Lebens, Zahl und Geschicklichkeit der Beamten, insbesondere der Handelskonsuln, Fabrikinspektoren, statistischen Büros, Landwirtschaftsvereine, Handelskammern etc. immer größer.

B. Eine weitgehende *Staatsvormundschaft über die Privatwirte* ist kein gutes Vorbeugungsmittel gegen Krisen. So weit, daß sie wirklich Produktion und Konsumtion überwachte und leitete, kann sie im Ernste doch nie gehen. Sie würde also nur zufällig hier und dort eingreifen; und weil jede positive

Gunst des Staates für den einen Privatwirt eine Ungunst für irgend einen andern, (doch auch steuerpflichtigen) enthält, so würden einige Produktionen künstlich übertrieben, andere künstlich gehemmt werden, und damit das natürliche Sichbegegnen von Angebot und Gegenwert mannigfache Störung erleiden. Wirklichen Stürmen, etwa von Außen her, wird eine Treibhauspflanze weniger Trotz bieten können, als ein im Freien erwachsener Baum; und schon die bloße Gewöhnung, immer nach Rat und Hülfe des Staates auszuschauen, lähmt in Gefahren. Auf ein gutes Aktien- und Bankgesetz bezieht sich dies freilich nicht. Auch ein Grenzzollsystem kann mitunter durch weise gehandhabte Veränderlichkeit der Zölle die Ansteckungskraft ausländischer Absatzkrisen schwächen.

C. Wie überhaupt das Wohl jedes Volkes vornehmlich einen stetigen, konsequenten Gang seiner Staatsverwaltung voraussetzt, ohne sprungartige Vor- und Rückschritte, so ist eine solche *Gleichmäßigkeit der Politik* auch ein gutes Vorbeugungsmittel gegen Absatzkrisen. Eine schwindelhafte, unredliche Regierung wird auch beim Volke Schwindeleien und Unredlichkeiten aller Art Vorschub leisten. Wo man nicht auf strenge Handhabung der Gesetze, auf folgerichtige Entwickelung der einmal anerkannten Staatsprinzipien sicher rechnen kann, da scheitern oft die besten Spekulationen. Aber freilich, nur eine starke Regierung kann konsequent sein!

§. 176.

Die *Heilung* einer Absatzkrise kann nur darin bestehen, daß entweder das Angebot zum Niveau der Nachfrage erniedrigt, oder aber die Nachfrage zum Niveau des Angebotes erhöhet wird. Hierauf arbeitet nun schon von selbst der *natürliche Verlauf* der Krankheit hin, obwohl unter heftigen, sittlich wie politisch gleich gefahrdrohenden Schmerzen. Sobald die Krise als solche anerkannt wird, so versteht es sich von selbst, daß viele Produzenten ihre zu groß gewordene Produktion einschränken. Auf der andern Seite wirken der Stockung die Schleuderpreise entgegen, die so viele notleidende Kaufleute und Produzenten sich müssen gefallen lassen. Die eingesperrten Warenvorräte leeren sich dann um so rascher, als während der früheren Schwindelpreise viele Konsumenten ihren Einkauf verschoben, alle nicht spekulierenden Kleinhändler ihre Lager auf das Minimum beschränkt hatten. Viele bankerott gewordene Produzenten verkaufen ihre Anstalten zu einem tiefern Preise, als sie ihnen selbst gekostet haben. Deren Käufer sind nun im Stande, das Produkt wohlfeiler auszubieten, und so gewöhnt sich das Publikum an eine nachhaltige Mehrkonsumtion. – Diesem natürlichen Heilplane darf nun die künstliche Hülfe des Staates etc. in keinem Punkte zuwiderlaufen; sie muß vielmehr lediglich auf die Beförderung desselben und die Linderung der mit ihm verbundenen Schmerzen berechnet sein.

§. 177.

Eine zum wirklichen Ausbruch gelangte *Krise* wird der Staat in den meisten Fällen dadurch *lindern* können, daß er

A. wenigstens vorübergehend *alle* sonst üblichen *Fesseln der freien* und an sich gerechten *wirtschaftlichen Tätigkeit löset.* Wollte man z. B. gesetzliche Ausfuhrhindernisse für die im Übermaße vorhandenen Waren oder Einfuhrhindernisse für die Gegenwerte, mit welchen das Ausland unserer Überfüllung abhelfen könnte, noch immer fortdauern lassen: so hielte man ja das Wesen der Krankheit geflissentlich fest. Was die Hindernisse der Freizügigkeit betrifft, wer möchte die Arbeiter lieber in ihrer Heimat betteln und hungern sehen, als an einem andern Orte desselben Landes ihren Unterhalt verdienen? Etwas Ähnliches gilt von den Zinstaxen, die eben darum in Preußen während der Krisis von 1857 mit Recht suspendiert wurden.

B. Um ferner die für den Augenblick unerträgliche Last durch Verteilung auf eine längere Zeit erträglich zu machen, ist das beste Mittel *Kredithülfe an die bedrängten Unternehmer.* Denken wir uns z. B. ein Land, welches in gewöhnlichen

Jahren eine Million Stücke Tuch verbraucht, das aber im Krisenjahre nur noch 200 000 Stücke kaufen will. Hier könnten mit Hülfe eines Staatsvorschusses, der in zwei Jahren heimgezahlt werden soll, die Tuchfabriken immerhin fortfahren, 7-800 000 Stücke zu produzieren. Freilich würden sie dann auch im nächsten und zweitnächsten Jahre nur dieselbe Menge verfertigen, statt der sonst üblichen von einer Million; aber der furchtbare Schlag wäre doch wenigstens auf drei Jahre verteilt und somit für den Augenblick nicht geradezu tödlich gewesen. Zwar geschenkartige Darlehen des Staates an vornehme Schwindler würden in kritischer Zeit, wo die Steuerpflichtigen selbst Not leiden, besonders verwerflich sein. Wir meinen hier aber geschäftsmäßige Vorschüsse an Schuldner, welche nur eine etwas größere Liquidität ihrer reichlich vorhandenen Mittel wünschen, gegen ordentliche Sicherheit, ordentliche Zinsen, wobei das Außerordentliche bloß darin besteht, daß der Gläubiger länger warten kann, als die übrige, von panischer Angst ergriffene Geschäftswelt. Solche Panik ist zwar nicht das Wesen, auch nicht die Hauptursache der Krankheit, wohl aber eine Folge derselben, welche den Gesamtzustand des Kranken weit mehr verschlimmert, als nach den übrigen Verhältnissen nötig wäre, und darum allerdings einer besondern Bekämpfung wert. Einen Haltpunkt nun, der außerhalb und über dem Strome der Panik steht, kann nicht bloß der Staat oder die Gemeinde, sondern auch eine bewährte große Bank, ja selbst eine neu gebildete Assoziation bieten. Wie oft macht die bloße Zuversicht, jeden Augenblick Darlehen erhalten zu können, dieselben überflüssig! Gewöhnlich übrigens wird der Staat aus Unkenntnis der Personen und Geschäfte, sowie bei der vielfachen Bedenklichkeit seiner Verflechtung in Privatinteressen wohl tun, die von ihm gewährte Hülfe nicht unmittelbar, sondern durch Privatgeschäftsleute, am liebsten eine gute Bank, zur Verteilung zu bringen.

C. Jedenfalls können die außerhalb des Stromes der Panik stehenden Haltpunkte nicht bloß ihr präsentes Vermögen, sondern auch ihren eigenen Kredit zur Hülfe der Bedrängten anwenden. Nur darf man hier nicht Geld und Kapital verwechseln. Zwar leidet fast jede Krisis u. A. auch an Geldmangel, weil die gewohnten Geldsurrogate zum Teil versagen, oft auch die Ursache der Stockung selbst, (Krieg, Mißernte etc.), zu außerordentlicher Geldausfuhr genötigt hat. Dies muß die Krisis an sich natürlich verschlimmern, und das beste Mittel hiergegen würde eine genau entsprechende *Geldvermehrung* sein: also in Maßen kleiner als die eingetretene Lücke selbst, da sich ja während der Krisis die Warenpreise und Umsätze verringert haben; dabei in einer Form, die nach überstandener Krankheit die Wiedereinziehung erleichtert, weil sonst eben wieder eine Störung durch Geldüberfluß möglich wäre. Nun fehlt es aber in jeder bedeutenden Krise nicht bloß an Werkzeugen zur bequemern Vermittelung der Käufe, sondern an Kauffähigkeit selbst, deren Betrag für jede Wirtschaft (abgesehen vom Kredite) mit dem kurrenten, sofort zu realisierenden Tauschwerte der Güter zusammenfällt, welche sie im Verkehr ausbieten kann. Diesem Mangel an verfügbaren umlaufenden Kapitalien, der in der Krisis auf Entwertung der Vorräte beruhet, kann durch bloße Geldvermehrung gewiß nicht abgeholfen werden.

D. *Für* diejenigen *Arbeiter*, welche ungeachtet aller obigen Mittel ihre bisherige Tätigkeit unterbrochen sehen, mag *von Staatswegen eine außerordentliche Beschäftigung* veranstaltet werden. Allerdings müssen es wirkliche, an sich nützliche Arbeiten sein, die wohl erst für eine spätere Zeit, aber doch überhaupt beschlossen waren. Und die Disziplin muß dabei um so strenger auftreten, als große Arbeitermassen, in ungewohnter Weise beschäftigt, ohne festen Plan und mit niedrigem Lohne zusammengehäuft, leicht die Ruhe stören und damit die Krise nur noch verschlimmern würden. Wo die Absatzkrisen fast regelmäßig in gewissen Zwischenräumen wiederkehren, da könnte man die geeigneten Staats- und Gemeindearbeiten vorzugsweise auf die Zeiten der Krise versparen.

E. Die fast in allen großen Krisen laut geforderte Umwandlung oder doch Suspension der *Schuldgesetze* kann das Übel meist nur verschlimmern, indem sie durch ein neues Moment der Rechtsunsicherheit die Unruhe gerade der ehrlichen Leute verstärkt. Höchstens sollte man im Augenblikke der äußersten Bestürzung, wo ohnedies alle Geschäfte stocken, durch eine *kurze* Verlängerung der Wechselfristen und Hinausschiebung der Konkurse manchen Bankerott verhüten, der eben nach dem wahren Verhältnis der Aktiven und Passiven kein notwendiger ist.

KARL MARX
⟨MYSTIFIKATION DES KAPITALS ETC.⟩
1861-1863

Da die lebendige Arbeit – innerhalb des Produktionsprozesses – dem Kapital bereits einverleibt ist, stellen sich alle *gesellschaftlichen Produktivkräfte der Arbeit* als *Produktivkräfte*, als dem Kapital inhärente Eigenschaften dar, ganz wie im Geld der allgemeine Charakter der Arbeit, soweit sie wertbildend, als Eigenschaft eines Dings erschien. Umsomehr jenes der Fall, als

1) zwar die Arbeit als *Äußerung des Arbeitsvermögens*, als Anstrengung dem *einzelnen Arbeiter* gehört (es ist das, womit er realiter dem Kapitalisten zahlt, was er ihm gibt), obgleich sie als sich im Produkt vergegenständlicht, als dem Kapitalisten gehörig, *dagegen* die *gesellschaftliche Kombination*, worin die einzelnen Arbeitsvermögen nur als besondre Organe des das Gesamtatelier bildenden Gesamt-Arbeitsvermögens funktionieren, nicht ihnen gehört, sondern ihnen vielmehr als *kapitalistisches Arrangement* entgegentritt, ihnen *angetan* wird;

2) diese *gesellschaftlichen Produktivkräfte* der Arbeit oder *Produktivkräfte der gesellschaftlichen Arbeit* sich historisch erst mit der spezifisch kapitalistischen Produktionsweise entwikkeln, also als etwas dem Kapitalverhältnis Immanentes und von ihm Untrennbares erscheinen;

3) die *Objektiven Arbeitsbedingungen*, mit der Entwicklung der kapitalistischen Produktionsweise, eine veränderte Gestalt annehmen, durch die Dimension, worin, und die Ökonomie, womit sie angewandt werden (ganz abgesehn von der Form der Maschinerie etc.). Sie werden entwickelter als konzentrierte Produktionsmittel, *gesellschaftlichen* Reichtum darstellend, und was eigentlich das Ganze erschöpft, im

Umfang und dem Effekt der *Produktionsbedingungen* gesellschaftlich kombinierter Arbeit. Von der Kombination der Arbeit selbst abgesehn, erscheint dieser *gesellschaftliche Charakter der Arbeitsbedingungen* – wozu unter anderem ihre Form als Maschinerie und capital fixe in jeder Form gehört – als etwas durchaus Selbständiges, vom Arbeiter unabhängig existierendes, als eine *Existenzweise des Kapitals* und daher auch unabhängig von den Arbeitern durch die *Kapitalisten* Arrangiertes. Wie der *gesellschaftliche Charakter* ihrer eignen Arbeit, so erscheint noch viel mehr der *gesellschaftliche Charakter*, den die Produktionsbedingungen als *gemeinschaftliche* Produktionsbedingungen kombinierter Arbeit erhalten, als *kapitalistischer*, unabhängig von den Arbeitern diesen Produktionsbedingungen als solchen zukommender Charakter.

ad 3) wollen wir hier gleich folgendes bemerken, was zum Teil Späteres antizipiert:

Der *Profit* im Unterschied vom Mehrwert – kann steigen durch ökonomische Verwendung der *gemeinsamen* Arbeitsbedingungen, sei es daß z. B. Gebäulichkeit gespart wird, Heizung, Beleuchtung usw., der Wert des Prime Motor nicht in demselben Grade wächst wie seine Kraft, Ökonomie im Preis des Rohstoffs, Wiedervernutzung des Abfalls, Verminderung der Administrationskosten, der Warenhäuser bei massenhafterer Produktion etc., alle diese *relativen* Verwohlfeilerungen des konstanten Kapitals bei absolutem Wachsen seines Werts, beruhen darauf, daß diese Produktionsmittel, Arbeitsmittel wie Arbeitsmaterial, *gemeinsam* verwandt werden, und diese *gemeinsame* Verwendung hat zur absoluten Voraussetzung das *gemeinsame* Zusammenarbeiten konglomerierter Arbeiter, ist also selbst nur *gegenständlicher* Ausdruck des *gesellschaftlichen Charakters der Arbeit* und der daher resultierenden *gesellschaftlichen* Produktivkraft, wie ja die besondre Gestalt dieser Bedingungen z. B. als Maschinerie meist nicht anwendbar außer für kombinierte Arbeit. Sie erscheinen aber, dem Arbeiter gegenüber, der innerhalb dieselben tritt, als *gegebene*, von ihm *unabhängige* Bedingungen, als *Gestalt des Kapitals*. Es erscheint deshalb auch z. B. die Ökonomisierung derselben (und das daher entspringende Wachsen des Profits und Verwohlfeilerung der Waren) als etwas ganz Verschiedenes von der *Surplusarbeit* des Arbeiters, als direkte *Tat* und *Veranstaltung des Kapitalisten*, der hier überhaupt als Personifikation des *gesellschaftlichen* Charakters der Arbeit, des *Gesamtateliers* als solchen funktioniert. Die *Wissenschaft* als das allgemeine geistige Produkt der gesellschaftlichen Entwicklung, erscheint hier ebenso dem Kapital direkt einverleibt (die Anwendung derselben als Wissenschaft, getrennt von dem Wissen und Können der einzelnen Arbeiter, auf den materiellen Produktionsprozeß), und die allgemeine Entwicklung der Gesellschaft, weil sie vom Kapital der Arbeit gegenüber ausgebeutet wird, als Produktivkraft des Kapitals gegenüber der Arbeit wirkt, erscheint als *Entwicklung* des *Kapitals* und um so mehr, da für die große Mehrzahl die *Entleerung des Arbeitsvermögens* gleichen Schritt damit hält.

Der Kapitalist selbst ist nur Gewalthaber als Personifizierung des Kapitals (weswegen er in der italienischen Buchha[lt]ung beständig als Doppelfigur figuriert, z. B. als debtor seines eignen Kapitals).

Die *Produktivität* des Kapitals besteht zunächst, die *formelle* Subsumtion betrachtet, bloß in dem *Zwang zur Surplusarbeit*; ein Zwang, den die kapitalistische Produktionsweise mit frühern Produktionsweisen teilt, aber in einer der Produktion günstigeren Form ausübt.

Selbst das bloß *formelle* Verhältnis betrachtet, die *allgemeine* Form der kapitalistischen Produktion, die ihre minder mit ihrer mehr entwickelten Weise teilt, erscheinen die *Produktionsmittel*, die *sachlichen Arbeitsbedingungen*, nicht als dem Arbeiter, sondern er ihnen subsumiert. Capital *employs* labour. Schon dies Verhältnis in seiner Einfachheit Personifizierung der Sachen und Versachlichung der Personen.

Komplizierter aber und scheinbar mysteriöser wird das Verhältnis, indem mit der Entwicklung der spezifisch kapitalistischen Produktionsweise, nicht nur diese Dinge – diese Produkte der Arbeit, als Gebrauchswerte wie als Tauschwerte – sich dem Arbeiter gegenüber auf die Füße stellen und ihm als »*Kapital*« gegenübertreten, sondern der gesellschaftlichen Form der Arbeit sich als *Entwicklungsformen des Kapitals* darstellen und daher die so entwickelten Produktivkräfte der gesellschaftlichen Arbeit als *Produktivkräfte des Kapitals.* Als solche gesellschaftliche Kräfte sind sie der Arbeit gegenüber »*kapitalisiert*«. In der Tat ist die *gemeinschaftliche* Einheit in der Kooperation, die Kombination in der Teilung der Arbeit, die Anwendung der Naturkräfte und Wissenschaften, der Produkte der Arbeit als *Maschinerie* – alles dies tritt den einzelnen Arbeitern als *fremd, sachlich, vorgefunden*, ohne und oft gegen ihr Zutun da, selbständig gegenüber, als bloße Daseinsformen der von ihnen unabhängigen und sie *beherrschenden Arbeitsmittel*, soweit sie *sachlich*, und den im Kapitalisten oder seinen understrappers (Repräsentanten) inkarnierten Einsicht und Willen des Gesamtateliers, soweit dies durch ihre eigne Kombination gebildet – als *Funktionen* des Kapitals, das im Kapitalisten lebt. Die gesellschaftlichen Formen ihrer eignen Arbeit – subjektiv-objektiv – oder die Form ihrer eignen gesellschaftlichen Arbeit sind von den einzelnen Arbeitern ganz unabhängig gebildete Verhältnisse; die Arbeiter als unter das Kapital subsumiert, werden Elemente dieser gesellschaftlichen Bildungen, aber diese gesellschaftlichen Bildungen gehören nicht ihnen. Sie treten ihnen daher gegenüber als *Gestalten* des Kapitals selbst, als im Unterschied von ihrem vereinzelten Arbeitsvermögen dem Kapital gehörige, aus ihm entspringende und ihm einverleibte Kombinationen. Und dies nimmt um so realere Form an, je mehr einerseits ihr Arbeitsvermögen selbst durch diese Formen so modifiziert wird, daß es in seiner Selbständigkeit, also *außer* diesem kapitalistischen Zusammenhang ohnmächtig wird, seine selbständige Produktionsfähigkeit gebrochen wird, andrerseits mit der Entwicklung der Maschinerie auch technologisch die Bedingungen der Arbeit als die Arbeit beherrschend erscheinen und zugleich sie ersetzen, unterdrücken, überflüssig machen in ihren selbständigen Formen. In diesem Prozeß, worin die *gesellschaftlichen* Charaktere ihrer Arbeit ihnen gewissermaßen *kapitalisiert* gegenübertreten – wie z. B. in der Maschinerie die sichtbaren Produkte der Arbeit als Beherrscher der Arbeit erscheinen – findet natürlich dasselbe statt für die Naturkräfte und die Wissenschaft, das Produkt der allgemeinen geschichtlichen Entwicklung in ihrer abstrakten Quintessenz – sie treten ihnen als *Mächte* des Kapitals gegenüber. Sie trennen sich in der Tat von dem Geschick und der Kenntnis des einzelnen Arbeiters – und obgleich sie an ihrer Quelle betrachtet wieder das Produkt der Arbeit sind – erscheinen sie überall, wo sie in den Arbeitsprozeß eintreten, als dem Kapital *einverleibt*. Der Kapitalist, der eine Maschine anwendet, braucht sie nicht zu verstehn. (Sieh Ure). Aber *in der Maschine* erscheint die realisierte Wissenschaft als *Kapital* den Arbeitern gegenüber. Und in der Tat erscheinen alle diese auf *gesellschaftliche Arbeit* begründete Anwendung von Wissenschaft, Naturkraft, und Produkte der Arbeit in großen Massen, ja selbst nur als *Exploitationsmittel* der Arbeit, als Mittel Surplusarbeit anzueignen, daher als dem Kapital angehörige *Kräfte* gegenüber der Arbeit. Das Kapital wendet natürlich alle diese Mittel nur an, um die Arbeit zu exploitieren, aber, um sie zu exploitieren, muß es sie auf die Produktion anwenden. Und so erscheint die Entwicklung der *gesellschaftlichen* Produktivkräfte der Arbeit und die Bedingungen dieser Entwicklungen, als *Tat des Kapitals*, zu der sich der einzelne Arbeiter nicht nur passiv verhält, sondern die im Gegensatz zu ihm vorgehn.

Das Kapital selbst ist doppelt, da es aus Waren besteht, [1] *Tauschwert* (Geld), aber sich *verwertender Wert*, Wert, der dadurch Wert schafft, als *Wert wächst*, ein Increment erhält, daß es *Wert* ist. Dies reduziert sich auf Austausch eines gegebnen Quantums vergegenständlichter Arbeit gegen ein größeres Quantum lebendiger Arbeit.

[2] *Gebrauchswert*, und hier erscheint es seinen bestimmten Verhältnissen im Arbeitsprozeß nach. Aber grade hier bleibt es nicht bloß Arbeitsmaterial, Arbeitsmittel, denen die *Arbeit* gehört, die sich die Arbeit einverleibt haben, sondern mit der Arbeit auch ihre *gesellschaftlichen Kombinationen* und die

diesen gesellschaftlichen Kombinationen entsprechende Entwicklung der Arbeitsmittel. Die kapitalistische Produktion entwickelt zuerst im Großen – reißt los von dem einzelnen selbständigen Arbeiter – die Bedingungen des Arbeitsprozesses, sowohl seine gegenständlichen, als subjektiven, aber entwickelt sie als den *einzelnen Arbeiter* beherrschende und ihm *fremde* Mächte.

So wird das Kapital ein sehr mysteriöses Wesen.

Die Arbeitsbedingungen türmen sich als *soziale Mächte* gegenüber dem Arbeiter auf und in dieser Form sind sie *kapitalisiert.*

Das Kapital ist also *produktiv,*

1) als *Zwang zur Surplusarbeit.* Die Arbeit ist *produktiv* eben als Verrichter dieser Surplusarbeit, durch die Differenz zwischen dem Wert des Arbeitsvermögens und seiner Verwertung.

2) als *Personifikation und Repräsentant,* verdinglichte Gestalt der »gesellschaftlichen Produktivkräfte der Arbeit« oder der Produktivkräfte der gesellschaftlichen Arbeit. Wie das Gesetz der kapitalistischen Produktion – die Kreation von Mehrwert etc. – hierzu zwingt, früher auseinandergesetzt. Es erscheint als ein Zwang, den die Kapitalisten sich wechselseitig und den Arbeitern antun, – also in der Tat als Gesetz des Kapitals gegen beide. Die gesellschaftliche Naturkraft der Arbeit entwickelt sich nicht im *Verwertungsprozeß* als solchem; sondern im *wirklichen Arbeitsprozeß.* Sie stellt sich daher dar als Eigenschaften, die dem Kapital als Ding zukommen, als sein Gebrauchswert. Die produktive Arbeit – als Wert produzierend, steht dem Kapital stets als Arbeit der *vereinzelten* Arbeiter gegenüber, welche gesellschaftlichen Kombinationen diese Arbeiter immer im Produktionsprozeß eingehn mögen. Während das Kapital so den Arbeitern gegenüber die gesellschaftliche Produktivkraft der Arbeit, stellt die produktive Arbeit dem Kapital gegenüber immer nur die Arbeit der *vereinzelten* Arbeiter dar.

Man hat bei dem *Akkumulationsprozeß* gesehn, wie das Moment, wodurch die bereits vergangene Arbeit in der

Form produzierter Produktivkräfte und Produktionsbedingungen die Reproduktion, dem Gebrauchswert und Tauschwert nach, steigert – sowohl die Wertmasse, die ein bestimmtes Quantum lebendiger Arbeit *erhält*, als die *Masse Gebrauchswerte*, die es neu produziert – als dem *Kapital immanente Kraft* erscheint, weil die *vergegenständlichte Arbeit* stets kapitalisiert dem Arbeiter gegenüber funktioniert.

»Le capital c'est la puissance démocratique, philanthropique et égalitaire par excellence«. (29. *F. Bastiat. Gratuité du crédit* etc. *Paris, 1850*).

»Stock cultivates land; stock employs labour«. (*A. Smith*, l. c., b. V., ch. II., edit. *Buchanan*. 1814. v. III, p. 309).

»Capital is... collective force«. (162. *John Wade. History of the Middle and Working Classes* etc. 3 ed. *London, 1835*), »Kapital ist nur ein anderer Name für Zivilisation«. (104. l. c.).

»La classe des capitalistes, considérée en bloc, se trouve dans une position normale, en ce que son bien-être suit la marche du progrès social«. (75, *Riche ou Pauvre. Cherbuliez*.) »Le capitaliste est l'homme social par excellence, il représente la civilisation«. (76. l. c.).

Flach: »*Productive Power of capital* ist nichts als die Quantität der realen productive power, welche der Kapitalist vermittelst seines Kapitals kommandieren kann«. (p. 91. *J. St. Mill: Essays on some unsettled questions of Political Economy. London, 1811*).

»The accumulation of *capital, or* the *means of employing labour*... must in all cases depend on the *productive powers of labour*«. (92. *Ricardo. Principles*. 3 ed. 1821). Ein Kommentator von Ricardo bemerkt hierzu: »*If the productive powers of labour mean the smallness of that aliquot part of any produce that goes to those whose manual labour produced it,* the sentence is nearly identical«. (p. 71. *Observations on certain verbal disputes in Political Economy. London, 1821*).

Die beständige Transposition der Arbeit in das Kapital gut ausgedrückt in folgenden naiven Sätzen *Destutt de Tracys:*

»Ceux qui vivent de profits – (les capitalistes industrieux) alimentent tous les autres, et seuls augmentent la fortune publique et créent tous nos moyens de jouissance. Cela doit être, *puisque le travail est la source de toute richesse*, et puisque eux seuls donnent une *direction* utile au travail actuel, en faisant un usage utile du travail accumulé«. (242. *Destutt de Tracy* l. c. [»Traité d'Economie Politique.«]). Weil die Arbeit die Quelle alles Reichtums ist, ist das Kapital der Vermehrer allen Reichtums. »Nos facultés sont notre seule richesse originaire, notre travail produit tous les autres, et tout travail bien dirigé est productif«. (243. l. c.). Unsre Vermögen sind unser einziger Originalreichtum. Darum ist das Arbeitsvermögen kein Reichtum. Die Arbeit produziert alle andren Reichtümer, d. h. sie produziert Reichtümer für alle andern außer sich selbst, und nicht sie selbst ist Reichtum, sondern bloß ihr Produkt. Jede wohldirigierte Arbeit ist produktiv; d. h. jede produktive Arbeit, jede Arbeit, die dem Kapitalisten Profit abwirft, ist wohldirigiert.

So sehr ist in der Vorstellung die Transposition der gesellschaftlichen Produktivkräfte der Arbeit in dingliche Eigenschaften des Kapitals eingebürgert, daß die Vorteile der Maschinerie, Anwendung der Wissenschaft, Erfindung usw. in dieser ihrer *entfremdeten* Form als die *notwendige* Form, und daher dies alles als *Eigenschaften des Kapitals* vorgestellt wird. Was hier als Basis dient, ist 1) die Form, worin sich auf Basis der kapitalistischen Produktion, also auch im Bewußtsein der in dieser Produktionsweise Befangenen, die Sache darstellt; 2) das historische Faktum, daß zuerst und im Unterschied zu frühern Produktionsweisen in der *kapitalistischen* Produktionsweise diese Entwicklung stattfindet, der *gegensätzliche* Charakter dieser Entwicklung also ihr immanent *scheint.*

[II. DIE KAPITALISTISCHE PRODUKTION IST PRODUKTION UND REPRODUKTION DES SPEZIFISCH KAPITALISTISCHEN PRODUKTIONSVERHÄLTNISSES]

Das Produkt der kapitalistischen Produktion ist nicht nur *Mehrwert*, es ist *Kapital*.

Kapital ist, wie wir sahen, G-W-G', sich selbst *verwertender Wert*, Wert, der Wert gebiert.

Zunächst ist die vorgeschossene Geld- oder Wertsumme, selbst nach ihrer Verwandlung in die Faktoren des Arbeitsprozesses – in Produktionsmittel, *konstantes* Kapital – und in *Arbeitsvermögen*, worin sich das variable Kapital umgesetzt hat, nur *an sich*, nur Kapital und solches ist es noch mehr *nur*, vor seiner Umsetzung in die Faktoren des wirklichen Produktionsprozesses. Erst innerhalb desselben, durch *wirkliche* Einverleibung der lebendigen Arbeit in die gegenständlichen Daseinsformen des Kapitals, erst durch die wirkliche Einsaugung von zusätzlicher Arbeit, verwandelt sich nicht nur *diese Arbeit* in Kapital, sondern verwandelt sich die vorgeschossene Wertsumme aus möglichem Kapital, aus Kapital der Bestimmung nach, in wirkendes und wirkliches Kapital. Was ging während des Gesamtprozesses vor? Der Arbeiter verkaufte die Verfügung über sein Arbeitsvermögen um die notwendigen Lebensmittel, gegen einen gegebenen Wert, bestimmt durch den Wert seines Arbeitsvermögens. Was ist also, ihn betrachtet, das Resultat? Simplement und purement die Reproduktion seines Arbeitsvermögens. Was gab er daher weg? Die Wert erhaltende, Wert schaffende und vermehrende Tätigkeit, seine Arbeit. Er kömmt also aus dem Prozeß heraus, wie er, von der Abnutzung seiner Arbeitskraft abgesehn, in ihn eintrat, als bloß subjektive Arbeitskraft, die denselben Prozeß von neuem durchlaufen muß, um sich zu erhalten.

Das Kapital dagegen kömmt nicht aus dem Prozeß heraus, wie es in ihn einging. Es hat sich *in* ihm erst in wirkliches Kapital, in sich verwertenden Wert verwandelt. Das Gesamtprodukt ist jetzt die Form, worin es als verwirklichtes Kapital existiert und als solches steht es als Eigentum des Kapitalisten, als selbständige und durch die Arbeit selbst geschaffene Macht ihr von neuem gegenüber. Der Produktionsprozeß war daher nicht nur sein Reproduktionsprozeß, sondern sein Produktionsprozeß als Kapital. Früher standen die Produktionsbedingungen sofern als Kapital gegenüber, als er sie *verselbständigt* sich gegenüber *vorfand*. Jetzt ist es das Produkt seiner eigenen Arbeit, daß er sie als in *Kapital* verwandelte Produktionsbedingungen sich gegenüber findet. Was als Voraussetzung, ist nun das Resultat des Produktionsprozesses.

Daß der Produktionsprozeß *Kapital* schafft, ist soweit nur ein andrer Ausdruck dafür, daß er *Mehrwert* geschaffen hat.

Aber hierbei bleibt die Sache nicht stehn. Der *Mehrwert* wird rückverwandelt in zusätzliches Kapital, zeigt sich als Bildung von neuem Kapital oder von vergrößertem Kapital. So hat das *Kapital Kapital* geschaffen, sich nicht nur als Kapital realisiert. Der *Akkumulationsprozeß* ist selbst ein immanentes Moment des kapitalistischen Produktionsprozesses. Er schließt ein neue *Schöpfung von Lohnarbeitern*, Mitteln zur Verwirklichung und Vermehrung des vorhandenen Kapitals, sei es nun, daß früher von der kapitalistischen Produktion noch nicht ergriffene Teile der Bevölkerung, wie Weiber und Kinder, von ihm subsumiert, sei es, daß die durch den natürlichen Anwuchs der Population vermehrte Arbeitermasse ihm unterworfen wird. Bei näherer Betrachtung ergibt sich, daß das Kapital diese Produktion der Arbeitskraft selbst, die Produktion der von ihm auszubeutenden Menschenmasse, seinen Exploitationsbedürfnissen gemäß *regelt*. Kapital produziert also nicht nur Kapital, es produziert eine wachsende Arbeitermasse, den Stoff, wodurch es allein als zusätzliches Kapital funktionieren kann. Die Arbeit produziert also nicht nur im Gegensatz zu sich die Arbeitsbedingungen auf stets erweiterter Stufenleiter als *Kapital*, sondern das Kapital produziert auf stets sich erweiternder Stufenleiter die *produktiven Lohnarbeiter*, deren es bedarf. Die Arbeit produziert ihre Produktionsbedingungen als *Kapital* und das Kapital die Arbeit als Mittel seiner Verwirklichung als Kapital, als Lohnarbeit. Die kapitalistische Produktion ist nicht nur Reproduktion des Verhältnisses, sie ist seine Reproduktion auf stets wachsender Stufenleiter, und im selben Maße, wie mit der kapitalistischen Produktionsweise die gesellschaftliche Produktivkraft der Arbeit sich entwickelt, wächst der dem Arbeiter gegenüber aufgetürmte Reichtum, als ihn *beherrschender Reichtum*, als *Kapital*, dehnt sich ihm gegenüber die Welt des Reichtums als eine ihm fremde und ihn beherrschende Welt aus, und in demselben Verhältnis entwickelt sich seine subjektive Armut, Bedürftigkeit und Abhängigkeit im Gegensatz. Seine *Entleerung* und jene *Fülle* entsprechen sich, gehn gleichen Schritt. Zugleich vermehrt sich die Masse dieser lebendigen Produktionsmittel des Kapitals, das arbeitende *Proletariat.*

Wachstum des Kapitals und *Zunahme des Proletariats* erscheinen daher als zusammengehörige, wenn auch polarisch verteilte *Produkte* desselben Prozesses.

Das Verhältnis wird nicht nur reproduziert, nicht nur auf beständig massenhafterer Stufenleiter produziert, das nicht nur mehr Arbeiter sich schafft und auch früher ihm nicht unterworfene Produktionszweige fortwährend ergreift, sondern, wie sich bei Darstellung der spezifisch kapitalistischen Produktionsweise gezeigt hat, es wird unter beständig günstigeren Umständen für die eine Seite, die Kapitalisten, und beständig ungünstigeren für die andre, die Lohnarbeiter, reproduziert.

Die Kontinuität des Produktionsprozesses betrachtet, ist der Arbeitslohn nur der *Teil* des vom Arbeiter beständig produzierten Produkts, der sich an ihn in Lebensmittel umsetzt und daher in Mittel der Erhaltung und Vermehrung der Arbeitsvermögen, deren das Kapital zu seiner Selbstverwertung, zu seinem Lebensprozeß bedarf. Diese Erhaltung und Vermehrung der Arbeitsvermögen, als Resultat des Prozesses, erscheint also selbst nur als Reproduktion und Erweiterung seiner ihm gehörigen Reproduktionsbedingungen und Akkumulationsbedingungen. (Sieh den Yankee).

Damit verschwindet auch der *Schein*, den auf der Oberfläche das Verhältnis besaß, daß sich gleichberechtigte *Warenbesitzer* in der Zirkulation, auf dem Warenmarkt gegenübertreten, die wie alle andren *Warenbesitzer* nur durch den stofflichen Inhalt ihrer Waren, den besondern Gebrauchswert der Waren, die sie aneinander zu verkaufen haben, sich von einander unterscheiden. Oder diese *ursprüngliche* Form des Verhältnisses bleibt nur noch als *Schein* des ihm zugrunde liegenden, des *kapitalistischen* Verhältnisses, übrig.

Es sind hier zwei Momente zu unterscheiden, wodurch die *Reproduktion des Verhältnisses selbst* auf stets sich erweiternder Stufenleiter sich als *Resultat des kapitalistischen Produktionsprozesses* von der ersten Form unterscheidet, wie sie einerseits *historisch* auftritt, andrerseits auf der Oberfläche der entwickelten kapitalistischen Gesellschaft sich beständig von neuem darstellt.

1) *Erstens mit Bezug auf den einleitenden Prozeß*, der innerhalb der Zirkulation vorgeht, den *Kauf und Verkauf von Arbeitsvermögen.*

Der kapitalistische Produktionsprozeß ist nicht nur die *Verwandlung* des Werts oder der Ware, die der Kapitalist zum Teil auf den Markt bringt, zum Teil innerhalb des Arbeitsprozesses an sich hält, in *Kapital*; sondern diese in Kapital *verwandelten* Produkte sind nicht *seine* Produkte, sondern die des Arbeiters. Er verkauft beständig ihm einen Teil seines Produkts – notwendige Lebensmittel – für Arbeit; zur Erhaltung und Vermehrung des Arbeitsvermögens, des *Käufers* selbst, und borgt ihm gegenüber beständig einen anderen Teil seines Produkts, die objektiven Arbeitsbedingungen, als Mittel zur Selbstverwertung des Kapitals, als *Kapital*. Während der Arbeiter so seine Produkte als *Kapital*, reproduziert der Kapitalist den Arbeiter als *Lohnarbeiter* und daher als Verkäufer seiner Arbeit. Das Verhältnis von bloßen Warenverkäufern schließt ein, daß sie *ihre* eignen, in verschiedenen Gebrauchswerten verkörperten *Arbeiten* austauschen. Der Kauf und Verkauf des Arbeitsvermögens als beständiges *Resultat* des kapitalistischen Produktionsprozesses schließt ein, daß der Arbeiter beständig einen Teil seines eigenen Produkts gegen seine lebendige Arbeit *zurückkaufen* muß. Damit *zerrinnt* der *Schein* des bloßen *Verhältnisses* von *Warenbesitzern.* Dieser beständige Kauf und Verkauf von Arbeitsvermögen und das beständige Gegenübertreten der von dem Arbeiter selbst produzierten Ware als *Käufer* seines Arbeitsvermögens und als konstantes Kapital, erscheint nur als *vermittelnde Form* seiner Unterjochung unter das Kapital, der lebendigen Arbeit als bloßen Mittels zur Erhaltung und Vermehrung der ihr gegenüber verselbständigten *gegenständlichen* Arbeit. Es ist dies eine dieser Produktionsweise immanente *Form* der Vermittlung, diese Verewigung des Verhältnisses des Kapitals als Käufers und des Arbeiters als Verkäufers von Arbeit; aber es ist eine Form, die sich nur der Form nach von andern mehr direkten Formen der Knechtung der Arbeit und des *Eigentums an sie* auf Seiten der Besitzer der Produktionsbedingungen unterscheidet. Sie *vertuscht* als bloßes *Geldverhältnis* die wirkliche Transaktion und die perpetuierliche Abhängigkeit, die beständig erneuert wird, durch diese Vermittlung des Kaufs und Verkaufs. Es werden nicht nur reproduziert beständig die Bedingungen dieses *Handels;* sondern das, womit der eine kauft, und was der andre verkaufen muß, ist Resultat des Prozesses. Die beständige Erneuerung dieses Verhältnisses von *Kauf und Verkauf* vermittelt nur die Beständigkeit des spezifischen Abhängigkeitsverhältnisses und gibt ihr den betrügenden *Schein* einer Transaktion, eines Kontrakts zwischen gleichberechtigten und sich gleich frei gegenüberstehenden *Warenbesitzern.* Dieses *einleitende* Verhältnis erscheint jetzt selbst als immanentes Moment der in der kapitalistischen Produktion produzierten Herrschaft der gegenständlichen Arbeit über die lebendige.

Es irren also sowohl

die, die die Lohnarbeit, den Verkauf der Arbeit an das Kapital, und damit die Form des *Salariats*, als der kapitalistischen Produktion *äußerlich* betrachten; sie ist eine *wesentliche* und durch das kapitalistische Produktionsverhältnis selbst stets von neuem produzierte *Form* der Vermittlung desselben;

die, die in diesem oberflächlichen Verhältnis, in dieser *wesentlichen Formalität, Schein* des Kapitalverhältnisses, sein *Wesen* selbst finden, und daher das Verhältnis zu charakterisieren vorgeben, indem sie Arbeiter und Kapitalisten unter das allgemeine Verhältnis von *Warenbesitzern* subsumieren und damit apologisieren, seine differentia specifica auslöschen.

2) Damit das Kapitalverhältnis überhaupt eintrete, ist bestimmte historische Stufe und Form der gesellschaftlichen Produktion vorausgesetzt. Es müssen sich, innerhalb einer früheren Produktionsweise, Verkehrs- und Produktionsmittel und Bedürfnisse entwickelt haben, die über die alten Produktionsverhältnisse hinaus und zu ihrer Verwandlung in das Kapitalverhältnis hindrängen. Aber sie brauchen nur so weit entwickelt zu sein, damit die formelle Subsumtion der Arbeit unter das Kapital vor sich gehe. Auf Basis dieses veränderten Verhältnisses entwickelt sich aber eine spezifisch veränderte Produktionsweise, die einerseits neue materielle Produktivkräfte schafft, andrerseits auf deren Grundlage sich erst entwickelt, und damit in der Tat sich neue reale Bedingungen schafft. Es tritt damit eine vollständige ökonomische Revolution ein, die einerseits erst der Herrschaft des Kapitals über die Arbeit ihre realen Bedingungen schafft, vollendet, entsprechende Form gibt, andrerseits in den von ihr gegensätzlich zum Arbeiter entwickelten Produktivkräften der Arbeit, Produktionsbedingungen und Verkehrsverhältnissen, die realen Bedingungen einer neuen, die gegensätzliche Form der kapitalistischen Produktionsweise aufhebenden Produktionsweise, und so die materielle Basis eines neu gestalteten gesellschaftlichen Lebensprozesses und damit einer neuen Gesellschaftsformation schafft.

Es ist dies eine wesentlich verschiedene Auffassung von der der bürgerlichen, in den kapitalistischen Vorstellungen selbst befangenen Ökonomen, die zwar sehn, wie *innerhalb* des Kapitalverhältnisses produziert wird, aber nicht, wie dieses *Verhältnis* selbst produziert wird und zugleich in ihm die materiellen Bedingungen seiner Auflösung produziert und damit seine *historische Berechtigung* als *notwendige Form* der ökonomischen Entwicklung, der Produktion des gesellschaftlichen Reichtums, beseitigt wird.

Wir haben dagegen gesehn, nicht nur wie das Kapital produziert, sondern wie es selbst produziert wird und wie es als ein wesentlich verändert[es] aus dem Produktionsprozeß herauskömmt als wie es in ihn einging. Einerseits gestaltet es die Produktionsweise um; andrerseits ist diese veränderte Gestalt der Produktionsweise und eine besondre Stufe der Entwicklung der materiellen Produktivkräfte die Grundlage und Bedingung – die Voraussetzung seiner eignen Gestaltung.

Resultat des unmittelbaren Produktionsprozesses

Nicht nur die gegenständlichen Bedingungen des Produktionsprozesses erscheinen als sein Resultat; sondern ebenso ihr *spezifisch gesellschaftlicher* Charakter; die gesellschaftlichen Verhältnisse, und daher die gesellschaftliche Stellung der Produktionsagenten gegen einander, – die *Produktionsverhältnisse* selbst werden produziert, sind beständig erneuertes Resultat des Prozesses.

BRUNO HILDEBRAND
NATURAL-, GELD UND KREDITWIRTSCHAFT
1864

Der alte Varro unterscheidet in seiner 36 Jahre vor Christi Geburt geschriebenen Schrift über den Landbau nach dem Vorgange des griechischen Statistikers Dikäarch drei Entwicklungsstufen der menschlichen Wirtschaft bis auf seine Zeit herab, einen rohen Naturzustand, in welchem der Mensch nur von dem lebt, was die Natur ihm freiwillig gewährt, einen Zustand des Hirtenlebens, in welchem der Mensch die Früchte des Erde einsammelt und die Tiere zähmt, und endlich die Stufe des Ackerbaues, und eine der ältesten italischen Stammsagen personifizierte auch den Fortschritt von der zweiten zur dritten Stufe, indem sie dem König Italus das Verdienst beilegte, das Volk vom Hirtenleben zum Ackerbau geführt zu haben. Diese Ansicht kehrt hier und da wieder, ohne daß sie irgendwie zu weiterer Forschung Veranlassung gegeben oder als leitender Gedanke für historisch-nationalökonomische Arbeiten gedient hätte. Sie wurde öfters auch in Deutschland wiederholt mit der Modifikation, daß man noch eine vierte Stufe, nämlich die der Gewerbtätigkeit und des Handels, hinzufügte.

Unter den Neueren hat *Fr. List* zur Begründung seiner Schutzzolltheorie den Versuch gemacht, allgemeine ökonomische Entwicklungsstufen der Völker aufzustellen. Er hält sich hierbei ebenfalls an die Aufeinanderfolge der produktiven Gewerbe und unterscheidet die Periode des Hirtenlebens, welche sich unmittelbar an den Zustand der natürlichen Wildheit anschließt, die Periode des Ackerbaues, die Agrikultur- und Manufakturperiode und viertens die Agrikultur-, Manufaktur- und Handelsperiode. Jeder Fortschritt von einer Stufe zur anderen ist nach *List* an bestimmte Bedingungen und Voraussetzungen geknüpft, und die Aufgabe des Staates ist es, diese Voraussetzungen zu realisieren und so die ökonomische Erziehung des Volkes bis zur höchsten Stufe und bis zum Eintritt in die künftige Universalgesellschaft zu bewerkstelligen.

Diese Lehre von den vier Entwicklungsstufen aller Völker der gemäßigten Zone ist offenbar aus der Geschichte Großbritanniens abstrahiert, und schon eine einfache Vergleichung der industriellen Entwicklung Englands mit der Bildungsgeschichte Hollands hätte *List* von der Unhaltbarkeit überzeugen müssen. Ja nicht einmal in Britannien trifft seine Stufenfolge vom Ackerbau durch die Fabrikation zum Handel zu. Die englische Handelsmacht von der Zeit der Königin Elisabeth bis zur Mitte des vorigen Jahrhunderts hat sich durchaus unabhängig von der englischen Fabrikation ausgebildet. Sie stützte sich ebenso wie die Seemacht der Niederlande auf den Handel mit Kolonialprodukten, und die Weltindustrie Englands seit der Mitte des vorigen Jahrhunderts ist erst aus seinem Weltverkehr, nicht umgekehrt sein Weltverkehr aus seiner Fabrikation hervorgegangen.

Allerdings werden dem Handel und der Fabrikation immer Gewerbe der Rohstofferzeugung vorausgehen müssen, weil der Handel verkäufliche Werte und die Fabrikation Rohstoffe voraussetzt, die entweder im Inlande selbst erzeugt oder durch andere Erzeugnisse des Inlandes vom Auslande gekauft werden müssen. Aber etwas Weiteres haben die Völker wenigstens nicht notwendig miteinander gemein. Die Stufenfolge, in welcher sich die produktiven Gewerbe der verschiedenen Nationen aneinander reihen, hängt lediglich von der Natur und der Lage des Bodens ab, den sie bewohnen und der ihnen die Stoffe für ihre Arbeit und die ersten Mittel gewährt, ihre Lebensbedürfnisse zu befriedigen. Die Lage am Meere führt die Menschen naturgemäß zum Fischfang, zur Schiffahrt, zum Handel; Bergvölker treiben vorherrschend Jagd und Viehzucht, und in den Ebenen entwickelt sich am frühesten der Ackerbau, und mit diesen mannigfaltigen Anfängen einer nationalen Produktion sind auch verschiedene Wege des weiteren Verlaufs derselben vorgezeichnet, so daß das Fortschreiten der Produktion überhaupt nicht als allgemeine Norm der ökonomischen Völkerentwicklung angesehen werden kann.

Eine andere Gattung von Wirtschaftsstufen der Völker hat *Proudhon* in seiner Philosophie de la misère aufgestellt. Als Anhänger Hegelscher Dialektik betrachtete er die ganze Geschichte als einen ökonomischen Entwicklungsprozeß zur Lösung des Problems, ein absolutes Wertmaß zu finden und dadurch das Prinzip der Gerechtigkeit und Gleichheit zu verwirklichen, und läßt die Menschheit in diesem Prozeß 10 Stufen durchlaufen: die Stufe der Arbeitsteilung, der Maschinen, der Konkurrenz, des Monopols, der Steuer, der Handelsbilanz, des Kredits, des Eigentums, der Gemeinschaft und der Bevölkerung. Diese Reihe volkswirtschaftlicher Entwicklungsmomente ist aber, wie schon jeder Laie aus ihren Bezeichnungen schließen kann, nicht der Ideengang der ökonomischen Kulturgeschichte der Menschheit, sondern eine willkürlich konstruierte Kette bekannter Tatsachen, die nur in einen logischen oder vielmehr unlogischen Zusammenhang gebracht sind, so daß von historischer Forschung und Anschauung hier gar keine Rede ist. Man könnte die einzelnen Glieder der Reihe beliebig versetzen oder die ganze Reihenfolge geradezu umkehren, und man würde nicht stärker gegen die Geschichte sündigen als Proudhon.

Wenn hiernach diese Wege, allgemeine ökonomische Entwicklungsnormen der Völker aufzufinden, als verfehlt zu betrachten sind, so fragt es sich, sind solche Normen vorhanden und in welcher Sphäre des ökonomischen Lebens sind diese Normen zu suchen?

Bekanntlich zerfällt die Wirtschaft eines jeden Volkes in drei Elementarprozesse, in die *Produktion*, welche die Befriedigungsmittel der geistigen wie der physischen Bedürfnisse der Menschen schafft, in die *Konsumtion*, welche sie verwendet, und in das Mittelglied zwischen Produktion und Konsumtion, in die *Verteilung*, welche die Arbeitsprodukte jedes Menschen, soweit sie nicht zum Selbstgebrauch bestimmt sind, gegen die Erzeugnisse anderer umsetzt. Der letztere Prozeß ist zwar scheinbar untergeordnet, in der Tat aber der wichtigste. Indem er den Produzenten zum Konsumenten anderer Produzenten macht, knüpft er die Existenz jeder der beiden großen ökonomischen Lebenskreise an die des anderen und macht erst die gesellschaftliche Arbeitsteilung möglich. Es ist das soziale Element in der Ökonomie und wird immer einflußreicher, je mehr die Gesellschaft fortschreitet.

Daß auf dem Gebiete der *Produktion* keine Gleichheit der Völkerentwicklung stattfindet, ist schon gezeigt worden. Dasselbe gilt auch von der *Konsumtion*. Beide sind national verschieden; beide werden durch die Natur des Bodens bestimmt, auf welchem sie sich entfalten, die Produktion *direkt*, indem die Natur die Arbeitsstoffe liefert, an denen sich die schöpferische Kraft des Menschen heranbildet, die Konsumtion indirekt, indem sie wieder von den Gegenständen abhängt, welche aus dem Produktionsprozesse hervorgehen. In beiden findet eine reiche Entwicklung statt, aber die Bahnen, welche diese Entwicklung bei den verschiedenen Völkern einschlägt, sind nicht dieselben.

Anders ist es mit der *Verteilung*. Bei ihr ist der Stoff, welcher verteilt wird, gleichgültig. Das, was der Mensch durch sie vollbringt, ist nicht durch das von der Natur gegebene Objekt gebunden. Deshalb ist der Verteilungsprozeß von Klima und Boden unabhängig und über die räumlichen Natureinflüsse erhaben; er ist der universellste, der allgemein menschliche. Daher kommt es auch, daß die Verteilung der Güter diejenige Sphäre ist, in der wir dieselben allgemeinen Entwicklungsformen bei allen Völkern wiederfinden und in gleicher Ordnung aufeinander folgen sehen.

Entweder setzt man *Güter* unmittelbar gegen *Güter* um, oder man bedient sich des Tauschmittels der edeln Metalle, des *Geldes*, oder endlich man setzt Güter gegen das Versprechen um, in Zukunft denselben oder einen gleichen Wert zurückzuerstatten, d. h. gegen *Kredit.* Bei allen drei Umsatzarten ist das Wertmaß, welches im Verkehr zur Anwendung kommt, ganz gleichgültig, und es kann bei einer Geldrechnung ebensogut ein Kreditumsatz wie ein Geldumsatz oder ein Naturalumsatz stattfinden. Auf der Grundlage dieser drei möglichen Umsatzarten entwickeln sich drei Wirtschaftsformen: die *Naturalwirtschaft*, die *Geldwirtschaft* und die *Kreditwirtschaft.*

Mit der ersteren beginnt jede Nation ihre ökonomische Laufbahn, denn der Gebrauch des Geldes als Tauschmittel setzt Überfluß an Arbeit oder Arbeitsprodukten voraus, um das Metall zu gewinnen oder zu kaufen. Die Geldwirtschaft kann sich daher erst entwickeln, wenn bereits Wohlstand eingetreten ist, wenn die Völker mehr produzieren, als sie bedürfen. Die Kreditwirtschaft kann dagegen erst entstehen, wenn ein geregelter Geldverkehr vollkommen ausgebildet, aber die Schwerfälligkeit des Geldumsatzes bereits empfunden und das Bedürfnis nach Vereinfachung der Zahlmittel geweckt ist. Vorher ist der Kreditumsatz nur Ausnahme von der Regel und Folge augenblicklicher Zahlungsunfähigkeit. Er ist Resultat der Not, aber nicht der Einsicht in seine höhere Zweckmäßigkeit. Diese bestimmte Aufeinanderfolge ist daher in der Natur der einzelnen Wirtschaftsformen begründet und ist deshalb auch allgemeine historische Tatsache.

Bei *Homer* wird der Wert der Rüstungen, welche *Diomedes* und *Glaukos* eintauschen, nach Stieren geschätzt. Eisen wird mit Kupfer, eine Sklavin mit 20 Ochsen, Wein mit Erz, Häuten und Stieren, Lebensmittel mit Schmuck gekauft. In Athen waren die Strafen, welche die drakonische Gesetzgebung anordnete, Viehbußen, welche erst *Solon* in Geldstrafen umwandelte, indem er das Schaf zu einer und das Rind zu fünf Drachmen anschlug. Ebenso waren bei den Römern die ältesten Vermögensstrafen bis zur Zeit der Dezemviralgesetzgebung in Stieren und Schafen festgesetzt, und so wie *Aristoteles* in seiner Politik bezeugt, daß zu seiner Zeit viele barbarische Völker des Altertums nur Tauschhandel trieben, so herrschte auch im Mittelalter bei allen germanischen und slawischen Völkern vor dem Gebrauch des Geldes Warentausch. Im skandinavischen Norden war außer den Haustieren, eine Art Wollenzeug, welches den Namen Wadmal führte und den Vorzug größter Teilbarkeit besaß, allgemeines Zahlmittel, und der Wert einer Kuh oder 120 Ellen Wadmal bildeten die Rechnungseinheit. Bei den alten Germanen dienten neben Waffen Rinder, Pferde und andere Haustiere als Kaufmittel. Gerichtliche Bußen und Wehrgelder wurden in Vieh und Waffen entrichtet, und noch im 9. Jahrhundert wurde eine Sklavin um ein Pferd, Schild und Lanze in der Abtei Fulda verkauft. Noch in der Gegenwart finden wir den Naturalumsatz bei Völkern, welche entweder noch außer Verbindung mit der zivilisierten Welt stehen oder denen die Natur ihre Arbeit in so geringem Maße lohnt, daß sie wahrscheinlich für immer zu einem beschränkten Dasein verurteilt sind. In Texas dient Mais als Kauf- und Tauschmittel, in Neuseeland Tabak und Schießpulver. In Kiachta wird noch heute chinesischer Tee gegen russische Felle und Fabrikate von vereidigten Maklern verhandelt, und in Island wurde noch vor zwei Jahrzehnten nach Wolle, Talg und Butter beim Tausch gerechnet. Jeder isländische Bauer kam jährlich mehrere Male mit seiner ganzen Familie und mit 8 bis 20 Pferden nach der Stadt Reikiawik und setzte dort seinen ganzen Vorrat von Erzeugnissen nach den polizeilichen Taxen unmittelbar in Gegenstände um, die er zu Hause brauchte.

Daß diesem Naturaltausch bei allen zivilisierten Völkern der Erde der Geldumsatz gefolgt ist, bedarf keines Belegs und ist seit *Hoffmanns* Lehre vom Gelde auch ziemlich allgemein anerkannt. Nur gegen den Kreditumsatz dürften sich auf den ersten Blick geschichtliche Zweifel erheben, denn die Völker des klassischen Altertums kannten weder Banken noch Wechsel noch sonst ein Mittel, den Kredit als allgemeine Grundlage des Verkehrs zu benutzen. Zwar hatten die Trapezitae in Athen und die argentarii und nummularii in Rom bereits einen sehr ausgedehnten Geschäftskreis, der mit der Tätigkeit der modernen Banken manche Ähnlichkeit besitzt. Sie nahmen von Privaten Kapitalien entweder unverzinslich oder gegen mäßigen Zins in Verwahrung und leisteten namens der Deponenten auf deren Anweisung Zahlungen, sie glichen ferner die gegenseitigen Rechnungen ihrer Deponenten durch Ab- und Zuschreiben aus, liehen auf Pfänder und bewilligten in einzelnen Fällen selbst Vorschüsse. Indessen sind dies doch nur erst Anfänge des Kreditverkehrs und von einer weiteren Ausbildung desselben, wie sie die moderne Welt kennt, findet sich im Altertume keine Spur. Ebenso können die sehr vereinzelten Beispiele einer eisernen oder ledernen Kreditmünze, wie wir sie in der jonischen Kolonie der Klazomenier in Kleinasien, in Byzanz und in Karthago finden, um so weniger als Beweise eines entwickelten Kreditwesens gelten, als sie überall nur kurze Zeit während besonderer Finanzverlegenheiten des Staates in Gebrauch war.

Aber eben darin besteht ein eigentümlicher Vorzug der modernen Welt vor der des klassischen Altertums und ein wesentlicher Fortschritt der Geschichte, daß man infolge der Ausdehnung des Weltverkehrs und der Anerkennung einer Gleichberechtigung der verschiedenen Staaten und Völker zur allgemeinen Anwendung eines internationalen Kreditgeldes, des Wechsels, gelangt ist und zugleich vermöge eines höheren sozialen Lebensprinzips, der Anerkennung der persönlichen Menschenwürde in ihrer Unantastbarkeit und Unabhängigkeit von der Staatsgewalt, die Fähigkeit entwickelt hat, auch im inneren Verkehrsleben die Macht des Personalkredits als Umlaufsmittel auszubilden. Der Umstand, daß das Altertum nicht zur Entwicklung des Kreditverkehrs gelangte, kann deshalb ebensowenig einen Grund gegen die geschichtliche Wahrheit der drei genannten Umsatzformen abgeben, als die Tatsache, daß manche Völkerstämme bisher bei der ersten dieser Formen stehen geblieben sind.

Diese drei Wirtschaftsstufen sind nun allerdings nicht streng chronologisch voneinander geschieden, sondern entwickeln sich durch allmähliche Übergänge auseinander. Es geht mit ihnen wie mit allen großen historischen Ideen. Während die eine im Absterben begriffen ist, beginnt die folgende bereits in immer größeren Kreisen Macht zu gewinnen. Jede bildet einen Gegensatz zur vorhergehenden, und die vollständige Verwirklichung derselben ist das Resultat eines geschichtlichen Kampfes, in welchem das Alte allmählich von dem Neuen besiegt wird. Während die Geldwirtschaft in einzelnen Brennpunkten des Verkehrs, namentlich in den Städten schon während des Mittelalters ausgebildet war, dauerte in vielen gesellschaftlichen Kreisen und Verhältnissen der Naturalumsatz fort, und Fruchtgefälle, Fruchtzehnten und Naturalbesoldungen waren in Frankreich auf dem Lande noch beim Beginn der ersten französischen Revolution allgemein herrschend, und ihre letzten Reste sind in vielen Staaten Deutschlands erst 1848 zu Grabe getragen worden. Ebenso hat die Kreditwirtschaft an einzelnen Brennpunkten der zivilisierten Welt schon längst begonnen, obgleich die Geldwirtschaft erst am Ende des vorigen Jahrhunderts zur allgemeinen Herrschaft gelangt ist und gegenwärtig noch in den meisten Ländern Europas die vorwiegende Verkehrsform bildet.

Diese verschiedenen Umsatzformen, soweit wir sie bis jetzt kennen gelernt haben, würden aber ohne erhebliche Ausbeute für die Wissenschaft sein, wenn sie nicht weitgreifende Wirkungen auf das ganze soziale Leben der Völker äußerten und nicht jede derselben eine eigene ökonomische Welt mit selbständiger Organisation und selbständigen Lebensbedingungen begründete. Diese Seite des Gegenstandes soll hier noch in ihren Hauptmomenten erörtert, werden.

I. DIE NATURALWIRTSCHAFT

setzt einen ökonomischen Zustand voraus, in welchem das Kapital noch keine selbständige nationale Produktivkraft ist, denn alles Kapital entspringt wie das Geld aus dem Überschuß der Produkte über den Bedarf, und wo dieser Überschuß vorhanden ist, beginnt auch der allmähliche Gebrauch des Geldes.

Grundbesitz und menschliche Arbeitskräfte sind daher auch die einzigen Güterquellen und Arbeit, Grund und Boden und Bodenprodukte die einzigen Gegenstände des Umsatzes. Unter diesen Verhältnissen gibt es nur zwei Klassen der Bevölkerung, Arbeiter und Grundbesitzer, und diese sind entweder identisch, so daß jeder Grundherr seinen Akker selbst bestellt, und jeder Arbeiter zugleich Besitzer ist, oder sie sind verschieden. Im ersteren Fall gewährt die Bevölkerung das Bild einer bäuerlichen Demokratie, wie wir sie in einem großen Teile von Skandinavien während des Mittelalters sehen, einer Demokratie, die nur so lange bestehen kann, als ein großes Gleichmaß des Grundbesitzes vorhanden ist und niemand mehr Land besitzt, als er mit seiner Familie bearbeiten kann.

In letzterem Falle sind beide Klassen der Bevölkerung voneinander abhängig. Der Arbeiter kann ohne Grundbesitzer seine Arbeitskraft nicht verwerten, und der Grundbesitzer ohne Arbeiter sein Land nicht bebauen. Ersterer kauft seinen Lebensbedarf vom letzteren durch Dienste, letzterer die Arbeit des ersteren durch Grund und Boden. Daher entsteht hier mit einer gewissen Naturnotwendigkeit eine lehnsweise Übertragung von Grundeigentum gegen Naturalzinsen oder Dienste. Der Arbeiter, der das Land zur Bebauung empfängt, wird Dienstmann des Grundherrn. Das wechselseitige dauernde Bedürfnis beider bewirkt zugleich, daß dieses Verhältnis einen möglichst festen Charakter annimmt. Die Dienstverträge werden lebenslänglich oder erblich. Der Arbeiter wird an die Scholle gebunden. Er entbehrt das Recht der Freizügigkeit. Er ist nicht nur in seinen Eigentumsrechten, sondern auch in seiner persönlichen Freiheit beschränkt.

Dasselbe Verhältnis, welches sich im Privatleben entwikkelt, wiederholt sich im öffentlichen. Auch der Staat kann seine Bedürfnisse nur durch Grundbesitz bestreiten. Er kann Kriegsdienste und die Leistungen öffentlicher Beamten nur durch Übertragung von Land belohnen. Grund und Boden ist sein einziges Zahlmittel. Daher Domänenwirtschaft, Naturalabgaben und ein Lehnsnexus in den mannigfachsten Formen und Abstufungen.

Das Mittelalter, soweit es von der Geldwirtschaft der Städte unberührt blieb und soweit sich nicht jene bäuerliche Demokratie erhielt, zeigt uns diesen Zustand in sehr klarer Weise. Eine durch großen Grundbesitz mächtige Geistlichkeit, gelehrte und ungelehrte Mönche mit reichen Klosterpfründen, Könige und Fürsten mit ausgedehnten Domanial- und Hausgütern und daneben in den unteren Schichten der Gesellschaft verschiedene Grade höriger Arbeiter, die ihren Grundherren Zinsen und Zehnten zahlen oder Frondienste leisten, und in den höheren Kreisen eine Menge neben und übereinander gereihter Gutsherrschaften, welche durch die mannigfachsten Lehns- und Dienstverträge miteinander verbunden waren. Feudum bedeutet ursprünglich Vieh, Geld, Lehn, und die Glosse des Sachsenspiegels nennt das Lehn einen »Sold der Ritter von des Reiches Gute«. In der Tat war auch das Lehn nur eine besondere Art von Arbeitslohn, und so verschieden auch die rechtliche Stellung der Vasallen, Ministerialen und Hörigen war, alle waren Dienstleute, welche für ihre Leistungen Landnutzung als Lohn empfingen. Der ganze Feudalstaat jener Zeit ist nichts weiter als der Staat der ausgebildeten Naturalwirtschaft, in welchem alle öffentlichen wie alle Privatdienste durch Grund und Boden bezahlt werden, und es ist eine Täuschung, wenn man das Lehnswesen für ein ausschließliches Produkt des Mittelalters hält. Jede Nation hat ihre Naturalwirtschaft und mit ihr in der Regel auch ihre feudalen Institutionen gehabt. Wir finden sie bei den Amerikanern vor ihrer Unterjochung durch die Spanier, also vor aller Berührung mit Europa, wieder, wir finden sie auch schon bei den Völkern der alten Welt. Allerdings mußte im Altertum die Sklaverei das Bedürfnis zur Begründung von Lehns-

und Hörigkeitsverhältnissen vermindern, dennoch gab es bekanntlich in Lakedämon Heloten, in Thessalien Penester, in Kreta Klaroten, lauter hörige Feldarbeiter, welche die Erbleihegüter ihrer Grundherren bebauten und Naturalzinsen zahlten. Und die altitalische Klientel ist ebenso ein Lehnsinstitut wie der erst zur Zeit Constantins in den römischen Rechtsbüchern auftauchende, aber ohne Zweifel althergebrachte Kolonat der unterworfenen Völkerschaften in den Provinzen des römischen Reiches, so wenig auch zwischen beiden Instituten ein historischer Zusammenhang stattgefunden hat.

Das mittelalterliche Lehnswesen ist nur dadurch von den analogen Erscheinungen des Altertums verschieden, daß es gleichzeitig alle europäischen Staaten mit wenigen Ausnahmen von den untersten Lebenskreisen bis zur Spitze durchdrang und durch die kirchlichen und rechtlichen Anschauungen jener Zeit nach und nach auch theoretisch zu einem besonderen großartigen Rechtssystem ausgebildet wurde. Im Altertum ist der Lehnsnexus nur ein lokales Verhältnis, im Mittelalter wird er ein nationales und sogar ein völkerrechtliches.

Sowie nun aber das Lehns- und Dienstwesen lediglich eine Wirkung nationalökonomischer Ursachen ist, so übt es auch wieder umgekehrt eine mächtige Rückwirkung auf das ökonomische Leben der Völker aus.

Da jeder Arbeiter an den Boden gebunden ist, den er bebaut, so herrscht keine freie Verbindung der Produktivkräfte, keine freie Konkurrenz, kein Wetteifer persönlicher Anstrengungen und Leistungen. Jedem ist seine Stelle dauernd gegeben ohne Rücksicht auf Fähigkeit und Neigung. Er tut die Arbeit, die er ererbt hat, nur *weil* und *soweit* er sie tun muß. Die Unmöglichkeit, seine Lage zu verändern und zu verbessern, erstickt den Trieb, sich zu vervollkommnen.

Daher der langsame, einförmige Gang aller Produktionszweige. Jahrhundertelang bebaut man den Boden auf dieselbe Weise. Überall herrscht dieselbe Trägheit und Schwerfälligkeit, überall dieselbe von den Vätern überkommene

Betriebsart, dieselbe Stabilität aller Lebens- und Arbeitsverhältnisse. Mit dieser Unvollkommenheit der Produktion ist notwendig eine äußerst geringe Vermehrung des Kapitals und des Nationalreichtums verbunden. Weder die Dienste, mit denen der Arbeiter seine Lebensverhältnisse kauft, noch der Grund und Boden, das Zahlmittel des besitzenden Standes, sind versendbar und aufsammlungsfähig. Jede von beiden Klassen der Bevölkerung kann nur in nächster Umgebung unmittelbar von der anderen kaufen, was der Augenblick erfordert. Auch das, was beide Klassen mit jenen Kaufmitteln erwerben, Früchte, Vieh, Kleidungsstücke usw., ist schnell vergänglich und nicht aufbewahrungsfähig. Der Mensch kann deshalb nicht für die Zukunft sparen; er kann Überfluß und Mangel weder in der Zeit noch im Raume ausgleichen, er lebt nur für den Moment. Nach glücklichen Ernten hat er Überfluß, nach ungünstigen leidet er Mangel. Er hängt mit seinem Erwerbe ganz von der Gunst oder Ungunst des Himmels ab, er ist noch ein Sklave der Natur. Daher ein ungeheures Schwanken der Fruchtpreise, das im Mittelalter so groß ist, daß in England 1289 der Preis des Weizens das 192fache des Preises von 1270 betrug. Daher die häufige Hungersnot und infolgedessen die vielen verheerenden Krankheiten. Daher bei gleichartigen und unbeweglichen Lebensverhältnissen der unendliche Wechsel der Lage der arbeitenden Klassen. Es fehlt zwar nicht an Kampf um den Besitz, und die Gewalt des Stärkeren kann einen kleinen Teil der Bevölkerung zu großen, mächtigen Grundherren machen, aber das allgemeine Los der Völker auf dieser nationalökonomischen Entwicklungsstufe ist notwendig Armut und Elend.

II. DIE GELDWIRTSCHAFT.

Erst die Geldwirtschaft hebt allmählich diesen Notstand auf. In den edeln Metallen gewinnen die Völker ein ökonomisches Gut, welches wegen seiner physikalischen Eigenschaften in einem höheren Grade als jedes andere die Fähigkeit besitzt, nicht nur als Wertmaß aller Dinge, sondern auch als allgemeines Kaufmittel zu dienen.

Abgesehen von der *Schönheit ihrer Farbe* und der *Stärke ihres Glanzes*, übertreffen Gold und Silber alle anderen Körper durch ihre *Unveränderlichkeit* unter dem Einfluß auf sie wirkender Naturkräfte. Übergoldete Verzierungen, welche fortwährend der Luft ausgesetzt sind, bleiben jahrhundertelang glänzend. Goldmünzen, welche Jahrtausende unter der Erde gelegen, haben die Schärfe ihres Gepräges noch nicht verloren, und Goldgefäße, wenn sie nicht durch mechanische Reibung abgenutzt werden, sind von ewiger Dauer.

Zugleich besitzen Gold und Silber eine große *Zähigkeit* und sind die *geschmeidigsten* und *dehnbarsten* Metalle. Das dünnste Blattgold hat nur eine Dicke von $^{1}/_{23\,000}$ Linie, und ein Silberstab von 15 Linien ($1^{1}/_{2}$ Zoll) Stärke und 22 Zoll Länge mit 2 Lot Gold überzogen läßt sich zu einem vergoldeten Draht strecken, der 55 geogr. Meilen durchläuft. Ihre Verarbeitung zu Schmucksachen und Geschirren ist daher mit den geringsten Schwierigkeiten verbunden. Sie sind ferner vortreffliche *Leiter der Elektrizität* und die *besten Wärmeleiter*; in derselben Zeit, in welcher ein Stück Eisen 3743 Wärmegraden den Durchgang durch seine Substanz gestattet, gehen durch ein Stück Silber von gleicher Dicke 9730 und durch ein gleich starkes Stück Gold 10 000 Wärmegrade.

Endlich sind sie nicht nur ohne Veränderung ihrer Natur beliebig *teilbar*, sondern ihre Teile lassen sich auch mit dem geringsten Aufwand von Arbeit und Kapital und mit dem geringsten Verlust wieder zu Ganzen vereinigen.

In einzelnen dieser Eigenschaften werden sie allerdings von anderen Stoffen übertroffen oder erreicht, aber keiner besitzt sämtliche Eigenschaften vereinigt. Die Unveränderlichkeit teilen Gold und Silber mit dem Diamanten, aber der Diamant ist weder dehnbar noch teilbar; seine einzelnen Stücke besitzen nicht den Wert des Ganzen. In der Form von Gefäßen und Geschirren werden sie durch Glas und

Porzellan ersetzt, aber beide Stoffe sind nicht dauerhaft. An Zähigkeit werden sie besonders vom Eisen übertroffen. Ein zylindrischer Golddraht von 2 Millimeter Durchmesser zerreißt bei einer Belastung von 68 Kilogramm, ein Silberdraht von gleicher Stärke bei einer Belastung von 85 Kilogramm und der Eisendraht erst bei einer Belastung von 250 Kilogramm, aber das Eisen verliert in Luft und Wasser seinen Glanz und rostet.

Das Zusammentreffen der genannten Vorzüge macht Gold und Silber zu den brauchbarsten Stoffen, welche der menschlichen Technik zu Gebote stehen, und begründet in Verbindung mit der Seltenheit beider Metalle ihre *Kostbarkeit*. Diese ist aber wieder Ursache zweier ökonomischen Vorzüge, der *großen Transportabilität* und der Fähigkeit, überall auf der Erdoberfläche in völlig *gleicher Reinheit* und *Güte* hergestellt zu werden. Denn da die Scheidungskosten bei allen Metallen ziemlich gleichviel betragen, so stehen sie mit dem Metallwert ebenso wie die Transportkosten im umgekehrten Verhältnis und erreichen beim Gold ein kaum nennenswertes Minimum. Während sie bei dem Kupfer auf dem heutigen Standpunkte der Technik den ganzen Metallwert erreichen, betragen sie beim Silber nur ungefähr 2% und beim Gold nur $^1/_3$% des Wertes.

Durch das Zusammenwirken aller dieser Vorzüge werden die edeln Metalle im hohen Grade unabhängig von Zeit und Raum und erhalten gleichsam einen kosmopolitischen Charakter. Sie werden namentlich in der Form der Münze zu dem allgemeinsten Gute, das allen anderen Gütern als Normalgut gegenübertritt, das überall möglichst gleichen Wert besitzt, überall gilt und überall die Fähigkeit in sich trägt, als Anweisung auf alle anderen Güter, als Geld zu dienen.

Durch Einführung dieses neuen Tausch- und Kaufmittels wird nun ein aufbewahrungsfähiges Gut erworben, in welches jeder die vergänglichen Früchte seines Fleißes umsetzen kann. Die Konsumtion ist nicht mehr an den Moment gebunden. Das Geld dient als Sparkasse, in der die Überschüsse der Arbeitsprodukte über den augenblicklichen

Bedarf angelegt und für eine zukünftige Verwendung aufgesammelt werden können. Es wird dadurch Grundlage und Hebel zur Entwicklung eines Nationalkapitals und fügt somit zu den beiden nationalen Produktivkräften, welche in der Naturalwirtschaft fast ausschließlich herrschen, der *Naturkraft* und der menschlichen *Arbeitskraft*, als dritte die *Kapitalkraft* hinzu, welche mit der fortschreitenden Ausdehnung der Geldwirtschaft im großen Produktionsprozesse der Völker immer einflußreicher und mächtiger wird.

Hierdurch entwickelt sich neben den beiden vorhandenen Klassen der Bevölkerung eine dritte, die der Kapitalisten, der Besitzer beweglichen Eigentums, und die Grundherren verlieren ihr Besitzmonopol. Es entsteht so nicht nur eine neue soziale Macht den Grundherren gegenüber, sondern es verändert sich auch die Stellung der Arbeitsklasse. Der Arbeiter ist nicht mehr an den Grundherrn ausschließlich gebunden, er kann seine Arbeitskraft der Fruchtbarmachung des Kapitals zuwenden und in den Dienst des Kapitalbesitzers treten. Es eröffnet sich ihm hier eine große neue Laufbahn, in der er sich von der Scholle, an die ihn die Naturalwirtschaft gefesselt hatte, befreien und eine selbständige Existenz erringen kann. Von dem Kapitalisten empfängt er nicht mehr *Landnutzung* als Lohn seiner Arbeit, sondern *Geld*. Das Geld ist aber versendbar; seine Verwendung ist an keinen Ort gebunden. Dadurch erweitert sich die ökonomische Fähigkeit des Arbeiters. Er kann mit seinem Lohn jede Ware und jeden Dienst ohne Rücksicht auf Zeit und Örtlichkeit erwerben, die den Preis desselben nicht übersteigt; er kann in entfernten Gegenden kaufen und Bedürfnisse befriedigen, für die ihm vorher keine Mittel zu Gebote standen. Er kann auch seinen Lohn aufsparen und Kapital sammeln und so selbst allmählich in die Reihen der besitzenden Klassen eintreten.

Das Kapital ist nicht wie der Grund und Boden auf feste Grenzen beschränkt, es ist unendlich vermehrbar. Während die Grundbesitzer eine geschlossene Kaste bilden, in welche nur der eintreten kann, der von den vorhandenen Mitgliedern dieser Kaste Besitz erwirkt, ist die Zahl der Kapitalbesitzer durch nichts beschränkt. Zu dem vorhandenen Kapital kann immer neues wachsen, und zu den vorhandenen Kapitalbesitzern können immer neue treten. Jeder hat freien Zugang. Das Geld befreit den Arbeiter auf diese Weise nicht nur von der Untertänigkeit unter einen Grundherrn, es bildet auch das Mittel, durch welches er aus einem dienenden Arbeiter zum Besitzer werden kann.

Aber auch die Lage derjenigen Arbeiter, welche noch im Dienste der Grundherren verbleiben, wird durch das Geld wesentlich umgestaltet. Der Grundbesitzer, der nunmehr seine Bodenprodukte in Geld verwertet, empfängt in diesem Gegenwerte ein kapitalisierungsfähiges Gut und zugleich ein weit bequemeres Zahlmittel, als seine Grundstücke gewährten. Er kann nun anfangen, auf die Landwirtschaft Kapital zu verwenden und den Bebauern seiner Felder Zeitlohn in Geld zu zahlen, und wird dadurch in den Stand gesetzt, tüchtige Arbeitskräfte auszuwählen und untüchtige zu entlassen. Sein Grundbesitz verspricht ihm unter den Händen freier Arbeiter, welche um Tagelohn dienen, einen weit höheren Ertrag als in den Händen von Frönern. Ohnehin stimmen die fixierten Dienstleistungen der Hörigen nicht mehr mit den Bedürfnissen eines verbesserten Betriebes überein. Daher treibt das eigene Interesse den Grundherrn, seine festen und erblichen Kontrakte zu lösen und die Fesseln beseitigen zu helfen, welche die Naturalwirtschaft um den Landarbeiter geschlungen hat. Die Grundlasten und Frondienste werden in Geld verwandelt und nach und nach abgelöst oder wie in der französischen Revolution auf dem Wege der Gewalt abgeschafft. Der Arbeiter wird aus einem Hörigen, entweder freier Bauer oder freier Knecht und Tagelöhner, der nicht mehr an den Boden gekettet ist, sondern nach Belieben seinen Brotherrn wechseln und diejenige Arbeit aufsuchen kann, die seinen Fähigkeiten und Neigungen am meisten entspricht. Der Gebundenheit und Unbeweglichkeit der Arbeitskräfte folgt ungehemmte Zirkulation und freie Konkurrenz derselben. Jeder erhält Raum, seine

Anlagen und Talente zu entwickeln. Jeder strebt nach der geeignetsten Stelle, an der er seine Leistungen am besten verwerten kann. Jeder sucht sich zu vervollkommnen und eine erhöhte Lebensstellung zu erringen. Neben der mechanischen Arbeit des Menschen beginnen auch seine sittlichen und geistigen Eigenschaften, sein Fleiß und seine Intelligenz zu produzieren. An die Stelle der Schlaffheit tritt Tatkraft; an die Stelle des starren Festhaltens am Alten und Gewohnten tritt Beweglichkeit und Strebsamkeit. An die Stelle der Einförmigkeit und Gleichmäßigkeit tritt eine große Mannigfaltigkeit aller menschlichen Produktivkräfte und eine Abstufung der Gesellschaft nach dem Talent.

Aber nicht bloß die Menschen werden durch das Geld beweglich, auch das von Natur Unbewegliche, der Grund und Boden wird allmählich in den neuen Strom des Verkehrs mit-, fortgerissen und nimmt die Beweglichkeit des Geldes an. Durch die Ablösung der Naturallasten werden die bäuerlichen Grundstücke frei. Der kleine Besitzer kann über sie verfügen wie über eine bewegliche Sache, er kann sie nach Bedürfnis verpfänden, teilen, veräußern. Für den großen Grundherrn erwächst ein größerer Vorteil, wenn er sich des Überflusses seines Besitzes entledigt. Das Land ist für ihn nicht mehr ausschließliches Kaufmittel; es hat für ihn nur Wert, soweit es Produkte hervorbringt; was er nicht vorteilhaft bewirtschaften kann, bringt ihm höheren Ertrag durch Umsatz in bewegliches Kapital. Ohnehin erfordert die Konkurrenz Kapitalaufwand zur Verbesserung des Betriebes. Die Aufhebung des Lehnswesens und die Einführung der Teilbarkeit alles Grundbesitzes liegen daher ebensosehr im Interesse der Grundherren wie in dem der übrigen Bevölkerung. Daher verschwinden mit der Verbreitung der Geldwirtschaft immer mehr Majorate, Minorate und überhaupt alle Arten geschlossener Güter. Der Grund und Boden bleibt nicht mehr in denselben Händen, er wandert wie das bewegliche Kapital und geht in die Hände über, die ihn zurzeit am vollkommensten bewirtschaften können.

So entsteht in der Geldwirtschaft nicht nur eine Vermehrung der bestehenden, sondern auch eine vollständige Umgestaltung der vorhandenen Produktivkräfte, und damit ändert sich auch der ganze Produktionsprozeß der Völker.

In den Gewerben der Rohstofferzeugung beginnt ein durch wissenschaftliche Einsicht geleiteter Betrieb, der den Boden zu höherem Ertrag nötigt und je nach der Örtlichkeit verschiedene Wege einschlägt, die Hindernisse der Natur zu überwinden. Durch vermehrten Aufwand von Kapital- und Menschenkräften werden überflüssige Wälder ausgerodet, Weiden in Wiesen verwandelt, Wiesen durch künstliche Bewässerungssysteme ertragsfähiger gemacht, Sümpfe zu fruchtbaren Feldern umgeschaffen, Haustiere und Pflanzen veredelt und überhaupt die unzähligen Vervollkommnungen erzielt, welche die europäische Bodenkultur seit der Mitte des vorigen Jahrhunderts nach und nach errungen hat.

Gleichzeitig löst sich die Technik von der Landwirtschaft los. Während in der Naturalwirtschaft der Bauer seine Wolle selbst verspann und verwebte, entsteht jetzt eine Arbeitsteilung zwischen den Gewerben der Stofferzeugung und Stoffveredelung, und die letzteren schreiten nach und nach von dem einfachen Handelsbetriebe zur Fabrikation in größtem Stile fort. Die Arbeitsteilung der Fabriken nötigt zur Freiheit des Gewerbebetriebs und führt zu neuen Erfindungen und zur größeren Wohlfeilheit der Produktion und der Produkte, die Wohlfeilheit zu stärkerer Nachfrage und zu massenhafterem Betrieb. Die Wissenschaft tritt in enge Verbindung mit der Technik. Die Naturkräfte werden auch in der Industrie immer mehr dem Menschen dienstbar. An die Stelle der mechanischen Arbeit des Menschen treten Maschinen und vervielfältigen seine Produktionskraft.

Gleichzeitig vervollkommnet sich der Prozeß der Güterverteilung. Die Münze macht beim Umsatz eine genauere und schnellere Ausgleichung möglich und beschleunigt daher die Zirkulation. Der Handel bildet sich infolge der Arbeitsteilung immer mehr zu einem selbständigen Gewerbe aus. Die Kommunikationswege und Transportmittel werden vollkommener. Gegenden, welche bisher ohne Verkehr nebeneinander lebten, können ihren Mangel und ihren Überfluß ausgleichen und sich wechselseitig ihre ökonomische Lage verbessern. *Fruchtpreise, Tagelohn* und *Zinsfuß* werden gleichmäßiger, *Notjahre* seltener. An die Stelle der Armut tritt Wohlstand. Mit dem Wohlstand wächst die Bevölkerung und ihre Genuß- und Bildungsfähigkeit. Die ganze Nation bekommt einen schnelleren Blutumlauf. Nicht nur der Austausch der Produkte, auch der Austausch der Interessen, Ansichten und Gesinnungen wird beflügelt. Alle sozialen Pulse schlagen schneller, und dieselbe rasche Zirkulation, welche die Verkehrswelt ergreift, herrscht auch in der Ideen- und Gedankenwelt.

Aber nicht nur in dem wirtschaftlichen Leben des Volkes zeigt sich die Macht des Geldes; auch der Staat wird durch sie umgestaltet. Neben der in der Naturalwirtschaft allein berechtigten Grund- und Lehnsaristokratie entwickelt sich in der Bevölkerung eine Geld- und Kapitalmacht, welche immer mehr ihre Interessen zur Geltung bringt und nach der gleichen Teilnahme am Staate und der Gesetzgebung ringt. An die Stelle der Lehnsstände treten politische Körper, in denen auch das bewegliche Vermögen und die gewerblichen Stände ihre Vertretung finden. An die Stelle der Kriegspflicht der Vasallen tritt der Söldnerdienst oder die bürgerliche Wehrpflicht, an die Stelle des erblichen Staats- und Hofamtes, welches an das Lehn geknüpft war, der besoldete Staatsdienst, der auf der persönlichen Tüchtigkeit beruht, und an die Stelle der Standesgerichte allgemeine Staatsgerichtshöfe. Die Domänenwirtschaft und die Naturallieferungen werden durch Steuersysteme verdrängt, welche jeden Bürger zu regelmäßigen Geldleistungen an den Staat verpflichten; und mit dieser allgemeinen Steuerpflicht der Bürger und dem Steuerrecht des Staates wachsen und erweitern sich auch die Zwecke und Aufgaben des Staates.

Mit diesen Lichtseiten der neuen ökonomischen Bildungsstufe entwickeln sich aber auch allmählich Schattenseiten, die um so stärker hervortreten, je mehr diese Wirtschaftsform ihre Herrschaft ausdehnt. Dieselbe Macht des Geldes, welche den Arbeiter von seiner Scholle befreite, die Frondienste und bäuerlichen Lasten aufhob und die Bande des Lehnsnexus löste, dieselbe Macht stellt den Arbeiter wie jede industrielle Kraft auf sich selbst, isoliert ihn, reißt ihn von dem Interesse des anderen los und wirft ihn in den Strudel der allgemeinen Konkurrenz. In der Naturalwirtschaft hatte der Grundherr noch ein Interesse an dem Arbeiter; er konnte ohne denselben nicht bestehen; er konnte ohne denselben seine Felder nicht bestellen; er mußte für ihn sorgen, um ihn nicht zu verlieren. Jeder Unfall des Arbeiters fiel auf den Herrn zurück. Beider Interessen, beider Wohl und Wehe waren eng verbunden. In der Geldwirtschaft kann der Grund- und Fabrikherr jeden Arbeiterverlust durch andere Arbeiter ersetzen, er kann sich für seinen Geldlohn die einträglichsten Arbeitskräfte auswählen, er kann sie in ihren gesunden Tagen benutzen und im Alter sich selbst überlassen. Jeder einzelne steht allein, jeder kann seine egoistischen Interessen ungehindert verfolgen. Das Talent erdrückt den weniger Begabten, der große Kapitalist den kleinen, der kleine den Besitzlosen. Es entwickelt sich ein Kampf aller sozialen Kräfte, der zu einer Geld- und Kapitalherrschaft führt, welche die neue Beweglichkeit des Lebens zu ihren Gunsten ausbeutet, ein Kampf, der, soweit er nicht in der öffentlichen Moralität des Volkes Schranken findet, mit der Niederlage des Schwächeren, mit dem Proletariat endigt.

So entsteht wiederum ein neues geldwirtschaftliches Elend, und für dieses gewährt nur die dritte Wirtschaftsform, die Kreditwirtschaft, Heilmittel.

III. DIE KREDITWIRTSCHAFT.

Kredit ist das Vertrauen in die Erfüllung eines gegebenen Versprechens und zugleich die Summe von Eigenschaften, welche dieses Vertrauen begründen. Bezieht sich das Versprechen auf eine Zahlung, so wird der Kredit Stellvertreter des Tauschmittels, er bewirkt Umsätze, er erhält die Macht des Geldes, wird selbst Geld.

Vom Metallgeld unterscheidet er sich in seinen nächsten Wirkungen dadurch, daß er nicht wie jenes den Umsatz bis zu seiner Vollendung sofort vollzieht. Er begründet vielmehr ein Schuldverhältnis, das durch eine Urkunde, durch ein Kreditpapier oder auch nur durch Eintragung in die Geschäftsbücher konstatiert werden kann. Er zerlegt daher den Umsatz in zwei Momente, in den Moment, wo ein Wertgegenstand in die Hand des Käufers übergeht, und in den Moment, wo ein Äquivalent dieses Wertes dem Käufer wiedererstattet und die Schuld getilgt wird, oder mit anderen Worten: er vereinigt zwei Umsätze verschiedener Zeiten in der Weise, daß jeder dieser beiden Umsätze nur als Moment eines einzigen Umsatzes erscheint. Der Kredit verbindet daher Käufer und Verkäufer so lange miteinander, als das Schuldverhältnis dauert. Während das Metallgeld nach vollzogenem Umsatz die Menschen sofort wieder voneinander löst, knüpft das Zahlmittel des Kredits die Menschen aneinander, verpflichtet sie gegenseitig und erzeugt eine Reihe von Assoziationen, die einerseits in dem gegenseitigen Vertrauen wurzeln, andererseits wieder ein gegenseitiges Interesse aneinander hervorrufen.

Der Kredit ist ferner ein vollkommeneres Umsatzmittel als das Metallgeld. Er erspart jeder Nation die Zeit und die Arbeit der Geldauszahlung und des Geldtransports, er erspart ferner das Geld selbst, und da jede Nation ihren Geldbedarf erst durch Arbeit oder Arbeitsprodukte erkaufen muß, der Kredit aber als ideale Macht nicht durch materielle Güter erworben wird, so erspart der Kredit jeder Nation so viel Werte, als er Metallgeld ersetzt, und vermehrt dadurch das Nationalkapital.

Die Geldkraft des Kredits wird in der augenscheinlichsten Weise durch zwei Institute wirksam, durch den *Wechsel* für den internationalen Verkehr und durch die *Banken* für den nationalen Verkehr. Der Umfang der durch beide Institute möglichen Kreditumsätze kann aus der Tatsache bemessen werden, daß nach den zuverlässigsten statistischen Ermittelungen in Großbritannien noch nicht 40 Millionen L. St. Metallgeld zirkulieren, daß aber die Notenzirkulation trotz der *Peel*schen Beschränkung zwischen 34 und 40 Millionen L. St. schwankt, und die gleichzeitige Wechselzirkulation sich auf die Summe von 120 Millionen L. St. beläuft, so daß die Summe des umlaufenden Kreditgeldes ohne die Schecks beinahe das Vierfache des zirkulierenden Metallgeldes beträgt. Ein ebenso großer, und wahrscheinlich weit größerer, wenn auch weniger sichtbarer und in Zahlen bemeßbarer Umsatz findet aber auch ohne Vermittelung dieser beiden Institute statt, sei es durch einfache Eintragung in die Geschäftsbücher, sei es durch schriftliche Anerkennung, sei es endlich durch gegenseitige Verrechnung.

Wie der deutsche Buchhandel alle wechselseitigen Bücher- und Musikalienumsätze nur in seinen Geschäftsbüchern verzeichnet und erst am Schlusse des Jahres in der Buchhändlermesse gegenseitige Abrechnung hält, so können tausende von Geschäftsleuten im Konto-korrent-Verhältnis zueinander stehen und sich im Laufe des Jahres einander Werte liefern, für die niemals Zahlung geleistet wird. Am Schlusse des Jahres wird die laufende Rechnung abgeschlossen, die Wertbeträge der Lieferungen und Gegenlieferungen werden gegenüber gestellt, und der Überschuß der einen oder der anderen wird als Saldo auf die neue Rechnung übertragen. Will man sich von der ungeheueren Wertsumme der auf diese Weise teils jetzt schon bewirkten teils noch möglichen Kreditumsätze einen Begriff machen, so muß man sich die im Produktionsprozesse der Gegenwart herrschende außerordentliche Arbeitsteilung vergegenwärtigen, aus welcher die vollendeten Produkte des menschlichen Fleißes hervorgehen. Der allergeringste Teil der produzierten Werte wird von *einer* Hand oder durch *einen* gewerblichen Prozeß unmittelbar vollendet. Bei weitem die meisten wandern durch eine lange Reihe von Produzenten hindurch. Jeder empfängt das Produkt seines Vorgängers, fügt seine Arbeit hinzu und überträgt es wieder seinem

Nachfolger zu weiterer Bearbeitung. Jeder leiht mit der einen und entlehnt mit der anderen Hand. Der Produzent von Rohstoffen schießt diese dem Fabrikanten vor, der ihnen die erste Form gibt und seinerseits wieder die Arbeitsinstrumente entlehnt; der Fabrikant überbringt die bearbeiteten Rohstoffe einem dritten, der ihnen eine neue Form verleiht und sie dann unter gleichen Bedingungen einem vierten übergibt, aus dessen Besitz sie wieder in vollkommener Gestalt in den eines fünften übergehen, bis sie endlich aus den Händen desjenigen, der ihnen die letzte Form erteilt hat, als vollendete den menschlichen Bedürfnissen entsprechende Ware in die Hände des Großhändlers gelangen um aus dessen Niederlage entweder in den Welthandel oder in den Kaufladen des Kleinhändlers zu wandern, von dem sie schließlich der Konsument bezieht.

Alle diese Übertragungen, die sich auf das Mannigfaltigste durchkreuzen und mit jedem Fortschritt der Produktion und des Verkehrs wachsen, bieten der Geldkraft des Kredits einen um so größeren Raum der Entfaltung, als sie auch durch einfache schriftliche Zahlungsversprechen bescheinigt werden können, welche die Eigenschaft besitzen, in der Hand ihrer Empfänger sofort wieder als Kaufmittel für wirkliche Werte zu dienen, so daß mit Hilfe dieser kaufmännischen Kreditpapiere dem Gewerbtreibenden die Möglichkeit gegeben wird, neben den Werten, die er vom anderen auf Kredit empfängt, auch diejenigen Werte, die er anderen auf Kredit gibt, sich gleichzeitig nutzbar zu machen.

Solange indesssen in den Augen des Publikums nur derjenige Vertrauen genießt, welcher hinreichenden Besitz hat, um für den von ihm erkauften oder entlehnten Wert nötigenfalls volle Realbürgschaft leisten zu können, solange ist die Macht des Kredits als Geld immer noch eine beschränkte. Allerdings gewährt schon dieser Realkredit der Nationalwirtschaft alle Vorteile eines vollkommensten und wohlfeilsten Umlaufsmittel und steigert zugleich in ganz außerordentlichem Grade die produktive Kraft aller gewerblichen Klassen, aber er bleibt nur ein Privilegium des wohlhabenden Teils der Bevölkerung.

Die Geldfähigkeit des Kredits erstreckt sich aber unendlich viel weiter. Es gibt nicht nur einen Kredit für den, der etwas hat, sondern auch für den, der etwas ist. Auch die sittlichen Eigenschaften der Menschen können den Kredit begründen und dem Verkäufer oder Darleiher als hinreichende Bürgschaft für die Wiedererstattung seiner Werte gelten. Es kann ein Umsatz im Vertrauen auf die künftigen Leistungen eines Menschen stattfinden. Wird dieser persönliche oder vielmehr moralische Kredit ausgebildet und durch Bank- oder Kreditinstitute wie die gegenwärtigen Spar- und Leihkassen der Schweiz oder die deutschen Vorschuß- und Kreditgenossenschaften realisiert, so hört das Monopol der Kapitalisten, die Kluft zwischen Eigentümern und Nichteigentümern auf. Der moralische Wert des Menschen erhält die Kraft des Kapitals. Die Besitzfähigkeit wird auch auf den Besitzlosen übertragen. Der redliche und befähigte Arbeiter ist ebenso wie der Kapitalist imstande, selbst Unternehmer zu werden und außer seinem Arbeitslohne eine Besitzrente zu beziehen. Die Banken übernehmen auf diese Weise die Funktionen des Herzens im gesellschaftlichen Organismus; sie sammeln alle müßigen Kapitalkräfte, um sie schleunigst nach allen bedürftigen Punkten des Organismus wieder zu verteilen. Sie werden Assekurranzinstitute zwischen dem Reichen und dem Armen. Der erstere wird durch sie der gesellschaftliche Erzieher des letzteren und trägt die moralischen Verpflichtungen ab, welche die Wohltat des Besitzes in der Gesellschaft ihm auferlegt.

Die *Naturalwirtschaft* hatte die Menschen durch äußerliche, sinnliche Bande aneinander gefesselt, aber dadurch die Entwicklung einer frischen, freien Saftströmung in dem Organismus der Völker gehemmt; die *Geldwirtschaft* hatte jene Fesseln gesprengt und die Menschen zu neuer Kraft und neuem Leben erweckt, aber eine selbstsüchtige Interessenökonomie geschaffen und die ganze Gesellschaft in lauter Atome aufgelöst. Die *Kreditwirtschaft* verbindet die Menschen wieder durch geistige und sittliche Bande; sie vereinigt die größte Beweglichkeit mit der inneren Festigkeit, sie verallgemeinert die Kapitalkraft der Nation, sie arbeitet an der Beseitigung des Proletariats und ruft so eine ökonomische Lebensordnung hervor, welche die Vorteile der beiden früheren wirtschaftlichen Entwicklungsepochen miteinander verbindet.

Allerdings kann diese Lebensordnung nicht durch einzelne Institute konstruiert werden. Der Kredit ist eine geistige und sittliche Macht wie die Wissenschaft; er beruht auf der Ehrlichkeit und Gewissenhaftigkeit, auf dem gegenseitigen Vertrauen, überhaupt auf der öffentlichen Moral des Volkes. Wo diese nicht vorhanden ist, da helfen weder Banken noch Kreditpapiere. Die letzteren können ebensogut Zeichen des Kredits wie des *Mißkredits* sein, sie sind nur Organe des Kredits wie die Druckbogen Organe der Wissenschaft sind, und ebensowenig als die Masse der jährlich gedruckten Bogen die Höhe der wissenschaftlichen Kultur eines Volkes bekundet, ebensowenig zeigt die Masse von Banknoten oder Papiergeld den Grad an, bis zu welchem die Macht des Kredits entwickelt ist. Am allerwenigsten sind Börsenspiel, Differenzgeschäfte und ähnliche unmoralische Spekulationen auf den Verlust anderer Zeichen vorhandener Kreditwirtschaft; sie sind vielmehr nur Auswüchse der Geldwirtschaft und vernichten gerade den Kredit.

Daher ist die dritte Wirtschaftsform nicht überall realisierbar, sie hat ihre notwendigen Voraussetzungen, sie kann sich nur auf einer hohen Kulturstufe der Völker entfalten, aber sie ist für die zivilisiertesten Länder Europas die Wirtschaftsform der nächsten Zukunft und das wirksamste Heilmittel gegen die sozialen Schäden der Gegenwart.

Wenn es gelungen sein sollte, den Leser zu überzeugen, daß das wirtschaftliche Leben der Völker einer gesetzlichen Entwicklung zu immer höherer Kultur unterworfen ist, so wird derselbe auch einverstanden sein, wenn zum Schluß noch der Satz ausgesprochen und behauptet wird, daß nicht nur das Leben der einzelnen Völker, sondern auch die Wirtschaft der ganzen Menschheit einen gesetzlichen Verlauf zu immer höherer Vervollkommnung nimmt, und daß der *Lessing*sche Gedanke einer Erziehung des Menschengeschlechts nicht nur auf die Religion und die ihr verwandten Gebiete der geistigen Kultur, sondern auch auf das *nationalökonomische Leben* des Menschengeschlechts seine Anwendung findet.

GUSTAV SCHMOLLER
ERÖFFNUNGSREDE AUF DER EISENACHER VERSAMMLUNG ZUR BESPRECHUNG DER SOZIALEN FRAGE
1872

Meine Herrn! Erlauben Sie, daß ich, ehe wir in die Tagesordnung und in die Debatte eintreten, im Namen der Herrn, welche Sie zu der heutigen Versammlung eingeladen haben, und spezieller noch im Namen derer, welche das Vorbereitungs-Komitee gebildet haben, Sie Alle herzlich willkommen heiße, Ihnen unsern Dank für Ihr Erscheinen ausspreche und mit wenigen Worten die Gedanken kennzeichne, mit denen wir diese Versammlung berufen haben. Wir haben uns zu rechtfertigen, daß wir – meist Gelehrte, die sonst dem öffentlichen Leben ferne stehen – es gewagt haben, eine solch stattliche, ehrenwerte Versammlung zu berufen, in der Hoffnung, hier eine Basis zu finden für die Reform unserer sozialen Verhältnisse, allgemeinere Zustimmung zu erwerben für Gedanken, die da und dort längst vorhanden, doch in der öffentlichen Meinung noch nicht zur Herrschaft gelangt sind.

Der tiefe Zwiespalt, der durch unsere gesellschaftlichen Zustände geht, der Kampf, welcher heute Unternehmer und Arbeiter, besitzende und nicht besitzende Klassen trennt, die mögliche Gefahr einer uns zwar bis jetzt nur von ferne, aber doch deutlich genug drohenden sozialen Revolution haben seit einer Reihe von Jahren auch in weitern Kreisen Zweifel erregt, ob die auf dem Markt des Tages unbedingt herrschenden volkswirtschaftlichen Doktrinen, die in dem volkswirtschaftlichen Kongreß ihren Ausdruck fanden, immer die Herrschaft behalten werden, ob mit Einführung der Gewerbefreiheit, mit der Beseitigung der ganzen veralteten mittelalterlichen Gewerbegesetzgebung in der Tat die vollkommenen wirtschaftlichen Zustände eintreten werden, welche die Heißsporne jener Richtung prophezeiten.

In der Wissenschaft der deutschen Nationalökonomie zeigten sich längst abweichende Richtungen von großer Bedeutung; eine historische, eine philosophische, eine statistische Schule entstand, die auf andern Grundlagen bauten, andere Methoden anwandten, als die an die englische Manchesterschule sich anlehnende deutsche volkswirtschaftliche Agitationspartei. Aber in den zunächst auf der Tagesordnung stehenden praktischen Fragen war man doch einig. Auch diese Schulen verlangten eine Reform des Zolltarifs, verlangten die Gewerbefreiheit; sie waren den damaligen konservativen Forderungen, welche die Erhaltung des Zunftwesens und die Beibehaltung feudaler Einrichtungen im Auge hatten, ferner stehend, als den Zielen des volkswirtschaftlichen Kongresses.

Nachdem aber diese Ziele erreicht, nachdem das Prinzip unbedingter volkswirtschaftlicher Freiheit bis zur letzten Konsequenz, verfolgt war, mußte der innere Gegensatz sich zeigen. Er trat schnell um so schroffer zu Tage, als die soziale Frage täglich an Bedeutung wachsend, am allerwenigsten geeignet war, nur mit dem Prinzip der Nichtintervention des Staates, nur mit dem Dogma, den Egoismus der einzelnen walten zu lassen, gelöst zu werden. Auch unser politisches Leben war unterdessen ein anderes geworden; in der Zeit der Kleinstaaterei und des preußischen Verfassungskonfliktes war es verständlich, daß man jede staatliche Tätigkeit mit Mißtrauen ansah, jede Reform lieber den Einzelnen und Vereinen, als der Gesetzgebung überliefern wollte. Der großartige Aufschwung des deutschen Reichs seit 1866 und 1870, die Versöhnung von Volk und Regierung, Parlament und Staatsgewalt warf auch auf volkswirtschaftlichen Fragen ein neues Licht. In der Bank-, in der Versicherungs-, in der Eisenbahnfrage sprach der Handelsstand sich in einer Weise aus, die vor 6-8 Jahren undenkbar gewesen wäre. Aus dem Arbeiterstande und seinen erprobten Führern entwickelten sich Bildungen, von denen die Doktrinäre der Manchesterschule nur mit Achselzucken oder Erbitterung sprachen.

Eine Anzahl zwar der regelmäßigen Besucher des volkswirtschaftlichen Kongresses verschloß sich dem großen Umschwung der Verhältnisse und Ansichten nicht. Andere gehörten diesem Kreise mehr durch persönliche Beziehungen, als durch ihre Prinzipien an. Die eigentlichen Führer verhielten sich aber um so schroffer gegen alle Reformpläne, die nicht unbedingt mit ihren einseitig doktrinären Prinzipien in Einklang waren. Es gebe gar keine Arbeiterfrage, – so hieß es – es sei eine Gedankenverwirrung oder demagogische Hetzerei von einer solchen zu sprechen, der Arbeiterstand habe jetzt alles, was er brauche; wer nicht vorwärts komme, sei persönlich selbst daran schuld; selbst das Genossenschaftswesen wurde von einzelnen scheel angesehen, die Beteiligung des Arbeiters am Gewinn wurde als ein Eingriff in den Unternehmergewinn verurteilt, die Gewerkvereine wurden angegriffen, weil man neue Zunftgedanken in ihnen witterte, überhaupt jede korporative Gliederung haßte; der Fabrikgesetzgebung vollends, dem Fabrikinspektorat wurde so ziemlich jede Berechtigung für unsere deutschen Verhältnisse abgesprochen. Über Schiedsgerichte und Einigungämter hielt man ein verwerfendes Ketzergericht in der Berliner volkswirtschaftlichen Gesellschaft. Es nahm jetzt fast den Anschein, als ob die Partei, die früher im Namen der Menschenrechte die Erlösung der nicht privilegierten Klassen von hartem Drucke gefordert, jetzt nur noch Sinn und Interesse für den einseitigen Klassenstandpunkt der Unternehmer hätte, als ob sie unter volkswirtschaftlicher Freiheit jetzt nur noch Freiheit für die großen Unternehmer und Kapitalbesitzer, für die großen Gesellschaften verstände, das Publikum auszubeuten.

Eine dieser entgegengesetzte Richtung konnte von einem Auftreten auf dem volkswirtschaftlichen Kongreß nichts erwarten; es galt auch hier, nicht den neuen Wein in alte Schläuche zu fassen; selbständig vorzugehen und für die

Anschauungen, die in den verschiedensten politischen und wissenschaftlichen Kreisen längst Wurzel gefaßt hatten, eine einheitliche Sammlung eine praktische Organisation zu schaffen. Denn nur dadurch konnte man hoffen, eindringlicher auf die öffentliche Meinung und die Gesetzgebung zu wirken. So entstand der Plan zu der heutigen Versammlung, als im Juli dieses Jahres eine kleinere Anzahl Beamte, Abgeordnete, Professoren und Journalisten zur Besprechung dessen, was zu tun sei, sich in Halle versammelt hatte.

Man verhehlte sich dabei die Schwierigkeit nicht, eine Einigung zu erzielen unter all denen, die als Gegner der sog. Manchesterpartei bekannt sind; die Schwierigkeit liegt darin, daß dieselben so verschiedenen politischen Parteien angehören.

Die Professoren und Gelehrten dieser Richtung, die von ihren Gegnern sogenannten Kathedersozialisten zwar gehören fast alle den sich nahestehenden Parteien der politischen Mitte an; aber sie beherrschen mit ihren volkswirtschaftlichen Ansichten nicht diese Parteien, die gesellschaftlich auf den Unternehmerstand sich stützen und im Kampfe dieses Standes mit den Arbeitern diesen sozialen Ursprung schwer ganz verleugnen können. Dieselben mußten, als sie diese Versammlung beriefen, sich klar sein, daß sie sowohl im fortschrittlichen, als im konservativen Lager sich Stützen suchen müssen; oder vielmehr, daß sie alle volkswirtschaftlichen Gesinnungsgenossen ohne jede Rücksicht auf politische Parteistellung zu gemeinsamer Beratung einladen mußten, wie es nun mehr geschehen ist. Wir haben absichtlich auch gemäßigte Sozialisten und Mitglieder der Zentrumspartei eingeladen.

Bei solcher Zusammensetzung schien es aber geraten, die Versammlung das erste Mal nicht zu groß werden zu lassen, d. h. nur eine bestimmte Anzahl der hervorragendsten Parteiführer, Journalisten, Gelehrten, Industriellen und Arbeiter einzuladen. Nur in diesem Sinne haben wir die Besprechung als eine private bezeichnet, nicht in dem andern, als ob wir geheim halten wollten, was hier geplant werde.

Weiter war durch diesen Charakter der Versammlung geboten hier nicht über Prinzipien zu debattieren, sondern sogleich in mediam rem zu gehen, die wichtigsten im Augenblick schwebenden Reformpunkte herauszugreifen, wie die Frage der Arbeitseinstellungen, der Gewerkvereine, der Fabrikgesetzgebung und die Wohnungsfrage und zu versuchen in ihnen zu einem praktischen Resultate zu kommen. Gelingt das, so wird allseitig eine Wiederholung der Versammlung auf breiterer Basis gerne in Aussicht genommen werden.

Treten wir aber auch so ohne allgemeines Programm vor die Versammlung, daß glaube ich zum Schlusse meiner Einleitung doch aussprechen zu sollen, – die Mehrzahl derer, welche die Versammlung berufen und die Einladung unterzeichnet haben – die Männer, welche auf den deutschen Universitäten Nationalökonomie, Geschichte und Jurisprudenz lehren und die ersten statistischen Büreau's leiten, stehen auf dem Boden einer durchaus einheitlichen prinzipiellen Überzeugung und haben gerade von ihr getragen, diesen Schritt getan.

Sie kommen überein in einer Auffassung des Staates, die gleich weit von der naturrechtlichen Verherrlichung des Individuums und seiner Willkür, wie von der absolutistischen Theorie einer alles verschlingenden Staatsgewalt ist. Indem sie den Staat in den Fluß des historischen Werdens stellen, geben sie zu, daß seine Aufgaben je nach dem Kulturverhältnisse bald engere, bald weitere sind; niemals aber betrachten sie ihn, wie das Naturrecht und die Manchesterschule, als ein notwendiges möglichst zu beschränkendes Übel; immer ist ihnen der Staat das großartigste sittliche Institut zur Erziehung des Menschengeschlechts. Aufrichtig dem konstitutionellen System ergeben wollen sie doch nicht eine wechselnde Klassenherrschaft der verschiedenen einander bekämpfenden wirtschaftlichen Klassen; sie wollen eine starke Staatsgewalt, welche über den egoistischen Klasseninteressen stehend, die Gesetze gebe, mit gerechter Hand die Verwaltung leite, die Schwachen schütze, die unteren Klassen hebe; sie sehen in dem 200jährigen Kampfe, den das preußische Beamtentum und das preußische Königtum für Rechtsgleichheit, für Beseitigung aller Privilegien und Vorrechte der höhern Klassen, für Emanzipation und Hebung der untern Klassen siegreich gekämpft, das beste Erbteil unseres deutschen Staatswesens, dem wir niemals untreu werden dürfen.

In Beurteilung unserer volkswirtschaftlichen Zustände leugnen sie entfernt nicht die glänzenden unerhörten Fortschritte unserer Zeit in Technik und Produktion, in Handel und Verkehr, aber sie erkennen auch offen die tiefen Mißstände an, die steigende Ungleichheit des Einkommens und Vermögens, das unreelle Treiben, die mangelnde Solidität in einzelnen Kreisen des Handels, die Roheit und Zügellosigkeit, die sich als Folge allgemeiner Ursachen in einem Teil der untern Klassen in steigendem Maße zeigt. Als Hauptursache davon sehen sie den Umstand an, daß man in bester Zeit bei allen Fortschritten der Arbeitsteilung, bei allen Neubildungen des Betriebs, der Geschäftseinrichtung, der Arbeitsverträge, wie bei der Gesetzgebung über diese Dinge, stets nur fragte: wird im Augenblicke dadurch die Produktion gesteigert? und nicht die ebenso wichtige Frage stellte, welche Wirkung wird das auf die Menschen haben? gibt diese neue Organisation den genügenden Anhalt für Erzeugung der moralischen Faktoren, ohne welche die Gesellschaft nicht bestehen kann?, erzieht sie die jugendlichen Elemente genügend? wirkt sie bei den Erwachsenen so auf Fleiß, Sparsamkeit, Ehrbarkeit, Familienleben, daß auch hier Fortschritte neben den volkswirtschaftlichen wahrscheinlich sind? Sie sind überzeugt, daß das Übersehen dieses psychologischen Zusammenhangs zwischen den Organisationsformen der Volkswirtschaft und dem ganzen sittlichen Zustand einer Nation der Kernpunkt des Übels ist, daß von der Erkenntnis dieses Zusammenhangs die Reform auszugehen hat.

Ihr Urteil über die Arbeiterfrage gründet sich auf diese Anschauungen. Sie geben zu, daß die Arbeiter sich heute etwas besser kleiden und nähren, daß vielleicht nicht so viele Tausende heute eines langsamen Hungertodes sterben, wie in vergangenen Jahrhunderten. Aber es scheint das ihnen ein geringer Trost. Sie fragen in erster Linie, ob die Lebensbedingungen, unter denen die meisten Arbeiter heute leben, ihren sittlichen und wirtschaftlichen Fortschritt wahrscheinlich machen, und sie müssen das wenigstens für einen großen Teil der Arbeiter verneinen. Statt dessen sehen sie dieselben mit den besitzenden und gebildeten Klassen in immer schrofferen Gegensatz treten, und dabei scheint ihnen nicht der Gegensatz der wirtschaftlichen Lage, sondern die Kluft in Gesittung, Bildung, Anschauungen und Idealen als das gefährlichere. Sie erinnern sich aus der Geschichte, daß alle höhere Kultur wie die der Griechen, der Römer und anderer Völker an ähnlichen Gegensätzen, an sozialen Klassenkämpfen und Revolutionen, an der Unfähigkeit eine Versöhnung zwischen den höhern und den untern Klassen zu finden, – zu Grunde gegangen ist. Wenn auch noch in weiter Ferne sehen sie ähnliche Gefahren für unsere Kultur, wenn es nicht gelingt, auf Grund unserer Rechtsgleichheit, unserer allgemeinen Schul- und Wehrpflicht sowie auf Grund all der weiteren Reformen, an denen die Gegenwart arbeitet, die untern Klassen soweit zu heben, zu bilden, zu versöhnen, daß sie in Harmonie und Frieden sich in den Organismus der Gesellschaft und des Staates einfügen.

Nicht eine Nivellierung in sozialistischem Sinne ist unser Gesellschaftsideal; wir halten die Gesellschaft für die normalste und gesundeste, die eine Stufenleiter verschiedener Existenzen, aber mit leichtem Übergang von einer Sprosse zur andern darstellt; unsere heutige Gesellschaft aber droht mehr und mehr einer Leiter zu gleichen, die nach unten und oben rapide wächst, an der aber die mittleren Sprossen mehr und mehr ausbrechen, an der nur noch ganz oben und ganz unten ein Halt ist.

Unzufrieden mit unsern bestehenden sozialen Verhältnissen, erfüllt von der Notwendigkeit der Reform predigen wir doch keine Umkehr der Wissenschaft, keinen Umsturz aller bestehenden Verhältnisse, wir protestieren gegen alle sozialistischen Experimente. Wir wissen, daß die großen Fortschritte der Geschichte nur das Resultat Jahrhunderte langer Arbeit sind, wir wissen, daß stets das Bestehende dem Neuen einen fast unüberwindlichen zähen Widerstand entgegensetzt, weil eben das Bestehende in den Überzeugungen und Lebensgewohnheiten der Masse wurzelt. Wir erkennen nach allen Seiten das Bestehende, die bestehende volkswirtschaftliche Gesetzgebung, die bestehenden Formen der Produktion, die bestehenden Bildungs- und psychologischen Verhältnisse der verschiedenen gesellschaftlichen Klassen als die Basis der Reform, als den Ausgangspunkt unserer Tätigkeit an; – aber wir verzichten darum nicht auf die Reform, auf den Kampf für eine Besserung der Verhältnisse. Wir wollen keine Aufhebung der Gewerbefreiheit, keine Aufhebung des Lohnverhältnisses; aber wir wollen nicht einem doktrinären Prinzip zu Liebe, die grellsten Mißstände dulden und wachsen lassen; wir treten für eine maßvolle, aber mit fester Hand durchgeführte Fabrikgesetzgebung auf, wir verlangen, daß nicht ein sogenannter freier Arbeitsvertrag in Wahrheit zur Ausbeutung des Arbeiters führe, wir verlangen die vollste Freiheit für den Arbeiter bei Feststellung des Arbeitsvertrags mitzureden, selbst wenn er die Ansprüche erheben sollte, die scheinbar mit dem alten Zunftwesen eine gewisse Analogie haben. Wir verlangen, daß die Freiheit überall durch die Öffentlichkeit kontrolliert werde, und daß wo die Öffentlichkeit tatsächlich fehlt, der Staat untersuchend eintrete und ohne in die Unternehmungen sich zu mischen das Resultat publiziere. Wir verlangen von diesem Standpunkt ein Fabrikinspektorat, ein Bank- und Versicherungskontrollamt, wir fordern von diesem Standpunkt aus hauptsächlich Enquêten in Bezug auf die soziale Frage. Wir verlangen nicht, daß der Staat den untern Klassen Geld zu verfehlten Experimenten gebe, aber wir verlangen, daß er ganz anders als bisher für ihre Erziehung und Bildung eintrete, wir verlangen, daß er sich darum kümmere, ob der Arbeiterstand unter Wohnungsverhältnissen unter Arbeitsbedingungen lebt, die ihn notwendig noch tiefer herabdrücken.

Wir glauben, daß eine zu große Ungleichheit der Vermögens- und Einkommensverteilung, daß ein zu erbitterter Klassenkampf mit der Zeit auch alle freien politischen Institutionen vernichten muß und uns wieder der Gefahr einer absolutistischen Regierung entgegenführt. Schon darum glauben wir, daß der Staat einer solchen Entwicklung nicht gleichgültig zusehen dürfe.

Wir verlangen vom Staate, wie von der ganzen Gesellschaft und jedem Einzelnen, der an den Aufgaben der Zeit mit arbeiten will, daß sie von einem großen Ideale getragen seien. Und dieses Ideal darf und soll kein anderes sein, als das, einen immer größeren Teil unseres Volkes zur Teilnahme an allen höhern Gütern der Kultur, an Bildung und Wohlstand zu berufen. Das soll und muß die große im besten Sinne des Wortes demokratische Aufgabe unserer Entwicklung sein, wie sie das große Ziel der Weltgeschichte überhaupt zu sein scheint. –

Doch genug. Wir wollen ja nicht von den großen prinzipiellen Fragen heute sprechen, sondern einzelnen praktischen Problemen näher treten. Es schien mir zweckmäßig, ehe wir in die Debatte eintreten, wenigstens den prinzipiellen Standpunkt derer, welche hauptsächlich die Versammlung veranlaßt haben, loyal und offen darzulegen.

CARL MENGER
ÜBER DIE SOGENANNTE ETHISCHE RICHTUNG DER POLITISCHEN ÖKONOMIE
1883

Verschieden von der »historischen Richtung« und doch eng verknüpft mit der Methodik derselben ist die sog. *»ethische Richtung«* unserer Wissenschaft, als deren Hauptvertreter in der deutschen Nationalökonomie *C. W. Ch. Schütz, B. Hildebrand, K. Dietzel*, der Ungar *J. Kautz* u.s.f., als deren Anhänger jedoch die Mehrzahl der historischen Volkswirte Deutschlands bezeichnet werden können.

Daß dieselbe in Rücksicht auf den *theoretischen* Teil der »Politischen Ökonomie« ein methodisches Mißverständnis, eine Verkennung des wahren Wesens der theoretischen Forschung auf dem Gebiete der Volkswirtschaft und ihrer speziellen Aufgaben bedeute, haben wir bereits im ersten Buche in prinzipieller Weise ausgeführt. Wie wir hier noch besonders hervorheben möchten, ist der Umstand, daß von einer *ethischen* Richtung der *theoretischen* Nationalökonomie weder in Rücksicht auf die exakte, noch auch auf die empirisch-realistische Richtung der theoretischen Forschung vernünftigerweise die Rede sein könne.

Exakte Theorien haben grundsätzlich die Aufgabe, uns *einzelne Seiten der realen Welt*, die exakte Nationalökonomie, die *wirtschaftliche* Seite des Volkslebens zum theoretischen Verständnisse zu bringen. Eine »ethische Richtung der exakten Nationalökonomie« kann demnach keineswegs etwa den Sinn haben, uns zugleich das exakte Verständnis der ethischen *und* der wirtschaftlichen Seite des Volkslebens eröffnen, also die Aufgaben der Ethik und Ökonomik mit einander vereinigen zu wollen. Die Forderung einer ethischen Richtung der exakten Volkswirtschaftslehre könnte nur besagen, daß diese letztere uns nicht schlechthin die ökonomischen, sondern die von ethischen Tendenzen beeinflußten, oder aber gar nur die den Ansprüchen der Ethik konformen wirtschaftlichen Erscheinungen zum exakten Verständnis zu bringen habe – ein Postulat der Forschung, welches indes, wie kaum bemerkt zu werden braucht, dem Wesen der obigen Richtung der theoretischen Forschung schlechterdings widerspricht[1].

Eben so unangemessen ist die Idee einer ethischen Richtung der empirisch-realistischen Theorie der Volkswirt-

---

1 Manche volkswirtschaftliche Schriftsteller suchen die ethische Richtung der theoretischen Nationalökonomie darin, daß sie die Erscheinungen der Volkswirtschaft unter dem Gesichtspunkte der Moral betrachten, also z. B. untersuchen, welche Güter vom Standpunkte der letzteren als solche, das ist als »wahre« Güter, anerkannt werden dürfen, welche Preise, Kapitalzinsen u.s.f. als moralisch verwerflich zu bezeichnen seien u. dgl. m. Hierin liegt indes, wie wohl kaum bemerkt zu werden braucht, keine ethische Richtung der *nationalökonomischen* Forschung, sondern ein *moralisches* Urteil über einzelne Erscheinungen der Volkswirtschaft, welches die Ergebnisse der theoretischen Forschung auf dem Gebiete der Volkswirtschaft in keiner Weise zu tangieren vermag. Ein noch so »unwahres« oder »unmoralisches« Gut unterliegt z. B. doch den ökonomischen Gesetzen des Wertes, des Preises u.s.f., ist somit vom wirtschaftlichen Standpunkte ein »Gut«, dessen Wert, Preis u.s.f. eben so wohl theoretisch interpretiert werden muß, als der Wert oder Preis der den höchsten Zwecken dienenden Güter. Oder sollte eine »ethische« Theorie der Volkswirtschaft etwa die Interpretation der an Gütern, welche unmoralischen Zwecken dienen, zu beobachtenden *ökonomischen* Erscheinungen grundsätzlich zurückweisen? Soll sie sich auf die theoretische Interpretation jenes Teiles der ökonomischen Erscheinungen beschränken, welcher den Grundsätzen der Ethik, bez. einer bestimmten Richtung derselben entspricht? Welche Wissenschaft hätte denn dann die Aufgabe, die Gesetze der »nicht wahren« Güter, bez. der »nicht ethischen« Erscheinungen der Volkswirtschaft uns zum theoretischen Verständnis zu bringen?

schaft. In dieser ist nämlich die Berücksichtigung der ethischen Einflüsse auf die Volkswirtschaft, so weit dieselben in den Erscheinungen der letzteren real sind, durch die Natur des bezüglichen Erkenntnisstrebens von selbst gegeben, ja geradezu unausweichlich. Es ist unmöglich, auf realistisch-empirischem Wege zu Gesetzen der volkswirtschaftlichen Erscheinungen zu gelangen, ohne daß hierbei die allfälligen ethischen Einflüsse auf diese letzteren Berücksichtigung fänden, und es ist somit nicht abzusehen, was für eine Aufgabe eine ethische Richtung der empirisch-realistischen Volkswirtschaftslehre eigentlich haben solle?

Die Idee einer »ethischen Richtung« ist in Rücksicht auf den *theoretischen* Teil unserer Wissenschaft ein dunkles, jedes tieferen Gehaltes entbehrendes Postulat der Forschung.

Eine ähnliche Unklarheit liegt der sog. »ethischen Richtung« in Rücksicht auf die *praktischen* Wirtschaftswissenschaften zu Grunde. Sicherlich steht Jedermann auch in seiner wirtschaftlichen Tätigkeit, welcher Art immer dieselbe gedacht werden mag, unter dem Moralgesetze, und auch der Forscher auf dem Gebiete der praktischen Wissenschaften von der Volkswirtschaft wird sich dem Einflusse dieser Tatsache somit nicht entschlagen können. Auch die Grundsätze für das wirtschaftliche Handeln der Menschen, wie sie die praktischen Wirtschaftswissenschaften entwickeln, werden sich innerhalb der durch Recht und Sitte gebotenen Schranken zu bewegen haben.

Dies ist indes eine Eigenschaft aller, wie immer gearteter praktischer Wissenschaften, auch eine solche der Politik, der Pädagogik, der Therapie, der Kriegskunst, ja selbst der Technologie. Würde die »ethische Richtung« in den praktischen Wissenschaften von der Volkswirtschaft in dem obigen Sinne aufgefaßt, dann gäbe es keine praktischen Wissenschaften von anderer als ethischer Richtung, denn alle Bestrebungen der Menschen, nicht nur die wirtschaftlichen, stehen unter dem Moralgesetze.

Nur praktische Wirtschaftswissenschaften, in welchen über die oben gekennzeichneten Grenzen hinaus ethische

Rücksichten grundsätzlich als maßgebend für die wirtschaftliche Tätigkeit der Menschen anerkannt, praktische Wirtschaftswissenschaften, in welchen die ökonomischen Rücksichten jenen der Moral grundsätzlich untergeordnet werden würden – nur solche Wissenschaften könnten auf die obige Bezeichnung Anspruch erheben. Darstellungen dieser Art wären indes in Wahrheit keine »praktischen Wirtschaftswissenschaften«, sondern *moralische* Schriften über die menschliche Wirtschaft.

Die sog. »ethische Richtung« der Politischen Ökonomie ist demnach sowohl in Rücksicht auf die theoretischen als auch auf die praktischen Aufgaben der letzteren ein dunkles, jedes tieferen Sinnes entbehrendes Postulat, eine Verirrung der Forschung, und wir vermögen uns wohl eine berechtigte Richtung des Erkenntnisstrebens zu denken, welche das *Verhältnis* zwischen dem Rechte, der Moral u.s.f. einerseits und der Wirtschaft andererseits, bzw. zwischen der Ethik und der Ökonomik feststellt – eine *ethische Richtung der Ökonomik* ist indes ein Gedanke, der keine höhere Berechtigung, als etwa jener einer ökonomischen Richtung der Ethik, aufweist.

In Wahrheit wurzelt der obige Gedanke einerseits in der Verkennung der Natur und der eigentümlichen Aufgaben der theoretischen und der praktischen Wissenschaften von der Volkswirtschaft, andererseits aber in der Unterschätzung der wirtschaftlichen Seite des Volkslebens, im Verhältnisse zu anderen für höher erachteten, und in dem hieraus resultierenden Streben eines Teiles unserer Volkswirte, das von ihnen gering geachtete Objekt der Untersuchung durch eine »ethische Richtung« der Forschung zu adeln, – als ob die Würde einer Wissenschaft in ihrem Objekte und die Würde derjenigen, welche sie pflegen, in der Natur dieses letzteren und nicht vielmehr in der Wichtigkeit, der Tiefe und Originalität der Ergebnisse ihrer Untersuchung beruhen würde! Das Streben nach einer ethischen Richtung unserer Wissenschaft ist zum Teil ein Überrest antiker und, in einem gewissen anderen Sinne, ein solcher mittelalterlichasketischer Weltanschauung, zum guten Teil ist es jedoch eine klägliche Krücke wissenschaftlicher Unzulänglichkeit, ähnlich wie ihrerzeit die ethische Richtung der Geschichtsschreibung. Es ist ein nahezu typisches Merkmal jener, welche für die Lösung der Probleme *ihrer* Wissenschaft unzureichende Kräfte aufweisen, durch Heranziehung der Ergebnisse anderer Wissenschaften und mechanische Verwertung derselben zu befriedigenden Lösungen auf dem eigenen Gebiete der Forschung gelangen zu wollen.

ADOLPH WAGNER
⟨STAATSWIRTSCHAFT⟩
1893

ERSTES KAPITEL.
DER STAAT IM ALLGEMEINEN.

I. – §. 354. *Der Staat als volkswirtschaftliche Kategorie.* Der *Staat* ist in neuerer Zeit von den Nationalökonomen öfters *unter die Kapitalarten* gereiht und als das wichtigste (stehende) *Immaterialkapital* der Volkswirtschaft bezeichnet worden.

Diese Auffassung ist nicht unrichtig und entspricht der Einreihung des Staats als *wirtschaftliches Gut* in die Klasse der »Verhältnisse« und unter die Bestandteile des Volksvermögens. Aber der universalen Bedeutung des Staats an und für sich und speziell wieder für die Volkswirtschaft wird nur die Auffassung des Staats als *höchste Form der Zwangsgemeinwirtschaften* in der Volkswirtschaft, als wahre *Gesamtwirtschaft* des *staatlich organisierten* Volks gerecht.

Der so aufgefaßte Staat fungiert alsdann auf den beiden großen Gebieten, in der Produktion und in der Verteilung.

1) Im volkswirtschaftlichen *Produktionsprozeß* erscheint er neben den »*natürlichen*« Ursachen und Bedingungen aller Produktion, den sogenannten *Produktivfaktoren Natur* und *Arbeit, Kapital* und *Unternehmung*, deren Zusammenwirken für die Produktion der Güter erforderlich ist, als eigener, als der die *Rechtsordnung* schaffende und sichernde Faktor. Durch diese seine Wirksamkeit erst schafft und sichert er die *sozialen und rechtlichen* Bedingungen dafür, daß die Produktion, insbesondere auch im privatwirtschaftlichen System, teils überhaupt, teils befriedigend vor sich gehen, jenes Zusammenwirken der natürlichen Ursachen und Bedingungen erfolgreich stattfinden kann. Diese Mitwirkung des Staats in

und an der Produktion als »Vermögen erzeugende Sozietät« (Stahl) findet in der Überweisung materieller Finanzmittel an ihn, insbesondere daher in den *Steuern*, welche somit einen Teil der notwendigen Produktionskosten bilden, ihren ökonomischen Entgelt. Es kommt darin das Prinzip der Reproduktivität dieser Finanzmittel, bzw. Steuern in den Staatsleistungen zur Geltung, worin auch der ökonomische Erklärungs- und Rechtfertigungsgrund der Besteuerung liegt.

2) Im volkswirtschaftlichen *Verteilungsprozeß* ist der Staat gleichfalls ein notwendig mitwirkender *Verteilungsregulator*, vermittelst dieser von ihm ausgehenden und von ihm garantierten *Rechtsordnung des Verkehrs*, vermittelst seiner Politik der Einnahmebeschaffung, besonders seiner *Steuerpolitik*, und vermittelst seiner direkten Teilnahme an der Produktion *anderer*, auch *materiell-wirtschaftlicher Leistungen*.

II. – §. 355. *Zwecke und Leistungen des Staats*. Um die Bedeutung, welche der Staat hiernach für die Volkswirtschaft hat, richtig zu würdigen, ist es auch in der *Politischen Ökonomie* notwendig, wenigstens in der Kürze orientierend auf die *Zwecke* und *Leistungen* des Staats überhaupt einzugehen.

A. Die *Leistungen des Staats* lassen sich volkswirtschaftlich unter dem Gesichtspunkt der *Arbeitsteilung* betrachten.

In dieser Hinsicht zeigt nun der *geschichtliche Staat* nach Zeit und Land große Verschiedenheiten, je nach der Auffassung und der Durchführung der *Staatszwecke* überhaupt und der einzelnen *Staatsleistungen* insbesondere. Diese durch Beobachtung sicher konstatierte Tatsache beweist schon, daß es ein müßiges und notwendig verfehltes *Beginnen* ist, den *Bereich der Staatstätigkeit* oder die *Grenzen* der letzteren und damit, volkswirtschaftlich ausgedrückt, die Arbeitsteilung zwischen dem Staate und den anderen Einzelwirtschaften, sei es der Privaten, der Erwerbsgesellschaften, der freien oder der übrigen Zwangsgemeinwirtschaften (Selbstverwaltungskörper), besonders der Gemeinde, *prinzipiell ein für allemal feststellen* zu wollen.

So wird es der *Wirklichkeit* immer vorbehalten bleiben

müssen, durch die Tat zu beweisen, daß eine weitere Ausdehnung des Bereichs der Staatstätigkeit, vielleicht auf ganz neue Gebiete, zulässig ist und anderseits auch, daß unter Umständen eine Beschränkung dieses Bereiches unter das vielleicht schon übliche Maß ebenfalls richtig oder nach den gegebenen geschichtlichen Verhältnissen notwendig sein kann.

B. – §. 356. Für die volkswirtschaftliche Betrachtung *des Staats* lassen sich hieraus folgende wichtige Sätze ableiten, welche in der Praxis die Bedeutung von *Axiomen der Staatspolitik* und folgeweise speziell auch der *Finanzpolitik* erlangen:

1) Es ist nicht begrifflich noch durch Erfahrung endgiltig festzustellen, welche *einzelne Leistung allein Sache des Staats* und ebenso wenig, welche *nicht* Sache des Staats sein soll.

2) Die *Ausdehnung* der Staatstätigkeit *ohne Wahl, »aus Prinzip«*, auf Kosten der privatwirtschaftlichen und zum Teil auch der karitativen und übrigen gemeinwirtschaftlichen Tätigkeit ist theoretisch falsch und praktisch verwerflich.

3) Die *prinzipielle Beschränkung* des Staats auf einen *einzigen*, mehr oder weniger eng und willkürlich gefaßten *Zweck*, z. B. auf den *Rechtsschutzzweck* des abstrakten Rechtsstaats, und demgemäß die Proklamierung des Laisser faire et passer in allem Übrigen für den Staat ist ebenso theoretisch falsch und praktisch unzulässig.

4) In die Tätigkeiten zur Beschaffung der Güter für die Bedürfnisbefriedigung und zur Herstellung der Einrichtungen und Anstalten für letztere haben sich nach dem Früheren die Einzelwirtschaften des privatwirtschaftlichen, des karitativen und des gemeinwirtschaftlichen Systems, also einschließlich des Staats und der Selbstverwaltungskörper, passend zu *teilen*. Die hierzu notwendige Kombination ist aber wieder einem beständigen *Wechsel* unterworfen. Der Staat, welcher kraft seiner *Souveränität zwangsweise* eingreifen kann, wird gerade hierbei und deshalb leicht Fehlgriffe begehen. Daher ist die möglichst unbefangene Prüfung von Fall zu Fall zu verlangen und diese durch die Einrichtung

von *Volksvertretungen* und *Finanzkontrollorganen* der Regierung gegenüber zu garantieren.

5) Der Staat muß namentlich seinen eigenen Tätigkeitsbereich nach den konkreten Verhältnissen und Bedürfnissen richtig gegenüber demjenigen der *anderen Zwangs*gemeinwirtschaften oder der *Selbstverwaltungskörper*, die Sphäre *aller Zwangs-* gegenüber den *freien*, und diejenige *aller freien Gemeinwirtschaften* gegenüber den *privatwirtschaftlichen* und *karitativen* Wirtschaften und Tätigkeiten bestimmen.

6) In *finanzieller* Hinsicht kann der Grundsatz der *Sparsamkeit niemals* für den Staat (ebenso wenig für andere Zwangsgemeinwirtschaften) eine *absolute*, sondern nur eine *relative*, überhaupt nur die Bedeutung einer *Klugheitsregel*, aber *nicht* die Bedeutung haben, daß eine Ausgabe *unbedingt unterbleiben* müßte.

7) In *finanzieller* Beziehung ist weiter nach der Natur des Staats als Wirtschaft eine *grundsätzliche Stabilität der Einnahmen* und die *Anweisung des Staats bloß* auf *solche Einnahmearten* unzulässig, welche wie die privatwirtschaftlichen und wie stabile Steuern dem *veränderlichen* und in Kulturstaaten im Ganzen *steigenden*, von der *Veränderung* und der *Ausdehnung* des Bereichs der Staatstätigkeit abhängigen Bedarf (§. 362 ff.) des Staats sich nicht anschmiegen können.

8) In Betreff der Frage der *Kostendeckung* der Staatsleistungen, der *Regelung des Entgelts* für die letzteren bleibt dem Staate immer die ausschließliche Anwendung des gemeinwirtschaftlichen Prinzips möglich (generelle Kostendekkung aus allgemeinen Einnahmen, aus Steuern, unentgeltliche Zuführung an und Bereitstellung der Leistungen für die Einzelnen). Aber es *kann* und soll unter Umständen hier auch das *privatwirtschaftliche*, das *Gebührenprinzip* Anwendung finden, möglichst in erster Linie nach *sachlichen*, erst daneben und danach nach *finanziellen* Gesichtspunkten und Rücksichten und in der hierdurch bedingten Weise und dem hiernach passend zu erachtenden Maße.

C. – §. 357. *Allgemeine Schlüsse in Bezug auf Staatszwecke und Leistungen.* Gibt es nach dem Vorausgehenden tatsächlich und prinzipiell keinen ein für allemal feststehenden Bereich der Staatstätigkeit, so lassen sich doch:

1) bei aller nach *Zeit* und *Ort* wahrnehmbaren *Verschiedenheit* der letzteren überall und allzeit *zwei eigentliche organische Staatszwecke* und demgemäß zwei *Hauptgruppen von Leistungen des Staats* erkennen. Mindestens *Ansätze* zu solchen Leistungen müssen vorhanden sein, wenn überhaupt die Zwangsgemeinschaft »Staat« nach den für diesen Begriff unentbehrlichen Merkmalen vorhanden sein soll.

2) Ferner kann erfahrungsgemäß aus der *Geschichte* fortschreitender Kulturvölker, also aus *zeitlichen* Vergleichen sowohl als auch aus der Vergleichung der Staaten und Volkswirtschaften auf verschiedenen Entwicklungsstufen, mithin aus *räumlichen* Vergleichen, eine bestimmte *Entwicklungstendenz* oder ein sogen. *»Gesetz«* der Entwicklung der Staatstätigkeiten für Kulturvölker abgeleitet werden: das *Gesetz der wachsenden Ausdehnung der »öffentlichen«, bez. der Staatstätigkeiten* bei *fortschreitenden Kulturvölkern.* (Kap. 3).

3) Ebenso läßt sich durch solche Beobachtungen ein Gesetz für die Entwicklung und Umbildung der *Art und Weise* feststellen, in welcher der Staat seine Tätigkeiten *ausführt*, ein Punkt, welcher für die volkswirtschaftliche Betrachtung des Staats von besonderer Wichtigkeit ist: das *Gesetz des Vorwaltens* des *Präventivprinzips* im *entwickelten Rechts-* und *Kulturstaat*, statt des bloßen Repressivprinzips, namentlich auf dem Gebiete der Tätigkeiten zur Verwirklichung des Rechts- und Machtzwecks.

4) Endlich kann man aus der Erfahrung auch die *Bedingungen* ableiten, welche mutmaßlich vorhanden sein müssen, um eine *Staatstätigkeit* statt einer *Privat-* oder eine Tätigkeit *andrer* Wirtschaften, auch anderer öffentlicher Zwangsgemeinwirtschaften (Provinz, Kreis, Gemeinde) überhaupt passend erscheinen zu lassen. Daraus kann man einige allgemeine Regeln für die Feststellung des Bereichs der Staatstätigkeit bei unseren Kulturvölkern ableiten, woraus sich dann wieder eine Richtschnur für den einzelnen Fall ergibt.

ZWEITES KAPITEL.
ZWECKE UND LEISTUNGEN DES STAATS UND DURCHFÜHRUNGSMITTEL DAFÜR.
FINANZWIRTSCHAFT.

I. – §. 358. Die *eigentlichen organischen Zwecke* der Zwangsgemeinschaft *»Staat«* sind:

A. Der *Rechts*- und damit verbunden der *Machtzweck*.

B. Der *Kultur- und Wohlfahrtszweck*.

Beide Zwecke sind nicht äußerlich zu trennen, auch bei ihrer Verwirklichung erscheinen sie häufig mit einander verbunden in der einzelnen Leistung, z. B. vielfach in der Polizeitätigkeit, so im Gesundheitswesen. Sie bedingen sich auch gegenseitig und sind der Ausfluß der sittlichen Aufgabe des Staats als der höchsten Form menschlicher Gemeinschaften. Aber gerade für die *volkswirtschaftliche* Betrachtung des Staats (und für die *finanzwissenschaftliche* seines *Bedarfs*) empfiehlt sich die Unterscheidung der beiden Zwecke.

A. – §. 359. Der *Rechtszweck* des Staats besteht in der Fürsorge für das *erste aller Gemeinbedürfnisse* des menschlichen, völkerweisen Zusammenlebens, für die *Rechtsordnung* im *Inneren* des Staats, des Volks und der Volkswirtschaft und nach *Außen* zu gegen *andre* Staaten, Völker und Volkswirtschaften. Nach beiden Seiten, vor Allem aber nach Außen zu gerichtet erscheint der Rechtszweck als (nationaler) *Machtzweck:* Aufrechthaltung der *Unabhängigkeit* oder der eigenen *Souveränität* von Staat und Volk.

Im *Einzelnen* handelt es sich bei dem Rechtszweck um die bei dem prinzipalen Gemeinbedürfnis der Rechtsordnung in §. 327 bereits angeführten Punkte.

1) Im *Inneren* muß die Rechtsordnung für die Beziehungen der Privaten zum Staate, für die persönlichen Beziehungen derselben unter einander und für den wirtschaftlichen Verkehr festgestellt, gegen Bruch gesichert, bei erfolgten Bruch wieder hergestellt, aber auch nach den als berechtigt erkannten Bedürfnissen, welche die Weiterentwicklung des

Volks und der Volkswirtschaft mit sich bringt, fortgebildet und reformiert werden: daher in *»sozialrechtlicher«*, nicht bloß in individualrechtlicher Richtung, mit dem Ziele der Lösung der sozialen Aufgaben zunächst innerhalb des nationalen Staats.

2) Nach *Außen* zu handelt es sich um den *Schutz* der Staatsangehörigen, in Betreff ihrer Personen, ihres Eigentums und besonders auch ihrer wirtschaftlichen Interessen, daher namentlich um die Sicherung des volkswirtschaftlichen Marktgebiets für Absatz und Bezug von Produkten im Auslande.

Der Rechts- und Machtzweck darf als *erster* und *Hauptzweck* des Staats betrachtet werden. Seine richtige Verwirklichung gewährt aber zugleich die *bedeutendste Förderung* aller *Kultur-* und *Wohlfahrts*interessen und ist die *Voraussetzung* für *die Erfüllung des Kulturzwecks* des Staats und für die Entwicklung selbst des privatwirtschaftlichen Systems in der Volkswirtschaft.

Wichtig gerade auch für die *volkswirtschaftliche* und *finanzielle* Betrachtung des Staats ist die Wahrnehmung, daß alle Tätigkeiten zur Verwirklichung des Rechts- und Machtzwecks, welche der Staat früher vielfach mit den Privaten (Selbsthilfe) und mit kleineren autonomen Organen, d. h., volkswirtschaftlich ausgedrückt, mit anderen örtlichen Zwangsgemeinwirtschaften (Gemeinde, Grafschaft), mit freien Vereinen (Korporationen) und bevorrechteten Privaten (Grundherrschaften) teilte, prinzipiell und immer konsequenter auch tatsächlich *ausschließlich dem Staate vorbehalten* werden und von Anderen nur in beschränktem Maße im besonderen Auftrage des Staats (*»übertragen«*) ausgeübt werden dürfen: der *Staat allein* Wehr- und Kriegs-, Gerichts-, Polizeiherr, Friedensbewahrer, Gesetzgeber auf allen Rechtsgebieten.

Im Rechts- und Machtzweck kommt das eigentliche Wesen der als *»Staat«* bezeichneten Zwangsgemeinwirtschaft am Schärfsten zum Vorschein.

B. – §. 360. Der *Kultur-* und *Wohlfahrtszweck* des Staats

besteht in der *Förderung* der Staatsangehörigen in der Verfolgung ihrer Lebensaufgaben, der physischen, wirtschaftlichen, sittlichen, geistigen, religiösen Interessen, namentlich soweit dabei *Gemein*bedürfnisse, örtliche und zeitliche, mitunter auch gesellschaftliche, ins Spiel kommen.

Das *Ziel* des *modernen Kulturstaats* der europäischen Zivilisation wird dabei sein müssen: *möglichst nur die allgemeinen Bedingungen* für die Entwicklung des *selbsttätigen* Individuums Seitens des Staats zu erfüllen und dadurch unter Erhaltung der »Eigentümlichkeit der Kraft und der Bildung« (W. v. Humboldt) des Einzelnen einen immer größeren Teil der Bevölkerung zum *Mitgenuß an den Kulturgütern* zu erheben. Die *Beschränkung*, welche sich der Staat hiernach auferlegen soll, läßt sich aber freilich nur als ideales *Ziel* bezeichnen, im wirklichen Leben nicht immer festhalten. Jede Staatstätigkeit soll aber bei uns darauf hinausgehen, es immer mehr zu ermöglichen, daß der Staat sich derartig beschränken könne.

Die Leistungen des Staats sind hier dann *doppelter* Art:

1) sie fördern *indirekt* die genannten Interessen, indem sie *Hindernisse* beseitigen oder beseitigen helfen, welche die Kräfte andrer beteiligter Wirtschaften übersteigen.

2) Die Leistungen des Staats bestehen ferner in der *Herstellung von Einrichtungen und Anstalten*, welche von den Staatsangehörigen unter bestimmten Bedingungen *unmittelbar* zur Bedürfnisbefriedigung benutzt werden können.

Die Gesamtheit dieser Leistungen zur Verwirklichung dieses zweiten Staatszwecks steht an universaler Bedeutung den Leistungen im Gebiete des ersten Zwecks nach, schwankt auch, zeitlich und räumlich verglichen, im geschichtlichen Staate stärker als letztere Leistungen. Ansätze selbst zu allen einzelnen Hauptkategorien pflegen sich aber schon in sehr primitiven Verhältnissen des Volkslebens und der staatlichen Verbindung zu finden. Und der Staat *fortschreitender kulturfähiger* Völker, so namentlich der modernen, hört immer mehr auf, einseitig *Rechtsstaat*, im Sinne der möglichst alleinigen Verwirklichung des Rechts- und Machtzwecks, zu sein und wird immer mehr *Kultur- und Wohlfahrtsstaat*, in dem

Sinne, daß gerade seine Leistungen auf dem Gebiete des Kultur- und Wohlfahrtszwecks sich beständig mehr ausdehnen und einen reicheren und mannigfaltigeren Inhalt gewinnen (§. 365). Dadurch erlangt der Staat jenen *»kommunistischen«* Charakter, welcher ihm noch vor den übrigen Gemeinwirtschaften besonders zu eigen ist, in immer ausgeprägterer Weise.

Die Staatsleistungen zur *Durchführung* des Kultur- und Wohlfahrtszwecks bilden im entwickelten Staate das große Gebiet der *Inneren Verwaltung* (i. w. S.).

Die Einteilung in folgende drei Hauptgruppen entspricht im Ganzen den modernen Verhältnissen, namentlich Mitteleuropas:

1) *Innere Verwaltung* im *engeren* Sinne.

2) *Volkswirtschaftliche* Verwaltung im *engeren* Sinne.

3) *Verwaltung des Unterrichts- und Bildungswesens,* sowie des *öffentlichen Kultus.*

II. – §. 361. *Die Durchführungsmittel der Staatstätigkeit.* Den unmittelbaren Tätigkeiten zur Durchführung der beiden organischen Staatszwecke stehen diejenigen Tätigkeiten gegenüber, welche hierbei als *Durchführungsmittel* dienen: einmal die *oberste Handhabung der Staatsgewalt* und die *Zentralleitung*, sodann die *Finanzverwaltung* mit dem *Staatshaushalte.*

A. Die *Zentralleitung* fällt der *Regierung*, welche als das Rechts- und Wirtschaftssubjekt der staatlichen Zwangsgemeinwirtschaft fungiert, zu, unter eventueller verfassungsmäßiger Teilnahme der Volksvertretung, insbesondere an der Gesetzgebung und Kontrolle und der finanzwirtschaftlichen Einrichtungen und Gebarungen. In der Zentralleitung vereinigt sich der Rechts- und Kulturzweck des Staats vollständig.

B. Zur Herstellung der von ihm verlangten, der Zentralleitung und der Durchführung der beiden organischen Staatszwecke dienenden Staatstätigkeiten muß der Staat eine *eigene Produktions-* oder *Erwerbswirtschaft* führen, welche ihm die für jene Zwecke und Tätigkeiten notwendigen wirtschaftlichen Güter, insbesondere Sachgüter, zur Verfügung stellt. Diese Wirtschaft heißt *Finanzwirtschaft* oder *Staatshaushalt* und wird im modernen, insbesondere größeren Staate regelmäßig von einer eigenen obersten Staatsbehörde, von der *Finanzverwaltung* geführt.

Hier muß nur das *Verhältnis der Finanzwirtschaft* zu dem *selbst wieder als Wirtschaftsart aufgefaßten* Staate richtig verstanden werden. Zu diesem Zwecke sind, wie bei den Privatwirtschaften, in der staatlichen Gesamtwirtschaft *verschiedene Abteilungen* zu unterscheiden, welche in vieler Hinsicht wieder die Natur *selbständiger Wirtschaften* annehmen.

1) Der Staat *in seiner eigentlichen Funktion*, d. h. in der Handhabung der Staatsgewalt und in der Ausführung der Staatszwecke mittelst der bezüglichen Leistungen begriffen, ist *in Rücksicht auf die Herstellung dieser Leistungen Produktionswirtschaft* (§. 354). Die *Mittel*, welche er dazu verwendet, werden, – soweit es sich nicht um gewisse persönliche, teils zwangsweise requirierte (Heer), teils unentgeltlich erlangte (Ehrendienst) Dienstleistungen handelt (Fin. I, §. 1), – von der Finanzverwaltung beschafft, sind *sachliche* Mittel (Sachgüter, Geld), erscheinen in der Finanzwirtschaft als *Ausgaben*, in der *von ihr getrennt gedachten Staatsverwaltung* als *Einnahmen*, bez. Eingänge und wieder als Ausgaben zur Herstellung der Staatstätigkeiten oder als deren Produktionskosten. Dies tritt deutlich in dem Begriff der *Dotation* der einzelnen Verwaltungsabteilungen hervor, daher auch in den *Spezial*rechnungen der letzteren. Der Staat in seiner eigentlichen Funktion ist mithin auch *Ausgabewirtschaft*, mit Rücksicht auf die *Verwendung* der ihm von der Finanzverwaltung überwiesenen Mittel zur Herstellung seiner Leistungen.

2) Der Staat als *Ganzes* und zwar als *Wirtschafts-Ganzes* betrachtet, in welcher Eigenschaft er auch die Finanzverwaltung in sich begreift, ist aber noch in einem *zweiten* Sinne *Produktions-* oder *Erwerbswirtschaft*, insofern er durch seine Wirtschaftsabteilung, die Finanzwirtschaft, Güter für die Verwendung zu seinen eigentlichen Staatszwecken erwirbt.

3) Die vom Staate *getrennt gedachte Finanzwirtschaft* hat end-

lich ebenfalls wieder die beiden Abteilungen: die *Erwerbs*wirtschaft, soweit Güter *eingehen*, die *Ausgabe*wirtschaft, soweit Güter für Staatszwecke und Leistungen *ausgehen*. Die Gestaltung der Ausgabewirtschaft hängt natürlich von letzteren Leistungen ab und ist deshalb das finanzielle Spiegelbild der Produktionswirtschaft des Staats in dem ersten (unter 1 festgestellten) Begriff: das System der Staatsleistungen wird zugleich zum System der Ausgabewirtschaft oder des Finanzbedarfs.

DRITTES KAPITEL.
DAS GESETZ DER WACHSENDEN AUSDEHNUNG DER ÖFFENTLICHEN, BEZ. DER STAATSTÄTIGKEITEN.

I. – §. 363. *Allgemeine Wahrnehmung der Ausdehnung der Staatstätigkeiten. Geschichtliche* (zeitliche) und *räumliche*, verschiedene Länder umfassende Vergleiche zeigen, daß bei fortschreitenden Kulturvölkern, mit denen wir es hier allein zu tun haben, regelmäßig eine *Ausdehnung* der Staatstätigkeiten und der gesamten *öffentlichen*, durch die Selbstverwaltungskörper neben dem Staate ausgeführten Tätigkeiten erfolgt. Dies offenbart sich in *extensiver* und *intensiver* Hinsicht: der Staat und diese Körper übernehmen *immer mehr* Tätigkeiten und sie führen die alten und neuen Tätigkeiten *immer reichlicher* und *vollkommener* aus. Es werden auf diese Weise immer mehr wirtschaftliche Bedürfnisse der Bevölkerung, namentlich *Gemeinbedürfnisse*, zugleich stets besser durch den Staat und jene Körper befriedigt. Der deutliche Beweis dafür liegt ziffermäßig in der Steigerung des finanziellen Staats- und Kommunalbedarfs vor.

Der Staat speziell, als Wirtschaft zur Fürsorge der Bevölkerung mit gewissen Gütern, besonders Gemeingütern für gewisse Bedürfnisse aufgefaßt, wird dabei *absolut* immer wichtiger für die Volkswirtschaft und für die Einzelnen. Aber auch seine *relative* Bedeutung steigt, d. h. eine immer *größere* und *wichtigere Quote* der Gesamtbedürfnisse eines fortschreitenden Kulturvolks wird durch den Staat *statt* durch andere Gemein- und Privatwirtschaften befriedigt, – ein Satz, der nur den übrigen Zwangsgemeinwirtschaften (Gemeinde, Kreis, Provinz) gegenüber in Folge der Dezentralisation der öffentlichen Verwaltung und der Organisation der Selbstverwaltung mehrfach eine wirkliche, sonst meist nur scheinbare Ausnahmen erleidet. Faßt man aber den Staat mit diesen anderen, seine Tätigkeit ergänzenden Zwangsgemeinwirtschaften zusammen, was für mancherlei Zwecke notwendig ist, so ergibt sich auch eine *Zunahme der gesamten zwangsgemeinwirtschaftlichen* oder *»öffentlichen«*, besonders der *staatlichen* und *kommunalen, auf Kosten* der übrigen gemein- und privatwirtschaftlichen Tätigkeit. Soweit hier die Kostendeckung der öffentlichen Tätigkeit nach dem gemeinwirtschaftlichen Prinzip erfolgt, ergibt sich so auch eine *Steigerung des »kommunistischen« Charakters der ganzen Volkswirtschaft.* Aber, wenn auch nicht in ganz demselben Maße und derselben Art, ist schon die bloße Übernahme wirtschaftlicher Tätigkeiten auf die öffentlichen Körper, selbst wenn dann ganz oder teilweise das privatwirtschaftliche, das Gebührenprinzip bei der Kostendeckung und der Regelung des Entgelts platzgreift, doch von einer solchen Wirkung begleitet.

Die typische Einheit des Wirtschaftslebens, die Familie, befriedigt so wachsend einen größeren Teil ihrer Bedürfnisse nicht mehr nach dem privatwirtschaftlichen Prinzip der speziellen, sondern nach dem gemeinwirtschaftlichen, mehr oder weniger »kommunistischen« Prinzip der *generellen* Entgeltlichkeit von Leistung und Gegenleistung. Oder m. a. W. eine größere Quote der Ausgaben des Familienbudgets entfällt auf Steuern, besonders an Gemeinde und Staat, auch auf Gebühren an sie, auf Beiträge an freie Gemeinwirtschaften, Vereine u.s.w. Wo aber auch, wie bei Anwendung des Gebührenprinzips, das Prinzip der speziellen Entgeltlichkeit bleibt, erfolgt die Preisnormierung doch immerhin anders, nach *Taxen.* Nicht minder wird die *Produktionsweise* aus der regellosen privatwirtschaftlichen eine geregelte, welche nach autoritativer Bedarfsbemessung erfolgt, und im öffentlichen Dienst mit seinem Besoldungswesen tritt auch für die Verteilung der Produktionserträge zwischen dem Rechts- und Wirtschaftssubjekt und den »Arbeitskräften« (Beamten) ein System sozialer Lohntaxen an Stelle der privatwirtschaftlichen Lohnregelung: Alles Gestaltungen in der *Richtung* einer mehr sozialistischen, von der individualistischen abführenden Organisation der Volkswirtschaft, ihrer Produktions-, Verteilungseinrichtung und Bedarfsdekkung (§. 295, 300 ff.).

Die Ausdehnung der öffentlichen Tätigkeiten zeigt sich auf den Gebieten beider Staatszwecke, im Großen und Ganzen gleichmäßig. *Produktionstechnische* Gründe führen dabei immer mehr zu einer gesteigerten Tätigkeit des Staats, der Gemeinde u.s.w. selbst in der Sphäre der *materiellen* und der *Individual*bedürfnisse (§. 334, 343).

Die inneren Gründe für diese Ausdehnung der Staats- und der zwangsgemeinwirtschaftlichen oder »öffentlichen« Tätigkeiten überhaupt lassen sich zum Teil aus dem erfahrungsmäßig feststehenden Wesen des Staats, der Gemeinde bei fortschreitenden Kulturvölkern (a priori) ableiten, zum Teil ergeben sie sich induktiv aus den einzelnen Tatsachen, in welchen die Ausdehnung jener Tätigkeiten hervortritt. Ihre Kenntnis berechtigt uns, von einem (volkswirtschaftlichen) Gesetze der wachsenden Ausdehnung der öffentlichen und speziell der Staatstätigkeiten zu sprechen, ein Gesetz, welches für die Finanzwirtschaft als Gesetz des wachsenden öffentlichen Finanzbedarfs des Staats und der Selbstverwaltungskörper zu formulieren ist.

In kausaler Verbindung mit der Entwicklung, welche dieses Gesetz veranschaulicht und in Begleitung von ihr geht in der Volkswirtschaft und dann wieder speziell im Staate eine gewisse *zentralistische* Richtung.

II. – §. 364. Die *Ausdehnung* der *Staatsleistungen* auf dem Gebiete des *Rechts- und Machtzwecks* zeigt sich einmal in der *Ersetzung anderer* Tätigkeiten durch diejenigen des Staats, sodann in *vermehrter Staats*tätigkeit wegen *neuer* Bedürfnisse. Im *wachsenden* Finanzbedarf liegt die *Wirkung* dieser Entwicklung und der *Beleg* dafür. Ihre Erklärung und Begründung finden diese Vorgänge auf folgende Weise:

A. *Ersetzung von Privat- und sonstiger gemeinwirtschaftlicher durch Staats-Tätigkeit bei gleichbleibendem Bedürfnisstand.* Es wird immer mehr *Prinzip*, die bezüglichen Leistungen *allein* dem *Staate* zu übertragen und sie nur in *einzelnen* Fällen in seinem *Auftrage* und unter seiner *obersten Leitung* und *Kontrolle* von anderen Gemeinwirtschaften oder Einzelnen ausüben zu lassen.

Diese Entwicklung erklärt und rechtfertigt sich dadurch, daß nach der Idee vom entwickelten Staate gerade in diesen Leistungen das Wesen des Staates liegt und daß die gute Qualität der Leistungen von ihrer ausschließlichen Übertragung auf den Staat bedingt erkannt wird (§. 359).

1) Die *Übertragung von Staatsaufgaben* auf diesem Gebiete *an kleinere*, in beschränkter Sphäre *autonome Organe* (*Provinz, Kreis, Gemeinde*) ist nur in begrenztem Maße (*Polizei*) zulässig, in den wichtigsten Fällen (*Justiz, Heer*) unterbleibt sie durchaus. Aber soweit sie auch mit Recht im Interesse der Dezentralisation der Staatsverwaltung und der Organisation der Selbstverwaltung stattfindet, bewirkt sie doch nur den Übergang gewisser Tätigkeiten von einer auf andere Zwangsgemeinwirtschaften. Eine Einschränkung des gemeinwirtschaftlichen Systems im Ganzen erfolgt also nicht. Dies ist auch für die *finanzielle* Seite der Dezentralisationsfrage nicht zu übersehen.

2) Das System ganz oder größtenteils unentgeltlicher *Ehrenämter* im »*Selfgovernment*« nimmt zwar in einer Beziehung der Zwangsgemeinwirtschaft etwas von ihren charakteristischen Eigentümlichkeiten, nämlich in Betreff der Kostendeckung der Leistungen dieser Wirtschaft mittelst Steuern (§. 349). Aber dieses System ist hier wie auf anderen Gebieten nur einer *begrenzten Anwendung* fähig.

B. – §. 365. *Auftreten neuer Bedürfnisse, welche vermehrte Staatstätigkeit nötig oder zweckmäßig machen.* Dasselbe pflegt in größerem Umfange zu erfolgen als Wegfall von solchen

Bedürfnissen einer niedrigeren Entwicklungsstufe auf einer höheren. Als die notwendige Folge fortschreitender Kultur ist zwar nicht selten gerade eine *verminderte* Tätigkeit des Staats auf dem Gebiete des *Rechts*zwecks *a priori* hingestellt worden. Die in dieser Tätigkeit mit enthaltene »*zivilisatorische*« Tendenz, als *Erziehungsmittel* zu wirken, solle und müsse auch eine solche Folge haben. Auch die *Erfahrung* ist zur Bestätigung der Richtigkeit dieser Annahme benutzt worden: offene gewaltsame Störungen der Rechtsordnung im Inneren, gewalttätige Verbrechen, nach Außen zu die Kriege würden *seltener* mit der Erhöhung der Gesittung. Diese Auffassung ist nicht schlechtweg falsch, aber einseitig und zu optimistisch, auch verkennt sie die wichtigste Ursache der etwaigen wirklichen Verbesserungen. Die entgegengesetzte Entwicklungstendenz in vielen hierher gehörigen Erscheinungen bleibt dabei ganz unbeachtet.

1) Die Gesittung der Bevölkerung und die Störungen der inneren Rechtsordnung lassen sich durch die *Kulturgeschichte* und genauer und vollständiger durch die *Moralstatistik*, u. A. namentlich durch die *Kriminal*statistik und die Statistik der Zivilprozesse, in ihrer Entwicklung verfolgen. Das vorliegende und verarbeitete Material ist aber zu dürftig, zu wenig zuverlässig und vergleichbar, das genannte statistische vor Allem noch zu jung, um zu sicheren Schlüssen hinsichtlich auch nur der *wichtigeren* Momente der Gesittung zu gelangen.

Immerhin aber haben es kulturhistorische und moralstatistische Untersuchungen wahrscheinlich gemacht, was auch a priori zu vermuten war, daß z. B. die Verbrechen mehr nur eine *Formveränderung* als eine *wirkliche Abnahme* oder vollends als eine *sittlich weniger bedenkliche* Qualität zeigen: weniger gewalttätige, aber mehr feine, listige, tückische, geheime Verbrechen. Auf eine durchschnittliche Verbesserung der sittlichen Lebensanschauungen und der davon bedingten Handlungen der Menschen, auch der Bevölkerung in unseren sogen. »zivilisierten« Ländern, weist leider wenig hin. Ebensowenig freilich läßt sich das Gegenteil sicher nachweisen.

2) Im Übrigen aber sind die etwaigen *günstigeren* Erscheinungen im Gebiete der inneren Rechtsstörungen, ebenso wie die größere Seltenheit von Kriegen *nicht* immer auf *höhere Gesittung*, also namentlich auf *sittlicheren* Willen zurückzuführen, obgleich es gewiß das große erhabene Ziel der Zivilisation ist, dies zu erreichen und damit den Staatszwang entbehrlich zu machen, das Rechtsgebiet zu Gunsten des Gebiets der Sitte und Sittlichkeit einzuengen. Tatsächlich ist leider nicht zu verkennen, daß vielfach nur die vermehrte, verfeinerte, großartig organisierte *Präventiv*tätigkeit des Staats, in der *Polizei*, in dem Organismus der *Justiz*behörden, in der *bewaffneten Macht* eine Verminderung der Rechtsstörungen bewirkt, – ein System, welches eine *intensiv außerordentlich gesteigerte* Staatstätigkeit bedingt (§. 371 ff.) und darstellt.

3) Die *Entwicklung der Volkswirtschaft*, so namentlich die immer weiter gehende nationale und internationale *Arbeitsteilung*, ferner das *System der freien Konkurrenz* schaffen *immer kompliziertere Verkehrs- und Rechtsverhältnisse* (Kreditwesen!). Daraus ergeben sich wieder leicht vermehrte Rechtsstreitigkeiten und Rechtsstörungen, sowie Interessengegensätze von Einzelnen und Gesellschaftsgruppen oder Klassen und demgemäß größere Anforderungen an die repressive und präventive Tätigkeit des Staats zur Verwirklichung des Rechtszwecks, an seine gesetzgeberische, die Gegensätze ausgleichende oder versöhnende, wie an seine richterliche Wirksamkeit. Die vermehrte *Reibung*, die *andrerseits* wohl nicht mit Unrecht als besonders günstige kulturliche und wirtschaftliche Folge der größeren Bevölkerung und Volksdichtigkeit bezeichnet wird, hat sicher doch vor Allem auch *diese* Wirkung.

Die extensive und intensive Steigerung der Staatstätigkeit auf dem Gebiete des Rechts- und Machtzwecks ist bei Kulturvölkern daher eine begreifliche, ja notwendige.

C. – §. 366. *Größerer Staatsbedarf als Wirkung und Beleg.* In der im längeren Jahresdurchschnitt überall fast ununterbrochenen *Vermehrung des finanziellen Staatsbedarfs* für die großen

Verwaltungsabteilungen der Justiz, des Inneren, der Polizei, des Heers, der Flotte, des diplomatischen Dienstes findet diese Entwicklung, auf den Generalnenner »Geld« zurückgeführt, ihren ziffermäßigen Ausdruck und damit ihr *Maß*, wenn die durch Veränderung des Geldwerts und bessere Bezahlung der Staatsdiener bewirkte Erhöhung des Bedarfs in Abzug gebracht wird. Diese Vermehrung des Staatsbedarfs erlangt umgekehrt aber auch durch diese in der Vermehrung der Staatstätigkeit liegende Ursache ihre *Begründung* und ihre oft angezweifelte *Rechtfertigung*.

III. – §. 367. Die *Ausdehnung der Staatstätigkeiten* auf dem Gebiete des *Kultur-* und *Wohlfahrtszwecks*.

A. *Im Allgemeinen*. Auch sie ist im Großen und Ganzen bei *fortschreitenden* Völkern eine ebenso regelmäßige, wenn auch im Einzelnen hier mehr *Änderungen* auf diesem Gebiete, daher mitunter auch wieder *Einschränkungen* öfters vorkommen und die *zeitlichen* und *örtlichen Verschiedenheiten* bedeutender sind. Auch teilt gerade hier der Staat die »öffentlichen« Funktionen tatsächlich und durchaus passend mit den Selbstverwaltungskörpern.

Der Grund für diese Gestaltung der Dinge liegt darin, daß es sich im Einzelnen hier *nicht* um so durchaus wesentliche Staatszwecke, wie im ersten Falle handelt und von der *ausschließlichen Übertragung aller* bezüglichen Leistungen auf den Staat ähnlich wie bei den Hauptfällen des Gebiets des Rechts- und Machtzwecks niemals ernstlich die Rede sein kann. Die Aufgabe ist vielmehr gerade hier nach aller historischen Erfahrung und aller psychologischen Analyse der mitspielenden Motive wirtschaftlichen Handelns die *richtige Kombination* der drei Systeme, des privat-, des gemeinwirtschaftlichen und des karitativen, und die Einräumung der richtigen Stellung an den *Staat innerhalb* (*nicht* wie bei dem Rechts- und Machtzweck *außer-* und *oberhalb*) der bezüglichen Tätigkeiten der anderen Wirtschaften.

Es kommt daher bei der Frage, ob, wann, wie und inwieweit eine einzelne Tätigkeit im Gebiete der Kultur und Wohlfahrt vom Staate übernommen werden soll, auf die möglichst unbefangene Prüfung des konkreten Falles an. Zu diesem Zwecke muß wieder die *Notwendigkeit einer Kontrolle der Regierung*, welche letztere meistens leichter zur Ausdehnung als zur Einschränkung der Staatstätigkeit geneigt ist, durch eine schon aus finanziellen Rücksichten gewöhnlich mehr zum Gegenteil neigende Volksvertretung betont werden.

Eine *allgemeine Entwicklungstendenz* der Staats- und der gesamten »öffentlichen« Tätigkeit auf dem Gebiete des zweiten Staatszwecks läßt sich indessen gleichwohl durch Beobachtung konstatieren und aus den Verhältnissen des Volkslebens auf höheren Kulturstufen auch erklären und begründen, und diese Tendenz ist wie gesagt im Ganzen auch hier die einer stetigen Ausdehnung der öffentlichen Tätigkeit.

B. – §. 368. *Spezielle Gebiete.* 1. *Sachgüterproduktion.* Am Wenigsten trat dies bisher in den modernen Staaten (ebenso wie im Altertum und Mittelalter) in der *gewöhnlichen Sachgüterproduktion* hervor. Hier ist vielmehr mannigfach eine gerade *entgegengesetzte* Entwicklungstendenz wahrzunehmen.

Allein man darf solche Fälle auch auf diesem Gebiete nicht unrichtig verallgemeinern. Selbst jetzt schon sind viele andere entgegengesetzte Erscheinungen zu verzeichnen und eine weitere Entwicklung in dieser Richtung einer Ausdehnung der Staats- oder wenigstens der Tätigkeit öffentlicher Körper auch auf dem Gebiete der Sachgüterproduktion läßt sich aus triftigen Gründen als wahrscheinlich bezeichnen.

Ein *entscheidendes Hauptmoment* dafür ist die *Umgestaltung der Produktionstechnik* (*Dampf!* u. a. m.), welche »*öffentliches*« Grund- und Kapitaleigentum und »*öffentliche*« Sachgüterproduktion mit demselben bereits gegenwärtig vielfach möglich gemacht und tatsächlich herbeigeführt hat, auch dies mutmaßlich weiter tun wird. Denn mit diesem Wechsel der Produktionstechnik wird der öffentliche Staats-, Kommunalbetrieb ökonomisch-technisch leichter möglich, hat er in dieser Hinsicht weniger Bedenken und spezifische Vorzüge und umgekehrt der Betrieb durch Privatwirtschaften, öfters durch die allein hier zweckmäßigen großen Erwerbs- (Aktien-) Gesellschaften, wird ökonomisch-technisch nicht leistungsfähiger und sozialpolitisch ungünstiger als jener öffentliche. Die etwaigen politischen Bedenken solcher Entwicklung werden durch politische und anderweite Vorteile ausgeglichen.

Der entwickelte Staat wählt nur mit Recht *sorgfältiger* diejenigen Sachgüterproduktionszweige aus, für welche der Staatsbetrieb in *technisch-ökonomischer* Hinsicht sich am Meisten eignet, gewisse Vorzüge besitzt, gewisse Nachteile, verglichen mit anderen Wirtschaften nicht besitzt.

So möchte *im Ganzen*, namentlich unter Berücksichtigung der Gebiete der Verkehrsanstalten, des *Wegebaus, Eisenbahnbaus*, im entwickelten modernen Staate schon jetzt eine *größere Staatstätigkeit* in der Sphäre der materiellen Produktion stattfinden, als früher.

Je mehr aber jene produktionstechnischen Momente zur Geltung kommen und je weniger sich ökonomisch, technisch und sozial-politisch das privatwirtschaftliche System bewährt, desto mehr werden Zweige der Sachgüterproduktion in den dann immer häufigeren geeigneten Fällen an den Staat und wohl besonders an die Kommune übergehen. Bezügliche Bestrebungen treten neuerdings immer öfter hervor.

§. 369 – 2. *Andere Kulturgebiete*. Auf *allen anderen* Gebieten des Kultur- und Wohlfahrtszwecks tritt die *Tendenz einer extensiven* und *intensiven Steigerung* der Staatstätigkeiten vollends unzweifelhaft hervor.

1) Eine *äußere Ausdehnung* erfolgt in großem Umfange auf eine *doppelte* Weise: es werden *bisherige* Tätigkeiten der *Privatwirtschaften* oder *andrer Gemein*wirtschaften vom Staate übernommen und es entstehen *ganz neue Bedürfnisse*, für welche der Staat allein oder vorzugsweise die Fürsorge trägt. So nimmt die zwangsgemeinwirtschaftliche Bedürfnisbefriedigung durch die Vermittlung des Staats *absolut* und oft auch *relativ* in der Volkswirtschaft zu.

Die Ausdehnung der Staatstätigkeit hängt auch öfters mit dem *Bedürfnis nach höheren, vollkommneren, feineren Leistungen* zusammen, als sie Private und andre Gemeinwirtschaften liefern können, und mit der Notwendigkeit, den *Erwerbsgesichtspunkt* in der betreffenden Tätigkeit im sachlichen Interesse hinsichtlich der Qualität der Leistung oder mit Rücksicht auf die große allgemeine kulturliche Bedeutung der Tätigkeit *zurücktreten*, mindestens ihn *nicht zum beherrschenden* werden zu lassen, daher zwischen der Verwaltung nach privatwirtschaftlichem, Gebühren-, gemeinwirtschaftlichem Prinzip, zwischen voller und teilweiser, spezieller und genereller Entgeltlichkeit und Kostendeckung wählen, darunter richtig kombinieren zu können, was bei den eigentlichen Privatwirtschaften teils gar nicht möglich, teils sehr schwierig ist.

Auch der Umstand, daß ein *großer Kapitalaufwand* für die Einrichtungen und Vorkehrungen zur Vornahme der betreffenden Leistungen erforderlich ist und daß hierdurch, sowie durch die ganze Technik des Betriebs die Ausführung der Leistungen durch die gewöhnlichen Privatwirtschaften der Einzelnen mehr oder weniger ausgeschlossen wird und etwa neben Staat und Gemeinde *nur* oder fast nur die *Erwerbs*-, besonders die *Aktien*gesellschaft überhaupt als Konkurrentin in Betracht kommt, führt im Interesse der Sache und um den sonst dominierenden Einfluß solcher Gesellschaften zu beseitigen, zur Übernahme der Leistungen auf den Staat, z. B. bei den großen modernen Verkehrsanstalten, oder wenigstens auf die Provinz, den Kreis, die Gemeinde. Darauf drängt auch die Wahrnehmung hin, daß das spekulative Privatkapital, besonders, aber nicht allein, in der Form der Kapitalassoziation (Aktienwesen), oftmals selbst zu Vergeudungen, gewöhnlich aber wenigstens zur örtlichen und zeitlichen Deplazierung der Kapitalien, damit zu großer *Regellosigkeit* der Produktion zu führen droht. Die Kapitalbewegung wird von der Börse und von der momentanen Konjunktur ganz abhängig, wendet sich Verwendungen zu, die überhaupt nicht oder nicht in diesem Umfange wahrhaft volkswirtschaftlich produktiv sind und ist zeitlich außerordentlich ungleichmäßig, eine Zeit lang fieberhaft erregt, um hinterher ganz zu erschlaffen: lauter höchst nachteilige Verhältnisse für den Gang der Produktion und des Erwerbs.

2) Eine *intensive Steigerung* der Staatstätigkeiten auf diesem Gebiete liegt noch mehr in der notwendigen Entwicklung auf der einmal betretenen Bahn, als die äußere Ausdehnung jener Tätigkeiten. Denn der Zivilisierungsprozeß bewirkt immer steigende Anforderungen hinsichtlich der Befriedigung der bezüglichen Gemein- und Kulturbedürfnisse: dieselben müssen *allgemeiner, reichlicher, vollkommener* befriedigt, leichter zugänglich, die Befriedigung dem Einzelnen wohlfeiler, wenn nicht unentgeltlich möglich werden.

IV. – §. 370. *Zeitweilige Stabilität in der Entwicklung der öffentlichen Tätigkeiten. Finanzielle Hemmungen.* Auch in den modernen Staaten kommen Zeiten größerer *Stabilität* der Staatstätigkeiten, besonders auf dem Kultur- und Wohlfahrtsgebiete, vor. Daran pflegen *politische*, sodann namentlich *finanzielle* Verhältnisse Schuld zu sein.

Umgestaltungen der wirtschaftlichen Rechtsordnung mit Übernahme bisheriger Privattätigkeiten durch den Staat (die Gemeinde u.s.w.) sind ferner öfters mit bedeutendem einmaligen, in kurzer Zeit sich zusammendrängenden *Finanzbedarf* verbunden, weil wohlerworbene Privatrechte *gegen Entschädigung abgelöst* werden.

Ähnliche Ereignisse werden immer wieder von Neuem vorkommen, wenn *bestimmte Arten des Privateigentums*, besonders des *Grund*eigentums, und *gewisse privatwirtschaftliche Unternehmungen* in der Fortentwicklung der Volkswirtschaft mit dem öffentlichen Interesse (wozu auch das staatliche Finanzinteresse, z. B. in der Monopolfrage [Tabak] gehören kann) in Konflikt kommen und die genügende Rechtsregelung der Objekte und Betriebe in Privathänden zu viel Schwierigkeiten macht oder ganz unmöglich ist. Solche Verhältnisse werden aber durch die Konsequenzen des absoluten Privateigentums und der rücksichtslosen freien Konkurrenz stets von Neuem in wichtigen Fällen heraufbeschworen (Eisenbahnen! Auch bei großstädtischem Grundeigentum, Kohlenbergwerken, z. B. England, kann die Frage hervortreten).

Die augenblickliche Finanzlage mag den Prozeß des Übergangs des betreffenden Eigentums auf den Staat (und die Gemeinde) vorübergehend hemmen, wie sich z. B. längere Zeit in der verschiedenen Eisenbahnpolitik finanziell günstig, wie Deutschland, und ungünstig, wie Österreich und Italien, situierter Staaten, Mitte der siebziger Jahre auch in dem Stocken der »Verstaatlichung« der Privatbahnen selbst in Preußen zeigte, aber auf die Dauer gewiß nicht. Deshalb wird immer wieder, unter Voraussetzung dauernder Fortschritte der Kultur und Volkswirtschaft eines Volks, das *Gesetz der wachsenden Ausdehnung der Staats- und andrer zwangsgemeinwirtschaftlichen Tätigkeit Geltung erlangen.*

VIERTES KAPITEL.

DAS GESETZ DES VORWALTENS DES PRÄVENTIVPRINZIPS IM ENTWICKELTEN RECHTS- UND KULTURSTAATE.

I. – §. 372. *Veränderung in der Art der Durchführung der Staatszwecke.* In der *Art und Weise*, in welcher der Staat seine Tätigkeiten ausführt, zeigt sich der Beobachtung *dasselbe*, wesentlich unter dem Einfluß der *fortschreitenden Technik* stehende Gesetz wie im Produktionsprozeß der ganzen Volkswirtschaft überhaupt: der *Kapitalfaktor*, besonders das *stehende Kapital*, hier in dauernden festen Einrichtungen und Veranstaltungen bestehend, und die *qualifizierte Arbeit* treten immer mehr hervor. Die steigenden Anforderungen an die *Qualität* der Leistungen bedingen dies mit.

Besondre Beachtung verdient indessen der Entwicklungsgang der Produktion derjenigen Leistungen, welche den *Rechts-* und *Machtzweck* durchführen. Hierbei waltet aus zwingenden wirtschaftlichen und diesem Zweck entspringenden Gründen im fortschreitenden Volke und Staate immer mehr das *Präventiv-* statt und neben dem bloßen *Repressiv*prinzip ob. Die Verwirklichung des Präventivprinzips aber führt notwendig wieder zu vorwaltender Wirtschaft mit *Kapital, stehendem Kapital* und *qualifizierter (berufsmäßiger) Arbeit* (Beamtentum, stehendes Heer). Der Erklärungsgrund für das Hervortreten der Prävention liegt in der Dringlichkeit des Bedürfnisses im entwickelten Volks- und Staatsleben, daß Rechtsstörungen überhaupt möglichst vermieden, nicht erst hinterher durch Repression wieder beseitigt werden.

II. – §. 373. *Prävention und Repression.* A. *Im Allgemeinen.* Die Idee des Rechts und der Rechtsordnung stellt das *Abhandensein von Rechtsstörungen* und *der Furcht davor* im Inneren, wie nach Außen zu, zwischen den Völkern und Staaten, als das notwendige Ziel der Entwicklung hin. Dieses Ziel wird am Vollkommensten durch die *Gesittung* erreicht, indem der freie Wille der einzelnen Menschen rechtsstörende Handlungen unterläßt. Soweit aber die Gesittung (Sittlichkeit, Sitte) hierzu nicht ausreicht, ist das *Zwangsprinzip* des *Rechts*, in der Staatsmacht verwirklicht, unentbehrlich, um sich dem Ziele soweit als möglich zu nähern.

Der Staatszwang kann nun *indirekt* und *direkt* einwirken. *Jenes*, indem der Staat Vorkehrungen, Einrichtungen und Anstalten schafft, um Rechtsstörungen von vornherein zu *verhüten*: der auf solche gerichtete Wille der Menschen schreitet *aus Furcht* oder aus der Überzeugung der *Aussichtslosigkeit* des Gelingens *gerade wegen* der Maßnahmen des Staats nicht zu den rechtsstörenden Handlungen selbst. (Mitunter handelt es sich auch um den Fall, daß bedenkliche Unterlassungen auf diese Weise unterbleiben.) Der Staat *kommt* hier den Rechtsstörungen *zuvor* und handelt nach dem *Präventivprinzip*. Im Gegensatz dazu wirkt der Staatszwang *direkt* ein mittelst der *Repression*, indem er die *eingetretenen* Rechtsstörungen wieder gut macht, sühnt, bestraft, die Rechtsordnung wieder herstellt.

Die *Prävention* ist vom Standpunkte des Rechts aus das höhere, vom Standpunkte der Nützlichkeit und des praktischen Interesses der Einzelnen und der ganzen Volkswirtschaft aus gleichfalls das richtigere und wichtigere Ziel. Das Streben muß darauf hinausgehen, die Prävention möglichst richtig und ausreichend zu machen, damit die Repression gar nicht nötig werde. Je höher die Volkswirtschaft und die Kultur entwickelt sind, je weiter namentlich auch die Arbeitsteilung, national und international, gediehen, je komplizierter die Verhältnisse und Formen des Verkehrs werden (Kreditwirtschaft!, Weltwirtschaftsverkehr!), desto notwendiger wird nun die Prävention, weil die einmal eingetretene Rechtsstörung viel schädlicher wirkt. Das *Bedürfnis nach umfassendster Präventivtätigkeit des Staats* wird daher mit dem *Fortschritte des Volks und seiner Wirtschaft immer dringlicher* (störender Einfluß von Kriegen auf die ausgebildete Volkswirtschaft, auf ihre Funktion in der Weltwirtschaft!).

Die Bedingungen dafür, daß die Prävention zweckmäßiger und auch allgemein *ökonomisch* rätlicher, als die Beschränkung auf Repression werde, treten aber erst bei höherer Entwicklung des Volks und der Volkswirtschaft ein. Dann wird auch die Erfüllung der Anforderungen, welche die Prävention stellt, erst möglich. Zugleich bietet die Einrichtung der Prävention jedoch größere Schwierigkeiten als diejenige der bloßen Repression.

B. – §. 374. *Das Präventivsystem auf den einzelnen Gebieten.* Das großartigste Beispiel für eine rationelle Entwicklung in der dargelegten Richtung liefert das *moderne Heerwesen* der *allgemeinen Wehrpflicht* überhaupt, die *preußisch-deutsche Wehrverfassung* insbesondere. Das Gesagte gilt daher vorzüglich von der *Durchführung des nationalen Machtzwecks*, wozu das Heerwesen das Mittel ist, aber es ist prinzipiell ebenso richtig auf den *anderen* Gebieten des Rechtszwecks und eine Menge Analogien auf den verschiedenen einzelnen Gebieten treten hervor. Gleichmäßig zeigt sich überall, daß der Staat bei der geschichtlich vorausgehenden vorherrschenden *Repression* mehr nur *sporadisch von Fall zu Fall*, wenn Rechtsstörungen bereits wirklich erfolgt sind oder wenigstens unmittelbar drohen, Tätigkeiten zum Schutze der inneren Rechtsordnung und zur Sicherung der Unabhängigkeit des Volks nach

Außen zu ergreift. Bei der später vorwaltenden Prävention dagegen schafft er *feste stehende Einrichtungen* und *Anstalten* für alle *auch nur möglichen* Fälle von Rechtsstörungen, – Einrichtungen, welche einerseits solche Störungen verhüten, anderseits sie sofort im Keim erdrücken und bei weiterer Entwicklung sie niederschlagen sollen.

III. – §. 375. In *volkswirtschaftlicher* und damit eng zusammenhängend in *finanzieller* Beziehung hat dieses Vorwalten der Prävention noch einige besonders beachtenswerte *Folgen*. Es muß

1) eine förmliche *Organisation* des *Staatsdiensts* und damit verbunden ein eigentümliches System des *Besoldungswesens*, nach Bedarfs- und sozialen Werttaxierungsskalen, eintreten, was von der privatwirtschaftlichen Regelung dieser Verhältnisse ab und in eine Art sozialistischer Ordnung hinüber führt.

2) Ebenso muß der Staat mit immer größeren, kostspieligeren, technisch vollkommeneren, künstlicheren und öfters erst durch Übung ordentlich zu handhabenden *Kapitalien*, besonders *stehenden*, wirtschaften, und zwar wiederum zumeist wegen des Vorwaltens der Prävention.

Werden nun auch die Kriege seltener und kürzer, so werden sie doch viel wuchtiger, intensiver geführt und verlangen einen ungeheueren Aufwand an Menschenkräften und Kapital (Geld) für die Führung selbst und hinterher zum Wiederersatz der zerstörten Kapitalien und zur Wiedergutmachung der geschädigten menschlichen Existenzen (»Retablissement«, Invalidenpensionswesen).

Auch in Bezug auf das Vorwalten der Prävention und auf die damit verbundene »*Kapital*wirtschaft« und »Wirtschaft mit *qualifizierter* Arbeit« ist der Einfluß der fortschreitenden *Naturerkenntnis* (u. A., wie gesagt, auch im Gesundheitswesen, wo man die Einflüsse der »elementaren Lebensbedingungen« (*Stein*) der Bevölkerung, Luft, Licht, Wasser, kleinste Lebewesen, Bazillen, Pilze u.s.w. immer mehr kennen lernt und alsdann angemessen das »Prävenire« zu spielen sucht), und der Einfluß der fortschreitenden *Technik* augenscheinlich von entscheidender Bedeutung. Man muß dies erkennen, um unbefangen großen geschichtlichen Erscheinungen, z. B. dem System der stehenden Heere und ihrer technischen Einrichtung, gerecht zu werden und den mitwirkenden Einfluß persönlicher Verhältnisse in diesen Dingen nicht zu überschätzen, z. B. den »Machthabern und Regierungen« nicht eine Schuld am »Militarismus« zuzuwälzen, welche sie nicht haben. Hier und in anderen ähnlichen Fällen, überhaupt im »bürokratischen« Staate der Neuzeit handelt es sich um mächtige entwicklungsgesetzliche Erscheinungen, denen gegenüber der Wille der Einzelnen ein Faktor von untergeordneter Bedeutung ist.

3) Die wichtige Folge des Präventivprinzips für die Höhe und besonders für die *zeitliche Verteilung* des *Finanzbedarfs* besteht dann im Unterschied von der Repression darin, daß *dauernd*, hinsichtlich der bewaffneten Macht auch im *Frieden*, ein verhältnismäßig hoher, im *Ganzen gleichbleibender* Bedarf Jahr für Jahr wiederkehrt, welcher auch in Zeiten größerer Rechtsstörungen (bürgerliche Unruhen, Kriege u.s.w.) doch nur mäßig durch die alsdann stärker eintretende Repression gesteigert wird. Bei vorwaltender Repression ist dagegen der *laufende Bedarf geringer*, ungewöhnliche Störungen der Rechtsordnung treten aber leichter ein und steigern sodann direkt und indirekt den Bedarf außerordentlich.

So verdient die Prävention volkswirtschaftlich, trotz der nicht zu leugnenden Gefahr für die *Volksfreiheit* und einer *übertriebenen* Ausdehnung in einzelnen Fällen, wie z. B. im Militärwesen, den Vorzug und entspricht den Bedürfnissen der höher entwickelten Volkswirtschaft. Jene Gefahren aber müssen vornehmlich wieder durch eine ordentliche konstitutionelle Budgetwirtschaft und mehr noch durch ein richtiges Erziehungs- und Unterrichtssystem beschworen werden.

FÜNFTES KAPITEL.
DIE FESTSTELLUNG DES BEREICHS DER STAATSTÄTIGKEIT.

I. – §. 377. *Bedingungen und Regeln für die Feststellung des Bereichs der Staatstätigkeit.* Aus der prinzipiellen ausschließlichen Übertragung des Rechts- und Machtzwecks auf den Staat und aus den Erfahrungen hierüber und über die Tätigkeiten des Staats zur Durchführung des Kultur- und Wohlfahrtszwecks lassen sich für die Feststellung des jeweilig *richtigen* Bereichs der Staatstätigkeit folgende *Bedingungen* und *Erfahrungsregeln* ableiten. Um die Formulierung derselben, wie um die ganze nationalökonomische Analyse des Staats, hat sich namentlich *Schäffle* wesentliche Verdienste erworben.

A. Die *allgemeine Regel* lautet: der Staat hat diejenigen Tätigkeiten zur Befriedigung der Bedürfnisse seiner Angehörigen selbst zu übernehmen, welche *weder* die *Privat*wirtschaften, *noch freie, noch andere Zwangsgemein*wirtschaften (Selbstverwaltungskörper) *überhaupt* oder welche alle diese *nur weniger gut* oder nur *kostspieliger* ausüben können.

Die Leistungen im Gebiete des Rechts- und Machtzwecks sind auch hiernach wieder prinzipiell dem Staate zu übertragen. Dieser kann hier allein nach dem Erfordernis der Einheit und der einheitlichen Handhabung von Recht und Macht das Notwendige leisten. Im Einzelnen ist es aber auch hier mitunter zweifelhaft, teils ob eine bestimmte Leistung gerade allein zum Gebiete dieses Rechtszwecks gehört, teils ob der Staat direkt und allein sie ausüben oder die Ausübung etwa anderen Wirtschaften, namentlich den Selbstverwaltungskörpern übertragen soll. Noch schwieriger wird die Entscheidung bei Leistungen, welche zur Durchführung des Kultur- und Wohlfahrtszwecks gehören. Bei diesen muß gewöhnlich ein Zusammenwirken der verschiedenen Wirtschaftsarten eintreten.

B. *Für* die *Staats*tätigkeit spricht nun in solchen *einzelnen* Fällen die *Vermutung*, wenn besonders folgende *vier Bedingun-*

gen vorliegen, von denen die ersten drei die Verhältnisse der Produktion, die vierte diejenigen der Konsumtion betreffen: nämlich wenn die tüchtige Herstellung (Produktion) der betreffenden Leistung von der möglichsten zeitlichen Nachhaltigkeit, räumlichen Ausdehnung und Einheitlichkeit oder selbst Ausschließlichkeit der erforderlichen Tätigkeiten in einer Hand abhängt, und wenn die Benutzung (Konsumtion) der Leistung entweder unvermeidlich, nach der Natur der letzteren, eine gemeinsame ist, oder ohne besondere Schwierigkeiten zum Vorteil Vieler und mit wenig oder gar nicht vergrößerten Kosten eine gemeinsame werden kann: die Leistung auch so beschaffen ist, daß sie einer Mehrzahl Einzelner, jedem in unmeßbarem Grade, zu Gute kommt.

§. 378. – 1) Die *zeitliche Nachhaltigkeit* und die *räumliche Ausdehnung* einer (Produktions-) Tätigkeit ins Auge zu fassen, ist recht eigentlich Sache des *Staats.*

Der Staat wird mithin besonders passend da eintreten, wo eine einzel-, namentlich privatwirtschaftliche Produktionsart einseitig bloß das, oft nur augenblickliche, Interesse des Wirtschaftssubjekts wahrnimmt, auf Kosten dauernder allgemeiner Interessen und zum Schaden der eben genannten Elemente des Volks. Er wird teils die Leistung ganz auf sich nehmen, teils die bezügliche Tätigkeit der anderen Wirtschaften regeln und kontrollieren, um diese nachteiligen Folgen zu verhüten. Am Notwendigsten ist dies in jenen besonders wichtigen Fällen, wo eine *systematische* zeitliche Aneinanderreihung und räumliche Ausdehnung der organischen Einrichtungen zur Produktionstätigkeit die Vorbedingung des Erfolges dieser letzteren überhaupt oder doch ihres größeren Erfolges ist.

Die Herstellung und Wahrung der *Rechtsordnung*, die Gewährung von *Rechtsschutz*, besonders nach dem Präventivprinzip, erweist sich auch nach diesen Gesichtspunkten wieder als das *Hauptgebiet unmittelbarer* und *ausschließlicher Staatstätigkeit.*

Aber auch *viele wichtige Fälle* der Staatstätigkeit im Gebiete der *Kultur-* und *Wohlfahrtsförderung* sind mit Rücksicht auf die nötige zeitliche Nachhaltigkeit und räumliche Ausdehnung der Leistungen geboten.

§. 379. – 2) Viele Leistungen für die Befriedigung der Bedürfnisse des Volks erheischen ferner eine einheitliche oder selbst eine ausschließliche Leitung durch ein Wirtschaftssubjekt, teils, weil nur so das betreffende Gut ordentlich herzustellen ist, – der Hauptfall ist wieder die Rechtsordnung –, teils weil gleichfalls nur so oder doch so am Besten für die erforderliche Nachhaltigkeit und Ausdehnung der hergehörigen Tätigkeiten, auch für *Ermäßigung der Kosten* gesorgt werden kann, wie in vielen der vorher genannten Fälle. Zur ausschließlichen Übernahme einer Leistung in der Volkswirtschaft erscheint der Staat allein berechtigt, zur einheitlichen Leitung er am Besten berufen.

Demgemäß ergibt sich wiederum nach diesem Gesichtspunkte eine wichtige Regel für die Bestimmung des Bereichs der Staatstätigkeit: wo durch die Natur der Leistung eine ausschließliche oder einheitliche Leitung von einer Hand aus geboten oder sehr zweckmäßig ist, gleichzeitig aber die Überlassung dieser Leitung an Andere besonders an Privatwirtschaften, wesentliche Bedenken bietet, weil leicht ein Gewaltmißbrauch, ein faktisches Monopol eintritt oder ein rechtliches nötig wird, und andrerseits die Staatskontrolle die daraus hervorgehenden Gefahren nicht genügend ausschließt, da wird die Staatstätigkeit am Platze sein.

§. 380. – 3) *Gemeinsamkeit der Konsumtion.* Die Natur der Leistungen für manche Arten der Bedürfnisbefriedigung bringt es mit sich, daß Einzelnen die Teilnahme an dem betreffenden Vorteil oder Genuß (die Konsumtion) nicht vorzuenthalten ist, wenn die Leistung überhaupt einmal erfolgt. Die Herstellung der Leistung macht hier ferner öfters Kosten, welche wenig oder gar nicht, jedenfalls nicht im Verhältnis des größeren Umfangs der Teilnahme an den Vorteilen der Leistung wachsen. Die Vorteile lassen sich für den Einzelnen auch nicht genau messen, ein Tauschwertanschlag dafür erscheint unausführbar. Hier ist demgemäß das gemeinwirtschaftliche Prinzip der Bedürfnisbefriedigung angebracht: gemeinsamer Konsum, bez. freie (im speziellen Fall unentgeltliche) Konsumtion für den Einzelnen, aber gemeinwirtschaftliche Produktion der Leistungen und Kostendeckung mittelst Beiträgen oder Steuern. Der Staat selbst wird aber hier wieder besonders passend solche Leistungen von allgemeiner Bedeutung für die Bevölkerung übernehmen, bei welchen gleichzeitig jene drei anderen, vorher erörterten Bedingungen vorliegen.

II. – §. 381. *Lösung weiterer Schwierigkeiten in der Bestimmung der Staatstätigkeiten.* Die richtige Entscheidung, ob Staats- ob Tätigkeit einer anderen Wirtschaft, besonders einer Privatwirtschaft eintreten soll, wird freilich durch die Natur des Staats selbst und seiner Leistungen auch im einzelnen Falle erschwert. Denn der Staat steht kraft seiner Souveränität hinsichtlich der Bestimmung seiner Leistungen und kraft seiner Finanzhoheit hinsichtlich der Mittelbeschaffung zur Kostendeckung außerhalb der freien Konkurrenz.

Die *vollständige* Überwindung aller dieser Schwierigkeiten für die richtige Feststellung des Bereichs der Staatstätigkeit kann auch durch Befolgung der obigen Regeln natürlich nicht immer gelingen und in einzelnen Fällen werden Fehler hinsichtlich der Bestimmung der Kompetenz des Staats stets vorkommen. Die zweckmäßige Organisation der konstitutionellen Budgetwirtschaft muß in dieser Beziehung auch wieder, nicht als das stets ausreichende, aber als ein prinzipiell richtiges und *relativ bewährtes* Hilfsmittel zur Lösung der Aufgabe bezeichnet werden.

Günstig ist dabei der Umstand, daß es sich bei der Feststellung des Bereichs der Staatstätigkeit und der Einrichtung des Verwaltungssystems, nach welchem diese Tätigkeit ausgeführt, die Staatszwecke verwirklicht werden, *nicht* um einen vollständigen *Neubau*, sondern höchstens um einen *Um-* und *Weiterbau* zu handeln pflegt.

Die *geordnete Herbeiziehung* der übrigen autonomen räumlichen Zwangsgemeinwirtschaften, der Provinz, des Kreises, der Gemeinde, zur Mitwirkung und die *Ausbildung der Selbstregierung und des Ehrenamtssystems*, soweit es sich bewährt, ferner die gute Einrichtung des *Vereinswesens*, der Gesetzgebung über Erwerbs-, besonders Aktiengesellschaften hebt weitere Schwierigkeiten. Die Sphäre der Privatwirtschaften wird dann auch im Großen und Ganzen richtig bestimmt, nicht zu sehr eingeschränkt, nicht zu weit ausgedehnt werden, aber notwendig immer wieder von Zeit zu Zeit *Veränderungen* unterliegen.

III. – §. 382. *Einfluß des Beamtentums für die Feststellung des Staatsbereichs.* Die Tätigkeiten des Staats müssen durch eine besondere Art von Arbeitern, durch das *Beamtentum* ausgeführt werden. Die *Leistungsfähigkeit* dieses Beamtentums ist daher schließlich auch noch ein hochwichtiger Punkt, welcher bei der Feststellung des Bereichs der Staatstätigkeit und bei der Einrichtung des Verwaltungssystems mit berücksichtigt werden muß. Diese Leistungsfähigkeit hängt zum Teil von dem *System der Besetzung der Staatsämter*, besonders im sogen. *Zivildienst*, selbst wieder ab, zum Teil ist sie auch bei ein und demselben Beamtensystem vom Stande der *Kultur* und der *Sittlichkeit* und *Sitte des ganzen Volks* und *Zeitalters* mit abhängig. Je mehr es gelingt, ein den Verhältnissen einer Zeit und eines Landes besonders richtig angepaßtes Beamtensystem auszubilden und je tüchtiger dieses unter dem Einfluß richtiger Erziehung und günstiger Kultur- und Sittenzustände fungiert, desto größer ist natürlich die Leistungsfähigkeit des Beamtentums und desto mehr Aufgaben können ihm und somit dem Staate gestellt werden.

Hebung des Beamtentums in *technischer und* geistiger Fähigkeit, in *sittlicher Integrität,* in *unabhängiger Gesinnung* neben voller, vom Staatsdienst geforderter *Subordination* wird damit zu einer weiteren wichtigen Voraussetzung der erfolgreichen extensiv und intensiv gesteigerten Staatstätigkeit.

Die Einrichtung des *Systems der Besetzung öffentlicher Ämter* erhebt sich dadurch zu einer hochwichtigen Aufgabe für das Staatsleben und für die Volkswirtschaft und ist nicht nur, was oft zu einseitig angenommen wird, von Bedeutung für die im engeren Sinne politische (d. h. formal-politische) Seite des Staatslebens und für die persönliche Stellung der Beamten.

Unter den Hauptsystemen der Besetzung öffentlicher Ämter in den modernen Staaten zeichnet sich das in *Deutschland* geschichtlich eingebürgerte, auch in anderen Ländern bemerkenswerter Weise gerade für *Richter* gleichfalls übliche, besonders durch die *Leistungsfähigkeit* des Beamtentums aus.

Die *Kostspieligkeit* dieses Systems ist nur ein *scheinbarer* Nachteil verglichen mit anderen Systemen.

Die Verbindung des Ehrenamtssystems, soweit es geht, mit dem deutschen System der Ämterbesetzung, welches aber *notwendig vorwiegt*, bietet wohl in unserer Zeit die beste Bürgschaft für ein leistungsfähiges Beamtentum, welchem immer mehr und größere Aufgaben des Staats zur Ausführung übertragen werden können.

IV. – §. 383. *Die speziellen Aufgaben des Staats als Untersuchungsgegenstand der systematischen Volkswirtschaftslehre.* Im Vorausgehenden ist der Staat in seiner universalen Bedeutung für die Volkswirtschaft betrachtet worden, jenem Standpunkte gemäß, wonach wir es in der Volkswirtschaftslehre zu tun haben mit der Volkswirtschaft staatlich organisierter Völker. Nach dieser allgemeinen Würdigung des Staats und der generellen Feststellung seines Bereichs müssen in der systematischen Volkswirtschaftslehre folgende vier vom Staate zu lösende Aufgaben noch spezieller untersucht werden:

1) Die Aufgabe des Staats in Bezug auf die Gestaltung des *allgemeinen wirtschaftlichen Verkehrsrechts.*

2) Die Aufgabe des Staats in Bezug auf die Gestaltung des *speziellen wirtschaftlichen Verkehrsrechts.*

3) Mehrfach ist im bisherigen Verlauf bereits generell die Frage erörtert worden, ob und inwieweit, wo und wann teils *Zwangsgemeinwirtschaften überhaupt*, teils insbesondere der *Staat* selbst, als wichtigste Form derselben, *direkt* die Fürsorge für die Herstellung und Verteilung von Gütern *neben* oder auch *ausschließlich anstatt* anderer Wirtschaften, namentlich der Privatwirtschaften und freier Gemeinwirtschaften, in volkswirtschaftlich zweckmäßiger Weise übernehmen sollen;

ferner ob sie auf den übernommenen Gebieten stets nach dem gemeinwirtschaftlichen Prinzip oder auch unter Umständen nach dem privatwirtschaftlichen, dem Gebührenprinzip zu verfahren haben.

4) Die Aufgabe des Staats in Bezug auf die Führung seiner eigenen Produktions- und Erwerbswirtschaft, d. h. der *Finanzwirtschaft* oder des *Staatshaushalts* (§. 361).

KOMMENTAR

EINFÜHRUNG IN DIE ÖKONOMISCHEN THEORIEN 1500-1900

Woher kommt eigentlich das ökonomische Denken, das in unserer Kultur unübersehbar eine Zentralstellung einnimmt? Es war ein ständiger Begleiter der Industriegesellschaft, in der das wirtschaftliche Argument zu einem der wichtigsten wurde und sich die Wirtschaftswissenschaften zu einer Leitwissenschaft entwickelten. Aber es gibt auch literarische und wissenschaftliche Anfänge, die weiter als bis zu Adam Smith und der Industriellen Revolution zurückreichen. In deutscher Sprache findet sich vom 16. bis ins 19. Jahrhundert eine ganze Reihe von Texten von zumeist hohem Bekanntheitsgrad bei den Zeitgenossen und besonderem Ansehen bei der Nachwelt, die in oft sehr profilierter Weise etwas über den Weg unserer ökonomischen Zivilisation verraten und unterschiedliche Teile von ihr zu begreifen und zu bewältigen suchen.

Wer an solchen klassischen Texten die Geschichte der Ökonomie entdecken will, darf nicht mit festgelegten Vorstellungen darüber herangehen, was er darunter verstehen will. Denn der heutige Begriff des Ökonomischen hat sich selbst erst im Laufe der Geschichte herausgebildet und entfaltet. Einige Seitenwege, denen kein historischer Erfolg beschieden war, bleiben ebenfalls des Gedächtnisses wert. Aus diesen Gründen ist der Titel dieser Edition klassischer Texte mit Bedacht nicht ganz präzise und bedarf einiger Erläuterungen.

Erstens ist nicht gemeint, daß hier Klassiker versammelt sind, die selbst die Geschichte der Ökonomie darstellen, also nicht etwa klassische Geschichtsschreibung über Wirtschaft oder wirtschaftliche Ideen. Auch das kann jedoch vorkommen, so zum Beispiel in den Texten von Johann

Peter Ludewig und Georg Heinrich Zincke über die Vorgeschichte der preußischen Lehrstuhlgründungen und des Wortes ›Wirtschaft‹, aber es ist nicht der leitende Gesichtspunkt der Auswahl. Daß nicht einfach klassische Texte zur Ökonomie, sondern zur Geschichte der Ökonomie angekündigt werden, soll vielmehr die historische Wandelbarkeit der ökonomischen Sache klarstellen.

Zweitens kann der Begriff Ökonomie einfach als Gegenstandsbereich ›Wirtschaft‹ verstanden werden oder aber als Nachdenken über Wirtschaft, bzw. als Wirtschaftslehre, Wirtschaftswissenschaft. Zur Verdeutlichung der Lehrbedeutung hat man manchmal von Ökonomik gesprochen, und auch in den modernen Wissenschaftsbezeichnungen Volkswirtschaftslehre oder aber Nationalökonomie ist diese Bedeutung eindeutig. In diesem Sinne meint auch ›Ökonomie‹ hier vornehmlich die heute vorherrschende Bedeutung einer Wissenschaft, aber in den älteren Texten erscheint manchmal mehr der Gegenstand als seine Betrachtungsweise als ökonomisch, ohne daß sie darum ausgeschlossen werden. Auf diese Weise spiegelt die Edition in ihrer chronologischen Anordnung auch eine zunehmende Verwissenschaftlichung der Ökonomie wider.

Drittens und vor allem aber ist das Ökonomische in seinem Inhalt und Verständnis überaus vieldeutig und einem grundsätzlichen historischen Wandel unterworfen. Denn in der Tradition des klassischen Altertums bezeichnete ›oikos‹ den Bereich des Hauses als räumliche und soziale Einheit, und ›Ökonomie‹ oder ›Wirtschaft‹ bedeutete so ursprünglich nichts anderes als der häusliche Lebenskreis mit materiellen, aber auch zum Beispiel partnerschaftlichen oder rein handwerklichen Zügen. Viele ehedem ›ökonomische‹ Fragen würden wir also gar nicht mehr als solche betrachten. Anderes hingegen, wie der von Luther behandelte Kaufhandel und die Thematisierung der Kommerzien gehört für uns zweifellos in die Frühgeschichte des ökonomischen Denkens – wäre aber in der Zeit selbst nie so bezeichnet worden. Die Edition schließt keine der beiden Möglichkeiten aus und bedenkt die Entwicklung vom Begriff wie von der Sachproblematik her. Gerade aus dieser Verschiedenheit ergeben sich inhaltlich interessante Einsichten, die zum Ausgangspunkt einer Entwicklungsübersicht über die frühen Texte genommen werden können.

I

Die frühen Texte ordnen sich in ein Entwicklungsschema, das von weit auseinanderliegenden Polen ausging und erst im 18. Jahrhundert zu einer Synthese zusammenfand. Was wir heute als ökonomischen Wissensbereich verstehen, ist zwiefacher geschichtlicher Herkunft, die zum besseren Verständnis der Bedeutung der Texte im Überblick erläutert sei.

DIE ENTDECKUNG VON HANDEL UND MARKT ALS WISSENSBEREICH

Auf der einen Seite ist sachlich der Bereich des Marktes oder die Tauschsphäre mit der heraufziehenden neuzeitlichen Geld- und Kreditwirtschaft konstitutiv für erste analytische Anstrengungen geworden. Das geschah gleichsam einleitend im Rahmen der Theologie, in den kritischen Lehren der Scholastik und später auch der Jesuiten zum ›gerechten Preis‹ und zum Problem des Zinswuchers, in die zum sittlichen Zweck auch sachkundige Überlegungen einflossen. Noch wichtiger wurde eine breite berufskundliche Literatur für den Kaufmann, als den für den Marktbereich zentralen Stand: gedruckte Handreichungen zum Rechnungswesen, Zahlungsverkehr und zur Warenkunde bis hin zu umfassenden, die Kaufmanns- und Finanzpraktiken lehrenden Handelsbüchern. Die Kaufmannshandbücher kamen im 16. Jahrhundert aus Italien nach Oberdeutschland und erreichten nach neuen westeuropäischen Anregungen in der zur Betriebswirtschaft hinlenkenden Handelswissenschaft des 18. Jahrhunderts einen zweiten Höhepunkt. Aus diesem kaufmännischen Wissensbereich führt auch eine direkte Linie zur merkantilistischen Theoriebildung.

Aus dieser gemeineuropäischen Entwicklung ragen in deutscher Sprache zwei klassische Texte hervor, die nicht die für den Anspruch dieser Reihe zu schlichte Gebrauchsgattung repräsentieren, sondern jeweils an historischen Schlüsselstellen über sie hinausweisen. Die Edition beginnt mit einer Schrift, in der die Anfänge der marktbezogenen Seite vereint erscheinen: Martin Luther wertete noch ganz in der theologischen Tradition, die er aus der milden Spätscholastik in die radikale Sprache seines Evangeliums übersetzte; aber die ausführliche Untersuchung der »Kaufshandlung« mit ihren praktischen Beispielen und Finanzoperationen deutete auf das kommende Thema voraus. Die Flugschrift, die statt *Von Kaufshandlung und Wucher* allerdings besser »Wider Kaufshandlung und Wucher« hieße und in Walchs klassische Ausgabe als *D. Martin Luthers Bedenken von Kaufshandlung* (Nr. 1) einging, stellte sich an die Spitze der ersten öffentlichen Protestbewegung gegen Großhandel und Monopole oder eigentlich gegen die kommerzielle Orientierung der kommenden Welt, für deren Fehler sie denn auch einen seit Karl Marx gern genutzten klassischen polemischen Zitatenschatz bereithält. Luthers Polemik gegen den innovatorischen Handelssektor und seine Verselbständigung ändert jedoch nichts daran, daß der Reformator aus der Hellsichtigkeit eines Gegners heraus eben diese Entwicklung erstmals umfassend literarisch wahrgenommen und mit analytischen Ansätzen beschrieben hat.

In derselben Tradition einer Auseinandersetzung mit dem Markt steht auch das Werk von Johann Joachim Becher – in den chronologisch angeordneten Texten Nr. 3 –, aber nun im späten 17. Jahrhundert entschieden positiv gewendet zu einem grundsätzlichen Lob der Kaufmannschaft. Das Hauptwerk des bedeutendsten deutschsprachigen Merkantilisten ist ein Stück weit auch ein Kaufmannshandbuch, das eine breite Warenkunde enthält und auf einem Vorsatzkupfer den charakteristischen Nebentitel »Commercien-Tractat« führt. Es ragt jedoch durch sein allgemeines Interesse an der Bevölkerungs- und Handelspolitik nach dem Dreißigjährigen Krieg, die Analyse ständisch-sektoraler Marktzusammenhänge und deren Regulierungsmöglichkeiten und vor allem durch seinen bekannten Beitrag zur merkantilistischen Theorie weit darüber hinaus: Becher kritisierte wie Luther Monopolbildung, aber er stellte ihr zwei genauso schädliche Fehlformen gegenüber und gelangte so zu einer dreigliedrigen Marktstörungslehre mit einem Korrekturappell an den Staat. Wenn bei Luther der theologische Standpunkt die Augen für den Marktbereich öffnet, so schärft hier das Staatsinteresse den Blick für Handelsbedürfnisse: es ist im Haupttitel schon ein *Politischer Discurs*. Ökonomisch aber hätten weder Luther noch Becher ihre von der kaufmännischen Wissenssphäre ausgehenden Überlegungen genannt.

DER ALTÖKONOMISCHE GEGENPOL

Auf der anderen Seite erlebte zu Beginn der Neuzeit auch der Begriff des Ökonomischen eine Renaissance und reicherte sich mit weiterführendem Gehalt an. Im gelehrten Rückgriff auf Aristoteles, der das Haus als einen Personenverband beschrieben hatte, der zwischen der großen Politik und der individuellen Sittlichkeit anzusiedeln war, und in Übereinstimmung mit reformatorisch-biblizistischen Hauslehren behandelte die alteuropäische Ökonomie zunächst das rechte Verhalten zwischen Eltern, Kindern und Gesinde in einem umfassenden häuslichen Tugendsystem. Entsprechend der aristotelischen Ausgrenzung einer geldwirtschaftlichen Bereicherungskunst (›Chrematistik‹) des Kaufmanns aus einer rechten Ökonomie – das blieb ein Diskussionspunkt bis in die spätere Volkswirtschaftslehre – stand das eigentliche Marktgeschehen außerhalb der Betrachtung. Immerhin aber konnten unter den ›ökonomischen Tugenden‹

modern weiterführende Normen wie Arbeitsfleiß und Sparsamkeit besonders akzentuiert werden, ferner gehörte die materielle Subsistenzsicherung und mit einigen Einschränkungen auch der Erwerb zu den Aufgaben des Hauses. Entscheidend aber wurde die landwirtschaftliche Akzentuierung dieser Ökonomie. Denn nach dem Muster des Xenophon und der römischen Agrarschriftsteller und wohl noch stärker einfach deshalb, weil das alteuropäische Haus weiterhin überwiegend ländlich strukturiert war, wurde der Ackerbau ein Hauptbereich der alten Ökonomie und manchmal fast mit ihr gleichgesetzt. Damit aber war der Bereich, an dem noch in erster Linie die Produktion ansetzte, an dem sie später von den Physiokraten als wirtschaftliche Kategorie entdeckt wurde und auf den sich in der Agromanie des 18. Jahrhunderts auch die ersten wachstumsorientierten Bemühungen um Meliorationen, neue Anbautechnik und Steigerung der Bodenfruchtbarkeit richteten, von Anfang an ökonomisch signiert.

Die europäische Altökonomik hat in der Neuzeit eine eigene Gattung von Gebrauchsliteratur hervorgebracht, deren deutsche Spielart nach einer Titelmode des 18. Jahrhunderts von der älteren Forschung als ›Hausväterliteratur‹ bezeichnet wurde. Diese Betitelung ist gleichwohl irreführend, weil die Hausmutter und ihre Rechte und Aufgaben ebenfalls berücksichtigt waren, bevor sich das ›Haushalten‹ als weibliches Tätigkeitsfeld verselbständigte. Fast stets besprechen diese Hausbücher die Personalbeziehungen und Verhaltensnormen des kleinen Sozialverbandes und gehen dann in der Haupttextmasse auf alles ein, was im Bereich eines ländlichen Haushalts an materiellen Kenntnissen und Arbeiten nötig ist: in Haus und Hof, Küche und Keller und ganz besonders auf dem Felde. Die Edition berücksichtigt die beiden berühmtesten Beispiele, die jedoch so umfangreiche Großwerke darstellen, daß sie nur in wenigen Werkteilen und geschlossenen Textpartien zu den angegebenen altökonomischen Schwerpunkten repräsentiert werden können.

Das eine ist der Urtyp der Gattung. Johannes Colers *Oeconomia oder Haußbuch* (Nr. 2), auf einem Titelkupfer noch deutlicher als »Oeconomia ruralis et domestica« bezeichnet, erläuterte schon in diesem zusammenfassenden Titel den landwirtschaftlich-häuslichen Doppelbezug dieser Altökonomie und hat mit seinen zahllosen Einzel- und Teillieferungen, Gesamtausgaben, Nachdrucken, Verschnitten und Plagiaten die Agenda der Hausbücher um 1600 begründet. Ein Modell setzte auch Colers Verbindung von gelehrtem klassischem Hintergrund und praktischer Beobachtung und Erfahrung vor allem in der Landwirtschaft. Dazugestellt ist das bekannte Werk *Georgica Curiosa* von Wolf Helmhard von Hohberg aus dem Jahre 1682 (Nr. 4), das in vielem ähnlich, aber literarisch anspruchsvoller und durchstrukturierter ist. In der Auseinandersetzung mit diesem Werk hat Otto Brunner seine forschungsgeschichtlich wichtige Theorie vom ›ganzen Haus‹ formuliert, nach der die alteuropäische Gesellschaft von der moralisch-sozialen Einheit des Hauses bestimmt gewesen sei, in der Leben und Arbeit, Produktion und Konsumtion räumlich wie sachlich noch ungeschieden waren. Das unterschätzt allerdings nicht nur das Gegenüber des Marktes, sondern das altökonomische Entwicklungspotential selbst, vielleicht wegen des besonderen Sozialcharakters dieses »adeligen Landlebens«. Eben der barock-aristokratische Zug Hohbergs, der sich bei Nachfolgern wie Christoph Fischer und Franciscus Philippus Florinus zu einer herrschaftlich-politischen Komponente verstärkte, deutet auch auf die weiterführende Ausweitung der Ökonomie auf den Staat und seine Repräsentanten voraus.

DIE KAMERALISTISCHE INTEGRATION

Es war das Interesse des Staates, das diese weithin getrennten Vorgeschichten der Ökonomie schließlich wissenschaftlich zusammengebracht hat. Auf der einen Seite gingen die merkantilistische Wirtschaftspolitik und die staatsnahen

Kommerzien in Deutschland, wie schon das Beispiel Bechers zeigt, nicht ganz an der Landwirtschaft vorbei. Auf der anderen Seite weitete sich aber vor allem das ökonomische Interesse vom Haus auf den Fürstenhof aus, auf die Domäne als hauseigene Einnahmequelle, den Staats-›Haushalt‹, und schließlich auf die ganze ›Landesöconomie‹ oder ›Staatswirthschaft‹. Kameralismus, ursprünglich mehr eine Verwaltungslehre der deutschen Fürstenstaaten, die sich durch deren fiskalisches Interesse wirtschaftspolitisch auflud, bedeutete auch eine Übertragung von Hausverwaltung auf die Staatsverwaltung. Die aber brauchte auch Handel und Kommerzien und integrierte so auch die ›Stadtwirtschaft‹ und den ganzen Markt.

Das ist nicht nur literarische Genealogie, sondern gewann auch praktisch und wissenschaftsgeschichtlich Gestalt in der Gründung der ersten deutschen ökonomisch-kameralistischen Lehrstühle in Preußen. Aus deutlich altökonomischer Tradition, aber mit Einschluß des insgesamt nicht weniger benötigten Handels- und Gewerbesektors institutionalisierte hier der Staat eine Wissenschaft, in der die Anfänge gesamtwirtschaftlicher Systeme zu finden sind. Es ist ein besonderer Glücksfall, daß eben dieser historische Moment in einer akademischen Festrede festgehalten wurde, die im Jahre 1727 erstaunlich hellsichtig erkannte, was hier geschah und daraus folgern konnte: nicht theoretisch-analytisch, wohl aber in einer wirtschafts- und wissenschaftsgeschichtlichen Reflexion und Prognose von Rang (Nr. 5). Der Beitrag des Hallenser Kanzlers Johann Peter Ludewig zu einem klassischen Ereignis der Wissenschaftsgeschichte leitete so würdig die Zeit der ökonomisch-kameralistischen Lehrbücher ein, die in Johann Heinrich Gottlob von Justi ihren Höhepunkt und zugleich den Umschlag in die neue Entwicklung erreichte.

Im literarischen und wissenschaftlichen Diskurs der Aufklärung gewann nun überhaupt der zusammenrückende ökonomisch-kommerzielle Wissensbereich einen größeren Stellenwert. Das bezeugen nicht nur die Lehrbücher zum akademischen oder praktischen Gebrauch, sondern auch eine Fülle von Klein- und Tagesschrifttum sowie spezialisierte Zeitschriften und Zeitschriftenbeiträge. Ökonomische Speziallexika und Artikel in den großen allgemeinen Nachschlagewerken bündelten von Zeit zu Zeit den Diskussionsstand, und es kam hier auch zu interessanten Durchlässigkeiten. Das bekannte ökonomische Fachlexikon des preußischen Kameralisten Georg Heinrich Zincke von 1742 enthält einen Schlüsselartikel »Wirtschaft«, der fast wörtlich auch in das *Große vollständige Universallexikon* von Johann Heinrich Zedler, das klassische deutsche Vorläuferwerk zur französischen *Encyclopédie*, übernommen wurde und von hier aus seit der Mitte des 18. Jahrhunderts weit ausstrahlte. Wie für diese Edition neu ermittelt werden konnte, stammt der zweite Teil des Artikels von dem populären Leipziger Philosophen August Friedrich Müller. Dieser Lexikonklassiker ist, wie in diesem Genre die Regel, kein innovativ zugespitzter Beitrag, aber er soll als erhellender Repräsentant des Diskussionsstandes, der Bedeutungsvielfalt und der historisch-ökonomischen Perspektive an der Wende zur Moderne den älteren Textteil abschließen (Nr. 6). Der Artikel gilt noch der Wirtschaft, nicht der »großen Wirtschaft des Staates«, wie wenige Jahre später Justi die gesamtwirtschaftliche Betrachtungsweise umschrieb. In dieser »Staatswirtschaft« war die Integration des ökonomischen und merkantilistischen Wissensbereiches vollzogen, der nun seine genuin wirtschaftswissenschaftlichen Problemstellungen entwickelte.

II

DAS SPÄTE 18. JAHRHUNDERT: DER KAMERALISMUS UND SEINE AUSLÄUFER

In der Mitte des 18. Jahrhunderts erreicht die kameralistische Ökonomie in Deutschland und in Österreich ihre

Blüte, vor allem durch die großen systematischen Arbeiten von Johann Heinrich Gottlob Justi und Joseph von Sonnenfels. Ihnen gelingt es, die vielfältigen Konzeptionen und heterogenen Materien ihrer Vorgänger in ein System zu fassen, das untereinander durchaus verschieden die Ökonomie als einen einheitlichen Wissenskorpus vorstellt. Sie integrieren alle Vorarbeiten in ein in Nuancen ausgefeiltes Tableau der Ordnung des Staates (Staatsweisheitslehre, später Politik), der staatlichen (Cameralökonomie) und der bürgerlichen Ökonomie (Kommerzienwissenschaft) inklusive der staatlichen Eingriffe in die bürgerliche Wirtschaft (Polizeiökonomie).

In diesem Buch wird Johann Heinrich Gottlob Justis Konzeption vorgestellt (Nr. 7), weil sie die erste große Theorie des Kameralismus bietet. Joseph von Sonnenfels' Ökonomie ist dagegen die spätere, weiterentwickeltere Version, die zwar z. T. gründlicher ausfällt, besonders auch in der Verarbeitung ausländischer Autoren; der aber doch die Frische des ersten Entwurfs fehlt, die wir bei Justi noch unmittelbar vorfinden.

Die vergleichbaren französischen, italienischen und englischen ökonomischen Theorien der Zeit sind allemal nicht so stark von der – in Deutschland und Österreich geübten – Verwaltungspraxis bestimmt. Der Stil der ›höfischen‹ und landesherrlichen Verwaltungspraxis prägt die kameralistische Ökonomie; erst durch ihre von der Juridik entlehnte Systematizität entfaltet sie Zusammenhänge, die über die Auflistung der geübten Praktiken hinausgehen, wie sie die Werke der frühen Kameralisten durchschnittlich boten. Indem die großen Kameralisten alle wirtschaftlichen und staatlichen Phänomene in *ein* System einordnen wollen, kommen Überlegungen auf über Sinn und Zweck einzelner Phänomene; die Ökonomie beginnt, ihre Ordnung nach ihren systematischen Kriterien zu begründen, was allemal andere Ergebnisse zeitigt, als sie in praxi zur Gewohnheit geworden sind. Dabei orientiert man sich unter anderem an den großen Philosophieentwürfen der Aufklärung, an ihren

Weltordnungen, so besonders an den deutschen Naturrechtstraditionen Pufendorfs, Wolffs etc., die allerdings einen anderen Staatstypus erfordern, als ihn z. B. die englische Ökonomie verwendet.

Während Justi noch einen aufgeklärten Vernunftstaat zum Referenzsystem seiner Überlegungen macht, wird erst bei dem Göttinger Ökonomen Georg Sartorius deutlich, welcher anhaltenden Wirkung die Staatsphilosophie des Kameralismus sicher sein kann: Die emphatische Aufnahme der ›Political Economy‹ Adam Smiths wird systematisch in dem Punkt durchbrochen, wo es zur Einschätzung des Staates kommt (Nr. 9). Zwar dient Adam Smiths Minimierung des Staates als Vorbild für eine Neuordnung seiner Aufgaben, aber zu einer bloßen Betrachtung des Staates nach Kriterien seiner Leistungsfähigkeit kann man sich aus politischer und Staatsräson in Deutschland nicht bekennen. Der Staat ist in deutschen Landen eine Institution non plus ultra; und die kritisch-aufgeklärten Professoren sind letztlich seine Beamten.

Im Kameralismus des 18. Jahrhunderts werden die ökonomischen Phänomene noch im Gewand einer staatswissenschaftlichen Generalkonzeption zusammengefaßt und geordnet. Die Ökonomie hat zwar ihren eigenen Gegenstandsbereich in der staatlichen Finanzwirtschaft und in der bürgerlichen Marktwirtschaft erlangt, bleibt aber bis zum Ende des 18. Jahrhunderts eine Unterabteilung der ›Staatsweisheitslehre‹, d. h. der Politik im weitesten Sinne. Folglich werden die ›Kommerzien‹, die Marktprozesse, mehr nur unter dem Gesichtspunkt ihrer möglichst vorteilhaften Ordnung durch den Staat bzw. durch seine Polizey betrachtet; eine ausgefeilte Theorie des marktlichen Angebots- und der Nachfrage – wie bei James Steuart, Richard Cantillon und auch, in Ansätzen, bei den Physiokraten zur gleichen Zeit bereits vorliegt – fehlt durchweg.

Die deutschen Physiokraten (Nr. 8) bleiben der weiterhin vorherrschenden kameralistischen Ökonomie darin verbunden, daß sie die Ökonomie als ein System auffassen; anders aber als ihre staatswirtschaftlich orientierten Gegner sind sie durch den französischen Gründer der Physiokratie, François Quesnay, angeregt, das System nicht als politisch-ökonomische Ordnung, sondern als ein rein ökonomisches System zu begreifen, das die Verteilung der Primäreinkommen und, davon abgeleitet, das Steuersystem völlig neu zu begründen versucht. Anstelle einer politischen oder Verwaltungs-Ordnung leihen sie sich ein Naturordnungsmodell (›l'orde naturel‹) bei den Philosophen (so Quesnay, Malebranche): als theoretisches Modell erfanden die Physiokraten eine Kreislaufanalyse (aus der später Leontiew seine Input-Output-Modelle kreierte).

Die physiokratische Idee blieb zu abstrakt und damit wirkungslos; sie war eine Erfindung der Pariser Salons, vor allem aber war sie nicht ohne weiteres auf die deutschen staatsrechtlichen Bedingungen übertragbar. Doch bot das physiokratische Modell immerhin eine Alternative zur vorherrschenden Form der staatspolitischen Ökonomie. Es trug dazu bei, die Rezeption Adam Smiths vorzubereiten (der zuerst noch als Physiokrat mißverstanden wurde).

DAS FRÜHE 19. JAHRHUNDERT: SMITH-REZEPTION UND -KRITIK

Um 1800 begann eine intensive Smith-Rezeption, die als entscheidender Schritt zur Verwandlung der Kameralökonomie in eine neue Wissenschaft der Ökonomie zu werten ist. Die neue Wissenschaft hieß bald ›Nationalökonomie‹ oder ›Volkswirtschaftslehre‹. Georg Sartorius war, neben vielen anderen (Krause, Hufeland etc.), einer der ersten, der die neue Ökonomie an der Göttinger Universität und in Publikationen vorstellte (Nr. 9). Bei aller Hinwendung zur Smithschen Wettbewerbsmarktlehre blieb aber bei den deutschen Smith-Epimatoren eine Einschränkung bestehen: Smiths theoretische Reduktion des Staates in ökonomischen Angelegenheiten wurde als defizitär aufgefaßt, da er zum einen die ordnende Bedeutung von Recht und Politik nicht zu erfassen vermochte, zum anderen aber der deutschen Verfassungswirklichkeit nicht gerecht wurde.

Die deutsche Nationalökonomie, so wie sie im frühen 19. Jahrhundert entwickelt wurde, ist ohne die Inspirationen der ›klassischen‹ englischen ›Political Economy‹ nicht denkbar. Aber in der Frage des Staates und seiner rechtlichen wie ökonomischen Funktion bleibt die neue, junge Volkswirtschaftslehre dem kameralistischen Erbe verpflichtet. Diese Disjunktion zwischen ›theoretischer Volkswirtschaftslehre‹, die auf der Smithschen Ökonomie basiert, und ›angewandter Volkswirtschaftslehre‹ bzw. ›Volkswirtschaftspolitik (bzw. -pflege)‹, die, wenn auch moderat angepaßt, auf der älteren Polizeitheorie der staatlichen Regulation der bürgerlichen Marktbewegungen aufbaut, bestimmt fast für das ganze 19. Jahrhundert bis tief ins 20. hinein den eigentümlichen Weg der deutschen Nationalökonomie. Hinzu kommt ein charakteristisch abweichendes Methodenverständnis, das in der Bedeutung der beiden ›Historischen Schulen‹ der Nationalökonomie manifest wird (vgl. dazu Wilhelm Roscher; Bruno Hildebrand und Gustav Schmoller).

Karl Heinrich Rau wird der bedeutendste Systematiker der jungen neuen Volkswirtschaftslehre. Sein Werdegang vom Kameralisten zum liberalen Markttheoretiker läßt in seinem ökonomischen Werk die Spannung der disjunkten Momente der deutschen Ökonomie lebendig und ungelöst aufscheinen (Nr. 12). Mit Rau beginnt die Epoche der großen systematischen Lehrbücher, welche die Tradition Justis und Sonnenfels' für die neue Wissenschaft fortsetzen. Sie bereiten – nach einem gewissen Schema geordnet – das ganze ökonomische Wissen aus; in ausgedehnten Fußnotenapparaten, die von Auflage zu Auflage sich ausdehnen, werden die Einwände, neueren Erörterungen und vor allem die ausländischen Autoren vorgestellt. Dabei glänzen die deutschen Ökonomen weniger durch eigenständige Ansätze zur ökonomischen Theorie – wenn wir die ›Historische Schule‹ ausnehmen – als vielmehr durch hervorragende

Kompilation der vorhandenen ökonomischen Konzepte (vor allem Karl Heinrich Rau und Wilhelm Roscher).

Doch wäre es ungerecht, das Urteil dabei bestehen zu belassen. Indem Karl Heinrich Rau und Wilhelm Roscher – um die beiden Größten zu nennen – eine reichhaltige Kompilation der aktuellen Ökonomie ihrer Zeit anbieten, entwerfen sie eine Perspektive auf diese neue Wissenschaft, die es den Lesern und Studenten erlaubt, nicht dogmatisch zu erstarren. Smith, Malthus, Say stehen mit ihren Theorien gleichberechtigt neben den deutschen, französischen und italienischen Theoretikern, deren Argumentationen vorurteilslos bevorzugt werden, wenn sie besser sind als die eigenen. So entsteht zwar eine mehr oder minder eklektische Theoriekonzeption, aber der Blick wird geöffnet für praktikable und einsichtige Argumentationen. Man sieht, daß die deutschen Ökonomen noch auf der Suche sind und sich nicht vorschnell auf einzelne Theorien festlegen wollen. Sie bieten einen offenen Wissenschaftsdiskurs.

Doch gibt es auch einen anderen Umgang mit den Einflüssen der englischen klassischen Ökonomie: Adam Heinrich Müller entwirft eine vehemente Oppositionstheorie (Nr. 11), Friedrich Benedict Wilhelm Hermann dagegen präzisiert 1832 die Smithsche Position in einer analytisch damals bewunderten Weise, die sehr viel stärker die Fragen der Wert- und Preistheorie in den Vordergrund stellt (Nr. 13).

Adam Heinrich Müller repräsentiert die sogenannte ›romantische Opposition‹ gegen die ›abstrakte Tauschwertlehre‹ der Engländer. Seine Ökonomie bleibt spekulativ (Nr. 11), gibt aber einem allgemeinen Empfinden Ausdruck, das in der englischen klassischen Wirtschaftstheorie den Umbruch der existierenden sozialen Beziehungen erspürt. Müllers konservative (auf den ›Volksgeist‹ und den ›sensus communis‹ ausgelegte) Opposition will die alten Ordnungen gegen die neue Wettbewerbsgesellschaft des freien Marktes verteidigen. Seine Opposition bleibt singulär, aber der in seinen Werken vertretene Anspruch der Dominanz der Gemeinschaftlichkeit in Ökonomie und Politik ist von allgemeinerer Art und nur ein Ausdruck der später auch bei anderen beginnenden ethischen Reflexion der modernen Ökonomie. Adam Müller spürt sehr genau, daß die englische Ökonomie Smiths aus einer anderen gesellschaftlichen Kultur erwachsen ist, daß sie sich nicht ohne weiteres auf das noch sehr agrarisch strukturierte Deutschland übertragen läßt. Jede konkrete Übertragung würde die Auflösung der vorhandenen wirtschaftlichen Verhältnisse bedeuten. Das nun allerdings beabsichtigten die liberalen Nationalökonomen, denen Müller seinen Kampf ansagte.

Friedrich Benedict Wilhelm Hermanns *Staatswirtschaftslehre* von 1832 ist ein relativ eigenständiger Ansatz, der sich in drei wesentlichen Aspekten von der zu seiner Zeit herrschenden Nationalökonomie unterscheidet: 1. in seiner ausgearbeiteten Kapitaltheorie, 2. in seiner differenzierten subjektiven Wert- und Preislehre und 3. in seiner Theorie der Kollektivbedürfnisse. Insbesondere die beiden letzten Punkte ließen Hermann zu einem Anreger der weiteren ökonomischen Theorieentwicklung werden (Nr. 13). Die deutsche Nationalökonomie hatte nicht nur die Übernahme der – für sie allzu – reduzierten Smithschen Staatswirtschaftslehre, sondern auch der Arbeitswerttheorie der ›Klassik‹ verweigert. Dafür mußte Kompensation geschaffen werden; der Trend ging in Richtung subjektiver Wertlehre.

Früh schon – bei Hufeland, bei Lotz und Rau – wurde die ›objektive‹ Wertlehre, die den Wert der Güter aus den Produktions- und Arbeitskosten bestimmte, durch eine subjektive Wertlehre ersetzt, die den ›Willen‹ der Wirtschaftssubjekte zur entscheidenden Determinante der Wertbestimmung erhob. Hier spielen Einflüsse der deutschen idealistischen Philosophie (Kant, Fichte) eine bisher wenig beachtete Rolle, die sich schlicht daraus ergeben, daß die dort postulierte Freiheit des Subjektes in der Ökonomie nicht an ›objektive‹ Wertbildungsprozesse delegiert werden kann. So wird früh im 19. Jahrhundert ein Weg eröffnet, der später bei Carl Menger (1871) in eine neue Konzeption der ökonomischen Theorie mündet, die als ›marginal revolution‹

die Basis für den Hauptstrom der Ökonomie des 20. Jahrhunderts bildet (Nr. 20).

Diese recht kontinuierliche, wenn auch bis zu Carl Menger nicht dominante werttheoretische Entwicklungslinie der deutschen Nationalökonomie ist bisher relativ wenig beachtet worden. Sie zeigt, daß die deutsche Ökonomie des 19. Jahrhunderts verborgene Potenzen hatte, die in ihrer Theoriegeschichte bisher unterbewertet waren. Nicht Thünen, List (Nr. 14), Gossen, Marx (Nr. 17) und, z. T., Mangoldt, die heute hochgeschätzten Vorläufer moderner Ökonomie, die von ihren Zeitgenossen aber mehr oder minder als Außenseiter betrachtet wurden, prägten den damaligen ökonomischen Diskurs, sondern solche eigentümlichen Entwicklungslinien wie die einer eigenständigen Wertlehre und die eines besonderen Staatsverständnisses.

Eine weitere dieser unterbewerteten Entwicklungslinien ist die von Hermann ausgearbeitete Theorie der Kollektivgüter (Nr. 13). Den privaten Bedürfnissen, die auf den Märkten verhandelt werden, stehen darin die kollektiven Bedürfnisse gegenüber, die der Staat (bzw. die Verbände) zu befriedigen hat. Da die Kollektivbedürfnisse dort Geltung haben, wo es keine definierten Eigentumsrechte gibt, gewinnt der Staat eine neue ökonomische Begründung, die bei Hermann allerdings, gegenüber den Gemeinwohlverpflichtungen der üblichen Staatswirtschaftslehren, eine rationale Basis erhält (auf die Emil Sax und die spätere Theorie öffentlicher Güter zurückgreifen werden). Mit Hermann erst wird die kameralistische staatswissenschaftliche Basis in eine genuin ökonomische Begründung der Staatswirtschaft zu wandeln versucht.

Die Darstellung der frühen deutschen Nationalökonomie wird in diesem Buch durch zwei repräsentative Autoren komplettiert: durch Carl Wolfgang Christoph Schüz und Friedrich List. Natürlich ist die Auswahl für einen Band mit Klassikern der deutschen Nationalökonomie in einem gewissen Sinne willkürlich: Es ließe sich fragen, warum Thünen, Buquoy, Hufeland, Kraus, Lüder, Lotz, von Jakob u.a.m. nicht berücksichtigt wurden.

Johann Heinrich von Thünens Hauptwerk läßt sich schwer nur in Ausschnitten präsentieren, da er einen systematischen Entwurf vorgelegt hat. Zudem wurde er zu seiner Zeit wenig gelesen; er ist damit zwar ein ökonomischer Autor seiner Zeit, wurde aber erst später entdeckt. Die Ökonomie seiner Zeit hat er nicht befruchtet. Christian Jakob Kraus – der mit Kant befreundete Königsberger Smithianer – hat ausschweifende Werke verfaßt, die aber nicht die gleiche Prägnanz haben wie die des zeitgleichen Georg Sartorius, so daß – zusätzlich mit dem Argument, daß Sartorius neben seiner Smith-Kompilation eine Smith-Kritik geliefert hat, die bei Kraus weitgehend fehlt – der interessantere Repräsentant ausgewählt wurde. Aus demselben Grund entfallen Lüder und Lotz; sie sind, z. T. umständliche, Kompilatoren, mit wenig eigenständigem Theoriegestus.

Hufeland und Buquoy dagegen sind von anderer Qualität, aber weniger bekannt als z. B. Rau, Müller und List. Sie darzustellen erforderte einen weitaus höheren Begründungsaufwand, als in einem kurzen Kommentartext zu leisten ist. In einer aktuellen Theoriegeschichte der deutschen Nationalökonomie des 19. Jahrhunderts hätten sie gewiß ein stärkeres Gewicht.

Ein Band, der die deutschen Klassiker der Ökonomie vorstellen soll, kann in begrenztem Rahmen aber keine theoriegeschichtliche Forschung leisten, sondern hat sich auf die qualifizierte Interpretation jener Texte zu beschränken, die er nicht nach dem Kriterium der Originalität, sondern mehr nach dem der Repräsentativität auszuwählen gehalten ist. Die Berücksichtigung Friedrich Lists etwa bedarf keiner weiteren Begründung, da er *der* neue Klassiker der jungen Nationalökonomie war, obwohl er von der akademischen Nationalökonomie ignoriert wurde (Nr. 14). List war – nach seinem frühen Scheitern als kameralistischer Professor und aufgrund seiner amerikanischen Erfahrungen – ein eigenwilliger Kritiker der Smithschen Ökonomie, dessen Stellenwert ebenfalls noch höher zu veranschlagen ist, als dies bisher getan wurde: nicht wegen seiner Schutzzolltheorie, die in der Entwicklungsökonomie des 20. Jahrhunderts verschiedentlich an ihre Bedeutung erinnern ließ, sondern wegen seines Versuchs, die Trennung zwischen theoretischer und angewandter Nationalökonomie in einem synergetischen Konzept von Markt- und Staatswirtschaft aufzuheben.

List war mit dem Versuch beschäftigt, die Entwicklung der Wirtschaft aus einem Agrarstaat in einen Industriestaat genauer zu fassen. In seiner Stufentheorie blieb er Smith, wenn er ihn auch scharf opponierte, zwar verwandt; seine Novität bestand aber darin, dem Staat notwendige Entwicklungsaufgaben zuzuweisen, und zwar ohne neue staatsphilosophische Begründung, sondern aufgrund ökonomischer Kriterien (z. B. der Infrastrukturentwicklung). Damit hatte er die Grundlagen für eine Alternative zur ›Historischen Schule‹ geschaffen, ohne daß dies aber in größerem Maßstab in der damaligen ökonomischen Theorie aufgegriffen wurde. Als Nichtakademiker galt er den professoralen Mandarinen ohnehin à fonds perdu.

Carl Wolfgang Christoph Schüz dagegen – Tübinger Nationalökonom und Mitbegründer der ›Zeitschrift für die gesammte Staatswissenschaft‹ – repräsentiert den Übergang der frühen deutschen Nationalökonomie in die ›Historischen Schule‹, ohne daß er ihr angehörte. Sein vornehmstes Thema ist das Problem der Sittlichkeit in der Nationalökonomie (Nr. 15). An diesem Thema, das viele der deutschen Ökonomen, wenn auch auf unterschiedlichste Art, bewegte (Müller, Roscher, Hildebrand, Schmoller und Wagner), wird zum einen die ›soziale Frage‹, d. h. das Problem der zunehmenden Einkommensungleichverteilung im Industrialisierungsprozeß, zum anderen aber der gesellschaftliche Wandel selbst virulent. Schüz reflektiert – aus einer Kant entlehnten Position – das Problem der Ethik in der Ökonomie in einem gewissen Sinne prototypisch und nüchtern. Er erklärt das sittliche Verhalten für relativ nutzbringend, d. h. er untersucht die Legitimität von Regeln, Normen und Institutionen, die dem privaten Interesse der Wirtschaftssubjekte überhaupt erst jenen Geltungsraum sichern, innerhalb dessen sie sich ›vernünftig‹ verhalten können.

Schüz bereitet die Argumentationen der ›Historischen Schule‹ vor. Die sittlichen Institutionen haben ihre eigene Rationalität, die überhaupt erst die Voraussetzungen dafür schafft, daß die Individuen jene Handlungsrationalität annehmen können, die Smith immer schon voraussetzt.

DAS MITTLERE 19. JAHRHUNDERT: DIE ›ÄLTERE‹ HISTORISCHE SCHULE

Die Mitte des 19. Jahrhunderts wird durch die ›Ältere‹ (vgl. Wilhelm Roscher und Bruno Hildebrand), die zweite Hälfte dagegen durch die ›Jüngere historische Schule‹ charakterisiert (vgl. Gustav Schmoller). Beide Schulen haben ein einzigartiges Verhältnis zu Smith und zur klassischen Ökonomie (zu der neben Smith noch Say, Malthus und Ricardo zählen). Sie kritisieren die Abstraktheit der ›englischen Tauschwirtschaftslehre‹ und versuchen – basierend auf der Savignischen historischen Rechtslehre, aber auch beeinflußt durch die Hegelsche Geschichtsphilosophie – durch empirisch-statistische (›historische‹) Analyse die vielfältigen Einflüsse der Kultur, der Sitten und der natürlichen Bedingungen der jeweiligen Ökonomien auf deren spezifische Entwicklung zu beschreiben. Dabei übernehmen sie, mehr oder minder, die Smithsche (wachstumstheoretische) Idee der Kapitalakkumulation, bestreiten aber deren autonome Dynamik. Es gebe keine werttheoretisch ableitbaren Gesetzmäßigkeiten, vielmehr historisch-nationale besondere Bedingungen, die einzeln und konkret untersucht werden müßten. Die deutsche Nationalökonomie versucht sich in einer eigenen – ›historischen‹ – Methode, der Roscher 1843 ihren Namen verleiht.

Wilhelm Roscher weitet Raus Konzeption aus: Die systematische Darstellung der Ökonomie wird in Fußnoten durch ein Konvolut an statistisch-empirischen Anmerkungen ergänzt (was für jede neue Auflage eine teilweise Neubearbeitung nötig macht). Zudem wird auch fast die gesamte neue Literatur verarbeitet. Roscher brilliert nicht durch eine eigene Konzeption der Nationalökonomie (obschon er, verstreut, immer wieder neue Konzeptionen in sein Lehrbuch einbaut), sondern durch eine Rekonstellationierung der anderen Theorien nach der historischen Methode. Der Theorietypus bleibt enzyklopädistisch-systematisch. Für unseren Band ist eine andere Arbeit Roschers ausgewählt worden: eine frühe Konjunkturtheorie (Nr. 16), welche die ökonomische Analyse mit historischer angemessen verbindet.

Bruno Hildebrand – der, neben Wilhelm Roscher und Karl Knies, dritte Begründer der ›Historischen Schule‹ – dagegen wird bekannt durch ein kleineres Werk, das systematisch die ›klassische‹ (Adam Smith), die ›romantische‹ (Adam Müller), die ›anti-klassische‹ (Friedrich List) und die ›sozialistische‹ (Pierre-Joseph Proudhon) Ökonomie kritisiert. Das geschieht subtil und in größter Klarheit, ohne daß aber – neben den in der Kritik angeführten Passagen – eine eigene Konzeption von ausgearbeiteter Kontur sichtbar würde. Vehement opponiert Bruno Hildebrand der Auffassung, die ökonomische Wissenschaft solle sich am Modell der Naturwissenschaft orientieren, was ihm Gelegenheit gibt, die historische Methode als die Überlegenere herauszustellen.

Karl Marx unterbricht diese Reihe. Marx' Ökonomie ist – als ›Kritik der Politischen Ökonomie‹ – vornehmlich mit David Ricardo und den französischen und englischen Autoren beschäftigt; für die deutsche Ökonomie hat er nur Spott und Hohn übrig. Ihre Versuche, die Ökonomie kulturwissenschaftlich zu reformulieren, hält Marx für akademisch-bildungsbürgerliche Eskapaden ohne Bedeutung. Er hingegen versucht, die ökonomische Entwicklung auf durch sie geprägte Gesetzmäßigkeiten der Geschichte zu rubrizieren (Nr. 17). In der theoriegeschichtlichen Entwicklung der deutschen Ökonomie des 19. Jahrhunderts spielte Marx –

außer bei den Sozialisten – keine Rolle. Seine – mehrwerttheoretischen – Analysen sollten hingegen im 20. Jahrhundert eine Geschichtsmächtigkeit bekommen, die mit der Entwicklung der deutschen Ökonomie – in der Marx nur eine randständige Rolle spielte – nichts zu tun hatte.

DAS SPÄTE 19. JAHRHUNDERT: DIE ›JÜNGERE‹ HISTORISCHE SCHULE, IHRE ANRAINER UND OPPONENTEN

Größeren Einfluß – vor allem auf die akademische Entwicklung der Wirtschaftswissenschaften in Deutschland – nahm Gustav Schmoller, der die Impulse der ›Älteren historischen Schule‹ fortführte. Er nannte seine Version eine ›ethisch-historische‹, die den Schwerpunkt ihrer Untersuchung auf die Wechselwirkung der Sitten, Gebräuche und Institutionen der Gesellschaft mit der Wirtschaft legte (Nr. 19). Schmoller war Mitbegründer des ›Vereins für Socialpolitik‹, der es sich zur Aufgabe machte, Lösungen der ›sozialen Frage‹ zu erarbeiten. In Auseinandersetzung mit Lujo Brentano u.a.m. propagierte Schmoller das System der Sozialversicherung, dessen Bismarcksche Version, die ohne diese ökonomischen Vorarbeiten der ›Historischen Schule‹ kaum denkbar ist, den Grundstein legte für das noch heute existierende System.

Schmollers vielfältige historisch-empirische Arbeit prägte den Stil einer ganzen Generation von Volkswirten. Ihnen wurde bald ›Historizismus‹ vorgehalten, d. h. daß sie sich unsystematisch-ausufernd in historischen Details verlören. Die in großem Stil angelegte ›historische‹ Ökonomie verlor ihre theoretische Kontur, was allerdings für Schmoller selbst nicht behauptet werden kann. Seine Konzeption der Nationalökonomie beruhte auf einer geschichtlichen Vision der Entwicklung moderner Industriegesellschaften, die vorsieht, den ›sozialen Frieden‹ durch Verteilungsgerechtigkeitsinstitutionen aufrechtzuerhalten. Schmoller war ein höchst kenntnisreicher Beobachter der modernen Industrialisierung, deren soziale Nöte er durch staatlich geförderte Institutionen beheben wollte. Ihm ›Theorielosigkeit‹ vorzuhalten, ist in einem gewissen Sinne ungerecht, da er eine andere Art von Theorie betrieb, die erst heute wieder, durch die Renaissance der Institutionenökonomie, neu gewürdigt werden kann. Schmoller wird in der ökonomischen Theoriegeschichte als Vorläufer der modernen Institutionenökonomie einen bedeutenderen Platz einnehmen als bisher.

Ähnlich Adolph Wagners Position (Nr. 21). Doch unterscheidet sie sich von der Schmollers durch ihre Methodik; Wagner rechnet nicht zur ›Historischen Schule‹, sondern bemüht sich – im Gegensatz zu ihr – um eine systematische Durchdringung der ökonomischen Phänomene des frühen Sozialstaates. Er knüpft in diesem Sinne wieder an Karl Heinrich Rau und Wilhelm Roscher an, allerdings ohne des letzteren statistisch-empirischen Kommentarapparat. Stärker noch als Schmoller will Wagner dem Staat die Wohlfahrtsaufgaben zuweisen; über die Reformation des Steuersystem soll die Redistribution der Einkommen notfalls zwangsweise geschehen. Adolph Wagner ist der erste deutsche konsequente Wohlfahrtstheoretiker, allerdings mit einer eigenen, nicht von Marshall oder Pigou entlehnten Konzeption.

Wagner bezeichnet sich selber – in Anlehnung an den von ihm hochgeschätzten Rodbertus-Jagetzow – als ›königlich preußischer Staatssozialist‹. Überhaupt sind die sozialreformerischen Bemühen – nicht nur von Wagner und Schmoller – als Prävention gegen die erstarkende Sozialdemokratie und ihre sozialistische Wirtschaftsauffassung gerichtet. Die ›ethische‹ Aufgabe der Ökonomie gründet in einer politischen Aufgabe, die im Zeitalter des Industrialisierungsumbruchs die Gesellschaftsordnung durch institutionelle Anpassung erhalten will.

Viele andere Ökonomen dieser Epoche sind in diesem Buch nicht erwähnt: Lujo Brentano z. B., der liberale Antipode Schmollers, der die freie Gewerkschaftsbewegung propagierte und eine sehr viel moderatere Staatstätigkeit forderte; Rodbertus-Jagetzow nicht, der eine eigene, gegen Lassalle formulierte Kapital- und Verteilungstheorie entwikkelte; nicht Schäffle, nicht Knies; auch nicht die (wenigen) ökonomischen Liberalen (Wirth, Smith-Price etc.), die für eine, sehr kurze, Episode die wirtschaftspolitische Diskussion bestimmten (organisiert im ›Volkswirtschaftlichen Kongreß‹).

Auch fehlen Lorenz von Steins Konzeptionen der Verwaltungswissenschaft, Karl Dietzels Staatswirtschaftstheorie, Max Webers Entwicklung der Soziologie, welche die sozialwissenschaftlichen Impulse der ›Historischen Schule‹ zu einer eigenen Wissenschaft ausformulierte, etc. Es fehlen Hermann von Mangoldt, der früh Verstorbene, seine ökonomische Theorie des Unternehmergewinns und seine preistheoretischen Untersuchungen, die erst im 20. Jahrhundert in ihrem Wert erkannt wurden; und letztlich Hermann Heinrich Gossen, dessen Grenznutzenanalyse ihn später zu einem der großen Erneuerer der Ökonomie machte, der aber, ebenso wie Mangoldt, zu Lebzeiten verkannt blieb. Ökonomen, die zu ihrer Zeit kaum rezipiert wurden, können nicht als ›Klassiker‹ gelten.

Überhaupt ist das Phänomen, daß die heute in der ökonomischen Theoriegeschichte hochgehandelten Thünen, Gossen, Mangoldt, neben List und Marx, mit Ausnahme der beiden letzteren zu ihrer Zeit fast unbekannt blieben, nur damit zu erklären, daß sie neue Konzeptionen entwarfen, die einen Vorgriff auf das heute geltende Paradigma der ›reinen Ökonomie‹ tätigten, das zu ihrer Zeit aber als ›unakademisch‹, d. h. als nicht den wissenschaftlichen Usancen entsprechend gewichtet wurde. Der vorliegende Band bemüht sich, eben dieses Selbstverständnis der deutschen Ökonomen darzustellen und ihre spezifische Diktion herauszuheben, die in ihrer grundsätzlichen staatswirtschaftlichen Orientierung von der englischen Political Economy sehr verschieden blieb (und eher der italienischen und französischen Ökonomie ähnelte).

Doch berechtigt dies, der Entwicklung der deutschen Nationalökonomie einen Sonderweg zuzuschreiben? Carl Menger, der Begründer der sogenannten ›Österreichischen Schule‹ der Ökonomie zu Ende des 19. Jahrhunderts, bestreitet der ›Historischen Schule‹ ihren Anspruch, daß sie – als ›ethische‹ Ökonomie – einen eigenständigen Status erlangt habe (Nr. 20). Über die Untersuchung der sittlichen und kulturellen Einflußfaktoren hinaus habe sie die genuin ökonomische Analyse nicht fortzusetzen vermochten; sie sei – in einem strengen Sinne – theoretisch nicht gehaltvoll.

Über die Frage, was es heißen könne, ökonomische Theorie zu betreiben, entbrannte der berühmte ›Methodenstreit‹ zwischen Carl Menger und Gustav Schmoller, der zwar polemisch geführt, aber im Grunde woanders entschieden wurde: durch die Neubegründung der Ökonomie bei Jevons, Walras und Marshall Ende des Jahrhunderts, die Mengers (und Böhm-Bawerks wie von Wiesers) Initiative – unabhängig voneinander – in ein neues Paradigma integrierten. Die ›Grenznutzenrevolution‹, einhergehend mit der Theorie des allgemeinen (Walras) und des partiellen (Marshall) Gleichgewichts, gab der Ökonomie axiomatisierbare Grundlagen, die sie in ihrem neuen Selbstverständnis überhaupt erst zu einer Wissenschaft machten, was sie von den wirtschaftlichen Kunstlehren strenger unterscheiden ließ.

Vornehmlich beruht diese Eigenständigkeit auf einer – von der englischen Ökonomie völlig verschiedenen – Staatsauffassung, was impliziert, daß das Verhältnis von Staat und Gesellschaft einer stärkeren Trennung unterliegt. Da die Privat- oder Marktwirtschaft der Gesellschaft zugewiesen wird, erscheint der Staat (und seine Relation zur Wirtschaft, sei es die der Staatsfinanz, der Wirtschaftspolitik oder die der rechtlichen Rahmenordnung) als ein regulatives Prinzip, das die für möglich erachteten Störungen der Marktwirtschaft zu glätten und zu kompensieren habe. Diese wohlfahrtspolizeiliche Grunddisposition, welche die kameralistische Ökonomie beherrschte (vgl. Johann Heinrich Gottlob Justi), ist in der Nationalökonomie des 19. Jahrhunderts durchaus erhalten geblieben.

Im Unterschied zu den Vorstellungen des 18. Jahrhunderts wurde allerdings der Marktentwicklung eine völlig neue Dynamik zugebilligt, die es nunmehr obsolet erscheinen ließ, den Staat für die wirtschaftliche Entwicklung in toto noch zuständig sein zu lassen. Doch blieb diese neue Sichtweise der Marktwirtschaftsdynamik überlagert von dem Verdacht, daß die industrielle Expansion Krisen hervorbringen könnte, denen allein eine tradierte Ordnungsmacht wie der Staat Einhalt bieten würde: nämlich kompensativ (vgl. Wilhelm Roscher) wie präventiv (vgl. Adolph Wagner).

Die Spannung zwischen Wohlfahrtspaternalismus und freier Marktwirtschaftsentwicklung blieb das 19. Jahrhundert hindurch erhalten und vermischte normative mit deskriptiven Tendenzen. Die Idee der Gestaltung der Wirtschaft dominierte die Idee des ›Laisser-faire‹. Doch so sehr uns diese Differenzen aus der Perspektive unseres Jahrhunderts als ›ideologische‹ erscheinen mögen, sosehr war für die staatswirtschaftlich orientierten Ökonomen des 19. Jahrhunderts der Staat ein Faktum, dessen Devaluation in Fragen der wirtschaftlichen Gestaltung einer Verfassungsopposition gleichgekommen wäre. Da der Staat als empirische Gegebenheit höchster Macht angesehen wurde, war eine staatswirtschaftlich ausgerichtete Ökonomie in diesem Fall nicht von vornherein normative Ökonomik, sondern selbstverständlich positive Theorie.

Deshalb ist es zweckmäßig, den besonderen Weg der deutschen ökonomischen Theoriegeschichte – wenn man ihn am Generaltopos der Staatsorientierung festmachen will – als einen durch die politischen und Verfassungsverhältnisse bestimmten Weg zu erklären, d.h. als durch die historischen Bedingungen der Politik und des Staatsrechtes determiniert. Diese historische Bedingtheit anzuerkennen bedeutet aber auch, die Gültigkeit der historischen Methode nicht von vornherein von der Hand zu weisen. Denn nur sie allein kann erklären, warum die deutsche Ökonomie sich in der ihr eigenen Form entwickelt hatte.

Aus der gemeinhin üblichen Perspektive einer linearen Theoriegeschichte des Zugewinns an analytischer Reinheit erscheint die deutsche Ökonomie des 19. Jahrhunderts als selbstgewählte Sackgasse, d. h. als ein defizitärer Modus im Vergleich zu den Anforderungen reiner Theorie. Doch darf man nicht vergessen, daß diese Art von ökonomischer Theorie und Ausbildung ebenso wie die englische in der Lage war, die deutsche Industrialisierung zu begleiten, zu interpretieren und zu beraten. Sie war – in einem anderen politischen System als zum Beispiel die englische Ökonomie – fähig, ihre Problemgestalten zu erfassen und zu lösen. Sie hatte – wenn auch auf einer anderen Grundlage – eine ebensolche analytische Kompetenz. Schließlich waren es die durch die ›Historischen Schulen‹ ausgebildeten Juristen und Ökonomen, welche die industrielle Expansion der deutschen Wirtschaft und die sie begleitende Staatswirtschaft in die Wege leiteten.

Die deutsche ist der englischen Ökonomie des 19. Jahrhunderts ebenbürtig, nicht weil sie ihr gleichkommt, sondern weil sie in der Lage war, ihre spezifischen (politischen, kulturellen und natürlichen) Bedingungen auf das genauste zu analysieren. Der ihr später vorgeworfene Mangel, theoretisch nicht allgemein (und z. T. nicht präzise genug) zu sein, war ihr Vorteil, der darin bestand, sich in einer höchst subtilen Weise auf die vorfindlichen Bedingungen einlassen zu können. Sie war von vornherein praktisch-politisch orientiert.

Es wäre an dieser Stelle vermessen, daraus eine Gegenposition zur heute vorherrschenden theoretischen Ökonomik zu entwickeln, aber die Überlegungen zu einer geschichtlich analysierenden Ökonomie haben sich historisch nicht überlebt. In der modernen Institutionenökonomie entwickelt sich ein neuer Anfang dieses Denkens.

Die deutsche Nationalökonomie, wenn man sie für das 19. Jahrhundert so charakterisieren will, war eine wirtschaftswissenschaftliche Konzeption, die Ordnungen und, später, die historische Dynamik dieser Ordnungen darlegen wollte. Die Mechanik der Marktprozesse stellte für sie eine natürliche Ordnung dar, die aber genau zu beobachten blieb, um ihre negativen Ergebnisse, das Marktversagen, zu regulieren. Dabei ging es weniger um Wirtschaftspolitik, d. h. um unmittelbare und punktuelle Intervention und Steuerung, sondern um die Rahmenordnungen, innerhalb derer die Märkte sich zum Wohle der Allgemeinheit bewegen sollten. Der Staat war der Wächter der allgemeinheitsfördernden Rolle von Märkten.

Dieses Basismodell blieb im 20. Jahrhundert in Deutschland, wenn auch fortlaufend modifiziert, erhalten. Während im Nationalsozialismus Planungs- und Steuerungsmomente überwogen, wurde nach 1945 die ›soziale Marktwirtschaft‹ ordnungstheoretisch begründet: als soziale Rahmenordnung, welche die Entwicklung von Märkten fördern, in ihren Exzessen aber regulieren sollte. Euckens, Müller-Armacks und anderer ökonomische Konzeptionen versuchten einen Ausgleich zwischen wohlfahrtstheoretischen Allgemeinheitspostulaten und marktlichem Wachstum zu leisten. Der neuere deutsche Sozialstaat beruht auf einer starken konzeptionellen Kontinuität, bei allem historischen Wandel. Deshalb hat der Blick in die Theoriegeschichte der Ökonomie gerade in Deutschland eine andere Bedeutung als die Wiedererzählung vergangener Ideen.

Die deutsche Ökonomie ist durch eine besondere Relation von Staat und Markt geprägt, die im 21. Jahrhundert, dem Zeitalter der Globalisierung, gerade ihre Grenzen zu erfahren beginnt, indem sie sie in einen europäischen Wirtschafts- und Ordnungsraum übergibt. Die Namen ›Volkswirtschaftstheorie‹ oder ›Nationalökonomie‹ werden dann einer vergangenen Epoche zugewiesen bleiben, die wir erst heute endgültig abschließen.

*

Ein zeitlich und sachlich so weitgespanntes Unternehmen war nur durch die vertrauensvolle Kooperation und enge Absprache zweier Herausgeber mit unterschiedlichen Kompetenzen zu bewältigen. Der Frühneuzeithistoriker Prof. Dr. Johannes Burkhardt verantwortet Edition und Kommentierung der älteren Texte bis Zedler, der Wirtschaftswissenschaftler und Dogmenhistoriker Prof. Dr. Birger P. Priddat den neueren Teil ab Justi. Die Herausgeber waren bei einem Band dieses Zuschnitts mit einheitlichen, aber wegen der unterschiedlichen Jahrhunderte notwendig auch flexibel zu handhabenden Editionsbedingungen und Kommentierungsnormen besonders auf den Rat des Herausgebers der Reihe, Prof. Dr. Reinhart Koselleck, und das Engagement von Verleger und Lektoren, zuletzt besonders Dr. Wolfgang Kaußen, angewiesen und sind allen dafür sehr dankbar.

Ohne die Assistenz und Hilfe, die beide Herausgeber an ihren Universitäten erfahren haben, wäre der Band nicht zu realisieren gewesen. Der Stellenkommentar der älteren Texte wurde unter jeweils sachkompetenter Mitarbeit von Assistent und Assistentin am Lehrstuhl für Geschichte der Frühen Neuzeit der Universität Augsburg aufgebaut: Für findige erste Hilfe gilt Herrn Thomas Nieding, für eine souveräne systematische Schlußredaktion Frau Dr. Christine Werkstetter besonderer Dank. Viele tüchtige Augsburger Helfer wissen, was sie getan haben; das Sekretariat unter Frau Regina Hudayberganoglu bürgte auch in diesem schwierigen Fall für die Qualität der Textverarbeitung.

Für die neueren Texte ist den Assistenten am Lehrstuhl für Volkswirtschaft und Philosophie, Herrn Mark Peacock PhD und Herrn Michael Schefczyk ebenso zu danken wie den Sekretariatsarbeiten von Frau Gabriela Koerber und Frau Claudia Kuhr.

Nicht alle zwischen Witten und Augsburg konnten namentlich genannt werden, aber die Herausgeber danken allen sehr herzlich.

MARTIN LUTHER
KRITIK DES KAUFHANDELS AUS DEM GEISTE DER REFORMATION

Martin Luther (1483-1546), der Wittenberger Theologe, Reformator und Begründer einer evangelischen Konfessionskirche, kann auch als der »älteste deutsche Nationalökonom« gelten. Diese von Karl Marx (1818-1883) (*Ökonomische Manuskripte*, S. 35) geprägte Bezeichnung und von seiner Schule gepflegte Sehweise haben der Sache nach seit Wilhelm Roscher (1817-1894) und Gustav Schmoller (1838-1917) auch andere Wirtschaftshistoriker vertreten. In der Tat berühren viele der klassischen Reformationsschriften soziale und ökonomische Probleme; vier davon sind ausschließlich den Kredit- und Handelspraktiken der Zeit gewidmet. Auf der anderen Seite ist jedoch zu Recht darauf hingewiesen worden, daß Luther, wenn er ökonomische Sachverhalte thematisierte, dies doch stets als Theologe tat. Denn es ging dem Reformator nicht um ökonomische Analysen und wirtschaftspolitische Strategien, sondern um religiöse Lebenshilfe, biblische Gewissensberatung im Rahmen von Predigtliteratur und religionspolitische Stellungnahme. Diese unterschiedlichen Lesemöglichkeiten von Luthertexten sind oft gegeneinander ausgespielt worden und erscheinen durch vorschnelle Aktualisierungen aus dem heutigen fachökonomischen oder -theologischen Erkenntnisinteresse heraus leicht widersprüchlich. Die geschichtliche Betrachtung gibt hingegen zwanglos den Zusammenhang zu erkennen: gerade im kritischen Rahmen der Theologie wurden ökonomische Sachverhalte zuerst als Problem kenntlich und formulierbar.

Schon die Scholastik hatte hier Vorarbeit geleistet. Die Ablehnung des Zinses durch das Kirchenrecht in seinen strengeren Phasen und mancherlei Bedenklichkeiten zu den Gewinnmöglichkeiten aus der Geldwirtschaft überhaupt, lenkten die Aufmerksamkeit auf die Anfänge des Marktes und wirkten als Entwicklungshilfe für erste Kredit- und Preislehren. Während die Spätscholastik hier theologisch großzügig geworden war und der spätere Ingolstädter Theologieprofessor und Hauptgegner Luthers Johannes Eck einen Zinssatz von fünf Prozent ohne Umschweife rechtfertigte, kehrte der Reformator in diesem Punkt zur alten Strenge zurück und übertraf sie noch. Dabei mögen biographische Gründe mitgespielt haben, denn wiewohl Bergmannssohn, war dem thüringischen Augustinermönch und Hochschullehrer doch die Handels- und Finanzwelt der süddeutschen Reichsstädte fremd. Auch waren die päpstlichen Finanzpraktiken seit dem Ablaßstreit und der Schrift *An den christlichen Adel deutscher Nation* reformatorisches Anliegen und unmittelbar mit den Bankiersdiensten der Fugger verknüpft, die denn auch mehrfach namentlich gescholten wurden. Vor allem aber stellte sich Luther damit an die Spitze einer öffentlichen Meinung, die sich angesichts steigender Preise, sozialer Probleme und Deklassierungen unter den Schlagworten von ›Wucher‹ und ›Monopolen‹ gegen die vordringende Geld- und Kreditwirtschaft und besonders die großen Kaufmannsvermögen und Handelsgesellschaften kehrte.

Dieser sogenannte Monopolstreit war nicht nur eine publizistische Auseinandersetzung, sondern auch ein Kampf um gesetzgeberische Maßnahmen. Auf dem Reichstag zu Köln von 1512 wurden die Kapitalvermögen auf 50 000 Gulden begrenzt und schon begann das Nürnberger Reichsregiment, das in Abwesenheit des Kaisers die Regierung führte, gegen die ersten Handelshäuser gerichtlich vorzugehen. Diese kapitalfeindliche Politik wurde von Kaiser Karl V., der auf die weltpolitischen Kreditgeschäfte der Augsburger Handelshäuser angewiesen war, unterlaufen und schließlich beendet. Eben auf dem Höhepunkt der Bewegung gegen die Kapitalgesellschaften aber bezog Luther seine Position und lieh auch ihr seine deutsche Sprachkraft.

Der reformatorische Ansatz lieferte, das wird oft übersehen, für die überaus kritische, ja ablehnende Haltung gegenüber Kreditwesen und Handelskapital aber auch die durchschlagenden Argumente. Die Reformation verstand und rechtfertigte sich selbst, auch wenn sie der Sache nach durchaus Neues brachte, als eine Wiederherstellung (reformatio) der rechten alten Zustände, eine Korrektur vermeinter Fehlentwicklungen, die auch sozial und wirtschaftlich gewendet werden konnte. Die ins Zentrum rückende Kirchenreformation aber gründete auf einer Rückkehr zu dem die Religion begründenden alten Text selbst; schon das Alte Testament enthält ein dichtes Gewebe expliziter und rigider Zinsverbote und das Neue Testament einen stattlichen Vorrat handels- und besitzkritischer Stellen. Das Ernstnehmen des Schriftwortes mußte auch wirtschaftlichen und sozialen Vorschriften der Bibel ein ganz neues Gewicht geben. Von den reformatorischen Hauptströmungen bis zu den Täufern verbanden sich bei Predigern und Laien biblische und sozialökonomische Reformanliegen zwanglos; der Prediger Jacob Strauß (ca. 1480/85 – ca. 1534) ging zum Beispiel so weit, daß er sogar die Einstellung aller Zinsrückzahlungen forderte. Auch Luther blieb gestützt auf die Bibel nicht weit dahinter zurück; von fleischlichen Mißverständnissen des Textes, die den aufständischen Bauern unterstellt wurden, ist in seinen Kaufmanns- und Wucherschelten nicht die Rede. Vielleicht spielte mit, daß die abgelehnten guten Werke und Ablaßgeschäfte ein Ausweg waren, der seit der Einführung des Fegefeuers in die Theologie des Hochmittelalters nach Le Goff *(Wucherzins und Höllenqualen. Ökonomie und Religion im Mittelalter)* vor allem Wucherern und Kaufleuten eine Heilschance durch Ablaß und gute Werke einräumte, die Luthers Gnadentheologie verwarf.

Die erste ganz einem ökonomischen Thema gewidmete Schrift Luthers, der *Kleine Sermon vom Wucher* von 1519 beginnt denn auch mit der besitzkritischen Bergpredigt und tadelt jede Zinsnahme als eine ungerechtfertigte Bereicherung »widder das heylig Evangelium«. Nur die Umgehungsform des Zinskaufs wird mit vielen Einschränkungen zugelassen, wenn wirklich ein reales Geschäft auf Grund und Boden in rechter Gesinnung dahinterstecke, ansonsten aber wird auch die noch so übliche Praxis nicht gelten gelassen und soll nach der christlich-biblizistischen Norm reformiert werden. Zur Verteidigung dieser Schrift ließ Luther den *Großen Sermon vom Wucher* folgen, der die Sache etwas genauer in den Blick bekam und die Arbeitsleistung und Zinshöhe mitbedachte, aber bei aller ökonomischen Differenzierung doch nach dem Motto ›denn es steht geschrieben‹ nichts von alldem wissen wollte. Diese am Zinsproblem eingeübte Ablehnung ereilte 1524 in der Flugschrift *Von Kaufshandlung und Wucher* die ganze Welt des Handels. »Das Evangelium« lautet hier charakteristischerweise schon das erste Wort – ein Leitbegriff der Reformationszeit, gegen den es keine Berufung gab. Bei dieser ablehnenden Grundlinie aus reformatorisch-biblizistischer Gesinnung blieb Luther auch, wie die *Vermahnung an die Pfarrherren wider den Wucher zu predigen* von 1536 belegt. Gerade aus dem Abstand und mit der Hellsichtigkeit des Gegners hat Luther jedoch auch treffende Beobachtungen und kritische Analyseansätze der abgelehnten Handels- und Finanzpraktiken gegeben.

Die Edition bietet den 1524 erschienenen Text über die ›Kaufshandlung‹, der auf dem Höhepunkt der sozialen Bewegung und der Monopoldebatte entstand und thematisch am breitesten angelegt ist. Die zeitgenössische Flugschrift führt den Titel *Von Kaufshandlung und Wucher*, weil noch einmal der ältere *Große Sermon vom Wucher* angekoppelt wurde, der in der Weimarer Ausgabe und in anderen Lutheredititionen jedoch separat gedruckt ist und hier nicht mitediert wird. Als Textgrundlage wurde für die besonderen Zwecke dieser ökonomiegeschichtlichen Edition die der deutschen Literatursprache des 18. Jahrhunderts nahekommende Hallenser Ausgabe von Johann Georg Walch von 1744 gewählt. Das hält gegenüber der kritischen Weimarer Ausgabe, die dem Sprachstand des 16. Jahrhunderts verpflichtet ist, die

Lesehindernisse und den Kommentierungsaufwand in Grenzen, ohne daß andererseits ein zu modernes Deutsch moderne Mißverständnisse nahelegte. Die systematisch gegliederte Ausgabe hat außerdem selbst klassischen Rang. Es ist wirkungsgeschichtlich nicht ohne Reiz zu sehen, wo sie *D.⟨oktor⟩ Martin Luthers Bedenken vom Kaufhandel* einordnet – unter dem Siebenten Gebot: Du sollst nicht stehlen.

Die edierte Schrift führt sofort das Evangelium als Norm ein, an der die Handelspraxis der Zeit gemessen und ihre Abweichungen offenbar und getadelt werden. Entsprechend der älteren biblisch-kirchlichen Überlieferung ist schon der Beruf des Kaufmanns sündenverdächtig, so daß sich dem Reformator erst einmal die Frage stellt, ob er überhaupt nötig sei. Kaufen und verkaufen sei an sich zwar biblisch gedeckt und gemeinnützig, meint Luther, aber der Fern- und Großhandel für die Einfuhr überflüssiger Luxuswaren nicht. Den solle die Regierung am besten ganz verbieten, damit nicht das gute deutsche Geld durch das »Silber- und Goldloch Frankfurt« ins Ausland abfließe. Das klassische Zitat wirkt schon wie eine Vorausdeutung auf einen Monetarismus, der den Reichtum im Geld sah, und auf die Handels- oder Zahlungsbilanzsorgen des Merkantilismus, wird aber noch nicht ökonomisch weitergedacht, etwa auf Schatzbildung hin, die für Luther eher unchristlicher Geiz wäre. Der zweite Hauptkritikpunkt ist das unbeschränkte Gewinnstreben der Kaufleute, die ohne jeden christlichen Gedanken an den Nächsten ihre Ware so teuer verkauften, wie sie könnten. Geldwirtschaft und Handelsgewinn sind so als die ökonomischen Themen eingeführt, deren Vordringen dem Reformator die Tauschsphäre verdächtig, aber auch erkundenswürdig machen, und unter deren Vorzeichen auch die ganze Abhandlung gelesen werden kann.

Die Gewinnfrage führt zur Preisdebatte, dem ersten großen Verhandlungspunkt, in den Luther am stärksten auch aufbauende Vorstellungen einbringt. Der Theologe war ersichtlich kundig in den scholastischen Lehren vom ›gerech-

ten Preis‹, in denen nach Preisbestimmungsfaktoren zwischen moralisch zu rechtfertigenden und ökonomisch richtigen Ansätzen gesucht wurde. Der beliebte Ausweg, der Obrigkeit die Preisfestsetzung aufzugeben, war auch Luther sympathisch, aber er sieht richtig, daß dies das Problem eigentlich nur verlagert, weil die Regierungen auch Bestimmungsgründe brauchten. Zur Freude heutiger Ökonomen verweist Luther auch auf den Markt zur Preisbestimmung, aber es ist nicht wahrscheinlich, daß er dabei an den Marktpreis als Spiel von Angebot und Nachfrage dachte, sondern eher an den eingeführten Marktpreis, in dem die Preistradition der Bestimmungsgrund wäre. Der dritte und in dieser Schrift empfohlene Weg der Preisbildung ist der interessanteste und ganz unterschiedlich interpretierte. Der Kaufmann solle wie die biblischen Arbeiter im Weinberg oder wie ein Taglöhner seine Arbeit rechnen, wobei er auch an seine Existenzsicherung und an eine maßvolle Risikoprämie denken darf. Man kann hier einen Vorgriff auf die Arbeitswertlehre der Klassik und von Marx sehen oder auch einen Ansatz für eine betriebswirtschaftliche Preiskalkulation. Aber es wäre auch an eine Herkunft dieses Ratschlages aus dem eher handwerklichen Bereich zu denken, in dem der reisende Kaufmann noch eine Art Transporthandwerker war. Ein solcher, eigentlich rückwärtsgewandter Bezug würde auch erklären, warum der für Kapital und Unternehmen zukunftsträchtige Ratschlag ausnahmsweise bereits positiv gemeint war.

Der Rest ist Kritik. Zunächst wird das Zinsproblem noch einmal aufgenommen in Form ausführlicher Darstellungen gefährlicher Bürgschaften im Kredit- und Zahlungswesen der Zeit. In der Haupttextmasse geht Luther dann unter der Rubrik »Tücke und böse Stücke« der Kaufleute auf die Handelspraktiken seiner Zeit genauer ein und stellt eine Art Sündenregister auf, das von schlichten Betrugsfällen und Warenverfälschung über eine Grauzone bis zum eigentlich üblichen Geschäftsgebaren reicht. Eine besondere Rolle spielten zunächst das typisch frühneuzeitliche Problem des

Vor- oder Fürkaufs, spekulative Aufkäufe, Warenhortung und Zwischenhandelsmanipulationen zur Preis- und Gewinnerhöhung bei Warenverknappung. Auf die biblische Josephsgeschichte und die darin beschriebenen Korneinlagerungen in den sieben fetten Jahren können sich die Kaufleute nicht berufen, denn hier handelt es sich, wie Luther klar unterscheidet, um amtliche Vorratshaltung zum allgemeinen Besten, wie sie auch die Stadtmagistrate seiner Zeit zu üben hatten. Weiter werden unter anderem mit anschaulichen Beschreibungen gerügt: Preisabsprachen, Preisunterbietung zur Ausschaltung der Konkurrenz bis hin zum ruinösen Wettbewerb, betrügerische Bankrotte, Geschäfte über Strohmänner und Zahlungsmanipulationen. Die Liste erkundet im Zerrspiegel manchmal fast satirischer Beobachtungen die vordringende Geldwirtschaft, neue Formen des Zahlungsverkehrs und der Kreditschöpfung und die zunehmende Gewinnorientierung des Handelskapitals.

Die Schrift gipfelt in einer großen Scheltrede gegen Monopole und Handelsgesellschaften und bezieht sich damit auf die damals aktuelle Debatte. Unter dem Monopol wird ökonomisch ein Angebotsmonopol verstanden, wobei vom Konsumentenstandpunkt her die Möglichkeit des Preisdiktats des einzigen Anbieters stört, aber auch die Ausschaltung der Mitbewerber und deren Existenzverlust. Luthers Wort vom Hecht, der die kleinen Fische fresse – unser ›Hecht im Karpfenteich‹ –, hält das bildlich fest. Das Monopol wird jedoch auch noch in einem umfassenderen Sinne verstanden: als ein Monopolanspruch des Handelskapitals über alle Kreaturen und Güter der Welt, also die ganze Schöpfungsordnung. Die Anspielung auf den reich gewordenen Mann, der Könige und Kaiser auskaufe, den Augsburger Großkaufmann Jakob Fugger (1459-1525), bringt zum Ausdruck, daß Luther auch die ganze Ständeordnung bedroht erschien. Ein abschließender Gewissensappell fordert in starken Worten eine Entscheidung zwischen Handelsgesellschaften und auf der anderen Seite hergebrachtem Recht und Christentum als einander ausschließende Dinge.

Die Bedeutung dieser Schrift liegt nicht sosehr in dieser oder jener triftigen Beobachtung, sondern in der Erkenntnis, daß hier etwas geschichtlich Neues heraufzog, gegen das der Reformator Stellung nehmen zu müssen glaubte: das Handelskapital und die Anfänge einer ökonomischen Orientierung der neuzeitlichen Welt überhaupt. Einige direkte Einflüsse kann man in der Haltung lutherischer Pastoren der Folgezeit, in Berufungen auf die Bibel in frühneuzeitlichen Polizei- und Wucherordnungen und in einigen Gelegenheitszitaten sehen, wichtiger ist die Stellung der Kaufmannsschrift als literarischer Höhepunkt der Monopoldebatte. Die Gegenpartei nahm als publizistischer Anwalt der monopolverdächtigen Handelshäuser der Augsburger Humanist und Stadtschreiber Konrad Peutinger (1465-1547), der die Übereinstimmung der Handelsinteressen mit dem gemeinen Nutzen zu beweisen suchte. Das war ein wichtiger Zwischenschritt in der Entwicklung frühneuzeitlicher Normen vom Gemeinwohl zur Legitimierung eines individuellen Interessenstandpunkts; in der ökonomischen Analyse hat Peutinger jedoch Luther nicht übertroffen und in der Erkenntnis der Neuartigkeit der Sache ist er hinter ihm zurückgeblieben. Diese Debatte, aus der die Lutherschrift hervorragt, ist insgesamt die erste große öffentliche Auseinandersetzung um wirtschaftspolitische Fragen und hat mit Geldwirtschaft, Handelsgewinn und Monopolen einen marktbezogenen Wissensbereich in zunächst vornehmlich negativer Beleuchtung eingeübt. So steht der Text auch am Anfang einer wissenschaftsgeschichtlichen Entwicklung.

Dazu kommt aber noch etwas anderes. Als Karl Marx die reformatorische Kritik des Handelskapitals wiederentdeckte, war sie ihm, wiewohl eigentlich rückwärtsgewandt, als frühe Kritik des Kapitalismus doch als verwandt und anregend erschienen. Auch andere haben sich aus diesem kritischen Zitatenschatz bedient oder sich davon anregen lassen. Es macht den Reichtum eines klassischen Textes aus, daß Luthers Vorauskritik der ökonomischen Orientierung der

Welt, die am Ende als Gefahr für die natürliche Ordnung erscheint, in der Spätzeit unserer Industriegesellschaft ebenfalls neuen Sinn gewinnen könnte. Der Text steht auch am Beginn sprachmächtiger Warnungen vor der Weltmacht der Wirtschaft bis hin zur ökologischen Krise, der Kommerzialisierung der Kommunikation und der fortschreitenden Ökonomisierung der Kultur überhaupt.

TEXTGRUNDLAGE

D. Martin Luthers Bedenken von Kaufshandlung (1524), in: *D. Martin Luthers in Deutscher sowohl als Lateinischer Sprache verfertigten und aus der letztern in die erstere übersetzte Sämtliche Schriften*, 10. Tl., hg. v. Johann Georg Walch, Halle 1744, Sp. 1090-1122.

ANDERE AUSGABEN

Martin Luther, *Von Kaufshandlung und Wucher*, in: *D. Martin Luthers Werke, Kritische Gesamtausgabe (WA)*, 58 Bde., Weimar 1883-1948, Bd. 15, S. 293-313.

Martin Luther, *Von Kauffshandlung und Wucher*. Faksimile der 1524 durch Hans Lufft zu Wittemberg gedruckten Erstausgabe, hg. v. Wolfram Engels, Herbert Hax, Friedrich A. von Hayek, Horst Claus Recktenwald, Frankfurt/Main und Düsseldorf 1987.

STELLENKOMMENTAR

9,5 *Evangelium]* In den frühen Drucken noch »Euangelion« für griechisch »frohe Botschaft« die Heilsnachricht des Neuen Testaments, die Luther nach seinem Selbstverständnis wiederentdeckt hatte. Der Begriff wurde zum Schlagwort für die Rückbesinnung der Reformation auf die Bibel als Glaubensquelle und Handlungsmaßstab und in der weiteren Entwicklung zum Konfessionskennzeichen.

9,12 *Finanze]* Geld- und Geschäftspraktiken (Plural).

9,14 *Ecclesiasticus]* Jesus Sirach 26,28; 27,1: »Ein Kaufmann kann sich schwer hüten vor Unrecht und ein Krämer vor Sünden. Denn um eitlen Gutes willen tun viele unrecht; und die reich werden wollen, wenden die Augen ab.« Die weiteren Bibelstellen sind im Text wörtlich angeführt oder umschrieben.

9,21f. *fast umsonst]* Ganz vergeblich.

9,22 *Unfall]* Unheil.

9,28 *ob je]* Wenn auch, obwohl.

10,9 *zur Noth und Ehren dienen]* Nötig und ehrenvoll sind; also einem standesgemäßen Lebensunterhalt entsprechen.

10,9f. *die Patriarchen]* Die Stammväter des Volkes Israel im Alten Testament, besonders Abraham, Isaak und Jakob.

10,13 *Kalikut]* Kalkutta in Indien, Hauptausfuhrhafen für Gewürze. Symbol des sich zu Beginn der Neuzeit ausweitenden und von Luther abgelehnten Fernhandels.

10,17 *Regiment]* Eine (hier: rechte) Herrschaft, Regierung, ähnlich gebraucht wie ›Obrigkeit‹.

10,20 *von ihm selbst ablassen]* Von selbst aufhören.

10,24 *Gold und Silber müssen in fremde Länder stossen]* Geld- und Münzmetall werden als eigentlicher Wert verstanden und sollen nicht abfließen. Gemahnt an das spätere merkantilistische Bestreben, Importe möglichst zu vermeiden und somit das Geld im Lande zu halten. Deutschland war mit seinen Bergwerken im sächsisch-thüringischen und im österreichischen Raum im 16. Jh. selbst wichtiger Silberproduzent.

10,27 *König von Portugal]* Infolge der Entdeckung des Seewegs nach Indien durch den Portugiesen Vasco da Gama 1498 kam der Gewürzhandel mit Indien und den Molukken unter portugiesische Kontrolle. Bekannt war besonders das Pfeffermonopol der Krone.

10,28 *Würze]* Gewürze, vor allem Pfeffer; im Europa des 16. Jhs. besonders begehrtes Luxusgut und als solches von zeitgenössischen Moralisten heftig angefeindet.

10,29 *Frankfurth]* Als führender deutscher Messeplatz Symbol des abgelehnten Fernhandels, besonders des Geldabflusses durch Import.

11,2 *wir müssen denn]* Es sei denn, wir müssen.

11,3 *Mißbrauch und Sünden des Kaufhandels]* Das eigentliche Thema der Abhandlung, das nun entfaltet wird.

11,7 *Erstlich]* Luther beginnt hier in Anlehnung an den scholastischen Diskussionspunkt mit der Preislehre, ausgehend von seiner rigoristischen Grundposition, die ein marktbezogenes Gewinnstreben der Kaufleute als Verstoß gegen die Nächstenliebe ablehnt.

11,7f. *gemeine Regel]* Allgemeine, gemeinsame Regel.

11,25 *sein darf; da macht ers ihm nutz]* Seiner bedarf, da macht er es sich zunutze.

12,2 *Denn nicht die lautere Waare]* Denn ihm wird nicht die bloße Ware verkauft, wie sie an sich ist, sondern (die Ware) mit dem Zusatz und Anhang, daß er sie benötigt: also mit dem Gebrauchswert.

12,9f. *recht und billig]* Luther entwickelt nun seine moralische Gegenposition aus christlichem und ständischem Gerechtigkeitsdenken und mit Denkmotiven aus der Diskussion um das »justum pretium«. Diese Lehre vom »gerechten Preis« geht bis auf Albertus Magnus (1193-1280) und Thomas von Aquin (1225-1274) zurück. Die Hochscholastik stieß auf der Suche nach dem zulässigen Preisbildungsfaktor auch auf die tatsächlichen Preisbildungsfaktoren und sah schon die Spannung zwischen den Kostenfaktoren einschließlich der Arbeit und den Marktfaktoren wie Menge der Waren und Zahl der Käufer. In der Spätscholastik wurden zum einen die Preisbestimmungsgründe weiter ausdifferenziert; Konrad Summenhart (geb. 1450/1460) zählte um 1500 schon 16 Punkte auf, die Einkaufspreis, verschiedenerlei Arbeitskosten und Risiken mitberücksichtigten. Zum anderen wurden vor allem seit Heinrich von Langenstein (um 1340-1397) obrigkeitliche Preisfestsetzungen gefordert. Gabriel Biel (1418-1495) verknüpfte beides: der Gesetzgeber soll den Preis nach Bedarf, Menge, Nutzen,

Zahl der Bedürftigen, Schwierigkeit der Beschaffung, Kostbarkeit und Arbeitsaufwand festlegen. Luther nutzt im folgenden diese Vorgaben unter Betonung der Preisregulierung von oben und der Arbeitskostenrechnung.

12,32 *eine einige gewisse Stadt setzen]* Eine einzige Stadt festsetzen.

12,33 *gewisse Kost stimmen]* Die Unkosten bestimmen.

13,10f. *allerley Waare uͤberschluͤgen]* Waren abschätzen; Luther bevorzugt also obrigkeitliche Preistaxierung.

13,19f. *Waare lasse gelten, wie sie der gemeine Markt gibt und nimmt]* Gemeint ist wohl nicht der Marktpreis als Ergebnis von Angebot und Nachfrage, sondern der landesübliche Preis auf dem Markt.

13,27f. *Wo aber die Waare nicht gesetzt, noch gaͤng und gebe ist, und du sollst und mußt sie setzen zum ersten]* Wo der Preis nicht vorgeschrieben oder handelsüblich ist, sondern zum ersten Mal bestimmt werden muß.

13,32 *ziemliche Nahrung]* Der (dem eigenen Stand) geziemende Lebensunterhalt.

13,33f. *an aller Waare die Haͤlfte gewinnen]* Luther wendet sich gegen scholastische Versuche einer Festlegung von moralisch zulässigen Gewinnspannen und entwickelt nun die von ihm empfohlene Preislehre.

14,16f. *ein Krezschmar mag schwerlich gerechten Mund behalten]* Ein Krämer wird schwerlich einen guten Leumund behalten. Jesus Sirach 26,28, vgl. oben Anm. 9,14.

14,21f. *da laß in die Wette schlagen]* Betrachte es wie einen Wetteinsatz.

14,32f. *mit dem Vater Unser vor GOtt bringen]* Zum Ausgleich der moralischen Restschuld falscher Preisbestimmung verweist die reformatorische Gesinnungsethik hier auf das Gebet und die rechtfertigende Gnade Gottes.

15,7f. *Gleichniß von einem gemeinen Tagloͤhner]* Luther sieht den Kaufmann als eine Art Transporthandwerker, der den Warenpreis als Lohn für die aufgewandte Arbeitszeit zuzüglich einer Prämie berechnet – eine Elementarform betriebswirtschaftlicher Kalkulation. Eine weitergehende Interpretation sieht hier schon die klassische Arbeitswertlehre von Adam Smith bis Karl Marx angelegt.

15,21 *BUERGSCHAFT]* Wird als Grundlage leichtfertiger Kapitalbeschaffung abgelehnt. Übergang von der Preis- zur Zinsdiskussion.

17,34 *der reiche Mann]* Luk. 12, 16-21; Gleichnis vom reichen Mann, der nach großer Ernte seine Scheunen abbrechen und größere bauen will, in selbiger Nacht aber noch von Gott heimgerufen wird. Grundsätzliche Überordnung theologischer über ökonomische Gesichtspunkte.

18,18 *Ecclesiastes]* Das Buch ›Prediger Salomo‹ im Alten Testament.

18,35f. *vier Weisen ⟨...⟩ wie ich mehr gesagt habe]* Ausführlich dargestellt im *(Kleinen) Sermon vom Wucher* (1519), in: WA, Bd. 6, S. 1-8.

19,5f. *einen Rath ⟨...⟩ fuͤr die Geistlichen und Vollkommenen]* Als ›Vollkommene‹ galten bis dahin Priester und Mönche, im Gegensatz zum ›unvollkommenen‹ Leben der Laien; eine in der reformatorischen Ethik überwundene Unterscheidung.

19,12 *nachbleiben]* Unterbleiben.

19,13f. *weil Vernunft und menschliche Natur solche Gefahr und Schaden aufs allerhoͤheste fleucht und scheuet]* Die klassische Nationalökonomie seit Adam Smith (1723-1790) sieht demgegenüber die menschliche Natur im Gewinnstreben.

19,15 *darff]* Bedarf.

19,28 *leihen oder borgen]* Selbst die Rückforderung des Gegebenen ist problematisch, um so mehr Geldverleih gegen Zinsen.

19,31 *verfasset]* In Worte faßt.

20,3 *Wucher]* Abwertender Zentralbegriff für zu hohe Zinsnahme, im strengen Sinne für Zinsnehmen überhaupt.

20,11 *halten]* Enthalten.

20,36-21,1 *Darum muß man Strassen rein halten ⟨...⟩ und das Schwerdt ⟨...⟩ hauen lassen]* In den unsicheren Verhältnissen der Zeit erkennt Luther der Obrigkeit, die traditionell auch als weltliches Schwert bezeichnet wird, mit theologischen Argumenten sehr weitgehende Disziplinierungsaufgaben zu.

21,9 *Büchlein von der weltlichen Obrigkeit]* *Von weltlicher Obrigkeit. Wie weit man ihr Gehorsam schuldig sei* (1523), in: WA, Bd. 11, S. 245-281. Inhalt: Da die Welt schlecht ist, kann sie nicht nach dem Evangelium regiert werden, sondern bedarf einer starken regulierenden Obrigkeit, der man Gehorsam schuldig sei.

21,36f. *Wo dir das Borgen will zu groß seyn]* Etwa: Wenn man zuviel von dir borgen will, so gib gleich etwas umsonst, oder verleihe so viel, wie du meinst entbehren zu können, wenn es verloren sein sollte.

22,34f. *daher denn will jedermann ein Kaufmann und reich werden]* Luther bemerkt und bekämpft mit solchen Bemerkungen die Ausweitung der Marktbeziehungen und der Kreditwirtschaft.

22,37 *zu zoten gehen]* Geübt werden, als wären sie ein Scherz.

23,16 *Denn diese drey Fehle]* Die bisher behandelten drei Hauptübel des Kaufmannsstandes im Bereich gewinnorientierter Preisgestaltung, der Kapitalbeschaffung und des Zahlungsverkehrs liegen für Luther der ganzen folgenden Sündenliste zugrunde. Das für Luther unlautere Verhalten spiegelt unterschiedliche Gewinnmöglichkeiten des Handels.

23,33 *Urlaub]* Erlaubnis.

24,1 *Aufs erste]* Als Grundnorm geht Luther vom Barzahlungsverkehr aus, was alle Formen von Kredit-, Termin- und Wechselgeschäften ausschließt.

24,15-17 *steigern also die Waare aus keiner Ursach, ⟨...⟩, daß dasselbigen Gutes keines mehr im Lande ist ⟨...⟩]* Ausnutzen der Knappheit der Angebotsmenge zur Preistreiberei.

24,24 *aufkaufen]* Spekulative Aufkäufe (auch Fürkauf) zur Erlangung eines Angebotsmonopols. Im Unterschied zum vorigen Absatz handelt es sich um eine künstlich herbeigeführte Knappheit.

24,31f. *Monopolia]* (Plural): »Einhandel«, Alleinhandel, ökonomisch in der Zeit vornehmlich als Angebots- und Warenmonopol verstanden, z. B. auf Pfeffer und Kupfer.

Luther führt den Begriff jedoch allgemeiner als Scheltwort gegen Eigennutz und Gefährdung der Schöpfungsordnung durch die Kaufleute ein und nimmt auf die Verbote der Antimonopolbewegung Bezug (vgl. Kommentar).

25,1 *Und ob jemand wollte anziehen Josephs Exempel]* Widerlegung des Einwandes, der alttestamentliche Joseph in Ägypten gebe ein Monopolexempel: Kornbevorratung durch die Obrigkeit ist ihres Amtes und nicht eigennützig. Die Josephsgeschichte wird schon von Gabriel Biel (1418-1495) ökonomisch gedeutet (vgl. Schmoller, S. 614).

26,5f. *So habe ich nun oftmals gelehret]* Vor allem in: *Von weltlicher Obrigkeit*, vgl. oben Anm. 21,9.

26,18 *um einen gleichen ziemlichen Kauf]* Für einen angemessenen Preis.

26,36 *geben ihr Gut so wohlfeil]* Monopolbildung durch manipulierte Preisunterbietung, um die Konkurrenz aus dem Markt zu drängen (›Dumping‹). Ein berühmter Fall in der Zeit wäre die Sprengung des zunächst errichteten Kupfersyndikats von 1498 durch die Fugger auf dem zentralen Absatzmarkt in Venedig.

27,17f. *verkauft mit Worten im Sacke die Waare, die er selbst nicht hat]* Vorspiegelung von Lagerhaltung zur Erlangung eines Zwischenhandelsgewinns, wohl letztlich ein Wechsel- und Termingeschäft.

27,22 *nåher]* Weniger.

27,28f. *fein sich auf der Gassen ernåhret]* Wie Straßenräuber oder Bettler.

27,29 *darf]* Im Sinne von: bedarf, braucht.

27,33f. *Ebentheuer stehen]* Abenteuer bestehen. Gewinn ohne Transportleistung, hier unter Ausnutzung der Notsituation eines Handelspartners, der zum Verkauf unter Marktpreis gezwungen ist.

27,34 *gewissen Handel]* Sicheren Handel.

27,35f. *wo er einen Kaufmann weiß, der gedrånget wird]* Ausnutzen von Zwangsverkäufen wegen Zahlungsschwierigkeiten.

28,5f. *die Waare wollen abschlagen]* Absetzen, loswerden.

28,8f. *benöthigte Kaufleute]* Kaufleute, die es nötig, also Geldsorgen haben.

28,20 *rotten sie sich]* Schließen sich zu einer Gruppe zusammen, hier zwecks Preisabsprache, Kartellbildung.

28,21 *fast gesucht]* Sehr gesucht.

28,23 *mutzen sie einen Fremden aus]* ›Aufmotzen‹, herausputzen, hier: einen Strohmann vorschieben.

28,28 *welcher sie näher gibt]* Billiger abgibt als vereinbart.

28,28f. *so viel verfallen seyn]* Eine bestimmte Strafe zahlen.

28,32 *Lundische Tücher]* Londoner Tücher. Englische Wolle galt als die beste in Europa; vom Beginn des 16. Jh. an beherrschten englische Tuche den nordwesteuropäischen Tuchhandel.

29,2 *Koyrtmeister]* Engl. courtmaster »Gildemeister«. Preisdiktat des Zwischenhandels, der sich obrigkeitliche Befugnisse anmaßt.

29,16 *Glauben halte]* Um kreditwürdig zu bleiben, muß der Geschäftspartner den Pfeffer mit Verlust wiederverkaufen.

29,20 *auf Borg kaufen]* Es folgen Kreditbetrügereien und Bankrottgeschäfte.

30,1 *schelten mich quitt]* Erlassen mir.

30,12 *Quinquernell]* Kaiserlicher Schutzbrief für fünf Jahre; auch Bezeichnung für alle anderen vom Kaiser garantierten Zahlungsaufschübe.

30,16 *eine Nase habe]* Das Ansehen habe.

30,18 *Gesellschaften]* Die großen Handelshäuser, die sich zur Kapitalvergrößerung und zum Geschäftsausbau in Gesellschaften organisierten, oft noch auf der Grundlage von Familiengesellschaften, aber wie hier auch mit stillen Kapitaleinlagen von außerhalb. Luther rügt diese zukunftsträchtige Praxis der Aufnahme von Investitionskrediten als Verstoß gegen das Zinsverbot.

30,30f. *Sermon vom Wucher]* Der sogenannte *»Große« Sermon* von 1520: Allen Bedürftigen soll ohne Ansehen der Person gegeben werden. Ausleihen darf nach dem Gebot Christi immer nur zinslos sein, Leihen gegen Zinsen ist kein Leihen, sondern Wucher. Der übliche ›Zinskauf‹, d. h. das Ausleihen von Kapital zu einem festen Zinssatz, ist ein schwerer Verstoß gegen Gottes Gebote, da er ein Gewinnstreben ohne Risiko darstellt. Zinskauf ist nur dann vertretbar, wenn der Kapitalgeber für das Risiko des Schuldners mithaftet. Eine Zinsauffassung, die noch hinter den Standpunkt der Scholastik zurückgeht, die bereits unter gewissen Umständen und Einschränkungen den Zinskauf legitimiert hatte. (Vgl. WA, Bd. 6, S. 33-60.)

31,6 *finanzen]* Durch Manipulationen Geld beschaffen, hier durch ein Wechselgeschäft.

31,14 *Krämen]* Krämerladen. Geschildert werden im folgenden Warenbetrügereien.

31,27 *geschätzt]* Zu Abgaben gezwungen.

31,30f. *der andern entgelten muß]* Für andere büßen muß.

32,11 *Reuter]* Reiter, Ritter, hier Raubritter.

32,24-26 *wie die Gesellschaften nichts anders sind, denn eitel rechte Monopolia]* Zwischen den steigenden Preisen bei zurückbleibenden Löhnen auf der einen Seite und den zunehmenden Gewinnen und Unternehmenskapitalien auf der anderen sah die öffentliche Meinung einen Zusammenhang, der die Handelsgesellschaften in Mißkredit brachte. Die Gleichsetzung der Gesellschaften mit »Monopolen« war verbreitet; Luther tadelt darin das Preisdiktat eines einzigen Anbieters wie den Marktverdrängungsvorgang.

32,26 *die weltlichen heydnischen Rechte]* Ein Verbot des röm. Kaisers Zenon (Regierungszeiten 474-475 und 476-491), auf das sich die Antimonopolgesetzgebung der Reichstage von Köln 1512, von Worms 1521 und von Nürnberg 1522/23 stützen konnte.

32,31f. *sie steigern oder niedrigen nach ihrem Gefallen]* Sie lassen die Preise steigen oder niedergehen, setzen sie also nach Gutdünken fest.

32,34 *Herren über GOttes Creaturen]* Zum angemaßten Monopol über die Natur vgl. oben Anm. 24,31f.

33,2 *treiben den Wechsel]* Handeln abwechselnd (nicht etwa Zahlung mit Wechseln!).

33,4f. *die Krümme in die Beuge komme]* Soviel wie: Daß es sich für sie ausgleiche.

33,17 *daß ein Mann in so kurzer Zeit so reich werde]* Gemeint ist Jakob Fugger (1459-1525), der den Habsburgern gegen Handelsvergünstigungen und Erzbaurechte Kredit gab und die Wahlkosten Kaiser Karls V. (1500-1558) vorfinanzierte.

33,25 *kaufschlagen]* Handeln.

33,25 *Nun kaufschlagen yhe]* Die Textvorlage folgt hier einer verneinenden Variante »Nun kaufschlagen nie«, die keinen Sinn ergibt. Darum ist der Text hier nach WA, Bd. 15, S. 312 »Nu kauffschlagen yhe« korrigiert. Vgl. zur Herkunft der Textverderbnis dort S. 283. Luthers Gedanke ist: Während für alle anderen sich Gewinn und Verlust abwechseln, überwiegt bei den Gesellschaften stets der Gewinn. Ein stetiger Gewinn ist schon bei Pfennigbeträgen besser als ein hoher Gewinn nur von Fall zu Fall selbst in Goldwährung. Wenn nun aber die Gesellschaften sogar in Goldwährung beständigen Gewinn einfahren und die anderen nur von Fall zu Fall Pfennigbeträge gewinnen – was Wunder, daß dann die Gesellschaften immer reicher werden.

33,34 *handthieren]* Geschäftlichen Umgang haben.

33,35 *stehlen sehrer]* Stehlen mehr.

34,26 *Wiewol]* In der Absatzzählung der Vorlage irrig 61. Der Text ist jedoch vollständig.

JOHANNES COLER
OPUS OECONOMICUM – AUS DEM MUSTERBUCH DER HAUS- UND LANDWIRTSCHAFT

Die sogenannte Hausväterliteratur wird von der gegenwärtigen Wirtschaftswissenschaft kaum noch beachtet, wenn sie auf ihre Geschichte zurückblickt. Marktfremd und analysefern erscheinen die sich im technischen Detail verlierenden und umfangreichen Bände unter späterem Wissenschaftsverständnis nicht mehr so recht in die Geschichte der Ökonomie zu gehören. Dabei handelt es sich jedoch um die einzigen Werke, die zu Beginn der Neuzeit unter dem Begriff ›Ökonomie‹ firmierten und so eine Brücke von der Antike in die Neuzeit schlagen, ohne deren Kenntnis die Geschichte des Wirtschaftens nicht verständlich wird. Unter dem Einfluß von Renaissance und Humanismus sowie der reformatorischen Hochschätzung von Arbeit und Familie wurde mit dem ökonomischen Begriff auch die Idee des Hauses als Sozialverband wiederentdeckt, in diesem neuzeitlichen Typ von Hausbüchern aber materiell angereichert und auf alle Lebens- und Tätigkeitsbereiche im Umkreis des Hauses ausgedehnt. Das »Opus oeconomicum« von Coler, wie man es auch genannt hat, wurde dabei zum Musterbuch der Gattung.

Entsprechend der auf Xenophon und Aristoteles zurückgehenden Tradition und der wirtschaftlichen Verhältnisse in der Frühen Neuzeit dachte man dabei vor allem an Haus und Hof auf dem Lande. Dazu kommt ein neues Interesse an der Landwirtschaft, die auf dem historischen Hintergrund des Bevölkerungsanstiegs, der Ernährungs- und Teuerungsprobleme eine Ausweitung erlebte und sich am Ende des Jahrhunderts einer ausgesprochenen Konjunktur erfreuen konnte. Dieses Interesse hatte schon die Anfänge einer landwirtschaftlichen Spezialliteratur gefördert, die sich von Columella und anderen römischen Schriftstellern zum Landbau *(de re rustica)* anregen ließ und die sich seit Conrad von Heresbach (1496-1576) und Martin Grosser (um 1540-1600) zunehmend auch neueren Erfolgen und Problemen des Ackerbaus öffnete. Der neue Typ des Hausbuches – der Titel »Hausväterliteratur« des 18. Jahrhunderts ist mißverständlich – hat diese ›rustikale‹ Fachliteratur gleichsam eingesammelt und fortan ebenfalls ›ökonomisch‹ signiert. Der im späteren 17. Jahrhundert üblich gewordene Titel des Hauptwerkes *Oeconomia ruralis et domestica* (wörtlich: »Haushaltung ländlich und häuslich«) erläutert diese für Gattung, Begriff und Sache folgenreiche Verbindung, die Coler bei der Begründung der Hausbuchliteratur vollzogen hat.

»Sein Gmuͤht vnd was er hat studirt / In seinen Buͤchern gfunden wird«, heißt es unter einem dem Werk beigegebenen Kupferstich über Johannes Coler. Aber so ganz läßt sich das am Werk doch nicht abschätzen, denn auf jeden Fall hat auch Johannes Colers Vater Jakob großen Anteil an dem Werk und wahrscheinlich noch andere. Jakob Coler, geboren 1537 in Thüringen, stammte aus einer lutherischen Theologenfamilie der ersten Stunde, war zunächst Pastor in Schlesien, seit 1575 für 25 Jahre Propst in Berlin und starb 1612 als Superintendent in Mecklenburg. In Schlesien hat er um 1570 bei der Bewirtschaftung seiner Pfarrgüter Erfahrungen im Landbau gesammelt, sich dabei mit klassischen Autoritäten und einheimischen Erfahrungen auseinandergesetzt und mit Aufzeichnungen begonnen. Offenbar hat sich der Landpfarrer dabei in der schlesischen Nachbarschaft auch mit seinem Amtskollegen Martin Grosser, der 1590 selbst mit einer bekannten Landwirtschaftsschrift hervorgetreten war, ausgetauscht oder sich sogar von ihm anregen lassen. Colers Sohn Johannes wurde 1566 im schlesischen Goldberg geboren und ist dann in Berlin aufgewachsen. Johannes Coler studierte erst Medizin und Jura, um dann aber doch noch und nun in dritter Generation Theologe zu werden und Kirchenämter zu übernehmen. Dieser als Autor genannte jüngere Coler starb 1639 in Parchim in Mecklenburg.

Das Werk der Autorenfamilie Coler geht in seinen landwirtschaftlichen Teilen sicher auf Manuskripte des Vaters zurück, teils auf eigene Beobachtungen, teils auf Hand- und Abschriften anderer, die der Sohn nach eigenen Angaben für den Druck geordnet und ergänzt hat. Der Beitrag des vielstudierten Sohnes ist wohl der folgenreiche Gesamtrahmen, wobei man nur vermuten kann, welche Teile – die Hausmedizin zum Beispiel – er wohl selbst ausgeführt hat. Das Werk ist ursprünglich in lauter Einzelteilen erschienen. Der tüchtige Wittenberger Verleger Paul Helwig, der sich später gegen unberechtigte Nachdrucke zu wehren hatte und dabei fast wie ein Herausgeber auftrat, hat den Fortgang der Arbeit mit gefördert. Zuerst erschien 1591 ein landwirtschaftlicher Arbeitskalender, *Calendarium oeconomicum*, dann auch *perpetuum*, der auch später dem Werk und lange auch seinen wechselnden Titeln vorgespannt wurde. Das eigentliche Werk unter dem Serientitel *Oeconomia oder Haußbuch* kam zwischen 1593 und 1601 in sechs Lieferungen im Quartformat heraus, bereits mit zahllosen voneinander abweichenden Nachauflagen, so daß von diesen Teillieferungen 51 unterschiedliche Titelblätter bekannt sind. Eine erste Gesamtausgabe folgte 1609 unter dem Haupttitel *Calendarium perpetuum et sex libri oeconomici*; sie war wie alle weiteren im Folioformat gesetzt und umfaßte 1000 Seiten, hielt aber noch die äußere Gliederung der Lieferungen in »Sechs Nothwendige vnd gantz nuͤtzliche Haussbuͤcher« bei. Eine sich von Anfang an abzeichnende innere Sachgliederung in 20 Bücher setzte sich in der 6. Auflage der Gesamtausgabe durch, die erstmals auch im Titel »viginti libri oeconomici« ankündigte. Das Calendarium wird dadurch zum Vorspann des eigentlichen Werkes *Oeconomia oder Haußbuch*. Diese noch im Verlag Helwigs (gest. 1631) und zu Johannes Colers Lebzeiten (gest. 1639) erschienene Ausgabe von 1632 in endgültiger Gestalt wird der Auswahledition zugrunde gelegt. Im 17. Jahrhundert erschienen in anderen Verlagen noch sieben weitere Gesamtausgaben. Auf den Tod des Autors reagierte ein »wiederauferstandener« Coler, *Colerus redivivus*. In Mainz übersprang 1645 eine Ausgabe die Konfessionsgrenze, wurde aber von einigen Lutheranismen der Autoren aus evangelischem Pfarrhaus gereinigt. Diese Ausgabe brachte die klassische und später auch zurückübertragene Titelform *Oeconomia ruralis et domestica* auf, die in der zweiten Hälfte des 17. Jahrhunderts benutzt wurde. Coler galt bis zum Ende des Jahrhunderts als der Hausbuchklassiker schlechthin. Das bezeugen auch Raubdrucke und verstümmelte Bearbeitungen unter seinem Namen, die letzte von 1711.

Das Werk bietet Einblick in die Kanonbildung der Gattung und läßt das Gesamtspektrum der künftig zur ›Ökonomie‹ gehörenden Themen erkennen. Schon das Inhaltsverzeichnis beschreibt die Hauswirtschaft in ihrem ganzen Umfang. Das 1. Buch behandelt die »Haußhaltung« und meint damit nicht etwa den Bereich von Küche und Keller, sondern die Personen, die »haushalten«, einen Haushalt bilden, und denen dann das 2. Buch etwas zu arbeiten gibt. Dazu gehören auch noch Brotbacken und Bierbrauen, während das ganze 3. Buch dem Kochen gewidmet ist. Insofern ist insgesamt in den ersten drei Büchern, wenn auch auf dem Vorstellungshintergrund eines großen Gutshofes, doch stärker das bezeichnet, was später ›Haushalt‹ oder ›Hauswirtschaft‹ hieß: die innerhäusliche Sphäre, die später der hier schon kräftig waltenden ›Hausfrau‹ blieb. Darum hat man die Hausbuchliteratur später nicht ganz zu Unrecht auch in die Vorgeschichte der Hauswirtschaftslehre gestellt, auch wenn das nur einen Teilaspekt von ihr erfaßt. Zugleich aber ist dies der Bereich der Weiterverarbeitung, Verteilung und Konsumtion der Produkte, die hier die noch innerhäuslich geschlossene und verwaltete Ökonomie eröffnen. Im 4. bis 16. Buch steht demgegenüber die Erzeugung und Herbeischaffung der Güter zur Ernährung im Vordergrund, also der Bereich der Produktion. Nach der Tradition der boden-

orientierten Landwirtschaftsschriftsteller werden zuerst alle Pflanzen, dann alle Tiere besprochen. Innerhalb des pflanzlichen Bereichs ist der »edle Wein« vorangestellt, gefolgt vom hausnahen Obst-, Blumen- und Kräutergarten, dem damals vielgenutzten Wald und dem Höhepunkt der eigentlich über zwei Bücher geführten »Georgia«, des nach Bodenbeschaffung, Arbeitskräfte und Saatgut gegliederten Landbaus. Bei den Tieren steht gemäß der ›ritterlichen‹ Ständeordnung die Pferdezucht voran, denen vom Rind bis zu Federvieh und Bienen andere Zug-, Schlacht- und Haustiere und schließlich noch Jagd, Vogelfang und Fischerei folgen. Der Produktions- und Verwendungszweck spielt hinein, aber die Arten sind nach Rang, Hausnähe und Lebensraum gegliedert. Schon zuvor kamen unter tiermedizinischen Gesichtspunkten auch Krankheiten zur Sprache, in den letzten drei Büchern leistet der abgebrochene Medizinstudent Coler den Haushaltsmitgliedern ausgiebig Erste Hilfe, destilliert eine ganze Hausapotheke, schreibt ein Kräuterbuch, hält die Pest von ihnen fern und sorgt am Ende mit der häuslichen Geburtshilfe für die Reproduktion. Man kann das ganze als eine äußerliche Beschreibung des häuslichen Lebenskreises lesen, wobei sich einzelne Bereiche schon hier verselbständigen und kundige Bibliothekare später ganze Büchertürme – z. B. Kochbücher und Frauenzimmerliteratur oder Bildbände über Pferde und Dressurreiten – unter die Rubrik ›Ökonomie‹ einordneten. Im funktionalen Zusammenhang des Hauses aber entsteht hier auch eine Wirtschaftseinheit der im Haushalt Tätigen, die Produktion, Distribution und Konsumtion umfaßt, wenn sie auch in der Hausbuchliteratur aufgrund ihrer marktfernen Selbstverständlichkeit meist nur von ihrer anschaulichen und technischen Seite her beschrieben ist.

Die Edition hält an zwei Textblöcken Kennzeichen der klassischen Hausbuchgattung und ihres Ökonomiebegriffs fest. »Das Erste Buch« bietet en bloc die grundlegenden Definitionen und den ganzen Personalteil (I.-IX. Kapitel), ausgelassen sind nur exkursartige Schlußkapitel über beson-

dere Dienststellungen. »Das Siebende Buch« über den Akkerbau ist für die landwirtschaftliche Seite der Hausbücher das charakteristischste, das allerdings in umständlichem Wiederholungsstil noch einmal lange Literaturberichte und weitere Gesindekapitel enthält. Ediert ist daraus das Grundkapitel »Vom Ackern« (XVII. Kapitel) sowie alle Kapitel, die dem bezeichnenden Thema der Bodenfruchtbarkeit und Bodenverbesserung gewidmet sind (XXI. Kapitel und der ganze Schluß des Buches, LXIII.-LXV. Kapitel).

Was nun das edierte erste Buch angeht, so üben die definierenden Teile durch eher tautologische Erläuterungen die noch wenig eingeschliffene deutsche Terminologie um den Ökonomiebegriff ein. Ökonomie gibt Coler mit Haushaltung oder Hauswirtschaft wieder. Der spätere Hausvater heißt hier noch Haushalter oder Hauswirt. Das einflußreiche Buch leistet so einen Beitrag zur Errichtung des Begriffsdreiecks von Ökonomie – Haushalt – Wirtschaft, von dem die Begriffe Ökonomie und Wirtschaft austauschbar geblieben sind und bis in die Gegenwart eine gemeinsame Bedeutungsentwicklung erlebt haben (vgl. Burkhardt, S. 553). In der Charakterisierung der Haushaltung als »schwere Kunst«, nicht nur im Sinne einer Kunstfertigkeit, sondern einer studierbaren Lehre vom Haus, kündigen sich erste Ansprüche auf einen Wissenschaftscharakter des Ökonomischen an, in der Betonung des materiellen Erwerbs und eines jährlichen Überschusses neuere Wirtschaftszwecke. Grundlegend aber bleibt in diesem Buch das nun breit thematisierte Sozialgefüge des Hauses nach dem Vorbild des Aristoteles und der Bibel (siehe Stellenkommentare): Hauswirt und Hauswirtin, Kinder, Knechte und Mägde werden einzeln behandelt, ähnlich wie sie in den Luthers Katechismus angehängten biblischen Hausgeboten einzeln angesprochen werden. Neben dem regierenden Hausherren hat auch die Ehefrau eine Art Mitregentenstellung. Die Kontrollfunktion beider gegenüber dem Gesinde verselbständigt sich allerdings im Laufe der Ausgaben zur zeitüblichen Dienstbotenschelte, in der Eigentums- und Arbeitsdelikte

Hauptklagepunkte bilden. Insgesamt ist der Teil stark normativ, und die Reihe der Tugendforderungen und Lasterklagen läßt das Haus fast als moralische Anstalt erscheinen. Doch sind es zumeist auch Haustugenden mit wirtschaftlicher Bedeutung, von denen insbesondere Arbeitsfleiß und Sparsamkeit auch schon einen modernen ökonomischen Sinn tragen (vgl. Münch, *Ordnung, Fleiß und Sparsamkeit*).

Das als zweiter Textblock edierte Ackerbaubuch setzt sich wie andere frühe Landwirtschaftsschriften durchaus mit der antiken und italienischen Fachliteratur auseinander, wie viele Zitate und Stellenverweise selbst bezeugen. Angesichts der hochentwickelten antiken Landwirtschaftskultur und des hier literarisch gespeicherten Erfahrungsschatzes ließen sich daraus durchaus auch Anregungen gewinnen oder zum Beispiel – wie bei Coler häufig – die Propagierung verstärkter Anstrengungen in der Ackerpflege antik beglaubigen. Johannes Coler hat jedoch schon im Vorwort betont, sein Buch sei nicht aus den Autoritäten »zusammengeraspelt«, sondern berufe sich auf die Erfahrungen und Beobachtungen seines Vaters und Sammlungen zeitgenössischer Erkenntnisse. Das bedeutet noch keine experimentelle Landwirtschaft, stellt jedoch Erfahrung neben Autorität und versucht sie zu erklären. Grundsätzlich wird dabei der Unterschied der Naturgegebenheiten zur Rechtfertigung für Abweichungen von Vorbildern: Klassische Ratschläge müssen an nördliche Klimate angepaßt werden, und insbesondere die Bodenbeschaffenheit ist in allen deutschen Regionen verschieden. Das wird in den edierten Grundkapiteln zum Pflügen nach »Landarth und des Landes gewohnheit« sehr deutlich, man braucht in Sachsen, Brandenburg und Thüringen unterschiedlich viele Zugtiere und pflügt unterschiedlich tief, je nach Boden. »Lendlich sittlich« will er auch düngen, nach Landessitte also. Agrargeschichtlich ist Coler mit seinen Bemühungen um regionale Anpassung namentlich an die ostelbischen Landschaften, in denen die Familie herumgekommen war, gegenüber älteren Autoren wie gegenüber modernen Anwandlungen geradezu ein Klassiker der räumlichen Unterschiede.

Weniger deutlich erkennt er, wie die Menschen der Frühen Neuzeit zumeist, den Unterschied der historischen Zeiten. Das 16. Jahrhundert war durch den neuerlichen Bevölkerungsanstieg gegenüber älteren Epochen auf eine Steigerung der landwirtschaftlichen Erträge angewiesen. Das geschah durch Ausweitung der Ertragsfläche und durch eine Intensivierung der Landwirtschaft. Die Zurückdrängung von Wald und Wüstung wird im LXIV. Kapitel einmal bemerkt, aber nicht weiter verfolgt. Die Intensivierung der Landwirtschaft aber wird – natürlich ohne dieses Wort – in den Bodenkapiteln beschrieben und propagiert: Durch Hinausschieben bzw. Verkleinern der Brache, um die in der Dreifelderwirtschaft im dritten Jahr vorgesehene Ertragspause zu überwinden, und vor allem durch gezielte Bodenverbesserung und Düngung. Colers besondere Sorge um die Ausschöpfung der Düngemittel tierischer Herkunft und die Suche nach Ersatzstoffen spiegelt das Problem der Ausweitung der Ackerflächen gegenüber Weide- und Nutztierhaltung in der Phase der Agrarkonjunktur. Das Lob des Kalkens, Mergelns und Salpeterns läßt schon an die systemsprengende mineralische Düngung späterer Zeiten denken. Vieles ist in den Kapiteln über die Bodenfruchtbarkeit nicht neu, sondern nur gebündelt, aber es wird schon ein neuer Geist erkennbar. Der älteren Vorstellung, daß der Boden zunehmend altere und ermüde, hatte schon Columella zu Beginn seines Buches widersprochen und als Mittel zur Erhaltung der Fruchtbarkeit Ackerpflege und Düngung entgegengesetzt. Die neuzeitlichen Landwirtschaftsschriftsteller gehen hingegen noch optimistischer von einer gottgegebenen Fruchtbarkeit an sich aus, die man durch geeignete Maßnahmen voll zur Geltung kommen lassen müsse, ja noch steigern könne. Die Lobpreisung des Bodensegens und der biblischen Ertragsraten, die bis zu hundertfältige Frucht verheißen, im Eingang des Düngekapitels stimmen zu Grossers Begriff des »Erdwuchers« (*Anleitung zu der Landwirtschaft*, S. 17) eines gleichsam erlaubten Zinses aus dem Boden. Das ist noch nicht die Ökonomie der Physiokratie und Schlettweins (siehe dort), aber es macht deutlich, woher sie kam.

Wolf Helmhard von Hohberg urteilte in einer Vorrede zu seinem in dieser Edition berücksichtigten Text *Georgica Curiosa* über die Werke seiner Vorgänger: »Das vornehmste und bekannteste aber unter allen ist M. Johannis Coleri in Teutschland allenthalben uͤbliches grosses Werck«. Denn er habe »alles, was zu einer Haushaltung gehoͤrig ist, an den Tage gegeben« und sei der erste gewesen, der »in dieser materia seinen Landsleuten einen guten Unterricht hinterlassen hat«. Die Bedeutung Colers liegt in der Begründung und Durchsetzung einer deutschen Literaturgattung, in der man früher im Guten oder Schlechten einen deutschen Sonderweg vermutete, die aber in verwandten Erscheinungen in der Frühen Neuzeit europaweit das Bild ökonomischer Literatur bestimmte (vgl. Tribe, *Land, Labour and Economic Discourse*). Die Hausbuchliteratur hatte dabei von Anfang an zwei ökonomisch relevante Aspekte. Der Begriff Ökonomie richtete sich zum einen auf das geschlossene System des Hauses mit seinem Personalverband, der seine Produktionspflichten und Konsumtionschancen ohne sich selbst regelnde Tauschvorgänge vom Hausvater zugeteilt bekam. Das war die innere Logik der ›Hausökonomie‹, auch wenn der äußere Markt dann doch an vielen Stellen hineinspielte und in dieser Geschlossenheit ökonomisch hinausdrängende Kategorien entwickelt wurden. Der Begriff ›Ökonomie‹ nahm in den Hausbüchern aber auch von Anfang an die inhaltliche Vorzugsbedeutung Landwirtschaft an und hielt so fest, daß Handel und Kommerzien nur die halbe Wahrheit der Gesamtwirtschaft waren. Obwohl Coler über praktisch-technische Fragen selten hinausblickt, zeigt sich schon in diesem klassischen Grundwerk agrarischer Ökonomie, daß die moderne Produktions- und Wachstumsorientierung und noch andere Elemente ökonomischen Denkens hier am Boden ihren Ursprung haben.

TEXTGRUNDLAGE

Gesamttitel des Bandes mit vorgeschobenem Kalendarium:
M. JOHANNIS COLERI, *Aureo-Montani Silesii,* *CALENDARIUM PERPETUUM, ET VIGINTI LIBRI OECONOMICI DE RE FAMILIARI, HORTENSI, RUSTICA, PECUARIA, VENATORIA, & MEDICAMENTARIA. Das ist: Ein stetswehrender Calender / Auch Zwantzig nothwendige vnd gantz nützliche Haußbücher: Vor allerley Kauff- vnd Handelsleute: Als: Haußväter Gärtner / Ackerleute / Viehhändler / Jäger / Fischer / Vogler / Rem / Apotheker vnd in gemein allen vnd jeden / so mit Handel vnd Wandel vmbgehen / vnd jhr Geschefft / Nahrung vnd Gewerb treiben: Jetzund widerumb auffs New mit sonderbarem hohen Fleiß vom Authore selbst vbersehen vnd vermehret / auch mit nützlichen Marginalien / vnd dreyen vnterschiedlichen Registern verbessert,* Wittenberg: Paul Helwig 1632.

Titel des Werkes:
M. JOHANNIS COLERI, *Oeconomia, Oder Haußbuch / Zum Calendario perpetuo gehörig: DArinnen begriffen vnd ausführlichen gehandelt vnd erkläret wird / Wie ein Haußwirth / nach dem ihn GOtt der Allmechtige gesegnet / seine Haußhaltung vnd Nahrung nebst GOtt also anstellen soll / daß er auch derselben mit den seinen fruchtbarlichen geniessen / vnd Gott zu Ehren vnd dem Nehesten zum besten / recht / wol vnd nützlichen gebrauchen kan. Vnd ist diese Oeconomia in XX. Bücher abgetheilet / Zu den Ersten XVI. ist ein besonder Register / zu den vbrigen IV. weil es Medicinalia sein / ist auch ein sonderlichs gemacht worden. Was in einem jeden Buche nach der lenge beschrieben vnd gehandelt wird / das hat der günstige Leser im nachfolgenden Blat ordentlich verzeichnet / richtig zubefinden. Itzo auffs Newe mit sonderlichem vleiß vom Autore selbsten revidirt, corrigirt, vnd an vielen enden vnd orten mercklichen augirt / Auch mit vielen nützlichen Marginalien wol verbessert / Alles Gott zu Lob vnd Ehren / vnd dem Nehsten zu grossen Nutz vnd Dienst,* Wittenberg: Paul Helwig 1632.

STELLENKOMMENTAR

Das erste Buch] Zur Gliederung vgl. die Analyse im vorausstehenden Einleitungskommentar. Das Inhaltsverzeichnis gibt eine »Beschreibung der gantzen Haußwirthschafft« in zwanzig Büchern:

»Im Ersten Buch

WIrd von der Haußhaltung geschrieben / wie vielerley dieselbige sey / wie sie sol angeordnet vnd angestellet werden.

Im Andern Buch

Wird Tractiret von allerley HaußArbeit / von denen sachen / die taͤglich in Haußwirtschafften vorfallen / Als von Bakken / Mahlen / Brawen / vnd andern zufelligen sachen.

Im Dritten Buch

Wird berichtet / von Kochen / Wie allerley Speise zu zurichten / ARS MAGIRICA oder COQVINARIA genant.

Im Vierdten Buch

So Intitulirt wird VINI CULTURA. Von Weinbaw wird gehandelt / wie vnd wo man den anlegen / was man vor Holtz nehmen / jhn decken / reumen vnd schneiden sol. Vnd was denn mehr anhengig.

Im Fuͤnfften Buch

So Inscribirt ist HORTORVM CVLTVRA Gartenbaw / wird gehandelt von Baͤwme pfropffen / von jhren Fruͤchten / Schaͤden vnd Vnheil. Item von Kraͤutern / Blumen / vnd allerley Kuͤchen Speise. Wenn man die außseen / pflantzen / versetzen vnd abnehmen soll.

Im Sechsten Buch

Wird gehandelt / von der Holtzung / genandt XVLOTROPHIA wie man nemlich dasselbige pflantzen / seine Natur vnd

Eigenschafften erkennen sol / auch wird ferner bericht / von Wartung / Fellung vnd Kauff / wie solcher im Lande Sachsen vnd Meissen breuchlichen ist.

Im Siebenden Buch

Ist zubefinden der Ackerbaw GEORGIA oder GEORGICA genandt / wie ein Haußwirth denselben bestellen soll / auch Forberg vnd Meyereyen anrichten / Item / von Vorwaltern / Dienstboten / Tagloͤhnern vnd andern sachen mehr / darauff ein Haußwirth sehen vnd achtung haben soll.

Im Achten Buch

SPERMATICUS genandt / wird gehandelt / von allerley Samen vnd Seewerck / als Weitzen / Rocken / Gerste / Haber / Erbsen / Wicken / Lein / Hanff / Heydekorn / Linsen / Bonen / Moͤhren / Ruͤben / Zwibeln / Kohl / Rettich vnd Knobloch / auch wie man das Getreidicht / vor allerley Vngezieffer verwahren vnd lang erhalten kan.

Im Neunden Buch

ACCIDENTARIUS genandt / wird bericht gethan / von vielen andern zufelligen dingen / so zur Haußhaltung sehr noͤtig vnd dienstlich sein.

Im Zehenden Buch

HIPPOTROPHIA genandt / von Pferden / jhrer Zucht und Wartung / Item / von jhren Schaͤden / wie die zu heilen / vnd andere nothwendige dinge mehr.

Im Eilfften Buch

BVCOLVS genandt / wird bericht von dem Rindvieh / Ochsen / Kuͤhen etc. vnd von jhren zufelligen Schaͤden / wie denen vorzukommen.

Im Zwoͤlfften Buch

PROBATICUS genandt / wird geschrieben von Zucht / Natur / Nutz / Art vnd Eigenschafft / der Schafe / Ziegen / Schweine / Hunde vnd Katzen.

Im Dreyzehenden Buch

ORNITHOTROPHIA oder ORNITHOGONIA genand / wird gehandelt vom Federvieh / Als Schwanen / Gensen / Endten / Pfawen / Fasanen / Hünern Capaunen Calcunischen oder Indianischen Hünern / Tauben / Bienen oder Immen.

Im Vierzehenden Buch

THEREUTICVS genand / wird gehandelt von der Jagekunst allerley wilden Thieren vnd Wilprets.

Im Funffzehenden Buch

ORNITHIACUS genand / wurd der Vogelfang vnd desselben zugehörung beschrieben.

Im Sechzehenden Buch

Wird gehandelt von Fischen / vnd Fischereyen HALIEVTICVS genant.

Im Siebenzehenden Buch

PHARMACOPÆVS oder Hauß-Apoteck genand / wird gehandelt vom Distilliren, vnd von allerley Wasserbrennen / wie man dieselben zu rechter zeit Distilliren, vnd zubereiten sol.

Im Achzehenden Buch

HIATRICVS genand / zu deutsch ein Artzneybuch / oder Hauß-Artzney / wird Bericht gethan / von mancherley Kranckheiten / durch alle Gliedmassen / des Menschlichen Leibes / wannenhero dieselben kommen / wie sie zuerkennen / auch wie sie füglichen / durch jnnerliche vnd eusserliche Mittel können curirt werden.

Im Neunzehenden Buch

Wird ein sonderlicher Bericht gethan / von der abscheulichen Seuche der Pestilentze / vnd derselben Cura, die wohl in acht zu nehmen. Hiervon noch ein kurtzer Bericht von dem Collegio Medico in Wittenberg angeordenet.

Im Zwantzigsten Buch
Wird entlich gehandelt von Schwangern Weibern / wie mit denen vmb zu gehen / vor vnd nach der Geburt / vnd viel andere Stücke vor Mutter vnd Kinder nützlichen zugebrauchen.«

Die Inhaltsangabe des Gesamtwerkes bietet den klassisch gewordenen Kanon der zum ›Haus‹ gerechneten Bereiche. Was hier aufgeführt ist, erschien meist auch in der übrigen Hausväterliteratur und wurde im Fall von Einzelabhandlungen unter die Bibliothekssignatur ›Oeconomica‹ gestellt. Weniger wichtig als die Sacheinteilung sind die lateinisch-griechischen Kunstwörter. Die Bildungen mit »-trophia« (Wachstum) bedeuten Anbau oder Zucht (also z. B. »Xylotrophia« Holzanbau, »Hippotrophia« Pferdezucht), die Nachsilbe »-cus« meint die Zugehörigkeit (z. B. »Hiatricus«, zum Arzt [»iatros«] gehörig). Nachahmung fand die griechische Bezeichnung des Ackerbaus von »georgos« (Bauer) als Georgia oder Georgica, so auch im Titel des Hausväterbuches von Hohberg. Die Bedeutungen im einzelnen ergeben sich aus den deutschen Sacherklärungen. Die Anordnung der Teile folgt hier offenbar der Gedankenkette: Von der Hausarbeit im allgemeinen zum Kochen, zu den Pflanzen, zu den Tieren, zu den Krankheiten.

35,16 *Item]* Ebenso. Es folgt also ein weiteres Sprichwort.

35,18 *Haußhaltung so eine grosse schwere Kunst]* Haushalt meint hier weder den im 19. und frühen 20. Jahrhundert ausschließlich Frauen zugeschriebenen innerhäuslichen Tätigkeitsbereich im Unterschied zum Berufsleben, noch ein finanzielles Kalkül, sondern die Verwaltung des Hauses als Rechts-, Lebens- und Arbeitseinheit. Der gegen die alltäglichen Aspekte angeführte »Kunst«-Charakter bezieht sich auf die handwerklichen und akademischen Künste.

35,29f. *seinen Feinden guts thun]* Anlehnung an die Bergpredigt, Luk. 6,27, hier mehr sarkastisch auf die Gegner bezogen, vielleicht im Gedanken an die Seeligpreisung der »Armen im Geiste«.

36,11-14 *Xenophonte* ⟨. . .⟩ *vnd vielen andern*] Die genannten zwölf klassischen Schriftsteller dienen deutlich zur Aufwertung des Themas durch Tradition. Es sind die griech. Philosophen Xenophon (um 430 – um 354 v. Chr.), Aristoteles (384-322 v. Chr.), Hesiod (um 700 v. Chr.) und Theokrit (3. Jh. v. Chr.), die röm. Dichter und Agrarschriftsteller Vergil (70-19 v. Chr.), Cato (234-149 v. Chr.), Varro (116-27 v. Chr.), Columella (1. Jh. n. Chr.), Cicero (106-43 v. Chr.), Plinius (23/24-79 n. Chr.) sowie die Italiener Petrus de Crescentius (1233-1321) und Constantinus Quartus (Konstantinus IV. Prognatos, geb. um 654, gest. 685; Kaiser 668-685).

36,14 *Haußwirten*] Der ›Wirt‹ ist ursprünglich der Hausherr, der Zusatz ›Haus‹ hält die alte Bedeutung fest. An dieser Stelle ist ›Wirt‹ aber auch schon die Kurzbezeichnung für den Kenner der Hauswirtschaft, wie später ein ›Volkswirt‹.

36,16f. *Præsens malè judicat ætas, judicium melius posteritatis erit*] »Die Gegenwart urteilt schlecht, das Urteil der Nachwelt wird besser sein«.

36,23-25 *Οικόνομος* ⟨. . .⟩ *ὃ ικος vnd νέμειν* ⟨. . .⟩ *ὀικονομικὴ*] Die griechische Ableitung der Ökonomie aus »Haushalter«, »Haus« und »zuteilen«, was die Verwaltung wie den sprachlich verwandten Ordnungszusammenhang (nomos) bedeuten kann, »Haushaltungskunde«.

36,23-25 *Dispensator* ⟨. . .⟩ *quod distribuat, disponat ac dispenset, quæ ad rem domesticam pertinent*] Hineingeschachtelt in die griechische Ableitung ist die lateinische Erläuterung des »›Zuteilers‹, weil er zuteilt, ordnet und austeilt, was zu den häuslichen Dingen gehört«.

36,25 *ars Oeconomica*] Nun folgt eine Definition der »Kunst« der Haushaltung, die in der deutschen Erläuterung mit »Geschicklichkeit« wiedergegeben ist.

36,27f. *in vnd ausserhalb seines Hauses zu Erb vnd eigen hat*] Rechtsgrundlage ist also bereits das Eigentum, nicht nur die räumliche oder personale Einheit des Hauses an sich.

36,31-37,1 *das Jahr durch etwas zimliches erůbrigen* ⟨. . .⟩ *dienen kan*] Jahresüberschüsse haben an erster Stelle noch guten

Zwecken zu dienen, z. B. dem Vaterland und Freunden nach antikem Vorbild (Xenophon, *Oikonomikos* XI) oder christlicher Mildtätigkeit.

37,2 *nicht allein erwerben / sondern auch erůbrigen]* Hier beginnt ein über die antiken Vorbilder hinausgehender frühmoderner Sparappell.

37,4 *Noth / Ehr / Zehr vnd Dienstpfennig]* Geldrücklagen für Notfälle, für ständische Ehrausgaben, für den Unterhalt und für Dienstleistungen.

37,14f. *weise / verstendig / vorsichtig / sparsam vnd darneben fleissig sein]* Das sind charakteristische Haustugenden, die häufig auch in die Titel der späteren Hausväterwerke gezogen wurden (z. B. »Kluger Hausvater«); »verstendig« meint kenntnisreich, »vorsichtig« vorausschauend. Die Charakterisierungen »vorsichtig / sparsam« sind gegenüber älteren Ausgaben hinzugefügt. Sparsamkeit und Fleiß sind besonders von Paul Münch *(Ordnung, Fleiß und Sparsamkeit)* untersucht worden und stellen im häuslichen Tugendsystem diejenigen Punkte dar, die am stärksten schon moderne ökonomische Bedeutung tragen.

37,19 *Zum wenigsten]* Der Text von hier an bis zum Kapitelschluß ist ein späterer Zusatz, der in der Einzellieferung Wittenberg 1593 noch nicht enthalten ist.

37,20 *drey oder vier Theil]* Klassifizierung der Ausgaben einer Haushaltung: 1. Rücklage von Saatgetreide, 2. Ernährung (einschließlich des Viehs), 3. für benötigte Dienstleistungen außer Haus, 4. Vorratsbildung, deren Zugehörigkeit offenbar zweifelhaft ist, weil es sich sozusagen um Nichtausgaben handelt.

37,28f. *Dieser Kunst Subjectum oder Materia in qua, damit sie vmbgehet]* »Die Grundlage oder der Inhalt dieser Kunst, womit sie umgeht«, also: der Gegenstand der Wissenschaft.

37,32 *mehr vnd gröſser wird / wechset vnd sich vermehret]* Interessanter und früher Beleg, daß der ökonomische Wachstumsgedanke wohl aus dem häuslich-landwirtschaftlichen Bereich stammt.

37,33 *zeitlichen auffenthalt]* Irdisches Dasein.

37,34-38,10 *Drey ding ⟨. . .⟩ meiden]* Die beiden Abschnitte gelten der Hauswirtschaft als moralische Veranstaltung im Rahmen frühneuzeitlicher Sittenregulierung. Besonders zukunftsträchtig ist der Begriff ›arbeitsam‹ und der zeittypische Kampf gegen das Laster der Faulheit und Trägheit. Zu Beginn des zweiten Buches, das hier mit seinen Einzelheiten vom Kochen bis zum Bierbrauen nicht mehr aufgenommen werden kann, heißt es denn auch: »Im Ersten Buch haben wir die Personen erzehlet / durch welche eine Haußhaltung pfleget bestellet zu werden / Nun muͤssen wir fortfahren / vnd denselben Leuten auch zuthun geben. Denn Muͤßiggang ist zu nichts gut / vnd die Gelerthen pflegen den Muͤßiggang des Teuffels Kuͤssen zu neñen / darauff er lieget vnd fein sanffte ruhet / vnd heben denn solche Leute / wenn sie sonst nichts zu thun haben / fein mehlich an boͤses zu thun / vnd fahren darnach auch redlich zum Teuffel.«

38,12 *Cicero]* Das vielzitierte Lob des Ackerbaus findet sich in Cicero, *De officiis* 1,151.

38,16f. *Handwercke]* Die Einbeziehung von Handwerken in die Hauslehre kann so gedeutet werden, daß im Haus noch viele handwerkliche Tätigkeiten anfielen und in den Hausbüchern beschrieben wurden, aber auch so, daß auch Handwerker ein Haus führten.

38,31f. *zweyerley Oeconomiæ. Eine Geistliche vnd eine Weltliche]* Die »geistliche Ökonomie« ist eigentlich eine mittelalterliche Sonderentwicklung, in der die Welt als ›Haus‹ Gottes interpretiert wurde. Als ›Heilsökonomie‹ behielt sie eine rein theologische Spezialbedeutung. Die hier interessierende Ökonomie knüpft hingegen unter dem Einfluß von Renaissance und Humanismus an den antiken Wortgebrauch an und meint stets die realen irdischen Haushalte, auch wenn christliche Elemente eingemischt sind.

39,5 *in vier Theil kan getheilet werden]* Die Ökonomie gilt für die weltlichen Stände, Herrscher, Adel, Bürger und Bauern, für die letzteren noch stärker, aber das ist keine strenge Abgrenzung und kein leitender Gesichtspunkt im Werk.

39,9f. *Die Fůrstliche / darein Můntze / Zôlle / Kauffmanschafft]* Hier deutet sich die Ausweitung des Ökonomiebegriffs im Fürstenstaat an, der über das größere ›Haus‹ des Regenten die ganze Landeswirtschaft und damit den Markt mit erfaßt. Aber das ist im Werk Colers noch nicht dargestellt.

39,22 *Von den Personen / die in eine Haußhaltung gehôren]* Das ist eigentlich eine Ober-Überschrift für alle folgenden Kapitel des Ersten Buches, die diese Personen und ihre Rollen im Haus einzeln vorstellen. Coler betrachtet also nun das Haus nach dem Vorbild von Xenophon und Aristoteles erst einmal als Sozialverband.

39,23 *Die Oeconomia ist eine Monarchia]* Das ist wörtlich Aristoteles, der das zweite Buch der *Politik* der Hauslehre widmet, allerdings in anderem Zusammenhang (Zitat 1255b). Aristoteles unterschied das Haus, in dem nur einer (über Abhängige) herrschen sollte, von komplexeren Herrschaftsformen über freie Bürger im Staat. Gerade in der Frühen Neuzeit wurde hingegen dieser monarchische Vergleich zwischen Hausvater und politischer Herrschaft gezogen.

39,27 *Cynolura]* Das Sternzeichen des Kleinen Bären oder Kleinen Wagen, das den Seefahrern als Orientierungspunkt diente.

39,28f. *ein Weib / ein hauffen Kinder / ein hauffen Knechte vnd Mågde]* Aristoteles beschreibt dies aus der Perspektive des Hausherrn als ein »eheliches«, ein »väterliches« und ein »herrschaftliches« Verhältnis (*Politik* II, 1253a). Ein ähnliches Dreierverhältnis zwischen Mann und Frau, Eltern und Kindern, Herren und Gesinde findet sich in den von Luther im Katechismus herausgestellten sogenannten Haustafeln des Neuen Testaments (Kol. 3,18-4,1).

39,32 *Homerus]* Außer in diesem deutschen Reimspruch ist das Zitat des griech. Epikers Homer (wahrscheinlich zw. 750 und 650 v. Chr.) auch in griech. und lat. Form gegeben.

40,2 *Vom Haußwirth]* Gleichzusetzen mit dem ›Oikonomos‹ der klassischen Tradition, dem ›Hausherrn‹ und in den späteren Werken dem ›Hausvater‹ oder ›Ökonomen‹. Das

Kapitel behandelt die sozialen Beziehungen, geht aber auch auf die materielle Tätigkeit ein.

40,15 *Natur vnd Eigenschafft eines jedern Orts]* Die Anpassung der Hauswirtschaft an die örtlichen Lebens- und Wachstumsbedingungen ist eine durchgehende Forderung der Literatur, aber auch eine sich immer mehr aus der Erfahrung ergebende Regel. In solchen Anpassungen ihrer Ratschläge an die Landschaft sehen Coler und andere Hausväterautoren auch ihr schriftstellerisches Verdienst.

40,21 *Denn wie man sagt:]* Die vielen schon im Text nachgewiesenen und übersetzten Zitate zeigen die besondere Traditionsgebundenheit der Ratschläge für den Hausherrn. Für einige versteckte Bezüge siehe die folgenden Kommentare.

40,31-34 *andere Einwohner des Orts ⟨...⟩ nachfolgen]* Schon Xenophons *Oikonomikos* (XVI) empfahl den Blick zum Nachbarn, wenn man wissen wolle, was in der Gegend gut wächst – eine stabile Erfahrung bis in heutige Gartenbücher.

41,2f. *Socrates ⟨...⟩ den Abend der letzte zu Bette / vnd des Morgens der erste wider heraus]* Das steht nicht etwa bei Plato, sondern das läßt Xenophon seinen Sokrates sagen, der diesen »Ökonomen« charakterisiert (*Oikonomikos* XI).

41,10 *Des Herren Auge]* Auch dieser Begriff zur Unterstreichung der Kontrollfunktion geht zurück auf Xenophon (*Oikonomikos* XII), später wird er auch in Hausvätertitel übernommen, wie z. B. bei Christoph Fischer, *Vollständiger Haushalter oder fleißiges Herrenauge*, Nürnberg 1696.

41,18-22 *Summa ⟨...⟩ sperandos]* Hier sind nachträglich klassische Autoritäten zur Beglaubigung hinzugesetzt: »Alles in allem, die Aufmerksamkeit des Herrn macht die guten Diener, wenn nämlich der Hausvater keine Beispiele der Aufmerksamkeit gibt, wird er vergeblich aufmerksame Diener erwarten«. Sowie: »Unter einem unkundigen Herrn kann man keine guten Sklaven erwarten«.

41,36 *Syrach am 4 Capitel]* Jesus Sirach 4, 35. Mit diesem Wechsel zur Bibel als Gewährszeugnis rücken die weniger strengen, mehr fürsorglichen Interpretationen der Sozialbeziehungen im Haus in den Vordergrund.

42,30f. *So soll er auch dem Gesinde]* Die folgenden Belege und Überlegungen bis zum Kapitelschluß sind gegenüber 1593 nachträglich hinzugefügt.

43,19 *Doctor Siman]* Eine allegorische Gestalt, abgeleitet von »sie ist der Mann«, die im 16. Jh. eine angemaßte weibliche Herrschaft karikieren sollte.

43,28 *seuget die Kothen]* »Kothe« gebraucht Coler für Gelenkknochen beim Pferd, also wohl »saugt am Knochen« im Sinne von »am Knochen nagen«.

43,30 *Nu Sapienti satis]* »Nun dem Wissenden genug«. Für den, der Bescheid weiß, bedarf es keiner weiteren Erläuterung. Nach dem Komödiendichter Terenz (gest. 159 v. Chr.).

43,32f. *bahr Geld im Kasten]* Das ist nun ein deutlich nichtantiker Rat, zumal damit auf Marktschwankungen reagiert werden soll.

43,37 *nicht Emax, sondern Vendax]* Nicht Käufer, sondern Verkäufer.

44,5f. *Schue vnd Kleider daraus machen lassen]* Im Gegensatz zur vorigen Anbindung des Hauses an den Markt, wird nun wieder der ältere Gesichtspunkt der Selbstversorgung betont.

44,8 *Vnßlet]* Unschlitt. Ausgelassenes Tierfett, u. a. zur Kerzenherstellung genutzt.

44,21-23 *Geld vnd Gut wird erworben durch fleiß vnd mühe / vnd durch ⟨. . .⟩ sparsamkeit]* Das ist trotz des nachfolgenden Cicero-Zitates ein moderner Aspekt wirtschaftlichen Verhaltens.

45,2 *Von der Haußfrawen oder Haußwirthin]* Von Anfang an berücksichtigt also die sogenannte Haus»väter«literatur die Arbeitsfelder der Hausfrauen neben denen der Hausväter. Colers Beschreibung ist hier weniger traditionsbelastet als die im Kontext des Hausherrn.

45,14f. *vom bösen vntrewen Gesinde / dessen jetzt die ganze Welt voll ist]* Dieser Satz ist schon in der Ausgabe von 1593 enthalten, während die folgenden vier Absätze mit Eigentumsdelikten später eingeschoben worden sind. Coler liefert hier ein frühes Beispiel für die zunehmende ›Gesindeschelte‹ der Frühen Neuzeit. (Vgl. allgemein: *Gesinde im 18. Jahrhundert*, hg. v. Gotthardt Frühsorge, Rainer Gruenter, Beatrix Freifrau Wolff Metternich, Hamburg 1995; hierin besonders: Paul Münch, *Tiere, Teufel oder Menschen? Zur gesellschaftlichen Einschätzung der ›dienenden Klassen‹ während der Frühen Neuzeit*, S. 83-107.)

46,6 *nach dem dicto, Malum consilium consultori pessimum]* Nach dem Sprichwort: »Ein schlechter Rat ist für den Ratgeber am schlechtesten«.

46,14 *treuge Fische]* Trockenfisch.

46,21 *Forbergen]* Vorwerke. Ursprünglich ein von der Grundherrschaft abhängiger Hof, aber auch Teil eines Gutes oder der fürstlichen Eigengüter. Coler benützt den Begriff ohne nähere Spezifizierung für Landgut im Sinne von ›Villa‹.

46,28 *Experto crede Ruperto]* »Glaub dem erfahrenen Rupertus!«, schon bei Luther als Sprichwort verbürgt. Luther, WA, Bd. IV, S. 543.

47,37 *eine Domina vnd Besitzerin des gantzen Hauses]* Das ist eine starke Betonung der schon von der Schlüsselgewalt her herausgestellten Stellung der ›Hausherrin‹ als Mitregentin des Hauses und Mitbesitzerin als Ehefrau. Interessant scheint, daß hier zur Definition der umfassenden Rechtsstellung der Frau der Begriff des »ganzen Hauses« erscheint, der von Otto Brunner zur Charakterisierung der umfassenden alteuropäischen Ökonomik verwendet wurde (siehe Einleitungskommentar).

48,19 *weitleufftig vom Ampt der Eheleute schreiben]* Dies haben vor allem Moralphilosophen auch künftig unter dem Titel »Ökonomie« getan, so z. B. noch Christian Wolff.

48,23f. *handeln nur von diesen Personen / wie sie sich in jhrer Wirthschafft oder Nahrung verhalten sollen]* Das kennzeichnet eine interessante Übergangssituation: Die Personenbeziehungen gehören noch zur Ökonomik, aber nur noch soweit sie für die materielle Seite des Hauses von Belang sind.

48,25f. *Reim D. Lutheri]* Unterschiedlich ausführliche Versionen in den Ausgaben; hier Wiedergabe in der kurzen Urform.

49,7 *nicht colludiren]* Nicht »zusammenspielen«, keine Gemeinschaft haben.

49,19 *mit bösen moribus]* Mit schlechten Sitten.

49,22 *keinem Müssiggang]* Unter dem Gesichtspunkt der Sozialisation der Kinder werden nun erst recht die bürgerlichen Tugenden propagiert, die zum Teil für das moderne Wirtschaftsverhalten relevant wurden.

50,1-3 *Fechten / Schiessen / Jagen ⟨. . .⟩ zur Nahrung dienet]* Die Jagdbeute ist auch im wörtlichen Sinne Nahrung, aber wieso wird auch das Fechten genannt? Ist mit ›Nahrung‹ das standesgemäße Auskommen im Sinne adliger Lebensführung gemeint oder berufliche Erwerbsmöglichkeiten?

50,4f. *einkauffen / schreiben / rechnen / sprachē / handeln]* Das ist das eher bürgerliche Pendant zur Adelserziehung, das sich auch für marktbezogene Tätigkeiten öffnet.

50,11 *Plutarchus]* Plutarch (um 50 – um 125 n. Chr.), griech. Philosoph und Historiker. Die Stellenangabe bezieht sich wohl auf die *Moralia* und die Vita des Nikias (5. Jh. v. Chr.), griech. Feldherr und Politiker; im Anschluß daran ist die *Nikomachische Ethik* von Aristoteles gemeint.

50,17f. *Wo eine grosse Wirtschafft ist]* Hier wird an die Verwaltung von Adelsgütern oder die umfangreichen Eigengüter des Fürsten gedacht.

50,19f. *Curatorem, Villicum, Oeconomum ⟨. . .⟩ Amptman]* Pfleger, Aufseher, Haushalter und Verwalter. Der Ökonom ist hier also nur der ›Haushalter‹ im Sinne der Hausverwaltung, nicht der Herr des Hauses.

50,33f. *quasi Vehila, a vehendo juxta Columellam]* Unter Berufung auf Columella zitiert Coler eine antike Etymologie, nach der Villa über die nicht existente Form »Vehila« vom Verb vehere (fahren, ziehen) abgeleitet sein soll. Villa wäre dann ursprünglich ein Haus als Station für Fuhrwerke gewesen.

51,2f. *gezeunet / gedackt ⟨. . .⟩ gemeihet]* Eingezäunt, gedeckt und gemäht.

51,6f. *vbertreibet sie / oder beleuget sie]* Die Pferde zu sehr antreiben oder eine gute Pflege nur vortäuschen.

51,9 *gehet gerne Junckern]* Aufwendig feiern, ins Freudenhaus gehen.

51,10 *schlage der Wirth ⟨...⟩ mit der Thůr vor den Hindern]* Drastische Wendung für Entlassung durch den Hausherrn, die Tür hinter ihm zuschlagen.

51,16 *Lutherus]* In den Tischgesprächen nicht nachweisbar, jedoch als allgemeines Sprichwort bei Georg Henisch, *Teütsche Sprach und Weißheit*, Augsburg 1616, Sp. 692. Die beiden schreibenden Pastoren werden das Wort Luther zugeschrieben haben.

51,28 *verpartiert]* Verschwinden lassen, von französisch »partir«.

52,20 *Obstzeit]* Erntezeit.

53,1f. *die Knechte vber die Herren / vnd die Mågde vber die Frawen regieren]* In diesem Umkehrbild der geltenden Ordnung wird deutlich, daß das Sozialgebilde ›Haus‹ nicht allein vom Hausvater abhängt, sondern jeweils innerhalb der beiden Geschlechter soziale Unterordnungsverhältnisse herrschen.

53,28f. *so erfoderts doch die Noth vnd Ordnung]* Obwohl Knechte und Mägde die Gesindestellung gemeinsam haben, so daß hierzu an sich bereits alles im Abschnitt über die Knechte gesagt ist, wird den Mägden doch ein eigener Abschnitt gewidmet, weil sie nach Meinung des Autors eine besonders strenge Beobachtung nötig haben, aber auch um der Vollständigkeit des Personalteils willen (vgl. Renate Dürr, *Mägde in der Stadt. Das Beispiel Schwäbisch Hall in der Frühen Neuzeit*, Frankfurt/Main und New York 1995).

54,26 *Beerenleiterin]* Eigentlich eine Frau, die Bären vorführt, also eine herumziehende Schaustellerin mit entsprechend geringem Ansehen.

54,36 *heimliche Abhalterin]* Abnehmerin von Diebesgut, Hehlerin.

55,12 *treges / faull vnd schlåfferig Gesinde]* Nach der ausufernden Warnung vor Eigentumsdelikten des Gesindes folgt nun eine ›modernere‹ Gesindekritik, die Hauseltern veranlassen soll, die Mägde zum Arbeitsfleiß anzuhalten.

58,3f. *in den Exempeln siehet]* Die frühneuzeitliche Exempellehre sucht für alle moralischen Normen positive oder negative Beispiele in Geschichte und Gegenwart.

58,16f. *eine Obrigkeit ein sonderlich fleissig Auge]* Der im Hauszusammenhang seltene Appell an staatliche Maßnahmen findet sich charakteristischerweise in einem Zusammenhang, der nicht auf den Markt, sondern auf beschäftigungspolitische Regulierung zielt.

59,8f. *hier in der Marck]* Gemeint ist die Mark Brandenburg. Das Beispiel ist in der Ausgabe von 1593 noch nicht angeführt.

59,12f. *in so kurtzer zeit gewohnen]* Aneinander gewöhnen, wobei der Zusammenhang ›eine Zeitlang zusammen wohnen‹ noch mitschwingt.

60,2 *Ein Beschluß]* Nicht ediert sind an dieser Stelle spezielle Kapitel über den schon zuvor genannten Amtmann und die Viehmume. Der »Beschluß« nennt weitere spezifizierte Dienstleistungen, die auch Coler unter dem Thema des Hausverbandes nicht weiter verfolgt.

60,29 *Vom Ackern]* Das ganze siebente Buch handelt generell vom »Ackerbaw«, das XVII. Capitel vom Ackern im engeren Sinne: dem Pflügen und Eggen mit Hinweisen auf weitere Gesichtspunkte der Bodenvorbereitung.

60,31-61,1 *Landarth vnd des Landes gewohnheit]* Schon bei Pflügweise und Feldformen werden regionale Unterschiede festgehalten und auf verschiedene Bodenbeschaffenheiten zurückgeführt.

61,2 *Plinius]* Das Zitat des röm. Naturgelehrten wird als Plädoyer für intensive Bearbeitungsformen des Bodens vorangestellt. Weitere und in den einzelnen Auflagen unterschiedliche Verweise auf Stellen bei Columella, Cato, Petrus de Crescentius, Conrad von Heresbach sind anmerkungsartig angefügt, passen aber wenig zu den beschriebenen deutschen Verhältnissen.

61,5 *In Meissen]* Gemeint ist Sachsen nach der alten Hauptstadt des sächsischen Fürstenhauses der Wettiner, hier mit dem benachbarten Vogtland. Coler hatte handschriftliche Instruktionen für die kurfürstliche Güterbewirtschaftung vorliegen.

61,6f. *Bethe / kaum von acht oder zehen fahren]* Felder, die nur acht bis zehn Furchen breit sind.

61,7 *Marck Brandenburg]* Die genannten Marken, ehedem ›Grenzländer‹ nach Osten, bilden die Kernlandschaften des Kurfürstentums Brandenburg, die der Autor aus seiner 25jährigen Pastorentätigkeit in Berlin kannte.

61,12 *Düringen]* Thüringen.

61,14-16 *Pferde ⟨...⟩ Ochsen]* Die beiden üblichen Zugtierarten blieben austauschbar; Pferde galten als tüchtiger, Ochsen konnten zusätzlich noch der Ernährung dienen.

61,18 *Brachfahre]* Das erste Pflügen der Brache im Juni.

61,18 *Rocken]* Roggen war vor allem in Norddeutschland eine Hauptanbaufrucht, die erst durch die Einführung der Kartoffel im 18. Jh. zurückgedrängt wurde.

61,19 *Johannis]* 24. Juni. Die Daten wurden in der Frühen Neuzeit gern mit Heiligentagen angegeben oder wie hier im zeitlichen Verhältnis zu markanteren Heiligenfesten ausgedrückt.

61,24f. *von der Werme vnnd holen Winden ⟨...⟩ treuge]* Von der Wärme und ›aushöhlenden‹ Winden trocken.

61,26f. *zimlich ins Erdreich ⟨...⟩ nach der erheischung des Landes]* Die Knechte sollen so tief pflügen, wie es sich geziemt und das Land es verlangt.

61,28 *beschinden]* ›Abhäuten‹, also unzulässigerweise nur die Oberfläche der Erdkrume abziehen, die Erde nur ›ankratzen‹.

61,31f. *etliche Wispel]* Einige Maß Getreide.

61,33f. *den Acker im alten Monden stürtzet]* Bei abnehmendem Mond den Acker umbricht.

61,36 *Windfahr]* Auch »Wendfahr«. Zweites Umpflügen des Ackers der Quere nach.

62,1f. *vmb Bartholomæi die Saatfahr / biß auff Michaelis]* Die dritte Ausfahrt zum Pflügen zwischen 24. August und 29. September.

62,13 *gar zeitlich beseen]* Rechtzeitig besäen.

62,20 *die Pferde nicht vbereilen / man darff sie mehr]* Man darf die Pferde nicht durch rastlosen Einsatz überfordern, denn man bedarf ihrer noch.

62,27f. *der Mist tregt bey vns nicht mehr denn 3. frůchte]* Das heißt, nach jeder dritten Ernte muß gedüngt werden. Nach der überlieferten Dreifelderwirtschaft war jedes dritte Jahr ein Brachjahr. Durch Düngung und Fruchtwechsel begann man nun damit, die Brache zugunsten intensiverer Nutzung der Ackerflächen zeitlich hinauszuschieben bzw. zu verkleinern. Coler verweist aber auch auf die Grenzen des Verfahrens bei den einheimischen Böden.

62,31f. *Wie man 〈. . .〉 Frůchte bringen]* Dieses ist das zentrale Kapitel über die Bodenfruchtbarkeit, die erhalten und teils auch schon gesteigert werden soll.

63,4 *hundertfeltig]* Die biblischen Bodenertragsraten sind natürlich nicht realistisch, überhöhen aber gleichsam das Wunder der Vermehrung an sich.

63,8 *zwölff Scheffel]* Eine Ertragsrate von 1:12 überstieg bei weitem den europäischen Durchschnitt. In Deutschland lag das Verhältnis damals bei etwa 1:4. Die angegebene Rate für Thüringen entspräche etwa den niederländischen Spitzenwerten. Die Relation liegt heute in der Größenordnung von etwa 1:30.

63,9f. *das Land gut oder böse ist]* Gutes oder schlechtes Land, was den Ertrag angeht.

63,13-15 *ein Acker gute krafft habe 〈. . .〉 so mus er wol gedünget sein]* Das Kapitel geht nun im praktisch-technischen Sinne auf die Pflege der Bodenfruchtbarkeit durch Düngung ein. Das unausgesprochene Ordnungsprinzip ist offenbar: vom Organischen zum Anorganischen.

63,15-17 *Ochsenmist 〈. . .〉 Schafmist]* Unter Mist wird im engeren Sinne die Mischung tierischer Exkremente mit Stroh verstanden, die hier nach Tierarten und deren unterschiedliche Wirkung auf verschiedene Bodenarten differenziert wird.

63,25 *Cardanus]* Geronimo Cardano (lat. Hieronymus Cardanus), ital. Mathematiker, Arzt und Philosoph (1501-

1576). Die beiden enzyklopädischen Werke zur Naturwissenschaft *De subtilitate Libri* (1550) und *De rerūm varietate* (1557) zählen zu seinen Hauptwerken.

64,3 *Gassenmist]* Auch ›Schärr-‹ oder ›Schurr-Erde‹. Entsteht durch den Viehtrieb durch die Gassen.

64,35 *viel Bluts in dem Lande vergossen]* Von der Düngungskraft des Blutes sprechen schon die klassischen Autoren. Wenn Coler die hier doch wohl eher magische Vorstellung von der Fruchtbarkeit des auf dem Schlachtfeld vergossenen Blutes einmengt, könnte er an die Schlacht auf dem Lechfeld (955), vor allem aber wohl an die Türkenkriege im österreichisch-ungarischen Grenzraum denken.

65,8 und 19 *Schlam 〈...〉 Gerberlohe]* Die gleichsam organischen Ersatzstoffe für Mist.

66,9 *Es schreiben die Gelerten / daß der Mergel]* Die Düngung von »Erde mit Erde« wird bei Conrad von Heresbach diskutiert, aber auch dieses Verfahren der Kalkdüngung hat schon eine ältere Tradition. Besonders genau geht etwa gleichzeitig die 1616 herausgegebene Oeconomia von Abraham von Thumbshirn auf den »Morgel« ein, »welcher in den zåhen und leimichten Feldern mehr Gutes thut als aller Mist« (vgl. Schröder-Lembke [Hg.], *Martin Grosser: Anleitung zu der Landwirtschaft; Abraham von Thumbshirn: Oeconomia*, S. 98).

66,22f. *Lendlich / sittlich]* Nach Sitte des Landes.

66,26 *zum meisten des Rockens]* Roggen ist wegen seiner Anspruchslosigkeit zum wichtigsten Brotgetreide Norddeutschlands geworden.

67,11f. *welcher aber ruhet]* Wenn also eine Ruhepause, ein Brachjahr, eingeschoben wird.

67,15f. *der vornehmeste Weg die Ackernůtzung zu vermehren]* Die gepflegte Brache gilt noch als grundlegend für die Bodenerholung, hier sogar in einem ertragssteigernden Sinne.

67,19 *drein seen]* Einsäen, zum Anbau nutzen.

67,23 *Plinius sagt]* Hier sind klassische Zitate zusammengestellt, die sich als Plädoyer für eine Intensivierung der Landwirtschaft verstehen lassen. Als dabei zu berücksichtigende Faktoren folgen Ackerbeschaffenheit und Arbeitskraft, vor allem aber Düngung und Bodenverbesserung.

68,17 *Forbergsmann]* Ein Landwirt.

68,34 *7. Wo der Bodem dürre ist]* In den folgenden Punkten werden unter anderem Bewässerung, Abflämmen und besondere Düngeformen besprochen.

69,5 *auff vier Ruten]* Eine Rute ist eine Meßstange von bestimmter Länge, die aber je nach Ort und Zeit verschieden war. In diesem 7. und dem 12. Punkt dieses Kapitels werden auch Mengenverhältnisse zu bestimmen versucht.

69,16 und 19 *Kalck ⟨. . .⟩ Salpeterasche]* Auch solche anorganische Düngung mit Kalk und Asche ist nicht neu, wird aber nun stärker herausgestellt und wurde tatsächlich zu einem wichtigen Mittel der Intensivierung der Landwirtschaft in der Frühen Neuzeit.

69,28 *Mizaldum]* Anton Mizaldus (gest. 1578), *Centuriae secretorum*, ein magisch-naturkundliches Werk. Zedler weist die achte Auflage Frankfurt/Main 1717 nach.

69,33 *fünfftehalben Ellen in der vierung]* Ein Quantifizierungsversuch des Düngebedarfs.

69,33f. *wol vnd nach notturfft bepferchen]* Gut und soviel wie nötig mit Schafskot düngen.

70,11 *Von Sandichten Eckern]* Dieses Bodenproblem bekommt wohl ein Sonderkapitel, weil die Colers in Berlin im Zentrum einer Landschaft lebten, die man ironisch die »Streusandbüchse des Heiligen Römischen Reiches« nannte. Diese letzten nachtragsähnlichen Kapitel fast ohne Zitierung antiker Klassiker sind besonders empirisch gesättigt.

71,10 *Wie man andern krancken Eckern]* Während es im vorletzten Kapitel um die Pflege der Bodenfruchtbarkeit ging, wird hier teilweise schon Bodenverbesserung angesprochen, wie sie im 18. Jh. im großen Stil als Melioration zum Thema wurde.

71,11f. *Kranckheiten]* Der Vergleich der Bodenprobleme mit Krankheiten liegt in der Hausväterliteratur nahe, weil sie auch die Krankheiten von Mensch und Tier bespricht, bei Coler vor allem in Buch 17 bis 19.

71,14 *Grihs]* Gries, grober Sand.

71,18 *Mösicht]* Moosig, sumpfig.

71,27 *Lette]* Nasser, schwerer Lehmboden.

72,6 *vor etlich hundert Jahren]* Der agrargeschichtliche Rückblick bezieht sich offenbar vereinfachend auf die Rodungen als kontinuierlichen Prozeß. Tatsächlich aber sind die bereits weiter fortgeschrittenen Kulturlandschaften des Hochmittelalters nach dem Bevölkerungseinbruch des 14. Jhs. zum Teil wieder zu Wüstungen geworden und verwaldet. Erst im 16. Jh., vor allem zu Colers eigener Zeit, wurde die Anbaufläche wieder ausgedehnt.

72,10f. *AckerErtzte alle curiret, excoliret, ausgerottet / gebrendt]* Es gab in der Phase der Rodung tatsächlich Spezialisten für Urbarmachung, die Bäume abholzten und das Gehölz dazwischen abbrannten, um das Gelände an Siedler weiterzugeben.

72,17f. *viel Trespe ⟨...⟩ viel Raden]* Gras- und Unkrautarten.

72,23 *knothen in die Gerste]* Unkraut.

72,26f. *dotter im Flachs]* Schädliches Unkraut, dem Flachs an Kraut, Stengel und Bollen ähnlich, das sich viel in Flachsfeldern findet.

72,37 *quecken im Acker]* Ackerunkraut, das getrocknet auch als Brennmaterial oder, wie hier, danach zur Düngung verwendet wurde.

73,9 *Wir hetten hier balde des Mistes vergessen]* Das ganze Kapitel ist ein später Nachtrag, der noch in der Ausgabe von 1620 fehlte. Da Ich-Form und Wir-Form bei Coler nebeneinander gebraucht werden, bietet das »Wir« hier keine Anhaltspunkte, ob der Nachtrag von Johannes Coler selbst verfaßt worden ist oder nicht. Der Mist ist an sich durchaus in Kapitel XXI im Zusammenhang mit den Düngeformen zur Sprache gekommen, aber hier geht es nun vornehmlich um gute und reichliche Mistbereitung. Noch weitgehend ohne Sommerstallhaltung und bei kargerer Futterversorgung im Winter bedurfte die gezielte Stalldung-Gewinnung zur Steigerung der Bodenfruchtbarkeit besonderer Aufmerksamkeit. Auch Thumbshirn hat ein eigenes Kapitel

»Mistung oder Tüngung belangende« und geht ebenfalls auf den Dung vom Vieh ausführlich ein (vgl. Schröder-Lembke [Hg.], *Martin Grosser: Anleitung zu der Landwirtschaft; Abraham von Thumbshirn: Oeconomia*, S. 83 und S. 96f.).

73,15 *Forbergs Leute]* Landwirte.

73,25 *Handsweilen]* Von Zeit zu Zeit.

73,31f. *Mistpfudeln]* Für Mistpfuhle, Mistpfützen, die vorgesehene Stelle für Mist und Jauche.

74,16f. *die Mercker pflegen zu sagen / wo Mist / da Christ]* Für dieses drastische märkische Sprichwort um Bodensegen und Bodenfruchtbarkeit gibt Grimms *Deutsches Wörterbuch* (Bd. 6, Sp. 2265) diese Coler-Stelle als Beleg an.

74,26 *folgende achte Buch]* Das Buch Spermaticus, das von Saatgut und Säen handelt.

74,27f. *Universalibus]* Grundlegendes Allgemeinwissen, im Unterschied zu praktischen Einzelbeispielen oder regionalen Abweichungen.

74,30-33 *Wirtschafft selber practiciren ⟨. . .⟩ ein jeglicher in seiner kunst]* Dieser »Beschluß« enthält ein grundlegendes Bekenntnis zu einer experimentellen und im Rahmen der Zeit wissenschaftlichen Landwirtschaft. Ursprünglich endete das Buch mit diesem markanten Appell, die christlichen Schlußformeln sind Zusatz.

JOHANN JOACHIM BECHER
POLITISCHER DISCURS – DAS KOMMERZIENSYSTEM UND SEINE FEINDE

Der Merkantilismus ist in Deutschland nicht durch besondere theoretische Leistung hervorgetreten – mit einer um so bedeutenderen Ausnahme: Johann Joachim Becher (1635-1682). Er war der erste deutsche Autor, der im großen Stil Handel und Gewerbe der Aufmerksamkeit des modernen Staates empfohlen und die kaufmännische Wissenssphäre buchstäblich hoffähig gemacht hat. Anders als im außenhandelsorientierten westeuropäischen Merkantilismus, der in Deutschland erst eine Generation später voll rezipiert wurde, ging es in den deutschen ›Commercien‹ erst einmal um die inneren Probleme des Marktes und damit eng zusammenhängend um eine Bevölkerungs- und Beschäftigungspolitik. Becher wurde zum Berater und Sprecher einer kommerzialistischen und populationistischen Territorialpolitik wie des beschäftigungspolitisch und protektionistisch orientierten ›Reichsmerkantilismus‹, aber sein bleibender Rang gründet darin, daß er nach einer theoretischen und systematischen Fundierung seiner Kommerzienpolitik suchte. Die »Theoria« solle der Praxis stets voranschreiten, schrieb er, und er hat hier – unter Einbeziehung deutscher Traditionen und holländischer Anregungen, aber auch ganz neuer Ideen – ein eigenständiges System errichtet. Das originelle theoretische Kernstück ist die Lehre vom Monopol (›Einhandel‹), Polypol (›Vielhandel‹) und Propol (›Vorhandel‹), die als ›Marktformenlehre‹ in die Geschichte der volkswirtschaftlichen Lehrmeinungen eingegangen ist, aber auch die »Hauptfeinde« des erwünschten Kommerzienstaates benennt. Dieses darum doch besser neutraler zu bezeichnende tripolistische System, im wörtlichen Sinne eines ›Dreihandels-Zusammenhangs‹, setzt Problemformen einer sich beschäftigungs- und marktbewußter organisierenden Gesellschaft in Beziehung zueinander, zwischen denen die staatliche Kommerzienpolitik gleichsam hindurchsteuern soll. Dieser Dreierbeziehung hat der Autor in seinem Hauptwerk auch die konkreten Maßnahmen zur Kommerzienförderung zugeordnet.

Johann Joachim Becher gehört in die Reihe der Abenteurer, Projektemacher und Universalgenies des Barock. Geboren am 6. Mai 1635 in Speyer, stammt er aus einem gelehrten lutherischen Pfarrhaus, verlor früh den Vater und hat sich wohl im Selbststudium weitergebildet. Reisen erschlossen ihm das Reich, Italien und vor allem die wirtschaftlich hochentwickelten Niederlande; zu Beginn seiner Karriere an den west- und süddeutschen Höfen wechselte er wie damals viele zur hier besser eingeführten katholischen Konfession und knüpfte eine Heiratsverbindung mit der Rats- und Medizinerfamilie von Hörnigk, der sein späterer Mitarbeiter und Nachfolger in Wien, Philipp Wilhelm von Hörnigk (1640-1714), entstammte. Becher war auch tätig als Medizinprofessor und Leibarzt, als Erfinder und Goldmacher, als Naturphilosoph und Chemiker, Fremdsprachendidaktiker und Erbauungsschriftsteller und anderes mehr – stets mit einer charakteristischen Mischung von Gelehrsamkeit und Patentrezepten. Auch mit Kolonialplänen für das Reich und einzelne deutsche Territorien, deren Realisierung allerdings damals der deutschen Geschichte erspart blieb, hat sich Becher zeitweise abgegeben. Wenn die Kommerzienförderung in Theorie und Praxis doch seine eigentliche Lebensleistung geworden ist und er hier die originellsten und durchdachtesten Ideen entwickelte, dann ist dies auch durch die besondere historische Situation bedingt. Nach dem Dreißigjährigen Krieg galt es erst einmal die Bevölkerungsverluste und die Zerstörungen und Verwerfungen der wirtschaftlichen Infrastruktur wieder auszugleichen; die Höfe und Regierungen bauten einen kommerziellen Interessen- und Kompetenzbereich auf und hatten hier einen besonderen Beratungsbedarf.

Becher wirkte zunächst im geistlichen Kurfürstentum Mainz unter Johann Philipp von Schönborn (1605-1673), dem Leiter der reichsständischen Nachkriegspolitik und Begründer der berühmten fränkischen Bischofsdynastie, und wechselte dann in die Kurpfalz, die besonders schwer verwüstet und unter dem wiedereingesetzten Kurfürsten mühsam wiederbevölkert und wirtschaftlich wiederaufgebaut wurde. Das Kurfürstentum Bayern wurde das dritte Territorium, in dem Becher sich endgültig als Kommerzienreformer profilierte, bis er 1666 an den Kaiserhof Leopolds I. nach Wien gerufen wurde. Becher hat hier als Haupt der Wiener Merkantilisten etwa 1672 seinen größten Einfluß erreicht und bis 1676 gewirkt. Grundlegend war die Förderung von Handel und Gewerbe in den österreichischen Erblanden selbst, die von einem behördlich-kaufmännischen Kollegium von ›Kommerzienräten‹ gesteuert wurde. Mit unterschiedlichem Erfolg wurde experimentiert mit Handelskompagnien für Geschäfte mit den Türken und Holländern und mit Manufakturbetrieben, insbesondere einem ›Werk- und Zuchthaus‹, das der Einführung neuer Gewerbezweige nutzbar gemacht wurde. Becher war aber auch an der ideologischen Vorbereitung und Organisation einer von Kaiser und Immerwährendem Reichstag zu Regensburg 1674 erlassenen reichsweiten Handelssperre gegen das militärisch expansive Frankreich Ludwigs XIV. beteiligt, in der man heute den Beginn eines auch wirtschaftlich kalkulierenden ›Reichsmerkantilismus‹ sieht. Als ausführender kaiserlicher Kommissar war der Kommerzienrat jedoch nicht sehr erfolgreich im Reich und galt durch zuviel Entgegenkommen, besonders in der Reichsstadt Augsburg, als kompromittiert, so daß er nicht nach Wien zurückkehrte. Anke Sczesny konnte jüngst belegen, daß dies nicht im Zusammenhang mit einer Bestechungsaffäre stand, wie bislang angenommen, sondern mit dem Scheitern einer eigenen Handelsinitiative (*Johann Joachim Becher als kaiserlicher Kommis-*

sar in der Reichsstadt Augsburg). In seinen letzten Lebensjahren trat Becher vor allem als Erfinder in den Niederlanden, in Mecklenburg und in England auf, wo er im Oktober 1682 starb.

Der Autor Becher begann mit medizinischen, sprachpädagogischen und moralphilosophischen Werken und ist 1669 mit dem naturkundlichen Hauptwerk *Physica subterranea* hervorgetreten, in dem die Umwandlung der Metalle und die Verbrennungsvorgänge besonders interessierten. Ganzheitliche Vorstellungen und konstruktive Energie verbinden sich auch hier mit Experimentierfreude und Verwertungsinteresse – wie zum Beispiel bei der Goldgewinnung. Das etwa gleichzeitig entstandene Hauptwerk für die Geschichte der Ökonomie erschien 1668 als *Politischer Discurs* – eine allgemein auf das Gemeinwesen bezogene Erörterung –, wird aber schon im Titel auf dessen materielle Grundlagen bezogen (siehe unten ›Textgrundlage‹) und auf dem Vorsatzblatt auch spezieller als »Commercien-Tractat« bezeichnet. Ein 1662 erschienenes niederländisches Buch von Jan de la Court (1622-1660) trug ebenfalls den Titel *Politike Discoursen*. Ähnlich wie sein Bruder Pieter de la Court (ca. 1618-1685) in seinem bekannteren *Interest van Holland* verknüpfte Jan de la Court darin politische mit kommerziellen Fragen, aber die Abhängigkeit reicht über den Titel und einige mögliche thematische Anregungen zur Bevölkerungs-, Monopol- und Zunftpolitik nicht hinaus. Bechers Werk erschien 1673 in zweiter und 1688 in dritter Auflage und wurde dabei im Umfang vervielfacht. Der Titel erscheint nun im Plural als *Politische Discurs*. Die Hauptunterschiede liegen im Einschub einer ganzen politischen Regierungslehre am Anfang und in einer Dokumentation der praktischen Reformtätigkeit sowie von Schriften und Briefen im Anhang. Im 18. Jahrhundert brachte der Kameralist Johann Heinrich Zincke (1692-1768) eine sprachlich modernisierte und um eigene Überlegungen ergänzte Neuausgabe heraus (vgl. den Einleitungskommentar in dieser Edition). Becher beteiligte sich auch an dem publizistischen Großkampf der Epoche gegen Ludwig

XIV. und verfaßte nach seiner kommerzialistischen Zeit wieder alchimistische und erbauliche Schriften – *Psychosophia*, *Närrische Weisheit und weise Narrheit*, *Chymischer Glückshafen* –, die manche autobiographische Bezüge zu Erfindungen und Projekten enthalten.

Die Edition bietet das Hauptwerk für die Geschichte der Ökonomie, den *Politischen Discurs*, ohne die später angehängten Reformschriften. Textgrundlage ist die Erstausgabe von 1668, die schon alle für das kommerzialistische System relevanten Teile enthält. Die Ausgabe von 1673 weist trotz des weit umfangreicheren Textes jedoch auch einige Kürzungen auf – Polemik gegen persönliche Gegner und Abschweifungen –, die als autorisiert und sinnvoll übernommen werden können. Unvermeidbar ist eine Gesamtkürzung um etwa die Hälfte, die aber die Erkennbarkeit des gedanklichen Zusammenhangs nicht beeinträchtigt. Es handelt sich um zwei übersichtliche Schnittstellen: Problemlos entfallen kann der Einschub einer kaufmännischen Waren- und Berufskunde, der den klassischen Gedankengang zum tripolistischen System unterbricht (Cap. 6-22). Aus der sehr umständlichen Darstellung des Propolium, das erst in Diagnose, dann in Therapie jeweils durch drei Stände verfolgt wird, sind als weiterer Block Kapitel 26 vollständig und Kapitel 27 mit Ausnahme einer Übersichtspassage herausgenommen worden. Das Bauernpropol wird so nur im Diagnosekapitel, das Handwerkerpropol sowohl in Diagnose als auch in Therapie, das Kaufmannspropol im abschließenden Therapiekapitel vorgeführt. Durch den vor- und zurückweisenden Wiederholungsstil Bechers bleibt das Gesamtsystem trotzdem im Text sichtbar.

Das Werk beginnt als ein in der Tat »Politischer Discurs«, mit wenigen Grundbestimmungen zu Staat und Ständegesellschaft und nimmt dann eine überraschende Wendung durch deren rein wirtschaftliche Definition. Das politische Gemeinwesen nämlich sei eine »volckreiche nahrhaffte Gemein«, eine durch Bevölkerungszahl und Unterhaltsmöglichkeiten ausgezeichnete Gemeinschaft. Die Stände aber sind nicht die alteuropäischen nach Rang und Ehre: Adel, Klerus, Bürger und Bauern, sondern die für diesen wirtschaftlichen Staatszweck für wichtig gehaltenen Berufsgruppen: Bauern, Handwerker und Kaufleute. In dieser im Werk wiederkehrenden Einteilung kann man mit einigen Besonderheiten Ansätze zu Wirtschaftssektoren sehen. Der landwirtschaftliche Sektor, der hier gleichsam die Hauslehre heranführt, und nach alter Weise auch den bodenbezogenen Bergbau zu den Bauern rechnet, deckt gleichsam die Urproduktion ab. Die Handwerker stehen für den gewerblichen Sektor und verarbeiten die belebten wie unbelebten Erzeugnisse der ersten Gruppe weiter. Der Handelssektor sorgt für Absatz und Beschäftigung, besonders durch die vermittelnde Tätigkeit von Großhändlern, Verlegern und Bankiers.

Während die Bauern die zahlenmäßig größte und »nötigste« Gruppe sind, haben doch die wenigen Kaufleute hier die eigentliche Schlüsselstellung: der Handel ist Sektor, stellt aber zugleich für die anderen Stände die Verbindung zum Markt her. Charakteristisch ist der hier eingeführte Zentralbegriff der »Consumption«, der in etwa Absatz meint, aber im Sinne des Aufeinanderangewiesenseins der drei Stände, die sich durch Teilnahme am Warenstrom gegenseitig etwas zu tun geben sollen. Fast entsteht in diesen Abhängigkeiten und Verkettungen so etwas wie ein Wirtschaftskreislauf, der aber nicht wie seit der Physiokratie von Produktion und Boden her gelesen wird, sondern in dem der nicht produktiv gedachte Handel das übergreifende und bestimmende Element ist: eine stände- und sektorenübergreifende Kommerzienkette in einem politischen Gemeinwesen. Damit sie gut funktioniert, soll der Staat die Proportionen harmonisieren, im Blick auf die Verflechtung von störenden Einzelbesteuerungen Abstand nehmen, die belebende Tätigkeit der Verlegerkaufleute nicht durch Einfuhr von Fertigprodukten stören lassen. Zweck dieser staatsregulierten Kommerzienkette zwischen den »Ständen« aber ist ein bevölkerungs- und beschäftigungspolitischer: die kommerzielle Sorge um ›Nahrung‹ und ›Consumption‹ zielt auf die Ausnutzung der Unterhaltsmöglichkeiten (Cap. 1 und 2).

Die Beobachtung rückt nun im 3., 4. und 5. Kapitel mit dem gleichen beschäftigungspolitischen Interesse näher heran: die berühmten drei »Hauptfeinde« des Handels treten innerhalb der Kettenglieder, nicht zwischen ihnen auf. Zunächst geht es ausschließlich um die Spannung zwischen Monopol und Polypol. Den überlieferten Begriff des Monopols sieht Becher noch ausschließlicher als Luther unter dem Gesichtspunkt ungerechter Arbeitsverteilung: wenn einer oder wenige einem Beruf nachgehen, wo viele Platz hätten. Den Gegenbegriff »Polypolium« (Vielhandel) führt Becher in die Debatte ein, um den umgekehrten Fehler zu bezeichnen: wenn so viele in einem Beruf tätig sind, daß keiner mehr einen ausreichenden Unterhalt findet. Das Monopol schadet dem Bevölkerungsstand eines Landes, weil es die aus dem Beruf oder vom Markt gedrängten Menschen zur Arbeitsemigration zwingt. Andererseits kann man aber auch nicht um jeden Preis Bevölkerung hereinholen, weil – so Becher – bei einem Polypol auch die schon vorhandene Bevölkerung von ihrer Arbeit nicht mehr leben kann. Die Regulierung obliegt bei den Handwerkern den Zünften, aber deren Zulassungsbeschränkungen sind nach Meinung Bechers in Deutschland so rigide, daß sie selbst zum Monopol werden, während die größere Zunftfreiheit in Holland in ein – nur durch Exportüberschüsse verkapptes – Polypol entgleist. Der Staat soll hier also eine verbesserte Zunftpolitik betreiben und zwischen den Extremen Mono- und Polypol hindurchsteuern. Bei den Kaufleuten findet diese zünftische Regulierung in den Handelskompagnien statt, die nur einen, aber auch nicht zu viele privilegierte Gesellschafter für den Fernhandel haben. Becher sieht hier aber auch die Vorteile der Kapitalbeschaffung und der Belebung von Handel und Kommerzien – was Luther einst verteufelte, wird zum Heilmittel und Programm. Die westeuropäischen Überseegesellschaften sind das Vorbild, Becher entwickelt eine Checkliste für eine Kosten-Nutzen-Abwägung deutscher Kompagniegründungen und deren staatliche Privilegierung und beschwert diese wichtige Programmstelle durch seinen kaufmännischen Exkurs. Mit diesen hier nicht edierten handelspraktischen Detailkenntnissen wollte Becher wohl auch seine Kompetenz belegen, hatte er sich doch gegen ein Vorurteil seiner Gegner zur Wehr zu setzen, das er selbst in einer Widmungsvorrede beklagte: »Doctores verstehen nichts von den Commerzien«.

Mit dem 23. Kapitel wird der Gedankengang wieder aufgenommen und das Dreiersystem mit dem ›Propol‹ geschlossen und zugleich auf eine andere Ebene gehoben. Propolium ist ein originelles Kunstwort, das den ›Vorkauf‹ oder ›Fürkauf‹ sprachlich nebenordnet, bei dem man vor allem an das Aufkaufen von landwirtschaftlichen Erzeugnissen vor den Stadttoren, statt auf dem regulierten städtischen Markt, und anderweitige Ausnutzung von Konkurrenzvorteilen dachte. Während Monopol und Polypol von der Beschäftigung her diskutiert werden, wird mit dem Propol das Marktgeschehen zum Thema, Verkauf und Kaufen, die ganze Ebene von Angebot und Nachfrage steht nun zur Debatte, wird breiter entfaltet und abwägend behandelt. Diagnose und Therapie folgen den drei »Ständen«, aber alle drei sind nun aus dem Blickwinkel des Marktes gesehen. Das gilt für den bäuerlichen Bereich, dem die klassische Fürkaufproblematik entstammt und der ›kommerziell‹ gelesen wird und zur Regulierung von Preisschwankungen und zur Erhöhung von Preisgerechtigkeiten Proviantháuser verordnet bekommt. Das Handwerkspropol bringt die Vorstellung eines Arbeitsmarktes ein, nach der die unlautere Gesellenabwerbung die propolistische Entgleisung darstellt, die durch regulierende und neue Gewerbe einführende Werkhäuser aufgefangen werden soll. Die ungebremste Ausnutzung von Konkurrenz- und Marktvorteilen durch Einzelkaufleute ist für Becher ein Propol, oft ist es eigentlich eine Monopolstellung, die Becher aber, wenn er nicht den Beschäftigungsnachteil, sondern die Marktverzerrung tadeln will, Propol nennt. Das Gegenmittel sieht er in einem den Marktegoismus einzelner durchbrechenden genossenschaftlichen Kaufhaus, dem sich am Ende des Werkes Kreditinstitution und Kommerzkolleg zur staatlichen Gesamtsteuerung anschließen. Der Markt wird hier keineswegs den individuellen Interessen überantwortet – das führte zum Propol –, wohl aber kann das Marktgeschehen gleichsam solidarisch unter staatlicher Regie zum Vorteil der Gesellschaft genutzt werden.

Bechers *Politischer Discurs* wird gern zu den drei Hauptwerken des österreichischen Merkantilismus gerechnet; die anderen beiden sind *Fürstliche Schatz- und RentCammer* (1686) von Wilhelm von Schröder (1640-1688) und *Österreich über alles, wann es nur will* (1684) von Bechers Schwager und Schüler Philipp Wilhelm von Hörnigk. Wie schon in den Titeln deutlich, ist Becher jedoch eigenständiger als diese auf die österreichische Territorialpolitik bezogenen und dabei dem westeuropäischen Merkantilismus mit seiner Geld- und Außenhandelsfixierung verpflichteten Werke. Hörnigk war mit 16 gegenüber 6 Auflagen von Becher der noch erfolgreichere Schriftsteller, Becher aber der theoretisch originellere und interessantere. Daß Becher in Wahrheit auch seines Schülers Werk geschrieben habe, wie zuletzt noch August Skalweit in seiner Hörnigk-Edition 1948 meinte (vgl. Hörnigk, *Österreich über alles*, Vorwort, S. 3-6), ist nicht haltbar, doch bezeugen einige Parallelen Bechers Wirkung. Becher galt nach dem Zeugnis von Zincke im 18. Jahrhundert als »classischer Auctor«, der ein »mehr als gemeines Ansehen« und besondere Autorität genoß: »was er sagte, das war schon deswegen recht und wahr« (Zinckes Becher-Edition S. 16). Ein zu Unrecht unter Bechers Namen herausgebrachter *Kluger Hausvater* von 1709 bezeugt, für wie werbewirksam man seinen Namen noch hielt. Allerdings interessierten im 18. Jahrhundert mehr das Thema der Kommerzien und die praktischen Empfehlungen als die Theorie dahinter, die selbst Zincke nicht mehr richtig verstand. Eine Wiederentdeckung Bechers in der Geschichte der ökonomischen Lehrmeinungen ging im 19. und 20. Jahrhundert ebenfalls von der frühzeitigen Beachtung wirtschaftlicher Sachverhalte bei diesem deutschen Autor aus. Während Louise Sommer *(Die österreichischen Kameralisten)* und Burkhardt Röper *(Ansätze zu einer Marktformenlehre)* den Theorieanspruch und tripolistischen Systemzusammenhang erkannt haben, akzentuieren neuere Interpreten stärker einen Beschäftigungs- und Wachstumspolitiker. Das aktuelle Interesse ist unverkennbar, jedoch muß eine Würdigung die Denkformen des 17. Jahrhunderts in Rechnung stellen.

Dabei ist auf zwei Punkte abzuheben. Die grundlegende Leistung des kaiserlichen Kommerzienrates ist es erst einmal, daß er den lange mißachteten Handel zum Hauptthema einer deutschen Staatsschrift erhoben hat: Kommerzien im politischen Diskurs. Denn der ältere deutsche Kameralismus war fast ausschließlich eine politische Verwaltungslehre gewesen, bei der lediglich die Einkünfte der fürstlichen Kammer und damit Steuerfragen mit berücksichtigt wurden, nicht aber Handels- und Gewerbepolitik zur Erörterung kamen. Dabei entstammen Bechers entsprechende Vorstellungen und Maßnahmen, wie man oft bemerkt hat, zum Teil noch der alten Stadtpolitik mit ihren Markt- und Zunftregelungen und der Bindung an Gemeinnutz und Solidarität. Das ist aber keine sehr starke Einschränkung, denn die später von den Kameralisten so genannte »Stadtwirtschaft« ist in der Tat eine der Wurzeln einer auf den ganzen modernen Flächenstaat ausgedehnten Wirtschaftspolitik. Bechers Ziel ist der Kommerzienstaat, der von Handel und Gewerbe her organisiert ist. Die Wissenssphäre des Handels wird nach kritischer Ausgrenzung ihrer Fehlformen unter dieser politischen Perspektive des seine Tätigkeit ausweitenden und sich auf neue Bereiche erstreckenden frühmodernen Staates nun uneingeschränkt positiv bewertet.

Die zweite Leistung ist die Theoriebildung, zu deren Verständnis jedoch das dem 17. Jahrhundert ganz fremde moderne Produktions- und Wachstumsdenken ferngehalten werden muß. Der erwünschte Nachkriegsaufschwung nach dem Westfälischen Frieden war der Zeit ein Wiederaufschwung, das »Auf- und Abnehmen« des Gemeinwesens noch keine universale Aufwärtsbewegung. Bevölkerungs-, Beschäftigungs- und Marktumfang galt nicht wirklich als vergrößerbar, sondern nur als besser nutzbar. Wie alle Merkantilisten dachte Becher in vorgegebenen Gesamtbeständen, die eigentlich nur umzuverteilen, besser ins Verhältnis zu setzen und durch geschickte Maßnahmen voll zur Wirkung zu bringen waren. Das wird besonders deutlich bei den Mono- und Polypolen, zwischen denen es eigentlich – nach den treffenden Worten von Heckscher (*Der Merkantilismus*, Bd. 1, S. 254) – um »eine im voraus festgelegte angemessene Verteilung der Beschäftigungsmöglichkeiten auf eine gewisse Anzahl von Berufsausübenden« geht. Aber auch der Markt hat seinen vorgegebenen Umfang, der von den Propolisten zum Schaden anderer Teilnehmer einseitig ausgebeutet werden kann, während Bechers institutionelle Gegenmittel dafür sorgen sollen, daß von den Marktchancen für alle nichts verschenkt wird. Entsprechend ist das System hier auch kein Wirkungszusammenhang zwischen Bevölkerung, Beschäftigung und Markt, sondern eine parallele Ausgrenzung von Zerrformen, hinter denen die idealen vorgegebenen Verhältnisse liegen. Das hat Methode, aber es ist eine andere als die heutige. Die innovatorische Dynamik Bechers tritt in Spannung zur strukturellen Statik der kommerziellen Epoche. Denn das vom Handel her gedachte System glaubte den Reichtum der Welt nicht hervorzubringen, sondern wollte ihn nur anders und besser verteilen. In der Anwendung dieses Gedankens auf Bevölkerung und Beschäftigung wird am deutlichsten, daß dies vielleicht doch kein nur historisches Problem ist.

TEXTGRUNDLAGE

D. Johann Joachim Bechers / von Speyer / Roͤmischer Kaͤyserlicher Majestaͤt Commercien-Raths *Politischer Discurs. Von den eigentlichen Ursachen / deß Auf- und Abnehmens / der Staͤdt / Laͤnder und Republicken / in specie, Wie ein Land Volck-*

reich und Nahrhaft zu machen / und in eine rechte Societatem civilem zu bringen. Auch wird von dem Bauren-Handwercks und Kaufmannsstand / derer Handel und Wandel / item Von dem Monopolio, Polypolio und Propolio, von algemeinen Land-Magazinen / Niederlagen / Kaufhäusern / Montibus pietatis, Zucht- und Werckhäusern / Wechselbäncken und dergleichen / außfürlich gehandelt, Franckfurt 1668, 234 S.

ANDERE AUSGABEN

Johann Joachim Becher, *Politische Discurs von den eigentlichen Ursachen* ⟨...⟩, 2. Aufl. 1673, 1272 S.; 3. Aufl. 1688, 4. Aufl. 1720.

Johann Joachim Becher, *Politischer Discurs von den eigentlichen Ursachen des Auf- und Abnehmens der Städte und Länder. Oder gründliche Anleitung zur Stadt-Wirtschaft und Policey der teutschen Staaten* ⟨...⟩. Brauchbarer gemacht und verbessert von Georg Heinrich Zincke, Frankfurt/Main 1754, 2. Aufl. 1759.

Johann Joachim Becher, *Politischer Discurs* ⟨...⟩. Faksimile der 1668 in Frankfurt/Main erschienenen Erstausgabe, mit einem Kommentar von Joachim Klaus und Joachim Starbatty (*Vademecum zu einem universellen merkantilistischen Klassiker*), hg. v. Wolfram Engels, Düsseldorf 1990.

STELLENKOMMENTAR

76,5 *Civil societät]* »Bürgerliche Gesellschafft« im politisch-allgemeinen Sinne der Zugehörigkeit zu einer Gemeinschaft.

76,7f. *Auffnehmen]* Zunehmen.

76,8 *Stad]* Fortan meist »Stadt«. Einer der austauschbaren politischen Gemeinschaftsbegriffe Bechers, der an jederlei Städte, aber auch an den klassischen Stadtstaat (Polis) und die staatsähnlichen Reichsstädte, italienischen Stadtrepubliken und niederländischen Stadtprovinzen denken läßt und auf den künftigen Staatsbegriff vorweist.

76,9f. *Materi der Republick]* Bestandteil des politischen Gemeinwesens.

76,10 *animal sociabile]* Gemeinschaftsorientiertes Lebewesen, in Anlehnung an Aristoteles' Definition des Menschen als ›zoon politicon‹.

76,11 *Heilig Text]* Anspielung auf die Bibelstelle Gen. 2,18.

76,29f. *eine volckreiche nahrhafte Gemein]* Vielzitierter Zielbegriff Bechers. Wörtlich: Eine bevölkerungsreiche ernährbare Gemeinschaft. Bei Karl Pribram (*Geschichte des ökonomischen Denkens*, 2 Bde., Frankfurt/Main 1992, Bd. 1, S. 185) wird die Stelle frei, aber stimmig als Entwicklung »einer großen, einträglich beschäftigten Bevölkerung« wiedergegeben.

77,3f. *je volckreicher* ⟨. . .⟩ *je mächtiger]* Dieser Grundgedanke des Merkantilismus stammt hier wohl aus Pieter de la Court, *Interest van Holland*, Amsterdam 1662 (seit 1665 auch in deutscher Übersetzung zugänglich) oder aus Jan de la Court, *Politike Discoursen*, Amsterdam 1662. Dort findet sich mit dem entsprechenden volkssprachlichen Begriff bereits die Staatsregel: »Dat een grote en Volk-rijke Stad, allesins beeter is als een kleine weenig-bewoonde« (S. 36).

77,5 *die vornehmste StaatsRegul / oder maxima]* Die erste und wichtigste Staatsregel, die auf den machtpolitischen Zweck der Bevölkerungsstärke zielt.

77,6 *Volckreiche Nahrung]* Ernährungs-, im Sinne von Unterhaltsmöglichkeiten für eine zahlreiche Bevölkerung.

77,6 *angesehen]* Hier: in Ansehen dessen, daß.

77,7f. *considerabel seyn]* Angesehen, beachtenswert sein.

77,11 *populirung]* Auch ›Peuplierung‹, der Zentralbegriff merkantilistischer Bevölkerungspolitik, von lat. populus, franz. peuple »Volk«: »das Land mit Volk versehen«.

77,15f. *Hamen]* Netz, Fanggarn.

77,19 *andere fundamental Staats-Regul]* Regel, die auf die beschäftigungspolitischen Mittel, die Bevölkerungspolitik und die Lebensgrundlage abzielt.

77,23f. *potius oneri, quam usui]* »Eher zu Last als von Nutzen.«

77,26 *Victualien]* Lebensmittel.

77,28-33 *Gleich wie nun die Volckreichmachung ⟨...⟩ zu seinem Stůck Brod verhelffe]* Starbatty (*Vademecum*, S. 73) belegt mit dieser Stelle als vermeintliche Meinung Bechers: »Eine größere Bevölkerungszahl ermögliche eine höhere gesellschaftliche Produktivität, weil die Vorteile der Arbeitsteilung besser genutzt werden können.« Das steht jedoch nicht im Text und ist nicht merkantilistisch, sondern nach der klassischen Nationalökonomie weitergedacht. Bei Becher ist die große Population der politische Zweck und nicht wiederum ökonomisches Mittel. Vor allem aber geht es hier nicht um die klassische Arbeitsteilung zur Produktivitätssteigerung, sondern um kooperative Beschaffung und Verteilung von Arbeit. Die Stelle ist kein Vorweis auf das moderne Produktionsdenken, sondern ein Beleg für Bechers Beschäftigungstheorie.

77,36 *contribution]* Kontribution kann jede Beitreibung von Werten aufgrund von Herrschaft oder durch Gewalt sein, hier einfach Wechselbegriff zu »Besteuerung«.

78,2f. *die Nahrung]* Hier wird deutlich, daß nicht die Lebensmittel gemeint sind, sondern das »Brotverdienen«. Es geht also nicht um den Nahrungsspielraum, sondern um die Beschäftigungsmöglichkeiten.

78,5 *die Gemeind]* Ein Wechselbegriff zu »Gemein«, Gemeinschaft, nicht etwa eine Aufforderung zu ›Gemeindegründungen‹.

78,5f. *die dritte / ja die gröste Staats-Regul]* Die oberste Staatsregel ist eigentlich die Synthese aus den beiden anderen, die auf den Zusammenhang zwischen Bevölkerungs- und Beschäftigungspolitik zielt.

78,13 *consideriren]* In Augenschein nehmen.

78,26 *proposito]* Vorsatz, Zweck.

78,30 *sceleton politicum]* Der Mediziner Becher führt mit dem anatomischen Bild eines Skeletts sein strukturelles Ständemodell des ökonomischen Zusammenhangs ein.

79,12f. *societatem civilem]* »Civil societät«, vgl. oben Anm. 76,5.

79,18 *proportioniren]* Ins rechte Verhältnis zueinander setzen, die rechten Proportionen herstellen: Eines der wiederkehrenden handelspolitischen Mittel Bechers.

79,32 *essentialiter constituirn]* Wesentlich ausmachen.

79,35f. *drey Stånde]* Die alteuropäischen Stände waren eigentlich gerade nicht wirtschaftlich definiert, sondern aus ihrer Funktion und einer je gemeinsamen und von anderen unterschiedenen Ehre und Lebensweise der Standesgenossen zu verstehen. Nach der nicht zu verwechselnden Dreiständetradition waren das Adel, Geistlichkeit und Bauern, ergänzt um Bürger. Doch wurden auch zunehmend Berufsstände unterschieden. Vielleicht hat das die Wortwahl Bechers beeinflußt, wenngleich auch Berufe nicht ohne weiteres ökonomisch verstanden wurden.

80,6f. *der erste ⟨...⟩ auch nöhtigste]* Gemeint ist der logisch erste, nicht der für Bechers Wirtschaftspolitik wichtigste Stand.

80,7 *rohe Materi]* Also die Urproduktion, die aber noch nicht von der Bodenfruchtbarkeit und Vermehrbarkeit her verstanden wird, wie in der Physiokratie.

80,14 *kein subjectum zur manufactur]* Kein Werkstoff zur Verarbeitung.

80,16-18 *fundament vom Adelstand ⟨...⟩ Civilstand]* Bezugnahme auf die alte Dreiständelehre, in welcher der ranghöhere Adel doch auf den Bauern als Subsistenzgrundlage angewiesen war, übertragen auf das Abhängigkeitsverhältnis der Bürger von den Bauern.

80,19 *Classen]* Nicht der sozioökonomische Klassenbegriff des 19. Jhs. nach der Stellung im Produktionsprozeß, sondern eine Unterteilung der Becherschen »Stände« nach folgendem Schema: I. Bauernstand. Classen: 1. Feldbau, 2. Bergbau, 3. Viehzucht und Jagd. II. Handwerkerstand. Classen: 1. Behandlung von Bodenfrüchten, 2. Metallverarbeitung, 3. Tierverwertung. III. Kaufmannsstand. Classen: 1. Großhandel und Verleger, 2. Detailhandel, 3. Wechsler.

81,11f. *die subjecten und Materien]* Hier: die Roherzeugnisse.

82,6-8 *in grosso ⟨. . .⟩ minutim]* »En gros, im ganzen, Großhandel ⟨. . .⟩ im kleinen Detailhandel, Einzelhandel«.

82,14 *principal Stånde]* Hauptstände.

83,12 *confundirt]* Durcheinandergebracht.

83,18 *consumption, debît, Verschleiß]* Erste Nennung des für Becher charakteristischen »Consumptions«-Begriffs. Der Begriff schillert zwischen Verbrauch und Absatz, Konsumtion und Distribution und betont das Aufeinanderangewiesensein der Stände.

84,13 *policey]* Der gesamte innere Bereich in Politik und guter Verwaltung des Reiches und der deutschen Territorien.

84,16 *Was die drey Stånde]* Dieses etwas unübersichtliche Kapitel über die gegenseitige Abhängigkeit der Stände ist in versteckter Numerierung in drei Teile gegliedert. Der einleitende Teil fordert die Übereinstimmung von wirtschaftlicher und politischer Gemeinschaft, der Hauptteil behandelt unter dem Stichwort »consumption« den inneren Markt, und der Schluß weist auf seine im folgenden Kapitel behandelten Fehlformen Mono-, Poly- und Propol voraus. Daneben sind jedoch auch andere Beziehungen wirksam, auf die der Stellenkommentar jeweils hinweist.

84,23 *eine Obrigkeit]* Betont ist »eine«: alle drei Stände müssen in einem und demselben politischen Gemeinwesen sein.

85,12 *utiliteten]* »Nützlichkeiten«, das ist nützliche Folgen.

85,14 *imposten]* Abgaben.

85,21 *perconsequens]* Folglich.

86,28 *Vor das ander]* Hier beginnt der in der Edition durch Absatz verdeutlichte zweite Teil. Die parallele Gegenüberstellung der negativen Wirkungskette unguter Staatsabschöpfungen am Ende des ersten Teils und der nun folgenden positiven Kette läßt sich fast wie konjunktureller Abschwung und Aufschwung lesen; der Argumentationssinn des zweiten Teils ist aber eine idealtypische Darstellung funktionierender Marktzusammenhänge.

87,19f. *Consumption ist der eintzige Bindschlůssel]* Lob eines Zentralbegriffes, der eine Art Handelskreislauf zwischen den Sektoren beschreibt. Joseph Alois Schumpeter (*Geschichte der ökonomischen Analyse*, 2 Bde., Göttingen 1965, Bd. 1, S. 362) hat diese Stelle aus der einkommenschaffenden Funktion von Konsumausgaben im Interesse höherer Beschäftigung gedeutet und dies als »Bechers Prinzip« herausgestellt. Von den Wirkungszusammenhängen der modernen Theorie der Beschäftigung um Investition und Nachfrage seit John Maynard Keynes (1883-1946) weiß Becher natürlich nichts, aber mit seiner regulierten »Consumptionsverkettung« verfolgt er in der Tat bereits ein beschäftigungspolitisches Ziel, wie sonst kaum jemand.

87,29 *Verlåger]* Frühform des Unternehmers aus kaufmännischer Wurzel. Der Verleger finanziert aus dem Handelskapital Rohstoffe vor und nimmt das weiterverarbeitete Produkt zum Vertrieb ab. Becher beschreibt im folgenden selbst das Verlagssystem.

87,32 *fovirt]* Begünstigt.

88,4 *manufacturen]* Der vorindustrielle Begriff kann Werkstatt oder aber, wie hier, Werkstück im Sinne der verarbeiteten Ware meinen.

88,6 *billiches Geld]* Hier eine Geldsumme, die recht und billig ist.

88,19 *Geld ins Land ziehen]* Übernahme der merkantilistischen Lehre von der aktiven Handelsbilanz nach dem Grundprinzip: mehr ausführen als einführen, damit Geld ins Land kommt. Vor allem die hochwertigen Fertigwaren sollen darum im Inland hergestellt und nicht eingeführt werden. Becher tadelt die Verstöße dagegen aber charakteristischerweise mehr wegen der dadurch verschenkten Beschäftigungsmöglichkeiten für die eigenen Untertanen.

89,1 *propolisten]* Nutznießer eines »Propoliums«, vgl. unten Anm. 103,33.

89,9 *trŏwen]* Nicht ermittelbar. Vielleicht: drehen, sich umwenden.

89,11 *Blut- und Saugigel]* Blutegel. Das »traditionelle Mißtrauen gegenüber Kaufleuten und Händlern« (Pribram, Bd. 1, S. 185) teilt Becher jedoch trotz solcher Scheltworte in keiner Weise, denn anders als z. B. Luther stellt er dem ja gewerbeorientierte Großkaufleute und Handelsgesellschaften als Idealbild gegenüber.

89,24f. *leges der societåt ist / laut vorhergehender deduction]* Soziale Gesetze, nach Bechers Ableitung: der funktionierende Markt.

89,27 *Experientz]* Erfahrung.

90,2 *unter einem justen prætext hinauß zu partirn]* Unter einem gerechten Vorwand außer Landes zu befördern.

90,14f. *ein Kaufmann ein Land aufbringen / oder verderben]* Hier wird die zugleich übergeordnete Stellung des Handelssektors als Motor des Ganzen deutlich.

90,15 *Staatisten]* Offenbar gegen den kommerziell unbedarften Frühkameralismus.

90,24 *meuchtlich]* Meuchlings.

90,25 *venerirt]* Verehrt.

91,1 *Grundsåulen dieser dreyer Stånden]* Wieder wird die Vorzugsstellung des Handels, speziell der guten Verleger betont.

91,7 *Teutschland ⟨. . .⟩ depopulirt]* Daß der Bevölkerungsverlust von etwa einem Drittel auf den Dreißigjährigen Krieg zurückgeht, wird hier zugunsten des Handelsarguments vernachlässigt.

91,15f. *das noch junge Aufnehmen / auch der desertesten Lånder]* Der Wiederaufstieg auch der verwüstetsten Länder.

91,18 *Poet]* Die Herkunft des Gedichtes ist nicht bekannt.

91,28f. *Privilegium ⟨. . .⟩ privativum]* Privileg an private Personen oder Gesellschaften, z. B. Manufakturen, das gegenüber anderen marktausschließenden Charakter hat.

92,29 *Trockirung]* Seltenes Fremdwort für »Tausch«.

93,8 *Panckrot]* Bankrott.

93,8f. *Drittens]* Das Thema des folgenden Kapitels sind nun Fehlproportionen, die innerhalb eines jeden der Stände auftreten können. Diese drei berühmten Fehlformen Monopol, Polypol und Propol werden hier als jeweils besondere Gefahr den wirtschaftspolitischen Staatsregeln des Eingangs zugeordnet, einer bevölkerungspolitischen, beschäftigungspolitischen und gesamtwirtschaftlichen Sehweise.

93,21 *Caput IV.]* Die Kapitelüberschrift nennt mit Monopol, Polypol und Propol das Gesamtmodell der Fehlformen des Kommerzes, der Text behandelt aber nur die ersten beiden, während das systemschließende Propol erst unten als »Caput XXIII« zum Thema wird.

93,26 *Das Monopolium]* Zu diesem aus der Antimonopolgesetzgebung des Reiches aus dem 16. Jh. übernommenen Begriff vergleiche in dieser Edition den Stellenkommentar zu Luther, Anm. 24,31f. Während bei Luther auch Preissteigerung mit dem Monopol in Zusammenhang gebracht wurde, geht es hier noch gezielter gegen die Monopolisierung der Beschäftigungsmöglichkeiten und Reichtum aus ungerecht verteilter Arbeit. Die Kritik ist ebenfalls christlich-moralisch unterfüttert, aber bei Luther galt das Monopol als schlimmster Ausfluß der Kommerzien, hier als ihre zu beseitigende Behinderung.

94,29f. *Policey-Reguln]* Die Policey- und Kleiderordnungen des Reiches und der deutschen Territorien stabilisierten durch abgestufte Aufwandsbegrenzungen die alteuropäische Ständeordnung. Für Becher ist der Zweck des verordneten Maßhaltens eine gerechte Beschäftigungs- und Einkommensverteilung.

94,35 *dem Monopolio nun ist zu wider das Polypolium]* Der Gegenbegriff des Polypols (griech. Kunstform: »Vielhandel«) als Abweichung nach der anderen Seite ist eine Erfindung Bechers und der originellste Beitrag zur deutschen Monopoldebatte. Auch der »Vielhandel« wird von der Beschäftigung her gesehen: wenn zu viele in einem Berufe tätig sind, reicht es für keinen.

95,10 *Exempl ⟨. . .⟩ wann ein Schuster in Wien wåre]* Das Beispiel von der Zahl der Schuster in Wien ist so charakteristisch für den Ansatz Bechers wie das berühmte Beispiel der Stecknadelmanufaktur für Arbeitsteilung und Produktivität in dem ganz anderen modernen Ansatz von Adam Smith (*Wealth of Nations*, 1776, 1. Buch, 1. Kapitel »Of the division of labour«). Monopol und Polypol bedeuten hier Unter- und Überbesetzung ideal vorgegebener Stellenzahlen, die im einen Fall zu Bevölkerungsverlust, im anderen zur Verarmung führen würde.

96,10f. *die Zůnfte oder Gůlten]* Die körperschaftliche Organisation der Handwerker eines Berufes oder der Kaufleute in einer Stadt, wobei die teils unterschiedenen, teils regionalen Begriffe Zunft und Gilde weitgehend austauschbar sind. Die niederländische Auseinandersetzung um die Gilde, aber auch die deutsche Zunftpolitik, die durch Zugangs- und Betriebsgrößenbeschränkung für ein gleichmäßigeres Auskommen ihrer Mitglieder sorgte, waren sicher ein Anschauungshintergrund für Bechers Regulierungstheorie.

96,21 *Stőrer / Stimpler und Beinhasen]* Nichtzünftische Konkurrenten, letztere in den Quellen oft »Bönhasen« genannt.

97,7f. *haben die Hollånder alle Zůnffte cassirt]* Von einer Abschaffung des Zunftsystems im hochentwickelten niederländischen Wirtschaftsraum kann jedoch im 17. Jh. keine Rede sein. Es gab nur regionale Experimente auf Zeit und Ausnahmeregeln. Vielleicht steht Becher unter diesem irrigen Eindruck durch die Schriften der Brüder de la Court, die heftige Zunftgegner waren und Gewerbefreiheit mit historischen Exempeln und wirtschaftlichen Argumenten forderten, so in dem Bechers Titel ähnlichen, Jan de la Court zugeschriebenen Werk *Politike Discoursen* (Amsterdam 1662). Becher folgt dem nicht, aber sein Problembewußtsein ist durch die holländische Diskussion geschärft.

97,15 *certirn]* Um die Wette streiten (lat. certare), also konkurrieren.

97,27 *der frembden consumption privirt]* »Des Absatzes im Ausland beraubt«, wenn die Holländer also ohne Export und seine positive Rückwirkung auf die einheimische Beschäftigung auskommen müßten.

98,9 *das Mittel zu treffen]* Hier ist nicht nur das wirtschaftspolitische Instrument gemeint, sondern die mittlere Möglichkeit zwischen der Alternative von Monopol und Polypol.

98,12 *proportion]* In der Vorlage irrig »proposition«, in den späteren Auflagen verbessert zu »proportion«.

98,15 *nit eins von den geringsten secretis politicis]* »Nicht das unwichtigste politische Geheimnis«. ›Secreta‹ oder ›arcana politica‹ sind alle Verwaltungsinterna und Lehren erfolgreicher Politik, die als Sphäre des Fürsten, aus religiös-moralischer Diskretion oder um den Erfolg nicht zu gefährden, ursprünglich generell nicht öffentlich waren.

98,19 *warschauet]* Seltenes Wort, hier: sich vorsehen. In der Seemannssprache heute noch: Warschau, Achtung.

98,21 *Judicium]* Urteil.

98,21-23 *die Nahrung nach den Leuten / und die Leute nach der Nahrung proportioniren]* Charakteristische Regel Bechers für die rechte Proportion zwischen Beschäftigungsmöglichkeiten und Bevölkerungszahl.

98,23-25 *ohne* ⟨. . .⟩ *ånderung und Neuerung eines Orts zu moderiren]* Selbst ein Erfinder wie Becher schließt sich hier den noch innovationsfeindlichen Normvorstellungen der Frühen Neuzeit an. Eine Intervention ohne Neuerung verweist auf die statische Grundvoraussetzung dieses Moderierens und Proportionierens.

99,3 *quoad subjectum in genere]* »Was zuerst im allgemeinen behandelt wird«, also im Unterschied zu der folgenden speziellen Warenkunde.

99,8 *Expedientz]* Aushilfsmittel.

99,9 *Mascopien]* Altes niederdeutsches Wort für Handelsgesellschaft, ndl. Maatschappij »Gesellschaft«.

99,11f. *in kein Monopolium noch Polypolium declinire]* In keine der beiden Abweichungen falle, nicht ausarte.

99,12f. *Compagnien* ⟨. . .⟩ *hin und her in der Welt]* Ein Kernstück der Wirtschaftspolitik Bechers ist damit angesprochen, wobei nicht so sehr die alten deutschen Handelsgesellschaften als vielmehr die Überseegesellschaften des 17. Jhs. das Modell bilden.

99,16 *negotien]* Geschäfte.

99,27 *vier Stůck]* Hier beginnt die etwas kompliziert gegliederte Checkliste für gemeinnützige Handelskompanien. Die vier Grundvoraussetzungen zur Erhaltung betreffen 1. Gesellschafterzahl, 2. Haftung, 3. Organisationsstruktur und Geschäftsführung sowie 4. staatliche Privilegierung. Alle weiteren Punkte sind Unterteilungen dieses letzten Punktes. Es geht um Politikberatung, ob diese Privilegierung kommerzpolitisch angebracht ist.

99,28 *portionen]* Teile. Gemeint sind Einlage- und Gewinnanteile.

99,30 *participanten]* Teilnehmer, Gesellschafter.

99,33 *in solidum]* Alleinhaftung, die ausgeschlossen werden soll, wie auch die beschränkte Haftung anderer.

100,1 *obligirt]* Verpflichtet.

100,2 *falliment]* Bankrott.

100,4 *Malor]* (Franz.) Malheur, Unglück.

100,8 *Gewindheber]* (Ndl.) Bewindhaber, Befehlshaber: Direktoren einer Handelskompanie.

100,9f. *in solche compromittirt wird]* Auf die Bevollmächtigten übertragen wird.

100,13 *per plura vota]* Mit Stimmenmehrheit.

100,14f. *in den Schluß* ⟨. . .⟩ *compromittirt]* Zu einem von allen getragenen Beschluß gebracht.

100,20 *conventicula]* Zusammenkünfte.

100,29f. *Exempel gnug]* Zincke führt in seiner kommentierten Ausgabe hier als Beispiele den Untergang der Hanse und der französischen Westindiengesellschaft an und fordert eine Rückkehr zu genossenschaftlichen Organisationsformen der Kaufleute: »Daß aber viele unserer teutschen Stådte sonderlich in einem Lande, nicht mehr auf dieses vortrefliche Mittel und dessen erleichterten Gebrauch unserer Zeiten, wieder denken und sich so verbinden, daruͤber wundere ich mich. ⟨. . .⟩ Was vor eine Stårke der Handlung solte nicht daraus in einem Lande entstehen?«

100,32-36 *es seynd aber der Privilegien zweyerley* ⟨. . .⟩ *in obacht zu nehmen]* Bei der Privilegienvergabe ist im ersten Fall bei inländischen Gesellschaften zu bedenken: 1. das Gewerberecht, 2. bracheninterne Konkurrenzsituation, 3. Bindung an das Landeswohl, 4. gemeiner Nutzen der Waren, der wiederum besonders gefördert wird durch: 1. Einkauf günstiger Rohprodukte, 2. Einführung neuer Gewerbe, 3. patriotische Kaufleute, 4. beschäftigungspolitische Prioritäten. Bei den Außenhandelsgesellschaften ist hingegen zu bedenken: 1. Handelswege, 2. Einstiegschance, 3. exportgeeignete Ware, 4. ergänzende Importfracht. Das sind kaufmännische Überlegungen, die politischen (des Landesfürsten) betreffen: 1. Nutzen- und Schadensabwicklung für das Land, 2. politisch-rechtliche Verhältnisse im Zielgebiet, 3. politische Durchsetzungschancen, 4. Grenzen der Privilegierungsmöglichkeit.

101,2f. *in eben solchen negotien traffiguirt]* In solchen Geschäften Handel treibt.

101,7 *collimiren]* Bezwecken.

101,9f. *so frembde Manufacturen in einem Landt verlegen wollen]* Einführung neuer Gewerbezweige in einem Land.

101,13 *zu præferirn]* Vorzuziehen, Präferenz haben.

101,20f. *in gewisse Leges restringirn]* An Gesetze binden. Der Gedanke ist, daß die Privilegierung von Handelsgesellschaften dem Gesetzgeber diesen Kaufleuten gegenüber mehr Kontrollmöglichkeiten gibt als nichtregulierten Kaufleuten gegenüber.

101,25 *concernirt]* Betrifft.

101,36 *commoda oder incommoda]* Vorteile und Nachteile, eine Nutzen-Schaden-Abwägung also.

102,4-8 *Daß keine Obrigkeit ⟨...⟩ nicht dahin handeln mögen]* Das ist ein wegen mehrdeutiger Beziehungen und Verneinungen sprachlich schwieriger Satz. Bedacht werden soll, daß politisch nicht abgesicherte Außenhandelsprivilegien nur weitere Konkurrenten aus dem eigenen Land abhalten können, nicht aber die ausländische Konkurrenz. Das erscheint trivial, im 17. Jh. wurden aber klare zwischenstaatliche Abgrenzungen erst eingeübt.

102,16 *zweyerley Art consideriren]* Die erste Betrachtungsart klassifiziert die Handelsware von der Art des Rohproduktes her, da die Verarbeitung davon nicht zu trennen sei (z. B. Seidenhandel), gibt also eine Warenkunde von der Materie her. Auf der anderen Seite aber müssen dabei zugleich Fragen der Handelsgeographie mitbedacht werden.

102,27 *unterschiedliche Hændel]* Vierzehn Handelszweige von den Waren her, die vorweg genannt und dann in jeweils einem Kapitel behandelt werden (nicht ediert).

102,31f. *Frantzösisch / Nürmbergisch / und Augspurgische manufacturn]* Hochwertige, arbeitsintensive Kunstgewerbe und Luxuswaren, z. B. Putzmacherei, Spielwaren, Silberarbeiten.

102,33f. *Materialisten Handl]* Drogerieware.

102,34f. *Friandisch Wahren]* Lebensmittel (Käse, Fisch, Würste).

102,35f. *in specie handeln]* Im besonderen, speziell, im einzelnen abhandeln.

103,4f. *von dem Propolio und dessen remediis]* Vom Vorkauf und seinen Heilmitteln. Der dritte der schon in der Kapitelüberschrift »Caput IV« vorgestellten »Hauptfeinde« Monopolium, Polypolium und Propolium, der nun in diesem Kapitel behandelt wird.

103,12 *dissipirt]* Zerstreut.

103,13 *wie kurtz oben gemeldet]* Denn wie oben erwähnt: in den ersten drei Kapiteln. Während Monopol und Polypol gemäß Caput IV nur jeweils die Besetzung der drei Stände betreffen, stört das Propol auch die eingangs behandelte wirtschaftliche Verbindung zwischen ihnen, betrifft auch den Marktzusammenhang selbst.

103,22 *Nachbaurn]* Nachbarn.

103,26f. *Concordiâ res parvæ crescunt, discordiâ magnæ dilabuntur]* »Eintracht läßt auch Kleines gedeihen, Zwietracht vereitelt selbst Großes.«

103,27f. *in Symbolo]* Symbolum ist das Glaubensbekenntnis, hier aus dem Religiösen auf das Politische übertragen.

103,33f. *das propolium, auf teutsch / den Vorkauff]* Vorkauf oder Fürkauf. Handel vor den Toren der Stadt, anstatt auf dem kontrollierten städtischen Markt, aber auch andere nicht reguläre oder nicht mit realen Waren getätigte Geschäfte. Das von Becher nicht gebildete, aber konsequent verwendete griech./lat. Kunstwort erweitert im Laufe des Textes seine Bedeutung. Burkhardt Röper (*Marktformenlehre*,

S. 85) sieht als allgemeinsten Nenner von Bechers Propolbegriff »unverdiente Vorzugsstellungen« auf dem Markt und kommt zu dem Schluß (S. 90), »daß es sich beim Propol nicht um eine einheitliche Marktform handelt, sondern darum, daß der Markt durch zeitliche und örtliche Aufspaltung unvollkommen wird, weil Waren eingekauft oder verkauft werden, ehe der rechtmäßige Wettbewerb auf dem allgemeinen, von der Obrigkeit kontrollierten Markt zur Auswirkung kommt«.

103,35 *böser zusteuren]* Schlechter zu begegnen.

104,6f. *Iura vigilantibus subveniunt]* »Die Gesetze kommen nur den Wachsamen zu Hilfe.«

104,9 *lucrum vigilantibus paratur]* »Gewinn winkt denjenigen, die aufpassen.« Das ist das von Becher abgelehnte Motto der Propolisten.

104,20-22 *daß niemands anders zu dem freyen propolat gelangen kan / sondern das propolium in ein Monopolium lauft]* Wenn die Konkurrenz nicht zu den vorgekauften Waren gelangen kann, handelt es sich eigentlich um ein Angebotsmonopol. Becher erkennt hier, daß der bei ihm aus der Monopolisierung der Beschäftigungsmöglichkeiten abgeleitete Monopolbegriff auch auf die Marktposition übertragbar ist, bleibt aber dann bei dem für den Warenmarkt reservierten Begriff Propol bzw. Propolium, Propolat.

104,23 *Ost-Indische Compagnie]* Um die 1602 für den niederländischen Handel mit Ostasien gegründete und staatlich privilegierte Gesellschaft kam es in den Niederlanden zu heftigen tagespolitischen Auseinandersetzungen, die im Monopolvorwurf von Pieter de la Court ihren Höhepunkt erreichten. Becher wägt Argumente dafür und dagegen ab und bewertet sie aus seinem System heraus.

104,28 *nisi vi]* Außer mit Gewalt. Vgl. oben Anm. 102,4-8.

104,31f. *Vorkauf von allen Specereyen allein]* Das Gewürzmonopol der Ostindischen Kompanie.

104,35f. *damit sie nicht in ein polypolium lieffe]* Gegen das beschäftigungspolitische Polypol hat Becher in Cap. V selbst Gesellschaften empfohlen und so den holländischen Entlastungsargumenten recht gegeben. Unter dem Gesichtspunkt des Propols, und damit der Marktebene, aber ist die Monopolkritik ernst zu nehmen.

105,10 *regalia principum]* Fürstenregale, Herrschaftsrechte über Bodenschätze und Münze, hier auf gemeinnützliche Monopolstellung durch staatliche Privilegierung bezogen.

105,15f. *dann die propolia vielmehr in dem polypolio, als ⟨in dem⟩ Monopolio verfast / und verwand seyn sollen]* Das – gute! – Propol soll mehr auf ein Polypol als auf ein Monopol hinauslaufen. Wettbewerb kann also unschädlich sein, wenn er die Mitbewerber nicht verdrängt. Anders gesagt ist damit das Polypol im Beschäftigungssinne schädlich, im Marktsinne aber nicht.

105,17 *das propolium dem polypolio bald nachgesetzet]* Darum wird das Propol nach dem Polypol behandelt und nicht schon nach dem Monopol, das dem schlechten Propol ähnelt. Becher unterscheidet also – was schon Zincke in seiner Edition erkannte, aber nicht richtig verstand – ein gutes und ein schlechtes Propol. Das monopolistische Propol ist das uneingeschränkt schlechte, das polypolistische Propol – viele Interessenten, bei denen doch nur einer den Handel abschließen kann – kann gut sein: eine vorsichtige Annäherung an die Marktsituation. Tatsächlich aber folgen dann doch fast nur schädliche Propolfälle, bzw. wird Propol nur für die zu tadelnden Fälle benutzt.

105,20 *die Waaren / so der Bauer hat]* Die Landwirtschaft bildet wieder den Anfang, wird aber nun weder altökonomisch (vgl. Coler und Hohberg in dieser Edition) noch physiokratisch (siehe Schlettwein) gesehen, sondern echt merkantilistisch sofort aus dem kommerziellen Zusammenhang der Warenwelt gedeutet.

105,21f. *viel schådliche propolia ⟨. . .⟩ so wol bey dem Verkåuffer / als Kåuffer]* Das Propol bezieht sich anders als bisher das Mono- und Polypol auf den Markt. Die zuerst beschriebenen Angebotspropolisten verkaufen zu Unterpreisen und ruinieren den Markt, manchmal sind jedoch auch Einkaufspreisabsprachen schuld.

105,24 *auß Noth und übler administration seiner œconomiæ]* Das heißt wegen schlechter Hausverwaltung oder Landwirtschaft im altökonomischen Sinne (vgl. den Einleitungskommentar zu Coler). Der Umfang der verkehrswirtschaftlichen Anbindung wird erst einmal diskutiert. Das folgende Beispiel der Winzer, die natürlich vom Wein allein nicht leben können, ist eigentlich ein durch die Spezialisierung von vornherein marktabhängiger Sonderfall.

106,10 *Hochheim]* Bedeutender Weinort im geistlichen Kurfürstentum Mainz, wo Becher selbst 1657 beratend tätig war.

106,22f. *durch Steigung deß Preyß die beste Partheyen an sich bekommen]* Das wäre sozusagen ein Nachfragepropol, wobei mit »Parteien« wohl die Anteile an den Waren (Partien) gemeint sind.

106,34 *pro ratâ]* Proportionaler Anteil; offenbar wird hier die Frühform einer Winzergenossenschaft als Modell für Marktberuhigung, Preisausgleich und Ausgleichung der Absatzchancen beschrieben.

107,4 *An andern Orten aber am Rheinstrohm]* Da, wo der nichtberuhigte Markt und damit das Propol von Angebot und Nachfrage herrscht und so mit Preisunterbietung, spekulativen Aufkäufen und Vorkauf der Ernte gerechnet werden muß.

107,24 *gar stehen lassen]* In der Erstfassung folgt hier ein Exkurs zum kurmainzischen Weinexport nach Holland, der in der Ausgabe letzter Hand entfallen ist und hier auch nicht mitediert wird.

107,29f. *In Engeland / als man die Wüllen manufactur introducirt]* Auf die scharfe Konkurrenz zu den Niederlanden und auf konjunkturelle Krisen reagierte England mit rigiden dirigistischen Maßnahmen. So wurden gesetzliche Beschränkungen der englischen Wollausfuhr im 17. Jh. verschärft, um die Rohstoffe im eigenen Land zu verarbeiten. Niederländische Tuche durften nicht mehr importiert werden.

108,19f. *im Bierbräuen und Bergwercken]* Braugerechtigkeiten und Bergregale gehörten als obrigkeitliche Konzessionen zum Kernbereich staatlicher Regulierung.

108,33 *causirt]* Verursacht.

108,35-37 *Geträid durch die ⟨...⟩ Unterkäuffer / und Unterhändler ⟨...⟩ kauft]* Verdeckte, spekulative Getreideaufkäufe gelten als klassisches Beispiel des Vorkaufs.

109,8 *wie Plautus saget / Dii nos sicut pilas habent]* »Die Götter spielen mit uns wie mit Bällen«, d. h. die Großen behandeln uns, wie sie wollen. Titus Maccius Plautus (250-184 v. Chr.), lat. Komödiendichter, Prolog zu *Captivi (Die Gefangenen).*

109,9-11 *in den Frantzösischen Historien / zumalen in Vitâ Mazarini finden kan]* Kardinal Mazarin (1602-1661), ab 1643 »premier ministre« während der Regentschaft, die nach dem Tode Ludwigs XIII. folgte. Gemeint sein könnte: *Histoire du ministère du cardinal Mazarin sous le règne de Louis XIV. roi de France et de Navarre,* 1668.

109,12f. *eine sehr schädliche Art eines propolii bey den Stadthoren]* Das ist die bekannteste Form des Vorkaufs, der als ein die Ware verteuernder unnötiger Zwischenhandel abgelehnt wird. Daß dies andererseits auch eine Arbeitsleistung darstellt und Beschäftigung erbringt, bedenkt Becher unter dem marktpolitischen Vorzeichen des Propols nicht.

109,33 *pretio]* »Preis«.

109,34f. *insensibiliter einschleichet / aber hernach böß zu eradicieren ist]* Eine Preiserhöhung, »die sich unmerklich einschleicht, dann aber schlecht wieder rückgängig zu machen ist«.

110,8 *sub isto prætextu]* »Unter diesem Vorwand«.

110,10 *Jus propolii]* »Recht des Vorkaufs«. Das Vorkaufsrecht des Hofes wird nicht getadelt, aber seine private Zweckentfremdung.

110,20f. *zu Franckfort auf dem negsten Wahltag]* In Frankfurt wählten die Kurfürsten den Kaiser, beim letzten Wahltag 1658 Leopold I. Die Anekdote um die Versteigerung des Rebhuhns spiegelt eigentlich die politische Konkurrenz zwischen französischer Krone – Ludwig XIV. kandidierte für das Kaisertum – und den Habsburgern und das übersteigerte höfische Rangdenken im 17. Jh. Becher tadelt als

Propol die hier politisch motivierte Abweichung vom gesetzten Marktpreis.

110,34 *Marckt-Tax]* Obrigkeitliche Preisregulierung auf den städtischen Märkten.

110,36f. *außgenommen die prioritatem temporis, oder privilegium propolatus]* Ausgenommen ist das Vorkaufsrecht dessen, der zuerst kommt, oder ein Privileg des Marktherren.

111,6f. *die Auffrichtung der Land-Magazinen / und Proviant-Håuser]* In Anknüpfung an die städtische Vorratshaltung von Getreide empfiehlt Becher gegen das Propol aus einem uneingeschränkten Konkurrenzverhalten regionale Magazine, die zu festen Jahrespreisen den Bauern die Güter abnehmen, um sie marktgerecht weiterzuverkaufen. Außerdem sollen sie zur Preisstabilisierung in den Ernteschwankungen Vorratshaltung betreiben. Das wird in Cap. XXVII ausgeführt, dessen viele Einzelheiten in der Edition fortgelassen werden.

111,18 *dreyerley]* Das klar aufgebaute Kapitel behandelt im Ergebnis 1. den Arbeitsmarkt, 2. die Preisbildung und 3. den Absatz.

111,21f. *was erstlich anbelanget den propolat mit den Gesellen]* Anders als bei den Bauern, deren Betriebsstruktur samt Gesinde im nichtkommerziellen altökonomischen Bereich verbleibt, wird die Arbeitskräftefrage hier mitbedacht. Die unter dem Vorzeichen des Propols in den Blick rückenden Marktprobleme beziehen sich diesmal nicht nur auf die Waren, sondern auch auf den Arbeitsmarkt.

112,8f. *wann sie nicht ein heimlicher propolat darzu animirte]* Das Propol besteht im Arbeitskräftebedarf, der zur Abwerbung der Gesellen führt.

112,22 *im puncto vom Werckhauß]* Alle drei Handwerkerpropole verweisen auf das Werkhaus als Heilmittel, das im hier angeschlossenen 28. Kapitel behandelt wird.

112,23 *Die andere Art]* Die Preisbildung würde ohne die Zünfte, oder noch besser: ohne Bechers Werkhaus, zu gnadenloser Preisunterbietung um des Propols willen führen.

112,26f. *machen gar compacta bey Schelmen schelten]* Vertragliche Preisabsprache, deren Nichteinhaltung Zunftausschluß bedeutet.

113,4 *Die dritte Art]* Die Konkurrenz um die Kunden und damit den Absatz der Handwerkerwaren durch billige Einführungspreise oder anfangs überdurchschnittliche Arbeitsqualität ist ebenfalls ein Propol, aus dem nur das Werkhaus hilft.

113,12 *dolus]* Arglist.

113,24 *sechs]* Korrigiert für Druckvorlage »sey«.

113,26f. *Caput XXVII. Von den sechs Mitteln]* Kapitel XXVI und der Haupttext von Kapitel XXVII sind in der Edition weggelassen mit Ausnahme der folgenden Übersichtspassage. Zusätzlich zur Hauptgliederung nämlich, in der die Edition beim Handwerkermonopol von der Diagnose- auf die Therapieseite wechselt, hat der Text noch eine Untergliederung in sechs Hilfsmittel gegen das Propol, die in diesem Kapitel erläutert wird. Der edierte Text setzt beim dritten Mittel »Wie man den arbeitsamen Leuthen helffe« – durch das »Werck- und Zucht-Hauß« nämlich – wieder ein.

114,13 *Werck- und Zucht-Hauß]* Mit diesem Begriff meint Becher einfach eine große staatlich kontrollierte Werkstätte in Ergänzung zum zünftigen Handwerk. In »Zucht« meldet sich der Arbeitserziehungsgedanke, der auch auf einen neuen Strafvollzug vorausweist. Die historische Dimension dieser Einrichtung, mit der Becher in Wien experimentierte, wird in einem Zusatz des Kommentars von Zincke zu dieser Stelle deutlich, der solche Häuser als »recht gute und noͤtige Anstalten« lobt und aus der Perspektive des 18. Jahrhunderts erläutert: »Der Zweck ist I) daß man allen denen, die arbeiten wollen und koͤnnen, darinne Gelegenheit dazu und folglich Verdienst verschaffe, wenn sie solche nicht bei Handwerks-Leuten und andern finden koͤnnen. II) Daß man diejenigen, welche muthwillige Muͤßiggaͤnger und herumlaufende Bettler sind, von dieser Krankheit curire, und sie zur Arbeit anhalte. III) Daß man die armen Kinder und Waisen nebst der Erkenntniß und guten Sitten zur Arbeit gewoͤhne, erziehe, und ihnen arbeiten lernen lasse. Ja durch diese IV) und die ersten allenfalls andern Leuten, denen Handwerken, Manufacturen, Plantagen u. Arbeiter schaffen und geben koͤnnen. V) Daß man die noch verbesserlichen Verbrecher, naͤchst der Arbeit, mit Gefaͤngnis und andern Dingen strafe und zuͤchtige. VI) Daß man auch die Unverbesserlichen dennoch, in soweit durch starke und harte Arbeit strafe, und sie also noch nutze, von den Uebelthaten abhalte, so ferne sie noch zur Arbeit geschickt sind.«

115,1 *durch angeschlagene Placaten]* Öffentlich angeschlagene Gesetze und Bekanntmachungen des Landesherren oder Stadtmagistrats, hier im Kampf gegen Bettler und Arme, die nach Reichsrecht nur in ihrem Geburtsort Versorgungsanspruch hatten und darum periodisch in ›Bettlerzügen‹ heimgeschickt wurden. Seit den Bevölkerungsverlusten des Dreißigjährigen Krieges begannen einzelne Fürsten, diese Armen als Arbeitskräfte oder Soldaten zu rekrutieren.

115,8 *eines zur Straff]* Diese Werkhausform ist das Gefängnis mit Arbeitspflicht, also der Beginn der Strafvollzugsanstalt ›Zuchthaus‹.

115,13f. *turpia sunt principi multa supplicia, sicut medico multa funera]* »Viele Hinrichtungen gereichen dem Fürst zur Schande wie dem Arzt viele Begräbnisse.«

115,17 *Gutwillige]* Freiwillige.

115,21f. *manufactur 〈...〉 die allzeit paar Gelt ist]* Wahrscheinlich will Becher hier auf seine vermeinten Goldgewinnungskünste hinweisen.

115,23 *sonderlich Instrument]* Becher war auch Erfinder.

115,34 *In permission der Obrigkeit]* Mit Zulassung durch die Obrigkeit.

116,1 *consumption]* Hier klar in der Bedeutung von »Absatz«.

116,19 *Bernhaͤuter]* »Bärenhäuter« – man denke an »Faulpelz« und »auf der faulen Haut liegen«. Neben dem antipropolistischen Zweck dient das Werkhaus ersichtlich auch der obrigkeitlichen »Verfleißigungskampagne« der Frühen Neuzeit (vgl. Münch, *Ordnung, Fleiß und Sparsamkeit*).

116,25 *Thumherren]* Domherren. Gemeint ist also ein Ort

in einem geistlichen Territorium, dessen Bischof und Landesherr vom adeligen Domkapitel gewählt wurde, wahrscheinlich wieder eine Anekdote aus Kurmainz.

117,9 *Schelmen mit einander]* Ein Wortspiel um das »Schelmenschelten«, eine Kränkung der Handwerkerehre. Die faulen Gesellen haben mit einem »Schelmen« nicht gearbeitet. Da dies aber ein Vorwand war, schilt der Domherr sie alle Schelmen, so daß sie als Ehrlose wieder zusammenarbeiten können. Die Anekdote setzt den Arbeitsfleiß über die ständische Ehre.

117,17-21 *den andern ⟨. . .⟩ so nöhtig]* Die Propolverhütung durch das Werkhaus wird neben dessen vielen guten Wirkungen hier nur noch angedeutet: Ein Warenpropol ist offenbar durch das kollektive und kontrollierte Angebot einer solchen Einrichtung nicht gegeben, gegen das Gesellenpropol dämpft das Arbeitsangebot des Werkhauses die Nachfrage auf dem Arbeitsmarkt (»den andern die Arbeit abzunehmen«).

117,35 *Leuthen / die etwas Guts thun wollen]* Das ist vor allem der Verfasser selbst, der mit diesem Kapitel auf seine Werkhauspläne aufmerksam machte, die er dann 1676 in Wien verwirklichte.

118,7 *Das vierdte Mittel]* Nach Provianthäusern in Stadt (1.) und Land (2.) und dem Werk- und Zuchthaus (3.) wird das Kaufhaus als viertes Mittel gezählt. In diesem Kaufhandelskapitel folgen noch Bank- und Kreditwesen (5. und 6.) und als siebtes eine Zugabe für die Gesamtsteuerung.

118,8 *allgemeines Stappel / oder Kauffhauß]* Dieser Vorstellungshintergrund verbindet offenbar nationale Handelsniederlassungen im Ausland, wie z. B. der Fondaco dei Tedeschi in Venedig – an den das Titelblatt gemahnt! –, und die Stapelplätze einzelner Handelsgesellschaften mit öffentlichen Warenlagern und Kaufmannsgesellschaften im Inland. Ein Hauptzweck ist neben der Preisregulierung die landesweite günstigere Rohstoffversorgung zur Kommerzienförderung, die in der erweiterten Fassung im Anhang noch deutlicher herausgestellt ist: »es beruhet aber ein solch allgemeines Kauffhaus darinnen / daß allerhand Waaren von der ersten Hand und Ursprung in natura erkaufft / und dann gantze Länder wiederum darmit versehen werden«.

118,15f. *einiger reicher Kauffleuth propolia abgeschnitten]* Die Vor- und Aufkaufsmöglichkeiten der mit Stapelrechten ausgerüsteten Kaufleute sollen nicht abgeschafft, sondern durch Vergemeinschaftung allen freistehen.

118,18 *à primo fonte]* »Von der ersten Quelle«, d. h. aus erster Hand ohne Zwischenhandel kaufen.

118,20f. *Jahrmärckt verbieten]* Jährliche Sondermärkte galten Becher als wilde Konkurrenz der einheimischen, auch die bürgerlichen Lasten tragenden Anbieter.

118,29f. *Wahren ⟨. . .⟩ selber holen]* Das merkantilistische Prinzip, beim Import möglichst den Handelsgewinn in die eigene Kasse zu lenken, wird hier durch das Argument fehlender Kontrollmöglichkeiten über fremde Kaufleute unterstützt.

118,35-119,1 *Compagnien ⟨. . .⟩ deß Preyses wegen]* Die zuvor für den beschäftigungspolitischen Monopol- und den Polypolausgleich empfohlenen Handelskompagnien sollen nun unter dem Marktgesichtspunkt noch bei der Preisregulierung nützlich werden.

119,28-30 *Gelt ⟨. . .⟩ auß dem Landt führen]* Das klassische merkantilistische Argument, das den wohltätigen Wirkungen von Bechers Kaufhaus noch angekoppelt wird.

119,37-120,1 *ein so allgemeines Kauff-Hauß viel grössere negotia]* Das größere Geschäftsvolumen und die besseren Möglichkeiten der Kapitalaufbringung in Gesellschaften werden ganz anders als in der Monopoldebatte des 16. Jhs. uneingeschränkt positiv gesehen. Becher will als Propol nur die individuelle und unkontrollierte Konkurrenz einschränken.

120,8f. *einer allgemeinen Landt-Banck]* Landesbanken nach dem Vorbild der Kreditinstitute italienischer Stadtrepubliken seit dem Spätmittelalter sowie holländischer und deutscher Städte des 17. Jhs. Nationalbanken sind in Bechers Epoche dann tatsächlich 1668 in Stockholm und 1694 in England gegründet worden. Die Ausführungen von Becher haben auch in der Fachliteratur fortgewirkt, z. B. bei Paul Jacob Marperger, *Beschreibung der Banquen*, Halle und Leipzig 1717. Zincke hat das in seiner Edition bemerkt, kritisiert aber die Einteilung und die Bemerkung zum Geldwesen als im 18. Jh. veraltet.

120,9f. *Gelt anwenden / und auff Interesse legen]* Der Zinsgewinn wird in einer Wendung angesprochen, die sich wie die spiegelbildliche Umkehrung der Wertung von Aristoteles und Luther liest. Das Kreditwesen ist nicht einmal mehr ein Problem und wird zum Prinzip einer modernen staatlichen Institution erhoben.

120,12 *credit]* Die persönliche »Glaubwürdigkeit« der Bankherren gilt noch als Sicherheit für die Einleger, wenngleich Geschäftspraxis und Kreditwesen dann schon ganz modern beschrieben werden.

120,18 *in privatos usus]* Zum (hier unrechten) Privatgebrauch.

120,19 *raptores banci, oder Panckrottirer]* In der Erstauflage steht noch »raptores banci«, was »Bankräuber« hieße. Gemeint sind aber nach Ausweis der späteren Auflage »ruptores banci«, was mit Bankrotteuren gleichzusetzen ist. Der Begriff Bankrott (Zahlungsunfähigkeit) ist um 1500 aus ital. banca rotta (zerbrochener Wechseltisch) entlehnt und wurde später unter dem Einfluß von »Banque« französisiert.

120,22f. *Interessen deß Capitals]* Zinsen des Einlagekapitals, also der Sparzins. Zum Kapitalbegriff, der als Entsprechung für das kaufmännische »Hauptgut« schon im 16. Jh. verbreitet war, vgl. Marie-Elisabeth Hilger und Lucian Hölscher, Artikel *Kapital, Kapitalist, Kapitalismus*, in: *Geschichtliche Grundbegriffe. Historisches Lexikon zur politisch-sozialen Sprache in Deutschland*, hg. v. Otto Brunner, Werner Conze, Reinhart Koselleck, Bd. 3, Stuttgart 1982, S. 399-454.

120,32f. *Welsch- und Hollandt]* Die ersten Banken gab es in Italien, die entwickeltsten in den Niederlanden. Die 1609 gegründete Amsterdamer »Wisselbank« galt als Vorbild für das Bankgeschäft in Nordeuropa.

120,34 *current]* Das umlaufende Münzgeld, das wegen der

Sortenvielfalt und des Edelmetallgehalts noch ein Problem war. Der Geldwechsel und die Vermeidung des unsicheren Geldtransportes durch Anweisungen sind Wurzeln der Banken.

121,3 *Das dritte requisitum]* Das dritte und maßgebliche Erfordernis ist die Investition der Bank in Handel und Wandel des Landes, dem gegenüber das Anleihinteresse des Staates abgewertet wird.

122,2 *arcanum politicum]* »Politisches Geheimmittel«. Allgemeine Bezeichnung für nichtöffentliche Maßnahmen und Regierungspraktiken der Herrscher.

122,7 *sic vino vendibili non opus est suspensâ hæderâ]* »Wenn der Wein verkäuflich ist, braucht man ihn nicht anzupreisen.«

122,9 *Wolfahrt]* Der Wohlfahrtsbegriff, der das Gemeinwohl mit dem individuellen Wohlergehen verbindet, erscheint bereits in der Reformationszeit und hier im frühen deutschen Kameralismus, bevor er zum Schlüsselbegriff der Aufklärung wurde. Der Begriff kommt auch in der Einleitung des Werkes vor und spielt in der erweiterten Fassung eine größere Rolle. Vgl. Mohammed Rassem, *Artikel »Wohlfahrt«*, in: *Geschichtliche Grundbegriffe. Historisches Lexikon zur politisch-sozialen Sprache in Deutschland*, hg. v. Otto Brunner, Werner Conze, Reinhart Koselleck, Bd. 7, Stuttgart 1992, S. 595-636; zu Becher vgl. bes. S. 613f.

122,12f. *trauen lieber einem hergeloffenen Goldmacher]* Dieser Vorwurf fällt eigentlich auf den Autor zurück, der selbst mit solchen Plänen und Künsten die Aufmerksamkeit auf sich lenkte, sich aber wohl einen anderen wissenschaftlichen Rang dabei zuschrieb.

122,14 *sicut credidistis, ita accepistis]* »Wie ihr's glaubt, so nehmt's.«

122,17 *persuadirt]* Überzeugt.

122,28 *mit einigen oneribus, repressalien]* Mit Abgaben oder Auflagen soll die Bank vom Staat nicht belastet werden.

122,32 *gåhlingen Nothdůrfftigkeit]* Jäher Notfall.

123,5 *Montem pietatis]* Von lat. mons »Berg«; montes sind

»Geldansammlungen«, die mit der Frühzeit des Bank-, Kredit- und Aktienwesens in Italien verknüpft waren und auf Staatsanleihen hinausliefen. Die hier gemeinte »fromme« Form, Mons pietatis, ist ein von der Obrigkeit eingerichtetes Geldinstitut oder Pfandhaus, das umgekehrt Darlehen zu günstigen Bedingungen abgibt, zur Bekämpfung des Wuchers. Wieder geht es Becher um die Regulierung überhöhter Privatzinsgewinne, wie sie den auf das Leihgeschäft spezialisierten Juden unterstellt wurden.

123,30f. *sechs so nothwendigen Mitteln]* In konkreten Einrichtungen gesprochen sind das im folgenden: Landmagazin, Stadtmagazin, Werkhaus, Kaufhaus, Bank, Pfandhaus.

124,10f. *Wie dann 〈...〉 gesået]* Wie dünn gesät?

124,12 *Wag- und Zollhåuser]* Die Einnehmehäuser an Zollgrenzen, die hier auch symbolisch für den in erster Linie auf Staatseinkünfte sehenden älteren Kameralismus abwertend dagegen gestellt werden.

124,13f. *Gott gebe / die negotia fahren dardurch wol oder ůbel]* Tadelnd: »Gott wird überlassen, ob die Geschäfte gut oder schlecht gehen.« In Bechers Formulierung kündigt sich auch »Wohlfahrt« an.

124,15f. *von einer Kammer 〈...〉 auff Stůlen 〈...〉 eine Banck wůrde]* Das grotesk wirkende Wortspiel, bei dem man an die barocke Bildsprache denken muß, ist offenbar von der üblichen Ableitung des »Kameralismus« angeregt: aus der Kammer des Fürsten als dem konkreten Raum, in dem über Verwaltung und Einkünfte beraten wurde. Die »Kammer« ohne »Bank« ist unvollständig wie ein Raum ohne Sitzbank oder Finanz- ohne Wirtschaftspolitik. Zugleich ist die Bank das Kreditinstitut, dem Becher positive wirtschaftspolitische Wirkungen zutraut (wenngleich in Wahrheit der italienische Namenspatron der Bank der Zähl- und Wechseltisch [ital. banco] ist). Was aber sollen die Stühle, auf denen stattdessen die Deutschen sitzen? Propolistische Einzelkonkurrenz statt genossenschaftlicher Bänke?

124,29 *Salus populi suprema lex esto]* Das Wohl des Volkes sei das höchste Gesetz.

124,30 *Regierungs-Art von den Venetianern holen]* Es geht nicht um die republikanische Regierungsform, sondern um die damit verknüpfte Wirtschaftspolitik. Dieser Zusammenhang wurde besonders im niederländischen Schrifttum diskutiert, z. B. in Pieter de la Court, *Interest van Holland*, Amsterdam 1662.

124,31 *in flore seynd]* In Blüte stehen, florieren.

125,7f. *Republicken und Reichs-Stätt]* Die nichtmonarchische Regierungsform läßt die Reichsstädte als Republiken erscheinen, während die deutschen Landstädte einem Territorialherren unterstehen. Die Frage des Zusammenhangs zwischen Wirtschaftsblüte und politischen Bedingungen wurde vor allem in den Niederlanden diskutiert und dort auf die politische Freiheit zurückgeführt.

125,12f. *aber ein Landt hat zwey]* Becher umkreist hier die alteuropäische Doppelstruktur von Landesherrschaft, in der zwei Gewalten aus eigenem Recht zusammenwirken müssen: der zumeist fürstliche Landesherr und die das Interesse des Landes vertretenden Landstände. Darin sieht er einen hinderlichen wirtschaftlichen Interessenkonflikt.

125,14 *Cammer-Güter]* Auch Domäne (»Hausgüter«). Güter, über die der Fürst nicht nur der oberste politische Landesherr ist, sondern die ihm selbst als Grundherren gehören, so daß die Einkünfte direkt in die fürstliche Kasse fließen.

125,14 *Landtschafft]* Das Land und seine Ständevertretung.

125,29f. *Quæ ad omnes pertinent, à singulis negliguntur]* »Was alle angeht, wird von den einzelnen vernachlässigt.«

125,34-37 *unter soviel Consilien keines in specie ist ⟨...⟩ und ex professo]* Eingeklagt wird ein fürstliches Ratgebergremium, das sich speziell und von Berufs wegen mit der wirtschaftlichen Landeswohlfahrt befaßt.

126,8 *Commercien Collegium]* »Commercium« ist eigentlich der Handel mit Durchlässigkeit zum Gewerbe. Das von Becher vorgeschlagene Gremium soll aber von diesem Hauptinteresse her die Gesamtsteuerung der Wirtschaft im modernen Sinne übernehmen, was durch nochmaliges Aufzählen des ganzen Inhaltsverzeichnisses besiegelt wird.

126,34f. *Ouid Juris, scilicet ⟨. . .⟩ territorialia und Jurisdictionalia]* Gesucht sind Rechtsgelehrte mit Kenntnissen des Landes und der Rechtspraxis.

127,8f. *Camerales, wegen deß Bauren-Stands]* Die Kameralisten sind als Spezialisten für die fürstlichen Einnahmen aus den Cameral-Gütern auch Landwirtschaftsexperten und als solche im Commerzien-Rat willkommen – ein Hinweis auf die Zweiteilung des wirtschaftlichen Gesamtsystems in landwirtschaftliche Altökonomik und Kommerzien, die hier von der Kommerzienwissenschaft her überwunden werden soll.

127,11 *sordidè avari]* Geldgierig. Der ältere Kameralismus sah oft einseitig auf die fürstlichen Einnahmen, statt auf die Landeswohlfahrt.

127,13 *potius sunt onerí, quàm usui]* »Eher schädlich als nützlich«.

WOLF HELMHARD VON HOHBERG
ADLIGES LANDLEBEN AUF HAUSVATERART ODER DIE STANDESERHÖHUNG DER WIRTSCHAFT

Um 1700 hatten gleichzeitig mit den Kommerzientraktaten auch die Hausbücher Konjunktur. Ausgelöst wurde die Publikationswelle von dem Werk Hohbergs, das nach der Zeit Johannes Colers (1566-1639) besondere Verbreitung und Anerkennung fand und das auch der Nachwelt aus der ganzen Serie der Hausvätertitel am stärksten im Gedächtnis geblieben ist. Der Titelanfang *Georgica Curiosa* stellt das voraus, was im Werk Colers nur das siebte Buch war, trotzdem handelt es sich um den voll ausgeprägten Typ eines Hausbuches. Hohberg steht auch für eine Aristokratisierung der Wirtschaft; aus dem Hauswirt wurde der Hausvater und die bisher sozial vieldeutige Feld-, Wald- und Wiesenökonomie erfuhr schon im Titelfortgang eine Standeserhöhung zum »Adelichen Land- und Feld-Leben«. Dieser zweite Hausbuchklassiker verdankt seine heutige Berühmtheit aber auch einer besonderen Interpretation. Denn als der Historiker Otto Brunner (1898-1982) in Anlehnung an die historischen Schulen der Volkskunde und Nationalökonomie seine bis heute vieldiskutierte These vom »ganzen Haus« als alteuropäische Lebens- und Wirtschaftseinheit aufstellte und damit manche wirtschaftswissenschaftliche Betrachtungsweisen in Frage stellte, hat er das zuerst in einer ausführlichen Auseinandersetzung mit der Denk- und Wirtschaftswelt Hohbergs getan. Schon aus diesem Grund gehört die Kenntnis des Inhaltes dieses Werkes zum ökonomischen Bildungsbestand.

Wolf Helmhard von Hohberg stammt aus einem niederösterreichischen Adelsgeschlecht und wurde 1612 auf

Schloß Lengenfeld bei Krems geboren. Die Familie bekannte sich zur evangelischen Konfession, die der österreichische Landadel mit seinen Sonderrechten gegen den Druck der habsburgischen Gegenreformation lange wahren konnte. Im Dreißigjährigen Krieg war Hohberg Hauptmann in der kaiserlichen Armee, diente noch unter Wallenstein und lernte so die deutschen Landschaften bis zur Ostsee kennen. Seit 1641 hat er neben- und nacheinander verschiedene Güter bewirtschaftet, die er teils erbte oder erheiratete, teils kaufte oder pachtete, aber alle auch wieder veräußerte. Mit oft nicht viel mehr als einem Dutzend abhängiger Bauern und etwas Eigengrund waren es keine großen Grundherrschaften; die erste war das vom Vater übernommene Rittergut Süßenbach im Norden, die größte die Herrschaft Rohrbach im Westen Niederösterreichs. Um diese von seiner Frau eingebrachte Herrschaft mit allen Rechten führen zu können, wurde er 1659 in den österreichischen Herrenstand erhoben. Eine verfeinerte Adelserziehung, einschließlich der Kenntnis von Sprachen und Literatur nahm allgemein in dieser Zeit ihren Anfang. Hohberg verdankt nach dem frühen Tod des Vaters die Anfänge seiner Bildung seiner Mutter und der Teilnahme am Privatlehrerunterricht bei der Verwandtschaft und muß sich zeitlebens autodidaktisch fortgebildet haben. Er entwickelte musische und dichterische Neigungen, wurde Mitglied literarischer Zirkel und schließlich der für die deutsche Sprache und Literaturgeschichte wichtig gewordenen Fruchtbringenden Gesellschaft. In seinen späteren Jahren widmete er sich vornehmlich seinen literarischen Arbeiten und nahm seinen Wohnsitz in der Reichsstadt Regensburg, dem naheliegenden Rückzugsort für österreichische Protestanten, aber durch den aufblühenden Immerwährenden Reichstag auch ein Treffpunkt des ganzen Reiches. Dort ist er 1688 gestorben.

Der Barockdichter Hohberg begann mit Schäferpoesie und eigentümlich realistischen Versen über das Landleben in lateinischer Sprache. Zwei deutsche Versepen nach älteren Vorbildern, die *Vergnügte Proserpina* um die Töchter der Akkerbaugöttin und der *Habsburgische Ottopert* mit ländlichen Einlagen, verraten schon, was mit Ausnahme biblisch-religiöser Altersdichtung zum Thema seines Lebens wurde. Auch Hohbergs viel wichtigeres einziges Sachprosawerk ist eigentlich aus einem poetischen Mißerfolg hervorgegangen, über den er selbst freimütig im Vorwort berichtet. Unter der an Vergil (70-19 v. Chr.) angelehnten *Georgica* hat er Lehren aus seiner landwirtschaftlichen Praxis in lateinische Verse gebracht, aber seine literarischen Freunde und Standesgenossen wollten von versifizierter Didaktik, noch dazu an Themen wie Schweinemast statt standesgemäßer Pferdezucht, nichts wissen. Hohberg zog daraus nach vielen Jahren dichterischer Bemühungen eine Konsequenz in der richtigen Richtung: er schrieb über sein Thema nun in Prosa. Der Obertitel des Hauptwerkes *Georgica Curiosa* hält diese Herkunft fest, und der Autor hat gleichsam eine literarische Jugendsünde doch noch verwendet, indem er die lateinischen Verse Buch für Buch vor der einschlägigen Fachprosa einrückte. Solche und andere in der Zeit beliebte Verzierungen, eine reiche und vorzügliche Ausstattung mit Kupferstichen, aber auch die recht entwickelte deutsche Prosa des Mitglieds einer Sprachgesellschaft mögen zum Erfolg und Ruhm des ökonomischen Werkes von 1682 beigetragen haben. Es erschien 1687 in zweiter, vermehrter Auflage und ist nach dem Tod des Autors bis 1749 noch weitere vier Mal herausgegeben worden.

Das Werk Hohbergs ist unter dem Anspruch dieser Klassiker-Reihe, ungekürzte Texteinheiten zu bieten, schwer zu präsentieren. Denn der barocke Schriftsteller hat sich zwar vorgenommen, ohne »weitlåufftigen Um- und Ausschweiffe« zu schreiben, aber das ist ihm eigentlich nur in dem edierten Eröffnungskapitel gelungen, aus dem das Zitat stammt. Was immer er behandelt, er behandelt es gründlich, und das braucht Raum. Die ökonomische Bedeutung liegt jedoch noch stärker als bei Coler nicht in diesen Einzelheiten, so interessant sie unter kulturgeschichtlichem Gesichtspunkt sind, sondern in ihrer Gesamtheit. Es ist ein

Glücksfall, daß er mitten in dem Gesamtband im Rückgriff auf den ersten Teil und im Vorgriff auf den zweiten Teil selbst einen kurzen Abriß seines Werkes gibt. Stellenweise liest sich das wie die Umschreibung des Inhaltsverzeichnisses, aber dieser reihende Charakter ist gattungstypisch, vermittelt ein Gesamtbild, und außerdem erläutert der Autor hier selbst an interessanten Punkten Sachgehalt und Gliederungsprinzipien. Dieses Vorwort des zweiten Teiles ist die Grundlage der kleinen Edition. Vorangestellt ist nur das Eröffnungskapitel des ersten Teiles, das den Begriff Hausvater einführt und ebenfalls der Orientierung dient. Der Text folgt der Erstausgabe von 1682.

Die dem edierten Abriß zu entnehmende Fülle und Unterschiedlichkeit des Inhalts des Buches ist auf den ersten Blick fast erschreckend und hat Kritiker der Gattung später nicht ganz zu Unrecht an ein Konversationslexikon erinnert. Hohberg selbst hält sein Thema für unmißverständlich, stellt aber in einer sonst nur lange Literaturverweise gebenden Vorrede eine Art Definition voran: »Damit man aber nicht vorwerffen moͤge / ich handle von der Wirthschafft / und melde nicht / was sie sey / hat es mich anfangs darum unnoͤtig gedaucht / weil es ohne diß ein Jederman bekanntes Ding ist / ohn welches das menschliche Leben nicht bestehen kan/ damit es aber auf das kuͤrtzeste geschehe / ist die Oeconomia nichts anders / als eine weise Vorsichtigkeit / eine Hauswirthschafft begluͤckt anzustellen / zu fuͤhren / und zu erhalten.« In der Tat gehört gerade bei Hohberg alles was vorkommt – mit wenigen Irrläufern – tatsächlich zum Hausleben, aber das konnte in einem Adelshaus mit Gutswirtschaft im 17. Jahrhundert viel sein. Das Inventar des Hauses umfaßt neben den materiellen Sachen alle zugehörigen und abhängigen Personen, die in ihm gültigen Normen und Rechtsverhältnisse, die Tätigkeitsmerkmale und die gesamte hausdienliche Pflanzen- und Tierwelt. Nach welchem Ordnungsprinzip? Der Autor gibt in einer sonst unerheblichen Widmungszuschrift an die österreichischen Stände der Ökonomie nach der Theologie Priorität, insofern »die geschickliche Wissenschafft recht Haus zu halten / nach der Himmlischen Seelen-Nahrung die allernöhtigste sey«. Entsprechend ist auch im Werk auf verschiedenen Ebenen in den Teilen, Büchern und Kapiteln jeweils das Wichtigste, Notwendigste und Nützlichste vorangestellt, wie der Autor in der abgedruckten Zusammenfassung selbst mehrfach angibt. Das Verhältnis zwischen dem ›dulce‹ und ›utile‹, dem Schönen und Nützlichen, oder der Unterhaltung und Belehrung im Drama ist eine alte Debatte der Philosophen und Poeten; die Art, wie Hohberg für das Nützliche Partei ergreift und wie er sich das horazische »prodesse« und die mitzudenkende Devise seiner Sprachgesellschaft »Alles zu Nuzen« (vgl. Stellenkommentar, Anm. 135,18f.) vorstellt, ist für einen Dichter allerdings etwas sonderbar. In der Tat: hier spricht ein Ökonom.

Was aber ist das Wichtigste und Nützlichste im Haus? Vorangestellt ist die Dreiheit der Bücher über das Landgut, über den Hausvater und über die Hausmutter. Das Landgut wird als die materielle Subsistenzgrundlage als erstes behandelt und zwar mit allen zugehörigen Rechten und Sondernutzungsformen bis zu Bergbau und Landgewerbe. Der Sachanfang ist jedoch trügerisch, denn ihm ist das edierte Kapitel über den Hausvater vorgeschaltet, der so erst einmal als Träger und Leiter des Ganzen eingeführt wird, Gottes Segen auf den Boden herabfleht, seine Bewirtschaftungswürdigkeit abschätzt und sich an die Arbeit macht. Das Landgutbuch handelt denn auch nicht nur vom Grund, sondern vom Grundherrn, vom Grunderwerb und von der Grundherrschaft über die untertänigen Bauern. Der eigentliche Personalteil wird dann nicht wie bei Coler insgesamt abgehandelt, sondern von den beiden Hauptpersonen her jeweils vom Ethos über die Beziehungen zu Hausgenossen zu den Arbeitsbereichen und Sachen geführt. Der nun näher betrachtete Hausvater hat neben der »Direktion« über das ganze Haus unter anderem die Anordnungskompetenz über die Feldarbeit – darum ist hier der landwirtschaftliche Kalender als Planungshelfer eingerückt. Die Hausmutter regiert die innerhäusliche Sphäre mit viel christlicher Moral und familiärer Beziehungsarbeit und verwaltet den konsumtiven Bereich von Küche und Keller mit besonderem Augenmerk auf Vorratshaltung und gerechter Verteilung. Die Kindererziehung und die Aufsicht über das Gesinde, das bei Hohberg viel freundlicher behandelt wird als bei Coler, obliegt je nach Ressort beiden, ebenso die hier eingeführte Gesundheitsfürsorge. In diesem Grundlagenteil hat die Ökonomie neben einem gewissen christlich-moralischen Eigenzweck einen deutlichen materiellen Nutzen, aber sie wird von Anfang an von Personal- und Herrschaftsbeziehungen durchdrungen. Das Haus wird nicht allein bewirtschaftet, sondern verwaltet und regiert.

Zum ersten Teil gehören als »Nachzug« noch die drei weiteren Bücher über den hausnahen Gartenbau: der Obstgarten mit vorgezogenem Weinbau und allen Verwendungsmöglichkeiten, der Kräutergarten für Küche und Apotheke und der Blumengarten, der sich als Ziergarten vom Nutzen entfernt, aber dann zu einer Art Klein-Versailles ausweitet – das »adelige Landleben« entdeckt die Gartenbaukunst der höfischen Gesellschaft. Der Garten weitet sich zum Acker und man bleibt bei den Pflanzen, aber erst wird die Zäsur gesetzt und der »Zweite Teil« mit weiteren sechs Bänden beginnt – warum? Hohberg erklärt es selbst: der Ackerbau steht so als das Wichtigste wieder voran, und Ackerbau und Viehzucht bilden so eine vom Gartenbau getrennte Einheit. Landwirtschaftliche Ordnungsvorstellungen überlagern also die älteren naturkundlichen von Pflanzen und Tieren. Wie Coler kümmert sich auch Hohberg in seinem Ackerbaubuch um Melioration und Bodenfruchtbarkeit und diskutiert verschiedene Bewirtschaftungssysteme, insbesondere die heimische Vierfelderwirtschaft und Anregungen italienischer Agrarschriftsteller, geht aber kaum über Bekanntes hinaus. Beim Übergang zum Vieh im 8. Buch bleibt das edle Pferd dem nützlichen Rind vorgeordnet, aber die Erläuterung des Abrisses zeigt schön, wie hier der Edelmann mit dem Ökonomen in Hohberg zu kämpfen hatte.

Was wohl sein Reiterfreund, Franz von Stubenberg, der ein Buch über die Gestüterei geschrieben hat und dem dieser Teil gewidmet ist, gesagt hätte, wenn der Ökonom siegreich geblieben wäre? Bei den weiteren Nutztieren im 9. und 10. Buch gibt schon die Gliederung zu erkennen, daß sie nun deutlich in ihrem Haltungs- und Nutzungszusammenhang gesehen und entsprechend gewichtet werden. Den Lebensräumen Wasser und Wald gelten die letzten beiden Bücher. Die »Wasserlust« behandelt vor allem die wichtige Fischzucht, aber in einer unökonomischen und eher erheiternden Assoziation auch »die im Wasser ertrinkenden Menschen«. Der Wald setzt als ein noch wichtiger Wirtschaftsfaktor für Holz, Weide und Jagd einen würdigen Abschluß. Alles in allem ist es Hohberg in diesen materialreichen Büchern noch stärker als Coler gelungen, den materiellen Nutzen für die Hauswirtschaft einsichtig zu halten, der nach der grundlegenden personell-herrschaftlichen Organisation des Hauses ausgeführt wird. Schon in seiner Gliederung spiegelt sich denn auch für Hohberg selbst der »gantze Inbegriff meiner vollbrachten Oeconomia«.

Nach der von Hohbergs Werk ausgelösten literarischen Konjunktur, aus der Christoph Fischers *Fleissiges Herren-Auge* von 1696 und der *Oeconomus prudens et legalis oder Allgemeiner Klug- und Rechts-Verständiger Haus-Vater* von Franz Philipp Florinus aus dem Jahr 1702 herausragen, erfuhr die Gattung der Hausbücher in der Mitte des 18. Jahrhunderts ihren Niedergang und fiel in Einzelthemen wie Landwirtschaft und Hauswirtschaft im engeren Sinne auseinander. Wie sind Hohberg und die klassische Hausbuchliteratur ökonomiegeschichtlich einzuordnen?

Otto Brunner hat im Blick auf Hohberg nicht ohne Sympathie die Andersartigkeit dieser vorindustriellen Ökonomik herausgearbeitet, die noch nicht vom Markt her organisiert gewesen sei. Demgegenüber haben Kritiker wie Hans-Ulrich Wehler (*Deutsche Gesellschaftsgeschichte*, Bd. 1: *Vom Feudalismus des Alten Reiches bis zur defensiven Modernisierung der Reformära 1700-1815*, München 1987, S. 81-83) die

»Legende vom ökonomisch autarken ›ganzen Haus‹« auch für die vorindustrielle Zeit zurückgewiesen, gegenüber sozialromantisch verkürzten Vorstellungen nicht ganz zu Unrecht. Denn wenn auch die Selbstversorgung sehr viel größer war und die Märkte eine geringere Rolle spielten als in späteren Zeiten, haben die Gutsherren doch zum Beispiel Getreide für die Städte erzeugt – Hohberg selbst läßt den Hausvater gleich zu Anfang Getreide und andere Waren auf dem Markt verkaufen. Die äußere Marktanbindung ist aber nicht der Punkt, sondern die innere ökonomische Struktur, die ihre Haushaltsführung nicht nach Marktprinzipien aufbaute. Die etwas verklärte Einheit des »ganzen Hauses«, von Leben und Arbeit, von sittlichen Personalbeziehungen und materiellen Verhältnissen, von Produktion und Konsumtion, gründet aber, wie Brunner (*Hohberg*, S. 24) schon gesehen hat, im »herrschaftlichen Charakter des Hauses«, im »Regieren, Leiten, Herrschen«. Nicht der Markt, sondern der Hausvater und seine Helfer nämlich regieren das alles, organisieren und kontrollieren die Produktion und Konsumtion. Das Hausbuch Hohbergs behandelt zwar überwiegend auch für eine moderne Wirtschaft relevante Materien, aber sie werden nicht mit einer vom Markt abgeleiteten betriebswirtschaftlichen Logik zusammengehalten, sondern von einer Regelungskompetenz verwaltet, die Hohberg »Hausvater« nennt.

Diese andersartige Ökonomie ist aber keineswegs, wie Brunner und Wehler mit unterschiedlicher Bewertung meinen, für die moderne Industriegesellschaft und ihre Ökonomie folgenlos geblieben. Zum ersten hat der Sonderbereich der Landwirtschaft, wie schon an Colers Text deutlich wurde, die Produktion als ökonomische Kategorie vorbereitet. Sodann lebt der Sonderbereich der von Hohberg fast gleichgeordneten Haushaltssphäre der Hausmutter in manchen Aspekten bis in die Gegenwart fort. Dabei werden der Anerkennung des Konsumtionsbereiches als Vorgeschichte einer »Haushaltsökonomik« neuerdings auch positive Züge abgewonnen. Vor allem aber ist Hohbergs aristokratisierte

Ökonomie schon auf halbem Wege, die Spitze des Staates zu erreichen, der in dieser Zeit ein Fürstenstaat war. Mit den Hausgütern – der als Eigengüter bewirtschafteten oder verpachteten Domäne – konnte sich auch der Fürst in der Rolle des Hausvaters sehen, die sich dann in die des »Landesvaters« und der »Landesökonomie« erweiterte. Die Nähe der späten Hausväterliteratur zum Kameralismus ist offenkundig. Darüber hinaus aber übt in einer noch weiteren Perspektive die an Hohberg zu entdeckende administrative Regelungskompetenz über wirtschaftliche Dinge eigentlich schon staatliche Wirtschaftspolitik im Zeitkostüm des Hausvaters ein.

TEXTGRUNDLAGE

Wolf Helmhard von Hohberg, *Georgica Curiosa. Das ist: Umständlicher Bericht und klarer Unterricht Von dem Adelichen Land- und Feld-Leben / Auf alle in Teutschland übliche Land- und Haus-Wirthschafften gerichtet / hin und wieder mit vielen untermengten raren Erfindungen und Experimenten versehen / einer mercklichen Anzahl schöner Kupffer gezieret / und in Zweyen absonderlichen Theilen / deren jeder in Sechs Büchern bestehet / vorgestellet; Also und dergestalt / daß in dem Ersten Theil Der Landgüter Zugehörungen und Beobachtungen / wie sich Christliche Hausvätter und Hausmütter in ihrem gantzen Beruff / sowol inner- als ausserhalb des Hauses / in allen Begebenheiten und fürfallenden Veränderungen / als auch durch das gantze Jahr / mit allen Arbeiten und Anstellungen / im Haus und Felde / und gegen Jederman zu verhalten / auch wie die Weinberge / Obst- Kuche- Artzney- und Blumen-Gärten auf das beste einzurichten / zu warten und zu geniessen / enthalten. Im Andern Theil Wie der gantze Feldbau auf das leichteste / beste und nützlichste anzuordnen / sowol in den Gestüttereyen / die Pferdzucht und Abrichtung / als auch in den Mayerhöfen alles Vieh / groß und klein / zu bestellen / aufzubringen / zu pflegen / zu geniessen / und der Wiesenwachs / auch die Bienen und Seidenwürme / mit gutem*

Vortheil zu versorgen allerley Wasserlust mit Bronnen / Cisternen / Canalen / Wasserkünsten / auch Ausflüssen / Seen / Teichen / Weyhern / Bächen und Fischereyen zu schöpffen / die Gehölze zu pflanzen / zu hayden / zu verbessern: auch allerhand Waidwerck / mit grossem und kleinem Wildpret / Wald- und Feldgeflügel zu treiben / abgehandelt wird. Deme noch / sowol im Ersten als andern Theil / die Georgica, in Teutschen Versen beschrieben / beygefügt / auch jeder Theil mit einem vollkommenen Register versehen / zu finden. Durch ein Mitglied der Hochlöbl. Fruchtbringenden Gesellschafft ans Liecht gegeben, Nürnberg 1682.

STELLENKOMMENTAR

128,8 *Haus-Vatter]* Der Begriff des Hausvaters, der dann nach einer Titelmode des 18. Jhs. die Bezeichnung der Gattung in der älteren Forschung bestimmte, erscheint hier erstmals an hervorgehobener Stelle. Das Wort ist offenbar eine Zusammenziehung aus dem griechischen Ökonomen und dem römischen Pater familias. Coler kannte den Begriff noch nicht und gebrauchte dafür »Hauswirt« im Sinne von ›Hausherr‹.

128,8 *Beruff]* Der Begriff ›Beruf‹ gründet hier noch in der alten Bedeutung einer göttlichen Bestimmung des Menschen und besonders der Stellung in der Ständeordnung, zu der er ›berufen‹ ist. In den spezialisierten Funktionsstellen der Personen im Hause meldet sich jedoch auch schon die Berufsidee der modernen Arbeitswelt, die den Menschen am Ende außer Hauses geführt hat. Der Berufsgedanke als Wegbereiter und Bestandteil einer neuen Wirtschaftsgesinnung wird seit Max Webers umstrittenen Thesen von manchen auf Luther zurückgeführt. Insofern ist nicht auszuschließen, daß die Wortwahl davon beeinflußt ist, da Hohberg bewußter Lutheraner war.

128,9 *Haus- und Feldwirthschafft]* Das ist eine enge Anlehnung an den Titel *Oeconomia ruralis et domestica*, unter dem das Colersche Werk zur Zeit Hohbergs verbreitet war, und unterstreicht so die doppelpolige Gattungskontinuität.

128,15 *Christlichem aufrichtig- und redlichem Wandel]* Bereits 1529 hat der Lutheraner Justus Menius (1499-1558) bewußt die »heidnisch«-antike Hauslehre in einer kleinen Schrift gleichsam getauft und als *Oeconomia Christiana* herausgebracht. Die Sorge für eine christliche Hausgemeinschaft und Erziehung stand hier im Vordergrund und spielt auch bei Hohbergs Werk eine hervorgehobene Rolle. Der Autor drückt sich überkonfessionell aus, aber die Hausandacht war auch die letzte Zuflucht des unter Druck geratenen Protestantismus auf den Adelssitzen.

128,17 *H. Schrifft vor]* Die biblischen Beispiele locken und drohen mit Gewährung und Entzug der Bodenfruchtbarkeit – eine interessante Verbindung des moralischen und materiellen Wirtschaftszwecks der Hauslehre.

129,3 *ähern]* Ehern, aus Erz oder Eisen.

129,9f. *GOTT den obristen Haus-Vatter]* Das erinnert an den mittelalterlich-theologischen Ökonomiebegriff, nach dem Gott das ›Haus‹ der Welt regiert, schrumpft hier aber zur frommen Floskel. Mehr Bedeutung mißt Volker Bauer (*Hofökonomie*, S. 137) solchen Stellen bei. Aufgrund der »Zuschrifft« des Werkes meint er, Hohberg »war überzeugt, Gott, ›der oberste Schöpfer / Erhalter und Hausvatter Himmels und der Erden‹, trage Sorge für die ›Welt-Oeconomia‹« und deutet das als überhöhende Parallele zur Hausvater- und Landesregierung.

129,14-20 *seines Grundes Beschaffenheit ⟨...⟩ Fruchtbarkeit des Landes]* Nach Gott und den Personen gehört dem Boden und seiner Produktivität die erste Sorge dieses Ökonomietyps.

129,22f. *Wahren ⟨...⟩ zu verführen und zu verkauffen]* »Waren ⟨...⟩ aus dem Haus zu führen« und – zum Beispiel auf den Stadtmärkten – zu verkaufen. Selbst in diesem, ein Ideal aufstellenden Kapitel kommt das Haus nicht ganz ohne Markt aus, an dem aber nicht alle Hausmitglieder einzeln teilhaben, sondern nur das Haus insgesamt und sein Repräsentant.

129,24 *das Land in guter Sicherheit]* Das hat für einen Gutsbesitzer in Österreich in der Zeit der Türkenkriege einen ganz konkreten Sinn; die Zuständigkeit des Landesherren für die Sicherheit unterstützt aber später auch die Vorstellung, daß er eine ganze Landesökonomie einzurichten habe.

129,27f. *Volckreich und vermöglich]* Das erste Wort ist ein Zentralbegriff aus Johann Joachim Bechers Werk *Politischer Diskurs* (vgl. Edition und Kommentar in diesem Band), der zweite Begriff meint in diesem Kontext wohl schon ›kapitalkräftig‹.

129,30 *bedencken / ehe man sich an einen Ort niderlasse:]* Schon die literarische Tradition stellte gern die Erwerbung des Landgutes voran; Hohberg hat nacheinander mehrere Güter erworben und bewirtschaftet.

129,32-35 *Lust / Kunst und Vermögen ⟨...⟩ durch Fleiß und Arbeit zu wegen gebracht]* Das Vermögen könnte auch ›Befähigung‹ meinen, aber wenn es durch Arbeit »zuwege gebracht« ist, dann hat es sich bereits angesammelt, ist also Kapital.

129,37 *die Zeiten wissen]* Auch Hohberg bietet darum Monatskalendarien für landwirtschaftliche Arbeiten.

130,2f. *Bau-Arbeiten]* »Landbau-Arbeiten«, also landwirtschaftliche Tätigkeit.

130,4 *Unterthanen regieren]* Gemeint sind die dem Grundherren untertänigen Bauern, die zu Abgaben und Dienstleistungen verpflichtet sind und mit unterschiedlichen Bedingungen auch seiner politisch-rechtlichen Kontrolle unterliegen.

130,12f. *Hausvätter und Hausmütter / bey ihrem Beruff]* Obwohl dem Hausvater auch die Oberherrschaft obliegt, ordnet Hohberg die Hausmutter darstellungstechnisch und von der Funktionswichtigkeit her neben ihn; ihr ›Beruf‹ ist die innerhäusliche Tätigkeit.

130,25 *der heilige Chrysostomus]* Patriarch zu Konstantinopel (347-407), der in seinen Schriften die praktische christliche Moral betonte. Für die Überordnung des Ackerbaus ließen sich viele Autoritäten zitieren.

130,28 *gewissern Wucher und Uberfluß]* Das ist eine Anspielung auf den erlaubten Gewinn aus dem Boden gegenüber dem immer noch suspekten Handels- und Kapitalgewinn, aber auch ein Lob auf den produktiven Ackerbau.

131,4 *Gleichnůssen und Lehren aus der Oeconomia]* Die vornehmlich landwirtschaftliche Orientierung der Bibel wird treffend erkannt und belegt so die eigene Sache. Hier gründet umgekehrt die Zins- und Handelsfremdheit der christlichen Tradition.

131,15f. *Encomiasten]* Lobredner.

131,18 *Disposition]* Nicht die Gesamteinteilung, sondern die in den Teilen und Büchern wiederkehrende Vorgehensweise vom unter Nutzungsaspekten Wichtigsten zum Randständigen. Der Grundsatz erklärt viele sonderbare Kapitel und Absätze der Hausbuchliteratur, die gleichsam nur Exkurse sind. Zum Nutzenbegriff siehe unten Anm. 135,18f.

131,23f. *in genere & specie]* Im allgemeinen und besonderen.

131,27f. *Wildbahn* ⟨...⟩ *Frondiensten]* »Wildbann«. Das Jagdrecht sieht Hohberg als eines der »schŏnsten, nůtzlichsten und anmůtigsten Regalien« eines Guts oder einer Herrschaft. Hier werden die mit der alteuropäischen Grundherrschaft verknüpften Reservatrechte ihres Inhabers und die Verpflichtung der abhängigen Bauern zu Arbeitsdiensten und Abgaben in ihrer österreichischen Ausgestaltung und Benennung behandelt. Das ganze Rechtssystem wurde gleichsam mitverkauft, mußte also mitkalkuliert werden.

131,34f. *Oesterreichischen und Steyrerischen Eysen-Ertz-Gewerckschafft]* Eine besondere, im Bergrecht bekannte Gesellschaftsart, bei der jedes Mitglied ein gewisses Kapital auf Gewinn und Verlust anlegt. Der Zusammenhang entsteht über das Landhandwerkertum, das in das grundherrliche Rechtssystem eingebunden ist.

132,3f. *Herren des Hauses eingefůhrt]* Eingeführt ist der Hausherr eigentlich schon in dem abgedruckten Vorspannkapitel des »Ersten Buches«, aber nun werden seine Funktionsbereiche im Hinblick auf Personen, landwirtschaftliche Arbeiten und zum Rechnungswesen dargestellt.

132,5f. *ins gemein in der Wirthschafft]* Damit ist nicht materiell kalkulierend gemeint, sondern die Regulierung der gesamten Tätigkeit der Hausgemeinschaft. Darum wird hier der landwirtschaftliche Arbeitskalender eingeschaltet.

132,14 *Kastnern]* Keller-, Rentmeister: Ein für einen Amtsbezirk bestellter Beamter, der das fürstliche Kammergut, vor allem den »Kasten« (Speicher) verwaltete, in dem die Naturalabgaben der Untertanen des Bezirks gelagert wurden.

132,26 *Ehwirthin]* Im Buch selbst als Haus-Mutter bezeichnet, deren Zuständigkeit ganz parallel von den moralisch-persönlichen Beziehungen bis zum Tätigkeitsfeld auf 100 Seiten ausgebreitet wird.

132,31f. *Speißgewölbe und Kuchen]* Das ist der breit behandelte Bereich von »Keller und Küche«.

132,35 *Antidoten]* Gegenmittel, Gegengift. Ein innerlich wirkendes Medikament, angewendet bei giftigen Tierbissen und -stichen oder bei großen eitrigen Geschwüren.

132,37 *Juleppen]* Aus dem ital. »giulebbe«. Ein mit Zucker versetzter eingedickter Fruchtsaft, in einem aufwendigen Verfahren hergestellt. Sowohl als Kühltrunk wie auch als Medizin verwendet.

133,3 *gähen fürfallenden Zuständen]* »Jäh vorfallende Situationen«, also Notfälle.

133,10f. *in die Avantgarde geordiniret]* Die Einordnung in die ›Vorhut‹ einer militärischen Abteilung durch den ehemaligen Offizier Hohberg hat noch nichts ›Avantgardistisches‹ im zeitlichen Sinn, sondern meint in übertragener Bedeutung die räumliche Anordnung, zeichnet aber die bisher behandelten drei Bücher als den wichtigsten Teil aus.

133,17f. *nicht so gut / als bey den Alten]* Hohberg bemerkt den Rückgang des Weinbaus, erkennt aber nicht die klimatische Änderung durch die ›Kleine Eiszeit‹, sondern macht Pflegedefizite dafür verantwortlich.

133,25 *Im Andern Theil]* Im zweiten Teil des zur Rede stehenden »Vierten Buches«, nicht des gesamten Werkes.

133,28f. *in die Rinden peltzen / äugeln / röhrlen / ablactiren]* Veredelungsformen der Obstbäume.

134,6 *jetten]* Jäten, Unkraut entfernen.

134,8 *Gezeuge]* Auch Zeug, »Werkzeug«.

134,19f. *den gradibús der Kräuter]* Charakterisierung der Kräuter nach dem Grad ihrer Wirksamkeit.

134,21 *artlichen Signaturen]* Klassifizierung nach zum Beispiel Gestalt, Farbe, Proportion und Geruch, manchmal auch nach Himmelszeichen und Planeten. Hohberg hielt diese »scrupulosen und ganz und gar curiosen Materien« des weisen Hausvaters »Berufs und Amts« nicht für würdig, unterschied also zwischen eigentlich ökonomischer und nicht mehr zu berücksichtigender detailliert naturkundlicher Signaturenlehre.

134,28 *Sale terrene]* Ein mit Emblemen und Gewächsen ausgestatteter und ausgeschmückter Saal in einem Lustgarten.

135,4 *Kielwerck]* Zucht und Pflege von Zwiebelgewächsen.

135,18f. *das nützliche dem angenehmen vorgezogen]* Der bereits eingangs beschriebene Grundsatz erinnert hier an die auf Horaz zurückgehende Kunstdefinition ›prodesse et delectare‹ (nützlich sein und erfreuen), ähnlich auch im letzten Absatz. Die Devise der ›Fruchtbringenden Gesellschaft‹, in der Hohberg Mitglied war, lautete: »Alles zu Nuzen«.

135,23 *puntualmente]* Punkt für Punkt.

135,26f. *ältisten Handthierungen und Beruff / als Feldbau]* Der Bauernstand gilt in einem auszeichnenden Sinne als der älteste, hier wird der Stand schon funktional und professionell weitergedeutet.

135,30-33 *Replete 〈. . .〉 Terram]* »Erfüllet die Erde / breitet euch aus über die Erde und macht sie euch untertan und unterwerft euch die Fische des Meeres, die Vögel des Himmels und den ganzen Tierkreis, der da lebt auf der Erden« (Mose 1,26).

135,36 *nützlich und ergäbig zu verbessern]* Bodenverbesserungen zur Steigerung der Ergiebigkeit.

136,3 *sonderlichen artlichen Bau-Arten]* Feldbauarten, also zum Beispiel die Dreifelderwirtschaft und deren Modifikation durch Hinausschieben und Zwischenbesämung der Brache. Hohberg beschreibt eine österreichische Vierfelderwirtschaft und diskutiert neue Anregungen aus der italienischen Agrarliteratur.

136,9 *Auszehenden]* Das Abmessen des dem Grundherrn zustehenden Ernteteils (Zehnt).

136,12 *Wippeln]* Wib(b)el. Bezeichnet eine Reihe verschiedener Käfer, vor allem Horn- und Mistkäfer, die als Schädlinge im Getreide oder in Hülsenfrüchten leben.

136,16 *Weberkarten]* Die zum Rauhen der Tuche verwendete Kardendistel.

136,19 *Jieren]* Im Text: Gieren. Eigentlich: Gären.

136,24 *des Getraydes Chymischer Concentrirung]* Kornbrennen.

136,28 *Mayrviehe]* »Meiervieh« ist Rindvieh. Als Mayerhöfe, von lat. major, werden größere Höfe mit Nutztierhaltung, insbesondere Kühen, bezeichnet (vgl. »Meierei«).

136,29f. *Vortritt und oberste Stelle]* Hohberg ist also im Zweifel, ob er der Ständeordnung (Pferd) oder, wie versprochen, der Nutzenabwägung (Rind) den Vorzug geben soll, und bricht hier sein Versprechen.

136,37-137,1 *Rei rusticæ Scriptoribus nicht gethan haben]* Coler hatte in seinem Werk *Oeconomia oder Haußbuch* ebenfalls Pferde übergeordnet (vgl. hierzu das im Stellenkommentar wiedergegebene Inhaltsverzeichnis dieses Werkes). Entweder war Hohberg dies nicht bewußt oder er rechnet ihn als ›ökonomischen‹ nicht zu den ›rustikalen‹ Schriftstellern.

137,3f. *mehr ins Hause einträgt / und nicht so viel zu unterhalten kostet]* Das ist ein nachgeschobenes Argument für einen doch auch materiellen Nutzen des Pferdes. Dabei läßt sich Hohberg vielleicht aus andersartiger landschaftlicher Erfahrung die Zugtierfunktion des Pferdes als Argument entgehen.

137,20 *Bescheller]* Zuchthengst.

138,1 *Mies]* Moos.

138,6 *das galte Viehe]* Vieh, das weder Milch gibt noch tragend ist, z. B. Jungrinder.

138,15f. *Båren- und Mutterschweinen]* Eber und Säue. Im Buch selbst heißt es: »Der Bår soll wenigst über ein Jahr alt seyn / sonst werden die Fårcklein zu schwach«.

138,18 *Pfinnen und Umfall]* »Finnen«, Jungstadium der Bandwürmer. Umfall bezeichnet ein Viehsterben aufgrund verschiedener Ursachen.

138,22 *Copaunen]* Kapaune, kastrierte Masthähne.

138,24 *Indianischen Hůner]* Truthähne, Gallica d'India.

139,1 *Bienen]* Die Bienen bekommen allein ein halbes Buch zugestanden. Darin spiegelt sich die Wirtschafts- und Ernährungsbedeutung der Honigproduktion vor der Einführung der Zuckerraffinerie.

139,15 *Seidenwůrmen]* Ein umfangreiches Kapitel über Aufzucht, Natur, Vermehrung und Nahrung der Seidenwürmer für die modisch werdende Seidenherstellung.

139,30 *die Wasserlust]* Der Begriff wird noch nicht in der eingeschränkten Bedeutung für Wasserspiele und Springbrunnen des Rokoko verstanden, sondern schließt den wichtigen Ernährungsgesichtspunkt Fischzucht voll mit ein, bezeugt aber doch auch die von der Aristokratie ausgehende Freude am Wasser.

140,10 *in specie]* Insbesondere. Wenig bekannte Tierarten werden im folgenden nicht eigens kommentiert, wenn durch ihre Gruppierung Gattung, Lebensraum und Wirtschaftszweck offenkundig werden.

140,17 *Hausen / Důck und Sternhausen]* Ebenfalls Fischarten.

140,28 *mit denen im Wasser ertrinckenden Menschen beschlossen]* Das ist ein groteskes Beispiel dafür, wie weit in der assoziativ weiter reihenden Gliederung der Hausbuchliteratur das Ende vom Anfang wegführen kann, denn eigentlich sollte ja von der »Wasserlust« die Rede sein.

140,32f. *vom Viehtrieb in die Wålder]* Der Wald war in der Frühen Neuzeit ein noch nicht in der heute eingeengten Form wichtiger Wirtschaftsraum; angesichts knapp gewordener Weideflächen wurde er ganz besonders als Viehweide genutzt.

141,11f. *Chiens Courants]* Laufhunde, besonders zur Hasen-, Reh- und Hirschjagd verwendet.

141,29f. *Panthera ⟨. . .⟩ Roccoli]* Ein mit Netzen umzogener und mit einer Hütte ausgestatteter Ort zum Vogelfangen und -halten.

141,30 *Stangada]* Anlage zum Vogelfangen.

141,30 *Tesa forulana]* Weniger aufwendige Anlage, die ebenfalls zum Vogelfang dient.

141,32 *Tirace]* Tiraß, Tyraß, Tirasse. Ein großes Netz, das dazu dient, mit Hilfe eines Hundes oder Falken Rebhühner, Wachteln und Lerchen zu fangen.

141,34f. *Trånck-Tennen ⟨. . .⟩ Sprencklein]* Es folgen Formen der Tiertränken, die hier behandelt werden, weil sie aus Holz gemacht wurden.

142,6f. *Inbegriff meiner vollbrachten Oeconomia]* »Inbegriff« wird im 18. Jh. das charakteristische Wort für Lexikondefinitionen. Ökonomie ist also alles hier Genannte zusammen.

142,14f. *holdselige Untermengung des Feld-Lustes]* Der das Landleben oft besingende Dichter Hohberg meldet sich am Ende neben dem Agrarfachmann und Sachbuchautor noch einmal zu Wort. Dabei spielt vielleicht auch die verklärte Erinnerung an seine österreichischen Landgüter eine Rolle.

142,21 *Asyli]* Asyl, Zufluchtsort. Wohl eine diskrete Anspielung Hohbergs auf sein konfessionelles Exil in Regensburg.

JOHANN PETER VON LUDEWIG ÖKONOMISCHE PROFESSUREN UND KAMERALISTISCHE WISSENSCHAFTSPLANUNG IN PREUSSEN

Zu den grundlegenden Ereignissen der ökonomischen Wissenschaftsgeschichte gehört die Errichtung der ersten Fachlehrstühle an den deutschen Universitäten. Einen geradezu legendären Ruf hat hier die Begründung einer neuen ›Professur in Oeconomie, Policey und Cammer-Sachen‹ 1727 in Halle und bald darauf auch in Frankfurt an der Oder erlangt. Was diese Lehrstuhlbezeichnung genau heißen sollte, darüber waren sich auch die ersten Amtsinhaber Simon Peter Gasser (1676-1745) und Justus Christoph Dithmar (1678-1737) nicht ganz einig, und es gehörte künftig zur Profilierung aller ›Kameralisten‹, ihr Fach jeweils anders zu verstehen und neu durchzugliedern, was den Wissenschaftshistorikern viel zu tun gegeben hat. Aber wissenschaftliches Programm war es doch stets, eine Beziehung zwischen Staatsverwaltung und Haus- und Landwirtschaft herzustellen und konkret den zukünftigen Staatsbeamten eine Ausbildung für die Praxis in Wirtschaft und Verwaltung zukommen zu lassen. Der eigentliche Gründer war Preußens großer ›innerer‹ König Friedrich Wilhelm I. (1688-1740), der durch Ausbau und Neuorganisation von Militär, Beamtentum und Wirtschaft die Weichen für den im guten und schlechten einzigartigen Weg eines deutschen Territorialstaates stellte. Der König und seine Helfer versprachen sich von diesem Akt der Wissenschaftsförderung eine bessere Ausbildung der Pächter und Verwalter der staatlichen Domänen, die ein Drittel Preußens ausmachten und ca. 50 Prozent der Staatseinkünfte erwirtschafteten. Eine kameralistische Ausbildung sollte aber auch den Gutsherren mehr

Fachkenntnisse vermitteln und dem ganzen Land wirtschaftliche Impulse geben. Bei der ersten dieser preußischen Lehrstuhlgründungen ist eine akademische Festrede gehalten worden, die das klassische Ereignis mit Sinn für den historischen Zusammenhang und die ökonomische Bedeutung widerspiegelt und darüber hinaus der neuen Wissenschaft einige Gedanken und erhellende Pointierungen mit auf den Weg gab. Die Rede ist in der erweiterten Form einer Abhandlung publiziert worden und stellt so selbst ein klassisches Dokument dar, das auch schon als Zitatenschatz genutzt wird und hier für die Grundlegung kameralistischer Wissenschaft stehen soll.

Der Verfasser Johann Peter von Ludewig galt Zedlers Universallexikon in der Mitte des 18. Jahrhunderts als »einer der berühmtesten Publicisten und Geschicht-Schreiber unserer Zeiten«, aber dieser bald wieder etwas verblaßte Ruhm galt vor allem dem Reichshistoriker und Staatsrechtler. Ludewig war 1670 als Sohn eines Amtmanns in Hohenhardt bei Schwäbisch Hall geboren worden und hatte in Tübingen und Wittenberg unter anderem Theologie studiert. Seit 1695 war er Professor an der Universität Halle, und zwar nacheinander für Philosophie, Geschichte und Jura. Der 1719 geadelte Hallenser Professor besaß das besondere Vertrauen des Hofes, wurde auch als Berater und zu diplomatischen Diensten herangezogen und hat sich später dazu hergegeben, die berüchtigte Rechtsableitung preußischer Erbrechte in Schlesien zu liefern, die Friedrich d. Gr. für die Eröffnung seiner Kriege brauchte. Als »Königlicher Hofhistoriograph«, Geheimer Rat und Kanzler der berühmt gewordenen Universität hatte er eine politisch-akademische Schlüsselstellung inne, die ihn auch als einen der Förderer und berufenen Interpreten der preußischen Wissenschaftspolitik erscheinen läßt. Als Besitzer einiger Rittergüter hat er sich auch selbst ein wenig um deren Bewirtschaftung und Verpachtung gekümmert. Ludewig starb 1743.

Die wissenschaftlichen Werke Ludewigs galten vor allem der Reichsgeschichte und dem Reichsrecht, das in dieser

Zeit noch der obersten politischen Verfassungswirklichkeit entsprach, an der gerade der berühmte Reichspublizist mit besonderem Nachdruck festhalten wollte. Das scheint nicht nur wenig mit dem engagierten preußischen Kameralisten zu tun zu haben, sondern ihm geradezu entgegenzustehen, denn gerade das militärisch-ökonomisch aufsteigende Preußen hat dieses von Ludewig verteidigte Rechtssystem schließlich gesprengt. Ludewig hat jedoch in seiner vielbeachteten Schrift *Germania Princeps* von 1702 auch das Recht der deutschen Territorialstaaten im Reich herausgestellt, und sein Landesfürst stellte bei allem inneren Landesausbau den Reichsverband noch nicht in Frage. Ein anderer, nicht leicht aufzulösender Widerspruch entsteht daraus, daß Ludewig als ein Hauptvertreter der historischen Schule der Reichspublizistik gilt, für die Geschichte und Herkommen der eigentliche Rechtsgrund für das in der eigenen Zeit gültige Reichssystem war. In seiner historischen Schrift *Entwurff der Reichs-Historie und Rechtliche Erläuterung der Reichs-Historie vom ersten Ursprung bis 1734* blieb er besonders statischen Vorstellungen verhaftet und forderte in allen Verfassungsfragen einen Status quo, während die kameralistische Schrift die preußischen Maßnahmen fast schon als Innovation im Sinne der Aufklärung feierte. Das mag an der Übergangszeit und den unterschiedlichen Themen liegen, aber die ökonomische Abhandlung zeigt doch auch noch Parallelen: Die zahllosen historischen Beispiele, die von der Antike an immer noch gültig und lehrreich sein sollen, erinnern an die Argumentationsweise des Verfassungsjuristen. Der Zusammenhang der Schriften verweist so auch auf das in der Frühen Neuzeit alle Wissenschaften durchdringende statische Denken in historischen Exempeln, aus dem sich auch die Ökonomie erst sehr vorsichtig zu lösen beginnt.

Die Ausführungen Ludewigs sind in ihrem rhetorischen Aufbau schlicht: sie loben in einem langen und mit historischen Beispielen und Vergleichen durchsetzten Anlauf die Regierung des preußischen Königs und lassen sie in der Verwaltungsreform und Lehrstuhlgründung gipfeln. Die

Edition eines geschlossenen Textes beginnt an dieser Stelle mit § 45 und gibt so bis zum Schluß vollständig wieder, was Ludewig zu Lehrstuhlgründung, Wissenschaftsentwicklung und Literatur sagt. Der lange Anlauf stellt jedoch ebenfalls einige Dinge besonders heraus, die für das ökonomisch-politische Profil des Gründungslandes, den Hintergrund der Lehrstuhlgründung und das Lehrprogramm von besonderem Interesse sind. Deshalb sind die Paragraphen 1-3, 10, 18-22, 29-30, 33 und 38 vorweggestellt und anhand der Marginalien in ihrem Inhalt gekennzeichnet.

Die Abhandlung beginnt mit einer Reihe von historischen Exempeln, von denen das erste abgedruckt ist: Der sagenhafte Perserkönig Kyros soll, dank Xenophon (um 430 - um 354 v. Chr.), bereits den Zusammenhang von Armee und Wirtschaft als die beiden voneinander abhängigen »Grundsäulen« eines blühenden Staates erkannt haben. Es ist klar, wovon hier die Rede ist: von Preußen und Friedrich Wilhelms I. Lieblingsthema. In der Vorlage tritt der preußische König nun noch ausgiebig als König Heinrich IV. von Frankreich auf; die Edition blendet sich wieder ein, wenn er als der gegenwärtig regierende König zu erkennen ist (§ 10) und fortan seine umso preiswürdigeren Taten unter eigenem Namen verrichtet. Dazu gehören unter wirtschaftlichem Gesichtspunkt besonders die typisch merkantilistischen Maßnahmen wie Einwanderungspolitik, Handelsbilanzmaßnahmen, Förderung von Manufakturen mit besonderer Beachtung des Textilbereiches und der militärischen Ausrüstung, Einführung der Akzise als städtische Verbrauchssteuer, und das alles zwischen den Polen Wohlfahrt und Militär. Das ist ökonomische Zeitgeschichtsschreibung, die fast genauso in das Geschichtsbild und die Geschichtsbücher bis heute eingegangen ist. Ein besonderes Interesse gewinnen dann in Preußen wieder die Domänen, auch »Königliche Ämter« genannt. Durch einen von Ludewig beschriebenen Wechsel des Verpachtungssystems – von der Erbpacht zu Zeitverträgen – konnte der Ertrag für die Staatskasse gesteigert werden. Darüber hinaus ging es aber nun auch um eine gezielt experimentelle Ertragssteigerung auf den Äckern: »In den vorigen Zeiten« habe sich der Hauswirt mit dem zufrieden gegeben, was Gott beschere, nun aber zähle man bei der Aussaat die Körner nach, um festzustellen, »auf das wievieleste Korn sich dieser und iener Acker bringen und treiben lasse« (§ 29, S. 152). Dazu eine Verjüngung der Verwaltung, eine Vereinheitlichung der Maße und Gewichte, und immer wieder der Vergleich mit den »vorigen Zeiten«, die nicht mehr vorbildlich, sondern schlechter sind: bevor es das Wort gab, meldet sich hier im ökonomischen Bereich der Fortschritt.

Ausführlich geht Ludewig dann auf die preußische Verwaltungsreform ein, aus der hier besonders die Finanzverwaltung interessiert. Die Einrichtung von Rechnungskammern gibt Gelegenheit, die Bedeutung der Rechenhaftigkeit für den Staat überhaupt hervorzuheben; der Autor erklärt das »Rechnen vor eine Machtkunst«, selbst Krieg und Frieden werden zu einer Frage des finanziellen Kalküls. Die weiteren Maßnahmen gipfeln in der berühmten Vereinheitlichung der gesamten Finanzverwaltung im Generaldirektorium. In der Terminologie etwas unübersichtlich, aber in der Sache klar, verweist Ludewig auf das Problem. In den deutschen Territorien bestand zumeist eine zweifache Finanzverwaltung unterschiedlicher Herkunft und Aufgabenstellung. Aus der Domäne als den Eigengütern des Fürsten wurden die Hauptausgaben und in deren Erweiterung die allgemeinen Landesausgaben bestritten, die in Preußen von Amtskammern verwaltet wurden. Für Kriege als Sonderbedarf zur Sicherheit aller konnten die Fürsten hingegen traditionell die Stände zur Kasse bitten, deshalb wurde das Militär aus den Steuereinnahmen finanziert, von Steuerbehörden, die in Preußen Kommissariate hießen. Ludewig berichtet, daß das zur Unterhaltung der stehenden Heere eingesetzte Generalkriegskommissariat mit dem Generalfinanzdirektorium in permanenten Konflikten lag, die Friedrich Wilhelm I. schließlich durch eine Zusammenlegung des Kammer- und Kriegswesens unter ein einheitliches Generaldirektorium löste. Zu diesem ganzen Anlauf sah sich der Hofhistoriograph, der nicht wie sonst Staats- und Kriegsgeschichte, sondern Innen- und Wirtschaftspolitik hervorheben wollte, nach eigenem Bekunden veranlaßt, weil der Stifter der Professuren selbst für den Inhalt der Kameralistik das beste Beispiel gebe. Damit ist Ludewig – ein Exkurs über sich selbst und seine Werke wird von der Edition diskret überblättert – bei seinem eigentlichen Thema.

Die Bedeutung der Schrift ist vor allem in dem abschließenden eindrucksvollen Stück Wissenschaftsplanung und Fachbeschreibung zu sehen, das Terminologie, Lehrinhalte und Fachliteratur einschließt. Schon Julius Bernhard von Rohr (1688-1742) hatte, vom Autor zu Recht hervorgehoben, die Einrichtung ökonomischer Professuren gefordert. Ludewig grenzte diesen auch von ihm gewünschten Typus vom älteren Kameralismus eines Veit Ludwig von Seckendorff (1626-1692) ab, dessen *Teutscher Fürstenstaat* von 1656 ihm zu sehr in einer wirtschaftsfernen kleinstaatlichen Verwaltungslehre steckengeblieben ist. Vor allem aber sollte man das neue Ökonomiefach nicht mit dem gleichnamigen akademischen Fach in der Moralphilosophie verwechseln, das in Zuspitzung des Aristoteles nur von den persönlichen Beziehungen und allgemeinen Hausweisheiten handelte. Hier fällt das den Unterschied schön pointierende Wort, diese Art Ökonomieprofessoren wüßten nicht, ob das Korn auf dem Acker oder auf den Bäumen wachse. Die nötige kameralistische Auffüllung von Ökonomie aber entlehnte Ludewig deutlich den materiellen Teilen der Hausbücher, und sie empfiehlt er auch als erste Fachliteratur. Als neuere Hausbücher nennt er die Werke von Franz Philipp Florin (1630-1703) und Andreas Glorez (um 1700) und besonders ein verwandtes Werk von Rohr (s. Text und Stellenkommentar), den er auch am liebsten auf dem neuen Lehrstuhl gesehen hätte, verweist aber auch auf deren Abhängigkeit von dem immer noch wegen der Verbindung von Literaturkenntnis und Praxis hochgeschätzten Wolf Helmhard von Hohberg (1612-1688). Ein Defizit der haus- und landwirtschaftlichen Literatur sieht er allerdings in deren rein technischen »Man-nehme«-Haltung, da es mehr Ordnung, Gründe und Regeln brauche. In dieser Kritik und den Hinweisen auf eigene Erfahrungen mit der Güterbewirtschaftung sowie Finanz- und Ertragsanschlägen bei der Verpachtung wird deutlich, daß er dem Fach mehr System und ein betriebswirtschaftliches Kalkül mitgeben möchte.

In diesen programmatischen Hinweisen Ludewigs spiegelt sich noch der aufgrund der Landesstruktur vornehmlich agrarische Ausgangspunkt des Kameralismus in Preußen und die landwirtschaftliche Vorzugsbedeutung des Begriffs Ökonomie im 18. Jahrhundert. An einer bemerkenswerten Stelle plant der Hallenser Kanzler aber bereits darüber hinaus und schlägt eine Erweiterung des zu engen Ökonomiebegriffs vor. Handel und Gewerbe nämlich, seit Aristoteles an den Rand gedrängt und in Preußen unter »Policeysachen« untergebracht, sollten doch auch mit zum Fachbereich der kameralistischen Lehrstühle gehören, obwohl es an einem Wort fehle, das »alles dies mit eins« ausdrücke. Das blieb auch für die weiteren kameralistischen Systematiker ein Problem, und erst Johann Heinrich Gottlob von Justis *Staatswirtschaft* (1758) hat wirklich einen solchen Integrationsbegriff durchgesetzt. Ludewig aber schlug mit »Wirtschaft« und »Ökonomie« bereits die richtigen Begriffe vor und gab damit dem Fach, das am Ende der Abhandlung schon mit ihnen bezeichnet wurde, eine hellsichtige Prognose für seine künftige Terminologie und Entwicklung mit auf den Weg.

TEXTGRUNDLAGE

Johann Peter von Ludewig, *Die, von Sr. Königlichen Majestät, unserm allergnädigstem Könige / auf Dero Universität Halle, am 14 Iulii 1727. Neu angerichtete Profession, in Oeconomie, Policey, und Cammer-Sachen wird, nebst Vorstellung einiger Stücke verbesserter Kön. Preußl. Policey, bekannt gemachet*, Halle 1727.

STELLENKOMMENTAR

143,6f. *ein Volck, Reich und Land beståndig glůckseelig machten]* Die Herstellung der Glückseligkeit für alle Menschen im Staat war der wesentlichste Grundsatz des Kameralismus. Er wurde der philosophisch-naturrechtlichen Theorie des Christian Wolff (1679-1754) und der aristotelischen Eudämonie, d. h. der von Aristoteles (384-322 v. Chr.) entwikkelten Vorstellung entlehnt, wonach die Glückseligkeit höchstes Ziel der Gesellschaft sein sollte (vgl. unten Anm. 166,12f.).

143,7 *CYRVS]* Kyros der Große, König der Perser 559-529 v. Chr., Begründer des altpersischen Weltreiches. Eine beliebte ökonomische Bezugsperson, weil Xenophon eine eigene ausführliche Schrift über die Erziehung des Königs und seine vorbildliche Leitung des Reiches verfaßt hat *(Kyrupaidäa)*, in der Macht und Reichtum des Königs beschrieben werden. Zu Unrecht haben später manche Wirtschaftshistoriker in der Beschreibung der verschiedenen Tätigkeiten in Kyros' Küche schon die moderne Arbeitsteilung vorgebildet gesehen. Das Eingehen auf die aufwendige Eßkultur soll aber nur die Vielzahl der Bediensteten und den Reichtum des Königs zeigen.

143,14 *Oeconomie] Oikonomikos*, Schrift des Xenophon; als Dialog angelegt, in dem Socrates (um 470-399 v. Chr.) die Rolle des weisen Diskussionspartners und Lehrers übernimmt; ökonomische Themen hatten in der Schule des Socrates ihren festen Platz.

143,16 *XENOPHON]* Griech. Schriftsteller, um 430 - um 354 v. Chr., Schüler des Socrates, Verfasser zweier wirtschaftshistorisch bedeutsamer Titel: *Oikonomikos* und *Mittel und Wege, dem Staat Geld zu verschaffen.*

143,17 *Salomo]* König von Juda, Israel und Jerusalem, 965-926 v. Chr., durch die Bibel zum Inbegriff eines weisen Regenten geworden.

143,20 *Policey-Sachen]* Die »Policey« stellte die wichtigste

Instanz des frühneuzeitlichen Staates zur Durchsetzung der Glückseligkeit dar. Sie befaßte sich mit der Verwaltung, der öffentlichen Ordnung, der inneren Sicherheit sowie mit allen Bereichen des öffentlichen Lebens wie Wirtschaft, Konfession, Alltagsleben usw. und füllte somit einen wesentlich weiteren Wirkungsbereich aus als heute. Kaum ein Bereich des gesellschaftlichen und privaten Lebens blieb von »policeylichen« Vorschriften und Disziplinierungsversuchen nicht abgedeckt.

143,21 *dem Xenophonti]* Dem Xenophon.

145,7-10 *Wirthschafft und gute Haußhaltung ⟨. . .⟩ die beste Armee]* Anspielung auf Friedrich Wilhelm I., 1713-1740 König in Preußen, der durch äußerste Sparsamkeit, großen Fleiß und persönliches Beispiel sowie durch strenge Disziplin einen gut verwalteten Beamten- und Militärstaat aufbaute und somit das Werk des Großen Kurfürsten Friedrich Wilhelm (1640-1688) fortsetzte. Mit der extremen Vergrößerung der Armee (1713: ca. 40 000 Mann, 1739: ca. 81 000 Mann) und seiner Vorliebe für alles Militärische (Soldatenkönig), das auch für das Zivilleben tonangebend wurde, begründete er die preußische Machtposition.

145,20f. *Der Landmann und Hauswirth műsse arbeiten]* Überkommenes Funktionsbild der ständischen Gesellschaft, wonach jedem Stand seine angewiesene Rolle zukommt; der Nährstand hat für die Versorgung der Bevölkerung mit dem Lebensnotwendigen zu sorgen, während der Wehrstand die Verteidigung nach außen übernimmt.

145,31 *tapfern und weisen Kőnig]* Lob des regierenden Friedrich Wilhelm I.

145,37-146,1 *noch keine Armeen gesehen, welche denen Preußischen zu vergleichen]* Mit strenger Disziplinierung und methodischen Exerzier- und Drilltechniken waren die preußischen Truppen tatsächlich in der Regierungszeit Friedrich Wilhelms I. auf einen vorbildlichen Leistungs- und Ausbildungsstandard gebracht worden. Die persönliche Vorliebe des Königs für das Militär zeigte sich auch äußerlich am Beispiel der ›Langen Kerls‹, des I. Bataillons des 1. Garderegiments zu Fuß, in dem nur Soldaten von besonderer Körpergröße Dienst taten.

146,6f. *milites ostensionales]* Severus Alexander (208-235), röm. Kaiser 222-235, pflegte einige ›Paradesoldaten‹ dadurch auszuzeichnen, daß sie mit leuchtenden und besonders auffallenden Rüstungen ausgestattet wurden.

146,13 PYRRHI] Pyrrhos (319-272 v. Chr.), 306-302 und 297-272 König der Molosser in Epeiros in Nordwestgriechenland.

146,30 *daß der Leute zu viel wůrden]* Entgegen dem allgemein verbreiteten kameralistischen Argument, daß die Bevölkerung um jeden Preis vermehrt werden müsse (s. Kommentar zu Johann Joachim Becher), findet sich im 18. Jh. auch schon die Furcht vor einem zu starken Anwachsen der Bevölkerungszahl, bestärkt vor allem durch die negative Erfahrung in unterentwickelten Gebieten mit starken Auswanderungsbewegungen, mit Hungerkrisen und mit Arbeitsmangel.

147,19f. *durch neue Einwohner wiederum aufzuhelffen]* Preußen, das durch den Dreißigjährigen Krieg und Pestseuchen besonders starke Bevölkerungsverluste erlitten hatte sowie über große schwachbesiedelte Gebiete – vor allem im Osten – verfügte, bemühte sich stets um den Zuzug gut ausgebildeter Personen. Spektakulärste Aktionen waren die Aufnahme der französischen Hugenotten Ende des 17. Jhs. und – bald nach der Formulierung dieses Programms preußischer Einwanderungspolitik – die Aufnahme von über 15 000 vom Erzbischof vertriebenen Salzburger Protestanten im Jahre 1732.

147,27 *Colonisten]* Neu angesiedelte Einwanderer auf dem Lande, vor allem in den östlichen Provinzen Preußens.

147,31 *Freyjahre]* Jahre, in denen bestimmte Abgaben oder Dienste nicht geleistet werden mußten.

147,35 *foule]* (Franz.) »Menge«.

148,12 *Tabellen]* Seit dem 17. und 18. Jh. entwickelte sich die moderne Statistik, die zunehmend in den Dienst des Staates und seiner Verwaltung gestellt wurde. In diesem Falle dienten die statistischen Tabellen zur obrigkeitlichen Regulierung des Arbeitsmarktes.

148,18f. *daß das Geld in dem Lande geblieben]* Eines der wichtigsten Ideale der merkantilistisch-kameralistischen Wirtschaftsauffassung stellte die positive Handelsbilanz gegenüber dem Ausland dar. Deshalb wurde mit allen Mitteln der staatlichen Regulierung darauf geachtet, möglichst kein Geld ins Ausland abfließen zu lassen.

148,26 *Konigin Elisabeth]* Elisabeth I. (1533-1603), Königin von England 1558-1603.

148,31 *guldene Vließ]* Goldenes Vlies, Fell eines goldenen Widders in der Argonautensage, hier Symbol für die wirtschaftliche Bedeutung der Tuchindustrie.

148,36 *Tuchknappen]* Webergesellen.

149,2 *Marckische Wolle]* Wolle aus der Mark Brandenburg.

149,11 *success]* (Franz.) »Erfolg«.

149,16 *Acciseregister]* Akzise; Verbrauchssteuer, vor allem als Abgabe auf Lebensmittel und Handelsware. In Preußen seit 1641 nach holländischem Vorbild durch den Großen Kurfürsten zur Besteuerung der Städte eingeführt, wobei die Erträge in erster Linie Heereszwecken dienten.

149,22f. *Allmosenamtern]* Im 18. Jh. existierte noch kein geschlossenes staatliches System der Armenfürsorge, was sich besonders in Krisenzeiten, z. B. während der Hungerkrise 1708-1712, mit einem rasanten Anstieg von Vaganten und Bettlern negativ bemerkbar machte. Da die Bekämpfung des Bettelwesens mit zu den Hauptanliegen der ›Policey‹ gehörte, wurde diesem Bereich große Aufmerksamkeit gewidmet. 1695 wurde die Berliner Armenkasse gegründet. In Halle, wo jährlich zwischen 6000 und 7000 Reichstaler an Bedürftige verteilt wurden, war Ludewig selbst Direktor der Almosenkasse. Geregelte Einnahmen gab es dort aber ebenso wie in Berlin nicht. Die erzielten Einnahmen setzten sich aus monatlichen Haussammlungen und Beiträgen mildtätiger Stiftungen zusammen.

150,3-6 *daß die gemeine Wohlfarth des Landes ⟨...⟩ dem Eigennutzen dieses oder ienes einzeln Mannes, vorzusetzen]* Die allgemeine Wohlfahrt bildete das politische Kernstück der kameralistischen Glückseligkeitsvorstellung. Dabei war das persönliche Interesse des Individuums, eben der Eigennutz, dem Allgemeininteresse unterzuordnen. Theoretisch sollte auf diese Art das Gesamtwohl der Gesellschaft auf ideale Weise befördert werden und somit dem Individuum als Teil des gemeinsamen Ganzen wiederum zugute kommen.

150,15f. *Stromweis]* Wie ein Strom, d. h. in großer Menge.

150,18 *Reichspolicey]* Zwar gab es durchaus eine Reichspoliceyordnung, übergeordnete Reichsgremien und sogar einen Reichsmerkantilismus, aber Ludewig streicht hier aus preußischem Interesse die wirtschafts- und finanzpolitische Verantwortung der Territorien heraus.

150,18f. *der vielen Hǻupter wegen]* Gemeint ist die territoriale Vielgestaltigkeit des Reichs mit seinen vielen Regierungshäuptern.

150,25 *Cathune]* Kattun, Baumwollgewebe.

150,27 *Gezeig]* Zeug, d. h. Tuch (eigentlich Kammgarntuch).

150,29 *wůllene und leinene Zeige]* Wollenes und leinenes Tuch.

151,8f. *daß alle fremde Zufuhr davon gleichfals verbothen]* Einfuhrbeschränkungen und Einfuhrverbote gehörten zu den wirksamsten Mitteln kameralistisch-merkantilistischer Wirtschaftsregulierung. Durch derartige Maßnahmen sollten einheimische Produkte vor ausländischer Konkurrenz geschützt und das Abfließen von Geld ins Ausland verhindert werden.

151,18 *Liegge]* Liège, Lüttich.

151,26 *Anschlag]* Vorschlag, Plan.

151,26f. *Verpachtung der Kǒnigl. Aemter]* Zur Regierungszeit Friedrichs I. wurde die Domänenverwaltung, die sowohl die betriebswirtschaftliche Leitung als auch richterliche und polizeiliche Aufgaben umfaßte, zu einem festen gleichbleibenden Geldbetrag in Erbpacht ausgegeben. Da aufgrund allgemeiner Geldentwertung der Pachtzins immer mehr im Wert sank, wurden unter Friedrich Wilhelm I. wieder Zeitpacht-Verträge abgeschlossen, die eine Anpassung des Pachtzinses an die konjunkturelle Entwicklung zuließen.

151,27f. *Unter der vorigen glorwürdigsten Regierung]* Friedrich Wilhelms I. Vater (1657-1713) regierte als Kurfürst Friedrich III. von Brandenburg und seit der Krönung in Königsberg 1701 als König Friedrich I. in Preußen.

151,28 *Königl. Cammern]* Königliche oberste Behörden.

151,29f. *Vorwercker]* Vorwerk, den Gutshöfen vorgelagerte, wirtschaftlich mehr oder weniger selbständig arbeitende Höfe, die auch bei Verpachtungen meist getrennt verpachtet wurden. Hier sind die Vorwerke der Domänen gemeint.

151,34 *Erbstandsgeldern]* Erbpacht. Form des Grundbesitzes, bei dem der Eigentümer ein Gut erblich gegen jährlichen Zins einem Pächter überläßt, welcher damit ein Nutzungsrecht erwirbt.

152,3f. *des vielen aus America und andern Bergwercken genommenen Sielbers halben]* Zeitgenössische Erklärung für die Inflation vor allem während des 17. Jhs. durch die Zunahme der Edelmetallmenge aufgrund spanischer Silberimporte aus den südamerikanischen Kolonien.

152,25 *in den vorigen Zeiten]* Das wird in diesem Text zur stehenden Formel des Vergleichs, nicht mehr um das Ideal der Vergangenheit, sondern um die Überlegenheit der Gegenwart zu betonen.

153,27 *von Universitäten und Reisen kommen]* Zur Ausbildung junger Adeliger gehörte der Besuch einer Universität sowie eine Reise durch die wichtigsten Länder Europas, die sog. Kavalierstour.

154,9 *Wird nun eine Stelle ledig]* Wird eine Stelle frei.

154,18f. *bey abgehender Gelegenheit]* Bei fehlender Gelegenheit.

154,22 *Pythagoras]* Griech. Philosoph und Mathematiker, um 570 - um 500 v. Chr.

155,7 *Ellen]* Längenmaß von regional unterschiedlicher Größe, meist zwischen 50 und 80 cm.

155,12f. *Dresder Scheffel]* Scheffel: Hohlmaß vor allem für Getreide, Mehl usw. von regional unterschiedlicher Größe. In Sachsen betrug ein Scheffel ca. 105 Liter.

156,1 *estoffe]* (Franz.) »Stoff«.

156,7 *Schiff-Pfund]* Frachtmaß von regional unterschiedlicher Größe, z. B. in Hamburg ca. 135 kg, in Bremen ca. 153 kg.

156,17f. *daß, in Policey-Sachen, jeder Landesherr in Teutschland seine Freyheit allezeit gehabt habe]* Die Innenpolitik war in Deutschland traditionell Ländersache, aber es gab eine übergeordnete Rahmengesetzgebung.

157,12 *Teutsche Meilen]* Meile: Längenmaß von regional unterschiedlicher Größe, in Preußen z. B. 7532 Meter.

157,20f. *Berlinischen Scheffels]* Preußischer Scheffel (ab 1816) ca. 54 Liter.

157,23 *Gefällen]* Abgaben.

158,27 *ins Gelach hinein]* Zum Gelächter, zum Spott der anderen.

158,30 *Tacitus]* Röm. Geschichtsschreiber (55 - nach 116), Verfasser von *De origine et situ Germanorum* (*Über die Germanen*).

158,34f. *amunition]* Munition, Geschützkugeln.

158,37-159,1 *pacem te poscimus omnes]* Frieden, dich fordern wir alle.

159,14f. *niedere regalien]* Regalien, königliche Hoheitsrechte. Die Unterscheidung in fiskalische ›niedere‹ und in ›höhere‹ Regalien seit dem 15. Jh.

159,19f. *eine immerwährende angeworbene Mannschafft]* Eine feste, ständig unter Waffen stehende Armee: sog. ›stehende Heere‹.

159,24f. *Kriegs-Commissariat]* Das zur Verwaltung der Armeeangelegenheiten 1660 gegründete Generalkriegskommissariat.

159,27f. *die so genannte Cammer]* Das aus der Geheimen Hofkammer 1713 entstandene Generalfinanzdirektorium.

159,29 *reditus fiscalinos]* Steuereinkünfte.

159,32 *aerarium]* Staatskasse, Staatsfinanzen.

159,32f. *beyde collegia öfters aneinander gerathen]* Das Generalkriegskommissariat und das Generalfinanzdirektorium hatten sich zunehmend zu Konkurrenzunternehmungen entwickelt, die oft gegeneinander arbeiteten. Darum wurden 1722/23 beide Behörden zum Generalfinanz-, Kriegs- und Domänendirektorium – dem sog. Generaldirektorium – vereinigt. Damit war eine oberste Behörde für die gesamte innere Staatsverwaltung und Wirtschaftspolitik entstanden.

161,2 *hazard]* (Franz.) »Zufall«.

161,7 *passionen]* Emotionen, Leidenschaften.

161,31f. *wann die chatoullen von Potsdam]* Hauptstadt Preußens war Berlin, die königliche Residenz wurde aber vor allem durch Friedrich Wilhelm I. nach Potsdam verlagert. Hier sind also die königlichen Anweisungen gemeint, die vom König in Potsdam an die Behörden in Berlin gingen.

162,3f. *ORACVLA geglaubet* 〈. . .〉 *GENIOS erdichtet]* An göttliche Eingebungen geglaubt.

162,36f. *eine neue PROFESSIONEM zur OECONOMIE, Policey und Cammersachen angeleget]* Einen Lehrstuhl für Ökonomie, Policey- und Kammersachen gegründet.

163,14 *Universitäts-Bedienung]* Universitätspflichten.

163,16 *professione historiarum]* Professur für Geschichte.

164,33 *STVDIOSI]* Studenten.

164,35 *Iustiniani M. in §. 7 prooem. Instit.]* In der Vorrede zum Corpus Juris Civilis des Justinian, dessen ersten Teil die Institutiones bilden, ergeht unter 7 die Aufforderung, das Werk zum Besten des Staates mit Aufmerksamkeit und Fleiß zu studieren. Justinian I. (482-565), seit 527 in Konstantinopel residierender röm. Kaiser, schuf mit diesem Corpus eine für Jahrhunderte wegweisende Rechts- und Gesetzessammlung.

165,8f. *Landwesens in den Königl. Aemtern* 〈. . .〉 *Policeysachen in den Städten]* Ludewig hält hier noch die ältere Unterteilung der Landverwaltung von der Stadtverwaltung aufrecht.

165,13 *Hertzogthum Cleven]* Herzogtum Kleve am Niederrhein, das westlichste der weitgestreuten preußischen Territorien.

165,20 *Iulius Bernhard von ROHR]* Vielseitiger Schriftsteller, der vor allem durch seine 1716 herausgekommene *Compendieuse Haußhaltungs-Bibliothek* berühmt geworden ist.

166,6 COLVMELLA] Römischer Agrarschriftsteller im 1. Jh. n. Chr. Verfasser von *De re rustica*, einer bedeutenden landwirtschaftlichen Abhandlung in zwölf Bänden.

166,12f. PROFESSORI PHILOSOPHIAE PRACTICAE] Professor der Praktischen Philosophie. Praktische Philosophie wird in Anlehnung an Aristoteles diejenige philosophische Disziplin genannt, die das menschliche Handeln mit Blick auf die ethisch-moralischen, rechtlich-politischen und häuslich-pragmatischen Formen des Lebensalltags betrifft. Zu Ludewigs Zeiten war die ›Philosophia practica‹ fester Bestandteil der Lehrinhalte der Philosophischen Fakultät. Einem Professor der Praktischen Philosophie oblagen nach aristotelischer Tradition neben den Fächern Politik und Ethik auch die Ökonomie, letztere aber nur im Sinne des häuslichen Zusammenlebens.

166,19f. *seine so genannte zwey Oeconomie-Bücher*] Insgesamt existieren drei Ökonomie-Bücher, die früher Aristoteles zugeschrieben wurden, nach heutigem Wissensstand aber nicht von diesem stammen.

166,21 AVERROES] Latinisierter Name für Ibn Ruschd (1126-1198), bedeutender arabischer Philosoph, Theologe, Jurist, Mediziner. Im Mittelalter wichtigster Kommentator des Aristoteles.

166,32 *Dinger*] Dünger.

166,33 *verbrauen*] Aus dem Getreide Bier brauen.

167,5 *Haußtafel, welche die Kinder herbethen*] Ein Anhang zum Katechismus Luthers, in dem Gebote des häuslichen Zusammenlebens gelehrt werden.

167,24 *οἰκονομία*] Oikonomia, von griech. oikos – Haus, Haushaltung.

167,31 *de re* AGRARIA] Von den landwirtschaftlichen Dingen.

167,31f. *de* AGRICOLATIONE] Vom Landbau.

167,32 *de re* RVSTICA] Von den ländlichen Dingen, vom Landleben.

167,32f. *de re* FAMILIARI acquirenda & conseruanda] Vom hausgenossenschaftlichen Erwerb und seiner Erhaltung.

168,3 *an einem fůglichen Wort fehlet]* Ludewig spricht hier eines der zentralen Probleme der zeitgenössischen ökonomischen Theoriebildung an, nämlich das Fehlen eines Integrationsbegriffes, der sowohl Wirtschaft als auch Policey umfaßte. Wählte man nur den Begriff Wirtschaft, erschien der unter Policey gefaßte Aspekt von Handel und Wandel nicht berücksichtigt. Also schlägt Ludewig vor, zwar den Begriff Wirtschaft zu benutzen, diesen aber in seiner Bedeutung auf den gesamten Bereich von Handel, Wandel, Haushalt und Ökonomie, sowohl im Privat- als auch im Staatsbereich, auszudehnen.

168,11 *Erweiterung ihrer Sprach mehr Fleiß]* Gedacht ist an die Académie Française, der seit ihrer Gründung im Jahre 1635 die Pflege der französischen Sprache oblag.

169,9f. *oeconomia salutis]* Oder ›Oeconomia divina‹. In der Theologie die Austeilung der durch Christus erworbenen Heilsgüter. Anknüpfung an die alte theologische Sonderbedeutung (vgl. Johannes Coler, Stellenkommentar, Anm. 38,31f.).

171,7 *Querfurth]* Stadt im südlichen Harzvorland (Sachsen-Anhalt).

171,30 *mit Wirthschafftsverståndigen]* Ludewig entwickelt nun mit großer Sachkenntnis eine Reihe wirtschaftstechnischer Details, die gegenüber älteren Hausbüchern schon betriebswirtschaftliche Gesichtspunkte einbringen.

172,2 *Hut, Trifft und Weide]* Weidegerechtigkeit und Hutgerechtigkeit bezeichnen das Recht, Vieh auf fremden Grundstücken weiden zu lassen. In engem Zusammenhang damit steht die Triftgerechtigkeit, das Recht, Vieh über ein fremdes Grundstück zur Weide zu treiben. Beides waren wichtige Bestandteile der mittelalterlichen und frühneuzeitlichen Gemeinschaftsverfassung auf dem Lande.

172,3f. *Brauen 〈. . .〉 Gebråude]* Bierbrauen.

172,6f. *Gôldevieh]* Auch Gaeltevieh oder Galtvieh; Vieh, welches weder tragend ist, noch Milch gibt, z. B. Jungrinder.

172,15 *Lehenwaaren]* Lehngeld, das dem Gerichts- oder Lehensherrn für dessen Einwilligung beim Verkauf oder

Verschenken unbeweglicher Güter entrichtet werden mußte.

172,20 *Anzahl der Blasen]* Blase. Ein in der Regel eingemauertes Wassergefäß, in dem Wasser erhitzt werden kann; bei der Herstellung von Branntwein benutzt.

172,29 *GERMANIAM PRINCIPEM]* *Germania Princeps*, Werk von Ludewig aus dem Jahr 1702, in dem die einzelnen deutschen Territorien abgehandelt werden.

172,32 *differentias iuris ROMANI & GERMANICI]* Unterschiede zwischen römischem und germanischem Recht.

172,36f. *Veit Ludwig von Seckendorff]* Seckendorff, sächsischer Staatsmann und Gelehrter; Verfasser des *Teutschen Fürsten Staats* von 1656, einem Hauptwerk der kameralistischen Staatswissenschaften.

173,5 *Kåyserliche Privilegia]* Deutsche Universitätsneugründungen bedurften einer kaiserlichen Genehmigung.

173,25 *CANCELLARII]* Kanzler.

174,19 *Rômischen Råtzeln]* Römische Rätsel.

174,21 *IVRE IVSTINIANEO]* Das Justinianische Recht. Vgl. oben Anm. 164,35.

174,21 *rebus FISCI]* Steuersachen.

174,22 *sacro patrimonio principis]* ›Patrimonium sacrum‹ bezeichnete Güter und Sachen, die, vom Erbgut von Privatpersonen abgesondert, dem Fürsten zustanden.

174,27 *Consistorio]* Konsistorium, landesfürstliche Behörde, bestehend aus Juristen und Theologen zur Regulierung und Überwachung der evangelischen Kirchengemeinden und Pfarrer.

174,37 *es hålt selbige keine periodos]* Der Text läuft nicht flüssig fort.

175,1 *parentheses]* Klammern.

175,26 *Rechtsgelehrten]* Die sich neu etablierende Kameralwissenschaft stand in scharfer Konkurrenz zu den Juristen, die bislang die wichtigsten Positionen in der Verwaltung besetzt hatten, wegen ihrer Praxisferne und fehlenden Erfahrung aber zunehmend unter Kritik gerieten.

176,3 *Francisci Philippi FLORINI]* Ludewig bespricht abschließend mit bibliographisch vollständigen Angaben wichtige Hausväterliteratur als Lehrgrundlage. Die bekanntesten sind neben Wolf Helmhard von Hohberg (siehe in diesem Band) die Werke von Florin und Julius Bernhard von Rohr.

176,11 *Reutbahn]* Reitbahn.

178,4 *mit diesem Kalbe]* Ludewig betont also die starke Abhängigkeit von Fischer und Glorez vom Werk Hohbergs. Die Anspielung bezieht sich auf eine Textstelle im Alten Testament (Ri 14,18) »Wenn ihr nicht mit meinem Kalb gepflügt hättet, hättet ihr das Rätsel nicht getroffen«.

178,20 *mathesi]* Mathesis: Mathematik.

179,3 *Zeuge-Vater, dem* COLERO*]* Das Genre der Hausliteratur wird hier bereits wissenschaftsgeschichtlich von Johannes Coler (vgl. in dieser Edition) abgeleitet.

ZINCKE / MÜLLER / ZEDLER
TERMINUS NON FIXUS.
WIRTSCHAFT IM LEXIKON

Die zunehmende Bedeutung des ökonomischen und kommerziellen Bereiches spiegelt sich im 18. Jahrhundert in einer Serie von Lehrbüchern, Zeitschriften, Kleinschrifttum und Lexika. Einer der vielseitigsten, fleißigsten und angesehensten Autoren und Herausgeber war ein kameralistischer Publizist, der auf allen diesen Feldern tätig war und in dieser Edition bereits als Becher-Herausgeber begegnet ist: Georg Heinrich Zincke. Die einen sehen in ihm einen vielgeschäftigen Eklektiker, die anderen wegen seiner ausufernden Gliederungen einen großen Systematiker, auf jeden Fall aber bot er eine Zusammenfassung der bisherigen Kameralwissenschaft mit einigen neuen Akzenten. Auf ihn geht ein Lexikonartikel zurück, der als Grundlagenartikel eines Fachlexikons und in stark erweiterter Form des maßgeblichen Konversationslexikons der Zeit von großem Einfluß war und auch auf künftige Definitionen einwirkte. Als Verfasser des Erweiterungsteiles, der hier mitediert wird, konnte der populäre Leipziger Philosophieprofessor und wichtige Zedler-Beiträger August Friedrich Müller ermittelt werden. Der als Lexikonklassiker zu entdeckende Beitrag steht in seiner Ratlosigkeit über die schwankenden Bedeutungen und seinen historischen und philosophischen Lösungsperspektiven auf der Schwelle zwischen alteuropäischem und modernem Wirtschaftsbegriff und zieht so für die Geschichte der Ökonomie eine Art Zwischenbilanz.

Zincke, geboren 1692 bei Naumburg an der Saale, stammte aus einem evangelischen Pfarrhaus, studierte Theologie und Jura in Jena, Halle und Erfurt. Seine akademische Aufbauphase war von bewegten Lebensabschnitten unterbrochen: er war beim Militär, in französischer Gefangenschaft, in der Finanzverwaltung von Preußen und am Hof von Sachsen-Weimar, dort aber auch drei Jahre im Gefängnis. Regelmäßige Lehrtätigkeit in den Kameralwissenschaften folgte seit 1740 an der Universität Leipzig und seit 1745 am Collegium Carolinum in Braunschweig. Hier hielt er als ordentlicher Professor kameralistische Vorlesungen bis zu seinem Tod 1768.

Zinckes Werke sind ganz dem akademischen und praktischen Kameralismus gewidmet. Er ersetzte die Lehrbücher der ersten Generation von Dithmar und Gasser durch seinen eigenen zweiteiligen *Grundriß der Oeconomischen Policey- und Cameral-Wissenschaften*, 1742 und 1743, sowie in vierbändiger Version 1755 durch *Anfangsgründe der Cameralwissenschaft*. Er begründete mit den *Leipziger Sammlungen von wirthschafftlichen / Policey- Cammer- und Finanz-Sachen* eine frühe und wichtige Fachzeitschrift, von der zwischen 1742 und 1767 184 Hefte herauskamen, und 1751 auch noch eine *Cameralisten-Bibliothek*. Daneben übernahm er die Herausgabe und Bearbeitung des *Allgemeinen Oeconomischen Lexicon*, das 1731 erstmals erschienen war, 1744 in der von Zincke besorgten zweiten, vermehrten Auflage herauskam und im 18. Jahrhundert insgesamt sechsmal erschienen ist. In der Vorrede verwies Zincke darauf, daß er nur der Bearbeiter sei und sonst manches ganz anders angelegt hätte. Insbesondere sprach der Titel des Lexikons von »Landwirtschaft« und »Stadtwirtschaft«, aber die Stichwortauswahl war doch ganz im altökonomischen Sinne von Haus- und Landwirtschaft geprägt. Um so nachdrücklicher verwies Zincke in der Vorrede des Lexikons auf den von ihm verfaßten Artikel *Wirtschaft*, der eine Art Schlüsselfunktion erhält. Als Pendant zu diesem Werk hat Zincke auch noch ein Handelslexikon nachgeschoben.

Johann Heinrich Zedlers *Universal-Lexicon*, das für den Wissensstand des 18. Jahrhunderts und die deutsche Frühaufklärung eine ähnliche Rolle gespielt hat, wie die heute bekanntere französische Encyclopédie, hat diesen Artikel über die Wirtschaft mit geringfügigen sprachlichen Abweichungen 1748 nachgedruckt und einen umfangreichen Erweiterungsteil als »Philosophische Betrachtung« angehängt. Der Ergänzungsautor August Friedrich Müller, geboren 1684 bei Leipzig und nach Studien in Grimma und Erfurt Rechts- und seit 1731 Philosophieprofessor in Leipzig, hatte bis zu seinem Tode 1761 über Generationen außerordentlich großen Lehrerfolg und Zulauf. Nach Meusels Gelehrtenlexikon lehrte er nicht nur viel, sondern »mit einer seltenen Deutlichkeit, so daß man sagte, wer ihn nicht verstehen könnte, könne gar nichts verstehen« (S. 378). Das mag ihn zum Lexikon-Autor prädestiniert haben; mit seiner frühaufgeklärten »eklektischen« Philosophie hat er die damals führende sächsisch-mitteldeutsche geistige Richtung des Zedler entscheidend mitbestimmt. Der Artikel wiederholt im übrigen mit kleinen Abweichungen und Umstellungen die Hauptpartien des zehnten Kapitels »Von der Wirthschaft« aus seinem Lehrbuch *Einleitung in die philosophischen Wissenschaften*, 3 Bde., Leipzig 1733. Fortgelassen ist in der Edition die angefügte Systematik, deren Verständnis dem heutigen Leser ein Spezialstudium in vergleichender historischer Kameralistik abverlangen würde.

Die Begriffe ›Ökonomie‹ und ›Wirtschaft‹ waren nach Ausweis der Lexika weitgehend austauschbar. Zincke und Zedler entschieden sich für das Stichwort ›Wirtschaft‹, behandelten aber auch die ›Ökonomie‹ (s. Stellenkommentar), andere Lexika hielten es umgekehrt. Der Artikel sucht nach dem »Inbegriff« des Wirtschaftens, fand aber einen nach Inhalt und Bedeutungsumfang »schwanckenden Sprachgebrauch« vor. Nach den Anwendungsbeispielen rührt diese Verschiedenheit aus dem Konflikt zwischen hauswirtschaftlichem und landwirtschaftlichem Bedeutungskreis einerseits, der auch in den Lexika des 19. und noch des 20. Jahrhunderts als Grundbedeutung weitergepflegt worden ist, und andererseits mit einem materiellen und generelleren Wirtschaftsbegriff, der auch für die kameralistischen Arbeiten Zinckes charakteristisch ist. Zincke erkannte, daß es sich hier um verschiedene historische Schichten handelt und bestimmt nun als Defizit der Altökonomie um Haus und Feld, daß sie einerseits keine öffentliche Landeswirtschaft, andererseits keine individuelle Privatwirtschaft kannte und noch keine verallgemeinernde Wissenschaft war. In dieser Übergangssituation ist der Begriff ein »Terminus non fixus« (ein nicht festgelegter Begriff), der einer Klärung und Systematisierung durch Wissenschaft bedarf.

Die in dem Artikel eingeschlagene Lösungsstrategie nimmt die materielle Bedeutung aus dem ländlichen Hausverband heraus, verselbständigt und verallgemeinert sie zum eigentlichen Wirtschaftsbegriff. Schon die vorangestellte Definition Zinckes erklärt gegenüber der Haustradition einseitig Geschäfte, die »Dinge zu der Nothdurfft des Lebens einnehmen und ausgeben«, für Wirtschaft, und diese materielle Seite wird nun auch zur Grundlage der angehängten Allgemeinbetrachtung. Diese »philosophische« Betrachtung Müllers geht weder vom Haus noch vom Staat aus, sondern vom Individuum, das nun eine Privatwirtschaft treibt. Grundlegend ist der individuelle Eigentumsbegriff, über Gewerbe und Handel gelangt das Individuum zu Geld und Kapital. Wie kommt man zu Vermögen? Durch Dienste und Künste, aber diese handwerklichen Mittel sind nicht der eigentliche Gegenstand der Ökonomie, selbst die kameralistischen Techniken nicht, sondern es geht darum, »Geld mit Gelde zu verdienen«, etwa durch Zinsen und Handelsgewinn. Was Aristoteles mit eben dieser Wendung als Bereicherungskunst (Chrematistik) aus seinem Haushalt hinausgewiesen hatte, ist nun geradezu der innerste Kern, und selbstverständlich ist darum nun ausdrücklich auch die »Handelslehre« eine ökonomische Wissenschaft. Die über den materiellen Erwerb möglich gewordene Synthese unter dem Dach der Wirtschaft ist vollzogen, und der Landwirtschaft wird nun hier und künftig als Pendant gern der Handel als Stadtwirtschaft gegenübergestellt und zugeordnet.

Der weitere Artikel ergeht sich in Tugend- und Klugheitsregeln des privaten Vermögenserwerbs und betont Sparsamkeit, Gewinnkalkulation, Nutzenaufschub und ein streng nach Vermögensgrad abgestuftes Ausgabeverhalten, und hier ist zwischen Gottes Segen und vielen schönen Worten noch manch anderes zu entdecken. Auch eine reiche Frau und tüchtige Hauswirtin versagt sich das bürgerliche Individuum dieser Wirtschaftsphilosophie nicht. Während aber einst der Sozialverband des Hauses nur eine materielle Unterlage brauchte, ist hier das Haus nur noch Mittel zum Zweck individueller Kapitalbildung. Die alte Hauslehre ist noch anwesend und läßt die Bedeutungen schwanken, aber vieles liest sich in diesem Wirtschaftsartikel schon wie ein Nachruf auf die alteuropäische Ökonomie unter Beibehaltung ihres Begriffes. Zedler bietet gleichsam einen privatwirtschaftlichen Probelauf für einen vermögensorientierten wirtschaftlichen Gesamtbegriff, dessen weitere Durchsetzung sich seit Justi unter dem Begriff der Staatswirtschaft im großen Stil vollzogen hat.

TEXTGRUNDLAGE

Georg Heinrich Zincke, *Artikel »Wirthschafft«*, in: Johann Heinrich Zedler, *Großes vollståndiges Universal-Lexicon aller Wissenschafften und Kůnste*, Bd. 50, Leipzig und Halle 1748, Sp. 1130-1153.

STELLENKOMMENTAR

181,12 *Haußhalten, Haußhalter und Haußhaltung]* Bezug zur Hausväterliteratur, zum ›guten Haushalten‹ als ökonomischer Kategorie (vgl. Kommentar zu Hohberg).

181,19-22 *Wirthschafft insgemein ⟨. . .⟩ eintzelne Wirthschaffts-Geschåffte]* Ein fest definierbarer eindeutiger Begriff für ›Wirtschaft‹ existiert noch nicht.

183,9 *Terminus non fixus]* Ein nicht festgelegter Begriff.

183,29 *sordides]* (Franz.) »Schäbig«.

184,26-28 *Special-Sätze zu reduciren ⟨...⟩ solchergestalt ein Systema der wirthschafftlichen Wissenschafft zu machen]* Bezieht sich auf das philosophische System des Christian Wolff (1679-1754). Dieser hatte das Prinzip vertreten, daß man durch Deduktion, d. h. durch Ableitung aus übergeordneten Begriffen, zu klaren und eindeutigen Gewißheiten gelange.

184,33f. *Er studiret, er höret, die Wirthschafft, oder die Oeconomie]* Der Titelbegriff dieser Edition kann also in dieser Zeit schon die kameralwissenschaftlichen Bezeichnungen ersetzen. Die Stelle ist außerdem ein Beleg für die austauschbare Nebenordnung von Fremdwort und deutscher Bezeichnung.

185,5 *Seit dem das Eigenthum]* Der folgende, bis zum Ende des Artikels reichende Textabschnitt entstammt bis auf geringe Abweichungen und Umstellungen dem Lehrbuch August Friedrich Müllers *Einleitung in die philosophischen Wissenschaften* von 1733. Übernommen wurden für den Zedler-Artikel die Hauptpartien des zehnten Kapitels mit der Überschrift »Von der Wirthschaft«. Der Lexikontext setzt ein bei § 2 in Müllers Werk. Die Lexikonanpassung begnügt sich neben geringfügigen Satzkürzungen mit der Umstellung der Ich-Aussage auf die Wir-Form und der Übersetzung einiger lateinischer Zitate ins Deutsche.

185,8 *Geselligkeit]* Angesprochen wird eine aufklärerische Theorie des Gesellschaftsvertrages, wonach der Drang nach Geselligkeit die ursprüngliche Gemeinschaft der Güter überwunden und zum Privateigentum geführt habe.

185,11 *Glückseligkeit]* Die Herstellung der Glückseligkeit für alle Menschen im Staat war der wesentlichste Grundsatz des Kameralismus. Er wurde der philosophisch-naturrechtlichen Theorie des Christian Wolff und der aristotelischen Eudämonie, d. h. der durch den griech. Philosophen Aristoteles (384-322 v. Chr.) entwickelten Vorstellung entlehnt, wonach die Glückseligkeit höchstes Ziel der Gesellschaft sein sollte.

186,3f. *gutes Auskommen]* Gemäß der aristotelischen Tradition und der Theorie der mittelalterlichen und frühneuzeitlichen Ständegesellschaft hatte jedes Mitglied der Gesellschaft Anspruch auf ein seiner gesellschaftlichen Position entsprechendes Auskommen.

186,16f. *Crates]* Krates von Theben, griech. Philosoph, 3. Jh. v. Chr.

186,17 *Laertius]* Diogenes Laertios, vermutlich Ende 3. Jh. n. Chr., Verfasser einer berühmten Philosophie-Geschichte.

186,18f. *Cynischen Diogenes]* Diogenes von Sinope, 4. Jh. v. Chr.; Kyniker, dessen Maxime es war, auf alle sozialen Kontakte und alle äußeren Güter zu verzichten.

186,23 *Magistros Sententiarum]* Der Theologe Petrus Lombardus (1095-1160) trug den Beinamen Magister Sententiarum nach seinem Hauptwerk, den *Sentenzen*, dem bedeutendsten dogmatischen Handbuch der folgenden Jahrhunderte.

186,26f. *bettelstoltze Schelt-Reden ⟨. . .⟩ wider den Reichthum]* Zincke zieht gegen die theologisch-moralische Tradition und Überlieferung zu Felde, die das Lob der Armut und des Bettelns pflegt.

186,30f. *Artium liberalium & illiberalium, seu sordidarum]* Die freien Künste und die unfreien oder schäbigen Künste. Als ›artes liberales‹ wurden ursprünglich die eines freien Mannes würdigen Künste bezeichnet, während unter den ›artes illiberales‹ die sozial niedriger eingeschätzten, auf körperlicher Arbeit beruhenden handwerklich-technischen Erwerbstätigkeiten verstanden wurden.

186,37 *ůblen Auferziehung]* Schlechte oder fehlende Erziehung, im pädagogischen 18. Jh. ein besonderes Defizit.

187,7 *Affecten]* Emotionen, plötzliche Leidenschaften.

191,22-24 *Durch guten gôttlichen Glůcks-Segen ⟨. . .⟩ Niemahls aber durch Arbeit allein]* Der Erwerb irdischer Güter wird noch nicht der menschlichen Arbeitskraft allein zugerechnet, wie einige Jahrzehnte später in der Arbeitswerttheorie von Adam Smith (1723-1790), sondern noch an theologische Komponenten zurückgekoppelt.

193,20f. *Cicero 〈. . .〉 Offic. Lib.]* *De Officiis (Von den Pflichten)*, Werk des Cicero (106-43 v. Chr.), bedeutender röm. Schriftsteller, Politiker und Redner.

193,21 *Themistocles]* Demokratischer Politiker Athens, Held von Salamis (4. Jh. v. Chr.).

196,22 *Rabulisterey]* Betrug durch Wortverdreherei.

196,22f. *verdächtige Accidentien in öffentlichen Aemtern]* Verdächtige Vorkommnisse.

196,33 *Lucri bonus odor ex re qualibet]* Der gute Geruch des Gewinnes aus welcher Sache auch immer (frei: Geld stinkt nicht).

196,35f. *eine Obrigkeitliche Person den Nachtwächter-Dienst mit vertreten]* Nach den Ehrvorstellungen der ständischen Gesellschaft gehörte eine Reihe von Berufen, so auch die Nachtwächter, zu den sogenannten ›unehrlichen Berufen‹. Personen, die diesen Berufsgruppen angehörten, genossen nicht nur ein geringeres Ansehen, sondern auch geringere Rechte.

197,15 *Alchymisterey]* Schwarze Magie, die sich in einer Zeit, in der die modernen Naturwissenschaften erst im Entstehen begriffen waren, weit verbreiten konnte und zum Teil als hochgeschätzte ›Kunst‹ angesehen war. Berühmt sind vor allem die unzähligen Versuche, aus Blei Gold zu machen.

197,15f. *Berg-Wercke]* Bergwerksgeschäfte in privater Regie waren aufgrund der großen Gefahren und des hohen Risikos hochspekulativ.

197,16 *Lotterien]* Beliebtes, allerdings als moralisch anrüchig geltendes Mittel, die Staatseinnahmen zu steigern bzw. persönlichen Gewinn zu machen.

197,32 *Nervus rerum gerendarum]* Der Nerv aller Dinge.

197,32f. *Geld mit Gelde zu verdienen]* Diese Wendung trifft den Kern der von Aristoteles abgelehnten Chrematistik (›Erwerbs- und Bereicherungskunst‹), die im Zweiten Buch seiner *Politik* aus der Ökonomie hinausgedrängt wird und seitdem als suspekt gilt. Nun aber soll sie ins Zentrum des Haushaltens und Wirtschaftens gestellt werden.

198,19 *vorsichtiges Ausleyhen auf gewöhnliche Zinsen]* Im Gegensatz zu früheren Jahrhunderten wird Geldverleih zu einem vertretbaren Zinssatz akzeptiert.

198,26 *Stadt- und Land-Wirthschafft]* Mit dem besonders in der Mitte des 18. Jhs. beliebten und auch für sich gebrauchten Begriff ›Stadtwirtschaft‹ wurde es möglich, den Handel der Landwirtschaft nebenzuordnen und so auch unter einen allgemeinen Wirtschaftsbegriff zu stellen.

199,2f. *Oeconomischen Wissenschafften]* Der Wert einer systematischen, d. h. theoretischen Abhandlung der ökonomischen Wissenschaften wird aufgrund der praktisch-empirischen Ausrichtung dieses Faches bestritten.

200,12-15 *Sed toto hoc de genere 〈. . .〉 disputatur]* »Aber über diese ganze Frage, über den Erwerb, die Anlage, über den Gebrauch des Geldes wird treffender noch von manchen sehr tüchtigen Männern, die am mittleren Janusbogen sitzen, als von irgendwelchen Philosophen in irgendeiner Schule gesprochen.«

201,36f. *Policey]* Die Policey stellte die wichtigste Instanz des frühneuzeitlichen Staates zur inneren Verwaltung dar und übernahm auch Aufgaben der Wohlfahrtspflege.

203,17 *arbeiten 〈. . .〉 sparen]* Die Haustugenden werden hier materiell pointiert.

204,33 *Verfall einer Nahrung]* Wirtschaftlicher Abstieg durch schlechte (Haus-) Wirtschaft.

205,10f. *Register 〈. . .〉 beyden Rechnungen]* Das Führen von zwei Rechnungsbüchern, eines für die zu spezifizierenden Einnahmen und eines für die ebenfalls zu spezifizierenden Ausgaben, stellt bereits einen Ansatz für eine doppelte Buchführung dar.

208,25-27 *Multí patrimonia 〈. . .〉 possis?]* »Viele haben ihr väterliches Erbgut durch unüberlegtes Verschenken verschleudert. Was aber ist törichter als dafür zu sorgen, daß Du das, was Du gern tust, nicht länger tun kannst?«

208,32 *Contracte]* Verträge.

212,37-213,1 *Cicero, Tuscul. lib.]* *Tusculane Disputationes (Gespräche in Tusculum)*, Werk des Cicero.

213,1-13 *Ex quo intelligitur ⟨. . .⟩ cui contrarium vitium nequitia dicitur]* »Daraus ergibt sich, wie jener ist, den wir bald mäßig, bald bescheiden und beherrscht, bald wieder beständig und zurückhaltend nennen. Zuweilen beziehen wir all diese Worte auf die Anständigkeit (frugalitas) als auf ihren Hauptbegriff. Wenn nicht alle Tugenden in diesem Begriff eingeschlossen wären, hätte man nicht so häufig gesagt, daß das schon als Sprichwort gilt: ›Ein anständiger Mensch macht alles richtig.‹ Die drei Tugenden Tapferkeit, Gerechtigkeit und Klugheit umfassen die ›frugalitas‹. Freilich ist dies den Tugenden überhaupt gemeinsam, denn alle sind untereinander verbunden und verknüpft. Ihre Eigentümlichkeit scheint es nämlich zu sein, die Bewegungen der strebenden Seele zu regieren und zu beruhigen und in allen Dingen die der Begierde entgegengesetzte maßvolle Gleichmäßigkeit zu bewahren: Das ihr entgegengesetzte Laster heißt Schlechtigkeit.«

213,27f. *Ehre, die einem jeden nach seinem Stande gebůhret]* Ehrbegriff der frühneuzeitlichen Ständegesellschaft.

214,23 *Frugalitas]* Die drei Tugenden Tapferkeit, Gerechtigkeit und Klugheit (vgl. Anm. 213,1-13).

214,26 *μεγαλο ⟨. . .⟩ Magnificentia]* Erhabenheit.

JOHANN HEINRICH GOTTLOB (VON) JUSTI
DIE ÖKONOMIE DER ALLGEMEINEN GLÜCKSELIGKEIT

Mit Johann Heinrich Gottlob von Justi (1720-1771) wird die Kameralökonomie in den deutschen Landen systematisiert und auf neue Art und Weise zu einer Wissenschaft ausgebaut, die für das nächste halbe Jahrhundert vorbildlich bleibt. Justis Werk ist eine staatswirtschaftliche Konzeption zur Beratung fürstlicher Finanz-, Wirtschafts- und Ordnungspolitik, nur bedingt eine Beschreibung der Funktionsgesetze der autonomen Wirtschaft. Die deutsche Ökonomie des 18. Jahrhunderts ist noch eine Abteilung der Politik.

1720 (nach anderen Quellen 1717) in Brücken (Thüringen) geboren, studierte Justi (sein Adelsprädikat ist nicht nachweisbar) von 1742 bis 1744 Rechts- und Kameralwissenschaften in Wittenberg, Jena und Leipzig, um nach Beschäftigungen (seit 1747) am Hof von Sachsen-Eisenach 1750 zum Professor der »deutschen Beredsamkeit« am Theresianum in Wien ernannt zu werden, der Elite-(Ritter-)-Akademie im Österreich Maria Theresias. Später kam er als Bergrat und Oberpolizeikommissar nach Göttingen, wo er von 1755 an an der Universität als Dozent auch Vorlesungen über Staatsökonomie hielt. Doch mußte er von dort 1757 – aus unklaren Gründen – fliehen. Nach einer Zeit als dänischer Inspektor wurde Justi 1762 königlich preußischer Berghauptmann und Oberaufseher der Glas- und Stahlmanufakturen in Berlin. Zwei Jahre später bezichtigte man ihn der Unterschlagung und inhaftierte ihn – auf eignes Verlangen – in Küstrin, wo er, nach vergeblichen Versuchen seiner Rehabilitation, vor seinem Prozeß 1771 verstarb.

Justis Ökonomie beruht auf einem System: Auf dem Fundament einer allgemeinen Gesellschaftslehre (»Natur und

Wesen der Staaten«) teilt Justi die ökonomischen Disziplinen danach ein, wie sie das Vermögen der Staaten beschaffen und mehren (»Polizei-Wissenschaft«) und wie sie es gebrauchen (»Kameral- oder Finanz-Wissenschaft«).

Die »Polizei-Wissenschaft« umfaßt die »Kommerzien-⟨d.i. Handels-⟩Wissenschaft, die Manufakturen und die Stadt- und Land-Ökonomie, überhaupt aber enthält sie alle Grundsätze und Maßregeln in sich, den Nahrungsstand, als Quelle allen Vermögens, blühend zu machen« (*Finanzwesen*, S. 4). Justis Vermögens-Begriff bezieht sich nicht nur auf die Immobilien und beweglichen Güter einschließlich des Geldes, sondern auch auf die »Personen«, deren Veranlagungen, Talente und Kräfte zum Vermögen des Staates zu rechnen sind (*Finanzwesen*, § 19).

Erst der vernünftige Gebrauch des Staatsvermögens legitimiert den – im Prinzip unbestimmbaren (*Finanzwesen*, § 109) – Vermögenserwerb der Privaten und des Staates. Der vernünftige Gebrauch der Staatsfinanzen bestehe darin, die Vermögen aller zu erhalten und die Bedingungen für ihre Mehrung zu schaffen. Doch bleibt die ganze Anstrengung der Produktivitätsförderung an das allmächtige Wohlfahrtskriterium gebunden, die »Glückseligkeit« aller Staatsbürger herzustellen.

Indem die Menschen, insbesondere die »Armen«, »zum Dienst des gemeinen Wesens, ⟨...⟩ auch zu vielen Tugenden größtenteils ‹als› unfähig« (*Finanzwesen*, § 108) angesehen werden, tritt der Staat paternalistisch als Promotor ihrer Lebensziele und Bedürfnisse auf, die sie, in ihrer Unvollkommenheit, unterstelltermaßen selbst zu erlangen nicht in der Lage sind:

> Die Interessen und Strebungen der menschlichen Subjekte werden als gegeben angenommen, aber sie sind aus sich selbst heraus nicht in der Lage, spontan jene Ordnung zu entwerfen, die für die menschliche Wohlfahrt notwendig ist. Wenn die menschlichen Lebewesen zusammen handeln, erzeugen sie im Gegenteil Unordnung, unabhängig von ihren Absichten. Deshalb fordert das staatliche Han-

deln die Einheit eines wünschenswerten Ordnungszustandes und die Ausrichtung der menschlichen Ressourcen auf diese Ordnung. Das Aufgebot an polizeilicher Regulation ist das dem Herrscher zur Verfügung stehende Mittel, seine Untertanen auf ein vorgegebenes Ziel hinzuführen.

(Tribe, S. 63; aus dem Englischen übersetzt.)

Die »Staatswirtschaft« wird bei Justi als eine Erziehungsanstalt des Menschengeschlechtes aufgefaßt. Die Polizeitheorie enthält, aus moderner Sicht, die eigentliche Ökonomie als eine Theorie der Marktregulation und Ordnungspolitik. Denn die staatliche Polizei muß, um die Prosperität der Wirtschaft zu fördern, die Bedingungen und Voraussetzungen kennen, d. h. deren ökonomische Gesetzmäßigkeiten. Dabei läßt Justi aber nur soviel systematische Analyse der Marktprozesse zu, wie er für die Erfüllung der Polizeiaufgaben als ausreichend erachtet. Oberstes Ziel ist es schließlich, Steuerquellen zu eröffnen und für jene wirtschaftliche Ordnung zu sorgen, die diese Quellen nicht versiegen läßt, sondern, umgekehrt, überflüssig macht (*Kurzer systematischer Grundriß*, § 30).

Das wird besonders deutlich an seiner Systematik der Finanzverwaltung. Sie umfaßt 1. die Schonung des Vermögens als Steuerquelle, 2. die gleichmäßig gerechte Verteilung der Abgaben, 3. den Ausbau der Steuer nach der Natur und dem Zustand des Staates. Die Steuern werden als wirtschaftspolitische Instrumente verstanden. Besser als durch unmittelbare Verbote und Gebote könne man die Volkswirtschaft durch entsprechende Steuerbegünstigungen und -belastungen von unerwünschten Wirtschaftszweigen ablenken und sie auf die erwünschten hinlenken (*Gesammelte Politische und Finanzschriften I*, S. 614-632). Justi plädiert – gegen die Einkommenssteuer – für eine allgemeine Gewerbesteuer, die nach den wahrscheinlichen, nicht nach den tatsächlichen Gewinnen veranlagt werden solle (*Staatswirthschaft II*, § 279).

Es würde in die Irre führen, hinter den kameralistischen

Wohlfahrtsprinzipien Elemente des modernen Wohlfahrtstaates zu vermuten. Gemeinwohl war letztlich das Wohl und die Macht des Staates, nicht das des Bürgers. Justi versuchte, innerhalb dieser Auffassung eine Balance herzustellen, die den Machtzweck nicht leugnete, ihn aber an die Bedingung knüpfte, für das Wohl der Bürger zu sorgen.

Der vorliegende ausgewählte Text Justis stellt die kürzeste Fassung seiner gesamten ökonomischen Konzeption dar. Das Gesamtwerk umfaßt Tausende von Seiten – Justi wurde zu seiner Zeit bereits als »Kameralpolygraph« kritisiert. Er ordnet die ganze Ökonomie nach den Grundsätzen der Naturrechtsphilosophie Pufendorfs und Wolffs neu, gleichsam als ein Linnéesches System der ökonomischen Materie. Gegenüber den Vorgängerschriften wird die Empirie reduziert, und es wird betont theoretisch argumentiert, d. h. aus vernünftigen Grundsätzen deduziert. Ihre Konsistenz erwirbt Justis Ökonomie allein durch die Ordnung der Begriffe. In der Darstellung der Ordnung der Begriffe, ihres Ableitungszusammenhanges aus obersten Grundsätzen und aus der Kompilation von Anwendungsgebieten zeigen sich die juridische Schulung und die philosophisch-naturrechtliche Neigung, welche die Ökonomie Justis und die des 18. Jahrhunderts generell charakterisiert. Die Wissenschaft lehrt, neben allgemeinen Regeln und Maximen, die möglichst umfassende Kenntnis aller möglichen Gründe und Ursachen, deren Für und Wider abgewogen und den obersten Grundsätzen angepaßt wird.

Der *Kurze systematische Grundriß aller Oeconomischen und Cameralwissenschaften* (1761) gibt Justis Systemvorstellung in hervorragender Weise im Sinne eines Tableaus des ökonomischen Wissens wieder. Der erste Teil stellt die Politik und die Polizeiwissenschaften vor (S. 221ff. d. Bd.), wovon die letztere das, was wir heute zur eigentlichen Ökonomie zählen, enthält: die »Kommerzienwissenschaft« (Handels- und Gewerbelehre) und die »Ökonomie«, d. h. die Agrarwirtschaft. Im zweiten Teil (S. 268ff.) werden die eigentlichen »Kameralwissenschaften« vorgeführt – der Begriff leitet sich von den beratenden Aufgaben der fürstlichen Kammern her –, d. h. die »besondere Wirtschaft des Staats«. Es fällt auf, wie sehr Justi noch – besonders im ersten Teil – die Ökonomie aus den Regeln einer guten Politik des Herrschers herzuleiten bemüht ist. Die Ökonomie wird noch als ›instrumentum politicarum‹ aufgefaßt, deren Güte allerdings davon abhängt, inwieweit sie die ökonomischen Beziehungen und die materiellen Ressourcen des Landes genau genug analysieren kann.

Aus der kameralistisch geschulten Perspektive des wohlberatenen Herrschers sind alle Wohlfahrtsaspekte mehr oder minder gleich wichtig. Die abstrakten Justischen Wohlfahrtsmaximen fordern letztlich, alles zu fördern, was die Wohlfahrt verbessert, und alles zu unterlassen oder zu hindern, was sie schwächt. So bleibt nichts weiter, als alle Phänomene, die andere Autoren mehr oder minder nur aufgelistet haben, neu und überhaupt erstmalig zu klassifizieren. Justis Theorie ist in ihrer Anwendung völlig auf verständige, sachkundige und erfahrene Administratoren angewiesen.

Letzthin zählt er alle Phänomene und möglichen Probleme auf, nebst den Mitteln (und ihren möglichen Alternativen), ohne aber ein Entscheidungskriterium angeben zu können, das nicht nur die jeweilige Situation (unter idealen Bedingungen) beurteilen läßt, sondern auch den ökonomischen oder Allokationszusammenhang. Die resultierende Maxime für den Herrscher lautet: ›Tue das Beste!‹, aber die Kriterien beruhen auf empirischen Exempeln, historischen Erzählungen und abstrakten naturrechtlichen Deduktionen. Das Verhältnis zwischen Zwecken und Mitteln bleibt ungeklärt; erst die theoretische Ökonomie des 19. Jahrhunderts wird hier anders verfahren.

Justis Darstellung der Marktwirtschaft kennt keinen systematischen Reproduktionsmechanismus wie z. B. der physiokratische ›tableau économique‹; seine Vorstellung bleibt der J. Bechers verwandt, wonach die Erwerbung und Förderung des Reichtums (*Kurzer systematischer Grundriß*,

§§ 30-70; S. 230-241) erfordere, »daß er wohl zirkuliere, und in den Gewerben aus einer Hand in die andere gehe« (*Kurzer systematischer Grundriß*, § 30; S. 230). Reichtum ist, nach merkantilistischem Muster, identisch mit Geld. Der »zirkulierende Reichtum« vollführt seinen vermögenserhaltenden Kreislauf aber nur unter der Bedingung,

> daß der Regent auf die Menge des im Lande zirkulierenden Geldes sein Augenmerk richtet, und eine seiner vornehmsten Grundregeln sein läßt, die Menge des zirkulierenden Geldes zu vermehren, die Verminderung desselben aber auf alle nur ersinnliche sorgfältige Art zu verhüten.
> (*Staatswirthschaft II*, S. 263.)

Was 1758 aber noch eines fiskalischen Eingriffs bedarf, wird 1760 zu einem rohen allgemeinen Allokationsmodell erweitert, das des Staatseingriffs entbehrt und umgekehrt Staat wie Privatwirtschaft unter eine gemeinsame Gesetzmäßigkeit stellt, wenn garantiert sei, daß das erworbene Geld vollständig wieder für die Güternachfrage verwendet werde. Unter der Bedingung, daß kein staatlicher Eingriff in den Wirtschaftsprozeß erfolge, »würden das Geld und die Waren einander wechselweise an sich ziehen, und wenn sie ihren Zusammenfluß verrichtet hätten, so würde sich das Geld ohne alle Verminderung wieder in alle Zweige des Nahrungsstandes verteilen, eben so wie in einem vollkommen gesunden Menschen das Blut nach dem Herzen zirkulieret, und sich von daraus zwar in unendliche Adern und Blutgefäße, aber ohne alle Verminderung, Hemmung und Stokkung wieder verteilt«. Unter der Voraussetzung, daß dieser monetäre Allokationsprozeß sich einspiele, werde sich ein Zustand ergeben, daß »niemand im Staat gefunden werde, der nicht arbeite« (*Grundfeste zu der Macht und Glückseligkeit I*, S. 636f.).

Sparen, Horten und Export des Geldes ins Ausland zählen zu den Hemmnissen des »natürlichen« Geldumlaufs; Justi fördert demzufolge die Organisation staatlichen und privaten Kredits, die Ausgabe von Aktien und Wechseln, die

Bildung von Banken in der Kombination von Leih-, Wechsel- und Hypothekengeschäften. Bank- und Handelsgeschäften wird eine relative Autonomie zugestanden, nicht aber den Gewerben. Justi wertet die stimulierenden Effekte der Vermehrung der Geldmenge – insbesondere wenn sie »durch die Gewinnung der Handelsbilanz« (*Grundfeste zu der Macht und Glückseligkeit I*, S. 644f.) entstehen – höher als die gewerblichen Produktivitätssteigerungsmöglichkeiten. Der Grund dafür liegt im minimalen technischen Fortschritt, aber auch in der fehlenden kapitaltheoretischen Perspektive dieser Ökonomie, die das Verhältnis von Sparen, Investieren, Produzieren und Konsumnachfrage unzulänglich durchschaut. Somit wird die Erhöhung der Geldmenge umstandslos in Nachfrageerhöhung transponiert. Justi spricht diesen Zusammenhang bewußt im Konditionalis aus, da er sich eine komplexe Staatswirtschaft nur unter idealen Bedingungen als »natürliches« System vorstellen kann.

Gegenüber der bürgerlichen Gesellschaft und ihrer Eigenleistung bleibt er skeptisch, da »das gesellschaftliche Leben 〈...〉 eine Wirkung der Vernunft, nicht aber eines natürlichen Triebes« (*Finanzwesen*, S. 1) sei. Die oberste Aufsicht und Interventionskompetenz bleibt dem klugen Herrscher oder weisen Staatsmann zugewiesen. Zwar klingt es an verschiedenen Stellen bei Justi anders:

> Es ist eine ungezweifelte, aber vielleicht noch nicht genugsam erkannte Wahrheit, daß das eigene Interesse das Band ist, welches die ganze Gesellschaft zusammenhält; und eine Gesellschaft darf nur frei sein, und keiner in derselben eine Macht über den anderen haben; so wird eben dieses eigene Interesse eine solche Richtung nehmen, und einen solchen Zusammenhang in dem gesamten Nahrungsstande hervorbringen, als zu dem blühenden Zustande desselben erfordert wird.
> (*Grundfeste zu der Macht und Glückseligkeit I*, S. 555.)

Was aber wie ein Vorläufer der Smithschen »invisible hand« aussieht, hat bei Justi keinen systematischen Stellenwert. Justis Bemühungen gelang es jedoch, die Ökonomie aus den

Niederungen einer praktischen Handlungstheorie, für die sie in der ersten Hälfte des 18. Jahrhunderts in Deutschland mehr oder minder gehalten wurde, in den Rang einer staatswissenschaftlich-philosophischen Konzeption zu erheben, was ihr im Zeitalter der Aufklärung eine breite Aufnahme sichern konnte. Justi hat die verschiedensten Konzeptionen seiner Vorgänger integriert (Zinckes Reichtumstheorie, Schröders Bankprojekte, Gassers und Dithmars Vorsortierung der Ordnung der Cameralwissenschaften, etc.), aber seine ihm Anerkennung verschaffende Leistung war die Fundierung auf einem Naturrechtskonzept, das er Pufendorf und Wolff entliehen hat.

Die Polizei-Ordnung des Staates wird an einen obersten Wohlfahrtszweck gebunden, allen Bürgern ihre Bedürfnisse zu befriedigen. Damit ist ein allgemeiner Maßstab gewahrt, der an das Smithsche System der freien Marktwirtschaft kritisch angelegt werden wird – als ein bleibendes Erbe der kameralistischen Ökonomie, deren großer, stilbildender Autor Justi war.

TEXTGRUNDLAGE

Johann H. G. von Justi, *Kurzer systematischer Grundriß aller Oeconomischen und Cameralwissenschaften.* Diese Schrift ist als Teil X (in zwei Abteilungen) veröffentlicht in: J. H. G. von Justi, *Gesammelte Politische und Finanzschriften*, 3 Bde., Kopenhagen und Leipzig 1761; Bd. 1, S. 504-573; Bd. 2, S. 303-377.

WEITERE SCHRIFTEN DES AUTORS

Johann H. G. von Justi, *Staatswirthschaft oder systematische Abhandlung aller ökonomischen und Cameralwissenschaften* (zunächst 1755), 2 Theile, Leipzig ^{2}1758.

Johann H. G. von Justi, *Die Natur und das Wesen der Staaten als*

die Grundwissenschaft der Staatskunst, der Polizey und aller Regierungswissenschaften, Berlin, Stettin und Leipzig 1760.
Johann H. G. von Justi, *Die Grundfeste zu der Macht und Glückseligkeit der Staaten, oder Vorstellung der Polizeywissenschaft*, 2 in 4 Bdn., Königsberg und Leipzig 1760-62.
Johann H. G. von Justi, *System des Finanzwesens*, Halle 1766.
Johann H. G. von Justi, *Gesammelte Politische und Finanzschriften*, 3 Bde., Kopenhagen und Leipzig 1761.

STELLENKOMMENTAR

216,15 *Pedantismo]* Aufgrund übertriebener Konzentration auf nebensächliche Details den Blick für das Wesentliche verlieren.

220,1 *Machiavell]* Niccolò Macchiavelli (1469-1527); Diplomat, Historiker, Politiktheoretiker (*Il principe* [Der Fürst, 1513] und *Sieben Bücher über die Kriegskunst* [1521], neben einer *Florentiner Stadtgeschichte* [1532]). Er gilt als Begründer der Lehre von der Staatsräson.

234,17 *Mauten]* Nutzungs- und Durchlaßgebühren von Straßen, bes. auch Brücken.

234,21 *Akzisen]* Von Kommunen auf Lebensmittel, Vieh und Handelsware erhobene Verbrauchsteuer.

234,27 *Kontribution]* Hier: Außerordentliche Geldleistung, welche die Bevölkerung eines militärisch besetzten Gebietes zum Unterhalt der Besatzungsmacht aufbringen muß.

239,25 *Departement]* Einzelnen Truppenteilen zugewiesene sogenannte »Handwerkerkompagnien«, auch »Handwerkerdepartements«.

240,29 *Censores]* Die Zensoren – ein in Rom seit etwa dem 5. Jh. vor Chr. durch Volkswahl verliehenes Amt – besorgten den Zensus, d. h. die Kontrolle des sittlichen und staatsbürgerlich korrekten Verhaltens der Bürger, insbesondere jedoch der höheren Amts- und Würdenträger.

244,28 *Edikte]* Obrigkeitliche (fürstliche) Erlasse, die mit

Gesetzescharakter einen einzelnen, bestimmten Gegenstand regelten.

246,25 *Auxiliartruppen]* Hilfstruppen.

251,19 *Regalien]* Lat. regalis bedeutet: dem König zustehend. Hoheitsrechte des Königs am Reichskirchengut (sog. Temporalien). Später beinhaltete der Begriff auch die Verfügung des Herrschers über die hohen Ämter, das Reichsgut und bestimmte fiskalische und nichtfiskalische Herrschaftsrechte, die vom König an Fürsten (Zölle) oder Kommunen (Marktrechte) weitervergeben werden konnten.

259,18f. *Vitriolerzes]* Bleimineral.

259,21 *Pottasche]* Heutige Schreibweise: Pottasche, umgangssprachlich für Kaliumcarbonat, diente zur Seifenherstellung.

271,17f. *Patrimonal- oder Chatoullgütern]* Der Begriff »Patrimonium« stammt aus dem römischen Recht und bezeichnet das väterliche Erbe. Die römischen Kaiser benutzten den Ausdruck als Sammelbegriff für ihre ererbten Vermögensgüter (Patrimonialgüter). In der Neuzeit sprach man von »Schatullgütern«, um das ererbte oder erworbene Privatvermögen eines Landesfürsten vom staatseigenen, sogenannten »Kammergut« abzugrenzen, hinsichtlich dessen dem Fürsten lediglich gewisse Nießbrauchs- bzw. Nutznießungsrechte zustanden.

273,19 *Retardaten]* Rückstände, ausbleibende Warenlieferungen, ausstehende Geldzahlungen.

273,19 *Prästanda]* Pflichtleistungen, Abgaben.

279,15 *Kafillereien]* Auch »Schinder« oder »Abdecker«.

281,28 *res nullius]* Hier in der Bedeutung »herrenloses« bzw. freies Gut.

282,28 *Lachter oder Klaftern]* Synonyme für ein altes deutsches Längen- oder auch Raummaß, das besonders bei der Vermessung von Grubenfeldern zur Anwendung kam. Je nach Region maß ein Lachter (Klafter) in Deutschland Längen zwischen 1,75 m und 2,10 m (Österreich: 1,9 m, Schweiz: 3 m) bzw. Volumina zwischen 3,3 m^3 und 3,9 m^3.

282,31 *Kuxe]* Bezeichnung für Wertpapiere, die Gesellschaftsanteile an einer »bergrechtlichen Gewerkschaft« (bergbauspezifische Unternehmensform) gewährleisten. Ein Kux wird dem Inhaber (Gewerken) durch eine Urkunde (Kux-Schein) verbrieft und lautet im Gegensatz zur Aktie nicht auf einen festen Nennbetrag, sondern auf eine Quote am Unternehmensvermögen.

285,18 *Agio]* Das Lehnwort aus dem Italienischen (aggio »Aufgeld, Aufschlag«) bezeichnet denjenigen Betrag, den der Käufer über den eigentlichen Nennwert eines Wertpapieres (oder über die Parität einer Geldsorte) hinaus an den Verkäufer zu bezahlen hat.

286,5 *Speziestaler]* In Abgrenzung zum Rechnungstaler als bloßer Buchgröße (sog. »Rechnungsmünze«) ist mit dem Begriff das tatsächliche (physische) Talerstück gemeint.

289,6f. *Agtsteine]* Älterer Ausdruck (neben »Augsteine«, »Agetsteine« oder »Achatsteine«) für Bernstein.

298,29 *Pupillen]* Von lat. pupillus/pupilla »elternloses Kind«, »Mündel«. Gemeint sind hier Institutionen, in denen Waisenkinder aufgenommen, beherbergt und unterrichtet wurden.

300,30 *Tontinen]* Die Tontine war eine nach dem Italiener Lorenzo Tonti (1630-1695) benannte Form der Leibrente (»Erbklassenrente«), die im 17. und 18. Jh. mehrfach für Staatsanleihen verwendet wurde.

305,27f. *Subsidiengelder]* Um bereits im Frieden eine gewisse politische Bindung zu erreichen oder sich im voraus für Konfliktfälle (wohlwollende) Neutralität zu vereinbaren bzw. sich gar die Lieferung von Truppen (Subsidientruppen) zu sichern, zahlten Militärmächte vertraglich festgelegte Finanzzuweisungen (Subsidiengelder) an fremde, strategisch wichtige Landesherren außerhalb des unmittelbaren eigenen Machtbereichs.

309,4 *Remontierung]* Ankauf, Pflege und Verteilung der zur Ergänzung des Pferdebestandes eines Heeres ausgewählten jungen Pferde.

318,32f. *Collegium supremum augmentatiuum]* Wörtlich: Kollegium zur allseitigen (d. h. materiellen und finanziellen) Förderung des »Höchsten« (hier: des Staates).

319,28 *Jalousie]* Wörtl. Eifersucht; hier zu verstehen als mißgünstiges Konkurrenzdenken, das Ressortleiter, Ministerialbeamte oder allgemein Angehörige von Institutionen kultivieren, welche um knappe Ressourcen (etwa Etatmittel) oder Sozialprestige rivalisieren.

JOHANN AUGUST SCHLETTWEIN
PHYSIOKRATIE ODER VOM ZAUBER DES EINFACHEN PRINZIPES

Johann August Schlettwein (1731-1802) war der bedeutendste deutsche Physiokrat, somit eine Ausnahmeerscheinung unter den deutschen Ökonomen des 18. Jahrhunderts. Zwar wurde das französische ökonomische und politische Konzept der Physiokraten aufmerksam verfolgt, aber nur von wenigen ernsthaft aufgenommen und verteidigt. Die ökonomische Philosophie François Quesnays und seiner Schüler war auf die deutschen politischen und ökonomischen Verhältnisse schlicht nicht übertragbar; es entstand zudem eine heftige Kritik der wenigen Versuche einer deutschen physiokratischen Ökonomie, die in einer Apologie der Kameralistik endete.

Schlettwein war allerdings in der Lage, als Rat der fürstlichen Rentkammer in Baden den Markgrafen Carl Friedrich (von Baden-Durlach) zur praktischen Erprobung der physiokratischen Allein-Steuer-Idee in den badischen Ortschaften Dittlingen, Bahlingen und Theningen zu bewegen. Aber das Experiment scheiterte. Doch blieb Schlettwein zeitlebens seiner Idee treu, auch als sie in Frankreich schon längst – bereits vor der Französischen Revolution – diskreditiert war.

Johann August Schlettwein wurde 1731 in Groß-Oberingen bei Weimar geboren, studierte von 1749 an Rechts- und Kameralwissenschaft in Jena, und trat dann für die Jahre von 1763 bis 1773 in die Dienste Carl Friedrichs von Baden-Durlach als Kammer- und Polizeirat, wobei er 1770 die physiokratischen Experimente mit einleiten half. Seit 1765 war er Mitglied der gerade erst gegründeten Karlsruher ökonomischen Gesellschaft. Noch während der physiokratischen

Erprobung der alleinigen Bodenertragsbesteuerung fiel Schlettwein in Ungnade, ging über Wien nach Freiburg und wurde – protegiert von seinem Freund und Mitphysiokraten Isaak Iselin – 1776 Professor für Ökonomie an der Universität Basel, von der er 1777 als Professor für Politik-, Kameral- und Finanzwissenschaften an die Universität Gießen berufen wurde. Dort lehrte er bis 1785 und verstarb 1802 in Dahlen/Mecklenburg mit 71 Jahren.

Die französische Physiokratie war einer der ersten Versuche, eine systematische ökonomische Theorie auf axiomatischer Basis aufzustellen. Sie bildete ein geschlossenes System mit einer eigenen Logik und auf einem werttheoretischen Fundament, das erlaubte, die politischen und ökonomischen Verhältnisse nach einer aufgeklärten, wissenschaftlichen Methode zu analysieren und zu kritisieren (was den Physiokraten nach der Französischen Revolution den Vorwurf eintrug, sie hätten sie verursacht).

Schlettwein ließ sich von dieser geschlossenen ökonomischen Konzeption faszinieren. Vornehmlich allerdings interessierte er sich für die Rationalisierung der Landwirtschaft, aber auch der Administration, neben der Propagierung technologischer und betriebswirtschaftlicher Neuerungen. Auf dieser Ebene konnte Schlettwein an die aufgeklärten Bemühungen der deutschen Kameralwissenschaften anknüpfen. Auch war die Forderung nach Vereinfachung des Steuersystems kein ureigenes physiokratisches Anliegen. Der Unterschied lag in der theoretischen Begründung, die Schlettwein aus Frankreich übernahm, um neue Schlußfolgerungen für die anderen Rechts- und Wirtschaftsverhältnisse in den deutschen Landen zu ziehen.

Der gewählte Text ist das sechzehnte und letzte Kapitel seiner *Grundfeste der Staaten oder die politische Ökonomie* von 1779, das »Von den Grundsätzen der ächten Staatswirthschaft« handelt und Schlettweins Auffassung von diesem Teil des physiokratischen Systems wiedergibt: daß der Regent für das größtmögliche Glück und den größtmöglichen Wohlstand seiner Untertanen zu sorgen habe, um seinen eigenen Steuereinkommensinteressen Legitimation zu geben. Das ist allerdings eine typisch kameralistische Argumentation, wie wir sie von Justi bereits kennen. Schlettweins Gegensatz zu Justi besteht nun darin, daß er das »einzige System« sucht, d. h. das einzig wahre, das auf ein einfaches und grundlegendes Prinzip gründet.

Die ersten Paragraphen dienen der Darstellung der Eigentumsfreiheit, die zu den »Grundsätzen der unveränderlichen Ordnung der Regierung« (*Grundfeste der Staaten*, § 230, S. 333 d. Bd.) zählen: eine »unumschränkte Freiheit des Gebrauchs des Eigentums, und der Gewerbe, und des Handels muß notwendig hergestellt werden«, weil nur dann gesichert sei, daß die Bürger ihr Eigentum auf die »interessanteste und einträglichste Weise« nutzen werden.

Schlettwein präferiert eine eindeutige Steuer(Abgaben-)lösung (*Grundfeste der Staaten*, § 231, S. 334). Hier wird ein physiokratischer Dogmatismus sichtbar, der das ganze System der Ökonomie auf eine »Fundamentalregel« festlegt:

> Nur in diesem einzigen System kann das Volk die vollständigste Versicherung haben, daß der Regent, welcher zuverlässig seine jährliche Einkünfte nicht nur erhalten, sondern immer mehren will, für die Erhaltung und das unaufhörliche Wachstum der jährlichen Einkünfte des Volks, von welchen alle seine Einkünfte nur eine verhältnismässige Portion sind, mit ganzer Anstrengung seiner Regentenweisheit sorgen, und folglich um seines eigenen Vorteils willen die Glieder seines Staates reicher und glücklicher machen werde.
> (*Grundfeste der Staaten*, § 231, S. 334.)

Schlettwein insistiert darauf, daß der Regent nur dann, wenn er in seinen Einnahmen vom Wohlstand seiner Untertanen abhängig ist, für ihr Wohlergehen sorgt. Wir haben es mit einer Theorie der Wirtschaftsordnung zu tun, die auf eine Interesseninterdependenz zwischen Herrscher und Wirtschaftsbürgern gegründet ist, wie es abstrakt in § 227 entwickelt wird.

Der § 232 dient der Darstellung der physiokratischen

»Simplizitäten«, daß jede »Abgabe« bzw. Steuer im Grunde von den Grundeigentümern gezahlt werde. Durch Retrospektion von Steuerinzidenzen versucht Schlettwein hierzu den Nachweis zu führen (§§ 232-237, S. 334-344). Er bleibt darin dem Quesnayschen Vorbild nahe. Nachdem er die verschiedenen Beispiele durchgegangen ist, bietet Schlettwein in § 237 einen abstrakten Beweis, den »alle denkenden Männer« ernstlich prüfen mögen und der in seiner logischen Verkleidung als »allgemeine Formul« längst das physiokratische Schema der Einkommensklassen enthält, das hier, zur Demonstration, auf zwei Klassen (A und B) vereinfacht ist: d. h. auf die Klasse aller Eigentümer (A) und auf die Klasse »aller dienstbaren und bloß konsumierenden Menschen«, d. h. die industrielle Klasse (B). A braucht B, B braucht für seine Arbeit und seinen Unterhalt M, d. h. das Produkt der Produktion A's, das – da die Produktion von A eine agrarische ist – aus Rohstoffen besteht. Da M allein A gehört (inklusive des Geldes, das – als Gold und Silber – ja auch der agrarischen Produktion im weiten physiokratischen Sinne entstammt), B aber nur aus A's Produktion M schöpfen kann, sind alle Abgaben oder Steuern, die B an den Regenten zahlen soll, logisch ein Produkt A's. Daraus zieht Schlettwein den kühnen Schluß, daß folglich alle Abgaben von vornherein von den Grundeigentümern (A) getragen werden sollten.

Diese Konstruktion beruht auf der physiokratischen Werttheorie, dernach die »Kunstindustrie keinen Wert« hervorbringt (*Grundfeste der Staaten*, § 238, S. 345). Da die Industrie die ihr auferlegten Steuern nicht von dem Wert abziehen kann, den sie für ihre Arbeit und ihren Unterhalt braucht, benötigt sie dann, wenn von ihr Steuern gefordert werden, um eben diesen Steuerbetrag ein Mehr an Produkten (M), der folglich den Grundeigentümern (A) abgezogen wird. Deshalb wäre es logisch, die Grundeigentümer gleich die ganze Steuer entrichten zu lassen. Der Einfachheit halber sei die Steuer direkt von den Grundeigentümern zu erheben, mit den positiven Effekten von Verwaltungsrationalisierung und Deflation (§ 239, S. 345f.).

Das einfache System der physiokratischen Staatswirtschaft wird komplettiert durch eine kurze Theorie der Staatsausgaben, deren wesentlicher Zweck es ist, die optimale Nutzung der Eigentumsrechte sicherzustellen. Schlettwein spricht von der Schnelligkeit bzw. Langsamkeit des »Rückflusses« der erhobenen Steuern an die Wirtschaft (§ 244, S. 349f.). Mit der Metapher der »Quelle« will er versinnbildlichen, daß nur jene Staatsausgaben ökonomisch effizient sind, die den Reinertrag beschleunigt vergrößern. Das liest sich gut, findet sich aber im nächsten Paragraphen (§ 245), in dem Schlettwein die konkreten Staatsausgaben auflistet, nicht wieder, denn er spricht dort allein von den Militär-, Verwaltungs- und Hofstaatsausgaben. Wir müssen daher annehmen, daß Schlettwein zum einen die Existenz der Verwaltung selbst als agens movens der Produktivitätssteigerung in der landwirtschaftlichen Produktion versteht, zum anderen aber der konsumtive Aufwand der im Militär, in der Verwaltung und am Hof Beschäftigten die Nachfrage nach Agrarprodukten hebt, so daß Preisanreize – es herrscht ja Handels- und Gewerbefreiheit – Investitionen und Rationalisierung in der Landwirtschaft fördern. Vornehmlich muß dazu »der einzige Geist herrschen« (§ 245, S. 351), d. h. die freie Ordnung des physiokratischen »Laisser-faire«. Es kommt allemal darauf an, die produktiven Ressourcen der Wirtschaft nicht versiegen zu lassen, »felsenfestes« Beharren auf dem vorgeschlagenen Plan vorausgesetzt (§ 247, S. 353).

Die physiokratische Tendenz ist offenbar, zugleich aber auch, wie sehr Schlettwein sich bemüht, an den Kontext der gewohnten deutschen Kamerallehre anzuschließen. Seine Konzeption ist der Justis, soweit wir sie vorgestellt haben, nicht unähnlich. Einzig dort, wo er sein physiokratisches Dogma verteidigt: bei der Alleinsteuer auf den Reinertrag aus Grundeigentum, berührt Schlettweins Konzeption ein werttheoretisches Fundament, das in der deutschen Kameralökonomie nicht existiert.

Schlettwein und anderen deutschen Physiokraten ging es

vornehmlich erst einmal darum, mit Hilfe der physiokratischen Überlegungen überhaupt bäuerliches Eigentum bzw. Pachtverhältnisse auf Vertragsbasis herzustellen; die physiokratische Theorie war eine wichtige theoretische Quelle für die Argumentation gegen die Leibeigenschaft. Das Prinzip der Handels- und Gewerbefreiheit – ein der staatswirtschaftlich orientierten deutschen Kameralistik wenig selbstverständlicher Topos – äußerte sich besonders in der Forderung nach Abschaffung der Zünfte. Überhaupt scheinen die deutschen Physiokraten auf die Entwicklung der liberalen politischen Theorie in Deutschland einen bislang unterbewerteten Einfluß gehabt zu haben.

Das Scheitern der physiokratischen Experimente im Badischen, die zwar hauptsächlich von Schlettwein veranstaltet wurden, aber vom physiokratisch gesonnenen Markgrafen von Baden – mit Unterstützung des von Paris herangezogenen Du Pont de Nemours – initiiert waren, hatte etliche Ursachen. Zum einen waren Schlettweins Berechnungen falsch, zum zweiten hatte die Einführung der Gewerbe- und Handelsfreiheit negative Auswirkungen, zum weiteren wirkte die Einheitssteuer nicht nur belastend, sondern ungerecht. Der Widerstand verschiedener Gruppierungen in den Gemeinden wuchs, die Bürokratie war gespalten in ihrer Neigung, die Reformen zu unterstützen, Schlettweins Vorgaben wurden nur zum Teil umgesetzt. Bedeutsam ist auch der Umstand, daß sich die Gegenden in einem Umbruch von der bäuerlichen Subsistenzwirtschaft zu einem marktwirtschaftsorientierten System befanden; viele konnten die (monetären) Steuersummen gar nicht aufbringen.

So kam die Physiokratie in Deutschland in den Ruch der Projektemacherei; ihre theoretisch deduzierten Vorstellungen ließen sich nicht mit den gewachsenen Ordnungen und Gerechtsamen verbinden. Auch ließ die Vorstellung einer nach festen Prinzipien geregelten Staatswirtschaft den Spielraum der Steuerbeschaffung für die regierenden Fürsten kleiner werden, ohne daß auf der anderen Seite den bürgerlichen Kräften in der Gesellschaft eine Idee ihres produktiven Engagements geboten wurde; in den kameralistischen Parallel-Versionen der Ökonomie dagegen war der bürgerliche Unternehmungsgeist immerhin eine der staatlichen Initiative gleichwertige Kraft gesellschaftlicher Entwicklung.

Ihre auf die allein wertschaffende »Urproduction« begrenzte Sichtweise ließ die Physiokratie schließlich als eine aufgeklärte Fassung der traditionellen Agrarwirtschaft erscheinen, d. h. als eine in Anachronismen auslaufende vergebliche Anstrengung: Ein letzter Modernisierungsversuch der alten Welt abendländischer Ordnung, dessen fruchtbare Aspekte – nämlich die Ansätze einer Kapitaltheorie – über den Umweg des Smithschen »Wealth of Nations« erst jene Wirkung auf die deutsche Ökonomie ausübten, die den Physiokraten unmittelbar versagt blieb.

TEXTGRUNDLAGE

Johann A. Schlettwein, *Von den Grundsätzen der ächten Staatswirthschaft*, Kap. 16 aus: Schlettwein, *Grundfeste der Staaten oder die politische Ökonomie*, Gießen und Marburg 1779, S. 576-630.

WEITERE SCHRIFTEN DES AUTORS

Johann A. Schlettwein, *Die wichtigste Angelegenheit für das ganze Publicum: oder die natürliche Ordnung in der Politik überhaupt etc.*, 2 Bde., Karlsruhe 1772-1773.

Johann A. Schlettwein, *Grundfeste der Staaten oder die politische Ökonomie*, Gießen und Marburg 1779.

STELLENKOMMENTAR

329,3 *Revenüen]* Einkunft, Einkommen, Ertrag; Lehnwort aus dem Französischen, in Deutschland seit dem 17. Jh. gebräuchlich.

330,23f. *Domänen, Kammergüter, Tafelgüter, und in Königreichen, Krongüter]* Domänen sind öffentliches Grundeigentum, das land- oder forstwirtschaftlich genutzt wird. Das gesamte restliche öffentliche Grundeigentum (etwa bergbaulich genutzter Boden oder städtischer Baugrund), dazu die gesamte öffentliche Bausubstanz, galt früher als Kammergut. Der Sammelbegriff Tafelgüter (oder »Mensalgüter« von lat. mensa »Tisch«) stand für Kirchenvermögen, dessen Einkünfte zum persönlichen Unterhalt eines Bischofs oder Domherrn dienten. Krongüter unterlagen ursprünglich (d. h. seit dem Frühmittelalter) der unmittelbaren Verfügungsgewalt des Königs. In Deutschland gerieten im Zuge des Erstarkens der Territorialfürsten viele Krongüter allmählich unter deren Kontrolle.

331,15 *Domestiken]* Sammelbegriff für die Dienstbotenschaft eines herrschaftlichen Haushalts.

331,34 *Kultur]* Lehnwort (von lat. cultura, franz. culture »Anbau, Zucht«), das den Ackerbau und die Viehzucht als Landwirtschaft im engeren Sinn bezeichnet. Zur Landwirtschaft im weiteren Sinn gehören auch Forstwirtschaft, Gartenbau sowie Zierpflanzen- und Gemüseanbau, Fischerei, Jagd und Nebengewerbe wie Molkerei, Brennerei und Kellerei.

332,16 *Regalien]* Vgl. den Stellenkommentar zu Justi.

335,23 *Malter]* Altes deutsches Hohlmaß, vor allem für Getreide. Ein Malter war je nach Region von unterschiedlicher Größe (19. Jh.: Preußen 660, Sachsen 1246, Hessen 115, Hannover 187 l).

336,11 *fl.]* Abkürzung für »Florin« oder »Floren«, eine seit Beginn des 14. Jhs. in Deutschland bekannte Florentinische Geldeinheit, die zum Vorbild für den Gulden wurde, dessen Kurzbezeichnung in den Niederlanden heute noch »hfl« (holländischer Florin) lautet.

339,5 *Auflage]* Hier: Geldleistung im Gegensatz zur (in Naturalien zu entrichtenden) Abgabe.

339,8f. *Unzen]* Die Unze ist eine bereits in der Antike verwendete Maß-, Gewichts- und Münzeinheit, die über das Mittelalter Eingang in die Neuzeit fand, heute allerdings nur noch als Gewichtseinheit für Edelmetalle üblich ist (1 Feinunze Gold = 31,3 g).

343,9 *Wagner]* Süddeutscher Ausdruck für einen Stellmacher.

344,18 *Kunstindustrie]* Ein Kunstwort, daß den Terminus der ›artes artificiales‹ für die neuen Gewerbeformen (Manufakturen, Fabriken) übersetzen will (gegen die ›artes naturales‹, z. B. der Landwirtschaft).

345,31f. *Visitatorn]* Amtlich beauftragte Personen zur Prüfung und kontrollierenden Untersuchung dahingehend, ob bestimmten vorgegebenen Normen, Regeln oder Pflichten entsprochen bzw. nachgekommen wurde.

348,11 *TerritorialAuflage]* Eine Territorial-Auflage ist eine Einkommensteuer, die als Bemessungsgrundlage den »reinen Ertrag der Grundstücke« hat.

349,3 *Markung]* Eigentlich: Die Grenzmarkierung, die ein bestimmtes Gebiet umschließt. Gemeint kann aber auch (wie hier) das betreffende Gebiet als solches sein.

350,27 *Deputate]* Ursprünglich war ein Deputat der in Naturalien entrichtete Anteil des Lohnes. Die neuzeitliche Bedeutung verlagerte sich vom Materiellen zum Finanziellen. Deputat ist demnach der einer bestimmten Person, einer Personengruppe oder Institution (etwa durch Einrichtung eines Etatpostens) für einen bestimmten Zweck zugewiesene Geldbetrag (von lat. deputare »etwas [auf jemanden] zuschneiden, abstimmen«).

351,4f. *Departementer]* Das Lehnwort (von franz. departement [allg.] »Abteilung, Bereich« bzw. [spez.] »Geschäfts-, Verwaltungs-, Regierungsbezirk oder Ministerium«) fand in Deutschland Eingang in die Verwaltungs- und Regierungslehre des 18. und 19. Jhs. Es bezeichnet einen bestimmten, von anderen Departementern (Departements) abgrenzbaren Zuständigkeits- oder Dienstbereich eines Ministers, Ministerialbeamten oder Ressortleiters, sowohl in der Exekutive als auch in der Justiz.

GEORG SARTORIUS (VON WALTERSHAUSEN) BEGEISTERUNG UND ERNÜCHTERUNG AN ADAM SMITH

Neben Jakob Chr. Kraus, Ludwig H. von Jakob u.a.m. gehört Georg Sartorius (1765-1828) in die Reihe der ersten Smithianer, die nach 1800 die Abkehr der deutschen Ökonomie von der vorherrschenden kameralistischen Doktrin durch die Rezeption und Kommentierung von Adam Smiths *Wealth of Nations* betrieben. Sie gelten als die eigentlichen Modernisierer, die den Übergang vom Kameralismus zur Nationalökonomie vorbereiteten. Sartorius fällt in dieser Reihe besonders dadurch auf, daß seine anfängliche Apologie Smiths 1806 in eine Kritik wichtiger Aspekte der englischen Lehre mündete, vornehmlich der Smithschen Konzeption des Staates.

Georg Sartorius kam 1765 in Kassel zur Welt. Nach einem 1783 begonnenen Studium der Theologie und Geschichte in Göttingen, war er seit 1786 an der Göttinger Universitätsbibliothek als Kustos angestellt, lehrte von 1794 an zudem dort als Privatdozent. 1797 wurde er in Göttingen außerordentlicher Professor für Philosophie, 1802 Ordinarius für Philosophie, später – 1814 – für Politik. Einen Ruf an die Berliner Universität auf den Lehrstuhl für Statistik und Kameralwissenschaften lehnte er ab. Er vertrat Sachsen-Weimar 1814 auf dem Wiener Kongreß. Von 1815 bis 1817 gehörte er der Hannoverschen Ständeversammlung an. 1827 wurde er zum Freiherren von Waltershausen geadelt. Er starb 1828 in Göttingen.

In seinen Vorlesungen behandelt Sartorius Adam Smith seit 1792 im Rahmen der »Politik« unter der Überschrift »Wohlfahrt«. Auf jeden Fall war Sartorius der erste der deutschen Ökonomen, der in seinem *Handbuch* (1796) Smiths

Ökonomie vollständig kompilierte und kommentierte. In diesem Buch wie in der veränderten 2. Auflage von 1806, den *Elementen*, tritt Sartorius als ein bedachter Smithianer in Erscheinung, der nichts anderes als ein Lehrbuch zur Vorlesungsbegleitung bieten will, das in der Art und Weise der Zusammenstellung des Smithschen Textes und seines Kommentars aber bereits Kritik anzeigt.

In zwei Selbstanzeigen seiner Bücher geht Sartorius auf Distanz zu Smith, obschon er dessen *Wealth of Nations* weiterhin für ein »unsterbliches Werk« hält (Rezension 1807, S. 81). Wie bereits im Vorwort zu den *Elementen* (1806) betont Sartorius, daß er in vielem anderer Meinung sei als Smith. Diese »seine eigenen Vorstellungen« rezensiert er selber für sein zweites Buch von 1806, die *Abhandlungen*: Er bezieht darin 1. Stellung gegen Smiths Arbeitswertlehre, votiert 2. für Lauerdales Smith-Kritik am Spar- und Kapitalbildungsprozeß, und stellt 3. die »praktische« Frage: »In wie fern die oberste Staatsgewalt zur Beförderung des National-Reichtums mitwirken könne und solle?«. Die Rezension wendet sich »gegen Smith's und Andere unbedingte Freiheit, so wie gegen das passive Verhalten der obersten Gewalt in dieser Hinsicht, gerichtet, jedoch ohne die unglückselige Thätigkeit und das unaufhörliche Regulieren und Reglementieren in Schutz zu nehmen« (Rezension 1807, S. 83).

Die vierte Abhandlung »Von der Mitwirkung der obersten Gewalt im Staate zur Beförderung des National-Reichthums« (*Abhandlungen, die Elemente des Nationalreichthums betreffend*, S. 199-519, S. 354-373 d. Bd.) beginnt mit einer Wiederholung der Kritik der Physiokraten, die zwar den »freien Gebrauch« des Privateigentums als »das höchste und erste Recht« verteidigen, dem »alles untergeordnet sein muß« (S. 359), doch sei ihr »Beweis eines ausschließenden Eigentums auf die Materie, ohne Vertrag, ohne Staat« (S. 355) verfehlt, weil die Konflikte über die Verteilung unreguliert blieben. Ein natürliches Recht auf Eigentum könne nicht bewiesen werden, folglich unterliege es den Regeln einer Verfassungsbestimmung. Der Staat müsse »dieser ewigen Fehde« ein Ende machen (S. 355). Das »öffentliche Gesetz« könne die Freiheit des Erwerbs nur in Verbindung mit einer Beschränkung der Verwendung des Erworbenen realisieren:

> Wo einmal Privat- und Erbeigentum besteht, da muß die Freiheit in der Erwerbung und Verwendung desselben doch beschränkt gedacht werden durch das ursprüngliche Recht aller auf ihre Persönlichkeit, durch die ursprünglichen Ansprüche aller auf die Materie, durch die Befriedigung der Bedürfnisse, ohne welche die Menschen gar nicht leben können.
> (S. 356.)

Sartorius' Maßstab ist die Staatsrechtstheorie, welche die Grundsätze der Wirtschaftspolitik zu bestimmen hat. Smith kann er deshalb vorhalten, dessen Behauptung, »daß die freie Konkurrenz den National-Wohlstand am meisten befördere«, beruhe mehr auf politischen denn auf rechtlichen Gründen (S. 357). Es geht Sartorius vornehmlich um eine neue Begründung der rechtlichen Voraussetzungen der Ökonomie; wir haben es bei seiner Kritik des Smithschen Systems – neben der Kritik an der Wertlehre (1. Abhandlung) und an der Kapitaltheorie (2. und 3. Abhandlung) – mit einer Kritik der Institution der Marktverfassung zu tun. Für die deutschen Verhältnisse will der Göttinger Ökonom eine andere, an den Rechtsgewohnheiten des ›bonum commune‹ orientierte ökonomische Rechtsverfassung gewählt wissen.

Die Kritik der freien Konkurrenz steht im Mittelpunkt des Sartoriusschen Kommentars. Smiths Grundsatz, »daß jeder, indem er seinem Privatvorteile nachjage, den Vorteil des Ganzen befördern müsse« (S. 359), sei bereits bei Smith selbst durch Ausnahmen relativiert – durch die rein öffentlichen Güter des militärischen Schutzes, der Rechtspflege, der Verkehrsinfrastrukturinvestitionen, der Aufhebung von Handelsmonopolen (S. 359). Im Prinzip sei bei Smith der »richtigere Gesichtspunkt« vorhanden: daß »auf jeden Fall alles Privat-Eigentum und dessen freier Gebrauch nur in so fern rechtlich begründet angesehen werden ⟨kann⟩, als dadurch die Möglichkeit den Anderen nicht benommen wird, gleichfalls zu erwerben« (S. 360). Diese Maxime klärt die rechtlichen Voraussetzungen jeder freien Marktkonkurrenz, und Smith sei darin zuzustimmen, wenn er davon ausgehe, es werde unter der Bedingung, daß alle in der Lage seien zur »freien Anwendung ihres Fleißes und ihres Kapitals«, der allgemeine Wohlstand gefördert. Gelten aber diese idealen Bedingungen per se?

Sartorius zeigt eine Menge von Ausnahmen und von Fällen des Marktversagens, welche die Allgemeingültigkeit der Smithschen Wohlfahrtsmaxime in Frage stellen sollen und eine wirtschaftspolitische oder staatsrechtliche Intervention nahelegen, die weit über das Smithsche Grundprinzip hinausgeht. Er weiß wohl um Smiths Idee, daß »wenn alle Monopole im Ganzen wegfallen, so scheint in solchem Zustande das Vorhandene und zu Produzierende, bei persönlicher Freiheit, gleichsam ein gemeinschaftliches Gut zu sein, das nach Maßgabe des Fleißes, der Geschicklichkeit, des Talents, der Sparsamkeit, aber auch freilich des Glücks und des Zufalls verteilt wird« (*Abhandlungen*, weiter im Original, S. 288). Doch seien die Bedingungen dafür in jedem Falle herzustellen und zu sichern, um den Nachteil der »übrig bleibenden Gebrechen« zu kurieren (S. 288).

Sartorius' Argumentation baut auf zwei grundlegende Einwände: 1. »Was England in dieser Hinsicht ziemt und frommt, das ziemt nicht allen Ländern« (S. 494ff.), 2. die im Prinzip richtige Einsicht Smiths in die Effizienz privater Handlungs- und Investitionsfreiheit und die Ungerechtigkeiten ausgleichende Konkurrenz gelte nur pro forma, faktisch seien aber nicht alle Wirtschaftssubjekte in der Lage, aus ihren individuellen Bestrebungen den Nutzen zu ziehen, der nicht nur ihnen, sondern allen Vorteile bringe. Es sei folglich notwendig,

> daß die Regierung durch Palliative auf kurze Zeit oft eingreife, weil zwar auf die Dauer, so gut als immer, dieß Streben und Widerstreben der Einzelnen diesen Zweck

wird erreichen lassen, aber bis daß dies gelinge – und es kann oft lange dauern, bevor dies geschieht – eine bestimmte Hilfe erfordert wird.

(S. 232; vgl. auch S. 499.)

Beide Einwände haben ihre besondere Bedeutung darin, daß sie – in dieser oder anderer Form – die deutsche Nationalökonomie des 19. Jahrhunderts bestimmen oder zumindest gewichtig begleiten werden. Der zweite Einwand beruht auf Einsicht in die historisch nicht überall gleich ausgebildete Kompetenz der Wirtschaftssubjekte, frei handeln und eigene Initiativen übernehmen zu können. In Erörterung der englischen Initiativen Privater zur Produktion öffentlicher Güter wie Straßen, Kanäle, Brücken, Postanstalten etc., die Smith in seiner Darlegung der Konzeption öffentlicher Güter benennt, fragt sich Sartorius in Hinblick auf die kontinentalen Länder: »Wie lange würde man auf die Entstehung dieser Anstalten hoffen müssen, wenn man in anderen Ländern ⟨als in England⟩ erst die dazu erforderliche Wohlhabenheit Einzelner, ihre Überzeugung von der Wohltätigkeit dieser Institute, und ihren freien Verein zu diesen Zwecken abwarten wollte!« (S. 499). Die staatswirtschaftliche Intervention und die Produktion öffentlicher Güter dient bei Sartorius als ein temporäres Institut zur Entwicklung von Handlungsmöglichkeiten, das in dem Moment überflüssig wird, da es seinen Zweck, die private Initiative hervorgebracht und stabilisiert zu haben, erfüllt hat.

Hier wird uns jener Grundgedanke vorgeführt, an dem später Friedrich List seine weitergehende Kritik der englischen ›klassischen‹ Ökonomie entfalten soll: daß der Staat Struktur- und Entwicklungspolitik betreiben müsse, damit die Wirtschaftssubjekte in die Lage kommen, die bei Smith bereits vorausgesetzten Handlungsbedingungen überhaupt erst erfüllen zu können. Sartorius bleibt bis zuletzt ›Smithianer‹, aber er fragt nach den (historischen) Anwendungsbedingungen der Smithschen ›Political Economy‹ – und nimmt damit tendenziell die Intentionen der späteren ›Historischen Schule‹ der Nationalökonomie vorweg. Als allgemeine Theorie der Wirtschaft sei Smiths Konzeption eine Vision, die durch staatliche Intervention allererst hergestellt werden müsse: Sartorius hat diese Synthese zwischen deutscher Kameralistik und englischer Political Economy als einer der frühesten Vertreter des deutschen Smithianismus pointiert ausgesprochen.

Deshalb hat der erste Einwand von Sartorius solch eminente Bedeutung (S. 494-519 der *Abhandlungen*): England wird hier als *die* große Ausnahme unter den Völkern angesehen, was die private Herstellung öffentlicher Güter betrifft: »Uns ist kein Volk bekannt, das je etwas dem Gleiches geleistet hätte. Es hat reiche Völker gegeben, aber kein Volk, wo bei solchem Reichtum zugleich solch ein public spirit geherrscht, und das so lange Zeit hindurch ihn heilig und treu bewahrt hätte« (S. 494).

Sartorius stellt die englische Besonderheit eines »common sense« heraus, der nicht nur als Spezialität dieser Nation zu werten sei, sondern auch als einzigartige Verbindung von Reichtum und Gemeinsinn, was der moralphilosophischen Erfahrung von Geschichte widersprach, welche die Existenz von Opulenz mit Pleonexie, Gier und Habsucht ineinssetzte.

Sartorius hat wenig moralphilosophische Neigung, über die Grundsetzung des Gemeinsinns hinauszudenken; vielmehr setzt er ein öffentliches Recht vor das, wie es ihm erscheint, bei Smith bevorzugte private Recht. Er zieht praktische, weitreichende Schlußfolgerungen: es gehe nicht an zu warten, bis das Volk »nur erst dazu reif wäre« (S. 495). Indem England ein Modell für eine andere, höchst effiziente Verfassung der ökonomischen Ordnung biete, bedürfe es der Einsicht der »obersten Gewalt«, diese Institutionen schnellstmöglich auch in den anderen Gesellschaften einzuführen, in denen »dieser Geist nicht herrscht, (und) dessen einzelne Glieder nicht so wohlhabend sind«; man könne nicht nur auf den Gang der Zivilisation warten.

In der Frage des Staates trennen sich auch für die freundlichsten und emphatischsten Smith-Epimatoren die Geister:

Unter den völlig verschiedenen staatsrechtlichen und Verfassungsbedingungen in den deutschen Landen kann die Smithsche Minimierung der Staatsfunktion für die Wirtschaft nicht akzeptiert werden. Um aber Smiths willkommene theoretische Grundlagen zu sichern, muß sich die unifikatorische Kameralwissenschaft in zwei separate Teile auseinandernehmen: in die Volkswirtschaftstheorie auf der einen und in die Volkswirtschaftspolitik auf der anderen Seite (neben der Finanzwissenschaft, die, ihrer wirtschaftspolitischen Elemente entkleidet, auf eine Theorie des öffentlichen Haushaltes reduziert wird); beide koinzidieren oft nur wenig miteinander. Diese Trennung wird später von K. H. Rau strenger entwickelt.

Die Smith-Rezeption in Deutschland war demnach kein ›Paradigmenwechsel‹; sie schaffte die staatswirtschaftliche Komponente der kameralistischen Tradition nicht ab, sondern zwang nunmehr, sie neu zu begründen. Überhaupt war die Schnelligkeit, mit der Smith um 1800 als führender Theoretiker der Ökonomie anerkannt wurde, nicht allein dem Verdienst seines Werkes zuzuschreiben, sondern vorbereitet durch eine eigenständige Kritik der taxonomisch-eklektizistischen Kameralistik, die auf neueren Naturrechtsgrundsätzen und auf der kritischen Aufklärungsphilosophie, besonders der Immanuel Kants (Tribe, chap. 8), aufbaute.

Allerdings war Sartorius der erste, der die spezifische staatswirtschaftliche Tendenz der deutschen Nationalökonomie des 19. Jahrhunderts zu benennen und zu begründen versuchte – und zwar innerhalb der Ökonomie selbst, nicht von der sicheren Warte einer Staatsphilosophie aus.

TEXTGRUNDLAGE

Die vierte Abhandlung »Von der Mitwirkung der obersten Gewalt im Staate zur Beförderung des National-Reichthums«, aus: Georg Sartorius, *Abhandlungen, die Elemente des National-Reichthums und die Staatswirthschaftslehre betref-*

fend, Göttingen 1806, S. 199-519; davon hier abgedruckt S. 199-232.

WEITERE SCHRIFTEN DES AUTORS

Georg Sartorius, *Handbuch der Staatswirthschaft zum Gebrauch bey academischen Vorlesungen nach Adam Smith's Grundsätzen ausgearbeitet*, Berlin 1797.

Georg Sartorius, *Von den Elementen des Nationalreichthums und der Staatswirthschaft nach Adam Smith*, Göttingen 1806 (2., veränderte Aufl. des Buches von 1797).

(Anonym), Rezension von: *Georg Sartorius, Von den Elementen*, in: Göttingische gelehrte Anzeigen, 9. Stück (15. 1. 1807), S. 81-82 (wahrscheinlich eine Selbstanzeige Sartorius').

(Anonym), Rezension von: *Georg Sartorius, Abhandlungen*, in: Göttingische gelehrte Anzeigen, 9. Stück (15. 1. 1807), S. 82-84 (wahrscheinlich eine Selbstanzeige Sartorius').

STELLENKOMMENTAR

354,6 *Adam Smith]* Der Schotte Adam Smith (1723-1790) gilt als Begründer der modernen Nationalökonomie. Er hatte von 1751 bis 1752 zunächst eine Professur für Logik, dann bis 1763 eine Professur für Moralphilosophie an der Universität Glasgow inne, arbeitete danach als Privatgelehrter und war von 1779 bis zu seinem Tod Zollkontrolleur für Schottland.

355,5 *Genossen des Staats]* Der Begriff »Staatsgenossen« umfaßte das auf materiellen Besitz bezogene aktive und passive politische Partizipationsrecht aller Angehörigen eines Staates. Gemeint waren neben den Stimmberechtigten (»Staatsbürger«) daher auch alle Nicht-Stimmberechtigten.

359,11 *merkantilistischen Systems]* Vgl. die sehr brauchbare Darstellung des merkantilistischen oder Handelssystems bei K. H. Rau, S. 421-424 (§§ 34-37; in diesem Buch).

364,14f. *Handels-Compagnie]* Handelskompanien waren Gesellschaften, die aufgrund von Privilegien, Monopolen und staatlicher Hilfe wie der Gewährung von Konzessionen oder der Einräumung staatlicher Machtmittel und Hoheitsrechte gegen finanzielle Abgaben den Überseehandel seit der Zeit des Merkantilismus beherrschten. Erst im 18. Jh. wurden Handelskompanien zu permanenten Instituten, aus deren Organisationsprinzip der Anteilsgemeinschaft sich schließlich die Aktiengesellschaften entwickelten.

370,27 *Bestellte Schauämter]* Prüfungsanstalten zur Feststellung der Güte, des Maßes, des Gewichts und der ordnungsgemäßen Verpackung bestimmter Waren.

372,35 *Palliative]* Im übertragenen Sinn (aus der Medizin) hier zu verstehen als Versuch einer Problemlösung mit unzureichenden Instrumenten.

ALBRECHT THAER
RATIONELLE LANDWIRTSCHAFT ALS GEWERBELEHRE

In Albrecht Daniel Thaers Werk vollzieht sich der Durchbruch der rationellen Landwirtschaft in den deutschen Landen; zuerst auf die Übernahme englischer Erfahrungen, später zunehmend auf eigene Forschungen gestützt, entwikkelte Thaer die »Oekonomie«, wie der traditionelle Begriff der Landwirtschaft lautete, zu einem System, das aus dem kameralistischen Eklektizismus einzelner Ratschläge und Erfahrungen eine Wissenschaft machte.

Thaer wurde 1752 in Celle geboren als Sohn eines kurfürstlich hannöverischen Hofmedicus. Nach einem Medizinstudium in Göttingen wurde er 1778 Stadtphysicus zu Celle. Nach seiner Vermählung 1786 legte er sich vor den Toren Celles ein Landhaus zu, in dessen Garten er mit Pflanzenzuchtexperimenten begann, die bald zu seiner eigentlichen Berufung werden sollten. Seine Experimente in der Agrikultur, die er nach methodischen Maßstäben vornahm, wie er sie als Mediziner gelernt hatte, brachten solche Erfolge, daß er rasch zum landwirtschaftlichen Berater avancierte, was ihn veranlaßte, in dieser Sache schriftstellerisch tätig zu werden. Ungeachtet seiner Ernennung zum königlichen Leibarzt durch Georg III. schränkte er seine ärztliche Praxis immer weiter ein und widmete sich naturwissenschaftlichen und ökonomischen Studien zur Verbesserung des Landbaus. 1802 begann er mit Vorlesungen für Landwirte. Der Plan für ein landwirtschaftliches Institut reifte heran. Der preußische Staatskanzler von Hardenberg, den er von Göttigen aus dem Studium kannte, holte ihn, nachdem die hannöverische Regierung den Aufbau des Institutes nicht unterstützte, nach Preußen. 1804 wurde er zum königlichen lich preußischen Geheimrat ernannt und mit der Gründung eines landwirtschaftlichen Lehrinstitutes beauftragt, was er letztlich mit dem Gut Möglin bei Wriezen an der Oder realisierte. Die schwierigen Anfänge waren bald überwunden; seit 1810 hatte er eine Professur für Kameralwissenschaften an der neuen Berliner Universität inne. Im Sommer auf Möglin, im Winter in Berlin lehrend, zudem eingespannt in die Änderung der preußischen Agrargesetzgebung, entzog er sich 1819 endgültig dieser Doppelbelastung und kehrte ganz auf sein Gut zurück, dessen Institut im selben Jahr den Titel »königlich akademische Lehranstalt des Landbaus« erhielt. Er errang noch anerkannte Erfolge in der Merinoschafzucht und Wollproduktion. Hohe staatliche Ehrungen wurden ihm zuteil. Nach rheumatischen Erkrankungen starb er 1828 auf Möglin an einem Gehirnleiden.

Sein Hauptwerk, die *Grundsätze der rationellen Landwirthschaft* von 1812, faßt systematisch moderne Methoden des Ackerbaus und der Viehzucht zusammen, einschließlich entsprechender Kostenberechnungen. Thaer ist ein radikaler Aufklärer, der die Bemühungen vieler Kameralisten um eine Rationalisierung und Produktivitätsverbesserung der Landwirtschaft konsequent zu Ende denkt. Die naturwissenschaftliche Seite der Thaerschen Initiativen wird später von Justus von Liebig ausgebaut, die nationalökonomische von Johann Heinrich von Thünen. Beide waren von Thaer sehr beeinflußt, Thünen war – 1803 in Celle – sein Schüler.

Thaers Analysen der rationellen Landwirtschaft wurden in seiner Zeit weit beachtet, weil sie einen beachtlichen Fortschritt in die Landwirtschaftslehre brachten. Er schlug die Unterscheidung von »intensiver« und »extensiver« Landwirtschaft vor, die auf der Forderung beruhte, die extensive Dreifelderwirtschaft auf eine intensive Fruchtwechselwirtschaft mit Stallfütterung umzustellen. Dies war eine Konsequenz seiner naturwissenschaftlichen Analysen, wonach unbedingt die Erhaltung der im Boden vorhandenen Naturkräfte, d. h. die Ersetzung der durch Ernten entnommenen Stoffe auch ohne ökonomischen Anlaß gefordert werden muß. Thaer analysierte den Kartoffelanbau und die Edelschäferei, die in Zeiten gesunkener Kornpreise als Substitute intensiver Landwirtschaft dienen sollten; er untersuchte die negativen Folgen von Monokulturen, empfahl überhaupt Mischsysteme und Mischbetriebsformen. Er votierte gegen die Frondienste, deren Produktivität gering sei; er wollte die (italienische doppelte) Buchführung bei den Bauern und Grundbesitzern eingeführt wissen.

Grundlage seiner Landwirtschaftslehre war die Steigerung des reinen Ertrages:

> § 2. Die vollkommenste Landwirthschaft ist also die, welche den möglich höchsten, nachhaltigen Gewinn, nach Wertschätzung des Vermögens, der Kräfte und der Umstände, aus ihrem Betriebe zieht. – Nicht die möglichst höchste Production, sondern der höchste reine Gewinn, nach Abzug der Kosten – welches beides in entgegengesetzten Verhältnissen stehen kann – ist der Zweck des Landwirths, und muß es seyn, selbst in Hinsicht auf das allgemeinen Beste.
>
> (*Grundsätze der rationellen Landwirthschaft*, Bd. 1, S. 2.)

Hierin ist das Programm vollständig beschrieben; die Ausführungen der vier Bände stellen im wesentlichen Einzeluntersuchungen zu den jeweiligen landwirtschaftlichen Tatbeständen dar. Thaers Programmatik zeigt einen Modernisierungsschritt, der die Landwirtschaft von dem kameralistisch genährten Glauben abbringen will, die Steigerung der Produktion sei selbst bereits schon rationell. Die Landwirtschaft wird zu einer Branche ökonomischer Produktion unter anderen, was ihm von der Agraropposition, besonders der unter Führung von Adam Müller gegen das englische System der Ökonomie opponierenden ›Romantischen Schule‹, vorgehalten wurde.

Aus Thaers Hauptwerk ist hier zum Abdruck das zweite Hauptstück des ersten Bandes ausgewählt: »Oekonomie, oder die Lehre von den Verhältnissen, von der Einrichtung und Direction der Wirthschaft«. Darin finden wir keine Einzeluntersuchungen, sondern lernen die ökonomischen Grundsätze von Thaers Agrarlehre kennen.

Nach dem Abschnitt »Arbeit im Allgemeinen«, den wir abdrucken, fährt Thaer mit der »Arbeit des Gespanns« fort. Die allgemeine Ökonomie leitet unmittelbar in Aspekte der Einzel- oder Betriebswirtschaftslehre über. Er schreibt ein Lehrbuch für Praktiker, eine Betriebswirtschaftslehre im engeren Sinne.

Die Arbeitswertlehre der englischen ›Klassik‹ – Thaer nennt sie die »neuere Metapolitik«, die »alles Vermögen und Einkommen der Nation einzig und allein aus der Arbeit ableitet« – ist wohl »nicht ganz und unbedingt richtig«, da auch »Grund und Boden« (§ 137, S. 377 d. Bd.) einen beträchtlichen Anteil daran haben. Es bleibt bei allgemeinen Zurechnungen (bei gleichzeitiger Abwehr physiokratischer Anschaungen ausschließlicher Bodenwertbestimmung): Arbeit und Boden bilden zusammen die Wertschöpfungsbasis. Doch reicht dies für eine Landwirtschaftsökonomie nicht aus; man muß die Konstellation untersuchen, in denen Boden- und Arbeitswert zueinander stehen.

Die Erörterungen der §§ 140-144, S. 378-380, dienen der Einsicht in die Diversifizität der Verhältnisse von Kapitaleinsatz, Bodenwert, Arbeitskosten und Ertrag. Allgemeine Regeln sind ausgeschlossen; die Agrarlehre kann nur dazu dienen, die Bedingungen zu analysieren, um aufgrund dessen die relativen Ertragsmöglichkeiten festzustellen. Höhere Kosten intensiver Bewirtschaftung sind kein ertragssenkender Grund, sondern lageabhängig, d. h. abhängig von der Lokalität, den Böden etc.

Wichtig ist für Thaer die Analyse der Arbeitslohnsteigerungen, die – gegen die üblichen Vorstellungen – nicht als Ursache, sondern als Folge der Lebensmittelpreissteigerungen zu gewichten seien. Thaer tritt uns hier als ökonomischer Aufklärer entgegen, der den meist agrarischen Lesern seines Buches die Grundkenntnisse der modernsten ökonomischen Theorie seiner Zeit vorstellt. In §§ 147-151, S. 381-386, lesen wir eine smithianische Arbeitsmarkttheorie, die auf die deutschen Agrarverhältnisse angewendet ist. Der »Preis einer Tagesarbeit oder eines Neuntel Berliner Scheffels Rocken« wird als »idealische Münze« oder Standardware betrachtet, »da der Preis der Arbeit und des Getreides ein weit beständigeres, sich zu allen Zeiten und an allen Orten mehr gleichbleibendes Verhältniß bei den Berechnungen der Wirthschaft abgibt, als der wandelbare des Geldes« (S. 383). Thaer versucht damit, die Geldillusion zu vermeiden, die aus der bloß nominellen Betrachtung der Einkommensentwicklung entsteht und die realen Einkommen nicht gewichten kann.

Neben den »Preisen der Lebensbedürfnisse« beeinflussen die »Vermehrung und Verminderung der Gewerbe« die Lohnhöhe, neben den »Calamitäten« nichtwirtschaftlicher Art wie »Seuchen, Hungersnoth und Krieg«. Die durch vermehrte Arbeitsnachfrage steigenden Löhne sind nicht zum Schaden der Wirtschaft, da sie, wenn auch verzögert, wiederum starke Produktnachfrage bewirken und damit letztlich höhere Preise. Sinkende Löhne sind dagegen nicht wünschenswert, sondern vielmehr ein Anzeichen des Verfalls, da sie sinkende Arbeitsnachfrage indizieren.

Thaers Erörterungen sind klassischer Standard, mehr Belehrung als eigene Analyse. Sie sind allerdings, für den Agrarbereich, fast revolutionär, da sie eine unmittelbare Übertragung der für die handwerkliche und manufakturelle Produktion analysierten Arbeitsmarktprozesse auf den Agrarsektor bieten – eine für Deutschland, das gerade aus der Leibeigenschaft erwacht ist, extrem rationalistische Betrachtungsweise.

Doch die »eigentliche Begründung der Landwirtschaftslehre auf nationalökonomische Prinzipien« geschah durch Johann Heinrich von Thünen (1783-1850). Thünens Werk *Der isolierte Staat in Beziehung auf Landwirthschaft und Nationalökonomie* erschien 1826 im ersten Band; Thaer nannte es, noch vor seinem Tode, ein »Werk von leuchtender, sich über die ganze Sphäre der Landwirthschaft verbreitender Klarheit«.

Von seinem Lehrer Thaer hatte Thünen ebenfalls das ökonomische Motiv des höchsten dauernden Reingewinns übernommen, aber er suchte sehr viel genauer die Einwirkungen zu bestimmen, welche ein Faktor bei seinem sukzessiven Wachstum auf die Rente des Landgutes ausübt. Er entwickelte eine Methode der isolierenden Abstraktion, indem er das Modell einer zentralen Stadt mit einem Umkreis von verschiedenen Ringen landwirtschaftlicher Produktion umgab. Anders als Thaer, der die englische Fruchtwechselwirtschaft bereits für vorteilhafter als die gewohnte extensive Form der deutschen Dreifelderwirtschaft hielt, glaubte er, daß die Vorteilhaftigkeit verschiedener Bewirtschaftungsformen von den jeweiligen Gegebenheiten, insbesondere dem Preis der Produkte, abhänge. Mit seiner Standortlehre weist Thünen nach, daß nur bei relativ hohen Preisen in Stadtnähe die intensive Fruchtwechselwirtschaft profitabel sei; je weiter von der Stadt entfernt die Äcker lägen, desto extensivere agrarische Produktionsmethoden seien nötig. Der Preis des Bodens, die Landrente, steige folglich durch die Konkurrenz um die Böden in Stadtnähe.

In Thünens ökonomischer Theorie wird gleichzeitig eine neue Methode kreiert, die (allerdings völlig unabhängig) zu ähnlichen Ergebnissen gelangt wie David Ricardo in seiner Theorie des abnehmenden Bodenertrages. Thünen – als Agronom von der akademischen Ökonomie ignoriert – gilt als erster deutscher Nationalökonom, der nicht nur eine Standorttheorie konzipiert hat, sondern zudem grenznutzentheoretische Erwägungen anstellt, um die Differentialrenten berechnen zu können. Was bei Ricardo die unterschiedliche Fruchtbarkeit der Äcker bedeutet, ist bei Thünen die unterschiedliche Lage.

Vordringlich analysiert er deshalb das Verhältnis von agrarischen Produktions- und Transportkosten; Verteuerung des Transports in einer Richtung muß eine Verengung der Ringzonen um den städtischen Konsumplatz zur Folge haben, Verbilligung des Transports dagegen eine Ausweitung der Zone. Bei verschiedenen Markt-Plätzen bildet sich ein Geflecht verschiedener Zonengruppen, innerhalb derer aber jede landwirtschaftliche Produktion und Produktionsweise ihren notwendigen Standort besitzt, der durch die Entfernung vom Markt mit bestimmt ist. Somit ist die agrarische Produktion historisch vom Entwicklungsstand der Transporttechnologie abhängig: Durch Kostensenkungen des Transports wird die agrarische Investition nicht mehr von der räumlichen Lage zum Markt beherrscht, sondern kann sich gänzlich an den günstigsten natürlichen Produktionsbedingungen orientieren.

Thünens agrarische Standort- und Verkehrslehre war für ihre Zeit viel zu abstrakt – und zugleich von einem Nicht-Akademiker verfaßt –, als daß sie die Resonanz erfahren hätte, die ihr später zuteil wurde. Neben Gossen und Menger zählt Thünen zu den Vorbereitern der modernen Wertlehre. In dieser Frage blieb Thaer dagegen völlig konventionell; seine Wirkung war betriebswirtschaftlich-praktisch.

TEXTGRUNDLAGE

Albrecht Daniel Thaer, *Grundsätze der rationellen Landwirthschaft*, 4 Bde., Berlin 1809-1812; hier abgedruckt aus Bd. 1 §§ 136-151.

WEITERE SCHRIFTEN DES AUTORS

Albrecht Daniel Thaer, *Einleitung in die Kenntniß der englischen Landwirthschaft*, 3 Bde., Hannover 1798-1800.

Albrecht Daniel Thaer, *Leitfaden zur allgemeinen landwirthschaftlichen Gewerbelehre*, Berlin 1815.

Albrecht Daniel Thaer, *Gegenwärtiger Standpunct der Theorie über den Ertrag und die Erschöpfung der Ernten im Verhältniß zum Reichthum des Bodens*, Berlin 1815.

STELLENKOMMENTAR

374,12 *Xenophon]* Xenophon (geb. um 430, gest. nach 355 v. Chr.) war Schüler des Sokrates. Er verfaßte historische Texte, Schriften in sokratischer Tradition, politisch-ethische Abhandlungen und kleinere Lehrschriften über Staatsfinanzen, Jagd und Reiterei.

375,19 *Benekendorf]* Karl Friedrich von Benekendorf (geb. etwa 1720, gest. 1788) war Oberamtsrat in Breslau, schied jedoch aus dem Staatsdienst aus und zog sich auf sein Landgut Blumenfeld in der Neumark zurück. Als Publizist und Schriftsteller interessierte er sich vor allem für agrarwissenschaftliche und nationalökonomische Themen.

382,14 *Scheffel]* Altes deutsches Hohlmaß für nichtflüssige Güter, insbesondere Getreide, je nach Region von unterschiedlichem Umfang (Preußen: 55 l, Sachsen: 104 l, Bayern: 222 l).

ADAM MÜLLER (VON PLITTERSDORF) ROMANTISCHE ILLUSION ODER ÖKONOMIE?

Mit Adam Heinrich Müller (1779-1829) verbindet sich in der Geschichte der deutschen Ökonomie die radikalste Form der Opposition gegen die ›englische‹ Ökonomie Adam Smiths, die sich zum einen auf konservative Vorstellungen über die Erhaltung der älteren Ständeordnung beruft, zum anderen aus einer Furcht vor der Entseelung der modernen Gesellschaften speist. Diese Kombination ist später zu einer ›Romantischen Schule‹ der deutschen Nationalökonomie ernannt worden, der allerdings – mangels identifizierbarer Schüler – alle wirkungsgeschichtlichen Merkmale fehlen. Doch war der Einfluß der Müllerschen Radikalität für eine gewisse Zeit groß (insbesondere in der sogenannten Agraropposition gegen die Stein-Hardenbergschen Reformen in Preußen).

Nicht der materielle Reichtum, wie bei Smith, sondern das geistige Nationalkapital bilde das Telos der Ökonomie. Gegen die pragmatischen Engländer, deren wirtschaftliche Effizienz er nicht verkennt, artikuliert Müller das Pathos der deutschen Kulturnation. Seine Ökonomie gründet auf ein Konzept der »idealischen Produktion« (Baxa 1926, S. 53f.); insbesondere Adam Smiths Reduktion der produktiven Arbeit auf die materielle Produktion erregt seinen Widerspruch.

1779 in Berlin geboren, Gymnasiast im »Grauen Kloster« zu Berlin, studierte er von 1798 bis 1801 in Göttingen Diplomatie. Nach 1802 war Müller in der Preußischen Kriegs- und Domänenkammer beschäftigt; nach einer Zeit in Polen und danach, als Hofrat, in Dresden (seit 1805), wo er 1809 von den Franzosen ausgewiesen wurde, weil er für das katholische Österreich eintrat. Von 1806 an hielt er in Dresden Vorlesungen als Privatgelehrter und gab – zusammen mit Heinrich von Kleist – die Zeitschrift ›Phöbus‹ heraus. Inzwischen, 1805, war er zum katholischen Glauben konvertiert. Er ging 1809 nach Berlin, bewarb sich vergeblich beim Staatskanzler von Hardenberg um eine Anstellung im preußischen Staatsdienst und wurde einer der bedeutendsten literarischen Opponenten der liberalen Reformen Hardenbergs, weshalb er 1811 nach Wien abgeschoben wurde. 1815 bis 1827 war Müller österreichischer Generalkonsul für Sachsen, danach, in der Gunst Metternichs, als Hofrat in der Wiener Staatskanzlei beschäftigt. 1827 wurde er geadelt. Er starb 1829 in Wien.

Adam Müllers Ökonomie ist eine politische Ökonomie im strengen Sinne des Wortes. Sie kritisierte an Smith vornehmlich dessen Reduktion des Staates, den Müller – orientiert an den Schriften Burkes und Taines – in seiner alten Machtfülle rekonstituiert sehen wollte. Er beabsichtigte aber auch – hierin Novalis ähnlich –, »den Staat als Gegenstand einer unendlichen Liebe darzustellen«.

In dieser Gesinnung wurde er im 20. Jahrhundert wieder vereinnahmt – als ideeller Protagonist gegen die kosmopolitisch orientierte Ökonomie und ihre völkische Entfremdung. Zwar war er kein »Fackelträger des deutschen Geistes«, wohl aber »im Guten wie im Bösen ein deutscher Mensch romantischer Art und romantischen Schicksals, mehr reich als klar, mehr Geist als Kraft, in Leben und Lehre vor der Furcht geknickt und doch von starker unterirdischer Wirkung auf alle kommenden Geschlechter« (Salin, S. 78).

Müller ist kein Reanimateur kameralistischer »Staatsglückseligkeit«, sondern entfaltet den Keim nationalen Selbstbewußtseins, der die – politische wie kulturelle – Staats-Macht mehr betont als ihre ökonomischen Wachstumspotentiale. Der »wahre Reichtum einer Nation« sei »die Nationalexistenz selbst in ihrem ganzen Umfange«. Viele Aspekte seines Denkens werden später Elemente der ›Historischen Schule‹, aber auch Friedrich List ist – neben etlichen anderen – von Müller angeregt.

Der gewählte Text ist eine kleine Arbeit aus dem Jahre 1816, die zur Einführung in Müllers Ökonomie hervorragend geeignet ist, da sie zum einen seinen Stil, die halbmoralische Tonart, zum anderen seine Wirtschaftsgesinnung darlegt, die den Kern seiner Smith-Opposition bildet. Wir haben es mit einer bekenntnishaften Sprache zu tun, die das deutsche Gemüt in einer Weise ansprechen konnte, wie es sich in den vorhandenen Verfassungen politischer wie ökonomischer Art gut eingerichtet fühlte.

Es geht vornehmlich um die Magie des Geldes, dessen Erwerb seit Aristoteles' ethischer Kritik unter dem Verdacht der Pleonexie, des Mehr-haben-Wollens, steht. Da in Smiths Ökonomie – die Müller auf die Formel: Geld sei Macht, bringt – die »Zauberkunst« für die »wetterwendische Gesinnung der Zeit zu viel Ansprechendes und Bestechendes« bereithält, geht Müller stante pede zur Kritik über, an der die neue Nationalökonomie zerbrechen muß. Die Hypertrophie der materiellen Produktivität nimmt bei Smith – und all den Epigonen, die er in Deutschland bekämpft – keine Rücksicht mehr auf die historisch gewordenen gesellschaftlichen Beziehungen: 1. fasse die Smithsche Ökonomie die »Natur des Menschen« unrichtig auf: ihre Folgen – Abnutzung und Abstumpfung durch die arbeitsteilige Produktion – förderten die Revolutionen, 2. basiere sie auf dem Prinzip des Eigennutzes, das der Staat, der sich »der viel höheren und dringenderen Forderung, alle seine Glieder zur Entwikkelung ihrer verschiedenartigen Kräfte und zum Genusse des gemeinschaftlichen Wohls zu bringen«, nicht entschlagen könne, durch positive Gesetzgebung begrenzen müsse, und 3. »findet dies System seinen unvermeidlichen Untergang in der Natur des Geldes selbst«.

Die Positionen (1-2) sind in Müllers wichtigsten Schriften gründlich vorgestellt; Position 3 entstammt seiner neuen Geldtheorie (*Versuch einer neuen Theorie des Geldes*). Die fortschreitende Teilung der Arbeit forciert danach den Geldumlauf. Wesentlich sei der Bedarf an Geld durch die monetären Zahlungen in den Markt-, Lohn- und Staatsbesoldungsverhältnissen gestiegen. Zum einen kreditfinanziert, zum anderen die Illusion einer Wertsteigerung der Immobilien suggerierend, verliert das Geld seine Seltenheit, und der Wert der Güter für notwendige Bedürfnisse sinkt, insbesondere für die Agrarprodukte.

Müllers Geldtheorie war für seine Zeitgenossen nicht ohne Faszination. Während das Geld »im klassischen System ein durchaus neutraler und ökonomisch indifferenter Faktor ist, 〈. . .〉, wird es bei Adam Müller geradezu die tragende und repräsentative Kategorie des ökonomischen Kosmos, ja des gesellschaftlichen Ganzen überhaupt. Die wirtschaftliche Funktion des Geldes besteht nämlich darin, die arbeitsteilige Atomisierung der Wirtschaft aufzuheben, indem es die getrennten Sachen und Personen wieder in eine Verbindung bringt« (Wagner, S. 52f.). Müller selber postuliert, daß das

> Bedürfnis der Vereinigung in der natürlichen Ordnung der Dinge zunehmen müsse in demselben Grade wie die Teilung der Arbeit; daß je mehr die Kräfte des Menschen auseinander treten, auch das Band derselben, oder der Staat um so gewaltiger werden müsse. Alles dies stellt sich den Sinnen dar in den Verrichtungen des Geldes; das Verlangen nach dem Gelde ist ein bloßer unvollkommener Repräsentant des höheren Verlangens nach der Vereinigung, nach dem Staat.
> (*Versuch einer neuen Theorie des Geldes*, S. 138f.)

Die synergetische Potenz des Geldes liegt im Kredit: »Wenn Adam Müller vom Gelde spricht, so hat er das metallische Stoffgeld im Auge. Neben diesem sachlichen gibt es aber auch einen persönlichen Mittler, nämlich das Wort oder den Kredit. Im Kredit manifestiert sich in einer sublimen Form die Idee des Geldes, seine gesellschaftliche Funktion in der ökonomischen Sphäre. Daher erscheint Adam Müller ›das heilige Wesen des Kredits als Mittelpunkt des gesamten äußeren und inneren Lebens‹ der Gesellschaft« (Wagner, S. 53).

Müller avisiert eine kredittheoretische Linie, die später –

ohne direkt auf Müller zu rekurrieren – von der ›Historischen Schule‹ weitergeführt wird. Das Persönlichwerden des Geldes im Kredit – »des Wortes oder des Kredits, das heißt: vermittelst des persönlichen Glaubens oder der persönlichen Allgemeingültigkeit, die sich ein Mensch zu verschaffen gewußt« (*Versuch einer neuen Theorie des Geldes*, S. 30) – ist ein Akt der Vertrauensbildung, dem wir bei Bruno Hildebrand als sittliche Komponente der höheren Wirtschaftsentwicklungen wieder begegnen werden.

Müller betrachtet das Geld als agens movens einer der Smithschen Arbeitsteilung gegenläufigen gesellschaftlichen Synthese, besonders in seiner wieder die Persönlichkeit der Menschen anvisierenden Kreditform, die auf Treu und Glauben basiert. Eindeutig geht Müller hierbei auf eine rechtliche Betrachtung des Geldes aus, die seine soziale, nicht seine ökonomische Funktion betont.

Der ökonomisch aufgezwungenen »Depreziation« des Geldes läuft eine »moralische Depreziation« parallel, die mit der Entwertung natürlicher Werte auch die Entwertung natürlicher Beziehungen der Menschen untereinander mit sich bringt. Müller lobt dagegen den »Landbau und die auf ihm beruhende persönliche und geistige Kraft des Menschen«, die allein »dem mechanischen und irdischen Getriebe des Geldes die Wage hält«. Hier werden die Tugenden der alteuropäischen Ökonomie, die wesentlich eine adelige Grundherrschaft war, als Rettung gepriesen. Gibt man der »Privatindustrie« freie Hand, ist der Untergang der Kultur gewiß. Gegen die Macht des Geldes (und der ihr ursächlichen industriellen Produktivität) setzt Müller die »Würde der Naturaldienste«, der persönlichen Abhängigkeit und Versorgung.

»Ohne ein solches moralisches Gegengewicht verliert sich die mechanische Kraft des Geldes in ihrer eigenen Unbegrenztheit.« Hier wird der Apparat der ethischen Geldkritik der europäischen Tradition wieder aufgefahren. Die Tugenden, die der Landbau ermögliche, seien identisch mit den Interessen des adeligen Grundbesitzes, den Müller gegen die Gewerbefreiheit und Ausweitung der industriellen Produktion vertritt, vornehmlich in seiner Berliner Zeit. Es geht ihm um die Unveräußerlichkeit der Immobilien, die durch eine Nationalökonomie nicht zu einem gemeinen Gute gemacht werden können: »Die Lehre von dem Gleichgewicht der bezahlbaren und unbezahlbaren, unveräußerlichen, unteilbaren Güter der Menschen wäre die wahre Nationalökonomie«.

Das ist nicht nur ein Plädoyer für strenge Erbschaftsregelungen, die den Zusammenhalt des Erbes sichern (Fideikommiß), sondern ein Versuch, über die Unveräußerbarkeit und Unteilbarkeit von Grund und Boden hinaus auch die anderen höheren Güter – Geist, Moral und Religion – vor dem Ausverkauf der englischen Händlerökonomie zu schützen. Gegen das »flache Lebensglück des Wohlstandes und der ökonomischen Fülle« gilt es, die »Seele des Staates« zu rekonstituieren. Müller unterscheidet hierfür zwischen physischem und »geistigem Capital« (*Elemente der Staatskunst II*, S. 29), die erst zusammen den »wirklichen National-Reichtum« ausmachten; der National-Reichtum bestehe nicht, wie die Engländer meinten, aus der bloßen Menge der erzeugten Sachgüter, sondern aus der geistigen, lebendigen Einheit des Volkes (*Elemente der Staatskunst II*, S. 202).

Müllers Radikalität allerdings weckt die Geister, die bei Sartorius z. B. noch sehr moderat auftraten, in jene Richtung, die der deutschen Nationalökonomie ihr anti-englisches Selbstbewußtsein bescherte. Daß Müller in seiner Betonung der »idealischen Produktion« nur mehr Sodens Theorie der produktiven Kräfte umschreibt, ist wohl gesehen worden, aber für ihn ist – über Soden hinaus – das »geistige Capital« einer Nation nicht nur bei Smith vergessen und ignoriert, sondern umgekehrt – Smiths Ökonomie biete nur amoralischen Materialismus:

> Die idealischen Produkte 〈. . .〉, der schönste und erhabenste Gewinn einer Nation, die Erzeugnisse ihrer edelsten Geister hatten nach Adam Smith, wenn es auf einen Anschlag des Nationalreichtums ankam, keinen ökono-

> mischen Wert. Der Gedanke eines Staatsmannes, welcher vielleicht Millionen wirklichen Geldes hervorbrachte; die Worte des Geistlichen, des Künstlers, welche vielleicht das Herz oder die Erfindungskraft der Nation um vieles bereicherten oder veredelten; – diese herrlichen Staaten, diese ergiebigsten Manufakturen wurden nicht gezählt, wenn das Gesamtvermögen einer Nation überschlagen wurde.
> (*Theorie der Staatshaushaltung*, S. 39.)

Die »wahre« Nationalökonomie beruht auf einer Theorie der »Nationalkraft«:

> Jede einzelne produktive Kraft kann also nur produzieren oder vermitteln, insofern sie selbst wieder von einer höheren produktiven Kraft, der bürgerlichen Gesellschaft oder der Nationalkraft nämlich, produziert und vermittelt wird. Hört der Staat auf, sich zu produzieren, so hören alle die kleinen Produktionen, aus denen die Nationalproduktion, welche wir Staat nennen, besteht, von selbst auf.
> (*Elemente der Staatskunst I*, S. 395.)

Hier konkludieren Sodens – und später Lists – Konzeptionen mit der Müllers, mit hinreichender Gewißheit auf der gemeinsamen Basis der Schellingschen Naturphilosophie. Wo nun der Staat das geistige oder Nationalkapital ist, scheint es naheliegend zu sein, die Steuern »Zinsen des geistigen unsichtbaren Kapitals« zu nennen (*Elemente der Staatskunst II*, S. 55), welche die Bürger dafür zu zahlen haben, daß sie von der Produktivkraft vergangener Geschlechter zehren. Wir haben es mit einem ökonomischen Kultur-Kapital-Begriff zu tun, dessen Fond aus der nationalen Geistesgeschichte besteht, die zu pflegen und zu entwickeln die oberste Aufgabe des Kultur-Staates sei. Smiths materiell ausgerichtete Ökonomie erscheint dem ästhetischen deutschen Ökonomen dagegen als schlichtweg ordinär, später – mit seiner stärkeren Zuwendung zum katholischen Glauben – als zu profan.

Die Schellingsche Identitäts- und Geistesphilosophie findet sich auch in Müllers Auffassung des »organischen Staates«; im Gegensatz »zu der Auffassung des Staates als ethisch-sittlicher Organismus«, der, an Kant anknüpfend, einen »verhältnismäßig breiten Raum für eine bewußte politische Gestaltung der staatlichen Ordnung ließ, dominiert bei dem romantisch und naturtheoretisch geprägten Organismusbegriff die Abkehr vom individualistischen Ausgangspunkt und von der Zweckargumentation des Vernunftrechts« (Böckenförde, S. 267).

Dieser romantische Staat ist bei Müller »nicht eine bloße Manufactur, Meierei, Assekuranz-Anstalt oder merkantilistische Sozietät; er ist innige Verbindung der gesamten physischen und geistigen Bedürfnisse, des gesamten physischen und geistigen Reichtums, des gesamten inneren und äußeren Lebens einer Nation, zu einem großen energischen, unendlich bewegten und lebendigen Ganzen« (*Elemente der Staatskunst I*, S. 37). Aus dieser Beschreibung wird evident, daß die »wahre« Ökonomie weder dem englischen materialistischen Individualismus noch aber den naturrechtlich vernünftigen Staatszwecken folgen kann, sondern einen eigenen romantischen Allokationsbegriff zugeschrieben bekommt, in dem nicht allein die Güter-Resultate zählen, sondern genauso die Kräfte und Energien, die sie hervorbringen.

Müllers emphatische Ökonomie steht in der Spannung der Deutschen dieser – goetheanischen – Zeit, zum einen sich in einem blühenden Kulturstaat zu wissen, zum anderen aber in einer unterentwickelten Agrarökonomie zu leben mit nur kleinen manufakturellen und industriellen Einsprengseln. Müller bietet eine ideale Lösung, in der eine Romantisierung der Agrarwirtschaft mit der forcierten Produktion dessen einhergeht, was die deutschen Lande anscheinend genügend besitzen: Geist und Kultur. Was braucht es da dann noch der Industrie?

TEXTGRUNDLAGE

Adam H. Müller, *Die heutige Wissenschaft der Nationalökonomie kurz und faßlich dargestellt* (zuerst 1816), in: Adam Müller, *Ausgewählte Abhandlungen*, hg. v. Jakob Baxa, Jena 1931, S. 40-50.

WEITERE SCHRIFTEN DES AUTORS

Adam H. Müller, *Elemente der Staatskunst* (zuerst 1809), hg. v. J. Baxa, 2 Bde., Jena 1922.
Adam H. Müller, *Die Theorie der Staatshaushaltung und ihre Fortschritte in Deutschland und England seit Adam Smith*, 2 Bde., Wien 1812.
Adam H. Müller, *Versuch einer neuen Theorie des Geldes* (zuerst 1816), hg. v. Helene Lieser, Leipzig ²1922.
Adam H. Müller, *Von der Notwendigkeit einer theologischen Grundlage der gesamten Staatswissenschaft*, Leipzig 1819.

STELLENKOMMENTAR

394,4 *Faust]* Der Verleger und Buchhändler Johann Faust (eigentlich: Fust, geb. etwa 1400, gest. 1466) war zunächst Geldgeber, ab 1450 Mitinhaber der Mainzer Druckerei Johannes Gutenbergs.

394,4 *Schöffer]* Peter Schöffer (1425-1502/03) war ab 1452 Druckergeselle bei Johannes Gutenberg in Mainz. Er gründete 1455 mit seinem Schwiegervater und ehemaligem Teilhaber Gutenbergs, Johann Fust, eine sehr erfolgreiche eigene Druckerei.

394,5 *Guttenberg]* Johannes Gutenberg (eigentlich: Johannes Gensfleisch zur Laden, 1397-1468) erfand den Buchdruck mit gegossenen beweglichen Lettern.

394,8 *Bell]* Der schottische Geistliche und Pädagoge Andrew Bell (1753-1832) gründete Schulen, in denen die jüngeren Schüler von den älteren unterrichtet wurden (sog. »Monitorsystem« oder Bell-Lancastersche Unterrichtsmethode).

394,8 *Lancaster]* Der englische Pädagoge Joseph Lancaster (1778-1838) entwickelte eine auf christlichen Prinzipien basierende, jedoch überkonfessionelle Unterrichtsmethode (vgl. Anm. 394,8 »Bell«). 1798 gründete Lancaster die erste von rund 100 Grundschulen in ganz England. Seine Arbeit war Gegenstand heftiger Kontroversen. Ab 1818 setzte er sein Werk in den USA fort.

396,35 *Humboldt]* Der preußische Naturforscher und Geograph Alexander von Humboldt (1769-1859) unternahm 1799-1804 eine Expedition nach Süd- und Mittelamerika. Das dort gesammelte reiche pflanzengeographische, klimatologische, geowissenschaftliche, meereskundliche, anthropologische, ethnologische, archäologische und sprachwissenschaftliche Datenmaterial wertete er bis 1834 im größten wissenschaftlichen Reisewerk der Geschichte aus.

397,25 *Obligationen]* Schuldverschreibungen (Wertpapierrecht), die den Aussteller zu einer Leistung verpflichten. Im Gegensatz zu Aktien begründen Obligationen lediglich ein Forderungsrecht, kein Anteilsrecht.

399,20 *de Bonald]* Der französische Staatstheoretiker und Philosoph Louis Gabriel Ambroise de Bonald (1754-1840) war Begründer des Traditionalismus, einer Lehre, die menschliches Denken, Sprache, Gesellschaft und Staat als Produkte göttlicher Schöpfung ansieht.

399,20 *Fievée]* Der Journalist, Publizist und Schriftsteller Joseph Fiévée (1767-1839) war in der Zeit der Revolution ein scharfer Gegner des Konvents und hielt Kontakte zu den Royalisten. Napoleon Bonaparte ernannte ihn später zum Zensor. Nach dem Sturz des Kaisers engagierte sich Fiévée wieder in der königstreuen Opposition, war aber trotzdem 1827 am Sturz des monarchistischen Premierministers Villèle beteiligt.

399,21 *Villele]* Der ultra-konservative, monarchistische französische Politiker Jean Baptiste Guillaume Joseph Villèle (1773-1854) war Bürgermeister in Toulouse, ab 1815 Minister in verschiedenen royalistischen Kabinetten, ab 1822 Premierminister der Könige Ludwig XVIII. und Karl X. Er führte eine scharfe Pressezensur ein und setzte eine finanzielle Entschädigung der enteigneten Emigranten der Revolutionszeit durch.

KARL HEINRICH RAU
THEORETISCHE UND ANGEWANDTE ÖKONOMIE: DIE NEUE ORDNUNG DER VOLKSWIRTSCHAFTSLEHRE

Karl Heinrich Rau (1792-1870) ist der Vater der neuen Volkswirtschaftslehre; seine Lehrbücher bestimmen Methode wie Inhalt der akademischen Ökonomie nicht nur der ersten Hälfte des 19. Jahrhunderts. Nachdem er selbst noch als kameralistischer Ökonom begonnen hatte, wandelte Rau sich im Laufe seines Lebens – zu Beginn seiner Heidelberger Zeit seit 1822 – zum Liberalen, der die Smithsche Political Economy mit den wirtschaftspolitischen (-polizeilichen) Standards der Kameralwissenschaft harmonisch zu vereinen sich bemühte.

Karl Heinrich Rau – einer Theologenfamilie entstammend – wurde 1792 in Erlangen geboren, wo er auch studierte (seit 1808, mit sechzehn Jahren) und 1812 promovierte, um danach als Privatdozent für Staatswissenschaften dort auch zu lehren. 1816 zum außerordentlichen, 1818 zum ordentlichen Professor ernannt, folgte er – nachdem er bereits einen Ruf nach Gießen abgelehnt hatte – mit 30 Jahren 1822 einer Berufung nach Heidelberg, wo er über Nationalökonomie, Technologie und Landwirtschaft las. Er gewann hohe wissenschaftliche Reputation (war Mitglied mehrerer Akademien der Wissenschaft – zu Wien, Paris und Brüssel); 1832 wurde er Geheimer Hofrat, 1845 Geheimrat. Von 1831 bis 1847 hatte er das Amt des Prorektors der Heidelberger Universität inne. Er war mehrfach Mitglied der badischen Kammer; auch wurde er 1848 badischer Delegierter des Frankfurter Vorparlaments.

In Rau haben wir den Prototypus des gelehrten deutschen Ökonomen vor uns. Seine kameralistische Ausbildung gab er nie vollständig auf. Zwar gewann er aus der Lektüre Adam Smiths, J. B. Says und R. Malthus' neue Perspektiven der Ökonomie, aber an Smith, den er als Theoretiker sehr hoch schätzte, »vermißte er die Bekanntschaft mit anderen Ländern, außer Frankreich, ferner staatswissenschaftliche Anhaltspunkte und durchgeführte Systematik« (Roscher, S. 848).

In diesen Urteilen Raus – die W. Roscher aus einem Brief Raus vom 28. 4. 1869 zitiert – ist das ganze ökonomische Programm des Heidelberger Professors enthalten: 1. keine universale, sondern auf die Besonderheit der nationalen Unterschiede und Voraussetzungen angewandte Ökonomie zu betreiben, 2. ihre staatswissenschaftliche Begründung zu leisten und 3. die ökonomische Wissenschaft als ein System anzulegen.

Vom letzten (3.) Punkt abgesehen, in dem Rau als spezifischer Innovator der deutschen Volkswirtschaftslehre erscheint, der eine »enzyklopädische und praktische Zusammenfassung aller bisher in Deutschland vorhandenen volkswirtschaftlichen Einsichten« (Roscher, S. 847) besorgt, sind es eben dieselben Einwände und Programmpunkte, die wir von Sartorius, Soden und Müller her kennen. Bei Rau erhält die grundsätzliche Differenz der deutschen Ökonomen zur englischen Political Economy ihre systematische Gestalt.

Der ausgewählte Text besteht aus der »Einleitung« der Rauschen *Grundsätze der Volkswirthschaftslehre* (1826), die den smithianischen Wendepunkt in Raus Werk signalisiert, etwa gegenüber seiner *Kameralwissenschaft* von 1823. In der »Vorrede« desselben Buches definiert Rau kurz dessen Inhalt: »Der gegenwärtig erscheinende erste Band enthält die Theorie der Volkswirtschaft; es werden in demselben die eigentümlichen Gesetze entwickelt, welche sich in den wirtschaftlichen Tätigkeiten der Völker erkennen lassen, ohne alle Rücksicht auf die Einmischung der Regierung« (*Grundsätze der Volkswirthschaftslehre I*, S. X). Hier wird – anders als bei Smith oder Say – die Ökonomie als Theorie der reinen

Marktallokation vorgestellt, deren »angewandte« Teile in den beiden folgenden Bänden *Grundsätze der Volkswirthschaftspflege mit anhaltender Rücksicht auf bestehende Staatseinrichtungen* (1828) und *Grundsätze der Finanzwissenschaft* (1832) behandelt werden. Diese strenge Unterscheidung war von anderen deutschen Ökonomen unter dem Einfluß der kantischen (»reinen« und »praktischen«) Philosophie längst ausgeführt worden; Rau systematisiert und kanonisiert sie.

Während Rau in seiner *Kameralwissenschaft* von 1825 die »Volkswirtschaftslehre« noch »die Wissenschaft von der besten Führung der Wirtschaft« nennt und das Justische Modell der Vermögenswirtschaft zu teilen scheint, wenn er die »Wirtschaft« als »fortgesetzte Sorge für das Vermögen« definiert (*Ueber die Kameralwissenschaft*, S. 21), sind diese kameralistischen Reminiszenzen im *Lehrbuch* von 1826 bereits eliminiert. Hier wird dann die Wirtschaft zu derjenigen »Beschäftigung, welche darauf gerichtet ist, die Versorgung mit sachlichen Gütern zu bewirken« (*Grundsätze der Volkswirthschaftslehre*, § 2, S. 402 d. Bd.). Es bleibt allerdings noch ungeklärt, wer die Versorgung leisten soll – der Markt oder der Staat.

In § 7 und 8 des Lehrbuches von 1826 – also in dem hier wiedergegebenen Text – definiert Rau die Volkswirtschaft als ein »ganzes System von Tätigkeiten«, welches man zwar »mit einem Organismus vergleichen kann«, wie er es im II. Buch der *Ansichten* von 1821 noch vertreten hatte, das aber im weiteren nach dem Modell der Smithschen »invisible hand« erläutert wird: »so geschieht es, daß das, aus eigennütziger Absicht hervorgehende Zusammenwirken aller Einzelnen den Erfolg hat, sämtlichen Bedürfnissen des Volkes abzuhelfen«. Dieses Grundmuster wirtschaftlicher Allokation und Einkommensverteilung beruht auf »allgemeinen Gesetzen«, die »aus der Natur des Menschen und der sachlichen Güter als notwendig abgeleitet« seien und zudem in Übereinstimmung mit der »Erfahrung« stünden (§ 10, S. 407).

In § 12 und 13 unterteilt Rau die Volkswirtschaftslehre in

einen theoretischen und in einen praktischen oder angewandten Teil; der letztere ist auf die Kenntnis des ersteren unbedingt angewiesen (§ 13, S. 409). Doch nimmt der angewandte Teil wieder das kameralistische Erbe auf, wobei aber die Bedingungen, es anzutreten, sich geändert haben: Die Staatswirtschaft beruht auf der Kenntnis der Gesetzmäßigkeiten der Privatwirtschaft, deren Untersuchung der vornehmste Gegenstand der »Volkswirtschaftslehre« ist. Rau weist auf die besondere Bedeutung dieser Trennung von theoretischer und praktischer Volkswirtschaftslehre hin, die »vorzüglich in Deutschland mit gutem Erfolge vorgenommen« wurde: durch die »abgesonderte Bearbeitung der Volkswirtschaftslehre 〈...〉. Von den praktischen Lehren 〈ist〉 viel an Zusammenhang, Klarheit und systematischer Ordnung« gewonnen worden (§ 45, S. 429f.).

Raus neo-kantianische Unterscheidung in »reine« und »angewandte« Ökonomie, die sich weder in Smiths oder Says noch in Ricardos Werken finden läßt, erlaubt es, die Volkswirtschaftstheorie als ein methodisch ideales Gebilde aufrechtzuerhalten, obwohl die politische und die Verfassungswirklichkeit völlig andere Anforderungen an die Staatswirtschaft stellen, als die ›klassischen‹ Vorbilder es zulassen würden. Raus Trennung beider Sphären hat allein den Sinn, diese verschiedenen Anforderungen an die neue Wissenschaft der Ökonomie gleichzeitig befriedigen zu können, ohne in den kameralistischen Fehler zurückzufallen, die Theorie nach den praktischen Interventionsbedarfen zurechtzulegen. Die Erkenntnis idealer Allokationsmuster ist dann nicht durch die logische Notwendigkeit belastet, die Staatswirtschaft allein nur nach ihrer »negativen« Einwirkung, wie Rau Smith deutet (§ 44, 6, S. 429), beurteilen zu müssen.

Der starke deutsche Staat bekommt die Freiheit zugewiesen, auch noch andere Gründe für seine Eingriffe geltend zu machen, z. B. den allgemeinen staatswissenschaftlichen Grund, »daß die Regierung da eingreifen müsse, wo ein für die Staatszwecke wichtiger Erfolg von den Bürgern selbst nicht hinreichend hervorgebracht werden kann« (§ 20, 2; S. 413). Dies ist eine Formulierung, die derjenigen ähnlich zu sein scheint, die Adam Smith zur Begründung seiner Theorie öffentlicher Güter verwendet; Rau aber meint sie noch sehr viel allgemeiner und gründet sie auf den alten Grundsatz des bonum commune, dessen Recht der Staat durchzusetzen zu seiner vornehmsten Aufgabe hat.

Dies wird auch dort deutlich, wo Rau davon spricht, daß die Staatswirtschaftslehre »von der Befriedigung sämtlicher Bedürfnisse« im Staat handele (§ 3, 2, S. 403). Wenn die Mitglieder der bürgerlichen oder Wirtschaftsgesellschaft ihre Bedürfnisse auf dem Markt nicht realisieren können, bleibt es Aufgabe des Staates, ein vorliegendes Marktversagen zu kompensieren. Aber diese Aufgabe dient nicht mehr – wie noch bei Justi – zur Begründung der staatswirtschaftlichen Interventionskompetenz, sondern bleibt auf Ausnahmen verlegt. Diese Ausnahmen sind – anders als bei Smith und anderen – staatsrechtlich, nicht ökonomisch begründet.

Zwei Aspekte von Raus Smith-Darstellung sind für uns von besonderem Interesse: 1. die Hervorhebung der arbeitswerttheoretischen Begründung der Ökonomie (§ 44, 1-3, S. 428f.) und 2. die Definition, daß die Regierung »nur negativ auf die wirtschaftlichen Angelegenheiten des Volkes einwirken« solle (§ 44, 6, S. 429).

Auf (2) waren wir schon eingegangen: Die Separation der »angewandten Volkswirtschaftslehre« von der Volkswirtschaftstheorie ermöglicht es, die strenge, minimalistische ökonomische Determination der Staatswirtschaft in der Smithschen Political Economy für den deutschen, höheren Interventionsstandard unter Zuhilfenahme politischer und rechtlicher Gründe in eine eher positive Theorie der Wirtschaftspolitik zu transformieren. Dabei kommt es nicht darauf an, die Staatsintervention generell noch ökonomisch begründen zu müssen, sondern vielmehr darauf, ihre Bedingungen – unter Einrechnung ihrer Wirkungen – genau angeben zu können. Was Rau aus der theoretischen Ökonomie an kameralistischer Methode eliminiert hat, kann in der angewandten Ökonomie weiterhin, wenn auch eingegrenzt, Geltung beanspruchen: die Kunstlehre der Ökonomie, die den Staatseingriff nicht nach den Regeln der ökonomischen Theorie, sondern nach den Erfahrungen der Verwaltungspraxis vornimmt, wobei in der dann mit zu berücksichtigenden Gerechtigkeit politische und soziale Komponenten eine Rolle spielen können, welche die reine Ökonomie gar nicht mehr zu ihrem Objektbereich zählt.

Doch bleibt Rau – hierin ganz Smithianer – in seinen wirtschaftspolitischen Empfehlungen sehr vorsichtig: »Die Regierung ist bei der Anwendung verschiedener Beförderungsmittel des Handels öfters in Gefahr, demselben eher zu schaden als zu nützen, wenn sie nicht die genaueste Kenntnis von seinem jedesmaligen Zustande und seinen Bedürfnissen zu Hülfe nehmen kann« (*Grundsätze der Volkswirthschaftspflege*, S. 242).

Die Festlegung der Anzahl von Gewerbebetrieben ist ebenso unsinnig wie eine etwaige Lohnfixierung, da der Staat weder vorausberechnen könne, wieviel Unternehmer in einem Markt ihr Auskommen finden können, noch wie die unterschiedlichen Qualifikationen bei einer Lohnfestlegung gewichtet werden sollen (*Grundsätze der Volkwirthschaftspflege*, S. 182, 362). Entgegen der kameralistischen Theorie muß »nicht die freie Wirtschaft ⟨...⟩ begründet werden, sondern die Ausnahmen davon – die Staatseingriffe« (Rosner, S. 14).

Doch fällt an Raus *Grundsätzen der Volkswirthschaftspflege* von 1828 auf, daß er mit hingebungsvoller Liebe zum Detail und unterscheidungsfreudiger Genauigkeit die mannigfaltigen Möglichkeiten nicht-idealer Marktformen und -zustände durchgeht, auflistet und systematisiert, womit er nichts anderes betreibt, als »die genaueste Kenntnis« von den jedesmaligen Zuständen des Handels und der Gewerbe zu geben, um damit jene »Hülfe« zur »Anwendung verschiedener Beförderungsmittel« anzubieten, die es dem Staat erlauben könnte, wirtschaftspolitisch einzugreifen, ohne dem Verdikt zu verfallen, es nur zum Schaden der Wirtschaft zu tun. Die Smithsche Regel des Laisser-faire wird von einem Kranz von Ausnahmen umgeben, die dann legitim werden, wenn sie tatsächlich zur »Beförderung« der Wirtschaft dienen können.

Damit aber ist die Smithsche Intention, die Staatseingriffe als Quellen von Fehlallokationen zu minimieren, in eine andere Richtung umgelenkt: Solange die Wirtschaftspolitik keine Fehlallokationen bewirkt, ist sie im Rauschen Sinne erlaubt. Diese Implikation der Rauschen *Volkswirthschaftspflege* läßt nicht nur zu, daß die »unbezwinglichen Antriebe der Eigenliebe« weiterhin zum wichtigsten agens movens der modernen Ökonomie zählen, sondern gibt zudem eine weitere Begründung für die Wirtschaftspolitik. Denn wenn die staatswirtschaftlichen Maßnahmen dazu beitragen, die Bedingungen für die Ausübung des »Kunstfleißes« und »eigennütziger Absicht« zu verbessern, verstoßen sie nicht nur nicht gegen das Smithsche Postulat, sondern ermöglichen überhaupt erst seine Geltung.

Der liberale Wunsch, die Staatseingriffe zu minimieren, sei auf ein vernünftiges, moderates Maß zu reduzieren:

> daß die Regierung sich hüten soll, dem Erwerbseifer der Bürger in seinem eigenen Gebiete vorzugreifen, daß sie nicht versuchen soll, etwas zu erzwingen, was auch ohne Zwang wohl gedeiht, wenn es überhaupt nützlich ist; daß sie nicht den Gesetzen der Volkswirtschaft widerstreben, sondern mit ihnen im Bunde wirken solle.
> (*Grundsätze der Volkswirthschaftspflege*, S. 8.)

Wenn man die Sätze neu formiert, heißt dies hingegen: Der Staat soll zwar nicht den Handlungsinteressen der Bürger vorgreifen, kann aber eingreifen, wenn sie selber es nicht tun; er soll nichts erzwingen, was von selbst hergestellt wird, ohne daß damit gegen eine Intervention für den Fall geredet wird, daß die Wirtschaft nicht von selbst gedeiht etc., so wie Rau ein paar Sätze weiter davon spricht, daß auch der Gärtner lenkend in das Wachstum der Pflanzen zu ihrem Wohl eingreifen könne, wenn er nicht gegen die Naturgesetze verstoße (S. 8f.; vgl. auch S. 11ff.). So bleibt für die »Staatsklugheitslehre« oder die Kunst der Wirtschafts- und Finanzpolitik mehr oder minder – neben der genauen Untersuchung der jeweiligen Situationen und ihrer Gründe – nur eine allgemeine Regel: der Erfolg staatlicher »Maßregeln wird nun sicherer sein, je richtiger sie auf die Mitwirkung des Erwerbseifers vieler Menschen berechnet sind« (*Ueber den Nutzen ⟨. . .⟩ der Nationalökonomie*, S. 12).

Insoweit wird Rau zum großen Mentor der akademischen Nationalökonomie in Deutschland. Seine Urteile sind moderat und erscheinen als eine Synthese der verschiedenen Doktrinen, welche die junge Wissenschaft bisher aufgestellt hatte. Jedweder Einseitigkeit abhold, ändert Rau auch die werttheoretischen Grundlagen der ›klassischen‹ Vorbilder. Während er in der 1. Auflage seines *Lehrbuchs* von 1826 noch das Verhältnis von »menschlichen Zwecken« und einem »Vorrat körperlicher Gegenstände«, d. h. »sachlicher Güter«, zum Ausgangspunkt der Ökonomie macht (*Grundsätze der Volkswirthschaftstheorie*, § 1, S. 402), weist E. Streissler darauf hin, daß der begründende Einleitungssatz »von Auflage zu Auflage individualistischer« wird (Streissler, S. 166); in der 6. Auflage von 1855 heißt es dann: »Viele Bestandteile der den Menschen umgebenden Sinnenwelt, d. i. körperliche Sachen, dienen als Hülfsmittel für menschliche Zwekke und werden deshalb zu den Gütern gerechnet, d. h. zu den Gegenständen, auf die sich das Begehrvermögen des Menschen richtet, oder die den Absichten desselben entsprechen.« Die Güter werden zu einem »Bedürfniß« (*Volkwirthschaftslehre* 1855, § 1).

Hier wird – wie dann auch in W. Roschers Lehrbuch – eine neue Grundlegung der Ökonomie präsentiert, die – gegen die englischen ›klassischen‹ Usancen – eine Gut/Bedürfnis/Wirtschaft-Relation an den Anfang stellt. Im Kapitel über die Wert- und Preistheorie wird Rau dann deutlicher. Preise werden 1. durch den Wert, 2. durch die Kosten und 3. durch das »Mitwerben oder die Konkurrenz« bestimmt. Wert heißt bei Rau von vornherein Nutzwert. Anders als in der englischen ›Klassik‹ sind Wert oder Nutzen also keine

Eigenschaft des Gutes. »Der Wert, den ein Gegenstand für uns hat, bestimmt die größte Aufopferung, zu der wir uns entschließen werden, um uns denselben zu verschaffen, vorausgesetzt daß wir ihn zu unserem Gebrauche zu verwenden gedenken« (*Grundsätze der Volkswirthschaftslehre*, S. 110).

Zwei Aspekte können uns daran besonders interessant erscheinen: 1. Raus Versuch, eine subjektive Werttheorie zur Grundlage der Ökonomie zu machen, 2. die Bindung dieser nutzwerttheoretischen Konzeption an eine besondere Form der Gebrauchswerttheorie, die man auch eine »objektive Theorie subjektiver Werte« nennen könne oder den Versuch, »den Gebrauchswert als einen volkswirtschaftlich objektiven Gebrauchswert zu fassen« (Stavenhagen, S. 102).

Gegenüber dem »Verkehrswert« der Güter (Tauschwert) wird der objektive Gebrauchswert bei Rau zu einem »Gattungswert«, von dem wiederum ein »konkreter Gebrauchswert« unterschieden ist, der ganz nach »der Größe des Bedarfs« bemessen wird (*Volkswirthschaftslehre* 1855, § 61). Nur dieser »konkrete Gebrauchswert« beruht auf einer subjektiven Wertschätzung; anders der objektive Gebrauchswert: »Es gibt einen Wert ganzer Gattungen und Arten von Gütern, z. B. des Weizens, des Kupfers, des Sohlleders etc., den man erkennt, wenn man den Grad der Nützlichkeit dieser Sachen für die Menschen im Allgemeinen erwägt«.

»Der im menschlichen Urteil anerkannte Grad von Nützlichkeit eines Sachgutes ist der Wert desselben« (§ 57; auch § 58). Rau gerät in gewisse Schwierigkeiten mit seinen Definitionen, die vornehmlich daher rühren, daß er den »Wert« an die Sachgüter bindet, ausdrücklich mit Ausschluß der »persönlichen Dienste« (§ 46a). Damit sind zwar die arbeitswerttheoretischen Dispositionen Smiths überwunden, nicht aber dessen Bindung des Wertes an materielle Güter. Folglich ist die im Prinzip subjektive Wertbestimmung bei Rau allein auf die Menge der »Sachgüter« begrenzt.

Da aber die Urteile der Individuen über den Gebrauchswert eines Sachgutes höchst verschieden ausfallen, entsteht für die »Regierung« ein Problem, wenn sie (öffentliche) Güter bestimmen muß, die von allen Bürgern gleich beurteilt werden sollen (§ 62).

> Will man den Gattungswert eines Gutes nach einem aus der Volkswirtschaftslehre genommenen Gesichtspunkte ermessen, wie dies auch in manchen Fällen von der Regierung geschehen muß, so hat man von der Gesamtheit der Bedürfnisse eines vernunftgemäßen Lebens auf einer gewissen Bildungsstufe und nach den Eigentümlichkeiten eines Volkes auszugehen und die Nützlichkeit jedes Gutes nach seinem Verhältnis zu diesem Systeme sittlich zulässiger Zwecke zu untersuchen.
> (§ 62.)

Hier wird der Gattungs- oder objektive Gebrauchswert für die noch unentfaltete Theorie öffentlicher, vom Staat produzierter Güter herangezogen, indem die Übereinstimmung von »konkretem« und »abstraktem Gebrauchswert« nach dem Grad der Einheitlichkeit der individuellen Präferenzen bemessen wird.

Die staatswirtschaftliche Tendenz verläßt Rau auch dort nicht, wo er nicht nur eine liberale englische Version der Ökonomie bevorzugt, sondern um kritische werttheoretische Modifikationen bemüht ist. Haben wir es bei der jungen »Volkswirtschaftslehre« eher nur mit einer modernisierten Version der Kameralökonomie zu tun? Deren Reform allerdings besteht darin, nicht nur den Markt zum Fundament auch der Staatswirtschaft erhoben, sondern dem (philosophisch und politisch) befreiten Willen der bürgerlichen Wirtschaftssubjekte in einer subjektiven Werttheorie Ausdruck gegeben zu haben.

Doch wie soll eine Ökonomie, die sich auf die subjektiven Werturteile der Wirtschaftsbürger stützt, jene nationalen und staatlichen Bindungen aufrechterhalten, die das Gemeinwohl allemal noch fordert? Darin verläßt die deutschen Nationalökonomen der Mut vor ihrer importierten liberalen Courage: Somit ist es verständlich, wenn Rau seine subjektive Werttheorie an objektive Gebrauchswertstandards gebunden sehen will, die auf identischen Präferenzen der Individuen beruhen, d. h. letztlich auf der Geltung sittlicher Normen, wie wir es in Raus späten Ausführungen zum Verhältnis von Ökonomie und Sittlichkeit lesen, die darin gipfeln, daß es so etwas wie eine »wirtschaftliche Sittenlehre« gebe (*Bemerkungen über die Volkswirthschaftslehre*, S. 110). Hier haben wir bei Rau den Übergang zur späteren ›ethischen‹ Nationalökonomie, nicht nur zur ›Historischen Schule‹.

TEXTGRUNDLAGE

Der ausgewählte Text bietet die »Einleitung« von: K. H. Rau, *Grundsätze der Volkswirthschaftslehre. Lehrbuch der Politischen Ökonomie*, Bd. 1, Heidelberg 1826, S. 1-31.

WEITERE SCHRIFTEN DES AUTORS

Karl Heinrich Rau, *Handbuch der National-Wirthschaftslehre von Heinrich Storch, aus dem Französischen, mit Zusätzen von K. H. Rau*, 3 Bde., Hamburg 1820.

Karl Heinrich Rau, *Ansichten der Volkswirthschaft mit besonderer Beziehung auf Deutschland*, Leipzig 1821.

Karl Heinrich Rau, *Grundriß der Kameralwissenschaft oder Wirthschaftslehre für enzyklopädische Vorlesungen*, Heidelberg 1823.

Karl Heinrich Rau, *Ueber die Kameralwissenschaft*, Heidelberg 1825.

Karl Heinrich Rau, *Lehrbuch der politischen Ökonomie*, 3 Bde. (Bd. 1: *Grundsätze der Volkswirthschaftslehre*» [1826], Bd. 2: *Grundsätze der Volkswirthschaftspflege* [1828], Bd. 3: *Grundsätze der Finanzwissenschaft* [1832]), Heidelberg 1826-1832 (mit insgesamt neun Auflagen, die letzte von 1876 von A. Wagner und E. Nasse herausgegeben und neu bearbeitet).

Karl Heinrich Rau, *Ueber den Nutzen, den gegenwärtigen Zustand und die neueste Literatur der Nationalökonomie*, in: Archiv der

politischen Oekonomie und Polizeiwissenschaft 1 (1835), S. 1-43.
Karl Heinz Rau, *Bemerkungen über die Volkswirthschaftslehre und ihr Verhältnis zur Sittenlehre*, in: Tübinger Zeitschrift für die gesammte Staatswissenschaft 26 (1870), S. 106-123.

STELLENKOMMENTAR

408,FN (a) *Canard]* Der französische Nationalökonom Nicolas François Canard (1750-1833) wurde vor allem durch seine 1801 entwickelte Diffusionstheorie der Steuerinzidenz bekannt. Der »Canardsche Steuersatz« besagt, daß jede alteingeführte Steuer gut sei (weil das Relativpreisgefüge durch sie nicht mehr verzerrt werden könne), jede neue Steuer dagegen schlecht wegen der unweigerlich bei Einführung zu erwartenden realwirtschaftlichen Reibungsverluste.

408,FN (a) *Lange]* Der Nationalökonom und Mathematiker Joseph Lang lehrte als Professor im russischen Charkow. Seine beiden bekanntesten Veröffentlichungen sind *Über den obersten Grundsatz der politischen Ökonomie* (1809) und *Grundlinien der politischen Arithmetik* (1811).

408,FN (a) *Kröncke]* Der Bauinspektor und Wasserbauingenieur Klaus Kröncke (1771-1843) studierte in Hamburg und Göttingen Mathematik und hatte danach verschiedene Ämter im Verwaltungsdienst hessischer Fürstentümer inne. Seine zahlreichen Veröffentlichungen behandeln vor allem wasserwirtschaftliche Fragen und Probleme der öffentlichen Finanzen, insbesondere des Steuerwesens.

408,FN (a) *Gr. Buquoy]* Der böhmische Nationalökonom, Mathematiker, Historiker und Staatswissenschaftler Georg Franz August Graf von Bucquoy (1781-1851) war Anhänger Adam Smiths und dezidierter Gegner des Merkantilismus. In seinen Schriften legte er seine Gedanken häufig auch mit Hilfe mathematischer Formeln und Deduktionen dar. Er ist einer der unterschätzten ökonomischen Schriftsteller des 19. Jhs.

408,FN (b) *Malthus]* Der englische Geistliche, Nationalökonom und Sozialphilosoph Thomas Robert Malthus (1766-1834) war einer der führenden Theoretiker der klassischen Volkswirtschaftslehre. In seiner 1798 erschienenen Schrift *An Essay on the Principle of Population* führt er das menschliche Elend seiner Zeit auf das Bevölkerungswachstum zurück (sog. »Malthusianismus«).

421,16 *Elisabeth]* Elisabeth I. (1533-1603), englische Königin seit 1558.

421,16 *Cromwell]* Der englische Staatsmann Oliver Cromwell (1599-1658) war als Vorsitzender des nach der Hinrichtung von König Karl I. gebildeten Staatsrates Oberhaupt der bislang einzigen englischen Republik. Als er 1653 durch eine neue Verfassung das Amt des »Lord Protector« erlangte, herrschte in England eine Militärdiktatur. Cromwell begann ab 1649 ein umfangreiches Flottenbauprogramm und schuf damit die Grundlage für den Aufstieg seines Vaterlandes zur Weltmacht.

427,FN (a)*]* Vgl. zu den badischen physiokratischen Reformen den Kommentar zu Schlettwein in diesem Band.

FRIEDRICH BENEDICT WILHELM HERMANN
PRIVATE UND KOLLEKTIVBEDÜRFNISSE

F. B. W. von Hermann (1795-1868) gehört, neben K. H. Rau und F. List, zu den bedeutendsten Ökonomen der 1. Hälfte des 19. Jahrhunderts. Berühmt machte ihn sein Hauptwerk, die *Staatswirthschaftlichen Untersuchungen* von 1832. Daneben trat er als Statistiker in Erscheinung. Seine ökonomische Theorie hebt sich durch ein eigenständiges Konzept von den ›klassischen‹ Grundlagen ab, insbesondere in der Einkommenslehre, in der Wertlehre und in der Theorie der »Kollektivbedürfnisse«.

Hermann begann seine Laufbahn als Rechnungsbeamter. 1817 wurde er Leiter einer Privaterziehungsanstalt zu Nürnberg. Neben seiner Beschäftigung holte er Gymnasium und Studium nach und promovierte 1822 in Erlangen, wo er sich später in Kameralistik habilitierte. Bis er 1833 ordentlicher Professor für Technologie und Staatswissenschaften an der Universität München wurde, war er als Mathematiklehrer tätig. Seit 1839 leitete er als Vorstand das Bayrische Statistische Bureau, dessen *Beiträge zur Statistik des Königreiches Bayern* er von 1850 bis 1867 herausgab. Seine Ernennung zum Ministerialrat im Ministerium des Inneren 1845 und zum Staatsrat im ordentlichen Dienste 1855 zeigen seine administrative Reputation. 1848/49 nahm er als Delegierter an der deutschen Nationalversammlung in Frankfurt teil; er wurde der sogenannten ›großdeutschen Partei‹ zugerechnet. Von 1849 bis 1855 war er Mitglied der bayrischen Kammer der Abgeordneten und vertrat Bayern 1852 auf der Wiener Zollkonferenz. 1855 zog er sich vom politischen Leben zurück.

Unter »Wirtschaft« versteht Hermann »die quantitative

Überwachung der Herstellung und Verwendung der nicht ohne Opfer zu erlangenden Güter in einem gesonderten Kreise von Bedürfnissen« (*Staatswirthschaftliche Untersuchungen* 1832, S. 24f.). Dieser Wirtschaftsbegriff definiert die Ökonomie 1. als eine Lehre der Gütermengen, 2. unter der Restriktion der Knappheit und 3. spezifiziert für einen Ausschnitt menschlicher Bedürfnisse, nämlich der marktfähigen. Wir sehen das Bemühen um eine Präzision, welche die wirtschaftlichen von den nicht-wirtschaftlichen Vorgängen unterscheiden lehren will. Hermann bemüht sich um allgemeine ökonomische Definitionen, nicht um allgemeine Definitionen des Wirtschaftlichen in seinem kulturellen Kontext, wie es dann die ›Historische Schule‹ will.

In Weiterentwicklung der Konzeption J. B. Says zählt Hermann auch die »immateriellen Dinge« – persönliche Dienste und soziale Verhältnisse, wenn sie Tauschwert erlangen können, d. h. marktfähig sind – zu den wirtschaftlichen Gütern und Vermögen. Folglich sind – gegenüber der engeren ›klassischen‹ Definition – alle Arbeiten »produktiv«, welche die Menge der marktfähigen Güter vermehren (S. 20f.). Dabei lehrt Hermann eine strenge Unterscheidung zwischen wirtschaftlicher und technischer Produktivität, die wegweisend wird für die künftige Entwicklung der deutschen Nationalökonomie. Insgesamt ist diejenige Arbeit produktiv, die mit dem geringsten Aufwand das wichtigste Bedürfnis befriedigt. Hermann erlangt eine werttheoretische Position über die englische ›Klassik‹ hinaus, wenn er definiert: »Man kann den Gebrauchswert und die Zahlungsfähigkeit der Käufer die subjektive Grenze des Preises für die Käufer nennen, die objektive bilden die Kosten« (S. 74).

Die Ansatzpunkte der Hermannschen Konzeption finden sich bei J. B. Say. Doch ist dessen Definition der Zulässigkeit »immaterieller« Produktionen noch zu eng; wenn Say ihnen zugesteht, daß sie keinen Abzug von gesellschaftlichem Reichtum darstellen, so gehen die deutschen Ökonomen einen Schritt weiter, insbesondere Hermann, indem sie jedes Bedürfnis einen Anlaß für seine produktive

Befriedigung nennen. »Alles was geeignet ist, dem Menschen ein Bedürfnis zu befriedigen, heißt ein Gut« (*Staatswirthschaftliche Untersuchungen* 1870, S. 103). Hermann steht hiermit in der jungen Tradition einer bereits bei Hufeland und Lotze eingeführten Betrachtungsweise, die als ein »Gut jedes Mittel zu einem Zweck eines Menschen« erklärt, woraus sich ergibt, daß »die Bestimmung von Gut und Wert nur von zufälligen, unter sich verschiedenen, sich abändernden Vorstellungen, d. h. von Meinungen abhängig ist« (Hufeland, S. 17f.).

Darin ist der Erweiterungsschritt angelegt, auch die sozialen »Verhältnisse« zu den Gütern zu rechnen, gleich ob es sich um Verhältnisse des Rechts, des Erwerbs, der Geselligkeit und Liebe, der Wissenschaft und Religion handelt (*Staatswirthschaftliche Untersuchungen* 1832, S. 2). »Durch Verträge oder Gesetze gesichert, werden Verhältnisse zu Rechten und Gerechtsamen« (S. 2).

Eine zweite theoretische Differenz zur englischen Standardtheorie der Zeit findet sich in Hermanns Ablehnung der ›klassischen‹ Lohnfondtheorie (S. 297-326). Da die Kapitalisten den Lohn nicht aus einem Fond bezahlten, sondern aus dem Erlös der verkauften Güter, sei die Lohnsumme kein fixer Kostenbestandteil der Produktion, sondern ein variabler Faktor, der mit zunehmendem Gewinn Lohnsteigerungen zulasse. Der Lohn der Arbeiter ist zum Teil ein Äquivalent des neugeschaffenen Wertes und selber ein »wahres Einkommen«, d. h. kein Teil der vorgeschossenen Produktionskosten. Dem schließt sich folgerichtig eine neue Profit- und Verteilungstheorie an. Den Arbeitern gebührt deshalb ein Anteil an der Steigerung des allgemeinen Volkswohlstandes. In dieser Interpretation, die den Hermannschen Intentionen nicht ganz entsprechen mochte, wurde sie als »Hermann-Schmollersche Einkommenslehre« in der zweiten Hälfte des 19. Jahrhunderts bekannt und zur Basis für eine sozialreformerische Konzeption der Lohnentwicklungsmöglichkeiten.

Die den *Staatswirthschaftlichen Untersuchungen* von 1832 zugeschriebene Klarheit und Logik fehlt der zweiten Auflage von 1870, die, posthum herausgegeben, sich auf Hermanns Überarbeitungen stützt (die er noch auf dem Sterbelager diktiert haben soll). Viele dieser Überarbeitungen des ersten Textes wirken umständlicher, mühsamer; ihnen fehlt die Frische des ersten Entwurfes. Nichtsdestoweniger sind sie Erweiterungen seiner Ursprungskonzeption, in vielem hinter dem seit 1832 inzwischen entwickelteren Stand der Theorie zurück, nicht aber in dem einen Punkt, der uns hier interessieren soll: in der Theorie der »Kollektivbedürfnisse«, die überhaupt erst in der zweiten Auflage vollständig entwickelt wird.

Damit wird die Staatswirtschaftstheorie nicht auf die Finanzwissenschaft reduziert, sondern umgekehrt: die Staatswirtschaft ist der allgemeinere Begriff, der unisono die Theorie der Allokation öffentlicher und privater Güter umfaßt.

Hermann trennt scharf zwischen allgemeinen Individualbedürfnissen und Gemeinschafts- oder Kollektivbedürfnissen. Die letzteren werden definiert als »Bedürfnisse einer Mehrheit von Menschen, als eines Ganzen, deren Befriedigung lediglich der Gesamtheit ohne Bezeichnung einzelner Mitglieder der Verbindung oder ihres Anteils dargeboten wird« (*Staatswirthschaftliche Untersuchungen* 1870, S. 94). In § 26 des vorliegenden Textes führt Hermann die »Kollektivbedürfnisse« als solche ein, welche die

> Einsicht in die Aufgaben der Gesamtheit, in den Zusammenhang des sozialen Lebens und in die Gegenseitigkeit der Lebensbeziehungen voraus ⟨setzen⟩, die sich der wirtschaftlichen Schätzung und Abrechnung zum großen Teile entziehen. Die Mitglieder der Gesellschaft sind durch die Kollektiveinrichtungen nicht bloß getragen, geschützt, gefördert, sondern oft auch im eigensüchtigen Streben gehemmt, und ihre Sonderbedürfnisse den Gemeinzwecken der Gesellschaft im Ganzen oder einzelner Gruppen derselben untergeordnet.
> (S. 48 / 436f. d. Bd.)

Darin ist Mehreres enthalten: 1. daß die Kollektivbedürfnisse keine strategisch koordinierten Individualbedürfnisse sind. Sie »entspringen nicht 〈. . .〉 aus dem Triebe der Selbsterhaltung« (S. 47, S. 436), sind »ohne persönlichen Kalkül« (S. 94), benötigen vielmehr »Einsicht« in soziale Zusammenhänge:

> Es ist nicht bloß eigenes Interesse, das sie zu besserer Befriedigung der Einzelbedürfnisse verbindet; sondern es ist das Bewußtsein oder doch das dunkle Gefühl der inneren Gleichartigkeit einer Gesellschaft, die sich in der Vereinigung einander fremdester Individuen durch Geburt erneuert.
> (S. 94.)

2. entwickelt Hermann hier einen Begriff des öffentlichen Gutes als meritorisch-öffentliches. Meritorische Bedürfnisse sind jene, welche die Individuen – gegen ihre eigenen originären Handlungspräferenzen – im Hinblick auf Wohlfahrtsverbesserungen haben, die sie durch ihr eigenes Handeln aber nicht herstellen können. Meritorische Güter sind typische Staatsgüter, die gegen die uneinsichtigen (oder uninformierten) Bedürfnisse den Staatsbürgern zu deren eigenem Wohl verordnet werden, allerdings nach Wohlfahrtsmaximen des Staates, die den Individuen per definitionem nicht (oder noch nicht) zu eigen sind. Sie sind – wenn wir den theoriegeschichtlichen Kontext betrachten – genuine kameralistische Güter, in denen der Staat einen objektiven Bedarf gegen einen subjektiven, um die wirtschaftliche Gesamtlage unwissenden Bedarf postuliert und realisiert.

Hermann – wie die anderen deutschen Ökonomen auch – reflektiert in seiner Ökonomie die geltenden Verfassungsbedingungen konstitutioneller und nichtkonstitutioneller Monarchie und Fürstenherrschaft. Öffentliche Güter wie alle Staatsausgaben werden nach wirtschaftlichen und politischen Prinzipien behandelt, nicht nach Wählermehrheitsentscheidungen. Infolgedessen kann es im deutschen 19. Jahrhundert keine moderne Theorie öffentlicher Güter geben, die demokratische Verfahren zur Offenlegung individueller Präferenzen für öffentliche Güter voraussetzt.

Die Definition der »wahren Kollektivbedürfnisse«, die »sich auf Zwecke der Gesamtheit als solcher beziehen« (*Staatswirthschaftliche Untersuchungen* 1870, S. 95), umfaßt die ›klassischen‹ öffentlichen Güter (»Landesverteidigung« und »Rechtspflege«, S. 95, S. 97), die bereits bei Adam Smith angeführt sind. Sie sind bei Hermann a priori meritorisch-öffentliche Güter, denn »ohne ihre Befriedigung gibt es kein Volk und keinen Staat« (S. 96). Das hat wiederum einen Hegelschen Ton: Diese öffentlichen Güter unterstehen keinem beliebigen subjektiven Bedürfnis, sondern sind objektive, vor jede individuelle Präferenzautonomie gesetzte Bedürfnisse. Erst über diesen Zugang wird verständlich, warum Hermann die Kollektiv- oder Gemeinschaftsbedürfnisse auf die »Soziabilität als Grundzug« des Wesens »aller« Einzelnen (S. 94) selbstverständlich meint gründen zu können.

Interessant sind Hermanns Analysen des wirtschaftlichen Charakters der Kollektivgüter, wie wir sie in § 26 im abgedruckten Text finden (S. 432f.); sie zeigen seinen Sinn für ökonomische Lösungen innerhalb des bisher nurmehr kameralistisch-abstrakt beschriebenen staatswirtschaftlichen Entscheidungsraumes. Er betont allenthalben, daß sich die Nutzen wie die Kosten der Teilhabe an den Kollektivgütern nur schwer abschätzen lassen. Gleichverteilung der Kosten ist unsinnig, da die Nutzungen verschieden sind; Äquivalenzen sind »streng ökonomisch« nicht nachzuweisen.

Wenn aber der Staat in dieser Angelegenheit nicht eingreifen würde, wäre die Gesellschaft auf altruistische Mitglieder angewiesen, d. h. auf zufällige Regungen der Barmherzigkeit. Folglich muß der Bedarf für die Kollektivaufgaben – die Steuern – »zwangsweise« von den Bürgern eingezogen werden.

> Gerade diese Beschaffung des Kollektivbedarfs zeigt aber am schlagendsten, daß man hier nicht mehr auf dem wirtschaftlichen Boden steht, auf welchem der Beitrag zum Gesamtbedarf mit dem Empfang der Vorteile, die er gewährt, im Verhältnis stehen und die Frage, ob und in

> welchem Umfange ein Bedürfnis zu befriedigen ist, nach dem Quantum der dafür verwendbaren Tauschgüter beantwortet werden müßte.
> (S. 50.)

Es ist schwierig, einen Maßstab zu finden, mit dem die öffentlichen Güter »wirtschaftlich« bemessen werden können. Hermann weist auf einen »versteckten Staatsbedarf«, den er auf ein Viertel der berechneten Staatsausgaben schätzt. Hermann hatte keine Lösung anbieten können, sondern nur die Beschreibung eines Problems, wie Bruno Hildebrand es 1848 in seiner Kritik anspricht, wenn er Hermanns Lösung des Dilemmas der deutschen Nationalökonomie analysiert, die einerseits auf individuelle, andererseits aber auf kollektive Präferenzen zu rekurrieren sucht:

> Hermann suchte deshalb diesen Widerspruch dadurch zu lösen, daß er jene Äußerungen des Eigennutzes nur als den theoretischen Teil der Nationalökonomie betrachtete, der, an sich ungenügend, nur die Gesetze des Erwerbs und Verkehrs der Einzelwirtschaften enthalte, während der andere praktische Teil, die Volkswirtschaftspflege, die Wirkungen des im Staate notwendigen Gemeinsinns des Volkes umfasse. Allein hierdurch wird der Widerspruch nicht gelöst, sondern im Gegenteil das Gebäude der bisherigen theoretischen Nationalökonomie zerstört.
> (Hildebrand, S. 26, FN 1.)

Hildebrand weist dabei auf die folgende Schwäche der Hermannschen Konzeption:

> Gibt man einmal im wirtschaftlichen Volksleben neben der Herrschaft des Egoismus auch eine Herrschaft des Gemeinsinns zu, welche jenen Egoismus beschränkt und sittlichen Prinzipien unterordnet, so muß man auch die Richtigkeit aller Gesetze leugnen, welche auf die Voraussetzung einer ausschließlichen Herrschaft des Egoismus gebaut sind; denn Eigennutz und Gemeinsinn können nicht als zwei geschiedene Mächte in zwei getrennten Welten, sondern müssen in der Wirklichkeit immer in sehr verschiedenem und wechselndem Grade je nach der

Moralität und Bildung eines Volkes mit und durch einander wirken.

(Hildebrand, S. 26f., FN 1.)

Hildebrands Kritik richtet sich also auf die Hermannsche Trennung der Ökonomie in zwei divergente Rationalitätsebenen, deren Interdependenz methodisch ungeklärt bleiben muß: Es sei denn, man reformuliert den Gemeinsinn als Angebot öffentlicher Güter, dessen Nachfrage durch die politischen Wahlmechanismen eruiert wird – eine für die damaligen politischen Verhältnisse undenkbare Vorstellung, die eher sozialistischen Beigeschmack gehabt hätte. Die Interdependenz zu klären unternimmt in der Folge die ›historische Methode‹ der Nationalkökonomie.

TEXTGRUNDLAGE

Friedrich B. W. von Hermann, *Staatswirthschaftliche Untersuchungen*, München ²1870, S. 43-60.

WEITERE SCHRIFTEN DES AUTORS

Friedrich B. W. von Hermann, *Staatswirthschaftliche Untersuchungen*, München 1832.

STELLENKOMMENTAR

434,5 *Kommunität]* Bezeichnung für die nach dem Vorbild der christlichen Urgemeinde im 19. und 20. Jh. in der evangelischen Kirche entstandenen Orden, Bruder- (z. B. Johanniter) und Schwestergemeinschaften (z. B. Diakonissen).

434,11 *Shakers]* Die Sekte der Shaker (United Society of Believers in Christ's Second Coming) ist eine radikale, pazifistisch-kommunistisch ausgerichtete Glaubensgemeinschaft, die etwa Mitte des 18. Jhs. in Großbritannien aus den

Quäkern hervorging. Der Name Shaker (Schüttler) rührt vom ekstatischen Gebaren der Mitglieder bei Gottesdiensten her.

434,18 *Rapps New Harmony]* Der Leinenweber Johann Georg Rapp (1757-1847) sammelte 1782 im Württembergischen die religiöse Gemeinschaft der Harmoniten (Harmonisten) um sich. Er wanderte 1803 in die USA aus, wo er bei Pittsburg per Gesellschaftsvertrag vom 15. Februar 1805 die Kolonie ›Harmony‹ gründete, unter deren Bewohnern völlige Gleichheit, Gütergemeinschaft und Ehelosigkeit herrschten. 1823 verkaufte Rapp seine zweite, 1814 gegründete Kolonie ›New Harmony‹ (Indiana) an Robert Owen und verlegte den Hauptsitz der Harmoniten in die am Ohio neugegründete Kolonie ›Economy‹.

434,27 *Owen]* Als Leiter und Miteigentümer von Baumwollspinnereien initiierte Robert Owen (1771-1858) durch seine privaten Sozialreformen (Mustersiedlungen für Arbeiter, Arbeitszeitbegrenzung auf 10,5 Stunden pro Tag, Verbot der Arbeit von Kindern unter zehn Jahren) die ersten nationalen britischen Arbeitsschutzgesetze. Nachdem seine Reformen zu einer deutlichen Produktivitätssteigerung geführt hatten, begann Owen über eine umfassende Gesellschaftsreform nachzudenken, die er ab 1825 in der von Georg Rapp erworbenen Siedlung ›New Harmony‹ im US-Bundesstaat Indiana praktisch erproben wollte. Das Projekt scheiterte, Owen kehrte nach England zurück und förderte durch eine rege publizistische Tätigkeit (ihm wird die Begriffsbildung ›socialist‹ zugeschrieben) die im Entstehen begriffene Gewerkschaftsbewegung in seiner Heimat.

434,31 *Herrnhuter]* Die Herrenhuter Brüdergemeine ist eine vom Grafen Nikolaus Ludwig von Zinzendorf gestiftete, aus dem Pietismus hervorgegangene Religionsgemeinschaft, die in ihrer Gemeindeordnung (1727) das urchristliche Ideal der ›Brüderlichkeit‹ anstrebt. Die ›Herrnhuter‹ verstanden sich traditionell als Lutheraner.

438,21 *Die Astor]* Die Stephen Girard, die Peabody: berühmte Stifter in den USA des 19. Jhs.

439,1 *Domänen]* Domänen sind öffentliches Grundeigentum, das land- oder forstwirtschaftlich genutzt wird.

FRIEDRICH LIST
DIE ÖKONOMIE DER PRODUKTIVEN KRÄFTE

F. List (1798-1846) ist, neben K. Marx, einer der großen deutschen Nationalökonomen, deren Theorien Einfluß über den Bereich der Wirtschaftswissenschaft hinaus gewonnen haben, weil sie die Analyse der Wirtschaftsentwicklung mit politischen Visionen zu verbinden verstanden. Lists Idee eines *Nationalen Systems der politischen Ökonomie* – so der Titel seines Hauptwerkes von 1841 – beruht auf dem Gedanken, durch staatliche Schutzzölle die wirtschaftspolitischen Voraussetzungen für eine nationale Industrialisierung zu schaffen – zu einer Zeit, in der Deutschland noch wesentlich agrarwirtschaftlich strukturiert war.

1789 in Reutlingen geboren, war List zuerst Stadtschreiber in Blaubeuren. An der neu eingerichteten Fakultät für Staatswirtschaft der Universität Tübingen wurde er 1817 durch Ministerprotektion Professor, aber ohne Fortune. Als er 1819 in Frankfurt den »Deutschen Handels- und Gewerbverein« gründen half (einen Vorläufer des deutschen Zollvereins), wurde er amtlich gerügt und gab deshalb seine Professur auf, um sich fortan journalistisch für die Zollunion der deutschen Staaten stark zu machen. Eine Festungshaft konnte er nur dadurch beenden, daß er sich 1824 freiwillig ins Exil begab.

In Amerika hatte er große publizistische und kaufmännische Erfolge (Entdeckung von Kohlevorkommen, Initiator einer der ersten Eisenbahnlinien); für seinen Einsatz für Präsident A. Jackson wurde er 1828 zum amerikanischen Generalkonsul für Baden ernannt, wohin er, nach einem Pariser Aufenthalt, 1832 zurückkehrte, um sich dem Aufbau eines Eisenbahnnetzes zu widmen. Doch wurden seine Ideen nur sehr zögerlich und vereinzelt aufgenommen; er fand, obwohl sein Rat begehrt war, keine dotierte Stellung, blieb auf die journalistische Arbeit angewiesen: Ruhelos, verkannt, gab er seinem Leben 1846 durch eigene Hand in Kufstein ein Ende.

Die akademische deutsche Nationalökonomie seiner Zeit orientierte sich an den Freihandelstheorien der englischen Klassik. Im Rahmen der internationalen Arbeitsteilung könne somit jedes Land die Kostenvorteile höherer Produktivität anderer Länder nutzen. Eben diese Vorteile der internationalen Arbeitsteilung bezweifelt List. Der Import billiger englischer Industrieerzeugnisse verhindert die Industrialisierung unterentwickelter, noch stark agrarisch orientierter Nationen wie z. B. Deutschland. Gegen die kostensenkenden Produktionsverfahren höher entwickelter Industrienationen könnten die nationalen Versuche, eine eigene Industrie aufzubauen, nicht bestehen. Da aber das Wachstum einer Wirtschaft – nach den Theorien der englischen Klassiker, deren Konzeptionen List im Grundsatz anerkennt – nur durch eine kapitalintensive Produktivitätssteigerung des industriellen Sektors gegenüber dem agrikulturellen ermöglicht werde, sei der durch den internationalen Freihandel erzeugte und aufrechterhaltene agrikulturelle Beharrungszustand durch eine einschneidende wirtschaftspolitische Maßnahme – die Einführung eines Schutzzollsystems – zu beheben.

Jede Nation soll ihre eigenen Wachstumspotentiale entfalten, um in Zukunft ein wirtschaftlich kompetenter, gleichberechtigter Wettbewerbspartner im internationalen Handel sein zu können. List entwirft nicht nur eine handelspolitische Konzeption, sondern basiert sie zugleich auf eine Fundamentalkritik der vorherrschenden Wirtschaftstheorie seiner Zeit: vornehmlich der Adam Smiths und Jean Baptiste Says.

Sein stärkstes Argument meint List darin zu besitzen, der englischen und französischen »Tauschwerttheorie«, welche die Wirtschaft allein unter der Perspektive kaufmännischen Gewinnstrebens betrachte, eine Vernachlässigung der Entfaltung der »produktiven Kräfte« der Nation vorzuhalten. Denn was die entwickelten Ökonomien durch ihren langen Wachstumsprozeß bereits erworben hätten, müßten die unentwickelteren Nationalökonomien durch bewußte, politische Maßnahmen pflegen und forcieren: die Entfaltung des intellektuellen, wissenschaftlichen, technischen und qualifikatorischen Nationalvermögens – des »geistigen Kapitals der lebenden Menschheit« (*Das nationale System*, S. 156). Lists Werk zeigt Einflüsse Adam Müllers und Schellings, aber seine Diktion ist eigener Art, ohne philosophische Exkurse, aber mit historischer Orientierung.

Durch den politisch verfügten Schutzzoll vom internationalen Wettbewerbsdruck entlastet, werde die Nation – da der Bedarf nach den vordem importierten Gütern anhalte – einen inneren Markt eröffnen, der die Kapital- und die technische Produktivität nebst den dazu erforderlichen Qualifikationen schnell entwickeln müsse; zum einen durch den auf diese Art politisch initiierten Wachstumsprozeß selbst, zum anderen durch zusätzliche Bildungs- und Infrastrukturinvestitionen des Staates.

Die gesamtwirtschaftlichen Kosten der beschleunigten Entwicklung der »produktiven Kräfte«, die durch Steuern, Staatsverschuldung etc. zur Finanzierung dieser Zukunftsinvestitionen (S. 309) und durch die anfänglichen Preiserhöhungen der jungen Nationalindustrie entstünden, seien »Opfer« an Einkommen, die sich für die nächsten Generationen aber progressiv auszahlen würden – sie seien Investitionen in menschliches Vermögen (human capital).

Lists Theorie der »produktiven Kräfte« ist unglücklich formuliert, wenn er sie gegen die »Theorie der Werte« ausspielt; er meint damit den Umstand, daß die freie Marktallokation wohl die privaten, nicht aber die öffentlichen Bedürfnisse befriedige. Wenn der Markt versagt – das heißt, in Lists Sinne, wenn er die nationalen Wachstumspotentiale nicht entfaltet –, hat der Staat das Wachstum und seine institutionellen Voraussetzungen als öffentliches Gut selbst herzustellen. Dabei werden die öffentlichen Güter – die allgemeine Bildung und Qualifikation der Arbeitskräfte, wesentlich aber der Ausbau der Verkehrsinfrastruktur durch Eisenbahnnetze (die List als produktivitätssteigernde Investitionen bestimmt) – nicht als kompensatorische staatliche Güterbereitstellung für das Versagen der Privatwirtschaft angesehen, sondern als Wachstumsstimuli, die wirtschaftliches Handeln und Investieren für Bereiche eröffnen, die bisher nicht in der Lage waren, an neuen Märkten zu partizipieren. Dem Ausbau des nationalen (und europäischen) Eisenbahnnetzes geht der Abbau der deutschen Binnenzölle parallel – der effizienzsteigernden »Arbeitsteilung« muß eine »Arbeitsvereinigung« folgen, d. h. die Vernetzung der Allokationspotentiale und der bisher ungenutzten Ressourcen an Rohstoffen, »Stoffveredelungen« und Produktionsleistungen. Solange das Nationalvermögen derart brach liegt, ist das System des internationalen Handels zwar für alle Beteiligten effizient, dies aber auf Kosten regionaler und sektoraler Unterentwicklung.

Die theoretische Differenz entdeckt List zwischen der »Tauschwertökonomie« Smiths, Says u.a.m., die »allein nach der Theorie der Werte, d. h. mit augenblicklicher Rücksicht auf den augenblicklichen Gewinn materieller Güter« urteile, und der »Theorie produktiver Kräfte«, die den größten Teil »der Konsumtion einer Nation 〈. . .〉 auf die Erziehung der künftigen Generationen, auf die Pflege der künftigen Nationalproduktivkraft« (Das nationale System, S. 159f.) verlege. List unterscheidet hier systematisch zwischen privater Kapitalinvestition mit kurzfristig hohem und zwischen gesellschaftlicher Investition mit kurzfristig geringem, aber langfristig hohem Gewinnrückfluß.

Gegen J. B. Says Urteil, daß »die Gesetze keine Reichtümer erzeugen können« (S. 151, FN 1), hebt List die wohlfahrtsoptimierenden Effekte von Rechtsordnungen, Gesetzen und Zukunftsinvestitionen hervor:

> Die Prosperität einer Nation ist nicht, wie Say glaubt, um so größer, je mehr sie Reichtümer, d. h. Tauschwert anhäuft, sondern je mehr sie ihre produktiven Kräfte ent-

> wickelt. Auch wenn Gesetze und öffentliche Institutionen nicht unmittelbar Werte produzieren, so produzieren sie doch produktive Kraft.
> (S. 160.)

Die »produktiven Kräfte« bzw. »Vermögen« sind zum einen, wie später in der ›Historischen Schule‹ der deutschen Nationalökonomie, die geschichtlich gewordenen kulturellen und sittlichen Ressourcen der Nation, die aber nicht als vergangene Erbstücke oder als tradierte Regeln des wirtschaftlichen Verkehrs bewahrt, sondern durch bewußte staatliche Wachstumspolitik effektiv hergestellt werden sollen, so daß in absehbarer Zeit ein Anschluß an die Produktivität der führenden internationalen Industrienationen geschaffen wird.

> So handelt eine zur Emporbringung einer Manufakturkraft berufene Nation, indem sie das Schutzsystem ergreift, ganz im Geist jenes Güterbesitzers, der mit Aufopferung von materiellen Werten einen Teil seiner Kinder ein produktives Gewerbe erlernen läßt.
> (S. 161.)

Durch die Schutzzölle wird ein »Opfer an Werten« gebracht, das aber durch »die Erwerbung einer Produktivkraft« nicht nur »vergütet« wird, sondern durch ihre synergetischen Effekte darüber hinaus eine »daraus erwachsende Prosperität« sichert (S. 235). Gegen Says Ökonomie, die, wie auch schon Smith, die Staatsausgaben für Bildungs- und Infrastrukturgüter als unproduktiven Konsum ansah, wendet List systematisch ein, daß zwar wohl das aktuelle Nationalprodukt gemindert, dafür aber das Wachstum des künftigen beschleunigt werde.

Doch stehen List die ›historischen‹ Ökonomen skeptisch gegenüber. B. Hildebrand kritisiert, daß Lists Lehre, in ihrer Anwendung, »den höheren sittlichen Kulturzwecken der Menschheit« (Hildebrand, S. 65) entgegenarbeite. Auch J. Kautz, A. E. F. Schaeffle u.v.a.m. halten List letzten Endes für einen »Utilitaristen«, für einen latenten Smithianer, der nicht vom Standpunkt des sittlichen Apriori, sondern aus ökonomisch langfristigen Klugheitserwägungen den Staat wirtschaftspolitisch intervenieren lasse. Die höheren oder Kulturzwecke blieben außer acht (vgl. Kautz, S. 681-85).

Diese Erwägungen sind heute schwer nachzuvollziehen, aber sie weisen auf den eigentümlichen deutschen Standpunkt der Nationalökonomie des 19. Jahrhunderts, der zwischen allgemeinen sittlichen Normen des Staates, welche die Volkswirtschaftspolitik bestimmen, und der allgemeinen ökonomischen Allokation des Marktes, die in der Volkswirtschaftstheorie abgehandelt wird, keine sinnvolle ökonomische Vermittlung, kein wirklich allgemeines ökonomisches System finden läßt, so daß die ›Sittlichkeit‹ als unscharfe Operationalisierungsgröße einer zwar beabsichtigten, aber nicht verwirklichten allgemeinen Allokationstheorie aushelfen muß.

Lists Lösung, die ihn, bei allem Nationalismus, so modern erscheinen läßt, kann von diesem sittlichen Standpunkt der Nationalökonomie nicht akzeptiert werden, weil der schwäbische Ökonom die geistigen, politischen und ethischen Potenzen der Nation als Produktionsfaktoren eines politisch initiierten Wachstumsmodells versteht. Moral und Geist sind bei List ökonomische Input-Faktoren, die ihre kulturgeschichtliche Bedeutung erst dadurch erlangen, daß sie den Output an Produkten und Zivilisation steigern helfen – eine humankapitaltheoretische Konklusion, die nicht nur die natürlichen Ressourcen und die Produktionsfaktoren, sondern auch die ›kulturellen Ressourcen‹ einbeziehen wollte. Denn List war in der Lage, die noch allenthalben ambivalente Definition dieser ›kulturellen Ressourcen‹ in einem ökonomischen Kontext zu formulieren. Er war, in dieser Hinsicht, sehr viel präziser als viele seiner akademischen ökonomischen Zeitgenossen, aber im Rahmen einer Konzeption dynamischer Allokation, die noch als Stufenlehre der ökonomischen Entwicklung aufgefaßt wurde.

Der ausgesuchte Text – *Das Wesen und der Werth einer nationalen Gewerbsproduktivkraft* – ist nicht nur eine gelungene Zusammenfassung des Listschen Werkes, sondern List versucht hierin, seine politische Ökonomie mit einer Stufentheorie der wirtschaftlichen Entwicklung zu untermauern, welche die Übergänge vom reinen Agrarstaat über die Phase der Agrar-Manufaktur-Kombination zum Agrar-Manufaktur-Handels-Staat geschichtlich belegen will. Dem Agrikulturzustand gehen der Hirtenstand und zuvor der wilde Naturzustand voraus.

Die Industrialisierung gelingt nicht von selbst; die aufstrebenden Nationen werden durch Handelsbeschränkungen und Kriege in ihrer Entwicklung aufgehalten, daneben durch verschiedene Formen des Marktversagens wie sinkende Durchschnittskosten, beschränkten Kapitalmarkt, unternehmerische Risikoaversion, kurzfristigen Planungshorizont privater Unternehmer (Seitz, S. 9ff.). Für die Handelsbeschränkungen entwickelt List ein Phasenschema des Außenhandelns und seiner Hemmnisse:

1. Agrikulturstand: die Landwirtschaft entwickelt sich durch die Einfuhr ausländischer Industrieerzeugnisse im Tausch gegen die Ausfuhr heimischer landwirtschaftlicher Produkte und Rohstoffe;
2. Übergang vom Agrikultur- zum Agrikultur-Manufakturstand: ausländische Produkte machen den inländischen Produzenten zunehmend Konkurrenz; die inländischen Manufakturen beginnen, die ausländischen Importe zurückzudrängen;
3. Agrikultur-Manufakturstand: inländische Manufakturprodukte verdrängen großteils die ausländischen Importe.

   Für 2 und 3 gelten: Ausfuhrprämien und andere Maßnahmen der Exportförderung durch das Ausland.
4. Übergang in den Agrikultur-Manufaktur-Handelsstand: Export von Industrieerzeugnissen im Tausch gegen ausländische Rohstoffe und Nahrungsmittel. Hier gilt: Importbeschränkung durch das Ausland.

Lists Versuch ist der erste ausgebaute der deutschen Stufentheoretiker, die ihm folgen werden (Hildebrand, Knies, Bücher, Sombart). Alle sind sich darin ähnlich, den wirtschaftlichen Entwicklungsprozeß als Einheit von Wachstums- und Kulturationsprozeß zu begreifen. Alle genannten späteren Stufenmodelle des wirtschaftlichen Wachstums aber sind von dem Lists dadurch unterschieden, daß sie keine politische Idee, wie die der nationalen Selbstbehauptung und die der wirtschaftspolitischen Regulation, zu ihrem obersten Zwecke haben.

Marx' Vision: die Abschaffung des Staates in der kommunistischen Vergemeinschaftung aller Menschen, findet bei List ihr entgegengesetztes Telos: die Stärkung der nationalen Souveränität. Lists epochale Bedeutung ist zum großen Teil darauf zurückzuführen, daß er als nationalistischer Ökonom interpretiert wurde. Dabei wurde entweder übersehen, daß er die Schutzzollpolitik und die Stärkung der nationalen Produktivkräfte als vorübergehende Epoche definierte, welche die »künftige Union aller Nationen« anvisiert und »in der Herstellung des ewigen Friedens und der allgemeinen Handelsfreiheit das Ziel erkennt« (*Das nationale System*, S. 349). Dies ist ihm als krypto-liberales Telos und als Kosmopolitismus angekreidet worden.

Da Lists ökonomische Vision die Einheit der deutschen Nation voraussetzte, versuchte er lange Zeit, im deutschen Zollverein die deutsche Zollunion voranzutreiben, um die politischen Bedingungen zu schaffen, die seinen Ideen überhaupt erst Raum hätten geben können.

In Lists Position aber werden die Spannungen virulent, welche die deutsche Nationalökonomie des 19. Jahrhunderts bestimmten. Nicht List, sondern der ›Historischen Schule‹ Roschers, Knies' und Hildebrands war es vorbehalten, Einfluß auf die Politik zu nehmen, und zwar in der sozialen Frage, die List in seinem national-ökonomischen Wachstumsmodell längst meinte mit beantwortet zu haben. Im Gegensatz zu vielen Ökonomen der ›Historischen Schule‹ meinte List ohne besondere theoretische Berücksichtigung von Verteilungsproblemen auskommen zu können, da die positiven externen Effekte der produktiven Kräfte nicht nur die Entwicklungskosten ersetzten, sondern einen zusätzlichen Zuwachs an Nationaleinkommen erzeugten.

List war zum einen zu spät in seiner eigentümlichen nationalökonomischen Mischung zwischen Smithschem Wachstumsoptimismus und politischer Regulation der Wachstumsbedingungen, zum anderen zu früh in seiner Betonung der wirtschaftspolitischen Herstellung der Stabilitätsvoraussetzungen des Wachstumsprozesses. So blieb er, ein Ökonom des 18. und des 20. Jahrhunderts zugleich, für das 19. unverstanden.

TEXTGRUNDLAGE

Friedrich List, *Das Wesen und der Werth einer nationalen Gewerbsproduktivkraft* (zuerst 1840), in: *Friedrich List's gesammelte Schriften*, hg. v. Ludwig Häuser, 2 Teile, Stuttgart und Tübingen 1850, 2.Teil, S. 100-149.

WEITERE SCHRIFTEN DES AUTORS

Friedrich List, *Das natürliche System der politischen Ökonomie* (zuerst 1838), hg. v. Günter Fabiunke, Berlin 1961.

Friedrich List, *Das nationale System der politischen Ökonomie* (zuerst 1841), hg. v. Günter Fabiunke, Berlin 1982.

STELLENKOMMENTAR

454,23f. *Adam Smith]* Vgl. den Stellenkommentar zu Sartorius.

457,26 *Kalamität]* Schaden, Unglück, Notlage (von lat. calamitas).

458,14 *Landrente]* Der Ausdruck (auch: Grundrente) ist ein Sammelbegriff für alles Einkommen, das auf Eigentum an Grund und Boden (Land- und Forstwirtschaft, Bergbau, städtischer Baugrund) beruht.

458,31 *Inferiorität]* Untergeordnete Stellung, Unterlegenheit, Minderwertigkeit.

460,7f. *Eduard III.]* Eduard III. (1312-1377); englischer König von 1327 bis 1377.

460,12f. *Heinrich VIII.]* Heinrich VIII. (1491-1547) war englischer König von 1509 bis 1547. Obwohl er gläubiger Katholik war, trennte er die englische Kirche von der römischen, da sich Papst Klemens VII. weigerte, Heinrichs erste Ehe mit Katharina von Aragon zu annullieren.

462,16 *Edikt von Nantes]* Durch das Edikt von Nantes (13. April 1598) beendete der französische König Heinrich IV. die Hugenottenverfolgung und gewährte den Protestanten die Ausübung ihres Glaubens. Das katholische Bekenntnis blieb jedoch Staatsreligion in Frankreich.

462,28 *Quesnay]* François Quesnay (1694-1774), seit 1752 Leibarzt des französischen Königs Ludwig XV. und Haupt der französischen physiokratischen Schule (vgl. den Kommentar zu Schlettwein).

462,30 *Physiokraten]* Vgl. den Stellenkommentar zu Schlettwein.

464,21 *Prohibitionen]* Prohibition ist das gesetzliche Verbot der Herstellung, des Vertriebs und des Verkaufs bestimmter Waren.

465,25 *Merkantilsystem]* Vgl. die Darstellung des Merkantil- oder Handelssystems bei K. H. Rau, S. 424-428 d. Bd.

469,28 *Mac Queen]* Der englische Geograph und vielgelesene Statistiker James MacQueen (auch: Mcqueen, Macqueen oder M'Queen, 1778-1870) veröffentlichte 1836 sein Buch *General Statistics of the British Empire.*

481,30 *hypotheciren]* Veraltete Verbform für: Kapitalaufbringung durch Belastung von Grundstücken mit Hypotheken.

483,34 *Dugald Stewards Biographie Adam Smiths]* Der schottische Philosoph Dugald Stewart (1753-1828) war Professor der Mathematik und Moralphilosophie an der Universität Edinburgh und durch eine Biographie Adam Smiths berühmt geworden.

484,14 *Fouriersche Phalangen]* Unter dem Einfluß der Physiokraten und Jean Jacques Rousseaus entwarf der französische Sozialphilosoph François Marie Charles Fourier (1772-1837) eine sozialistische Gesellschaftsutopie. Keimzellen einer neuen, weltumspannenden Gesellschaft waren in seinem Modell autarke, häuslich-agrarische Gemeinschaften (Phalanstères, Familistères, Phalangen), durch welche die Menschen letztlich im Sinne einer harmonischen, universellen Friedensordnung erzogen werden sollten.

484,22 *Herrn Rapps Politik]* Vgl. dazu den Stellenkommentar zu Hermann.

491,23f. *Napoleonische Kontinentalsystem]* Drei Dekrete Napoleon Bonapartes (Berlin 1806, Trianon 1807, Fontainebleau 1810) leiteten nach der von Frankreich verlorenen Seeschlacht von Trafalgar (1805) den Versuch ein, Großbritannien wirtschaftlich zur Kapitulation zu zwingen. In ganz Europa war damit jeglicher ökonomische Kontakt mit Großbritannien untersagt, die Kontinentalsperre (franz. »blocus continental«, engl. »continental system«) wurde sogar auf Spanien ausgedehnt, das noch nicht von Bonaparte besetzt war. Die Kontinentalsperre wurde 1813 noch vor dem Sturz Napoleons wieder aufgehoben.

497,2 *Dr. Bowring]* Der englische Staatsmann und nationalökonomische Schriftsteller John Bowring (1792-1872) erwarb sich seine umfassenden Kenntnisse der europäischen Industrie- und Handelssituation auf ausgedehnten Reisen. Er stand mit den englischen Radikalreformern, insbesondere mit Jeremy Bentham, in Verbindung und gründete mit diesem die ›Westminster Review‹. Er engagierte sich als Unterhausabgeordneter im Kampf gegen die Korngesetze und arbeitete an einem Bericht über die Importzölle mit.

503,3 *Augsburger allgemeine Zeitung]* Unter dem Titel *Die diesjährige National-Gewerbsausstellung in Paris* begann List als Berichterstatter der in Augsburg erscheinenden ›Allgemeinen Zeitung‹ eine Artikelserie über die 9. nationale französische Gewerbeausstellung, die in der Beilage erschien. Sie begann am 29. Juni 1839 in der Nr. 180 und wurde in den Nummern 183, 208, 216, 217, 251, 252, 253, 254 bis Mitte September 1839 fortgesetzt.

503,14 *Korrespondent »vom Rhein«]* Kurz nachdem Mitte September 1839 Friedrich List seine Artikelserie für die in Augsburg erscheinende ›Allgemeine Zeitung‹ über die 9. nationale französische Gewerbeausstellung in der Beilage der Nr. 254 abgeschlossen hatte, erschien am gleichen Ort am 27. September in der Nr. 270 (S. 2114ff.) der Beitrag *Die Handelsfreiheit und der Berichterstatter über die französische Gewerbsausstellung*, der lediglich mit dem Pseudonym »*Å Vom Rhein« (›Korrespondent vom Rhein‹) gezeichnet war. Erst vier Jahre später bekannte sich Karl Heinrich Rau auf S. 12 in seiner Schrift *Zur Kritik über F. Lists nationales System der politischen Ökonomie* (Heidelberg 1843) als Verfasser.

503,18 *J. B. Say]* Die Ideen und Theorien Adam Smiths wurden in Frankreich von dem Nationalökonomen Jean Baptiste Say (1767-1832) aufgegriffen. Auf Say selbst geht die Aufgliederung ökonomischer Aktivitäten in die Bereiche Erzeugung, Verbrauch und Verteilung zurück, auch die Unterscheidung zwischen Unternehmer und Kapitalist. Das sogenannte Saysche Theorem negiert die Möglichkeit einer allgemeinen Überproduktion in einer Volkswirtschaft, da jedes (Über-)Angebot sich letztendlich eine entsprechend kaufkräftige Nachfrage schaffe. Temporären Überangeboten stehen demnach immer ebenso temporäre Unterangebote gegenüber, die allesamt durch den Preismechanismus eliminiert werden.

503,36 *Elisabeth]* Elisabeth I. (1533-1603); Königin von England.

503,36 *Ludwig XIV.]* Ludwig XIV. (1638-1715), der ›Roi Soleil‹ (›Sonnenkönig‹), war von 1643 an König von Frankreich.

504,1 *den großen Kurfürsten]* Der brandenburgische Kurfürst Friedrich Wilhelm (1620-1688) trug den Beinamen ›Der Große Kurfürst‹.

504,1f. *den großen König von Preußen]* Gemeint ist Friedrich II. (1712-1786), der schon zu Lebzeiten den Beinamen ›Der Große‹ trug.

504,2 *Maria Theresia]* Maria Theresia (1717-1780), Erzherzogin von Österreich und Königin von Ungarn und Böhmen, wurde 1745 faktisch Kaiserin von Österreich.

504,2 *Joseph II.]* Der Sohn Maria Theresias wurde 1765 römisch-deutscher Kaiser und Mitregent seiner Mutter in den habsburgischen Erblanden. Dort wurde er erst 1780 nach dem Tod seiner Mutter Alleinherrscher.

504,2 *Washington]* Als Sohn eines Grundbesitzers wurde George Washington (1732-1799) erster Präsident der USA (1789-1797).

504,3 *Maddison]* Der in der amerikanischen Unabhängigkeitsbewegung engagierte Pflanzer aus Virginia James Madison (1751-1836) hatte prägenden Einfluß auf die Ausgestaltung der US-Verfassung. Er wurde schließlich vierter Präsident der USA (1809-1817), nach achtjährigem Dienst als Außenminister des Präsidenten Thomas Jefferson. Auf Madison geht auch das US-Verfassungsprinzip der »balance of powers« zurück, ein ausgewogenes System gegenseitiger Kontrolle der Verfassungsorgane untereinander, das als praktische Umsetzung der Montesquieuschen Lehre von der Gewaltenteilung angesehen werden kann.

504,3 *Jefferson]* Der Rechtsanwalt und wohlhabende Pflanzer Thomas Jefferson (1743-1826) war der politische Führer der Separationsbewegung in den nordamerikanischen englischen Kolonien. Die Unabhängigkeitserklärung von 1776 wurde von ihm persönlich formuliert. Er war Botschafter seines Landes in Frankreich, Außenminister, Vizepräsident und wurde schließlich dritter Präsident der USA (1801-1809). Sein Staatsdenken orientierte sich am englischen Recht, dem antiken Republikanismus und dem Individualismus der Aufklärung. Jefferson setzte sich besonders für die Stärkung des Föderalismus ein.

505,27f. *Montesquieu]* Der französische Schriftsteller Charles de Secondat Baron de la Brède et de Montesquieu (1689-1755) erhielt eine humanistische und juristische Ausbildung und bereiste danach den gesamten europäischen Kontinent und England. Seine Idee, der Staat sei nicht nur politisches System, sondern sei auch untrennbar verbunden mit den sozialökonomisch-juristisch-moralischen Eigenheiten einer Nation, legte er in seinem Hauptwerk *De l'esprit des lois* (1748) dar. Montesquieu erhob die Staatswissenschaft in den Rang einer umfassenden Kulturphilosophie und wurde zu einem der wichtigsten Begründer des historischen Denkens, indem er die von ihm postulierten nationalen Individualitäten an die Stelle von Staatsutopien und vorsehungsdeterministischer Universalgeschichte setzte. Seine Lehre von der Gewaltenteilung hatte großen Einfluß auf die Französische Revolution, schlug sich allerdings am deutlichsten in der Verfassung der USA nieder.

505,33 *Schule]* Gemeint ist hier die sogenannte ›klassische Nationalökonomie‹.

CARL W. CH. (VON) SCHÜZ
DAS SITTLICHE MOMENT

Carl Wilhelm Christian Schüz (1811-1875) gilt als der deutsche Nationalökonom, der »das ethische Moment« in die Volkswirtschaft eingeführt habe (Kautz, S. 694). Insofern gehört Schüz in die Vorgeschichte der ›historischen‹ Nationalökonomie, da er eine neue Konstellation von Ethik und Ökonomie benennt, die sich von der älteren staats- und naturrechtlichen dadurch unterscheidet, daß nicht mehr oberste Normen der Staats-Wohlfahrt aufgestellt werden, sondern eine Erweiterung vorgenommen wird, die fragt, wie unter den modernen Bedingungen der ›Gemeinsinn‹ institutionell aufrechterhalten oder erneuert werden könne.

Schüz studierte und habilitierte sich in Tübingen 1835 mit einer Schrift über die Verteilung des Grundeigentums (*Ueber das Princip der Ordnung in der Volkswirthschaft*). Er blieb – bis zu seinem Tode 1875, dem ein Schlaganfall in einer Vorlesung vorausging – Professor für Staatswirtschaft an der Tübinger Universität. Er war der Prototypus des deutschen Gelehrten, gewissenhaft und pflichttreu, besonders seiner Hochschule verpflichtet, an deren Verwaltung er auf verschiedentlichen Positionen teilnahm. Gustav Schmoller wurde bei ihm ausgebildet. Schüz war Mitherausgeber der 1844 in Tübingen begründeten ›(Tübinger) Zeitschrift für die gesammte Staatswissenschaft‹, die zuerst auch als ›Tübinger Zeitschrift‹ bibliographiert wurde. Seinen Namen erhielt er in der akademischen Profession vornehmlich durch den hier abgedruckten Aufsatz, der ein in der deutschen Ökonomie im Prinzip vertrautes Thema neu akzentuierte.

Schüz' *National-Oeconomie* von 1843 lehnt sich in der Gliederung und Bearbeitung eng an das Vorbild Raus, aber sie behauptet in der Vorrede, die »National-Oeconomie« getrennt von der »Wirtschafts-Polizei und Finanz-Wissenschaft« behandeln zu wollen (*Grundsätze der National-Oekonomie*, S. IVf.), weil sie die Aufgabe habe, »das gesamte Wirtschafts-Wesen der Völker, als selbstständiger politischer Körper, nach seiner organischen Bildung und Bewegung im Innern und in seinem Verhältnis nach Außen theoretisch darzustellen« (S. IVf.). Dies entspreche »dem Begriff der Sache« und dem des Lebens (S. V).

Schüz vollzieht hier die Wende zu einem Begriff der Nationalökonomie, der das Prädikat des ›Nationalen‹ mit einem spezifisch sittlichen Gehalt auflädt. Zunächst erscheint »der Geist, welcher die wirtschaftliche Tätigkeit der Menschen beseelt, 〈. . .〉 als ein egoistischer«. Doch könne man dies nur dann gelten lassen, wenn solches »Streben« sittlich veredelt werde.

> Indem aber in der bürgerlichen Gesellschaft das Familien-Interesse im Allgemeinen dadurch am Besten gefördert wird, daß die Tätigkeit der Einzelnen sich in Verbindung und Harmonie setzt mit der Tätigkeit Anderer, daß sie, indem sie zunächst den eigenen Familien-Interessen dient, zugleich für die Interessen Anderer wirksam ist, so wandelt sich damit die in der Privat-Wirthschaft waltende Sorge für das Familien-Interesse in eine Tätigkeit für das Gemein-Wohl, für das Gemeinde-, Korporations- und National-Interesse um.
> (*Grundsätze der National-Oekonomie*, S. 5f.)

Die Diktion ist hegelianisch, der Inhalt aber smithianisch. Nur wird das Smithsche ›Invisible-hand‹-Theorem bei Schüz nicht funktional als allgemeine Wohlfahrtsproduktion unabhängig von den individuellen Handlungsabsichten gesehen, sondern beides – entgegen den Intentionen Smiths – neu verbunden:

> Durch die Rücksicht auf dieses allgemeine Interesse, insofern die eigne Tätigkeit zugleich auch als eine Pflicht gegen die Gesellschaft angesehen und in diesem Sinne geregelt wird, erlangt die Erwerbstätigkeit für die eigne Familie einen in noch höherem Grade veredelten, ge-

meinnützigen, beziehungsweise gemeinsinnigen Charakter.

(S. 6.)

Schüz wendet hier die englische Basis der Ökonomie in eine pflichtethische Haltung der Wirtschaftssubjekte, die ein Produkt an Gemeinsinn hervorbringt, das die Smithsche Ökonomie gerade nicht mehr für nötig hielt, indem sie Tugenden aus der ökonomischen Handlungstheorie ausklammerte. Schüz versöhnt also die im Prinzip von ihm übernommene ›klassische‹ englische Political Economy mit einem neu interpretierten Gemeinwohlbegriff älterer deutscher Prägung, wie wir ihn aus der Kameralökonomie kennen. Das »National-Interesse« wird zu einem sittlichen Interesse, das die egoistischen Motive des Handelns bindet.

Diesem Thema widmet sich Schüz' Abhandlung über *Das sittliche Moment in der Volkswirthschaft*, die wir abdrucken, weil sie nach 1844 große Resonanz unter den deutschen Ökonomen fand. In einer Auseinandersetzung mit J. F. E. Lotz zeigt Schüz die Geltung und Wirkung der Sittlichkeit auf die Ökonomie in einer Weise auf, die für die ›Historische Schule‹ zwar nicht leitend, aber typisch war. Erst ein »rechtliches und sittliches Handeln« setze der »Betriebsamkeit« der egoistischen Individualhandlungen »die Krone« auf, weil es »ihren regelmäßigen Fortgang am allermeisten sichere und fördere« (*Das sittliche Moment in der Volkswirthschaft*, S. 511 d. Bd.).

Hier wird Sittlichkeit als Inbegriff aller Institutionen (rechtlicher wie ethisch-normativer) betrachtet. Schüz wendet sich gegen die – von Lotz repräsentierte – Auffassung, daß Ökonomie und Moral zwei verschiedene Welten seien. Obwohl auch K. H. Rau die Ökonomie eher auf eine reine Theorie begrenzt wissen will, macht Schüz geltend, daß selbst für Rau

die Volkswirtschaftslehre, ohne ihre Grenzen zu überschreiten, auch die höheren Beziehungen ihres Gegenstandes beleuchten könne ⟨. . .⟩. Ebendamit aber erkennt er an, daß die Grundsätze der wirtschaftlichen Tätigkeit

zu bilden seien nach den stillschweigend vorausgesetzten höheren sittlichen Gesetzen.
(S. 513.)

Schüz erklärt dies damit, daß bei Rau letztlich »die Sachgüter nur als Mittel für die persönlichen« Güter betrachtet werden. Dieser Hinweis ist signifikant, da Schüz Raus Disposition für eine subjektive Werttheorie in eine völlig andere Richtung auslegt: die Bildung persönlicher Güter, der die Produktion sachlicher Güter nur ein Mittel ist, wird bei Schüz identisch gesetzt mit der Bildung eines moralischen Wesens, das nicht unabhängig von der wirtschaftlichen Realität entsteht, sondern durch die Art und Weise des wirtschaftlichen Umganges selbst. Nur dann, wenn die wirtschaftlichen Verkehrsformen unsittlich sind, wirkt auch der ökonomische Egoismus unsittlich, et vice versa – auf diese Umkehrung kommt es Schüz an.

»Schon aus dem Kampfe der egoistischen Interessen erwächst also die Einsicht, daß das wahre und dauernde wirtschaftliche Wohl der Einzelnen, der Stände und Völker nur erreicht werden könne durch gegenseitige Konzessionen, durch harmonische Verfolgung gemeinsamer Zwecke« (S. 515). Schüz beschreibt hier die rationale Einsicht in den Nutzen von selbstbindenden Regeln der Teilnehmer des ›englischen‹ Konkurrenz-Markt-Spiels. Anders als Smith aber definiert er die positiven Wohlfahrtseffekte des freien Marktes als eine »wahrhaft höhere Stufe der Erkenntnis, 〈...〉 die auch dem weniger gebildeten Verstande zugänglich ist, die moralisch zu einer bestimmten Handlungsweise verpflichtet« (S. 516), d. h. die Smithsche ›invisible hand‹ wird bei Schüz zu einer ›visible hand‹ aufgeklärt, die ›vernünftig‹ nur von moralisch gebildeten Individuen betrieben werden könne.

Es scheint so, als stehe Schüz' Argumentation in Analogie zur strategischen Rationalität der Individuen, die dadurch, daß sie ihr Handeln durch selbstgesetzte Regeln restringieren lassen, ihren langfristigen gegenüber ihrem kurzfristigen Nutzen erhöhen. Das »sinnliche Wesen« des Menschen soll durch ein »sinnlich-vernünftiges« transzendiert werden (S. 516). Somit wäre das »höhere Gesetz einer sittlichen Ordnung« identisch mit der »Vernunft« der rationalen Selbstbindung der Wirtschaftssubjekte.

Doch bleibt Schüz hierin – wie auch andere Ökonomen zur gleichen Zeit – ambivalent. Er anerkennt zwar, »daß ein sittliches Handeln auch wirtschaftlich nutzbringend ist«, aber er schränkt sogleich ein: »das Resultat der ökonomischen Berechnungen mag immer ausfallen, wie es will, das Gebot des höheren Gesetzes steht fest« (S. 516). Damit wird die traditionelle Suprematie der Moral gegenüber der Ökonomie aufrechterhalten.

Schüz definiert im weiteren ethische Maximen, die eher eine moralphilosophische Vereinnahmung der Ökonomie denn ihre genuine Sittlichkeit behaupten: »Unter dem Streben nach irdischen Gütern, nach den Mitteln der Befriedigung der Bedürfnisse, soll bei keiner Klasse des Gesellschaft der Zweck des menschlichen Lebens selbst zu Grunde gehen« (S. 517), woraus eine ethische Einkommensverteilungsregel abgeleitet wird:

> Erst aus der Anerkennung der sittlichen Persönlichkeit aller Glieder des Staats erwächst die unbedingte Verpflichtung für die Regierung und die Gesellschaft, auf eine Verteilung des Volksvermögens und Einkommens hinzuwirken, bei welcher alle Klassen des Volks ein menschliches Leben zu führen im Stande sind.
> (S. 518.)

Hier wird – more ethico – ein verteilungstheoretisches Argument vorbereitet, das in der ›ethisch-historischen‹ Schule zur Lösung der sozialen Frage Anwendung finden wird. An Simonde de Sismondi geschult, wandelt Schüz die Ricardosche Theorie der Einkommensverteilung normativ in eine Theorie der sittlichen Verpflichtung zur Er- und Unterhaltung aller Klassen um, vornehmlich »zur Verhütung der Armut« (S. 518). Da jeder Mensch »die Pflicht« hat, sich in eine wirtschaftliche Lage zu versetzen, die ihm »die Ehre« gibt, als freier Mensch anderen gegenüber zu treten, entwikkelt er ein moralisches Gefühl der »Furcht vor der Schande, Anderen zur Unterstützung anheimzufallen« (S. 519).

Diese Pflichtgefühle zeigen an, daß oberhalb des »jedes edleren Triebs entblößten Egoismus« auch in der modernen Welt der Ökonomie eine Moral herrscht, und zwar die »eines sittlichen Geistes« (S. 520). Es mag erstaunen, wie die sittliche Vernunft, die im ersten Teil der Schüzschen Darlegung vorherrscht, hier nun auf eine Wechselwirkung von Ehre und Schande hinausläuft. Die Schüzsche Moral arbeitet mit dem Sanktionsmittel des Entzugs der Ehre, d. h. mit negativen moralischen Anreizen: wir haben es mit einer – unfertigen – Ökonomie der Moral zu tun, die der Volkswirtschaftstheorie implementiert wird. Der »sittliche Geist« äußert sich nicht – wie noch bei Hegel – in der freien Anerkennung der Bindung der Handlungsfreiheit, sondern in der moralisch verinnerlichten Bindung der Wirtschaftssubjekte an Tugendstandards, die sie nur zum Preis des Ehrverlustes verletzen können. Die Kosten der Tugend – wie wir es innerhalb des Rahmens dieser kleinen Ökonomie der Moral bezeichnen können – bestehen im Verzicht auf individuelle (egoistische) Nutzenmaximierung.

Die Argumentation versucht, die positiven Effekte der englischen ›klassischen‹ Marktwirtschaftstheorie dadurch zu legitimieren und zu entfalten, daß sie ihr einen sittlichen Nexus andient, der nicht nur das Wachstum des Volksvermögens, sondern auch der Tugenden ermögliche. Wenn somit »die Kraft zum Erwerben« aus dem »Adel des menschlichen Geistes« entspringt (S. 519), haben wir es mit einer neuen Version der Theorie produktiver Kräfte zu tun, die – ähnlich dem ›geistigen Nationalkapital‹ bei Adam Müller – die kulturellen und sittlichen Ressourcen des Volkes zum fundamentalen Träger der Produktivitätsentwicklung bestimmt (selbstverständlich mit der Implikation, die »immateriellen Güter« zu den produktiven zu rechnen [*Grundsätze der Nationalökonomie*, § 2 und 3]). Schüz läßt sich danach wie folgt resümieren: daß die Idee der englischen ökonomischen ›Klassiker‹ so lange eine Utopie bleibe, bis die Wirtschaftssubjekte neue sittliche Verhaltensstandards ausgebildet hätten, die sie einen »sinnlich-vernünftigen« Umgang mit ihrer neuen ökonomischen Marktfreiheit lehrten.

In seiner Abhandlung *Ueber das Princip der Ordnung in der Volkswirthschaft* äußert sich Schüz genauer über die gesellschaftliche Ausformung seiner Idee der gerechten Einkommensverteilung:

> Die ökonomische Tätigkeit, die Verteilung des Einkommens muß daher eine solche sein, daß sie eine Stütze des politischen Lebens, den Träger der Ruhe, der Ordnung, der Macht und Zivilisation des Staates bildet. Dies ist sie aber in Wahrheit nur dann, wenn nicht hoher Reichtum Weniger auf der einen, und notdürftiges Auskommen von Millionen auf der anderen Seite sich gegenüberstehen, sondern wenn ein zahlreicher Mittelstand den Schwerpunkt des Staatslebens bildet.
> (*Ueber das Princip der Ordnung*, S. 265.)

Auch hier ist Schüz' Haltung zwiespältig: er analysiert die Verfassungsbedingungen der freien Marktwirtschaft, ohne aber ihre reellen Entwicklungen und Kriterien anzugeben. So bleibt er notwendigerweise bei einem Appell an die Nationalökonomen stehen, solche institutionalen und staatlichen Maßnahmen zu ergreifen, die den Wirtschaftsbürgern ihre »persönliche sittliche Kraft« stärken helfen. Was bedeutet das aber anderes, als ihnen den Mut zuzusprechen, die Chancen der modernen Wirtschaftsgesellschaft selbst zu ergreifen?

Es geht Schüz schließlich nicht darum, den alten Primat der Moral vor der Ökonomie wiederzuerrichten und die Ökonomie wieder zu einer Moralwissenschaft zu erheben, sondern darum, die Moral zu einem Produktionsfaktor zu machen. Aber das war ein neuer Ton in der ökonomischen Debatte, der damals sehr aufmerksam registriert wurde.

Schüz' ethische Konzeption ist kein Kuriosum, sondern im Kern das Fundament der ›Historischen Schule‹ der deutschen Nationalökonomie, vor allem bei Karl Knies. Die Kniessche ethische Ökonomie »ist bereit, bei einer Kollision zwischen dem ökonomisch Vorteilhafteren und dem für das allgemeine Leben aus sittlich-politischen Gründen Bessere das erstere dem letzteren unterzuordnen« (Knies, S. 320).

Solche »Entscheidungsnorm nach den Grundsätzen der Pflichtenkollision« (Knies, Inhaltsverzeichnis III 9) wird in Fragen der Einkommensverteilung zur ethischen Maxime: Es gibt keine, wie Knies 1853 postuliert, natürliche Verteilung, sondern nur mehr eine, durch menschliche Veranstaltung erreichte, gerechte, die an keine »fixe Entscheidungsnorm« gebunden sein könne, vielmehr »nach dem Prinzip des Gesetzes der Relativität zu modifizieren« sei (Knies, S. 233). Die strenge Ricardosche Theorie der Gesetzmäßigkeiten der Primärverteilung wird ersetzt durch eine ›socialökonomische‹ Konzeption der Sekundärverteilung – nach ›ethischen‹ oder, wie man es später nannte, ›wohlfahrtstheoretischen‹ Gesichtspunkten. Nur daß die Schüzsche Wohlfahrtstheorie gar nicht anders denn als eine ethisch legitimierte vorgestellt werden konnte.

TEXTGRUNDLAGE

(Carl W. Ch.) Schüz, *Das sittliche Moment in der Volkswirthschaft*, in: Zeitschrift für die gesammte Staatswissenschaft 1 (1844), S. 132-159.

WEITERE SCHRIFTEN DES AUTORS

Carl W. Ch. Schüz, *Grundsätze der National-Oeconomie*, Tübingen 1843.

(Carl W. Ch.) Schüz, *Ueber das Princip der Ordnung in der Volkswirthschaft*, in: Zeitschrift für die gesammte Staatswissenschaft 2 (1845), S. 234-267.

Christian W. (C. W. Ch.) Schüz, *Die gegenwärtige Universitäts-Doctrin in Deutschland über Handelsfreiheit und Schutz-Zölle*, in:

Zeitschrift für die gesammte Staatswissenschaft 2 (1845), S. 706-743.

STELLENKOMMENTAR

509,12 *Lotz]* Nach juristischer Ausbildung hatte Johann Friedrich Eusebius Lotz (1770-1838) im Dienst des Herzogs von Coburg als Verwaltungsbeamter verschiedene höhere Staatsämter inne. Überregionale Bekanntheit erlangte er als Autor staatswissenschaftlicher und -wirtschaftlicher Schriften; er gilt als Smithianer.

528,12 *Zehentrecht]* Der ›Zehnt‹ (Zehnte) war eine bis zur Französischen Revolution bzw. bis zur endgültigen Bauernbefreiung im 19. Jh. an den Grundherrn einmal pro Jahr zu entrichtende Naturalabgabe in Höhe von zehn Prozent der gesamten Erträge aus bewirtschaftetem Grund.

531,2f. *Knappschafts-Verband]* In Form von Zünften schlossen sich im 13. Jh. vielerorts erstmals die in einem Bergwerk Beschäftigten (›Knappen‹) zum Zweck der Selbsthilfe zusammen.

533,19 *de Gerando]* Der französische Staatsmann, Philosoph und Publizist Joseph Marie de Gerando (1772-1842).

WILHELM GEORG FRIEDRICH ROSCHER
HISTORISCHE METHODE UND PATHOLOGIE DER ABSATZKRISEN

Was K. H. Rau für die erste Hälfte des 19. Jahrhunderts darstellte, war Wilhelm Roscher (1817-1894) für die zweite Hälfte: der Mentor und einflußreichste Lehrbuchautor der deutschen Nationalökonomie. Ähnlich wie Rau – und in der Konzeption nur marginal von ihm abweichend – die Nationalökonomie als System aufbauend, ergänzte Roscher die theoretischen Paragraphen – hierin weit über Raus Annotationen hinaus – mit historischen Anmerkungen und Ausführungen im Fußnotenapparat, die manchesmal den Haupttext an Länge übertrafen. Er ist eher ein Enzyklopädist, der historische und statistische Fakten illustrativ und belegend hinzufügt.

Bekannt geworden ist er als Begründer der »historischen Methode«, die er 1843 in seinem *Grundriß zu Vorlesungen über die Staatswirthschaft. Nach geschichtlicher Methode* erstmals definiert:

> Die Frage, wie der Nationalreichtum am besten gefördert werde, ist zwar auch für uns eine Hauptfrage; aber sie bildet keineswegs unsern eigentlichen Zweck. Die Staatswirtschaft ist nicht bloß ein Chrematistik, eine Kunst, reich zu werden, sondern eine politische Wissenschaft, wo es darauf ankommt, Menschen zu beurteilen, zu beherrschen. Unser Ziel ist die Darstellung dessen, was die Völker in wirtschaftlicher Hinsicht gedacht, gewollt und empfunden, was sie erstrebt und erreicht, warum sie es erstrebt und warum sie es erreicht haben. Eine solche Darstellung ist nur möglich im engsten Bunde mit den anderen Wissenschaften vom Volksleben, insbesondere der Rechts-, Staats- und Kulturgeschichte.
> (S. IV.)

Diese frühe Einleitung in die Methode der historischen Ökonomie, welche die deutsche Nationalökonomie des 19. Jahrhunderts so sehr hat bestimmen können, gibt den Tenor an, dem die anderen Protagonisten, wenn auch mit spezifischen Abweichungen, folgen.

Wilhelm Georg Friedrich Roscher wurde 1817 in Hannover geboren. Nach dem Studium in Göttingen promovierte er 1838 über den historischen Relativismus der Sophisten, um sodann nach Berlin zu den Historikern Ranke und Niebuhr zu gehen. Er habilitierte sich dort 1840 für Geschichte und Staatswissenschaften und war von 1844 an ordentlicher Professor in Göttingen. 1848 folgte er einem Ruf an die Universität Leipzig, wo er bis zu seinem Lebensende (1894) als Professor für Nationalökonomie lehrte.

Roschers Werk ist in aller Kürze nicht über das hinaus darzustellen, was an genügender Interpretation bereits vorliegt. Wir wollen uns vielmehr einem Thema widmen, für das Roscher kaum bekannt ist, das er aber für seine Zeit auf erstaunlich kluge und gehaltvolle Weise behandelt hat und das in unserer Tour d'horizon bisher noch nicht behandelt wurde, obwohl es eines der großen Themen der Ökonomie des 19. Jahrhunderts war: das Problem der Krisen. 1849 faßt Roscher dieses Thema wie folgt:

> Es ist also zum Gedeihen jeder Volkswirtschaft die gleichmäßige Entwicklung von Produktion und Konsumtion, von Angebot und Nachfrage eine der wesentlichsten Bedingungen. Alle Störungen dieses Gleichgewichts gehören zu den gefährlichsten Erschütterungen, gleichsam Krankheiten des großen Wirtschaftskörpers; und es ist kaum zu sagen, ob ein zeitweiliges Überwiegen der Konsumtion oder der Produktion schlimmere Folgen hat. Solche Störungen nun, welche auf einem Zurückbleiben der Konsumtion, einem Vorauseilen des Angebots beruhen, werden gewöhnlich Geld- oder Handelskrisen genannt. Wir können beide Namen nicht gerade sehr passend finden; denn nur in seltenen Fällen beschränkt sich das Übel auf den Handelsstand, und die Geldverhält-

> nisse andererseits (d. h. die Zirkulationsverhältnisse) brauchen gar nicht notwendig davon mitberührt werden. Deshalb ist der Name Produktionskrisen vorzuziehen, weil er das Wesen der Krankheit bezeichnet.
> (*Produktionskrisen*, S. 723f.)

Weil aber die wichtigste »Folge einer solchen Störung« darin bestehe, »daß die in zu großer Menge erzeugte Ware keine Abnehmer findet« (S. 724), ändert Roscher bereits 1861 den zentralen Begriff der Produktionskrisen in »Absatzkrisen« (*Zur Lehre von den Absatzkrisen*, S. 289).

Roschers Krisentheorie ist eine Zusammenfassung der ›klassischen‹ Erörterungen zu diesem Thema; Roscher beklagt an der ›klassischen‹ Ökonomie (bei Smith und etlichen Nachfolgern) ihre Unterbewertung des Konsums; es sei »jedenfalls einleuchtend, daß die wirtschaftliche Produktion nur das Mittel sein kann zum Zwecke einer irgendwelchen Konsumtion. Den vornehmsten Sporn zu jeder produktiven Tätigkeit bildet das Bedürfnis« (*Produktionskrisen*, S. 721). Damit ist Roscher in der Lage, für die begleitenden Ursachen der Krisen Änderungen z. B. der Moden in ihrer Wirkung auf die Produktionsstrukturen zu untersuchen: »Nur wo die Bedürfnisse wachsen, nimmt auch die Produktion zu« (S. 721). Es kommt allerdings darauf an, in welcher Proportion.

Gegen die optimistische Version des Ausgleichs von Angebot und Nachfrage – die als Saysches Gesetz die Unmöglichkeit anhaltender Krisensituationen zum Ausdruck bringen sollte – wendet Roscher das Faktum des wirklichen Lebens ein; was in der Theorie näherungsweise richtig sein möge, werde durch das träge Handeln der Menschen praktisch unmöglich. Says Gesetz sei für alle praktischen ökonomischen Belange unbrauchbar, weil es nur für eine reine Tauschwirtschaft, nicht aber für eine entfaltete monetäre Ökonomie gelten könne. Nicht die Nachfrage per se, sondern die zahlungsfähige Nachfrage gelte es zu betrachten.

Das nun lenkt Roschers Augenmerk zugleich auf die Papiergeldzirkulation – »durch plötzliche Verminderung der

Umlaufmittel ⟨kann⟩ eine allgemeine Krisis entstehen« – und auf den vermittelnden Handelsstand: wegen der Möglichkeit »kaufmännischer Überspekulation« (§ 217). Zudem dürfe man

> in der Praxis nicht vergessen, daß die Menschen noch von anderen Triebfedern geleitet werden, als dem Wunsche, möglichst viel zu konsumieren. ⟨...⟩ Überall gibt es gewisse Konsumtionssitten, welche namentlich mit der Verteilung des Nationaleinkommens zusammenhängen. Jeder plötzliche und große Umschwung in diesen letzteren pflegt deshalb große Absatzstockungen hervorzurufen.
> (*Nationalökonomik des Handels und Gewerbefleißes*, § 217.)

Das vielfältige Spektrum der hierzu erhobenen Gründe ist eines historischen Ökonomen würdig; nicht allein auf solche Faktoren wie Mode- bzw. Nachfragewechsel, Produktivitäts- und Absatzdisproportionalitäten, technischen Fortschritt, agrarische Überproduktion, temporäre Erweiterung der Nachfrage, die falsche Zukunftserwartungen erzeugt etc., richtet Roscher sein Augenmerk, sondern insbesondere auf die spezifischen Unsicherheiten der Kriege (und der Friedenserwartungen), d. h. auf historisch kontingente Ereignisse, die es ihm methodisch als abwegig erscheinen lassen, von Gesetzmäßigkeiten der Konjunktur zu sprechen. Ihre Bewegungsform ist wohl zyklisch, aber durch historische Gründe determiniert, die ihre jeweiligen besonderen ökonomischen Charakteristika haben.

Präzise beschreibt Roscher einige Prozeßabläufe der »Spekulation« bzw. Erwartungstäuschungen, welche Krisen bedingen (S. 542 d. Bd.). Die Krise wird darin zwar als Gesetzmäßigkeit interpretiert: aber als eine »unvermeidliche« bzw. »regelmäßige« Überschätzung im Sinne falscher Erwartungsbildung durch Spekulanten, welche die Risiken nicht kalkulieren, d. h. nach eher psychologischen oder, genauer: nach handlungstheoretischen Gesetzmäßigkeiten. Zugleich wird aber die Geltung der Gesetzmäßigkeit eines bestimmten Krisenverlaufs an historische Wenn-dann-Bedingungen geknüpft, die durch historische Erfahrungen der Unternehmer modifiziert, wenn nicht sogar aufgehoben werden können, wie Roscher unter dem Abschnitt »Therapie« (§§ 175-177, S. 548-553 d. Bd.) erörtert.

Es ist schwierig, bei Roscher eine Konjunktur-Theorie abzulesen (im übrigen ist sein Konjunktur-Begriff allein mit dem ›Aufschwung‹ identisch), d. h. eine Theorie, welche die Krise als Depressionsphase eines allgemeinen Zyklus erkennen ließe. Roscher weist vielmehr nur sehr allgemein – in der Abschätzung der krisenbedingten Verluste – darauf hin, den »materiellen Schaden« durch die Krisen dürfe man

> nicht zu hoch veranschlagen. Der gesteigerte Zinsfuß enthält einen mächtigen Antrieb zur Neubildung von Kapitalien. Jener Luxus, der in der Schwindelzeit aus Selbsttäuschung oder absichtlich war getrieben worden, macht der alten Nüchternheit und Sparsamkeit wieder Platz. (S. 547.)

Wir finden bei Roscher anstelle einer Zyklen- oder Konjunkturtheorie im modernen Sinne nur mehr einen ehernen Vorsatz, bei »volkswirtschaftlichen Krankheiten 〈. . .〉 auf die Heilkraft und den Heilgang der Natur selbst« vertrauen zu lernen, »weil eine unmittelbare Beseitigung der Störungen selten möglich ist« (*Die Grundlagen der Nationalökonomie*, § 15). Dies muß als Konsequenz der Betrachtung der Ökonomie als »Organismus« gewichtet werden, den Roscher als »Wechsel der Zustände« bzw. so definiert, daß in ihm »die wichtigsten gleichzeitigen Vorgänge einander wechselseitig bedingen« (§ 13). Der »Hauptverlust« bei den Krisen,

> welcher darin besteht, daß man Kapitalien mehr oder weniger unwiderruflich in falschen Spekulationen festgelegt hat, ist eigentlich schon vor der Krise eingetreten; nur wird sich das Volk erst durch die Katastrophe dessen bewußt, und der Kampf der Beteiligten darüber, wer den Schaden tragen soll, macht den Kern der Krise aus, die Ungewißheit über den Ausgang dieses Kampfes den Kern der gleichzeitigen Panik.
> (*Nationalökonomik des Handels und Gewerbefleißes*, S. 546f.)

Roscher interpretiert die Krise als Realisation falscher Erwartungen, die er generell »Spekulation« nennt. Einzig die Nachwirkungen von sich verschärfenden Einkommensverteilungsungleichheiten sieht Roscher als bedenklich an (S. 547). Der politische Ökonom ahnt hier die »im Hintergrunde lauernden Gefahren der Revolution und des Cäsarismus« (S. 548).

Dagegen werden »Therapien« vorgeschlagen (§§ 175-177): Dazu gehört 1. eine ausgebaute Statistik, in der Hoffnung, daß ihre Informationen die wechselseitige Bedarfsabschätzung für die Unternehmer erleichtern und somit Krisen vermeiden helfen. Diese Idee zeugt von einer gewissen Unklarheit über die Unternehmerfunktion. 2. Staatsinterventionen hält Roscher für ungeeignet, da sie eine willkürliche Regulation bedeuten und zudem die unternehmerische Kompetenz lähmen (Aktien-, Banken- und Zollgesetze ausgenommen). Roscher hält eine eher homöopathische Therapie für angebracht. Allerdings spricht er sich 3. auch für eine gleichförmige, stetige Politik aus, die gegen Krisen ein gutes Palliativum bilde. Roscher führt hier seine Analyse der rationalen Erwartungen fort: Wenn die Wirtschaftssubjekte sich auf eine konstante und stabile Staatswirtschaft verlassen können, sind zumindest die negativen Wirkungen vermieden, die unter (2) genannt wurden. Vornehmlich ist der »konsequente Gang der Staatsverwaltung« als redliches Vorbild zu verstehen.

Die »Heilung« läuft im wesentlichen von selbst, »obwohl unter heftigen, sittlich wie politisch gleich gefahrdrohenden Schmerzen« (S. 549). Dem »natürlichen Heilsplane darf nun die künstliche Hilfe des Staates in keinem Punkte zuwiderlaufen«, aber sie darf »lindern« (§ 176, S. 549f.) – z. B. durch Kredithilfe an die Unternehmer oder durch eine maßvolle Geldvermehrung. Für die von der Krise betroffenen Arbeiter dagegen sollten öffentliche Beschäftigungsprogramme aufgelegt werden, verbunden mit strenger Disziplin und Aufsicht, um die immer wieder genannten politischen Unruhen zu vermeiden (§ 177, S. 550f.). Diese Vorschläge sind alle bereits schon 1849 vorgetragen.

> Wenn in bedeutenden Gewerben mehr produziert ist, als konsumiert werden kann. Die Natur heilt eine solche Absatzstockung dadurch, daß der furchtbare Preisabschlag allmählich die Konsumtion erhöhet, die Produktion aber sogleich durch den Bankerott etc. vieler Produzenten vermindert wird. Indessen welch ein Leiden für das ganze Volk! Hier kann der Staat durch Vorschüsse die Last, welche den Augenblick zerdrücken würde, auf mehrere Jahre verteilen, und somit erträglich machen.
> (*Die Grundlagen der Nationalökonomie*, FN 2 von § 15.)

Damit ist gesagt, daß 1. durch die Bewegung der Preise die Krise wieder in einen normalen Marktzustand transformiert wird, daß 2. allerdings die Bevölkerung, zumindest vorübergehend, z. T. hohe Einkommensverluste zu tragen hat, so daß 3. der Staat insofern intervenieren soll, als er diese Verluste durch Staatsdarlehen kompensiert, um die Wirtschaftssubjekte ihren Geschäften weiterhin auf dem alten Niveau nachgehen zu lassen. Das staatliche Darlehen ist ein Kredit auf zukünftige Einkommen, so daß die durch die Krisen verursachten Verluste als Minderung der zukünftigen Erwerbseinkommen gewichtet werden, um die Beschäftigungs- und Einkommenslage zu erhalten.

Wir haben es hier mit einer ersten Lösung der 1849 bereits von Roscher benannten sozialen Frage zu tun, die Roscher allerdings immer – im Gegensatz zu Schmoller und den ›Kathedersozialisten‹ – als Lösung des Armenproblems ansieht: die »soziale Arbeitsunfähigkeit« ist ein Phänomen

> fast nur in dichtbevölkerten, hochkultivierten Gegenden. Sie beruht auf einem Angebote von Arbeit, welches die Nachfrage überschreitet, was den Lohn um so stärker drücken wird, als ja der gemeine Arbeiter sein Angebot selten vermindern kann. ⟨. . .⟩ Diese Frage hängt aufs Engste zusammen mit der Lehre von den Absatzkrisen.
> (*System der Armenpflege*, § 17.)

Roscher bleibt als der große Lehrer anerkannt, der, hellsichtig im Detail, seine Idee einer ›historischen Methode‹ der Ökonomie selbst allerdings nicht auszuführen in der Lage war.

TEXTGRUNDLAGE

Es gibt drei Varianten des Krisenthemas bei Roscher, d. h. genauer: zwei Abwandlungen des Ursprungsaufsatzes von 1849 (Roscher, *Produktionskrisen*), der allerdings für diese Edition zu lang ist, so daß hier die späte, kondensierte Version aus Roschers 3. Auflage der *Nationalökonomik des Handels und Gewerbfleißes* (Bd. 3 des *Systems der Volkswirthschaft*) von 1882 zum Abdruck kommt, die als Kap. 11, S. 770-801, dort eingefügt ist (eine etwas umgeschriebene, ebenfalls allzulange Version des Ursprungsaufsatzes befindet sich als Kap. IV »Zur Lehre von den Absatzkrisen« in den *Ansichten der Volkswirthschaft aus dem geschichtlichen Standpunkte* von 1861).

WEITERE SCHRIFTEN DES AUTORS

Wilhelm F. G. Roscher, *Grundriß zu Vorlesungen über die Staatswirthschaft. Nach geschichtlicher Methode*, Göttingen 1843.

Wilhelm F. G. Roscher, *Produktionskrisen*, in: Die Gegenwart, Bd. III, 1849, S. 721-758.

Wilhelm F. G. Roscher, *Zur Lehre von den Absatzkrisen* (1849), in: ders., *Ansichten der Volkswirthschaft aus dem geschichtlichen Standpunkte* (zunächst 1861), Leipzig und Heidelberg ²1878.

Wilhelm F. G. Roscher, *System der Volkswirthschaft*, 5 Bde., Stuttgart 1854-1894.

Wilhelm F. G. Roscher, *Die Grundlagen der Nationalökonomie. Ein Hand- und Lesebuch für Geschäftsmänner und Studierende*, in: ders., *System der Volkswirthschaft*, Bd. 1, Stuttgart ³1858.

Wilhelm F. G. Roscher, *Kolonien, Kolonialpolitik und Auswanderung*, Leipzig 1856.

Wilhelm F. G. Roscher, *Geschichte der Nationaloekonomik in Deutschland*, München und Leipzig 1874.

Wilhelm F. G. Roscher, *Nationalökonomik des Handels und*

Gewerbefleißes, in: ders., *System der Volkswirthschaft*, Bd. 3, Stuttgart ³1882.

Wilhelm F. G. Roscher, *System der Armenpflege und Armenpolitik*, in: ders., *System der Volkswirthschaft*, Bd. 5, Stuttgart ²1894.

STELLENKOMMENTAR

547,12 *Diskontierungen*] Der Diskontsatz ist der auf Jahresbasis kalkulierte Betrag, welcher bei Ankauf einer noch nicht fälligen Forderung (früher hauptsächlich bei Wechseln) dem Verkäufer vom Nennwert abgezogen (diskontiert), dem Käufer gutgeschrieben wird. Er ist daher als eine Form des Zinses interpretierbar.

KARL MARX
DIE KRITIK DER POLITISCHEN ÖKONOMIE

Karl Marx (1818-1883) ist der bekannteste von allen bisher Genannten, aber zählt er in die Reihe der deutschen Ökonomen? Gegenüber den deutschen Versuchen in ökonomischer Theorie hat er sich eher nur abfällig geäußert; sie erreichten nicht die begriffliche Strenge eines Ricardo, den er bewunderte. Ricardo dagegen hielt Marx nur mehr einen Kardinalfehler vor: nicht radikal genug gedacht zu haben, um das »Geheimnis der Mehrwertproduktion« erkennen zu können.

Im theoriegeschichtlichen Sinne wird Marx' *Kritik der politischen Ökonomie* als eine Radikalisierung der ricardianischen Variante der ›klassischen‹ englischen Ökonomie aufgefaßt. Obwohl er in der geschichtlichen Methode der deutschen ›Historischen Schule‹ scheinbar parallel ging, war Marx' Bemühung um einen ›historischen Materialismus‹ ein geschichtsphilosophischer Versuch von Hegelscher Dimension, der die Gesetzmäßigkeiten der ebenso notwendigen Entwicklung des Kapitalismus wie die seines Unterganges eruieren sollte. Marx untersuchte – in mühsamer Bibliotheksarbeit, ständig durch Einkommenssorgen für seine Familie bedrückt, denen er durch das Mäzenat seines Fabrikantenfreundes Friedrich Engels und durch unermüdliche journalistische Arbeit zu entkommen suchte – die geschichtliche Durchsetzung des Wertgesetzes, das zu erkennen die Voraussetzung dafür sei, es aufheben zu können im Projekt der weltgeschichtlichen Revolution.

1818 in Trier geboren, studierte er, nach seiner Trierer Gymnasialzeit, in Bonn und in Berlin, zuerst Rechtswissenschaft, später Geschichte und Philosophie. 1841 promovierte Marx extern an der Universität Jena, war dann – von 1842 bis 1843 – Redakteur der ›Rheinischen Zeitung‹, die unter seiner Leitung zu einem revolutionär-demokratischen Blatt wurde, was zu einem Verbot durch die preußischen Behörden führte und Marx mit seiner Frau Jenny nach Paris ins Exil trieb.

1847 in Paris Mitglieder des sozialistischen ›Bundes der Gerechten‹ geworden, der sich unter Marx' und Engels Einfluß zum ›Bund der Communisten‹ wandelte, verfaßten sie beide im Auftrag dieses Bundes das berühmte, 1848 in London veröffentlichte *Communistische Manifest.* Im selben Jahr zur Revolution nach Deutschland zurückgekehrt, gab Marx die ›Neue Rheinische Zeitung‹ heraus, um nach dem Scheitern dieser Revolte ins zweite Exil nach London zu flüchten, wo er bis zu seinem Tode (1883) lebte und arbeitete.

Neben seinen wissenschaftlichen Arbeiten, deren berühmteste *Das Kapital* werden sollte, lebte er für die Organisation der kommunistischen Revolution, war dominierendes (und opponiertes) Mitglied verschiedener revolutionärer Gruppierungen. Sein (externer) Einfluß auf die deutsche Sozialdemokratische Arbeiterpartei war immens, wenn auch nicht nachhaltig. Er war ein machiavellischer Geist prophetischer Attitüde, der zugleich einen Systemversuch über die gesellschaftliche Entwicklung der Moderne seiner Zeit versuchte, den zu vollenden ihm nicht gelang. Es gibt Gründe zur Annahme, daß es ihm nicht gelingen konnte – so wie das ›Transformationsproblem‹, die Erklärung der Preisbewegungen aus dem Gesetz der Bewegung der ihnen zugrundeliegenden Werte, unvollendet blieb; es sind dies vor allem methodische Gründe, da die Idee einer geschichtlichen Gesetzmäßigkeit mit den konkreten Entwicklungen nicht in eins zu bringen war.

Doch hatte die Idee des Kommunismus eine geschichtliche Kraft, die sich um wissenschaftliche Logik nicht scherte, sondern das Versprechen für wahr nahm, eine Welt ohne Unterdrückung der Menschen durch die Menschen einzurichten. Nicht in der Intention, wohl aber in der Konsequenz der geschichtlichen Wirkmächtigkeit wurde durch

Marx ein Ethos der universellen Gerechtigkeit etabliert, das zum einen als radikale Vollendung der Ideen der Französischen Revolution zu interpretieren ist, zum anderen aber als eine Radikalisierung der ethischen Fragestellung, welche die deutsche Nationalökonomie seiner Zeit so sehr hatte bewegen können.

Von den deutschen oder »Vulgärökonomen«, wie er sie fast ausschließlich nennt, unterscheidet er sich darin, daß er die klassische Ökonomie konsequenter zu Ende denkt, was sich – neben der ökonomischen Analyse – vornehmlich darin erweist, wie er die Notwendigkeit ihres unmoralischen oder Klassen-Charakters herausarbeitet. Dadurch, daß Marx die Moral zur Moral der herrschenden Klassen erklärt, enthebt er sich nicht der moralischen Fragestellung, sondern nur mehr ihrer so genannten ideologischen Form. Das Ethos des »Kommunismus« – die »herrschaftsfreie Gesellschaft« – versteht er als eine historisch endgültige Lösung des Problems der Ungerechtigkeit. Im Unterschied zu den deutschen Ökonomen, die ein ähnliches Thema auf ihre Art und Weise behandeln, fordert er hierzu die politische Revolution der zum Selbstbewußtsein gelangten unterdrückten oder genauer: »ausgebeuteten« Klassen. Die Form der moralischen Lösung ist nicht mehr unabhängig von der ökonomiekritischen Analyse zu bestimmen.

In diesem Sinne bildet Marx' *Kritik der politischen Ökonomie* den prononciertesten Versuch der Lösung der ›sozialen Frage‹, nun allerdings nicht durch wirtschaftsliberale oder staatswirtschaftliche Reformen, sondern durch die politische Revolution der Arbeiterklasse, die eine eigentumslose Wirtschaftsordnung etablieren soll.

Der Schluß des hier kommentierten Marxschen Manuskriptes (der in der Moskauer Edition aus systematischen Gründen ignoriert wurde) trägt den Titel »Mystifikation des Kapitals etc«. Marx erörtert das für seine Konzeption fundamentale Verhältnis von »lebendiger Arbeit« (den Arbeitskräften) und »toter Arbeit« (dem Kapital).

Das Kapital erscheint als ein Verhältnis, in dem die »gesellschaftlichen Produktivkräfte« zu Eigenschaften eines verdinglichten Prozesses geworden sind, der nach seinen autonomen Gesetzmäßigkeiten über die Bedürfnisse der eigentumslosen Klassen hinweggeht. »Gesellschaftlich« heißt hier: der entwickelten Form der Arbeitsteilung unterstehend. Marx redet von der Kombination der gesellschaftlichen Arbeiten. Es erscheint so, als ob »das Kapital« als Subjekt der Wirtschaft diese Verhältnisse arrangiert hätte, wobei die »bürgerliche Ökonomie« davon abstrahiert, daß hier die Arbeiter ihr Arbeitsvermögen entäußern. Die eigentümliche, philosophische Redeweise dient dazu, das Kapital über seine ökonomische Funktion hinaus als ein besonderes gesellschaftliches Verhältnis zu bezeichnen, das die Herrschaft der »bürgerlichen Klasse« über die der Lohnarbeiter annotiert.

Ökonomische Verhältnisse sind Herrschaftsrelationen: das ist – à point – die kritische Quintessenz der ›Politischen Ökonomie‹, die in ihrer bürgerlichen Normalform zur ›Ideologie‹ geworden ist. Marx' Anliegen besteht darin, die ›wirklichen‹ Bewegungen der kapitalistischen Wirtschaft so zu analysieren, daß die Bedingungen ihrer Aufhebung sichtbar werden. Gegen den bloßen Anschein der Preisbewegungen der Märkte müssen die Entstehung und Verwertung der Werte untersucht werden, um in kritischer Absetzung dazu neue gesellschaftliche Ordnungen herzustellen, die nicht nur die Verteilung der ›Resultate des Produktionsprozesses‹ ändern, sondern die Produktion freier Menschen selber leisten.

Wir erfahren, daß die Entwicklung des Kapitals gleichbedeutend ist mit der Entleerung des Arbeitsvermögens für die große Mehrzahl. So wie das Kapital als in Maschinerie inkorporierte »tote Arbeit« Gestalt annimmt, so tritt der Kapitalist als Personifikation dieses Verhältnisses auf, das auf der »Ausbeutung« von Surplusarbeit beruht. In der substantiellen Differenz von (entlohnter) »Arbeitskraft« und (die Reproduktionskosten, d. h. die effektive Entlohnung der Arbeitskraft weit überschießendem) Arbeitsresultat entdeckt Marx den »Mehrwert« als das Geheimnis der »bürgerlichen Produktionsweise«, das es – gegen den Schein der Erklärungen der »bürgerlichen Ökonomie« – zu enträtseln gilt.

Diese »Personifizierung der Sachen und Versachlichung der Personen« ist das, was Marx im 1. Buch des *Kapitals* einen »Fetischcharakter« nennt (*Das Kapital I*, S. 85-98). Die Resultate der eigenen Arbeit treten den Arbeitern selbst als »Mächte« des Kapitals entgegen: infolgedessen verkennen die Arbeiter, daß sie Agens und Motor der wirtschaftlichen Produktion sind. Indem die Kapitalisten ihnen das ganze Produkt um den Mehrwert, den sie sich aneignen, vorenthalten, um den Akkumulationsprozeß des Kapitals (und – aber nicht vordringlich – sich selbst) zu bedienen, sind sie »Ausbeuter«, die durch eine von vornherein gesellschaftliche Organisation der Arbeit eliminiert werden könnten.

Darin besteht das »sehr mysteriöse Wesen« des Kapitals: »die Arbeitsbedingungen türmen sich als soziale Mächte gegenüber dem Arbeiter auf und in dieser Form sind sie kapitalisiert«. Wir haben es mit einer Theorie der eigenmächtig gewordenen sozialen Formen des gesellschaftlichen Lebens zu tun, die – indem die Bedingungen dieses Formationsprozesses erkannt werden – die Mittel und Wege ihrer Auflösung in die »Assoziation freier Menschen« verspricht, welche die Qualität der antiken Muße, nun allerdings demokratisiert für alle, gewinnt: d. h. »freie Zeit – die sowohl Mußezeit als Zeit für höhere Tätigkeit ist« (*Grundrisse der Kritik*, S. 599). Das ist die Quintessenz der apokryphen These, daß sich schließlich alle Ökonomie in die der Zeit auflöse (*Grundrisse der Kritik*, S. 89). Der »Kommunismus« ist die geschichtliche Verheißung des antiken Traumes vom müßigen Menschen; folglich verspricht er nicht die Befreiung der Arbeit, sondern die Befreiung von der Arbeit, indem – wie bei Aristoteles bereits angedeutet war – die ›Weberschiffchen‹ – als Metapher jeder Technologie – von allein arbeiten. Es ist darin eine Vorstellung von Naturbeherrschung enthalten, die nicht nur die rohe Materie, sondern auch die zweite Natur der gesellschaftlichen Verhältnisse bezwingt. Die Industrialisierung soll nicht abgeschafft, sondern unter die Herrschaft der ihren befreiten Kulturzwekken frönenden »Kommunisten« gestellt werden.

Marx' Konzeption beruht auf Prämissen, welche seine Folgerungen konsistent erscheinen lassen. Wenn die Arbeiter über ihre eigenen Arbeitsbedingungen nicht individuell verfügen können, sind sie für die unterschiedliche Produktivität auch nicht verantwortlich. Sie dürfen folglich nicht um ihr Produkt, d. h. um den Anteil am Lohn gebracht werden, der ihnen gebührt nach den Maßstäben der Gerechtigkeit, die ihr Maß nimmt aus der (naturrechtlichen) Gleichheit aller.

Marx hält dafür, jede Form des privaten Eigentums aufzulösen, weil sie nur Unterschiede im Einkommen und Lebensstandard erzeuge, die nichts mit den Bedürfnissen der Menschen zu tun hätten. Letzthin diene die Ökonomie der Bedarfserfüllung allen Menschen, nicht aber nur einer besonderen Klasse unter ihnen. Weil alle Menschen nicht nach verschiedenen Bedarfen sortiert werden können, ist die kommunistische Forderung die, jedem nach seinen Bedürfnissen zu geben, nicht mehr nur nach seiner Leistung.

Marx' Analyse und Kritik des kapitalistischen Produktionsprozesses ist eine der – methodisch aufwendigsten – Auseinandersetzungen mit der ›klassischen‹ Ökonomie im 19. Jahrhundert. Der Wachstumstrend der Ökonomie, dessen Analyse Marx bei den ›Klassikern‹ bewundert, setze sich aber nur in Krisen durch und werde von einem tendenziellen Fall der Profitraten begleitet, der die Kapitalisten nötige, die Ausbeutungsraten an den Arbeitern zu erhöhen. Entweder breche das kapitalistische System in einer finalen Krise endgültig zusammen oder aber die gepreßten Arbeiter würden revoltieren, was den forcierten Ausbau einer ›Arbeiterbewegung‹ nötig mache, die sich nicht auf gewerkschaftliche Kompromisse einlassen solle, sondern – weil das Schicksal der bürgerlichen Wirtschaft aus dem »Wertgesetz« deduziert und beschlossen sei – auf die Revolution der Eigentumsverhältnisse.

Darin, daß er diese Alternativen meinte gesetzmäßig deduzieren zu können, irrte Marx; auch brachte er die Moral des gerechten Lebens in eine Nähe zur Herrschaft einer Klasse über die anderen, die der Moral fremd ist. Auch darin irrte er. Festzustellen, daß Marx irrte, hat Sinn nur im Hinblick auf seine Prophetie, die wir heute zu den Glaubensvorstellungen des 19. Jahrhunderts zuzurechnen geneigt sind, von denen er paradoxerweise die Menschheit befreit sehen wollte.

TEXTGRUNDLAGE

Der hier ausgewählte Text ist der Schluß eines unveröffentlichten Teils aus den Vorarbeiten zum *Kapital* aus der Zeit 1861-1896: Karl Marx, *Resultate des unmittelbaren Produktionsprozesses* (nachgelassenes Manuskript aus den Vorarbeiten zum *Kapital*, dort geplant als: I. Buch, 6. Kap.), Nachdruck nach der Moskauer Veröffentlichung von 1933, Frankfurt/Main 1969, S. 77-89.

WEITERE SCHRIFTEN DES AUTORS

Karl Marx, *Grundrisse der Kritik der Politischen Ökonomie*, (Rohentwurf) 1857-1858, Berlin 1974.
Karl Marx, *Das Kapital*, Berlin 1964, 3 Bde. (MEW 23, 24, 25 [und 26.1, 2, 3]).

STELLENKOMMENTAR

554,17 *Gesamtatelier]* Die Gesamtheit aller beschäftigten Arbeiter.

555,20 *Prime Motor]* Marx verwendet im zweiten Band des *Kapitals* den – korrekteren – lateinischen Begriff ›primus motor‹ (wörtlich: erste Triebkraft) und meint damit, wie auch an dieser Stelle, die technische Krafterzeugung etwa mittels Dampfmaschinen, die den modernen industriellen Produktionsprozeß des 19. Jhs. überhaupt erst möglich machte.

556,22f. *Formelle Subsumtion]* Wörtlich: ›förmliche Einordnung‹. Marx benutzt das im späten 18. Jh. im Deutschen verwendete Lehnwort aus dem Lateinischen, welches in der Sprache der Logik ›Unterordnung des Besonderen unter das Allgemeine‹ bedeutet, hier, um eine Subordinationsbeziehung zu verdeutlichen.

556,31 *Employs]* ›Capital employs labour‹: Zu übersetzen mit ›Kapital wendet Arbeit an‹.

558,13 *Ure]* Der Chemiker und wissenschaftliche Schriftsteller Andrew Ure (1778-1857) zog sich als Glasgower Professor nach 1830 aus der Lehre zurück und veröffentlichte 1835 sein Buch *The Philosophy of Manufactures: or, an Exposition of the scientific, moral and commercial Economy of the Factory System of Great Britain*, in welchem er sich mit der Lage der Fabrikarbeiter beschäftigt.

562,25f. *Simplement und purement]* »Schlicht und einfach«.

564,38 *Yankee]* Eine (vornehmlich in den Südstaaten) denunziatorisch verwendete Bezeichnung für einen Nordamerikaner; bei Marx: für einen geldgierigen Amerikaner schlechthin.

BRUNO HILDEBRAND NATIONALÖKONOMISCHE CULTURGESCHICHTE: DIE IDEALE MACHT DES KREDITES

Bruno Hildebrand (1812-1878) erscheint als der nüchternste und klarste Denker der ›Älteren historischen Schule‹, die – gegen die Vorherrschaft der abstrakten englischen klassischen Ökonomie – eine eigene ›historische‹ Methode entwickeln wollte, wie Roscher dies 1843 programmatisch definiert hatte. In der Vorrede zum ersten Band seiner Zeitschrift ›Jahrbücher für Nationalökonomie und Statistik‹ von 1863 definiert Hildebrand seine Version:

> Die Ökonomie der Völker ist nach dieser meiner Überzeugung ebenso wie ihre Sprache, ihre Literatur, ihr Recht und ihre Kunst ein Zweig der Zivilisation 〈...〉. Ihre Wissenschaft ist deshalb keine abstrakte, die gleich den Naturwissenschaften für alle Verhältnisse in Zeit und Raum, das gleiche Gesetz aufstellt und Alles nach gleichem Maße mißt, sondern sie hat die Aufgabe, den historischen Entwicklungsgang sowohl der einzelnen Völker als auch der ganzen Menschheit von Stufe zu Stufe zu erforschen 〈...〉. Nationalökonomische Kulturgeschichte im Zusammenhang mit der Geschichte der gesamten politischen und rechtlichen Entwicklung der Völker und Statistik sind die einzigen sichern Grundlagen, auf denen ein gedeihlicher Weiterbau der nationalökonomischen Wissenschaft möglich erscheint.
> (Vorwort, S. 3.)

In demselben Vorwort weist Hildebrand darauf hin, daß man die Naturgesetze der Chemie, Physik etc., welchen die bewußtlose, vom Menschen bewirtschaftete Natur gehorcht, nicht mit denjenigen Gesetzen verwechseln dürfe, wonach sich die aus dem menschlichen Willen hervorgehenden wirtschaftlichen Akte vollzögen. Die Nationalökonomie könne »keine Naturlehre der menschlichen Selbstsucht ⟨. . .⟩, sondern ⟨müsse⟩ eine ethische Wissenschaft sein« (*Die Nationalökonomie der Gegenwart und Zukunft*, S. 223).

Hildebrands berühmtestes Werk, *Die Nationalökonomie der Gegenwart und Zukunft* von 1848 (im Jahre der deutschen Revolution), fokussiert in auffallend nüchterner und klarer Analyse diesen in sich zerrissenen Zustand der modernen Ökonomie seiner Zeit, indem es an fünf zentralen Topoi – an (1) Adam Smith und seiner Schule (1. Abschnitt), an (2) Adam Müller und der nationalökonomischen Romantik (2. Abschnitt), an (3) Friedrich List und dem nationalen System der politischen Ökonomie (3. Abschnitt), an den (4) sozialen (genauer: sozialistischen) Wirtschaftstheorien (4. Abschnitt, mit besonderer Berücksichtigung Friedrich Engels') und an (5) der nationalökonomischen Theorie Proudhons – nicht nur prägnant deren Positionen zusammenfaßt, sondern vor allem ihre Einseitigkeiten herausarbeitet, die in abweichenden kritischen Positionen zum Smithschen Grundmodell stehen. Sie bilden alle – so Hildebrand – richtige Facetten eines von ihnen jeweils im Ganzen verfehlten Zusammenhanges, den erst die historische Methode der Ökonomie sinnreich entfalten könne.

In Naumburg an der Saale 1812 geboren, studierte Hildebrand nach dem Besuch der berühmten Fürstenschule zu Schulpforta 1832 in Leipzig Theologie, Philosophie, Philologie und Geschichte. 1839 in Breslau zum außerordentlichen Professor ernannt, wurde er 1841 auf den Lehrstuhl für Staatswissenschaften der Universität Marburg berufen. 1847 wurde er aus politischen Gründen – er verteidigte die Rechte der Universität gegen die kurhessische Regierung – seiner Funktion als Vize-Prorektor enthoben, ein Jahr später auch von seinem Lehramt suspendiert; erst mit der allgemeinen Amnestie für 1848 wurde Hildebrand wieder rehabilitiert.

Hildebrand war kurhessischer Abgeordneter der Frankfurter Nationalversammlung, wo er zu den demokratischen Linken zählte, war dort Mitglied des volkswirtschaftlichen Ausschusses und blieb auch später dem Stuttgarter Rumpfparlament treu, was ihm 1851 einen Hochverratsprozeß eintrug, dem er sich durch Flucht nach Zürich entzog. Von 1851 bis 1856 war Hildebrand Professor für Staatswissenschaften in Zürich, danach von 1856 bis 1861 in Bern. Erst 1861 kam er, als Ordinarius der Staatswissenschaften an der Universität Jena, nach Deutschland zurück, begründete 1862 die ›Jahrbücher für Nationalökonomie und Statistik‹, 1864 das statistische Bureau der vereinigten thüringischen Staaten. 1872 war er einer der Gründer des ›Vereins für Socialpolitik‹. Er starb 1878.

Die hier zu kommentierende Schrift zur *Natural-, Geld- und Kreditwirthschaft* von 1864 zeigt Hildebrands theoretische Kompetenz auf eine besondere Weise: sie legt die knappe, wenn auch fertige Skizze einer Stufentheorie der wirtschaftlichen Entwicklung vor, wie sie seit den Arbeiten der älteren Ökonomen (Ferguson, Smith, Turgot, Saint-Simon) und F. Lists in der Ökonomie gepflegt wurde, um die zukünftigen Entwicklungspotentiale der neuen Kapitalwirtschaft im Verhältnis zur relativen Stagnation ihrer Vorgeschichte aufzuzeigen. Für einen ›historischen‹ Ökonomen liegt eine solche Konzeption nahe. Hildebrand unterscheidet – im Gegensatz zu seinen Vorläufern – zwischen einer Natural-, einer Geld- und einer Kreditwirtschaft. Die Erwähnung der letzteren als gesonderte Stufe ist neu. Hildebrand geht es weniger um eine allgemeine und ausgeführte Entwicklungstheorie der Ökonomie, seine eigentliche Absicht liegt vielmehr in der Lösung der – durch die Geldwirtschaft überhaupt erst aufgekommenen – »sozialen Frage« durch das »Heilmittel« der »Kreditwirtschaft« (*Natural-, Geld- und Kreditwirthschaft*, S. 588 d. Bd.).

Während die Naturalwirtschaftsstufe wesentlich durch (feudalen) Zwang bestimmt war, konnte in der Geldwirtschaftsstufe der bewußte Individualismus eine dynamische Entwicklung einleiten, die allerdings durch die von ihr ausgelösten Konkurrenzen die sozialen Kämpfe hervorbrachte, die Hildebrand als unsittliche Kennzeichen seiner Epoche ansah (S. 588). Erst in der Stufe der anstehenden Kreditwirtschaft – der letzten Stufe der geschichtlichen Wirtschaftsentwicklung – werden die sozialen Spannungen aufgehoben werden:

> Der Kredit verbindet ⟨. . .⟩ Käufer und Verkäufer so lange miteinander, als das Schuldverhältnis dauert. Während das Metallgeld nach vollzogenem Umsatz die Menschen sofort wieder voreinander löst, knüpft das Zahlungsmittel des Kredits die Menschen aneinander, verpflichtet sie gegenseitig und erzeugt eine Reihe von Assoziationen, die einerseits in dem gegenseitigen Vertrauen wurzeln, andererseits wieder ein gegenseitiges Interesse aneinander hervorrufen.
> (S. 589.)

Der Kredit wird zu einer sittlichen Institution (neben seiner produktiven Funktion der Einsparung von Transaktionen und von Geld selbst, S. 589).

> Die Geldfähigkeit des Kredits erstreckt sich ⟨. . .⟩ unendlich viel weiter. Es gibt nicht nur einen Kredit für den, der etwas hat, sondern auch für den, der etwas ist. ⟨. . .⟩ Es kann ein Umsatz im Vertrauen auf die künftigen Leistungen eines Menschen stattfinden. ⟨. . .⟩ Der moralische Wert des Menschen erhält die Kraft des Kapitals.
> (S. 592.)

Hildebrands Analyse ist nicht so kurios, wie es die spätere Kritik an der »Identifizierung des Kredits mit dem Vertrauensmomente« hervorzuheben suchte, sondern zeigt den Versuch, vom bloßen Pathos der Sittlichkeit zur Analyse konkreter ökonomischer sittlicher Institutionen zu gelangen. Die Ausbreitung des Kreditgeldes beschreibt Hildebrand institutionenökonomisch als eine Struktur wechselseitiger Erwartungsstabilisation, die das Vertrauen auf Rückzahlung als kulturelle Ausbildung kollektiver Handlungsrationalität definiert. »Der Kredit ist eine geistige und sittliche Macht wie die Wissenschaft; er beruht auf der Ehrlichkeit und Gewissenhaftigkeit, auf dem gegenseitigen Vertrauen, überhaupt auf der öffentlichen Moral des Volkes« (S. 592). Solche Ansicht hatten wir bereits in Adam Müllers *Neuer Theorie des Geldes* gelesen. Deutlich wird dies an der Funktion der Banken im Hildebrandschen System:

> Die Banken übernehmen auf diese Weise die Funktionen des Herzens im gesellschaftlichen Organismus; sie sammeln alle müßigen Kapitalkräfte, um sie schleunigst nach allen bedürftigen Punkten des Organismus wieder zu verteilen. Sie werden Assekuranzinstitute zwischen dem Reichen und dem Armen. Der erstere wird durch sie der gesellschaftliche Erzieher des letzteren und trägt die moralischen Verpflichtungen ab, welche die Wohltat des Besitzes in der Gesellschaft ihm auferlegt.
> (S. 592.)

Folglich verbindet die Kreditwirtschaft

> die Menschen wieder durch geistige und sittliche Bande; sie vereinigt die größte Beweglichkeit mit der inneren Festigkeit, sie verallgemeinert die Kapitalkraft der Nation, sie arbeitet an der Beseitigung des Proletariats und ruft so eine ökonomische Lebensordnung hervor, welche die Vorteile der beiden früheren wirtschaftlichen Entwicklungsepochen miteinander verbindet.
> (S. 592f.)

Die Förderung produktiver Zwecke durch den Kredit wird mit einer Beschleunigung des Geldumlaufes zusammen zu einer sozialpolitischen Bedeutung aufgewertet, die im Banksystem vorläufig die intervenierende Rolle sieht, die der Liberale Hildebrand dem Staat noch nicht in der Weise zugestehen will, wie es in der zweiten Hälfte des 19. Jahrhunderts dann die »sozialökonomischen« Autoren sehr viel selbstverständlicher betreiben werden. Die moderne Kreditwirtschaft zeigt, wie die Kreditinstitute als sittliche Institutionen durch die Marktwirtschaftsevolution selbst hervorgebracht werden, ohne wohlfahrtsstaatliche, d. h. ohne externe normative Regulation. Darauf kam es Hildebrand wesentlich an.

Die Entwicklung der Ökonomie zeichnet er als eine Synthese von Kapital-, Einkommens- und Kulturwachstum, worin sich seine Version der historischen Ökonomie von den anderen unterscheidet. Die entwickeltste Form des Kapitalismus wird – ohne genauere Analyse seiner konkreten Entstehungsbedingungen allerdings, eher nur idealtypisch-programmatisch – als eine Aufhebung der Einseitigkeiten der beiden vorhergegangenen Wirtschaftsstufen gedacht, womit die Kreditwirtschaft einen Hauch von Hegelschem objektiven Geist atmet, der nicht durch die moralischen Intentionen der Subjekte, sondern durch eine ihre Moral erst bilden sollende – in der Geldverfassung institutionalisierte – reelle Sittlichkeit geschichtlich erscheint. Die Kreditwirtschaft

> verleiht der persönlichen Tüchtigkeit und dem moralischen Wert des Menschen dieselben Eigenschaften, welche in der Geldwirtschaft das Kapital besitzt. In ihr kann der redliche und befähigte Arbeiter nicht nur den Gewinn seiner Arbeit zum Teil vorwegnehmen und gleichmäßig auf gute und schlechte Zeiten verteilen, sondern ist auch imstande, ebenso wie der Kapitalbesitzer große Unternehmungen zu machen.
> (*Die Nationalökonomie der Gegenwart und Zukunft*, S. 226f.)

Darin bleibt Hildebrand auf die Assoziationsidee festgelegt, die zum einen von Saint-Simon – über Proudhon – herrührt, zum anderen eine Umschrift der Hegelschen Idee der bürgerlichen Korporationen darstellt. In den Korporationen gewinnen die Wirtschaftsbürger ihre reelle Freiheit als mittelständische Selbständige, d. h. eine sittliche Verfassung, die ihnen ihr Einkommen und ihre Beschäftigung gewährleistet. Der Assoziationsgedanke ist bei Lassalle, Schulze-Delitzsch und vielen anderen mehr die folgerichtige Antwort auf die neue Marktfreiheit, um den kleinen Selbständigen und schließlich auch den Arbeitern in der Konkurrenz gegen die großen Kapitale ihre Autonomie und Produktionsfähigkeit aufrechtzuerhalten. Diese Mittelstandsorientierung, die auch bei Roscher und Schmoller vorkommt, kennzeichnet die ideale Lösung der aufgebrochenen sozialen Unterschiede zwischen Arm und Reich: sie bezeugt eine ideale entwicklungsgeschichtliche Lösung, keinen – auf normativ-ethischen Prinzipien beruhenden – Staatseingriff zur Umverteilung der Einkommen.

Diese Abweisung von Redistributionsideen macht nicht nur den Unterschied der älteren zur ›Jüngeren historischen Schule‹ der Nationalökonomie aus, sondern zeugt von einer noch ungebrochenen Einsicht – darin F. List ähnlich – in die Dynamik der produktiven Kräfte einer Wachstumsökonomie, welche die Nationalökonomie zu einer (historischen) Kulturwissenschaft par excellence emporhebt, wenn man nicht, wie Adam Smith, den Irrtum begeht, »die Geldwirtschaft nicht als bloße Durchgangsperiode der ökonomischen Kultur, sondern als die bleibende und absolut wahre Form der Völkerökonomie zu betrachten« (*Die Nationalökonomie der Gegenwart und Zukunft*, S. 224).

Die Rolle der Kreditschöpfung, des zusätzlichen Kredits, das Verhältnis von Zins- und Profitrate wie überhaupt das Verhältnis von Güter- und Geldmärkten bleibt dabei unerforscht. Hildebrand reicht es aus, eine soziale, fast: soziologische Kategorie herauszustellen, die aus der Zunahme von Tauschmitteln die Möglichkeit eröffnet, die Kreditvergabe über den Kreis der Unternehmer und Vermögensbesitzer hinaus zu erweitern und somit eine Lösung der ›sozialen Frage‹ anzuvisieren, welche die Arbeiterklasse tendenziell mit der Kapitalistenklasse verschmelzen lassen könnte. Das ist ethische Ökonomie in nuce, wie sie in der ›Historischen Schule‹ probiert wurde.

TEXTGRUNDLAGE

Bruno Hildebrand, *Natural-, Geld- und Kreditwirthschaft* (zunächst 1864), in: ders., *Die Nationalökonomie der Gegenwart und Zukunft und andere gesammelte Schriften*, hg. v. Hans Gehrig, Jena 1922, S. 325-357.

WEITERE SCHRIFTEN DES AUTORS

Bruno Hildebrand, *Die Nationalökonomie der Gegenwart und Zukunft* (zunächst 1848), in: ders., *Die Nationalökonomie der Gegenwart und Zukunft und andere gesammelte Schriften*, hg. v. Hans Gehrig, Jena 1922, S. 1-267.

Bruno Hildebrand, *Vorwort* zu den ›Jahrbüchern für Nationalökonomie und Statistik‹ 1 (1863).

Bruno Hildebrand, *Die gegenwärtige Aufgabe der Wissenschaft der Nationalökonomie*, in: Jahrbücher für Nationalökonomie und Statistik 1 (1863), S. 5-25 und S. 137-146.

STELLENKOMMENTAR

569,4 *Varro]* Der römische Gelehrte und Schriftsteller Marcus Terentius Varro (116-27 v. Chr.) war einer der großen Agrarschriftsteller der römischen Republik.

569,6 *Dikäarch]* Der griechische Philosoph, Rhetor und Geometer Dikaiarchos aus dem sizilianischen Messene lebte um 300 v. Chr. auf dem Peloponnes, meist in Sparta.

571,7 *Proudhon]* Der französische Frühsozialist und Schriftsteller Pierre Joseph Proudhon (1809-1865) war einer der führenden Theoretiker der europäischen Arbeiterbewegung, der eine Gesellschaftsordnung ohne Staatsmacht und Parteien propagierte.

573,31 *Solon]* Der griechische Staatsmann und Dichter Solon (geb. etwa 640, gest. 560 v. Chr.) führte, in Athen 594/593 in das Amt des Archon berufen, eine Staatsreform durch. Er schaffte die Schuldknechtschaft ab, führte eine Einteilung der Bürger in vier Einkommensklassen mit unterschiedlichen politischen Rechten ein, strukturierte die Legislative um, veranlaßte eine Justizreform und schuf somit die Grundlage des athenischen Staates des 5. Jhs v. Chr.

574,30 *Hoffmanns]* Der preußische Professor der Staatswissenschaft und Direktor des statistischen Büros in Berlin,

Johann Gottfried Hoffmann (1777-1866), hatte bis 1821 zahlreiche höhere Ämter in verschiedenen preußischen Ministerien inne, kehrte dann jedoch auf seinen Lehrstuhl an der Berliner Universität zurück. 1838 veröffentlichte er seine Monographie *Die Lehre vom Gelde*; er schrieb viele sozialkritische Artikel.

578,20 *Sachsenspiegels]* Der Ratgeber der sächsischen, Thüringer und Anhalter Fürsten, Eike von Repgow, stellte ab 1225 den *Sachsenspiegel* zusammen, der aus heutiger Sicht das älteste Gesetzbuch des Mittelalters ist. Im landrechtlichen Teil sind die gewohnheitsrechtlichen Normen der Freien aller Stände niedergeschrieben, daneben regelt das Lehensrecht das hierarchische Rechtsverhältnis der Adligen untereinander.

590,4 *Peelschen]* Der englische Politiker Robert Peel (1788-1850) war von 1834 bis 1835 und von 1841 bis 1846 Premierminister. Mit seinem Namen verbundene Neuerungen waren die Wiedereinführung der Einkommensteuer (1842), die ›Bankakte‹ (1844), durch welche der Bank von England die allumfassende Kontrolle über den Notenumlauf eingeräumt wurde, sowie die Abschaffung der Getreidezölle (1846). Die letztere Maßnahme und die damit verbundene Durchsetzung des Freihandels spaltete die konservative Partei und führte zu Peels Sturz.

GUSTAV (VON) SCHMOLLER
SOZIALÖKONOMIE UND SITTLICHER FORTSCHRITT

Gustav von Schmoller (1838-1917) war der bedeutendste und einflußreichste deutsche Ökonom der zweiten Hälfte des 19. Jahrhunderts. Er begründete die ›Jüngere historische Schule‹, die er selber – von ihren Gegnern dem Kathedersozialismus zugeschlagen – eine ethisch-historische nannte. Neben der Weiterentwicklung und Anwendung der historischen Methode der ›Älteren Schule‹ verbindet sich mit Schmoller die Entwicklung der Sozialökonomie, d. h. ein ökonomisches Programm zur Lösung der sozialen Frage, die vornehmlich im ›Verein für Socialpolitik‹ erörtert und analysiert wurde.

Schmollers Œuvre ist weit gefächert – von historischen, theoretischen bis zu finanzwissenschaftlichen und wirtschaftspolitischen Arbeiten, aber im Mittelpunkt seiner Arbeit steht die Untersuchung der sozialen Frage in all ihren rechtlichen, sittlichen und ökonomischen Aspekten der sich in der Industrialisierung wandelnden modernen Gesellschaft. Er betonte vornehmlich die staatsrechtlichen und institutionellen Bedingungen der wirtschaftlichen Entwicklung; die freie Marktallokation bringe nicht nur eine allgemeine Zunahme der Wohlfahrt, sondern zugleich auch der sozialen Ungleichheit.

Bereits 1914 fand Schmoller ironisch, daß er ein »unmoderner Autor« sei, der die »Arbeiterfrage eine Frage des sittlichen Fortschritts« nannte, was ihn zu der »starken Betonung der sozialen Pflichten der Staatsgewalt« trieb (*Geschichte der Lohntheorien I*, S. 21). Er steht – auch nach dem Methoden- und dem Werturteilsstreit – zu seiner am Beginn der zweiten Hälfte des 19. Jahrhunderts gewonnenen ›ethischen‹ Position der Ausgleichung der sozialen Interessen, die ihm in der modernen dynamischen Industriewirtschaft die einzige Garantie für Wohlfahrt und nationale kulturelle Identität zu sein schien.

Schmollers Eröffnungsrede auf der Gründungsversammlung des ›Vereins für Socialpolitik‹ unternimmt den Versuch, eine möglichst allgemein akzeptable Plattform für diesen Verein zu bieten, um die »Gegner der Manchesterpartei«, trotz ihrer unterschiedlichsten Meinungen, in diesem Punkt organisieren zu können (*Eröffnungsrede*, S. 598 d. Bd.). Die »durchaus einheitliche prinzipielle Überzeugung«, auf die Schmoller meinte die Anwesenden einigen zu können, konzentriert sich – anders als bei den Manchesterliberalen – auf die besonderen Aufgaben des Staates: auf »eine starke Staatsgewalt, welche über den egoistischen Klasseninteressen stehend, die Gesetze gebe, mit gerechter Hand die Verwaltung leite, die Schwachen schütze, die unteren Klassen hebe« (S. 599).

Schmoller betont, daß es ihm in der Lösung der Arbeiterfrage darum gehe, »die unteren Klassen soweit zu heben, zu bilden, zu versöhnen, daß sie in Harmonie und Frieden sich in den Organismus der Gesellschaft und des Staates einfügen« (S. 601), damit »ein immer größerer Teil unseres Volkes zur Teilnahme an allen höheren Gütern der Kultur, an Bildung und Wohlstand« berufen werden könne. Dieses »große Ziel der Weltgeschichte« sei »im besten Sinne des Wortes« eine »demokratische Aufgabe« (S. 603).

Die Rede fordert wie selbstverständlich eine staatliche Orientierung; der Staat wird als neutrale Organisation oberhalb der partikulären (wirtschaftlichen wie politischen) Interessen angesehen. Es ist eine Umkehrung der ›klassisch‹-liberalen Neutralität des Staates, nunmehr in Richtung einer allgemeinen Wohlfahrtsaufgabe. Schmoller selbst faßt es 1897 prägnant zusammen:

> Die heutige Volkswirtschaftslehre ist zu einer historischen und ethischen Staats- und Gesellschaftsauffassung im Gegensatz zum Rationalismus und Materialismus ge-

kommen. Sie ist aus einer bloßen Markt- und Tauschlehre, einer Art Geschäftsnationalökonomie, welche zur Klassenwaffe der Besitzenden zu werden drohte, wieder eine große moralische-politische Wissenschaft geworden, welche neben der Produktion die Verteilung der Güter, neben den Werterscheinungen die volkswirtschaftlichen Institutionen untersucht, welche statt der Güter- und Kapitalwelt wieder den Menschen in den Mittelpunkt der Wissenschaft stellt.
(*Wechselnde Theorien*, S. 26.)

Gustav von Schmoller (1908 in Preußen geadelt) wurde 1838 in Heilbronn geboren; in Tübingen studierte er Geschichte und Staatswissenschaften. Nach seiner preisgekrönten Dissertation begann er eine württembergische Beamtenlaufbahn, die ihn sich intensiv bereits mit Fragen der Gewerbestatistik beschäftigen ließ. Ohne Habilitation wurde er, allein aufgrund seiner ersten Veröffentlichungen, von 1864 bis 1872 Professor für Staatswissenschaften in Halle. Schmoller widmete sich dort weiter sozialpolitischen und statistischen Forschungen.

1872 erhielt er einen Ruf nach Straßburg; zur gleichen Zeit war Schmoller, zusammen mit Adolph Wagner und Lujo Brentano, an der Gründung des ›Vereins für Socialpolitik‹ entscheidend beteiligt. 1882 ging er als Nachfolger Adolf Helds, ebenfalls eines wichtigen Mitgliedes des Vereins, an die Berliner Universität, wo er bis zu seiner Emeritierung 1913 lehrte und seine weitreichenden wissenschaftlichen und politischen Wirkungen entfaltete. Bereits bei seinem Tode 1917 war der Zenit seines akademischen Einflusses überschritten, nach dem Ersten Weltkrieg blieb vom Schmollerschen Programm nur mehr wenig übrig.

Schmollers Schriften erwecken oft den Eindruck, innerhalb ihrer vielfältigen historischen Erörterungen der ökonomischen Theorie verlustig zu gehen. Er blieb dem Vorwurf des Historismus ausgesetzt, d. h. vor der Fülle des dargereichten historischen Materials die theoretische Struktur der Wissenschaft zu vernachlässigen. Dennoch enthält Schmollers Werk eine ökonomische theoretische Konzeption, die nicht nur auf Schmollers Zeitgenossen überzeugend wirken konnte:

> Es schwebte mir immer die Aufgabe vor, das wirklich zu leisten und zu vollenden, was Hildebrand, Knies und Roscher in der deutschen Nationalökonomie versucht haben: Diese Wissenschaft gänzlich loszulösen von der Dogmatik der englisch-französischen Utilitätsphilosophie, sie auf einen anderen, psychologisch und historisch tiefer und sicherer begründeten Boden zu stellen.
> (Zit. nach Bruch, *Schmoller*, S. 187.)

Während List, Hildebrand und Knies die verschiedenen theoretischen Konzeptionen und Systeme der Ökonomie aus den unterschiedlichen Mentalitäten, kulturellen Entwicklungen und nationalen Besonderheiten erklären konnten, liegt Schmollers Schwerpunkt auf der innergesellschaftlichen, d. h. der sozialen Diachronie der Mentalitäten und rationalen Handlungskompetenzen. Während die klassische Ökonomie – Smith folgend – die staatswirtschaftlichen Aufgaben fast ausschließlich auf die Produktion der öffentlichen Güter Recht und Verteidigung, d. h. auf die Herstellung von äußerer und Rechts-Sicherheit reduziert wissen will, erweitert Schmoller den staatswirtschaftlichen Aufgabenkreis auf die Produktion innerer Sicherheit, die sich nicht mehr auf rechtliche und polizeiliche Aufgaben beschränken lasse, sondern auch die soziale Sicherheit umfassen müsse. Er analysiert in einem groß angelegten Lebensprojekt die Bedingungen institutionaler Stabilität. Diese sind zum Teil politisch-staatserhaltende, zum anderen, größeren Teil aber ökonomische, die aus der Interpretation der Einkommensverteilungsentwicklung einer industriellen Wachstumsökonomie hergeleitet werden.

Stärker noch als andere deutsche Ökonomen seiner Zeit insistiert Schmoller auf den unterschiedlichen Anpassungsgeschwindigkeiten der verschiedenen sozialen Schichten und Klassen innerhalb der neuen, beschleunigt wachsenden Industriewirtschaft, die erst allmählich durch »allgemeine

Bildung« auch der unteren Stände angeglichen werden könnten. Erst »geistige Hebung« mache sie »fähig für die Eingliederung in die Geld- und Kreditwirtschaft«, wo sie doch zum größten Teil gerade einer agrarisch-naturalwirtschaftlichen Lebenswelt entrissen seien (*Geschichte der Lohntheorien II*, S. 30).

Zwei Grundlinien durchziehen Schmollers gesamte Konzeption: 1. die Teilnahme des Arbeiterstandes an der ökonomischen und kulturellen Entwicklung, wozu 2. die Voraussetzungen geschaffen werden müßten durch Lohnerhöhung und parallelen »sittlichen Fortschritt«, um »dauerhafte Besserung unserer sozialen Zustände« zu erreichen (S. 30).

Schmoller redet – ganz im Stil der Zeit – mit sittlichem Pathos vom »großen Ideal«; doch folgen dem immer praktische Ideen und institutionelle Regelungsvorschläge. Gerade deswegen hält er die mathematische Exaktheit der Ökonomie der Grenznutzenschule seiner Zeit, wie er an St. W. Jevons anmerkt, mit ihrer »Ersetzung von fiktiven Größen für psychische Ursachen und unmeßbare Marktverhältnisse« für einen bloßen »Schein der Exaktheit, die nicht besteht«, mit der fatalen Konsequenz, »daß ausschließlich mathematisch-naturwissenschaftliche Studien in der Regel zum politisch-volkswirtschaftlichen Urteilen verunfähigen« (zit. nach Koslowski, S. 75, FN 25).

Denn auch Angebot und Nachfrage, von denen man sage, daß sie das Einkommen verteilen, seien nur »summarische Ausdrücke für Größenverhältnisse, in denen sich Gruppen menschlicher Willen gegenübertreten; die Ursachen, welche diese Größenverhältnisse bestimmen, sind teilweise natürliche, überwiegend aber sind es menschliche Beziehungen und Machtverhältnisse« (Schmoller, *Die Gerechtigkeit in der Volkswirthschaft*, zit. nach Gehrig, S. 280). Gegen die Auffassung der Ökonomie als einer Theorie eigener Gesetzeshaftigkeit setzt Schmoller – wie schon Hildebrand und Knies – den Standpunkt, daß »volkswirtschaftliche Institutionen«, zu denen auch der Markt zählte, ein Produkt menschlicher kollektiver Arrangements seien, in denen »Werturteile« über die menschlichen Lebensbedingungen gefällt würden. Folglich sei ihre Analyse der vornehmste Gegenstand der (deshalb »ethisch« genannten) Nationalökonomie (Gehrig, S. 280f.).

Der bisher vorherrschende »Glaube an die Stabilität der volkswirtschaftlichen Institutionen« sei ein »Produkt des kindlichen Aberglaubens der älteren Nationalökonomie an die Allmacht des Individuums« (Schmoller, *Die Gerechtigkeit in der Volkswirthschaft*, zit. nach Gehrig, S. 280, FN 1); nicht die Ökonomie sui generis, sondern die ›sozialökonomische‹ Initiative sei allein in der Lage, die Stabilität ökonomischer Institutionen über die Zeit zu garantieren. Unvollkommene Institutionen, die den zeitgemäßen Gerechtigkeitsvorstellungen nicht mehr entsprächen (z. B. beim Lohn, *Grundriß der Allgemeinen Volkswirthschaftslehre*, Bd. 2, S. 304), seien durch »soziale Reform« neu einzurichten.

Schmollers Konzeption der »sozialen Reform« läuft darauf hinaus, daß die »Sittlichkeit« kein überkommenes Muster gesellschaftlicher Normen sei, an denen die Wirtschaft sich zu orientieren habe, sondern eine neu zu installierende Institution vertraglicher Bindungen – z. B. von Tarifverträgen, an denen die Unternehmer- wie die Arbeiterorganisationen ihre Handlungsmöglichkeiten in einer historisch völlig neuen Situation überhaupt erst herauszubilden hätten. Weder der Markt noch der Staat allein seien in der Lage, die weit über das reine Einkommensverteilungsproblem hinausgehenden Probleme der ›sozialen Frage‹ zu lösen; vielmehr seien es die mesoökonomischen Institutionen, d. h. die sozialen und die parastaatlichen-parafiskalischen Verbände, die ihre eigene Regulationskompetenz rechtlich garantiert bekommen sollten. Der Staat tritt bei Schmoller nicht interventionistisch auf, sondern als Rechtsgarant.

Schmollers Werk ist so umfassend, daß an dieser Stelle nicht mehr geboten werden konnte, als grundlegende Strukturen seiner Ökonomie anzuzeigen. Er hat, anders als Roscher, Knies und Hildebrand, die das ethische Moment der

Ökonomie sehr wohl betont wissen wollten, für dessen institutionelle Verwirklichung gearbeitet. Schmoller denkt den Staat von einem verantwortlichen Ethos her, das a priori über den wirtschaftlichen Einkommensinteressen der verschiedenen Klassen steht. Aus dieser Position (der legitimen Macht des Staates) war ihm die staatswirtschaftliche – »sittlich-politische« – Disposition der Volkswirtschaft kein Hemmnis der wirtschaftlichen Entwicklung, sondern eine notwendige Voraussetzung.

Was bei Knies begonnen hatte, führt Schmoller auf seine Weise zuende: die theoretische Ökonomie nicht mehr getrennt von den historisch-empirischen Voraussetzungen der nationalen Lebensformen zu halten, sondern sie zu einer allgemeinen Volkswirtschaftslehre auszubauen, die nicht abstrakt verfährt, sondern politisch-praktisch orientiert bleibt, um die Gestaltung der Wirtschaft aus dem Verstehen der Kultur ihrer Subjekte betreiben zu können. Das sei die einzige Garantie dafür, daß sich Ökonomie und Sittlichkeit nicht mehr unverträglich gegenüberstehen und die kulturellen Präferenzen mit bedacht werden.

Nach der »historischen Methode« ist es zulässig, die Geltung der historischen Methode ihren eigenen Kriterien zu unterwerfen. Die Grenze des Historismus war dort erreicht, wo er zum Dogma wurde, d. h. »die Geschichtlichkeit der Kultur nicht nur feststellt, sondern normativ überhöht und verklärt« (Koslowski, S. 87). Hätte es Schmoller und den Ökonomen der ›Historischen Schule‹ deshalb nicht einsichtig sein müssen, daß auch ihre eigene Ökonomie der geschichtlichen Relativität anheimfallen würde? Doch bleibt es eine offene Frage, ob das Ergebnis des Methodenstreites zwischen Menger und Schmoller, eine distinkte Trennung zwischen reiner und normativer Ökonomie zu vollziehen, die Schmollerschen Intentionen hat beseitigen können, welche die institutionellen Voraussetzungen effizienter Allokation zum vornehmsten Gegenstand ökonomischer Theorie machen wollten. Das zu beantworten hieße, dieses Verhältnis unter modernen Bedingungen neu zu klären. Nichts anderes aber hatte Schmoller in seiner Zeit unternommen.

TEXTGRUNDLAGE

Gustav Schmoller, *Eröffnungsrede* der Gründungsversammlung des Vereins für Socialpolitik 1872 in Eisenach, in: Jahrbücher für Nationalökonomie und Statistik 20 (1873). Weggelassen ist B. Hildebrands Vorrede zur Schmollerschen Eröffnungsrede; S. 7-12.

WEITERE SCHRIFTEN DES AUTORS

Gustav Schmoller, *Über einige Grundfragen des Rechts und der Volkswirthschaftslehre. Ein offnes Sendschreiben an Herrn Professor Dr. Heinrich von Treitschke*, Jena 1875.
Gustav Schmoller, *Die Gerechtigkeit in der Volkswirthschaft*, in: Jahrbuch für Gesetzgebung, Verwaltung und Volkswirthschaft im Deutschen Reich 5 (1881), S. 19-54.
Gustav Schmoller, *Wechselnde Theorien und feststehende Wahrheiten im Gebiete der Staats- und Sozialwissenschaften und die heutige Volkswirthschaftslehre* (Rektoratsrede 1897), in: Jahrbuch für Gesetzgebung, Verwaltung und Volkswirthschaft im Deutschen Reich 21 (1897), S. 1387-1408.
Gustav Schmoller, *Grundriß der allgemeinen Volkswirthschaftslehre*, 2 Bde., Leipzig 1900-1904.
Gustav Schmoller, *Geschichte der Lohntheorien*, in: Schmollers Jahrbuch 38 (1914), H. 3, S. 1-28; H. 4, S. 1-32.

STELLENKOMMENTAR

595,30 *Volkswirtschaftlichen Kongreß]* Der ›Kongreß deutscher Volkswirte‹ (Volkswirtschaftlicher Kongreß) war eine erstmals 1858 in Gotha zusammengetretene Wanderversammlung, welche die Popularisierung der Freihandelsidee zum Ziel hatte. In den ersten Jahren engagierte sich das Plenum vor allem für Gewerbefreiheit, Freizügigkeit und die

Förderung des Genossenschaftswesens, nach 1866 hauptsächlich für die Neuorganisation des Bank- und Münzwesens im Sinne der Goldwährung und Geldmengenkontrolle. Der 22. und letzte Kongreß fand 1885 in Nürnberg statt.

598,12 *Mancherpartei]* Als ›Manchestertum‹ wird in meist abwertender Absicht eine Gesellschaftsidee bezeichnet, die als treibende sozialökonomische Kraft nur das egoistische Eigeninteresse der Individuen kennt, welches sich im extremen wirtschaftlichen Liberalismus des 19. Jhs. sowohl binnen- wie außenwirtschaftlich nahezu ungehemmt entfalten konnte.

CARL MENGER
DEDUKTIVE EINFACHHEIT: VOM ZAUBER AXIOMATISCHER WERTLEHRE

Carl Menger (1840-1921) ist, neben Eugen Böhm-Bawerk und Leopold von Wieser, der führende Vertreter der sogenannten ›Österreichischen Schule‹ der Nationalökonomie, der mit seinem Hauptwerk *Grundsätze der Volkswirthschaftslehre* von 1871, zeitlich parallel mit Stanley W. Jevons in England und Léon Walras in Genf, eine neue Begründung der Ökonomie gegeben hat, die als Grenznutzenrevolution den Beginn der modernen analytischen Ökonomie bezeichnet. Zugleich ging sie in Distanz und Opposition zur in Deutschland vorherrschenden ›Historischen Schule‹.

1840 in Neusandez im habsburgischen Galizien geboren, studierte Menger in Wien und Prag Staats- und Rechtswissenschaft. Nach der Promotion in Krakau 1867 arbeitete er als Wirtschaftsjournalist, wurde Beamter in der Presseabteilung des österreichischen Ministerratspräsidiums. 1872 habilitierte er sich mit seiner bahnbrechenden Arbeit von 1871, wurde 1873 zum Professor ernannt. Im Jahre 1876 bat man ihn zu privaten ökonomischen Vorlesungen für den Kronprinzen Rudolf. Von 1879 an hatte er den Lehrstuhl für Politische Ökonomie an der Wiener Universität inne, 1900 wurde er – spät – zum Mitglied des Herrenhauses ernannt. Er starb 1921 in Wien.

Sein Forscherleben war der Vervollständigung und Erweiterung seiner »Grundsätze« gewidmet, ohne daß er zu einem ihn befriedigenden Abschluß gekommen wäre. Berühmt geworden ist Menger nicht nur durch seine Arbeit von 1871, sondern vornehmlich durch den sogenannten Methodenstreit, den er durch seine Schrift *Untersuchungen über die Methode der Socialwissenschaften* von 1883 auslöste.

Schmoller reagierte ungewöhnlich scharf bis beleidigend, Menger antwortete 1884 nicht weniger scharf mit *Die Irrthümer des Historismus.* Der Streit geriet zur Ranküne, hatte aber dennoch bedeutende Folgen für die Neuorientierung der Ökonomie als Wissenschaft. Ende der achtziger Jahre widmete sich Menger eher geldtheoretischen und -politischen Untersuchungen, darunter dem bedeutsamen Handwörterbuchartikel *Geld.* Nach 1892 erschienen keine größeren Arbeiten mehr.

Mengers ökonomische Theorie ist dezidierte Allokationstheorie, d. h. sie untersucht die Gesetzmäßigkeiten effizienter Ressourcenverwendung. Aus der Art und Weise, wie die individuellen Bedürfnisse im Wirtschaftsprozeß realisiert werden, erklärt Menger den Wirtschaftsprozeß als dynamischen Koordinationsmechanismus von Zwecken und Mitteln:

1. Zweck der Ökonomie ist die Befriedigung von Bedürfnissen; 2. Mittel dieses Zweckes sind die Güter erster Ordnung, die Konsumgüter, die 3. durch Produktionsmittel hervorgebracht werden, die selber hergestellt worden sind, d. h. Güter n-ter Ordnung sind (wobei gilt: $n > 1$).

In diesem Schema sind die Zwecke freie, allein durch Bedürfnisse definierte Variablen. Doch da die unmittelbaren Bedürfnisse nur durch Güter erster Ordnung befriedigt werden können, besteht der ökonomische Zusammenhang aus einer Mischung von unmittelbaren und mittelbaren (oder Produktions-) Bedürfnissen; die letzteren müssen logischerweise vorher befriedigt sein. Der genannte Zusammenhang ist, präziser, der der Allokation aller Ressourcen und Leistungen. In der Reihe: Bedürfnisse (Zwecke_1) – Konsumtionsgüter ($\text{Zwecke}_2 = \text{Mittel}_1$) – Produktionsgüter ($\text{Mittel}_2$) sind die Bedürfnisse Anlaß, aber kein Faktor des ökonomischen Systems, das sich wesentlich auf die Relation der Mittel (M_1, M_2) konzentriert.

Die Güter n-ter Ordnung oder Produktionsgüter sind die Mittel zum Zweck (Z_2) der Herstellung von Gütern erster Ordnung oder Konsumgüter, die dem finalen Zweck (Z_1)

der Befriedigung der Bedürfnisse dienen. Die Dimension der Bedürfnisse determiniert in gewisser Weise der Allokation die Mittel ihrer Befriedigung. Es ist »das Gesetz zu betrachten, daß die Güter höherer Ordnung in Rücksicht auf ihre Güterqualität durch jene Güter niederer Ordnung bedingt sind, zu deren Hervorbringung sie dienen« (*Grundsätze der Volkswirthschaftslehre*, S. 21).

Diese Art ökonomischer Theoriebildung ist neu durch ihre logische Systematik, steht aber durchaus in der Tradition der deutschen Nationalökonomie, die sie revolutioniert und zugleich vollendet. Menger weist selbst auf seine Vorgänger hin – wir nennen nur diejenigen, die wir bereits behandelt haben: Knies, Roscher –, deren Ansätze zu einer subjektiven Wertbestimmung er aufgreift, präzisiert und vor allem in einen systematischen Theoriekontext bringt. Alle ökonomischen Phänomene lassen sich nach Menger logisch aus dem Prozeß der Bedarfserfüllung der Individuen deduzieren. Der Gegenstand ökonomischer Wissenschaft wird auf die Analyse der Effizienz dieses grundlegenden Allokationsprozesses konzentriert.

Der ausgewählte Text *Ueber die sogenannte ethische Richtung der Politischen Oekonomie* beschäftigt sich mit einer systematischen Kritik der Ökonomie der ›Historischen Schulen‹. Es handelt sich um eine kleine, aber luzide Arbeit zum »Methodenstreit«, und zwar am wichtigen Thema der ethischen Fundierung der Ökonomie.

Der »ethischen Richtung« der deutschen Nationalökonomie – wir hatten dazu Schüz, Roscher, Hildebrand und besonders Schmoller angeführt – kann Menger vorhalten, daß sie »das wahre Wesen der theoretischen Forschung auf dem Gebiete der Volkswirtschaft« verfehle. Wenn er betont, daß die ethische Richtung weder die »exakte«, d. h. die logische, noch die »empirisch-realistische« Richtung der ökonomischen Theorie repräsentiere, erklärt er sie zu einer normativen Theorie, welche die wirtschaftlichen Prozesse unter dem Blickwinkel einer ethischen Idee formulierte, d. h. unter den Prämissen nicht-ökonomischer Zwecke. Die aus der ethischen Perspektive »wahren« Güter sind keine ökonomischen, sondern entspringen »moralischen Urteilen über einzelne Erscheinungen der Volkswirthschaft« (*Ueber die sogenannte ethische Richtung*, S. 605 d. Bd., FN 1).

Dabei bleibt Menger sich dessen gewiß, daß ethische Dispositionen der Individuen realen Einfluß auf die ökonomischen Verhaltensweisen haben. Da »alle Bestrebungen der Menschen, nicht nur die wirthschaftlichen, 〈. . .〉 unter dem Moralgesetz« stehen, wie Menger es recht kantisch nennt, kann es keine »ethische Richtung« der Ökonomie geben, denn eine gesonderte Ethik der Ökonomie hätte wiederum ihre Relation zur allgemeinen Moral zu begründen.

»Moralische Schriften über die menschliche Wirtschaft« seien wohl möglich und sinnvoll, aber eben als gesonderte Betrachtungen über die Ökonomie aus der Sicht der Ethik, die den eigenen Gegenstandsbereich der Ökonomie nicht tangieren. Menger insistiert darauf, daß die Ökonomie eine Theorie der Allokation ökonomischer Güter endogener Validität sei, d. h. ein eigenständiger sozialer Tatbestand, den mit anderen sozialen Phänomenen zu vermengen die Untersuchung der ökonomischen Gesetzmäßigkeiten erschwert. Zwei Hauptpunkte der Kritik sind herauszuheben: 1. daß die »Natur« der Sache der Volkswirtschaftslehre verkannt werde, wenn man sie von vornherein exogen-normativ betrachte, 2. daß damit eine »Unterschätzung der wirtschaftlichen Seite des Volkslebens« einhergehe.

Mit Letzerem trifft Menger einen wunden Punkt der sogenannten »ethischen Richtung« der Ökonomie: ihre latente transökonomische, kulturkritische Tendenz. Denn wenn die Ökonomie ein tragender Pfeiler der zivilisatorischen Entwicklung geworden ist – wie später Max Weber, in seinen ökonomischen Teilen durchaus beeinflußt von Menger, in *Wirtschaft und Gesellschaft* die zunehmende Rationalisierung moderner Gesellschaften beschreibt –, dann ist der Versuch, eine ethische Richtung der Ökonomie zu bilden, gleichbedeutend mit dem Unterfangen, sittliche Standards der Entwicklung zu setzen, aber ohne weitergehende Analyse der ökonomischen Standards, die sich durch die wirtschaftliche Entwicklung verändern und überhaupt erst im 19. Jahrhundert ihre Leistungspotentiale zu zeigen beginnen. Dies aber kommt für Menger einer normativen Restriktion der ökonomischen Entwicklungspotentiale gleich, deren Prozeßbedingungen er selber als einer der ersten modernen Ökonomen beschrieben hat.

In der zweiten, in Teilen erheblich geänderten und ergänzten, posthum von seinem Sohn herausgegebenen Auflage seiner *Grundsätze* von 1923 geht Menger auf den erörterten Zusammenhang noch einmal ein:

> Wesentlich infolge der Verwechselung spezifisch ethischer mit dem ökonomischen Gesichtspunkte der Betrachtung und insbesondere infolge mechanischer Übernahme des Güterbegriffs aus ethischen Disziplinen (der Theologie, der Moral, der Jurisprudenz usf.) in unsere Wissenschaft werden von einzelnen Volkswirten Ideen und Dinge als Güter anerkannt, die vom ökonomischen Standpunkte der Betrachtung als solche nicht bezeichnet werden können (Gott als ›höchstes Gut‹, Tugend, Ehre u. dgl. m.). Ebenso sind Liebe, Freundschaft und Anerkennung u. dgl., die uns freiwillig gewährt werden, nicht für die Befriedigung der Bedürfnisse eines Wirtschaftssubjektes verfügbare Mittel, also keine Güter, sondern freie Äußerungen der Persönlichkeit.

(*Grundsätze der Volkswirthschaftslehre*, S. 13, FN von S. 11.) Freie Äußerungen der Persönlichkeit unterstehen keiner ökonomischen Determination, d. h. nicht der Knappheitsbedingung der Ressourcenverteilung von Mittel und Zweck. Menger will, gleichsam kantianisch, das moralische Gewissen der Person von den ökonomischen Bestimmungen freigehalten wissen, um desto mehr die rein ökonomischen Handlungen ihren eigenen Geltungsbedingungen unterstellen zu können. Liebe, Freundschaft etc. sind keine ökonomischen »Güter«, werden nicht unter Knappheitsbedingungen produziert und evaluiert, sondern sind – »freiwillig gewährt« – jedwedem Allokationszusammenhang entzogen.

Sie entspringen einem persönlichen moralischen Vermögen, das nicht durch die gesellschaftliche Gewöhnung rationalen wirtschaftlichen Verhaltens geprägt ist. Die ethischen Güter sind ausdrücklich nicht-ökonomische.

Damit anerkennt Menger die höheren Güter der Ethik, aber in ihrer eigenen Sphäre. Ethische Anforderungen an die Ökonomie können also auf ihre ökonomischen Konsequenzen hin geprüft werden, ohne von vornherein dem (moralischen) Verdacht ausgeliefert zu sein, in der ökonomischen Analyse ethischer Maximen die Annullation der Ethik selbst zu betreiben. Erst indem die Ökonomie ihr eigenes Feld eindeutig zu bestimmen weiß, kann sie mit der Ethik in eine Verbindung gebracht werden, die das ethische unbedingte Wollen im Verhältnis zu anderen Begehren und Willen daraufhin aufklärt, was es sollen kann.

Der Methodenstreit war nur mehr der akademische Turnierplatz einer darin eingebetteten Auseinandersetzung über die Frage nach dem Verhältnis von Ethik und Ökonomie, die nur auf methodologischem Terrain überhaupt ernsthaft geführt werden konnte, ohne in den Verdacht zu geraten, nur wieder ökonomistische Reduktionen anzubieten. Mengers Vorteil war seine subjektive werttheoretische Basis, die ihn als Gebrauchswerttheoretiker auswies, wie überhaupt die neue Wertlehre als Lösung des in der deutschen Nationalökonomie des 19. Jahrhunderts ungeklärten Problems des Verhältnisses von Tausch- und Gebrauchswert erscheinen konnte, indem nämlich der Tauschwert sich durch den Gebrauchswert erklären lasse (*Schumpeter II*, S. 1111). Gegen diese Axiomatik der subjektiven Gebrauchswertlehre, wenn wir in der Semantik des 19. Jahrhunderts bleiben, konnte die ethisch-historische Schule nur mehr noch eine objektive Gebrauchswertlehre stellen, die in der Theorie der öffentlichen, kollektiven oder Verbandsgüter ihr Pendant hat. Die Güterwelt teilt sich auf in private und öffentliche Güter. Für die letzteren scheint es so etwas wie eine gemeinschaftliche, nicht-individuelle Bestimmung zu geben, während die subjektive Wertbestimmung für die privaten Güter fortan selbstverständlich wird.

Doch bleibt das nur eine Klassifikation unter anderen, die zeigt, daß jeder ethisch-institutionale Prozeß die Bedürfnisse der Menschen ausweitet. Auch hier werden vormals nicht-ökonomische Güter zu ökonomischen, mit der Folge zunehmender Knappheit. Der Prozeß der Zivilisation ist ein Prozeß der Bedürfnisausweitung, deren Befriedigung zu realisieren die Ökonomie optimal zu alloziieren hat. Soweit das ethische Moment an der Wirtschaft die institutionellen Arrangements betrifft, ist Mengers Einwand der, daß dies nicht ohne Rekurs auf die Allokationseffizienz geschehen könne:

> Die Geschichte lehrt uns diesen unaufhörlichen Fortschritt und wir ersehen deutlich aus ihr, wie die Entwicklung der Kultur im besonderen, nämlich der geistigen Kultur, nicht ohne Wohlstand, Reichtum und besonders nicht ohne den Spielraum persönlicher Freiheit möglich ist. 〈. . .〉 Denn Wohlhabenheit und Beherrschung des materiellen Lebens durch große Industrie und Unternehmungen ermöglichen erst die Entfaltung von geistigem Aufschwung und Bildung.
> (*Politische Ökonomie*, S. 120 und 123.)

Dies ist ein Standpunkt, den wir im Prinzip bereits in der frühen deutschen (smithianischen) Nationalökonomie vorfinden; in seinen Vorlesungen für den Kronprinzen Rudolf erweist sich Menger im übrigen als strenger Smithianer, der die Grundsätze der liberalen Wirtschaftstheorie bis in die Wirtschaftspolitik hinein verlängert und dem Staat jedwede distributive Funktion abspricht, um ihn ganz auf eine allokative festzulegen, d. h. auf die allein vom Markt her erfolgende Zuordnung von Bedürfnissen und Gütern.

Soweit das ethische Moment an der Wirtschaft aber die Bedürfnisse selbst betrifft, kann die Ökonomie nur mit höherem Allokationsaufwand reagieren: »Je höher die Cultur bei einem Volke steigt, und je tiefer die Menschen das wahre Wesen der Dinge und ihrer eigenen Natur erforschen, um so größer wird die Zahl der wahren, um so geringer, wie begreiflich, die Zahl der eingebildeten Güter« (*Grundsätze der Volkswirthschaftslehre*, S. 4). Die Zeit der Irritationen scheint vorüber zu sein: Ob die Ökonomie mehr eine Theorie der ideellen oder materiellen Produktion sei, erscheint als eine überholte Fragestellung, die aus der Verwechslung von Tugendvervollkommnung mit ökonomischer Effizienz herrührte (über die Vorgeschichte der subjektiven Werttheorien in Deutschland vgl. Priddat).

Mit Menger sind die Problemlagen des 18. Jahrhunderts in der deutschen Nationalökonomie überwunden, um sich denen des 19. Jahrhunderts zu öffnen: in der Frage des Sozial- und Interventionsstaates, der im 20. Jahrhundert eine Dimension erreicht, die sich kein Ökonom des 19. Jahrhunderts vorzustellen wagte. Die Folgen der Wachstumsprozesse, die sie in ihrer Theorie antizipierten, lagen außerhalb ihres Horizontes. Darin erst sind sie zu wahrhaftigen Klassikern geworden: mit eigenen Paradigmata, die heute durch andere verdrängt worden sind, wie durch den Aufriß von Problemlagen, die sie selber – mit ihren Methoden – nicht bewältigen konnten.

TEXTGRUNDLAGE

Carl Menger, *Anhang IX. Ueber die sogenannte ethische Richtung der Politischen Oekonomie*, in: ders., *Untersuchungen über die Methode der Socialwissenschaften und der Politischen Oekonomie insbesondere*, Leipzig 1883 (neu ediert in: C. Menger, *Gesammelte Werke*, Bd. II, Tübingen 1969, S. 288-291).

WEITERE SCHRIFTEN DES AUTORS

Carl Menger, *Grundsätze der Volkswirthschaftslehre*, Wien 1871.

Carl Menger, *Grundsätze der Volkswirtschaftslehre* (2., posthum herausgegebene Aufl.), Leipzig und Wien 1923.

Carl Menger, *Untersuchungen über die Methode der Socialwissenschaften und der Politischen Oekonomie insbesondere*, Leipzig 1883 (neu ediert in: C. Menger, *Gesammelte Werke*, Bd. II, Tübingen 1969).

Carl Menger, *Die Irrthümer des Historismus in der Nationalökonomie*, Wien 1884 (neu ediert in: C. Menger, *Gesammelte Werke*, Bd. III, Tübingen 1970, S. 1-88).
Carl Menger, *Politische Ökonomie. Mitschriften des Kronprinzen Rudolf nach Privatvorlesungen C. Mengers* (1876), hg. v. M. Streissler (Manuskript Wien).

STELLENKOMMENTAR

604,9 *K. Dietzel]* Der Nationalökonom Karl August Dietzel (1829-1884) war nach seiner Promotion in Heidelberg ordentlicher Professor in Marburg. In seiner Inauguraldissertation vertrat er die These, die Staatsverschuldung sei, entgegen der damals herrschenden Meinung, qualitativ nicht von der privaten Kreditaufnahme verschieden. Weil der Staat als solcher als das größte immaterielle Kapitalgut einer Nation anzusehen sei, seien Staatsausgaben Teil der aggregierten Produktionskosten einer Volkswirtschaft. Die Kosten für laufende Ausgaben, Gehälter und Ersatzinvestitionen sollten nach Dietzel durch Besteuerung, der fixe Kapitalstock des Staates (Öffentliche Dienste, Institutionen und Gebäude) dagegen durch Kreditaufnahme finanziert werden, wobei die Kosten für letzteres über die volle Nutzungsperiode auch zukünftigen Generationen zuzuweisen seien. Dietzels Thesen haben spätere finanzwissenschaftliche Überlegungen, etwa von Adolph Wagner, Albert Schäffle, Karl Umpfenbach, Erwin Nasse und Georg Schanz, beeinflußt.

604,9 *J. Kautz]* Der Nationalökonom Gyula (dt.: Julius) Kautz (1829-1909) war der erste auch international renommierte ungarische Theoretiker der modernen Volkswirtschaftslehre. Er studierte Jura an der Universität Pest, danach Nationalökonomie in Berlin und Heidelberg und war anschließend ordentlicher Professor der Nationalökonomie und Finanzwissenschaft in Ofen und Pest. 1882 wurde er zum Generalgouverneur der österreichisch-ungarischen Bank ernannt und bereitete als solcher die Einführung der Goldvaluta vor. Seine Veröffentlichungen sind von den Ideen der Klassiker geprägt, stehen aber der ›Historischen Schule‹ nahe.

ADOLPH WAGNER
SÄKULARES WACHSTUM DER STAATSAUSGABEN

Adolph Wagner (1835-1917) war Mitstreiter und Antipode Schmollers zugleich. Er zählte sich selbst mit zu den ›Sozialökonomen‹, unterschied sich von ihnen aber durch seine ›staatssozialistische‹ Haltung. Ein Staatssozialist engagiert sich – aus sozialen und politischen Gründen – für die Umverteilung der Einkommen zugunsten der Arbeiterklasse, aber in einer pointiert anti-sozialistischen Wendung, die allein die Monarchie als Garanten einer unabhängig von den Interessen der sozialen Klassen betriebenen Wohlfahrtspolitik gelten lassen wollte.

Doch ist Wagners Ökonomie damit nur unzureichend erfaßt. Wagner hielt dezidiert Abstand von der »historischen Schule«. Er insistierte darauf,

> daß die aus der bloßen ›Detailforschung‹ abgeleiteten Spezialforderungen ohne prinzipielle und zusammenfassende Behandlung der allgemeinen Probleme (z. B. in bezug auf die Berechtigung eines staatlichen Eingreifens in die Verteilung) der sicheren Begründung entbehren. (*Grundlegung der politischen Oekonomie*, 1. Th., 2. Hbd., S. 872.)

Er war systematisch orientiert. Bevor er auf dem Gebiet der allgemeinen Volkswirtschaftslehre und der Finanzwissenschaft Meriten erwarb, war Wagner als Bank- und Geldtheoretiker besonders ausgewiesen.

1835 wurde er in Erlangen geboren. Von 1854 bis 1857 studierte er Rechts- und Staatswissenschaften in Göttingen und Heidelberg; unter anderem bei Georg Hansen, dem Statistiker, bei K. H. Rau und bei Robert von Mohl, dem großen liberalen Staatswissenschaftler. Von 1858 bis 1863 als Professor an der Handelsakademie in Wien beschäftigt, kam er 1864 an die kaufmännische Fortbildungsanstalt in Hamburg, wechselte aber bereits im selben Jahr auf eine Professur für Statistik nach Dorpat. Nach einem Übergang von 1868 bis 1870 als Ordinarius für Staats- und Kameralwissenschaft in Freiburg i. Br. wurde Wagner 1870 – nachdem der präferierte Roscher abgesagt hatte – zum Ordentlichen Professor für Staatswissenschaften an die Universität Berlin berufen, wo er seine Wirksamkeit vollständig entfalten konnte. Dort starb er 1917, im gleichen Jahr wie Schmoller.

Wagner gehörte 1872 zu den Gründern des ›Vereins für Socialpolitik‹; Meinungsdifferenzen mit u. a. Schmoller und L. Brentano ließen ihn aber bald der 1878 gegründeten Christlich-Sozialen Partei (der späteren Konservativen Partei) zuneigen, die er dann auch von 1882 bis 1885 im Preußischen Abgeordnetenhaus vertrat. Wagners Hauptanliegen bestand in der theoretischen Analyse der »Maßregeln der ›sozialen‹ Finanz- und Steuerpolitik« (*Grundlegung der politischen Oekonomie I*), welche die Umverteilungsprobleme durch steuerliche Maßnahmen zugunsten der wirtschaftlich schwachen Bevölkerungsgruppen thematisierten. Der Staat müsse »durch ›soziale‹ Volkswirtschafts- und Finanzpolitik regulierend in die vertragsmäßige Verteilung des Einkommens (und Vermögens) und in die sonst freie Verwendung des Einkommens und in die Konsumtion« eingreifen (2. Hbd., S. 706). Das ist prägnant die ›staatssozialistische‹ Komponente, die eine Intervention des Staates in »vertragsgemäße«, d. h. privatrechtlich legitime Regelungen fordert – auf öffentlich-rechtlicher Basis.

In seiner programmatischen Rede von 1871 hält Wagner dafür, daß die sozialen Spannungen eine Folge selbstherrlichen Vermögensgebrauches seien. Er appelliert an das Pflichtbewußtsein der höheren Klassen. Sie sollten sich der Staatsraison unterstellen, da nur dann, wenn sie freiwillig auf eine »viel bessere ⟨...⟩ Lebensweise« verzichteten, die Revolution verhindert werden könne (*Rede über die sociale Frage*, S. 27).

»Der Staatseingriff, der einer weiteren Verschärfung der Vermögens- und damit der Klassengegensätze entgegenwirken soll, zielt bei Wagner auf eine gerechtere Verteilung der Steuerlast« (Müssiggang, S. 142). Aus der Erkenntnis – die Wagner mit vielen der deutschen Nationalökonomen teilt –, daß »die bloße Entfesslung der freien Konkurrenz ein zu ausschließlich negatives Prinzip der Volkswirtschaftspolitik des Staates« sei, schließt er, daß vor allem die nachteiligen Folgen für die Verteilung des gesamten Gütererträges unter die bei der Produktion beteiligten Personen nicht länger verkannt werden dürften.

Doch ist dies nur *ein* Aspekt einer weiter gefaßten Auffassung der Lösung der ›sozialen Frage‹. Stärker als die meisten Kathedersozialisten hebt Wagner die Bedeutung der steigenden Produktivität für den sozialen Fortschritt hervor: »durch steigende Produktivität der ganzen Volkswirtschaft« könne den Arbeitern »sehr ausgiebig und nachhaltiger und umfangreicher geholfen werden« als durch andere Formen sozialpolitischer Redistribution, die »bei gleicher Ergiebigkeit der Produktion die Quote der unteren Klassen am Gesamtertrag größer« werden lassen (*Rede über die sociale Frage*, S. 23).

Wagners Umverteilungspolitik (die er angesichts der großen Einkommensunterschiede in Deutschland für nötig hält) steht in engem Zusammenhang mit der Einrichtung einer sozialen Zwangsversicherung: die direkten Personalsteuern, von denen die unteren Klassen besonders belastet werden, sollten durch eine aus dem Staatshaushalt subventionierte Sozialversicherung redistributioniert und zudem durch zusätzliche steuerliche Belastungen der vermögenden Bürger finanziert werden (*Finanzwissenschaft*, Bd. 2, 1880, S. 282-292). Doch ergeben sich aus dieser Zielsetzung bereits Probleme, denn die von Wagner gewollte Staatsintervention zur »Veränderung der im ›freien Verkehr‹ sich vollziehenden Verteilung« (*Finanzwissenschaft*, Bd. 3, 1890, S. 207) wird nicht nach allokationspolitischen Gesichtspunkten vollzogen, welche die verhältnismäßige Verteilung des Kapitals auf die einzelnen Branchen der Volkswirtschaft berücksichtigen, sondern »in erwünschter Richtung gleichmäßigerer Vermögensverteilung« (S. 459). Zwischen sozialpolitischer und fiskalischer Zwecksetzung (welche die allokativen Voraussetzungen der Steueraufkommen und -ergiebigkeit mit reflektieren muß) bleibt in Wagners Konzept ein unaufgelöster Widerspruch.

Wagners Position fußt auf seiner spezifischen Auffassung der Staatswirtschaft, zu der wir unseren Text aus dem ersten Teil der *Grundlegung der politischen Oekonomie* ausgewählt haben. Wie Wagner überhaupt der Meinung ist, daß »in der ganzen sozialen Frage« die »Fragen der wirtschaftlichen Rechtsordnung (einschließlich des Privatrechts, Kontraktfreiheit etc.) das Wichtigste sind« (Wagner, Brief an Schmoller 1872, vgl. Rubner, S. 116), so behandelt er den »Staat, volkswirtschaftlich betrachtet«, in Richtung einer »nationalökonomischen Vertiefung der Rechtsphilosophie« (*Grundlegung der politischen Oekonomie*, S. 873): »Für die Nationalökonomie ist eine geläuterte Rechtsphilosophie, welche für das Staats-, Rechts- und Wirthschaftsleben die Konsequenzen aus der organischen Auffassung des Staats und der Volkswirtschaft zieht, ein wesentliches Bedürfnis« (S. 872), zumal die Auffassung des Staates als bloßen ›Rechtsschutzproduzenten‹ aus der Smithschen Tradition eine »gerade volkswirtschaftlich viel zu enge« sei (S. 870).

Wagners Bemühungen gehen dahin, systematische Grundlagen für eine ökonomische Theorie der staatswirtschaftlichen Allokation zu erstellen, denn

> die Ausdehnung der Staatstätigkeit ohne Wahl, ›aus Prinzip‹, auf Kosten der privatwirtschaftlichen und zum Teil auch der karitativen und übrigen gemeinwirtschaftlichen Tätigkeit ist theoretisch falsch und praktisch verwerflich. (S. 611 d. Bd.)

Doch wie sieht die Ökonomie staatswirtschaftlicher Entscheidungen aus? Der Staat neigt – gerade weil er »kraft seiner Souveränität zwangsweise eingreifen kann« (S. 611) – leicht zu Fehlentscheidungen. Neben einigen – nachzulesenden (S. 611f.) – Budgetgrundsätzen baut Wagner seine Theorie der Staatswirtschaft auf ein Gesetz, das unter seinem Namen bis auf heute berühmt geblieben ist: »Das Gesetz der wachsenden Ausdehnung der öffentlichen, bzw. der Staatsthätigkeiten«:

> Dies offenbart sich in extensiver und intensiver Hinsicht: der Staat und diese Körper übernehmen immer mehr Tätigkeiten und sie führen die alten und neuen Tätigkeiten immer reichlicher und vollkommener aus. Es werden auf diese Weise immer mehr wirtschaftliche Bedürfnisse der Bevölkerung, namentlich Gemeinbedürfnisse, zugleich stets besser durch den Staat und jene Körper befriedigt. Der deutliche Beweis dafür liegt ziffermäßig in der Steigerung des finanziellen Staats- und Kommunalbedarfs vor.
> (S. 619.)

Was Wagner selber früher »ein Gesetz des wachsenden Staatsbedarfs« genannt hatte, war nur die Bezeichnung einer Wirkung, deren Ursache in der »Ausdehnung der Staatstätigkeiten« selbst liege (S. 619).

Für den steigenden Umfang der Staatsausgaben führt Wagner zwei Ursachen an: die Ausdehnung der Staatstätigkeit auf dem Gebiet des sogenannten Rechts- und Machtzweckes und dem des Kultur- und Wohlfahrtzweckes. Im Hinblick auf ersteren nennt er die »verfeinerte, großartig organisierte Präventivtätigkeit des Staates, in der Polizei, in dem Organismus der Justizbehörden, in der bewaffneten Macht« und führt hierzu die »Verwaltungsabteilungen der Justiz, des Inneren, der Polizei, des Heeres, der Flotte« und des diplomatischen Dienstes an, für die er eine »fast ununterbrochene Vermehrung des finanziellen Staatsbedarfs« festzustellen glaubt. Den Kultur- und Wohlfahrtszweck sieht Wagner »in der Förderung der Staatsangehörigen, in der Verfolgung ihrer Lebensaufgaben, ihrer physischen, wirtschaftlichen, sittlichen, geistigen, religiösen Interessen, namentlich soweit dabei Gemeinbedürfnisse ins Spiel kommen« (Wagner, zit. nach Leineweber, S. 13).

Wagners »Gesetz« untersteht einer Theorie des kulturellen Fortschritts, die das historische Faktum bestimmter Vergesellschaftungsformen als Ausweitung der Gemeinbedürfnisse interpretiert. Aus dem historischen Anwachsen solcher kollektive und öffentliche Güter produzierenden Institutionen schließt Wagner auf ein ihnen zugrundeliegendes Bedürfnis, das der Staat und die daran angepaßte Rechtsordnung zu befriedigen haben. Was die kameralistische Ökonomie den Untertanen als objektives Kollektivgut aus der ›Staatsglückseligkeit‹ meinte oktroyieren zu können, wird für Wagner, der die historistische Wende der deutschen Nationalökonomie wohl kennt, zu einem Ideal des kulturellen gesellschaftlichen Fortschritts. Der »reine Polizeistaat« des 18. Jahrhunderts verfehlt sich darin, allein aus abstrakten (naturrechtlichen) Prinzipien den Bürgern Bedürfnisse zu verordnen, die erst im 19. Jahrhundert mit den »Kulturzwecken« identisch und damit überhaupt historisch legitim werden.

Wagner entwirft eine Ökonomie der »fortschreitenden Kulturvölker« (*Grundlegung der politischen Oekonomie*, S. 621), die auf drei Annahmen beruht: 1. auf der Annahme zunehmender gesellschaftlicher Komplexität (»Die Entwicklung der Volkswirtschaft, so namentlich die immer weiter gehende nationale und internationale Arbeitsteilung, ferner das System der freien Konkurrenz schaffen immer kompliziertere Verkehrs- und Rechtsverhältnisse« [S. 624]), 2. auf der Annahme steigender höherer Bedürfnisse (und zwar »nach höheren, vollkommeneren, feineres Leistungen 〈...〉, als sie private und andre Gemeinwirtschaften liefern können« [S. 628]; »denn der Zivilisierungsprozeß bewirkt immer steigende Anforderungen hinsichtlich der Befriedigung der bezüglichen Gemein- und Kulturbedürfnisse: dieselben müssen allgemeiner, reichlicher, vollkommener befriedigt, leichter zugänglich, die Befriedigung dem einzelnen wohlfeiler, wenn nicht unentgeltlich möglich werden« [S. 629]), und 3. auf der Annahme wachsender Vorwaltung von »Prävention« – anstelle bloßer »Repression« – staatlicher Maßnahmen (S. 631).

Kulturfortschritt und zunehmende Institutionalisierung gesellschaftlichen und wirtschaftlichen Handelns gehen für Wagner ineins. Daraus gewinnt er zwei Konsequenzen: 1. daß sich die Staatswirtschaft gerade durch das in ihr zunehmend vorherrschende Präventionsprinzip zu einer Art von »Kapitalwirtschaft« auswachsen müsse (S. 633), und 2. daß dieser darin sich entwickelnde »bürokratische Staat« eine gleichsam autonome, »mächtige entwicklungsgesetzliche« Erscheinung werde, der »gegenüber der Wille des Einzelnen ein Faktor von untergeordneter Bedeutung sei« (S. 634).

Durch die Einführung und Betonung des Präventionsprinzipes in die Rechtsschutzaufgabe des Staates wird die Smithsche Minimalisierung der Staatsintervention wieder zurückgenommen und dieser ein neuer Bereich von Interventionsmöglichkeiten eröffnet: die Produktion von öffentlichen und öffentlich-meritorischen Gütern, die allein den Wohlfahrts- und sozialökonomischen Zweck der Staatswirtschaft realisieren lassen: »Die zeitliche Nachhaltigkeit und die räumliche Ausdehnung einer (Produktions-)Thätigkeit ins Auge zu fassen, ist recht eigentlich Sache des Staates« (S. 636). Hier wird der meritorische Eingriff des Staates auf einen universalen Sittlichkeitsanspruch begründet, der – zu einem entwicklungsökonomischen Interventionsrecht ausgebaut – die Gleichmäßigkeit der Lebensbedingungen herzustellen habe.

Während dem Rechts- und Machtzweck des Staates die traditionellen öffentlichen Güter zugeordnet bleiben, erfordert der Kultur- und Wohlfahrtszweck eine Betonung der meritorischen Gutsproduktion des Staates, und zwar aus zwei Gründen: 1. weil die Individuen – solange sie von ihr ausgeschlossen sind – die Teilhabe an der Kulturentwicklung nicht aus eigenen Interessen verfolgen können, und 2. weil die Einkommensverteilungsdifferenzen es nur für Teile der Wirtschaftssubjekte nötig machen, spezifisch öffentliche, d. h. meritorische Güter angeboten oder zwangsverordnet zu bekommen. In diesem Sinne begründet Wagner die deutsche ›sozialökonomische‹ Variante der Wohlfahrtsökonomie.

TEXTGRUNDLAGE

Aus: Adolph Wagner, *Grundlegung der politischen Oekonomie* (zunächst Teil 1, 1876), 2 Theile, Leipzig ³1893, 1. Theil, 2. Hbd., 6. Buch, S. 869-921.

WEITERE SCHRIFTEN DES AUTORS

Adolph Wagner, *Rede über die sociale Frage* (ursprünglich ein untituliertes Koreferat zu Wicherns Vortrag *Die Mitarbeit der evangelischen Kirche an den socialen Aufgaben der Gegenwart*), Berlin 1872.

Adolph Wagner, *Grundlegung der politischen Oekonomie*, 2 Theile, Leipzig ³1893.

Adolph Wagner, *Finanzwissenschaft*, 4 Bde., Leipzig und Heidelberg 1877-1901.

Adolph Wagner, *Allgemeine und theoretische Volkswirtschaftslehre oder Sozialökonomik* (zunächst 1876), 3 Bde., Leipzig ³1907-1909.

Adolph Wagner, *Theoretische Sozialökonomik oder Allgemeine und theoretische Volkswirtschaftslehre*, Leipzig 1907.

STELLENKOMMENTAR

616,10f. *W. v. Humboldt]* Der preußische Gelehrte und Staatsmann Wilhelm von Humboldt (1767-1835) war der Bruder des Naturforschers Alexander von Humboldt. Er verließ 1791 den Staatsdienst, um sich bis 1802 verschiedenen Studien und Veröffentlichungen zu widmen. Er wurde 1809 zum Geheimen Staatsrat ernannt und versuchte als Leiter der ›Sektion für Kultus und Unterricht‹, dem Reformer von Stein geistig nahestehend, den preußischen Staat durch sein Bildungs- und Wissenschaftsideal zu prägen. Er schuf das preußische neu-humanistische Gymnasium und gründete 1810 die später nach ihm benannte Berliner Universität. Nach einer diplomatischen Karriere verbrachte er nach 1819 seine letzten Jahre zurückgezogen und widmete sich ganz seinen sprachwissenschaftlichen Studien.

618,24 *Dotation]* Planmäßige Ausstattung von Personen oder Institutionen mit Geld- oder Sachmitteln, etwa durch Etatzuweisung (lat. dotare »mit Einkünften versehen«).

633,34 *Stein]* Der Staatsrechtler Lorenz von Stein (1815-1890) war ab 1846 Professor in Kiel, später in Wien. Er interessierte sich für den Sozialismus (den er gleichwohl ablehnte) und machte ein breites deutsches Publikum mit sozialistischen Ideen bekannt. Sein Vorschlag zur Lösung der sozialen Frage lief auf eine Versöhnung der Klassengesellschaft durch den Staat hinaus, bei welcher der Verwaltung eine maßgebliche Rolle zukommen sollte. Sein Hauptwerk ist die achtbändige *Verwaltungslehre* (1865-84).

LITERATUR

MARTIN LUTHER

Fritz Blaich, *Die Reichsmonopolgesetzgebung Karls V.: ihre ordnungspolitische Problematik*, Stuttgart 1967.

Johannes Burkhardt, *Artikel »Wirtschaft«*, in: *Geschichtliche Grundbegriffe. Historisches Wörterbuch zur politisch-sozialen Sprache in Deutschland*, hg. v. Otto Brunner, Werner Conze, Reinhart Koselleck, Bd. 7, Stuttgart 1992, Einleitung S. 511-513, Neuzeitteil (16.-20. Jahrhundert) S. 550-594.

Johannes Burkhardt, *Die Entdeckung des Handels. Die kommerzielle Welt in der Wissensordnung der Frühen Neuzeit*, in: *Wirtschaft in Wissenschaft und Literatur. Drei Perspektiven aus historischer und literaturwissenschaftlicher Sicht*, hg. v. Rektor der Universität Augsburg, Augsburg 1993, S. 5-28.

Johannes Burkhardt, *Luther und die Augsburger Handelsgesellschaften*, in: *Reformation und Reichsstadt. Luther in Augsburg, Ausstellungskatalog*, hg. v. Helmut Gier und Reinhard Schwarz, Augsburg 1996, S. 50-55.

Günter Fabiunke, *Martin Luther als Nationalökonom*, Berlin 1963.

Jacques Le Goff, *Wucherzins und Höllenqualen. Ökonomie und Religion im Mittelalter*, Stuttgart 1988.

Helmut Hesse, *Über Luthers »Von Kauffshandlung und Wucher«*, in: *Vademecum zu einem frühen Klassiker der ökonomischen Wissenschaft*, hg. v. Horst Claus Recktenwald, Frankfurt/Main und Düsseldorf 1987, S. 25-57.

Joseph Höffner, *Wirtschaftsethik und Monopole im 15. und 16. Jahrhundert*, Jena 1941.

Hermann Lehmann, *Luthers Platz in der Geschichte der politischen Ökonomie*, in: *Martin Luther. Leben, Werk, Wirkung*, hg. v. Günter Vogler, Berlin 1983, S. 279-295.

Heinrich Lutz, *Conrad Peutinger. Beiträge zu einer politischen Biographie*, Augsburg 1958.
Karl Marx, *Ökonomische Manuskripte und Schriften 1858-1861*, in: *Karl Marx und Friedrich Engels, Gesamtausgabe (MEGA)*, II. Abt., Bd. 2, Berlin 1980.
Götz Freiherr von Pölnitz, *Jakob Fugger. Kaiser, Kirche und Kapitalismus in der oberdeutschen Renaissance*, 2 Bde., Tübingen 1949.
Hans-Jürgen Prien, *Luthers Wirtschaftsethik*, Göttingen 1992.
Ricardo Rieth, *»Habsucht« bei Martin Luther. Ökonomisches und theologisches Denken, Tradition und soziale Wirklichkeit im Zeitalter der Reformation*, Weimar 1996.
Gerta Scharffenorth, *Den Glauben ins Leben ziehen 〈. . .〉: Studien zu Luthers Theologie*, München 1982 (hier bes. das Kapitel: »Die Bergpredigt in Luthers Beiträgen zur Wirtschaftsethik. Erwägungen zur Theorie ethischer Urteilsbildung«, S. 314-337).
Gustav Schmoller, *Zur Geschichte der nationalökonomischen Ansichten in Deutschland während der Reformationsperiode*, in: Zeitschrift für die gesamte Staatswissenschaft 16 (1860), S. 461-716.
Winfried Schulze, *Vom Gemeinnutz zum Eigennutz. Über den Normenwandel in der ständischen Gesellschaft der Frühen Neuzeit*, München 1987.
Günter Vogler, *Martin Luther und die Reformation im Frühwerk von Karl Marx*, in: *Luther in der Neuzeit. Wissenschaftliches Symposion des Vereins für Reformationsgeschichte*, hg. v. Bernd Moeller, Gütersloh 1983, S. 84-104.

JOHANNES COLER

Otto Brunner, *Das »ganze Haus« und die alteuropäische »Ökonomik«*, in: ders., *Neue Wege der Verfassungs- und Sozialgeschichte*, Göttingen ²1968, S. 103-127.
Johannes Burkhardt, *Artikel »Wirtschaft«*, in: *Geschichtliche Grundbegriffe. Historisches Wörterbuch zur politisch-sozialen*

Sprache in Deutschland, hg. v. Otto Brunner, Werner Conze, Reinhart Koselleck, Bd. 7, Stuttgart 1992, Einleitung S. 511-513, Neuzeitteil (16.-20. Jahrhundert) S. 550-594.

Julius Hoffmann, *Die »Hausväterliteratur« und die »Predigten über den christlichen Hausstand«. Lehre vom Hause und Bildung für das häusliche Leben im 16., 17. und 18. Jahrhundert*, Weinheim 1959.

Kurt Lindner, *Das Hausbuch des Johann Coler. Druckgeschichte und Bibliographie*, in: *Festschrift für Claus Nissen zum siebzigsten Geburtstag: 2. September 1971*, hg. v. Elisabeth Geck, Wiesbaden 1973, S. 503-564.

Paul Münch, *Ordnung, Fleiß und Sparsamkeit. Texte und Dokumente zur Entstehung der »bürgerlichen Tugenden«*, München 1984.

Irmintraut Richarz, *Haushalten in Geschichte und Gegenwart*, in: *Haushalten in Geschichte und Gegenwart: Beiträge eines internationalen disziplinübergreifenden Symposions an der Universität Münster*, hg. v. Irmintraut Richarz, Göttingen 1994, S. 9-40.

Gertrud Schröder-Lembke, *Studien zur Agrargeschichte*, Stuttgart und New York 1978.

Gertrud Schröder-Lembke (Hg.), *Martin Grosser: Anleitung zu der Landwirtschaft, Abraham von Thumbshirn: Oeconomia. Zwei frühe deutsche Landwirtschaftsschriften*, Stuttgart 1965.

Keith Tribe, *Land, Labour and Economic Discourse*, London 1978.

JOHANN JOACHIM BECHER

Fritz Blaich, *Die Wirtschaftspolitik des Reichstags im Heiligen Römischen Reich. Ein Beitrag zur Problemgeschichte wirtschaftlichen Gestaltens*, Stuttgart 1970.

Fritz Blaich, *Die Epoche des Merkantilismus*, Wiesbaden 1973.

Ingomar Bog, *Der Reichsmerkantilismus. Studien zur Wirtschaftspolitik des Heiligen Römischen Reiches im 17. und 18. Jahrhundert*, Stuttgart 1959.

Johannes Burkhardt, *Der Umbruch der ökonomischen Theorie*, in: *Verhaltenswandel in der Industriellen Revolution. Beiträge zur Sozialgeschichte*, hg. v. August Nitschke, Stuttgart 1975, S. 57-72.

Johannes Burkhardt, *Artikel »Wirtschaft«*, in: *Geschichtliche Grundbegriffe. Historisches Wörterbuch zur politisch-sozialen Sprache in Deutschland*, hg. v. Otto Brunner, Werner Conze, Reinhart Koselleck, Bd. 7, Stuttgart 1992, Einleitung S. 511-513, Neuzeitteil (16.-20. Jahrhundert) S. 550-594.

Robert von Erdberg-Krczenciewski, *Johann Joachim Becher. Ein Beitrag zur Geschichte der Nationalökonomik*, Jena 1896.

Gotthardt Frühsorge, Gerhard F. Strasser (Hg.), *Johann Joachim Becher (1635-1682)*, Wiesbaden 1993.

Rainer Gömmel, *Die Entwicklung der Wirtschaft im Zeitalter des Merkantilismus, 1620-1800*, München 1998.

Herbert Hassinger, *Johann Joachim Becher (1635-1682). Ein Beitrag zur Geschichte des Merkantilismus*, Wien 1951.

Eli F. Heckscher, *Der Merkantilismus*, 2 Bde., Jena 1932.

Philipp Wilhelm von Hörnigk, *Österreich über alles, wann es nur will (1684)*, hg. v. August Skalweit, Frankfurt/Main 1948.

Étienne Laspeyres, *Geschichte der volkswirtschaftlichen Anschauungen der Niederländer und ihrer Litteratur zur Zeit der Republik*, Leipzig 1863.

Burkhardt Röper, *Ansätze zu einer Marktformenlehre bei J. J. Becher*, in: Schmollers Jahrbuch für Gesetzgebung, Verwaltung und Volkswirtschaft 69 (1949), S. 79-109.

Anke Sczesny, *Johann Joachim Becher als kaiserlicher Kommissar in der Reichsstadt Augsburg*, in: Scripta mercaturae. Zeitschrift für Sozial- und Wirtschaftsgeschichte 31 (1997), S. 1-19.

Louise Sommer, *Die österreichischen Kameralisten in dogmengeschichtlicher Darstellung*, 2. Tl., Wien 1925.

Keith Tribe, *Die Wirtschaftssemantik der frühen Neuzeit*, in: *Vademecum zu einem Klassiker absolutistischer Wirtschaftspolitik. Kommentarband zum Faksimile-Nachdruck der 1684 erschienenen Erstausgabe von Philipp Wilhelm Hörnigk, Oesterreich über alles, wann es nur will*, hg. v. Karl-Dieter Grüske, Düsseldorf 1997, S. 245-290.

Heinrich Volberg, *Deutsche Kolonialbestrebungen in Südamerika nach dem Dreißigjährigen Kriege, insbesondere die Bemühungen von Johann Joachim Becher*, Köln 1977.

Kurt Zielenziger, *Die alten deutschen Kameralisten. Ein Beitrag zur Geschichte der Nationalökonomie und zum Problem des Merkantilismus*, Jena 1914.

WOLF HELMHARD VON HOHBERG

Volker Bauer, *Hofökonomie. Der Diskurs über den Fürstenhof in Zeremonialwissenschaft, Hausväterliteratur und Kameralismus*, Wien, Köln und Weimar 1997.

Otto Brunner, *Adeliges Landleben und europäischer Geist. Leben und Werk Wolf Helmhards von Hohberg 1612-1688*, Salzburg 1949.

Otto Brunner, *Das »ganze Haus« und die alteuropäische »Ökonomik«*, in: ders., *Neue Wege der Verfassungs- und Sozialgeschichte*, Göttingen [2]1968, S. 103-127.

Otto Brunner, *Wolf Helmhard von Hohberg*, in: *Große Landwirte*, hg. v. Franz Günther und Heinz Haushofer, Frankfurt/Main 1970, S. 19-26.

Johannes Burkhardt, *Das Haus, der Staat und die Ökonomie. Das Verhältnis von Ökonomie und Politik in der neuzeitlichen Institutionengeschichte*, in: *Die Rationalität politischer Institutionen – Interdisziplinäre Perspektiven*, hg. v. Gerhard Göhler, Baden-Baden 1990, S. 169-187.

Hans Derks, *Über die Faszination des ›Ganzen Hauses‹*, in: Geschichte und Gesellschaft 22 (1996), S. 221-242.

Valentin Groebner, *Außer Haus. Otto Brunner und die ›alteuropäische Ökonomik‹*, in: Geschichte in Wissenschaft und Unterricht 46/2 (1995), S. 69-80.

Michael Mitterauer, *Grundtypen alteuropäischer Sozialformen. Haus und Gemeinde in vorindustriellen Gesellschaften*, Stuttgart-Bad Cannstatt 1979.

Paul Münch, *Die »Obrigkeit im Vaterstand«. Zu Definition und Kritik des »Landesvaters« während der Frühen Neuzeit*, in: Daphnis 11 (1982), S. 15-40.

Otto G. Oexle, *Sozialgeschichte – Begriffsgeschichte – Wissenschaftsgeschichte. Anmerkungen zum Werk Otto Brunners*, in: Vierteljahresschrift für Sozial- und Wirtschaftsgeschichte 71 (1984), S. 305-341.

Claudia Opitz, *Neue Wege der Sozialgeschichte? Ein kritischer Blick auf Otto Brunners Konzept des ›ganzen Hauses‹*, in: Geschichte und Gesellschaft 20 (1994), S. 88-98.

Irmintraut Richarz, *Das ökonomisch autarke ›Ganze Haus‹ – Eine Legende?*, in: *Haushalt und Familie in Mitteleuropa und Früher Neuzeit. Vorträge eines interdisziplinären Symposions vom 6. bis 9. Juni 1990 an der Rheinischen Friedrich-Wilhelms-Universität Bonn*, hg. v. Trude Ehlert, Sigmaringen 1991, S. 269-279.

Irmintraut Richarz, *Oeconomia: Lehren vom Haushalten und Geschlechterperspektiven*, in: *Geschlechterperspektiven. Forschungen zur Frühen Neuzeit*, hg. v. Heide Wunder, Gisela Engel, Königstein/Taunus 1998, S. 316-336.

Werner Trossbach, *Das ›ganze Haus‹ – Basiskategorie für das Verständnis der ländlichen Gesellschaft deutscher Territorien in der Frühen Neuzeit?*, in: Blätter für deutsche Landesgeschichte 129 (1993), S. 277-314.

JOHANN PETER VON LUDEWIG

Artikel »Johann Peter von Ludewig«, in: *Grosses vollständiges Universallexicon aller Wissenschafften und Künste*, hg. v. Johann Heinrich Zedler, Halle und Leipzig 1738, Bd. 18, Sp. 954-969.

Hans Erich Bödeker, *Das staatswissenschaftliche Fächersystem im 18. Jahrhundert*, in: *Wissenschaften im Zeitalter der Aufklärung*, hg. v. Rudolf Vierhaus, Göttingen 1985, S. 143-162.

Rüdiger vom Bruch, *Wissenschaftliche, institutionelle oder politische Innovation? Kameralwissenschaft – Polizeiwissenschaft – Wirtschaftswissenschaft im 18. Jahrhundert im Spiegel der Forschungsgeschichte*, in: *Die Institutionalisierung der Nationalökonomie an deutschen Universitäten. Zur Erinnerung an Klaus*

Hinrich Hennings, hg. v. Norbert Waszek, St. Katharinen 1988, S. 77-108.

Jutta Brückner, *Staatswissenschaften, Kameralismus und Naturrecht. Ein Beitrag zur Geschichte der Politischen Wissenschaft im Deutschland des späten 17. und frühen 18. Jahrhunderts*, München 1977.

Johannes Burkhardt, *Der Begriff des Ökonomischen in wissenschaftsgeschichtlicher Perspektive*, in: *Die Institutionalisierung der Nationalökonomie an deutschen Universitäten. Zur Erinnerung an Klaus Hinrich Hennings*, hg. v. Norbert Waszek, St. Katharinen 1988, S. 55-76.

Deutsche Verwaltungsgeschichte, Bd. 1: *Vom Spätmittelalter bis zum Ende des Reiches*, hg. v. Kurt Jeserich, Hans Pohl, Georg-Christoph von Unruh, Stuttgart 1983, darin: § 14 Brandenburg-Preußen, S. 858-941.

Bruno Feist, *Die Geschichte der Nationalökonomie an der Friedrichs-Universität zu Halle (Saale) im 18. Jahrhundert*, Halle 1930.

Werner Liebau, *Die Wirtschaftswissenschaften in der Vergangenheit*, in: *450 Jahre Martin-Luther-Universität Halle-Wittenberg*, Bd. II, Halle 1952, S. 351-374.

Walther Ludwig, *Der zweite Hallesche Universitätskanzler Johann Peter von Ludewig. Ein Beispiel für soziale Mobilität im achtzehnten Jahrhundert*, Halle-Wittenberg 1995.

Bernd Roeck, *Artikel »Johann Peter von Ludewig«*, in: *Neue Deutsche Biographie*, hg. v. der Historischen Kommission bei der Bayerischen Akademie der Wissenschaften, Berlin 1987, Bd. 15, S. 293-294.

Wilhelm Roscher, *Geschichte der National-Oekonomik in Deutschland*, München 1874.

Robert Skalnik, *Der Publizist und Journalist Johann Peter von Ludewig und seine Gelehrten Anzeigen. Ein Beitrag zur Geschichte der deutschen Presse*, München 1956.

Wilhelm Stieda, *Die Nationalökonomie als Universitätswissenschaft*, Leipzig 1907.

Peter Thal, Reinhard Pschibert, *Das Studium der Ökonomie an der Martin-Luther-Universität in Vergangenheit und Gegenwart – 1727 bis 1977*, Halle und Wittenberg 1978.

ZINCKE / MÜLLER / ZEDLER

Elger Blühm, *Johann Heinrich Zedler und sein Lexikon*, in: Jahrbuch der Schlesischen Friedrich-Wilhelms-Universität zu Breslau 7 (1962), S. 184-200.

Jutta Brückner, *Staatswissenschaften, Kameralismus und Naturrecht. Ein Beitrag zur Geschichte der Politischen Wissenschaft im Deutschland des späten 17. und frühen 18. Jahrhunderts*, München 1977.

Johannes Burkhardt, *Die lexikographische Behandlung von ›Wirtschaft‹ und ›Ökonomie‹ in der Übergangszeit*, in: *Artikel »Wirtschaft«*, in: *Geschichtliche Grundbegriffe. Historisches Wörterbuch zur politisch-sozialen Sprache in Deutschland*, hg. v. Otto Brunner, Werner Conze, Reinhart Koselleck, Bd. 7, Stuttgart 1992, Einleitung (Gesamtüberblick) S. 511-513, Neuzeitteil (16.-20. Jahrhundert) S. 550-594, hier S. 577-581.

Peter E. Carels, Dan Flory, *Johann Heinrich Zedler's Universal Lexicon*, in: *Notable Encyclopedias of the Seventeenth and Eighteenth Centuries: Nine Predecessors of the Encyclopédie*, hg. v. Frank A. Kafker, Oxford 1981, S. 165-196.

Robert Collison, *Encyclopaedias: Their history throughout the ages. A bibliographical guide with extensive historical notes to the general encyclopaedias issued throughout the world from 350 B.C. to the present day*, New York und London ²1966.

Erhard Dittrich, *Die deutschen und österreichischen Kameralisten*, Darmstadt 1974.

Horst Dreitzel, *Zedlers »Großes vollständiges Universallexikon«*, in: Das Achtzehnte Jahrhundert 18 (1994), S. 117-124.

Fritz Juntke, *Johann Heinrich Zedler's Grosses vollständiges Universallexikon. Ein Beitrag zur Geschichte des Nachdruckes in Mitteldeutschland*, in: Schriften zum Bibliotheks- und Büchereiwesen in Sachsen-Anhalt 16 (1956), S. 13-32.

Gerd Quedenbaum, *Der Verleger und Buchhändler Johann Heinrich Zedler 1706-1751. Ein Buchunternehmer in den Zwängen seiner Zeit. Ein Beitrag zur Geschichte des deutschen Buchhandels im 18. Jahrhundert*, Hildesheim und New York 1977.

Wilhelm Roscher, *Geschichte der National-Oekonomik in Deutschland*, München 1874.
Keith Tribe, *Governing Economy. The Reformation of German Economic Discourse 1750-1840*, Cambridge 1988.

JOHANN H. G. VON JUSTI

Ulrich Engelhardt, *Zum Begriff der Glückseligkeit in der Kameralistischen Staatslehre des 18. Jahrhunderts (J. H. G. v. Justi)*, in: Zeitschrift für Historische Forschung 8 (1981), S. 37-62.
Heinz Rieter, *Justis Theorie der Wirtschaftspolitik*, in: *J. H. G. Justis ›Grundsätze der Policey-Wissenschaft‹*, Beiband: *Vademecum zu einem Klassiker des Kameralismus*, Düsseldorf 1993, S. 45-64.
Bertram Schefold, *J. H. G. Justis ›Grundsätze der Policey-Wissenschaft‹*, Beiband: *Vademecum zu einem Klassiker des Kameralismus*, Düsseldorf 1993, S. 1-25.
Keith Tribe, *Governing Economy. The Reformation of German Economic Discourse 1750-1840*, Cambridge 1988.

JOHANN A. SCHLETTWEIN

Fritz Blaich, *Der Beitrag der deutschen Physiokraten für die Entwicklung der Wirtschaftswissenschaft von der Kameralistik zur Nationalökonomie*, in: Studien zur Entwicklung der ökonomischen Theorie 3 (1983), hg. v. Harald Scherf, S. 9-36.
Klaus Gerteis, *Bürgerliche Absolutismuskritik im Südwesten des Alten Reiches vor der Französischen Revolution*, Trier 1983.
Ronald L. Meek, *The Interpretation of Physiocracy*, London 1962.
C. Schlettwein, *J. A. Schlettwein: ein deutscher Physiokrat, 1731-1802. Verzeichnis seiner Schriften*, Basel 1981.
Clemens Zimmermann, *Reformen in der bäuerlichen Gesellschaft. Studien zum aufgeklärten Absolutismus in der Markgrafschaft Baden 1750-1790*, Ostfildern 1983.

GEORG SANTORIUS

Wilhelm Roscher, *Die Ein- und Durchführung des Adam Smith'schen Systems in Deutschland*, in: Berichte über die Verhandlungen der königlich sächsischen Gesellschaft der Wissenschaften zu Leipzig, Philologisch-Historische Classe 19 (1867), S. 1-74.

Adam Smith, *An Inquiry into the Nature and Causes of the Wealth of Nations*, Edinburgh 1776 (zwei deutsche Ausagen: Leipzig 1776-78 [übers. v. J. F. Schiller]; Leipzig 1792 [übers. v. Garve und Dörrien] – die zweite Edition anerkanntermaßen die bessere).

Keith Tribe, *Governing Economy. The Reformation of German Economic Discourse 1750-1840*, Cambridge 1988.

Harald Winkel, *Adam Smith und die deutsche Nationalökonomie 1776-1820*, in: Studien zur Entwicklung der ökonomischen Theorie 5 (1986), hg. v. Harald Scherf, S. 81-109.

ALBRECHT DANIEL THAER

Constantin von Dietze, *Wege zur Agrarpolitik. Ein Stück Methodengeschichte der Nationalökonomie in Deutschland von Moeser bis Roscher*, in: Historisches Jahrbuch 62 (1949), S. 491-538.

Friedrich Lenz, *Agrarlehre und Agrarpolitik der deutschen Romantik*, Berlin 1912.

Ulrich van Suntum, *Johann Heinrich von Thünen (1783-1850)*, in: *Klassiker des ökonomischen Denkens I*, hg. v. Joachim Starbatty, Bd. 1, München 1989, S. 208-224.

ADAM H. MÜLLER

Jakob Baxa, *Der Ursprung von Friedrich Lists Theorie der produktiven Kräfte*, in: Zeitschrift für Volkswirtschaft und Sozialpolitik 3 (1923), S. 157-182.

Jakob Baxa, *Geschichte der Produktivitätstheorie*, Jena 1926.
Ernst-Wolfgang Böckenförde, *Der Staat als Organismus*, in: ders., *Recht, Staat, Freiheit*, Frankfurt/Main 1991, S. 263-272.
Friedrich Lenz, *Agrarlehre und Agrarpolitik der deutschen Romantik*, Berlin 1912.
Edgar Salin, *Geschichte der Volkswirtschaftslehre*, Berlin ²1929.
Valentin F. Wagner, *Geschichte der Kredittheorien*, Wien 1937.

KARL HEINRICH RAU

Birger P. Priddat, *Volkswirthschaftspolizei bzw. -politik als Kunstlehre der Beamten-Juristen. Zur Theorie und Praxis der ›angewandten Volkswirthschaftslehre‹ im frühen deutschen 19. Jahrhundert*, in: Erich W. Streissler (Hg.), *Studien zur Entwicklung der ökonomischen Theorie*. Schriftenreihe des ›Dogmenhistorischen Ausschusses‹ des Vereins für Socialpolitik 16 (1997), S. 17-42.
Wilhelm Roscher, *Geschichte der National-Oekonomik in Deutschland*, München und Berlin 1874.
Peter Rosner, *Wirtschaftsliberalismus und Staatseingriffe bei Karl Heinrich Rau*, Universität Wien, Wirtschaftswissenschaftliche Fakultät, Working Paper No. 8803, 1988.
Gerhard Stavenhagen, *Geschichte der Wirtschaftstheorie*, Göttingen 1957.
Erich Streissler, *Carl Menger, der deutsche Nationalökonom*, in: Studien zur Entwicklung der ökonomischen Theorie 10 (1990), hg. v. Bertram Schefold, S. 151-195.
Keith Tribe, *Governing Economy. The Reformation of German Economic Discourse 1750-1840*, Cambridge 1988, (9. Kap.).

FRIEDRICH B. W. VON HERMANN

Bruno Hildebrand, *Die Nationalökonomie der Gegenwart und Zukunft*, in: ders., *Die Nationalökonomie der Gegenwart und*

Zukunft und andere gesammelte Schriften, hg. v. Hans Gehring, Jena 1922, S. 1-267.

Heinz D. Kurz, *Hermanns Beitrag zur Kapital- und Verteilungstheorie*, in: Heinz D. Kurz, *Ökonomisches Denken in klassischer Tradition*, Marburg 1998, S. 147-214.

Manfred Pix (Hg.), *Friedrich Benedikt Wilhelm von Hermann (1795-1868). Ein Genie im Dienste der bayrischen Könige*, Stuttgart 1999.

Horst C. Recktenwald, *Friedrich von Hermann – ein Wegbereiter moderner Theorie.* Kommentarband zur Faksimile-Ausgabe der *Staatswirthschaftlichen Untersuchungen* von 1832, Düsseldorf 1987.

Wilhelm Roscher, *Geschichte der National-Oekonomik in Deutschland*, München und Berlin 1874, S. 860-879.

Erich Streissler, *Carl Menger, der deutsche Nationalökonom*, in: Studien zur Entwicklung der ökonomischen Theorie 10 (1990), hg. v. Bertram Schefold, S. 151-195.

FRIEDRICH LIST

Bruno Hildebrand, *Die Nationalökonomie der Gegenwart und Zukunft* (zuerst 1848), hg. v. Hans Gehrig, Bd. 1, Jena 1922, S. 1-267.

Julius Kautz, *Die geschichtliche Entwicklung der National-Oekonomik und ihrer Literatur* (zuerst 1860), Glashütten/Taunus (Reprint) 1970, S. 670-684.

Friedrich Lenz, *Friedrich List's Staats- und Gesellschaftslehre*, Neuwied und Berlin 1967.

Harald Scherf, *Lists »Nationales System der politischen Oekonomie«*, in: Karl Häuser, Werner Lachmann und Harald Scherf, *Friedrich List – eine moderne Würdigung. Vademecum zu einem schöpferischen Klassiker mit tragischem Schicksal.* Kommentarband zur Faksimilie-Ausgabe von F. Lists *Das nationale System der politischen Ökonomie*, Düsseldorf 1989, S. 91-110.

Karl H. Schmidt, *Lists Theorie der produktiven Kräfte*, in: Studien zur Entwicklung der ökonomischen Theorie 10 (1990), hg. v. Harald Scherf, Berlin, S. 79-102.

Michael Seitz, *Der Beitrag Friedrich Lists zur Industriepolitik (I): Hemmnisse der industriellen Entwicklung*, Arbeitsbericht Nr. 185 des Fachbereichs Wirtschafts- und Sozialwissenschaften der Universität Lüneburg, August 1997.

Werner Strösslin, *Friedrich Lists Lehre von der wirtschaftlichen Entwicklung*, Basel und Tübingen 1968.

CARL W. CH. SCHÜZ

Julius Kautz, *Die geschichtliche Entwicklung der National-Oekonomik und ihrer Literatur* (zuerst 1860), Glashütten/Taunus (Reprint) 1970.

Karl Knies, *Die politische Oekonomie vom Standpunkte der geschichtlichen Methode*, Braunschweig 1853.

Albert Müssiggang, *Die soziale Frage in der historischen Schule der deutschen Nationalökonomie*, Tübingen 1968.

WILHELM F. G. ROSCHER

Eugen von Bergmann, *Die Wirtschaftskrisen. Geschichte der Nationalökonomischen Krisentheorien*, Stuttgart 1895.

Erich Streissler, Franz Baltzarek, Karl Milford, Peter Rosner, Bertram Schefold (Hg.), *Wilhelm Roscher und seine ›Ansichten der Volkswirthschaft aus dem geschichtlichen Standpunkte‹*. Vademecum zu einem Klassiker der historischen Schule (Beiband zur Faksimileausgabe), Düsseldorf 1994.

KARL MARX

Gerhard Michael Ambrosi, *Karl Marx und die moderne Kreislaufanalyse. Dogmenhistorische Beziehungen und verteilungstheoretische Implikationen*, Materialien und Beiträge zur Europäi-

schen Wirtschaftspolitik Nr. 14, Universität Trier, Fachbereich IV, Abteilung Volkswirtschaftslehre, Januar 1995.
Mark Cowlin (Hg.), *The Communist Manifest: New Interpretations*, New York 1998.
Frank E. Manuel, *A Requiem for Karl Marx?*, Boston 1997.
Harald Scherf, *Marx und Keynes*, Frankfurt/Main 1987.

BRUNO HILDEBRAND

Gustav Eisermann, *Die Grundlagen des Historismus in der deutschen Nationalökonomie*, Stuttgart 1957.
Birger P. Priddat, *Der ethische Ton der Allokation. Elemente der Aristotelischen Ethik und Politik in der deutschen Nationalökonomie des 19. Jahrhunderts*, Baden-Baden 1991 (Kap. 3.8).
Valentin F. Wagner, *Geschichte der Kredittheorien*, Wien 1937.

GUSTAV SCHMOLLER

Jürgen Backhaus, Yuichi Shionoya, Bertram Schefold, *Gustav Schmollers Lebenswerk. Eine kritische Analyse aus moderner Sicht*, Düsseldorf 1989.
Rüdiger vom Bruch, *Gustav Schmoller*, in: *Berlinische Lebensbilder. Wissenschaftspolitik in Berlin. Minister, Beamte, Ratgeber*, hg. v. Wolfgang Treue und Karlfried Gründer, Berlin 1987, S. 175-193.
Hans Gehrig, *Die Begründung des Prinzips der Sozialreform*, Jena 1914.
Reginald Hansen, *Der Methodenstreit in den Sozialwissenschaften zwischen Gustav Schmoller und Carl Menger*, in: *Beiträge zur Entwicklung der Wissenschaftstheorie im 19. Jahrhundert*, hg. v. Alois Diemer, Meisenheim 1968, S. 137-173.
Peter Koslowski, *Gesellschaftliche Koordination*, Tübingen 1991.
Birger P. Priddat, *Die andere Ökonomie. Eine neue Einschätzung von Gustav Schmollers Versuch einer ›ethisch-historischen‹ Nationalökonomie im 19. Jahrhundert*, Marburg 1995.

CARL MENGER

Yukihiro Ikeda, *Die Entstehungsgeschichte der ›Grundsätze‹ Carl Mengers*, St. Katharinen 1997.

Karl Milford, *Zu den Lösungsversuchen des Induktionsproblems und des Abgrenzungsproblems bei Carl Menger*, Wien 1989.

Birger P. Priddat (Hg.), *Wert, Meinung, Bedeutung. Die Tradition der subjektiven Wertlehre in der deutschen Nationalökonomie vor Menger*, Marburg 1997.

Joseph A. Schumpeter, *Geschichte der ökonomischen Analyse*, 2 Bde., Göttingen 1965.

Erich Streissler, *Carl Menger, der deutsche Nationalökonom*, in: Studien zur Entwicklung der ökonomischen Theorie 10 (1990), hg. v. Bertram Schefold, S. 151-195.

ADOLPH WAGNER

Martin Heilmann, *Adolph Wagner. Ein deutscher Nationalökonom im Urteil der Zeit*, Frankfurt/Main und New York 1980.

Norbert Leineweber, *Das säkulare Wachstum der Staatsausgaben. Eine kritische Analyse*, Göttingen 1988.

Albert Müssiggang, *Die soziale Frage in der historischen Schule der deutschen Nationalökonomie*, Tübingen 1968.

Heinrich Rubner (Hg.), *Adolph Wagner: Briefe – Dokumente – Augenzeugenberichte 1851-1917*, Berlin 1978.

INHALTSVERZEICHNIS

BIBLIOTHEK DER GESCHICHTE UND POLITIK

Band 1
Johann Gustav Droysen
Geschichte Alexanders des Großen

Band 2
Theodor Mommsen
Römische Geschichte I

Band 3
Theodor Mommsen
Römische Geschichte II

Band 4
Theodor Mommsen
Römische Geschichte III

Band 5
Leopold Ranke
Deutsche Geschichte im Zeitalter der Reformation I

Band 6
Leopold Ranke
Deutsche Geschichte im Zeitalter der Reformation II

Band 7
Leopold Ranke
Theoretische Schriften

Band 8
Jacob Burckhardt
Die Kultur der Renaissance in Italien

Band 9
Zeitgeschichte
J. W. von Archenholtz, Geschichte des Siebenjährigen Krieges
Friedrich der Große, Geschichte des Siebenjährigen Krieges

Band 10
Rezeption der Antike

Band 11
Politische Theorie des 18. Jahrhunderts

Band 12
Die Französische Revolution
Berichte und Deutungen deutscher Schriftsteller und Historiker

Band 13
Europäische Geschichte

Band 14
Geschichte deutscher Landschaften und Länder

Band 15
Theorie der Geschichte

Band 16
Staatslehre der Frühen Neuzeit

Band 17
Juristische Denker

Band 18
Gesellschaftslehre

Band 19
Politische Theorie I

Band 20
Politische Theorie II

Band 21
Geschichte der Ökonomie

Band 22
Kirchengeschichte

Band 23
Kriegstheorie

Band 24
Politische Reden 1792-1867

Band 25
Politische Reden 1869-1914

Zusatzband
Politische Reden 1914-1945

Zusatzband
Politische Reden 1945-1990

Erste Auflage 2000
Deutscher Klassiker Verlag
Frankfurt am Main

Satz: In Monotype-Garamond von Libro, Kriftel
Druck: Nomos Verlagsgesellschaft, Baden-Baden
Bindung: Buchbinderei Lachenmaier, Reutlingen
Papier: Persia K Dünndruckpapier
von Schoeller & Hoesch, Gernsbach
Leinen: Feincanvas der Vereinigten Kaliko, Bamberg
Leder: Rein anilin-gefärbte Radja-Ziege mit Naturnarbung,
Kripper Lederfabrik
Ausstattung: Rolf Staudt, Frankfurt am Main
ISBN 3-618-66810-4 (Ln. Einzelbezug)
ISBN 3-618-66815-5 (Ld. Einzelbezug)
Printed in Germany